IUS

Gerhard Werle

DIRITTO DEI CRIMINI INTERNAZIONALI

traduzione a cura di
Alberto di Martino

Bononia University Press

La traduzione dell'opera è stata realizzata grazie al contributo del SEPS
SEGRETARIATO EUROPEO PER LE PUBBLICAZIONI SCIENTIFICHE

The translation of this work was supported by a grant from the Goethe-Institut that is funded by the Ministry of Foreign Affairs

 GOETHE-INSTITUT
223 Literatur und Übersetzungsförderung
Dachauer Str. 122
80637 München

Via Val d'Aposa 7
40123 Bologna
seps@seps.it - www.seps.it

Bononia University Press
Via Farini 37
40124 Bologna
tel. (+39) 051 232882
fax (+39) 051 221019

© 2009 Bononia University Press

ISBN 978-88-7395-434-7

www.buponline.com
e-mail: info@buponline.com

I diritti di traduzione, di memorizzazione elettronica, di riproduzione e di adattamento totale o parziale, con qualsiasi mezzo (compresi i microfilm e le copie fotostatiche) sono riservati per tutti i paesi.

Traduzione di:
Valentina Caccamo (Pt. II F; Pt. III; Pt. V A-D)
Alberto di Martino (Pt. I; Pt. II A-B, D-E, G-K; Pt. IV A; Pt. VI B [dal n. marg. 1300]-C)
Antonio Vallini (Pt. II C; Pt. IV B-D; Pt. V E-H; Pt. VI A-B [fino al n. marg. 1299])
Coordinamento e revisione: Alberto di Martino

Titolo originale dell'opera:
Gerhard Werle, *Völkerstrafrecht*, 2. Auflage.
Con la collaborazione di: Florian Jeßberger, Volker Nerlich, Wulf Burchards, Boris Burghardt, Stefan Langbein, Gregoria Palomo Suárez, Ines Peterson.
© 2007 Mohr Siebeck Tübingen

In copertina: Lucio Ranucci, *United Nations* (1995), olio e acrilico su tela.

Impaginazione: Irene Sartini

Stampa: Editografica (Rastignano, Bologna)

Prima edizione: aprile 2009

SOMMARIO

	pag.	n. marg.
Prefazione dell'Autore all'edizione italiana	XXI	
Presentazione	XXIII	
Avvertenza del curatore della traduzione italiana	XXVII	
Abbreviazioni	XXXIII	

	pag.	n. marg.
PARTE PRIMA: FONDAMENTI	1	1
A. L'evoluzione del diritto internazionale penale	1	1
I. Prologo	5	5
II. L'affermazione del diritto internazionale: da Norimberga a Tokio	9	14
1. Lo Statuto IMT e la sua applicazione	9	16
a) La creazione del Tribunale Militare Internazionale	9	16
b) Le disposizioni dello Statuto IMT	10	18
c) La sentenza dell'IMT	11	21
d) La valutazione dei contemporanei e quella attuale	12	24
2. Lo Statuto del Tribunale di Tokyo e la sua applicazione	15	29
3. La legge n. 10 del Consiglio di controllo (Control Council Law n° 10)	16	33
III. Rafforzamento e stasi: il diritto internazionale penale durante la guerra fredda	18	39
IV. "Rinascimento": l'istituzione dei "Tribunali ad hoc" delle Nazioni Unite	19	44

	pag.	n. marg.
1. ICTY	20	47
2. ICTR	22	53
V. Assicurare la continuità: la Corte Criminale Internazionale e il suo Statuto	23	55
1. Gli sforzi diretti all'istituzione di una Corte penale internazionale permanente	23	56
2. La Conferenza dei plenipotenziari a Roma	25	59
3. Significato dello Statuto	30	70
VI. Tendenze attuali	31	73
1. La creazione di Tribunali penali "internazionalizzati" (*hybrid courts*)	31	74
2. Implementazione del diritto penale sostanziale	33	79
B. Nozione, compiti e legittimazione del diritto internazionale penale	34	80
I. Nozione	35	81
II. Scopo e legittimazione: tutela dei più importanti beni giuridici della comunità internazionale	39	86
III. L'"elemento internazionalistico" dei crimini di diritto internazionale	40	90
IV. Fondamento teorico-penale del diritto dei crimini di diritto internazionale	41	94
V. *Nullum crimen, nulla pœna sine lege* nel diritto internazionale penale	44	99
C. Il diritto internazionale penale nel sistema dell'ordinamento internazionale	47	105
I. Diritto internazionale penale e illecito degli Stati	48	106
II. Crimini di diritto internazionale ed altri crimini internazionali	50	109
III. Diritto internazionale penale come parte del diritto penale internazionale in senso lato	53	117
IV. Diritto internazionale penale e tutela dei diritti umani	55	121
1. Tutela dei diritti umani mediante il diritto internazionale penale	56	122
2. I diritti dell'uomo in funzione limitativa del diritto internazionale penale	58	128
V. Diritto internazionale penale sostanziale e processuale	58	129
D. Fonti e interpretazione del diritto internazionale penale	60	133
I. Fonti	61	134

	pag.	n. marg.
1. Trattati internazionali	62	137
2. La consuetudine	62	139
3. Principi generali di diritto	64	144
II. Fonti di cognizione	65	149
III. Singole fonti del d.i.p.	66	150
1. Statuto ICC, Elementi dei Crimini, Regole di procedura e prova	66	151
2. Statuti ICTY e ICTR	67	155
3. Statuti IMT e IMT-Tokyo	68	157
4. CCL n. 10	68	159
5. Convenzioni di Ginevra, Convenzione sul genocidio, Convenzioni dell'Aja sulla guerra terrestre	68	160
6. Decisioni dei tribunali internazionali	69	161
7. Risoluzioni e deliberazioni dell'Assemblea Generale delle Nazioni Unite e Rapporti del Segretario Generale ONU	70	163
8. Progetti e Deliberazioni della Commissione ONU per il diritto internazionale	70	165
9. Progetti e Deliberazioni di associazioni scientifiche per il diritto internazionale	71	166
10. Decisioni di organi giurisdizionali nazionali	71	167
11. Legislazione statuale	71	169
12. Manuali militari	72	170
IV. Interpretazione	72	171
V. Identificazione del diritto applicabile da parte della Corte Criminale Internazionale	74	177
E. Legittimazione a procedere, dovere di punire, *Transitional Justice*	76	181
I. Legittimazione a procedere e punire; principio di universalità	79	182
II. Obblighi di punire	83	190
1. Dovere di punire, per lo Stato di commissione	84	192
2. Dovere di punire, per Stati terzi?	85	195
III. *Transitional justice* e crimini di diritto internazionale	87	201
1. Processi di rielaborazione: opzioni	88	202
2. Rinuncia alla pena	91	211
F. Il diritto penale internazionale nella prassi	93	216
I. Esecuzione "diretta" e "indiretta"	95	217
II. Il rapporto fra giurisdizione internazionale e statuale	96	220
1. Competenza esclusiva (modello di Norimberga)	96	221

	pag.	n. marg.
2. Giurisdizioni concorrenti	97	223
a) *Priorità dei tribunali internazionali*		
(modello dei Tribunali ad hoc *delle Nazioni Unite)*	97	224
b) *Priorità dei tribunali nazionali*	97	225
c) *Principio di complementarietà (modello ICC)*	98	226
III. La Corte Criminale Internazionale: organizzazione e funzionamento	99	229
1. Ambito della giurisdizione	99	230
2. Organizzazione della Corte e soggetti del procedimento	101	236
3. Il giudizio di ammissibilità	103	245
4. Lo svolgimento del procedimento	106	251
5. Prime esperienze giurisprudenziali	108	256
IV. Il Tribunale per l'ex Jugoslavia	110	259
V. Il Tribunale per il Ruanda	113	272
VI. I tribunali "internazionalizzati" (*hybrid courts*)	115	276
VII. Repressione di crimini internazionali da parte di tribunali nazionali	118	282
1. Repressione dei crimini di guerra e contro l'umanità dopo il 1945	119	283
2. Crimini internazionali in Ruanda e nell'ex Jugoslavia	121	287
3. Crimini internazionali in Centroamerica e Sudamerica	123	292
4. Diritto internazionale penale in Iraq	124	293
PARTE SECONDA: PARTE GENERALE	127	317
A. Profili generali di una teoria del reato in materia di crimini internazionali	129	322
I. Concetto di crimine internazionale	130	323
II. Il contesto di violenza organizzata nella sistematica del fatto di reato di diritto internazionale penale	133	332
III. La costruzione del fatto di reato di diritto internazionale penale	134	333
1. Primo livello: elemento oggettivo	134	334
2. Secondo livello: elemento soggettivo	134	335
3. Terzo livello: cause di esclusione della punibilità	135	336
4. Presupposti processuali	136	338
B. Elemento oggettivo	136	339
I. Condotta	137	342

	pag.	n. marg.
II. Conseguenza e nesso causale	137	343
III. Circostanze concomitanti	138	345
C. L'elemento soggettivo	139	347
I. La giurisprudenza dei Tribunali *ad hoc*	142	350
II. L'art. 30 Statuto ICC	145	357
1. Sistematica	145	358
2. I requisiti ordinari dell'art. 30 co. 2 St-ICC	148	365
a) Riguardo alla condotta criminosa	148	365
b) Riguardo alle conseguenze della condotta	148	367
c) Riguardo alle circostanze	150	370
3. Regole particolari in tema di elemento soggettivo	150	371
a) "Altre disposizioni" nel senso dell'art. 30 St-ICC	151	372
aa) "Altre disposizioni" all'interno dello St-ICC	151	372
bb) "Altre disposizioni" negli EC e nel diritto internazionale consuetudinario	152	374
b) Efficacia delle "diverse disposizioni"	153	378
aa) Conferma e puntualizzazione dei requisiti soggettivi generali del crimine internazionale	153	378
bb) Espansione dell'ambito del penalmente rilevante	154	380
cc) Riduzione dell'ambito del penalmente rilevante	156	385
III. Il fatto di contesto come oggetto dell'elemento psicologico	157	387
IV. *Dolus eventualis* e *recklessness*	159	394
D. Forme di partecipazione nel reato	162	402
I. Cristallizzazione di una teoria della partecipazione nel diritto dei crimini internazionali	164	404
1. Prassi di diritto penale internazionale e diritto internazionale consuetudinario	164	404
2. Lo Statuto della Corte Criminale Internazionale	166	408
II. Autorìa	168	413
1. Commissione diretta	168	414
2. Coautorìa	169	415
a) La giurisprudenza dei Tribunali ad hoc	169	416
b) Art. 25 co. 3 lett. a), seconda variante, Statuto ICC	172	425
3. Commissione per mezzo di altri	174	431
III. Induzione e determinazione	175	434
1. Istigazione	175	435
2. Ordine	176	439
IV. Agevolazione	177	442
V. Contributo ad un crimine di gruppo	179	446

	pag.	n. marg.
E. La responsabilità del superiore	180	449
I. Rapporto di sovraordinazione-subordinazione	183	458
1. Comandanti militari	184	462
2. Superiori civili	185	463
II. Conoscenza (doverosa) del crimine internazionale	186	466
III. Omissione delle misure doverose	187	472
1. Misure preventive	188	473
2. Misure repressive	188	474
3. Necessità e proporzione delle misure	189	476
IV. Il crimine internazionale come conseguenza della violazione dell'obbligo di sorveglianza	190	481
F. Cause di esclusione della responsabilità	192	492
I. Lo sviluppo della categoria delle cause di esclusione della responsabilità penale nel diritto internazionale penale	192	493
1. L'applicazione pratica della categoria nel diritto internazionale penale	192	493
2. Lo Statuto di Roma	193	496
II. La legittima difesa	194	498
1. I presupposti della legittima difesa	196	501
a) L'uso della forza	196	502
b) Beni tutelati	196	503
2. La reazione difensiva	197	507
3. La volontà diretta alla reazione difensiva	198	508
4. La legittima difesa individuale e il diritto di autodifesa dello Stato	198	509
III. Lo stato di necessità	199	511
1. La situazione necessitante	202	516
2. La condotta necessitata	203	518
3. L'intento di respingere il pericolo	205	520
4. Il bilanciamento degli interessi	205	521
5. Limiti all'applicazione dell'esimente: la preordinazione della situazione necessitante	206	522
6. Stato di necessità e dovere di esporsi a pericolo	206	524
IV. L'errore	207	525
1. Errore sul fatto	209	529
2. Errore di diritto	210	533
V. L'ordine del superiore civile o militare	212	538

	pag.	n. marg.
1. Posizioni fondamentali	214	540
2. La giurisprudenza dei Tribunali penali internazionali ed il diritto consuetudinario	215	544
3. L'articolo 33 dello Statuto di Roma	217	550
VI. Il vizio di mente (malattie o disturbi psichici)	219	554
VII. Lo stato di intossicazione	222	560
1. Il venir meno della capacità di intendere e volere negli stati di intossicazione	223	563
2. Non punibilità per reati commessi in stato di intossicazione autoprovocata: una questione ancora aperta	224	564
VIII. Ulteriori cause di non punibilità	226	569
G. Stadi prodromici alla commissione del crimine	230	577
I. Cospirazione (*conspiracy*)	231	580
II. Pianificazione e preparazione	232	583
III. Tentativo	233	586
IV. Recesso dal tentativo	235	593
H. Omissione	235	595
I. Le immunità	238	603
I. Immunità e diritto internazionale penale	239	604
II. Irrilevanza della qualifica soggettiva dell'autore	241	609
III. Immunità (limitata) di capi di Stato, di Governo, ministri degli Esteri, diplomatici	243	614
IV. Riepilogo	245	620
J. Concorso di norme e di reati	246	621
I. Prassi internazionale	247	624
II. Unità di condotta ("same conduct") e pluralità di condotte	248	625
1. Imputazione per più delitti ("cumulative charging")	248	628
2. Condanna per più delitti ("multiple conviction")	249	630
III. Determinazione delle conseguenze giuridiche in caso di pluralità di reati	252	635
K. Presupposti processuali	253	640

	pag.	n. marg.
PARTE TERZA: IL CRIMINE DI GENOCIDIO	257	649
A. Introduzione	260	650
I. La storia del crimine di genocidio	260	650
II. Le origini della fattispecie	263	655
III. La struttura del reato	264	658
IV. Gli interessi tutelati	265	661
B. L'elemento oggettivo del reato	267	666
I. I gruppi protetti	267	666
1. Criteri di classificazione dei gruppi	268	668
2. Gruppi nazionali	271	676
3. Gruppi etnici	271	677
4. Gruppi razziali	272	678
5. Gruppi religiosi	272	679
6. Altri gruppi	273	681
II. Le condotte tipiche	276	684
1. Omicidio	277	686
2. Gravi lesioni all'integrità fisica o psichica	277	687
3. Imposizione di condizioni di vita che possano comportare la distruzione del gruppo	279	690
4. L'adozione di misure volte ad impedire le nascite in seno al gruppo	281	694
5. Trasferimento forzato di bambini	282	695
6. Pulizia etnica come ipotesi di genocidio?	283	700
III. Il fatto di contesto nel crimine di genocidio: è davvero necessario?	285	702
C. L'elemento soggettivo della fattispecie	286	706
I. Il dolo	286	707
II. L'intento di distruggere un gruppo	287	711
1. Il concetto di "intento"	288	712
2. Il gruppo come oggetto del dolo di distruzione	289	714
3. L'intento distruttivo rispetto alla dimensione della plurisoggettività attiva	293	719
4. I problemi sul piano probatorio	295	723
D. Incitamento al genocidio	296	724
I. Struttura della fattispecie e fondamenti politico-criminali della punibilità	296	724

	pag.	n. marg.
II. L'elemento oggettivo della fattispecie	297	728
III. L'elemento soggettivo della fattispecie	298	729

E. La disciplina del concorso — 298 — 730

PARTE QUARTA: CRIMINI CONTRO L'UMANITÀ — 301 — 741

A. Introduzione — 304 — 742
  I. Tipologie di manifestazione — 304 — 742
  II. Origine della fattispecie — 304 — 744
  III. Struttura del crimine — 309 — 753
  IV. Interessi tutelati — 309 — 754

B. Il fatto di contesto — 310 — 755
  I. La popolazione civile come oggetto del crimine — 310 — 756
  II. L'attacco esteso o sistematico — 314 — 763
    1. Attacco — 314 — 763
    2. L'"estensione" o la "sistematicità" dell'attacco — 315 — 765
  III. L'elemento "politico" — 318 — 770
    1. Statuto ICC — 318 — 770
    2. Diritto internazionale consuetudinario — 321 — 778
  IV. I soggetti attivi — 322 — 780
  V. L'elemento soggettivo — 323 — 781

C. Le singole ipotesi criminose — 324 — 784
  I. Omicidio — 325 — 786
  II. Sterminio — 327 — 790
  III. Riduzione in schiavitù — 330 — 795
    1. Definizione — 330 — 797
    2. Lavoro forzato — 332 — 802
    3. La tratta di persone — 333 — 805
  IV. Deportazione o trasferimento forzato — 334 — 807
  V. Imprigionamento — 338 — 818
  VI. Tortura — 340 — 823
  VII. Violenza sessuale — 344 — 835
    1. Stupro — 345 — 837
    2. Schiavitù sessuale — 347 — 842
    3. Prostituzione forzata — 348 — 843
    4. Gravidanza forzata — 348 — 845

	pag.	n. marg.
5. Sterilizzazione forzata	349	847
6. Altre forme di violenza sessuale	350	848
VIII. Persecuzione	350	849
1. Elemento oggettivo	351	852
2. L'elemento soggettivo	355	860
a) Motivi politici, razziali o religiosi	357	862
b) Altri motivi dell'agire	357	864
IX. Sparizione forzata	358	867
X. Apartheid	361	873
XI. Altre azioni inumane	364	881
D. Concorso di reati	366	884
Parte quinta: i crimini di guerra	370	899
A. Introduzione	372	900
I. Sviluppo storico	373	901
1. Diritto dei conflitti armati e diritto internazionale umanitario	373	902
2. Il recepimento del diritto internazionale umanitario nell'ambito del diritto interno	382	922
3. Diritto internazionale penale e diritto internazionale umanitario	385	927
II. Diritto internazionale umanitario e sanzioni penali	386	930
III. I crimini di guerra nell'ambito di conflitti armati non internazionali	390	938
IV. Gli interessi tutelati	393	944
V. Sistematica dei crimini di guerra	394	946
B. Presupposti ulteriori	395	949
I. Il concetto di conflitto armato	395	949
1. I conflitti fra Stati	396	951
2. Conflitti infrastatuali	397	952
3. L'applicabilità del diritto dei crimini di guerra a situazioni non caratterizzate dall'uso della forza	400	956
II. Conflitti internazionali o non internazionali	401	958
1. Conflitti armati tra Stati di carattere internazionale	401	959
2. Conflitti infrastatuali con carattere internazionale	401	960
a) Guerre di liberazione nazionale	401	961
b) Altri conflitti infrastatuali	402	962

	pag.	n. marg.
3. Conflitti armati misti	404	967
III. Ambito di applicazione spaziale e temporale del diritto dei crimini di guerra	405	969
IV. Il rapporto tra il singolo reato e il conflitto armato	406	971
1. Posizione del soggetto agente	407	973
2. Azioni individuali autonome	408	976
3. Motivazioni del soggetto agente	410	978
V. L'elemento soggettivo	410	979
1. La consapevolezza del conflitto bellico	410	979
2. L'elemento della *wilfulness* nel diritto dei crimini di guerra	411	982
C. Crimini di guerra contro gli individui	**413**	**985**
I. Delimitazione dell'ambito delle persone tutelate	413	985
1. La tutela delle persone nelle Convenzioni di Ginevra	413	986
a) Le «persone tutelate» nei conflitti internazionali	413	987
b) I soggetti tutelati nell'ambito dei conflitti armati non internazionali	416	997
c) L'elemento soggettivo	417	999
2. La tutela degli individui nelle altre fattispecie incriminatici	417	1000
II. L'omicidio	417	1001
III. L'uccisione o il ferimento di combattenti che non partecipano agli scontri armati	420	1005
IV. La fattispecie di maltrattamenti	422	1011
1. La tortura	422	1013
2. Il cagionare gravi sofferenze o gravi danni alla salute (conflitti internazionali)	424	1017
3. La fattispecie di mutilazione	425	1021
4. Esperimenti scientifici, medici o biologici	426	1024
5. Trattamenti crudeli o inumani	428	1029
V. La violenza sessuale	429	1033
1. La violenza sessuale	431	1038
2. Altre gravi forme di violenza sessuale	431	1040
VI. Trattamenti umilianti e degradanti	432	1043
VII. Costrizione a prestare servizio militare e a partecipare ad operazioni di guerra (conflitti armati internazionali)	435	1050
1. Costrizione a prestare servizio nelle forze armate del nemico	435	1050
2. Costrizione a prendere parte ad operazioni di guerra	437	1055
VIII. Schiavitù	438	1058
IX. Lavori forzati	439	1061
X. Condanna di un imputato in assenza di regolare processo	439	1063

	pag.	n. marg.
1. Conflitti internazionali	439	1063
2. Conflitti non internazionali	442	1069
XI. Detenzione illegale (conflitti armati internazionali)	443	1075
XII. Ritardo ingiustificato nel rimpatrio (conflitti internazionali)	445	1080
XIII. La cattura di ostaggi	446	1083
XIV. Deportazione o trasferimento forzoso della popolazione civile	448	1088
1. Conflitti internazionali	448	1089
2. Conflitti non internazionali	449	1093
XV. Il trasferimento della propria popolazione civile (conflitti armati internazionali)	450	1096
XVI. L'impiego di bambini soldato	452	1102
D. Crimini di guerra contro il patrimonio e contro altri diritti	456	1111
I. I delitti di esproprio	456	1112
1. Le condotte tipiche	456	1112
2. L'oggetto della fattispecie tipica	457	1115
3. La dimensione dell'esproprio	459	1119
4. L'elemento soggettivo del reato	460	1121
5. La necessità militare	460	1122
II. Delitti di distruzione	462	1125
1. Ambito di applicazione delle fattispecie	462	1125
2. Le condotte tipiche	463	1127
3. Oggetto materiale della condotta, dimensione del fatto e necessità militare	463	1128
4. L'elemento soggettivo	464	1129
III. Aggressioni contro altri diritti	464	1130
E. Ricorso a metodi di guerra illeciti	465	1133
I. Introduzione	465	1133
1. Attacchi ad obiettivi non militari	465	1133
2. Modi di conduzione del conflitto	466	1137
II. Attacchi alla popolazione civile	467	1140
III. Diffondere il terrore fra la popolazione civile	469	1144
IV. Attacchi a beni di carattere civile	470	1148
1. Conflitto internazionale	470	1148
2. Conflitto non internazionale	471	1151
V. Attacchi a particolari beni protetti	471	1153
VI. Attacco a persone o cose contrassegnate con gli emblemi delle Convenzioni di Ginevra	474	1159
VII. Attacchi con danni collaterali sproporzionati	475	1163

	pag.	n. marg.
1. Conflitto internazionale	476	1164
2. Conflitto non internazionale	478	1172
VIII. Attacchi a beni non militari indifesi	479	1173
1. Conflitto internazionale	479	1173
2. Conflitto non internazionale	480	1177
IX. Omicidio o lesione a tradimento	481	1178
1. Conflitto internazionale	481	1179
2. Conflitto non internazionale	484	1184
X. Abuso di segni di riconoscimento	484	1186
1. Conflitto internazionale	484	1186
a) Abuso di bandiera bianca	485	1189
b) Abuso di bandiere, insegne ed uniformi nemiche	486	1191
c) Abuso di segni distintivi protetti dalle Convenzioni di Ginevra	486	1193
d) Abuso delle insegne protette delle Nazioni Unite	487	1195
e) Gravi conseguenze	488	1197
2. Conflitto non internazionale	488	1198
XI. Ostilità "senza quartiere"	488	1199
XII. Ridurre alla fame la popolazione civile	490	1205
1. Conflitto internazionale	490	1205
2. Conflitto non internazionale	493	1212
XIII. Utilizzo di scudi umani	494	1215
1. Conflitto internazionale	494	1215
2. Conflitto non internazionale	496	1218
F. Impiego di mezzi bellici proibiti	497	1220
I. Introduzione	497	1221
II. Conflitto internazionale (diritto penale statutario)	498	1224
1. Utilizzo di veleno o di armi velenose	498	1224
a) Nozione di "veleno"	499	1227
b) I gas velenosi sono "veleno"?	500	1229
c) Armi di distruzione di massa chimiche e biologiche	501	1230
2. Utilizzo di gas velenosi e sostanze simili	501	1231
3. Uso di proiettili proibiti	503	1235
4. La clausola generale dell'art. 8 co. 2 b) xx) St-ICC	504	1238
III. Conflitto internazionale (diritto internazionale consuetudinario)	505	1240
1. Armi nucleari	505	1242
2. Armi chimiche	506	1243
3. Armi biologiche	507	1247
4. Armi convenzionali	508	1249

	pag.	n. marg.
IV. Conflitto non internazionale (diritto internazionale consuetudinario)	509	1251
G. Crimini di guerra contro operazioni umanitarie	511	1257
H. Concorso di reati	514	1268

Parte sesta: il crimine di aggressione — 517 — 1279

	pag.	n. marg.
A. Il divieto internazionale di aggressione	520	1283
I. Sviluppi prima della seconda guerra mondiale	520	1283
II. Situazione attuale	524	1290
B. Punibilità in base al diritto internazionale consuetudinario (guerra d'aggressione)	526	1293
I. Norimberga e la punibilità della guerra di aggressione	526	1294
II. L'elemento oggettivo	531	1300
1. Guerra di aggressione	531	1300
2. Altri atti di aggressione	534	1307
3. L'ambito dei soggetti attivi del reato	534	1308
4. Le singole condotte	536	1310
III. L'elemento psicologico del reato	538	1313
IV. Giurisdizione	539	1314
C. Il crimine di aggressione nello Statuto di Roma. Un primo sguardo	539	1316
I. La definizione del crimine di aggressione	541	1318
II. Il ruolo del Consiglio di Sicurezza	542	1319

Allegati

A. Charter of the International Military Tribunal [Statuto IMT] — 547

B. Affirmation of the Principles of International Law Recognized by the Charter of the Nürnberg Tribunal, G.A. Res. 95 (I), U.N. GAOR, 1st Sess., pt. 2, at 1144, U.N. Doc. A/236 (1946). [Principi di Norimberga] — 553

	pag.
C. Charter of the International Military Tribunal for the Far East [Statuto IMTFE]	556
D. Control Council Law No. 10. Punishment of Persons Guilty of War Crimes, Crimes Against Peace and Against Humanity [CCL n. 10]	561
E. Statute of the International Tribunal for the Prosecution of Persons Responsible for Serious Violations of International Humanitarian Law Committed in the Territory of the Former Yugoslavia since 1991, [Statuto ICTY]	566
F. Statute of the International Tribunal for Rwanda [Statuto ICTR]	571
G. Rome Statute of the International Criminal Court [Statuto di Roma]	577
H. Elements of Crimes [Elementi dei Crimini]	637

Indice analitico   671

Prefazione dell'Autore all'edizione italiana

Negli ultimi dieci anni ho avuto il piacere di svolgere interventi e relazioni su temi di diritto internazionale penale in svariate università italiane. Sono stato colpito dal vivo interesse per questa materia, e dai miei soggiorni si è generato e sviluppato un attivo e molteplice scambio con colleghe e colleghi italiani. È dunque per me una speciale soddisfazione quella di poter presentare il mio *Völkerstrafrecht* in lingua italiana, dopo che il testo è apparso in traduzione inglese, spagnola e cinese.

L'idea d'una versione italiana è nata, su stimolo dei professori Tullio Padovani e Alberto di Martino, in occasione di svariate conferenze tenute presso la Scuola Superiore Sant'Anna di Pisa: progetto stimolante, cui ho dato entusiastica adesione. Per l'attività di traduzione devo ringraziare in particolare Alberto di Martino ed i suoi collaboratori, che hanno svolto il lavoro con grande impegno e sicura competenza. Il professor Luigi Stortoni, infine, si è mostrato subito disponibile ad accogliere il volume nella collana "Ius" della Bononia University Press: a lui, per questo, va il mio più sentito ringraziamento.

Confido che il lavoro possa riuscire utile a tutti coloro che si occupano – come studenti, come studiosi o come pratici – di diritto internazionale penale, diritto internazionale umanitario, diritti umani.

Cape Town (Sudafrica), marzo 2009

Gerhard Werle

Presentazione

Viene qui presentata la traduzione italiana del *Völkerstrafrecht* di Gerhard Werle, studioso tra i più qualificati del diritto penale internazionale.

L'opera è già stata tradotta in inglese nel 2005 con il titolo *Principles of International Criminal Law*, e l'esistenza di questa traduzione potrebbe di per sé indurre a dubitare dell'utilità di una versione italiana. Il diritto penale internazionale è disciplina che parla inglese, anche perché è stata sino a non molto tempo fa attratta in prevalenza nell'orbita del diritto internazionale. Con l'istituzione della Corte Penale Internazionale si è acceso l'interesse dei penalisti, che, notoriamente, frequentano il tedesco. L'originale tedesco da un lato e la traduzione inglese dall'altro rendevano dunque difficile supporre che le esigenze di studio e di consultazione degli specialisti di lingua italiana potessero rimanere insoddisfatti.

Ma l'obiettivo perseguito con la traduzione si colloca su un piano diverso da quello della scienza specialistica; esso tende a fornire uno strumento solido e affidabile di conoscenza a una cerchia di lettori più vasta ed eterogenea rispetto a quella degli studiosi di settore: studenti, magistrati, avvocati e tutti coloro che, per necessità, per opportunità o per semplice curiosità, decidono di accostarsi al diritto penale internazionale o di approfondirne la conoscenza. La traduzione italiana di un'opera come questa costituirà – tale è l'auspicio – un incoraggiamento e una facilitazione.

Il manuale di Werle è costruito con la solidità sistematica e il rigore metodologico che spesso rifulgono nella dottrina tedesca; senza abbandonarsi peraltro alla deriva concettualistica e iperanalitica che talora l'affligge, rendendone impervio il percorso. L'esposizione risente positivamente del fatto che lo Statuto di Roma costituisce un impasto, non sempre felice ma neppure disprezzabile, tra istanze di *civil law* e prospettive di *common law*, e si adegua a tale caratteristica, evitando di assumere punti di vista "nazionalistici". Il testo costituisce quindi uno strumento efficace per accostarsi al diritto penale internazionale, comprendere la struttura e il contenuto delle norme che la Corte Penale Internazionale è chiamata ad applicare, e impadronirsi delle questioni di fondo che si agitano in questo delicato e fondamentale settore "nascente" dell'ordinamento internazionale.

In effetti, occorre che le tematiche sottese alla prevenzione e alla repressione dei crimini internazionali circolino e si rafforzino nella cultura giuridica italiana, e divengano, per così dire, patrimonio comune e pane quotidiano. L'Italia, che nel promuovere l'istituzione della Corte ha assunto il ruolo di avanguardia, rischia di diventare il fanalino di coda nel momento in cui si tratta di assicurarne il funzionamento e di garantire l'efficacia della sua azione. A differenza di altri paesi, fra cui per l'appunto la Germania, la nostra Repubblica non ha ancora trovato il tempo e il modo di adeguare il proprio ordinamento alle regole dello Statuto di Roma. Non si tratta di un'omissione da poco, dato che – come è noto – la giurisdizione della Corte è «complementare alle giurisdizioni penali nazionali» (art. 1 Statuto di Roma): essa postula quindi che gli ordinamenti nazionali siano "armonicamente" corrispondenti, sul piano funzionale, alle esigenze repressive che la Corte Penale Internazionale è chiamata a soddisfare in via sussidiaria. Ancor più deplorevole appare la placida indifferenza del patrio legislatore, se si considera che l'Italia è sempre più impegnata in operazioni militari (occorrono esempi?) da cui possono (e non solo possono) scaturire situazioni suscettibili, per un verso o per l'altro, di evocare fattispecie e istituti dello Statuto di Roma.

L'adeguamento delle norme interne si impone in una duplice prospettiva. Da un lato, si tratta di un adeguamento *funzionale* (o *servente*) che ponga l'ordinamento in grado di corrispondere alle regole, sostanziali e processuali, proprie dello Statuto di Roma; evitando, per quanto possibile, che la giurisdizione della Corte Penale Internazionale abbia modo di esercitarsi rispetto a fatti suscettibili di essere repressi dai giudici nazionali. La compiutezza e l'efficacia repressiva all'interno esalta così all'esterno il ruolo di *extrema ratio* sotteso alla giurisdizione della Corte Penale Internazionale. Su questo piano, il cammino da compiere è piuttosto lungo. Basti dire che l'art. 7, comma 1°, lett. *f)* dello Statuto di Roma indica, tra i crimini contro l'umanità, la tortura, poi definita al comma 2°, lettera *e)*; mentre nel nostro ordinamento un delitto corrispondente non esiste, e le condotte che ne esprimono il disvalore si disperdono nei rivoli accidentali di questa o quella fattispecie comune, nessuna delle quali, ovviamente, è in grado di cogliere esaustivamente la dimensione offensiva propria della tortura. Per non parlare poi dei crimini di guerra, la cui trama è stata tessuta in piena seconda guerra mondiale (i codici militari vigenti risalgono al 1941), e di recente emendata con qualche intervento novellistico, ma mai seriamente rivista alla luce delle Convenzioni di Ginevra del 1949 e dei Protocolli aggiuntivi del 1977. E gli esempi potrebbero continuare delineando la necessità di percorrere un cammino che, a quanto pare, non è nemmeno agli inizi.

Ma non si tratta solo di impegnare l'Italia a introdurre nella propria legislazione i reati previsti dallo Statuto di Roma, in modo da garantirne la persecuzione interna; occorre anche procedere a un adeguamento *strutturale* (o *armonizzante*), volto ad assicurare la conformità delle disposizioni interne relative alle materie oggi regolate dallo Statuto della Corte, per evitare conflitti normativi che potrebbero risolversi in autentiche violazioni dello Statuto stesso. La questione più delicata concerne le immunità. L'art. 27 dello Statuto sancisce, ai fini della responsabilità per i crimini sottoposti alla giurisdizione della Corte, l'irrilevanza delle qualifiche ufficiali, ed in modo particolare quelle di Capo di stato o di governo, di membro di un governo o di un parlamento, di rappresentante eletto o di agente di uno stato. Poiché le più significative fra tali immunità hanno fondamento costituzionale, è chiaro l'impatto che una ipotetica iniziativa della Corte nei confronti di organi costituzionalmente protetti sarebbe destinata ad assumere in un ordinamento sprovvisto di una disciplina in proposito. Da un lato, la presenza dell'immunità non preclude alla Corte l'esercizio della propria giurisdizione (art. 27, comma 2° dello Statuto); dall'altro, risulterebbe assai problematico prestare la collaborazione dovuta per assicurare la punizione di un soggetto coperto da una immunità a livello costituzionale.

Al di là di queste problematiche interne che dovrebbero (ma quando?) trovare alla fine una soluzione, la necessità che il tema della giustizia penale internazionale non cessi mai di essere all'ordine del giorno deriva dalle sue stesse, attuali insufficienze. L'entrata in funzione della Corte Penale Internazionale ha rappresentato una svolta di grande portata. Per la prima volta nella storia dell'umanità, una giurisdizione sopranazionale di carattere permanente è chiamata a giudicare atti di barbarie sottraendoli alle sorti della battaglia: non più il vincitore che giudica il vinto, ma il giudice che a ciascuno tributa il suo e grava della condanna il colpevole, quale che sia stata la sua sorte nel conflitto. Questo nelle tavole della nuova legge; ma la realtà – com'è evidente a tutti – è ancora di ben diverso segno. Gli ostacoli lungo il cammino della efficacia e della effettività della giurisdizione penale internazionale sono numerosi e non facili da rimuovere: la mancata adesione al trattato istitutivo di alcuni degli stati di maggiore importanza sulla scena internazionale; i lacci e i lacciuoli frapposti dalle stesse Nazioni Unite all'operatività della Corte (basterebbe ricordare la risoluzione del Consiglio di Sicurezza del 12 luglio 2002, secondo cui il personale di tutti gli stati non aderenti al trattato, partecipante a operazioni dirette o autorizzate dall'ONU, è sottratto alla giurisdizione della Corte); le difficoltà connesse alla cooperazione e la mancanza di un apparato coercitivo diretto; e l'elenco potrebbe continuare.

Proprio perché la situazione è difficile e il futuro precario, occorre che la cultura della giurisdizione penale internazionale viva, si diffonda, si radichi nelle coscienze. Non sarà la traduzione di un'opera pur così degna e pur così qualificata a realizzare un obiettivo tanto vasto. Ma da qualche parte ognuno comincia come può: chi sa contare, conta sempre e solo fino a uno; e ripete la conta, senza stancarsi mai.

Bologna, marzo 2009

Tullio Padovani
Luigi Stortoni

Avvertenza del curatore
della traduzione italiana

Quanto alle fonti, per lo Statuto di Roma e gli Statuti dei Tribunali internazionali (soprattutto dei cd. Tribunali *ad hoc* e in particolare di quelli per l'ex Jugoslavia e per il Ruanda) si è fatto riferimento principalmente al testo inglese: ciò, sia nel riprodurre il testo inglese dove esso era conservato in originale, sia nel tradurre in italiano le disposizioni che lì erano state tradotte in tedesco. Quanto ai testi delle più rilevanti convenzioni internazionali, ed in particolare per quelle di diritto internazionale umanitario, abbiamo consultato la versione in lingua italiana del *Codice di diritto internazionale umanitario*[2], a cura di E. Greppi e G. Venturini, Torino 2007. Altre convenzioni, soprattutto nelle note a piè di pagina, sono state citate con la relativa intitolazione in inglese.

Non sono state tradotte le parti del manuale di Werle concernenti esclusivamente il diritto tedesco, cioè l'esposizione delle soluzioni adottate in sede di adeguamento dell'ordinamento interno allo Statuto, realizzato mediante l'approvazione di un Codice dei crimini internazionali (*Völkerstrafgesetzbuch*), entrato in vigore il 30 giugno 2001. Dei caratteri generalissimi di questo codice il lettore può avere contezza consultando lo scritto, già apparso in lingua italiana, di Werle e Jeßberger, *L'adattamento nell'ordinamento nazionale dello Statuto della Corte criminale internazionale*, in *L'Indice penale*, 2005, 747 ss.; nonché, degli stessi, *Concetto, legittimazione e prospettive del diritto internazionale penale, oggi*, in *Rivista di diritto e procedura penale*, 2004, 733 ss.

È necessario avvertire che nelle more della traduzione l'evoluzione della materia è stata particolarmente significativa. Qui si possono almeno menzionare i seguenti primi passi della giustizia internazionale davanti all'ICC: *a*) la decisione 30 settembre 2008, *Ngudjolo Chui e Katanga*, fondamentale nel definire i contorni sia dell'autorìa mediata tramite dominio d'un apparato di potere organizzato, sia della coautorìa indiretta, vale a dire un'inedita ipotesi nella quale l'agente non si avvale direttamente di un altro soggetto come suo "strumento" nella realizzazione del crimine, ma agisce unitamente ad un altro "coautore", che su quel soggetto – nel caso di specie, minore di 15 anni – esercita invece un dominio (cfr. <http://www.icc-cpi.int/iccdocs/doc/doc571253.pdf>, partic. pp. 164-181); *b*) la decisione del 4 marzo 2009, relativa al mandato d'arresto del Presidente sudanese *Al Bashir*, rilevante sotto tre profili: per la definizione dell'elemento di contesto del crimine di genocidio; per l'inquadramento dei rapporti sistematici fra lo Statuto della Corte e il testo degli "Elementi dei Crimini"; per il principio fondamentale della stretta interpretazione delle fattispecie incriminatrici ai sensi dell'art. 22 dello stesso Statuto (<http://www.icc-cpi.int/iccdocs/doc/doc639078.pdf>). Rilevanza tecnica, quella del provvedimento contro il Presidente sudanese, la quale – d'altra parte – non può metter la sordina a perplessità (non etiche, certo, ma) politiche e strategiche che possono minare alla radice la legittimazione *anche* giuridica della decisione: anche un'utopia in cammino, di cui ha scritto un noto letterato italiano, può però inciampare.

Quanto alle scelte di traduzione, alcune indicazioni s'impongono, non tanto per giustificarne l'adozione da un punto di vista puramente lessicale quanto per indicare ciò che i traduttori hanno creduto d'imparare nel dialogo con il testo: prezioso l'avvertimento dell'autore che talvolta – addirittura più ancora che la mera assonanza linguistica – la stessa vicinanza concettuale di determinati istituti, soprattutto di parte generale, a quelli familiari agli ordinamenti giuridici nazionali può rivelarsi fuorviante.

Innanzi tutto il termine che designa l'oggetto stesso della materia: *Völkerstrafrecht*. Esso è stato reso, di volta in volta, con le espressioni "diritto dei crimini internazionali" e "diritto internazionale penale": la prima espressione quando l'accento, il nucleo di senso del ragionamento ci è apparso rivolto alla previsione dei crimini, delle relative fattispecie; la seconda quando l'accento ci è sembrato posto, per così dire, sul complesso ordinamentale (diritto internazionale penale, ad esempio, come ambito idealmente contrapposto ai diritti nazionali – ed in particolare alle regole sull'esercizio della giurisdizione penale statuale sui fatti connotati da elementi di estraneità, cd. diritto penale internazionale – o, sotto altro rispetto, costituente branca specifica del diritto internazionale).

Correlativa alla coppia concettuale or ora menzionata, seppure non propriamente sovrapponibile ad essa, è la distinzione fra "crimini di diritto internazionale" e "crimini internazionali" (cfr. n. marg. 109 ss.). La prima denominazione (corrispondente al tedesco *Völkerrechtsverbrechen*, e all'inglese *crimes under international law*) intende designare in particolare i crimini puniti direttamente in base al diritto internazionale, che sono, a loro volta, parte dei crimini internazionali (quest'ultimi dunque possono essere anche indicati come crimini internazionali in senso lato: nell'originale tedesco, *internationale Verbrechen*).

Talvolta si è ritenuto che la traduzione implicasse scelte di valore. Un esempio per tutti: difficile questione è parsa, anche dal molto modesto angolo visuale delle esigenze di traduzione, quella dei presupposti della responsabilità omissiva del superiore gerarchico, di cui allo Statuto della Corte Criminale Internazionale. In particolare, fra i requisiti di rilevanza dell'omissione di un appropriato esercizio del potere/dovere di controllo sull'attività dei subordinati, vi è la mancata adozione di misure qualificate come "erforderlich und angemessen" ("necessary and reasonable" nel testo inglese; "nécessaires et raisonnables" nel testo francese; "necessarie e ragionevoli" in una traduzione italiana non ufficiale). Ora, mentre il requisito di necessarietà non crea particolari problemi, si è invece ritenuto che la traduzione del termine tedesco *angemessen* con quello italiano "ragionevole", per quanto affine al testo delle versioni inglese e francese dello Statuto, o non ne esprimesse adeguatamente la pregnanza di significato, o rappresentasse, nell'apparente ripetizione della formula normativa, un suggerimento nel senso del valore puramente endiadico del doppio requisito. Si è dunque scelto di utilizzare i termini di "proporzionato" e "appropriato". In effetti, anche il termine *reasonable* ("ragionevole"), 'sciolto' nel suo significato, fa riferimento a uno standard di valutazione o misura, riferibile – se considerato, per così dire, *ex parte actionis* – a «what is fair and appropriate under usual and ordinary circumstances» e, considerato *ex parte agentis*, a «the way a rational and just person would have acted»[1]; ambito semantico, questo, che non sembra poter essere assorbito dal requisito di necessarietà. L'espressione tedesca concerne per parte sua, nel diritto interno di provenienza[2], la valutazione di una condotta criminosa commessa in stato di necessità, condizionandone la giustificazione o ad un giudizio di funzionalità allo scopo, o ad un giudizio in base al quale deve essere esclusa dal bilanciamento di interessi in gioco la tutela della dignità umana: quando la reazione necessitata offenda la dignità umana, essa non potrà mai essere giustificata, perché la dignità non soffre bilanciamenti. Vi è dunque nel termine tedesco (anche) l'idea d'un "limite invalicabile", che non può essere superato neppure da una condotta altrimenti consentita o tollerata; anche e proprio a quest'idea di limite, a questo quadro di riferimento ideale nel quale consapevolmente o meno si muove il lemma di cui si tratta, la traduzione deve render giustizia riproducendone il senso nel diverso contesto in cui questo viene messo in gioco. Nel primo senso (funzionalità allo scopo), che è anche il più semplice, il superiore gerarchico dovrebbe adottare tutte le misure in qualsiasi modo, per l'appunto, funzionali allo scopo, ed è questa sfumatura che si è inteso cogliere con l'aggettivazione "appropriate": il superiore deve adottare non solo misure genericamente idonee *ex ante* anche se prive di efficacia causale, ma soprattutto ed in particolare quelle che appaiano precisamente, specificamente adeguate, appropriate appunto, al fine di evitare il fatto del sottoposto.

---

[1] S.E. Wild, *Webster's Law Dictionary*, Wiley, Hoboken NJ 2006.
[2] La cd. *Angemessenheitsklausel* è prevista dal § 34, secondo periodo, del codice penale tedesco quale ulteriore condizione di giustificazione del fatto commesso in stato di necessità. Sull'interpretazione di tale requisito nel diritto tedesco cfr. per tutti C. Roxin, *Strafrecht. Allgemeiner Teil*, I[4], München 2006, 726, 767 ss.

Nel secondo senso (proporzione), s'intende evidenziare l'idea del limite della pretesa elevata nei confronti del superiore: se ciò che a costui si richiede è di porre in essere le misure necessarie, questo costituisce anche il limite della condotta che l'ordinamento internazionale (per mezzo dello Statuto) può da lui pretendere: se la pretesa di adottare le misure non è "proporzionata", allora essa non può essere affermata nei confronti del superiore perché finirebbe con il tradursi in una forma di responsabilità per fatto altrui, confliggente con gli stessi requisiti di imputazione soggettiva affermati anche per i più gravi fra i crimini *of international concern*. E l'imputazione soggettiva è tanto più necessaria, quasi contro ciò che potrebbe suggerire il senso comune, proprio perché «la responsabilità liberamente fluttuante, disancorata, è la condizione stessa delle azioni immorali o illegittime che hanno luogo grazie all'obbedienza», e «la perpetuazione collettiva di azioni crudeli viene resa molto più facile dal fatto che la responsabilità non può essere attribuita ad alcuno, mentre tutti coloro che partecipano a tali azioni sono convinti che essa ricada su una qualche "autorità adeguata"»[3].

Non è possibile nascondere (e nascondersi) che queste scelte incidono sulla neutralità della traduzione, e si spingono oltre la stessa fedeltà all'originale; ma crediamo di doverle rivendicare (ed onestamente manifestarle al lettore), perché attengono, in realtà, ai motivi profondi della stessa scelta di tradurre un testo di diritto dei crimini internazionali; attengono, insomma, agli esiti ideali perseguiti pur con un modesto lavoro di riproduzione del lavoro scientifico altrui.

Un'ultima notazione – che peraltro, in certa guisa, sta alla base di tutte le precedenti – proprio sulle motivazioni del presentare la traduzione del lavoro di Werle.

Anche in Italia la letteratura in tema di crimini internazionali si è alimentata, soprattutto in prossimità (ed a partire dall'approvazione) dello Statuto della Corte Criminale Internazionale, di gran copia di studi[4]; ma è forse rimasta come rete di fiumi carsici, potenti sì, e ramificati, ma nascosti quasi, non adeguatamente sfruttati per alimentare l'irrigazione delle terre della politica. Non è questa la sede per interrogarsi sui motivi di questa mancata fecondazione di "azione politica" da parte di studi importanti e comunque già numerosi; si può forse solo nutrire qualche illusione di poter (ri)partire "dal basso", da lavori destinati alla *formazione*.

Certo, non si può ancora parlare di abbondanza di studi generali in lingua italiana orientati alla "formazione": fra quelli con taglio manualistico sono da registrare, in particolare, il testo del prof. Antonio Cassese[5] e un paio di volumi collettanei

---

[3] Così Z. Bauman, *Modernità e Olocausto*, trad. it., Bologna 1992, 225.

[4] Per limitarsi a quelli di ordine generale ed in lingua italiana, cfr. l'importante volume *La Corte penale internazionale. Organi - competenza - reati - processo*, coord. da G. Lattanzi e V. Monetti, Milano 2006; nonché *Problemi attuali della giustizia penale internazionale*, a cura di A. Cassese, M. Chiavario, G. De Francesco, Torino 2005; *La Corte penale internazionale. Problemi e prospettive*, a cura di G. Carlizzi, G. Della Morte, S. Laurenti, A. Marchesi, Napoli 2003.

[5] A. Cassese, *Lineamenti di diritto internazionale penale*, vol. I. Diritto sostanziale, vol. II. Dirit-

di recente pubblicati[6]. In questo contesto, il manuale di Werle e del suo "circolo berlinese" è parso particolarmente felice, per almeno due ordini di considerazioni, meglio e più diffusamente spiegate nella *Presentazione* di Padovani e Stortoni.

Per un verso, perché esso unisce al rigore tecnico-giuridico una vigile attenzione agli aspetti storico-politici di evoluzione della giustizia penale internazionale, ivi comprese soluzioni alternative alla risposta sanzionatoria quali quelle evocate dal termine di *transitional justice*. In ciò, esso sembra rendere pienamente giustizia di una caratteristica del diritto dei crimini internazionali: questa materia esprime non solo un "diritto di confine" (perché, dal punto di vista tecnico-giuridico, interessa sia il diritto internazionale sia il diritto, o meglio il sistema, penale), ma fors'anche il confine del diritto, oltre il quale stanno i territori della politica internazionale – i "rapporti di forza", per dirla con lo storico Carlo Ginzburg –, quelli della gestione conciliativa dei conflitti e, profondamente diverse eppure altrettanto profondamente connesse, le vie della scrittura della storia; il "mestiere di storico" e quello di giudice sembrano qui essere talmente e pericolosamente compenetrati[7], che ogni categoria puramente giuridica finisce con l'assomigliare a lente opaca, incapace di cogliere la *Natur der Sache*, il senso vero delle cose.

Il secondo elemento d'interesse del volume di Werle è (in apparenza) specialmente collegato alla cultura giuridica penale: esso esibisce lucidamente la necessità di un dialogo fra discipline, in particolare (lo si è accennato poc'anzi) il diritto internazionale ed il diritto penale.

Per almeno queste due buone ragioni si è creduta opera non vana presentare in traduzione il volume di Werle e del gruppo berlinese; sorretta dall'illusione di contribuire a tener viva l'attenzione anche della cultura giuridico-penale e – perché no? – di quella politica nostrana, sul "male radicale", sulle tensioni cui esso sottopone le categorie della responsabilità penale individuale: ben diversamente da quanto accaduto nell'esperienza tedesca, è da noi proprio la carenza di impegno politico-legislativo che merita di essere segnalata. La questione di un adeguamento dell'ordinamento italiano allo Statuto non pare all'ordine del giorno; ed è auspicabile che non si tratti di un processo di rimozione simile a quello che ha portato alla «mancata Norimberga italiana»[8].

Questa traduzione è intesa, insomma, come un modo forse immodesto (data la natura dell'opera svolta) di voler appartenere a quanti, proprio ripercorrendo una materia che trae alimento dal male "inumano" o, come è stato detto, "troppo umano", vogliano ostinarsi a credere che, pur a fronte delle ragioni della forza, nelle relazioni internazionali almeno *qualche* azione è possibile, sorretta dall'ideale,

---

to processuale, Bologna 2005-2006.

[6] E. Amati, V. Caccamo, M. Costi, E. Fronza, A. Vallini, *Introduzione al diritto penale internazionale*, Milano 2006; *Diritto penale internazionale*, a cura di E. Mezzetti, vol. I. Casi e materiali, vol. II. Studi, Torino 2006-2008.

[7] O. Marquard, A. Melloni, *La storia che giudica, la storia che assolve*, Roma-Bari 2008, 13.

[8] M. Battini, *Peccati di memoria. La mancata Norimberga italiana*, Roma-Bari 2003.

trasmesso da antichi maestri di storia[9], di una vita politica e civile più alta e più degna.

Pisa - Roma, marzo 2009

Alberto di Martino
Associato di diritto penale
Scuola Superiore Sant'Anna, Pisa

---

[9] F. Catalano, *Stato e società nei secoli*, III.2, Messina-Firenze 1981 (dedica).

Abbreviazioni

AC	Camera d'Appello (Appeals Chamber)
Add.	Addendum
AIDP	Association Internationale de Droit Pénal
AJIL	American Journal of International Law (citato con l'indicaz. di volume, anno e pagina)
art. / artt.	articolo/articoli
art. 3 com(une)	art. 3 comune alle Convenzioni di Ginevra
AVR	Archiv des Völkerrechts (citato con l'indicaz. di volume, anno e pagina)
Begr. VStGB	Begründung zum Völkerstrafgesetzbuch (Relazione al Codice tedesco di diritto internazionale penale)
BGBl.	Bundesgesetzblatt (Gazzetta Ufficiale tedesca)
BGH	Bundesgerichtshof (Corte federale di Cassazione)
BGHSt	Entscheidungen des Bundesgerichtshofs in Strafsachen (citato con l'indicaz. di volume e pagina)
BSGE	Entscheidungen des Bundessozialgerichts (citato con l'indicaz. di volume e pagina)
BVerfG	Bundesverfassungsgericht (Tribunale costituzionale)
CADU	Convenzione Americana sui Diritti Umani
CADUP	Carta Africana dei Diritti dell'Uomo e dei Popoli
CCL n. 10	Control Council Law n° 10
cd.	cosiddetto
CEDU	Convenzione europea per la protezione dei diritti umani e delle libertà fondamentali
co.	comma
DDR	Repubblica Democratica Tedesca (Deutsche Demokratische Republik)
dec.	decisione
d.i.p.	diritto internazionale penale
Doc.	Document
Draft Code 1954	Draft Code of Offences against the Peace and Security of Mankind, Report of the International Law Commission covering

	the work of its sixth session (3 June-28 July 1954), UN Doc. A/2693, in: Yearbook of International Law Commission 1954 II, 149
Draft Code 1954	Draft Code of Crimes against the Peace and Security of Mankind, Report of the International Law Commission on the work of its forty-third session (29 April-19 July 1991), UN Doc. A/46/10, in: Year-book of International Law Commission 1991 II, 79
Draft Code 1996	Draft Code of Crimes against the Peace and Security of Mankind, Report of the International Law Commission on the work of its forty-eight session (6 May-26 July 1996), UN Doc. A/51/10, in: Yearbook of International Law Commission 1996 II, 15
DRiZ	Deutsche Richterzeitung (citato con l'indicaz. di volume e pagina)
EC	*Elements of Crimes*
ed.	edizione
EJIL	European Journal of International Law (citato con l'indicaz. di volume, anno e pagina)
ENMOD	Convention on the Prohibition of Military or any other Hostile Use of Environmental Modification Techniques (Ginevra, 18 maggio 1977)
et al.	et alii
EuGRZ	Europaische Grundrechte-Zetschrift (citato con l'indicaz. di anno e pagina)
GA	Goltdammer's Archiv für Strafrecht (citato con l'indicaz. di anno e pagina)
GAOR	United Nations General Assembly Official Records
Gestapo	Geheime Staatspolizei (Polizia segreta di Stato della Germania nazista)
GG	Legge Fondamentale della Repubblica Federale Tedesca, 23 maggio 1949 (ora della Germania)
Ginevra I	Convention for the Amelioration of the Condition of the Wounded and Sick in Armies in the Field (27 luglio 1929)
Ginevra II	Convention for the Amelioration of the Condition of the Wounded, Sick and Shipwrecked Members of Armed Forces at Sea (12 agosto 1949)
Ginevra III	Convention Relative to the Treatment of Prisoners of War (12 agosto 1949)
Ginevra IV	Convention Relative to the Protection of Civilian Persons in Time of War (12 agosto 1949)
G.U.	Gazzetta Ufficiale
ICC	Corte Criminale Internazionale permanente (International Criminal Court)
ICJ	International Court of Justice
ICRC	International Committee of the Red Cross
ICTR	Tribunale penale internazionale per il Ruanda (International Criminal Tribunal for Rwanda)
ICTY	Tribunale penale internazionale per la ex Jugoslavia (International Criminal Tribunal for the former Yugoslavia)
ILA	International Law Association

ILC	International Law Commission
ILM	International Legal Materials (citato con l'indicaz. di volume, anno e pagina)
ILO	International Labour Organisation
ILR	International Law Report (citato con l'indicaz. di volume, anno e pagina)
IMT	Tribunale Militare Internazionale di Norimberga (International Military Tribunal)
IMTFE	Tribunale militare internazionale per l'Estremo Oriente, Tokio (International Military Tribunal for the Far East)
JR	Juristische Rundschau (citato con l'indicaz. di anno e pagina)
Jura	Juristische Ausbildung (citato con l'indicaz. di anno e pagina)
JuS	Juristische Schulung (citato con l'indicaz. di anno e pagina)
JZ	Juristenzeitung (citato con l'indicaz. di anno e pagina)
KJ	Kritische Justiz (citato con l'indicaz. di anno e pagina)
KZ	Campo di concentramento (Konzentrationslager)
L.	Legge
LG	Landgericht
LK	Leipziger Kommentar zum Strafgesetzbuch (citato con l'indicaz. dell'autore dei singoli commenti, edizione, §§ e n. marg.)
LNTS	League of Nations Treaty Series
MDR	Monatsschrift für Deutsches Recht (citato con l'indicaz. di anno e pagina)
MK	Münchener Kommentar zum Strafgesetzbuch (citato con l'indicaz. dell'autore dei singoli commenti, edizione, §§ e n. marg.)
MPC	Model Penal Code (American Law Institute 1985)
NATO	North Atlantic Treaty Organisation
N.d.T.	nota del traduttore
n.	numero
n. marg.	numero a margine
NJ	Neue Justiz (citato con l'indicaz. di anno e pagina)
NJW	Neue Juristische Wochenschrift (citato con l'indicaz. di anno e pagina)
NK	Nomos-Kommentar zum Strafgesetzbuch (citato con l'indicaz. dell'autore dei singoli commenti, edizione, §§ e n. marg.)
NStZ	Neue Zeitschrift für Strafrecht (citato con l'indicaz. di anno e pagina)
NStZ-RR	Neue Zeitschrift für Strafrecht – Rechtsprechungs – Report (citato con l'indicaz. di anno e pagina)
OGHSt	Decisioni del Tribunale Supremo per la Zona d'Occupazione Britannica (Oberster Gerichtshof für die britische Zone in Strafsachen)
ÖJZ	Österreichische Juristen-Zeitung (citato con l'indicaz. di anno e pagina)
ONU	Organizzazione delle Nazioni Unite
OKW	Comando Supremo della Wehrmacht (Oberkommando der Wehrmacht)
OLG	Oberlandesgericht
OSCE	Organizzazione per la Sicurezza e la Cooperazione in Europa
PDCP	Patto internazionale sui diritti civili e politici
Preparatory Commission	Preparatory Commission for the International Criminal Court

Preparatory Committee	Preparatory Committee on the Establishment of an International Criminal Court
Protocollo I	I Protocollo aggiuntivo alle Convenzioni di Ginevra relativo alla protezione delle vittime dei conflitti armati internazionali (8 giugno 1977)
Protocollo II	II Protocollo aggiuntivo alle Convenzioni di Ginevra relativo alla protezione delle vittime dei conflitti armati non internazionali (8 giugno 1977)
Protocollo III	III Protocollo aggiuntivo alle Convenzioni di Ginevra relativo all'adozione di un emblema distintivo aggiuntivo (8 dicembre 2005)
PTC	Camera preliminare (Pre-Trial Chamber)
RB	Referral Bench
RG	Reichsgericht (Corte di Cassazione dell'Impero Germanico)
RGBl.	Reichsgesetzblatt (Gazzetta Ufficiale dell'Impero Germanico)
ris.	risoluzione
RuSHA	Ufficio Centrale per la razza e l'insediamento (Rasse- und Siedlungshauptamt)
s. / ss.	seguente / seguenti
SC-SL	Special Court for Sierra Leone
SD	Sicherheitsdienst (Servizio di Sicurezza)
sent.	sentenza
S.O.	Supplemento Ordinario alla Gazzetta Ufficiale della Repubblica Italiana
SS	Schutzstaffel-n
StGB	Codice penale tedesco aggiornato alla legge di modifica del 13 aprile 2007 (BGBl. 2007 I, 513)
St-ICC	Statuto ICC
St-ICTR	Statuto ICTR
St-ICTY	Statuto ICTY
St-IMT	Statuto IMT
St-IMTFE	Statuto IMTFE
StPO	Codice di procedura penale tedesco aggiornato alla legge di modifica del 13 aprile 2007 (BGBl. 2007 I, 513)
StV	Strafverteidiger (citato con l'indicaz. di anno e pagina)
Supp(l).	Supplemento
TC	Camera di prima istanza (Trial Chamber)
UN	Nazioni Unite
UN Doc.	Documenti delle Nazioni Unite
UNTAET	United Nations Transitional Administration in East Timor
UNTS	United Nations Treaty Series
UNWCC	United Nations War Crimes Commission
US / U.S.	United States
USA	Stati Uniti d'America (United States of America)
v.	vedi / versus
var.	variante
vol.	volume
Vorbem.	Vorbemerkung(en)
VStGB	Codice tedesco di diritto internazionale penale (Völkerstrafgesetzbuch)
WStG	Codice penale militare tedesco aggiornato alla legge di modifica

	del 22 aprile 2005, BGBl. 2005 I, 1106
ZaöRV	Zeitschrift für ausländisches öffentliches Recht und Volkerrecht (citato con l'indicaz. di volume, anno e pagina)
ZfRV	Zeitschrift für Rechtsvergleichung, Internationales Privatrecht und Europarecht (citato con l'indicaz. di volume, anno e pagina)
ZNR	Zeitschrift für Neuere Rechtsgeschichte (citato con l'indicaz. di anno e pagina)
ZRP	Zeitschrift für Rechtspolitik (citato con l'indicaz. di anno e pagina)
ZStW	Zeitschrift für die gesamte Strafrechtswissenschaft (citato con l'indicaz. di volume, anno e pagina)

PARTE PRIMA: FONDAMENTI

A. L'evoluzione del diritto internazionale penale

Ahlbrecht, Heiko: Geschichte der völkerrechtlichen Strafgerichtsbarkeit im 20. Jahrhundert, Unter besonderer Berücksichtigung der völkerrechtlichen Straftatbestände und der Bemühungen um einen Ständigen Internationalen Strafgerichtshof (1999); *Ambos, Kai:* Zum Stand der Bemühungen um einen ständigen Internationalen Strafgerichtshof und ein Internationales Strafgesetzbuch, ZRP 1996, 263 ss.; *Ambos, Kai/Othman, Mohamed* (Hrsg.)*:* New Approaches to International Criminal Justice (2003); *Ambos, Kai:* Internationales Strafrecht (2006), § 6; *Bass, Gary Jonathan:* Stay the Hand of Vengeance, The Politics of War Crimes Tribunals (2000), 147 ss.; *Bassiouni, M. Cherif:* International Criminal Investigations and Prosecutions: From Versailles to Rwanda, in: Bassiouni, M. Cherif (Hrsg.), International Criminal Law, Band 3, 2. Aufl. (1999), 31 ss.; *Bassiouni, M. Cherif:* The Legislative History of the International Criminal Court, Band 1 (2005), 41 ss.; *Bos, Adriaan:* From the International Law Commission to the Rome Conference (1994-1998), in: Cassese, Antonio/Gaeta, Paola/Jones, John R.W.D. (Hrsg.), The Rome Statute of the International Criminal Court: A Commentary, Band 1 (2002), 35 ss.; *Bruer-Schäfer, Aline:* Der Internationale Strafgerichtshof, Die Internationale Strafgerichtsbarkeit im Spannungsfeld von Recht und Politik (2001), 35 ss.; *Casey, Lee A.:* The Case Against the International Criminal Court, Fordham International Law Journal 25 (2002), 840 ss.; *Cassese, Antonio:* From Nuremberg to Rome: International Military Tribunals to the International Criminal Court, in: Cassese, Antonio/Gaeta, Paola/Jones, John R.W.D. (Hrsg.), The Rome Statute of the International Criminal Court: A Commentary, Band 1 (2002), 3 ss.; *Cassese, Antonio:* International Criminal Law (2003), 327 ss.; *Clark, Roger S.:* Mixed National and International Courts for the Adjudication of (Mostly) International Crimes, Criminal Law Forum 15 (2004), 467 ss.; *Crawford, James:* The Work of the International Law Commission, in: Cassese, Antonio/Gaeta, Paola/Jones, John R.W.D. (Hrsg.), The Rome Statute of the International Criminal Court, A Commentary, Band 1 (2002), 23 ss.; *Egonda-Ntende, Fredrick:* Justice after Conflict: Challenges Facing Hybrid Courts: National Tribunals with International Participation, Humanitäres Völkerrecht-Informationsschriften 2005, 24 ss.; *Geiß, Robin/Bulinckx, Noëmi:* International and internationalized criminal tribunals: A synopsis, International Review of the Red Cross 88 (2006), 49 ss.; *Graefrath, Bernhard:* Die

1

Verhandlungen der UN-Völkerrechtskommission zur Schaffung eines Internationalen Strafgerichtshofs, ZStW 104 (1992), 190 ss.; *Große, Christina:* Der Eichmann-Prozess zwischen Recht und Politik (1995); *Hankel, Gerd:* Die Leipziger Prozesse (2003); *Herde, Robert:* Command Responsibility, Die Verfolgung der „Zweiten Garde" deutscher und japanischer Generäle im alliierten Prozeßprogramm nach dem Zweiten Weltkrieg (2001); *Hollweg, Carsten:* Das neue internationale Tribunal der UNO und der Jugoslawienkonflikt, JZ 1993, 980 ss.; *Hosoya, Chihiro* et al. (Hrsg.)*:* The Tokyo War Crimes Trial, An International Symposium (1986); *Ipsen, Knut:* Das „Tokyo Trial" im Lichte des seinerzeit geltenden Völkerrechts, in: Herzberg, Rolf Dietrich (Hrsg.), Festschrift für Dietrich Oehler (1985), 505 ss.; *Jescheck, Hans-Heinrich:* Die Verantwortlichkeit der Staatsorgane nach Völkerstrafrecht, Eine Studie zu den Nürnberger Prozessen (1952), 19 ss.; *Jescheck, Hans-Heinrich:* The General Principles of International Criminal Law Set Out in Nuremberg as Mirrored in the ICC Statute, Journal of International Criminal Justice 2 (2004), 38 ss.; *Jung, Susanne:* Die Rechtsprobleme der Nürnberger Prozesse, dargestellt am Verfahren gegen Friedrich Flick (1992); *Kaul, Hans-Peter:* Auf dem Weg zum Weltstrafgerichtshof, Verhandlungsstand und Perspektiven, Vereinte Nationen 1997, 177 ss.; *Kaul, Hans-Peter:* Der Aufbau des Internationalen Strafgerichtshofs, Schwierigkeiten und Fortschritte, Vereinte Nationen 2001, 215 ss.; *Kirsch, Philippe/Oosterveld, Valerie:* The Post-Rome Conference Preparatory Commission, in: Cassese, Antonio/Gaeta, Paola/Jones, John R.W.D. (Hrsg.), The Rome Statute of the International Criminal Court: A Commentary, Band 1 (2002), 93 ss.; *Kirsch, Philippe/Robinson, Darryl:* Reaching Agreement at the Rome Conference, in: Cassese, Antonio/Gaeta, Paola/Jones, John R.W.D. (Hrsg.), The Rome Statute of the International Criminal Court: A Commentary, Band 1 (2002), 67 ss.; *Knoops, Geert-Jan Alexander:* International and Internationalized Criminal courts: the new face of international peace and security?, International Criminal Law Review 4 (2004), 527 ss.; *Kreß, Claus:* Versailles – Nürnberg – Den Haag: Deutschland und das Völkerstrafrecht, JZ 2006, 981 ss.; *Lippman, Matthew:* The other Nuremberg: American Prosecution of Nazi War Criminals in Occupied Germany, Indiana International and Comparative Law Review 1992, 1 ss.; *McDonald, Gabrielle Kirk:* Contributions of the International Criminal Tribunals to the development of substantive international humanitarian law, in: Yee, Sienho/Wang, Tieya (Hrsg.), International Law in the Post-Cold War World: Essays in memory of Li Haopei (2001), 446 ss.; *McGoldrick, Dominic/Rowe, Peter/Donnelly, Eric* (Hrsg.)*:* The Permanent International Criminal Court (2004); *Merkel, Reinhard:* Das Recht des Nürnberger Prozesses, Gültiges, Fragwürdiges, Überholtes, in: Nürnberger Menschenrechtszentrum (Hrsg.), Von Nürnberg nach Den Haag, Menschenrechtsverbrechen vor Gericht, Zur Aktualität des Nürnberger Prozesses (1996), 68 ss.; *Morris, Virginia/Scharf, Michael P.:* An Insider's Guide to the International Criminal Tribunal for the Former Yugoslavia, Band 1 (1995), 17 ss.; *Morris, Virginia/Scharf, Michael P.:* The International Criminal Tribunal for Rwanda, Band 1 (1998), 2 ss.; *Müller, Kai:* Oktroyierte Siegerjustiz nach dem Ersten Weltkrieg, AVR 39 (2001), 202 ss.; *Naucke, Wolfgang:* Bürgerliche Kriminalität, Staatskriminalität und Rückwirkungsverbot, in: Donatsch, Andreas (Hrsg.), Festschrift für Stefan Trechsel (2002), 505 ss.; *Neubacher, Frank:* Kriminologische Grundlagen einer internationalen Strafgerichtsbarkeit (2005); *Oellers-Frahm, Karin:* Das Statut des Internationalen Strafgerichtshofs zur Verfolgung von Kriegsverbrechen im ehemaligen Jugoslawien, ZaöRV 54 (1994), 416 ss.; *Osten, Philip:* Der Tokioter Kriegsverbrecherprozeß und die japanische Rechtswissenschaft (2003); *Piccigallo, Philip R.:* The Japanese on Trial, Allied War Crimes Operations in the East, 1945–1951 (1979); *Röling, Bernhard V. A./Cassese, Antonio:* The Tokyo Trial and Beyond: Reflections of a Peacemonger (1993); *Roggemann, Herwig:* Auf dem Weg zu einem ständigen internationalen Strafgerichtshof, ZRP 1996, 388 ss.; *Roggemann, Herwig:* Die internationalen Strafgerichtshöfe, 2. Aufl. (1998); *Romano, Cesare P.R./ Nollkaemper, André/Kleffner, Jann K.* (Hrsg.)*:* Internationalized Criminal Courts, Sierra Leone, East Timor, Kosovo, and Cambodia (2004); *Schabas, William A.:* The UN International Criminal Tribunals (2006); *Scharf, Michael P.:* Balkan Justice (1997); *Schwengler, Walter:* Völkerrecht, Versailler Vertrag und Auslieferungsfrage, Die Strafverfolgung wegen Kriegsverbrechen als Problem des Friedensschlusses 1919/20 (1982); *von Selle, Dirk:* Prolog zu Nürnberg – Die Leipziger Kriegsverbrecherprozesse vor dem Reichsgericht, ZNR 1997, 193 ss.; *Shany, Yuval:* Does One Size Fit All?: Reading the Jurisdictional Provisions of the New Iraqi Special Tribunal Statute in the Light of the Statutes of International Criminal Tribunals, Journal of International Criminal Justice 2 (2004), 338 ss.; *Stahn, Carsten:* Justice Under Transitional Administration: Contours and Critique of a Paradigm, Houston Journal of International Law 27 (2005), 311 ss.; *Taylor, Telford:* Die Nürnberger Prozesse, Hintergründe, Analysen und Erkenntnisse aus heutiger Sicht (1994); *Tomuschat, Christian:* Ein Internationaler Strafgerichtshof als Element einer Weltfriedensordnung, Europa-Archiv 1994, 61 ss.; *Tomuschat, Christian:* Die Arbeit der ILC im Bereich des materiellen Völkerstrafrechts, in: Hankel, Gerd/Stuby, Gerhard (Hrsg.), Strafgerichte gegen Menschheitsverbrechen, Zum Völkerstrafrecht 50 Jahre nach den Nürnberger Prozessen (1995), 270 ss.; *Tomuschat, Christian:* Das Statut von Rom für den Internationalen Strafgerichtshof, Die Friedens-Warte 73 (1998), 335 ss.; *Tomuschat, Christian:* The Legacy of Nuremberg, Journal of International Criminal Justice 4 (2006), 830 ss.; *Triffterer, Otto:* Grundlagen, Möglichkeiten und Grenzen des internationalen Tribunals zur Verfolgung der Humanitätsverbrechen im ehemaligen Jugoslawien, ÖJZ 1994, 825 ss.; *Triffterer, Otto:* Der ständige Internationale Strafgerichtshof – Anspruch und Wirklichkeit, Anmerkungen zum „Rome Statute of the International Criminal Court" vom 17. Juli 1998, in: Gössel, Karl Heinz/Triffterer, Otto (Hrsg.), Gedächtnisschrift für Heinz Zipf (1999), 493 ss.; *Triffterer, Otto:* Der lange Weg zu einer internationalen Strafgerichtsbarkeit, ZStW 114 (2002), 321 ss.; *United Nations* (Hrsg.)*:* The United Nations and Rwanda 1993-1996 (1996); *Wedgwood, Ruth:* The International Criminal Court: An American View, EJIL 10 (1999), 93 ss.; *Werle, Gerhard:* Von der Ablehnung zur Mitgestaltung: Deutschland und das Völkerstrafrecht, in: Dupuy, Pierre-Marie et al. (Hrsg.), Völkerrecht als Wertordnung, Festschrift für Christian Tomuschat (2006), 655 ss.; *Wiggenhorn, Harald:* Verliererjustiz, Die Leipziger Kriegsverbrecherprozesse nach dem Ersten Weltkrieg (2005); *Willis, J.F.:* Prologue to Nuremberg, The politics and diplomacy of punishing war criminals of the First World War (1982); *Zimmermann, Andreas:* Die Schaffung eines ständigen Internationalen Strafgerichtshofes, Perspektiven und Probleme vor der Staatenkonferenz in Rom, ZaöRV 58 (1998), 47 ss.; *Zimmermann, Andreas/Scheel, Holger:* Zwischen Konfrontation und Kooperation, Die Vereinigten Staaten und der Internationale Strafgerichtshof, Vereinte Nationen 2002, 137 ss.; *Zimmermann, Andreas:* Das juristische Erbe von Nürnberg – Das Statut des Nürnberger Internationalen Militärtribunals und der Internationale Strafgerichtshof, in: Reginbogin, Herbert R./Safferling, Christoph J.M. (Hrsg.), The Nuremberg Trials – International Criminal Law Since 1945/Die Nürnberger Prozesse – Völkerstrafrecht seit 1945 (2006), 266 ss.

L'idea di un diritto penale universalmente valido ed applicabile su scala mondiale risale a tempi remoti della storia dell'umanità. Ma soltanto nel XX secolo ha inizio il processo di traduzione in istituti giuridici di tali riflessioni[1]. L'istituzione d'una

---

[1] Sulle origini del diritto internazionale penale cfr. *Ahlbrecht*, Geschichte der völkerrechtlichen

responsabilità penale degli individui in base al diritto internazionale ha dovuto affrontare, in questo processo, due grosse difficoltà. Da un lato, l'idea di una responsabilità degli individui per un illecito colpevole da essi commesso era del tutto estranea al diritto internazionale classico; soggetti di diritto internazionale erano esclusivamente gli Stati, non gli individui. Per poter stabilire norme penali in diritto internazionale era dunque necessario innanzi tutto il riconoscimento dell'individuo come soggetto di diritto internazionale. Dall'altro lato, si trattava di superare l'atteggiamento di rifiuto da parte degli stati di ogni ingerenza dall'esterno, ancorato nell'idea di sovranità.

3   Entrambi gli ostacoli sono stati alfine superati. A questo scopo, la generale tendenza del moderno diritto internazionale a rafforzare la posizione soggettiva del singolo ha giovato alla formazione del diritto internazionale penale. Ma soltanto le mostruosità della tirannide nazionalsocialista ne hanno consentito l'affermazione definitiva. I crimini nazisti di proporzioni storiche inaudite fecero apparire intollerabile l'impunità dei responsabili, esigendo una risposta comune da parte della comunità internazionale: le Potenze vincitrici della seconda guerra mondiale reagirono con l'instaurazione di tribunali internazionali. Dopo gli orrori della seconda guerra mondiale e lo sterminio degli ebrei d'Europa, nei decenni seguenti gravi crimini ordinati dagli Stati o coperti da questi hanno continuato a scuotere l'opinione pubblica mondiale. Nel contesto di quel periodo mancò tuttavia la volontà politica di procedere contro crimini "di Stato", cioè commessi o incentivati da una compagine statuale. Solo dopo la fine di quel periodo le Nazioni Unite, con nuova risolutezza, hanno istituito, per l'impressione suscitata dai mostruosi crimini commessi nella ex Jugoslavia ed in Ruanda, appositi tribunali (Tribunale per l'ex Jugoslavia e Tribunale per il Ruanda; di seguito, rispettivamente, ICTY e ICTR). La nascita del diritto internazionale penale è così il risultato di alcuni dei capitoli più oscuri della storia dell'umanità. Oltre a queste catastrofi, com'è ovvio, al fine di tradurre in opera l'idea d'un diritto penale con validità universale erano necessarie contingenze politiche favorevoli.

4   Tre pietre miliari segnano la strada del diritto internazionale penale: esso trovò la sua prima fisionomia immediatamente dopo la fine della seconda guerra mondiale, nel "diritto di Norimberga", come codificato nello Statuto del Tribunale Militare Internazionale [di seguito, IMT], da esso applicato, e confermato dall'Assemblea generale delle Nazioni Unite. Dalla metà degli anni '90 del secolo scorso, la validità del diritto internazionale penale come diritto consuetudinario è rafforzata dalla giurisprudenza dei Tribunali *ad hoc* istituiti dalle Nazioni Unite (ICTY e ICTR). Il culmine e temporaneo compimento del processo di cristallizzazione delle regole di diritto internazionale penale è incarnato dallo Statuto della Corte

---

Strafgerichtsbarkeit im 20. Jahrhundert (1999), 19 ss.; *Jescheck*, Die Verantwortlichkeit der Staatsorgane nach Völkerstrafrecht (1952), 19 ss.; *Neubacher*, Kriminologische Grundlagen einer internationalen Strafgerichtsbarkeit (2005), 256 ss.; *Triffterer* ZStW 114 (2002), 321, 327 ss.

Criminale Internazionale, entrato in vigore nel 2002 (cd. Statuto di Roma). Con questo Statuto è venuta in essere la prima completa codificazione del diritto internazionale penale. Esso conferma e precisa il diritto penale internazionale consuetudinario vigente.

I. Prologo

I primi tentativi di fondare una responsabilità penale individuale nel diritto internazionale si trovano nel Trattato di pace di Versailles del 28 giugno 1919[2]: lì è affermato che: «gli Alleati e le Potenze associate promuovono pubblica accusa contro Guglielmo II di Hohenzollern, già imperatore di Germania, per la più grave offesa dei costumi internazionali e della santità dei trattati»[3].

Per la condanna del Kaiser avrebbe dovuto essere istituita una Corte penale internazionale[4]; nel trattato di pace si autorizzavano gli Alleati a processare singole persone, davanti ai loro tribunali militari, per violazioni delle leggi e degli usi di guerra[5], ed al fine di consentire ciò, il trattato di pace obbligava il governo tedesco ad estradare criminali di guerra[6] o fornire altrimenti cooperazione[7].

Importanti lavori preliminari aveva svolto la *Commission des responsabilités des auteurs de la guerre et sanctions*, istituita il 25 gennaio1919 dalla Conferenza preliminare di pace di Parigi[8]. Il suo mandato si riferiva all'accertamento della responsabilità dei responsabili primi della guerra, all'accertamento delle violazioni delle leggi e degli usi di guerra commes-

---

[2] RGBl. 1919 II, 687. Approfonditamente sul punto *Bassiouni*, in: Bassiouni (a cura di), International Criminal Law, vol. 3, 2ª ed. (1999), 33 ss.; *Jescheck*, Die Verantwortlichkeit der Staatsorgane nach Völkerstrafrecht (1952), 41 ss.; *Schwengler*, Völkerrecht, Versailler Vertrag und Auslieferungsfrage (1982), 71 ss.; *von Selle* ZNR 1997, 193 ss.; *Willis*, Prologue to Nuremberg (1982), 65 ss. Cfr. inoltre *Ahlbrecht*, Geschichte der völkerrechtlichen Strafgerichtsbarkeit im 20. Jahrhundert (1999), 38 s.; *Kreß* JZ 2006, 981 ss.; *Merkel*, in: Nürnberger Menschenrechtszentrum (a cura di), Von Nürnberg nach Den Haag (1996), 68, 71 ss. Già durante la guerra le truppe alleate avevano celebrato contro soldati tedeschi svariati procedimenti penali, nei quali era stato applicato il "diritto delle nazioni", sulla base dei principi di territorialità e di personalità, cfr. *McCormack*, in: McCormack/Simpson (a cura di), The Law of War Crimes (1997), 31, 44.

[3] Art. 227 co. 1 del Trattato di Versailles.

[4] Cfr. art. 227 co. 2 Trattato di Versailles. Il Tribunale sarebbe stato costituito da cinque giudici; Stati Uniti, Gran Bretagna, Francia, Italia e Giappone ne avrebbero nominato uno per ciascuno.

[5] Art. 228 co. 1 e art. 229 co. 2 del Trattato di Versailles prevedevano, in proposito, tribunali militari internazionali competenti a giudicare quei reati allorché commessi contro i cittadini di diversi Stati.

[6] Art. 228 co. 2 Trattato di Versailles.

[7] Art. 230 Trattato di Versailles.

[8] Il Rapporto della Commissione è pubblicato in: AJIL 14 (1920), 95 ss.; a *Walter Schwengler* spetta il merito di aver reso conoscibili in lingua tedesca i materiali della commissione, altrimenti difficilmente accessibili, soprattutto in: Völkerrecht, Versailler Vertrag und Auslieferungsfrage (1982), 90 ss.; approfonditamente, sul mandato e sui risultati della Commissione, *Ahlbrecht*, Geschichte der völkerrechtlichen Strafgerichtsbarkeit im 20. Jahrhundert (1999), 28 ss.; inoltre *Merkel*, in: Nürnberger Menschenrechtszentrum (a cura di), Von Nürnberg nach Den Haag (1996), 68, 71 ss.

se dalle forze militari tedesche e dai loro alleati, all'accertamento dei responsabili di queste violazioni ed infine all'elaborazione di proposte per la formazione di un tribunale per sottoporre a giudizio e condannare i responsabili[9]. Il catalogo delle fattispecie da contestare approntato dalla commissione comprendeva quattro gruppi[10], e cioè i delitti contro la santità dei trattati, i delitti contro l'etica internazionale, le violazioni delle leggi dell'umanità e i crimini di guerra in senso stretto, vale a dire violazioni delle convenzioni dell'Aja, della Convenzione di Ginevra sulla Croce Rossa del 1864 e delle regole riconosciute in materia di guerra marittima. Determinante per l'ulteriore evoluzione del diritto internazionale penale si sarebbe dimostrato soprattutto l'elenco di singoli crimini di guerra, fra cui omicidio e massacri, terrore sistematico, vessazioni contro le popolazioni civili, condotte consistenti nell'affamare la popolazione, deportare civili, bombardamenti dolosi di ospedali e ricoveri, saccheggio. Questa elencazione di lesioni del diritto umanitario è stata ripresa fra l'altro dall'art. 6 b) dello Statuto IMT.

8   Il nuovo e pretenzioso modello punitivo del Trattato di Versailles restò tuttavia sulla carta: non si giunse all'istituzione del Tribunale internazionale[11]; all'allora imperatore fu garantito il diritto di asilo in Olanda[12], un procedimento penale contro di lui non fu mai intentato; la condanna dei criminali di guerra da parte dei tribunali militari alleati naufragò per l'ostinato rifiuto da parte della Germania di estradare[13] le persone di cui era stato formato un elenco nominativo[14].

---

[9] Cfr. *Schwengler*, Vökerrecht, Versailler Vertrag und Auslieferungsfrage (1982), 91.

[10] Approfonditamente *Ahlbrecht*, Geschichte der völkerrechtlichen Strafgerichtsbarkeit im 20. Jahrhundert (1999), 32 ss. Il catalogo delle 32 fattispecie è riprodotto in tedesco da *Schwengler*, Vökerrecht, Versailler Vertrag und Auslieferungsfrage (1982), 100 s. e *Ahlbrecht*, Geschichte der völkerrechtlichen Strafgerichtsbarkeit im 20. Jahrhundert (1999), 34.

[11] Cfr. sul punto, e per ulteriori sforzi diretti all'istituzione di una Corte Criminale Internazionale nel periodo fra le due Guerre, *Donnedieu de Vabres*, Les Principes Modernes du Droit Pénal International (1928), 403 ss.

[12] I Paesi Bassi, che oggi promuovono con forza il diritto internazionale e sono la sede del Tribunale per l'ex Jugoslavia e della Corte Criminale Internazionale, dichiararono, in relazione al rifiuto di estradare l'imperatore tedesco: «Qualora in futuro la Società delle Nazioni dovesse creare una giurisdizione internazionale competente a giudicare i fatti commessi in occasione di una guerra, bollati come crimini e come tali sanzionati sulla base di uno Statuto elaborato antecedentemente alla loro commissione, solo allora i Paesi Bassi si adegueranno al nuovo stato di cose»; cfr. la Nota di risposta del governo olandese alla richiesta di estradizione delle Forze alleate e associate concernente l'ex imperatore tedesco, 21 gennaio 1920, riprodotta in *Grewe* (a cura di), Historiae Iuris Gentium, vol. 3/2 (1992), n. 95.

[13] La lista delle richieste di estradizione consegnata a Parigi il 3 febbraio 1920 alla delegazione tedesca per le trattative si riferiva a poco meno di 900 responsabili, indicati per nome, «per le più gravi violazioni delle leggi e degli usi di guerra», fra cui numerosi titolari di posizioni di comando: cfr. *Bassiouni*, in: Bassiouni (a cura di), International Criminal Law, vol. 3, 2ª ed. (1999), 31, 34; *Schwengler*, Vökerrecht, Versailler Vertrag und Auslieferungsfrage (1982), 303.

[14] Approfonditamente in tema, e soprattutto sullo sfondo di politica interna, *Schwengler*, Vökerrecht, Versailler Vertrag und Auslieferungsfrage (1982), 233 ss.; cfr. anche *von Selle* ZNR 1997, 193, 194.

I processi infine frammentariamente instaurati dalla Corte di cassazione del Reich (*Reichsgericht*) a Lipsia (cd. Leipziger Kriegsverbrecherprozesse)[15], con i quali gli Alleati volenti o nolenti si erano dichiarati d'accordo[16], furono piuttosto una messinscena per tacitare le Potenze vincitrici, che non un serio tentativo di punire i criminali di guerra[17]; i risultati furono conseguentemente scarsi.

Con la Legge sulla repressione di crimini di guerra ed altre violazioni delle leggi di guerra (Gesetz zur Verfolgung von Kriegsverbrechen und Kriegsverbrechen)[18] del 18 dicembre 1919 l'Assemblea nazionale tedesca aveva creato una speciale base giuridica per giudicare dei crimini di guerra. Competente a giudicare in unica istanza dei crimini commessi da tedeschi in Germania o all'estero contro cittadini o patrimonio di Stati nemici, durante la guerra e fino al 28 giugno 1919, era il Reichsgericht (§1). In totale furono iniziati 907 procedimenti in relazione alle liste di estradizione; altri 837 furono avviati d'ufficio[19]. Al dibattimento si arrivò soltanto in 13 casi; in nove processi che si chiusero con una sentenza nel merito si ebbero 10 condanne e 6 assoluzioni; le pene irrogate non furono in nessun caso eseguite integralmente. Quando l'interesse delle Potenze vincitrici andò scemando, altri procedimenti furono archiviati e due condannati furono poi assolti nell'ambito di un dubbio procedimento di revisione[20].

Per l'evoluzione del diritto internazionale penale i processi di Lipsia furono d'importanza solo relativa[21], poiché fondamento del procedimento davanti al RG era il diritto tedesco; nei pochi casi in cui si pervenne ad un'affermazione di colpevolezza, furono applicate fattispecie del codice penale, anche se il RG ricorse pur sempre, per affermare l'antigiuridicità delle condotte, al diritto internazionale.

---

[15] Cfr. in proposito, *Hankel*, Die Leipziger Prozesse (2003); *Müller* AVR 39 (2001), 202 ss.; *Schwengler*, Vökerrecht, Versailler Vertrag und Auslieferungsfrage (1982), 344 ss.; *von Selle* ZNR 1997, 193, 196 ss., 201; *Wiggenhorn*, Verliererjustiz (2005).

[16] Più in dettaglio *Schwengler*, Vökerrecht, Versailler Vertrag und Auslieferungsfrage (1982), 317, 322 ss.

[17] Cfr. anche *von Selle* ZNR 1997, 193, 201.

[18] RGBl. 1919 I, 2125.

[19] Cfr. *Ahlbrecht*, Geschichte der völkerrechtlichen Strafgerichtsbarkeit im 20. Jahrhundert (1999), 42 s.

[20] Particolare attenzione richiamò il procedimento penale per l'affondamento, da parte del sommergibile U 86, della nave-ospedale britannica "Llandovery Castle" e di due battelli di salvataggio con a bordo naufraghi sopravvissuti all'affondamento della nave [informazioni sulla vicenda e sul processo sono reperibili in <http://www.gwpda.org/naval/lcastl10.htm>, *N.d.T.*]. Il Reichsgericht condannò i due ufficiali di turno in servizio per concorso in omicidio (Totschlag) a quattro anni di reclusione ciascuno; ma in un procedimento di revisione (Wiederaufnahmeverfahren) anche questi due imputati furono assolti, dopo che il comandante dell'U-Boot si assunse tutta la responsabilità del fatto. Cfr. in proposito *Jescheck*, Die Verantwortlichkeit der Staatsorgane nach Völkerstrafrecht (1952), 65 ss.; *von Selle* ZNR 1997, 193, 199, 201.

[21] Sul significato dei processi per crimini di guerra celebrati a Leipzig (cd. Leipziger Kriegsverbrecherprozesse) per l'evoluzione del diritto internazionale penale, cfr. approfonditamente *von Selle* ZNR 1997, 193, 203 ss.

12 In definitiva, una repressione penale dei crimini internazionali commessi da tedeschi nella prima guerra mondiale non ebbe mai luogo[22]. Pur tuttavia non si deve sottovalutare l'importanza del modello punitivo delineato dal Trattato di pace di Versailles: per la prima volta era espressamente menzionata in un trattato internazionale l'idea di una responsabilità penale individuale in base al diritto internazionale e con ciò era posata la prima pietra, sulla quale si sarebbe tornati a costruire dopo gli orrori della seconda guerra mondiale.

13 Largamente infruttuosi restarono anche gli sforzi per la punizione della deportazione di massa e l'uccisione di centinaia di migliaia di appartenenti alla minoranza cristiana degli Armeni in Turchia, a partire dal 1915[23]. Già in quell'anno le forze alleate avevano inequivocabilmente dichiarato che, in relazione a tali crimini della Turchia contro l'umanità e la civiltà, tutti i membri del governo ottomano coinvolti in quei massacri, e i loro incaricati, sarebbero stati chiamati a rispondere personalmente[24]. Conseguentemente il Trattato di pace di Sèvres (1920)[25], sottoscritto ma mai entrato in vigore, prevedeva espressamente un obbligo di consegna dei responsabili ad un non meglio specificato tribunale alleato o internazionale[26]. Alla fine gli altisonanti proclami degli Alleati restarono senza seguito[27]: non si arrivò mai ad un'iniziativa comune né all'istituzione di un tribunale internazionale, per via di dubbi di carattere giuridico[28] e di considerazioni di opportunità politica e dei rapporti di forza[29].

---

[22] Cfr. anche *Ahlbrecht*, Geschichte der völkerrechtlichen Strafgerichtsbarkeit im 20. Jahrhundert (1999), 44.

[23] Sul punto, approfonditamente, *Akçam*, Armenien und der Völkermord (1996); *Dadrian*, Yale Journal of International Law 14 (1989), 221 ss.; *Herde*, Command Responsibility (2001), 58 ss.

[24] Cfr. *Willis*, Prologue to Nuremberg (1982), 26.

[25] Riprodotto in: AJIL 15 (1921), Suppl., 179.

[26] Cfr. art. 230 del Trattato di pace di Sèvres.

[27] Molto promettenti furono inizialmente i procedimenti penali instaurati nella stessa Turchia: in proposito, approfonditamente, *Akçam*, Armenien und der Völkermord (1996), 77 ss. Il primo procedimento contro un gruppo di ex membri del governo (cd. processo Talaat-Pascià) cominciò il 28 aprile 1919 davanti al Tribunale di guerra ad Istanbul. Fondamento giuridico del procedimento penale e dell'accusa erano le fattispecie penali comuni della Legge Penale ottomana. Nel procedimento furono irrogate in tutto 17 condanne a morte, di cui 3 eseguite, per complicità nel genocidio degli Armeni. Nel cd. procedimento Yozgat, contro tre funzionari politici accusati di deportazione e sterminio di più di 30.000 Armeni nel distretto di Yozgat, fu irrogata una condanna a morte; un imputato fu condannato a 15 anni di prigione; un terzo riuscì a fuggire. Gli sforzi diretti alla repressione ebbero improvvisamente fine a seguito della ripresa di vigore del movimento nazionalistico turco all'inizio degli anni Venti.

[28] Controverso, tra i giuristi confrontatisi sul tema, era soprattutto se i massacri costituissero effettivamente crimini di guerra; era diffusa l'opinione che si trattasse di una faccenda interna alla Turchia, rispetto alla quale non potesse legittimamente interferire un giudizio dall'esterno, e ancor meno una punizione. Cfr. quanto riferisce *Willis*, Prologue to Nuremberg (1982), 157.

[29] Cfr. in proposito, *Willis*, Prologue to Nuremberg (1982), 156 s. Inoltre, *Dadrian*, Yale Journal of International Law 14 (1989), 281 ss.

II. L'affermazione del diritto internazionale: da Norimberga a Tokio

Lo Statuto del Tribunale Militare Internazionale di Norimberga, deliberato l'8 agosto 1945 con il Patto di Londra[30] tra le quattro Potenze vincitrici della seconda guerra mondiale[31], può essere considerato come l'atto di nascita del diritto internazionale penale. La proposizione principale dello Statuto suona: crimini contro la pace, crimini di guerra e crimini contro l'umanità generano una diretta punibilità in base al diritto internazionale. Questa presa di posizione era rivoluzionaria per lo stesso diritto internazionale: per la prima volta singoli individui venivano effettivamente chiamati a rispondere per crimini contro il diritto internazionale. Sul punto, si legge nel brano giustamente più famoso della sentenza dell'IMT:

> «Crimini contro il diritto internazionale sono commessi da uomini e non da astratte entità e soltanto attraverso la punizione di quelle persone che hanno commesso tali crimini può essere assicurata validità alle norme del diritto internazionale»[32].

I principi dello Statuto IMT hanno trovato applicazione non soltanto a Norimberga ma anche al processo di Tokio[33] contro i criminali di guerra giapponesi ed hanno acquisito contorni ben definiti e saggiati dalla prassi nei numerosi processi successivamente celebrati nelle zone di occupazione (cd. Nachfolgeprozesse). Oggi siffatto "diritto di Norimberga" è comunemente accettato come diritto internazionale consuetudinario; le fattispecie criminose contenute nello Statuto IMT rappresentano il fondamento del diritto internazionale penale sostanziale.

1. Lo Statuto IMT e la sua applicazione

a) La creazione del Tribunale Militare Internazionale

Il Patto di Londra prevedeva come si è visto la creazione di un IMT per giudicare quei criminali di guerra per i cui crimini non esiste un luogo di commissione ge-

---

[30] «Accordo sul perseguimento e la punizione dei principali criminali di guerra delle Potenze dell'Asse»; lo Statuto IMT è allegato come appendice all'accordo. Il testo è riprodotto in: AJIL 39 (1945), Suppl., 257. Ancor prima della chiusura del processo di Norimberga aderirono all'accordo altri 19 Stati; cfr. *Ipsen*, in: Ipsen, Völkerrecht, 5ª ed. (2004), § 42 n. marg. 13. Approfonditamente sull'accordo e la sua genesi *Ahlbrecht*, Geschichte der völkerrechtlichen Strafgerichtsbarkeit im 20. Jahrhundert (1999), 65 ss.
[31] Cfr. la nota precedente.
[32] IMT, sent. 1 ottobre 1946, in: Internationaler Militärgerichtshof Nürnberg, Der Nürnberger Prozeß gegen die Hauptkriegsverbrecher, vol. 1 (1947), 189, 249.
[33] Lo Statuto del Tribunale Militare Internazionale per l'Estremo Oriente (IMTFE) contiene previsioni corrispondenti in termini pressoché letteralmente identici a quelle dello Statuto IMT. Si trova riprodotto in *Pritchard/Zaide* (a cura di), The Tokyo War Crimes Trial, The Complete Transcripts of the Proceedings of the International Military Tribunal for the Far East in Twenty-two Volumes, vol. 1 (1981).

ograficamente identificabile[34]; questi "principali criminali di guerra" ("major war criminals") avrebbero dovuto essere giudicati in base alle disposizioni dello Statuto allegato al Patto di Londra. Quei criminali, le cui azioni si potessero ricondurre ad un determinato territorio statuale, avrebbero dovuto essere giudicati, invece, dallo Stato coinvolto. Per crimini di guerra commessi da tedeschi in territorio tedesco, poi, sarebbero stati competenti i tribunali di occupazione alleati[35].

17   Gli Alleati avevano imparato la lezione dagli sforzi vani di punire i crimini di guerra della prima guerra mondiale. Questa volta la repressione penale per mezzo di tribunali internazionali fu preparata tempestivamente e portata avanti con l'impegno e i mezzi necessari[36]. Importante fondamento dei procedimenti condotti dagli Alleati dopo la seconda guerra mondiale fu rappresentato dai risultati delle indagini svolte dalla *United Nations War Crimes Commission* (UNWCC; così denominata in termini che oggi possono essere equivocati)[37], istituita già nel 1942[38]. Questa commissione internazionalmente costituita ebbe il compito di raccogliere prove della commissione di crimini di guerra. Inoltre, nella Dichiarazione di Mosca ("Declaration of German Atrocities")[39] Gran Bretagna, Stati Uniti e Unione Sovietica già nell'ottobre 1943 avevano dichiarato la loro incondizionata volontà di perseguire i crimini commessi dal nemico di guerra che erano stati scoperti: «Those German officers and men and members of the Nazi party who have been responsible for, or have taken a consenting part in the above atrocities, massacres and executions, will be sent back to the countries in which their abominable deeds were done in order that they may be judged and punished according to the laws of these liberated countries». Quanto ai principali criminali, le future Potenze vincitrici non lasciarono spazio a dubbi sulle loro intenzioni: «The above declaration is without prejudice to the case of the major criminals, whose offences have no particular geographical localization and who will be punished by the joint decision of the Governments of the Allies».

b) Le disposizioni dello Statuto IMT

18   In prima linea fra le fattispecie criminose dell'art. 6 dello Statuto IMT si trovano i crimini contro la pace: essi riguardano la pianificazione, preparazione e conduzio-

---

[34] Art. 1 del Patto di Londra. Cfr. sulla (controversa) natura giuridica dell'IMT *Ahlbrecht*, Geschichte der völkerrechtlichen Strafgerichtsbarkeit im 20. Jahrhundert (1999), 69 ss.; *Jescheck*, Die Verantwortlichkeit der Staatsorgane nach Völkerstrafrecht (1952), 148 ss., 168.

[35] In base alla dichiarazione finale della Conferenza di Potsdam (2 agosto 1945) i comandanti in capo delle quattro zone d'influenza erano legittimati all'esercizio del potere di governo in Germania, nelle rispettive zone. Fu formato di comune accordo un "Consiglio di controllo Alleato": cfr. il Proclama n. 1 del Consiglio di controllo, 30 agosto 1945.

[36] Cfr. sull'evoluzione nel corso della guerra *Jescheck*, Die Verantwortlichkeit der Staatsorgane nach Völkerstrafrecht (1952), 121 ss.

[37] La denominazione risale ad una conferenza tenutasi nel 1942 a Washington, in occasione della quale le Potenze alleate partecipanti si erano denominate "Nazioni Unite" (United Nations); cfr. *Ahlbrecht*, Geschichte der völkerrechtlichen Strafgerichtsbarkeit im 20 Jahrhundert (1999), 62.

[38] In proposito, *Ahlbrecht*, Geschichte der völkerrechtlichen Strafgerichtsbarkeit im 20 Jahrhundert (1999), 63; *Bassiouni*, in: Bassiouni (a cura di), International Criminal Law, vol. 3, 2ª ed. (1999), 31, 39 s.; *Jescheck*, Die Verantwortlichkeit der Staatsorgane nach Völkerstrafrecht (1952), 128 ss.

[39] Riprodotta in: AJIL 38 (1944), Suppl., 7.

ne di una guerra di aggressione. Quali crimini di guerra lo Statuto punisce le violazioni delle leggi e degli usi di guerra. Mentre la punibilità dei crimini di guerra serve alla tutela dei cittadini stranieri, la fattispecie dei crimini contro l'umanità si estende anche ai crimini commessi contro propri concittadini; con questo il diritto internazionale penale comprende anche lo spazio statuale interno. L'idea che sta alla base dei crimini contro l'umanità è la seguente: determinate gravi aggressioni contro l'individuo assumono una dimensione internazionale quando siano sistematicamente diretti contro una determinata popolazione civile. L'esempio più importante di questa fattispecie di nuovo conio è rappresentato in quel contesto dal genocidio, termine lessicale peraltro sconosciuto sia allo Statuto sia alla sentenza dell'IMT.

Non ebbe futuro, al contrario, la punizione – in ogni caso dubbia dal punto di vista del principio di colpevolezza – del crimine di associazione illecita (cd. Organisationsverbrechen), cioè la punizione dell'appartenenza ad associazioni od organizzazioni il cui carattere criminale fosse stato riconosciuto dall'IMT (art. 10 Statuto IMT).

Lo Statuto sottolinea espressamente che il fatto che un comportamento costituente crimine internazionale sia legale per il diritto interno dello Stato non osta alla punizione: la punibilità, anzi, è indipendente dal fatto che l'azione contrasti o meno con il diritto interno dello Stato in cui è stata compiuta. Ne deriva coerentemente altresì che la posizione ufficiale ricoperta dall'autore non esclude la pena, come stabilisce l'art. 7 Statuto IMT. Ne deriva quale ulteriore conseguenza che anche l'agire in esecuzione di un ordine non può escludere, ma al limite mitigare la pena[40].

c) La sentenza dell'IMT

Il procedimento davanti all'IMT "contro Göring et al." ebbe inizio il 20 novembre 1945 a Norimberga, dopo essere stato dichiarato aperto a Berlino[41]. Erano imputate nel complesso 24 persone, di cui peraltro solo 21 poterono essere realmente chiamate a giudizio. Robert Ley si sottrasse al processo suicidandosi; Gustav Krupp era incapace di assistere al processo e contro Martin Bormann si dovette procedere in contumacia. Il Tribunale era composto da un giudice e da un sostituto per ognuna delle Potenze vincitrici (art. 2); decideva con la maggioranza dei componenti, cosicché per la condanna erano necessari tre voti. L'Accusa era sostenuta anch'essa da un rappresentante per ciascuno dei quattro Stati (art. 14); contro la sentenza non era ammessa impugnazione (art. 26).

---

[40] Art. 8 Statuto IMT.
[41] L'intero processo è ufficialmente trascritto in verbalizzazione e pubblicato in 23 volumi: cfr. Internationaler Militärgerichtshof Nürnberg, Der Nürnberger Prozeß gegen die Hauptkriegsverbrecher (1947-48). Un riepilogo si trova in *Ginsburgs/Kudriavtsev* (a cura di), The Nuremberg Trial and International Law (1990); *Taylor*, Die Nürnberger Prozesse (1992).

22 Il 30 settembre ed il 1° ottobre 1946 il Tribunale emise il verdetto, ancor oggi di centrale importanza storica e giuridica⁴². Sulla base di un'ampia documentazione probatoria la sentenza offre uno sguardo d'insieme sulla storia ed i crimini del Terzo Reich. Allo stesso tempo, le regole codificate nello Statuto sono ulteriormente precisate ed affinate. Punto nodale – ed allo stesso tempo punto debole – della sentenza era rappresentato dall'argomentazione della punibilità per il diritto internazionale della guerra di aggressione, che in sostanza fu dedotta dal Patto di non aggressione del 2 agosto 1928 (Patto di bando alla guerra, cd. Patto Briand-Kellogg)⁴³. Quanto ai crimini contro l'umanità, il Tribunale spiegò che già prima della guerra sarebbero stati uccisi ed imprigionati avversari politici, e si fece riferimento anche alla persecuzione contro gli ebrei. Il Tribunale richiese anche – argomentando dal tenore letterale dell'art. 6 lett. c) («commesso in esecuzione di un crimine, o in connessione con un crimine, di competenza del tribunale») – un legame dei crimini contro l'umanità con un crimine di guerra o con la guerra di aggressione. Più volte questa connessione non poté essere provata per le condotte realizzate prima dell'inizio della guerra.

23 In totale, 12 imputati furono condannati a morte; 3 al carcere a vita; 4 a pene comprese tra 10 e 20 anni; 3 furono assolti. Quattro gruppi furono dichiarati organizzazioni criminali⁴⁴.

d) La valutazione dei contemporanei e quella attuale

24 Nella valutazione giuridica e politica dopo la seconda guerra mondiale la condotta delle Potenze vincitrici rimase controversa⁴⁵. Le due centrali obiezioni contro il

---

⁴² Per la traduzione tedesca cfr. Internationaler Militärgerichtshof Nürnberg, Der Nürnberger Prozeß gegen die Hauptkriegsverbrecher, vol. 1 (1947), 189 ss.; è disponibile anche in edizione economica: Das Urteil von Nürnberg 1946, 6ª ed. (2005).

⁴³ Il Patto era entrato in vigore anche per l'Impero tedesco, con efficacia dal 24 luglio 1929: cfr. RGBl. 1929 II, 97.

⁴⁴ Si trattava cioè del Corpo dei dirigenti politici del partito Nazionalsocialista, così come della Gestapo, il Servizio di Sicurezza [SD, *Sicherheitsdienst*], le SS comuni e le Waffen-SS [sull'organizzazione delle SS cfr. riferimenti in <http://de.wikipedia.org/wiki/SS>, nonché in italiano v. per tutti W.L. Shirer, Storia del Terzo Reich, Einaudi, Torino, *N.d.T.*].

⁴⁵ Cfr. approfonditamente sulle obiezioni *Jescheck*, Die Verantwortlichkeit der Staatsorgane nach Völkerstrafrecht (1952), 149 ss.; cfr. inoltre *Bassiouni*, in: Hankel/Stuby (a cura di), Strafgerichte gegen Menschheitsverbrechen (1995), 19; *Burchard*, Journal of International Criminal Justice 4 (2006), 800; *Dahm/Delbrück/Wolfrum*, Völkerrecht, vol. I/3, 2ª ed. (2002), 1030 ss.; *Ipsen*, in: Ipsen, Völkerrecht, 5ª ed. (2004), § 42 n. marg. 17 ss.; *Kreß* JZ 2006, 981 ss.; *Merkel*, in: Nürnberger Menschenrechtszentrum (a cura di), Von Nürnberg nach Den Haag (1996), 69, 78 ss.; *Tomuschat*, Journal of International Criminal Justice 4 (2006), 830 ss.; *Werle*, in: Dupuy et al. (a cura di), Festschrift für Tomuschat (2006), 655, 657 s.; *Zimmermann*, in: Reginbogin/Safferling (a cura di), The Nuremberg Trials (2006), 266 ss. Anche di recente esprime un punto di vista critico sulla efficacia pregiudiziale dell'Accordo di Londra e del processo di Norimberga *Ahlbrecht*, Geschichte der völkerrechtlichen Strafgerichtsbarkeit im 20 Jahrhundert (1999), 96.

modello di Norimberga si appuntarono, da un lato, sulla sua legittimità politica; dall'altro, sulla sua legittimazione giuridica. Il rimprovero che si trattava di una giustizia dei vincitori si alimentava soprattutto dalla circostanza che non furono mai condotti processi per crimini di guerra commessi dagli Alleati[46]: insomma i principali responsabili delle Potenze dell'Asse stavano alla sbarra perché avevano iniziato e condotto una guerra di aggressione, o perché l'avevano perduta? Dal punto di vista giuridico, si lamentava soprattutto la violazione del divieto di punizione retroattiva, in linea di principio riconosciuto dallo stesso IMT[47].

Sull'interrogativo se tutti i crimini giudicati dall'IMT fossero già punibili in base diritto internazionale consuetudinario le opinioni sono discordi[48]. Indiscutibile, in primo luogo, è che la punizione dei crimini di guerra aveva un sicuro fondamento nel diritto all'epoca vigente. Per quanto riguarda i crimini contro l'umanità era pur sempre incontestabile che i singoli delitti rilevanti a quel titolo – come omicidio, sequestro di persona, tortura, o violenza sessuale – fossero punibili praticamente da tutti gli ordinamenti giuridici dell'epoca. Punto debole non era dunque la punibilità dei fatti in quanto tale, quanto la loro repressione dal punto di vista dei crimini contro l'umanità come titolo autonomo e l'incriminazione di quei fatti direttamente da parte del diritto internazionale. Anche su questo punto, era possibile pur sempre argomentare che la punibilità dei crimini contro l'umanità, quale principio generale del diritto, poteva essere ricondotta ad una fonte di diritto internazionale riconosciuta[49].

---

[46] Cfr. anche *Bassiouni*, in: Bassiouni (a cura di), International Criminal Law, vol. 3, 2ª ed. (1999), 31, 45.

[47] In proposito, *Ipsen*, in: Ipsen, Völkerrecht, 5ª ed. (2004), § 42 n. marg. 22; *Merkel*, in: Nürnberger Menschenrechtszentrum (a cura di), Von Nürnberg nach Den Haag (1996), 68, 80 ss.

[48] Cfr. anche la discussione in *Dahm/Delbrück/Wolfrum*, Völkerrecht, Vol I/3, 2ª ed. (2002), 1031 s.

[49] Così si espressero i rappresentanti inglese e francese della pubblica accusa al Processo di Norimberga: «Se omicidio, violenza sessuale e rapina sono perseguibili in base alla legge nazionale comune dei nostri Paesi, dovrebbero forse non esserne perseguibili gli autori sol perché i fatti delittuosi commessi si differenziano da quelli comuni per vastità della misura e sistematicità?» (Internationaler Militärgerichtshof Nürnberg, Der Nürnberger Prozeß gegen die Hauptkriegsverbrecher, vol. 3 (1947), 108); «Io credo che il complesso dei crimini contro l'umanità di fatto null'altro rappresenta se non la commissione di crimini del diritto penale comune, derivata da ragioni politiche e realizzata in modo sistematico» (Internationaler Militärgerichtshof Nürnberg, Der Nürnberger Prozeß gegen die Hauptkriegsverbrecher, vol. 5 (1947), 419). In tal senso *Dahm/Delbrück/Wolfrum*, Völkerrecht, vol. I/3, 2ª ed. (2002), 1032; *Ipsen*, in: Herzberg (a cura di), Festschrift für Oehler (1985), 513; in senso contrario cfr. però *Kittichaisaree*, International Criminal Law (2001), 44. In relazione alle deportazioni dall'Estonia nel 1949 la Corte europea per i diritti umani ha di recente ritenuto che la punibilità dei crimini contro l'umanità sarebbe stata riconosciuta come principio generale di diritto già nel 1949: cfr. CEDU, dec. 17 gennaio 2006 (*Kolk and Kislyiy v. Estonia*, No. 23052/04 e 24018/04), consultabile nella banca dati della Corte, in <http://cmiskp.echr.coe.int/tkp197/search.asp?skin=hudoc-en> (consultazione: aprile 2007); sul punto *Cassese*, Journal of International Criminal Justice 4 (2006), 410.

26 Alle obiezioni più feroci andò incontro la repressione dei crimini contro la pace[50]. L'illiceità della guerra di aggressione dal punto di vista del diritto internazionale fu bensì argomentata in modo convincente dal Tribunale; ma il salto dalla illiceità internazionale della guerra di aggressione alla sua punibilità avrebbe avuto effettivamente bisogno d'un migliore fondamento argomentativi. Sul punto il Tribunale si limitò ad osservare che:

> «Il Tribunale è dell'opinione che la salutare rinuncia alla guerra come mezzo di perseguimento della politica nazionale [nel Patto Briand-Kellogg] significa necessariamente che una siffatta guerra è internazionalmente illecita e che coloro che una tale guerra pianificano e conducono, con tutte le sue inevitabili e orribili conseguenze, commettono con ciò un crimine»[51].

A sostegno di questa inferenza dall'illiceità internazionale alla punibilità[52] si può pur sempre mettere in campo l'argomento che nel diritto bellico gravi violazioni sono state tradizionalmente considerate punibili, senza che esistesse un'espressa dichiarazione di punibilità.

27 Nel prosieguo, i principi applicati e sviluppati dall'IMT hanno trovato ripetuta conferma come diritto internazionale vigente. Pertanto, l'interrogativo se nel diritto di Norimberga fu soltanto accertato in funzione dichiarativa un diritto già vigente, oppure creato un nuovo diritto, è al giorno d'oggi d'interesse solo dal punto di vista storico-giuridico. Con riferimento al possibile contrasto con il principio di irretroattività, inoltre, si potrebbe oggi solo constatare semplicemente che quel principio non ha la funzione di proteggere dalla punizione dell'abuso internazionalmente illecito del potere[53].

---

[50] Cfr. *Jescheck*, Die Verantwortlichkeit der Staatsorgane nach Völkerstrafrecht (1952), 190 (crimini contro l'umanità e la pace sarebbero «stadi preliminari» del vero e proprio diritto internazionale penale, e cioè si tratterebbe della «incriminazione in base al diritto d'occupazione di fatti illeciti riconosciuti come tali dal diritto internazionale»). Cfr. anche *Ahlbrecht*, Geschichte der völkerrechtlichen Strafgerichtsbarkeit im 20. Jahrhundert (1999), 95; *Bassiouni*, Introduction to International Criminal Law (2003), 408 ss.; *Dahm/Delbrück/Wolfrum*, Völkerrecht, vol. I/3, 2ª ed. (2002), 1033; *Kittichaisaree*, International Criminal Law (2001), 44. Kritisch anche *Ipsen*, in: Herzberg (a cura di), Festschrift für Oehler (1985), 505, 512; *Tomuschat*, Journal of International Criminal Justice 4 (2006), 830 ss.

[51] IMT, sent. 1 ottobre 1946, in: Internationaler Militärgerichtshof Nürnberg, Der Nürnberger Prozeß gegen die Hauptkriegsverbrecher, vol. 1 (1947), 189, 246. Zustimmend *Dahm/Delbrück/Wolfrum*, Völkerrecht, vol. I/3, 2ª ed. (2002), 1035: «La repressione penale della guerra di aggressione è la logica conseguenza del ripudio della guerra».

[52] Cfr. in proposito *infra*, n. marg. 1294 ss.

[53] Cfr. in proposito, *Merkel*, in: Nürnberger Menschenrechtszentrum (a cura di), Von Nürnberg nach Den Haag (1996), 69, 78 ss.; *Naucke*, in: Donatsch (a cura di), Festschrift für Trechsel (2002), 505, 511; *Werle* NJW 2001, 3001 ss.

Al giorno d'oggi è fuor di dubbio che il diritto di Norimberga appartiene solidamente al diritto internazionale consuetudinario[54]. A Norimberga fu portato a compimento quel che era fallito dopo la prima guerra mondiale: la punibilità dei più gravi illeciti sarebbe stata d'ora in avanti parte integrante dell'ordinamento giuridico internazionale.

2. Lo Statuto del Tribunale di Tokyo e la sua applicazione

Una prima conferma del diritto internazionale penale applicato a Norimberga si ebbe nel secondo processo contro i principali criminali di guerra della seconda guerra mondiale, celebrato a Tokyo tra il 1946 ed il 1948[55].

Oggetto del processo era la aggressiva politica bellica del Giappone negli anni fino al 1945. Era imputata la classe dirigente politica e militare giapponese, in totale 28 tra generali e politici; per ragioni di opportunità politica si rinunciò all'incriminazione del Tenno, l'imperatore giapponese.

Base giuridica del processo, diversamente dal caso di Norimberga, non era un trattato internazionale, bensì un decreto del Comandante in capo delle forze armate alleate, gen. McArthur, del 19 gennaio 1946, mediante il quale fu costituito il Tribunale e stabilito il diritto applicabile (Charter of the International Military Tribunal for the Far East [IMTFE])[56]. Da modello per lo Statuto IMTFE servì lo Statuto IMT; nucleo centrale di esso erano le fattispecie di Norimberga, dunque crimini contro la pace, crimini di guerra e crimini contro l'umanità[57]. La struttura dell'IMTFE si distingueva per alcuni aspetti da quella dell'IMT, in particolare per quanto riguarda la composizione del collegio giudicante, in cui erano rappresentati molti più Stati[58].

---

[54] Cfr. anche *Dahm/Delbrück/Wolfrum*, Völkerrecht, vol. I/3, 2ª ed. (2002), 1036.
[55] Documentazione in 22 volumi: cfr. *Pritchard/Zaide* (a cura di), The Tokyo War Crimes Trial (1981). Cfr. su quel processo *Brackman*, The Other Nuremberg (1989); *Ipsen*, in: Herzberg (a cura di), Festschrift für Oehler (1985), 505 ss.; *Piccigallo*, The Japanese on Trial (1979); *Pritchard*, in: Bassiouni (a cura di), International Criminal Law, vol. 3, 2ª ed. (1999), 109 ss.; *Röling/Cassese*, The Tokyo Trial and Beyond (1993); per un riepilogo *Ahlbrecht*, Geschichte der völkerrechtlichen Strafgerichtsbarkeit im 20. Jahrhundert (1999), 103 ss.; *Osten*, Der Tokioter Kriegsverbrecherprozeß und die japanische Rechtswissenschaft (2003), 22 ss.
[56] Il decreto stabiliva: «[T]he constitution, jurisdiction and functions of this Tribunal are those set forth in the Charter of the International Military Tribunal for the Far East, approved by me this day», cfr. *Special Proclamation by the Supreme Commander for the Allied Powers* vom 19. Januar 1946, riprodotto in *Pritchard/Zaide* (a cura di), The Tokyo War Crimes Trial, vol. 1 (1981).
[57] L'art. 5 Statuto IMTFE corrisponde letteralmente all'art. 6 dello Statuto IMT. Diversamente dall'IMT, quello di Tokyo era competente soltanto per quelle persone alle quali era rimproverata (almeno anche) la commissione di crimini contro la pace; inoltre la punibilità per crimini contro l'umanità non presupponeva che il fatto fosse commesso contro una popolazione civile; su altre differenze cfr. *Ahlbrecht*, Geschichte der völkerrechtlichen Strafgerichtsbarkeit im 20. Jahrhundert (1999), 107 s.; *Cassese*, in: Röling/Cassese, The Tokyo Trial and Beyond (1979), 1, 2 s.
[58] Parteciparono tutti gli Stati nei cui confronti il Giappone aveva dichiarato la capitolazione

32   Le obiezioni contro il fondamento giuridico e la giurisprudenza di questo Tribunale, che in quel processo erano condivise anche da taluni giudici[59], corrispondevano a quelle che erano state mosse contro il processo di Norimberga[60], e furono respinte dal Tribunale richiamandosi proprio a Norimberga. Il processo terminò con la condanna di tutti gli imputati: oltre a 7 condanne a morte furono irrogati 16 ergastoli, una condanna a 20 ed una a 7 anni[61]; esito quindi più rigoroso di quello di Norimberga.

3. La legge n. 10 del Consiglio di controllo (Control Council Law n° 10)

33   Il diritto applicato a Norimberga e Tokyo fu confermato e precisato, negli anni a seguire, in numerosi processi da parte di tribunali (di guerra) nazionali[62]. Alcuni di essi sono documentati in un'ampia raccolta della *United Nations War Crimes Commission*[63].

34   Quale fondamento giuridico comune ai procedimenti nelle zone di occupazione fu di eccezionale importanza la "Legge n. 10 sulla punizione di persone che si sono rese responsabili di crimini di guerra, crimini contro la pace o contro l'umanità" (di seguito, CCL n. 10)[64], emanata dal Consiglio di Controllo Alleato il 20 dicembre 1945. Mediante questa legge il Consiglio di Controllo Alleato recepì e

---

(accanto ad USA e Gran Bretagna, Unione Sovietica, Australia, Cina, Francia, Canada, Paesi Bassi, Nuova Zelanda), nonché India e Filippine, che avevano in special modo sofferto sotto la politica di espansionismo giapponese. Il presidente del Tribunale non fu scelto, diversamente da Norimberga, fra i suoi componenti, bensì nominato dal Comandante in capo delle forse alleate (art. 3); lo stesso accadde per il capo dell'Accusa (art. 8).

[59] Opinioni dissenzienti in relazione alla decisione del Tribunale furono rese dai giudici francese, indiano e olandese. In sostanza, le obiezioni si riferirono alla mancanza di un fondamento di diritto internazionale, ritenuta dalla minoranza dei giudici; in particolare, il crimine contro la pace non sarebbe stato punibile in base al diritto internazionale vigente. Approfonditamente in proposito, *Ahlbrecht*, Geschichte der völkerrechtlichen Strafgerichtsbarkeit im 20. Jahrhundert (1999), 120 s.

[60] Per un riepilogo, *Ipsen*, in: Herzberg (a cura di), Festschrift für Oehler (1985), 506 s.; *Osten*, Der Tokioter Kriegsverbrecherprozeß und die japanische Rechtswissenschaft (2003), 129 ss.

[61] La sentenza è riprodotta in *Pritchard/Zaide* (a cura di), The Tokyo War Crimes Trial, vol. 20 (1981).

[62] Cfr. in proposito, anche *Herde*, Command Responsibility (2001); *Rückerl*, NS-Verbrechen vor Gericht, 2ª ed. (1984), 98 ss.; cfr. sul perseguimento dei crimini di guerra in altri Paesi dell'Asia orientale *Osten*, Der Tokioter Kriegsverbrecherprozeß und die japanische Rechtswissenschaft (2003), 22 ss.

[63] Cfr. UNWCC, Law Reports of Trials of War Criminals, 15 Volumi (1947-1949).

[64] Il CCL n. 10 (Amtsblatt des Kontrollrats in Deutschland n. 3 del 31 gennaio 1946, 50 s.) serviva allo scopo «di eseguire le determinazioni della dichiarazione di Mosca […] e dell'accordo di Londra […] nonché della Legge fondamentale emanata in connessione ad essi, nonché […] a creare in Germania una base giuridica unitaria che renda possibile il perseguimento di crimini di guerra ed altri fatti criminosi dello stesso tipo – ad eccezione di quelli già giudicati dal Tribunale Militare Internazionale ». In applicazione della legge, nelle zone di occupazione furono istituiti Tribunali militari: cfr. in proposito, ad es., l'Ordinanza n. 7 del 18 ottobre 1946 del Governo Militare nella zona americana.

migliorò il modello punitivo di Norimberga ed era destinata ad assicurare che i processi condotti dai tribunali di occupazione nelle quattro zone relative si basassero su un fondamento giuridico comune.

Sul modello dello Statuto IMT, l'art. II del CCL n. 10 conteneva le fattispecie di crimini contro la pace, crimini di guerra e contro l'umanità; quanto alla fattispecie di questi ultimi, è da rilevare il miglioramento, e punto debole che si trascina fino ad oggi, rappresentato dall'eliminazione del nesso, richiesto dallo Statuto IMT, con i crimini contro la pace o con i crimini di guerra[65]. La legge fu applicata anche da tribunali tedeschi, nella misura in cui ad essi era stata devoluta dalle Potenze occupanti la competenza a celebrare processi penali nelle zone di occupazione inglese, francese e russa.

Nella lista dei numerosi processi nazionali sono da rimarcare i dodici processi di Norimberga successivi a quello del Tribunale internazionale (cd. Nürnberger Nachfolgeprozesse)[66], celebrati fino alla metà del 1949 da tribunali militari statunitensi[67]. Ognuno dei dodici processi si concentrò su uno specifico gruppo di autori: imputati erano alti rappresentanti dell'ordine dei Medici, della Giustizia, della gerarchia militare, rappresentanti del mondo economico e industriale, nonché personalità influenti dello Stato e del partito. Le sentenze sono pubblicate in una raccolta autonoma[68] ed esercitano a tutt'oggi influenza sul diritto internazionale penale.

In dettaglio, si trattò dei cd. Ärzte-Prozesse, del processo contro il Feldmaresciallo Milch per cooperazione al programma di armamento di guerra, del cd. Juristen-Prozess (contro *Altstötter* et al.)[69], del processo contro esponenti dell'Ufficio Centrale dell'Economia e dell'Ufficio Centrale di Amministrazione delle SS cui faceva capo l'amministrazione dei campi di concentramento (contro *Pohl* et al.), del processo contro l'industriale Flick, del cd. IG-Farben-Prozess (contro *Krauch* et al.), del cd. processo dell'omicidio dei prigionieri (contro *List* et al.), del processo contro i collaboratori del Rasse- und Siedlungshauptamt [Ufficio Centrale per la razza e l'insediamento] (RuSHA, contro *Greifelt* et al.), del cd. Einsatzgruppen-Prozess (contro *Ohlendorf* et al.), del processo contro l'industriale *Krupp* et al., del cd. Wilhelmstraßen-Prozess contro alti esponenti dello Stato nazista (*Weizsäcker* et al.), ed infine del cd. OKW-Prozess contro alti ufficiali della Wehrmacht (contro *v.Leeb* et al.).

Di grande importanza per l'evoluzione del diritto internazionale penale fu inoltre la giurisprudenza del Tribunale Supremo per la zona inglese, che negli anni tra il

---

[65] Cfr. anche *infra*, n. marg. 746.

[66] Su questo concetto *Ahlbrecht*, Geschichte der völkerrechtlichen Strafgerichtsbarkeit im 20. Jahrhundert (1999), 97.

[67] Cfr. in proposito, *Lippman*, Indiana International and Comparative Law Review 3 (1992), 1 ss.; inoltre *Ahlbrecht*, Geschichte der völkerrechtlichen Strafgerichtsbarkeit im 20. Jahrhundert (1999), 98 ss.

[68] Trials of War Criminals Before the Nuernberg Military Tribunals under Control Council Law No. 10 (1997).

[69] In proposito, *Peschel-Gutzeit* (a cura di), Das Nürnberger Juristen-Urteil von 1947 (1996).

1948 ed il 1950 contribuì con numerose decisioni all'interpretazione del CCL n. 10 e con ciò all'ulteriore sviluppo di quel diritto[70].

III. Rafforzamento e stasi: il diritto internazionale penale durante la guerra fredda

39 Le fattispecie ed i principi formulati a Norimberga furono confermate e rafforzate, negli anni e nei decenni a seguire, attraverso numerose risoluzioni dell'Assemblea Generale delle Nazioni Unite, rapporti e progetti della Commissione per il diritto internazionale delle Nazioni Unite (International Law Commission).

40 Con la risoluzione 95 dell'11 dicembre 1946 l'Assemblea Generale ONU confermò i principi del diritto internazionale penale come codificati nello Statuto di Norimberga ed applicati dall'IMT[71]. Con la risoluzione 177 del 21 novembre 1947 la Commissione per il diritto internazionale[72] fu incaricata di elaborare una codificazione dei crimini internazionali e di quei principi già contenuti nello Statuto e nella sentenza di Norimberga. Il rapporto della Commissione sui cd. Principi di Norimberga sottolinea soprattutto il loro riconoscimento consuetudinario[73]. Nel 1954 la Commissione presentò il primo progetto di un *Code of Crimes Against Peace and Security of Mankind*; altri progetti seguirono nel 1991, 1994 e 1996[74].

41 Nel contempo prese avvio un'evoluzione per la quale parti del diritto internazionale penale consuetudinario furono inserite in trattati internazionali. Di eccezionale importanza sono in tal senso soprattutto la Convenzione sulla prevenzione e repressione del genocidio del 19 dicembre 1948[75] e le quattro Convenzioni di Gine-

---

[70] Più in dettaglio, in proposito, *Rüping* NStZ 2000, 355 ss.

[71] Cfr. UN Doc. A/RES/1/95 (1946): «The General Assembly [...] affirms the principles of international law recognized by the Charter of the Nürnberg Tribunal and the judgment of the Tribunal»; in proposito, *Dahm/Delbrück/Wolfrum*, Völkerrecht, vol. I/3, 2ª ed. (2002), 1038 s.

[72] A norma dell'art. 13 co. 1 a) della Carta ONU, l'Assemblea Generale autorizza investigazioni e fornisce raccomandazioni, allo scopo di «incoraggiare lo sviluppo progressivo del diritto internazionale e la sua codificazione». La Commissione di diritto internazionale, istituita dalle Nazioni Unite nel 1947, ha il compito di codificare e sviluppare ulteriormente il diritto internazionale. I 34 membri scelti dall'Assemblea Generale sono tra i massimi esperti nella loro disciplina; cfr. per maggiori dettagli *Tomuschat*, Vereinte Nationen 1988, 180 ss. [per tutti, cfr. *Cassese*, Diritto internazionale, I. I lineamenti, 2003 (a cura di *Gaeta*), 177, *N.d.T.*].

[73] *International Law Commission*, Principles of International Law Recognized in the Charter of the Nürnberg Tribunal and in the Judgment of the Tribunal, Yearbook of the International Law Commission 1950 II, 374 ss. Cfr. in proposito, *Ahlbrecht*, Geschichte der völkerrechtlichen Strafgerichtsbarkeit im 20. Jahrhundert (1999), 135 ss.

[74] Approfonditamente sul contributo della Commissione di diritto internazionale allo sviluppo del diritto internazionale penale, *Crawford*, in: Cassese/Gaeta/Jones (a cura di), Rome Statute, vol. 1 (2002), 23 ss.; *Tomuschat*, in: Hankel/Stuby (a cura di), Strafgerichte gegen Menschheitsverbrechen (1995), 270 ss.

[75] BGBl. 1954 II, 730. La Convenzione è entrata in vigore il 12 gennaio 1951. Detta Convenzione incorpora, per opinione generale, diritto internazionale consuetudinario; cfr. *Corte Internazionale di Giustizia*, Parere del 28 maggio 1951 (Reservations to the Convention on the Prevention and Punishment of the Crime of Genocide), ICJ Reports 1951, 15, 23.

vra del 12 agosto 1949[76] e relativi Protocolli aggiuntivi dell'8 giugno 1977[77].

Nella prassi degli Stati e della comunità internazionale i segnali ch'erano stati inviati da Norimberga e Tokyo trovarono all'inizio solo debole eco[78]. Per decine d'anni tribunali internazionali non sarebbero stati in agenda, e l'applicazione di norme di diritto internazionale penale da parte di tribunali nazionali sarebbe rimasta una rara eccezione[79].

Ad uno sguardo complessivo, la situazione fino agli inizi degli anni Novanta del secolo scorso era paradossale: da un lato i fondamenti giuridici erano ampiamente assicurati ed il diritto di Norimberga si era consolidato; dall'altro lato, agli Stati ed alla comunità internazionale mancava la disponibilità e la capacità d'insufflarvi vitalità ed applicare quei principi.

IV. "Rinascimento": l'istituzione dei "Tribunali *ad hoc*" delle Nazioni Unite

Dopo la fine della guerra fredda le Nazioni Unite, all'inizio degli anni Novanta, hanno attivato il proprio sistema di garanzia della sicurezza; quest'evoluzione ha portato ad una rinascenza del diritto internazionale penale, che alcuni credevano morto. L'occasione di riattivare anche nella prassi il diritto di Norimberga fu data dalle gravi violazioni del diritto umanitario commesse sul territorio della ex Jugoslavia ed i massacri in danno della minoranza della popolazione di etnia Tutsi in Ruanda.

---

[76] *Convenzione di Ginevra per il miglioramento della sorte dei malati e feriti negli eserciti di campagna; Convenzione di Ginevra per il miglioramento della sorte dei feriti, dei malati e dei naufraghi delle forze armate sul mare; Convenzione di Ginevra sul trattamento dei prigionieri di guerra; Convenzione sulla protezione delle persone civili in tempo di guerra* [ratificate in Italia con L. 27 ottobre 1951 n. 1739, in G.U., S.O., 1° marzo 1951, n. 53, *N.d.T.*].

[77] *Protocollo Aggiuntivo alla Convenzione di Ginevra del 12 agosto 1949 sulla protezione delle vittime dei conflitti armati internazionali (Protocollo I); Protocollo Aggiuntivo alla Convenzione di Ginevra del 12 agost 1949 sulla protezione delle vittime dei conflitti armati non internazionali (Protocollo II)* [ratificati dall'Italia con L. 11 dicembre 1985 n. 762, G.U., S.O., 27 dicembre 1985, n. 303, *N.d.T.*].

[78] Cfr. anche *Ipsen*, in: Ipsen, Völkerrecht, 5ª ed. (2004), § 42 n. marg. 26 e la disincantata presa di posizione di *van den Wyngaert*, in: Bassiouni (a cura di), International Criminal Law, vol. 3, 2ª ed. (1999), 217 ss. Cfr. ad esempio, sui (pochi) procedimenti condotti in relazione a crimini di guerra commessi dagli statunitensi nella guerra del Vietnam, *Ahlbrecht*, Geschichte der völkerrechtlichen Strafgerichtsbarkeit im 20. Jahrhundert (1999), 152 ss.; *Ipsen*, in: Ipsen, Völkerrecht, 5ª ed. (2004), § 42 n. marg. 26. – Scettico sulle prospettive future del diritto internazionale penale sono pertanto, ancora, *Ipsen*, in: Herzberg (a cura di), Festschrift für Oehler (1985), 515 e *Jescheck/Weigend*, Lehrbuch des Strafrechts, 5ª ed. (1996), 123 s.

[79] Eccezioni siffatte sono rappresentate ad esempio dal procedimento celebrato a Gerusalemme contro *Eichmann* (District Court of Jerusalem, sent. 12 dicembre 1961, ILR 36 (1968), 5 ss. e Supreme Court of Israel, sent. 29 maggio 1962, ILR 36 (1968), 277 ss.); il processo francese contro *Barbie* (Cour de Cassation, sent. 6 ottobre 1983, 26 gennaio 1984, 20 dicembre 1985, ILR 78 (1988), 124 ss. e Cour de Cassation, sent. 3 giugno 1988, ILR 100 (1995), 331 ss.); il processo canadese contro *Finta* (Ontario Court of Appeal, sent. 29 aprile 1992, ILR 98 (1994), 520 ss. e Supreme Court of Canada, sent. 24 marzo 1994, ILR 104 (1997), 284 ss.), infine, il processo australiano cd. *Polyukhovich* (High Court of Australia, sent. 14 agosto 1991, ILR 91 (1993), 1 ss.).

45 Questa volta, a sorreggere con forza l'affermazione del diritto internazionale non furono potenze vincitrici di un conflitto bellico, ma le Nazioni Unite. Quali misure "per la garanzia e la restaurazione della pace mondiale e della sicurezza internazionale"[80], il Consiglio di Sicurezza delle Nazioni Unite istituì due Tribunali internazionali quali organi ausiliari ("subsidiary organs")[81]. Fondamento giuridico dei due Tribunali è quindi – diversamente dal caso dei Tribunali di Norimberga e Tokyo, anch'essi *ad hoc* – non un trattato internazionale, ma una risoluzione del Consiglio di Sicurezza in base al Capitolo VII della Carta ONU[82]. Conseguenza immediata di questa fondazione è la rafforzata posizione dei Tribunali a fronte degli Stati: l'art. 25 della Carta ONU in relazione con le Risoluzioni del Consiglio obbliga ogni Stato alla cooperazione con i Tribunali, ottenibile anche mediante mezzi di coercizione. Allo stesso tempo è prevista espressamente negli Statuti la precedenza della giurisdizione dei Tribunali anche rispetto alle giurisdizioni nazionali, e soprattutto anche a fronte di quella degli Stati di commissione dei fatti[83].

46 Gi Statuti dei Tribunali per l'ex Jugoslavia e per il Ruanda (di seguito, ICTY e ICTR) hanno rafforzato la validità consuetudinaria del diritto internazionale penale[84]: entrambi gli statuti esprimono esplicitamente la pretesa di rispecchiarne il "nucleo duro"[85].

1. ICTY

47 Le tensioni tra i gruppi etnici esistenti nell'ex Jugoslavia, aumentate dopo la morte di Tito (1980), ebbero una progressiva *escalation* con il crollo degli Stati socialisti d'intorno, verso uno dei peggiori conflitti verificatisi sul continente europeo nel secolo scorso. Dopo che Croazia e Slovenia si furono dichiarate indipendenti nel 1991, in un referendum si pronunciò per l'indipendenza dall'ex Jugoslavia anche la maggior parte della popolazione della Bosnia. Fino alla stipula dell'accordo di pace di Dayton del 1995, sul territorio dell'ex Jugoslavia furono commessi in massa crimini internazionali; l'espressione "pulizia etnica" ed i nomi delle città di Sarajevo e Srebrenica sono diventati, in questo contesto, tristemente

---

[80] Cfr. art. 39 Carta ONU.

[81] Cfr. artt. 39 ss., 29 e 7 co. 2 Carta ONU.

[82] Per l'ICTY: UN Doc. S/RES/827 (1993); per l'ICTR: UN Doc. S/RES/955 (1994). Cfr. sull'idoneità di questo fondamento giuridico ICTY, dec. 10 agosto 1995 (Tadić, TC), §§ 1 ss.; inoltre *Ahlbrecht*, Geschichte der völkerrechtlichen Strafgerichtsbarkeit im 20 Jahrhundert (1999), 242; *Hollweg* JZ 1993, 980, 982; *Tomuschat*, Europa-Archiv 1994, 61, 64; *Triffterer* ÖJZ 1994, 825, 828 s. Critico però *Schmalenbach* AVR 36 (1998), 285, 289.

[83] Cfr. art. 9 St-ICTY e art. 8 St-ICTR: «shall have primacy over national courts». Cfr. in proposito, ICTY, 10 August 1995 (Tadić, TC), § 41.

[84] Cfr. in proposito, *Werle* ZStW 109 (1997), 808, 814.

[85] Così si esprime il Rapporto del Segretario Generale ONU del 3 maggio 1993 sullo Statuto ICTY: soltanto le «rules of international humanitarian law which are beyond any doubt part of customary law» sarebbero diventate parte integrante dello stesso Statuto; cfr. UN Doc. S/25704 (1993), § 29; critico tuttavia *Ahlbrecht*, Die Geschichte der völkerrechtlichen Strafgerichtsbarkeit im 20. Jahrhundert (1999), 329.

famosi[86]. Dal 1998 il conflitto si è esteso alla regione del Kosovo, popolata da una maggioranza di origini albanesi.

Con la risoluzione 808 del 22 febbraio 1993 stabilì che la pace internazionale era messa in pericolo dagli avvenimenti in ex Jugoslavia e si giunse ad un intervento armato delle forze NATO legittimato dall'ONU. ben presto si fece strada nel Consiglio di Sicurezza la convinzione che una stabilizzazione di lungo termine della regione, a causa dei crimini internazionali ivi commessi, potesse essere raggiunta soltanto affiancando all'intervento militare la punizione dei responsabili. Il 3 maggio 1993 il Segretario Generale dell'ONU presentò il rapporto elaborato su incarico del Consiglio di Sicurezza sulle possibilità dell'istituzione di una Corte penale da parte delle Nazioni Unite[87].

48

Con la risoluzione 827 del 25 maggio 1993 il Consiglio di Sicurezza decise di «creare un tribunale internazionale allo scopo esclusivo di perseguire le persone che, fra il 1° gennaio1991 ed un termine che stabilito dal CdS dopo la restaurazione della pace, sono responsabili per gravi violazioni del diritto internazionale umanitario, ed a tal fine di approvare lo Statuto del tribunale internazionale»[88].

49

I crimini internazionali che il Tribunale è autorizzato a perseguire e giudicare sono elencati negli artt. da 2 a 5 dello Statuto ICTY: si tratta di crimini di guerra, genocidio e crimini contro l'umanità; dei cd. crimini fondamentali (*Kernverbrechen*, *core crimes*)[89] non sono compresi soltanto i crimini contro la pace. Quanto alla "parte generale" lo Statuto ICTY si rifà ampiamente alle regole dello Statuto IMT.

50

La giurisprudenza dell'ICTY ha contribuito in modo essenziale alla precisazione ed all'ulteriore sviluppo del diritto internazionale penale. È da menzionare in primo luogo l'assimilazione di conflitto armato nazionale ed internazionale ai fini del diritto penale applicabile[90], per effetto della quale le norme penali del diritto internazionale bellico si applicano larga-

51

---

[86] Cfr. ad es., sulle origini e lo svolgimento del conflitto, *Baer*, Der Zerfall Jugoslawiens im Lichte des Völkerrechts (1995); *Calic*, Der Krieg in Bosnien-Herzegovina (1995); *Samary*, Die Zerstörung Jugoslawiens (1995); *Zülch* (a cura di), «Ethnische Säuberung» – Völkermord für Großserbien (1993); per un riassunto *Möller*, Völkerstrafrecht und Internationaler Strafgerichtshof (2003), 170 ss.

[87] UN Doc. S/25704 (1993).

[88] Nella risoluzione il Consiglio di Sicurezza si riferisce a «widespread and flagrant violations of international humanitarian law occurring within the territory of the former Yugoslavia, [...] including reports of mass killings, massive, organized and systematic detention and rape of women, and the continuance of the practice of 'ethnic cleansing'». – Cfr. sulla giurisprudenza dell'ICTY *infra*, n. marg. 259 ss.; cfr. pure *Ackerman/O'Sullivan*, Practice and Procedure of the International Criminal Tribunal for the Former Yugoslavia (2000); *Bassiouni/Manikas*, The Law of the International Criminal Tribunal for the Former Yugoslavia (1996); *Dahm/Delbrück/Wolfrum*, Völkerrecht, vol. I/3, 2ª ed. (2002), 1130 ss.; *Hollweg* JZ 1993, 980 ss.; *Jones*, The Practice of the International Criminal Tribunals for the Former Yugoslavia and Rwanda (1997); *Oellers-Frahm* ZaöRV 54 (1994), 416 ss.; *Roggemann*, Die internationalen Strafgerichtshöfe, 2ª ed. (1998), 60 ss.; *Schabas*, The UN International Criminal Tribunals (2006), 13 ss.; *Scharf*, Balkan Justice (1997); *Tomuschat*, Europa-Archiv 1994, 61 ss.; *Triffterer* ÖJZ 1994, 825 ss.

[89] Su questo concetto cfr. *infra*, n. marg. 83.

[90] Approfonditamente, in proposito, ICTY, 2 ottobre 1995 (Tadić, AC), §§ 96 ss.

mente anche alle guerre civili[91]. Per i crimini contro l'umanità, il Tribunale ha confermato che in base al diritto consuetudinario non è necessario per la loro punizione quel nesso con crimini di guerra che era ancora richiesto dallo Statuto[92]. Inoltre, l'ICTY ha precisato sotto svariati profili il contenuto delle fattispecie dei crimini contro l'umanità, del genocidio e dei crimini di guerra[93].

52 Mentre le regole processuali e sull'assunzione della prova dell'IMT erano stabilite[94] in termini rudimentali e contenevano in parte prescrizioni problematiche dal punto di vista della legalità (pena di morte, non impugnabilità, procedimento in contumacia), l'ICTY dispone di un diritto processuale evoluto dal punto di vista della legalità, contenuto nello Statuto ed articolato e specificato in ampie regole di procedura e prova[95].

2. ICTR

53 Nel 1995 il Consiglio di Sicurezza delle Nazioni Unite istituì con la risoluzione 955 il Tribunale per il Ruanda; anche in questo caso, come per l'istituzione dell'ICTY, si trattava di una misura adottata in base al Capitolo VII della Carta ONU[96], con la quale la comunità internazionale reagiva al genocidio commesso in Ruanda nel 1994, che nel volgere di pochi mesi era costato la vita a più di un milione di persone[97]. L'ICTY non costituì soltanto il modello per l'istituzione dell'ICTR, ma vi fu anche per più versi istituzionalmente collegato: ad es., per entrambi i Tribunali fu previsto fino al 2003 un unico Responsabile della pubblica accusa[98] (dal set-

---

[91] Più in dettaglio *infra*, n. marg. 940 s.

[92] Aveva dato la stura a nuovi dubbi la formulazione dell'art. 5 St-ICTY, in base al quale la giurisdizione del Tribunale per crimini contro l'umanità sussiste soltanto «when committed in armed conflict». In base alla giurisprudenza del Tribunale, quest'aggiunta è da intendere in realtà nel senso «that the act be linked geographically as well as temporally with the armed conflict». Cfr. ICTY, sent. 14 gennaio 2000 (Kupreškić et al., TC), § 546; inoltre ICTY, sent. 15 luglio 1999 (Tadić, AC), § 249.

[93] Cfr. *Lüders*, in: Chiavario (a cura di), La justice pénale internationale entre passé et avenir (2003), 223 ss.; *Meseke*, in: Chiavario (a cura di), La justice pénale internationale entre passé et avenir (2003), 177 ss.

[94] Cfr. gli artt. 16 ss. St-IMT e le Regole di procedura dell'IMT del 29 ottobre 1945 (riprodotte in: Internationaler Militärgerichtshof Nürnberg, Der Nürnberger Prozeß gegen die Hauptkriegsverbrecher (1947), vol. 1, 20 ss.).

[95] Artt. 15 ss. St-ICTY. Le regole di procedura sono affette peraltro da un certo deficit di legittimazione, perché sono state elaborate e modificate 'in corso d'opera'. Cfr. sulle Regole di procedura e prova *Boas*, in: Boas/Schabas (a cura di), International criminal law developments in the case law of the ICTY (2003), 1 ss.

[96] Cfr. sulla giurisprudenza dell'ICTR *infra*, n. marg. 272 ss. e inoltre *Dahm/Delbrück/Wolfrum*, Völkerrecht, vol. I/3, 2ª ed. (2002), 1138 ss.; *Morris/Scharf*, The International Criminal Tribunal for Rwanda (1998); *Roggemann*, Die Internationalen Strafgerichtshöfe, 2ª ed. (1998), 156 ss.; *Schabas*, The UN International Criminal Tribunals (2006), 24 ss.

[97] Cfr. *Human Rights Watch*, Leave None to Tell the Story, Genocide in Rwanda (1999); riassuntivamente *Möller*, Völkerstrafrecht und Internationaler Strafgerichtshof (2003), 195 ss.

[98] Cfr. art. 15 co. 3 St-ICTR, vecchia formulazione.

tembre 2003 il capo della pubblica accusa presso l'ICTR è Hassan Bubacar Jallow); nelle rispettive Camere d'appello sono presenti giudici di entrambi i Tribunali.

La giurisdizione del Tribunale comprende genocidio, crimini contro l'umanità e crimini di guerra, commessi tra il 1° gennaio ed il 31 dicembre 1994. L'ICTR ha svolto un'opera pionieristica soprattutto nell'evoluzione della fattispecie di genocidio[99].

V. Assicurare la continuità: la Corte Criminale Internazionale e il suo Statuto

L'entrata in vigore dello Statuto della Corte Criminale Internazionale permanente (di seguito, ICC) e l'istituzione della stessa rappresentano al momento l'ultima pietra miliare dell'evoluzione del diritto internazionale penale[100].

1. Gli sforzi diretti all'istituzione di una Corte penale internazionale permanente

Gli sforzi per la creazione di una Corte penale internazionale permanente risalgono all'epoca precedente la seconda guerra mondiale[101]. Un primo tentativo d'istituire nell'ambito della Società delle Nazioni un Tribunale per la repressione dei fatti di terrorismo naufragò nel 1937; la *Convenzione per la creazione di una Corte penale internazionale* del 16 novembre 1937 fu bensì sottoscritta da 13 Stati ma non entrò mai in vigore[102].

---

[99] Approfonditamente ICTR, sent. 2 settembre 1998 (Akayesu, TC). Approfonditamente in proposito, *infra*, n. marg. 649 ss.

[100] Cfr., nell'ambito di una bibliografia ormai appena dominabile sullo Statuto di Roma e la Corte Criminale Internazionale, il commentario di *Triffterer* (a cura di), Rome Statute (1999) e l'opera "stile commentario" di *Cassese/Gaeta/Jones* (a cura di), Rome Statute (2002). Cfr. inoltre *Ambos* NJW 1998, 3743 ss.; *Bruer-Schäfer*, Der Internationale Strafgerichtshof (2001); *Jescheck*, in: Bemmann/Spinellis (a cura di), Festschrift für Mangakis (1999), 492 ss.; *Kreß*, in: Grützner/Pötz (a cura di), Internationaler Rechtshilfeverkehr in Strafsachen, 2ª ed. (2006), vol. 4, Vor III 26 n. marg. 8 ss.; *Sadat*, The International Criminal Court and the Transformation of International Law (2002); *Schabas*, An Introduction to the International Criminal Court, 2ª ed. (2004); *Tomuschat*, Die Friedens-Warte 73 (1998), 335 ss.; *Triffterer*, in: Gössel/Triffterer (a cura di), Gedächtnisschrift für Zipf (1999), 493 ss.; *Triffterer* ZStW 114 (2002), 321, 345 ss.

[101] Approfonditamente sull'evoluzione sino ad oggi, *Ahlbrecht*, Geschichte der völkerrechtlichen Strafgerichtsbarkeit im 20. Jahrhundert (1999), 143 ss. e *Bassiouni*, The Legislative History of the International Criminal Court, vol. 1 (2005), 41 ss.

[102] Base della Convenzione era un progetto elaborato dall'internazionalista rumeno *Vespasian Pella*, che originariamente prevedeva una giurisdizione facoltativa inizialmente soltanto per fatti di terrorismo, nonché l'applicazione preferenziale, da parte del Tribunale, del diritto dello Stato del luogo di commissione: cfr. *Jescheck*, Die Verantwortlichkeit der Staatsorgane nach Völkerstrafrecht (1952), 117 ss.; inoltre *Saul*, Journal of International Criminal Justice 4 (2006), 78 ss.; *Triffterer*, in: Gössel/Triffterer (a cura di), Gedächtnisschrift für Zipf (1999), 493, 512. – Fra le due guerre furono soprattutto le associazioni scientifiche, in particolare la *International Law Association* e la *Association Internationale de Droit Pénal*, a portare avanti la creazione di un Tribunale internazionale permanente. Approfonditamente sull'evoluzione sino a Norimberga *Ahlbrecht*, Geschichte der völkerrechtli-

Soltanto dopo la seconda guerra mondiale e la riuscita conduzione dei processi di Norimberga e Tokyo quegli sforzi ricevettero nuovo impulso.

57 Già la Convenzione sul genocidio del 1948 prevedeva (art. 6) la giurisdizione di un tribunale internazionale accanto a quella dello Stato di commissione; con l'adozione di detta Convenzione l'Assemblea Generale ONU incaricò pertanto la Commissione per il diritto internazionale «to study the desirability and possibility of establishing an international judicial organ for the trial of persons charged with genocide»[103]. A seguito di una deliberazione positiva della Commissione[104], un'apposita sottocommissione del *Legal Committee* dell'Assemblea Generale presentò nel 1951 un *Draft Statute for an International Criminal Court*[105]. La Corte avrebbe avuto giurisdizione sui casi ad essa attribuiti in generale in base ad un trattato internazionale o caso per caso ad essa devoluti dagli Stati-Parte. Nel 1954 venne sottoposta all'Assemblea Generale un versione rielaborata del Progetto; ma il rapido deterioramento del clima politico su scala mondiale impedì la prosecuzione dei lavori[106]. L'11 dicembre 1957 l'Assemblea Generale decise di rinviare le discussioni sulla codificazione del diritto internazionale penale e sullo Statuto fino al momento in cui si fosse raggiunto un accordo sulla definizione del crimine di aggressione[107], il che riuscì solo nel 1974[108]; da quel momento in poi la Commissione riprese il suo lavoro sul versante del diritto sostanziale. Nel 1989, su iniziativa di Trinidad e Tobago, la Commissione ricevette dalla Assemblea Generale l'incarico di occuparsi nuovamente dell'istituzione di una Corte penale internazionale[109].

---

chen Strafgerichtsbarkeit im 20. Jahrhundert (1999), 46 ss.; *Bassiouni*, Introduction to International Criminal Law (2003), 393; *Triffterer* ZStW 114 (2002), 321, 345 ss.

[103] UN Doc. A/RES/3/260 (1948); cfr. in proposito, *Ahlbrecht*, Geschichte der völkerrechtlichen Strafgerichtsbarkeit im 20. Jahrhundert (1999), 138 ss.

[104] UN Doc. GAOR, 5th Session, Suppl. 12 (A/1316, 1950).

[105] Cfr. *United Nations Committee on International Criminal Jurisdiction*, Draft Statute for an International Criminal Court, riprodotto in: AJIL 46 (1952), Suppl., 1 ss. ed in *Bassiouni* (a cura di), The Statute of the International Criminal Court, A Documentary History (1998), 741 ss. Cfr. approfonditamente, in proposito, *Ahlbrecht*, Geschichte der völkerrechtlichen Strafgerichtsbarkeit im 20. Jahrhundert (1999), 140 ss.

[106] Cfr. *Ahlbrecht*, Geschichte der völkerrechtlichen Strafgerichtsbarkeit im 20. Jahrhundert (1999), 143 ss.

[107] UN Doc. A/RES/12/1186 (1957): «The General Assembly, [...] considering that the draft Code of Offences against the Peace and Security of Mankind [...] raises problems related to that of the definition of aggression, [...] 1. Decides to defer the consideration of the question of the draft Code of Offences against the Peace and Security of Mankind until such time as the General Assembly takes up again the question of defining aggression». Nella ris. 12/1187 in pari data l'Assemblea Generale decise di conseguenza, in relazione ai lavori per la creazione di una giurisdizione internazionale («defer consideration of the question of an international criminal jurisdiction»).

[108] UN Doc. A/RES/29/3314 (1974), Annex, in particolare art. 3. Cfr. anche *infra*, n. marg. 1292.

[109] UN Doc. A/RES/44/39 (1989): «The General Assembly [...] requests the International Law Commission, when considering at its forty-second session the item entitled 'Draft Code of Crimes against the Peace and Security of Mankind', to address the question of establishing an international criminal court or other international criminal trial mechanism with jurisdiction over persons alleged to have committed crimes which may be covered under such a code of crimes, including persons engaged in illicit trafficking in narcotic drugs across national frontiers, and to devote particular atten-

Soltanto nel più favorevole clima politico mondiale seguito alla fine della guerra fredda fu possibile portare decisamente avanti i lavori per la creazione di una Corte permanente. in breve tempo la Commissione per il diritto internazionale elaborò un Progetto di Statuto[110], presentato all'Assemblea Generale nel 1994[111]. Questo istituiva una commissione *ad hoc*[112], che nel 1995 presentò un rapporto nel quale per la prima volta veniva abbandonata la separazione fra diritto sostanziale (destinato ad un Codice) e processuale (destinato ad uno Statuto) contenuta nei i progetti sino ad allora disponibili; i due ambiti sarebbero stato da allora in poi contenuti in un unico documento. Dopo la presentazione del rapporto del comitato *ad hoc*, il Comitato preparatorio[113] incaricato dell'elaborazione di testi per la conferenza degli Stati presentò il proprio rapporto nel 1996[114].

2. La Conferenza dei plenipotenziari a Roma

Dal 16 giugno al 17 luglio 1998 fu convocata dalle Nazioni Unite, a Roma, una Conferenza internazionale per l'elaborazione dello Statuto di una Corte penale internazionale[115]. Più di 160 Stati vi erano rappresentati; 17 organizzazioni inter-

---

tion to that question in its report on that session». Cfr. inoltre UN Doc. A/RES/47/33 (1992) e A/RES/48/31 (1993).

[110] L'accettazione del testo del Progetto si ebbe alla 46ª Seduta della Commissione di diritto internazionale, il 23 novembre 1994; cfr. in proposito il "Report of the Commission to the General Assembly", Yearbook of the International Law Commission 1994 II, Part 1, 18 ss.; dettagli in *Crawford*, in: Cassese/Gaeta/Jones (a cura di), Rome Statute, vol. 1 (2002), 23 ss. e *Graefrath* ZStW 104 (1992), 190 ss.

[111] Cfr. Yearbook of the International Law Commission 1994 I, Part 2, 26 ss.

[112] UN Doc. A/RES/49/53 (1994); 50/46 (1995) e 51/207 (1996). Cfr. in proposito, il "Report of the ad hoc committee on the establishment of an international criminal court", UN Doc. A/RES/50/46 (1995); *Bos*, in: Cassese/Gaeta/Jones (a cura di), Rome Statute, vol. 1 (2002), 35 ss.

[113] Il Comitato preparatorio non dev'essere confuso con la Commissione Preparatoria (Preparatory Commission): cfr. su questo cd. "PrepCom" *infra*, n. marg. 67.

114 Report of the Preparatory Committee on the Establishment of an International Criminal Court, UN Doc. A/RES/51/207 (1996), Anhang. Cfr. in proposito, *Kaul*, Vereinte Nationen 1997, 177 ss. Nei due anni seguenti il testo fu ripetutamente rielaborato e modificato, prima che fosse trovata la stesura finale, che costituì la base della Conferenza di Roma (UN Doc. A/CONS.183/2/Add.1). Da menzionare, in proposito, il cd. Progetto Zutphen (UN Doc. A/AC.249/1998/L.13), elaborato nel gennaio 1998 per la preparazione dell'ultima seduta del Comitato preparatorio. Parallelamente al lavoro del Comitato preparatorio, una libera riunione di organizzazioni private – vale a dire l'AIDP e il Max-Planck-Instituts für ausländisches und internationales Strafrecht di Friburgo i. Br. – formulava un Progetto Alternativo, il cd. Progetto Siracusa (Draft Statute for an International Criminal Court – Suggested Modifications to the 1994 ILC-Draft, „Siracusa-Draft" del 31 luglio 1995); cfr. in proposito, *Ambos* ZRP 1996, 269 ss.; v. pure *Ambos*, Internationales Strafrecht (2006), § 6 n. marg. 40 s.

[115] UN Doc. A/RES/52/160 (1997). Approfonditamente sui negoziati di Roma *Kirsch/Robinson*, in: Cassese/Gaeta/Jones (a cura di), Rome Statute, vol. 1 (2002), 67 ss.; *Kreß*, in: Grützner/Pötz (a cura di), Internationaler Rechtshilfeverkehr in Strafsachen, 2ª ed. (2006), vol. 4, Vor III 26 n. marg. 5 ss.

nazionali ed oltre 250 organizzazioni non governative osservarono ed assistettero ai lavori. Testo base delle trattative era il progetto di testo elaborato dal Comitato preparatorio[116], che prevedeva – in 116 articoli con 1400 aggiunte parentetiche e quasi 200 opzioni – la creazione di una Corte penale internazionale permanente.

60 Sin dall'inizio si fronteggiarono due posizioni contrapposte[117]: il gruppo degli Stati favorevoli (fra i quali Australia, Canada e Germania: "like-minded States") premette per la rapida creazione di una Corte forte e il più possibile indipendente; opposto al primo stava un gruppo di Stati (fra i quali gli Stati Uniti, India e Cina) che, preoccupati per la propria sovranità e la tutela dei propri cittadini, tendevano ad una Corte dapprincipio debole, meramente simbolica: secondo la prospettiva di questo gruppo la Corte avrebbe dovuto esser concepita come una sorta di Tribunale *ad hoc* sempre pronto a disposizione, che il Consiglio di Sicurezza ONU avrebbe potuto attivare alla bisogna, in concrete situazioni di crisi.

61 Nel corso delle trattative, le questioni di diritto sostanziale, e soprattutto la formulazione delle fattispecie tipiche, si rivelarono relativamente meno controverse, e ciò soprattutto per l'originaria delimitazione dell'oggetto della discussione ai crimini fondamentali (cd. Kernverbrechen, core crimes)[118]. Inoltre si dimostrò favorevole la circostanza che, con gli Statuti di IMT, ICTY e ICTR esistevano testi ampiamente collaudati dalla prassi. Ciononostante, peraltro, anche per le fattispecie dei crimini non si riuscì ad addivenire ad unità; in tal modo naufragarono gli sforzi di accordarsi su una definizione del crimine di aggressione[119].

62 Le principali questioni controverse concernevano la modalità di formulazione della legittimazione a procedere e punire (Strafbefugnis)* da parte della Corte – in particolare, sul punto, la questione se la Corte avesse automaticamente giurisdizione –, il ruolo e la posizione dell'Accusa, così come il rapporto della Corte con le Nazioni Unite ed in particolare con il Consiglio di Sicurezza.

---

[116] UN Doc. A/CONS.183/2/Add.1 del 14 aprile 1998.

[117] Cfr. in proposito, *Kaul*, Vereinte Nationen 1998, 126 ss.

[118] Cfr. sulla discussione relativa all'inclusione di ulteriori crimini nella giurisdizione della Corte *Zimmermann* ZaöRV 58 (1998), 47, 78 s. Nell'atto finale E della conferenza (UN Doc. A/CONS.183/10 [1998]) si lamenta il mancato accordo sulla definizione della criminalità internazionale in materia di stupefacenti e su quella di terrorismo. Nei progetti preliminari erano in parte previsti, accanto ai cd. crimini fondamentali (Kernverbrechen), anche altre fattispecie: cfr. ad es. l'art. 20 e) del Progetto della Commissione di diritto internazionale, che contempla anche violazioni della Convenzione sulla tortura e della *Convenzione ONU contro il traffico illecito di stupefacenti e sostanze psicotrope*, del 20 dicembre 1988.

[119] Il crimine di aggressione rientra bensì nella giurisdizione della Corte, ma è posto in una condizione, per così dire, di attesa (*Tomuschat*, Die Friedens-Warte 73 (1998), 335, 337), fino a quando non sia trovata una sua tipizzazione definitoria: art. 5 co. 2 dello Statuto di Roma. Più in dettaglio *infra*, n. marg. 1316 ss.

* [Nella traduzione inglese: "jurisdiction" (termine utilizzato anche per tradurre "Zuständigkeit"). La traduzione italiana intende rendere l'idea, cui il testo fa riferimento, che questione controversa non era soltanto quella dell'"ambito" della giurisdizione (di cui in dettaglio, nel testo, al n. marg. 63) ma anche la sua legittimazione a conoscere dei crimini ed il connesso meccanismo di attivazione, *N.d.T.*].

In relazione all'ambito della giurisdizione della Corte, non poté affermarsi la richiesta degli Stati "a favore", di estenderla a tutti i crimini internazionali secondo il principio di universalità[120], indipendentemente da dove, da chi e contro chi essi fossero commessi. L'orientamento al principio di territorialità e personalità, che ha trovato alfine ingresso nello Statuto come formula di compromesso, apre delicate lacune nella giurisdizione della Corte[121]. 63

Quanto alla questione altrettanto fortemente controversa di chi avesse la legittimazione a dare avvio ad un procedimento davanti alla Corte, la posizione dei Paesi "a favore" poté affermarsi parzialmente[122]. In base alla disposizione alfine introdotta nello Statuto, oltre al Consiglio di Sicurezza ed agli Stati-Parte, anche il Procuratore ha diritto ad iniziare indagini d'ufficio[123]. Da un lato si ebbe il timore che una posizione troppo forte del Consiglio di Sicurezza, dominato dalle cinque Potenze con diritto di veto, potesse politicizzare eccessivamente il lavoro della Corte e dunque minarne la credibilità; dall'altro lato, doveva essere perlomeno possibile l'assenso allo Statuto da parte degli Stati con diritto di veto. Soprattutto il diritto del Procuratore d'iniziare indagini d'ufficio, analogamente ai Procuratori presso i Tribunali *ad hoc*, fu considerato come una garanzia irrinunciabile per l'indipendenza della Corte. 64

Il 17 luglio 1998 il *Rome Statute of the International Criminal Court*** fu approvato nel *plenum* con 120 voti a favore[124]. Soltanto sette Stati (USA, Cina, Israele, Iraq, Libia, Yemen, Qatar) votarono contro; 21 si astennero. Nemmeno quattro anni dopo, l'11 aprile 2002, Bosnia-Erzegovina, Bulgaria, Irlanda, Giordania, Cambogia, Repubblica Democratica del Congo, Mongolia, Niger, Romania e Slovacchia depositarono lo strumento di ratifica; in tal modo era raggiunto e superato il nu- 65

---

[120] Più in dettaglio, in proposito, *infra*, n. marg. 182.
[121] Cfr. artt. 12, 13 Statuto ICC. Così, il tipico caso in cui il crimine internazionale sia commesso sul territorio o da cittadini di Stati-non Parte rientra nella giurisdizione della Corte soltanto qualora il Consiglio di Sicurezza, nell'ambito di una decisione adottata in base al Cap. VII Carta ONU, deferisce il caso (art. 13 b), art. 12 co. 2 Statuto ICC) oppure allorché lo Stato di commissione, pur non essendo Parte, si sottometta volontariamente alla giurisdizione della Corte; cfr. in proposito, *infra*, n. marg. 231 ss., 258. La richiesta degli Stati di orientamento favorevole alla Corte nel senso di colmare questa lacuna prevedendo la giurisdizione della Corte nel caso in cui fosse Stato-Parte quello di arresto, non trovò accoglimento. Purtuttavia, si riuscì a introdurre la prescrizione (art. 12 Statuto) che ciascuno Stato-Parte accetta automaticamente la giurisdizione della Corte. Modelli più restrittivi non ebbero la maggioranza; essi prevedevano ad esempio il requisito del consenso ad ogni singolo procedimento dello Stato coinvolto («State consent»), oppure prevedevano il modello dell'accettazione o rifiuto della giurisdizione della Corte in relazione a specifici crimini («opt in/opt out»). Su tutto ciò, approfonditamente, *Kaul*, in: Cassese/Gaeta/Jones (a cura di), Rome Statute, vol. 1 (2002), 583 ss.; *Kreß*, in: Grützner/Pötz (a cura di), Internationaler Rechtshilfeverkehr in Strafsachen, 2ª ed. (2006), vol. 4, Vor III 26 n. marg. 11 ss.
[122] Cfr. *Kreß*, in: Grützner/Pötz (a cura di), Internationaler Rechtshilfeverkehr in Strafsachen, 2ª ed. (2006), vol. 4, Vor III 26 n. marg. 18 ss.
[123] Art. 15 co. 1 Statuto ICC.
[124] I testi in versione autentica sono disponibili nelle lingue ufficiali delle Nazioni Unite. [Del testo italiano esiste una traduzione non ufficiale, peraltro di non buona qualità, *N.d.T.*].

** [Di seguito, la dizione "Statuto" senza ulteriore specificazione, così come gli articoli citati pure senza ulteriore specificazione, si riferiscono allo Statuto di Roma, *N.d.T.*].

[66] Parte prima: fondamenti

66 mero di 60 ratifiche necessarie *ex* art. 126: lo Statuto entrò dunque in vigore il 1° luglio 2002. Nel frattempo 139 Stati lo hanno sottoscritto, 105 ne sono Parte[125]. Tra il 4 ed il 7 febbraio 2003 l'Assemblea degli Stati-Parte elesse i 18 Giudici; l'11 marzo 2003 la Corte ha iniziato la propria attività a L'Aja, in Olanda; il 21 aprile 2003 fu eletto come Procuratore l'argentino *Luis Moreno Ocampo*.

67 Negli atti conclusivi della Conferenza, il Comitato preparatorio fu incaricato di sottoporre all'Assemblea degli Stati[126] proposte su questioni pratiche connesse con la creazione ed il lavoro della Corte[127]. Il Comitato ha elaborato fra l'altro il Regolamento di contabilità

---

[125] In proposito, vi si annoverano tutti gli Stati dell'Unione Europea e pure molti Stati di Sudamerica ed Africa; in paragone, gli Stati asiatici finora hanno aderito debolmente. Hanno firmato e ratificato: Afghanistan, Albania, Andorra, Antigua e Barbuda, Argentina, Australia, Austria, Barbados, Belgio, Belize, Benin, Bolivia, Bosnia-Erzegovina, Botswana, Brasile, Bulgaria, Burkina Faso, Burundi, Cambogia, Canada, Ciad, Cipro, Colombia, Commonwealth di Dominica, Congo, Corea del Sud, Costa Rica, Croazia, Danimarca, Ecuador, Estonia, Federazione di St. Kitts e Nevis Finlandia, Francia, Gabon, Gambia, Georgia, Germania, Ghana, Giappone, Gibuti, Giordania, Gran Bretagna, Grecia, Guinea, Guyana, Honduras, Kenya, Irlanda, Islanda, Isole Marshall, Italia, Lettonia, Lesotho, Liberia, Liechtenstein, Lituania, Lussemburgo, Macedonia, Malawi, Mali, Malta, Mauritius, Messico, Moldavia, Mongolia, Montenegro, Namibia, Paesi Bassi, Nuova Zelanda, Niger, Nigeria, Norvegia, Panama, Paraguay, Perù, Polonia, Portogallo, Repubblica Centrafricana, Repubblica delle isole Figi, Repubblica Democratica del Congo, Repubblica di Nauru, Repubblica Dominicana, Romania, Samoa, San Marino, Svezia, Svizzera, Senegal, Serbia, Sierra Leone, Slovacchia, Slovenia, Spagna, St. Vincent e Grenadine, Sudafrica, Tagikistan, Tanzania, Timor Est, Trinidad e Tobago, Uganda, Ungheria, Unione delle Comore, Uruguay, Venezuela, Zambia. Hanno finora soltanto firmato: Algeria, Angola, Armenia, Bahamas, Bahrein, Bangladesh, Camerun, Capo Verde, Cile, Costa d'Avorio, Egitto, Emirati Arabi Uniti, Eritrea, Federazione Russa, Filippine, Giamaica, Guinea-Bissau, Haiti, Iran, Isole Salomone, Israele, Kuwait, Kirgizistan, Madagascar, Marocco, Monaco, Mozambico, Oman, Santa Lucia, São Tomé e Príncipe, Seychelles, Sudan, Siria, Thailandia, Repubblica Ceca, Ucraina, Uzbekistan, Yemen, Zimbabwe. Cfr. comunque per gli aggiornamenti allo stato attuale <http://www.icc-cpi.int/asp/statesparties.html> [consultazione al 17 ottobre 2007, *N.d.T.*]. Gli USA hanno "ritirato" la firma apposta dall'allora Presidente Clinton.

[126] Cfr. art. 112 Statuto ICC.

[127] Cfr. Atto finale, Allegato F, UN Doc. A/CONF.183/10 (1998) [*Final act of the united nations diplomatic conference of plenipotentiaries on the establishment of an international criminal court*, reperibile in <http://www.un.org/law/icc/statute/final.htm>, *N.d.T.*]. In base ad esso, il "PrepCom" aveva i seguenti compiti: «[to] prepare proposals for practical arrangements for the establishment and coming into operation of the Court, including the draft texts of: (a) Rules of Procedure and Evidence; (b) Elements of Crimes; (c) A relationship agreement between the Court and the United Nations; (d) Basic principles governing a headquarters agreement to be negotiated between the Court and the host country; (e) Financial regulations and rules; (f) An agreement on the privileges and immunities of the Court; (g) A budget for the first financial year; (h) The rules of procedure of the Assembly of States Parties; 6. The draft texts of the Rules of Procedure and Evidence and of the Elements of Crimes shall be finalized before 30 June 2000; 7. The Commission shall prepare proposals for a provision on aggression, including the definition and Elements of Crimes of aggression and the conditions under which the International Criminal Court shall exercise its jurisdiction with regard to this crime. The Commission shall submit such proposals to the Assembly of States Parties at a Review Conference, with a view to arriving at an acceptable provision on the crime of aggression for inclusion in this Statute. The provisions relating to the crime of aggression shall enter into force for the States Parties in

e finanza nonché ulteriori importanti strumenti di lavoro per la Corte, in primo luogo le "Regole di procedura e prova" e gli "Elementi dei Crimini" di cui all'art. 9 dello Statuto[128]; le proposte del Comitato sono state approvate in occasione della prima assemblea degli Stati-Parte nel settembre 2002.

Nonostante il vasto supporto di cui nel frattempo la Corte ha goduto nella comunità internazionale, essa è ancora ben lungi dall'essere un tribunale penale universalmente riconosciuto e competente su scala mondiale[129]. Centrale compito del futuro resta il conseguimento di un'accettazione veramente universale, che presuppone la partecipazione di USA, Cina[130], Russia[131], India[132] ed altri importanti Paesi asiatici.

68

Ruolo chiave è giocato dagli Stati Uniti; ch'essi non siano pregiudizialmente contrari ad un diritto internazionale penale lo mostra il loro impegno nella creazione dei Tribunali di Norimberga e Tokyo, e successivamente dei Tribunali *ad hoc*, nonché del Tribunale Speciale per la Sierra Leone, da essi supportati in modo decisivo[133]. Fra l'altro, in origine, gli USA si annoveravano tra i fautori di un Tribunale permanente. La sottoscrizione dello Statuto da parte del governo americano sotto la Presidenza Clinton, il 31 dicembre 2002, fu però successivamente ritirata dall'Amministrazione Bush con un atto diplomatico sinora unico nel suo genere. La posizione di rifiuto degli USA[134] si fonda principalmente sull'eccessiva ampiezza della giurisdizione della Corte[135] e sui vasti poteri del Procuratore, titolare dell'iniziativa anche d'ufficio. Dal momento dell'approvazione dello Statuto a Roma, gli

69

---

accordance with the relevant provisions of this Statute; 8. The Commission shall remain in existence until the conclusion of the first meeting of the Assembly of States Parties».

[128] Cfr. approfonditamente sulla lavoro della Commissione Preparatoria *Kaul*, Vereinte Nationen 2001, 215 ss. e *Kirsch/Oosterveld*, in: Cassese/Gaeta/Jones (a cura di), Rome Statute, vol. 1 (2002), 93 ss.

[129] Critico sulla realizzazione dell'universalità, anche dal punto di vista dell'inclusione di svariate culture giuridiche *Pastor*, El poder penal internacional (2006), 60 ss.

[130] Riassumono la posizione cinese sullo Statuto ICC, molto simile all'argomentazione degli Stati Uniti, *Lu/Wang*, Journal of International Criminal Justice 3 (2005), 608 ss.

[131] Sulle ragioni di diritto costituzionale a fondamento dell'atteggiamento di ripudio cfr. *Tuzmukhamedov*, Journal of International Criminal Justice 3 (2005), 621 ss.

[132] Sul punto di vista dell'India cfr. *Ramanathan*, Journal of International Criminal Justice 3 (2005), 627 ss.

[133] Cfr. sul ruolo storico degli USA nell'evoluzione del diritto internazionale penale *Schabas* EJIL 15 (2004), 701, 705 ss.; cfr. anche *Hafner*, Journal of International Criminal Justice 3 (2005), 323.

[134] Riassumono le perplessità statunitensi *Casey*, Fordham International Law Journal 25 (2002), 840 ss.; *Hafner*, Journal of International Criminal Justice 3 (2005), 323 ss., il quale menziona anche le possibilità di soluzione della relazione di tensione; *Schabas* EJIL 15 (2004), 701, 709 ss.; *Wedgwood* EJIL 10 (1999), 93 ss. Cfr. anche *Broomhall*, International Justice and the International Criminal Court (2003), 163 ss.; critici sull'atteggiamento degli USA nei confronti della Corte *Ambos*, Internationales Strafrecht (2006), § 6 n. marg. 55 ss.; *Däubler-Gmelin*, in: Arnold et al. (a cura di), Festschrift für Eser (2005), 717, 726 ss.; *Mundis*, Journal of International Criminal Justice 2 (2004), 2 ss.

[135] Cfr. in proposito *infra*, n. marg. 231 ss.

USA hanno intrapreso numerosi tentativi d'indebolire l'incisività della Corte[136]. Attualmente sembra tuttavia di poter registrare un cauto mutamento d'indirizzo nell'atteggiamento americano: il Consiglio di Sicurezza con la risoluzione 1593 del 2005 ha investito la Corte delle indagini sulla situazione in Darfur[137]; in quest'occasione USA e Cina si sono bensì astenuti, ma dev'essere valutato come segnale positivo il fatto che non si siano avvalsi del diritto di veto[138].

3. Significato dello Statuto

70 Lo Statuto disciplina in 128 articoli l'istituzione della Corte Criminale Internazionale (Parte 1); la sua composizione, amministrazione e finanziamento (Parti 4, 11, 12); il procedimento davanti alla Corte e la collaborazione con essa (Parti da 5 a 10); i reati affidati alla sua giurisdizione e i principi generali del diritto penale (Parti 2 e 3).

71 Lo Statuto è oggi il documento centrale del diritto internazionale penale: oltre

---

[136] Così è stata adottata dietro iniziativa USA la risoluzione del Consiglio di Sicurezza n. 1422 del 12 luglio 2002, per effetto della quale la Corte *ex* art. 16 Statuto ICC è richiesta, «if a case arises involving current or former officials or personnel from a contributing State not a Party to the Rome Statute over acts or omissions relating to a United Nations established or authorized operation, shall for a twelve-month period starting 1st July 2002 not commence or proceed with investigation or prosecution of any such case, unless the Security Council decides otherwise»; cfr. in proposito, anche *infra*, n. marg. 234. Con risoluzione 1487 del 12 giugno 2003 il Consiglio di Sicurezza ha prorogato di un anno l'efficacia della risoluzione 1422. Gli USA non hanno insistito per un'ulteriore proroga nel 2004,, prospettandosi una massiccia opposizione da parte degli altri membri del Consiglio di Sicurezza; tuttavia gli USA hanno ottenuto la previsione della giurisdizione esclusiva dello Stato che ha inviato le truppe [di peace keeping, *N.d.T.*] in base alla ris. 1593/2005, che dunque, in definitiva, esclude anch'essa la giurisdizione della Corte. Sul piano dei rapporti bilaterali, gli Usa si sono sforzati di concludere accordi di "non consegna" alla Corte (cd. art. 98-Agreements [o «BIAs», Bilateral Immunity Agreements, *N.d.T.*]); siffatti accordi sono stati stipulati ad oggi con 102 Stati: cfr. <http://www.iccnow.org/documents/CICCFS_BIAstatus_current.pdf> (stato: dicembre 2006); approfonditamente sul significato e la portata dell'art. 98 co. 2 Statuto ICC e degli accordi perseguiti da parte degli USA *Scheffer*, Journal of International Criminal Justice 3 (2005), 333 ss.; cfr. in proposito anche *infra*, n. marg. 618. Da menzionare qui l'*American Servicemembers' Protection Act*, entrato in vigore il 2 agosto 2002, destinato, allo stesso modo, a sottrarre ampiamente cittadini americani alla giurisdizione della Corte; la legge è riprodotta in: Human Rights Law Journal 2002, 275 ss.; cfr. in proposito, *Zimmermann/Scheel*, Vereinte Nationen 2002, 137, 141 s. – Per un riepilogo dei tentativi degli USA di depotenziare la Corte *Ambos*, Internationales Strafrecht (2006), § 6 n. marg. 55 ss.; *Zimmermann/Scheel*, Vereinte Nationen 2002, 137 ss. [per il testo delle risoluzioni cfr. http://www.un.org/documents/scres.htm, *N.d.T.*]

[137] Cfr. anche *infra*, n. marg. 233, 258.

[138] Cfr. anche *Biegi*, Vereinte Nationen 2006, 160, 163; cautamente ottimisti anche *Fletcher/Ohlin*, Journal of International Criminal Justice 3 (2005), 539, 561, che esprimono la speranza che il modo di operare della Corte a regime, quale "normale tribunale", potrebbe aiutare a superare i pregiudizi. Diversamente, per contro, *Ambos*, Internationales Strafrecht (2006), § 6 n. marg. 56, che vede confermata la posizione finora assunta dagli USA nella previsione dell'esclusione della giurisdizione della Corte, di cui al § 6 della risoluzione, relativo alle persone inviate da Stati-non Parte. Sulla ris. 1593/2005 di cui alla nota precedente cfr. ampiamente *Condorelli/Ciampi*, Journal of International Criminal Justice 3 (2005), 590 ss.

a formulare le basi giuridiche della Corte e sviluppare un nuovo diritto processuale, rappresenta un potente sviluppo anche del diritto sostanziale. Le quattro fattispecie centrali (le classiche fattispecie di Norimberga intergrate con il genocidio) sono contenute nell'art. 5. Mentre manca ancora una definizione del crimine di aggressione, gli artt. 6, 7, e 8 incriminano rispettivamente genocidio, crimini contro l'umanità e crimini di guerra articolando le relative fattispecie in quasi 70 sottofattispecie. In tal senso, il valore dello Statuto risiede soprattutto nel raggruppamento e consolidamento di disposizioni altrimenti sparse[139].

Particolarmente innovativo è lo Statuto nell'ambito delle regole generali sulla responsabilità penale. I suoi precursori contenevano in tema solo disposizioni frammentarie; esso detta per la prima volta una compiuta regolamentazione dei principi generali («general principles») del diritto penale internazionale, pressoché una Parte Generale di quest'ultimo. Tuttavia, se comparate con le fattispecie dei singoli crimini, queste regole evidenziano un minor grado di maturazione[140].

VI. Tendenze attuali

L'istituzione della Corte rappresenta il culmine temporaneamente raggiunto dal diritto internazionale penale, non però il suo compimento. Dal tempo della Conferenza di Roma si osservano soprattutto due linee di evoluzione: l'istituzione di nuovi tribunali penali nazional-internazionali, e l'implementazione del diritto internazionale penale da parte dei singoli Stati. Denominatore comune di questi sviluppi è la crescente reciproca penetrazione e contaminazione tra giurisdizione penale nazionale ed internazionale. Questa penetrazione, a seconda della prospettiva da cui la si consideri, può essere descritta come "internazionalizzazione" degli ordinamenti penali statuali, o come "statualizzazione" del diritto internazionale penale.

1. La creazione di Tribunali penali "internazionalizzati" (hybrid courts)

Fenomeno di nuovo conio è l'affermazione del diritto internazionale penale mediante tribunali bensì legati al sistema della giurisdizione penale nazionale, ma allo stesso tempo – in forme ed intensità le più diverse – "internazionalizzati"[141]. Fra

---

[139] Panoramica riassuntiva in *Tomuschat*, Die Friedens-Warte 73 (1998), 335, 337 ss. Sul rapporto fra norme dello Statuto e diritto internazionale consuetudinario cfr. *infra*, n. marg. 152 ss.

[140] Più approfonditamente, in proposito, *infra*, n. marg. 320 s.

[141] Cfr. i contributi pubblicati in *Romano/Nollkaemper/Kleffner* (a cura di), Internationalized Criminal Courts and Tribunals: Sierra Leone, East Timor, Kosovo, and Cambodia (2004) ed in *Ambos/Othman* (a cura di), New Approaches in International Criminal Justice (2003); cfr. inoltre *Ambach*, Humanitäres Völkerrecht-Informationsschriften 2005, 106 ss.; *Ambos*, Internationales Strafrecht (2006), § 6 n. marg. 58 ss.; *Cassese*, International Criminal Law (2003), 343 ss.; *Clark*, Criminal Law Forum 15 (2004), 467 ss.; *Egonda-Ntende*, Humanitäres Völkerrecht-Informationsschriften 2005, 24 ss.; *Knoops*, International Criminal Law Review 4 (2004), 527 ss.; *Orentlicher*, in: Lattimer/

questi tribunali misti internazional-nazionali si annoverano il Tribunale Speciale per la Sierra Leone, le Camere Speciali per Timor Est, le Camere Straordinarie in Cambogia, le Camere per Crimini di guerra in Bosnia-Erzegovina e il Tribunale Speciale per il Libano istituito dal Consiglio di Sicurezza in base al Capitolo VII della Carta ONU, che dovrebbe perseguire i responsabili dell'omicidio del primo ministro libanese *Rafiq Hariri*. Inoltre, si deve menzionare in questo contesto l'aggiunta di giudici e procuratori "internazionali" in Kosovo[142].

75 Caratteristica di questa nuova, ibrida forma di giurisdizione penale è la combinazione di elementi nazionali ed internazionali, dove la "internazionalità" di regola si riferisce al legame con le Nazioni Unite. Grado e punto d'aggancio dell'internazionalizzazione variano: l'elemento internazionale può concernere il fondamento giuridico dei Tribunali, la scelta dei Giudici e dei Procuratori, o il diritto applicabile. Così come i Tribunali delle Nazioni Unite, anche i Tribunali "internazionalizzati" sono istituiti *ad hoc* e con una giurisdizione limitata nel tempo e nello spazio; accanto alle fattispecie del diritto internazionale penale sono applicabili di regola anche le norme penali dello Stato di commissione[143]; essi hanno la caratteristica di aver sede nello Stato di commissione, diversamente da tutti i Tribunali *ad hoc* delle Nazioni Unite; possono integrarsi nel sistema di giustizia locale (Kosovo, Timor Est, Cambogia) oppure interferire con esso (Sierra Leone). Ancora, possono essere parte dell'amministrazione di transizione delle Nazioni Unite (Kosovo, Timor Est), od oggetto di un accordo bilaterale dello Stato di commissione con le Nazioni Unite (Sierra Leone, Cambogia, Libano).

76 Sino ad ora i tribunali misti sono stati istituiti soprattutto in relazione alle cd. situazioni di post-conflitto[144]. Su questa base si comprendono anche i motivi della loro diffusione: la giustizia degli Stati di commissione non è in grado da sola, in questi casi, di punire i crimini commessi; d'alta parte, la creazione di tribunali internazionali sul modello di quelli della Jugoslavia e del Ruanda, per via degli enormi costi e delle limitate capacità – come ha mostrato l'esperienza di quelli – non è una seria alternativa per assicurare una completa repressione dei crimini inter-

---

Sands (a cura di), Justice for crimes against humanity (2003), 213 ss.; *Stahn*, Houston Journal of International Law 27 (2005), 311 ss. Un'istruttiva rappresentazione sinottica di tribunali internazionali e internazionalizzati si trova in *Geiß/Bulickx*, International Review of the Red Cross 88 (2006), 49, 52 ss.

[142] In dettaglio, sul tema, *infra*, n. marg. 276 ss. – Il tribunale Speciale per il Libano è stato istituito dal Consiglio di Sicurezza ONU con la ris. 1757 del 30 maggio 2007; cfr. UN Doc. S/RES/1757 (2007). – Non un tribunale "internazionalizzato", ma un Tribunale di occupazione, che peraltro applica anche norme di diritto internazionale, è per contro il Tribunale Speciale Iracheno (Iraqi Special Tribunal); su quest'ultimo *Bantekas*, International and Comparative Law Quarterly 54 (2005), 237 ss.; *Goldstone*, Fordham International Law Journal 27 (2004), 1490 ss.; *Heinsch*, Humanitäres Völkerrecht-Informationsschriften 2003, 132 ss.; *Shany*, Journal of International Criminal Justice 2 (2004), 338; *Tarin*, Virginia Journal of International Law 45 (2005), 467 ss. Cfr. anche *infra*, n. marg. 293.

[143] In tema anche *Ambos*, Internationales Strafrecht (2006), § 6 n. marg. 65.

[144] Art. 15 co. 1 Statuto ICC.

nazionali. Inoltre, rispetto all'istituzione di tribunali internazionali veri e propri, quelli "ibridi" hanno il vantaggio di essere percepiti dalla popolazione dello Stato di commissione come meno intrusivi, in quanto inseriti nel sistema penale dello Stato. Il significato per il diritto penale internazionale della giurisprudenza di siffatti Tribunali internazionalizzati è invero sinora molto minore rispetto a quella dei Tribunali internazionali delle Nazioni Unite[145].

2. Implementazione del diritto penale sostanziale

Il diritto internazionale obbliga gli Stati, a determinate condizioni, a perseguire i crimini internazionali[146]. Gli Stati restano liberi di scegliere come adempiere a tale obbligo ed in particolare quali fattispecie applicare per adempiere ai loro doveri. Se per ipotesi isolate, e per l'esattezza nell'ambito dei crimini di guerra, si riscontra nei trattati un obbligo d'introdurre appropriate fattispecie penali[147], tuttavia il diritto internazionale non stabilisce un dovere generale d'introdurre nel diritto interno le fattispecie del diritto internazionale penale.   77

Neppure lo Statuto contiene un siffatto obbligo, rinunciando anzi a vincolare espressamente gli Stati all'introduzione di norme penali proporzionate ed esplicitamente affidando alla loro collaborazione l'implementazione del diritto internazionale[148].   78

L'adattamento del diritto penale degli Stati-Parte corrisponde pur tuttavia allo spirito ed alle aspirazioni dello Statuto a che gli Stati si pongano in condizioni di reprimere i crimini internazionali in misura altrettanto efficace[149]; per questo molti Stati hanno colto l'occasione dell'adattamento per aggiornare allo stato del diritto internazionale penale i fondamenti della repressione di tali crimini da parte dei   79

---

[145] Sulla giurisprudenza di questi Tribunali cfr. più in dettaglio *infra*, n. marg. 276 ss. Come motivo dell'inferiore livello qualitativo delle pronunce viene talvolta addotta la comparativamente scarsa dotazione di risorse finanziarie ed umane destinate a questi tribunali: così *Ambos*, Internationales Strafrecht (2006), § 6 n. marg. 64; *de Bertodano*, Journal of International Criminal Justice 1 (2003), 244.

[146] Maggiori dettagli sugli obblighi di punire stabiliti dal diritto internazionale *infra*, n. marg. 190 ss.

[147] Cfr. ad es. art. 146 IV Convenzione di Ginevra. Cfr. anche art. 4 della Convenzione sulla tortura.

[148] Cfr. anche *Ambos*, Internationales Strafrecht (2006), § 6 n. marg. 51, che ritiene peraltro un dovere di trasposizione a carattere fattuale, per effetto del quale non vi sarebbe la possibilità di scelta; similmente *Burchards*, Die Verfolgung von Völkerrechtsverbrechen durch Drittstaaten (2005), 329; *Cryer*, Prosecuting International Crimes (2005), 171; diversamente *Kleffner*, Journal of International Criminal Justice 1 (2003), 86. – Gli Stati-Parte peraltro sono obbligati in base all'art. 70 co. 4 a) Statuto ICC ad estendere le fattispecie penali interne a tutela dell'amministrazione della giustizia anche alle offese alla giustizia amministrata dalla Corte Criminale Internazionale.

[149] Cfr. *Werle* JZ 2001, 885 s.

propri tribunali[150], disponendo a tal fine di svariate opzioni e "formati"[151]. Questo processo di adattamento porta alla formazione di un "diritto statuale dei crimini internazionali", che lega in un ben più saldo ancoraggio il diritto internazionale penale agli ordinamenti statuali, ciò che potenzia la legittimazione dello stesso diritto internazionale e contribuisce alla progressiva demolizione dell'impunità dei crimini internazionali[152].

B. Nozione, compiti e legittimazione del diritto internazionale penale

80 *Akhavan, Payam:* Beyond Impunity: Can International Criminal Justice Prevent Future Atrocities, AJIL 95 (2001), 7 ss.; *Ambos, Kai/Steiner, Christian:* Vom Sinn des Strafens auf innerstaatlicher und supranationaler Ebene, JuS 2001, 9 ss.; *Bassiouni, M. Cherif:* The Sources and Content of International Criminal Law: A Theoretical Framework, in: Bassiouni, M. Cherif (Hrsg.), International Criminal Law, Band 1, 2. Aufl. (1999), 3 ss.; *Bassiouni, M. Cherif:* The Philosophy and Policy of International Criminal Justice, in: Vohrah, Lal Chand et al. (Hrsg.), Man's Inhumanity to Man (2003), 65 ss.; *Beling, Ernst:* Die strafrechtliche Bedeutung der Exterritorialität (1896); *Bruer-Schäfer, Aline:* Der Internationale Strafgerichtshof, Die Internationale Strafgerichtsbarkeit im Spannungsfeld von Recht und Politik (2001), 21 ss.; *Cassese, Antonio:* International Criminal Law (2003), 15 ss.; *Farer, Tom J.:* Restraining the Barbarians: Can International Criminal Law Help?, Human Rights Quarterly 22 (2000), 90 ss.; *Fassbender, Bardo:* Der Schutz der Menschenrechte als zentraler Inhalt des völkerrechtlichen Gemeinwohls, EuGRZ 2003, 1 ss.; *Gardocki, Lech:* Über den Begriff des Internationalen Strafrechts, ZStW 98 (1986), 703 ss.; *Gardocki, Lech:* Die völkerrechtlichen Verbrechen und das staatliche Strafrecht, Teil 2: Rechtliche Probleme der Übernahme völkerrechtlicher Verbrechen in das staatliche Strafrecht, ZfRV 30 (1989), 129 ss.; *von Hirsch, Andrew:* Der Rechtsgutsbegriff und das „Harm Principle", GA 2002, 2 ss.; *Ipsen, Knut:* Völkerrechtliche Verantwortlichkeit und Völkerstrafrecht, in: Ipsen, Knut, Völkerrecht, 5. Aufl. (2004), §§ 39-42; *Jäger, Herbert:* Menschheitsverbrechen und die Grenzen des Kriminalitätskonzeptes, Theoretische Aspekte der Einsetzung eines UN-Kriegsverbrechertribunals, KritV 1993, 259 ss.; *Jäger, Herbert:* Makroverbrechen als Gegenstand des Völkerstrafrechts, Kriminalpolitisch-kriminologische Aspekte, in:

---

[150] Cfr. sull'implementazione del diritto internazionale penale sostanziale, approfonditamente, *Eser/Kreicker* (a cura di) (vol. 1-2) nonché. *Eser/Sieber/Kreicker* (a cura di) (vol. 3-6), Nationale Strafverfolgung völkerrechtlicher Verbrechen, con Rapporti sui seguenti Stati: Germania (vol. 1, 2003); Finlandia, Polonia, Svezia (vol. 2, 2003); Croazia, Austria, Serbia e Montenegro, Slovenia (vol. 3, 2004); Costa d'Avorio, Francia, Spagna, America Latina (vol. 4, 2005); Canada, Estonia, Grecia, Israele, USA (vol. 5, 2005); Australia, Cina, Inghilterra e Galles, Russia/Russia Bianca, Turchia (vol. 6, 2005), nonché, nel volume vol. 7 della collana, la rassegna comparatistica di *Kreicker*, Völkerstrafrecht im Ländervergleich (2006); inoltre *Kreß/Lattanzi* (a cura di), The Rome Statute and Domestic Legal Orders, vol. 1 (2000).

[151] Su opzioni e tipologie della trasposizione nazionale del diritto internazionale penale cfr. più in dettaglio *Werle* JZ 2001, 885 ss.; *Werle*, Principles of International Criminal Law (2005), n. marg. 220 ss.

[152] Sulle conseguenze di questa parziale armonizzazione degli ordinamenti nazionali, così come sulla coesistenza di un diritto dei crimini internazionali a livello internazionale ed a livello statuale cfr.. *infra*, n. marg. 311 ss.

Hankel, Gerd/Stuby, Gerhard (Hrsg.), Strafgerichte gegen Menschheitsverbrechen, Zum Völkerstrafrecht 50 Jahre nach den Nürnberger Prozessen (1995), 325 ss.; *Jescheck, Hans-Heinrich:* Die Verantwortlichkeit der Staatsorgane nach Völkerstrafrecht, Eine Studie zu den Nürnberger Prozessen (1952), 190 ss.; *Jescheck, Hans-Heinrich:* Verbrechen gegen das Völkerrecht, Deutsche Landesberichte zum IV. Internationalen Kongreß für Rechtsvergleichung in Paris 1954 (1955), 351 ss.; *Jescheck, Hans-Heinrich:* International Crimes, in: Bernhardt, Rudolf (Hrsg.), Encyclopedia of Public International Law, Band 2 (1995), 1119 ss.; *Jescheck, Hans-Heinrich/Weigend, Thomas:* Lehrbuch des Strafrechts, Allgemeiner Teil, 5. Aufl. (1996), 117 ss.; *Kittichaisaree, Kriangsak:* International Criminal Law (2001), 3 ss.; *König, Kai-Michael:* Die völkerrechtliche Legitimation der Strafgewalt internationaler Strafjustiz (2003), 149 ss.; *Lagodny, Otto:* Legitimation und Bedeutung des Ständigen Internationalen Strafgerichtshofes, ZStW 113 (2001), 800 ss.; *Möller, Christina:* Völkerstrafrecht und Internationaler Strafgerichtshof – kriminologische, straftheoretische und rechtspolitische Aspekte (2003), 413 ss.; *Oehler, Dietrich:* Internationales Strafrecht, 2. Aufl. (1983), Rn. 2; *Robinson, Patrick:* The Missing Crimes, in: Cassese, Antonio/Gaeta, Paola/Jones, John R.W.D. (Hrsg.), The Rome Statute of the International Criminal Court, A Commentary, Band 1 (2002), 497 ss.; *Schabas, William A.:* An Introduction to the International Criminal Court, 2. Aufl. (2004), 26 ss.; *Schwarzenberger, Georg:* The Problem of an International Criminal Law, Current Legal Problems 3 (1950), 263 ss.; *Szurek, Sandra:* Historique, La Formation du Droit International Pénal, in: Ascensio, Hervé/Decaux, Emmanuel/Pellet, Alain (Hrsg.), Droit International Pénal, (2000), 7 ss.; *Triffterer, Otto:* Dogmatische Untersuchungen zur Entwicklung des materiellen Völkerstrafrechts seit Nürnberg (1966), 25 ss.; *Triffterer, Otto:* Völkerstrafrecht im Wandel?, in: Vogler, Theo (Hrsg.), Festschrift für Hans-Heinrich Jescheck (1985), 1477 ss.; *Triffterer, Otto:* Bestandsaufnahme zum Völkerstrafrecht, in: Hankel, Gerd/Stuby, Gerhard (Hrsg.), Strafgerichte gegen Menschheitsverbrechen, Zum Völkerstrafrecht 50 Jahre nach den Nürnberger Prozessen (1995), 169 ss.; *Triffterer, Otto:* Der ständige Internationale Strafgerichtshof – Anspruch und Wirklichkeit, in: Gössel, Karl Heinz/Triffterer, Otto (Hrsg.), Gedächtnisschrift für Zipf (1999), 493 ss.; *Tomuschat, Christian:* Das Statut von Rom für den Internationalen Strafgerichtshof, Die Friedens-Warte 73 (1998), 335 ss.; *Verdross, Alfred/Simma, Bruno:* Universelles Völkerrecht: Theorie und Praxis, 3. Aufl. (1984), §§ 430 ss.; *Werle, Gerhard:* Menschenrechtsschutz durch Völkerstrafrecht, ZStW 109 (1997), 808 ss.; *Wilkitzki, Peter:* Die völkerrechtlichen Verbrechen und das staatliche Strafrecht (Bundesrepublik Deutschland), ZStW 99 (1987), 455 ss.

I. Nozione

Il diritto internazionale penale comprende tutte le norme del diritto internazionale che direttamente fondano, escludono o regolano altrimenti la punibilità di crimini di diritto internazionale[153].

---

[153] Questa definizione restrittiva è attualmente dominante nella letteratura di lingua tedesca. Il concetto di diritto internazionale penale (Völkerstrafrecht) – utilizzato per la prima volta da *Beling*, Die strafrechtliche Bedeutung der Exterritorialität (1896), 40 s. – si è affermato in particolare grazie a Hans-Heinrich *Jescheck*. Fondamentali *Jescheck*, Die Verantwortlichkeit der Staatsorgane nach Völkerstrafrecht (1952), 8 s. e *Triffterer*, Dogmatische Untersuchungen zur Entwicklung des materiellen Völkerstrafrechts seit Nürnberg (1966), 21. Cfr. anche *Ahlbrecht*, Geschichte der völkerrechtlichen

82 Su questa base, l'appartenenza di una fattispecie tipica al diritto internazionale penale si determina sulla base di tre presupposti: la norma deve a) descrivere un illecito individualmente rimproverabile[154] sotto minaccia di una pena; b) essere parte dell'ordinamento giuridico internazionale; c) prevedere la punibilità indipendentemente dalla trasposizione in ordinamenti giuridici nazionali.

83 Crimini di diritto internazionale sono: crimini di guerra, crimini contro l'umanità, genocidio e crimine di aggressione[155]. Questi cosiddetti crimini fondamentali

---

Strafgerichtsbarkeit im 20. Jahrhundert (1999), 9; *Ambos*, Internationales Strafrecht (2006), § 5 n. marg. 1; *Bremer*, Nationale Strafverfolgung internationaler Verbrechen gegen das humanitäre Völkerrecht (1999), 45 s.; *Bruer-Schäfer*, Der Internationale Strafgerichtshof (2001), 27; *Dahm*, Zur Problematik des Völkerstrafrechts (1956), 47; *Ipsen*, in: Ipsen, Völkerrecht, 5ª ed. (2004), § 42 n. marg. 1; *Jescheck/Weigend*, Lehrbuch des Strafrechts, 5ª ed. (1996), 118 ss.; *Kreß* ZStW 114 (2002), 818, 829; *Nill-Theobald*, „Defences" bei Kriegsverbrechen am Beispiel Deutschlands und der USA (1998), 21; *Satzger*, Internationales und Europäisches Strafrecht (2005), § 11 n. marg. 1; *Tomuschat*, Die Friedens-Warte 70 (1995), 145 («Strafrecht mit Durchgriffswirkung»); *Triffterer*, in: Gössel/Triffterer (a cura di), Gedächtnisschrift für Zipf (1999), 493, 500; *Verdross/Simma*, Universelles Völkerrecht, 3ª ed. (1984), § 439; *Werle/Jeßberger* JuS 2001, 35, 36. Critico sul fatto che la natura di fonte immediata dell'illiceità penale internazionale possa essere intesa quale criterio distintivo del diritto internazionale penale è peraltro *Wilkitzki* ZStW 99 (1987), 455, 456 s. Queste norme vengono designate anche come diritto penale internazionale («völkerrechtliches Strafrecht»), ma senza che ne derivi una differenza di sostanza: cfr. *Becker*, Verbrechen gegen die Menschlichkeit (1996), 49 s.; *Gornig* NJ 1992, 4, 6 s.; *Hoffmann*, Strafrechtliche Verantwortung im Völkerrecht (1962), 21 s.; cfr. anche *Dahm/Delbrück/Wolfrum*, Völkerrecht, vol. I/3, 2ª ed. (2002), 993 s., che fanno uso del concetto più ampio e generale di diritto penale internazionale sostanziale («materielles internationales Strafrecht»). Il concetto qui utilizzato di «Völkerstrafrecht» corrisponde a quello corrente in Francia («droit international pénal», cfr. *Szurek*, in: Ascensio/Decaux/Pellet (a cura di), Droit International Pénal (2000), 7, 10ss.) ed all'uso linguistico spagnolo («derecho internacional penal»), cfr. *Quintano Ripollès*, Tratado de Derecho Penal Internacional e Internacional Penal, vol. 1 e 2 (1955, 1957). Per contro nell'inglese giuridico manca una specifica terminologia per designare le norme che fondano direttamente in base al diritto internazionale la responsabilità penale; il concetto di «international criminal law» corrisponde nel suo significato a quello di «diritto penale internazionale» («Internationales Strafrecht») (in proposito, *infra*, n. marg. 117). *Schwarzenberger*, Current Legal Problems 3 (1950), 263, 264 ss., distingue sei significati del concetto «international criminal law»; quello cui qui si fa riferimento corrisponde alla definizione di «international criminal law in the material sense of the word» («such rules would be of a prohibitive character and would have to be strengthened by punitive sanctions of their own»).

[154] Il principio di colpevolezza sta alla base del diritto internazionale penale. Come già l'IMT ha spiegato, «uno dei principi giuridici più importanti consiste in ciò, che la colpa in senso penalistico è personale, e che le punizioni di massa devono essere evitate»: IMT, sent. 1 ottobre 1946, in: Internationaler Militärgerichtshof Nürnberg, Der Nürnberger Prozeß gegen die Hauptkriegsverbrecher, vol. 1 (1947), 189, 287. Cfr. anche *Cassese*, International Criminal Law (2003), 136 s.; *Jescheck*, Die Verantwortlichkeit der Staatsorgane nach Völkerstrafrecht (1952), 374.

[155] Cfr. *Brownlie*, Principles of Public International Law, 6ª ed. (2003), 559 ss.; *Jescheck*, in: Bernhardt (a cura di), Encyclopedia of Public International Law, vol. 2 (1995), 1119, 1120 ss.; *Triffterer*, in: Vogler (a cura di), Festschrift für Jescheck (1985), 1477, 1485 («klassische Tatbestände eines Völkerstrafrechts»); *Triffterer*, in: Gössel/Triffterer (a cura di), Gedächtnisschrift für Zipf (1999), 493, 507 ss.; *Verdross/Simma*, Universelles Völkerrecht, 3ª ed. (1984), §§ 439 ss. Utilizzando un concetto ampio di diritto internazionale penale, *Cassese*, International Criminal Law (2003), 24, vi ascrive, accanto ai crimini indicati nel testo, anche la tortura commessa al di fuori di conflitti armati nonché

(*Kernverbrechen, core crimes*)[156] sono «i più gravi crimini che concernono la comunità internazionale come tale»[157]; essi sono devoluti alla giurisdizione della Corte Criminale Internazionale[158]. È controverso se, oltre ai crimini fondamentali, siano direttamente punibili in base al diritto internazionale anche altri crimini – ad esempio il commercio di stupefacenti o il terrorismo –; in questa materia il diritto internazionale è in piena evoluzione. Con gli avvenimenti dell'11 settembre 2001 (e dell'11 marzo 2004 in Spagna) è tornata di attualità soprattutto la questione se, e sulla base di quali presupposti, atti di terrorismo debbano essere considerati come crimini di diritto internazionale[159]; ma indipendentemente dalle cospicue dimensioni nel frattempo assunte dai fatti di terrorismo, vale ancor oggi la proposizione che il terrorismo non costituisce, di per se stesso, crimine di diritto internazionale[160]: taluni sforzi di estendere la giurisdizione della Corte Internazionale anche agli atti terroristici non hanno trovato il consenso della maggioranza[161]. Tuttavia, atti

---

attacchi sistematici contro la popolazione civile e forme di terrorismo internazionale di Stato.

[156] Cfr. sul concetto di "Kernverbrechen" *Kreß*, in: Grützner/Pötz (a cura di), Internationaler Rechtshilfeverkehr in Strafsachen, 2ª ed. (2006), vol. 4, III 27 n. marg. 8 e *Zimmermann* ZaöRV 58 (1998), 47, 48.

[157] Cfr. commi 4 e 9 del preambolo e art. 5 Statuto ICC.

[158] La competenza dell'ICC a giudicare reati contro la propria "amministrazione della giustizia" (art. 70 Statuto ICC) sembra, per converso, una competenza accessoria, che completa e assicura la giurisdizione fondamentale; essa segue, per ciò che concerne procedura e criteri della responsabilità, regole fondamentalmente differenti; in proposito, Triffterer-*Harris*, Rome Statute (1999), art. 70 n. marg. 2 ss. Cfr., per le corrispondenti regole nello Statuto ICTY (artt. 77, 91) *Kreß*, in: Grützner/Pötz (a cura di), Internationaler Rechtshilfeverkehr in Strafsachen, 2ª ed. (2006), vol. 4, III 27 n. marg. 8, che parla di «inerente competenza accessoria», richiamandosi a ICTY, sent. 31 gennaio 2000 (Tadić, AC), §§ 13 ss. («The Tribunal does, however, possess an inherent jurisdiction, deriving from its judicial function, to ensure that its exercise of the jurisdiction which is expressly given to it by that Statute is not frustrated and that its basic judicial functions are safeguarded»). – Secondo alcuni Progetti preliminari dello Statuto ICC la competenza per materia della Corte avrebbe dovuto estendersi a crimini ulteriori rispetto a quelli fondamentali («Kernverbrechen»): cfr. ad es. art. 20 e) *Draft Code* 1994, art. 15 ss. *Draft Code* 1991 («colonial domination», «recruitment, use, financing and training of mercenaries», «international terrorism», «illicit traffic in narcotic drugs»; in proposito, *Tomuschat*, in: Hankel/Stuby (a cura di), Strafgerichte gegen Menschheitsverbrechen (1995), 270, 278 ss.). Alla Conferenza di Roma fu discussa l'inclusione di terrorismo e traffico di stupefacenti nel catalogo dei reati di competenza della Corte, ma richieste in tal senso non furono alla fine accolte. Negli atti finali fu semplicemente stabilito che l'ampliamento dell'ambito di giurisdizione della Corte sarebbe stato oggetto di future trattative in sede di Conferenza di Verifica ai sensi dell'art. 123 Statuto ICC: cfr. *P. Robinson*, in: Cassese/Gaeta/Jones (a cura di), Rome Statute, vol. 1 (2002), 497 ss.; *Triffterer-Zimmermann*, Rome Statute (1999), art. 5 n. marg. 3 ss.

[159] Cfr. in tema anche i contributi pubblicati nel Quaderno Speciale del Journal of International Criminal Justice 4 (2006), 891 ss., a cura di *Gaeta* e *Jeßberger*.

[160] In questo senso anche *Jeßberger*, in: Deutsches Institut für Menschenrechte (a cura di), Menschenrechtliche Erfordernisse bei der Bekämpfung des Terrorismus (2002), 22 ss.; *Oeter*, Die Friedens-Warte 76 (2001), 11 ss.; *Weigend*, Journal of International Criminal Justice 4 (2006), 912 ss. nel senso dell'autonoma punibilità degli atti terroristici in base al diritto internazionale v. però *Cassese*, Journal of International Criminal Justice 4 (2006), 933 ss.

[161] Cfr. *supra*, n. marg. 83 in nota 158.

terroristici sovente possono integrare i presupposti di altri crimini di diritto internazionale, quali ad esempio crimini contro l'umanità o crimini di guerra[162]; ma il ricorrere dei presupposti d'un crimine di diritto internazionale dev'essere sempre considerato rispetto al caso concreto[163].

84 Al di là delle fattispecie descritte nello Statuto esiste ancora un certo ambito di comportamenti puniti direttamente dal diritto internazionale[164]: lo stesso Statuto (art. 22 co. 3) muove espressamente dalla premessa che un comportamento «può essere giudicato punibile in base al diritto internazionale indipendentemente» da esso. Quest'ambito concerne per vero non già ulteriori gruppi di reati, bensì determinate sottofattispecie o "fatti singoli" dei crimini di guerra e contro l'umanità. Ciò vale, ad esempio, per la punibilità in base al diritto consuetudinario di determinati crimini commessi durante guerre civili, non compiutamente disciplinati dallo Statuto[165].

85 La punibilità dei crimini di diritto internazionale deriva dunque direttamente dal diritto internazionale, le cui norme hanno in quanto tali validità universale; conformemente ai principi generali del diritto internazionale è pensabile una validità solo regionale di una norma internazionale, ma si tratta di un'ipotesi praticamente trascurabile[166].

---

[162] Cfr. in proposito, approfonditamente, *Ambos*, Internationales Strafrecht (2006), § 7 n. marg. 259; *Arnold*, The ICC as a New Instrument for Repressing Terrorism (2004); *P. Robinson*, in: Cassese/Gaeta/Jones (a cura di), Rome Statute, vol. 1 (2002), 497, 520 s.; *Triffterer* ZStW 114 (2002), 321, 371; cfr. anche *Dahm/Delbrück/Wolfrum*, Völkerrecht, vol. I/3, 2ª ed. (2002), 1105 ss.

[163] Vi sono buoni motivi per ritenere crimini contro l'umanità gli attacchi terroristici contro il World Trade Center dell'11 settembre 2001; cfr. anche *Cassese* EJIL 12 (2001), 993 ss.; *Tomuschat* EuGRZ 2001, 535 ss.

[164] Cfr. anche *Triffterer*, in: Gössel/Triffterer (a cura di), Gedächtnisschrift für Zipf (1999), 493, 532: «[Lo Statuto ICC attribuisce alla Corte] *una parte* delle fattispecie del diritto internazionale penale» (corsivo in originale).

[165] Cfr. *infra*, n. marg. 942.

[166] Così, a ragione, *Triffterer*, in: Vogler (a cura di), Festschrift für Jescheck (1985), 1477, 1502. Diversamente *Becker*, Der Tatbestand des Verbrechens gegen die Menschlichkeit (1996), 59 («nur sinnvoll, wenn weltweite Geltung»), ed anche *Jescheck*, in: Bernhardt (a cura di), Encyclopedia of Public International Law, vol. 2 (1995), 1119, 1120 («a treaty would have to be binding on the great majority of States»).

II. Scopo e legittimazione: tutela dei più importanti beni giuridici della comunità internazionale

Il diritto internazionale penale tutela «la pace, la sicurezza ed il benessere del mondo»[167], quali beni i più preziosi per la comunità internazionale[168].

I tre beni giuridici della pace, sicurezza e benessere del mondo non sono suscettibili d'una netta distinzione l'uno dall'altro[169]. Quanto alla pace mondiale e alla sicurezza internazionale, si tratta di due interessi della comunità internazionale che stanno al centro del diritto internazionale penale e che allo stesso tempo si trovano al vertice degli scopi che le Nazioni Unite si propongono di perseguire[170]. Al diritto internazionale penale è sotteso peraltro un concetto estensivo di "pace"; esso non concerne soltanto l'assenza di confronti militari tra Stati, ma include anche le condizioni all'interno di uno Stato[171]: una minaccia alla pace mondiale può già darsi per effetto di massive violazioni dei diritti umani all'interno di uno Stato. Nel Preambolo dello Statuto di Roma il benessere mondiale compare come separato profilo di tutela accanto alla pace ed alla sicurezza; per questa via s'inserisce anche il punto di vista dell'equa ripartizione di beni esistenziali come linea-guida per l'applicazione e l'interpretazione dello Statuto[172].

L'aggressione ai fondamentali interessi della comunità internazionale sospinge il fatto di reato in una dimensione internazionale e lo rende un crimine di diritto

---

[167] Preambolo, co. 3, Statuto ICC («Peace, security and well-being of the world», «la paix, la sécurité et le bien-être du monde»). Approfondimenti in *Slade/Clark*, in: Lee (a cura di), The International Criminal Court, The Making of the Rome Statute (1999), 421, 426. Il riferimento alla pace mondiale ed alla sicurezza internazionale si trova già nei primi progetti della Commissione di diritto internazionale; in essi erano sottoposti a pena crimini «against the peace and security of mankind»; cfr. ad es. art. 1 *Draft Code* 1954 e art. 1 co. 1 *Draft Code* 1996.

[168] Cfr. Triffterer-*Triffterer*, Rome Statute (1999), Preambolo, n. marg. 9 («international criminal law is [...] the criminal law of the community of nations, with the function of protecting the highest legal values of this community»). Cfr. inoltre *Ambos/Steiner* JuS 2001, 9, 13; *Jäger*, in: Hankel/Stuby (a cura di), Strafgerichte gegen Menschheitsverbrechen (1995), 325, 345; *Tomuschat*, Europa-Archiv 1994, 61, 62; *Vest* ZStW 113 (2001), 457, 464.

[169] Lo stesso vale per le disposizioni sugli scopi della Carta ONU: in proposito, Simma-*Wolfrum*, Charta der Vereinten Nationen (1991), art. 1 n. marg. 4.

[170] Art. 1 n. 1 Carta ONU; cfr. inoltre art. 2 n. 6, artt. 11, 12, 18, 39 ss. Carta ONU. Nel caso d'una minaccia alla pace mondiale o alla sicurezza internazionale sono previste dallo Statuto svariate misure collettive, che possono anche comprendere misure di repressione penale: art. 39 Carta ONU.; cfr. *supra*, n. marg. 45.

[171] Cfr. in proposito le Risoluzioni del Consiglio di Sicurezza per la creazione dell'ICTY, UN Doc. S/RES/808 (1993) e dell'ICTR, UN Doc. S/RES/955 (1994): «Expressing once again its grave concern at the reports indicating that genocide and other systematic, widespread and flagrant violations of international humanitarian law have been committed in Rwanda, determining that this situation continues to constitute a threat to international peace and security». Cfr. inoltre la risoluzione sulle misure successive agli attacchi dell'11 settembre 2001, UN Doc. S/RES/1373 (2001); inoltre *Tomuschat*, in: Hankel/Stuby (a cura di), Strafgerichte gegen Menschheitsverbrechen (1995), 270, 291; *Verdross/Simma*, Universelles Völkerrecht, 3ª ed. (1984), § 234.

[172] Cfr. Triffterer-*Triffterer*, Rome Statute (1999), Preambolo, n. marg. 11; cfr. anche *Fassbender* EuGRZ 2003, 1, 9 s.

internazionale. Crimini di diritto internazionale colpiscono per l'appunto «la comunità internazionale come tale»[173]. Perciò la repressione dei crimini di diritto internazionale è un compito della comunità internazionale, ed è per questa ragione che le norme del diritto internazionale penale scardinano la «corazza della sovranità statuale»[174]; per questa via, il riferimento agli interessi della comunità internazionale conferisce al diritto internazionale penale la sua specifica legittimazione.

89   È controverso se ed in quale misura i crimini di diritto internazionale tutelino anche beni giuridici individuali[175]. Sul punto si deve correttamente distinguere a seconda dei singoli crimini di diritto internazionale[176].

III. L'"elemento internazionalistico" dei crimini di diritto internazionale

90   Il collegamento con gli interessi più preziosi della comunità internazionale è instaurato, per tutti i crimini di diritto internazionale, da un elemento comune (qui denominato "elemento internazionalistico"): tutti quei crimini presuppongono un contesto di sistematico o massivo uso della violenza; e per l'uso della violenza è di regola responsabile un'entità collettiva, tipicamente uno Stato[177].

---

[173] Preambolo, alinea 4 e 9, art. 5 co. 1 Statuto ICC («crimes of concern to the international community as a whole»). L'art. 1 Statuto ICC si riferisce, in termini sostanzialmente non diversi, ai «crimes of international concern». Cfr. anche ICTY, dec. 2 ottobre 1995 (Tadić, AC), § 59: «[The crimes which the International Tribunal has been called upon to try] affect the whole of mankind and shock the conscience of all nations of the world. There can therefore be no objection to an international tribunal properly constituted trying these crimes on behalf of the international community».

[174] *Jescheck*, Die Verantwortlichkeit der Staatsorgane nach Völkerrecht (1952), 11.

[175] Secondo *Lagodny* ZStW 113 (2001), 800, 803, i crimini di diritto internazionale sono destinati a tutelare esclusivamente beni superindividuali; per contro *Triffterer*, in: Id., Rome Statute (1999), *sub* Preliminary Remarks, n. marg. 21, ammette senz'altro (anche) la tutela di beni giuridici individuali; in questo senso anche *Tomuschat*, in: Cremer et al. (a cura di), Festschrift für Steinberger (2002), 315, 329.

[176] In tal senso anche *Vest* ZStW 113 (2001), 457, 463 ss. (crimini contro l'umanità: bene giuridico individual-concreto; genocidio: bene giuridico sovraindividuale); cfr. anche *Gil Gil* ZStW 112 (2000), 381, 382 ss.; cfr. anche *infra*, n. marg. 661 ss., 754, 944 s.

[177] Cfr. in proposito, *Eisenberg*, Kriminologie (2005), § 44 n. marg. 36 ss.; *Lagodny* ZStW 113 (2001), 800, 802; *Marxen*, in: Lüderssen (a cura di), Aufgeklärte Kriminalpolitik oder Kampf gegen das Böse?, vol. 3 (1995), 220, 227 s.; *Möller*, Völkerstrafrecht und Internationaler Strafgerichtshof (2003), 412; *Vest* ZStW 113 (2001), 457, 458 s. («kollektive Begehungsweise»). La circostanza che nel caso di crimini internazionali si tratti tipicamente di criminalità "con rinforzo di Stato" («staatsverstärkte Kriminalität» secondo l'espressione di *Naucke*), è la causa primigenia della loro diffusa impunità. L'inserimento nell'apparato di potere statale e la sovranità nazionale proteggono gli autori, e fino ad oggi è la regola, dalla punizione.

Questo contesto di violenza organizzata consiste, nei delitti contro l'umanità, in un esteso e sistematico attacco contro la popolazione civile; tale "fatto di contesto" (*Gesamttat*)*** è costituito dalla somma dei singoli atti criminali: in questo caso la contrapposizione tra fatto singolo e fatto di contesto è particolarmente utile alla descrizione della struttura del crimine. Nel caso del genocidio il contesto di violenza organizzata consiste nel totale o parziale annientamento (perseguito dall'autore) di un gruppo tutelato. Qui il fatto di contesto è dislocato nella rappresentazione soggettiva dell'agente.

Nel caso dei crimini di guerra il contesto di violenza organizzata consiste nel conflitto armato, nella cui cornice gli atti criminosi devono essere stati compiuti. Il conflitto armato si compone in tal caso di atti violenti criminosi e non criminosi. Nel caso del crimine di aggressione oggetto dell'incriminazione è l'uso della violenza organizzata in quanto tale[178]; per questo l'aggressione è un crimine contro la pace nel suo significato più puro ed immediato[179].

Gli interessi fondamentali della comunità umana – pace, sicurezza, benessere – sono difesi, dal diritto internazionale penale, contro attacchi provenienti da differenti direzioni. Nel caso del genocidio, il turbamento della pace mondiale sta nel mirare ad aggredire l'esistenza nella società di un determinato gruppo tutelato; nei delitti contro l'umanità, la minaccia alla pace, sicurezza e benessere mondiali sta nella lesione sistematica o massiva di diritti umani fondamentali della popolazione civile[180]; l'incriminazione delle violazioni contro il diritto in materia di conduzione delle operazioni belliche tende a contenere al minimo le ripercussioni del conflitto armato, contribuendo ad impedirne un'*escalation*[181]: conflitti armati tra Stati ledono in modo diretto la pace mondiale; la punibilità dipende in tal caso dal fatto che le condotte siano classificabili come "conduzione di una guerra di aggressione".

IV. Fondamento teorico-penale del diritto dei crimini di diritto internazionale

Mentre il nesso con il diritto internazionale è determinato dal fatto che, come si è accennato, sono in gioco gli interessi più importanti della comunità internaziona-

---

[178] Sul nucleo di diritto internazionale consuetudinario del crimine di aggressione cfr. *infra*, n. marg. 1293 ss.
[179] Cfr. art. 6 a) Statuto IMT.
[180] Cfr. *Werle* ZStW 109 (1997), 808, 814 s.
[181] Cfr. in proposito, anche *infra*, n. marg. 944 s. nonché *Tomuschat*, in: Cremer et al. (a cura di), Festschrift für Steinberger (2002), 315, 344 («Internal violence [is] prone swiftly to spill over into other countries like a contagious disease»).

*** [Letteralmente: «fatto complessivo». La scelta della dizione di cui nel testo sta nel riferimento al "disvalore di contesto" quale elemento di "illiceità speciale internazionale" che rende il fatto-base per l'appunto un crimine di diritto internazionale (es., l'esteso e sistematico attacco contro la popolazione civile nei crimini contro l'umanità). Sul punto sia consentito rinviare al nostro *Täterschaft und Teilnahme im Statut des IStGH und Anpassungsbedarf der italienischen Regelung*, in ZStW 119 (2007), 429 ss., 433; cfr. inoltre A. Sereni, in IP 2006, *N.d.T.*].

le, il diritto internazionale penale ripete la sua legittimazione – come "diritto penale" – in primo luogo dalla possibilità di trasporvi essenzialmente, mutuandolo dal diritto penale statuale, il "programma di scopo" della pena[182]. Il Tribunale per l'ex Jugoslavia ha espressamente confermato che il diritto internazionale penale può soddisfare i tradizionali aspetti di legittimazione della pena:

> «The Trial Chamber is of the view that, in general, retribution and deterrence are the main purposes to be considered when imposing sentences before the International Tribunal. [P]unishment for having violated international humanitarian law is, in the light of the serious nature of the crimes committed, a relevant and important consideration. As to the latter, the purpose is to deter the specific accused as well as others, which means [...] persons worldwide from committing crimes in similar circumstances against international humanitarian law. The Trial Chamber is further of the view that another relevant sentencing purpose is to show the people of not only former Yugoslavia, but of the world in general, that there is no impunity for these types of crimes. This should be done in order to strengthen the resolve of all involved not to allow crimes against international humanitarian law to be committed as well as to create trust and respect for the developing system of international criminal justice. The Trial Chamber also supports the purpose of rehabilitation for persons convicted [...]»[183].

---

[182] Cfr. ad es. *Farer*, Human Rights Quarterly 22 (2000), 90, 91; *Werle* ZStW 109 (1997), 808, 821 s. È ovvio che i relativi criteri di legittimazione sono esposti alle stesse obiezioni di fondo che vengono mosse a livello dei diritti nazionali, e sulle quali non ci si può diffondere i questa sede. Contro la trasponibilità v. però *Jäger*, in: Hankel/Stuby (a cura di), Strafgerichte gegen Menschheitsverbrechen (1995), 325, 339 s., secondo il quale «le legittimazioni teoriche addotte sinora non possono essere in nessun modo applicate [ai "macrocrimini"] o comunque sono trasponibili soltanto in una forma largamente modificata»; cfr. anche *Jäger* KritV 1993, 259, 270 ss.; *Paech*, Blätter für deutsche und internationale Politik 2002, 440, 442. Anche *Ambos/Steiner* JuS 2001, 9, 13 muovono dal presupposto che «compiti e scopi del diritto penale nazionale ... non si lasciano trasporre senza meno nel diritto internazionale penale»; in questo senso anche *Tallgren* EJIL 13 (2002), 561. Approfonditamente su tutto ciò *Möller*, Völkerstrafrecht und Internationaler Strafgerichtshof (2003), 413 ss.; in prospettiva comparatistica cfr. *Nemitz*, Strafzumessung im Völkerstrafrecht (2002). – Tentativi di fondazione teorica del diritto dei crimini internazionali, che non argomentano secondo un "orientamento alle conseguenze" bensì nel senso della deduzione da un generale concetto di diritto, sono compiuti soprattutto sul presupposto della filosofia kantiana: *Köhler*, Jahrbuch für Recht und Ethik 11 (2003), 435 ritiene che le attuali fattispecie del diritto internazionale penale siano legittime soltanto se, e nei limiti in cui esse siano funzionali alla tutela della "Verfassungsfähigkeit" e con ciò della «soggettività di diritto internazionale di una porzione d'identità politicamente costitutiva» («Völkerrechtssubjektivität einer politisch konstituiven Teilidentität»), il che sarebbe da escludere in particolare per alcuni crimini di guerra (e di guerra civile); *Gierhake*, Begründung des Völkerstrafrechts auf der Grundlage der Kantischen Rechtslehre (2005), 296 dubita inoltre della legittimità della formale applicazione del diritto internazionale da parte di tribunali internazionali. *Pawlik*, in: Hoyer et al. (a cura di), Festschrift für Schroeder (2006), 357, 385 vorrebbe collocare il diritto dei crimini internazionali «al di fuori del diritto penale ordinario» e sottoporlo ad una dogmatica apposita, orientata ad esigenze preventive. Cfr. inoltre, in parte anche con richiamo a *Radbruch*, lo scritto di *Vest*, Gerechtigkeit für Humanitätsverbrechen? (2006), 181 ss.

[183] In tal senso la giurisprudenza: cfr. ICTY, sent. 14 gennaio 2000 (Kupreškić et al., TC), §§ 848 s.; di recente ICTY, sent. 27 settembre 2006 (Krajišnik, TC), §§ 1134 ss. Su queste basi, gli scopi

La punizione dei crimini di diritto internazionale è un obbligo di elementare giustizia; perciò l'idea della compensazione della colpevolezza aspira indiscutibilmente ad avervi il suo posto[184]. In primo piano sta senz'altro la funzione preventiva del diritto internazionale penale. Molti elementi depongono nel senso che la pratica dell'impunità delle violazioni dei diritti umani (*culture of impunity*) è un'importante causa della loro costante, reiterata commissione[185]; proprio in tal senso il Consiglio di Sicurezza delle Nazioni Unite, con riferimento all'istituzione del Tribunale per l'ex Jugoslavia, ha dichiarato che il perseguimento e la punizione dei colpevoli potrà contribuire all'impedimento di future violazioni dei diritti umani[186].

Anche lo Statuto di Roma conferma che la punizione dei responsabili di crimini di diritto internazionale viene a contribuire alla «prevenzione di tali crimini»[187]. Si fa riferimento con ciò non solo e non tanto al (dubbio) effetto dissuasivo del diritto internazionale penale[188]; piuttosto, in primo piano stanno la produzione ed il rafforzamento della coscienza giuridico-internazionale (prevenzione generale positiva), vale a dire la capacità di quel diritto a fornire un contributo alla stabilizzazione delle norme internazionali[189]. La punizione dei più gravi crimini contro il

---

della pena acquistano anche rilevanza ai fini della commisurazione della pena nel singolo caso: cfr. in proposito, in particolare, *Nemitz*, Strafzumessung im Völkerstrafrecht (2002), 160 ss.

[184] Cfr. *Werle* ZStW 109 (1997), 808, 821; *contra*, tuttavia, *Jäger*, in: Hankel/Stuby (a cura di), Strafgerichte gegen Menschheitsverbrechen (1995), 325, 339 («particolarmente assurda» sarebbe la prospettazione per la quale in caso di crimini di massa sarebbe possibile una compensazione della colpevolezza, *Schuldausgleich*); *Jescheck*, Die Verantwortlichkeit der Staatsorgane nach Völkerstrafrecht (1952), 195 individua una legittimazione dal punto di vista della retribuzione; cfr. anche *Lagodny* ZStW 113 (2001), 800, 806, che pare individuare la legittimazione del diritto dei crimini internazionali in un'idea di vendetta, ma «orientata al ristoro della vittima e incardinata secondo i principi della tutela dei diritti umani».

[185] Cfr. *Werle* ZStW 109 (1997), 808, 821.
[186] UN Doc. S/RES/827 (1993).
[187] Preambolo, alinea 5.
[188] Guardando agli effetti in termini di prevenzione generale "negativa" del diritto dei crimini internazionali, le difficoltà provengono dal suo cronico *deficit* di effettività. La probabilità di essere chiamati a rispondere davanti ad un tribunale per crimini internazionali è, sino ad oggi, ridotta: cfr. già *Jescheck*, Die Verantwortlichkeit der Staatsorgane nach Völkerstrafrecht (1952), 194 s.: «Attualmente la punizione dipende ancora dalla sconfitta militare». Analogamente *Ambos/Steiner* JuS 2001, 9, 13. A ragione la ILA, Final Report (2000), 3 s. segnala che non hanno avuto effetto dissuasivo dalla Commissione di crimini internazionali né – quanto ai nazisti – l'annuncio degli Alleati in occasione della cd. Dichiarazione di Mosca (1943), di voler processare tutti i criminali di guerra, né – quanto agli autori dei fatti di Kosovo – una simile dichiarazione da parte dell'organo della pubblica accusa presso l'ICTY, nel 1998. In senso contrario *Farer*, Human Rights Quarterly 22 (2000), 90, 92, 117 muove dall'assunto «that the risk of criminal responsibility could weigh on the decisions of the principals to internal armed conflict».
[189] Cfr. *Akhavan* AJIL 95 (2001), 7, 30; *Dahm/Delbrück/Wolfrum*, Völkerrecht, vol. I/3, 2ª ed. (2002), 994 s.; *Jäger*, in: Hankel/Stuby (a cura di), Strafgerichte gegen Menschheitsverbrechen (1995), 325, 341 s.; *Merkel*, in: Nürnberger Menschenrechtszentrum (a cura di), Von Nürnberg nach Den Haag (1996), 68, 89; *Möller*, Völkerstrafrecht und Internationaler Strafgerichtshof (2003), 522; *Werle*, Völkerstrafrecht (2003), 86.

diritto internazionale dovrebbe «indurre la consapevolezza che il diritto internazionale è "diritto" ed è affermato coercitivamente, alla fine, anche nei confronti del trasgressore»[190]. Il diritto internazionale penale, infine, è idoneo a svolgere un'azione in funzione special-preventiva nei confronti del (potenziale) autore[191]. Su queste basi, il diritto internazionale penale è pienamente legittimato anche nella prospettiva di una tradizionale teoria della pena "di diritto interno"[192].

97 Da sottolineare ulteriormente sono due specifici ripercussioni della punizione dei crimini di diritto internazionale. In primo luogo, si deve menzionare la funzione di riconoscimento e affermazione della verità, che il procedimento riveste[193]. È tipico infatti dei rappresentanti di sistemi repressivi contestare il dato di fatto delle sistematiche violazioni dei diritti umani. L'accertamento giudiziario di crimini contro l'umanità fa fronte a questa contestazione: le condanne contengono il riconoscimento ufficiale del passato d'illiceità e delle sofferenze delle vittime: viene contrastata frontalmente la negazione della commissione dei crimini, e si previene la falsificazione della storia.

98 Il secondo tipo di effetti concerne l'individualizzazione della responsabilità[194]: la responsabilità individuale mette in chiaro che i crimini di diritto internazionale non sono commessi da entità astratte, quali gli Stati, ma presuppongono sempre la partecipazione di singoli individui che operano congiuntamente. Quest'individualizzazione è importante per le vittime ed i loro congiunti, perché hanno una pretesa alla completa verità[195]; essa dà inoltre agli autori l'occasione per prendere coscienza, meditandovi a fondo, della loro personale partecipazione ai crimini del sistema; infine, è importante per la società, perché rigetta la teoria d'una colpa collettiva.

V. *Nullum crimen, nulla pœna sine lege* nel diritto internazionale penale

99 *Ambos, Kai: Nulla Poena Sine Lege* in International Criminal Law, in: Haveman, Roelof/Olusanya, Olaoluwa (Hrsg.), Sentencing and Sanctioning in Supranational Criminal Law (2006), 17 ss.; *Bassiouni, M. Cherif:* Introduction to International Criminal Law (2003), 178 ss.; *Boot, Machteld:* Genocide, Crimes Against Humanity, War Crimes, Nullum Crimen Sine Lege and the Subject Matter Jurisdiction of the International Criminal Court (2002); *Broomhall, Bruce:* Kommentierung zu Art. 22 IStGH-Statut, in: Trifftter, Otto (Hrsg.), Commentary on the Rome Statute of the International Criminal Court, Obser-

---

[190] *Jescheck*, Die Verantwortlichkeit der Staatsorgane nach Völkerstrafrecht (1952), 195.
[191] Cfr. *Dahm/Delbrück/Wolfrum*, Völkerrecht, vol. I/3, 2ª ed. (2002), 995; *Triffterer* ZStW 114 (2002), 321, 334 ss.; *Werle* ZStW 109 (1997), 808, 821.
[192] Cfr. già *Werle* ZStW 109 (1997), 808, 822.
[193] Cfr. anche *Neubacher*, Kriminologische Grundlagen einer internationalen Strafgerichtsbarkeit (2005), 428 ss.; *Neubacher* NJW 2006, 966, 969.
[194] Cfr. sul punto, nel contesto della "criminalità di sistema" *Marxen/Werle*, Die strafrechtliche Aufarbeitung von DDR-Unrecht (1999), 284; *Werle*, in: Marxen/Miyazawa/Werle (a cura di), Der Umgang mit Kriegs- und Besatzungsunrecht in Japan und Deutschland (2001), 137, 156.
[195] Per una fondazione su base vittimologica cfr. *Reese*, Großverbrechen und kriminologische Konzepte – Versuch einer theoretischen Integration (2005), 283 ss.

vers' Notes, Article by Article (1999), 447 ss.; *Cassese, Antonio:* International Criminal Law (2003), 139 ss.; *Catenacci, Mauro:* Nullum Crimen Sine Lege, in: Lattanzi, Flavia (Hrsg.), The International Criminal Court, Comments on the Draft Statute (1998), 159 ss.; *König, Kai-Michael:* Die völkerrechtliche Legitimation der Strafgewalt internationaler Strafjustiz (2003), 185 ss.; *Lamb, Susan:* Nullum Crimen, Nulla Poena Sine Lege in International Criminal Law, in: Cassese, Antonio/Gaeta, Paola/Jones, John R.W.D. (Hrsg.), The Rome Statute of the International Criminal Court, A Commentary, Band 1 (2002), 733 ss.; *Pangalangan, Raul C.:* Kommentierung zu Art. 24 IStGH-Statut, in: Triffterer, Otto (Hrsg.), Commentary on the Rome Statute of the International Criminal Court, Observers' Notes, Article by Article (1999), 467 ss.; *Saland, Per:* International Criminal Law Principles, in: Lee, Roy S. (Hrsg.), The International Criminal Court, The Making of the Rome Statute (1999), 189 ss.; *Satzger, Helmut:* Die Internationalisierung des Strafrechts als Herausforderung für den strafrechtlichen Bestimmtheitsgrundsatz, JuS 2004, 943 ss.; *Schabas, William A.:* Kommentierung zu Art. 23 IStGH-Statut, in: Triffterer, Otto (Hrsg.), Commentary on the Rome Statute of the International Criminal Court, Observers' Notes, Article by Article (1999), 463 ss.; *Schabas, William A.:* Perverse Effects of the Nulla Poena Principle: National Practice and the Ad Hoc Tribunals, EJIL 11 (2000), 521 ss.; *Shahabuddeen, Mohamed:* Does the Principle of Legality Stand in the Way of Progressive Development of Law?, Journal of International Criminal Justice 2 (2004), 1007 ss.; *Triffterer, Otto:* Dogmatische Untersuchungen zur Entwicklung des materiellen Völkerstrafrechts seit Nürnberg (1966), 92 ss.

Presupposto della punibilità in base al diritto internazionale penale è la vigenza di una norma, scritta o meno[196], che incrimina il fatto al momento in cui è commesso[197]. Il principio di legalità ha natura consuetudinaria anche in materia di crimini di diritto internazionale[198]. Più in dettaglio, detto principio richiede che le norme di diritto internazionale penale siano determinate (anche se per vero la determinatezza è molto minore rispetto ai normali canoni adottati negli ordinamenti euro-

100

---

[196] Sulla ricezione del diritto consuetudinario e dei principi generali del diritto cfr. approfonditamente *Triffterer*, Dogmatische Untersuchungen zur Entwicklung des materiellen Völkerstrafrechts seit Nürnberg (1966), 124; inoltre *Lamb*, in: Cassese/Gaeta/Jones (a cura di), Rome Statute, vol. 1 (2002), 746, 749 ss. Cfr. anche *infra*, n. marg. 110.

[197] Approfonditamente in proposito, *Cassese*, International Criminal Law (2003), 139 ss.

[198] Cfr. *Bassiouni*, Introduction to International Criminal Law (2003), 198 ss.; Triffterer-*Broomhall*, Rome Statute (1999), art. 22 n. marg. 15; *Jescheck*, Journal of International Criminal Justice 2 (2004), 38, 40 ss.; *Lamb*, in: Cassese/Gaeta/Jones (a cura di), Rome Statute, vol. 1 (2002), 734, 756; *Wade*, in: Schaffer/Snyder (a cura di), Contemporary Practice of Public International Law (1997), 210. Talvolta si assume che la validità del principio risulti non già in base al diritto consuetudinario, ma da principi generali di diritto: così ad es. ICTY, sent. 16 novembre 1998 (Mucić et al., TC), § 402; *Triffterer*, Dogmatische Untersuchungen zur Entwicklung des materiellen Völkerstrafrechts seit Nürnberg (1962), 125 s.; inoltre, Report of the Secretary-General Pursuant to Paragraph 2 of the Security Council Resolution 808 (1993) (UN Doc. S/25704), § 34. Il principio è stabilito in numerose Convenzioni: cfr. ad es. art. 15 PDCP, art. 7 CEDU, art. 99 Ginevra III. Sul principio del *nullum crimen* nell'esperienza giuridica tedesca («Gesetzlichkeitsprinzip»), cfr. ad es. *Lackner/Kühl*, StGB, 25ª ed. (2004), § 1 n. marg. 1; nell'esperienza giuridica anglosassone (*principle of legality*) cfr. *Lamb*, in: Cassese/Gaeta/Jones (a cura di), Rome Statute, vol. 1 (2002), 733, 734; Triffterer-*Schabas*, Rome Statute (1999), art. 23 n. marg. 1.

pei continentali)[199]; vieta la punizione retroattiva e l'analogia a sfavore del reo[200]. Questi principi si applicano, oltre che alla descrizione del fatto tipico, anche alla determinazione delle conseguenze sanzionatorie (*nulla pœna sine lege*)[201], seppure da questo punto di vista in modo soltanto limitato: al diritto internazionale è sconosciuta l'idea di richiedere limiti edittali non eccessivamente divaricati, così come invece, ad esempio, si ritiene che corrisponda al principio di determinatezza secondo la concezione tedesca o quella italiana[202].

101   Il principio del *nullum crimen, nulla pœna sine lege* è stato significativo, dal punto di vista pratico, nel processo di Norimberga. Il Tribunale prese le mosse dall'eccezione difensiva che lamentava la violazione del principio di irretroattività, per discutere (ed affermare) la punibilità dei crimini contro la pace già al tempo della loro commissione[203]. I Tribunali per l'ex Jugoslavia e per il Ruanda hanno ripetutamente confermato la validità del principio[204].

102   Il principio di legalità è ormai codificato negli articoli da 22 a 24 dello Statuto, in termini corrispondenti al diritto internazionale consuetudinario[205]; la sua importanza è sottolineata dall'essere previsto all'esordio della Parte dedicata ai "Principi fondamentali di diritto penale".

---

[199] Cfr. anche *Satzger* JuS 2004, 943, 944 s.; *Shahabuddeen*, Journal of International Criminal Justice 2 (2004), 1007.

[200] Per approfondimenti sulle specificazioni di questo principio, poco chiarite nei loro aspetti peculiari, *Cassese*, International Criminal Law (2003), 145 ss.; sull'evoluzione del principio cfr. *Bassiouni*, Introduction to International Criminal Law (2003), 182 ss.; *König*, Die völkerrechtliche Legitimation der Strafgewalt internationaler Strafjustiz (2003), 186 ss.

[201] Cfr. *Ambos*, in: Haveman/Olusanya (a cura di), Sentencing and Sanctioning in Supranational Criminal Law (2006), 17, 23 s. Diversamente tuttavia *Cassese*, International Criminal Law (2003), 157, il quale – muovendo da un'accezione troppo ristretta del principio *nullum crimen* – ritiene ch'esso non valga nel diritto internazionale penale.

[202] Ad esempio, lo Statuto ICC commina la pena della detenzione fino a trent'anni o l'ergastolo; per di più, la Corte può emettere sentenza di condanna a pena pecuniaria, ed ordinare la confisca di beni patrimoniali provenienti dal crimine: cfr. art. 77 Statuto ICC. L'art. 23 Statuto ICC esclude tuttavia, ad esempio, l'irrogazione di una pena detentiva temporanea di 40 anni – irrogata invece dall'ICTY a carico di *Jelisić*: cfr. ICTY, sent. 5 luglio 2001 (Jelisić, AC) – oppure l'irrogazione di sanzioni non previste dallo Statuto.

[203] IMT, 1 ottobre 1946, in: Internationaler Militärgerichtshof Nürnberg, Der Nürnberger Prozess gegen die Hauptkriegsverbrecher, vol. 1 (1947), 189, 245 («si deve innanzi tutto rimarcare che il principio *nullum crimen sine lege* non esprime una limitaizone della sovranità, anzi esso è, in generale, un fondamento della giustizia»). Sull'argomentazione dell'IMT cfr. n. marg. 26, 1294 ss.

[204] Cfr. ad es. ICTY, 2 ottobre 1995 (Tadić, AC), § 92; Id., 14 dicembre 1999 (Jelisić, TC), § 61; da ultimo Id., 30 novembre 2006 (Galić, AC), §§ 81 ss.; ICTR, 2 settembre 1998 (Akayesu, TC), § 605; per un riepilogo *Lamb*, in: Cassese/Gaeta/Jones (a cura di), Rome Statute, vol. 1 (2002), 734, 742 ss.

[205] Approfonditamente sulla storia delle trattative *Lamb*, in: Cassese/Gaeta/Jones (a cura di), Rome Statute, vol. 1 (2002), 734, 746 ss.

L'art. 22 enuncia il principio di legalità: in base ad esso un comportamento è punibile se, al momento in cui è realizzato integra gli elementi costitutivi delle fattispecie dei crimini di cui all'art. 5. Il secondo comma precisa ulteriormente che è vietata l'analogia *in malam partem*; quanto all'interpretazione (necessaria e legittima), la norma precisa che le fattispecie incriminatrici devono essere interpretate restrittivamente. Il terzo comma stabilisce che resta impregiudicata la punibilità dei crimini in base al diritto internazionale anche al di là delle previsioni dello Statuto, e dunque soprattutto in base al diritto consuetudinario.

L'art. 23 estende il principio di legalità alle conseguenze sanzionatorie; l'art. 24 disciplina l'efficacia nel tempo, riconoscendo uno dei "sottoprincipi" della legalità e cioè il divieto di punizione retroattiva[206]. Decisivo è stabilire il momento di entrata in vigore dello Statuto *ex* artt. 11 e 126, in applicazione dei quali dei quali si deve ritenere che tale momento sia il giorno 11 luglio 2002[207]. In caso di modifica normativa nel periodo intercorrente tra la realizzazione della condotta e la punizione dell'autore, dev'essere applicata la norma più favorevole (*lex mitior*: art. 24 co. 2).

C. Il diritto internazionale penale nel sistema dell'ordinamento internazionale

Bassiouni, M. Cherif: The Prescribing Function of International Criminal Law in the Processes of International Protection of Human Rights, in: Vogler, Theo (Hrsg.), Festschrift für Hans-Heinrich Jescheck (1985), 1453 ss.; *Cogan, Jacob Katz:* International Criminal Trials: Difficulties and Prospects, Yale Journal of International Law 27 (2002), 111 ss.; *Crawford, James:* Revising the Draft Articles on State Responsibility, EJIL 10 (1999), 435 ss.; *Degan, Vladimir-Djuro:* Responsibility of states and individuals for international crimes, in: Yee, Sienho/Wang, Tieya (Hrsg.), International Law in the Post-Cold War World, Essays in memory of Li Haopei (2001), 202 ss.; *Fastenrath, Ulrich:* Entwicklung und gegenwärtiger Stand des internationalen Menschenrechtsschutzes, in: Fastenrath, Ulrich (Hrsg.), Internationaler Schutz der Menschenrechte, Entwicklung – Geltung – Durchsetzung – Aussöhnung der Opfer mit den Tätern (2000), 9 ss.; *Gaja, Giorgio:* Should all References to International Crimes Disappear from the ILC Draft Articles on State Responsibility?, EJIL 10 (1999), 365 ss.; *Hoffmann, Gerhard:* Strafrechtliche Verantwortung im Völkerrecht (1962); *Hofmann, Rainer:* Zur Unterscheidung von Verbrechen und Delikt im Bereich der Staatenverantwortlichkeit, ZaöRV 45 (1985), 195 ss.; *Jescheck, Hans-Heinrich:* Gegenstand und neueste Entwicklung des Internationalen Strafrechts, in: Schroeder, Friedrich-Christian/Zipf, Heinz (Hrsg.), Festschrift für Reinhart Maurach (1972), 579 ss.; *Lillich, Richard B.:* International Human Rights, Problems of Law, Policy, and Practice, 2. Aufl. (1991); *Mc-Goldrick, Dominic:* The Human Rights Committee, Its Role in the Development of the International Covenant on Civil and Political Rights (1994); *Meron, Theodor:* The Convergence between Human Rights and Humanitarian Law, in: Warner, Daniel (Hrsg.), Human Rights and Humanitarian Law, The Quest for Universality (1997), 97 ss.; *Mohr, Manfred:* Strafrechtliche Verantwortlichkeit und Staatenverantwortlichkeit für internationale Verbre-

---

[206] Sul rapporto fra art. 22 co. 1 ed art. 24 Statuto ICC cfr. Triffterer-*Broomhall*, Rome Statute (1999), art. 22 n. marg. 51.

[207] Ai fini della condanna per crimini internazionali commessi sul territorio o da cittadini di uno Stato che ha aderito allo Statuto soltanto *dopo* il 1 luglio 2002, è decisivo il momento dell'entrata in vigore *per questo Stato*.

chen – Wechselwirkung statt Konfusion, in: Hankel, Gerd/Stuby, Gerhard (Hrsg.), Strafgerichte gegen Menschheitsverbrechen, Zum Völkerstrafrecht 50 Jahre nach den Nürnberger Prozessen (1995), 401 ss.; *Morgenbesser, Mischa:* Staatenverantwortlichkeit für Völkermord, Verbrechen gegen die Menschlichkeit und Kriegsverbrechen (2003); *Nowak, Manfred:* U.N. Covenant on Civil and Political Rights (CCPR Commentary) (1993); *Oehler, Dietrich:* Internationales Strafrecht, 2. Aufl. (1983), Rn. 2; *Pappa, Christoph:* Das Individualbeschwerdeverfahren des Fakultativprotokolls zum Internationalen Pakt über Bürgerliche und Politische Rechte (1996); *Partsch, Karl Josef:* Human Rights and Humanitarian Law, in: Bernhardt, Rudolf (Hrsg.), Encyclopedia of Public International Law, Band 2 (1995), 910 ss.; *Pocar, Fausto:* The Rome Statute of the International Criminal Court and Human Rights, in: Politi, Mauro/Nesi, Giuseppe (Hrsg.), The Rome Statute of the International Criminal Court, A Challenge to Impunity (2001), 67 ss.; *Safferling, Christoph:* Towards an International Criminal Procedure (2001); *Siegert, Karl:* Grundlinien des Völkerstrafprozeßrechts (1953); *Tomuschat, Christian:* Gegenwartsprobleme der Staatenverantwortlichkeit in der Arbeit der Völkerrechtskommission der Vereinten Nationen (1994)

I. Diritto internazionale penale e illecito degli Stati

106 Destinatario delle norme di d.i.p. è la persona fisica[208], non lo Stato; in tal senso esso si differenzia dalla tradizionale concezione del diritto internazionale, per il quale le conseguenze di un comportamento antigiuridico possono riferirsi, in base alle regole della cd. responsabilità internazionale[209], soltanto ad uno Stato o ad altro soggetto di diritto internazionale strutturato come organizzazione, ma non ad un individuo. Il d.i.p. «incarna paradigmaticamente la nuova essenza qualitativa del

---

[208] Il diritto internazionale penale non conosce la punibilità di enti collettivi (Personenvereinigungen). Conseguentemente, anche la giurisdizione *ratione personae* dell'ICC è limitata a persone fisiche (art. 25 co. 1 Statuto ICC). Cfr. approfonditamente *Bassiouni*, in: Bassiouni (a cura di), International Criminal Law, vol. 1, 2ª ed. (1999), 17 ss.; *Triffterer*, in: Gössel/Triffterer (a cura di), Gedächtnisschrift für Zipf (1999), 493, 505 ss. – Agganci per una sanzione destinata ad entità collettive si trovano nell'art. 9 Statuto IMT, a norma del quale il Tribunale poté dichiarare "organizzazioni criminali" determinate associazioni. Scopo di questa costruzione non era tuttavia la punibilità delle associazioni, bensì lo stabilire le condizioni per poter chiamare a rispondere persone fisiche, in processi successivi, per la loro partecipazione ad organizzazioni criminali, senza dover provare di volta in volta l'esistenza di un'organizzazione criminale; cfr. art. 10 Statuto IMT.

[209] Cfr. sui principi fondamentali della responsabilità internazionale, e specialmente di quella degli Stati, art. 1 degli *Articles on Responsibility of States for Internationally Wrongful Acts* della Commissione di diritto internazionale (UN Doc. A/CN.4/L.602/Rev.1 (2001): «Every internationally wrongful act of a State entails the international responsibility of that State». La Commissione ha poi abbandonato la nozione, ancora presente in precedenti progetti, di "responsabilità penale statuale" in caso di gravi violazioni del diritto internazionale, nonché la suddivisione degli «international wrongful acts» in «International crimes» e «international delicts» (cfr. in tal senso ancora art. 19 co. 4 dei *Draft Articles on State Responsibility* del 1976; in proposito, *Herdegen*, Völkerrecht, 6ª ed. (2007), § 58 n. marg. 9). Cfr. su tutta la questione *Brownlie*, Principles of Public International Law, 6ª ed. (2003), 419 ss.; *Crawford* EJIL 10 (1999), 435 ss.; *Sassòli*, International Review of the Red Cross 84 (2002), 401 ss.; *Tomuschat*, Gegenwartsprobleme der Staatenverantwortlichkeit in der Arbeit der Völkerrechtskommission der Vereinten Nationen (1994).

diritto internazionale, che non si limita più alla disciplina dei rapporti interstatuali in senso stretto, ma incide profondamente all'interno dello spazio statuale»[210].

I crimini di diritto internazionale sono commessi dunque da individui; i cd. illeciti internazionali, invece, da Stati o da altre organizzazioni internazionali[211]. Comune al "diritto degli illeciti internazionali" e al "diritto dei crimini di diritto internazionale" [o diritto internazionale penale] è lo scopo di affermare il diritto internazionale; la differenza sta nei meccanismi operativi approntati per il perseguimento di quello scopo. Il diritto internazionale penale considera che ogni violazione del diritto internazionale in definitiva si riconduce alla condotta di un uomo, ed impedisce che il singolo – che abbia agito ad esempio come organo dello Stato – si trinceri dietro lo scudo della sovranità statuale. Diversamente, i principi della responsabilità internazionale valgono soltanto per i soggetti di diritto internazionale strutturati come organizzazioni; essa scaturisce da tutte le violazioni del diritto internazionale imputabili allo Stato. Illecito internazionale e crimine di diritto internazionale si distinguono inoltre per le rispettive conseguenze: mentre quelle del primo mirano al ripristino della situazione conforme al diritto internazionale[212], quelle del secondo hanno carattere punitivo e preventivo.

107

I crimini di diritto internazionale presuppongono di norma, ma non necessariamente, il coinvolgimento di uno Stato: per questo dalla realizzazione di un crimine di diritto internazionale da parte del cittadino di uno Stato non segue automaticamente la responsabilità di quest'ultimo. Sul punto l'art. 25 co. 4 stabilisce chiaramente: «Nessuna disposizione del presente statuto relativa alla responsabilità penale degli individui pregiudica la responsabilità degli Stati in base al diritto internazionale». Viceversa, anche un illecito internazionale non porta necessariamente alla punizione in base al diritto internazionale di chi vi ha preso parte[213]. Crimini di diritto internazionale ed illecito statuale, peraltro, vengono spesso ad intersecarsi: ad esempio, lo sterminio di una parte della popolazione, guidato a livello

108

---

[210] Così *Tomuschat*, Die Friedens-Warte 73 (1998), 335, 347; cfr. anche *Zimmermann*, German Yearbook of International Law 45 (2002), 35, 37 ss.

[211] Sulla distinzione *Broomhall*, International Criminal Justice and the International Criminal Court (2003), 14 ss.; *Cassese*, International Law, 2ª ed. (2005), 271 ss.; *Dahm/Delbrück/Wolfrum*, Völkerrecht, vol. I/3, 2ª ed. (2002), 995; *Degan*, in: Yee/Wang (a cura di), International Law in the Post-Cold War World (2001), 202 ss.; *Ipsen*, in: Ipsen, Völkerrecht, 5ª ed. (2004), vor § 39 n. marg. 1 ss.; *Jescheck*, in: Bernhardt (a cura di), Encyclopedia of Public International Law, vol. 2 (1995), 1119, 1120; *Triffterer*, Dogmatische Untersuchungen zur Entwicklung des materiellen Völkerstrafrechts seit Nürnberg (1966), 179.

[212] Cfr. *Ipsen*, in: Ipsen, Völkerrecht, 5ª ed. (2004), § 39 n. marg. 14. In base agli artt. 30 ss. degli *Articles on Responsibility of States for Internationally Wrongful Acts* (cfr. *supra*, n. marg. 106 in nota 209) la responsabilità internazionale («international responsibility») per l'illecito internazionale fonda soprattutto il dovere di cessazione del comportamento o della situazione contrario/a al diritto internazionale e l'obbligo di risarcimento; cfr. anche *Sassòli*, International Review of the Red Cross 84 (2002), 401, 418 ss.; *Shaw*, International Law, 5ª ed. (2003), 715 ss.

[213] Così espressamente l'art. 58 degli *Articles on Responsibility of States for Internationally Wrongful Acts* (cfr. *supra*, n. marg. 106 in nota 209). In base ad esso i presupposti della responsabilità degli Stati operano «without prejudice to any question of the individual responsibility under international law of any person acting on behalf of the state».

statuale, fonda sia la punibilità per genocidio degli individui che vi partecipano, sia l'obbligo dello Stato di risarcire le vittime o i loro parenti[214]. Anche la Corte Internazionale di Giustizia ha sottolineato, nel procedimento *Bosnia-Erzegovina contro Serbia e Montenegro* la possibilità di una "doppia responsabilità" internazionale, anche se nel caso concreto le pretese risarcitorie della Bosnia nei confronti di Serbia e Montenegro per lo sterminio di Srebrenica furono respinte, perché i fatti non sarebbero stati commessi – secondo la Corte – per mezzo di organi o dietro direttive dello Stato serbo[215].

II. Crimini di diritto internazionale ed altri crimini internazionali

109   Le norme del d.i.p. possono essere applicate sia da tribunali internazionali, sia da tribunali nazionali.

110   Diversa questione è quella se il diritto (costituzionale) nazionale consenta l'applicazione diretta di norme penali del diritto internazionale pattizio o consuetudinario. Il che è possibile, ma non necessario che avvenga: la classificazione di un fatto come crimine di diritto internazionale è indipendente dal fatto che una norma di diritto interno autorizzi o meno l'applicazione diretta del diritto internazionale; anche se il diritto interno richiede per la punizione di un comportamento una legge scritta[216], ciò non preclude la classificazione di quel comportamento come crimine di diritto internazionale né la sua punizione da parte di un tribunale internazionale.

---

[214] Cfr. ad es. ICJ, 11 luglio 1996 (Case Concerning Application of the Convention on the Prevention and Punishment of the Crime of Genocide, Bosnia and Herzegovina v. Yugoslavia), ICJ Reports 1996, 595, §§ 13 s.; inoltre *Morgenbesser*, Staatenverantwortlichkeit für Völkermord, Verbrechen gegen die Menschlichkeit und Kriegsverbrechen (2003). – Anche gravi violazioni delle Convenzioni di Ginevra fondano la responsabilità statuale in base al diritto dell'illecito internazionale e la responsabilità individuale in base al diritto penale; cfr. su questa "doppia natura" delle norme internazionali *Mohr*, in: Hankel/Stuby (a cura di), Strafgerichte gegen Menschheitsverbrechen (1995), 401 ss.; *Triffterer* ZfRV 30 (1989), 83, 109.

[215] Cfr. ICJ, 26 febbraio 2007 (Case Concerning the Application of the Convention on the Prevention and Punishment of the Crime of Genocide, Bosnia and Herzegovina v. Serbia and Montenegro), §§ 172 s., 386 ss.; cfr. però l'opinione dissenziente di *Al-Khasawneh*, §§ 30 ss. e quella di *Mahiou*, §§ 94 ss. Secondo l'opinione della maggioranza dei giudici, è tuttavia da escludere anche un coinvolgimento serbo in condotte di assistenza, in quanto non risulterebbe provato che, nel caso di Srebrenica, organi dello Stato serbo avessero la sicura conoscenza, necessaria per l'attribuzione di responsabilità concorsuale, di un massacro pianificato con intento di genocidio (§§ 422 ss.; cfr. tuttavia l'opinione dissenziente di *Al-Khasawneh*, §§ 30 ss.; di *Bennouna*, §§ 4 s.; la dichiarazione di *Keith*, §§ 8 ss.; l'opinione dissenziente di *Mahiou*, §§ 94 ss.). Secondo il Tribunale la Serbia avrebbe bensì violato l'obbligo, derivante dall'art. III della Convenzione sul genocidio, d'impedire tale crimine – poiché tale obbligo esiste nel momento in cui il serio rischio di genocidio sia conosciuto o ignorato per colpa (§§432 ss.) –, e tuttavia questa violazione di un mero obbligo di agire non sarebbe causale né necessariamente in sé e per sé, né perché tale efficacia sia stata provata in concreto (§§ 430, 462).

[216] In Germania l'art. 103 co. 2 GG vieta l'applicazione diretta del diritto internazionale pattizio o consuetudinario. Che la punibilità di un comportamento non possa essere fondata sulla consuetudine è una conseguenza della prescrizione in forza della quale la punibilità deve essere stabilita da una legge nazionale. Del resto, l'applicazione di norme di diritto pattizio in materia di crimini internazionali non è consentita ai giudici tedeschi già in base all'art. 59 co. 2 GG. Cfr. in proposito, *Jescheck/Weigend*, Lehrbuch des Strafrechts, 5ª ed. (1996), 119.

I crimini di diritto internazionale (*crimes under international law*) appartengono alla categoria qui designata con il termine di "crimini internazionali" (*international crimes*)[217]. I primi si distinguono dagli altri per via della diretta punibilità in base al diritto internazionale[218]; i secondi non sono invece direttamente punibili in base al diritto internazionale, che si limita a contenere un obbligo di incriminazione da parte dello Stato[219]. Di conseguenza, in quest'ultimo caso, l'autore non viola direttamente una norma penale di diritto internazionale, e pertanto non questo, ma la norma di implementazione nazionale è la base della punibilità; si può parlare in ogni caso di una punibilità "indiretta" in base al diritto internazionale, mediata – cioè – dall'ordinamento giuridico nazionale[220]. Ciò vale ad esempio per i reati contro la navigazione aerea[221] e quella marittima[222], per determinate forme di crimina-

111

---

[217] Quest'uso lessicale corrisponde a quello dello Statuto ICC: lì si afferma ch'è obbligo degli Stati di esercitare la giurisdizione penale sulle persone responsabili di «international crimes». Tale riferimento si intende comprensivo non soltanto dei crimini di competenza della Corte ma anche altri crimini: cfr. Preambolo, co. 5 Statuto ICC. Secondo quanto si ricava dai processi verbali dei negoziati, il riferimento era inteso soprattutto al terrorismo ed al traffico di stupefacenti: cfr. Triffterer-*Triffterer*, Rome Statute (1999), Preambolo n. marg. 17. – *Bassiouni* ha dedicato la propria ricerca al diritto internazionale pattizio rilevante agli effetti del diritto penale. In quest'ambito egli ha identificato 260 Trattati che contengono un riferimento al diritto penale (Strafrechtsbezug); fra questi, 57 dichiarano espressamente che un comportamento costituisce crimine internazionale; 183 contengono l'obbligo per gli Stati di perseguire o reprimere un determinato comportamento; 85 trattati incriminano direttamente ed espressamente un determinato comportamento; 32 fanno espresso riferimento ad una giurisdizione penale internazionale (*Bassiouni* (a cura di), International Criminal Law, vol. 1, 2ª ed. (1999), 47).

[218] Analogamente a quanto sostenuto nel testo, distinguono sul punto fra crimini internazionali in senso stretto e in senso lato, ad es., *Ascensio/Decaux/Pellet* (a cura di), Droit International Pénal (2000), 249, 333 («les crimes contre la paix et la sécurité de l'humanité» e «les autres infractions internationalement définies»); cfr. anche *Ahlbrecht*, Geschichte der völkerrechtlichen Strafgerichtsbarkeit (1999), 11 in nota 14; *Broomhall*, International Criminal Justice and the International Criminal Court (2003), 34 ss.; *Condorelli*, in: Ascensio/Decaux/Pellet (a cura di), Droit International Pénal (2000), 241; *Nill-Theobald*, «Defences» bei Kriegsverbrechen am Beispiel Deutschlands und der USA (1998), 24; similmente *Jescheck*, in: Bernhardt (a cura di), Encyclopedia of Public International Law, vol. 2 (1995), 1119, 1120; *Triffterer* ZfRV 30 (1989), 83, 95 ss. («international crimes sensu lato»).

[219] Cfr. ad es. art. 4 co. 1 della Convenzione sulla tortura.

[220] Cfr. anche *Schwarzenberger*, Current Legal Problems 3 (1950), 264, 266 ss.: «International Criminal Law in the Meaning of Internationally Prescribed/Authorized Municipal Criminal Law»; *Verdross/Simma*, Universelles Völkerrecht, 3ª ed. (1984), § 430.

[221] Cfr. in proposito, la *Convention on Offences and Certain Other Acts Committed on Board Aircraft*, 14 settembre 1963 (704 UNTS [1969], 219); (Hague) *Convention for the Suppression of Unlawful Seizure of Aircraft*, 16 dicembre 1970 (10 ILM [1971], 133); (Montreal) *Convention for the Suppression of Unlawful Acts against the Safety of Civil Aviation*, 23 settembre 1971 (10 ILM [1971], 1151); cfr. su tutti questi accordi *Dugard*, International Law, 2ª ed. (2000), 146; LK-*Werle/Jeßberger*, StGB, 12ª ed. (2007), Vor § 3 n. marg. 107 ss.

[222] Cfr., in proposito, la Convenzione di Ginevra sull'alto mare (1958); la cd. Convenzione di Montego Bay [1982, entrata in vigore nel 1994; cfr. per tutti *A. Cassese*, Diritto internazionale, Bologna 2006, 105 ss., *N.d.T.*]; la Convenzione per la lotta contro gli atti illeciti contro la sicurezza della navigazione (1988). Contrariamente alla maggior parte degli altri crimini internazionali, quello di

lità legata al traffico degli stupefacenti[223], per reati di terrorismo[224], di falsificazione di moneta[225], per la tortura[226-227].

112 Parte della dottrina ha cercato di riunire sotto un'unica denominazione quei reati internazionali che non sono allo stesso tempo crimini di diritto internazionale[228], designandoli ad esempio *"delicta juris gentium"*[229], "delitti internazionali" (*internationale Delikte*)[230] "crimini mondiali" (*Weltverbrechen*)[231] o "treaty (based) crimes"[232]. Una certa confusione è creata dal fatto che non sempre si distingue chiaramente tra crimini di diritto internazionale, altri reati internazionali e reati che possono essere perseguiti per il diritto internazionale sulla base al principio di universalità, senza che il fatto abbia un collegamento particolare con l'ordinamento dello Stato che procede[233].

---

pirateria (*piracy*) non ha la propria fonte nel diritto internazionale pattizio bensì in quello consuetudinario. Cfr. in proposito, *Becker*, Verbrechen gegen die Menschlichkeit (1996), 53; *Dugard*, International Law, 2ª ed (2000), 143; *Jescheck*, in: Bernhardt (a cura di), Encyclopedia of Public International Law, vol. 2 (1995), 1119, 1122.

[223] Cfr. in proposito, la *Single Convention on Narcotic Drugs*, 30 marzo 1961 (520 UNTS [1961], 151); *Convention on Psychotropic Substances*, 21 febbraio 1971 (10 ILM [1971], 261); *United Nations Convention Against Illicit Traffic in Narcotic Drugs and Psychotropic Substances*, 20 dicembre 1988 (28 ILM [1989], 493). Cfr. in proposito, *Dugard*, International Law, 2ª ed. (2000), 149. In generale cfr. LK-*Werle/Jeßberger*, StGB, 12ª ed. (2007), Vor § 3 n. marg. 99 ss.

[224] Cfr. la *Convention for the Prevention and Punishment of Crimes Against Internationally Protected Persons, Including Diplomatic Agents*, 14 dicembre 1973 (13 ILM [1974], 41); inoltre cfr., per uno strumento valido solo in ambito regionale e diretto al miglioramento della collaborazione, la *European Convention on the Suppression of Terrorism*, 27 gennaio 1977 (ETS n. 90, 1977). Per approfondimenti sulla diffusione del terrore mediante la commissione di crimini internazionali cfr. n. marg. 83 ed *Oeter*, Die Friedens-Warte 76 (2001), 11 ss.; per i più recenti sviluppi a livello di Unione Europea cfr. *Stein/Meiser*, Die Friedens-Warte 76 (2001), 33 ss.

[225] Cfr. *International Convention for the Suppression of Counterfeiting*, 20 aprile 1929 (11 LNTS, 371).

[226] Cfr. *Convention Against Torture and Other Cruel, Inhuman or Degrading Treatment or Punishment*, 10 dicembre 1984, (1465 UNTS [1987], 112); in proposito, *Dugard*, International Law, 2ª ed. (2000), 146.

[227] Su tutto ciò cfr. *Nill-Theobald*, «Defences» bei Kriegsverbrechen am Beispiel Deutschlands und der USA (1998), 24; *Triffterer* ZfRV 30 (1989), 83, 107. *Bassiouni*, in: Bassiouni (a cura di), International Criminal Law, vol. 1, 2ª ed. (1999), 32 s. distingue 25 categorie di *international crimes*: accanto ai crimini "fondamentali" annovera in proposito, fra gli altri, crimini contro le Nazioni Unite, il possesso non consentito o l'utilizzazione non consentita di armi, il furto di materiali nucleari, schiavitù, mercenariato, tortura, pirateria, cattura di ostaggi, traffico di stupefacenti e commercio di materiale pornografico.

[228] Riepilogo in *Triffterer* ZfRV 30 (1989), 83, 103 ss.

[229] Così *Ahlbrecht*, Geschichte der völkerrechtlichen Strafgerichtsbarkeit (1999), 10 s.; *Verdross/Simma*, Universelles Völkerrecht, 3ª ed. (1984), § 431.

[230] LK-*Gribbohm*, StGB, 11ª ed. (1997), Vor § 3 n. marg. 6.

[231] *Niehoff*, Die von internationalen Strafgerichtshöfen anwendbaren Normen des Völkerrechts (1999), 8; *Nill-Theobald*, „Defences" bei Kriegsverbrechen am Beispiel Deutschlands und der USA (1998), 24.

[232] Così la terminologia corrente nella letteratura di lingua inglese; cfr. ad es. *Schabas*, An Introduction to the International Criminal Court, 2ª ed. (2004), 21; nello stesso senso però anche *Ambos*, Internationales Strafrecht (2006), § 7 n. marg. 259; *Bruer-Schäfer*, Der Internationale Strafgerichtshof (2001), 173; *Kreß* ZStW 114 (2002), 818, 829 («völkervertragsgestützte Delikte»).

[233] Cfr. ad es. *Dahm/Delbrück/Wolfrum*, Völkerrecht, vol. I/3, 2ª ed. (2002), 999, i quali voglio-

È lo specifico collegamento con la comunità internazionale che rende un crimine "internazionale" (sia esso un crimine di diritto internazionale od altro crimine internazionale) e la sua punizione di interesse generale degli Stati; questo collegamento s'instaura o perché l'interesse offeso è "internazionale", o perché il fatto supera i confini nazionali assumendo carattere transnazionale e dunque fa apparire necessaria o comunque utile un'azione coordinata interstatuale in funzione della repressione[234]. 113

Un collegamento con la comunità degli Stati e la necessità dell'internazionalizzazione dei meccanismi di difesa possono derivare dal rango stesso dell'interesse protetto, alla cui tutela tutti gli Stati (o più d'uno di essi) hanno interesse comune; l'oggetto dell'aggressione proietta dunque il fatto in una dimensione internazionale, come accade ad esempio per gli attentati alla pace internazionale o per le sistematiche violazioni dei diritti umani fondamentali. A questo gruppo appartengono in primo luogo i crimini di diritto internazionale, che appunto colpiscono i più importanti interessi della comunità internazionale. 114

Il carattere internazionale può radicarsi peraltro in una necessità, piuttosto, di carattere pratico: considerazioni di efficacia ed efficienza richiedono sempre un'internazionalizzazione della difesa penale laddove la repressione da parte d'un singolo Stato non avrebbe nessuna possibilità di successo[235]. In tal caso, quando la criminalità si manifesta con carattere transnazionale, è necessario accordarsi per collaborare nella repressione; questo aspetto di efficienza nella gestione del sistema di repressione penale è in primo piano quando si tratti di reprimere altri reati internazionali, quali ad esempio il traffico internazionale di stupefacenti. 115

Infine, i requisiti del primo e secondo gruppo possono anche coincidere. È il caso, ad esempio, della tipica "macrocriminalità di Stato", che non è adeguatamente e perseguita e punita da uno Stato esso stesso coinvolto nelle attività criminali; se la comunità degli Stati affidasse la punizione alla competenza a procedere in capo allo Stato coinvolto, ciò equivarrebbe a far perseguire il criminale da se stesso[236]. Qui il diritto internazionale è messo in campo sia dagli interessi coinvolti, sia dalla particolare modalità di realizzazione del reato. 116

III. Diritto internazionale penale come parte del diritto penale internazionale in senso lato

La materia dei crimini di diritto internazionale fa parte del cd. diritto penale internazionale, inteso oggi – secondo l'orientamento largamente prevalente – in senso 117

---

no annoverare fra le norme di diritto internazionale penale anche quelle che fondano la potestà punitiva statuale in base al principio di universalità. Sulla giurisdizione fondata in base a tale principio cfr. *infra*, n. marg. 182 ss. [cfr. anche, sulla natura delle regole di applicazione della legge penale nello spazio, A. *di Martino*, La frontiera e il diritto penale. Natura e contesto delle norme di diritto penale transnazionale, Torino 2006, partic. cap. III, *N.d.T.*].

[234] Cfr. in proposito, *Wilkitzki* ZStW 99 (1987), 455, 457; inoltre *Schabas*, An Introduction to the International Criminal Court, 2ª ed. (2004), 21.

[235] Cfr. in proposito, *Yarnold*, in: Bassiouni (a cura di), International Criminal Law, vol. 1, 2ª ed. (1999), 127, 131 s.

[236] Cfr. *Lagodny* ZStW 113 (2001), 800, 804.

ampio, comprensivo di tutti quegli ambiti del diritto penale che presentano collegamenti con ordinamenti diversi da quello nazionale[237]. Sotto questa caratterizzazione riassuntiva sono compresi, accanto al diritto internazionale penale, il diritto penale sopranazionale, il diritto della cooperazione internazionale in materia penale, le regole in materia di validità e applicabilità nello spazio del diritto penale[238]. Attualmente superata è la visione tradizionale che designava come "diritto penale internazionale" (*internationales Strafrecht*) esclusivamente le regole sull'applicazione spaziale della legge penale sostanziale[239]. Il moderno concetto di diritto penale internazionale in senso ampio riflette soprattutto la rapidissima evoluzione del diritto internazionale penale (*Völkerstrafrecht*) dalla fine della seconda guerra mondiale ed il connesso bisogno di differenziare le discipline settoriali unite sotto il comune denominatore del "diritto penale internazionale".

118   Al diritto internazionale penale si avvicina molto il diritto penale sopranazionale, che però non si fonda su accordi interstatuali né sulla consuetudine internazionale, bensì trova la sua fonte in appositi atti di istituzioni sopranazionali[240]. Considerato il ridotto numero di vere e proprie entità sopranazionali dotate di una propria capacità normativa, non meraviglia che si tratti di un diritto davvero poco sviluppato; seri prodromi d'un diritto penale sopranazionale sono riconoscibili essenzialmente nel quadro della cd. europeizzazione del diritto penale[241].

119   Il diritto della cooperazione internazionale in materia penale comprende regole sull'estradizione, sulla collaborazione ai fini dell'esecuzione penale, sul trasferimento di procedimenti penali e sulla reciproca assistenza nell'assunzione delle prove o nelle indagini, in tutti quei casi, quindi, in cui la repressione penale assume carat-

---

[237] Su questo concetto v. approfonditamente *Gardocki* ZStW 98 (1986), 703 ss.; inoltre *Jescheck*, in: Schroeder/Zipf (a cura di), Festschrift für Maurach (1972), 579; *Lagodny* ZStW 101 (1989), 987; *Oehler*, in: Seidl-Hohenveldern (a cura di), Lexikon des Rechts, 3ª ed. (2001), 207; *Werle/Jeßberger* JuS 2001, 35, 36. – Quest'accezione corrisponde all'uso linguistico inglese (*international criminal law*): in proposito, *Bassiouni*, in: Bassiouni (a cura di), International Criminal Law, vol. 1, 2ª ed. (1999), 8; *Cassese*, International Criminal Law (2003), 15 s. [sulla questione di recente *A. di Martino*, La frontiera e il diritto penale. Natura e contesto delle norme di diritto penale transnazionale, Torino 2006, *N.d.T.*].

[238] Cfr. *Jescheck*, in: Schroeder/Zipf (a cura di), Festschrift für Maurach (1972), 579.

[239] In tal senso cfr. ancora *Kohler*, Internationales Strafrecht (1917), 1 (sinonimìa con l'espressione di diritto penale interstatuale, «zwischenstaatliches Strafrecht»); in senso contrario, giustamente, Schönke/Schröder-*Eser*, StGB, 27ª ed. (2006), Vorbem §§ 3-7 n. marg. 1 s.; *Jescheck/Weigend*, Lehrbuch des Strafrechts, 5ª ed. (1996), 163; riepilogo in LK-*Werle/Jeßberger*, StGB, 12ª ed. (2007), Vor § 3 n. marg. 2.

[240] Sul concetto di istituzione sovranazionale cfr. *Epping*, in: Ipsen, Völkerrecht, 5ª ed. (2004), § 6 n. marg. 15 s.

[241] Peraltro, ad oggi non è dato attestare l'esistenza di un diritto penale europeo nel senso di diritto penale propriamente sopranazionale. Approfonditamente in tema *Satzger*, Europäisierung des Strafrechts (2001), 57 ss. Cfr. anche *Hecker*, Europäisches Strafrecht, 2ª ed. (2007), 5 s.; *Jescheck/Weigend*, Lehrbuch des Strafrechts, 5ª ed. (1996), 182 ss.; *Jung* JuS 2000, 417; *Tiedemann* NJW 1993, 23 ss.

tere transfrontaliero[242]. Assistenza giudiziaria ed estradizione sono istituti di natura esclusivamente procedurale, anche se vi sono diversi punti di contatto con il diritto internazionale penale: per la mancanza di organi esecutivi, soprattutto i tribunali internazionali devono necessariamente affidarsi alla collaborazione degli Stati (cd. cooperazione verticale)[243]; ma il maggior numero di casi pratici di assistenza giudiziaria concerne la cooperazione interstatuale (cd. cooperazione orizzontale): fondamento di questa sono dunque spesso accordi interstatuali, fra cui ad esempio la Convenzione europea di assistenza giudiziaria e la Convenzione europea di estradizione[244].

Natura esclusivamente interna hanno invece le regole sull'applicazione spaziale della legge penale (cd. *Strafanwendungsrecht*), destinate a rispondere alla domanda se una vicenda penale sottostà alla giurisdizione nazionale e in caso positivo quali norme sino applicabili. Nel diritto italiano si tratta delle regole di cui agli artt. 3 e seguenti del codice penale[245].

IV. Diritto internazionale penale e tutela dei diritti umani

Diritto internazionale penale e tutela dei diritti umani hanno origine ed evoluzione strettamente correlate: la radice comune è nel diritto internazionale umanitario[246]. I diritti umani (diritti di singoli individui) e le norme di diritto internazionale penale (norme sulla responsabilità di singoli individui) furono entrambi, all'inizio, corpi estranei nel tradizionale diritto internazionale, incentrato sugli Stati; entrambi si affermarono dopo la catastrofe della seconda guerra mondiale; con riguardo alla posizione soggettiva dell'individuo, appaiono come due facce della stessa medaglia: la singola persona diventa destinataria di diritti (appunto, diritti umani) e di doveri (di azione od omissione, penalmente tutelati).

---

[242] Cfr. approfonditamente, in proposito, *Grützner/Pötz* (a cura di), Internationaler Rechtshilfeverkehr in Strafsachen, 2ª ed. (2006); *Schomburg/Lagodny/Gleß/Hackner*, Internationale Rechtshilfe in Strafsachen, 4ª ed. (2006); *Popp*, Grundzüge der internationalen Rechtshilfe in Strafsachen (2001).

[243] Cfr. ad es. artt. 86 ss. Statuto ICC.

[244] BGBl. ["Gazzetta ufficiale" della Repubblica Federale Tedesca, *N.d.T.*] 1964 II, 1369; 1976 II, 1778.

[245] Cfr. Schönke/Schröder-*Eser*, StGB, 27ª ed. (2006), Vorbem §§ 3-7; *Oehler*, Internationales Strafrecht, 2ª ed. (1983), partic. n. marg. 111 ss.; *Werle/Jeßberger* JuS 2001, 35 ss., 141 ss.; LK-*Werle/Jeßberger*, StGB, 12ª ed. (2007), Vor § 3. Per maggiori dettagli sul principio di universalità cfr. *infra*, n. marg. 182 ss. [Nella dottrina italiana cfr. di recente *A. di Martino*, La frontiera e il diritto penale. Natura e contesto delle norme di diritto penale transnazionale, Torino 2006, con ulteriori richiami bibliografici, *N.d.T.*].

[246] Sul rapporto fra tutela dei diritti umani e diritto internazionale umanitario, non ancora adeguatamente chiarito, cfr. *Meron*, The Convergence between Human Rights and Humanitarian Law (1997), 97 ss.; *Partsch*, in: Bernhardt (a cura di), Encyclopedia of Public International Law, vol. 2 (1995), 910 ss.

1. Tutela dei diritti umani mediante il diritto internazionale penale

122 Il d.i.p. è esso stesso uno strumento di tutela dei diritti umani fondamentali, in quanto reagisce alla loro lesione attuata su larga scala[247], fornendo così una risposta al fallimento dei tradizionali meccanismi di tutela.

123 Il compito di tutelare e promuovere l'affermazione dei diritti umani è primario compito di uno Stato: i diritti umani devono essere realizzati "in" uno Stato, e non "tra" Stati[248]. Che gli Stati si possano servire a tal fine anche del diritto penale, e talvolta siano addirittura obbligati a farlo[249], non toglie che proprio nel caso delle più gravi violazioni dei diritti umani le vittime restino spesso prive di tutela, soprattutto quando quelle violazioni provengono proprio dallo Stato; ed allora la tutela a livello nazionale fallisce: l'internazionalizzazione della tutela dei diritti umani – ad esempio attraverso la creazione di sistemi di sorveglianza interstatuali – è un passo verso la direzione di porre fine a questa perversa situazione[250].

124 L'incriminazione direttamente da parte del diritto internazionale di lesioni particolarmente gravi dei diritti umani rafforza i meccanismi di tutela non penale esistenti a livello internazionale. Il diritto internazionale penale integra ed assicura questi meccanismi[251], in tal modo servendo alla tutela dei diritti[252], in quanto intervie-

---

[247] Sulle connessioni del diritto internazionale penale con la tutela dei diritti umani cfr. *Tomuschat*, in: Hankel/Stuby (a cura di), Strafgerichte gegen Menschheitsverbrechen (1995), 270, 283 («massive Verletzung der Kerngüter der menschlichen Person»); *Werle* ZStW 109 (1997), 808, 815 s.

[248] *Fastenrath*, in: Fastenrath (a cura di), Internationaler Schutz der Menschenrechte (2000), 9, 39.

[249] Che dagli strumenti di tutela dei diritti umani derivi in capo agli Stati un obbligo, non soltanto di accertare (cfr. in proposito, *Jeßberger* KJ 1996, 290), ma anche di punire gli autori di gravi violazioni di quei diritti, è ormai largamente riconosciuto: cfr. per tutti *Ambos*, Straflosigkeit von Menschenrechtsverletzungen (1997), 163 ss. Ulteriori approfondimenti *supra*, n. marg. 194.

[250] Cfr. in generale, sulla coesistenza di sistemi di tutela extraprocessuale, quasi-processuale e processuale, *Pappa*, Das Individualbeschwerdeverfahren des Fakultativprotokolls zum Internationalen Pakt über Bürgerliche und Politische Rechte (1996), 6 ss. Sono da menzionare sul punto, da un lato, i meccanismi universali di tutela approntati dal Comitato ONU per i diritti umani; in proposito, vi rientrano la procedura di rapporto (art. 28 ss. PIDCP) e il diritto di ricorso individuale: cfr. *Fakultativprotokoll zu dem Internationalen Pakt über Bürgerliche und Politische Rechte* del 19 dicembre 1966 (BGBl. 1992 II, 1247). Accanto a questi esistono meccanismi di tutela in ambito regionale, fra i quali la Corte europea per i diritti umani (art. 32 ss. CEDU: procedura di ricorso da parte degli Stati e procedura di ricorso individuale) e la Corte Interamericana per i diritti umani (artt. 33, 44 s. Conv. americana).

[251] Il diritto e la giurisdizione penale internazionali non si pongono d'altronde semplicemente accanto a questi meccanismi di controllo: piuttosto, questi ultimi ricevono nuovo peso e "mordacia" proprio dalla possibilità di trasmettere i propri risultati alla Corte penale; in questo senso *Pocar*, in: Politi/Nesi (a cura di), The Rome Statute of the International Criminal Court (2001), 67, 73.

[252] Cfr. *Bassiouni*, in: Vogler (a cura di), Festschrift für Jescheck (1985), 1453 («*ultima ratio* modality of protection»); *Buergenthal*, International Human Rights (1995), 271 («giving it teeth»); *Fastenrath*, in: Fastenrath (a cura di), Internationaler Schutz der Menschenrechte (2000), 9, 46; *Pocar*, in: Politi/Nesi (a cura di), The Rome Statute of the International Criminal Court (2001), 67, 70; *Triffterer* ZStW 114 (2002), 321, 341 s.; scettico *Köhler* citato in: Jeßberger/Kreß ZStW 113 (2001), 827, 866.

ne nel conflitto tra sovranità statuale e tutela dei diritti umani al fianco di questi ultimi.

La funzione di tutela dei diritti umani svolta dal d.i.p. è particolarmente chiara nel caso dei crimini contro l'umanità[253], che minacciano con pena la commissione di massicce violazioni di fondamentali diritti dell'uomo, quali il diritto alla vita e all'incolumità fisica, il diritto alla libertà di movimento, la dignità umana; in tal modo diventa visibile l'idea della "umanità" quale fondamento del d.i.p. e della tutela dei diritti dell'uomo[254]. Ed ancora, il concetto di pace in senso lato[255], sotteso al d.i.p., veicola il nesso tra quest'ultimo e la tutela dei diritti anche per gli altri crimini di diritto internazionale.

Ciò non significa, d'altronde, che ogni violazione dei diritti dell'uomo o anche ogni grave lesione di fondamentali diritti sia punibile direttamente in base al diritto internazionale[256]; anzi, ciò accade soltanto per una piccola porzione dei diritti umani riconosciuti. La criminalizzazione della lesione direttamente da parte del diritto internazionale è il grado più elevato di tutela che un diritto umano può ottenere[257]: anche nel diritto internazionale vale il principio per il quale l'utilizzazione del diritto penale è consentita soltanto come *ultima ratio*, e cioè soltanto quando gli altri meccanismo di tutela, nazionali ed internazionali, hanno fallito.

Il rapporto fra diritti umani e diritto dei crimini internazionali non può essere però adeguatamente descritto come se si trattasse di una via a senso unico[258]; anche l'evoluzione del diritto internazionale penale si riverbera sul contenuto e sullo stato delle garanzie a tutela dei diritti umani, ed in tal modo contribuisce in maniera importante al rafforzamento ed all'ulteriore sviluppo di quest'ultima[259].

---

[253] Nel *Draft Code* 1991 i crimini contro l'umanità erano ancora intitolati come «violazioni sistematiche o massive di diritti umani» (art. 21 – «Systematic or mass violations of human rights»).

[254] Cfr. *Meron*, The Convergence between Human Rights and Humanitarian Law (1997), 97, 100.

[255] In proposito, *supra*, n. marg. 87.

[256] Cfr. *Kittichaisaree*, International Criminal Law (2001), 4. Criteri per giudicare quali violazioni dei diritti umani debbano essere tutelate per mezzo del diritto penale sono sviluppati da *Bassiouni*, in: Vogler (a cura di), Festschrift für Jescheck (1985), 1453, 1466 s.

[257] Cfr. *Bassiouni*, in: Vogler (a cura di), Festschrift für Jescheck (1985), 1453, 1455, che distingue svariati gradi di tutela dei diritti umani. Attualmente la tutela penale è limitata ai diritti umani della cd. prima generazione [in Italia cfr. in generale soprattutto *A. Cassese*, I diritti umani nel mondo contemporaneo, Roma-Bari 1988 (2004⁹), *N.d.T.*]. Criticamente sull'esito di gerarchizzazione dei diritti umani correlato alla tutela penale, necessariamente frammentaria, *Pocar*, in: Politi/Nesi (a cura di), The Rome Statute of the International Criminal Court (2001), 67, 72.

[258] Sulle influenze reciproche fra diritto internazionale penale e tutela dei diritti umani cfr. *Kittichaisaree*, International Criminal Law (2001), 56 s.

[259] Cfr. in proposito *Pocar*, in: Politi/Nesi (a cura di), The Rome Statute of the International Criminal Court (2001), 67; *Tomuschat*, Die Friedens-Warte 73 (1998), 335, 347; cfr. anche *Buergenthal*, International Human Rights in a Nutshell, 2ª ed. (1995), 271 s.: «The caselaw [of the ICTR] will [...] strengthen the normative framework of this branch of international human rights law».

2. I diritti dell'uomo in funzione limitativa del diritto internazionale penale

128   La tutela dei diritti umani costituisce ad un tempo legittimazione e limite di applicazione del diritto internazionale penale: così come il diritto penale nazionale[260], anche quello internazionale sottostà ai limiti imposti dalla garanzia dei diritti umani. Ciò vale innanzi tutto per l'estensione della potestà punitiva di per se stessa. Ma la funzione limitativa ha efficacia soprattutto rispetto alla conformazione del processo penale: anche l'imputato di un crimine di diritto internazionale ha diritto ad un giusto processo, vale a dire un processo che corrisponde a principi e *standards* di tutela dei diritti dell'uomo.

V. Diritto internazionale penale sostanziale e processuale

129   Così come nel diritto interno, anche nel d.i.p. è possibile distinguere norme sostanziali e norme processuali. Mentre il diritto sostanziale stabilisce i presupposti della punibilità, i tipi di sanzione e le cornici edittali, e fornisce indicazioni per la commisurazione della pena, il diritto processuale stabilisce le regole da seguire per l'accertamento della punibilità di un crimine di diritto internazionale[261]. Caratteristica del diritto internazionale penale processuale è, accanto all'appartenenza delle proprie norme al diritto internazionale[262], il legame sostanziale con i crimini di diritto internazionale. I Regolamenti di procedura dei tribunali internazionali sono improntati prevalentemente al modello accusatorio[263]; il procedimento regolato nello Statuto ICC manifesta tuttavia anche chiari tratti della tipologia processuale improntata al principio inquisitorio[264].

130   Il diritto internazionale penale processuale serve bensì all'affermazione del diritto internazionale penale sostanziale, ma quest'ultimo non è affatto realizzato esclusivamente per mezzo del processo internazionale; anzi, la sua affermazione compete in prima battuta agli

---

[260]   Cfr. ad es. *Jescheck/Weigend*, Lehrbuch des Strafrechts, 5ª ed. (1996), 11 s.

[261]   Sul diritto processuale applicato dai tribunali penali internazionali cfr. *Ambos*, Internationales Strafrecht (2006), § 8 n. marg. 20 ss.; *Cassese*, International Criminal Law (2003), 389 ss.; *Cogan*, Yale Journal of International Law 27 (2002), 111 ss.; *Safferling*, Towards an International Criminal Procedure (2001); *Zappalà*, Human Rights in International Criminal Proceedings (2003); in particolare sulla difesa davanti ai tribunali penali internazionali cfr. i saggi contenuti in *Bohlander/Boed/Wilson* (a cura di), Defense in International Criminal Proceedings (2006). Per approfondimenti sul procedimento davanti all'ICC cfr. *infra*, n. marg. 251 ss.

[262]   Il diritto processuale penale internazionale condivide questa caratteristica con numerose norme destinate a modellare la fisionomia delle procedure penali nazionali, ad es. le garanzie procedurali di cui all'art. 6 CEDU.

[263]   Approfonditamente sui tratti caratteristici di questo modello e della sua importazione nella giurisdizione penale internazionale *Cassese*, International Criminal Law (2003), 365 ss. [*Id.*, Lineamenti di diritto internazionale penale. II. Diritto processuale, Bologna 2006, 57 ss., *N.d.T.*]; cfr. anche *infra*, n. marg. 261.

[264]   Approfondimenti in *Cassese*, International Criminal Law (2003), 386 s.; cfr. anche *infra*, n. marg. 253.

Stati[265]: accertamento dei fatti, prova della colpevolezza, determinazione della pena ed esecuzione della condanna avvengono dunque in tal senso sulla base dell'applicazione di regole nazionali. Il diritto processuale internazionale svolge un ruolo diretto, in ogni caso, quando opera come norma sulla ripartizione delle competenze, ad esempio sotto forma di principio di complementarietà *ex* art. 1 Statuto ICC. Specifico campo di applicazione del processo penale internazionale è la repressione penale condotta da tribunali quali la Corte Criminale Internazionale, fondati sull'accordo tra Stati.

Anche per il diritto processuale[266] lo Statuto di Roma ha rappresentato un significativo progresso; diritto sostanziale e diritto processuale sono ormai contenuti in un unico testo normativo: le complete regole processuali della Corte integrano e danno concretizzazione alle indicazioni dello Statuto. All'interno del diritto processuale internazionale si possono distinguere disposizioni ordinamentali (cioè sulla composizione degli organi giudicanti e procedenti), disposizioni procedurali in senso stretto, disposizioni sull'esecuzione[267]. Di natura processuale – e di centrale importanza nel prossimo futuro per la concreta efficacia e funzionalità della giurisdizione internazionale – sono inoltre anche le regole sulla collaborazione degli Stati con la Corte[268].

Nell'ambito del diritto internazionale penale non è sempre facile tracciare i confini tra diritto sostanziale e processuale. Ad esempio, le fattispecie che descrivono i crimini, sia nello Statuto di Roma sia negli Statuti ICTY e ICTR, sono propriamente norme sulla giurisdizione[269], e ciononostante vengono chiamate, a ragione, fattispecie tipiche, perché quando si afferma la giurisdizione è già presupposta la punibilità sostanziale delle condotte indicate[270].

---

[265] Per approfondimenti in proposito, *infra*, n. marg. 226 ss.
[266] Le disposizioni disciplinano ogni aspetto del procedimento: composizione del tribunale (es., art. 1, art. 5, art. 34 ss.), procedimento preliminare di indagine (art. 14 ss., 53 ss.), dibattimento (art. 62 ss.), impugnazioni (art. 81 ss.), rogatorie e cooperazione (art. 86 ss.), nonché procedimento di esecuzione (art. 103 ss.).
[267] Per approfondimenti cfr. *infra*, n. marg. 236 ss.
[268] Cfr. ad es. art. 86 ss. Statuto ICC.
[269] Così l'art. 5 co. 1, secondo periodo, Statuto ICC estende la giurisdizione della Corte «ai seguenti crimini»; cfr. anche art. 1, 2 e 3 St-ICTY.
[270] Cfr. per la collocazione delle definizioni dei crimini dello Statuto ICC, in un senso, *Tomuschat*, Die Friedens-Warte 73 (1998), 335, 337: «le formulazioni descrittive contenute nelle fattispecie dei crimini, non soltanto [determinano] la giurisdizione della Corte, ma sono concepite anche come fattispecie di diritto penale sostanziale»; in senso diverso, *Triffterer*, in: Gössel/Triffterer (a cura di), Gedächtnisschrift für Zipf (1999), 493, 532: «Lo Statuto di Roma non crea diritto internazionale penale sostanziale. Si tratta della "legge ordinamentale" della Corte Criminale Internazionale permanente».

D. Fonti e interpretazione del diritto internazionale penale

133 *Becker, Astrid:* Der Tatbestand des Verbrechens gegen die Menschlichkeit (1995), 59 ss.; *Brownlie, Ian:* Principles of Public International Law, 6. Aufl. (2003), 1 ss.; *Bruer-Schäfer, Aline:* Der Internationale Strafgerichtshof, Die Internationale Strafgerichtsbarkeit im Spannungsfeld von Recht und Politik (2001), 90 ss.; *Caracciolo, Ida:* Applicable Law, in: Lattanzi, Flavia/Schabas, William A. (Hrsg.), Essays on the Rome Statute of the International Criminal Court, Band 1 (1999), 211 ss.; *Cassese, Antonio:* The contribution of the International Criminal Tribunal for the former Yugoslavia to the ascertainment of general principles of law recognized by the community of nations, in: Yee, Sienho/Wang, Tieya (Hrsg.), International Law in the Post-Cold War World, Essays in memory of Li Haopei (2001), 43 ss.; *Cassese, Antonio:* International Criminal Law (2003), 25 ss.; *Delmas-Marty, Mireille/Fronza, Emanuela/Lambert-Abdelgawad, Elisabeth* (Hrsg.), Les Sources du Droit International Pénal (2004); *Fastenrath, Ulrich:* Lücken im Völkerrecht, Zu Rechtscharakter, Quellen, Systemzusammenhang, Methodenlehre und Funktionen des Völkerrechts (1991); *Gornig, Gilbert:* Die Verantwortlichkeit politischer Funktionsträger nach völkerrechtlichem Strafrecht, NJ 1992, 4 ss.; *Heintschel von Heinegg, Wolff:* Die weiteren Quellen des Völkerrechts, in: Ipsen, Knut, Völkerrecht, 5. Aufl. (2004), § 16; *Jia, Bing Bing:* Judicial decisions as a source of international law and the defence of duress in murder or other cases arising from armed conflict, in: Yee, Sienho/Wang, Tieya (Hrsg.), International Law in the Post-Cold War World, Essays in memory of Li Haopei (2001), 77 ss.; *Kittichaisaree, Kriangsak:* International Criminal Law (2001), 44 ss.; *Kreß, Claus:* Zur Methode der Rechtsfindung im Allgemeinen Teil des Völkerstrafrechts, Die Bewertung von Tötungen im Nötigungsnotstand durch die Rechtsmittelkammer des Internationalen Straftribunals für das ehemalige Jugoslawien im Fall Erdemovic, ZStW 111 (1999), 597 ss.; *Meron, Theodor:* Human Rights and Humanitarian Norms as Customary Law (1989), 1 ss., 136 ss.; *Meron, Theodor:* Crimes under the Jurisdiction of the International Criminal Court, in: von Hebel, Herman/Lammers, Johan G./Schukking, Jolien (Hrsg.), Reflections on the International Criminal Court (1999), 47 ss.; *Meron, Theodor:* The Continuing Role of Custom in the Formation of International Humanitarian Law, AJIL 90 (1996), 238 ss.; *Paust, Jordan:* Customary International Law: Its Nature, Source and Status as Law of the United States, Michigan Journal of International Law 12 (1990), 59 ss.; *Pellet, Alain:* Applicable Law, in: Cassese, Antonio/Gaeta, Paola/Jones, John R.W.D. (Hrsg.), The Rome Statute of the International Criminal Court, A Commentary, Band 2 (2002), 1051 ss.; *Saland, Per:* International Criminal Law Principles, in: Lee, Roy S. (Hrsg.), The International Criminal Court, The Making of the Rome Statute (1999), 189, 213 ss.; *Schabas, William A.:* An Introduction to the International Criminal Court, 2. Aufl. (2004), 90 ss.; *Schabas, William A.:* The UN International Criminal Tribunals (2006); *Simma, Bruno/Paulus, Andreas:* Le Rôle Relatif Des Différentes Sources Du Droit International Pénal, in: Ascensio, Hervé/Decaux, Emmanuel/Pellet, Alain (Hrsg.), Droit International Pénal (2001), 55 ss.; *Verdross, Alfred/Simma, Bruno:* Universelles Völkerrecht, 3. Aufl. (1984), 321 ss.; *Wade, Daniel L.:* A Basic Guide to the Sources of International Criminal Law, in: Schaffer, Ellen G./Snyder, Randall J. (Hrsg.), Contemporary Practice of Public International Law (1997), 189 ss.

I. Fonti

Quale parte dell'ordinamento giuridico internazionale, il diritto internazionale penale sgorga dalle fonti del diritto internazionale[271]: trattati internazionali, diritto consuetudinario, principi generali del diritto riconosciuti dai principali sistemi giuridici del mondo[272]. Sono fonti di cognizione (non fonti di produzione) le decisioni di volta in volta rilevanti degli organi giurisdizionali – fra le quali vengono in considerazione anche quelle dei tribunali nazionali –[273] e la dottrina internazionalistica[274].

Ai dubbi sul fatto che le regole di diritto internazionale penale soddisfino ai requisiti di chiarezza e riconoscibilità del precetto l'entrata in vigore dello Statuto di Roma ha sottratto molta terra sotto i piedi[275]. Attualmente quelle regole sono stabilite con una chiarezza che si avvicina molto a quella familiare al diritto penale interno [se mai questo possa costituirne paradigmatico esempio…, *N.d.T.*]; le disposizioni dello Statuto sono ulteriormente precisate dagli Elementi dei Crimini e dalle Regole di Procedura. In tal modo un nuovo stadio di consolidamento è stato raggiunto dall'evoluzione del diritto penale internazionale, che – molto semplificando – si può dire caratterizzata, dal punto di vista delle fonti, da un variegato, reciproco interagire di diritto consuetudinario e parziali codificazioni pattizie.

Per la chiarezza e riconoscibilità delle norme, la codificazione di disposizioni penali consuetudinarie non scritte rappresenta un significativo progresso[276], ed il più semplice accertamento di contenuto e limiti delle norme scritte compensa largamente i possibili svantaggi per l'ulteriore evoluzione del diritto internazionale, legati alla fissazione delle norme nello Statuto[277].

---

[271] Cfr. *Cassese*, International Criminal Law (2003), 26; *Dahm/Delbrück/Wolfrum*, Völkerrecht, vol. I/3, 2ª ed. (2002), 997; *Kreß* ZStW 111 (1999), 597; *Simma/Paulus*, in: Ascensio/Decaux/Pellet (a cura di), Droit International Pénal (2001), 55; *Triffterer*, Dogmatische Untersuchungen zum materiellen Völkerstrafrecht (1966), 35, 128. Cfr. inoltre ICTY, 10 dicembre 1998 (Furundžija, TC), §§ 190 ss. Criticamente sulla prassi giurisprudenziale in tema di identificazione del diritto applicabile («Rechtsfindung») nel diritto internazionale penale, alla luce delle fonti del diritto internazionale, *Bantekas*, International Criminal Law Review 6 (2006), 121 ss.

[272] Le fonti del diritto internazionale sono indicate dall'art. 38 Statuto ICJ. Cfr. in proposito, *Brownlie*, Principles of International Law, 6ª ed. (2003), 3; [*B. Conforti*, Diritto internazionale, Napoli 2007; *A. Cassese*, Diritto internazionale, Bologna 2006, *N.d.T.*]. La fonte rappresentata dai principi generali di diritto riconosciuti dalle nazioni civili è da intendere, secondo l'opinione preferibile, come sussidiaria rispetto al diritto internazionale pattizio e consuetudinario e viene in considerazione soltanto laddove dal quelle altre fonti non si possano ricavare regole all'uopo: *Brownlie*, Principles of Public International Law, 6ª ed. (2003), 15; cfr. sullo stato della discussione *Dahm/Delbrück/Wolfrum*, Völkerrecht, vol. I/1, 2ª ed. (1989), 63; *Kammerhofer* EJIL 15 (2004), 523, 541 ss.

[273] Cfr. art. 38 co. 1 d) Statuto ICJ.

[274] Cfr. ad es. ICTY, 14 gennaio 2000 (Kupreškić et al., TC), § 541.

[275] Sulla questione problematica della determinatezza delle norme di diritto penale internazionale cfr. ad es. *Satzger* JuS 2004, 443 ss.; *Shahabuddeen*, Journal of International Criminal Justice 2 (2004), 1007 ss.

[276] Cfr. in generale, su vantaggi e svantaggi della codificazione del diritto internazionale consuetudinario, *Cassese*, International Law, 2ª ed. (2005), 167 ss.

[277] Tanto più che l'art. 10 Statuto ICC, in base al quale le disposizioni dello Statuto «fanno salve,

1. Trattati internazionali

137   Prima dell'entrata in vigore dello Statuto, i Trattati erano significativi per il diritto internazionale penale soltanto in ambiti specifici e parziali. Con lo Statuto, un Trattato multilaterale ne è oggi la fonte centrale.

138   Nel d.i.p. si riscontra un intreccio particolarmente stretto fra diritto pattizio e consuetudinario: numerosi trattati codificano espressamente o incidentalmente diritto consuetudinario vigente, il che accade ad esempio proprio per le fattispecie incriminatrici dello Statuto[278]. Le disposizioni pattizie danno alle fattispecie consuetudinarie contorni più marcati, e molte volte le norme pattizie hanno costituito il punto di partenza per l'ulteriore evoluzione del diritto consuetudinario: è il caso, ad esempio, dell'art. 3 comune alle Convenzioni di Ginevra[279]. Proprio per la stretta interconnessione tra diritto pattizio e consuetudinario, devono essere tenute in considerazione sempre *entrambe* le fonti.

2. La consuetudine

139   In mancanza d'una fonte universale del diritto, la consuetudine svolge ruolo trainante anche dopo l'entrata in vigore dello Statuto[280]. Secondo la definizione classica, la consuetudine è la ripetizione uniforme e costante nel tempo di un comportamento, sorretta dalla convinzione della sua obbligatorietà[281].

140   Componente costitutiva della consuetudine internazionale è la prassi degli Stati, che si ricava dal complessivo comportamento ufficiale di questi[282]. Si devono aggiungere le misure adottate dai legislatori, o le decisioni degli organi giurisdizionali, così come atti ufficiali e dichiarazioni di rappresentanti dello Stato. Significativa può essere anche una prassi pattizia. Il comportamento dev'essere unitario, diffuso

---

a fini diversi da quelli dello Statuto, le regole del diritto internazionale esistenti o future», circoscrive ulteriormente il pericolo di un irrigidimento del diritto internazionale penale.

[278] Cfr. *infra*, n. marg. 152 ss.

[279] In proposito, ICTY, 2 ottobre 1995 (Tadić, AC), § 98.

[280] Cfr. *Cassese*, International Criminal Law (2003), 28; *Meron* AJIL 90 (1996), 238, 244. Importante esempio è la validità di ampie parti del diritto dei crimini di guerra anche nel caso di guerre civili, elaborata dall'ICTY, ult. cit.. Il principio *nullum crimen sine lege* non osta alla fondazione della punibilità in base al diritto consuetudinario: sul punto cfr. *supra*, n. marg. 100 ss.; critico, invece, *Estreicher*, Virginia Journal of International Law 44 (2003), 5 ss.

[281] Art. 38 co. 1 b) Statuto ICJ: «general practice accepted as law»; cfr. in proposito, *Verdross/Simma*, Universelles Völkerrecht, 3ª ed. (1984), §§ 549 ss.; istruttivo sulle diverse correnti nella scienza giuridica, parte delle quali sottolineano maggiormente gli elementi oggettivi nella formazione della regola, parte invece, mettono in primo piano maggiormente la convinzione degli Stati, *Roberts* AJIL 95 (2001), 757; cfr. anche *Geiger*, Grundgesetz und Völkerrecht, 2ª ed. (1994), 76.

[282] Sul punto vengono in considerazione essenzialmente atti di tutti gli Stati sovrani; cfr. *Brownlie*, Principles of Public International Law, 6ª ed. (2003), 6; *Geiger*, Grundgesetz und Völkerrecht, 2ª ed. (1994), 77; *Heintschel von Heinegg*, in: Ipsen, Völkerrecht, 5ª ed. (2004), § 16 n. marg. 6; *Verdross/Simma*, Universelles Völkerrecht, 3ª ed. (1984), §§ 559, 581. – Sul ruolo di soggetti dell'ordinamento internazionale diversi dagli Stati nella nascita di un diritto consuetudinario cfr. ICTY, 2 ottobre 1995 (Tadić, AC), §§ 108 ss.

e fondamentalmente anche durevole[283]. Alla formazione della consuetudine, quali indicatori della prassi e della convinzione di vincolatività del comportamento da parte degli Stati coinvolti, forniscono il loro contributo anche le decisioni di tribunali internazionali così come la prassi di organizzazioni internazionali[284].

Presupposto della valutazione di un comportamento statuale rilevante per la formazione di una prassi è sempre il fatto che il comportamento abbia un collegamento con il diritto internazionale[285]. Ciò può accadere, in particolare, anche nel caso della condanna da parte di uno Stato di un crimine di diritto internazionale; conclusione peraltro dubbia qualora la condanna statuale sia pronunciata sulla base delle norme penali comuni senza alcun riferimento ad un principio del diritto internazionale[286]. 141

La prassi degli Stati deve essere inoltre affiancata da una corrispondente convinzione di obbligatorietà giuridica[287]. Il confine tra prassi e convinzione di obbligatorietà è (divenuto) labile: molto spesso un determinato comportamento dello Stato può essere considerato come espressione della prassi e di una corrispondente convinzione di obbligatorietà[288]. 142

Per la formazione di una consuetudine nel diritto internazionale penale la prassi giudiziaria riveste, naturalmente, eccezionale significato. Oltre a ciò, gioca un ruolo importante la prassi verbale degli Stati espressa in dichiarazioni ufficiali[289], come ha espressamente sottolineato l'ICTY nella fondamentale sentenza *Tadić*[290]. 143

---

[283] Cfr. *Brownlie*, Principles of Public International Law, 6ª ed. (2003), 6 ss.; *Heintschel von Heinegg*, in: Ipsen, Völkerrecht, 5ª ed. (2004), § 16 n. marg. 4 ss.

[284] Cfr. ICTY, 2 ottobre 1995 (Tadić, AC), § 133 («Of great relevance to the formation of opinio juris […] are certain resolutions unanimously adopted by the Security Council»); *Brownlie*, Principles of Public International Law, 6ª ed. (2003), 15 («acceptance by a majority vote constitutes *evidence* of the opinions of governments in the widest forum for the expression of such opinions»); *Frowein* ZaöRV 49 (1989), 778 ss.; *Geiger*, Grundgesetz und Völkerrecht, 2ª ed. (1994), 84 s.; *Paust*, Michigan Journal of International Law 12 (1990), 59, 70 ss.

[285] Cfr. *Heintschel von Heinegg*, in: Ipsen, Völkerrecht, 5ª ed. (2004), § 16 n. marg. 6.

[286] Ähnlich *Dahm/Delbrück/Wolfrum*, Völkerrecht, vol. I/1, 2ª ed. (1989), 58.

[287] Un esempio di *opinio juris* è ad es. il parere giuridico reso dal Governo degli Stati Uniti quale *amicus curiae* nel procedimento contro *Tadić*: «That statement articulates the legal views of one of the permanent members of the Security Council on a delicate legal issue; on this score it provides the first indication of a possible change in *opinio juris* of States», cfr. ICTY, 2 ottobre 1995 (Tadić, AC), § 83; cfr. anche *Kammerhofer* EJIL 15 (2004), 523, 532 ss.

[288] In proposito, *Herdegen*, Völkerrecht, 6ª ed. (2007), § 16 n. marg. 3.

[289] Cfr. in proposito, *Kreß* ZStW 111 (1999), 597, 602; *Meron* AJIL 90 (1996), 238, 240; *Roht-Arriaza*, in: Roht-Arriaza (a cura di), Impunity and Human Rights in International Law and Practice (1995), 40; *Wade*, in: Schaffer/Snyder (a cura di), Contemporary Practice of Public International Law (1997), 208. Chiaramente il riferimento alla sola prassi verbale non è sufficiente a provare, in termini generali, l'esistenza di una corrispondente prassi degli Stati, cfr. *Danilenko*, Law-Making in the International Community (1993), 91.

[290] Cfr. ICTY, 2 ottobre 1995 (Tadić, AC), § 99: «In appraising the formation of customary rules or general principles one should therefore be aware that, on account of the inherent nature of this subject matter, reliance must primarily be placed on such elements as official pronouncements of States, military manuals and judicial decisions».

144 La ragione dell'importanza della prassi verbale sta nel fatto che il d.i.p. ora come allora soffre cronicamente dell'indisponibilità degli Stati non solo a riconoscerne, ma ad applicarne le norme. Ora come allora c'è una cospicua discrepanza fra le dichiarazioni favorevoli al diritto internazionale penale e una prassi invece comunemente molto più timida nella repressione; non di rado, a fronte del riconoscimento della validità della norma in astratto, sta la sua diffusa violazione in concreto. Ciò non deve condurre all'affrettata conclusione che sino ad ora non si sia quasi per nulla formato un diritto consuetudinario in materia di crimini internazionali, per mancanza di prassi statuale; d'altronde, anche un comportamento statuale in contrasto con una regola può confermare quella stessa regola, ad esempio allorché questo comportamento viene accompagnato da tentativi di giustificazione[291]. In tal caso lo Stato in questione rafforza la validità della norma e considera il proprio stesso comportamento come infrazione.

145 Un progetto di verifica circa l'accertamento del diritto internazionale penale consuetudinario si trova nella decisione ICTY sul caso *Krstić*. Punto di partenza delle argomentazioni della Camera di prima istanza sono le codificazioni del principio di diritto consuetudinario nei trattati internazionali. Il secondo passo consiste nel prendere in considerazione la giurisprudenza internazionale, ad esempio quella dell'ICTR, i rilevanti progetti della Commissione per il diritto internazionale («particularly relevant source for the interpretation of Art. 4 [ICTY- Statute]»), i rapporti di altre Istituzioni internazionali, quali ad esempio la Commissione delle Nazioni Unite per i diritti umani (*United Nations Commission on Human Rights*), gli Elementi dei Crimini (*Elements of Crimes*) dello Statuto di Roma («the [Rome Statute] is a useful key to the *opinio juris* of the States») così come, infine, la pertinente legislazione degli Stati[292].

3. Principi generali di diritto

146 Di rilevante importanza per il d.i.p. sono anche i principi generali di diritto[293]. Si tratta di quelle proposizioni che trovano riconoscimento in tutti i grandi sistemi giuridici del mondo[294]. Non ogni proposizione normativa riscontrabile in molteplici od anche in tutti gli ordinamenti giuridici è però automaticamente parte integrante, quale principio generale di diritto, dell'ordinamento giuridico internazionale. Doppio presupposto è, invece, che la proposizione giuridica esprima, in primo luogo, un *principio* giuridico, e – in secondo luogo – che questo sia trasferi-

---

[291] Cfr. *Gross*, Humanitäres Völkerrecht-Informationsschriften 2001, 162, 166.
[292] Cfr. ICTY, 2 agosto 2001 (Krstić, TC), §§ 541 ss.
[293] Cfr. *Cassese*, in: Yee/Wang (a cura di), International Law in the Post-Cold War World (2001), 43 ss.
[294] Cfr. ICTY, 10 dicembre 1998 (Furundžija, TC), § 177; *Cassese*, International Law, 2ª ed. (2005), 188 ss.; *Heintschel von Heinegg*, in: Ipsen, Völkerrecht, 5ª ed. (2004), § 17 n. marg. 1; *Kittichaisaree*, International Criminal Law (2001), 46 s. Sono comunemente richiamati soprattutto il *common law* angloamericano ed il *civil law* dell'Europa continentale: cfr. *Ambos*, Der Allgemeine Teil des Völkerstrafrechts (2002), 46.

bile all'ordinamento giuridico internazionale²⁹⁵. Il Tribunale per l'ex Jugoslavia ha argomentato sul punto quanto segue:

> «Whenever international criminal rules do not define a notion of criminal law, reliance upon national legislation is justified, subject to the following conditions: (i) [...] international courts must draw upon the general concepts and legal institutions common to all the major legal systems of the world [not only common-law or civil-law States] [...]; (ii) [...] account must be taken of the specificity of international criminal proceedings when utilising national law notions. In this way a mechanical importation or transposition from national law into international criminal proceedings is avoided»²⁹⁶.

Parte integrante del diritto internazionale penale non sono dunque, in quanto tali, tutte le norme dello stesso tenore contenute nei grandi sistemi giuridici del mondo, ma soltanto i principi generali che le sottendono²⁹⁷. In diritto internazionale penale, il campo di applicazione principale dei principi generali di diritto è la "parte generale". 147

La distinzione tra consuetudine e principi generali di diritto crea spesso difficoltà, perché la prassi degli Stati è in continuo fluire²⁹⁸. Proprio nell'ambito della Parte Generale del diritto penale internazionale, pertanto, spesso non è possibile stabilire se una proposizione normativa costituisce (ancora) un principio generale di diritto oppure sia (già) divenuta, sulla base di una cospicua prassi conforme degli Stati, diritto consuetudinario. 148

II. Fonti di cognizione

Vengono in considerazione in primo luogo le decisioni dei tribunali internazionali e la dottrina. Quanto a quest'ultima, informazioni sulle «opinioni dei migliori studiosi di diritto internazionale» sono offerte dai Rapporti e dalle prese di posizione delle associazioni per il diritto internazionale (fra cui lo *Institut de droit international*, la *International Law Association*), così come la Commissione per il diritto internazionale delle Nazioni Unite. Come si è già accennato, da tenere in considerazione sono anche le decisioni dei tribunali nazionali²⁹⁹. 149

---

²⁹⁵ Cfr. *Heintschel von Heinegg*, in: Ipsen, Völkerrecht, 5ª ed. (2004), § 17 n. marg. 3; *Verdross/Simma*, Universelles Völkerrecht, 3ª ed. (1984), § 602. Cfr. in proposito, anche *Nill-Theobald*, «Defences» bei Kriegsverbrechen am Beispiel Deutschlands und der USA (1998), 389 ss. così come *Kreß* ZStW 111 (1999), 597, 609 in nota 58.
²⁹⁶ ICTY, 10 dicembre 1998 (Furundžija, TC), § 178.
²⁹⁷ Cfr. *Dahm/Delbrück/Wolfrum*, Völkerrecht, vol. I/1, 2ª ed. (1989), 64 («ein allgemeines, die ganze Rechtsordnung beherrschendes Prinzip»); *Kimminich/Hobe*, Einführung in das Völkerrecht, 8ª ed. (2004), 191; *Verdross/Simma*, Universelles Völkerrecht, 3ª ed. (1984), § 602; cfr. anche *Cassese*, International Law, 2ª ed. (2005), 188.
²⁹⁸ Cfr. *Kimminich/Hobe*, Einführung in das Völkerrecht, 8ª ed. (2004), 188.
²⁹⁹ Cfr. sulla decisività delle decisioni nazionali *Brownlie*, Principles of Public International Law, 6ª ed. (2003), 22; *Fastenrath*, Lücken im Völkerrecht (1991), 122; *Kreß* ZStW 111 (1999), 597, 603;

III. Singole fonti del d. i. p.

150 Di seguito verranno prese in considerazione le più importanti fonti di produzione e di cognizione in materia di diritto penale internazionale.

1. Statuto ICC, Elementi dei Crimini, Regole di procedura e prova

151 Come si è detto più volte, lo Statuto della Corte Criminale Internazionale è una fonte centrale del d.i.p. Si tratta di un trattato internazionale, per il quale valgono le regole generali di interpretazione. le disposizioni dello Statuto sono integrate dagli Elementi dei Crimini[300] e dal Regolamento di procedura e prova[301]. Gli Elementi dei Crimini precisano le fattispecie di reato di cui agli artt. 6-8; sono uno strumento di supporto nella relativa interpretazione ed applicazione da parte della Corte («shall assist the Court in the interpretation and application of articles 6, 7 e 8»: art. 9 co. 1, primo periodo)[302]. Il Regolamento di procedura e prova precisa ed integra le regole procedurali stabilite nello stesso Statuto; esso è vincolante per la Corte e per gli Stati-Parte[303]. Nel caso di conflitto tra Elementi dei Crimini o Regolamento di procedura e prova e una norma statutaria, prevale quest'ultima[304].

152 Lo Statuto conferma e precisa in molti ambiti il diritto penale consuetudinario; ma in parte esso va anche oltre la mera riproduzione e sistematizzazione di quest'ultimo e in ciò fornisce un autonomo contributo all'ulteriore sviluppo del diritto internazionale penale[305]. Al di là di queste ipotesi, lo Statuto si attesta in parte anche su posizioni meno evolute rispetto allo stato attuale della consuetudine, soprattutto nell'incriminazione di mezzi di combattimento illeciti in conflitti armati non internazionali[306].

153 L'ICTY ha riassunto nei seguenti termini il significato dello Statuto, prima ancora che entrasse in vigore:

---

cfr. anche l'analisi della giurisprudenza dell'ICTY compiuta da *Nollkaemper*, in: Boas/Schabas (a cura di), International Criminal Law Developments in the Case Law of the ICTY (2003), 277 s.

[300] Cfr. *Lee* (a cura di), The International Criminal Court, Elements of Crimes and Rules of Procedure and Evidence (2001).

[301] Cfr. in proposito, per un commento di queste disposizioni, *Lee* (a cura di), The International Criminal Court, Elements of Crimes and Rules of Procedure and Evidence (2001).

[302] La singolare combinazione di elementi di fattispecie vincolanti e non vincolanti è il risultato di divergenze d'opinione emerse alla Conferenza di Roma in ordine al grado di determinatezza richiesto dal principio *nullum crimen sine lege*. L'idea d'integrare mediante "elementi dei crimini" le fattispecie incriminatrici dello Statuto risale ad una proposta della delegazione USA: cfr. Triffterer-*Gadirov*, Rome Statute (1999), art. 9 n. marg. 1 ss.; *Koch*, Zeitschrift für Internationale Strafrechtsdogmatik 2007, 150 ss.

[303] Cfr. Triffterer-*Broomhall*, Rome Statute (1999), art. 51 n. marg. 34 ss.

[304] Cfr. art. 51 co. 3 Statuto ICC (per il Regolamento di procedura e prova) ed art. 9 co. 3 Statuto ICC.

[305] Cfr. anche *Clark*, in: Politi/Nesi (a cura di), The Rome Statute of the International Criminal Court (2001), 75, 79.

[306] Per approfondimenti in proposito, cfr. *infra*, n. marg. 942, 1221 ss.

«In many areas the Statute may be regarded as indicative of the legal views, i.e. *opinio juris* of a great number of States. Notwithstanding article 10 of the Statute, the purpose of which is to ensure that existing or developing law is not 'limited' or 'prejudiced' by the Statute's provisions, resort may be had *cum grano salis* to these provisions to help elucidate customary international law. Depending on the matter at issue, the Rome Statute may be taken to restate, reflect or clarify customary rules or crystallise them, whereas in some areas it creates new law or modifies existing law. At any event, the Rome Statute by and large may be taken as constituting an authoritative expression of the legal views of a great number of States»[307].

Se ed in quale misura le regole dello Statuto rappresentino diritto internazionale con fondamento pattizio a titolo originario o accertino, in funzione meramente dichiarativa, diritto consuetudinario già vigente[308] non è affatto questione di significato puramente accademico: nella misura in cui ad una disposizione si riconosca carattere consuetudinario, essa ha vigenza come diritto internazionale generale anche per Stati terzi. Si dovrà correttamente distinguere: fino a che le regole dello Statuto si lasciano ricondurre a diritto internazionale già vigente come consuetudine, ad esse si potrà riconoscere carattere meramente dichiarativo; il che corrisponde anche alla volontà degli Stati-Parte. Ciò concerne soprattutto le fattispecie dei crimini e singoli aspetti della "parte generale": in proposito le regole dello Statuto sono un attestato di ciò che gli Stati considerano come diritto consuetudinario. Invece, nella misura in cui difettino previsioni analoghe nel diritto consuetudinario, lo Statuto ha carattere innovativo: ciò concerne soprattutto le previsioni sul procedimento. Per la natura delle cose è ovvio che carattere costitutivo abbiano le disposizioni direttamente concernenti la giurisdizione e l'organizzazione della Corte.

2. Statuti ICTY e ICTR

Entrambi gli Statuti sono complessi normativi deliberati dal Consiglio di Sicurezza delle Nazioni Unite e non già trattati internazionali. Essi incarnano nelle loro intenzioni – invero non completamente realizzate – diritto internazionale consuetudinario. Hanno importanza principalmente come base della giurisprudenza dei due Tribunali *ad hoc*; possono però anche essere utilizzati ai fini dell'accertamento del contenuto del diritto consuetudinario, quale espressione della convinzione giuridica dei membri del Consiglio di Sicurezza.

Ha invece carattere di trattato bilaterale avente ad oggetto il d.i.p. lo *Agreement between the United Nations and the Government of Sierra Leone on the Establishment of a Special*

---

[307] ICTY, 10 dicembre 1998 (Furundžija, TC), § 227.
[308] Che la ricezione di norme di diritto consuetudinario in un trattato internazionale, oltre all'aggiunta di ulteriori regole non sia nulla di inusuale lo mostrano gli esempi delle Convenzioni dell'Aja del 1899 e 1907 e quelle di Ginevra del 1949: cfr. in proposito, *Verdross/Simma*, Universelles Völkerrecht, 3ª ed. (1984), §§ 589 ss.

*Court for Sierra Leone*³⁰⁹. Dal punto di vista del contenuto, questo trattato, analogamente a quello di Roma, in parte conferma il diritto consuetudinario³¹⁰, in parte contiene norme innovative.

3. Statuti IMT e IMT-Tokyo

157   Le disposizioni di diritto penale sostanziale contenute in questi Statuti incorporano il diritto consuetudinario (cd. Principi di Norimberga)³¹¹.

158   Lo Statuto IMT, diversamente dal secondo, è parte di un trattato internazionale, essendo allegato al Patto di Londra³¹². Questa classificazione è indipendente dall'ulteriore, controversa questione se l'IMT, per via della mancata partecipazione della Germania all'accordo, potesse essere considerato un tribunale internazionale in senso proprio o solamente un tribunale fondato sul diritto di occupazione (*Besatzungsrecht*)³¹³.

4. CCL n. 10

159   Il Control Council Law è "diritto di occupazione"³¹⁴; ciononostante le sue disposizioni di diritto penale sostanziale sono riconosciute oggi come espressione del diritto consuetudinario³¹⁵.

5. Convenzioni di Ginevra, Convenzione sul genocidio, Convenzioni dell'Aja sulla guerra terrestre

160   Importanti fonti del d.i.p. sono anche le pertinenti norme delle regole dell'Aja sulla guerra terrestre del 18 ottobre 1907, della Convenzione sul genocidio del 9 dicembre 1948, nonché delle Convenzioni di Ginevra del 12 agosto 1949 e relativi Protocolli aggiuntivi. Numerose norme penali contenute in questi trattati (ad

---

³⁰⁹ UN Doc. S/2000/915, Annesso.

³¹⁰ Anche su questo punto ciò vale soprattutto per le fattispecie dei crimini; cfr. in proposito, *Report of the Secretary-General on the Establishment of a Special Court for Sierra Leone*, 4 ottobre 2000, UN Doc. S/2000/915, 3: «In recognition of the principle of legality [...] the international crimes enumerated, are crimes considered to have had the character of customary international law at the time of the alleged commission of the crime».

³¹¹ L'ICTY richiama lo Statuto di Norimberga e quello di Tokyo come prassi statuale rilevante («relevant practice»), cfr. ICTY, 15 luglio 1999 (Tadić, AC), §§ 288 ss.; ICTY, 10 dicembre 1998 (Furundžija, TC), §§ 190 ss. Cfr. anche *Jescheck, Die Verantwortlichkeit der Staatsorgane nach Völkerstrafrecht* (1952), 415. Secondo l'ICTY gli Statuti dei tribunali militari internazionali ed il CCL n. 10 rappresentano «treaty provisions which are at the very origin of the customary process», cfr. ICTY, 15 luglio 1999 (Tadić, AC), § 290.

³¹² Cfr. *supra*, n. marg. 14.

³¹³ Cfr. sulla controversa natura giuridica del Tribunale Militare Internazionale *Ahlbrecht, Geschichte der völkerrechtlichen Strafgerichtsbarkeit im 20. Jahrhundert* (1999), 69 ss.; *Jescheck, Die Verantwortlichkeit der Staatsorgane nach Völkerstrafrecht* (1952), 148 ss., 168.

³¹⁴ Cfr. *Jescheck, Die Verantwortlichkeit der Staatsorgane nach Völkerstrafrecht* (1952), 178.

³¹⁵ Cfr. ICTY, 15 luglio 1999 (Tadić, AC), §§ 288 ss.; ICTY, 10 dicembre 1998 (Furundžija, TC), §§ 190 ss.

es., quelle della Convenzione sul genocidio) sono oggi riconosciute come diritto consuetudinario[316].

6. Decisioni dei tribunali internazionali

La fisionomia del d.i.p. vigente è stata fortemente influenzata dalla giurisprudenza – sentenze ed altre decisioni – dei tribunali internazionali[317] (IMT, IMT-Tokyo, ICTY, ICTR, ICC). Le decisioni di questi tribunali, come si è già detto, sono importanti fonti di cognizione[318].

Il vincolo alle proprie precedenti decisioni è diversamente configurato nei vari organi. La ICC può fondare le sue decisioni su «principi e regole di diritto come interpretate nelle proprie precedenti decisioni»[319], ma non vi è obbligata. Più rigoroso è il vincolo del "precedente" per ICTY e ICTR. In tema, la Camera d'Appello dell'ICTY ha stabilito: «[In] the interests of certainty and predictability, the Appeals Chamber should follow its previous decisions, but should be free to depart from them for cogent reasons in the interest of justice»[320]. Con ciò, la Camera si è mossa nell'ambito di quella tendenza di tutti i tribunali, ormai trasversale agli ordinamenti giuridici, a non discostarsi – possibilmente – dalle proprie precedenti decisioni[321]. Di norma, dunque, la Camera d'Appello seguirà la *ratio decidendi* delle proprie precedenti pronunce. Le sue decisioni sono invece giuridicamente vincolanti per la Camera di prima istanza (*Trial Chamber*)[322]; ma, a sua volta, quest'ultima non è vincolata a quelle di un'altra Camera di prima istanza[323]. Per i due Tribunali *ad hoc* nessuna efficacia vincolante hanno le decisioni di altri tribunali internazionali, ad es. dell'IMT[324] o della Corte Internazionale di Giustizia[325].

---

[316] Cfr. *infra*, n. marg. 657.
[317] Lo sottolinea anche *Cassese*, International Criminal Law (2003), 36 s. Le decisioni delle Corti penali internazionali attualmente operanti sono integralmente scaricabili da internet: cfr. <http://www.icc-cpi.int>; <http://www.un.org/icty>; <http://www.ictr.org>.
[318] Cfr. *Ambos*, Der Allgemeine Teil des Völkerstrafrechts (2002), 48; *Jia*, in: Yee/Wang (a cura di), International Law in the Post-Cold War World (2001), 77, 93 ss.; *Kreß* ZStW 111 (1999), 597, 603.
[319] Art. 21 co. 2 Statuto ICC.
[320] ICTY, 24 marzo 2000 (Aleksovski, AC), § 107. Cfr. in proposito, *Cassese*, International Criminal Law (2003), 37.
[321] ICTY, 24 marzo 2000 (Aleksovski, AC), § 97: «a general trend in both the common law and civil law systems, whereby the highest courts, whether as a matter of doctrine or of practice, will normally follow their previous decisions».
[322] ICTY, 24 marzo 2000 (Aleksovski, AC), § 113.
[323] ICTY, 24 marzo 2000 (Aleksovski, AC), § 113; ICTY, 26 febbraio 2001 (Kordić e Čerkez, TC), § 163.
[324] ICTY, sent. 14gennaio 2000 (Kupreškić et al., TC), § 540.
[325] ICTY, sent. 20 febbraio 2001 (Mucić et al., AC), § 24: «Although the Appeals Chamber will necessarily take into consideration other decisions of international courts, it may, after careful consideration, come to a different conclusion».

7. Risoluzioni e deliberazioni dell'Assemblea Generale delle Nazioni Unite e Rapporti del Segretario Generale ONU

163 Le decisioni degli organi di organizzazioni internazionali esprimono le convinzioni giuridiche degli Stati che vi partecipano e contribuiscono dunque alla formazione e conferma del diritto consuetudinario[326]. Per il diritto internazionale penale è ad esempio importante, in proposito, la risoluzione 95 dell'11 dicembre 1946, con la quale l'Assemblea Generale ONU ha confermato i cd. Principi di Norimberga[327]. Allo stesso modo, espressione della convinzione giuridica dei membri sono le decisioni del Consiglio di Sicurezza: da rimarcare sono soprattutto le decisioni che hanno adottato gli Statuti ICTY e ICTR (le prese di posizione dei singoli Stati in relazione alla decisione con cui è stato adottato lo Statuto ICTY sono da prendere in considerazione nell'interpretazione del medesimo quali "lavori preparatori")[328].

164 I Rapporti del Segretario Generale delle Nazioni Unite[329] in occasione dell'istituzione dei Tribunali *ad hoc* sono da considerare interpretazione autentica nell'applicazione degli Statuti, a meno che non siano in contraddizione con regole in essi contenute[330].

8. Progetti e Deliberazioni della Commissione ONU per il diritto internazionale

165 Rapporti e Progetti della "Commissione per il diritto internazionale" delle Nazioni Unite[331] sono fonti di cognizione per l'accertamento del diritto consuetudinario e dei principi generali di diritto; esercitano perciò un influsso significativo sull'evoluzione del diritto internazionale. Un'impronta decisa sul diritto internazionale penale sostanziale hanno lasciato i "Draft Codes of Crimes against the Peace and Security of Mankind", che hanno avuto svariate versioni. Per utilizzare le parole dell'ICTY, si tratta di «an authoritative international instrument which, depending upon the specific question at issue, may (i) constitute evidence of customary law, or (ii) shed light on customary rules which are of uncertain contents or are in the process of formation, or, at the very least, (iii) be indicative of the legal views of eminently qualified publicists representing the major legal systems of the world»[332].

---

[326] Cfr. *supra*, n. marg. 140.

[327] Cfr. UN Doc. A/RES/1/95 (1946): «The General Assembly [...] affirms the principles of international law recognized by the Charter of the Nürnberg Tribunal and the judgment of the Tribunal», e in proposito, *Dahm/Delbrück/Wolfrum*, Völkerrecht, vol. I/3, 2ª ed. (2002), 1038 s.

[328] Cfr. ICTY, 15 luglio 1999 (Tadić, AC), § 303; ICTY, 20 febbraio 2001 (Mucić et al., AC), § 131.

[329] Cfr. ad es. il *Report of the Secretary-General* del 3 maggio 1993 (UN Doc. S/25704) nonché il *Report of the Secretary-General* del 4 ottobre 2000 (UN Doc. S/2000/915); cfr. anche *supra*, n. marg. 48.

[330] In proposito, approfonditamente ICTY, 15 luglio 1999 (Tadić, AC), §§ 294 ss. («authoritative interpretation»).

[331] Sul mandato della Commissione di diritto internazionale cfr. *supra,* n. marg. 40 in nota 72.

[332] ICTY, 10 dicembre 1998 (Furundžija, TC), § 227; le considerazioni si riferiscono in con-

9. Progetti e Deliberazioni di associazioni scientifiche per il diritto internazionale

Significative fonti di cognizione sono inoltre i lavori delle grandi associazioni scientifiche (di diritto privato) nelle materie del diritto internazionale e del diritto penale, come la *Association international de droit pénal*, la *International Law Association*, l'*Institut de droit international*.

10. Decisioni di organi giurisdizionali nazionali

Gli organi giurisdizionali nazionali hanno una doppia funzione nel determinare il contenuto del diritto internazionale penale: da un lato, possono generare diritto consuetudinario quale espressione delle convinzioni giuridiche così come della prassi statuale, e contribuire alla formazione di principi generali di diritto[333]. Dall'altro lato, quali fonti di cognizione, possono essere d'aiuto nella determinazione del contenuto delle norme del d.i.p.[334].

Per la nascita di norme penali consuetudinarie sono significativi soprattutto i (pochi) procedimenti penali instaurati davanti a tribunali nazionali, nei quali è stato fatto riferimento espresso in funzione applicativa al diritto internazionale penale. Da ricordare sono in tal senso, fra le altre, le sentenze rese nell'immediato dopoguerra dai tribunali di occupazione e dalla Corte Suprema per la zona britannica in base al CCL n. 10[335]. Per l'epoca successiva si possono rammentare, ad es., i casi *Eichmann*, *Barbie*, *Demjanjuk*, *Touvier* e *Finta*[336].

11. Legislazione statuale

Provvedimenti legislativi statuali – ad es., nel caso di trasposizione di norme internazionali in diritto nazionale, come nel caso del "Codice dei crimini internazionali" tedesco – sono rilevanti per il d.i.p. come espressione della convinzione giuridica e allo stesso tempo espressione della prassi degli Stati[337].

---

creto al *Draft Code* 1996.

[333] In proposito, cfr. *supra*, n. marg. 143.

[334] Cfr. ICTY, 10 dicembre 1998 (Furundžija, TC), §§ 190 ss. In verità la Corte invita a riflettere sul punto: «One should constantly be mindful of the need for great caution in using national case law for the purpose of determining whether customary rules of international criminal law have evolved in a particular matter».

[335] Cfr. *supra*, n. marg. 33 ss.

[336] Oggetto di questi procedimenti erano i crimini commessi durante il Terzo Reich: *Eichmann*, Israel, District Court of Jerusalem, sent. 12 dicembre 1961, ILR 36 (1968), 1 ss., Supreme Court of Israel, sent. 29 maggio 1962, ILR 36 (1968), 277 ss.; *Barbie*, Frankreich, Cour de Cassation, sent. 6 ottobre 1983, 26 gennaio 1984, 20 dicembre 1985, ILR 78 (1988), 125 ss., Cour de Cassation, sent. 3 giugno 1988, ILR 100 (1995), 330 ss.; *Demjanjuk*, USA, Court of Appeals, sent. 31 ottobre 1985, ILR 79 (1989), 534 ss.; *Touvier*, Frankreich, Cour d'Appel de Paris, sent. 13 aprile 1992, ILR 100 (1995), 338 ss., Cour de Cassation, sent. 27 novembre 1992, ILR 100 (1995), 357 ss.; *Finta*, Canada, Ontario Court of Appeal, sent. 29 aprile 1992, ILR 98 (1994), 520 ss., Supreme Court of Canada, sent. 24 marzo 1994, ILR 104 (1997), 284 ss.

[337] Cfr. in proposito, ICTY, 2 ottobre 1995 (Tadić, AC), § 132: «Attention should also be drawn

12. Manuali militari

170 In materia di crimini di guerra costituiscono importante espressione della convinzione giuridica e della prassi degli Stati i manuali militari, diffusi in molti Paesi[338].

IV. Interpretazione

171 L'applicazione del diritto pattizio necessita sempre dell'interpretazione della specifica disposizione da applicare; in tal senso vale per il diritto internazionale quanto si insegna per il diritto positivo "interno". Le centrali direttive d'interpretazione dei trattati internazionali sono contenute negli artt. 31 e 32 della Convenzione di Vienna sul diritto dei trattati[339] del 23 maggio 1969. Quale espressione del diritto consuetudinario[340], queste disposizioni sono da prendere in considerazione non soltanto per l'interpretazione dello Statuto ICC ma anche per «any other norm-creating instrument»[341], come ad esempio per l'interpretazione degli Statuti dei Tribunali *ad hoc*[342].

---

to national legislation designed to implement the Geneva Conventions». Cfr. anche *supra*, n. marg. 77 ss.; sul codice tedesco dei crimini internazionali (Völkerstrafgesetzbuch) cfr. *infra*, n. marg. 300 ss.

[338] Cfr. ICTY, 2 ottobre 1995 (Tadić, AC), § 83 («German Military Manual»), §§ 130 ss. Sulla vincolatività giuridica di simili manuali militari cfr. *Green*, Canadian Yearbook of International Law 27 (1989), 167, 180 s.

[339] Ratificata in Italia con L. 11 febbraio 1974 n. 112. Art. 31 (Regola generale di interpretazione): «1. Un trattato deve essere interpretato in buona fede seguendo il senso ordinario da attribuire ai termini del trattato nel loro contesto e alla luce del suo oggetto e del suo scopo. 2. Ai fini dell'interpretazione di un trattato, il contesto comprende, oltre al testo, il preambolo e gli allegati ivi compresi: a) ogni accordo in rapporto con il trattato e che è stato concluso fra tutte le parti in occasione della conclusione del trattato; b) ogni strumento posto in essere da una o più parti in occasione della conclusione del trattato e accettato dalle parti come strumento in connessione col trattato. 3. Si terrà conto, oltre che del contesto: a) di ogni accordo ulteriore intervenuto fra le parti in materia di interpretazione del trattato o della applicazione delle sue disposizioni; b) di qualsiasi prassi successivamente seguita nell'applicazione del trattato attraverso la quale si sia formato un accordo delle parti in materia di interpretazione del medesimo; c) di qualsiasi regola pertinente di diritto internazionale applicabile nei rapporti fra le parti. 4. Un termine verrà inteso in senso particolare se risulta che tale era l'intenzione delle parti». Art. 32 (Mezzi complementari di interpretazione): «Si può fare ricorso ai mezzi complementari di interpretazione, e in particolare ai lavori preparatori e alle circostanze nelle quali il trattato è stato concluso, allo scopo, sia di confermare il senso che risulta dall'applicazione dell'art. 31, sia di determinare il senso quando l'interpretazione data in conformità dell'articolo 31: a) lascia il senso ambiguo o oscuro; oppure b) conduce ad un risultato che è manifestamente assurdo o irragionevole».

[340] Cfr., sulla valore di consuetudine internazionale ICJ, sent. 12 dicembre 1996 (Case Concerning Oil Platforms, Iran v. USA), ICJ Reports 1996, 803, § 23.

[341] ICTY, 15 luglio 1999 (Tadić, AC), § 303. *Kittichaisaree*, International Criminal Law (2001), 46.

[342] Cfr. ad es. ICTY, 24 febbraio 2000 (Aleksovski, AC), § 98; *Cassese*, International Criminal Law (2003), 26 s.

In base a quelle disposizioni, anche nel d.i.p. vigono essenzialmente i classici canoni[343] dell'interpretazione giuridica[344]. Punto di partenza è l'interpretazione letterale secondo l'ordinario significato delle parole ("ordinary meaning"); sono poi da considerare il contesto sistematico – qui: trattati o accordi tra le Parti –, così come lo scopo della regola pattizia e del trattato nel suo complesso (art. 32 Conv. ult. cit.). Nell'interpretazione dello Statuto ICC devono essere considerati anche gli Elementi dei Crimini. L'interpretazione storica – cioè la presa in considerazione degli enormi materiali delle negoziazioni – è un mezzo interpretativo aggiuntivo, subordinato all'interpretazione grammaticale, teleologica e sistematica (art. 32, cit.); essa può avere un significato autonomo soltanto laddove l'applicazione dei normali criteri d'interpretazione non porta a nessun univoco risultato, o ad un risultato palesemente contraddittorio o irragionevole.

Accanto al sovraordinato criterio dell'*effet utile*, cioè dell'interpretazione alla luce dello scopo del trattato e della sua costante promozione[345], il diritto internazionale penale conosce due ulteriori, specifiche regole d'interpretazione: in primo luogo, le norme pattizie che possono essere ricondotte al diritto consuetudinario, sono da applicare in conformità alle corrispondenti norme di questo (cd. principio dell'interpretazione conforme al diritto consuetudinario)[346]. Per usare le parole dell'ICTY:

> «[I]n case of doubt and whenever the contrary is not apparent from the text of a statutory or treaty provision, such a provision must be interpreted in light of, and in conformity with, customary international law»[347].

In secondo luogo, soprattutto per la materia de crimini di guerra, in cui il diritto penale ha carattere rigorosamente accessorio – è importante considerare il contenuto della norma internazionale di divieto, cui quella penale fa riferimento (cd. interpretazione conforme alla norma di divieto). Analogamente vale per i casi in cui i crimini di diritto internazionale corrispondono alle garanzie in tema di diritti dell'uomo[348].

---

[343] Cfr. ad es. *Jescheck/Weigend*, Lehrbuch des Strafrechts, 5ª ed. (1996), 150 ss.; *Pawlowski*, Methodenlehre für Juristen, 3ª ed. (1999), n. marg. 359 ss. Cfr. anche *LaFave*, Criminal Law, 4ª ed. (2003), 85 ss.

[344] Così ad esempio ICTY, 2 ottobre 1995 (Tadić, AC), §§ 71 ss. distingue fra «literal», «teleological» e «logical and systematic interpretation». ICTY, 16 novembre 1998 (Mucić et al., TC), §§ 158 ss. utilizza i termini di «literal rule», «golden rule» ed il concetto di «mischief rule of interpretation».

[345] In proposito, *Herdegen*, Völkerrecht, 6ª ed. (2007), § 15 n. marg. 32.

[346] Cfr. anche *Kittichaisaree*, International Criminal Law (2001), 45.

[347] ICTY, 15 luglio 1999 (Tadić, AC), § 287. I redattori dello Statuto ICTY intendevano muoversi nella cornice del diritto internazionale consuetudinario, salvi i casi di espressa deviazione da esso; cfr. ICTY, 15 luglio 1999 (Tadić, AC), §§ 287, 296; *Kittichaisaree*, International Criminal Law (2001), 45.

[348] La stretta connessione fra diritto internazionale e tutela dei diritti umani (in proposito, cfr. *supra*, n. marg. 121 ss.) è confermata nell'art. 21 co. 3 Statuto ICC, per quanto con sfumatura leg-

175 Il collegamento tra norma di divieto e norma sanzionatoria è d'intensità variabile. Mentre nel caso dei crimini contro l'umanità è ancora poco chiaramente riconoscibile la possibilità di risalire a sottostanti diritti umani, nell'ambito dei crimini di guerra è alla luce del giorno lo stretto legame con il diritto internazionale umanitario: le fattispecie (con la conseguenza del "divieto") sono in parte, da gran tempo, elemento integrante del diritto positivo; ad esse viene solo aggiunta la sanzione[349].

176 Mentre nel diritto pattizio la sfida per l'interprete è rappresentata dall'interpretazione, nel diritto consuetudinario (non scritto) la difficoltà principale consiste nella stessa identificazione delle norme pertinenti, in quanto tali[350].

V. Identificazione del diritto applicabile da parte della Corte Criminale Internazionale

177 L'art. 21 dello Statuto detta una norma apposita sull'individuazione del diritto applicabile da parte della Corte. In essa sono indicati tipologia e gerarchia delle fonti che sono determinanti per la Corte[351]; proprio l'instaurazione di una *gerarchia* e la *specificazione* delle fonti (e non una loro diversa tipologia) costituiscono ciò che differenzia l'elenco delle fonti di cui all'art. 21 da quelle del diritto internazionale generale[352].

178 L'art. 21 contiene una doppia gerarchia: da un lato, la disposizione distingue tra norma sull'applicazione obbligatoria e norma sull'applicazione facoltativa; in secondo luogo, all'interno della prima sono indicati tre gruppi di fonti, gerarchicamente ordinati. Il terzo comma contiene infine una generale regola su interpretazione ed applicazione del diritto.

---

germente difforme: ai sensi della disposizione, l'applicazione e l'interpretazione del diritto internazionale penale (per la precisione: «del diritto in base al presente articolo») deve «essere compatibile con i diritti umani internazionalmente riconosciuti». Questa disposizione è significativa, inoltre, soprattutto in relazione ai diritti dell'imputato, cfr. *Schabas*, An Introduction to the International Criminal Court, 3ª ed. (2004), 93.

[349] Per approfondimenti cfr. *infra*, n. marg. 931 ss.

[350] Anche la norma consuetudinaria è necessariamente oggetto di interpretazione, cfr. *Fastenrath*, Lücken im Völkerrecht (1991), 206 s., ove ulteriori riferimenti.

[351] Sulla genesi cfr. *Saland*, in: Lee (a cura di), The International Criminal Court, The Making of the Rome Statute (1999), 189, 213 ss. – È dubbio se l'art. 21 Statuto ICC, come del resto l'art. 38 dello Statuto ICJ incarni diritto consuetudinario, contenga dunque regole fondamentali valide in generale per il diritto internazionale penale; in questo senso però v. Triffterer-*McAuliffe de Guzman*, Rome Statute (1999), art. 21 n. marg. 6 («first codification of the sources of international criminal law»); secondo *Cassese*, International Criminal Law (2003), 26 l'ordine delle fonti stabilito nell'art. 21 Statuto ICC corrisponde a quello che vale in generale per il diritto internazionale penale consuetudinario.

[352] Cfr. in proposito, *Pellet*, in: Cassese/Gaeta/Jones (a cura di), Rome Statute, vol. 2 (2002), 1051, 1076 ss.

Fonte principale *ex* art. 21 è lo stesso Statuto, integrato dagli Elementi dei Crimini e dal Regolamento di Procedura[353]. In secondo luogo vengono in considerazione i Trattati internazionali ed altri principi e regole del diritto internazionale[354], ivi compreso il diritto dei conflitti armati; agli "altri principi e regole" del diritto internazionale appartiene in questo contesto soprattutto la consuetudine[355], non invece i principi generali di diritto dei principali Paesi del mondo. Il diritto di fonte nazionale, in effetti, viene preso in considerazione *ex* art. 21 co. 1 lett. *c*) soltanto nel caso in cui le fonti poc'anzi indicate non siano utili alla decisione[356]; l'applicazione avviene attraverso il riferimento ai principi generali di diritto desunti dai diritti nazionali dei sistemi giuridici del mondo («general principles of law derived by the Court from national laws of legal systems of the world»)[357]. Di particolare rilievo è in tal senso il diritto degli Stati che avrebbero naturalmente giurisdizione sui fatti[358]. Nell'art. 21 non è stata recepita un'ulteriore specificazione, contenuta invece nei progetti preliminari, su quali Stati siano intesi mediante il rinvio ai "sistemi giuridici del mondo"[359]; pertanto, in base alle regole sull'applicazione della legge penale nello spazio generalmente riconosciute, sono da prendere in considerazione la legge dello Stato di commissione e quella degli Stati di cittadinanza dell'autore e della vittima; non è invece sufficiente l'esercizio della giurisdizione in base al principio di universalità[360].

---

[353] La priorità dello Statuto ICC rispetto agli Elementi dei Crimini ed alle Regole di Procedura non si ricava bensì dall'art. 21 co. 1 Statuto ICC, ma dal contesto generale: cfr. art. 9 co. 3, art. 51 co. 5 Statuto ICC; in proposito, *Caracciolo*, in: Lattanzi/Schabas (a cura di), Essays on the Rome Statute, vol. 1 (1999), 211, 226; *Schabas*, An Introduction to the International Criminal Court, 3ª ed. (2004), 91.

[354] I principi di diritto internazionale cui si fa qui riferimento devono essere tenuti distinti dai cd. principi generali di diritto («general principles of law recognized by all civilized nations») nel senso dell'art. 38 co. 1 c) Statuto ICJ; cfr. *Fastenrath*, Lücken im Völkerrecht (1991), 125.

[355] Cfr. *Schabas*, An Introduction to the International Criminal Court, 3ª ed. (2004), 92.

[356] Nello stesso senso *Pellet*, in: Cassese/Gaeta/Jones (a cura di), Rome Statute, vol. 2 (2002), 1051, 1071 ss. («exclusively to customary international law», 1073); diversamente tuttavia *Caracciolo*, in: Lattanzi/Schabas (a cura di), Essays on the Rome Statute, vol. 1 (1999), 211, 227 e *Ambos*, Der Allgemeine Teil des Völkerstrafrechts (2002), 41, secondo cui i principi generali di diritto dovrebbero essere ricompresi nell'art. 20 co. 1 b) Statuto ICC.

[357] Cfr. Triffterer-*McAuliffe de Guzman*, Rome Statute (1999), art. 21 n. marg. 15 ss. Il valore del diritto nazionale per la giurisprudenza della Corte fu oggetto di accese controversie alla Conferenza dei plenipotenziari a Roma. In proposito, *Saland*, in: Lee (a cura di), The International Criminal Court, The Making of the Rome Statute (1999), 189, 213 s.

[358] La contraddittorietà che deriva da quest'aggiunta con il postulato valore "generale" dei principi è un tipico esempio del carattere compromissorio dello Statuto ICC, che talvolta pregiudica la consequenzialità logica e sistematica.

[359] In proposito, Triffterer-*McAuliffe de Guzman*, Rome Statute (1999), art. 21 n. marg. 19.

[360] Ché altrimenti ogni Stato sarebbe di norma («normally») legittimato alla repressione e l'art. 21 co. 1 c) Statuto ICC girerebbe a vuoto; erronea pertanto la posizione di Triffterer-*McAuliffe de Guzman*, Rome Statute (1999), art. 21 n. marg. 19.

180 Espressamente respinta dall'art. 21 co. 2 è la regola diffusa nel sistema nordamericano del rigoroso *stare decisis*. Come si è avuto modo di vedere, la Corte può attenersi alle proprie precedenti decisioni, ma non vi è obbligata: un'efficacia di precedente in senso stretto non è dunque configurabile[361].

E. Legittimazione a procedere, dovere di punire, *Transitional Justice*

181 *Abass, Ademola:* The International Criminal Court and Universal Jurisdiction, International Criminal Law Review 6 (2006), 349 ss.; *Ambos, Kai:* Straflosigkeit von Menschenrechtsverletzungen, Zur „impunidad" in südamerikanischen Ländern aus völkerstrafrechtlicher Sicht (1997), 161 ss.; *Ambos, Kai:* Völkerrechtliche Bestrafungspflichten bei schweren Menschenrechtsverletzungen, AVR 37 (1999), 318 ss.; *Argentine National Commission on the Disappeared:* Report (1986); *Aukerman, Miriam J.:* Extraordinary Evil, Ordinary Crime: A Framework for Understanding Transitional Justice, Harvard Human Rights Journal 15 (2002), 39 ss.; *Bassiouni, M. Cherif/Wise, Edward M.:* Aut Dedere Aut Judicare, The Duty to Extradite or Prosecute in International Law (1995); *Bassiouni, M. Cherif:* Universal Jurisdiction for International Crimes: Historical Perspectives and Contemporary Practice, Virginia Journal of International Law 42 (2001), 81 ss.; *Bassiouni, M. Cherif* (Hrsg.): Post-Conflict Justice (2002); *Boed, Roman:* An Evaluation of the Legality and Efficacy of Lustration as a Tool of Transitional Justice, Columbia Journal of Transnational Law 37 (1998/1999), 357 ss.; *Boraine, Alex:* Truth and Reconciliation in South Africa: The Third Way, in: Rotberg, Robert I./Thompson, Dennis (Hrsg.), Truth v. Justice: The Morality of Truth Commissions (2000), 141 ss.; *Bungenberg, Marc:* Extraterritoriale Strafrechtsanwendung bei Verbrechen gegen die Menschlichkeit und Völkermord, AVR 39 (2001), 170 ss.; *Burke-White, William:* Reframing Impunity: Applying Liberal International Law Theory to an Analysis of Amnesty Legislation, Harvard International Law Journal 42 (2001), 467 ss.; *Cassese, Antonio:* International Criminal Law (2003), 284 ss.; *Chilean National Truth and Reconciliation Commission:* Report, Band 1-2 (1993); *Dugard, John:* Retrospective Justice: International Law and the South African Model, in: McAdams, James (Hrsg.), Transitional Justice and the Rule of Law in New Democracies (1997), 269 ss.; *Dugard, John:* Dealing with Crimes of a Past Regime. Is Amnesty Still an Option?, Leiden Journal of International Law 12 (1999), 1001 ss.; *Edelenbos, Carla:* Human Rights Violations: A Duty to Prosecute?, Leiden Journal of International Law 7 (1994), 5 ss.; *Ellis, Mark S.:* Purging the Past: The Current State of Lustration Laws in the Former Communist Bloc, Law and Contemporary Problems 59 (1996), 181 ss.; *Elster, Jon:* Closing the Books – Transitional Justice in Historical Perspective (2004); *Enache-Brown, Colleen/Fried, Ari:* Universal Crime, Jurisdiction and Duty: The Obligation of Aut Dedere Aut Judicare in International Law, McGill Law Journal 43 (1998), 613 ss.; *Eser, Albin:* National Jurisdiction over Extraterritorial Crimes Within the Framework of International Complementarity, in: Vohrah, Lal Chand et al. (Hrsg.), Man's Inhumanity to Man (2003), 279 ss.; *Eser, Albin:* Völkermord und deutsche Strafgewalt, Zum Spannungsverhältnis von Weltrechtsprinzip und legitimierendem Inlandsbezug, in: Eser, Albin (Hrsg.), Festschrift für Meyer-Goßner (2001), 3 ss.; *Eser, Albin/Arnold, Jörg* (Hrsg.): Strafrecht in Reaktion auf Systemunrecht/Vergleichende Einblicke in Transitionsprozesse (2000); *Gärditz, Klaus Ferdinand:* Weltrechtspflege (2006); *Generalsekretär der Vereinten Nationen:* The rule of law and transitional justice in conflict

---

[361] Cfr., sull'efficacia vincolante delle decisioni di ICTY e ICTR, *supra*, n. marg. 162.

and post-conflict societies – Report by the Secretary-General (2004), UN Doc. S/2004/616; *Gilbert, Geoff:* Transnational Fugitive Offenders in International Law, Extradition and Other Mechanisms (1998), 320 ss.; *Graefrath, Bernhardt:* Universal Jurisdiction and an International Criminal Court, EJIL 1 (1990), 67 ss.; *Gross, Ivo:* Die Vereinbarkeit von nationalen Amnestieregelungen mit dem Völkerstrafrecht am Beispiel Südafrika, Humanitäres Völkerrecht-Informationsschriften 2001, 162 ss.; *Hahn-Godeffroy, Emily:* Die südafrikanische Truth and Reconciliation Commission (1998); *Hayner, Priscilla:* Unspeakable Truths: Confronting State Terror and Atrocity (2001); *Henzelin, Marc:* Le Principe de l'Universalité en Droit Pénal International (2000); *Historical Clarification Commission:* Guatemala: Memory of Silence: Report of the Commission for Historical Clarification (1999); *Huntington, Samuel P.:* The Third Wave: Democratization in the Late Twentieth Century (1991); *Huyse, Luc:* Justice After Transition: On the Choices Successor Elites Make in Dealing with the Past, Law and Social Inquiry, Band 20 (1995), 51 ss.; *International Law Association, Committee on International Human Rights Law and Practice:* Final Report on the Exercise of Universal Jurisdiction in Respect of Gross Human Rights Offences (2000); *Jeßberger, Florian:* Von der Pflicht des Staates, Menschenrechtsverletzungen zu untersuchen, KJ 1996, 290 ss.; *Kamminga, Menno T.:* Lessons Learned from the Exercise of Universal Jurisdiction in Respect of Gross Human Rights Offenses, Human Rights Quarterly 23 (2001), 940 ss.; *Keller, Rainer:* Zu Weltrechtspflege und Schuldprinzip, in: Prittwitz, Cornelius et al. (Hrsg.), Festschrift für Lüderssen (2002), 425 ss.; *Keller, Rainer:* Grenzen, Unabhängigkeit und Subsidiarität der Weltrechtspflege, GA 2006, 25 ss.; *Klumpp, Guido:* Vergangenheitsbewältigung durch Wahrheitskommissionen – das Beispiel Chile (2001); *Kreß, Claus:* Völkerstrafrecht und Weltrechtspflegeprinzip im Blickfeld des Internationalen Gerichtshofs, ZStW 114 (2002), 818 ss.; *Kreß, Claus:* Universal Jurisdiction over International Crimes and the *Institut de Droit International*, Journal of International Criminal Justice 4 (2006), 561 ss.; *Kritz, Neil J.* (Hrsg.): Transitional Justice: How Emerging Democracies Reckon with Former Regimes, Band 1-3 (1995); *Kutz, Florian:* Amnestie für politische Straftäter in Südafrika – Von der Sharpeville-Amnestie bis zu den Verfahren der Wahrheits- und Versöhnungskommission (2001); *Macedo, Stephen* (Hrsg.): Universal Jurisdiction (2004); *Maierhöfer, Christian:* „Aut dedere – aut iudicare" (2006); *Marxen, Klaus/Werle, Gerhard:* Die strafrechtliche Aufarbeitung von DDR-Unrecht: Eine Bilanz (1999); *McAdams, James* (Hrsg.): Transitional Justice and the Rule of Law in New Democracies (1997); *Meisenberg, Simon M.:* Legality of amnesties in international humanitarian law – The Lomé Amnesty Decision of the Special Court for Sierra Leone, International Review of the Red Cross 86 (2004), 837 ss.; *Minow, Martha:* Between Vengeance and Forgiveness: Facing History After Genocide and Mass Violence (1998); *Nerlich, Volker:* Apartheidkriminalität vor Gericht – Der Beitrag der südafrikanischen Strafjustiz zur Aufarbeitung von Apartheidunrecht (2002); *O'Keefe, Roger:* Universal Jurisdiction, Journal of International Criminal Justice 2 (2004), 735 ss.; *Orentlicher, Diane F.:* Settling Accounts: The Duty to Prosecute Human Rights Violations of a Prior Regime, Yale Law Journal 100 (1991), 2537 ss.; *Pedain, Antje:* Was Amnesty a Lottery? An Emperical Study of the Decisions of the Truth and Reconciliation Commission's Committee on Amnesty, South African Law Journal 121 (2004), 785 ss.; *Posner, Eric A./Vermeule, Adriaan:* Transitional Justice as Ordinary Justice, Harvard Law Review 117 (2004), 761 ss.; *Randall, Keith:* Universal Jurisdiction under International Law, Texas Law Review 66 (1988), 785 ss.; *Reydams, Luc:* Universal Jurisdiction (2003); *Roht-Arriaza, Naomi* (Hrsg.): *Impunity and Human Rights in International Law and Practice* (1995); *Rotberg, Robert I./Thompson, Dennis* (Hrsg.): Truth v. Justice: The Morality of Truth Commissions (2000); *Rwelamira, Medard R./Werle, Gerhard* (Hrsg.): Confronting

Past Injustices – Approaches to Amnesty, Punishment, Reparation and Restitution in South Africa and Germany (1996); *Sadat, Leila N.:* International Criminal Law and Alternative Modes of Redress, in: Zimmermann, Andreas (Hrsg.), International Criminal Law and the Current Development of Public International Law (2003), 161 ss.; *Salomón, Elizabeth:* Reflections on international humanitarian law and transitional justice: lessons to be learnt from the Latin American experience, International Review of the Red Cross 88 (2006), 327 ss.; *Sarkin, Jeremy:* Carrots and Sticks: The TRC and the South African Amnesty Process (2004); *Schabas, William A./Darcy, Shane* (Hrsg.): Truth Commissions and Courts – The Conflict Between Criminal Justice and the Search for Truth (2005); *Scharf, Michael P.:* The Amnesty Exception to the Jurisdiction of the International Criminal Court, Cornell International Law Journal 32 (1999), 507 ss.; *Schilling, Theodor:* Ungeschriebene Strafpflichten, Zeitschrift für Öffentliches Recht 54 (1999), 357 ss.; *Schlunck, Angelika:* Amnesty versus Accountability, Third Party Intervention Dealing with Gross Human Rights Violations in Internal and International Conflicts (2000); *Slye, Ronald C.:* The Legitimacy of Amnesties Under International Law and General Principles of Anglo-American Law: Is a Legitimate Amnesty Possible?, Virginia Journal of International Law 43 (2002), 173 ss.; *Sooka, Yasmin:* Dealing with the past and transitional justice, International Review of the Red Cross 88 (2006), 311 ss.; *Stover, Eric/Weinstein, Harvey M.* (Hrsg.): My Neighbor – My Enemy: Justice and Community in the Aftermath of Mass Atrocity (2004); *Tomuschat, Christian:* The Duty to Prosecute International Crimes Committed by Individuals, in: Cremer, Hans-Joachim et al. (Hrsg.), Festschrift für Helmut Steinberger (2002), 315 ss.; *Tomuschat, Christian:* Die Wahrheitskommission in Guatemala, in: Marauhn, Thilo (Hrsg.), Recht, Politik und Rechtspolitik in den internationalen Beziehungen (2005), 27 ss.; *Tomuschat, Christian:* National Prosecutions, Truth Commissions and International Criminal Justice, in: Werle, Gerhard (Hrsg.), Justice in Transition (2006), 157 ss.; *Truth and Reconciliation Commission of South Africa:* Report, Band 1-5 (1998); *Villa-Vincencio, Charles/Verwoed, Wilhelm* (Hrsg.): Looking Back Reaching Forward – Reflections on the Truth and Reconciliation Commission of South Africa (2000); *Weigend, Thomas:* Grund und Grenzen universaler Gerichtsbarkeit, in: Arnold, Jörg et al. (Hrsg.), Menschengerechtes Strafrecht – Festschrift für Albin Eser (2005), 955 ss.; *Werle, Gerhard:* Ohne Wahrheit keine Versöhnung. Der südafrikanische Rechtsstaat und die Apartheid-Vergangenheit, Antrittsvorlesung vom 18. Mai 1995, Humboldt Forum Recht 1996, abrufbar unter <www.rewi.hu-berlin.de/HFE/6-1996/>; *Werle, Gerhard:* Neue Wege. Die südafrikanische Wahrheitskommission und die Aufarbeitung von schweren Menschenrechtsverletzungen, in: Bock, Petra/Wolfrum, Edgar (Hrsg.), Umkämpfte Vergangenheit (1999), 269 ss.; *Werle, Gerhard:* Alternativen zur Strafjustiz bei der Aufarbeitung von Systemunrecht – Die Amnestieverfahren der südafrikanischen Wahrheits- und Versöhnungskommission, in: Hof, Hagen/Schulte, Martin (Hrsg.), Wirkungsforschung zum Recht, Band III (2001), 291 ss.; *Werle, Gerhard:* Von der Ablehnung zur Mitgestaltung: Deutschland und das Völkerstrafrecht, in: Dupuy, Piere-Marie et al. (Hrsg.), Völkerrecht als Wertordnung, Festschrift für Christian Tomuschat (2006), 655 ss.; *Werle, Gerhard* (Hrsg.): Justice in Transition – Prosecution and Amnesty in Germany and South Africa (2006); *Werle, Gerhard:* Die deutsche Rechtsprechung zur Zerstörungsabsicht beim Völkermord und die Europäische Menschenrechtskonvention, in: Hettinger, Michael et al. (Hrsg.), Festschrift für Wilfried Küper (2007), 675 ss.; *Werle, Gerhard/Jeßberger, Florian:* Grundfälle zum Strafanwendungsrecht, JuS 2001, 35 ss., 141 ss.; *Wolfrum, Rüdiger:* The Decentralized Prosecution of International Offences Through National Courts, in: Dinstein, Yoram/Tabory, Mala (Hrsg.), War Crimes in International Law (1996), 233 ss.; *Wüstenberg, Ralf K.:* Die politische Dimension der Versöhnung. Eine theologische Studie zum Umgang mit Schuld nach den Systemumbrüchen in Südafrika und Deutschland (2003). Zum Thema „Transitional Justice" vgl. auch die Bibliographien von *Alexander, Karin/Batchelor, Diane/Durand, Alexis/Savage, Tyrone:* Truth Commissions and Transitional Justice: Update on a Select Bibliography on the South African Truth and Reconciliation Commission Debate, Journal of Law and Religion 20 (2004/2005), 525 sowie *Savage, Tyrone/Schmid, Barbara/ Vermeulen, Keith A.:* Truth Commissions and Transitional Justice: A Select Bibliography on the South African Truth and Reconciliation Commission Debate, Journal of Law and Religion 16 (2001), 73

I. Legittimazione a procedere e punire; principio di universalità

Dalla natura universale dei crimini internazionali, in quanto si dirigono contro gl'interessi della comunità internazionale in quanto tale, deriva che quest'ultima è fondamentalmente legittimata a perseguirli e punirli indipendentemente da dove, da parte di chi o contro chi essi siano stati commessi: ogni ordinamento ha il diritto di difendersi anche mediante il diritto penale dalle aggressioni ai propri valori fondamentali.

182

Dal punto di vista del diritto internazionale, la Corte avrebbe potuto senz'altro esser munita di giurisdizione universale; ma una proposta in tal senso della delegazione tedesca non riuscì ad affermarsi alla Conferenza di Roma[362], respinta essenzialmente per motivi non giuridici ma politici. Poté trovare spazio, invece, un modello fondato in sostanza sulla nozione di legittimazione a procedere "derivata"[363]: su questa base, la Corte ha giurisdizione su fatti commessi sul territorio (principio di territorialità), o da cittadini (principio di personalità attiva), di uno Stato-Parte; da aggiungere sono i fatti commessi a bordo di una nave o aeromobile registrati in uno stato parte (principio della bandiera: art. 12 co. 2)[364]. Fuori da queste ipotesi, la Corte può esercitare la propria giurisdizione soltanto quando e nei limiti in cui sia investita dal Consiglio di Sicurezza delle Nazioni Unite in base al Capitolo VII della Carta ONU[365].

183

Dalla natura dei crimini internazionali deriva la legittimazione a punirli non soltanto in capo alla comunità internazionale, ma anche ai singoli Stati, indipendentemente dal fatto che possa essere riscontrato un elemento di collegamento con lo Stato procedente. La legittimazione a punire deriva in tal caso dal crimine in quanto tale[366], le cui ripercussioni non si esauriscono all'interno dello Stato di commis-

184

---

[362] Cfr. approfonditamente *Abass*, International Criminal Law Review 6 (2006), 349; inoltre *Kaul/Kreß*, Yearbook of International Humanitarian Law 2 (1999), 143, 145 s.; Triffterer-*Williams*, Rome Statute (1999), art. 12 n. marg. 6 ss.; cfr. anche *supra*, n. marg. 63.

[363] Approfondimenti in proposito, *König*, Die völkerrechtliche Legitimation der Strafgewalt internationaler Strafjustiz (2003), 157 ss.

[364] Cfr. *infra*, n. marg. 231. Agli Stati-Parte sono in ciò equiparati quelli che hanno accettato la giurisdizione della Corte Internazionale ai sensi dell'art. 12 co. 3 Statuto ICC.

[365] Per approfondimenti cfr. *infra*, n. marg. 231 ss., 258.

[366] «[W]ithout regard to where the crime was committed, the nationality of the alleged or con-

sione e non sono pertanto faccende puramente interne di quest'ultimo; non sono dunque pregiudicati i confini che l'ordinamento internazionale pone all'applicazione della legge penale ai fatti commessi all'estero, in nome del divieto d'ingerenza nella sovranità altrui[367]; per i crimini di diritto internazionale[368] vale dunque il principio di universalità[369].

185 In linea di principio spetta alla decisione sovrana di ciascuno Stato la determinazione dei limiti di applicazione della propria potestà punitiva, appunto quale espressione della sovranità: ciascuno Stato è libero dunque, di massima, di determinare l'ambito di applicazione

---

victed perpetrator, the nationality of the victim, or any other connection to the state exercising such jurisdiction». Così, esattamente, *Princeton Project on Universal Jurisdiction* (a cura di), The Princeton Principles on Universal Jurisdiction (2001), Principle 1 co. 1.

[367] In tempi recenti si profila tuttavia, in dottrina, una crescente ritrosia nei confronti della «giurisdizione universale generalizzata dei tribunali nazionali» [«Allzuständigkeit nationaler Gerichte»: *Weigend*, in: Arnold et al. (a cura di), Festschrift für Eser (2005), 955, 957]; per una limitazione dell'esercizio della potestà punitiva fondato sul principio di universalità, ad es. mediante la previsione del requisito della presenza del sospettato sul territorio dello Stato che procede o mediante la logica della sussidiarietà, si pronunciano ad es. *Cassese*, Journal of International Criminal Justice 1 (2003), 589 ss.; *Keller* GA 2006, 25 ss.; *Kreß*, Journal of International Criminal Justice 4 (2006), 561 ss.; *Tomuschat*, in: Werle (a cura di), Justice in Transition (2006), 157, 164 ss. nonché – come risultato delle loro approfondite ricerche – *Henzelin*, Le Principe de l'Universalité en Droit Pénal International (2000) e *Reydams*, Universal Jurisdiction (2003); cfr. inoltre la Risoluzione di Cracovia dello *Institut de Droit International* (2005), consultabile in <http://www.idi-iil.org/idiE/resolutionsE/2005_kra_03_en.pdf> [ultima consultazione: febbraio 2008, *N.d.T.*] e *Princeton Project on Universal Jurisdiction* (a cura di), The Princeton Principles on Universal Jurisdiction (2001), 43. Per approfondimenti sulla funzione integratrice del principio di universalità («Auffangzuständigkeit») cfr. *infra*, n. marg. 189.

[368] Si noti che – almeno in linea teorica – l'ambito dei reati perseguibili in base al principio di universalità può essere più ampio di quello dei crimini di diritto internazionale; reati ai quali si applica detto principio possono dunque non essere necessariamente crimini di diritto internazionale. In base all'attuale stato del diritto internazionale, una giurisdizione universale non è (ancora) ammessa per altri reati, quali tortura e atti di terrorismo; cfr. LK-*Werle/Jeßberger*, StGB, 12ª ed. (2007), Vor § 3 n. marg. 241 ove ulteriori riferimenti; diversamente invece MK-*Ambos*, StGB (2003), Vor § 3 n. marg. 54 ss.

[369] Fra un numero ormai pressoché sterminato di contributi sul principio di universalità cfr. ad es. *Bassiouni*, Virginia Journal of International Law 42 (2001), 81, 96 ss.; *Cassese*, International Criminal Law (2003), 284; *Dahm/Delbrück/Wolfrum*, Völkerrecht, vol. I/3, 2ª ed. (2002), 999 s.; *Eser*, in: Eser et al. (a cura di), Festschrift für Meyer-Goßner (2001), 3 ss.; ILA, Final Report on the Exercise of Universal Jurisdiction in Respect of Gross Human Rights Violations (2000), 2 ss.; *Kreß* ZStW 114 (2002), 818 ss.; *Kreß*, Journal of International Criminal Justice 4 (2006), 561 ss.; *de La Pradelle*, in: Ascensio/Pellet/Decaux (a cura di), Droit International Pénal (2000), 905 ss.; *Oehler*, Internationales Strafrecht, 2ª ed. (1983), n. marg. 878 ss.; *O'Keefe*, Journal of International Criminal Justice 2 (2004), 735 ss.; *Weigend*, in: Arnold et al. (a cura di), Festschrift für Eser (2005), 955 ss. così come *Gärditz*, Weltrechtspflege (2006); *Henzelin*, Le Principe de l'Universalité en Droit Pénal International (2000); *Reydams*, Universal Jurisdiction (2003) ed i contributi contenuti in *Macedo* (a cura di), Universal Jurisdiction (2004), 39 ss.; riassuntivamente LK-*Werle/Jeßberger*, StGB, 12ª ed., Vor § 3 n. marg. 237 ss. [Cfr. inoltre la polemica fra il giurista tedesco Albin Eser e quello statunitense George Fletcher, di cui si fa cenno in *A. di Martino*, La frontiera e il diritto penale. Natura e contesto delle norme di diritto penale transnazionale, Torino 2006, cit., p. 70 in nota 197, *N.d.T.*].

spaziale del proprio diritto penale[370]. Peraltro sono da tenere in considerazione, in materia, vincoli internazionali[371] operanti essenzialmente in due direzioni. Per un verso, l'estensione della potestà punitiva è soggetta al limite del divieto d'ingerenza[372]: in base al diritto internazionale lo Stato può estendere la propria potestà punitiva soltanto a quei fatti per i quali vi è un elemento di collegamento, rappresentato o dal territorio, dalla persona dell'autore o della vittima, o dall'interesse offeso[373]. Per altro verso, l'estensione della potestà punitiva può essere pretesa dallo stesso diritto internazionale, mediante l'imposizione di un obbligo di punire[374].

I vincoli imposti alla potestà punitiva e specificamente concernenti i crimini di diritto internazionale sono scanditi in due tempi: in prima battuta si deve determinare la portata della legittimazione statuale a punirli; in seconda istanza ci si deve chiedere se oltre a ciò esista un vero e proprio dovere di perseguirli e punirli. In questo quadro dev'essere sviluppata anche l'ammissibilità di modelli alternativi con cui quei crimini possono essere fronteggiati[375].

La validità consuetudinaria del principio di universalità è riconosciuta per il genocidio, i crimini di guerra nell'ambito di un conflitto armato internazionale e per i crimini contro l'umanità[376]; ma dev'essere anche affermata per i crimini di guerra

---

[370] Questo principio della libera potestà statuale di stabilire norme giuridiche («Rechtssetzungsbefugnis», «jurisdiction to prescribe») è riconosciuto già a partire dalla decisione della allora Corte Permanente di Giustizia Internazionale nel caso *Lotus*, sent. 7 settembre 1927 (The Case of the S.S. "Lotus", France v. Turkey), PCIJ Ser. A, n. 10, 19: «It does not, however, follow that international law prohibits a State from exercising jurisdiction in its own territory, in respect of any case which relates to acts which have taken place abroad, and in which it cannot rely on some permissive rule of international law». «[A]ll that can be required of a State is that it should not overstep the limits which international law places upon its jurisdiction; within these limits, its title to exercise jurisdiction rests in its sovereignty». Sui più recenti sviluppi, che mettono in discussione questa posizione del diritto internazionale relativa all'estensione del diritto penale statuale, cfr. però *Kreß* ZStW 114 (2002), 818, 831 ss. che richiama le opinioni separate in ICJ, sent. 14 febbraio 2002 (Case Concerning the Arrest Warrant of 11 April 2000, DR Congo v. Belgium), ICJ Reports 2002, 3 ss.; v. anche LK-*Werle/Jeßberger*, StGB, 12ª ed. (2007), Vor § 3 n. marg. 25 ss.

[371] Approfondimenti a riguardo in LK-*Werle/Jeßberger*, StGB, 12ª ed. (2007), Vor § 3 n. marg. 20 ss.

[372] Art. 2 n. 1 Carta ONU.

[373] Sui principi di validità della legge penale in base al diritto internazionale cfr. MK-*Ambos*, StGB (2003), Vor § 3 n. marg. 17 ss.; *Oehler*, Internationales Strafrecht, 2ª ed. (1983), n. marg. 111 ss.; LK-*Werle/Jeßberger*, StGB, 12ª ed. (2007), Vor § 3 n. marg. 25 ss. Su questa base si può affermare l'illegittimità internazionale di una disposizione interna sulla validità spaziale della legge penale che non abbia il proprio fondamento in uno dei criteri di validità previsti dal diritto internazionale.

[374] In proposito, cfr. *infra*, n. marg. 190 ss.

[375] Cfr. in tema *infra*, n. marg. 201 ss.

[376] Cfr. MK-*Ambos*, StGB (2003), Vor § 3 n. marg. 54; *Brownlie*, Principles of Public International Law, 6ª ed. (2003), 303 ss.; *Gärditz*, Weltrechtspflege (2006), 294 s.; *Kreß* ZStW 114 (2002), 818, 836; *Tomuschat*, in: Cremer et al. (a cura di), Festschrift für Steinberger (2002), 315, 340; *Weigend*, in: Arnold et al. (a cura di), Festschrift für Eser (2005), 955, 971 s.; *Werle* ZStW 109 (1997), 808, 824; *Wolfrum*, in: Dinstein/Tabory (a cura di), War Crimes in International Law (1996), 233, 237 ss.; cfr. inoltre – anche se non più del tutto attuale – il panorama dell'attuazione del principio di universalità negli ordinamenti giuridici statali redatto da *Amnesty International*, Universal Juri-

commessi nel contesto di una guerra civile³⁷⁷. Al perseguimento di detti crimini sono legittimati pertanto anche Stati terzi, vale a dire Stati che non hanno nessuna speciale connessione con quei delitti. Taluni dubbi residuano in relazione al crimine di aggressione, per via della mancanza di una prassi significativa degli Stati sul punto³⁷⁸.

188 Dal punto di vista politico-criminale, la validità del principio di universalità per i crimini di diritto internazionale è da salutare con favore, perché, anche dopo l'istituzione della Corte, il perseguimento di quei crimini da parte di una giurisdizione internazionale resterà l'eccezione: l'illimitata validità di quel principio consente dunque una repressione "decentralizzata", sulla base di una rete a maglie fitte di pretese punitive universali. Le *chances* di por fine all'impunità per crimini internazionali, finora diffusa, sono per questa via significativamente aumentate. Peraltro, in futuro non possono essere esclusi determinati pericoli: da un lato, l'apertura dello spazio giuridico nazionale ad irruzioni di Stati terzi cela in sé un rilevante potenziale di abusi³⁷⁹. Dall'altro lato, la legittimazione universale a punire porta necessariamente un gran numero di pretese punitive tra loro concorrenti³⁸⁰.

---

sdiction (2001). La Camera d'Appello dell'ICTY cita approvandola, nella pronuncia del 2 ottobre 1995 (Tadić, AC), § 57, una decisione del Tribunale Supremo Militare italiano: «Norms prohibiting [crimes against the laws and customs of war] have a universal character, not simply a territorial one. [Crimes against the laws and customs of war] concern all civilised states, and are to be opposed and punished, in the same way as the crimes of piracy, trade of women or minors and enslavement are to be opposed and punished, wherever they may have been committed». La Corte Internazionale di Giustizia, per contro, nel caso sopra ricordato del mandato d'arresto, non ha approfittato dell'opportunità di pronunciarsi sull'ambito di applicazione del principio di universalità: cfr. ICJ, sent. 14 febbraio 2002 (Case Concerning the Arrest Warrant of 11 April 2000, DR Congo v. Belgium), ICJ Reports 2002, 3 ss.; nel merito, tuttavia, le opinioni separate contengono prese di posizione in parte largamente discordanti: in proposito, *Kreß* ZStW 114 (2002), 818 ss.; *O'Keefe*, Journal of International Criminal Justice 2 (2004), 735 ss.; cfr. anche *Dahm/Delbrück/Wolfrum*, Völkerrecht, vol. I/3, 2ª ed. (2002), 1012 s. – La validità consuetudinaria del principio di universalità in materia di genocidio non impedisce che la relativa Convenzione preveda espressamente la giurisdizione di un tribunale dello Stato sul cui territorio il fatto è stato commesso oppure di un tribunale internazionale (allora ancora da istituire) competente nei confronti degli Stati-Parte che hanno accettato la sua giurisdizione (art. VI della Convenzione sul genocidio): in tal senso ICJ, sent. 11 luglio 1996 (Case Concerning Application of the Convention on the Prevention and Punishment of the Crime of Genocide, Bosnia and Herzegovina v. Yugoslavia), ICJ Reports 1996, 595, § 31 e BVerfG NJW 2001, 1848, 1852.

³⁷⁷ Su questo punto i dubbi vengono dal fatto che le Convenzioni di Ginevra prevedono espressamente il principio di universalità soltanto per crimini di guerra commessi nell'ambito di conflitti armati internazionali. Per la validità come diritto consuetudinario cfr. però *Ambos* NStZ 1999, 226, 228 ss.; *Kreß*, Israel Yearbook on Human Rights 30 (2001), 103, 169 s.; *Werle* ZStW 109 (1997), 808, 818 s.

³⁷⁸ Cfr. *Tomuschat*, in: Cremer et al. (a cura di), Festschrift für Steinberger (2002), 315, 341 s.; a favore della validità del principio di universalità per il crimine di aggressione v. però *Weigend*, in: Arnold et al. (a cura di), Festschrift für Eser (2005), 955, 972.

³⁷⁹ Cfr. in proposito, per riferimenti bibliografici, *supra*, n. marg. 184, in nota 367.

³⁸⁰ Approfondimenti su questa problematica e ciò che dovrà essere compiuto in futuro in relazione ad essa LK-*Werle/Jeßberger*, StGB, 12ª ed. (2007), Vor § 3 n. marg. 45 ss.

Queste perplessità non sono peraltro motivo per rinunciare *tout court* al principio di universalità; il problema, nel contesto internazionale, resta quello di chiamare a rispondere penalmente gli autori dei più gravi crimini e, d'altronde, fino ad ora non è dato osservare – né ad oggi sembra da temere – un eccesso di pretese punitive. Ciononostante, i richiami ai pericoli di un abuso del principio di universalità meritano considerazione: non si può pretendere di creare per mezzo di quel principio una sorta di competenza globale di tutti gli Stati, che nella pratica porterebbe alla collisione tra pretese punitive; scopo del principio è, piuttosto, quello di evitare lacune nella repressione dei crimini di diritto internazionale, ed in questo scopo esso trova la sua legittimazione ma anche i suoi limiti. La giurisdizione in base al principio di universalità è dunque da intendere come giurisdizione "sussidiaria", che cioè non esclude ma semplicemente integra, per l'appunto in funzione sussidiaria, le giurisdizioni competenti in via primaria[381]. Stati terzi sono dunque autorizzati ad attivare la repressione in base al principio di universalità soltanto laddove un sistema giuridico che ha un più diretto collegamento con il fatto non voglia o non sia in condizione di procedervi. Una sussidiarietà così concepita conduce ad una limitazione ragionevole del principio di universalità, che – da un lato – contribuisce all'efficace repressione dei crimini di diritto internazionale e, dall'altro lato, rispetta la sovranità degli Stati che, con quelli, hanno un più diretto collegamento; in tal senso il principio di universalità consente agli Stati di creare una "giustizia a pronto uso" (*Bereitschaftsjustiz*) per assicurare la repressione e fronteggiare l'impunità[382].

II. Obblighi di punire

Il diritto internazionale non soltanto conferisce alla comunità internazionale ed agli Stati la legittimazione a punire crimini di diritto internazionale, ma può addirittura stabilire un obbligo, in presenza di determinati presupposti[383].

Nel Preambolo dello Statuto è ribadito che «i delitti più gravi che riguardano l'insieme della comunità internazionale non possono rimanere impuniti e che la loro repressione deve essere efficacemente garantita mediante provvedimenti adottati in ambito nazionale ed attraverso il rafforzamento della cooperazione internazionale» e gli Stati rammentano che «è dovere di ciascuno Stato esercitare la propria giurisdizione penale nei confronti dei responsabili di crimini internazionali»[384].

---

[381] Cfr. anche *Kreß*, Journal of International Criminal Justice 4 (2006), 561 ss. e, per ulteriori riferimenti, *supra*, n. marg. 184 in nota 367.

[382] Per approfondimenti *Jeßberger*, in: Kaleck et al. (a cura di), International Prosecution of Human Rights Crimes (2007), 213, 220 s.; *Werle*, in: Dupuy et al. (a cura di), Festschrift für Tomuschat (2006), 655, 668 s. nonché *Werle*, in: Hankel (a cura di), Recht ohne Macht – Macht ohne Recht?, in corso di stampa.

[383] Approfonditamente sull'estensione della potestà punitiva in base al diritto internazionale e sugli obblighi internazionali di repressione LK-*Werle/Jeßberger*, StGB, 12ª ed. (2007), Vor § 3 n. marg. 31 ss.

[384] Preambolo, alinea 4 e 6, Statuto ICC. In termini simili già *ILC*, Principles of International

1. Dovere di punire, per lo Stato di commissione

192 Che lo Stato del luogo di commissione abbia l'obbligo di punire i crimini di diritto internazionale è principio riconosciuto dal diritto consuetudinario[385]; per genocidio e crimini di guerra commessi nell'ambito di un conflitto armato internazionale questo dovere si ricava anche dal diritto internazionale pattizio[386].

193 Le disposizioni delle Convenzioni di Ginevra in tema di «gravi violazioni» fondano, per determinate gravi infrazioni, obblighi di punire in capo a tutti gli Stati-Parte. Ciò vale ad esempio per omicidi, gravi lesioni personali, sequestri di persona, che siano commessi in danno delle «persone protette». A queste appartengono, in generale, soltanto cittadini di Stati esteri; tuttavia, l'art. 3 comune alle Convenzioni protegge nel nucleo essenziale ivi indicato anche cittadini dello stesso Stato in caso di conflitto armato non internazionale e li rende, all'atto pratico, parimenti "persone protette". Questa larga assimilazione delle disposizioni applicabili al conflitto armato internazionale e non internazionale depone a favore dell'estensione ai conflitti del secondo tipo degli obblighi di repressione e punizione previsti per il primo[387].

194 A supporto dell'obbligo di punire può essere addotto con profitto un dibattito condotto negli anni Novanta del secolo scorso, apertosi sul dovere di punire ogni grave lesione dei diritti umani fondamentali[388]. La discussione fu occasionata da una decisione[389] della Corte Interamericana dei Diritti Umani del 1988, in cui si stabilì che lo Stato ha un obbligo giuri-

---

Law Recognised in the Charter of the Nuremberg Tribunal and in the Judgment of the Tribunal, Principle I, Yearbook of the International Law Commission 1950 II, 364: «Crimes Against Humanity wherever they are committed, shall be subject to investigation and the persons against whom there is evidence [...] shall be subject to tracing, arrest, trial and, if found guilty, to punishment».

[385] Cfr. *Kreß*, Israel Yearbook on Human Rights 30 (2001), 103, 163 in nota 237; *Roht-Arriaza*, in: Shelton (a cura di), International Crimes, Peace and Human Rights (2000), 77, 78; *Tomuschat*, in: Cremer et al. (a cura di), Festschrift für Steinberger (2002), 315, 342 s.; inoltre *Schlunck*, Amnesty versus Accountability (2000), 27; Triffterer-*Triffterer*, Rome Statute (1999), Preambolo, n. marg. 17.

[386] Cfr. art. IV della Convenzione sul genocidio; art. 129 Ginevra III e art. 146 Ginevra IV; un obbligo di punire previsto dal diritto internazionale convenzionale esiste inoltre in tutti i casi nei quali crimini internazionali sono realizzati mediante atti di tortura; esso si desume dall'art. 7 della Convenzione sulla tortura. Su tutto ciò cfr. approfonditamente *M. Schmidt*, Externe Strafpflichten (2002), 136 ss.; cfr. inoltre *Cassese*, International Criminal Law (2003), 302 s.; *Eser*, in: Vohrah et al. (a cura di), Man's Inhumanity to Man (2003), 279 ss.; *Kreß*, Israel Yearbook on Human Rights 30 (2001), 103, 162; *Roht-Arriaza*, in: Roht-Arriaza (a cura di), Impunity and Human Rights (1995), 24 ss.; *Scharf*, Cornell International Law Journal 32 (1999), 507, 526.

[387] Così anche *Ambos* NStZ 1999, 226, 228 s.; *Triffterer*, in: Hankel/Stuby (a cura di), Strafgerichte gegen Menschheitsverbrechen (1995), 169, 181; LK-*Werle/Jeßberger*, StGB, 12ª ed. (2007), Vor § 3 n. marg. 89; *Wolfrum*, in: Fleck (a cura di), Handbuch des humanitären Völkerrechts in bewaffneten Konflikten (1994), 425; lascia aperta la questione BGHSt 46, 292, 302.

[388] Fondamentale *Orentlicher*, Yale Law Journal 100 (1991), 2537 ss. Cfr. anche *Bassiouni*, Crimes Against Humanity (1992), 503; *Edelenbos*, Leiden Journal of International Law 7 (1994), 5 ss.; *Gross*, Humanitäres Völkerrecht-Informationsschriften 2001, 162, 165 («non è più controverso»).

[389] I/A Court H.R., 29 luglio 1988 (Velázquez Rodríguez), EuGRZ 1989, 157 ss.

dico d'impedire violazioni dei diritti umani, di indagare seriamente sugli indizi di tali violazioni, identificarne gli autori, comminare sanzioni proporzionate ed appropriate, ed infine garantire alle vittime adeguato ristoro. In base a questa interpretazione delle Convenzioni sui diritti umani – nel frattempo confermata dalla Corte Europea dei diritti dell'Uomo e dalla Commissione ONU per i diritti umani –[390] obblighi di punire derivano per l'appunto dal dovere degli Stati di garantire la protezione ed un'effettiva tutela giuridica dei diritti dell'uomo[391]: strumento importante per la garanzia di quest'ultimi è infatti proprio l'incriminazione dei comportamenti lesivi. Dalle predette Convenzioni si ricava dunque – sotto il duplice profilo della protezione e dell'effettiva tutela giuridica – il dovere di punire in capo allo stato del luogo di commissione del fatto[392].

2. Dovere di punire, per Stati terzi?

Le ripercussioni pratiche del dovere di punire in capo allo Stato di commissione sono limitate: i crimini di diritto internazionale sono di norma crimini di Stato; accontentarsi dell'imposizione di quell'obbligo significherebbe lasciar l'autore a giudicare *in re propria*; è per questo che l'interrogativo se sussista un dovere di punire anche in capo a Stati terzi ha un'enorme rilevanza giuridico-politica.

Dal principio di universalità deriva innanzi tutto una legittimazione a punire; un vero e proprio dovere di punire crimini di diritto internazionale commessi al di fuori del proprio territorio da cittadini stranieri (*mandatory universal jurisdiction*)[393] è ammesso finora soltanto per i crimini di guerra commessi nel contesto di un conflitto armato internazionale. Fondamento di questa regola consuetudinaria sono le Convenzioni di Ginevra, in base alle quali gli Stati-Parte hanno l'obbligo, a fronte di gravi violazioni dovunque, da chiunque e nei confronti di chiunque commesse, o di perseguirle direttamente o di consegnare i responsabili ad un altro Stato-Parte interessato alla repressione, perché questi proceda a giudicarli[394]. Ad ogni Stato che detenga i responsabili (*custodial state*) fa capo l'obbligo o di giudicarli o di estradarli ad uno Stato disposto a perseguirli (*aut dedere aut iudicare*)[395] e ciò anche ed

---

[390] Approfonditamente, con riferimenti alla giurisprudenza recente, *Tomuschat*, in: Cremer et al. (a cura di), Festschrift für Steinberger (2002), 315, 320 ss.

[391] Fondamento ne sono soprattutto le cd. clausole "respect and ensure" contenute nei Patti sulla tutela dei diritti umani (es., art. 1 CEDU) e le garanzie di un'effettiva tutela giurisdizionale (es., art. 13 CEDU); cfr. in dettaglio *Ambos*, Straflosigkeit von Menschenrechtsverletzungen (1997), 163 ss.; *Roht-Arriaza*, in: Roht-Arriaza (a cura di), Impunity and Human Rights (1995), 24, 29 ss.; *Schlunck*, Amnesty versus Accountability (2000), 39 ss.

[392] Approfonditamente sul relativo obbligo di indagare le violazioni dei diritti umani, *Jeßberger* KJ 1996, 290, 293 ss.

[393] Su questo concetto *Tomuschat*, in: Cremer et al. (a cura di), Festschrift für Steinberger (2002), 315, 327 s. (il riferimento è al caso in cui «States are [...] not only empowered, but also enjoined, to prosecute and try alleged offenders under their jurisdiction, no matter where the crime concerned was committed»).

[394] Art. 146 Ginevra IV. In proposito, *Dahm/Delbrück/Wolfrum*, Völkerrecht, vol. I/3, 2ª ed. (2002), 1008.

[395] Cfr. approfonditamente *Bassiouni/Wise*, Aut Dedere Aut Judicare (1995), con indicazione di numerosi trattati internazionali che prevedono detto principio; *Dahm/Delbrück/Wolfrum*, Völker-

in particolare quando, a prescindere dalla presenza dell'autore sul territorio, non vi sarebbe altrimenti nessun collegamento con i fatti; la scelta nell'ambito di quell'alternativa è perfettamente libera[396]. Secondo l'opinione corretta, nell'ambito di applicazione delle disposizioni sulle "gravi violazioni" devono intendersi compresi anche i crimini commessi in occasione di guerre civili[397].

197   L'interrogativo se il diritto consuetudinario prescriva il dovere di punire in capo a Stati terzi anche per i crimini di genocidio e contro l'umanità è prevalentemente risolto in senso negativo[398]; sul punto mancano in ogni caso anche disposizioni di diritto pattizio[399]: la questione se il dovere di punire i crimini di diritto internazionale coinvolga Stati terzi sulla base del principio di universalità è lasciata deliberatamente aperta anche dallo Statuto di Roma[400].

198   Il principio *aut dedere aut iudicare* è in realtà previsto nei Progetti della Commissione per il diritto internazionale per *tutti* i crimini di diritto internazionale, con le eccezioni previste dal diritto consuetudinario per il crimine di aggressione[401].

199   Tuttavia, questi progetti non si sono mai realizzati; in particolare non hanno trovato nessuna eco nello Statuto, dal cui Preambolo si ricava unicamente quanto già sopra ricordato (n. marg. 191): con ciò si conferma soltanto il dovere di punire

---

recht, vol. I/3, 2ª ed. (2002), 1004 ss.; *Maierhöfer*, Aut dedere - aut iudicare (2006), 195 ss.; cfr. inoltre *Tomuschat*, in: Cremer et al. (a cura di), Festschrift für Steinberger (2002), 315, 333.

[396] Cfr. *Dahm/Delbrück/Wolfrum*, Völkerrecht, vol. I/3, 2ª ed. (2002), 1009 s.; *Gilbert*, Transnational Fugitive Offenders (1998), 322 s. («genuine choice»); *Maierhöfer*, Aut dedere - aut iudicare (2006), 352 ss. Nel cd. caso *Lockerbie* la Libia ha argomentato, davanti alla ICJ, nel senso che la Convenzione di Montreal lascerebbe allo Stato di custodia la scelta fra procedere autonomamente ed estradare; la ICJ non si è pronunciata sulla questione: ICJ, 14 aprile 1992 (Case Concerning Questions of Interpretation and Application of the 1971 Montreal Convention Arising from the Aerial Incident at Lockerbie, Libyan Arab Jamahiriya v. United Kingdom), ICJ Reports 1992, 3, §§ 4 ss..

[397] Cfr. già *supra*, n. marg. 193 nonché *Maierhöfer*, Aut dedere - aut iudicare (2006), 195 ss.; *Werle* ZStW 109 (1997), 808, 818 ss., ove ulteriori riferimenti.

[398] Cfr. *Dugard*, in: Cassese/Gaeta/Jones (a cura di), Rome Statute, vol. 1 (2002), 693, 698; *Gärditz*, Weltrechtspflege (2006), 290 ss.; *Gilbert*, Transnational Fugitive Offenders (1998), 322; *Tomuschat*, in: Cremer et al. (a cura di), Festschrift für Steinberger (2002), 315, 337 s. In contrario, *Bassiouni* sostiene l'opinione che il principio *aut dedere aut iudicare* sarebbe divenuto ad oggi diritto consuetudinario ed avrebbe validità per tutti i crimini internazionali: cfr. *Bassiouni/Wise*, Aut Dedere Aut Judicare (1995), 21, 24; *Bassiouni*, Virginia Journal of International Law 42 (2001), 81, 148 s. In termini simili *Enache/Brown*, McGill Law Journal 43 (1998), 613, 625 ss.

[399] Sulla portata dell'obbligo di punire previsto dalla Convenzione sul genocidio cfr. ad es. *Tomuschat*, in: Cremer et al. (a cura di), Festschrift für Steinberger (2002), 315, 332; cfr. anche *Eser*, in: Vohrah et al. (a cura di), Man's Inhumanity to Man (2003), 279, 281 ss.

[400] Cfr. *Eser*, in: Vohrah et al. (a cura di), Man's Inhumanity to Man (2003), 279, 281 ss.; *Kreß*, Israel Yearbook on Human Rights 30 (2001), 103, 163; *Slade/Clark*, in: Lee (a cura di), The International Criminal Court, The Making of the Rome Statute (1999), 427 («delightfully ambiguous»); Trifferer-*Triffterer*, Rome Statute (1999), Preambolo n. marg. 17 («deliberately left ambiguous»).

[401] Cfr. art. 6 *Draft Code* 1991: «A State in whose territory an individual alleged to have committed a crime against the peace and security of mankind is present shall either try or extradite him». Cfr. anche art. 9 *Draft Code* 1996.

in capo allo Stato del luogo di commissione[402]. Per converso, tuttavia, il fatto che la stessa Corte non sia dotata di giurisdizione universale, perché sul punto non vi è stato accordo tra gli Stati, non può essere addotto per escludere in capo Stati terzi un dovere in tal senso[403].

Siffatto dovere non può essere desunto dagli accordi internazionali in materia di diritti umani[404], perché vi si oppone il carattere accessorio di tale dovere rispetto al diritto leso[405]: dalla connessione "diritto umano-dovere di protezione-dovere di punire" può essere dedotto soltanto, quanto al dovere di punire, che lo Stato è co-obbligato ad introdurre norme penali contro le più gravi violazioni. Il dovere di punire non può essere più ampio del dovere di protezione; quest'ultimo si ferma però ai confini del territorio soggetto alla sovranità. È per questa ragione che dagli accordi internazionali si ricava soltanto per lo Stato del luogo di commissione un obbligo di punire in caso di gravi violazioni dei diritti umani[406].

III. *Transitional Justice* e crimini di diritto internazionale

Nel caso di crimini di diritto internazionale si tratta tipicamente di un "illecito di sistema", di crimini commessi, cioè, con il coinvolgimento dello Stato nell'ambito di sistemi dittatoriali o di conflitti armati. La rielaborazione giuridica di questo illecito diviene prevalentemente possibile soltanto quando la dittatura viene liquidata da un ordinamento giuridico da stato di diritto, o il conflitto ha termine. Accanto alla – od al posto della – repressione penale vengono in considerazione anche altri tipi di reazione, quali ad esempio la concessione di amnistia, l'istituzione di Commissioni di verità e riconciliazione, o l'adozione di misure risarcitorie. Va sotto la denominazione di *Transitional Justice* la discussione su quali forme di rielaborazione del passato d'illecito hanno scelto le società dopo il radicale cambiamento, e quali reazioni siano adeguate[407].

---

[402] Cfr. Triffterer-*Triffterer*, Rome Statute (1999), Preambolo n. marg. 17.
[403] Così invece *Tomuschat*, in: Cremer et al. (a cura di), Festschrift für Steinberger (2002), 315, 339: «Under these circumstances it would be highly contradictory to construe a duty of prosecution».
[404] Cfr. anche *supra*, n. marg. 194.
[405] Cfr. *Jeßberger* KJ 1996, 290, 298 (obbligazione annessa, «Annex-Verpflichtung»); *Tomuschat*, in: Cremer et al. (a cura di), Festschrift für Steinberger (2002), 315, 326 («secondary obligation»).
[406] Così, a ragione, *Tomuschat*, in: Cremer et al. (a cura di), Festschrift für Steinberger (2002), 315, 326: «No State can assume the burden of ensuring enjoyment of human rights in the territory of other States».
[407] Cfr. in tema *Werle*, in: Hof/Schulte (a cura di), Wirkungsforschung zum Recht, vol. III (2001), 291, 300 ss. nonché *Marxen/Werle*, Die strafrechtliche Aufarbeitung von DDR-Unrecht (1999), 258.

1. Processi di rielaborazione: opzioni

202 Per la rielaborazione del passato d'illecito stanno a disposizione, storicamente, cinque opzioni[408]. La *prima* è la persecuzione penale dell'illecito criminale, che è la situazione giuridica normale, anche e proprio come razione all'illecito di sistema[409]. La repressione può avvenire, come si è visto, in base al diritto nazionale od internazionale, ed essere condotta da parte di tribunali nazionali, internazionali o "ibridi"[410].

203 I più recenti esempi di repressione penale di illeciti "di sistema" sono la punizione dei crimini commessi nell'ex Jugoslavia[411], del genocidio commesso in Ruanda[412], dei crimini del governo della DDR, dopo la riunificazione tedesca[413].

204 La *seconda* opzione, specularmente contrapposta, è la non punizione. Strumento di questa può essere l'amnistia generale, esempi della quale sono offerti dagli stati Sudamericani[414]. Non di rado si rinuncia del tutto ad un provvedimento di amnistia e al suo posto rimane la non repressione di fatto, il "lasciare in pace" [è, in sostanza, quanto accaduto in Italia]****; entrambi questi atteggiamenti sono spesso il prezzo che si paga per il cambiamento di sistema, quando i vecchi detentori del potere condizionano il passaggio alla democrazia o la fine del conflitto alla garanzia

---

[408] Cfr. in proposito *Huyse*, Law and Social Inquiry 51 (1995), 51 ss.; *Kritz*, in: Kritz (a cura di), Transitional Justice, vol. 1 (1995), xix ss.; *Werle*, in: Hof/Schulte (a cura di), Wirkungsforschung zum Recht, vol. III (2001), 291 s.; *Wüstenberg*, Die politische Dimension der Versöhnung (2003), 116 ss.
[409] *Marxen/Werle*, Die strafrechtliche Aufarbeitung von DDR-Unrecht (1999), 242.
[410] Cfr. in proposito, n. marg. 74 ss., 276 ss.
[411] Cfr. *infra*, n. marg. 259 ss., 280 s., 288 ss.
[412] Cfr. *infra*, n. marg. 272 ss., 287, 291.
[413] Cfr. per un riepilogo *Kreicker*, in: Eser/Arnold (a cura di), Strafrecht in Reaktion auf Systemunrecht, vol. 2 (2000); *Marxen/Werle*, Die strafrechtliche Aufarbeitung von DDR-Unrecht (1999); *Marxen/Werle* (a cura di), Strafjustiz und DDR-Unrecht – Dokumentation (gegenwärtig sechs Bände, 2000-2007).
[414] Cfr. a proposito dell'Argentina *Brown*, Texas International Law Journal 37 (2002), 203 ss.; *Nino*, Yale Law Journal 100 (1991), 2619; *Sancinetti/Ferrante*, in: Eser/Arnold (a cura di), Strafrecht in Reaktion auf Systemunrecht, vol. 3 (2002); *Schwartz*, Emroy International Law Review 18 (2004), 317; per il Cile cfr. *Klumpp*, Vergangenheitsbewältigung durch Wahrheitskommissionen – das Beispiel Chile (2001). Cfr. anche *Ambos*, Straflosigkeit von Menschenrechtsverletzungen – Zur "impunidad" in südamerikanischen Ländern aus völkerstrafrechtlicher Sicht (1997).

**** [«Tiepidamente» in Italia si procedette nei confronti degli ex ministri dell'Interno e della Difesa della Repubblica Sociale Italiana, dell'ex Prefetto di Milano, del Generale della Guardia Nazionale Repubblicana, del Capo della Provincia di Genova (per un cenno M. Battini, Peccati di memoria. La mancata Norimberga italiana, Roma-Bari 2003, 12). Cfr. anche la L. 15 maggio 2003 n. 107, istitutiva della Commissione Parlamentare di inchiesta sulle cause dell'occultamento di fascicoli relativi a crimini nazifascisti (695 fascicoli rimasti fra il 1960 ed il 1994 in un armadio presso la Procura Militare di Roma); per le attività ed i resoconti della Commissione (approvati agli inizi del 2006; è stata presentata anche una relazione di minoranza) cfr. <http://legxiv.camera.it/_bicamerali/leg14/crimini/home.htm>, *N.d.T.*].

dell'impunità (non di rado essi stessi, quasi come ultimo atto di potere, disposto provvedimenti di amnistia).

Un *terza* opzione, che si connota per il particolare orientamento alla vittima, è l'accertamento dell'illecito passato da parte delle cd. Commissioni di verità e riconciliazione[415]. Molto diverse per struttura, ad esse è comune lo scopo di riconoscere in forma ufficiale gli accadimenti del passato e fissarli per la memoria delle generazioni a venire. Importanti strumenti per il perseguimento di tale scopo sono le testimonianze delle vittime e dei loro familiari, acquisite nell'ambito di pubbliche audizioni. A seconda del tipo di commissione, si acquisiscono anche dichiarazioni degli autori. Il lascito più significativo di una Commissione è di norma il suo Rapporto, nel quale è stilata un'attestazione delle violazioni dei diritti umani verificatesi nel periodo cui il rapporto stesso si riferisce, al fine di garantirne un riconoscimento ufficiale. A seconda dei casi, nel rapporto vengono indicati i nomi delle vittime ed anche degli autori. Esempi importanti di queste Commissioni sono offerti da Argentina[416], Cile[417], Guatemala[418], Sudafrica[419], Sierra Leone[420].

Particolarmente degno d'interesse è il modello sudafricano, elaborato in reazione all'Apartheid. In quell'esperienza fu istituita una Commissione incentrata sulle vittime, combinata con un'amnistia individuale, che dava la possibilità agli autori di chiedere alla "Sezione Amnistie" della Commissione la non punizione e la liberazione da pretese risarcitorie civilistiche. La concessione di amnistia fu subordinata alla completa confessione da parte dell'autore, che fornisce un contributo almeno all'accertamento ed alla ricostruzione degli illeciti (Verità in luogo di Pena)[421].

---

[415] Cfr. *Hayner*, Unspeakable Truths: Confronting State Terror and Atrocity (2001); *Hayner*, International Review of the Red Cross 88 (2006), 295 ss.

[416] La argentina *Comisión Nacional Sobre la Desparación de Personas* ha depositato il proprio rapporto conclusivo nel 1984, con il titolo «¡Nunca más!»: cfr. *Comisión Nacional Sobre la Desparación de Personas*, Nunca más, 6ª ed. (2003).

[417] La cilena *Commission on Truth and Reconciliation* ha depositato il proprio rapporto nel 1991. Una traduzione inglese di esso è apparsa nel 1993 per i tipi della University of Notre-Dame Press: cfr. Report of the Chilean National Commission on Truth and Reconciliation (1993).

[418] La guatemalteca *Comisión § el esclarecimiento histórico* ha depositato il proprio rapporto nel 1999. Cfr. in proposito, *Tomuschat*, Human Rights Quarterly 23 (2001), 233 ss.

[419] La sudafricana *Truth and Reconciliation Commission* ha depositato il proprio rapporto in sette volumi tra il 1998 (i primi cinque volumi) ed il 2003 (i restanti due volumi); esso è consultabile all'indirizzo internet <http://www.doj.gov.za/trc/trc_frameset.htm> (ult. accesso: aprile 2007).

[420] La *Truth and Reconciliation Commission* della Sierra Leone ha depositato il proprio rapporto nel 2004; estratti sono consultabili all'indirizzo internet <http://www.usip.org/library/tc/tc_regions/tc_sl.html#rep> (ult. accesso: aprile 2007). Cfr. in proposito, *Schabas*, Journal of International Criminal Justice 2 (2004), 1082 ss.

[421] Nell'ambito dell'imponente letteratura sull'approccio sudafricano cfr. ad es. *Boraine*, Truth and Reconciliation in South Africa: The Third Way, in: Rotberg/Thompson (a cura di), Truth v. Justice: The Morality of Truth Commissions (2000), 141 ss.; *Cassin*, International Review of the Red Cross 88 (2006), 235 ss.; *Dewitz*, in: Eser/Sieber/Arnold (a cura di), Strafrecht in Reaktion auf Systemunrecht, vol. 8 (2005); *Dugard*, in: McAdams (a cura di), Transitional Justice and the Rule of Law in New Democracies (1997), 269 ss.; *Hahn-Godeffroy*, Die südafrikanische Truth and Reconciliation

207 La *quarta* opzione è il risarcimento della vittima. Ad essa si riconducono tutte le forme di risarcimento materiale (ad es., indennizzo per le conseguenze l'illecito subito; restituzione di patrimonio immobiliare illecitamente sottratto); più volte negli anni passati si è cercato di azionare pretese risarcitorie davanti a tribunali statunitensi in base allo *Alien Tort Claims Act*[422]. Importanti sono anche le forme di riabilitazione morale e giuridica[423].

208 *Quinta* opzione è rappresentata da sanzioni non penali, quali ad esempio il licenziamento di funzionari e collaboratori dell'amministrazione pubblica, comprese polizia e forze armate[424].

209 Quali reazioni siano approntate nei confronti dell'illecito di sistema dopo un mutamento radicale del sistema stesso, dipende da un gran numero di fattori politici, giuridici e culturali. Dal punto di vista giuridico ha il suo peso la gravità dell'illecito commesso; in tal senso è evidente che vi sia una differenza essenziale a seconda che si sia trattato di criminalità di Stato sfociata ad esempio in genocidio o crimini contro l'umanità oppure si sia trattato di crimini meno gravi; risorse finanziarie e umane – fra cui anche la capacità di funzionamento del sistema-giustizia – possono sin dall'inizio imporre rigorosi limiti al processo di rielaborazione; ma un ruolo decisivo compete soprattutto al carattere del cambiamento di sistema: è di norma più agevole reagire con i mezzi del diritto penale se il crollo è dovuto ad una completa sconfitta militare del precedente regime, o ad una rivoluzione, che non nel caso di un passaggio di potere concordato. Ulteriori importanti fattori sono il tipo di conflitto che è stato superato, il tipo e la gravità delle violazioni dei diritti umani e il numero delle vittime e degli autori.

210 In linea di massima le differenti opzioni di rielaborazione non si escludono a vicenda, ma possono coesistere l'una accanto all'altra, procedendo in successione o in parallelo; in passato, peraltro, le Commissioni di verità e riconciliazioni sono state utilizzate in sostituzione dei processi penali. Anche persecuzione penale e amnistia possono coesistere, laddove ad esempio siano combinate l'amnistia per gli autori minori e la persecuzione penale dei principali responsabili.

Commission (1998); *Kutz*, Amnestie für politische Straftäter in Südafrika (2001); *Nerlich*, Apartheidkriminalität vor Gericht (2002); *Villa-Vincencio/Verwoed* (a cura di): Looking Back Reaching Forward – Reflections on the Truth and Reconciliation Commission of South Africa (2000); *Werle*, Humboldt-Forum Recht 1996, consultabile all'indirizzo internet <http://www.humboldt-forum-recht.de/deutsch/6-1996/index.html> (aprile 2007). Indicazioni bibliografiche esaustive sono reperibili in *Alexander/Batchelor/Durand/Savage*, Journal of Law and Religion 20 (2004/2005), 525 ss. e *Savage/Schmid/Vermeulen*, Journal of Law and Religion 16 (2001), 73 ss.

[422] Cfr. in proposito, *Dhooge*, Loyola of Los Angeles International and Comparative Law Review 28 (2006), 393 ss. nonché *Paust*, Florida Journal of International Law 16 (2004), 249 ss., ove ulteriori riferimenti.

[423] Su tutta la questione *Randelzhofer/Tomuschat* (a cura di), State Responsibility and the Individual (1999).

[424] Cfr. in proposito, ad es., *Boed*, Columbia Journal of Transnational Law 37 (1998/1999), 357 ss.; *Ellis*, Law and Contemporary Problems 59 (1996), 181 ss.; *Ło*, Law and Social Inquiry 20 (1995), 117 ss.

2. Rinuncia alla pena

Rispetto ai crimini di diritto internazionale può porsi l'interrogativo, in quale misura una rinuncia alla punizione si ponga in contraddizione con il dovere di punire. Si tratta di un interrogativo centrale proprio nei casi di crollo e mutamento di sistema: nel passaggio da un sistema criminale ad uno stato di diritto la rinuncia alla pena è un'evenienza tipica, od almeno lo è stata in passato. Sino ad oggi tuttavia, in diritto internazionale (penale) – in relazione all'ammissibilità di amnistie in processi di transizione – non sono state elaborate posizioni univoche [425].

Può considerarsi assodato, tuttavia, che una generale liberazione dalla responsabilità penale non è ammissibile, nella misura in cui il diritto internazionale obbliga alla punizione[426]; ciò è stato ormai riconosciuto espressamente anche dalla Corte Speciale per la Sierra Leone[427]. Questo significa che amnistie generali per crimini di diritto internazionale penale sono inammissibili secondo il diritto internazionale consuetudinario[428]; un'amnistia illegittima per il diritto internazionale non impedisce allora l'instaurazione di procedimenti penali in uno Stato terzo[429].

---

[425] Approfonditamente sul punto ad es. *Dahm/Delbrück/Wolfrum*, Völkerrecht, vol. I/3, 2ª ed. (2002), 1014 ss.; *Dugard*, in: Cassese/Gaeta/Jones (a cura di), Rome Statute, vol. 1 (2002), 693, 695 ss.

[426] Cfr. *Tomuschat*, in: Cremer et al. (a cura di), Festschrift für Steinberger (2002), 315, 344; inoltre *Sadat*, in: Zimmermann (a cura di), International Criminal Law and the Current Development of Public International Law (2003), 161 ss.; più prudente però *Cassese*, International Criminal Law (2003), 313 ss. – L'art. 6 co. 5 Protocollo aggiuntivo II («Al termine delle ostilità, le autorità al potere procureranno di concedere la più larga amnistia possibile alle persone che avessero preso parte al conflitto armato [...]») concerne, secondo l'opinione preferibile, esclusivamente l'esenzione da punizione per azioni legali di guerra: cfr. *Tomuschat*, in: Cremer et al. (a cura di), Festschrift für Steinberger (2002), 315, 348.

[427] Corte Speciale Sierra Leone, 13 marzo 2004 (Kallon e Kamara, AC), §§ 67 ss. la Corte ha accertato, in proposito, anche su una serie di ulteriori circostanze, ad es. che il controverso Accordo di Lomé non è in ogni caso un trattato internazionale e pertanto l'amnistia lì concordata è in linea di principio irrilevante sul piano internazionale. Criticamente in proposito, *Cassese*, Journal of International Criminal Justice 2 (2004), 1130 ss. e *Meisenberg*, International Review of the Red Cross 86 (2004), 837 ss.

[428] Cfr. ILA, Final Report on the Exercise of Universal Jurisdiction in Respect of Gross Human Rights Offences, London (2000), 15 s.; cfr. anche art. 10 *Statute of the Special Court for Sierra Leone*, UN Doc. S/2000/915, Appendice: «An amnesty granted to any person falling within the jurisdiction of the Special Court in respect of [crimes against humanity, violations of common art. 3, other serious violations of international humanitarian law] shall not be a bar to prosecution» e in proposito, Corte Speciale Sierra Leone 25 maggio 2004 (Kondewa, AC), con opinione separata *Robertson*. Cfr. *Princeton Project on Universal Jurisdiction* (a cura di), The Princeton Principles on Universal Jurisdiction (2001), Principle 7: «1. Amnesties are generally inconsistent with the obligation of states to provide accountability for [war crimes, crimes against peace, crimes against humanity, genocide etc.]».

[429] Amnistie conformi al diritto internazionale dovrebbero essere per contro tenute in considerazione anche da parte di Stati terzi così come della comunità internazionale, fra cui in particolare l'ICC: in tal senso, a ragione, *Tomuschat*, in: Cremer et al. (a cura di), Festschrift für Steinberger (2002), 315, 347.

213   Sotto altro profilo, il diritto internazionale penale non può precludersi del tutto un'amnistia necessaria al ristabilimento della pace, quando la rinuncia alla punizione sia idonea per l'appunto ad una pacificazione interna e ad una riconciliazione nazionale[430]: il che vale, ad esempio, quando l'impunità sia il prezzo per la fine di una guerra civile; in situazioni di questo tipo la rinuncia alla pena può essere legittimata dal punto di vista dell'esistenza di una "situazione di necessità"[431].

214   Sotto questo profilo, un'amnistia può essere consentita solo e soltanto quando la sua concessione sia *assolutamente indispensabile* per porre fine ad una violenza *attuale*. Su questo punto l'amnistia sudafricana offre un modello di nuova fattura per il superamento di una situazione di necessità tipica di un momento di transizione: questo modello risolve il conflitto tra l'interesse alla punizione e quello alla fine di una violenza attuale, in quanto consente bensì una "condizionata" rinuncia alla pena, ma allo stesso tempo sottolinea e promuove un processo di disvelamento e riconoscimento dell'illecito passato[432].

215   Nello Statuto di Roma non si fa espresso riferimento al rapporto fra repressione penale, da un lato, amnistia e commissioni di verità, dall'altro[433], perché in tema non fu possibile raggiungere alcun consenso[434]. È controverso se un'amnistia concessa a livello di diritto interno possa determinare l'inammissibilità di un procedimento davanti alla Corte[435]; sembra corretto distinguere: un'amnistia generale non pregiudica l'ammissibilità di un procedimento davanti alla Corte, come risulta dall'art. 17 co. 1 lett. b). In tutti gli altri casi, ed in particolare nel caso di affidamento della rielaborazione nazionale ad una Commissione di verità e riconciliazione, l'ammissibilità di un procedimento davanti alla Corte va valutata in relazione al caso concreto[436]. Molti argomenti deporrebbero a favore dell'ammissibilità di un

---

[430] Cfr. in proposito, ad es., *Dugard*, Leiden Journal of International Law 12 (1999), 1001 ss.

[431] Cfr. *Werle*, in: Bock/Wolfrum (a cura di), Umkämpfte Vergangenheit (1999), 269, 274 s. e *Werle*, in: Hof/Schulte (a cura di), Wirkungsforschung zum Recht, vol. III (2001), 291, 302 s. Proposte di criteri di valutazione della legittimità delle amnistie sono formulate da *Gross*, Humanitäres Völkerrecht-Informationsschriften 2001, 162, 168 ss.; *Scharf*, Cornell International Law Journal 32 (1999), 507 ss.

[432] Cfr. in tema *Werle*, in: Hof/Schulte (a cura di), Wirkungsforschung zum Recht, vol. III (2001), 291, 300 ss. nonché *Marxen/Werle*, Die strafrechtliche Aufarbeitung von DDR-Unrecht (1999), 258.

[433] Cfr. sulla storia dei negoziati *Holmes*, in: Lee (a cura di), The International Criminal Court, The Making of the Rome Statute (1999), 41, 52 ss.; *Roht-Arriaza*, in: Shelton (a cura di), International Crimes, Peace and Human Rights (2000), 77, 79 ss.; *Scharf*, Cornell International Law Journal 32 (1999), 507 ss.

[434] Cfr. in proposito, *Cárdenas*, Die Zulässigkeitsprüfung vor dem Internationalen Strafgerichtshof (2005), 157, ove ulteriori riferimenti.

[435] Cfr. *Hafner* et al. EJIL 10 (1999), 108 ss.; *Wedgwood* EJIL 10 (1999), 93, 95; approfonditamente *Dugard*, in: Cassese/Gaeta/Jones (a cura di), Rome Statute, vol. 1 (2002), 693, 700 s.; inoltre *Dahm/Delbrück/Wolfrum*, Völkerrecht, vol. I/3, 2ª ed. (2002), 1017 s.

[436] Sulla valutazione di ammissibilità in caso di amnistie e l'attività di Commissioni di Verità e Riconciliazione è istruttivo *Cárdenas*, Die Zulässigkeitsprüfung vor dem Internationalen Strafgerichtshof (2005), 149 ss., 194; cfr. anche *Bruer-Schäfer*, Der Internationale Strafgerichtshof (2001), 349.

procedimento davanti alla Corte per il caso di amnistie concesse in presenza di gravi violazioni dei diritti umani[437]. Peraltro, in questi casi l'art. 53 autorizza il Procuratore ad astenersi dal condurre indagini, nonostante la gravità dei reati e gli interessi delle vittime, se questi «non corrispondono all'interesse della giustizia»[438].

F. Il diritto penale internazionale nella prassi

Ahlbrecht, Heiko: Geschichte der völkerrechtlichen Strafgerichtsbarkeit im 20. Jahrhundert, Unter besonderer Berücksichtigung der völkerrechtlichen Straftatbestände und der Bemühungen um einen Ständigen Internationalen Strafgerichtshof (1999), 232 ss.; *Akhavan, Payam:* The International Criminal Tribunal for Rwanda: The Politics and Pragmatics of Punishment, AJIL 90 (1996), 501 ss.; *Ambos, Kai:* Der neue Internationale Strafgerichtshof – ein Überblick, NJW 1998, 3743 ss.; *Awaya, Kentarô:* The Tokyo Trials and the BC Class Trials, in: Marxen, Klaus/Miyazawa, Koichi/Werle, Gerhard (Hrsg.), Der Umgang mit Kriegs- und Besatzungsunrecht in Japan und Deutschland (2001), 39 ss.; *Bassiouni, M. Cherif/Manikas, Peter:* The Law of the International Criminal Tribunal for the Former Yugoslavia (1996), 775 ss.; *Bédarida, François* (Hrsg.): Touvier, Vichy et le crime contre l'humanité. Le dossier de l'accusation (1996); *Behrendt, Urs:* Die strafrechtliche Verfolgung des Völkermordes in Ruanda durch internationale und nationale Gerichte (2005); *Benvenuti, Paolo:* Complementarity of the International Criminal Court to National Jurisdictions, in: Lattanzi, Flavia/Schabas, William A. (Hrsg.), Essays on the Rome Statute of the International Criminal Court, Band 1 (1999), 21 ss.; *Benvenuti, Paolo:* The Repression of Crimes Against Humanity, War Crimes, Genocide Through National Courts, Jus Rivista di Scienze Giuridiche 46 (1999), 145 ss.; *Brown, Bartram S.:* Primacy or Complementarity: Reconciling the Jurisdiction of National Courts and International Criminal Tribunals, Yale Journal of International Law 23 (1998), 383 ss.; *Bruer-Schäfer, Aline:* Der Internationale Strafgerichtshof, Die Internationale Strafgerichtsbarkeit im Spannungsfeld von Recht und Politik (2001), 128 ss.; *Burchards, Wulf:* Die Verfolgung von Völkerrechtsverbrechen durch Drittstaaten – Das kanadische Beispiel (2005); *Capellà i Roig, Margalida:* Jurisdicciones gacaca: Una solución local al genocidio ruandés, Revista Española de Derecho Internacional 56 (2004), 765 ss.; *Cassese, Antonio:* On the Current Trend Towards Criminal Prosecution and Punishment of Breaches of International Humanitarian Law, EJIL 10 (1998), 1 ss.; *Cassese, Antonio:* International Criminal Law (2003), 348 ss.; *Chalandon, Sorj/Nivelle, Pascale:* Crimes contre l'humanité. Barbie, Touvier, Bousquet, Papon (1998); *Cryer, Robert:* Prosecuting International Crimes (2005), 124 ss.; *Eser, Albin/Kreicker, Helmut* (Hrsg.): Nationale Strafverfolgung völkerrechtlicher Verbrechen, Band 1: Deutschland (2003), Band 2: Finnland, Polen, Schweden (2003); *Eser, Albin/Sieber, Ulrich/Kreicker, Helmut* (Hrsg.): Nationale Strafverfolgung völkerrechtlicher Verbrechen, Band 3: Kroatien, Österreich, Serbien und Montenegro, Slowenien (2004), Band 4: Elfenbeinküste, Frankreich, Italien, Spanien, Lateinamerika (2005), Band 6: Australien, China, England/Wales, Russland/Weißrussland, Türkei (2007); *Fierens, Jacques: Gacaca* Courts: Between Fantasy and Reality, Journal of International Criminal Justice 3 (2005), 896 ss.;

---

[437] Così *Cárdenas*, Die Zulässigkeitsprüfung vor dem Internationalen Strafgerichtshof (2005), 149 ss., 163.
[438] Cfr. art. 53 co. 1 c) e co. 2 c) Statuto ICC.

Freudiger, Kerstin: Die juristische Aufarbeitung von NS-Verbrechen (2002); *Führer, Harald:* Nachspiel. Die niederländische Politik und die Verfolgung von Kollaborateuren und NS-Verbrechern, 1945-1989 (2005); *Gandini, Jean-Jacques:* Le procès Papon. Histoire d'une ignominie ordinaire au service de l'Etat (1999); *Greve, Michael:* Neuere Forschungen zu NS-Prozessen. Ein Überblick, KJ 32 (1999), 472 ss.; *Jescheck, Hans-Heinrich:* Der Internationale Strafgerichtshof, Vorgeschichte, Entwurfsarbeiten, Statut, in: Bemmann, Günter/Spinellis, Dionysios (Hrsg.), Strafrecht – Freiheit – Rechtsstaat, Festschrift für Georgios-Alexandros Mangakis (1999), 483 ss.; *Jeßberger, Florian/Powell, Cathleen:* Prosecuting Pinochets in South Africa – Implementing the Rome Statute of the International Criminal Court, South African Journal of Criminal Justice 14 (2001), 344 ss.; *Kaul, Hans-Peter:* Der Internationale Strafgerichtshof – Eine Bestandsaufnahme, Die Friedens-Warte 78 (2003), 11 ss.; *Kritz, Neil J.:* Transitional Justice, Band 2: Country Studies (1995); *Less, Avner W.* (Hrsg.): Der Staat Israel gegen Adolf Eichmann (1995); *Lottman, Herbert R.:* The Purge – The Purification of the French Collaborators After World War II (1986); *Marxen, Klaus:* Die Bestrafung von NS-Unrecht in Ostdeutschland, in: Marxen, Klaus/Miyazawa, Koichi/Werle, Gerhard (Hrsg.), Der Umgang mit Kriegs- und Besatzungsunrecht in Japan und Deutschland (2001), 159 ss.; *Morris, Madeleine:* Complementarity and its Discontents: States, Victims, and the International Criminal Court, in: Shelton, Dinah (Hrsg.), International Crimes, Peace, and Human Rights (2000), 177 ss.; *Ntampaka, Charles:* Le retour à la tradition dans le jugement du génocide rwandais: le gacaca, justice participative, Bulletin des Séances Académie royale des Sciences d'Outre-mer 48 (2002), 419 ss.; *Oomen, Barbara:* Rwanda's *Gacaca*: Objectives, Merits and Their Relation to Supranational Criminal Law, in: Haveman, Roelof/Olusanya, Olaoluwa (Hrsg.), Sentencing and Sanctioning in Supranational Criminal Law (2006), 161 ss.; *Roggemann, Herwig:* Die Internationalen Strafgerichtshöfe, 2. Aufl. (1998); *Roht-Arriaza, Naomi:* The Pinochet Effect – Transnational Justice in the Age of Human Rights (2005); *Rückerl, Adalbert:* NS-Verbrechen vor Gericht, 2. Aufl. (1984); *Rüter, Christiaan F./de Mildt, Dick W.:* Justiz und NS-Verbrechen, Sammlung deutscher Strafurteile wegen nationalsozialistischer Tötungsverbrechen 1945-1999, Band 1-39 (1968-2007); *Rüter, Christiaan F./de Mildt, Dick W.:* Die westdeutschen Strafverfahren wegen nationalsozialistischer Tötungsverbrechen 1945-1997 (1998); *Rüter, Christiaan F.* (Hrsg.): DDR-Justiz und NS-Verbrechen – Sammlung ostdeutscher Strafurteile wegen nationalsozialistischer Tötungsverbrechen, Band 1-9 (2002-2007); *Sadat, Leila N.:* The International Criminal Court and the Transformation of International Law (2002), 225 ss.; *Sarkin, Jeremy:* The Necessity and Challenges of Establishing a Truth and Reconciliation Commission in Rwanda, Human Rights Quarterly 21 (1999), 767 ss.; *Sarkin, Jeremy:* Promoting Justice, Truth and Reconciliation in Transitional Societies: Evaluating Rwanda's Approach in the New Millenium of Using Community Based Gacaca Tribunals To Deal With the Past, International Law Forum 2 (2000), 112 ss.; *Schabas, William A.:* An Introduction to the International Criminal Court, 2. Aufl. (2004), 67 ss.; *Schabas, William A.:* Genocide Trials and *Gacaca* Courts, Journal of International Criminal Justice 3 (2005), 879 ss.; *Sikkink, Kathryn/Walling, Carrie Booth:* Argentina's contribution to global trends in transitional justice, in: Roht-Arriaza, Naomi/Mariezcurrena, Javier (Hrsg.), Transitional Justice in the Twenty-First Century – Beyond Truth versus Justice (2006), 301 ss.; *Thelle, Ellen Hvidt:* The Gacaca Jurisdictions: A Solution to the Challenge of the Rwandan Judicial Settlement?, Human Rights in Development 13 (2001), 73 ss.; *Tomuschat, Christian:* Das Statut von Rom für den Internationalen Strafgerichtshof, Die Friedens-Warte 73 (1998), 335 ss.; *Triffterer, Otto:* Der ständige Internationale Strafgerichtshof – Anspruch und Wirklichkeit, in: Gössel, Karl Heinz/Triffterer, Otto (Hrsg.), Gedächtnisschrift für

Heinz Zipf (1999), 493 ss.; *Ueberschär, Gerd R.* (Hrsg.): Der Nationalsozialismus vor Gericht – Die alliierten Prozesse gegen Kriegsverbrecher und Soldaten 1943-1952 (1999); *Vandeginste, Stef:* Justice for Rwanda, Ten Years After: Some Lessons Learned for Transitional Justice, in: Reyntjens, Filip/Marysse, Stefaan (Hrsg.), L'Afrique des Grands Lacs: Annuaire 2003-2004 (2004), 45 ss.; *Wedgwood, Ruth:* National Courts and the Prosecution of War Crimes, in: McDonald, Gabrielle Kirk/Swaak-Goldman, Olivia (Hrsg.), Substantive and Procedural Aspects of International Criminal Law, Band 1 (2000), 393 ss.; *Weigend, Thomas:* Völkerstrafrecht – Grundsatzfragen und aktuelle Probleme, in: Kohlmann, Günter et al. (Hrsg.), Entwicklungen und Probleme des Strafrechts an der Schwelle zum 21. Jahrhundert (2003), 11 ss.; *Weinke, Annette:* Die Verfolgung von NS-Tätern im geteilten Deutschland (2002); *Werle, Gerhard/Wandres, Thomas:* Auschwitz vor Gericht (1995); *Werle, Gerhard:* Die Bestrafung von NS-Unrecht in Westdeutschland, in: Marxen, Klaus/Miyazawa, Koichi/Werle, Gerhard (Hrsg.), Der Umgang mit Kriegs- und Besatzungsunrecht in Japan und Deutschland (2001), 137 ss.; *Wolfrum, Rüdiger:* Internationale Verbrechen vor internationalen und nationalen Gerichten, in: Arnold, Jörg et al. (Hrsg.), Menschengerechtes Strafrecht (2005), 977 ss.; *van den Wyngaert, Christine:* War Crimes, Genocide and Crimes Against Humanity – Are States Taking National Prosecutions Seriously?, in: Bassiouni, M. Cherif (Hrsg.), International Criminal Law, Band 3, 2. Aufl. (1999), 227 ss.

I. Esecuzione "diretta" e "indiretta"

È possibile distinguere meccanismi di esecuzione diretta ed indiretta del diritto internazionale penale[439]. Con ciò s'intende la punizione di crimini di diritto internazionale da parte di tribunali internazionali, da un lato, e, dall'altro lato, da parte di tribunali nazionali.

Nel periodo intercorrente fra la conclusione dei processi di Norimberga e Tokyo e la creazione dei Tribunali *ad hoc* l'applicazione del diritto internazionale penale rimase affidata ai tribunali nazionali[440]. In caso di esecuzione diretta da parte dei Tribunali militari internazionali e dei Tribunali *ad hoc* la giurisdizione era ed è limitata *ratione temporis* e *ratione loci*.

---

[439] Cfr. *Bassiouni*, International Criminal Law: A Draft International Criminal Code (1980), 187; *Bassiouni*, in: Vohrah et al. (a cura di), Man's Inhumanity to Man (2003), 65, 69; *Triffterer*, in: Gössel/Triffterer (a cura di), Gedächtnisschrift für Zipf (1999), 493, 515 s. Cfr. anche *Dahm/Delbrück/Wolfrum*, Völkerrecht, vol. I/3, 2ª ed. (2002), 998; *Jeßberger/Powell*, South African Journal of Criminal Justice 14 (2001), 344, 347 ss.; *Weigend*, in: Kohlmann et al. (a cura di), Entwicklungen und Probleme des Strafrechts an der Schwelle zum 21. Jahrhundert (2003), 11, 12.

[440] Per approfondimenti in proposito, *supra*, n. marg. 42. Sul bilancio nel complesso deludente cfr. ad es. *Wedgwood*, in: McDonald/Swaak-Goldman (a cura di), Substantive and Procedural Aspects of International Criminal Law, vol. 1 (2000), 393, 404; *Weigend*, in: Kohlmann et al. (a cura di), Entwicklungen und Probleme des Strafrechts an der Schwelle zum 21. Jahrhundert (2003), 11, 12; cfr. inoltre *van den Wyngaert*, in: Bassiouni (a cura di), International Criminal Law, vol. 3, 2ª ed. (1999), 341 ss.; *Jeßberger*, Finnish Yearbook of International Law 12 (2001), 307 ss.; cfr. sugli svantaggi dell'esecuzione indiretta *Satzger*, Internationales und Europäisches Strafrecht (2005), § 11 n. marg. 8.

219 Con l'entrata in vigore dello Statuto e la creazione della Corte Criminale Internazionale, per l'esecuzione diretta del diritto penale internazionale esiste adesso un foro permanente. La Corte non è certo concepita come tribunale penale universale avente giurisdizione globale, ma come tribunale sussidiario che interviene in caso di necessità[441]; la sua giurisdizione è inoltre, come già accennato, limitata temporalmente e soprattutto nello spazio[442], e già soltanto per queste ragioni l'esecuzione indiretta del d.i.p. da parte delle giurisdizioni nazionali resterà d'importanza fondamentale.

II. Il rapporto fra giurisdizione internazionale e statuale

220 La coesistenza fra esecuzione diretta ed indiretta può portare all'affermazione contestuale di giurisdizione da parte di tribunali internazionali e nazionali, che può essere regolata in diversi modi[443].

1. Competenza esclusiva (modello di Norimberga)

221 Lo Statuto dell'IMT di Norimberga regolava la giurisdizione secondo il principio di esclusività, in relazione alla punizione dei principali criminali di guerra[444]. Soltanto per altri autori era espressamente prevista la giurisdizione degli Stati di commissione dei fatti[445].

222 Di fatto esclusiva fu per lungo tempo la giurisdizione dei tribunali penali statuali, per il semplice fatto che non vi erano a disposizione tribunali internazionali; ciò vale oggi per quei fatti che non rientrano nella giurisdizione della Corte o di altro tribunale internazionale.

---

[441] Per approfondimenti *infra*, n. marg. 226 ss., 248.

[442] Cfr. *infra*, n. marg. 231 ss.

[443] Cfr. in proposito, *Cassese*, International Criminal Law (2003), 348 ss. e *Triffterer*, in: Gössel/Triffterer (a cura di), Gedächtnisschrift für Zipf (1999), 493, 516 ss. Una panoramica sul rapporto fra potestà punitiva statuale e internazionale in prospettiva storica si trova in *Benvenuti*, in: Lattanzi/Schabas (a cura di), Essays on the Rome Statute of the International Criminal Court, vol. 1 (1999), 21, 35 ss. – Potenzialità esplosiva si nasconde dietro le largamente irrisolte questioni delle giurisdizioni concorrenti di diversi Stati nella repressione di crimini internazionali; cfr. in proposito, *Vander Beken* et al. NStZ 2002, 624; LK-*Werle/Jeßberger*, StGB, 12ª ed. (2007), Vor § 3 n. marg. 45 ss., ove ulteriori riferimenti; cfr. anche la regola di una "competenza prioritaria graduata" («gestufte Zuständigkeitspriorität») di cui al § 153f StPO. In proposito, cfr. *supra*, n. marg. 310.

[444] Cfr. art. 1 del Patto di Londra («major criminals whose offenses have no particular geographic location»), art. 6 Statuto IMT; approfondimenti *supra*, n. marg. 16 ss. Il Patto lasciava nondimeno impregiudicata la legittimazione punitiva di Stati-non Parte; di fatto la giurisdizone dell'IMT era dunque solo quasi-esclusiva.

[445] Cfr. art. 4 del Patto di Londra.

2. Giurisdizioni concorrenti

Come si è avuto modo di ripetere, sia le giurisdizioni nazionali sia quelle internazionali sono legittimate alla punizione dei crimini internazionali. In tema, possono essere distinti due modelli fondamentali di ripartizione delle competenze, a seconda che abbia priorità l'una o l'altra giurisdizione; oltre a questi viene in considerazione il principio di complementarietà quale regola di organizzazione a sé stante.

a) Priorità dei tribunali internazionali (modello dei Tribunali ad hoc *delle Nazioni Unite)*

Diversamente dal modello di Norimberga, gli Statuti ICTY e ICTR accettano in linea di principio la giurisdizione concorrente di Tribunali nazionali[446]. I casi di conflitto sono risolti secondo il principio di priorità della giurisdizione internazionale: «The international Tribunal shall have primacy over national courts. At any stage of the procedure, the International tribunal may formally request national court to defer to the competence of the International Tribunal in accordance with the present Statute…»[447]. Peraltro, sino ad oggi i Tribunali *ad hoc* non hanno praticamente fatto uso di questa facoltà[448]; v'è da considerare che in base alle regole di procedura devono sussistere precisi presupposti perché i Tribunali rivolgano una simile richiesta ad uno Stato[449].

b) Priorità dei tribunali nazionali

In linea di principio si può immaginare anche che i tribunali nazionali abbiano la priorità su una corte internazionale concepita come sussidiaria, nel senso che ad essi sia lasciata la facoltà di devolvere o meno un caso alla giurisdizione internazionale. Una giurisdizione facoltativa di questo tipo avrebbe dovuto spettare alla Corte penale internazionale permanente prevista dalla *Convention pour la création d'une Cour Pénale internationale*[450] del 16 novembre 1937[451]. Un simile modello di "*opt in*" è stato discusso anche in relazione alla giurisdizione prevista per la Corte Criminale Internazionale dallo Statuto di Roma, ma proposte in questo senso non furono accolte[452].

---

[446] Cfr. art. 9 co. 1 St-ICTY; art. 8 co. 1 St-ICTR.

[447] Art. 9 co. 2 St-ICTY; in termini identici art. 8 co. 2 St-ICTR. Approfonditamente sulla posizione di preferenza dei tribunali ONU rispetto alle giurisdizioni nazionali *Brown*, Yale Journal of International Law 23 (1998), 383, 394 ss.; *Cryer*, Prosecuting International Crimes (2005), 127 ss.; sugli sviluppi recenti *Bohlander*, Criminal Law Forum 14 (2003), 59 ss. Sulla *completion strategy* dei Tribunali *ad hoc* cfr. *infra*, n. marg. 266 ss., 275.

[448] Approfondimenti in *Cassese*, International Criminal Law (2003), 351, anche in relazione al caso *Tadić*.

[449] Cfr. le rispettive Regola 9 degli ordinamenti di procedura e prova di ICTY e ICTR.

[450] Approfondimenti sul punto *supra*, n. marg. 56.

[451] Cfr. *Ahlbrecht*, Geschichte der völkerrechtlichen Strafgerichtsbarkeit im 20. Jahrhundert (1999), 57; *Hudson* AJIL 32 (1938), 549, 554.

[452] Cfr. *Wilmshurst*, in: Lee (a cura di), The International Criminal Court, The Making of the Rome Statute (1999), 127, 131 ss. La regola alfine introdotta, quella del principio di complementarietà, non può essere intesa nel senso di una siffatta priorità delle giurisdizioni nazionali. La "com-

c) Principio di complementarietà (modello ICC)

226 La regola stabilita nello Statuto di Roma muove dalla realistica considerazione che l'esecuzione diretta del diritto internazionale penale, anche dopo l'istituzione della Corte, è destinata a rimanere un'eccezione[453]. Il Preambolo dello Statuto ribadisce che anche per i più gravi crimini che interessano la comunità internazionale in quanto tale un'efficace repressione dovrebbe essere garantita a livello dei singoli Stati e per mezzo di un rafforzamento della cooperazione interstatuale; allo stesso tempo viene ricordato che dovere di ciascun singolo Stato è quello di esercitare la propria giurisdizione sui responsabili di crimini di diritto internazionale[454]. Con ciò lo Statuto prende anche in considerazione il fatto che un procedimento condotto davanti ad un tribunale nazionale, soprattutto se dello Stato del luogo di commissione, può essere condotto spesso in modo più semplice, più celere, meno costoso.

227 Sulla scorta di queste premesse, lo Statuto prevede per il rapporto tra giurisdizioni nazionali e giurisdizione della Corte un principio particolare, quello di complementarietà[455]. Alla giurisdizione internazionale non compete sostituire le giurisdizioni nazionali neppure per i crimini fondamentali, a meno che lo Stato non voglia o non sia in grado di condurre seriamente le indagini o il processo («investigation or prosecution»)[456]. Se queste condizioni sussistano nel caso concreto è competente a deciderlo esclusivamente la Corte[457].

---

petenza a controllare" («Aufsichtskompetenz») che spetta alla Corte militare contro l'idea d'una simile preminenza: cfr. *Cárdenas*, Die Zulässigkeitsprüfung vor dem Internationalen Strafgerichtshof (2005), 44; *Eser*, in: Vohrah et al. (a cura di), Man's Inhumanity to Man (2003), 279, 280.

[453] I limiti di capacità operativa della giurisdizione internazionale sono attestati in modo drammatico dall'attività del Tribunale per il Ruanda: dalla sua istituzione esso ha giudicato con sentenza definitiva soltanto 24 persone (ultima consultazione: aprile 2007); alla stessa data si trovano nelle carceri ruandesi, in "custodia preventiva", circa 50.000 sospettati [cfr. <http://www.amnestyusa.org/document.php?lang=e&id=ENGAFR470132007>; altre fonti indicano cifre fra i 130.000 e 190.000: cfr. ad es., anche per ulteriori riferimenti, <http://ospiti.peacelink.it/burundi/notiz2.html>, *N.d.T.*]; cfr. anche *Sarkin*, Human Rights Quarterly 21 (1999), 767 ss. Cfr. inoltre *Cassese* EJIL 9 (1998), 1 ss.; *Jeßberger/Powell*, South African Journal of Criminal Justice 14 (2001), 344, 347.

[454] Preambolo, commi 4 e 6, Statuto ICC; sulle ripercussioni nel diritto nazionale v. approfonditamente *D. Robinson*, in: Cassese/Gaeta/Jones (a cura di), Rome Statute, vol. 2 (2002), 1849 ss.

[455] Cfr. art. 1, seconda parte del secondo periodo, Statuto ICC; Preambolo, co. 10, Statuto ICC; approfonditamente *Benvenuti*, in: Lattanzi/Schabas (a cura di), Essays on the Rome Statute of the International Criminal Court, vol. 1 (1999), 21 ss.; *Cryer*, Prosecuting International Crimes (2005), 145 ss.; *Holmes*, in: Cassese/Gaeta/Jones (a cura di), Rome Statute, vol. 1 (2002), 667 ss.; *Kleffner/Kor* (a cura di), Complementary Views on Complementarity (2006); *Morris*, in: Shelton (a cura di), International Crimes, Peace, and Human Rights (2000), 177 ss.; *Triffterer*, in: Gössel/Triffterer (a cura di), Gedächtnisschrift für Zipf (1999), 493, 516 ss.

[456] Cfr. art. 17 co. 1 a), Statuto ICC.

[457] Per approfondimenti su quest'importante limitazione della "preminenza" degli Stati e sulla corrispondente verifica di ammissibilità da parte della Corte cfr. *infra*, n. marg. 248. Ad ogni modo, fino a quando la Corte sarà nella fase iniziale della sua attività, v'è da presumere che eserciterà soltanto in casi eccezionali la pretesa di avocare la repressione di fatti già sottoposti ad indagini od a giudizio

Mediante il principio di complementarietà lo Statuto realizza un modello di ripartizione delle competenze, fra tribunali nazionali ed internazionali, di nuovo conio, ch'è destinato ad indicare il percorso futuro di un ordinamento penale internazionale sempre in divenire[458]. Il principio di complementarietà apre agli Stati la possibilità di perseguire direttamente un crimine internazionale, sottraendosi in tal modo all'intervento della Corte: in tal modo, esso garantisce la sovranità statuale[459] ed allo stesso tempo conferisce alla Corte un potere di sorveglianza e controllo suscettibile d'introdursi *de iure* in modo pervasivo nel cuore della potestà punitiva statuale[460]. Lo Statuto regola dunque il rapporto della giurisdizione della Corte con quella dei singoli Stati in un modo che potrebbe essere descritto con la coppia concettuale "impulso e controllo": nella situazione ideale gli Stati adempiono compiutamente ai propri doveri, rendendo superfluo l'intervento della Corte.

228

III. La Corte Criminale Internazionale: organizzazione e funzionamento

La Corte, insediata a L'Aja, ha iniziato il proprio lavoro l'11 marzo 2003[461].

229

1. Ambito della giurisdizione

La sua giurisdizione, come più volte accennato, comprende – in base al combinato disposto degli artt. 5 co. 1, 6-8 – genocidio, crimini contro l'umanità e crimini di guerra[462]; quanto al crimine di aggressione, essa può esercitarvi la sua giurisdizione solo quando sarà stato definito dagli Stati-Parte e ne saranno definite le condizioni di procedibilità[463].

230

---

in ambito nazionale. Appunto in tal senso si è espresso il Procuratore: «As a general rule, the policy of the Office [of the Prosecutor] in the initial phase of its operations will be to take action only where there is a clear case of failure to take national action», Office of the Prosecutor, Paper on some policy issues before the Office of the Prosecutor, September 2003, 5, reperibile all'indirizzo <http://www.icc-cpi.int/library/organs/otp/030905_Policy_Paper.pdf> (ultimo accesso: aprile 2007).

[458] Così anche *Stahn*, Humanitäres Völkerrecht-Informationsschriften 2004, 170, 172; sulla questione della trasponibilità del principio di complementarietà alla ripartizione orizzontale di competenza fra gli Stati cfr. *Jeßberger*, in: Kaleck et al. (a cura di), International Prosecution of Human Rights Crimes (2007), 213 ss.

[459] Così il principio di complementarietà ha rappresentato la base, in sede di negoziati a Roma, di un ampio consenso fra gli Stati sullo Statuto; su questo aspetto *Simpson*, in: McGoldrick/Rowe/Donnelly (a cura di), The Permanent International Criminal Court (2004), 47, 52 ss. Approfonditamente sulla storia dei negoziati relativamente all'art. 17 Statuto ICC *Cárdenas*, Die Zulässigkeitsprüfung vor dem Internationalen Strafgerichtshof (2005), 47 ss.; *Miskowiak*, The International Criminal Court: Consent, Cooperation and Complementarity (2000), 45.

[460] Cfr. anche *Cryer*, Prosecuting International Crimes (2005), 148 («system of oversight»).

[461] Per un bilancio dei primi due anni di attività cfr. *Kaul* AJIL 99 (2005), 370 ss.

[462] Cfr. art. 5 co. 1 Statuto ICC. Ai sensi dell'art. 26 Statuto ICC, la Corte non ha giurisdizione, se l'autore al momento del fatto era minore di anni 18. Cfr. anche *Olásolo*, Criminal Law Forum 16 (2005), 279 ss.

[463] Cfr., in proposito, *infra*, n. marg. 1316 ss.

231   Il linea di principio la Corte conosce dei fatti commessi sul territorio o da cittadini degli Stati-Parte o degli Stati che ne hanno accettato la giurisdizione[464]; lo Statuto si rifà dunque ai principi di territorialità e di personalità attiva[465].

232   Indipendentemente dal luogo del fatto e dalla nazionalità dell'autore, la Corte è competente a conoscere i fatti che le siano devoluti dal Consiglio di Sicurezza in base al capitolo VII della Carta ONU[466]. In tal caso può trattarsi anche, in particolare, di fatti commessi su territori di Stati che non sono Parte dello Statuto, e la competenza della Corte deriva dal potere di uso della forza che compete al Consiglio di Sicurezza, che può adottare misure internazionalmente vincolanti per la garanzia della pace nei confronti di tutti gli Stati membri dell'ONU[467].

233   Il Consiglio di Sicurezza ha già fatto uso di questa possibilità con la risoluzione 1593 del 31 marzo 2005, investendo la Corte della situazione nel Darfur, regione del Sudan (Stato-non Parte)[468]. Degno di nota i questa risoluzione è che in base al comma 6 sono escluse dalla giurisdizione della Corte persone che hanno partecipato in Sudan per conto di uno Stato-non Parte (ad eccezione dello stesso Sudan) ad operazioni autorizzate dal Consiglio di Sicurezza o dall'Unione Africana, nel caso in cui i supposti crimini siano connessi con queste operazioni. Il Consiglio di Sicurezza si riserva dunque, quando si tratti di Stati-non Parte, di stabilire caso per caso i limiti della giurisdizione della Corte. Retroscena di questa previsione del co. 6 operativo è stato il timore degli USA che propri militari potessero andare soggetti alla giurisdizione della Corte.

234   Ancora sulla base del Capitolo VII il Consiglio di Sicurezza può disporre, *ex* art. 16 dello Statuto, una sospensione (rinnovabile) del procedimento[469]. Anche di questa possibilità esso ha fatto uso, mediante la ris. 1422 adottata su iniziativa degli Stati Uniti, con la quale alla Corte è richiesto di non avviare o proseguire indagini per fatti ad essa segnalati, in cui siano coinvolti funzionari o impiegati di uno Stato-non Parte che partecipa ad una missione disposta o autorizzata dalle Nazioni Unite, commessi a partire dal 1° luglio 2002 in connessione con detta missione[470]. Al contempo il Consiglio annunciava l'intenzione di

---

[464] Cfr. art. 12, commi 2 e 3, Statuto ICC; per approfondimenti sui problemi del riconoscimento della giurisdizione da parte di Stati che non sono Parte del trattato cfr. *Freeland*, Nordic Journal of International Law 75 (2006), 211 ss.; *Stahn/El Zeidy/Olásolo* AJIL 99 (2005), 421; *Stahn*, Nordic Journal of International Law 75 (2006), 243 ss.

[465] Cfr. in proposito, *Ambos*, Internationales Strafrecht (2006), 22 ss.; LK-*Werle/Jeßberger*, StGB, 12ª ed. (2007), Vor § 3 n. marg. 222 s., 232 ss.

[466] Lo si deduce *a contrario* dall'art. 12 co. 2 Statuto ICC.

[467] Cfr. *Fischer*, in: Ipsen, Völkerrecht, 5ª ed. (2004), § 60 n. marg. 11 ss.

[468] UN Doc. S/RES/1593 (2005). Cfr. in proposito, *Condorelli/Ciampi*, Journal of International Criminal Justice 3 (2005), 590 ss.

[469] Cfr., in proposito, anche *Abass*, Texas International Law Journal 40 (2005), 263 ss.; *Condorelli/Villalpando*, in: Cassese/Gaeta/Jones (a cura di), Rome Statute, vol. 1 (2002), 571 ss., 627 ss.; *Gouwland-Debbas*, in: Boisson de Chazournes/Romano/Mackenzie (a cura di), International Organizations and International Dispute Settlement: Trends and Prospects (2002), 195 ss.

[470] UN Doc. S/RES/1422 (2002), riprodotto in: Humanitäres Völkerrecht-Informationsschriften, 2002, 179, n. 1; approfondimenti in *Herbst* EuGRZ 2002, 581; *Jain* EJIL 16 (2005), 239 ss.; *Kreß*, Blätter für deutsche und internationale Politik (2002), 1087 ss.; *Lavalle*, Criminal Law Forum 14 (2003), 195 ss.; *Mayerfeld*, Human Rights Quarterly 25 (2003), 93 ss.; *Mokhtar*, International Criminal Law Review 3 (2003), 295 ss.; *Zappalà*, Journal of International Criminal Justice 1 (2003), 671 ss.

disporre ogni 1° luglio una proroga di ulteriori dodici mesi (ciò che si è verificato con ris. 1487 del 12 giugno 2003 per il periodo fino al 30 giugno 2004[471]; tentativi compiuti dagli USA di ottenere un'ulteriore risoluzione per il periodo successivo al luglio 2005 sono stati abbandonati, profilandosi all'orizzonte l'opposizione degli altri membri del Consiglio di Sicurezza).

Dal punto di vista temporale, la giurisdizione della Corte è limitata ai fatti commessi dopo l'entrata in vigore dello Statuto (1° luglio 2002). Per gli Stati che hanno aderito successivamente valgono regole speciali[472]. In base all'art. 124, inoltre, gli Stati-Parte hanno inoltre la possibilità, per i crimini di guerra commessi sul proprio territorio o da propri cittadini, di escludere la giurisdizione della Corte per un periodo di sette anni dall'entrata in vigore dello Statuto.

2. Organizzazione della Corte e soggetti del procedimento

La Corte è composta dal Presidio, dalla Sezione preliminare, dalla Sezione di prima istanza, dalla Sezione di appello, dall'Ufficio della pubblica accusa, dalla Cancelleria[473]; dispone, al 2007, di un fondo di 89 milioni di euro e 647 posti in organico[474].

Il Presidio si compone di un Presidente e due Vicepresidenti ed è eletto dall'Assemblea dei giudici per una durata di tre anni[475]. Ad esso spetta l'ordinata amministrazione della Corte (con eccezione dell'Ufficio della pubblica accusa) e la rappresentanza di essa all'esterno. È organo competente anche per le questioni concernenti l'esecuzione[476]. Presidente è attualmente il coreano *Sang-hyun Song*.

I 18 giudici eletti dagli Stati-Parte sono divisi in tre sezioni: 5 sono assegnati alla Sezione per gli appelli (*appeals division*); 7 alla Sezione per il procedimento preliminare (*pre-trial division*); 6 alla Sezione per la prima istanza (*trial division*). Le funzioni giurisdizionali sono esercitate nella Sezione per le impugnazioni dalla Camera d'Appello, composta da tutti e cinque i giudici della relativa Sezione[477]; nella Sezione per il procedimento preliminare ed in quella per la prima istanza sono for-

---

[471] UN Doc. S/RES/1487 (2003).
[472] Cfr. art. 11 co. 2 Statuto ICC; cfr. anche *Scheffer*, Journal of International Criminal Justice 2 (2004), 26 ss.
[473] Cfr. art. 34 Statuto ICC. Istruttiva sulla funzione dei singoli organi la lettura di *Sadat*, The International Criminal Court and the Transformation of International Law (2002), 286 ss.
[474] Cfr. ICC, comunicato stampa del 1° dicembre 2006: Assembly of States Parties concludes its deliberations of the Fifth Session, in <http://www.icc-cpi.int/press/pressreleases/214.html> (ultimo accesso: aprile 2007).
[475] Cfr. art. 38 co. 1 Statuto ICC e Regola 4 co. 1 del RPP-ICC.
[476] Cfr. Regola 199 RPP-ICC.
[477] Cfr. art. 39 co. 2 b) i), Statuto ICC. Eccezionalmente, sulle istanze di diminuzione della pena ai sensi dell'art. 110 Statuto, decide una Camera costituita – a norma della Regola 223 RPP-ICC – da tre giudici della Divisione Impugnazioni.

239 mate Camere di tre giudici e la prima può in determinati casi essere formata anche da un giudice monocratico[478].

239 L'Ufficio del Procuratore (*office of the prosecutor*) è organo autonomo della Corte *ex* art. 42. Il suo responsabile è eletto dall'Assemblea degli Stati-Parte; esso dispone, al momento, di due sostituti procuratori. Il Procuratore è obbligato all'obiettività e tenuto ad indagare allo stesso modo sia gli elementi a carico sia quelli a favore dell'indagato[479]. Attualmente è l'argentino *Luis Moreno-Ocampo*.

240 La Cancelleria (*registry*) è affidata ad un Cancelliere eletto dall'Assemblea dei giudici su proposta degli Stati-Parte; il Cancelliere, attualmente l'italiana *Silvana Arbia*, è il funzionario amministrativo più elevato e svolge i lavoro sotto la sorveglianza del Presidente della Corte[480]. La Cancelleria rappresenta il fondamento amministrativo della Corte ma ha anche talune funzioni in ambito giudiziario – ad esempio, gestisce la lista degli avvocati abilitati davanti alla Corte[481] ed è responsabile della sorveglianza sullo stabilimento di detenzione dei soggetti in attesa di giudizio[482].

241 Non fa parte degli organi della Corte *ex* art. 34 il fondo per le vittime, istituito in base all'art. 79[483], il cui scopo è – per un verso – quello di facilitare la realizzazione delle prestazioni di risarcimento disposte da una Camera della Corte[484]; per altro verso, quello di risarcire le vittime di fatti compresi nella giurisdizione della Corte anche indipendentemente da un provvedimento della stessa. I mezzi finanziari a tal fine sono forniti principalmente da donazioni e pagamenti spontanei degli Stati-Parte[485].

242 L'Assemblea degli Stati-Parte, che pure non è un organo della Corte, decide il budget[486], elegge i giudici, il Procuratore e i suoi sostituti, può apportare modifiche al regolamento di

---

[478] Cfr. art. 39 co. 2 b) ii) e iii) Statuto ICC.

[479] Cfr. art. 54 co. 1 a) Statuto ICC; cfr. in proposito, Triffterer-*Bergsmo/Kruger*, Rome Statute (1999), art. 54 n. marg. 1 ss.

[480] Cfr. art. 43 co. 2 Statuto ICC. La posizione del Cancelliere della Corte è dunque più debole rispetto a quella della corrispondente figura presso i Tribunali *ad hoc*, nei quali il Cancelliere non è sottoposto al Presidente del Tribunale.

[481] Cfr. le Regole 67 ss. del Regolamento di amministrazione.

[482] Cfr. Regola 90 co. 1 del Regolamento di amministrazione.

[483] I dettagli dell'attività del fondo d'amministrazione fiduciaria per le vittime (*Trust Fund for Victims*) sono disciplinate dall'apposito regolamento emanato dall'Assemblea degli Stati-Parte (3 dicembre 2005; ICC-ASP/4/RES/3). Cfr. *Boyle*, Journal of International Criminal Justice 4 (2006), 307 ss.; *Ferstman*, Yearbook of International Humanitarian Law 6 (2006), 424 ss.; *Fischer*, Emroy International Law Review 17 (2003), 187 ss.; *Ingadóttir*, in: Ingadóttir (a cura di), The International Criminal Court: Recommendations on Policy and Practice (2003), 111 ss.; Triffterer-*Jennings*, Rome Statute (1999), art. 79.

[484] Cfr. Regola 90 co. 2 RPP-ICC.

[485] Cfr. in proposito ICC-ASP/4/RES/32 del 3 dicembre 2005.

[486] Il budget della Corte per il 2007 ammonta a 93.458.300 euro: cfr. ICC-ASP/5/32, *Assembly of States Parties to the Rome Statute of the International Criminal Court*, Fifth session, The Hague, 23 November–1 December 2006, Official Records (2006), Part II: External audit and Proposed programme budget for 2007. La Germania è al momento il maggior contribuente; in proposito, anche *Ambos*, Internationales Strafrecht (2006), § 6 n. marg. 47 (Fn. 180).

procedura e prova[487]; essa si riunisce almeno un volta l'anno, di norma a L'Aja[488].

Mediante il regolamento di organizzazione è stato creato l'*Office of Public Counsel for the Defence*[489]: in tal modo viene riconosciuto alla difesa – analogamente a quanto accade per il *Defence Office* nella Corte Speciale per la Sierra Leone –[490] un ruolo autonomo all'interno della struttura organizzativa della Corte. Grande importanza esso è destinato a rivestire, per la garanzia degli interessi difensivi, soprattutto nelle prime fasi del procedimento, quando ancora gli accusati non sono identificati e dunque non è nominato nessun difensore.

Parallelamente è stato creato l'*Office for Public Counsel for Victims*[491], destinato a supportare e favorire il lavoro degli avvocati delle vittime che sono parti del procedimento. In base all'art. 68 co. 3 la Corte è tenuta a far partecipare le vittime al procedimento in modo adeguato[492]; tale partecipazione costituisce un *novum* nella giurisdizione internazionale; essa è possibile sin dalle primissime fasi del procedimento, prima ancora che le indagini si siano concentrate su una determinata persona quale indagato ("sospetto", *suspect*)[493].

3. Il giudizio di ammissibilità

Fuori dai casi in cui una situazione sia devoluta alla Corte dal Consiglio di Sicurezza, essa procede ad un giudizio di ammissibilità (art. 17), dovuto alla logica del principio di complementarietà[494]. In base ad esso, restano di esclusiva competenza dei tribunali nazionali quei fatti che non raggiungano una determinata soglia di ri-

---

[487] Cfr. art. 112 co. 2 Statuto ICC.
[488] Cfr. art. 112 co. 6 Statuto ICC.
[489] Cfr. Regola 77 Regolamento di amministrazione; cfr. anche Regole 143-146 Regolamento di amministrazione della cancelleria.
[490] Cfr. Regola 45 RPP-SC-SL.
[491] Cfr. Regola 81 Reg. amm. ICC; cfr. anche Regole 114-117 Reg. amm. cancelleria.
[492] Cfr. anche Regole 89 ss. RPP-ICC. Sulla partecipazione delle vittime al procedimento cfr. *Bitti/Friman*, in: Lee (a cura di), The International Criminal Court: Elements of Crimes and Rules of Procedure and Evidence (2001), 456 ss.; *Boyle*, Journal of International Criminal Justice 4 (2006), 307 ss.; *Donat-Cattin*, in: Lattanzi/Schabas (a cura di), Essays on the Rome Statute of the International Criminal Court, vol. 1 (1999), 251 ss.; Triffterer-*Donat-Cattin*, Rome Statute (1999), art. 68; *de Hemptinne/Rindi*, Journal of International Criminal Justice 4 (2006), 342 ss.; *Jorda/de Hemptinne*, in: Cassese/Gaeta/Jones (a cura di), Rome Statute, vol. 2 (2002), 1387 ss.; *Stahn/Olásolo/Gibson*, Journal of International Criminal Justice 4 (2006), 219 ss.
[493] Cfr. ICC 17 gennaio 2006 (Kongo-Situation, ICC-01/04-101).
[494] Sull'intera questione *Cárdenas*, Die Zulässigkeitsprüfung vor dem Internationalen Strafgerichtshof (2005); per un riepilogo *Cárdenas*, in: Werle (a cura di), Justice in Transition (2006), 239 ss.; *Holmes*, in: Cassese/Gaeta/Jones (a cura di), Rome Statute (2002), vol. 1, 667 ss. Cfr. anche le tesi per la pratica applicazione del principio di complementarietà, fra gli altri, di *Cassese*, *Hall*, *D. Robinson* e *Zimmermann* in: Informal Expert Paper: The Principle of Complementarity in Practice (2003), in <http://www.icc-cpi.int/library/organs/otp/complementarity.pdf> (ultimo accesso: aprile 2007); cfr. anche *supra*, n. marg. 226 ss.

levanza[495]: un procedimento davanti alla Corte in questi casi è inammissibile[496]. In tutti gli altri casi il procedimento è senz'altro ammissibile, se e fino a quando sulla stessa vicenda («case», «affaire») non siano state condotte indagini o adottati provvedimenti in sede penale o siano tuttora in corso procedimenti penali.

246   Se la vicenda al contrario è oggetto di indagini in uno Stato, o questo sta procedendo in relazione ad essa, un procedimento davanti alla Corte è in linea di principio inammissibile. L'art. 17 co. 1 distingue tre gruppi di ipotesi: indagini o procedimenti nazionali sono in corso ma ancora non definiti (lett. a); in base ai risultati delle indagini l'autorità giudiziaria competente ha deciso di non dar luogo a procedere nei confronti persona coinvolta (lett. b); in base ai risultati delle indagini la persona coinvolta è stata già giudicata da un tribunale nazionale (lett. c). In tutti questi casi il fatto non può essere perseguito, in linea di principio, davanti alla Corte.

247   Dato caratterizzante del principio di complementarietà è peraltro che la conduzione di indagini in ambito statuale non determina sempre ed in ogni caso l'inammissibilità del procedimento davanti alla Corte. Lo Statuto prevede infatti, in via di eccezione, situazioni in presenza delle quali il procedimento è ammissibile anche se il fatto è già stato oggetto di indagini o di giudizio da parte delle autorità nazionali, ed è la Corte, come si è già detto, che decide in via esclusiva – nell'ambito di un complesso procedimento – sulla sussistenza di queste situazioni. I presupposti sono separatamente regolati dall'art. 17, in relazione a ciascun gruppo di ipotesi ivi indicato; decisiva è sempre la volontà e la capacità dello Stato in questione di perseguire seriamente i fatti.

248   Nei casi in cui le indagini sono in corso o in cui è stata presa la decisione di archiviare (art. 17, lett. a e b), il procedimento davanti alla Corte è comunque ammissibile se lo Stato non vuole o non è (stato) in grado di condurre seriamente («genuinely», «véritablement à bien») le indagini o il procedimento. Per stabilire se effettivamente difetti la volontà o vi sia l'impossibilità di uno Stato a procedere, l'art. 17 co. 2 e 3 stabilisce appositi criteri da cui quegli elementi possono essere dedotti: ad esempio, se indagini o procedimento sono stati condotti con l'intenzione di proteggere la persona dalla responsabilità penale; se viene constatato un ingiustificato ritardo, incompatibile – in relazione alle circostanze – con la reale volontà di procedere, oppure ancora, se il procedimento non è condotto in modo indipendente o imparziale. Quanto alla supposizione che lo Stato non sia materialmente in grado di procedere, essa è particolarmente agevole se il sistema della giustizia statuale è crollato. Se un tribunale nazionale ha già giudicato il fatto, l'instaurazione di un nuovo procedimento davanti alla Corte è ammissibile soltanto se sussistono i presupposti dell'art. 20 co. 3 (art. 17 co. 1 lett. c), che corrispondono a quelli previsti dall'art. 17 co. 2 lett. a) e c).

---

[495] In base all'art. 17 co. 1 d) Statuto ICC la conduzione di un procedimento davanti alla Corte è inammissibile se «il caso non è abbastanza grave da giustificare ulteriori azioni da parte della Corte». Secondo la Camera preliminare l'art. 17 co. 1 d) Statuto ICC dovrebbe garantire che la Corte instauri procedimenti soltanto contro i "most senior leaders", sospetti di essere i principali responsabili dei crimini internazionali: cfr. in dettaglio ICC, 24 febbraio 2007 (Lubanga, PTC), §§ 50 ss., 60. Cfr. anche *Cárdenas*, Die Zulässigkeitsprüfung vor dem Internationalen Strafgerichtshof (2005), 93 ss.

[496] Art. 17 co. 1 d) Statuto ICC.

La procedura con la quale è stabilita l'ammissibilità della cognizione della Corte su un caso è regolata dettagliatamente dagli artt. 18 e 19. Essa è caratterizzata dalla tempestiva notifica allo Stato coinvolto che il Procuratore ha iniziato od ha intenzione di condurre indagini; dal controllo regolare, da parte dello stesso Procuratore, delle attività investigative statuali; da ampie possibilità di sindacato e contestazione sull'attività statuale[497]. In base all'art. 19 dello Statuto, l'ammissibilità del procedimento davanti alla Corte *ex* art. 17 può essere contestata non soltanto dall'accusato, ma anche da tutti gli Stati che hanno giurisdizione sul fatto, compresi Stati-non Parte, e Stati terzi che procedano in base al principio di universalità[498].

Il principio di complementarietà, nella sua pratica applicazione, può sollevare difficili questioni. Ad esempio: qual è la disciplina per l'ipotesi in cui uno Stato che abbia giurisdizione dichiari espressamente di non voler procedere e chieda alla Corte di procedere (cd. *self-referral*)[499]? Come si deve procedere, dal punto di vista della complementarietà, se il Consiglio di Sicurezza deferisce una situazione alla Corte? Può anche in questo caso uno Stato determinare l'inammissibilità nel momento in cui adotta misure volte al perseguimento penale dei fatti? A quali condizioni si può legittimamente procedere davanti alla Corte se i fatti sono coperti da amnistia per il diritto nazionale, ad esempio nello stato di commissione[500]? Cosa accade se il procedimento statuale non soddisfa gli *standards* di tutela dei diritti umani? La Corte è chiamata anche a garantire l'osservanza di elementari principi processuali, come una sorta di Corte dei diritti umani[501]? Ed infine: possono determinare

---

[497] L'art. 18 Statuto ICC obbliga in proposito il Procuratore a notificare «a tutti gli Stati Parte ed a quegli Stati che, tenuto conto delle informazioni disponibili, di regola avrebbero giurisdizione sui crimini in questione», allorché una «situazione» sia stata sottoposta alla Corte da uno Stato-Parte, se esistano sufficienti motivi per avviare le indagini, o se egli ne abbia avviate d'ufficio. Entro un mese lo Stato può comunicare alla Corte se, per i fatti in questione, stia indagando o abbia indagato contro un proprio cittadino o contro altra persona. Su richiesta dello Stato, il Procuratore si astiene dal proseguire le proprie indagini, salvo che ritenga opportuno portarle avanti in ogni caso, ad es. perché ritiene che lo Stato richiedente non abbia realmente intenzione o non sia in grado d'investigare seriamente i fatti, ed allora può richiedere alla Camera preliminare di autorizzarlo a proseguire le indagini. Il Procuratore controlla l'eventuale decisione di archiviazione e può pretendere dallo Stato di riferire sull'andamento delle indagini.

[498] *Cárdenas*, in: Werle (a cura di), Justice in Transition (2006), 239, 242; *Condorelli*, Revue Générale de Droit International Public 103 (1999), 7, 20 in nota 26; *Stahn* EuGRZ 1998, 577, 589; diversamente *Benvenuti*, in: Lattanzi/Schabas (a cura di), Essays on the Rome Statute of the International Criminal Court, vol. 1 (1999), 21, 48 s.

[499] Cfr. la presa di posizione del gruppo di esperti, compulsato dall'Ufficio del Procuratore nel 2003 per un chiarimento sul principio di complementarietà: Informal Expert Paper: The Principle of Complementarity in Practice (2003), 18 ss., in <http://www.icc-cpi.int/library/organs/otp/complementarity.pdf>.

[500] Cfr. in tema anche *supra*, n. marg. 215. La norma di riferimento è l'art. 53 Statuto ICC ("interests of justice"). Per un verso, tali soluzioni alternative di rielaborazione del passato (Aufarbeitungsmethoden) non sono illegittime in linea di principio, per altro verso tuttavia sono problematiche in quanto si traducono alla fine nella mancata punizione.

[501] In contrario *Heller*, Criminal Law Forum 17 (2006), 255. È opinione prevalente che gravi violazioni degli *standards* processuali attestino la mancanza di volontà o l'incapacità dello Stato in questione a perseguire seriamente il fatto: cfr. *Bassiouni*, Introduction to International Criminal Law (2003), 518; *Stahn*, Journal of International Criminal Justice 3 (2005), 695, 713; Informal Expert Paper: The Principle of Complementarity in Practice (2003), 28 (cit. in nota 499).

l'inammissibilità anche le attività di repressione attivate da Stati terzi in base al principio di universalità? Oppure la Corte ha in questo caso la possibilità di attivarsi d'ufficio[502]?

4. Lo svolgimento del procedimento

251 Il procedimento può essere instaurato in tre modi (cd. *trigger mechanism*)[503]: ciascuno Stato-Parte ha il diritto di sottoporre al Procuratore una situazione nella quale appaia commesso un crimine compreso nella giurisdizione della Corte[504]. Lo stesso vale per il Consiglio di Sicurezza ONU[505]. In occasione del deferimento si avvia una prima analisi della situazione da parte del Procuratore, al cui termine sta la decisione sull'inizio o meno delle indagini[506]. Con l'autorizzazione della Camera preliminare il Procuratore può anche iniziare indagini di propria iniziativa, cioè senza un preventivo deferimento da uno Stato-Parte o dal Consiglio di Sicurezza[507].

252 Nel procedimento d'indagine (*investigation*)[508] il Procuratore si deve affidare largamente alla collaborazione degli Stati, senza la partecipazione dei cui funzionari soltanto in misura ridotta egli è in grado di condurre atti d'indagine[509]. Se esiste

---

[502] A favore dell'equiparazione degli Stati terzi a quello di commissione del fatto, qualora il sospettato si trovi sul territorio sottoposto alla sovranità di quegli Stati, depone la previsione dell'art. 18 Statuto ICC. Si pronunciano nel senso che la giurisdizione di Stati terzi possa essere affermata soltanto se il sospettato è ivi catturato (regola del *locus deprehensionis*), *Benvenuti*, in: Lattanzi/Schabas (a cura di), Essays on the Rome Statute of the International Criminal Court, vol. 1 (1999), 21, 48; *Burchards*, Die Verfolgung von Völkerrechtsverbrechen durch Drittstaaten (2005), 334; *Kleffner*, Journal of International Criminal Justice 1 (2003), 86, 109. – In questo contesto si deve notare che molti Stati, nel quadro delle leggi di esecuzione dello Statuto, hanno preso le mosse dalla premessa che in ogni caso potrebbero ritrarsi di fronte all'affermazione di giurisdizione da parte della Corte: cfr. ad es. § 153f StPO, che stabilisce una cd. priorità graduata di competenza (gestufte Zuständigkeitspriorität). Su ciò anche *Kreß/Broomhall*, in: Kreß et al. (a cura di), The Rome Statute and Domestic Legal Orders, vol. 2 (2005), 515 ss.

[503] Per una panoramica *Kreß*, in: Grützner/Pötz (a cura di), Internationaler Rechtshilfeverkehr in Strafsachen, 2ª ed. (2006), vol. 4, Vor III 26, n. marg. 18 ss., 97 ss. Cfr. anche *Danner* AJIL 97 (2003), 509, 510 ss.; *Hall*, Leiden Journal of International Law 17 (2004), 121 ss.; *Olásolo*, The Triggering Procedure of the International Criminal Court (2005).

[504] Art. 13 a), 14 Statuto ICC; cfr. in proposito, anche *Ambos*, Internationales Strafrecht (2006), § 8 n. marg. 10; *Satzger*, Internationales und Europäisches Strafrecht (2005), § 13 n. marg. 13.

[505] Art. 13 b) Statuto ICC; cfr. in proposito, anche *Ambos*, Internationales Strafrecht (2006), § 8 n. marg. 11; *Satzger*, Internationales und Europäisches Strafrecht (2005), § 13 n. marg. 15.

[506] Art. 53 co. 1 Statuto ICC. Sulla "strategia" perseguita dall'organo dell'Accusa nella sua attività cfr. Draft Regulations of the Office of the Prosecutor, Juni 2003, consultabile in <http://www.icc-cpi.int/library/organs/otp/draft_regulations.pdf> (ult. accesso: aprile 2007) nonché il Paper on some policy issues before the Office of the Prosecutor, settembre 2003, consultabile in <http://www.icc-cpi.int/library/organs/otp/030905_Policy_Paper.pdf> (ult. accesso: aprile 2007).

[507] Art. 15 co. 3 Statuto ICC; cfr. in proposito, anche *Ambos*, Internationales Strafrecht (2006), § 8 n. marg. 12; *Satzger*, Internationales und Europäisches Strafrecht (2005), § 13 n. marg. 14.

[508] Approfondita illustrazione del procedimento d'indagine davanti alla Corte in *van Heeck*, Die Weiterentwicklung des formellen Völkerstrafrechts (2006), 139 ss.

[509] Gli Stati-Parte sono obbligati a collaborare con la Corte ai sensi della Parte 9 Statuto ICC

fondato sospetto che una persona abbia commesso uno dei crimini di competenza della Corte, il Procuratore può chiedere alla Camera preliminare l'emissione di un mandato di arresto o una citazione a comparire[510]. L'esecuzione del mandato di arresto è di norma compito degli Stati; se l'accusato è consegnato alla Corte, è fissata un'udienza orale per la conferma dell'accusa (*confirmation hearing*)[511], nella quale la Camera preliminare si accerta della serietà e plausibilità delle contestazioni. Contestazioni della giurisdizione della Corte o sull'ammissibilità del procedimento devono essere proposte tempestivamente[512].

Se la Camera preliminare conferma l'accusa, il procedimento dibattimentale viene avviato davanti ad una Camera di prima istanza. Lo svolgimento del procedimento dibattimentale davanti alla Corte non è regolato in modo così dettagliato come nel caso dei Regolamenti processuali dei Tribunali *ad hoc*, ma è rimesso in misura rilevante alla discrezionalità della Camera di prima istanza e del presidente del collegio[513]. In particolare, non è espressamente previsto che il dibattimento si divida nelle fasi della *prosecution's case* e *defence's case* note al diritto anglo-americano[514]. La Camera di prima istanza può chiedere l'allegazione di tutti i mezzi di prova necessari all'accertamento della verità ed ha la possibilità di disporre l'assunzione di mezzi di prova non offerti dall'accusa o dalla difesa; peraltro, è dubbio ch'essa sia anche obbligata ad estendere l'assunzione della prova a tutti i mezzi disponibili per l'accertamento della verità[515].

In caso di condanna, la Camera di prima istanza può irrogare pene temporanee restrittive della libertà personale fino a 30 anni o, nei casi più gravi, la detenzione a vita[516]; come pene

---

(«International Cooperation and Judicial Assistance»); cfr. in proposito, *Maikowski*, Staatliche Kooperationspflichten gegenüber dem Internationalen Strafgerichtshof (2002); *Meißner*, Die Zusammenarbeit mit dem Internationalen Strafgerichtshof nach dem Römischen Statut (2003); sulla collaborazione con la Corte ed i Tribunali *ad hoc* cfr. riassuntivamente *Ambos*, Internationales Strafrecht (2006), § 8 n. marg. 56 ss.

[510] Art. 58 Statuto ICC.
[511] Art. 61 Statuto ICC.
[512] Cfr. art. 17 e 19 Statuto ICC.
[513] Cfr. art. 64 Statuto ICC; sul dibattimento davanti alla Corte *Kirsch*, International Criminal Law Review 6 (2006), 275 ss.; *Lewis*, in: Fischer/Kreß/Lüder (a cura di), International and National Prosecution of Crimes Under International Law (2001), 219 ss.; *Terrier*, in: Cassese/Gaeta/Jones (a cura di), Rome Statute, vol. 2 (2002), 1259 ss. e 1277 ss.; lamenta una cospicua limitazione dei poteri dei giudici *Hunt*, Journal of International Criminal Justice 2 (2004), 56 ss.
[514] Cfr. in proposito, *Kirsch*, International Criminal Law Review 6 (2006), 275, 287; inoltre *Terrier*, in: Cassese/Gaeta/Jones (a cura di), Rome Statute, vol. 2 (2002), 1277, 1295. Cfr. anche la Regola 140 RPP-ICC nonché Regola 43 Reg. amm.
[515] In tal senso però *Tochilovsky*, in: Fischer/Kreß/Lüder (a cura di), International and National Prosecution of Crimes under International Law (2001), 627, 631; diversamente *Kirsch*, International Criminal Law Review 6 (2006), 276 nota 8; riepilogo sulle regole in materia di prova *Ambos*, Internationales Strafrecht (2006), § 8 n. marg. 32 ss.
[516] Art. 76 ss. Statuto ICC.

accessorie sono previste la pena pecuniaria e la confisca del prodotto o profitto del reato[517]; la Camera può disporre inoltre, a carico del condannato, prestazioni risarcitorie a favore delle vittime[518]. La trattazione delle prestazioni risarcitorie costituisce una fase autonoma del procedimento, accessoria alla condanna. Il Cancelliere della Corte è tenuto a tenere informate della predetta trattazione le vittime che non siano già parte del procedimento, al fine di rendere possibile la partecipazione[519].

255 Contro la sentenza della Camera di prima istanza ed altri provvedimenti relativi al ristoro dei danni, può essere proposta impugnazione alla Camera d'Appello[520]; sono impugnabili anche alcune ordinanze adottate nel procedimento preliminare e nel dibattimento di prima istanza dalle rispettive Camere[521]. La Camera d'Appello è competente anche per la trattazione delle istanze di revisione[522] e per quelle di riduzione della pena[523].

5. Prime esperienze giurisprudenziali

256 Nel volgere di pochi anni la Corte è divenuta un'istituzione pienamente operante della repressione penale internazionale[524]; degno di nota, a proposito della pratica fin qui sviluppatasi, è soprattutto il modo con cui la Corte è stata investita di procedimenti: deferimento da parte dello Stato di commissione (*self-referral*); da parte del Consiglio di Sicurezza; specifico riconoscimento della giurisdizione della Corte da parte di Stati che non sono parte dello Statuto[525].

---

[517] Art. 77 co. 2 Statuto ICC; per un sunto *Satzger*, Internationales und Europäisches Strafrecht (2005), § 13 n. marg. 35 s.

[518] Art. 75 Statuto ICC; cfr. sul risarcimento delle vittime Triffterer-*Donat-Cattin*, Rome Statute (1999), art. 75; *Friman/Lewis*, in: Lee (a cura di), The International Criminal Court, Elements of Crimes and Rules of Procedure and Evidence (2001), 474 ss.; *Muttukumaru*, in: Lattanzi/Schabas (a cura di), Essays on the International Criminal Court, vol. 1 (1999), 303 ss.; *Muttukumaru*, in: Lee (a cura di), The International Criminal Court, The Making of the Rome Statute (1999), 262 ss. Cfr. anche, per i riferimenti normativi, *supra*, n. marg. 241 in nota 479.

[519] Cfr. Regola 96 co. 1, secondo periodo, RPP-ICC.

[520] Art. 81 e 82 co. 4 Statuto ICC. Sul procedimento di impugnazione cfr. *Brady*, in: Fischer/Kreß/Lüder (a cura di), International and National Prosecution of Crimes under International Law (2001), 235 ss.; *Roth/Henzelin*, in: Cassese/Gaeta/Jones (a cura di), Rome Statute, vol. 2 (2002), 1535 ss.; riepilogo in *Ambos*, Internationales Strafrecht (2006), § 8 n. marg. 46 ss.

[521] Art. 81 co. 3 c) ii), art. 82 co. 1 e 2 Statuto ICC.

[522] Art. 84 Statuto ICC.

[523] Art. 110 Statuto ICC in disposto combinato con la Regola 223 RPP-ICC.

[524] Cfr. *Kaul* AJIL 99 (2005), 370 ss.; cfr. anche *Bassiouni*, Journal of International Criminal Justice 4 (2006), 421 ss.; *Cassese*, Journal of International Criminal Justice 4 (2006), 434 ss.

[525] Critico sulla prassi procedurale seguita sino ad ora *Cassese*, Journal of International Criminal Justice 4 (2006), 434.

Tre Stati – Repubblica Democratica del Congo[526], Uganda[527] e Repubblica Centrafricana[528] – hanno deferito alla Corte situazioni rilevanti, *ex* art. 13 lett. a). In tutti e tre i casi si tratta di cd. auto-deferimenti, nel senso che il deferimento è stato disposto dallo stesso Stato di commissione dei fatti. Quali conseguenze giuridiche ne derivino rispetto al procedimento *ex* art. 17 non è tuttora chiaro[529]; in due delle predette situazioni (Congo e Uganda del Nord) il Procuratore ha già avviato indagini[530] ed emesso mandati di arresto[531]. Nel marzo 2006 è stato consegnato alla Corte il primo accusato, *Thomas Lubanga Dyilo*, cui è imputata la coscrizione forzata e l'utilizzazione di bambini soldato. L'accusa è stata confermata dalla Camera preliminare con decisione del 29 gennaio 2007[532].

Il Consiglio di Sicurezza ONU ha deferito alla Corte la situazione del Darfur/Sudan[533], ed anche in questo caso il Procuratore ha avviato indagini [a seguito delle quali la Camera preliminare ha emesso, il 4 marzo 2009, un mandato di arresto contro il Presidente sudanese *Omar Al Bashir, N.d.T.*]. Inoltre, la Costa d'Avorio ha riconosciuto la giurisdizione della Corte *ex* art. 12 co. 3 e pertanto essa può conoscere dei fatti commessi nello Stato dell'Africa occidentale, per quanto questo non sia (ancora) parte dello Statuto; tuttavia, la situazione non è stata ancora for-

---

[526] Cfr. sulla situazione nella repubblica Democratica del Congo *Kalere*, International Criminal Law Review 5 (2005), 463 ss. [Per aggiornamenti periodici può essere utile la newsletter <icc-info@yahoogroups.com>, nonché il sito <www.iccnow.org>, *N.d.T.*].

[527] Cfr. sulla situazione in Uganda *Apuuli*, Journal of International Criminal Justice 4 (2006) 128 ss. V. anche la nota che precede.

[528] Cfr. ICC, comunicato stampa 7 gennaio 2005: Prosecutor receives referral concerning Central African Republic, consultabile in <http://www.icc-cpi.int/pressrelease_details&id=87&l=en.html> (ult. accesso: aprile 2007); [il procuratore, dopo l'apertura delle indagini, si è recato nel gennaio 2008 nella Repubblica Centrafricana per incontrare vittime, rappresentanti della società civile, popolazione locale: cfr. <http://www.icc-cpi.int/press/pressreleases/318.html>, *N.d.T.*].

[529] Cfr. in proposito, *Arsanjani/Reisman* AJIL 99, 385 ss.; *Gaeta*, Journal of International Criminal Justice 2 (2004), 949 ss.; *Kreß*, Journal of International Criminal Justice 2 (2004), 944 ss.; sulla questione se la consegna effettuata da uno Stato possa essere dallo stesso revocata cfr. *Maged*, International Criminal Law Review 6 (2006), 419 ss.; critico in proposito *Ambos*, Internationales Strafrecht (2006), § 8 n. marg. 14; cfr. anche *supra*, n. marg. 250.

[530] Cfr. ICC, comunicato stampa 23 giugno 2004: The Office of the Prosecutor of the International Criminal Court opens its first investigation; ICC, comunicato stampa 29 luglio 2004: Prosecutor of the International Criminal Court opens an investigation into Nothern Uganda, consultabile all'indirizzo <http://www.icc-cpi.int/pressrelease_details&id=33&l=en.html> ; per acquisire i necessari aggiornamenti si possono consultare le newsletters ed i siti citati *supra*, in nota 526.

[531] Per ogni aggiornamento sulla situazione dei casi relativi a Congo, Uganda, Repubblica Centrafricana, Darfur cfr. <http://www.icc-cpi.int/cases.html> [*N.d.T.*]. Cfr. comunque *Apuuli*, Journal of International Criminal Justice 4 (2006), 179; *Frulli*, Journal of International Criminal Justice 4 (2006), 351 ss.

[532] Cfr. ICC, 29 gennaio 2007 (Lubanga, PTC). [L'appello proposto contro la decisione è stato respinto con decisione 13 giugno 2007, in <http://www.icc-cpi.int/library/cases/ICC-01-04-01-06-926_English.pdf>; il dibattimento è attualmente in corso, *N.d.T.*].

[533] Cfr. in tema anche *Zimmermann*, in: Dupuy et al. (a cura di), Festschrift für Tomuschat (2006), 681 ss. e le annotazioni critiche di *Condorelli/Ciampi*, Journal of International Criminal Justice 3 (2005), 590 ss. nonché di *Cryer*, Leiden Journal of International Law 19 (2006), 195 ss.

malmente deferita[534] alla Corte e comunque il procuratore non ha avviato indagini d'ufficio.

IV. Il Tribunale per l'ex Jugoslavia

259 È competente per la repressione di crimini di guerra, genocidio e crimini contro l'umanità commessi dal 1° gennaio 1991 nel territorio dell'ex Jugoslavia[535].

260 Si compone di un Ufficio dell'accusa, di tre Camere di prima istanza, di una Camera d'Appello e di una Cancelleria[536]. Presidente è, dal novembre 2008, il giamaicano *Patrick Lipton Robinson*. Ha in organico 16 giudici; ad essi vanno aggiunti 12 giudici *ad litem*, aggiunti cioè per i singoli procedimenti. L'Ufficio dell'accusa è guidato dal 2008 dal belga *Serge Brammertz*[537]. Importanti funzioni amministrative sono svolte dalla Cancelleria sotto la guida, prima dell'olandese *Hans Holthuis*, poi di John Hocking (dal 1° gennaio 2009). Al momento il Tribunale impiega circa 1100 persone da più di 80 Paesi. Per l'anno finanziario 2006-2207 il Tribunale dispone di un budget di oltre 276,4 milioni di dollari.

261 Lo svolgimento del procedimento è regolato dagli artt. 18 ss. dello Statuto e ulteriormente specificato nelle Regole sul procedimento[538]. Se originariamente il procedimento era improntato al modello accusatorio del *common law*, con il passare del tempo è stato arricchito di numerosi elementi desunti dal modello, diffuso in Europa continentale, del processo "inquisitorio modificato"[539]. Il Procuratore conduce le indagini, redige l'atto di accusa, e rappresenta l'accusa in dibattimento.

---

[534] È dubbio se la Costa d'Avorio fosse legittimata essa stessa, nel quadro di un "autodeferimento", a chiedere al Procuratore di intraprendere le indagini. In senso contrario depone il tenore letterale dell'art. 13 a) Statuto ICC, che conferisce tale diritto soltanto agli Stati-Parte.

[535] Cfr. artt. 1-8 Statuto ICTY. Sulla sua istituzione cfr. *supra*, n. marg. 47 ss. Nell'ambito dell'imponente letteratura sull'attività dell'ICTY cfr. ad es. i contributi nella cornice del Simposio "The ICTY 10 Years On: The View from Inside", Journal of International Criminal Justice 2 (2004), 353 ss.; *Bummel/Selbmann*, Humanitäres Völkerrecht-Informationsschriften 2006, 58 ss.; *Monrachek*, Yale Journal of International Law 31 (2006), 477 ss.; *Mundis/Gaynor*, Journal of International Criminal Justice 2 (2004), 879 ss.; 3 (2005), 485 ss.; 1134 ss.; 4 (2006), 623 ss.

[536] Cfr. art. 11 St-ICTY.

[537] [Dal 1° gennaio 2008 il Procuratore, nominato per quattro anni con ris. S/2007/683 del Consiglio di Sicurezza ONU, è il belga *Serge Brammertz*; per maggiori informazioni cfr. <http://www.un.org/icty/latest-e/index.htm>, *N.d.T.*].

[538] Cfr. art. 15 St-ICTY.

[539] Sul procedimento dinanzi ai Tribunali *ad hoc* cfr. ad es. *Ambos*, Internationales Strafrecht (2006), § 8; *Archbold*, International Criminal Courts, Practice, Procedure and Evidence (2003); *Bohlander* (a cura di), International Criminal Justice – A Critical Analysis of Institutions and Procedures (2007); *Jones*, International Criminal Practice, 3ª ed. (2003); *Zappalà*, Human Rights in International Criminal Proceedings (2003).

Dopo la conferma giudiziale dell'accusa[540], ha inizio il dibattimento davanti ad una delle Camere competenti; se del caso segue un giudizio di impugnazione davanti alla Camera d'Appello[541].

Gli Stati sono obbligati a cooperare con il Tribunale[542]; s'incaricano anche dell'esecuzione della pena quegli stati che hanno stipulato a tal fine un accordo con il Tribunale o si sono dichiarati disponibili a tal fine.

262

Fino all'inizio del 2007 erano state imputate 161 persone; 100 procedimenti sono conclusi; pene privative della libertà personale sono state irrogate nei confronti di 48 persone, ed è degno di nota che un numero davvero significativo d'imputati (18) ha reso un *guilty plea*. La misura delle pene irrogate va da 2 anni alla detenzione a vita[543]. 5 imputati sono stati assolti; procedimenti contro 11 imputati sono stati rimessi dalla Corte a Tribunali dell'ex Jugoslavia; nei confronti di 36 imputati il procedimento è terminato con la revoca dell'accusa o con la morte dell'imputato.

263

Il procedimento contro l'imputato più prominente, l'ex capo di Stato *Slobodan Milošević*, dovette essere archiviato per l'improvvisa morte di lui nel marzo 2006, pochi mesi prima della presumibile chiusura del processo in primo grado[544].

264

16 condannati sono stati nel frattempo scarcerati, gli altri scontano la pena in svariati stati europei. I procedimenti contro 13 imputati sono pendenti in appello; 25 in primo grado; 17 si trovano ancora in fase preliminare. Il numero degli imputati latitanti si è ridotto intanto a 6. Che i procedimenti davanti al Tribunale siano particolarmente complicati e lunghi è dimostrato dal numero estremamente elevato di udienze di primo grado[545].

265

Quasi 14 anni dopo la sua istituzione, il Tribunale si avvia a chiudere la propria attività; su iniziativa dei giudici è stato elaborato un piano di misure per la chiusura del Tribunale, cd. *completion strategy*[546], presentato nel 2002 al Consiglio di Sicurezza ONU e da questo approvato[547].

266

---

[540] Cfr. art. 19 St-ICTY.

[541] Cfr. art. 25 St-ICTY; in proposito, riepilogo in *Ambos*, Internationales Strafrecht (2006), § 8 n. marg. 20 ss.

[542] Cfr. art. 29 St-ICTY.

[543] La pena sinora più lieve è quella (due anni di detenzione) inflitta a *Naser Orić*; l'impugnazione è tuttora in corso. Cfr. in proposito, *Blumenstock/Pittmann*, Leiden Journal of International Law 19 (2006), 1077 ss.

[544] Sul processo a *Milošević* cfr. *Ambos* JZ 2004, 965 ss.; *Fairlie*, Criminal Law Forum 16 (2005), 107 ss.; *Steinitz*, Journal of International Criminal Justice 3 (2005), 103 ss.

[545] Il procedimento di primo grado contro *Kordić* e *Čerkez* ha impiegato ad es. 240 giorni di dibattimento; cfr. ICTY, 26 febbraio 2001 (Kordić e Čerkez, TC). Il procedimento contro *Slobodan Milošević* è durato dal 12 febbraio 2002 al 14 marzo 2006.

[546] Approfonditamente sulla *completion strategy Johnson* AJIL 99 (2005), 158 ss.; *Mundis* AJIL 99 (2005), 142 ss.; *Raab*, Journal of International Criminal Justice 3 (2005), 82 ss.; *Williams*, Criminal Law Forum 17 (2006), 177 ss.

[547] Report on the Judicial Status of the International Criminal Tribunal for the Former Yugosla-

267   La *completion strategy* consiste di tre elementi tra loro correlati. Primo: chiusura delle indagini per nuove imputazioni entro la fine del 2004; chiusura dei procedimenti in prima istanza entro la fine del 2008; termine di tutti i procedimenti entro il 2010. Secondo: concentrazione della Corte sulla persecuzione dei principali responsabili (cd. seniority criterion). Terzo: trasmissione di tutti gli altri casi a tribunali nazionali[548]. Il Consiglio di Sicurezza ha imposto al Presidente ed al Procuratore di riferire sui progressi della *completion strategy* ogni sei mesi; il primo rapporto è stato depositato il 24 maggio 2004[549].

268   Per attenersi alle direttive della *completion strategy*, negli ultimi anni sono state introdotte numerose modifiche allo statuto ed alle regole di procedura e prova, in funzione di accelerazione della procedura. In tal senso è stato modificato il ruolo del giudice, in origine piuttosto passivo, aumentandone il potere discrezionale. Così, ad esempio, egli può invitare l'accusa a concentrarsi soltanto sui principali capi d'imputazione[550]; il numero dei testimoni di accusa e difesa può essere ridotto e possono essere date direttive per il contenimento della durata dell'interrogatorio[551]. Alla riduzione della durata dei procedimenti può contribuire anche il riferimento da parte del giudice a fatti generalmente noti («facts of common knowledge») od a fatti già accertati in altri procedimenti («adjudicated facts»): tali dati di fatto non devono essere ulteriormente trattati dalle parti[552].

269   Inoltre si è prevista la possibilità della riunione di procedimenti connessi; tre di questi "maxi-processi" con 21 imputati in tutto sono iniziati nel 2006, essi concernono fra l'altro i massacri di Srebrenica e i crimini in Kosovo[553].

270   Ha fatto passi avanti anche la trasmissione di procedimenti a tribunali nazionali; dopo che un'imputazione è stata elevata davanti al tribunale, la trasmissione è possibile soltanto con deliberazione dello stesso al termine di un procedimento formale, codificato nell'art. 11*bis* dello Statuto ICTY, aperto davanti all'apposita Camera per la trasmissione degli atti ("referral bench") d'ufficio o su istanza del Procuratore[554]. Presupposto del *referral* è che

---

via and the Prospects for Referring Certain Cases to National Courts, UN Doc. S/2002/678.

[548] Cfr. UN Doc. S/RES/1503 (2003).

[549] Cfr. UN Doc. S/RES/1534 (2004). Ad oggi sono stati effettuati sei rapporti, l'ultimo dei quali il 16 novembre 2006; tali rapporti non sono da confondere con i rapporti annuali sull'attività del Tribunale, che il Presidente deve presentare all'Assemblea Generale delle Nazioni Unite ai sensi dell'art. 34 St-ICTY e relativi al periodo di attività 1° agosto-31 luglio (tutti reperibili sul sito del tribunale: <http://www.un.org/icty/publications-e/index.htm>; ultimo accesso: febbraio 2008).

[550] ICTY, Regola RP 73*bis* (E); cfr. sul punto anche ICTY, 8 novembre 2006 (Šešelj, TC).

[551] ICTY, Regole RP 73*bis* (B) e (C); 73*ter* (B) e (C). Per una panoramica sulle ulteriori modifiche alle regole di procedura dell'ICTY cfr. UN Doc. S/2006/353, Annex I, §§ 17 ss. Per modifiche alle regole in materia di impugnazione cfr. UN Doc. S/2005/781, §§ 12 ss.

[552] Cfr. ICTY, Regola RP 94. L'ICTR ha riconosciuto come circostanze di comune dominio, fra le altre, l'esistenza di un conflitto armato non internazionale in Ruanda tra il gennaio e il luglio 1994, il fatto che in quel periodo ebbero luogo attacchi largamente diffusi e sistematici contro i Tutsi, nonché la commissione di genocidio nei confronti dell'etnia Tutsi nell'aprile 1994: cfr. ICTR, 20 maggio 2005 (Semanza, AC), § 192; ICTR, 16 giugno 2006 (Karemera et al., AC), § 25; ICTR, 29 novembre 2006 (Rukundo, TC).

[553] ICTY, Prosecutor v. Prlić et al. (IT-04-74); ICTY, Prosecutor v. Milutinović et al. (IT-05-87); ICTY, Prosecutor v. Popović et al. (IT-05-88).

[554] Cfr. Regola RP 11*bis* (A) (iii): «[a State] having jurisdiction and being willing and adequately prepared to accept such a case».

non si tratti dei principali responsabili nel senso del *seniority criterion*; inoltre, la Camera di trasmissione dev'essere convinta che l'imputato sarà soggetto ad un processo equo, e soprattutto che non venga irrogata od eseguita la pena di morte. Il rispetto di questi requisiti viene accertato dal Procuratore con cadenza periodica; se del caso il Tribunale può avocare a sé nuovamente il caso[555]. Procedimenti contro 11 imputati sono stati trasferiti alla Bosnia-Erzegovina[556]; quello contro un imputato alla Serbia[557]; tra altri procedimenti sono pendenti.

I termini previsti per la *completion strategy* non sono perentori, ma ordinatori[558]; si vedrà se effettivamente[559] il Tribunale chiuderà le porte nel 2010[560]; lo stesso Tribunale ha spesse volte sottolineato che una chiusura della propria attività senza la previa condanna dei principali criminali di guerra ancora latitanti, *Radovan Karadžić* e *Ratko Mladić* lascerebbe incompiuta la sua "missione storica"[561]. Missione storica la cui realizzazione dipende anche dalla riuscita nel rafforzamento del sistema giudiziario dei Paesi dell'ex Jugoslavia, tale per cui questo possa chiudere la resa dei conti in sede penale in conformità agli *standards* procedimentali internazionalmente riconosciuti[562].

V. Il Tribunale per il Ruanda

Il Tribunale, con sede ad Arusha, Tanzania, è competente per i fatti di genocidio, crimini contro l'umanità e violazioni dell'art. 3 comune alle Convenzioni di Ginevra ed il Protocollo aggiuntivo II, commessi in Ruanda tra il 1° gennaio 1994 ed il 31 dicembre 1994, ivi compresi i fatti commessi nello stesso torno di tempo da cittadini ruandesi al di fuori del territorio dello Stato[563].

---

[555] Cfr. Regole RP 11*bis* (B) e (F).
[556] Il 9 marzo 2005 nel Tribunale di Bosnia-Erzegovina è stata ufficialmente istituita una speciale «Camera per i crimini di guerra» (cfr. in proposito, *infra*, n. marg. 281, 288); essa ha pronunciato pubblicamente la prima sentenza il 14 novembre 2006 contro un imputato, il cui caso era stato deferito dall'ICTY nell'ambito di un procedimento ex 11*bis*; cfr. Court of Bosnia and Hercegovina, 14 novembre 2006 (Stanković), consultabile in traduzione inglese all'indirizzo <http://www.sudbih.gov.ba/files/docs/presude/2006/Radovan_Stankovic_-_Verdict_-_ENG.pdf> (ultimo accesso: febbraio 2008). Sui tribunali competenti a giudicare di crimini internazionali in Croazia e Serbia cfr. *infra*, n. marg. 289 s.
[557] Cfr. ICTY, 17 novembre 2006 (Kovačević, RB). L'appello proposto dall'imputato è stato respinto; cfr. ICTY, 28 marzo 2007 (Kovačević, AC).
[558] Cfr. in proposito, *Johnson* AJIL 99 (2005), 158, 159 ss.
[559] Sulla *completion strategy* dell'ICTR cfr. *infra*, n. marg. 275.
[560] Per le ultime valutazioni dell'ICTY cfr. UN Doc. S/2006/898, Annex I, §§ 30 ss. Per il Ruanda cfr. UN Doc. S/2006/358, §§ 60 ss.
[561] Cfr. da ultimo, per l'ICTY, UN Doc. S/2006/898, Annex I, § 29, Annex II § 27.
[562] Sui programmi di outreach e cooperazione dell'ICTY con il sistema giudiziario dell'ex Jugoslavia cfr. per ragguagli sulla *completion strategy*, *supra*, n. marg. 267 in nota 549.
[563] Cfr. art. 1-4 St-ICTR. Sull'attività del Tribunale cfr. fra i tanti *Møse, Nsanzuwera, Peskin, Sluiter* e *Reydams*, Journal of International Criminal Justice 3 (2005), 920 ss.; *Askin*, Journal of International Criminal Justice 3 (2005), 1007 ss.; *Meernik*, International Criminal Law Review 4 (2004), 65 ss.; *Maogoto*, Nordic Journal of International Law 73 (2004), 187 ss.; *Obote-Odora*, Nordic Journal of International Law 73 (2004), 307 ss.; *Roggemann*, Die Internationalen Strafgerichtshöfe, 2ª ed.

273 Organizzazione del Tribunale e procedimento sono modellati sull'ICTY[564]. Procuratore dal 2003 è il gambiano *Hassan Bubacar Jallow*; Presidente è *Charles M.D. Byron*, delle isole centramericane St. Kitts and Nevis; Cancelliere capo il senegalese *Adama Dieng*. Al momento vi sono circa 1000 impiegati da 85 Stati, di cui 16 giudici stabili e 9 *ad litem*. Per l'anno finanziario 2008-2009 il Tribunale dispone di un budget di quasi 270 milioni di dollari.

274 Ad oggi sono state imputate 94 persone; contro 32 il procedimento si è concluso, in sei casi mediante *guilty plea*; 5 sono stati assolti; gli altri condannati a pene tra i 6 anni e la detenzione a vita; contro 2 imputati l'accusa è stata revocata; un imputato è deceduto prima della fine del dibattimento. Sono attualmente pendenti in prima istanza dodici procedimenti con 28 imputati complessivamente; procedimenti contro 7 imputati sono in appello; 18 imputati sono latitanti[565]. Da rimarcare è il procedimento contro *Jean Paul Akayesu*, contro il quale è stata per la prima volta pronunciata da un tribunale internazionale una condanna per genocidio[566], nonché la condanna dell'ex primo ministro ruandese, *Jean Kambanda*[567]. Il numero dei giorni di dibattimento è a volte straordinariamente elevato: così, ad esempio, per il processo *Butare* sono state necessarie quasi 500 udienze dibattimentali[568].

275 Anche per l'ICTR è stata approvata una *completion strategy* corrispondente a quella prevista per l'ICTY[569]. Dal 2005 non vengono più formulate imputazioni[570]; il Tribunale ha trasmesso gli esiti delle indagini sia al Ruanda – ma con l'ostacolo della pena di morte lì prevista[571] – sia a Stati europei[572], anche se non ha anco-

---

(1998), 156 ss.; *Townsend*, International Criminal Law Review 5 (2005), 147 ss.; *Zahar*, Criminal Law Forum 16 (2005), 33 ss.

[564] Cfr. *supra*, n. marg. 260 s.

[565] ICTR-Regola 53 (B) RP prevede la possibilità di una denuncia non pubblica di un soggetto, al fine di evitare che il destinatario di una denuncia faccia perdere le sue tracce. Al momento di simili denunce ve ne sono tre.

[566] ICTR, 2 settembre1998 (Akayesu, TC), confermata da ICTR, 1° giugno2001 (Akayesu, AC).

[567] ICTR, 4 settembre 1998 (Kambanda, TC), confermata da ICTR 19 ottobre 2000 (Kambanda, AC).

[568] ICTR, Prosecutor v. Nyiramasuhuko et al. (ICTR-98-42).

[569] Cfr. n. marg. 275.

[570] Cfr. però sulle indagini in corso contro appartenenti al *Rwandan Patriotic Front* (RPF) la dichiarazione del magistrato Hassan B. Jallow: Prosecutor of the ICTR, to the UN Security Council, 15 dicembre 2006, reperibile in <http://69.94.11.53/ENGLISH/speeches/jallow151206sce.htm> (ultimo accesso: aprile 2007).

[571] Cfr. sul perseguimento dei crimini internazionali in Ruanda e sui tentativi di alleggerire la giustizia ordinaria mediante l'istituzione dei cd. tribunali gacaca *Buckley-Zistel*, Die Friedens-Warte 80 (2005), 113 ss.; *Fierens*, Journal of International Criminal Justice 3 (2005), 896 ss.; *Oomen*, in: Haveman/Olusanya (a cura di), Sentencing and Sanctioning in Supranational Criminal Law (2006), 161 ss.; *Sarkin*, Human Rights Quarterly 21 (1999), 767 ss.; *Sarkin*, International Law Forum 2 (2000), 112 ss.; *Schabas*, Journal of International Criminal Justice 3 (2005), 879 ss., nonché *infra*, n. marg. 287.

[572] La trasmissione alla Norvegia del procedimento contro *Michel Bagaragaza* è stata rigettata dalla Camera competente con la motivazione che la Norvegia non avrebbe avuto giurisdizione *ex art.* 11*bis* mancando in quello Stato una norma incriminatrice del genocidio: ICTR, 19 maggio 2006

ra concluso i procedimenti *ex* art. 11*bis*[573]. Anche in questo caso resta da vedere se il termine del 2010 potrà essere rispettato[574].

VI. I tribunali "internazionalizzati" (*hybrid courts*)

Accanto ai tribunali internazionali in senso stretto, negli ultimi anni sono intervenuti sempre più frequentemente i cd. tribunali internazionalizzati, altrimenti detti "misti" (nazional-internazionali)[575].

Lo è ad esempio la Corte Speciale per la Sierra Leone[576], che peraltro intende se stessa come tribunale internazionale[577] ed ha giurisdizione prioritaria su quella dei tribunali di quello Stato[578]. L'ambito della giurisdizione comprende crimini di guerra ed altri gravi fatti costituenti reato ai sensi del codice penale della Sierra Leone, commessi a partire dal 30 novem-

---

(Bagaragaza, RB), § 16. La decisione è sta confermata in appello: cfr. ICTR, 30 agosto 2006 (Bagaragaza, AC). Per l'attivazione di altra procedura *ex* art. 11*bis*, con "destinazione" i Paesi Bassi, da parte dell'organo dell'Accusa, cfr. Statement by Justice Hassan B. Jallow, Prosecutor of the ICTR, to the UN Security Council, 15 dicembre 2006, consultabile in <http://69.94.11.53/ENGLISH/speeches/jallow151206sce.htm> (ult. accesso: aprile 2007).

[573] Per questi motivi il governo ruandese ha annunciato l'eliminazione della pena di morte nel prossimo futuro. Cfr. Statement by Justice Hassan B. Jallow, Prosecutor of the ICTR, to the UN Security Council v. 15 dicembre 2006, cit. in nota precedente.

[574] Cfr. in proposito, S/2006/358, §§ 60 ss. nonché *Johnson* AJIL 99 (2005), 158, 159 ss.

[575] A proposito di questa tendenza, cfr. per approfondimenti *supra*, n. marg. 74 ss.

[576] L'accordo è stato siglato il 16 gennaio 2002 ed è riprodotto in appendice al Report of the Planning Mission on the Establishment of the Special Court for Sierra Leone transmitted by the Secretary-General to the President of the Security Council by Letter dated 6 March 2002, 8 marzo 2002, UN Doc. S/2002/246. Esso era stato preceduto da una decisione del Consiglio di Sicurezza ONU, che incaricava il Segretario Generale di trattare un accordo sull'istituzione di un Tribunale Speciale per la Sierra Leone: cfr. SR/RES/1315 (2000), 14 agosto 2000. – Cfr. sul lavoro di questo Tribunale *Boister*, Journal of International Criminal Justice 2 (2004), 1100 ss.; *Cerone*, ILSA Journal of International & Comparative Law 8 (2002), 379 ss.; *Damgaard*, Nordic Journal of International Law 73 (2004), 485 ss.; *Elagab*, International Journal of Human Rights 8 (2004), 249 ss.; *Jones* et al., Journal of International Criminal Justice 2 (2004), 211 ss.; *Linton*, Criminal Law Forum 12 (2001), 185 ss.; *MacKay*, Case Western Reserve Journal of International Law 35 (2003), 273 ss.; *McDonald*, International Review of the Red Cross 84 (2002), 121 ss.; *Miraldi*, New York Law School Journal of Human Rights 19 (2003), 849 ss.; *Mochochoko/Tortora*, in: Romano/Nollkaemper/Kleffner (a cura di), Internationalized Criminal Courts and Tribunals: Sierra Leone, East Timor, Kosovo, and Cambodia (2004), 141 ss.; *Schabas*, Journal of International Criminal Justice 2 (2004), 1082 ss.

[577] Cfr. SC-SL, 31 maggio 2004 (Taylor, AC), § 42. L'interrogativo se il Tribunale Speciale sia un tribunale internazionale divenne rilevante allorché l'ex Presidente liberiano *Charles Taylor*, contro il quale era stato emesso mandato di arresto, cercò di ottenere l'archiviazione del procedimento allegando la qualità di ex capo di Stato, in virtù della quale egli non avrebbe potuto soggiacere alla giurisdizione del Tribunale. La SC-SL stabilì che il Tribunale Speciale è un tribunale internazionale e che gli ex capi di Stato, in ogni caso, non beneficiano, a fronti di tribunali internazionali, di nessuna immunità. Cfr. su questa decisione sul procedimento contro *Taylor* anche *Mangu*, South African Yearbook of International Law 28 (2003), 238 ss. così come *Meisenberg*, Humanitäres Völkerrecht-Informationsschriften 2004, 30 ss.; sull'immunità cfr. ampiamente *infra*, n. marg. 603 ss.

[578] Art. 8 co. 2 Statuto SC-SL.

bre 1996[579]. I giudici sono nominati in parte dal Segretario Generale ONU, in parte dal governo della Sierra Leone; in tutte le Camere in cui si articola la Corte i giudici "internazionali" sono in maggioranza. Ad oggi sono state imputate 11 persone ed aperti 3 procedimenti contro 3 nuovi imputati in tutto. Il processo principale è quello contro l'allora Presidente della Liberia, *Charles Taylor*[580]. – Su richiesta del governo libanese è stato istituito con la Ris. 1757 (2007) il Tribunale Speciale per il Libano, con il compito di giudicare gli autori dell'attentato che costò la vita al primo ministro libanese *Rafiq Hariri*. Il Consiglio di Sicurezza, in questo caso per la prima volta, ha istituito un Tribunale misto nazional-internazionale ai sensi del Capitolo VII della Carta ONU. Competenza ed organizzazione interna del Tribunale sono determinati in base all'accordo tra ONU e Libano ed allo Statuto, allegati alla Risoluzione. La Camera di prima istanza è composta da due giudici internazionali ed uno libanese; quella di appello da tra internazionali e due libanesi.

278   Direttamente inseriti nel sistema giudiziario statale interno erano gli *Special Panels* istituiti dall'Amministrazione di transizione ONU per Timor Est[581], che hanno cessato la loro attività nel 2004. Queste Camere speciali facevano capo al distretto giudiziario di Dili ed erano competenti per genocidio, crimini contro l'umanità, crimini di guerra ed altri gravi reati in base al codice penale di Timor, commessi tra il 1° gennaio 1999 ed il 25 ottobre 1999, ed in particolare quelli commessi nell'agosto di quell'anno da milizie pro-indonesiane dopo il referendum per l'indipendenza[582]. Anche in questo caso i giudici erano in parte internazionali in parte indonesiani; i primi erano in maggioranza sia nella Camera di prima istanza sia in quella di Appello. Sono stati condotti procedimenti contro 87 imputati.

279   Pure direttamente inserite nel relativo sistema giudiziario sono le Camere Straordinarie (*Extraordinary Chambers*) della Cambogia, competenti a giudicare i crimini del regime di Pol-Pot[583]. Fondamento giuridico di esse sono sia un accordo tra Cambogia e Nazioni

---

[579] Cfr. art. 1-5 Statuto SC-SL.

[580] Per ragioni di sicurezza il procedimento contro *Taylor* si celebra non a Freetown, sede del Tribunale, ma nell'edificio dell'ICC a L'Aja.

[581] Cfr. in proposito, *Bongiorno*, Columbia Human Rights Law Review 33 (2002), 623 ss.; *Bowman*, Emory International Law Review 18 (2004), 371 ss.; *von Braun*, Humanitäres Völkerrecht-Informationsschriften 2005, 93 ss.; *Burgess*, Criminal Law Forum 15 (2004), 135 ss.; *Cumes*, European Journal of Crime, Criminal Law and Criminal Justice 11 (2003), 40 ss.; *De Bertodano*, Journal of International Criminal Justice 2 (2004), 910 ss.; *De Bertodano*, in: Romano/Nollkaemper/Kleffner (a cura di), Internationalized Criminal Courts and Tribunals: Sierra Leone, East Timor, Kosovo, and Cambodia (2004), 79 ss.; *Katzenstein*, Harvard Human Rights Journal 16 (2003), 245 ss.; *Linton*, International Review of the Red Cross 84 (2002), 93 ss.; *Linton/Reiger*, Yearbook of International Humanitarian Law 4 (2004), 167 ss.; *Othman*, Nordic Journal of International Law 72 (2003), 449 ss.; *Stahn* AJIL 95 (2001), 952 ss.; *Turns*, Austrian Review of International and European Law 6 (2003), 123 ss.

[582] Cfr. *Koumjian*, Accomplishments and Limitations of one Hybrid Tribunal: Experience in East Timor, in: Guest Lecture Series of the Office of the Prosecutor, 14 ottobre 2004, 2, consultabile in <http://www.icc-cpi.int/library/organs/otp/Koumjian-presentation140404> (ult. accesso: aprile 2007).

[583] Cfr. sulle Camere straordinarie in Cambogia *Ambach*, Humanitäres Völkerrecht-Informationsschriften 2006, 168 ss.; *De Bertodano*, Journal of International Criminal Justice 4 (2006), 285 ss.; *Donovan*, Harvard International Law Journal 44 (2003), 551 ss.; *Etcheson*, in: Romano/Nollkaemper/Kleffner (a cura di), Internationalized Criminal Courts and Tribunals: Sierra Leone, East Timor, Kosovo, and Cambodia (2004), 181 ss.; *Linton*, International Review of the Red Cross 84 (2002), 93 ss.; *Linton*, Journal of International Criminal Justice 4 (2006), 327 ss.; *Luftglass*, Virginia Law Review 90 (2004), 893 ss.; *Meijer*, in: Romano/Nollkaemper/Kleffner (a cura di), Internatio-

Unite[584], sia una legge cambogiana[585]; la giurisdizione comprende crimini di genocidio, contro l'umanità, contro la Convenzione sulla tutela del patrimonio culturale[586], contro la Convenzione sulle relazioni diplomatiche del 1961[587], nonché altri reati in base alla legge cambogiana, commessi tra il 17 aprile 1975 ed il 6 gennaio 1979[588]. Le Corti possono giudicare soltanto i principali responsabili e gli alti dirigenti dei Khmer Rossi[589]. Diversamente dagli altri tribunali misti, in questo caso i giudici cambogiani sono in maggioranza (tre a due per la prima istanza, quattro a tre per l'appello), ma in ciascuna Camera vi deve essere almeno un giudice internazionale[590]. Compito titanico quello delle Camere Straordinarie: i fatti risalgono a più di 25 anni fa e si calcola che le vittime siano state tra il milione ed il milione e mezzo[591].

La partecipazione internazionale al sistema giudiziario in Kosovo non è limitata all'accertamento di crimini internazionali[592]: l'Amministrazione ONU in Kosovo ha emanato disposizioni in forza delle quali giudici e procuratori stranieri possano partecipare ai procedimenti[593]; spetta al Commissario ONU stabilire se un procedimento debba essere assegnato ad un procuratore internazionale o ad una Camera in cui operino giudici internazionali, il che accade soprattutto in caso di crimini di guerra e di criminalità organizzata, ed in tali casi i giudici internazionali possono essere anche in maggioranza. Il diritto applicabile è quello kosovaro, che però ha grosse lacune: manca una norma in tema di crimini contro l'umanità e non è prevista una disciplina sulla responsabilità del superiore[594].

---

nalized Criminal Courts and Tribunals: Sierra Leone, East Timor, Kosovo, and Cambodia (2004), 207 ss.; *Ratner* AJIL 93 (1999), 948 ss.; *Sluiter*, Journal of International Criminal Justice 4 (2006), 314 ss.; *Williams*, The International and Comparative Law Quarterly 53 (2004), 227 s. Ulteriori informazioni sono reperibili al sito internet della Task Force del governo cambogiano: <http://www.cambodia.gov.kh/krt/> (ult. accesso: aprile 2007) nonché a quello della Commissione di Sostegno dell'ONU: <http://www.unakrt-online.org/index.htm>.

[584] Cfr. l'allegato alla risoluzione dell'Assemblea Generale ONU 57/228B del 13 maggio 2003, UN Doc. A/RES/57/228B (2003). L'accordo, preceduto da difficili e lunghe trattative tra Cambogia e ONU, è entrato in vigore il 29 aprile 2005 successivamente alla ratifica da parte della stessa Cambogia; approfondimenti in *Luftglass*, Virginia Law Review 90 (2004), 893 ss.

[585] *Law on the Establishment of Extraordinary Chambers in the Courts of Cambodia for the Prosecution of Crimes Committed during the Period of Democratic Kampuchea* del 10 agosto 2001 nella formulazione del 27 ottobre 2004, consultabile all'indirizzo <http://www.eccc.gov.kh/english/law.list.aspx> (ult. accesso: aprile 2007).

[586] [Si tratta della Convenzione UNESCO per la tutela del patrimonio culturale e naturale, adottata il 16 novembre 1972; è stata ratificata in Italia con L. 6 aprile 1977, n. 184, *N.d.T.*].

[587] [Ratificata in Italia con L. 9 agosto 1967, n. 804, *N.d.T.*].

[588] Cfr. artt. 4-8 della legge cit. *supra*, in nota 585.

[589] Cfr. art. 1 della legge cit. *supra*, in nota 585.

[590] Cfr. art. 14 co. 1 della legge cit. *supra*, in nota 585.

[591] Per maggiori informazioni cfr. l'indirizzo <http://www.eccc.gov.kh> (ult. accesso: aprile 2007).

[592] Cfr. sull'internazionalizzazione della giurisdizione in Kosovo *Cady/Booth*, in: Romano/Nollkaemper/Kleffner (a cura di), Internationalized Criminal Courts and Tribunals: Sierra Leone, East Timor, Kosovo, and Cambodia (2004), 59 ss.; *Cerone/Baldwin*, in: Romano/Nollkaemper/Kleffner (a cura di), Internationalized Criminal Courts and Tribunals: Sierra Leone, East Timor, Kosovo, and Cambodia (2004), 41 ss.; *Dickinson*, New England Law Review 37 (2003), 1059 ss.

[593] Cfr. UNMIK-Regulation 2000/6 del 15 febbraio 2000 e UNMIK-Regulation 2000/34 del 27 maggio 2000, modif. da UNMIK-Regulation 2001/2 del 12 gennaio 2001. Il testo di queste disposizioni sono reperibili all'indirizzo <http://www.unmikonline.org>.

[594] Cfr. *Cerone/Baldwin*, in: Romano/Nollkaemper/Kleffner (a cura di), Internationalized Criminal Courts and Tribunals: Sierra Leone, East Timor, Kosovo, and Cambodia (2004), 41, 42 s.; sui

281 Anche in Bosnia-Erzegovina i crimini di guerra e altri crimini di diritto internazionale sono giudicati con la partecipazione internazionale: nella Corte suprema dal 2005 è stata creata una Sezione per i crimini di guerra, in ciascuna delle cui Camere di prima istanza sono attivi due giudici internazionali ed uno bosniaco[595]. Diritto applicabile è quello dello Stato, che contiene norme sui crimini internazionali[596]. La Sezione è competente anche per i procedimenti trasmessi dall'ICTY ai sensi dell'art. 11*bis* del relativo Statuto[597]. Le Camere di appello hanno anch'esse giudici internazionali; il 14 novembre 2006 è stato condannato a 16 anni *Radovan Stanković*, il cui procedimento era stato trasmesso appunto *ex* art. 11*bis*[598]. Altri 4 procedimenti trasmessi dall'ICTY sono pendenti[599].

VII. Repressione di crimini internazionali da parte di tribunali nazionali

282 La persecuzione di crimini internazionali da parte di tribunali nazionali, nonostante taluni progressi, è ancora l'eccezione. Ciononostante, si riscontra una serie di esempi di punizione a livello nazionale di crimini di diritto internazionale, in applicazione, prevalentemente, di norme di diritto interno, ma in parte anche del diritto internazionale penale[600]. In questa sede si farà riferimento a cinque importanti ambiti di esperienze.

---

tentativi, naufragati, di istituire un Tribunale speciale, cfr. *Ambos*, Internationales Strafrecht (2006), § 6 n. marg. 59.

[595] Cfr. art. 24 co. 1 a) della *Law on Court of Bosnia and Herzegovina* del 18 giugno 2004 nella sua attuale formulazione nonché l'art. 21 delle *Rules of Procedure* del 14 ottobre 2005, il cui testo è reperibile all'indirizzo <http://www.sudbih.gov.ba/> (ult. accesso: aprile 2007). Cfr. *Garms/Peschke*, Journal of International Criminal Justice 4 (2006), 258 ss.; *Manuell/Kontić*, Yearbook of International Humanitarian Law 5 (2002), 331 ss.; *OSZE*, War Crimes Trials Before the Domestic Courts of Bosnia and Herzegovina: Progress and Obstacles (März 2005).

[596] Artt. 171 ss. del Codice penale di Bosnia-Erzegovina del 24 gennaio 2003 nella formulazione del 7 giugno 2006.

[597] Sulla consegna nel quadro della *completion strategy* cfr. approfonditamente *supra*, n. marg. 270.

[598] Per il testo della sentenza cfr. la Homepage della Corte, all'indirizzo <http://www.sudbih.gov.ba/files/docs/presude/2006/Radovan_Stankovic_-_Verdict_-_ENG.pdf> (ult. accesso: aprile 2007).

[599] Essi riguardano *Gojko Janković, Dušan Fuštar, Duško Knežević* e *Zeljko Mejakić*: cfr. ICTY, 22 luglio 2005 (Janković) nonché ICTY, 20 luglio 2005 (Mejakić et al. ["Omarska Camp and Keraterm Camp", *N.d.T.*]). Per la situazione attuale dei singoli procedimenti cfr. il sito della Corte <http://www.sudbih.gov.ba>, oppure l'indirizzo <http://www.trial-ch.org/trialwatch> (ult. accesso: aprile 2007).

[600] Approfonditamente sui procedimenti nazionali aventi ad oggetto crimini internazionali (fra cui anche quelli nazisti), *Eser/Kreicker* (a cura di) (vol. 1-2) nonché *Eser/Sieber/Kreicker* (a cura di) (vol. 3-6), Nationale Strafverfolgung völkerrechtlicher Verbrechen, con Rapporti relativi ai seguenti Stati: Germania (vol. 1, 2003); Finlandia, Polonia, Svezia (vol. 2, 2003); Croazia, Austria, Serbia e Montenegro, Slovenia (vol. 3, 2004); Costa d'Avorio, Francia, Italia, Spagna, America Latina (vol. 4, 2005); Canada, Estonia, Grecia, Israele, USA (vol. 5, 2005); Australia, Cina, Inghilterra e Galles, Russia/Russia Bianca, Turchia (vol. 6, 2007).

1. Repressione dei crimini di guerra e contro l'umanità dopo il 1945

La punizione di crimini di diritto internazionale avvenne in grande misura dopo il 1945 in relazione ai crimini nazisti[601], perseguiti non soltanto a Norimberga dall'IMT e dai tribunali militari alleati[602], ma anche da tribunali di vari Stati europei – nei confronti di tedeschi ma anche di cittadini di altri Stati[603] –in relazione a condotte di concorso[604]. Analogamente la giustizia tedesca, inizialmente esitante, procedette soprattutto in relazione al genocidio degli ebrei d'Europa[605].

Detti crimini furono puniti in molti casi sulla base del diritto penale comune, ad es. come delitti di omicidio, e non come crimini contro l'umanità[606]. Talvolta, peraltro, i procedimenti contro autori nazisti furono condotti in base al diritto internazionale penale. Particolare importanza ha assunto il processo contro *Adolf Eichmann*, celebrato davanti alla Corte distrettuale di Gerusalemme nel 1961[607];

---

[601] Per l'epoca precedente cfr., sui processi di Lipsia celebrati davanti al Reichsgericht, *supra*, n. marg. 9 ss.; sui procedimenti ad Istanbul relativi al genocidio degli Armeni cfr. *supra*, n. marg. 13.

[602] Cfr. in tema i contributi raccolti in *Ueberschär* (a cura di), Der Nationalsozialismus vor Gericht (1999). I procedimenti davanti a tribunali militari alleati sono documentati nella raccolta della UNWCC, Law Reports of Trials of War Criminals. Significativa è inoltre la prassi del Tribunale Supremo per la zona inglese, che ancora nel 1948-49 celebrava procedimenti in base al CCL n. 10: cfr. Entscheidungen des Obersten Gerichtshofes für die Britische Zone in Strafsachen, OGHSt 1-3.

[603] Per un riepilogo *Rückerl*, NS-Verbrechen vor Gericht, 2ª ed. (1984), 101 ss. Una panoramica sulle più recenti ricerche offre *Greve* KJ 1999, 472 ss., ove ulteriori riferimenti.

[604] Sul trattamento dei collaborazionisti in Europa cfr. per un riepilogo i contributi raccolti in *Henke/Woller* (a cura di), Politische Säuberung in Europa. Die Abrechnung mit Faschismus und Kollaboration nach dem Zweiten Weltkrieg (1991). Quanto agli studi dedicati a singoli Paesi, ve ne sono ad es. per la Francia (*Lottman*, The Purge – The Purification of the French Collaborators After World War II, 1986) e i Paesi Bassi (*Fühner*, Nachspiel – Die niederländische Politik und die Verfolgung von Kollaborateuren und NS-Verbrechern, 1945-1989, 2005).

[605] Una documentazione di tutti i procedimenti della Germania Occidentale si trova in *Rüter/de Mildt*, Die westdeutschen Strafverfahren wegen nationalsozialistischer Tötungsverbrechen 1945-1997 (1998). Le sentenze si trovano nella raccolta di *Rüter/de Mildt* (a cura di), Justiz und NS-Verbrechen – Sammlung deutscher Strafurteile wegen nationalsozialistischer Tötungsverbrechen 1945-1999 (il 39° volume è in stampa). Una valutazione di queste sentenze si trova fra gli altri in *Freudiger*, Die juristische Aufarbeitung von NS-Verbrechen (2002); *Werle/Wandres*, Auschwitz vor Gericht (1995); *Werle*, in: Marxen/Miyazawa/Werle (a cura di), Der Umgang mit Kriegs- und Besatzungsunrecht in Japan und Deutschland (2001). – Sulla repressione di crimini nazisti nella DDR cfr. la documentazione di *Rüter*, DDR-Justiz und NS-Verbrechen - Sammlung ostdeutscher Strafurteile wegen nationalsozialistischer Tötungsverbrechen (il cui vol. IX è in stampa); lo stato attuale del progetto di ricerca – comprensivo di procedimenti sia dell'Est che dell'Ovest – è consultabile in <http://www1.jur.uva.nl/junsv/inhaltsverzeichnis.htm> (ult. accesso: aprile 2007); per un riepilogo, *Marxen*, in: Marxen/Miyazawa/Werle (a cura di), Der Umgang mit Kriegs- und Besatzungsunrecht in Japan und Deutschland (2001), 171 ss. Per una comparazione fra la prassi della repressione nella Germania Federale ed in quella Democratica cfr. *Weinke*, Die Verfolgung von NS-Tätern im geteilten Deutschland (2002).

[606] Criticamente in proposito, *Werle/Wandres*, Auschwitz vor Gericht (1995), 30 ss.; *Werle*, in: Dupuy et al. (a cura di), Festschrift für Tomuschat (2006), 655, 658.

[607] Cfr. District Court of Jerusalem, sent. 12 dicembre 1961, ILR 36 (1968), 1 ss., Supreme Court of Israel, sent. 29 maggio 1962, ILR 36 (1968), 277 ss. Fondamento normativo fu la legge israeliana sulla punizione dei nazisti e dei loro sodali, n. 5710/1950.

[285] Parte prima: fondamenti

Eichmann fu condannato a morte per crimini contro il popolo ebraico, crimini contro l'umanità, crimini di guerra e partecipazione ad un'organizzazione illecita (SS, SD [Sicherheitsdienst], Gestapo). Anche in Francia furono celebrati processi con molta risonanza[608], ad esempio contro *Klaus Barbie*[609], *Paul Touvier*[610], *Maurice Papon*[611], tutti condannati per crimini contro l'umanità[612].

285   Al giorno d'oggi la persecuzione di crimini nazisti è sostanzialmente cessata per via dell'età degli autori, ma ogni tanto si celebrano procedimenti penali[613].

---

[608] *Chalandon/Nivelle*, Crimes contre l'humanité – Barbie, Touvier, Bousquet, Papon (1998).

[609] Cour de Cassation, sent. 6 ottobre 1983, sent. 26 gennaio 1984, sent. 20 dicembre 1985, ILR 78 (1988), 125 ss., Cour de Cassation, sent. 3 giugno 1988, ILR 100 (1995), 330 ss.

[610] Cour d'Appel de Paris, sent. 13 aprile 1992, ILR 100 (1995), 338 ss., Cour de Cassation, sent. 27 novembre 1992, ILR 100 (1995), 357 ss. Cfr. in proposito, *Bédarida* (a cura di), Touvier, Vichy et le crime contre l'humanité. Le dossier de l'accusation (1996).

[611] Cour de Cassation, sent. 23 gennaio 1997, Bulletin des arrêts de la Cour de cassation n 32 nonché Cour d'assises de la Gironde, sent. 2 aprile 1998. Cfr. anche *Gandini*, Le procès Papon. Histoire d'une ignominie ordinaire au service de l'Etat (1999).

[612] Si possono ad esempio ricordare, inoltre, per l'Australia: *Ivan Polyukhovich*, High Court, sent. 14 agosto 1991, ILR 91 (1993), 1 ss.; per il Canada: *Imre Finta*, Ontario Court of Appeal, sent. 29. April 1992, ILR 98 (1994), 520 ss., Supreme Court of Canada, sent. 24. März 1994, ILR 104 (1997), 284 ss. Approfonditamente sui processi per crimini di guerra condotti in Canada *Burchards*, Die Verfolgung von Völkerrechtsverbrechen durch Drittstaaten (2005), 261 ss., con indicazioni sulla repressione di crimini nazisti in USA, Australia e Gran Bretagna; per i Paesi Bassi: *Pieter Menten*, Supreme Court, sent. 13 gennaio 1981, ILR 75 (1987), 362 ss.; per gli USA: *John (Ivan) Demjanjuk*, Court of Appeals, sent. 31 ottobre 1985, ILR 79 (1989), 534 ss. Una raccolta di casi ancora frammentaria si trova nel sito del Marburger Forschungs- und Dokumentationszentrums Kriegsverbrecherprozesse: <http://www.icwc.de/Verfahren> (ult. accesso: aprile 2007), in cui sono reperibili anche taluni procedimenti nazionali contro criminali di guerra giapponesi; cfr. in proposito, *Awaya*, in: Marxen/Miyazawa/Werle (a cura di), Der Umgang mit Kriegs- und Besatzungsunrecht in Japan und Deutschland (2001), 47 ss.

[613] Da ultimo è stato instaurato un procedimento contro *Friedrich Engel* per la fucilazione di prigionieri italiani al Passo del Turchino (1944). Il LG Hamburg condannò ad una pena detentiva di sette anni per omicidio di 59 persone l'allora SS-Sturmbannführer, che ordinò l'uccisione in massa quale "rappresaglia" per un attacco con bombe condotto da partigiani italiani. La sentenza fu tuttavia annullata dal BGH per dubbio sull'elemento soggettivo della "uccisione con crudeltà" ed il procedimento è stato archiviato ai sensi del § 206a StPO, in ragione della presumibile lunghezza dei tempi per l'accertamento della situazione di fatto e di diritto, considerato in relazione con la tarda età dell'imputato – Engel aveva compiuto 95anni al tempo della decisione del BGH – cfr. BGH, 17 giugno 2004, BGHSt 49, 189 ss. La decisione del BGH ha sollevato discussioni e critiche: cfr. *Bertram* NJW 2004, 2278 ss.; *Bröhmer/Bröhmer* NStZ 2005, 38 ss.; *Gribbohm* NStZ 2005, 38; *von Münch*, Geschichte vor Gericht – Der Fall Engel (2004); *von Münch* JZ 2004, 184 ss.; *Zöller* Jura 2005, 552 ss. Da menzionare è anche il procedimento contro l'allora KZ-Aufseher a Theresienstadt, *Anton Malloth*, il quale nel 2001 fu condannato all'ergastolo per omicidio dall'LG München; il BGH ha confermato la sentenza, cfr. BGH, 21 febbraio 2002, StV 2002, 598 s. Sul caso di *Erich Priebke* cfr. CEDU, 5 aprile 2001 (Priebke/Italien, No. 48799/99), consultabile all'indirizzo <http://cmiskp.echr.coe.int/tkp197/search.asp?skin=hudoc-en> [per l'Italia si vedano sul caso Priebke, ad es., documentazione e saggi contenuti nel fasc. 3 della rivista *L'Indice Penale*, 1999, 959-1076, *N.d.T.*]; *Bertram* NJW 1997, 174 ss.; *Hein* DRiZ 1996, 476 ss.; *Kämmer* AVR 37 (1999), 283, 285 s.; *Katz*, Dossier: Priebke (1996); *Leszl*, Il processo Priebke e il nazismo (1997) [cfr. inoltre la sentenza del

2. Crimini internazionali in Ruanda e nell'ex Jugoslavia

Processi sono stati celebrati in tempo recente, oltre che dai tribunali internazionali, anche da autorità giudiziarie nazionali.

In Ruanda dovrebbero essere giudicati i partecipi del genocidio del 1994[614]; sennonché, per l'elevatissimo numero di essi[615] – stimato in ca. 750.000, di cui, all'inizio del 2007, 50.000 detenuti in carceri ruandesi in attesa di processo[616] –, una grossa parte dei procedimenti è stata devoluta[617] alle tradizionali giurisdizioni di villaggio, i "Gacaca"[618]: ne sono in attività 12000, che alla fine del 2006 avevano chiuso 30000 procedimenti[619]. Questo tipo di esperienza giudiziale è stata a volte salutata con favore, a volte criticata per la mancanza di formazione nei giudici e di un processo equo[620]; in ogni caso non è ancora dato conoscere il suo esito finale.

Tribunale Militare di La Spezia, 22 giugno 2005, *Sommer e a.a.*, relativa all'eccidio di Sant'Anna di Stazzema (Lu), 12 agosto 1944, *N.d.T.*].

[614] Cfr. approfonditamente *Behrendt*, Die strafrechtliche Verfolgung des Völkermordes in Ruanda durch internationale und nationale Gerichte (2005); *Magsam*, in: Kaleck et al. (a cura di), International Prosecution of Human Rights Crimes (2006), 159 ss.

[615] Cfr. in proposito, il sito internet del National Service of Gacaca Jurisdictions, consultabile all'indirizzo <http://www.inkiko-gacaca.gov.rw/pdf/Achivements%20in%20Gacaca%20Courts.pdf>.

[616] Cfr. gli annunci dell'agenzia di stampa Hirondelle News Agency del 25 gennaio 2007 e 21 febbraio 2007, consultabili all'indirizzo <http://www.hirondellenews.com> (ult. accesso: aprile 2007).

[617] *Gacaca* è vocabolo Kinyarwanda che sta per "prato". Tradizionalmente infatti le adunanze hanno luogo sedendosi in un prato. Nell'ambito della letteratura in tema cfr. ad es. *Capellà i Roig*, Revista Española de Derecho Internacional 56 (2004), 765 ss.; *Fierens*, Journal of International Criminal Justice 3 (2005), 896 ss.; *Oomen*, in: Haveman/Olusanya (a cura di), Sentencing and Sanctioning in Supranational Criminal Law (2006), 161 ss.; *Schabas*, Journal of International Criminal Justice 3 (2005), 879 ss.; *Vandeginste*, in: Reyntjens/Marysse (a cura di), L'Afrique des Grands Lacs: Annuaire 2003-2004 (2004), 45 ss.; cfr. inoltre *Sarkin*, Human Rights Quarterly 21 (1999), 767 ss. [In Italia v. in partic. *Vogliotti*, Quale giustizia per il genocidio? La soluzione 'gacaca' in Ruanda, in Legisl. pen. 2003, 295-312, *N.d.T.*].

[618] Fondamento normativo era dapprima la *Loi organique n 40/2000 du 26 janvier 2001 portant création des juridictions Gacaca et organisation des poursuites des infractions constitutives du crime de génocide ou de crimes contre l'humanité, commises entre le 1er octobre 1990 et le 31 décembre 1994*, Journal officiel de la République Rwandaise n. 6 du 15 mars 2001, consultabile all'indirizzo <http://www.inkiko-gacaca.gov.rw/pdf/Law.pdf>, che successivamente fu abrogata dalla *Organic Law N 16/2004 of 19/6/2004 establishing the organisation, competence and functioning of Gacaca Courts charged with prosecuting and trying the perpetrators of the crime of genocide and other crimes against humanity, committed between October 1st, 1990 and December 31st, 1994*, Journal officiel de la République Rwandaise n spécial du 19 juin 2004, consultabile all'indirizzo <http://www.inkiko-gacaca.gov.rw/pdf/newlaw1.pdf> (ult. accesso: aprile 2007). La *Organic Law N° 16/2004* è stata da ultimo modificate ed integrata dalla *Organic Law N 10/2007*, Journal officiel de la République Rwandaise n. 5 du 1er Mars 2007, consultabile all'indirizzo <http://www.inkiko-gacaca.gov.rw/pdf/L.O%20N%2010.2007%20VERSION%20FINALE.pdf> (ult. accesso: aprile 2007).

[619] Così informa *Dieter Magsam*, avvocato in Amburgo, attivo in Ruanda per conto della Deutsche Gesellschaft für Technische Zusammenarbeit (GTZ).

[620] Cfr. ad es. *Buckley-Zistel*, Die Friedens-Warte 80 (2005), 113, 117 ss.; *Fierens*, Journal of International Criminal Justice 3 (2005), 896, 905 ss.; *Tully*, Boston College International and Com-

288	Processi davanti a tribunali bosniaci ebbero luogo già a partire dal 1993, peraltro sollevando dubbi dal punto di vista della legalità[621]; nel febbraio 1996 ebbe luogo il cd. processo delle "Rules of the Road", avente ad oggetto le lesioni dei diritti degli accusati mediante arresti e condanne arbitrari. In quei casi, il Procuratore ICTY verificava – prima che fosse avviato il procedimento davanti ai giudici nazionali – se le prove raccolte dalle autorità bosniache fossero o meno sufficienti per sostenere efficacemente l'accusa in giudizio; soltanto dopo questa valutazione il processo era sottoposto alla Camera per i crimini di guerra per l'ulteriore valutazione se si trattasse di casi *"highly sensitive"* (ed allora avrebbe giudicato il Tribunale) o potessero essere trasmessi ai giudici bosniaci[622].

289	Tribunali serbi hanno giudicato crimini di guerra sin dalla metà degli anni Novanta[623]; nel 2003 alla corte distrettuale di Belgrado fu istituita una Camera Speciale per crimini di guerra[624]; diversamente dalla Camera per i crimini di guerra di Sarajevo in quella serba non sono presenti giudici o procuratori internazionali[625].

290	In Croazia fra il 1991 ed il 2005 sono state imputate 1700 persone e condannate circa 800[626]. La maggior parte di questi procedimenti è stata autonomamente condotta dalle au-

---

parative Law Review 26 (2002), 385 ss.

[621] Cfr. *OSZE, Mission to Bosnia and Herzegovina*, War Crimes Trials Before the Domestic Courts of Bosnia and Herzegovina – Progress and Obstacles (März 2005), 4, 6, consultabile all'indirizzo <http://www.oscebih.org/documents/1407-eng.pdf> (ult. accesso: aprile 2007); *Garms/Peschke*, Journal of International Criminal Justice 4 (2006), 258 ss. – Sulla "Camera per i crimini di Guerra" (*War Crimes Chamber*) istituita nel 2005 nel contesto della *completion strategy* dell'ICTY, cfr. *supra*, n. marg. 281.

[622] Cfr. *Human Rights Watch* (a cura di), Human Rights Watch, vol. 19 (2006), 1, 6, 8 ss.; *OSZE, Mission to Bosnia and Herzegovina*, War Crimes Trials Before the Domestic Courts of Bosnia and Herzegovina – Progress and Obstacles (2005), I, consultabile all'indirizzo <http://www.oscebih.org/documents/1407-eng.pdf> (ult. accesso: aprile 2007); *Raab*, Journal of International Criminal Justice 3 (2005), 82, 94; *Williams*, Criminal Law Forum 17 (2006), 177, 217.

[623] Cfr. su questi casi *OSZE, Mission to Serbia and Montenegro*, War Crimes Before Domestic Courts (2003), 8 ss., consultabile all'indirizzo <http://www.osce.org/documents/fry/2003/11/1156_en.pdf> (ult. accesso: aprile 2007); *Škulić*, in: Eser/Sieber/Kreicker (a cura di), Nationale Strafverfolgung völkerrechtlicher Verbrechen, vol. 3 (2004), 211 ss., 277 s.

[624] Cfr. art. 2 *Law on Organisation and Competence of Government Authorities in War Crimes Proceedings*, consultabile all'indirizzo <http://www1.osce.org/documents/fry/2005/11/18508_en.pdf> (ult. accesso: aprile 2007).

[625] Il 10 aprile 2007 sono stati condannati a pene comprese tra 5 e 20 anni quattro membri dell'unità paramilitare "Skorpione" per concorso nel massacro di Srebrenica; un imputato è stato assolto. I processi serbi sono stati criticati dagli osservatori: cfr. *OSZE, Mission to Serbia and Montenegro*, War Crimes Before Domestic Courts (2003), 32 ss., 40 ss., consultabile all'indirizzo <http://www.osce.org/documents/fry/2003/11/1156_en.pdf> (ult. accesso: aprile 2007); per approfondimenti in proposito, *Raab*, Journal of International Criminal Justice 3 (2005), 82, 93; *Williams*, Criminal Law Forum 17 (2006), 177, 218. – Un'istituzione simile alle Camere serbe per Crimini di Guerra non esiste in Montenegro, divenuto indipendente dalla Serbia dal giugno 2006. Prima dell'indipendenza tuttavia anche in Montenegro erano stati celebrati processi; analogamente per il Kosovo. Cfr. sul tema *OSZE, Mission to Serbia and Montenegro*, War Crimes Before Domestic Courts (2003), 8 ss., consultabile all'indirizzo <http://www.osce.org/documents/fry/2003/11/1156_en.pdf> (ult. accesso: aprile 2007). Sull'attuale stato della repressione di crimini internazionali in Kosovo cfr. *supra*, n. marg. 280.

[626] L'elevato numero di procedimenti in contumacia è criticato dagli osservatori; cfr. *Josipović*, International Review of the Red Cross 88 (2006), 145, 152 ss. Diffusamente in proposito, *OSZE, Mission*

torità croate; a seguito della ratificazione dello Statuto ICC nel 2003 la Croazia ha istituito speciali tribunali per i crimini di guerra nei quattro grandi distretti giudiziari dello Stato (Zagreb, Osijek, Rijeka e Split)[627]; un caso è stato trasmesso alla Croazia dall'ICTY nell'ambito della *completion strategy*[628].

I crimini compiuti in ex Jugoslavia e Ruanda sono oggetto anche di procedimenti avviati in Stati terzi: Francia[629], Svizzera[630], Belgio[631], Germania[632].

3. Crimini internazionali in Centroamerica e Sudamerica

Largamente impunite restano le gravi violazioni dei diritti umani commesse durante le dittature militari[633]. Alla fine di quelle dittature furono emanate amnistie: la persecuzione dei crimini ha ceduto il passo alla politica dell'impunità[634]. La re-

---

to Croatia, Background Report: Domestic War Crimes Trials 2005 (2006), 13 s., consultabile all'indirizzo <http://www.osce.org/documents/mc/2006/09/20668_en.pdf> (ult. accesso: aprile 2007).

[627] Lì sono competenti separate sezioni della pubblica accusa così come giudici appositamente "formati" per la repressione di crimini internazionali. I tribunali croati applicano il diritto penale nazionale, che prevede e punisce crimini internazionali. Una stretta collaborazione fra autorità croate e l'ICTY è realizzata nella forma della "formazione continua" dei giudici e dei procuratori croati; giudici o procuratori internazionali non vi sono tuttavia coinvolti. Cfr. in proposito, per dettagli, *Josipović*, International Review of the Red Cross 88 (2006), 145, 155 ss.; *Novoselec*, in: Eser/Kreicker/Sieber (a cura di), Nationale Strafverfolgung völkerrechtlicher Verbrechen, vol. 3 (2004), 25 ss.; *Williams*, Criminal Law Forum 17 (2006), 177, 218.

[628] I procedimenti contro *Rahim Ademi* e *Mirko Norac* sono stati trasferiti alla Croazia, su istanza del Procuratore presso l'ICTY nel settembre 2005: cfr. ICTY, 14 settembre 2005 (Ademi e Norac, RB).

[629] Cfr. Yearbook of International Humanitarian Law 1998, 442; inoltre *Stern* AJIL 93 (1999), 525, 527; riassuntivamente *Amnesty International*, Universal Jurisdiction (2001), Chapter Four, Part A, 86 s.

[630] Cfr. in proposito *Amnesty International*, Universal Jurisdiction (2001), Chapter Four, Part B, 82.

[631] Cfr. in proposito, per informazioni sui singoli imputati, all'indirizzo <http://www.trial-ch.org> (ult. accesso: aprile 2007). Cfr. su ulteriori attività d'indagine in Belgio anche *Amnesty International*, Universal Jurisdiction (2001), Chapter Four, Part A, 26 ss. A seguito dell'introduzione della *Loi relative à la répression des violations graves du droit international humanitaire* v. 10. Februar 1999 (riprodotta in lingua inglese in ILM 38 (1999), 918 ss.), che prevedeva il principio di universalità per la repressione dei crimini internazionali, vi furono in Belgio numerose denunce, fra l'altro contro *Yassir Arafat*, *Ariel Sharon*, *Saddam Hussein* e *Fidel Castro*, tutte peraltro archiviate. L'ambito di applicazione della legge è stato infine, nel 2003, drasticamente limitato; cfr. la *Loi modifiant la loi du 16 juin 1993 relative à la répression des violations graves du droit international humanitaire et l'article 144ter du Code judiciaire* del 23 aprile 2003; sull'intera questione *Vandermeersch*, Journal of International Criminal Justice 3 (2005), 400 ss.

[632] Sui procedimenti celebrati in Germania cfr. *infra*, n. marg. 298.

[633] Cfr. in tema i contributi raccolti in *Eser/Arnold* (a cura di), Strafrecht in Reaktion auf Systemunrecht, vol. 1 (2000) ed in *Nolte* (a cura di), Vergangenheitsbewältigung in Lateinamerika (1996). Si deve inoltre rinviare al lavoro delle Commissioni di verità e riconciliazione, ad esempio in Argentina: *Hamburger Institut für Sozialforschung* (a cura di), Nie wieder (1987); in Cile: *Klumpp*, Vergangenheitsbewältigung durch Wahrheitskommissionen (2001); in Guatemala: *Tomuschat*, in: Fastenrath (a cura di), Internationaler Schutz der Menschenrechte (2000), 137 ss.

[634] Sui singoli Stati cfr. i contributi raccolti in *Kritz*, Transitional Justice, vol. 2: Country Studies (1995), su Argentina (323 ss.), Brasile (431 ss.), Cile (453 ss.) e Uruguay (383 ss.). Sulla diffusa im-

pressione è stata attivata in Stati terzi; in particolare la giustizia spagnola ha avviato diversi procedimenti, fra gli altri contro l'ex Presidente cileno Augusto Pinochet[635], contro l'argentino Adolfo Scilingo[636] e contro l'ex Presidente e funzionari di polizia del Guatemala[637]; procedimenti in relazione ai crimini argentini sono stati aperti anche in Germania[638]. La persecuzione dei crimini negli Stati di commissione[639] sta producendo crescenti risultati, anche per l'effetto di trascinamento prodotto dai processi condotti in Europa (cd. effetto-Pinochet)[640].

4. Diritto internazionale penale in Iraq

293   I crimini di diritto internazionale commessi in Iraq sono giudicati attualmente dal Tribunale Speciale per l'Iraq, il cui Statuto è stato adottato il 10 dicembre 2003 dal Consiglio di governo (*Governing Council*) del Governo di transizione (*Coalition Provisional Authority*)[641]. In base all'art. 10 dello Statuto, il Tribunale è competente per i crimini d genocidio, crimini contro l'umanità, crimini di guerra ed altri fatti costituenti reato in base al diritto iracheno, commessi tra il 17 luglio 1968 ed il 1° maggio 2003. Il primo processo contro *Saddam Hussein* ed altri coimputati, iniziato l'8 ottobre 2005, aveva ad oggetto l'uccisione, diretta o per effetto di atti di tortura, di 148 persone tra uomini e bambini, come vendetta per un fallito attentato a Saddam nella città di Dudschail (1982).

---

punità ("impunity") cfr. *Ambos*, Straflosigkeit von Menschenrechtsverletzungen (1997).

[635]   Cfr. Audiencia Nacional, sent. 5 novembre 1998, ILR 119 (2002), 331 ss.

[636]   Cfr. Audiencia Nacional, sent. 19 aprile 2005, su cui *Gil Gil*, Journal of International Criminal Justice 3 (2005), 1082.

[637]   Cfr. Tribunal Supremo (Guatemala), sent. 25 febbraio 2003, consultabile all'indirizzo <http://www.derechos.org/nizkor/guatemala/doc/gtmsent.html> (ult. accesso: aprile 2007); cfr. in proposito, *Ascensio*, Journal of International Criminal Justice 1 (2003), 690 ss.; *Cassese*, Journal of International Criminal Justice 1 (2003), 589 ss.; la decisione del Tribunale costituzionale spagnolo del 26 settembre 2005 sui crimini internazionali in Guatemala è riassunta da *Roht-Arriaza* AJIL 100 (2006), 207; su di essa v. *Ascensio*, Journal of International Criminal Justice 4 (2006), 586 ss.

[638]   Su ciò *Kaleck*, in: Kaleck et al. (a cura di), International Prosecution of Human Rights Crimes (2007), 93, 100 ss.

[639]   Così l'icastico titolo del libro di *Roth-Arriaza*, The Pinochet Effect, Transnational Justice in the Age of Human Rights (2005).

[640]   A titolo di esempio si consideri la dichiarazione di incostituzionalità delle leggi di amnistia da parte della Suprema Corte d'Argentina, sent. 14 giugno 2005. In proposito, *Bakker*, Journal of International Criminal Justice 3 (2005), 1106 ss. ulteriori esempi sono menzionati da *Tittemore*, Southwestern Journal of Law and Trade in the Americas 12 (2006), 429 ss. Sull'intreccio fra sforzi nazionali e stranieri ai fini della repressione penale cfr. *Roht-Arriaza*, The Pinochet Effect, Transnational Justice in the Age of Human Rights (2005); *Sikkink/Walling*, in: Roht-Arriaza/Mariezcurrena (a cura di), Transitional Justice in the Twenty-First Century (2006), 301 ss.

[641]   Per il testo dello Statuto cfr. <http://www.iraqcoalition.org/regulations/20031210_CPA-ORD_48_IST_and_Appendix_A.pdf> (ult. accesso: aprile 2007). In proposito, approfonditamente, *Bassiouni*, Cornell International Law Journal 38 (2005), 327 ss. Lo Statuto è stato elaborato nel 2005 dalla Assemblea Nazionale di Transizione ed è entrato in vigore il 18 ottobre 2005: cfr. in proposito, *Mikolajczyk/Mosa*, Zeitschrift für Internationale Strafrechtsdogmatik 2007, 1 ss.

Saddam è stato condannato a morte per impiccagione il 5 novembre 2006, con sentenza confermata in appello il 26 dicembre 2006 ed eseguita il successivo 30 dicembre. Istituzione del Tribunale, procedimento seguito, irrogazione ed esecuzione della pena di morte hanno costituito oggetto di numerose critiche[642].

[*Omissis*] 294-316

---

[642] Oltre alle perplessità di principio contro la pena di morte, i principali profili critici concernono il fondamento giuridico del tribunale (radicato nel diritto di occupazione), l'inosservanza dei principi del giusto processo (fairness) soprattutto con riguardo all'impazialità dei giudici nonché alla lesione del divieto di retroattività relativamente alle fattispecie di diritto internazionale penale. L'esecuzione della pena di morte ha sollevato critiche anche perché in tal modo altri crimini dell'ex Presidente non avrebbero potuto essere più accertati. Ciò riguardava in particolare il secondo procedimento contro *Saddam Hussein* ed altri imputati, instaurato il 21 agosto 2006 per la cd. spedizione di Anfal. In questo procedimento lo sterminio di decine di migliaia di Curdi negli anni 1987 e 1988 era imputato fra l'altro a titolo di genocidio. Cfr. in proposito, *Bohlander* ZStW 117 (2005), 677 ss.; *Malekian*, Cornell International Law Journal 38 (2005), 673 ss.; *Mikolajczyk/Mosa*, Zeitschrift für Internationale Strafrechtsdogmatik 2007, 1 ss.; *Scharf*, Journal of International Criminal Justice 2 (2004), 330 ss.; *Zolo*, Journal of International Criminal Law 2 (2004), 313 ss.; meno criticamente *Alvarez*, Journal of International Criminal Justice 2 (2004), 319 ss.; *Newton*, Cornell International Law Journal 38 (2005), 863 ss.; *Parker*, Cornell International Law Journal 38 (2005), 899 ss. – In relazione agli attacchi con gas velenosi condotti dall'esercito iracheno contro villaggi curdi alla metà degli anni '80, fu condannato a 15 anni di detenzione per crimini di guerra l'imprenditore olandese *Frans van Anraat*, responsabile di aver fornito sostanze chimiche al regime iracheno: cfr. District Court of The Hague, 23 dicembre 2005, consultabile all'indirizzo <http://www.frompeacetojustice.nl/eCache/DEF/6/332.html> (ult. accesso: aprile 2007); cfr. in proposito, *van der Wilt*, Journal of International Criminal Justice 4 (2006), 239 ss.

PARTE SECONDA: PARTE GENERALE

Fino all'entrata in vigore dello Statuto ICC (St-ICC) la "parte generale" è stata la cenerentola degli sforzi di codificazione del diritto dei crimini internazionali; in primo piano v'era il tema più importante dal punto di vista pratico, quello della descrizione delle condotte tipiche dei crimini contro il diritto internazionale.

Uno sguardo sugli Statuti dei tribunali militari internazionali e di quelli istituiti dal Consiglio di Sicurezza ONU manifesta la secondaria importanza rivestita dalle regole di parte generale: solo alcune regole specifiche ricevono autonoma considerazione rispetto alle definizioni dei crimini, ed anche in tal caso non sono assimilabili alle norme generali sulla responsabilità né per il relativo oggetto, né per la pretesa, tipica invece delle norme statuali, di regolare compiutamente i principi e le regole fondamentali. Al contrario, un bisogno di regolamentazione specifica era riconosciuto soltanto laddove le regole tradizionali sulla responsabilità penale rischiavano di naufragare a fronte delle peculiarità di una commissione del fatto avente natura necessariamente plurisoggettiva (collettiva) e sovente con copertura di organi statuali. Negli Statuti si trovano disposizioni relative alla (pressoché totale) irrilevanza scusante dell'aver agito su ordine di un superiore o nel possesso di funzioni pubblicistiche, nonché sulla responsabilità penale del superiore gerarchico (di norma militare) per i reati commessi dai soggetti a lui subordinati.[1]

Questo approccio nel senso di non appesantire con regole generali sulla responsabilità i primi passi dell'evoluzione del diritto dei crimini internazionali, si è rivelato nella prassi privo di controindicazioni. Un rapido esame di questa prassi conferma che al principio non vi fu una reale necessità di sviluppare esaustive regole di "parte generale" del diritto dei crimini internazionali; i tribunali fecero riferimento, all'occorrenza, a regole comuni agli ordinamenti nazionali[2]. Laddove l'implemen-

---

[1] Per dettagli cfr. *infra*, n. marg. 449 ss., 538 ss., 603 ss.
[2] Riassuntivamente sulla giurisprudenza *Ambos*, Der Allgemeine Teil des Völkerstrafrechts (2002), 125 ss., 159 ss., 253 ss.

tazione del diritto dei crimini internazionali era pur sempre rimessa nelle mani delle autorità giudiziarie nazionali, preferibile si considerava l'applicazione della "parte generale" nazionale.

320 Nella Parte 3 dello Statuto ICC si trovano ormai esaustive disposizioni sui «principi generali del diritto penale» («general principles of criminal law»), che rappresentano il nucleo di un'autonoma parte generale del diritto dei crimini internazionali[3]. In parte si è fatto ricorso a modelli esistenti nel diritto internazionale consuetudinario od a principi generali del diritto; spesse volte lo Statuto entra, per così dire, in una terra incognita. Su questo sfondo, non c'è dubbio che lo Statuto rappresenti il punto più alto, il "coronamento" degli sforzi di codificazione della parte generale finora compiuti; per la prima volta le questioni giuridiche di principio e generali vengono separate dalle singole fattispecie[4]. Il diritto penale dello Statuto – integrato dalla rilevante giurisprudenza dei Tribunali per il Ruanda e per l'ex Jugoslavia – rappresenta perciò il punto di partenza dell'illustrazione che segue in quest'opera, che mostrerà di volta in volta anche il rapporto fra il "diritto penale statutario" ed il diritto internazionale consuetudinario.

321 Conseguenza immediata della codificazione solo recente delle regole generali sulla responsabilità è il basso grado di maturità dogmatica di alcune disposizioni di parte generale contenute nello Statuto, la cui ulteriore precisazione rappresenta una delle sfide centrali per la giurisprudenza e la dottrina nel campo del diritto internazionale penale[5]. Questo compito è reso difficoltoso dal fatto che la formazione delle norme di parte generale e la loro interpretazione ed applicazione, diversamente da quanto accade per le singole fattispecie dei crimini, hanno luogo nel fitto intreccio con parallele regolamentazioni statuali: ciascun ordinamento giuridico dispone di previsioni, scritte o non scritte, di parte generale; ciascun interprete legge le previsioni del diritto internazionale penale in primo luogo attraverso le lenti della terminologia e della dogmatica nazionali, a lui familiari. Si aggiunga che la maggior parte delle previsioni della Parte III dello Statuto rappresentano il «disordinato coacervo di differenti tradizioni giuridiche»[6]. Spesso determinati elementi si lasciano ricondurre ad ordinamenti giuridici nazionali; talvolta la stessa vicinanza concettuale (nella sostanza spesso soltanto apparente) delle regole di diritto internazionale penale a modelli nazionali può rivelarsi fuorviante. Le previsioni di parte generale devono dunque essere affrontate sganciandosi dalle strutture di pensiero e

---

[3] Nella Parte III dello Statuto si trovano bensì numerose, ma non tutte le regole di parte generale che la Corte può applicare. Sono da includere infatti soprattutto le regole che sono parte integrante del diritto internazionale generale: cfr. art. 21 St-ICC.

[4] Cfr. *Kreß*, Humanitäres Völkerrecht-Informationsschriften 1999, 4, 9.

[5] Per un primo tentativo di "dogmatizzazione" cfr. *Ambos*, Der Allgemeine Teil des Völkerstrafrechts (2002).

[6] *Eser*, in: Schmoller (a cura di), Festschrift für Triffterer (1996), 755, 775.

dalle figure dogmatiche del proprio diritto nazionale⁷; quanto ciò possa essere difficile, lo ha mostrato la Conferenza di Roma⁸.

A. Profili generali di una teoria del reato in materia di crimini internazionali

Ambos, Kai: General Principles of Criminal Law in the Rome Statute, Criminal Law Forum 10 (1999), 1 ss.; *Ambos, Kai:* Der Allgemeine Teil des Völkerstrafrechts, Ansätze einer Dogmatisierung (2002), 539 ss.; *Ambos, Kai:* Internationales Strafrecht (2006), § 7 n. marg. 1 ss.; *Ambos, Kai:* Remarks on the General Part of International Criminal Law, Journal of International Criminal Justice 4 (2006), 660 ss.; *Ambos, Kai:* 100 Jahre Belings „Lehre vom Verbrechen": Renaissance des kausalen Verbrechensbegriffs auf internationaler Ebene?, Zeitschrift für Internationale Strafrechtsdogmatik 2006, 464 ss.; *Cassese, Antonio:* International Criminal Law (2003), 135 ss., 222; *Clark, Roger S.:* Subjektive Merkmale im Völkerstrafrecht, Das Römische Statut des Internationalen Strafgerichtshofes und die Verbrechenselemente, ZStW 114 (2002), 372 ss.; *Dinstein, Yoram:* Defences, in: McDonald, Gabrielle Kirk/Swaak-Goldman, Olivia (Hrsg.), Substantive and Procedural Aspects of International Criminal Law, The Experience of International and National Courts, Band 1 (2000), 371 ss.; *Eser, Albin:* Die Unterscheidung von Rechtfertigung und Entschuldigung: Ein Schlüsselproblem des Verbrechensbegriffs, in: Lahti, Raimo/Nuotio, Kimmo (Hrsg.), Strafrechtstheorie im Umbruch, Finnische und vergleichende Perspektiven (1992), 301 ss.; *Eser, Albin:* „Defences" in Strafverfahren wegen Kriegsverbrechen, in: Schmoller, Kurt (Hrsg.), Festschrift für Otto Triffterer (1996), 755 ss.; *Eser, Albin:* Kommentierung zu Art. 31 St-ICC, in: Triffterer, Otto (Hrsg.), Commentary on the Rome Statute of the International Criminal Court, Observers' Notes, Article by Article (1999), 537 ss.; *Kelt, Maria/von Hebel, Herman:* General Principles of Criminal Law and Elements of Crimes, in: Lee, Roy S. (Hrsg.), The International Criminal Court, Elements of Crimes and Rules of Procedure and Evidence (2001), 19 ss.; *Kreß, Claus:* Die Kristallisation eines Allgemeinen Teils des Völkerstrafrechts: Die Allgemeinen Prinzipien des Strafrechts im Statut des Internationalen Strafgerichtshofs, Humanitäres Völkerrecht-Informationsschriften 1999, 4 ss.; *Kreß, Claus:* Kommentierung vor III 26, in: Grützner, Heinrich/Pötz, Paul-Günter (Hrsg.), Internationaler Rechtshilfeverkehr in Strafsachen, 2. Aufl. (2006), Band 4; *Lagodny, Otto:* Legitimation und Bedeutung des Ständigen Internationalen Strafgerichtshofes, ZStW 113 (2001), 800 ss.; *Manacorda, Stefano:* Die allgemeine Lehre von der Straftat in Frankreich, Besonderheiten oder Lücken in der französischen Strafrechtswissenschaft, GA 1998, 124 ss.; *Mansdörfer, Marco* (Hrsg.): Die allgemeine Straftatlehre des common law (2005); *Marxen, Klaus:* Beteiligung an schwerem systematischen Unrecht, Bemerkungen zu einer völkerstrafrechtlichen Straftatlehre, in: Lüderssen, Klaus (Hrsg.), Aufgeklärte Kriminalpolitik

---

⁷ Incisivamente ICTY, 16 novembre 1998 (Mucić et al., TC), § 431: «[A] simple semantic approach [...] can only lead to confusion or a fruitless search for an elusive commonality. In any national legal system, terms are utilised in a specific legal context and are attributed to their own specific connotations by the jurisprudence of that system. Such connotations may not necessarily be relevant when these terms are applied in an international jurisdiction».

⁸ Istruttiva l'illustrazione di *Clark* ZStW 114 (2002), 372, 379 nota 21 («collasso comunicativo»); *Kelt/von Hebel*, in: Lee (a cura di), The International Criminal Court, Elements of Crimes and Rules of Procedure and Evidence (2001), 19, 22.

oder Kampf gegen das „Böse", Band 3: Makrokriminalität (1998), 220 ss.; *Merkel, Reinhard:* Gründe für den Ausschluss der Strafbarkeit im Völkerstrafrecht, ZStW 114 (2002), 437 ss.; *Naucke, Wolfgang:* Strafrecht, 10. Aufl. (2002), § 7 n. marg. 8 ss.; *Nill-Theobald, Christiane:* „Defences" bei Kriegsverbrechen am Beispiel Deutschlands und der USA, Zugleich ein Beitrag zum Allgemeinen Teil des Völkerstrafrechts (1998), 57 ss.; *Piragoff, Donald K.:* Kommentierung zu Art. 30 St-ICC, in: Triffterer, Otto (Hrsg.), Commentary on the Rome Statute of the International Criminal Court, Observers' Notes, Article by Article (1999), 527 ss.; *Sadat, Leila Nadya:* The International Criminal Court and the Transformation of International Law, Justice for the New Millenium (2002), 192 ss.; *Scaliotti, Massimo:* Defences before the International Criminal Court: Substantive grounds for excluding criminal responsibility, Teil 1: International Criminal Law Review 1 (2001), 111 ss.; Teil 2: International Criminal Law Review 2 (2002), 1 ss.; *Schabas, William A.:* Kommentierung zu Art. 66 St-ICC, in: Triffterer, Otto (Hrsg.), Commentary on the Rome Statute of the International Criminal Court, Observers' Notes, Article by Article (1999), 833 ss.; *Smith, John C./Hogan, Brian:* Criminal Law, 9. Aufl. (1999), 28 s., 189; *Vogel, Joachim:* Elemente der Straftat, Bemerkungen zur französischen Straftatlehre und zur Straftatlehre des common law, GA 1998, 127 ss.; *Watzek, Jens:* Rechtfertigung und Entschuldigung im englischen Strafrecht, Eine Strukturanalyse der allgemeinen Strafbarkeitsvoraussetzungen im englischen Strafrecht (1997), 67 ss.; *Weigend, Thomas:* Zur Frage eines „internationalen" Allgemeinen Teils, in: Schünemann, Bernd et al. (Hrsg.), Festschrift für Claus Roxin (2001), 1375 ss.

I. Concetto di crimine internazionale

323 Una teoria generale del reato specifica del diritto penale internazionale, che – riunendo in ordinato sistema gli elementi strutturali comuni a tutti i crimini internazionali – stabilisca i criteri generali di responsabilità per illecito internazionale, è stata finora soltanto tratteggiata per sommi capi[9].

324 La prassi dei tribunali internazionali si orienta secondo l'analisi bipartita del reato diffusa nel Common Law[10].

---

[9] Sui compiti di una teoria generale del reato cfr. *Jakobs*, Strafrecht Allgemeiner Teil, 2ª ed. (1993), 125 s.; *Jescheck/Weigend*, Lehrbuch des Strafrechts, 5ª ed. (1996), 194; *Naucke*, Strafrecht, 10ª ed. (2002), § 7 n. marg. 8 ss. nonché specificamente per il diritto internazionale penale *Marxen*, in: Lüderssen (a cura di), Aufgeklärte Kriminalpolitik oder Kampf gegen das „Böse"?, vol. 3 (1998), 220 ss. [*F. Bricola*, Teoria generale del reato, in NNDI XIX, 1973; *A. Fiorella*, Reato in generale, EdD XXXVIII, 1987, 770 ss. *M. Donini*, Teoria del reato, in DDP XIV, 1999, 221 ss., *N.d.T.*].

[10] Cfr. *Ambos*, Der Allgemeine Teil des Völkerstrafrechts (2002), 361, 539 s., cfr. in quel lavoro (p. 515) anche la illustrazione dogmatica degli «elementi strutturali di una parte generale», cfr. inoltre *Ambos*, Internationales Strafrecht (2006), § 7 n. marg. 2 ss.; *Ambos*, Zeitschrift für Internationale Strafrechtsdogmatik 2006, 464, 470; *Merkel* ZStW 114 (2002), 438; approfonditamente sulla teoria del reato di Common Law *Mansdörfer*, in: Mansdörfer (a cura di), Die allgemeine Straftatlehre des common law (2005), 1 ss.; *Vogel* GA 1998, 127, 136 ss. – Talvolta questo modello viene indicato anche come modello tripartito (*actus reus, mens rea* und *defences*): cfr. *Lagodny* ZStW 113 (2001), 800, 817; *Smith/Hogan*, Criminal Law, 9ª ed. (1999), 28 s., 189; *Watzek*, Rechtfertigung und Entschuldigung im englischen Strafrecht (1997), 67.

Questa distingue tra gli elementi che fondano la responsabilità penale (*offence*), costituiti – 325
da un lato – da un elemento oggettivo (*actus reus*) ed uno soggettivo (*mens rea*) del fatto[11],
e – dall'altro lato – dalle circostanze che escludono la responsabilità (*defences*). Fra queste
ultime vengono annoverate non soltanto le cause di non punibilità in senso lato a carattere sostanziale (ad es., legittima difesa e stato di necessità), ma anche i cd. impedimenti
processuali o cause di non procedibilità dell'azione penale (ad es., prescrizione, incapacità
penale per minore età)[12].

La ricezione di questo concetto di reato da parte dei Tribunali Militari Internazionali e dei Tribunali *ad hoc* deriva dal loro orientamento, in generale, alle regole di 326
Common Law ed al modello processuale accusatorio[13]. L'ICTY ha nel tempo ulteriormente sviluppato ed affinato questo concetto, elaborando all'interno della *offence* tre ulteriori gradini del reato, in relazione a ciascuno dei quali separatamente
viene accertata la sussistenza dell'elemento oggettivo e di quello soggettivo.

Per i crimini di guerra e quelli contro l'umanità vi è innanzi tutto un'analisi del fatto di 327
contesto (*general requirements*), vale a dire delle seguenti questioni: se possa essere accertato un conflitto armato o, rispettivamente, un'aggressione contro la popolazione civile, e se
l'imputato avesse conoscenza di ciò. Di seguito, viene verificato se esistono i presupposti
di uno dei fatti concreti (*Einzeltat, specific act*) inclusi nelle definizioni del crimine internazionale e se in capo all'imputato sussistono i presupposti soggettivi della responsabilità.
Un esame autonomo è infine specificamente dedicato alla responsabilità individuale
dell'imputato (*individual criminal responsibility*). Concretamente si tratta di stabilire quale delle forme di responsabilità concorsuale previste dall'art. 7 St-ICTY si presti a cogliere
adeguatamente la condotta dell'imputato.

---

[11] «*Actus non facit reum nisi mens sit rea*». Cfr. sul punto *Dinstein*, in: McDonald/Swaak-Goldman (a cura di), Substantive and Procedural Aspects of International Criminal Law, vol. 1 (2000), 371.

[12] Cfr. *Ashworth*, Principles of Criminal Law, 3ª ed. (1999), 209; *Dinstein*, in: McDonald/Swaak-Goldman (a cura di), Substantive and Procedural Aspects of International Criminal Law (2000), 371 ss.; *LaFave*, Criminal Law, 4ª ed. (2003), 52; *Merkel* ZStW 114 (2002), 436, 438; *Nill-Theobald*, „Defences" bei Kriegsverbrechen am Beispiel Deutschlands und der USA (1998), 57; *Scaliotti*, International Criminal Law Review 1 (2001), 111 s. [Si noti peraltro che la minore età (Strafunmündigkeit) ha una dimensione sostanziale e non processuale, *N.d.T.*].

[13] Quest'orientamento è chiaro soprattutto se si guarda alla costruzione delle regole procedimentali. La caratteristica specifica della teoria del reato di Common Law consiste in ciò, che ad *offence* e *defence* rispettivamente si ricollegano differenti requisiti per la prova, cfr. *Herrmann* ZStW 93 (1981), 6, 15, 653 ss.; *Vogel* GA 1998, 127, 137. Molto approssimativamente si può dire che spetta all'accusa la prova degli *elements of crime*, mentre l'imputato deve esibire i presupposti di una *defence*, cfr. *LaFave*, Criminal Law, 4ª ed. (2003), 50 ss. In questo modello s'inserisce la giurisprudenza dell'ICTY, secondo la quale quando l'imputato invochi la non imputabilità al momento del fatto («plea of lack of mental capacity») questa eccezione richieda l'esibizione di prove schiaccianti («preponderance of evidence»): ICTY, 16 novembre 1998 (Mucić et al., TC), §§ 1157 ss. Sul punto la Camera di prima istanza si è richiamata al «general principle that the burden of proof […] is on the person […] who raises the defence». Cfr. anche la Regola 67 A) ii) b) dell'ICTY-RPP «[T]he defence shall notify the Prosecutor of its intent to offer […] any special defence, including that of diminished or lack of mental responsibility; in which case the notification shall specify the names and addresses of witnesses and any other evidence upon which the accused intends to rely to establish the special defence».

In quest'ambito vengono inoltre approfondite talune complicate figure di responsabilità previste dal diritto internazionale penale, vale a dire la responsabilità nel quadro di un'impresa criminale comune (*joint criminal enterprise*) o quella del superiore gerarchico.

328 Lo Statuto ICC sottolinea l'autonomia del diritto internazionale penale e segue un proprio concetto di reato, che trae alcuni elementi della teoria del reato dal Common Law e da sistemi giuridici continentali, ricollegandoli però in un concetto di reato specifico del diritto internazionale penale[14].

329 Lo Statuto rinuncia dunque largamente all'impiego delle concettualizzazioni familiari ai grandi sistemi giuridici[15]. Questo approccio è in tanto corretto, in quanto l'uso di concetti tecnici già "oggetto di possesso" ha spesso come conseguenza il trascinamento pure dell'interpretazione che ne è data nell'ordinamento nazionale. Il prezzo che si deve pagare per la parsimonia nella ricezione di concetti giuridici consolidati consiste nel fatto che molte regole abbisognano ancora di precisazione da parte della prassi.

330 Lo Statuto distingue in primo luogo tra circostanze che fondano la responsabilità individuale e circostanze che la escludono. Le prime sono codificate negli artt. 25, 28 e 30. Il principio fondamentale è formulato dall'art. 25 co. 2: «Chiunque commette un reato devoluto alla giurisdizione della Corte, è indivi-

---

[14] Cfr. anche *Ambos*, Internationales Strafrecht (2006), § 7 n. marg. 2; *Kreß*, Humanitäres Völkerrecht-Informationsschriften 1999, 4 s. Mentre l'intitolazione della Parte III («Principi generali del diritto penale») accenna una certa affinità lessicale con il Common Law, la denominazione delle cause di non punibilità («Motivi di esclusione della responsabilità penale», art. 31 St-ICC) appare più vicina all'orizzonte concettuale continental-europeo; per maggiori approfondimenti cfr. Triffterer-*Eser*, Rome Statute (1999), art. 31 n. marg. 15. Allo stesso modo, l'utilizzazione dei concetti di elemento materiale e psicologico («élément materiel» ed «élément psychologique», art. 30 St-ICC) ricorda la terminologia continentale ed in particolare quella usuale in Francia (su cui cfr. *Manacorda* GA 1998, 124 s.).

[15] Ad esempio, lo Statuto rinuncia all'impiego della coppia concettuale *actus reus/mens rea*. Dopo che nei Progetti preliminari della Commissione di diritto internazionale delle Nazioni Unite si parlava ancora di *actus reus* e *mens rea*, appoggiandosi alla concezione del Common Law (cfr. *Draft Code* 1994), al loro posto in sede di Conferenza di Roma furono utilizzati, in un primo tempo, i concetti di «physical element» e «objective elements» (cfr. *Clark* ZStW 114 (2002), 372, 376 in nota 13). Solo il Comitato per la Redazione ha infine sostituito il concetto di «physical element» con quello di «material element»; sul punto *Ambos*, Der Allgemeine Teil des Völkerstrafrechts (2002), 762. Non sono utilizzati neppure i concetti di *offence/defence*. In merito, la ricezione della terminologia del Common Law sarebbe stata fraintesa quale indizio della validità del modello procedurale-pragmatico di ripartizione dell'onere della prova tipico del processo penale accusatorio (sul punto *supra*, n. marg. 326 in nota 13). Proprio quest'ultimo, però, non trova riscontro nello Statuto: cfr. art. 54 co. 1 lett. a) St-ICC («Il Procuratore [...] indaga allo stesso modo sia i fatti a carico sia quelli a discarico»), art. 66 co. 2 («l'onere di provare la colpevolezza dell'imputato grava sull'Accusa»), art. 67 co. 1 lett. i) («[All'imputato non possono] essere addossati né un'inversione dell'onere della prova né un onere di confutazione della prova»); approfonditamente Triffterer-*Schabas*, Rome Statute (1999), art. 66 n. marg. 18 ss. Cfr. inoltre *Kreß*, Humanitäres Völkerrecht-Informationsschriften 1999, 4 s.

dualmente responsabile e punibile a norma del presente Statuto»* («individually responsible and liable for punishment»). L'art. 31 opera come disposizione riassuntiva delle circostanze di esclusione della pena, enumerando a titolo esemplificativo i «motivi di esclusione della responsabilità penale» («grounds for excluding criminal resonsibility»). Non sono compresi – diversamente dalla giurisprudenza dell'ICTY – soltanto i motivi d'improcedibilità, che concernono non la punibilità dell'autore ma soltanto l'ammissibilità della conduzione di un processo[16].

In questa struttura di massima edificata nello Statuto s'inseriscono ulteriori profili. Possono essere distinti tre elementi della responsabilità per crimine internazionale, cioè l'elemento oggettivo, l'elemento soggettivo e le cause di non punibilità. Nell'esposizione che segue è impiegato anche il concetto di "fatto di reato" (*Tatbestand*) quale quintessenza espressiva di tutti gli elementi costitutivi oggettivi e soggettivi.

II. Il contesto di violenza organizzata nella sistematica del fatto di reato di diritto internazionale penale

Nella cornice dei tre elementi del crimine internazionale possono essere elaborate le peculiarità della "macrocriminalità"; per la riconduzione dei fatti di reato a questa categoria sono necessari accanto al fatto singolo («act»)[17] anche il contesto di violenza organizzata («context»[18] o rispettivamente «contextual circumstances»[19]), il quale è precisamente quell'"elemento internazionalistico" che rende quei reati crimini internazionali[20]. L'elemento di contesto acquista rilevanza, a seconda del tipo di crimine, o come elemento costitutivo di carattere oggettivo, o come componente dell'elemento soggettivo. Nel caso del genocidio, ad esempio, il contesto è inserito quale componente costitutiva dell'elemento soggettivo[21]: l'agente deve perseguire la distruzione di un gruppo fra quelli tutelati. Per contro, nei crimini contro l'umanità, di guerra e in quello di aggressione gli elementi di contesto concernono i presupposti costitutivi di carattere oggettivo. L'esteso o sistematico attacco contro la popolazione civile (fatto di contesto o fatto generale, *Gesamttat*) nei crimini contro l'umanità è, così come il conflitto armato nei crimini di guerra, un elemento della fattispecie oggettiva. Parte costitutiva dell'elemento oggettivo del fatto è infine, anche per il crimine di aggressione, la commissione organizzata di fatti violenti.

---

[16] Diversamente peraltro *Ambos*, Internationales Strafrecht (2006), § 7 n. marg. 3.
[17] Cfr. art. 6, art. 7 co. 1, art. 8 co. 2 b), c) St-ICC: «any of the following acts».
[18] Elementi dei Crimini, in rel. art. 7 St-ICC, Introduzione, n. 2: «The last two elements for each crime against humanity describe the context in which the conduct must take place».
[19] Elementi dei Crimini, cit., Introduzione, n. 7.
[20] Maggiori approfondimenti *supra*, n. marg. 90 ss.
[21] Maggiori approfondimenti sul punto ai nn. marg. 91, 660.

---

* [Traduzione nostra, *N.d.T.*].

III. La costruzione del fatto di reato di diritto internazionale penale

333 L'analisi della punibilità in base al diritto internazionale può essere condotta in base al seguente schema tripartito[22]:

1. Primo livello: elemento oggettivo

334 Ad un primo livello si deve verificare se il presunto autore ha realizzato gli elementi oggettivi («material elements»; «élément matériel du crime»)[23] di un crimine internazionale. A questi appartengono la condotta («conduct»), la conseguenza di essa («consequence») nonché ogni ulteriore circostanza concomitante («circumstance»), che sia contenuta nella definizione dello specifico crimine internazionale[24]. Nel caso dei crimini contro l'umanità e dei crimini di guerra devono essere rimarcati quali principali circostanze concomitanti, rispettivamente, l'attacco contro la popolazione civile ed il conflitto armato[25]. Condotta, conseguenza e circostanze concomitanti rappresentano i termini di riferimento dell'elemento soggettivo[26].

2. Secondo livello: elemento soggettivo

335 L'elemento soggettivo («mental element»; «élément psychologique»; «innere Tatseite») richiede che l'agente realizzi gli elementi oggettivi del fatto dolosamente, cioè con intenzione e consapevolezza («with intent and knowledge»; «avec intention et connaissance»; «willentlich und wissentlich»): così l'art. 30 dello Statuto. Per alcuni crimini internazionali questi requisiti sono allentati; per altri sono irrigiditi o sono richiesti ulteriori elementi di carattere soggettivo. La distinzione usuale nel diritto penale tedesco fra dolo quale elemento del fatto e consapevolezza dell'illecito quale elemento della colpevolezza è sconosciuta al diritto internazionale penale[27].
L'elemento soggettivo comprende, nel senso di una *guilty mind*, non soltanto il dolo, ma anche la consapevolezza dell'illecito[28].

---

[22] Cfr. anche *Kreß*, Humanitäres Völkerrecht-Informationsschriften 1999, 4 s.

[23] Questo concetto si trova nell'art. 30 St-ICC e negli Elementi dei Crimini, Introduzione Generale. Esso designa quegli «specific elements of the definition of the crimes as defined in articles 5 to 8 [St-ICC]». Cfr. Triffterer-*Piragoff*, Rome Statute (1999), art. 30 n. marg. 6. Approfonditamente *Ambos*, Der Allgemeine Teil des Völkerstrafrechts (2002), 762 ss.

[24] Si deve rispondere in senso negativo all'interrogativo se appartengano ai «material elements», oltre agli elementi oggettivi delle fattispecie dei singoli crimini, anche tutti gli altri presupposti sostanziali per la punibilità, fra cui soprattutto (la mancanza di) cause di esenzione dalla punibilità. Dall'art. 30 co. 2 St-ICC si ricava che ai presupposti obiettivi appartengono solo la condotta, le conseguenze, le circostanze concomitanti. Cfr. sul punto *Ambos*, Der Allgemeine Teil des Völkerstrafrechts (2002), 762 s.

[25] Cfr. *infra*, n. marg. 346, 763 ss., 949 ss.

[26] Cfr. art. 30 St-ICC; sul punto *Kelt/von Hebel*, in: Lee (a cura di), The International Criminal Court, Elements of Crimes and Rules of Procedure and Evidence (2001), 19, 26.

[27] In consonanza, quanto a ciò, con il classico concetto causale di reato del diritto penale tedesco: cfr. *Ambos*, Der Allgemeine Teil des Völkerstrafrechts (2002), 541.

[28] Cfr. anche *Cassese*, International Criminal Law (2003), 136 s.

3. Terzo livello: cause di esclusione della punibilità

Al terzo livello ci si interroga sull'esistenza di circostanze che escludano la responsabilità penale individuale dell'agente. Dal punto di vista della tecnica normativa, lo Statuto distingue tre gruppi di cause di esclusione della responsabilità penale[29] («grounds for excluding criminal responsibility»; «motifs d'exonération de la responsabilité pénale»; «Straffreistellungsgründe»). L'esclusione della responsabilità penale a motivo di disturbi psichici, ubriachezza, difesa legittima e stato di necessità è regolata nell'art. 31 co. 1 St-ICC. Norme sull'esclusione da responsabilità per causa di errore, per aver agito dietro ordine o comando sono contenute in autonome disposizioni (art. 32, art. 33 St-ICC)[30]. Ulteriori cause di esclusione della responsabilità possono risultare da fonti del diritto internazionale penale al di fuori dello Statuto[31]. Quando ricorrono i presupposti di una causa di esclusione della pena, la persona non è «penalmente responsabile» (art. 31 co. 1 St-ICC)[32].

La differenziazione tra giustificazione (del fatto) e scusa (dell'agente) è finora sconosciuta al diritto internazionale penale[33]. Devono essere qui menzionati, tuttavia, i tenaci sforzi, condotti soprattutto dalla dottrina penalistica tedesca, di ancorare anche in questa materia la distinzione in sé corretta tra antigiuridicità e colpevolezza[34].

---

[29] Per quanto i concetti di causa di esclusione della punibilità («Strafbarkeitsausschlussgrund») o di esclusione della pena («Strafausschlussgrund») siano anch'essi vicini alla formulazione testuale dello Statuto, non ne è peraltro consigliabile l'impiego in un'esposizione rivolta al pubblico tedesco [e italiano], poiché nella dottrina penalistica tedesca [e italiana] si riferiscono ad altre costellazioni di casi; cfr. però *Ambos*, Der Allgemeine Teil des Völkerstrafrechts (2002), 825 s.; *Kreß*, in: Grützner/Pötz (a cura di), Internationaler Rechtshilfeverkehr in Strafsachen, 2ª ed. (2006), vol. 4, Vor III 26, n. marg. 53. Sul significato della causa (personale) di esenzione da pena (ad es., § 258 IV StGB) e della causa sopravvenuta di non punibilità («Strafaufhebungsgrund»: ad es. § 24 StGB) nel diritto penale tedesco cfr. *Wessels/Beulke*, Strafrecht Allgemeiner Teil, 26ª ed. (2002), n. marg. 150 [nel diritto penale italiano, per tutti, *Romano*, Cause di giustificazione, cause scusanti, cause di non punibilità, RIDPP 1990, 55, *N.d.T.*].

[30] Dall'art. 31 St-ICC si ricava espressamente che la disposizione non è esaustiva («oltre agli altri motivi di esclusione della responsabilità penale previsti dal presente Statuto [...]»).

[31] Cfr. art. 31 co. 3 St-ICC: «Durante il processo la Corte può tenere conto di un motivo di esonero dalla responsabilità penale diverso da quelli previsti al paragrafo 1, se tale motivo discende dal diritto applicabile enunciato all'articolo 21».

[32] Lo Statuto impiega in questo contesto svariati concetti, in verità senza che ne derivi una differenza sostanziale: «(grounds of) excluding criminal responsibility», «a person shall not be criminally responsible» (art. 31, art. 22 co. 1, art. 24 co. 1); «exempt from criminal responsibility» (art. 27 co. 1); «relieve that person of criminal responsibility» (art. 33).

[33] Maggiori approfondimenti in *Cassese*, International Criminal Law (2003), 222.

[34] Cfr. *Ambos*, Der Allgemeine Teil des Völkerstrafrechts (2002), 826 ss.; *Ambos*, Journal of International Criminal Justice 4 (2006), 660, 664 ss.; *Eser*, in: Schmoller (a cura di), Festschrift für Triffterer (1996), 755, 775; Triffterer-*Eser*, Rome Statute (1999), art. 31 n. marg. 2; *Fletcher*, Journal of International Criminal Justice 3 (2005), 20, 34; *Kreß*, Humanitäres Völkerrecht-Informationsschriften 1999, 4 s.; *Merkel* ZStW 114 (2002), 437, 439 ss.; *Sadat*, The International Criminal Court and the Transformation of International Law (2002), 213 s.; in generale sulla distinzione fra giustificazione e scusa *Eser*, in: Lahti/Nuotio (a cura di), Strafrechtstheorie im Umbruch, Finnische und vergleichende Perspektiven, (1992), 301 ss.

4. Presupposti processuali

338 Al termine dell'analisi tripartita deve constare se per una determinata azione sia giustificata la responsabilità penale individuale in base al diritto internazionale. E tuttavia, nonostante la piena responsabilità, la punizione dell'autore potrebbe essere esclusa per l'intervento di un impedimento processuale (altrimenti detto, per la mancanza di una condizione di procedibilità). Siffatti impedimenti processuali (Strafverfolgungshindernisse) si situano al di fuori del concetto di reato perché riguardano non la punibilità dell'autore ma la legittimità del procedimento di repressione; si tratta di presupposti processuali e di elementi di diritto processuale. Nello Statuto si trovano simili disposizioni relativamente al divieto di doppia punizione per lo stesso fatto (art. 20 co. 1), alla minore età dell'agente (art. 26), all'immunità (art. 27 co. 2) nonché alla prescrizione (art. 29)[35].

B. Elemento oggettivo

339 *Ambos, Kai:* Der Allgemeine Teil des Völkerstrafrechts, Ansätze einer Dogmatisierung (2002), 764 ss.; *Kelt, Maria/von Hebel, Herman:* General Principles of Criminal Law and Elements of Crimes, in: Lee, Roy S. (Hrsg.), The International Criminal Court, Elements of Crimes and Rules of Procedure and Evidence (2001), 13 ss.; *Knoops, Geert-Jan G.J.:* Defenses in Contemporary International Criminal Law (2001), 9 ss.; *Kreß, Claus:* Die Kristallisation eines Allgemeinen Teils des Völkerstrafrechts: Die Allgemeinen Prinzipien des Strafrechts im Statut des Internationalen Strafgerichtshofs, Humanitäres Völkerrecht-Informationsschriften 1999, 4 ss.; *Piragoff, Donald K.:* Kommentierung zu Art. 30 St-ICC, in: Triffterer, Otto (Hrsg.), Commentary on the Rome Statute of the International Criminal Court, Observers' Notes, Article by Article (1999), 527 ss.; *Saland, Per:* International Criminal Law Principles, in: Lee, Roy S. (Hrsg.), The International Criminal Court, The Making of the Rome Statute (1999), 189 ss.

340 Dell'elemento oggettivo di un crimine internazionale fanno parte tutti i presupposti che determinano la fisionomia oggettiva del fatto. Gli elementi oggettivi possono essere descrittivi o normativi, relativi al fatto o all'autore; nello Statuto non è rintracciabile tuttavia, diversamente da quanto accade per l'elemento soggettivo, una definizione generale ad essi relativa[36].

341 Lo Statuto distingue tre componenti dell'elemento oggettivo[37]: punto di par-

---

[35] Cfr. anche *infra*, n. marg. 639 ss.
[36] Causa del fatto che l'art. 28 del Progetto di Statuto, ancora previsto nella documentazione preparata per la Conferenza (per quanto messo per intero tra parentesi), alla fine fu cancellato furono (soltanto) divergenze di opinione sulla legittimazione e la portata della responsabilità per omissione lì prevista al comma 2; cfr. sul punto *infra*, n. marg. 596.
[37] Art. 30 co. 2 St-ICC. Cfr. *Ambos*, Der Allgemeine Teil des Völkerstrafrechts (2002), 764 ss.; *Clark* ZStW 114 (2002), 372, 382; *Kelt/von Hebel*, in: Lee (a cura di), The International Criminal Court, Elements of Crimes and Rules of Procedure and Evidence (2001), 13 s., 19, 26; Triffterer-*Piragoff*, Rome Statute (1999), art. 30 n. marg. 6. La distinzione fra condotta, conseguenza e circostanze concomitanti si riallaccia ad una teoria diffusa nel Common Law (sul punto *Eser*, in: Cassese/

tenza del rimprovero è il comportamento umano descritto nella definizione del crimine («conduct»); la maggior parte delle fattispecie richiede inoltre la verificazione di una determinata conseguenza («consequence») nonché l'esistenza di ulteriori circostanze concomitanti oggettive, che non concernono né la condotta né le conseguenze («circumstances»).

I. Condotta

Dal punto di vista oggettivo, ogni crimine internazionale presuppone un comportamento umano («conduct»)[38], descritto in dettaglio nella definizione del crimine. Tale comportamento può consistere in un'azione od in una omissione[39].

II. Conseguenza e nesso causale

La maggior parte dei crimini internazionali presuppone, oltre alla realizzazione del comportamento incriminato, la verificazione di una determinata conseguenza; per conseguenze devono intendersi tutti gli effetti della condotta punibile[40]; anche semplici reati di mera condotta possono avere «consequences», consistenti in un evento lesivo effettivamente verificatosi (ad es. la causazione alla vittima di gravi sofferenze fisiche[41]), oppure nella semplice messa in pericolo del bene tutelato (ad es. la seria messa in pericolo della salute della vittima)[42-43].

Nella misura in cui i crimini internazionali presuppongono la verificazione di una data conseguenza, per la punibilità è necessario un nesso di collegamento tra la condotta e l'effetto, che faccia apparire quest'ultimo come concretamente causato dall'agente[44]. La necessità di un nesso causale tra azione e sua conseguenza è riconosciuta a livello di diritto consuetudinario: accenni a tale necessità si trovano

---

Gaeta/Jones (a cura di), Rome Statute, vol. 1 (2002), 889, 911 ss.) ed è di grande significato soprattutto per le differenti ripercussioni sulla fisionomia dell'elemento soggettivo: cfr. art. 30 co. 2 St-ICC e approfonditamente *infra*, n. marg. 360 ss.

[38] Nei Progetti preliminari si parlava ancora di «act or ommission»: cfr. art. 28 E-St-ICC. Cfr. sul punto *Saland*, in: Lee (a cura di), The International Criminal Court, The Making of the Rome Statute (1999), 189, 212.

[39] Cfr. *Ambos*, Der Allgemeine Teil des Völkerstrafrechts (2002), 765 («Handlung und Unterlassen»); *Eser*, in: Cassese/Gaeta/Jones (a cura di), Rome Statute, vol. 1 (2002), 889, 913; *Kelt/von Hebel*, in: Lee (a cura di), The International Criminal Court, Elements of Crimes and Rules of Procedure and Evidence (2001), 19, 26. Sull'omissione cfr. approfonditamente *infra*, n. marg. 595 ss.

[40] Così *Eser*, in: Cassese/Gaeta/Jones (a cura di), Rome Statute, vol. 1 (2002), 889, 914: «all definitional effects which may ensue from the prohibited conduct».

[41] Art. 8 co. 2 a) ii) St-ICC.

[42] Art. 8 co. 2 b) x) St-ICC.

[43] Cfr. *Kelt/von Hebel*, in: Lee (a cura di), The International Criminal Court, Elements of Crimes and Rules of Procedure and Evidence (2001), 13, 15.

[44] Non si tratta dunque, per lo Statuto, di un elemento autonomo che dev'essere affrontato correttamente in rapporto al concetto di conseguenza: cfr. *Clark* ZStW 114 (2002), 372, 381.

già nella giurisprudenza del Tribunale di Norimberga[45]. L'opinione assolutamente prevalente richiede un nesso causale di tipo naturalistico. Ha affrontato in profondità le questioni della causalità soprattutto la Suprema Corte per la zona inglese[46], ma anche nella giurisprudenza dell'ICTY si rinvengono notazioni sul tema[47]. Una disposizione espressa sul requisito del nesso causale – pur ancora prevista nell'articolato del Progetto[48] – non fu poi riprodotta nella versione definitiva dello Statuto; *incidenter* tale requisito è ricavabile dall'art. 30 St-ICC[49]; inoltre, spesso deriva immediatamente dalla stessa definizione del crimine[50].

III. Circostanze concomitanti

345 Di regola, per la sussistenza del crimine sono necessarie oltre a condotta e conseguenze anche determinate circostanze al contorno («circumstances»)[51]; esse possono avere natura fattuale, come ad esempio la circostanza che la vittima abbia età inferiore ai 15 anni[52], o normativa, come la circostanza che la vittima sia persona protetta in base alle Convenzioni di Ginevra[53-54].

346 Compete alle circostanze concomitanti addirittura un ruolo chiave, per la qua-

---

[45] Maggiori approfondimenti in *Ambos*, Der Allgemeine Teil des Völkerstrafrechts (2002), 87 ss., 125 s.

[46] Cfr. ad es. OGHSt 2, 291, 295 ss. sulla questione del ruolo causale del film di propaganda [istigatoria all'odio razziale] realizzato su incarico di *Goebbels* «Jud Süß» per gli atti di aggressione contro ebrei e pertanto ai fini della valutazione come crimine contro l'umanità. Sul punto approfonditamente *Ambos*, Der Allgemeine Teil des Völkerstrafrechts (2002), 167 ss.

[47] Cfr. ad es. ICTY, 16 novembre 1998 (Mucić et al., TC), § 424: «[T]he conduct of the accused must be a substantial cause of the death of the victim».

[48] Art. 28 co. 3 E-St-ICC recitava: «A person is only criminally responsible under this Statute for committing a crime if the harm required for the commission of the crime is caused by and [accountable] [attributable] to his or her act or omission».

[49] Cfr. art. 30 co. 2 b): «[trattandosi di una conseguenza,] una persona intende causare tale conseguenza o è consapevole che quest'ultima si verificherà secondo il corso normale degli eventi»; Cfr. anche *Knoops*, Defenses in Contemporary International Criminal Law (2001), 11; *Kreß*, Humanitäres Völkerrecht-Informationsschriften 1999, 4 s. Nell'art. 30 co. 2 b) St-ICC sono ravvisati, inoltre, anche elementi di una responsabilità oggettiva: cfr. *Ambos*, Internationales Strafrecht (2006), § 7 N. marg. 3; *Meseke*, Der Tatbestand der Verbrechen gegen die Menschlichkeit nach dem Römischen Statut des Internationalen Strafgerichtshofs (2004), 114; *Satzger*, Internationales und Europäisches Strafrecht (2005), § 14 N. marg. 20.

[50] Cfr. ad es. art. 7 co. 1 k): «altri atti inumani di analogo carattere mediante i quali sono cagionate intenzionalmente grandi sofferenze» [traduzione nostra, *N.d.T.*].

[51] Nel Common Law con il termine «circumstances» sono intese comunemente quelle situazioni di fatto rilevanti perché legate ai presupposti tipici normativamente stabiliti e che non descrivono la condotta in sé e per sé o la conseguenza dell'azione: cfr. *Ambos*, Der Allgemeine Teil des Völkerstrafrechts (2002), 766.

[52] Art. 8 co. 2 b) xxvi) St-ICC.

[53] Art. 8 co. 2 a) St-ICC.

[54] *Kelt/von Hebel*, in: Lee (a cura di), The International Criminal Court, Elements of Crimes and Rules of Procedure and Evidence (2001), 13, 15, 19, 27.

lificazione di un fatto come crimine contro il diritto internazionale, nel caso del crimine di aggressione, dei crimini contro l'umanità e dei crimini di guerra[55]. In questi casi, i cosiddetti elementi di contesto («contextual circumstances»[56] o meglio «contextual elements»[57]) rappresentano presupposti obiettivi che proiettano il singolo fatto in una dimensione internazionale[58]. Quanto al crimine di aggressione, la violenza organizzata rappresenta il nucleo centrale dei presupposti oggettivi della punibilità. Quanto ai crimini contro l'umanità ed i crimini di guerra, gli elementi di contesto si ricavano direttamente dalla definizione normativa: presupposto dei primi è la commissione della condotta tipica nel quadro di un esteso o sistematico attacco contro la popolazione civile; i crimini di guerra richiedono che «the conduct took place in the context of and was associated with an international armed conflict»[59]. Il crimine di genocidio non presuppone, per contro, l'esistenza obiettiva di un contesto di violenza organizzata, che viene interamente dislocato sul piano dell'elemento soggettivo: nella misura in cui gli Elementi dei Crimini (EC) elaborati in relazione all'art. 6 St-ICC richiedono oggettivamente un contesto di manifeste, ulteriori condotte di genocidio realizzate secondo analoghe modalità[60], questo requisito attiene secondo l'opinione corretta soltanto alla giurisdizione della Corte, non la punibilità sostanziale a titolo di genocidio[61].

C. L'elemento soggettivo

Ambos, Kai: General Principles of Criminal Law in the Rome Statute, Criminal Law Forum 10 (1999), 1 ss.; *Ambos, Kai:* Der Allgemeine Teil des Völkerstrafrechts, Ansätze einer Dogmatisierung (2002), 757 ss.; *Ambos, Kai:* Some Preliminary Reflections on the Mens Rea Requirements of the ICC Statute, in: Vohrah, Lal Chand et al. (Hrsg.), Man's Inhumanity to Man (2003), 11 ss.; *Ambos, Kai:* Internationales Strafrecht (2006), § 7 n. marg. 65 ss.; *Arnold, Roberta:* The Mens Rea of Genocide under the Statute of the International Criminal Court, Criminal Law Forum 14 (2003), 127 ss.; *Badar, Mohamed Elewa:* Drawing Boundaries of *Mens Rea* in the Jurisprudence of the International Criminal Tribunal for the Former Yugoslavia, International Criminal Law Review 6 (2006), 313 ss.; *Cassese, Antonio:* International Criminal Law (2003), 159 ss.; *Clark, Roger S.:* Subjektive Merkmale im Völkerstrafrecht, Das Römische Statut des Internationalen Strafgerichtshofes und

---

[55] Cfr. sulla controversia relativa alla collocazione sistematica degli elementi di contesto in sede di Conferenza di Roma, *infra*, n. marg. 388.
[56] Cfr. Elements of Crimes, General Introduction, n. 7.
[57] Cfr. *Kelt/von Hebel*, in: Lee (a cura di), The International Criminal Court, Elements of Crimes and Rules of Procedure and Evidence (2001), 13, 15.
[58] Maggiori approfondimenti su quello che qui abbiamo denominato «elemento internazionale» *supra*, n. marg. 90 ss.
[59] Cfr. ad es. Elements of Crimes, in rel. art. 8 co. 2 a) i) St-ICC, n. 5.
[60] Cfr. Elements of Crimes in rel. art. 6 a) St-ICC, n. 4: «took place in the context of a manifest pattern of similar conduct directed against that group or was conduct that could itself effect such destruction».
[61] Approfonditamente sul punto *infra*, n. marg. 703 ss.

die Verbrechenselemente, ZStW 114 (2002), 372 ss.; *Elliott, Catherine:* The French Law of Intent and Its Influence on the Development of International Criminal Law, Criminal Law Forum 11 (2000), 35 ss.; *Eser, Albin:* Mental Elements – Mistake of Fact and Mistake of Law, in: Cassese, Antonio/Gaeta, Paola/Jones, John R.W.D. (Hrsg.), The Rome Statute of the International Criminal Court: A Commentary, Band 1 (2002), 889 ss.; *Fletcher, George:* Rethinking Criminal Law (2000), 443 ss.; *Huber, Barbara:* Alleinhandeln und Zusammenwirken aus englischer Sicht, in: Eser, Albin/Huber, Barbara/Cornils, Karin (Hrsg.), Einzelverantwortung und Mitverantwortung im Strafrecht (1998), 79 ss.; *Jescheck, Hans-Heinrich:* Die Verantwortlichkeit der Staatsorgane nach Völkerstrafrecht, Eine Studie zu den Nürnberger Prozessen (1952), 375 ss.; *Keith, Kirsten*: The Mens Rea of Superior Responsibility as Developed by ICTY Jurisprudence, Leiden Journal of International Law 14 (2001), 617 ss.; *Kelt, Maria/von Hebel, Herman:* General Principles of Criminal Law and Elements of Crimes, in: Lee, Roy S. (Hrsg.), The International Criminal Court, Elements of Crimes and Rules of Procedure and Evidence (2001), 13 ss.; *Kreß, Claus:* Die Kristallisation eines Allgemeinen Teils des Völkerstrafrechts: Die Allgemeinen Prinzipien des Strafrechts im Statut des Internationalen Strafgerichtshofs, Humanitäres Völkerrecht-Informationsschriften 1999, 4 ss.; *Kreß, Claus:* Kommentierung Vor III 26, in: Grützner, Heinrich/Pötz, Paul-Günter (Hrsg.), Internationaler Rechtshilfeverkehr in Strafsachen, 2. Aufl. (2006), Band ; *LaFave, Wayne:* Criminal Law, 4. Aufl. (2003), 239 ss.; *Piragoff, Donald K.:* Art. 30 St-ICC, in: Triffterer, Otto (Hrsg.), Commentary on the Rome Statute of the International Criminal Court, Observers' Notes, Article by Article (1999), 527 ss.; *Roßkopf, Ulrich:* Die innere Tatseite des Völkerrechtsverbrechens – Ein Beitrag zur Auslegung des Art. 30 StICC, Humboldt-Universität zu Berlin: Dissertation 2007; *Sadat, Leila Nadya:* The International Criminal Court and the Transformation of International Law: Justice for the New Millenium (2002), 208 ss.; *Saland, Per:* International Criminal Law Principles, in: Lee, Roy S. (Hrsg.), The International Criminal Court, The Making of the Rome Statute (1999), 189 ss.; *Schabas, William A.:* An Introduction to the International Criminal Court, 2. Aufl. (2004), 108 ss.; *Schabas, William A.:* General Principles of Criminal Law in the International Criminal Court Statute (Part III), European Journal of Crime, Criminal Law and Criminal Justice 4 (1998), 400 ss.; *van Sliedregt, Elies:* Criminal Responsibility of Individuals for Violations of International Humanitarian Law (2003), 48 ss.; *Triffterer, Otto:* Bestandsaufnahme zum Völkerstrafrecht, in: Hankel, Gerd/Stuby, Gerhard (Hrsg.), Strafgerichte gegen Menschheitsverbrechen, Zum Völkerstrafrecht 50 Jahre nach den Nürnberger Prozessen (1995), 169 ss.; *Triffterer, Otto:* Art. 32 St-ICC, in: Triffterer, Otto (Hrsg.), Commentary on the Rome Statute of the International Criminal Court, Observers' Notes, Article by Article (1999), 555 ss.; *Triffterer, Otto:* Kriminalpolitische Überlegungen zum Entwurf gleichlautender „Elements of Crimes" für alle Tatbestände des Völkermordes, in: Schünemann, Bernd et al. (Hrsg.), Festschrift für Claus Roxin (2001), 1415 ss.; *Vest, Hans:* Humanitätsverbrechen – Herausforderung für das Individualstrafrecht?, ZStW 113 (2001), 457 ss.; *Weigend, Thomas:* Zwischen Vorsatz und Fahrlässigkeit, ZStW 93 (1981), 657 ss.; *Weigend, Thomas:* Zur Frage eines „internationalen" Allgemeinen Teils, in: Schünemann, Bernd et al. (Hrsg.), Festschrift für Claus Roxin (2001), 1375 ss.; *Weigend, Thomas:* Harmonization of General Principles of Criminal Law: The Statutes and Jurisprudence of the ICTY, ICTR and ICC: An Overview, Nouvelles Études Pénales 19 (2004), 319 ss.; *Vyver, Johan D.:* Prosecution and Punishment of the Crime of Genocide, Fordham International Law Journal 23 (1999), 286 ss.; *Werle, Gerhard/Jeßberger, Florian:* Unless Otherwise Provided: Article 30 of the ICC Statute and the Mental Element of Crimes under International Criminal Law, Journal of International Criminal Justice 3 (2005), 35 ss.

C. L'elemento soggettivo

L'attribuzione di una responsabilità di diritto penale internazionale presuppone che alla realizzazione dell'elemento oggettivo, come delineato dalla norma che descrive il crimine, si accompagni un particolare atteggiamento interiore del soggetto agente. La necessità di un'imputazione anche soggettiva del crimine internazionale è generalmente riconosciuta.

Nelle fattispecie criminose di diritto consuetudinario gli elementi soggettivi sono diversamente atteggiati per ogni singolo reato[62]. Per vero, né lo Statuto IMT, né gli St-ICTY e St-ICTR, propongono una regola generale in tema di requisiti psicologici del fatto; alcuni di questi requisiti connotano tuttavia la struttura di singole fattispecie, ad es. del genocidio («l'intento [...] di distruggere [...] un gruppo [...]», art. 4. co. 2 St-ICTY) o di certi crimini di guerra («omicidio intenzionale» o «intenzionale inflizione di gravi sofferenze», art. 2 a) e c) St-ICTY)[63]. È inoltre considerato principio generale del diritto che alla realizzazione dell'elemento oggettivo debba accompagnarsi un elemento inerente alla sfera cognitiva dell'agente (*mental element*). A tal proposito ha stabilito l'ICTY:

> It is apparent that it is a general principle of law that the establishment of criminal culpability requires an analysis of two aspects. The first of these may be termed the *actus reus* – the physical act necessary for the offence. [...] The second aspect [...] relates to the necessary mental element, or *mens rea*[64].

L'art. 30 St-ICC, da ultimo, formula una regola generale in tema di presupposti soggettivi della responsabilità, valida, in linea di principio, per qualsiasi crimine internazionale.

---

[62] Cfr. *Clark* ZStW 114 (2002), 372, 373 ss.; *Eser*, in: Cassese/Gaeta/Jones (a cura di), Rome Statute, I (2002), 889, 893 ss.: «[T]he concept of mens rea though not explicitly mentioned in either the IMT Charter of Nuremberg nor in other conventions in international crimes may be required by the very nature of the crimes concerned»; *Schabas*, European Journal of Crime, Criminal Justice and Criminal Law 4 (1998), 400, 419; *Triffterer*, in: Hankel/Stuby (a cura di), Strafgerichte gegen Menschheitsverbrechen (1995), 169, 223.

[63] Non sarebbe corretto ritenere superflua un'indagine in tema di elemento soggettivo, ove lo stesso non sia espressamente preso in considerazione dalla fattispecie. Se il richiamo a profili psicologici, nelle definizioni dei crimini, appare lacunoso e frammentario, è perché tali definizioni – in particolare quelle dei crimini di guerra – riprendono e presuppongono altre e diverse fonti del diritto internazionale penale.

[64] ICTY, 16 novembre 1998 (Mucić et al., TC), §§ 424 s. Ma cfr. già IMT, 1° ottobre 1946, in: Internationaler Militärgerichtshof Nürnberg, Der Nürnberger Prozeß gegen die Hauptkriegsverbrecher, I (1947), 189, 349 s. L'imputato *Schacht* venne assolto dall'IMT, perché la «affermazione [che *Schacht* fosse sostanzialmente a conoscenza dei progetti di aggressione] non è stata provata oltre ogni ragionevole dubbio»; cfr. anche US Military Tribunal di Norimberga, decisione 10 aprile 1948 (Ohlendorf et al., cd. processo agli "Einsatzgruppen"), in: Trials of War Criminals IV, 411, 470: «Il dolo [è] un presupposto fondamentale della responsabilità penale»; altri riferimenti in *Cassese*, International Criminal Law (2003), 159 ss.

I. La giurisprudenza dei Tribunali *ad hoc*

350 Fino ad oggi, nella pratica dei tribunali internazionali i requisiti soggettivi della responsabilità sono stati trattati caso per caso ed in relazione alle singole fattispecie criminose[65]. Lo spettro degli elementi presi in considerazione è ampio.[66] Fondamentale punto di riferimento è la – a dire il vero non del tutto coerente – giurisprudenza dell'ICTY[67], secondo la quale la *negligence* (requisito corrispondente, all'incirca, alla colpa incosciente) è criterio adeguato di imputazione soltanto in casi eccezionali[68]. In altri termini, anche nel diritto penale internazionale, per l'integrazione dell'elemento soggettivo, si pretende, fondamentalmente, l'*intent* (vale a dire, approssimativamente: il dolo)[69]. Non si è ancora affermata, tuttavia, una prassi univoca in materia, valida per tutti i crimini internazionali; i criteri di imputazione proposti dai giudici possono essere distinti in quattro diverse categorie: *specific intent, general intent, direct intent* e *indirect intent*.

351 In primo luogo, è ormai consolidata la fondamentale distinzione tra *general intent*, quale elemento generale della responsabilità penale, e *specific intent*, vale a dire una tendenza interiore verso un evento ulteriore rispetto a quelli costitutivi del fatto, la quale connota[70] alcuni specifici reati, come il genocidio[71], o alcuni crimini contro l'umanità, quali la gravidanza forzata[72], la sparizione forzata[73], l'*Apartheid*[74].

---

[65] Sulla prassi più risalente dei tribunali internazionali cfr. l'ampia analisi dei giudizi dell'IMT e dei seguenti processi di Norimberga compiuta da *Jescheck*, Die Verantwortlichkeit der Staatsorgane nach Völkerstrafrecht (1952), 375 ss.; cfr. pure *Ambos*, Der Allgemeine Teil des Völkerstrafrechts (2002), 107 ss.; *Cassese*, International Criminal Law (2003), 159 s.

[66] Spesso, la giurisprudenza ed i contributi scientifici in materia ricorrono a categorie caratteristiche degli ordinamenti anglo-americani. Si distingue, così, tra quattro diversi gradi di colpevolezza («minimum requirements of culpability»): *intent/intention* ovvero *purpose; knowledge; recklessness; negligence*. Cfr. al proposito § 2.02, 1 Model Penal Code; *Weigend* ZStW 93 (1981), 673 s. così come la panoramica di *Cassese*, International Criminal Law (2003), 161, ed *Eser*, in: Cassese/Gaeta/Jones (a cura di), Rome Statute, vol. 1 (2002), 889, 905 s.

[67] Per un'analisi sistematica della giurisprudenza dell'ICTY, cfr. *Badar*, International Criminal Law Review 6 (2006), 313 ss.

[68] Cfr. tuttavia *infra*, n. marg. 466 ss.

[69] Con il termine "intent", nel senso utilizzato qui e nella giurisprudenza dei tribunali penali internazionali, in linea di massima si fa riferimento a quella costellazione di casi che sarebbero considerati dolosi secondo i criteri della dogmatica penalistica tedesca [nonché, in linea di principio, di quella italiana, *N.d.T.*]. Tuttavia, l'"intent", nel significato qui adottato, non è requisito totalmente sovrapponibile al "Vorsatz" tedesco [o al "dolo" italiano, *N.d.T.*]. Quando, nel testo, si utilizzerà il termine "dolo", il riferimento deve intendersi compiuto ai casi di "intent", salvo diversa specificazione.

[70] Per il genocidio, cfr. ICTR, 2 settembre 1998 (Akayesu, TC), §§ 497 ss., 517 ss.; per la sparizione forzata: art. 7 co. 2 i) St-ICC; per l'Apartheid: art. 7 co. 2 h) St-ICC ed in generale *Badar*, International Criminal Law Review 5 (2005), 203, 212 s.; *Cassese*, International Criminal Law (2003), 167 s.

[71] Cfr. *infra*, n. marg. 711 ss.

[72] Cfr. *infra*, n. marg. 846.

[73] Cfr. *infra*, n. marg. 872.

[74] Cfr. *infra*, n. marg. 880.

Nella giurisprudenza si distingue pure tra *direct intent* ed *indirect intent*[75]. Tralasciando i casi in cui si richiede uno *specific intent*, il *direct intent* è sempre sufficiente a fondare la responsabilità. L'elemento in questione si ha quando il soggetto agisce con la precisa intenzione o, comunque, con la chiara consapevolezza di realizzare i profili materiali del crimine.

Secondo la giurisprudenza dell'ICTY è peraltro punibile anche chi realizza il fatto senza che lo stesso costituisca il fine dell'azione, o comunque senza avere la certezza di integrare gli elementi costitutivi del crimine[76]. Quali profili soggettivi siano poi effettivamente richiesti nel singolo caso, e dove si ponga il confine rispetto ad una responsabilità di tipo meramente colposo, di per sé normalmente irrilevante, non è stato tuttavia chiarito in modo definitivo. La giurisprudenza sviluppatasi fino ad oggi non appare, sul punto, affatto coerente.

Così, ad esempio, la giurisprudenza in tema di omicidio come crimine di guerra ha normalmente ritenuto sufficiente che l'agente avesse agito con uno «sconsiderato disprezzo della vita umana» («reckless disregard of human life»)[77] o che egli potesse ragionevolmente immaginarsi che l'azione, o l'omissione, avrebbe probabilmente provocato la morte («inflict serious injury, in the reasonable knowledge that such act or omission was likely to cause death»)[78]. È dunque punibile anche la commissione del fatto in difetto di una piena previsione delle sue conseguenze tipiche. La percezione del soggetto di un possibile realizzarsi dell'evento criminoso, in linea di massima, è dunque sufficiente a fondare la responsabilità. La giurisprudenza in materia riguarda altre e diverse fattispecie monosoggettive[79], così come l'elemento psichico delle diverse forme di partecipazione criminosa[80].

---

[75] Istruttivo ICTY, 31 gennaio 2005 (Strugar, TC), § 235: «It is now settled that the mens rea [as required for murder as a violation of the laws and customs of war] is not confined to cases where the accused has a direct intent to kill or cause serious bodily harm, but also extends to cases where the accused has what is often referred to as an indirect intent. While the precise expression of the appropriate indirect intent has varied between decisions, it has been confirmed by the Appeals Chamber that the awareness of a mere possibility that a crime will occur is not sufficient in the context of ordering […]. The knowledge of a higher degree of risk is required. In some cases the description of an indirect intent as dolus eventualis may have obscured the issue as this could suggest that dolus eventualis as understood and applied in a particular legal system had been adopted as the standard in this Tribunal». Cfr. anche *Badar*, International Criminal Law Review 6 (2006), 313, 346 ss.

[76] Sul punto ICTY, 29 luglio 2004 (Blaškić, AC), §§ 41 s.; ICTY, 17 dicembre 2004 (Kordić e Čerkez, AC), §§ 30 ss.; ICTY, 30 novembre 2005 (Limaj et al., TC), § 509.

[77] Così già ICTY, 16 novembre 1998 (Mucić et al., TC), § 439; ulteriori argomenti in n. marg. 1004 nota 258. Nella giurisprudenza più recente vedi: ICTY, 17 dicembre 2004 (Kordić e Čerkez, AC), § 36; ICTY, 29 novembre 2002 (Vasiljević, TC), § 229; ICTY, 17 gennaio 2005 (Blagojević e Jokić, TC), § 556; ICTY, 27 settembre 2006 (Krajišnik, TC), § 848.

[78] Cfr. ICTY, 29 novembre 2002 (Vasiljević, TC), § 205; ICTY, 15 marzo 2006 (Hadžihasanović e Kubura, TC), § 31.

[79] Per l'omicidio in quanto crimine contro l'umanità: ICTY, 14 gennaio 2000 (Kupreškić et al., TC), § 561 e ICTR, 27 gennaio 2000 (Musema, TC), § 215; per il crimine contro l'umanità di sterminio: ICTY, 29 novembre 2002 (Vasiljević, TC), § 229; per il crimine di guerra di danneggiamento di proprietà: ICTY, 1° settembre 2004 (Brđanin, TC), § 589; per i crimini di guerra di trattamento crudele e di ingiustificata devastazione, cfr. ICTY, 31 gennaio 2005 (Strugar, TC), §§ 261, 296.

[80] Così, con riferimento all'ordine criminoso: ICTY, 29 luglio 2004 (Blaškić, AC), §§ 41 s.;

355 Nelle più recenti decisioni dell'ICTY si apprezza una tendenza a qualificare in termini rigorosi il momento cognitivo del *mental element*[81]. A proposito dei profili soggettivi dell'ordine di commettere un crimine contro l'umanità, ai sensi dell'art. 7 co. 1 St-ICTY, la Camera d'Appello dell'ICTY ha da ultimo stabilito che, in ogni caso, la consapevolezza di un qualche rischio, o della mera possibilità, di realizzare l'evento non è sufficiente a fondare la responsabilità; sarebbe piuttosto necessario che l'agente, come minimo, abbia agito sapendo di una "seria probabilità" («substantial likelihood») di produrre le conseguenze rilevanti[82]. Secondo la Camera di prima istanza, un caso del genere può verificarsi quando l'agente si rende conto che il suo comportamento, con una "probabilità prevalente", provocherà la morte («such act or ommission was more likely than not to cause death»)[83]. In altre decisioni si pretende la previsione dell'evento come «conseguenza probabile» della condotta[84]. Deve notarsi che la Camera d'Appello, se espressamente pretende un ulteriore e specifico profilo di carattere volitivo, lo dà poi sempre per esistente quando il soggetto ha agito con la richiesta consapevolezza di una probabilità[85]. Una tale automatica deduzione della volontà dalla consapevolezza non viene esplicitata, ma resta chiaramente sottintesa alle motivazioni su cui si fonda la soluzione dei singoli casi.

---

sulla pianificazione ed istigazione, ICTY, 17 dicembre 2004 (Kordić e Čerkez, AC), §§ 30 ss.; persino per tutte le forme di autorìa: ICTY, 30 novembre 2005 (Limaj et al., TC), § 509. Sul dolo nel contesto di una *joint criminal enterprise* cfr. anche *infra*, n. marg. 356, 419 ss.

[81] Istruttiva la panoramica in ICTY, 31 gennaio 2005 (Strugar, TC), § 236: «The following formulation appears to reflect the understanding which has gained general acceptance in the jurisprudence of the Tribunal: to prove murder, it must be established that death resulted from an act or omission of the accused, committed with the intent either to kill or, in the absence of such a specific intent, in the knowledge that death is a probable consequence of the act or omission. In respect of this formulation it should be stressed that knowledge by the accused that his act or omission might *possibly* cause death is not sufficient. [...] The necessary mental state exists when the accused knows that it is *probable* that his act or omission will cause death. [...] This definition would appear to be applicable also to wilful killing and murder under Articles 2 and 5, respectively» (corsivo nell'originale). È da notare che, in questo caso, l'ICTY utilizza una nozione non tecnica di "specific intent".

[82] Così ICTY, 29 luglio 2004 (Blaškić, AC), §§ 41 s.: «The knowledge of any kind of risk, however low, does not suffice for the imposition of criminal responsibility for serious violations of international humanitarian law. The Trial Chamber does not specify what degree of risk must be proven. Indeed, it appears that under the Trial Chamber's standard, any military commander who issues an order would be criminally responsible, because there is always a possibility that violations could occur. The Appeals Chamber considers that an awareness of a higher likelihood of risk and a volitional element must be incorporated in the legal standard. The Appeals Chamber therefore holds that a person who orders an act or omission with the awareness of the substantial likelihood that a crime will be committed in the execution of that order, has the requisite mens rea [...]. Ordering with such awareness has to be regarded as accepting that crime». Cfr. anche *infra*, n. marg. 440 s.

[83] Cfr. ICTY, 30 giugno 2006 (Orić, TC), § 346.

[84] Cfr. ICTY, 31 gennaio 2005 (Strugar, TC), § 236.

[85] Cfr. ICTY, 29 luglio 2004 (Blaškić, AC), §§ 34 ss. L'ICTY si rifà apertamente alla giurisprudenza del *Bundesgerichtshof* tedesco in tema di dolo nelle azioni che pongono in pericolo la vita: cfr. BGHSt 36, 1, 9 s.; BGH StV 1994, 654 ss.; BGH NStZ-RR 2000, 165 ss.

Questa più recente giurisprudenza, secondo la quale la consapevolezza della probabilità costituisce il presupposto soggettivo fondamentale dell'illecito penale internazionale, si pone, in qualche misura, in tensione con quanto i Tribunali richiedono in tema di imputazione delle singole condotte di concorso nel reato. Con riferimento, ad esempio, all'imputazione di un evento diverso da quello preventivato nel contesto di una *joint criminal enterprise* (3° gruppo di casi)[86], ancora ci si accontenta del fatto che la fattispecie ulteriore, non voluta da tutti i concorrenti, costituisca una normale e prevedibile conseguenza («natural and forseeable consequence») dell'attuazione del progetto criminoso, qualora il soggetto partecipante alla comune impresa criminosa avesse coscientemente accettato il rischio del verificarsi dell'evento aberrante[87]. Egualmente, è punibile per il sostegno dato ad un crimine internazionale (*aiding and abetting*) chi agisce sapendo che la sua azione fa da supporto al fatto principale, nella consapevolezza, altresì, della presenza, nell'esecutore principale, dell'elemento soggettivo richiesto dalla fattispecie; così, il partecipe non deve condividere l'eventuale *specific intent* dell'autore del fatto, laddove tale profilo sia necessario per l'integrazione del reato[88].

356

II. L'art. 30 Statuto ICC

L'art. 30 St-ICC definisce i presupposti soggettivi della responsabilità validi, in linea di principio, per tutti i crimini internazionali presi in considerazione dallo Statuto medesimo[89].

357

1. Sistematica

Ai sensi dell'art. 30 St-ICC, l'affermazione di una responsabilità penale internazionale presuppone che i profili esteriori del fatto criminoso siano stati realizzati «with intent and knowledge», ovvero, secondo la versione francese, «avec intention et connaissance».

358

---

[86] Ulteriori indicazioni sulle forme di partecipazione nel quadro di una *joint criminal enterprise* e sui relativi requisiti soggettivi *infra*, n. marg. 419 ss.
[87] Cfr. ICTY, 28 febbraio 2005 (Kvočka et al., AC), § 83: «The requisite mens rea for the extended form is twofold: First, the accused must have the intention to participate in and contribute to the common criminal purpose. Second [concerning] crimes which were not part of the common criminal purpose, but which were nevertheless a natural and foreseeable consequence of it, the accused must also know that such a crime might be perpetrated by a member of the group, and willingly take the risk that the crime might occur by joining or continuing to participate in the enterprise». Cfr. anche ICTY, 15 luglio 1999 (Tadić, AC), §§ 227 s.; ICTY, 25 febbraio 2004 (Vasiljević, AC), § 101; ICTY, 22 marzo 2006 (Stakić, AC), §§ 65, 97 s.
[88] Giurisprudenza consolidata: da ultimo, ICTY, 28 novembre 2006 (Simić et al., AC), § 86; per ulteriori riferimenti *infra*, n. marg. 445.
[89] ICC, 29 gennaio 2007 (Lubanga, PTC), § 350; sulla genesi della regola, ampiamente: *Clark*, ZStW 114 (2002), 372, 375 ss.; *Eser*, in: Cassese/Gaeta/Jones (cur.), Rome Statute, vol. 1 (2002), 889, 894 s.

359 La traduzione tedesca ufficiale ricorre alle parole «vorsätzlich und wissentlich» [dolosamente e scientemente, *N.d.T.*]. Una scelta lessicale infelice, perché nel diritto penale tedesco [come in quello italiano, *N.d.T.*] il dolo (Vorsatz) già comprende in sé un elemento cognitivo. Più appropriato appare, dunque, tradurre i testi originari inglese e francese con i termini «willentlich und wissentlich» (volontariamente e scientemente)[90]. Ad evitare fraintendimenti, da qui in avanti questo binomio sarà utilizzato come equivalente dell'espressione inglese. Laddove si utilizzerà il concetto di «Vorsatz» [dolo, *N.d.T.*], lo stesso sarà inteso come comprensivo sia dello «intent» che della «knowledge».

360 Con i termini «intent and knowledge» si denotano, rispettivamente, il presupposto cognitivo e quello volitivo dell'illecito penale internazionale; la convergenza di ambedue i requisiti al momento in cui il fatto viene realizzato[91] è, di regola, necessaria affinché possa affermarsi una responsabilità[92]. Punto di riferimento di entrambi gli elementi sono i profili oggettivi del fatto («material elements»)[93], vale a dire l'azione costitutiva della fattispecie criminosa, gli effetti di tale azione e le circostanze concomitanti[94]; non, invece, l'antigiuridicità[95]. Il contenuto essenziale dei profili obiettivi del crimine deve dunque riflettersi, per così dire, nel quadro rappresentativo dell'agente.

361 Nondimeno, l'«intent» e la «knowledge» si fondano su presupposti diversi, definiti nei commi 2 e 3, a seconda dei differenti profili costitutivi del crimine con cui si mettono in relazione[96]. Si afferma, in particolare:

---

[90] Così anche *Ambos*, Der Allgemeine Teil des Völkerstrafrechts (2002), 758.

[91] Entrambi i requisiti devono sussistere al momento della commissione del fatto; non basta un *dolus* né *antecedens* né *subsequens*: cfr. *Eser*, in: Cassese/Gaeta/Jones (a cura di), Rome Statute, I (2002), 889, 930.

[92] La formula «intent and knowledge» è stata motivo di dure contrapposizioni sino al termine delle trattative di Roma. Diffusamente: *Triffterer-Piragoff*, Rome Statute (1999), art. 30 n. marg. 10; *Saland*, in: Lee (a cura di), The International Criminal Court, The Making of the Rome Statute (1999), 189, 205. Se il termine «or», contenuto nel progetto preliminare, è stato sostituito con quello «and», lo si deve soprattutto alle pressioni francesi: cfr. *Clark* ZStW 114 (2002), 372, 379 s. Date queste premesse, si comprende come sia soltanto espressione di trattative particolarmente complesse, se nell'introduzione agli EC si precisa che ogni qual volta gli EC medesimi non contengano alcuna espressa indicazione in tema di elemento soggettivo, trovano allora applicazione le regole generali dello St-ICC; tali regole, secondo l'introduzione agli EC, richiederebbero l'«intent», la «knowledge or both, set out in article 30». Questa formulazione può essere intesa soltanto così: l'art. 30 St-ICC richiede *o* l'"intent" *o* la "knowledge", *o* entrambi. *Clark* ZStW 114 (2002), 372, 392 definisce la clausola come un «piccolo risultato per i perplessi ed i revisionisti».

[93] Maggiori indicazioni *supra*, n. marg. 339 ss.

[94] Oggetto della rappresentazione del soggetto agente non devono essere soltanto gli elementi oggettivi delineati dalla definizione statutaria del crimine, ma pure quei requisiti specificativi di tali elementi che vengono indicati negli EC. A tal proposito, stabilisce l'introduzione – n. 2 – degli EC: «Where no reference is made in the Elements of Crimes to a mental element for any particular conduct, consequence or circumstance listed, it is understood that the relevant mental element, i.e., intent, knowledge or both, set out in article 30 applies».

[95] Cfr. *Ambos*, Der Allgemeine Teil des Völkerstrafrechts (2002), 758 ss.

[96] Diversamente da quanto suggerisce il 1° comma dell'art. 30 St-ICC, l'"intent" e la "know-

«2. For the purposes of this article, a person has intent where:
(a) In relation to conduct, that person means to engage in the conduct;
(b) In relation to a consequence, that person means to cause that consequence or is aware that it will occur in the ordinary course of events.
3. For the purposes of this article, "knowledge" means awareness that a circumstance exists or a consequence will occur in the ordinary course of events. "Know" and "knowingly" shall be construed accordingly».

È certo che le disposizioni appena riportate poco giovano alla certezza del diritto. Vale il contrario: soprattutto a causa della sovrapposizione tra i profili della volontà e della consapevolezza, le definizioni legali in questione suscitano più di una perplessità. Così, ai sensi dell'art. 30 co. 2 b), 2° periodo, la consapevolezza («awareness») del prevedibile realizzarsi di una conseguenza è ritenuta sufficiente per affermare l'elemento volitivo: se, dunque, il soggetto "sa" che la sua azione avrà un certo effetto, egli agisce con la richiesta "intenzione". 362

L'art. 30 St-ICC ammette esplicitamente («salvo che non sia altrove diversamente disposto») regole speciali derogatorie o integrative di quella generale, come deducibili da altre disposizione dello Statuto, dagli EC o da ulteriori norme di diritto internazionale[97]. 363

Il livello di conoscenza richiesto per l'affermazione di una responsabilità penale internazionale varia secondo la tipologia di requisito oggettivo. Rispetto agli elementi descrittivi della fattispecie, "conoscenza" significa "percezione sensoriale". Riguardo, invece, agli elementi normativi – vale a dire quelli la cui affermazione presuppone una valutazione – è normalmente sufficiente che l'agente sia consapevole dei presupposti fattuali dei medesimi, e che il momento di "significato sociale" della vicenda criminosa, espresso dall'elemento normativo, si apra alla sua comprensione[98]: in linea di principio, non importa se la valutazione giuridica compiuta dall'agente è formalmente valida oppure no[99]. Così, con riferimento all'elemento «persona protetta», vale quanto segue: non è necessario che l'agente valuti lo 364

---

ledge" si riferiscono, di volta in volta, a profili differenti dell'elemento obiettivo. La volontà e la consapevolezza del soggetto, dunque, non riguardano, entrambe, tutti i profili costitutivi del crimine.

[97] Per dettagli al riguardo *infra*, n. marg. 371 ss.

[98] Non si pretende, dunque, una "sussunzione" giuridicamente esatta; è piuttosto sufficiente una "valutazione parallela nella sfera laica". Cfr. *Ambos*, Der Allgemeine Teil des Völkerstrafrechts (2002), 786 ss.; *Eser*, in: Cassese/Gaeta/Jones (a cura di), Rome Statute, I (2002), 889, 925; Triffterer-*Triffterer*, Rome Statute (1999), art. 32 n. marg. 16, 32. – Cfr. anche l'introduzione degli EC n. 4: «With respect to mental elements associated with elements involving value judgment, such as those using the terms 'inhumane' or 'severe', it is not necessary that the perpetrator personally completed a particular value judgment, unless otherwise indicated». Sul punto *Kelt/von Hebel*, in: Lee (a cura di), The International Criminal Court, Elements of Crimes and Rules of Procedure and Evidence (2001), 19, 34.

[99] Esistono però eccezioni a tale principio; ad es., riguardo al crimine di guerra di cui all'art. 8 co. 2 b) iv) St-ICC, lo St-ICC richiede che l'agente sappia che i danni provocati mediante il suo attacco si pongano manifestamente al di là di un rapporto di proporzione con gli attesi vantaggi militari. Al riguardo stabiliscono gli EC: «As opposed to the general rule set forth in paragraph 4 of the General Introduction, this knowledge element requires that the perpetrator make the value judgment as described therein». Cfr. EC in rel. art. 8 co. 2 b) iv) St-ICC, n. 3 nota 37.

status di persona protetta di un determinato soggetto, sia egli un «civile» o un «combattente ferito», in modo corrispondente al diritto internazionale umanitario; è sufficiente che a lui siano note le circostanze fattuali che determinano, dal punto di vista giuridico, siffatto *status*, come ad es. la mancata partecipazione ad azioni belliche (riguardo ai civili) o l'incapacità di un'ulteriore partecipazione alla battaglia (per quanto concerne i combattenti feriti)[100]. Neppure deve il soggetto attivo operare una qualificazione giuridicamente corretta del conflitto armato come «internazionale» o «non internazionale»[101].

2. I requisiti ordinari dell'art. 30 co. 2 St-ICC

a) Riguardo alla condotta criminosa

365   Ai sensi dell'art. 30 co. 2 a) St-ICC, è penalmente responsabile soltanto chi «vuole intraprendere» la condotta descritta nella definizione del crimine («means to engage in the conduct»). È cioè necessario un comportamento sostenuto da una volontà d'agire[102].

366   La diversità di elementi di volta in volta richiesti per l'integrazione dei profili soggettivi del fatto criminoso, impone di distinguere con attenzione la condotta dai suoi effetti e dalle sue conseguenze. Così, riguardo al crimine contro l'umanità di omicidio, realizzato sparando con un fucile, il comportamento volontariamente intrapreso, cui allude l'art. 30 co. 2 a) St-ICC, consiste soltanto nella pressione del grilletto dell'arma; per contro, la circostanza che la vittima venga colpita dal proiettile e, quindi, muoia, costituisce una «consequence», riguardo alla quale valgono diversi requisiti psicologici[103].

b) Riguardo alle conseguenze della condotta

367   Se la definizione del crimine richiede che la condotta criminosa determini una certa conseguenza, il soggetto deve o agire allo scopo di causare tale evento («means to cause that consequence») o quantomeno, nel realizzare il fatto, muovere dal presupposto che quella conseguenza si verificherà secondo un ordinario decorso eziologico («is aware that it will occur in the ordinary course of events»)[104]. Requisito minimo della responsabilità penale è, dunque, la convinzione di un prevedibile

---

[100] Lo confermano gli EC: «The perpetrator was aware of the factual circumstances that established the protected status of the person». Cfr. EC in rel. art. 8 co. 2 a) i) St-ICC, n. 3.

[101] Cfr. *Kelt/von Hebel*, in: Lee (a cura di), The International Criminal Court, Elements of Crimes and Rules of Procedure and Evidence (2001), 19, 35. Critico *Ambos*, Der Allgemeine Teil des Völkerstrafrechts (2002), 788.

[102] Cfr. *Eser*, in: Cassese/Gaeta/Jones (a cura di), Rome Statute, I (2002), 889, 913; Triffterer-*Piragoff*, Rome Statute (1999), art. 30 n. marg. 19. Cfr. però *Ambos*, Der Allgemeine Teil des Völkerstrafrechts (2002), 767, che relativamente alla condotta richiede il dolo diretto, vale a dire l'intenzionalità o la certezza. In tal senso anche *Kreß*, Humanitäres Völkerrecht-Informationsschriften 1999, 4, 6.

[103] Cfr. *Clark* ZStW 114 (2002), 372, 382 nota 29.

[104] Secondo *Ambos*, Der Allgemeine Teil des Völkerstrafrechts (2002), 770, riguardo alle conseguenze l'agente deve agire, per contro, con intenzione *e* consapevolezza; così anche *Ambos*, Internationales Strafrecht (2006), § 7 n. marg. 68; conforme *Satzger*, Internationales und Europäisches Strafrecht (2005), § 14 n. marg. 24.

realizzarsi dell'evento: in altre parole, nella percezione dell'agente al momento del fatto, l'azione intrapresa deve apparire come produttiva dell'evento, salvo l'intervento di circostanze eccezionali.

Dalla formulazione dell'art. 30 co. 2 b) e co. 3 St-ICC si evince come non sia sufficiente che l'agente consideri una mera *possibilità* di verificazione dell'evento, quale effetto della condotta[105]. Anche una mera *consapevolezza della probabilità* non sembrerebbe bastare. Di conseguenza, l'opinione prevalente ritiene che chi agisce solo con dolo eventuale non integra, in linea di principio, i presupposti descritti dall'art. 30 St-ICC[106]. In senso contrario, la Camera preliminare dell'ICC, nel caso *Lubanga*, ha da ultimo affermato che l'art. 30 St-ICC, oltre al dolo intenzionale in senso stretto («dol direct de premier degré») ed al dolo diretto («dol direct de deuxième degré»), abbraccia pure i casi nei quali l'agente, pur essendo consapevole del rischio che la sua azione integri gli elementi obiettivi del crimine, nondimeno accetta tale rischio o ad esso si rassegna («[Le suspect] accepte ce résulat en s'y résignant ou en l'admettant [...]», «dol éventuel»)[107]. Nella specie, la Camera distingue, al riguardo, due tipologie di casi[108]. In primo luogo, i presupposti dell'art. 30 sarebbero integrati dall'agente che si renda conto della significativa probabilità di verificazione dell'evento («probabilité importante»). In un'ipotesi del genere, la circostanza che egli abbia intrapreso l'azione, nonostante la consapevolezza di tale probabilità, autorizzerebbe a ritenere da lui accettato il verificarsi del fatto criminoso. Ma anche nel caso in cui il rischio di concretizzazione dell'evento sia basso, secondo l'opinione del giudice, potrebbero comunque sussistere gli elementi di cui all'art. 30 St-ICC. Sarebbe al proposito necessario provare che l'agente, manifestamente o esplicitamente, abbia preso in considerazione la possibilità di integrare tutti gli estremi del fatto criminoso («[L]e suspect doit avoir manifestement ou expressément accepté l'idée que ces éléments objectifs puissent résulter de ses actes ou omissions»). Resta da vedere se un tale punto di vista avrà modo di perpetuarsi nella giurisprudenza dell'ICC. Nei suoi effetti, la decisione della Camera preliminare è da accogliere positivamente, perché propone una più che opportuna interpretazione correttiva dell'infelice art. 30 St-ICC[109]. La pronunzia, nondimeno, appare fondata su labili premesse; il rinvio alla giurisprudenza dei Tribunali *ad hoc*[110] non convince molto, trattandosi dell'interpretazione dell'art. 30 dello St-ICC. Inoltre, non si prendono in considerazione le opinioni contrarie della dottrina. Ancora, non è sempre chiaro su quali basi la Camera fondi la propria interpretazione. Così, ad es., resta da precisare come mai – a dispetto del chiaro tenore lettera-

368

---

[105] Tanto deriva dall'aver utilizzato la formula "will occur", che certo non equivale a "may occur".

[106] Cfr. *Ambos*, Internationales Strafrecht (2006), § 7 n. marg. 67; *Eser*, in: Cassese/Gaeta/Jones (a cura di), Rome Statute, I (2002), 889, 898, 945 ss. così come le ulteriori considerazioni *infra*, n. marg. 401 nota 173. Per considerazioni più dettagliate, riguardo agli spazi di responsabilità internazionale penale del soggetto che agisca con dolo eventuale: *infra*, n. marg. 394 ss.

[107] ICC, 29 gennaio 2007 (Lubanga, PTC), §§ 349 ss., spec. 352.

[108] ICC, 29 gennaio 2007 (Lubanga, PTC), §§ 353 s.

[109] Cfr., qui, *infra*, n. marg. 401, e già *Werle*, Völkerstrafrecht, 1ª ed. (2003), n. marg. 309.

[110] Cfr. ICC, 29 gennaio 2007 (Lubanga, PTC), § 352: «L'élément intentionnel susmentioné couvre également d'autres manifestations de la notion de dol auxquels la jurisprudence des tribunaux ad hoc a déjà eu recours». La Camera preliminare ha tratto ispirazione, al riguardo, soprattutto da ICTY, 31 luglio 2003 (Stakić, TC), § 587.

le dell'art. 30 co. 2 b) e co. 3 St-ICC – per l'integrazione dei presupposti soggettivi della punibilità dovrebbe bastare una *probabilità* di verificazione dell'evento secondo l'ordinario decorso eziologico[111].

369 Ai sensi dell'art. 30 St-ICC, le conseguenze dell'azione devono essere oggetto, al contempo, della volontà e della consapevolezza dell'agente. La *ratio* della regola non è facile da cogliere. Da un lato, l'art. 30 co. 2 b) eleva la conoscenza del prevedibile verificarsi dell'evento a presupposto della volontarietà («a person has intent where»). Dall'altro lato, la conoscenza dell'agente circa il prevedibile realizzarsi dell'evento è disciplinata due volte dalla lettera del co. 2 b) e del co. 3: una prima volta come presupposto del profilo volitivo, una seconda come requisito dell'elemento cognitivo.

c) Riguardo alle circostanze

370 Laddove il crimine, oltre che di una condotta e del verificarsi di certe conseguenze, si compone di ulteriori elementi fattuali, è sufficiente, per imputarlo all'agente, che questi fosse altresì a conoscenza di dette circostanze («awareness that a circumstance exists»)[112]. Non è dunque necessario che le stesse siano "volute".

3. Regole particolari in tema di elemento soggettivo

371 L'art. 30 St-ICC stabilisce i requisiti dell'elemento soggettivo solo nella misura in cui «non sia altrove diversamente disposto». "Diverse disposizioni", nel senso dell'art. 30 co. 1 St-ICC, possono trarsi dallo Statuto medesimo, dagli EC e da ulteriori norme di diritto internazionale, tra quelle prese in considerazione dall'art. 21 St-ICC, ed in particolare da norme di diritto internazionale consuetudinario (*infra, sub* a). Queste "diverse disposizioni" in tema di elemento soggettivo possono operare in diverse direzioni (*infra, sub* b): possono confermare, o precisare, i profili psicologici definiti dall'art. 30 St-ICC riguardo a specifiche fattispecie; possono però anche ampliare o restringere l'ambito del penalmente rilevante[113].

---

[111] ICC, 29 gennaio 2007 (Lubanga, PTC), § 353: «lorsqu'il est probable que cette conséquence «adviendra dans le cours normal des événements».

[112] La Begr. VStGB considera la consapevolezza della probabilità come requisito soggettivo sufficiente sia riguardo alle conseguenze sia riguardo alle circostanze dell'azione: cfr. Begr. VStGB, 15.

[113] Cfr. *Ambos*, Der Allgemeine Teil des Völkerstrafrechts (2002), 805; *Clark* ZStW 114 (2002), 372, 392 ss.; *Eser*, in: Cassese/Gaeta/Jones (a cura di), Rome Statute, I (2002), 889, 898; Triffterer-*Piragoff*, Rome Statute (1999), art. 30 n. marg. 14.

a) "Altre disposizioni" nel senso dell'art. 30 St-ICC

aa) "Altre disposizioni" all'interno dello St-ICC

Nello stesso Statuto si trovano riferimenti a peculiari profili psichici, specialmente nelle norme che descrivono i crimini. Spesso si utilizzano i concetti «intent/intentional(ly)»[114], «wilful(ly)»[115] e «wantonly»[116]. È da valutare, volta per volta, se la diversa formulazione[117] sottintenda una deviazione dalla regola dell'art. 30 St-ICC[118]. Nella maggior parte dei casi, gli ordinari presupposti soggettivi vengono semplicemente confermati.

L'elevato numero di clausole speciali non è necessariamente il segno di una consapevole valutazione dei requisiti soggettivi, al momento della redazione dello St-ICC, fattispecie per fattispecie; esso è, per lo più, il risultato di una trasposizione nello Statuto, la più letterale possibile, di norme originarie di diritto internazionale penale. Specialmente riguardo ai crimini di guerra, il frequente richiamo a requisiti psichici aggiuntivi deriva dalla circostanza che lo St-ICC ha, in questo campo, recepito i corrispondenti principi fondamentali di diritto umanitario. In linea

---

[114] «[I]ntent to destroy» (genocidio, art. 6); «intentionally causing great suffering» (crimine contro l'umanità di trattamento disumano, art. 7 co. 1 k); «intentional infliction of conditions of life» (crimine contro l'umanità di sterminio, art. 7 co. 2 b); «intentional infliction of severe pain» (crimine contro l'umanità di tortura, art. 7 co. 2 e); «intent of affecting the ethnic population» (crimine contro l'umanità di gravidanza forzata, art. 7 co. 2 f); «intention of maintaining that regime» (crimine contro l'umanità di Apartheid, art. 7 co. 2 h); «intention of removing them from the protection of law» (crimine contro l'umanità di sparizione forzata, art. 7 co. 2 i); «intentionally directing attacks» (crimine di guerra di attacco alla popolazione civile, a beni di carattere civile, ad edifici protetti e a missioni umanitarie: art. 8 co. 2 b) i), ii), iii), ix), xxiv) nonché e) i), ii), iii), iv); «intentionally launching an attack» (crimine di guerra di danni sproporzionati: art. 8 co. 2 b) iv); «intentionally using starvation» (crimine di guerra di riduzione alla fame della popolazione civile, art. 8 co. 2 b) xxv).

[115] «[W]ilful killing» (crimine di guerra di omicidio, art. 8 co. 2 a) i); «wilfully causing great suffering» (crimine di guerra di inflizione di gravi sofferenze, art. 8 co. 2) a) iii); «wilfully depriving a […] protected person of the rights of a fair and regular trial» (crimine di guerra di negazione del diritto al giusto processo, art. 8 co. 2) a) vi); «wilfully impeding relief supplies» (crimine di guerra di riduzione alla fame della popolazione civile, art. 8 co. 2 b) xxv).

[116] «[D]estruction […] carried out unlawfully and wantonly» (crimine di guerra di distruzione ed appropriazione di proprietà, art. 8 co. 2 a) iv).

[117] La traduzione tedesca ufficiale appiana ogni differenza, utilizzando quasi sempre il termine "Vorsatz/Absicht" [dolo/finalità, *N.d.T.*]. Altre formule in tema di elemento soggettivo, rinvenibili nello St-ICC, sono: «should have known» (art. 28 a) i); «for the purpose of» (art. 25 co. 3 c); «killing or wounding treacherously» (crimine di guerra di omicidio o ferimento a tradimento, art. 8 co. 2 b) xi), e) ix).

[118] In tal senso anche *Ambos*, Der Allgemeine Teil des Völkerstrafrechts (2002), 797 ss.; *Eser*, in: Cassese/Gaeta/Jones (a cura di), Rome Statute, I (2002), 889, 901. Che l'impiego del termine «intentional(ly)» nello Statuto assuma sempre un significato meramente dichiarativo, di conferma dei comuni requisiti comuni del *mental element*, è conclusione troppo approssimativa; così, tuttavia: Triffterer-*Piragoff*, Rome Statute (1999), art. 30 n. marg. 12; *Weigend*, in: Schünemann et al. (a cura di), Festschrift für Roxin (2001), 1375, 1389 nota. 57; sul punto anche *Kelt/von Hebel*, in: Lee (a cura di), The International Criminal Court, Elements of Crimes and Rules of Procedure and Evidence (2001), 19, 33.

di massima, una tale tecnica di normazione non è da biasimare, perché evita un inopportuno livellamento tra fattispecie, aprendo spazi a trattamenti differenziati e riferimenti chiarificatori alla norma d'origine. A volte, però, emergono singolari differenze testuali, come ad es. quando l'inflizione di grandi sofferenze («causing great suffering»), per costituire crimini di guerra, deve essere arrecata «wilfully» (art. 8 co. 2 a) iii) St-ICC), mentre, per assumere i tratti di un crimine contro l'umanità, «intentionally» (art. 7 co. 1 k) St-ICC). È in circostanze del genere che appare chiaro come le regole di parte generale, ivi inclusa quella di cui all'art. 30 St-ICC, da un lato, e le norme definitorie dei singoli crimini, dall'altro lato, siano state redatte da diversi gruppi di lavoro, tra i quali è talora mancato un opportuno scambio di opinioni[119].

bb) "Altre disposizioni" negli EC e nel diritto internazionale consuetudinario

374   Anche negli EC si rinvengono numerose disposizioni concernenti i profili interiori del fatto. Si utilizzano, tra le altre, le seguenti formule: «knew or should have known»[120], «was aware of»[121], «intended»[122], «in order to»[123]. Prescrizioni riguardanti l'elemento soggettivo si trovano, infine, anche nel diritto internazionale consuetudinario[124].

375   Che le regole in oggetto costituiscano "diverse disposizioni", nel senso dell'art. 30 St-ICC, è discusso[125]. Giustamente, ponendo mente all'art. 21 co. 1 St-ICC, si

---

[119] Cfr. *Clark* ZStW 114 (2002), 372, 387.

[120] Ad es. EC in rel. art. 6 e) St-ICC, n. 6 (genocidio mediante trasporto forzato di bambini); EC in rel. art. 8 co. 2 b) vii) St-ICC, -1, -2, -4, n. 3 (crimine di guerra di abuso di segni di riconoscimento); EC in rel. art. 8 co. 2) e) vii) St-ICC, n. 3 (crimine di guerra di impiego di soldati bambino).

[121] Si rinviene spesso la locuzione: «the perpetrator was aware of the factual circumstances that established [...]», ad es. con riguardo a «the gravity of the conduct» (EC in rel. art. 7 co. 1 e) St-ICC, n. 3; crimine contro l'umanità di privazione della libertà); «the character of the act» (EC in rel. art. 7 co. 1 k) St-ICC, n. 3; crimine contro l'umanità di trattamento disumano); «[the] protected status [of the victim]» e «the existence of an armed conflict» (EC in rel. art. 8 co. 2 a) i) St-ICC, n. 3, 5; crimine di guerra di omicidio; in termini analoghi, un elevato numero di ulteriori EC riferiti ai crimini di guerra).

[122] Es. EC in rel. art. 8 co. 2 b) i), ii), iii) St-ICC, sempre n. 3 (crimine di guerra di attacco ad obiettivi non militari); EC in rel. art. 8 co. 2 b) xvi) St-ICC, n. 2 (crimine di guerra di saccheggio); EC in rel. art. 8 co. 2 b) xxiii) St-ICC, n. 2 (crimine di guerra di uso di scudi umani).

[123] Ad es. EC in rel. art. 8 co. 2 b) vii) St-ICC, -1, n. 2 (crimine di guerra di abuso di bandiera parlamentare); EC in rel. art. 8 co. 2 b) xii) St-ICC, n. 2 (conduzione di ostilità "senza quartiere").

[124] Cfr. al riguardo le esemplificazioni *infra*, n. marg. 384.

[125] Favorevoli *Cassese*, International Criminal Law (2003), 176; *Clark* ZStW 114 (2002), 372, 393; *Kelt/von Hebel*, in: Lee (a cura di), The International Criminal Court, Elements of Crimes and Rules of Procedure and Evidence (2001), 19, 29 ss.; Triffterer-*Piragoff*, Rome Statute (1999), art. 30 n. marg. 14; *Politi*, in: Cassese/Gaeta/Jones (a cura di), Rome Statute, I (2002), 443, 461. Contrario *Ambos*, Der Allgemeine Teil des Völkerstrafrechts (2002), 789: «eccezioni all'art. 30 possono essere solo quelle direttamente legittimate dagli artt. 6-8»; concordano *Triffterer*, in: Schünemann et al. (a cura di), Festschrift für Roxin (2001), 1415, 1428; *Weigend*, Nouvelles Études Pénales 19 (2004), 319, 326 ss.; cfr. inoltre *Ambos*, Internationales Strafrecht (2006), § 7 n. marg. 67.

perviene alla conclusione che la clausola di riserva consenta anche agli EC ed alle consuetudini di derogare all'art. 30 St-ICC. In ogni caso, questo punto di vista, riguardo agli EC, è stato recentemente accolto dalla Camera preliminare[126].

L'art 30 St-ICC non autorizza a ritenere che le «diverse disposizioni», cui fa cenno, siano soltanto statutarie[127]. Un confronto con altre formule analoghe, anch'esse reperibili nello Statuto, lascia piuttosto intendere che il cerchio delle norme richiamate sia più ampio: così, l'analoga clausola di riserva concernente le cause di esclusione della punibilità si riferisce, espressamente, a «altre[...] cause di esclusione della responsabilità penale [...] *previste dallo Statuto* [...]». Punto di riferimento principale, per valutare se "diverse disposizioni", nel senso dell'art. 30, possano essere anche precetti esterni allo Statuto, resta l'art. 21 St-ICC. Stando a tale norma, tanto gli EC, quanto il diritto internazionale consuetudinario, sono da considerarsi fonti rilevanti del diritto applicabile dalla Corte.

376

La circostanza che l'art. 9 co. 3 St-ICC prescriva che gli EC devono concordare con lo St-ICC non giustifica una diversa conclusione. Quel che infatti è rilevante, alla stregua di tale clausola, è solo la compatibilità tra gli EC e le definizioni dei crimini. Sennonché, l'art. 30 St-ICC ammette espressamente delle disposizioni discordanti. Dal punto di vista dell'art. 30 St-ICC, in sostanza, le deroghe contenute negli EC sono da prendersi in considerazione come se fossero formulate nello Statuto stesso. Un problema di "compatibilità" può porsi, dunque, solo quando la definizione statutaria del crimine contiene un elemento soggettivo difforme da quello delineato negli EC.

377

b) Efficacia delle "diverse disposizioni"

aa) Conferma e puntualizzazione dei requisiti soggettivi generali del crimine internazionale

Le "diverse disposizioni" possono in primo luogo ribadire la necessità dei requisiti soggettivi del crimine già descritti nell'art. 30 St-ICC.

378

Ad esempio, l'art. 7 co. 1 St-ICC, in tema di crimini contro l'umanità, stabilisce espressamente che il soggetto deve agire «con la consapevolezza dell'attacco» contro la popolazione civile; nel caso in cui la norma citata non avesse compiuto tale precisazione, la necessità di una consapevolezza al riguardo sarebbe comunque derivata dall'art. 30 co. 3 St-ICC[128].

379

---

[126] ICC, 29 gennaio 2007 (Lubanga, PTC), §§ 357 s.
[127] Cfr. anche *Weigend*, Nouvelles Études Pénales 19 (2004), 319, 327.
[128] Cfr. *Ambos*, Der Allgemeine Teil des Völkerstrafrechts (2002), 774; *Weigend*, in: Schünemann et al. (a cura di), Festschrift für Roxin (2001), 1375, 1389 nota 57; diversamente *Ahlbrecht*, Geschichte der völkerrechtlichen Strafgerichtsbarkeit im 20. Jahrhundert (1999), 312, sostiene che l'elemento soggettivo contenuto nell'art. 7 abbia efficacia costitutiva, muovendo dal presupposto – inesatto – che i profili costitutivi dello *chapeau* siano in linea di principio imputati obiettivamente. Cfr. anche *infra*, n. marg. 388.

bb) Espansione dell'ambito del penalmente rilevante

380 Talvolta, per l'integrazione dell'elemento soggettivo di un singolo crimine, si ritengono sufficienti requisiti soggettivi meno pregnanti, rispetto allo *standard* stabilito dall'art. 30 St-ICC. Lo spettro di queste forme alternative di imputazione varia dalla colpa incosciente, fino a situazioni di colpa variamente "qualificata" e, infine, al dolo eventuale. Sovente l'ampliamento degli atteggiamenti interiori rilevanti è tale da comprendere casi in cui il soggetto potrebbe altrimenti richiamare, a propria discolpa, situazioni di ignoranza od errore[129].

381 Una significativa estensione dei requisiti soggettivi rilevanti è determinata dall'art. 28 St-ICC, riguardo alla responsabilità del superiore[130]. Secondo l'art. 28 a) i) St-ICC, un comandante militare è già responsabile per il crimine commesso da un subordinato quand'egli «sulla base delle circostanze date in quel momento, avrebbe dovuto sapere» che il subordinato stava realizzando o era in procinto di realizzare il fatto criminoso.

382 Un abbassamento dello *standard* in tema di elemento soggettivo è delineato anche dalla clausola «wanton(ly)», con riguardo, ad es., ai crimini di guerra di distruzione di proprietà altrui, ai sensi dell'art. 8 co. 2 a) iv) St-ICC; almeno se si assume come riferimento, per l'interpretazione di tale elemento, la giurisprudenza dei tribunali internazionali, come evolutasi sino ad oggi, stando alla quale basterebbe già uno sconsiderato disinteresse per le probabilità di realizzazione dell'evento («reckless disregard of the likelihood of [...] destruction»)[131]. Altrettanto vale per il lemma «wilful(ness)», spesso presente nella descrizione dei crimini di guerra; così, ad esempio, la giurisprudenza in tema di omicidio come crimine di guerra («wilful killing») si è sinora accontentata del fatto che l'agente avesse agito con uno sconsiderato disprezzo della vita umana («reckless disregard of human life»)[132]. Non

---

[129] Cfr. *Clark* ZStW 114 (2002), 372, 393.

[130] Cfr *Kelt/von Hebel*, in: Lee (a cura di), The International Criminal Court, Elements of Crimes and Rules of Procedure and Evidence (2001), 19, 21. Per ulteriori riferimenti: n. marg. 466 ss. Sullo stato del diritto internazionale consuetudinario riguardo ai requisiti soggettivi della responsabilità del superior: ICTY, 20 febbraio 2001 (Mucić et al., AC), § 241; *Keith*, Leiden Journal of International Law 14 (2001), 617 ss.

[131] Così ICTY, 17 dicembre 2004 (Kordić e Čerkez, AC), § 74; ICTY, 26 febbraio 2001 (Kordić e Čerkez, TC), § 346; ICTY, 31 marzo 2003 (Naletilić e Martinović, TC), § 577; ICTY, 31 luglio 2003 (Stakić, TC), § 761; ICTY, 1° settembre 2004 (Brđanin, TC), § 589; nello stesso senso anche *Allain/Jones* EJIL 8 (1997), 100, 106; *Eser*, in: Cassese/Gaeta/Jones (a cura di), Rome Statute, I (2002), 889, 899; *Mettraux*, International Crimes and the *ad hoc* Tribunals (2005), 93. Sulla *recklessness* maggiori dettagli *infra*, n. marg. 395.

[132] Cfr., ad es., ICTY, 16 novembre 1998 (Mucić et al., TC), §§ 437 ss.; ICTY, 14 gennaio 2000 (Kupreškić et al., TC), § 561; ICTY, 3 dicembre 2003 (Galić, TC), § 596: «[W]ilfully is satisfied whenever the accused acts deliberately or recklessly». In questo senso anche *Ambos*, Internationales Strafrecht (2006), § 7 n. marg. 69; *Badar*, International Criminal Law Review 5 (2005), 203, 211; contro la parificazione di *wilfulness* e *recklessness* – con un'argomentazione tuttavia non convincente – Cfr. però *Fletcher/Ohlin*, Journal of International Criminal Justice 3 (2005), 554 s. e *Roßkopf*, Die

è ancora chiaro[133] quali conseguenze trarre per l'interpretazione dell'elemento in questione dalla decisione della Camera d'Appello sul caso *Blaškić*[134]. Anche se, ormai, si volesse ritenere sempre necessaria la conoscenza, da parte dell'agente, della probabilità dell'evento, si tratterebbe pur sempre di un'attenuazione dello *standard* preteso dall'art. 30 St-ICC.

Anche negli EC si rinvengono numerose disposizioni che ampliano l'ambito del penalmente rilevante rispetto all'art. 30 St-ICC, sino a comprendere ipotesi di responsabilità colposa. Se, applicando l'art. 30 St-ICC, l'autore del crimine di guerra di utilizzo di bambini soldato – di cui all'art. 8 co. 2) b) xxvi) St-ICC – dovrebbe avere la positiva consapevolezza della minore età dei militari («knowledge means awareness that a circumstance exists»), secondo gli EC è invece sufficiente che egli avrebbe potuto conoscere («should have known») quell'età. In egual modo, stando agli EC è sufficiente che chi realizza il crimine di guerra descritto nell'art. 8, co. 2 b) vii) St-ICC (abuso di bandiere o emblemi di persona protetta) «avrebbe potuto sapere»[135] che, nel caso di specie, l'uso della bandiera non era permesso.

Anche dal diritto internazionale consuetudinario, infine, possono trarsi regole divergenti da quella generale dell'art. 30 St-ICC[136]. Per definire quali siano i

---

innere Tatseite des Völkerrechtsverbrechens, Humboldt-Universität zu Berlin: Dissertation 2007. – Non è ancora del tutto chiarito se questo allentamento dei criteri di imputazione concerna tutte le violazioni del diritto internazionale umanitario qualificabili come «grave breaches», cfr. al riguardo anche *infra*, n. marg. 982 ss.; cfr. inoltre, nella discorde giurisprudenza dell'ICTY, da un lato ICTY, 25 giugno 1999 (Aleksovski, TC), § 56: «[r]ecklessness cannot suffice»; ICTY, 29 novembre 2002 (Vasiljević, TC), § 194; dall'altro lato ICTY, 3 marzo 2000 (Blaškić, TC), § 152: «[T]he *mens rea* constituting all the violations of Article 2 of the Statute includes both guilty intent and recklessness which may be likened to serious criminal negligence». Inesatte le considerazioni di *Eser*, in: Cassese/Gaeta/Jones (a cura di), Rome Statute, I (2002), 889, 899, stando al quale l'aggiunta del termine «wilful» sarebbe sempre volta a restringere l'ambito dei requisiti soggettivi rilevanti.

[133] Cfr., da una parte, ICTY, 31 gennaio 2005 (Strugar, AC), § 236: «[T]o prove murder, it must be established that death resulted from an act or omission of the accused, committed with the intent either to kill or, in the absence of such a specific intent, in the knowledge that death is a probable consequence of the act or omission. In respect of this formulation it should be stressed that knowledge by the accused that his act or omission might *possibly* cause death is not sufficient. [...] The necessary mental state exists when the accused knows that it is *probable* that his act or omission will cause death. [...] This definition would appear to be applicable also to wilful killing and murder under Articles 2 and 5, respectively» (corsivo originale). Dall'altra parte, ICTY, 17 dicembre 2004 (Kordić e Čerkez, AC), § 36 – successiva di sei mesi alla decisione sul caso *Blaškić* – secondo la quale il «wilful killing», come crimine contro l'umanità, presupporrebbe, quanto a profilo soggettivo, che «the accused intended to cause death or serious bodily injury, which, as it is reasonable to assume, he had to understand was likely to lead to death»; similmente ICTY, 15 marzo 2006 (Hadžihasanović e Kubura, TC), § 31. Secondo ICTY, 30 giugno 2006 (Orić, TC), §§ 346 ss., l'elemento psicologico sarebbe necessariamente costituito dall'«intent to kill or inflict serious bodily harm, in the knowledge and with the acceptance that such act was more likely than not to cause death».

[134] A tal proposito cfr. *infra*, nota 355.
[135] Al riguardo ICC, 29 gennaio 2007 (Lubanga, PTC), §§ 357 s.
[136] Cfr. anche *Cryer*, in: McGoldrick/Rowe/Donnelly (a cura di), The Permanent International

requisiti soggettivi del crimine secondo il diritto internazionale consuetudinario è necessario consultare, in particolare, le decisioni dei tribunali internazionali[137]. Forme di imputazione più "labili" di quella delineata dall'art. 30 St-ICC vengono proposte soprattutto per condotte omicidiarie, nella misura in cui le stesse integrano i presupposti ulteriori di un crimine internazionale[138]. In tal caso si ritiene in ogni caso sufficiente – diversamente da quanto preteso dall'art. 30 St-ICC – che l'agente sappia della probabilità del realizzarsi dell'evento-morte; stando alla prima giurisprudenza del Tribunale per la ex Jugoslavia basterebbe, addirittura, il consapevole ferimento della vittima accompagnato da uno sconsiderato disprezzo per la vita umana[139]. Una deroga in chiave estensiva all'art. 30 St-ICC riguarda anche il crimine contro l'umanità di privazione della libertà[140] ed altre azioni disumane[141]. Per contro, riguardo al crimine internazionale di tortura, il Tribunale per la ex Jugoslavia richiede che l'agente volesse agire in modo tale da provocare, secondo l'ordinario corso degli eventi, dolore o sofferenze alla vittima[142]; in tal caso, i requisiti richiesti per l'integrazione dell'elemento soggettivo corrispondono a quelli presi in considerazione dall'art. 30 St-ICC.

cc) Riduzione dell'ambito del penalmente rilevante

385   Le "diverse disposizioni" possono operare una riduzione dell'ambito del penalmente rilevante, quando circostanziano i requisiti soggettivi già richiesti, di regola, dall'art. 30 St-ICC, o quando a tali requisiti ne accompagnano di ulteriori.

386   In numerose disposizioni dello St-ICC si trova l'indicazione di requisiti soggettivi aggiuntivi, consistenti in una tendenza interiore verso la realizzazione di elementi che – a differenza di quelli presi in considerazione dall'art. 30 del medesimo Statuto – vanno al di là di quanto necessario per la sussistenza obiettiva del fatto criminoso[143]. L'esempio più significativo è costituito dalla volontà di annientamento nel genocidio (art. 6)[144]. Ad una riduzione dell'ambito del penalmente rilevante

---

Criminal Court (2004), 233, 254 s.; *van Sliedregt*, The Criminal Responsibility of Individuals for Violations of International Humanitarian Law (2003), 49.

[137] Maggiori dettagli *supra*, n. marg. 140.

[138] Secondo la giurisprudenza dell'ICTY, i requisiti costitutivi del crimine contro l'umanità di omicidio («murder») corrispondono a quelli dell'analoga fattispecie qualificata come crimine di guerra («wilful killing»): cfr. ICTY, 31 luglio 2003 (Stakić, TC), § 631.

[139] Per dettagli *infra*, n. marg. 1004.

[140] Cfr. ICTY, 15 marzo 2002 (Krnojelac, TC), §§ 112, 115; ICTY, 31 marzo 2003 (Naletilić e Martinović, TC), § 642.

[141] Cfr. ICTY, 19 novembre 2002 (Vasiljević, TC), § 236; ICTY, 15 marzo 2002 (Krnolejac, TC), § 132.

[142] ICTY, 30 novembre 2005 (Limaj et al., TC), § 238; ICTY, 22 febbraio 2001 (Kunarac et al., TC), § 153.

[143] Cfr. anche *Ambos*, Der Allgemeine Teil des Völkerstrafrechts (2002), 789 s.

[144] Cfr. *Ambos*, in: Vohrah et al. (a cura di), Man's Inhumanity to Man (2003), 11, 18 ss.; *Aptel*,

conduce pure la pretesa sussistenza di motivi discriminatori per la consumazione del crimine contro l'umanità di persecuzione (art. 7 co. 1 h)[145]. Ulteriori esempi sono: l'intenzione di incidere sulla composizione etnica di una popolazione, quale profilo costitutivo del crimine contro l'umanità di gravidanza forzata (art. 7 co. 1 g); co. 2 f); l'omicidio o il ferimento di nemici "a tradimento", ai sensi dell'art. 8 co. 2 b) xi) e e) ix). Da sottolineare, altresì, il peculiare profilo di intenzionalità richiesto per l'integrazione della fattispecie di agevolazione dell'altrui commissione di un crimine internazionale, secondo l'art. 25 co. 3 c) («for the purpose of facilitating»). Anche gli EC, in taluni passaggi, circoscrivono il quadro delle situazioni punibili. Così, ad es., stando a tale fonte (n. 3 riguardo all'art. 8 co. 2 a) viii); c) iii), per realizzare il crimine di guerra della cattura di ostaggi viene ritenuto necessario un elemento non preso (esplicitamente) in considerazione dal testo dello Statuto, ed in particolare un intento di costrizione, in virtù del quale l'agente «intended to compel a State [...] to act or refrain from acting [...]»[146].

III. Il fatto di contesto come oggetto dell'elemento psicologico

Riguardo a tutti i crimini internazionali, è necessario che l'agente si renda conto di operare in un contesto di violenza organizzata.

A dire il vero, per quanto riguarda il fatto di contesto dei crimini contro l'umanità («un esteso o sistematico attacco contro la popolazione civile»), così come il «conflitto armato» caratteristico dei crimini di guerra, la questione fu alquanto discussa durante la Conferenza di Roma[147]. In quella sede, si sostenne che tali requisiti costituissero dei cd. *jurisdictional elements*[148], che non dovevano in alcun modo essere conosciuti dall'agente, in quanto concernenti esclusivamente la competenza della Corte. Una tale opinione non è però conciliabile con il principio di colpevolezza. Meglio è muovere dal presupposto che siffatti elementi di contesto, caratterizzanti i crimini contro l'umanità e quelli di guerra, rappresentino delle circo-

---

Criminal Law Forum 13 (2002), 273, 277 ss.; *Arnold*, Criminal Law Forum 14 (2003), 127, 138 ss.; *van den Vyver*, Fordham International Law Journal 23 (1999), 286, 308. In senso contrario cfr. però, tra gli altri, *Triffterer*, Leiden Journal of International Law 14 (2001), 399, 404. Su tutto ciò *infra*, n. marg. 711 ss.

[145] Sull'intento discriminatorio nel crimine di persecuzionecfr. *infra*, n. marg. 860 ss.
[146] Altri esempi in *Kelt/von Hebel*, in: Lee (a cura di), The International Criminal Court, Elements of Crimes and Rules of Procedure and Evidence (2001), 19, 32.
[147] Sul punto, ampiamente: *Ambos*, Der Allgemeine Teil des Völkerstrafrechts (2002), 774 ss.; *Kelt/von Hebel*, in: Lee (a cura di), The International Criminal Court, Elements of Crimes and Rules of Procedure and Evidence (2001), 19, 34 s.
[148] Così, ad es., *Sadat*, The International Criminal Court and the Transformation of International Law (2002), 208 nota 140 («jurisdictional requirements»). Volendo tradurre il senso di questa qualificazione in un linguaggio più consueto alla dogmatica penalistica tedesca [ed. italiana, *N.d.T.*], si potrebbe parlare di "condizioni obiettive di punibilità".

stanze, vale a dire quelle «circumstances» che, in virtù della regola generale espressa dall'art. 30 St-ICC, sono oggetto dell'elemento psichico[149]. Dopo lunga discussione, si è infine imposta, a Roma, una soluzione "differenziata", che sul piano tecnico si è risolta in una diversa specificazione, anche negli EC, delle prescrizioni di cui si tratta[150]. In sintesi, l'elemento soggettivo si estende ormai fino a comprendere – sia pure in vario modo – anche il fatto di contesto.

389 A proposito dei crimini contro l'umanità, l'art. 7 St-ICC stabilisce espressamente che il soggetto deve aver agito «con la consapevolezza dell'attacco» contro la popolazione civile[151]. Trattasi di una precisazione di quanto già stabilito dalla regola generale dell'art. 30 St-ICC[152].

390 Riguardo ai crimini di guerra, diversamente da quanto riscontrabile a proposito dei crimini contro l'umanità, nello Statuto non si trova alcuna indicazione che induca a pretendere la consapevolezza del contesto di violenza organizzata, vale a dire dell'esistenza di un conflitto armato. Nondimeno, applicando i principi generali, ed in particolare l'art. 30 St-ICC, si perviene alla conclusione che il soggetto debba sapere della sussistenza di quel requisito[153]; siffatta soluzione trova conferma negli EC, i quali generalmente richiedono che l'agente conosca le circostanze fattuali che danno vita ad un conflitto armato («was aware of factual circumstances that established the existence of an armed conflict»)[154].

---

[149] Così anche *Weigend*, in: Schünemann et al. (a cura di), Festschrift für Roxin (2001), 1375, 1389 nota 57.

[150] Cfr. *Weigend*, Nouvelles Études Pénales 19 (2004), 319, 327 ss.

[151] Negli EC, riferiti alle singole ipotesi di crimini contro l'umanità, il requisito viene generalmente ribadito precisando che «the perpetrator knew that the conduct was part of or intended the conduct to be part of a widespread or systematic attack against a civilian population». Tali coefficienti vengono nondimeno di nuovo "relativizzati", laddove si sottolinea che la regola richiamata «should not be interpreted as requiring proof that the perpetrator had knowledge of all characteristics of the attack or the precise details of the plan or policy of the State or organization. In the case of an emerging widespread or systematic attack against a civilian population, the intent clause of the last element indicates that this mental element is satisfied if the perpetrator intended to further such an attack». Cfr. EC in rel. art. 7, introduzione. – Il diritto statutario corrisponde a quello consuetudinario: cfr. ICTY, 7 maggio 1997 (Tadić, TC), § 656: «perpetrator must know of the broader context»; ICTY, 3 marzo 2000 (Blaškić, TC), §§ 247 ss.; sul punto *Vest* ZStW 113 (2001), 457, 475.

[152] Cfr. anche *Clark* ZStW 114 (2002), 372, 388; cfr. altresì *infra*, n. marg. 781 ss.

[153] Al riguardo *Ambos*, Der Allgemeine Teil des Völkerstrafrechts (2002), 778 ss.; *Eser*, in: Cassese/Gaeta/Jones (a cura di), Rome Statute, I (2002), 889, 928 s.

[154] Il requisito viene ulteriormente precisato da tre punti di vista: «There is no requirement for a legal evaluation by the perpetrator as to the existence of an armed conflict or its character as international or non-international; in that context there is no requirement for awareness by the perpetrator of the facts that established the character of the conflict as international or non-international; there is only a requirement for the awareness of the factual circumstances that established the existence of an armed conflict that is implicit in the terms 'took place in the context of and was associated with'».

Per contro, la soglia definita nell'art. 8 co. 1, secondo periodo, St-ICC delinea un *jurisdictional element*, cioè un criterio di competenza che non deve essere oggetto di rappresentazione da parte del soggetto agente[155]. Secondo tale disposto, la Corte è competente per i crimini di guerra «in particolare quando commessi come parte di un piano o di un disegno politico, o come parte di una serie di crimini analoghi commessi su larga scala». In tal caso, con un'accorta scelta di politica del diritto, si è elevata una specifica qualità del crimine di guerra a presupposto ordinario di competenza dell'ICC. Siffatta clausola-soglia non implica alcuna limitazione dei presupposti materiali della punibilità.

391

Il crimine di genocidio non si caratterizza per alcun esteriore fatto di contesto. L'agente deve tenere la condotta tipica con l'intento di distruggere il gruppo come tale, interamente o in parte; altro non si pretende, riguardo a ciò che l'agente deve percepire del quadro complessivo in cui opera[156].

392

Quando gli EC prevedono che il singolo atto di genocidio sia realizzato in un contesto di comportamenti similari («took place in the context of a manifest pattern of similar conduct»)[157], non delineano un elemento del fatto tipico, ma un requisito concernente esclusivamente la competenza della Corte Internazionale, che come tale non è oggetto dell'elemento psichico[158].

393

IV. *Dolus eventualis* e *recklessness*

Adottando la prospettiva degli ordinamenti penali nazionali, ci si chiede se il *dolus eventualis* e la *recklessness*, quali forme di imputazione soggettiva collocate sotto la "soglia" del dolo diretto, bastino ad integrare l'elemento psicologico richiesto dal diritto internazionale penale[159].

394

Com'è noto, agisce con *dolus eventualis* colui che realizza il fatto tipico considerandolo seriamente possibile ed accettando il rischio del suo verificarsi; il soggetto, cioè, tiene la condotta consapevole di porre in pericolo il bene giuridico, ma abbandonando al corso degli eventi la concretizzazione di tale pericolo[160]. Il criterio di imputazione della *recklessness*, elaborato soprattutto nella tradizione penalistica di *common law*, si colloca tra l' *intention*

395

---

[155] Cfr. però *Ambos*, in: Vohrah et al. (a cura di), Man's Inhumanity to Man (2003), 11, 32 ss.

[156] Al riguardo si afferma espressamente negli EC: «Notwithstanding the normal requirement for a mental element provided for in article 30, and recognizing that knowledge of the circumstances will usually be addressed in proving genocidal intent, the appropriate requirement, if any, for a mental element regarding this circumstance will need to be decided by the Court on a case-by-case basis».

[157] Ulteriori indicazioni *infra*, n. marg. 703 ss.

[158] Cfr. pure *Clark* ZStW 114 (2002), 372, 397; cfr., inoltre, *infra*, n. marg. 705.

[159] Indipendentemente da ciò, non è consigliabile utilizzare, nel dibattito internazionale penale, categorie quali il *dolus eventualis* o la *recklessness*; le caratteristiche dei criteri di imputazione propri di questa branca del diritto dovrebbero essere bene evidenti anche sul piano terminologico; in tal senso anche ICTY, 31 gennaio 2005 (Strugar, TC), § 235.

[160] Ulteriori, dettagliati riferimenti riguardo ai controversi requisiti del *dolus eventualis* in *Jescheck/Weigend*, Lehrbuch des Strafrechts, Allgemeiner Teil, 5ª ed. (1996), 299 ss.

(requisito comparabile al dolo) e la *negligence* (la colpa, in sostanza), e fonda la responsabilità del soggetto che abbia consapevolmente determinato un rischio poi sviluppatosi nella realizzazione di un fatto tipico di reato[161]. Per quanto i presupposti del *dolus eventualis* e della *recklessness* non siano del tutto coincidenti, gli stessi sono per lo più riscontrabili nelle medesime tipologie di casi concreti[162].

396   Dalla prassi dei tribunali internazionali si evince che il *dolus eventualis* è, normalmente, requisito sufficiente per affermare la sussistenza dell'elemento soggettivo[163]. È pur vero che nelle sentenze solo sporadicamente si riscontra un riferimento espresso al *dolus eventualis* o alla *recklessness*[164]. Tuttavia, i requisiti subiettivi della responsabilità definiti dall'ICTY coincidono, il larga misura, con quelli caratteristici del *dolus eventualis*. Altrettanto si ricava dalla più recente giurisprudenza, se-

---

[161] Anche riguardo ai presupposti della *recklessness* non sussiste certo unanimità di vedute. Cfr. ad es. § 2.02 co. 2 c) Model Penal Code: «A person acts recklessly [...] when he consciously disregards a substantial and unjustifiable risk that the material element [of the offense] exists or will result from his conduct. The risk must be of such a nature and degree that, considering the nature and purpose of the actor's conduct and the circumstances known to him, its disregard involves a gross deviation from the standard of conduct that a law-abiding person would observe in the actor's situation». Sul punto *LaFave*, Criminal Law, 4ª ed. (2003), 261 ss., 267. Sulla *recklessness* nel diritto penale inglese cfr. *Bräutigam-Ernst*, in: Mansdörfer (a cura di), Die allgemeine Straftatlehre des common law (2005), 49, 67 ss. Secondo l'ordinamento d'oltremanica, per l'affermazione di una (*advertent*) *recklessness* dovrebbe essere sufficiente un qualsiasi rischio previsto; non sarebbe necessario né una determinata probabilità di verificazione dell'evento, né, tanto meno, un elemento volitivo. La probabilità di realizzazione del rischio è nondimeno determinante nel definire l'ulteriore questione, relativa alla natura «unreasonably» della accettazione del rischio da parte dell'agente.

[162] Su corrispondenze e differenze tra *dolus eventualis* e *recklessness* cfr. *Weigend* ZStW 93 (1981), 657, 688 s.; cfr. altresì *Bräutigam-Ernst*, in: Mansdörfer (a cura di), Die allgemeine Straftatlehre des Common Law (2005), 49, 73 ss. Talvolta *dolus eventualis* e *recklessness* vengono identificati l'uno con l'altra, cfr. ad es. *Badar*, International Criminal Law Review 5 (2005), 203, 213 ss.; *Huber*, in: Eser/Huber/Cornils (a cura di), Einzelverantwortung und Mitverantwortung im Strafrecht (1998), 79, 80 («bedingter Vorsatz (*recklessness*)»); *Neressian*, Texas International Law Journal 37 (2002), 231, 263; ICTY, 22 marzo 2006 (Stakić, AC), § 99; ICTY, 31 luglio 2003 (Stakić, TC), § 587. In senso contrario, *Fletcher*, Rethinking Criminal Law (2000), 443 avvicina la *recklessness* alla «colpa cosciente»; similmente ICTY, 3 marzo 2000 (Blaškić, TC), § 152: «recklessness which may be likened to serious criminal negligence». Cfr. anche ICC, 29 gennaio 2007 (Lubanga, PTC), § 355 nota 438, secondo la quale la *recklessness* non sarebbe requisito sufficiente per l'integrazione del *mental element* ai sensi dell'art. 30 St-ICC, mentre lo sarebbe il «dol éventuel» (§ 352).

[163] È tuttavia eccessivo ritenere, con *Dahm/Delbrück/Wolfrum*, Völkerrecht, I/3, 2ª ed. (2002), 1083, che il *dolus eventualis* sarebbe senz'altro sufficiente per l'integrazione di tutte le ipotesi tipiche di genocidio.

[164] Così, ICTY, 31 luglio 2003 (Stakić, TC), § 587 ha espressamente stabilito che «both dolus directus and dolus eventualis are sufficient to establish the crime of murder under Article 3 [ICTY-Statut]»; nella visuale di questo giudice, altrettanto varrebbe per il crimine contro l'umanità di sterminio (§ 642). Cfr., però, anche ICTY, 30 giugno 2006 (Orić, TC), § 348, dove, con riferimento al crimine di guerra di omicidio, si afferma apertamente che la colpa, ivi inclusa la «gross negligence», non può ritenersi sufficiente, per poi precisare, in un riferimento in nota relativo a «gross negligence»: «In this respect, the Trial Chamber agrees with the Defence submission that intent does not include recklessness».

condo la quale ciò che conta è, fondamentalmente, la consapevolezza di una probabilità di realizzazione del fatto[165].

Altra questione, assai dibattuta, è se, ed in quale misura, secondo le disposizioni dello St-ICC, *dolus eventualis* e *recklessness* possano integrare il *mental element* richiesto[166]. 397

Non esclude, di per sé, il rilievo della *recklessness* la circostanza che le definizioni di tale requisito previste nel progetto preliminare (*Draft* St-ICC)[167] non siano state poi prese in considerazione nei lavori di Roma[168]. L'unica ragione di questa eliminazione risiede nel fatto che, nella versione finale dello St-ICC, la nozione in questione non venne utilizzata nel descrivere i singoli crimini, talché una precisazione legale di quella nozione non avrebbe avuto alcun senso[169]. 398

Sembra corretto distinguere: qualora «diverse disposizioni» considerino già penalmente rilevante la consapevole realizzazione di un rischio di concretizzazione degli elementi materiali del crimine, di esse si deve tener senz'altro conto, secondo l'art. 30 St-ICC. Prescrizioni del genere si trovano nello Statuto e negli EC[170]. Sono altresì da prendere in considerazione «diverse disposizioni» di diritto internazionale consuetudinario; al proposito vengono in gioco, in particolar modo, le elaborazioni dei tribunali internazionali[171]. Anche queste norme, per vero, costituiscono un riferimento rilevante nel quadro dello St-ICC[172]. 399

---

[165] Ulteriori indicazioni riguardo alla giurisprudenza dell'ICTY *supra*, n. marg. 355; sulla giurisprudenza dell'ICC cfr. *supra*, n. marg. 368. È da notare, al proposito, che anche secondo la concezione dominante di *dolus eventualis* la consapevolezza di una possibilità, in sé considerata, non è sufficiente per l'affermazione della responsabilità. Colui che si rappresenta l'evento soltanto come improbabile, o come conseguenza assai remota della propria azione, non ha quindi la consapevolezza necessaria per ritenere sussistente il dolo, cfr. *Kühl*, Strafrecht Allgemeiner Teil, 4ª ed. (2002), § 5 n. marg. 68. In sostanza, la giurisprudenza dell'ICTY può ritenersi prossima alle cd. teorie cognitive in tema di dolo eventuale, le quali, in linea di principio, fanno a meno dell'elemento volitivo; sul punto *Kühl*, Strafrecht Allgemeiner Teil, 4ª ed. (2002), § 5 n. marg. 70.

[166] Cfr. le argomentazioni *infra*, n. marg. 401 in nota 173 s.

[167] L'art. 29 co. 4 *Draft ICC* recita: «For the purposes of this Statute and unless otherwise provided, where this Statute provides that a crime may be committed recklessly, a person is reckless with respect to a circumstance or a consequence if: (a) the person is aware of a risk that the circumstance exists or that the consequence will occur; (b) the person is aware that the risk is highly unreasonable to take; [and] [(c) the person is indifferent to the possibility that the circumstance exists or that the consequence will occur]». – Il concetto di *dolus eventualis* sparì dalla documentazione scritta già prima dell'apertura della Conferenza di Roma: cfr. *Clark* ZStW 114 (2002), 372, 378.

[168] Così tuttavia, esplicitamente, *Ambos*, Criminal Law Forum 10 (1999), 1, 21.

[169] Cfr. anche *Schabas*, European Journal of Crime, Criminal Law and Criminal Justice 4 (1998), 400, 420.

[170] Cfr. pertanto anche *Ambos*, Criminal Law Forum 10 (1999), 1, 21; cfr. *supra*, n. marg. 381 ss.

[171] Al riguardo, *supra*, n. marg. 350 ss.

[172] Cfr. *supra*, n. marg. 384.

400 Su tali premesse, l'art. 30 St-ICC finisce col veder depotenziato il proprio ruolo specifico rispetto a tutti quei casi già regolati nello St-ICC, negli EC o nelle consuetudini. La circostanza che il considerevole numero di regolamentazioni peculiari comporti, alla fine, un capovolgimento del rapporto regola-eccezione suggerito dall'art. 30 St-ICC, non rappresenta un ostacolo all'accoglimento dell'impostazione qui proposta: il diritto penale statutario, attraverso la clausola di riserva, viene fatto coincidere il più possibile con le corrispondenti prescrizioni del diritto consuetudinario. Se, poi, l'ambito applicativo dell'infelice formula dell'art. 30 St-ICC viene in tal modo a ridursi, c'è soltanto da rallegrarsi.

401 Solo qualora non sussistano "diverse disposizioni" di per sé legittimanti un "allentamento" dei criteri soggettivi di imputazione, ha senso domandarsi in quale misura i concetti di «intent and knowledge», di cui all'art. 30 co. 2 St-ICC, possano comprendere il *dolus eventualis* o la *recklessness*. L'art. 30 co. 2 b) St-ICC, richiedendo che il soggetto attivo sia cosciente del prodursi dell'evento, come conseguenza della sua azione, secondo un ordinario decorso eziologico, sancisce l'irrilevanza di entrambi i requisiti soggettivi testé menzionati[173]. Una norma nel complesso tanto infelice sollecita, nondimeno, un'interpretazione correttiva, che – concordemente alla giurisprudenza dell'ICTY – collochi il fondamento della punibilità al di sotto del limite del dolo diretto. Un'interpretazione correttiva di questo genere è oramai accolta dalla Camera preliminare dell'ICC[174].

D. Forme di partecipazione nel reato

402 *Ambos, Kai:* Tatherrschaft durch Willensherrschaft kraft organisatorischer Machtapparate, GA 1998, 227 ss.; *Ambos, Kai:* Kommentierung zu Art. 25 IStGH-Statut, in: Triffterer, Otto (Hrsg.), Commentary on the Rome Statute of the International Criminal Court, Oberservers' Notes, Article by Article (1999), 475 ss.; *Ambos, Kai:* General Principles of Criminal Law in the Rome Statute, Criminal Law Forum 3 (1999), 1 ss.; *Ambos, Kai:* Der Allgemeine Teil des Völkerstrafrechts, Ansätze einer Dogmatisierung (2002), 543 ss.; *Ambos, Kai:* Internationales Strafrecht (2006), § 7; *Cassese, Antonio:* International Criminal Law (2003), 180 ss.; *di Martino, Alberto*: Täterschaft und Teilnahme im Statut des IStGH und Anpassungsbedarf der italienichen Regelung, ZStW 119 (2007), 429 ss.; *Eser, Albin:* Individual Criminal Responsibility, in: Cassese, Antonio/Gaeta, Paola/Jones, John R.W.D. (Hrsg.), The Rome

---

[173] In questo senso anche *Ambos*, Internationales Strafrecht (2006), § 7 n. marg. 67; *Eser*, in: Cassese/Gaeta/Jones (a cura di), Rome Statute, I (2002), 889, 898, 945 ss.; *Kreß*, in: Grützner/Pötz (a cura di), Internationaler Rechtshilfeverkehr in Strafsachen, 2ª ed. (2006, IV, vor III 26 n. marg. 52; *Sadat*, The International Criminal Court and the Transformation of International Law (2002), 208 ss.; *Satzger*, Internationales und Europäisches Strafrecht (2005), § 14 n. marg. 24; *Schabas*, An Introduction to the International Criminal Court, 2ª ed. (2004), 108; *Weigend*, Nouvelles Études Pénales 19 (2004), 319, 326 ss. Per l'inclusione del *dolus eventualis* direttamente nell'art. 30 St-ICC, tuttavia: *Jescheck*, Journal of International Criminal Justice 2 (2004), 38, 45; *Knoops*, Defenses in Contemporary International Criminal Law (2001), 11 s.; *Mantovani*, Journal of International Criminal Justice 1 (2003), 26, 32; Triffterer-*Piragoff*, Rome Statute (1999), art. 30 n. marg. 22.

[174] ICC, 29 gennaio 2007 (Lubanga, PTC), §§ 350 ss.; per ulteriori indicazioni al riguardo cfr. *supra*, n. marg. 368.

Statute of the International Criminal Court: A Commentary, Band 1 (2002), 767 ss.; *Eser, Albin/Huber, Barbara/Cornils, Karin* (Hrsg.), Einzelverantwortung und Mitverantwortung im Strafrecht (1998); *Haan, Verena:* The Development of the Concept of Joint Criminal Enterprise at the International Criminal Tribunal for the Former Yugoslavia, International Criminal Law Review 5 (2005), 167 ss.; *Hamdorf, Kai:* Beteiligungsmodelle im Strafrecht, Ein Vergleich von Teilnahme- und Einheitstätersystemen in Skandinavien, Österreich und Deutschland (2002); *Heine, Günter:* Täterschaft und Teilnahme in staatlichen Machtapparaten, NS- und DDR-Unrecht im Vergleich der Rechtsprechung, JZ 2000, 920 ss.; *Jäger, Herbert:* Menschheitsverbrechen und die Grenzen des Kriminalitätskonzeptes, Theoretische Aspekte der Einsetzung eines UN-Kriegsverbrechertribunals, KritV 76 (1993), 259 ss.; *Jescheck, Hans-Heinrich:* Die Verantwortlichkeit der Staatsorgane nach Völkerstrafrecht, Eine Studie zu den Nürnberger Prozessen (1952), 268 ss.; *Kittichaisaree, Kriangsak:* International Criminal Law (2001), 235 ss.; *Mettraux, Guénaël:* International Crimes and the *ad hoc* Tribunals (2005), 269 ss.; *Powles, Steven:* Joint Criminal Enterprise, Journal of International Criminal Justice 2 (2004), 606 ss.; *Roxin, Claus:* Probleme von Täterschaft und Teilnahme bei der organisierten Kriminalität, in: Samson, Erich et al. (Hrsg.), Festschrift für Gerald Grünwald (1999), 549 ss.; *Saland, Per:* International Criminal Law Principles, in: Lee, Roy S. (Hrsg.), The International Criminal Court, The Making of the Rome Statute (1999), 189 ss.; *Schabas, William A.:* An Introduction to the International Criminal Court, 2. Aufl. (2004), 101 ss.; *Schlösser, Jan:* Mittelbare individuelle Verantwortlichkeit im Völkerstrafrecht (2004); *Seelmann, Kurt:* Kollektive Verantwortung im Strafrecht (2002); *van Sliedregt, Elies:* The criminal responsibility of individuals for violations of International Humanitarian Law (2003); *Triffterer, Otto:* Bestandsaufnahme zum Völkerstrafrecht, in: Hankel, Gerd/Stuby, Gerhard (Hrsg.), Strafgerichte gegen Menschheitsverbrechen, Zum Völkerstrafrecht 50 Jahre nach den Nürnberger Prozessen (1995), 169 ss.; *Vest, Hans:* Genozid durch organisatorische Machtapparate, An der Grenze von individueller und kollektiver Verantwortlichkeit (2002); *Vest, Hans:* Verantwortlichkeit für wirtschaftliche Betätigung im Völkerstrafrecht, Schweizerische Zeitschrift für Strafrecht 119 (2001), 238 ss.; *Vogel, Joachim:* Individuelle Verantwortlichkeit im Völkerstrafrecht, Zugleich ein Beitrag zu den Regelungsmodellen der Beteiligung, ZStW 114 (2002), 404 ss.; *Weigend, Thomas:* Article 3: Responsibility and Punishment, in: Bassiouni, Cherif M. (Hrsg.), Commentaries on the International Law Commission's 1991 Draft Code of Crimes against the Peace and Security of Mankind (1993), 113 ss.

Nella commissione di crimini internazionali è coinvolta tipicamente una molteplicità di persone; ciò si verifica di regola nell'ambito di un gruppo più o meno stabile, spesso in ambito statuale o militare, e comunque di carattere organizzato. La struttura plurisoggettiva del crimine internazionale non dispensa tuttavia dall'accertamento della colpevolezza individuale[175]: al diritto internazionale penale

---

[175] Qui si pone la questione se i consueti modelli di responsabilità falliscano se trasposti nell'ambito del diritto dei crimini internazionali; ad esempio, si propone di sostituire la distinzione tra autoria e partecipazione con un modello tripartito di compartecipazione criminosa (pianificatore, organizzatore, esecutore: Führungstäter, Organisationstäter, Ausführungstäter): approfonditamente sul punto *Vest*, Genozid durch organisatorische Machtapparate (2002), 240 ss., 302. Cfr. inoltre *Ambos*, Der Allgemeine Teil des Völkerstrafrechts (2002), 614; *Hamdorf*, Beteiligungsmodelle im Strafrecht (2002), 359 ss.; *Heine* JZ 2000, 920, 926; *Jäger* KritV 76 (1993), 259, 262 s.; *Marxen/Werle*, Die

compete non soltanto il compito di individuare senz'altro, all'interno del reticolo dell'agire collettivo, le frazioni individualizzabili del crimine, ma un'ulteriore grande sfida è rappresentata dalla valutazione di quelle singole frazioni. In tal senso si deve considerare che il grado della responsabilità penale non diminuisce, ma piuttosto va aumentando in ragione della progressiva distanza dalla condotta esecutiva[176]. Il caso del cd. autore in scrivania, *Adolf Eichmann*, che ha mandato a morire migliaia di persone senza aver mai da sé alzato la mano su una vittima, ne è un tipico esempio. L'ICTY ha plasticamente così riassunto la problematica:

> «Most of these crimes do not result from the criminal propensity of single individuals but constitute manifestations of collective criminality: the crimes are often carried out by groups of individuals acting in pursuance of a common criminal design. Although some members of the group may physically perpetrate the criminal act (murder [...]), the participation and contribution of the other members of the group is often vital in facilitating the commission of the offence in question. It follows that the moral gravity of such participation is often no less – or indeed no different – from that of those actually carrying out the acts in question»[177].

I. Cristallizzazione di una teoria della partecipazione nel diritto dei crimini internazionali

1. Prassi di diritto penale internazionale e diritto internazionale consuetudinario

404 Per la teoria del concorso di persone nel diritto dei crimini internazionali vale quanto osservato a proposito dell'intera parte generale del diritto internazionale penale: le disposizioni circa le forme della partecipazione punibile, nei complessi normativi di diritto internazionale penale, erano dapprincipio solo rudimentali e frammentarie[178].

405 Nello Statuto IMT si trova una norma sulla partecipazione dal suono piuttosto arcaico[179]; alcune forme di concorso sono direttamente disciplinate nelle definizioni dei singoli crimini: punibile è ad esempio la «partecipazione ad un piano comu-

---

strafrechtliche Aufarbeitung von DDR-Unrecht (1999), 243; *Seelmann*, Kollektive Verantwortung im Strafrecht (2002); *Vest* ZStW 113 (2001), 457, 491 ss.; *Vogel* ZStW 114 (2002), 403, 420; *Werle* ZStW 109 (1997), 808, 822.

[176] Coerente è pertanto la previsione (ICC-RPP 145 co. 2 b) dello «[A]buse of power or official capacity» come motivo di aggravamento della pena.

[177] ICTY, 15 luglio 1999 (Tadić, AC), § 191.

[178] Cfr. *Ambos*, Der Allgemeine Teil des Völkerstrafrechts (2002), 615; *Cassese*, International Criminal Law (2003), 180; *Eser*, in: Cassese/Gaeta/Jones (a cura di), Rome Statute, vol. 1 (2002), 767, 784 ss.

[179] Cfr. più in dettaglio *Eser*, in: Cassese/Gaeta/Jones (a cura di), Rome Statute, vol. 1 (2002), 767, 784; *Triffterer*, in: Hankel/Stuby (a cura di), Strafgerichte gegen Menschheitsverbrechen (1995), 169, 227.

ne o ad una cospirazione per scatenare una guerra di aggressione»[180]. In base all'art. 6 lett. c) di quello Statuto «chi dirige, organizza, istiga o partecipa» alla progettazione od all'esecuzione di un piano comune o ad una cospirazione per la commissione di un crimine internazionale è responsabile anche per le azioni commesse da altri in esecuzione del piano comune[181]. Nei principi di Norimberga elaborati dalla Commissione per il Diritto Internazionale è stabilito che anche la partecipazione (*complicity*) ad un crimine internazionale costituisce crimine internazionale[182].

Una regolamentazione comparativamente diversificata, anche se di eccessiva ampiezza, è contenuta nell'art. II co. 2 del CCL n. 10: la lett. a) nomina l'autore principale («principal»); la lett. b) il complice («an accessory to the commission of any such crime»), così come colui che dà l'ordine ed il mero agevolatore («a person who ordered or abetted»); inoltre, dev'essere punito come partecipe chi, a norma della lett. c), ha partecipato al crimine mediante il proprio assenso («took a consenting part therein»), nonché chi, a norma della lett. d), era in relazione con la pianificazione o l'esecuzione del crimine («was connected with plans or enterprises involving its commission»), così come chi, a norma della lett. e), era membro di un'organizzazione o un gruppo che fosse a sua volta in relazione con la commissione del crimine («was a member of any organization or group connected with the commission of any such crime»). Siffatte distinzioni non ebbero però impatto sulla prassi; nei processi davanti ai tribunali militari internazionali e nei processi successivi le forme di partecipazione non furono differenziate (cd. modello unitario della partecipazione). Decisivo era l'assunto di base, secondo il quale qualunque assistenza o agevolazione del fatto dovesse essere considerata come partecipazione punibile[183].

La decisa svolta nella direzione di una dogmatica "differenziata" della partecipazione è stata realizzata dalla giurisprudenza dei Tribunali *ad hoc*[184]: prendendo le mosse dalla relativa regola statutaria[185], essi hanno operato una distinzione fra commissione come autore (committing), pianificazione (planning), ordine (orde-

---

[180] Art. 6 a) Statuto IMT; art. 5 a) Statuto IMTFE.
[181] Cfr. sul punto IMT, 1 ottobre 1946, in: Internationaler Militärgerichtshof Nürnberg, Der Nürnberger Prozeß gegen die Hauptkriegsverbrecher, vol. 1 (1947), 189, 253.
[182] Principio VII.
[183] Così ad esempio si evince dalla giurisprudenza di Norimberga una partecipazione a crimini di guerra e contro l'umanità nel caso di una diretta connessione («direkter Zusammenhang») di un'azione con quei fatti. Se più persone hanno operato assieme in occasione di un fatto, si ammise una responsabilità reciproca qualora i contributi – per via dello scopo o piano comune – erano funzionalmente collegati («common design»). Dettagli in *Ambos*, Der Allgemeine Teil des Völkerstrafrechts (2002), 362 ss.
[184] Fondamentale ICTY, 15 luglio 1999 (Tadić, AC), §§ 185 ss.
[185] Art. 7 co. 1 St-ICTY; l'art. 6 co. 1 St-ICTR recita: «1. A person who planned, instigated, ordered, committed or otherwise aided and abetted in the planning, preparation or execution of a crime referred to in [...] the present Statute, shall be individually responsible for the crime». Cfr. inoltre art. 3 *Draft Code* 1991 e sul punto *Eser*, in: Cassese/Gaeta/Jones (a cura di), Rome Statute, vol. 1 (2002), 767, 785 s.

ring), istigazione (instigating), aiuto ed assistenza (aiding and abetting). Inoltre, il Tribunale per l'ex Jugoslavia ha ritenuto di poter desumere dal diritto internazionale penale consuetudinario la "partecipazione ad un'impresa criminale comune" («participation in a joint criminal enterprise») quale forma speciale della commissione come autore[186]. Ciascuna di queste forme di concorso è caratterizzata, secondo la giurisprudenza, da differenti presupposti applicativi, riconducibili al versante oggettivo od a quello soggettivo. Si possono distinguere forme di condotta "autonome" (commisione come autore; joint criminal enterprise) e forme "accessorie" (ordine, istigazione, aiuto e assistenza, pianificazione)[187]; tutte queste forme di partecipazione punibile sono vanno guadagnando sempre maggiore importanza sia ai fini della commisurazione della pena sia in tema di concorso di norme e di reati[188].

2. Lo Statuto della Corte Criminale Internazionale

408 L'art. 25 co. 3 dello Statuto ICC disciplina ormai in dettaglio le forme della partecipazione punibile ad un crimine internazionale; alcune particolarità sono previste per il crimine di aggressione, soggetto ad alcune limitazioni in ordine alla cerchia dei soggetti attivi ed al tipo di condotta, per via della sua natura del tutto peculiare di crimine di vertice (Führungsverbrechen)[189]. La disposizione or ora citata dà per la prima volta una veste sistematica alle forme di partecipazione riconosciute dal diritto internazionale consuetudinario, che vengono integrate o modificate con prudenza[190]. Sono confermate le forme di responsabilità a titolo di autore (autoria diretta, coautoria), così come le forme concorsuali dell'ordine, dell'istigazione, dell'aiuto e assistenza nella commissione d'un crimine internazionale. Un diretto antecedente di diritto consuetudinario manca invece per l'autorìa mediata[191]; lo stesso vale per la disposizione sulla partecipazione ad un fatto collettivo[192], intro-

---

[186] Fondamentale ancora ICTY, 15 luglio 1999 (Tadić, AC), §§ 185 ss. Maggiori approfondimenti sul punto n. marg. 356, 419 ss.

[187] Sulla elaborazione del requisito della "accessorietà quantitativa" cfr. approfonditamente *Ambos*, Der Allgemeine Teil des Völkerstrafrechts (2002), 616 ss.

[188] Cfr. ad es. ICTY, 25 febbraio 2004 (Vasiljević, AC), § 182; ICTY, 19 aprile 2004 (Krstić, AC), § 268; ICTR, 20 maggio 2005 (Semanza, AC), §§ 355 ss., 364; ICTR, 19 settembre 2005 (Kamuhanda, AC), § 77. Cfr. sul punto diffusamente *Burghardt*, Die Vorgesetztenverantwortlichkeit im völkerrechtlichen Straftatsystem, Humboldt-Universität zu Berlin: Dissertation 2007.

[189] Il consenso sui principi della teoria del concorso di persone, stabiliti nell'art. 25 co. 3 St-ICC, fu raggiunto alla Conferenza di Roma con grosse difficoltà. Cfr. in dettaglio *Saland*, in: Lee (a cura di), The International Criminal Court, The Making of the Rome Statute (1999), 189, 198. – Sul crimine di aggressione cfr. *infra*, n. marg. 1279 ss.

[190] Sulle differenze fra lo Statuto ICC e le norme sul concorso contenute nello St-ICTY cfr. *Kittichaisaree*, International Criminal Law (2001), 235 s.

[191] Cfr. art. 25 co. 3 a) var. 3 St-ICC.

[192] Cfr. art. 25 co. 3 d) St-ICC.

dotta come sorta di regola mascherata sulla cospirazione[193]. L'art. 25 co. 3, lett. e) ed f) non regolano invece nessuna forma di partecipazione, ma stadi preliminari della commissione del crimine, autonomamente punibili, quali la pubblica istigazione a commettere genocidio ed il tentativo[194].

Diversamente da quanto ancora previsto negli Statuti dei Tribunali *ad hoc*, l'art. 25 co. 3 non enumera semplicemente le forme di concorso, ma le ordina in quattro categorie: la commissione come autore (lett. a), l'istigazione (lett. b), l'aiuto e assistenza (lett. c), nonché il contributo ad un crimine collettivo – precisamente, commesso da un gruppo – ai sensi della lett. d). Allo stesso tempo, lo Statuto rende chiara la differenza tra la commissione come autore, quale forma autonoma di responsabilità, ed il carattere accessorio delle altre forme di partecipazione; in effetti, in conformità al diritto internazionale consuetudinario, le forme accessorie di partecipazione richiedono che il fatto principale sia effettivamente commesso od almeno tentato[195].

In presenza dei presupposti di una delle forme di concorso, l'art. 25 co. 3 prevede come conseguenza la responsabilità penale e la punibilità[196]: graduazioni della responsabilità in funzione delle diverse forme di partecipazione non sono espressamente previste.

La sistematica della disposizione, tuttavia, depone a favore dell'accettazione di un modello di partecipazione che ne distingue le diverse forme anche dal punto di vista del relativo disvalore: ciò perché, altrimenti, sia la distinzione concettuale tra le varie forme, sia la delineazione delle relative categorie, resterebbero prive di reale significato. Proprio a fronte della ordinaria modalità plurisoggettiva di realizzazione dei crimini internazionali, il diritto internazionale penale non deve rinunciare ad utilizzare il diverso modo concreto di realizzazione del contributo concorsuale ai fini della valutazione della responsabilità individuale. Su questa base, la specifica forma della partecipazione – conformemente alla più recente giurisprudenza dei Tribunali *ad hoc*[197] – dev'essere valorizzata come indizio del grado di responsabilità penale e corrispondentemente considerata ai fini della commisurazione della pena[198].

---

[193] Per contro, la mera cospirazione per la commissione di un crimine internazionale non ha trovato ingresso, in quanto tale, nello Statuto: cfr. più in dettaglio *infra*, n. marg. 446 ss., 580 ss. [il riferimento è alla punibilità del mero accordo per la commissione del crimine, *N.d.T.*].

[194] Cfr. sul punto *infra*, n. marg. 586 ss., 724 ss.

[195] Un'eccezione vale esclusivamente per l'incitazione al genocidio ai sensi dell'art. 25 co. 3 e) St-ICC; cfr. *infra*, n. marg. 724 ss.

[196] Cfr. art. 78 co. 1 St-ICC; in base alla Regola 145 co. 1 c) RPP la Corte prende in considerazione in particolare «the degree of participation of the convicted person».

[197] Cfr. a ICTY, 25 febbraio 2004 (Vasiljević, AC), § 182; ICTY, 19 aprile 2004 (Krstić, AC), § 268; ICTR, 20 maggio 2005 (Semanza, AC), §§ 355 ss., 364; ICTR, 19 settembre 2005 (Kamuhanda, AC), § 77. Cfr. sul punto *supra*, n. marg. 407.

[198] La collocazione dogmatica della regola non è univoca in dottrina: una tendenza verso il cd. modello differenziato ravvisano *Ambos*, Der Allgemeine Teil des Völkerstrafrechts (2002), 543 ss. e

412   Da ciò si profila un sistema di partecipazione articolato sulla base di quattro gradi di gravità. Al gradino più elevato si trova la commissione del fatto come autore, quale forma più grave della partecipazione all'illecito. Al secondo gradino sta l'induzione in tutte le sue svariate espressioni. Al terzo trova il suo posto l'agevolazione ed infine, al quarto gradino, quale forma di concorso meno grave, il contributo ad un crimine commesso da un gruppo di persone.

II. Autorìa

413   L'art. 25 co. 3 lett. a) prevede tre forme di commissione come autore: l'esecuzione diretta («commits a crime a san individual»), la commissione insieme ad altri coautori («jointly with another»), ed infine la commissione per mezzo di altri («through another person»). Parlare di autorìa equivale ad attribuire una grande misura in termini di responsabilità individuale per la commissione del crimine; pertanto i presupposti delle varie forme di commissione come autore devono essere interpretati restrittivamente. Secondo la Camera preliminare dell'ICC, la signoria sul fatto (*Tatherrschaft*, «le contrôle de la commission de l'infraction») è il dato caratteristico comune a tutte le forme di autorìa[199].

1. Commissione diretta

414   Senz'altro responsabile per il diritto internazionale penale è chiunque esegue direttamente il crimine, vale a dire realizza il fatto singolo costituente crimine internazionale, e soddisfa "di persona" i presupposti soggettivi dell'imputazione[200]; ciò è conforme al diritto internazionale consuetudinario[201]. Secondo la giurisprudenza dei Tribunali *ad hoc* l'esecuzione diretta è possibile anche nella forma omissiva[202].

---

pure *Vest*, Genozid durch organisatorische Machtapparate (2002), 181. per contro, un'interpretazione nel senso del modello cd. unitario si trova in *Kreß*, Humanitäres Völkerrecht-Informationsschriften 1999, 4, 9 e *Hamdorf*, Beteiligungsmodelle im Strafrecht (2002), 396.

[199] Sul tema il Tribunale rinvia, in termini di ovvietà degni di nota, alla dogmatica tedesca. Cfr. ICC, 29 gennaio 2007 (Lubanga, PTC), §§ 326 ss.

[200] Cfr. sul punto *Eser*, in: Cassese/Gaeta/Jones (a cura di), Rome Statute, vol. 1 (2002), 767, 789. Secondo la giurisprudenza dell'ICTY la commissione («commission») di un crimine internazionale consiste nella «physical perpetration of a crime by the offender himself, or the culpable omission of an act»: cfr. ICTY, 15 luglio 1999 (Tadić, AC), § 188; ICTY, 2 novembre 2001 (Kvočka et al., TC), § 243.

[201] Cfr. anche l'art. 6 St-IMT; art. 5 St-IMTFE; art. 1 co. 1 St-ICTY; art. 1 co. 1 St-ICTR, nonché art. 2 Convenzione sul genocidio.

202 Cfr. ICTY, 17 settembre 2003 (Krnojelac, AC), § 73; ICTY, 22 febbraio 2001 (Kunarac et al., TC), § 390. Cfr. per maggiori approfondimenti *infra*, n. marg. 599 ss.

2. Coautorìa

Quando più persone operano insieme nell'esecuzione di un crimine internazionale ciascuno ne è responsabile singolarmente[203], secondo quanto stabilisce l'art. 25 co. 3 lett. a) in conformità al diritto internazionale consuetudinario[204]. I tratti fondamentali della responsabilità a titolo di coautorìa sono stati sviluppati soprattutto nell'ambito della giurisprudenza dell'ICTY, che si è richiamata al diritto internazionale consuetudinario.

a) La giurisprudenza dei Tribunali ad hoc

L'ICTY, davanti alla reciproca influenza, in funzione della responsabilità, tra contributi alla realizzazione del fatto forniti di più persone, si è servito della figura giuridica della partecipazione ad un'impresa criminosa comune (*joint criminal enterprise* [di seguito, *j.c.e.*])[205]. Essa troverebbe il proprio fondamento, secondo l'opinione del Tribunale, nella giurisprudenza internazionale successiva alla seconda guerra mondiale, ed intanto sarebbe divenuta parte del diritto consuetudinario[206]. La teoria della *j.c.e.* è di grande rilievo nella giurisprudenza del Tribunale, ed è stata recepita nel frattempo anche dal Tribunale per il Ruanda e dalla Corte Speciale per la Sierra Leone[207].

Il disegno criminoso comune, necessario per la reciproca influenza tra contributi in funzione della responsabilità («common plan, design or purpose»), dev'essere volto alla commissione di uno o più crimini internazionali[208]. Il piano d'azione

---

[203] Cfr. approfonditamente *Ambos*, Der Allgemeine Teil des Völkerstrafrechts (2002), 548 ss.; *Cassese*, International Criminal Law (2003), 181 ss.; *Kittichaisaree*, International Criminal Law (2001), 237.

[204] Cfr. ICTY, 15 luglio 1999 (Tadić, AC), §§ 194 ss.; *Ambos*, Der Allgemeine Teil des Völkerstrafrechts (2002), 363. La Camera d'Appello dell'ICTY, nonostante che la forma di responsabilità a titolo di coautorìa sia radicata in molti sistemi giuridici del mondo, non ritiene che vi sia sufficiente ragione per ritenerla un principio generale del diritto: cfr. ICTY, 15 luglio 1999 (Tadić, AC), §§ 224 s.

[205] Cfr. ad es. ICTY, 29 novembre 2002 (Vasiljević, TC), § 67: «[A]ll of the participants in a joint criminal enterprise are equally guilty of the committed crime regardless of the part played by each in its commission».

[206] La teoria della *joint criminal enterprise* risale alla sentenza della Camera d'Appello dell'ICTY, resa contro l'imputato *Tadić*: cfr. ICTY, 15 luglio 1999 (Tadić, AC), §§ 194 ss., e riassuntivamente § 227. Cfr. inoltre ICTY, 2 novembre 2001 (Kvočka et al., TC), §§ 265 ss., 312; ICTY, 29 novembre 2002 (Vasiljević, TC), §§ 63 ss. Secondo la giurisprudenza dell'ICTY la forma di partecipazione è implicita nell'art. 7 co. 1 St-ICTY; cfr. ICTY, 15 luglio 1999 (Tadić, AC), §§ 188 s. che si richiama all'interpretazione teleologica ed a quella storico-normativa: «[T]he commission of one of the crimes […] might also occur through participation in the realisation of a common design or purpose».

[207] Cfr. ICTR, 13 dicembre 2005 (Simba, TC), §§ 385 ss. Così anche SC-SL, atto d'accusa del 7 marzo 2003 (Taylor), §§ 23 ss.

[208] ICTY, 15 luglio 1999 (Tadić, AC), § 188; ICTY, 14 gennaio 2000 (Kupreskić et al., TC), § 772: «Coperpetration requires a plurality of persons, the existence of a common plan, design or

non dev'essere necessariamente stabilito prima della commissione dell'azione, ma può anche essere elaborato in modo spontaneo lì per lì; la sua esistenza può essere dedotta dal semplice fatto che più persone interagiscono nella messa in opera di un'intrapresa criminale[209].

418 Nessuna particolare caratteristica deve possedere, secondo la giurisprudenza, il contributo concorsuale; in linea di principio può essere sufficiente ogni tipo di collaborazione. In particolare, non si ritiene necessario che il singolo partecipi direttamente all'esecuzione del crimine, né che il contributo alla realizzazione debba essere necessariamente imprescindibile od anche solo essenziale[210].

419 L'ICTY distingue tre costellazioni d'ipotesi di *j.c.e.*, definite come la forma di base («basic form»), la forma sistemica («systemic form») e la forma estensiva («extended form»)[211]. Ne derivano differenti requisiti per l'elemento soggettivo.

420 La forma fondamentale di un'intrapresa criminale si ha quando più persone si accordano per la commissione di un crimine ed eseguono il disegno criminoso conformemente al contenuto dell'accordo e con dolo dello stesso contenuto[212]. Per il delitto commesso, ciascun partecipe dell'accordo è dunque responsabile come autore.

421 La seconda costellazione comprende i cd. "concentration camp cases"[213]. L'impresa criminale comune consiste qui nel mantenimento di un sistema di maltrattamenti («running a system of ill-treatment») in un campo di concentramento. Il dolo di ciascun partecipe dev'essere diretto ad agevolare il sistema mediante il pro-

---

purpose which amounts to or involves the commission of a crime provided for in the Statute and participation of the accused in the common design».

[209] ICTY, 15 luglio 1999 (Tadić, AC), § 227: «There is no necessity for this plan, design or purpose to have been previously arranged or formulated. The common plan or purpose may materialize extemporaneously and be inferred from the fact that a plurality of persons acts in unison to put into effect a joint criminal enterprise».

[210] Così espressamente, adesso, ICTY, 28 febbraio 2005 (Kvočka et al., AC), §§ 97, 104, 187. In precedenza, su tale questione, l'indirizzo del Tribunale non era uniforme: un «contributo essenziale» presuppongono ICTY, 2 agosto 2001 (Krstić, TC), § 642; ICTY, 2 novembre 2001 (Kvočka et al., TC), §§ 289, 309, 311 s.; ICTY, 17 ottobre 2003 (Simić et al., TC), § 159. Da un simile requisito prescindono invece ICTY, 25 febbraio 2004 (Vasiljević, AC), § 102; ICTY, 29 novembre 2002 (Vasiljević, TC), § 67; ICTY, 1° settembre 2004 (Brđanin, TC), § 263; ICTY, 17 gennaio 2005 (Blagojević e Jokić, TC), § 702.

[211] Cfr. ICTY, 15 luglio 1999 (Tadić, AC), § 195. Sulla denominazione delle singole forme come *basic, systemic* ed *extended form*, cfr. ICTY, 25 febbraio 2004 (Vasiljević, AC), §§ 97 ss. Una riepilogazione degli orientamenti giurisprudenziali si trova anche in ICTY, 17 settembre 2003 (Krnojelac, AC), §§ 29 ss.

[212] Cfr. ICTY, 15 luglio 1999 (Tadić, AC), §§ 196, 220.

[213] Sul significato puramente evocativo di questa denominazione [nel senso che essa non si riferisce soltanto ai casi dei campi di concentramento ma alla forma generale cd. sistemica di *j.c.e.*, che si fonda dunque su un sistema organizzato per il perseguimento di uno scopo comune, *N.d.T.*] cfr. ICTY, 28 febbraio 2005 (Kvočka et al., AC), § 182.

prio contributo[214]. In definitiva, ciascun partecipe dev'essere responsabile per i crimini commessi, in base all'accordo, nel contesto del funzionamento del campo.

La terza forma di *j.c.e.* concerne l'affermazione della responsabilità penale di un partecipe per i crimini che altri partecipi realizzino nell'esecuzione dell'intrapresa criminale comune, ma che non erano compresi nell'accordo originario[215]. Secondo la giurisprudenza ciascun partecipe risponde anche per tali fatti ulteriori (*Exzesstaten*), in quanto essi fossero da considerare conseguenza naturale e prevedibile («natural and foreseeable consequence») dell'esecuzione del piano comune ed il partecipe consapevolmente ne abbia accettato il rischio («willingly took the risk»)[216]. Non è necessario che ciascun coautore condivida l'intenzione specifica («specific intent») eventualmente richiesta dai crimini a lui imputati: in tal senso, l'ICTY ha ritenuto possibile affermare la responsabilità per genocidio a titolo di autoria, in forza della partecipazione ad una *j.c.e.*, anche laddove il partecipe in questione non esibisse di per sé il dolo specifico di genocidio[217].

La giurisprudenza differenzia la forma concorsuale della coautoria dalla mera partecipazione per agevolazione sotto un duplice profilo. Per un verso, l'agevolazione presupporrebbe un comportamento produttivo di efficacia sostanziale («substantial effect») sulla commissione del crimine, mentre la partecipazione ad un'impresa criminale richiederebbe unicamente la messa in opera del disegno comune per mezzo di un comportamento qualunque; per altro verso, l'agevolazione richiederebbe soltanto la consapevolezza del delitto; la responsabilità affermata in forza della reciproca influenza tra contributi esigerebbe invece l'intenzione di realizzare il piano comune[218]. All'interno dell'ICTY quest'orientamento giurisprudenziale può ritenersi consolidato[219].

---

[214] Cfr. ICTY, 15 luglio 1999 (Tadić, AC), §§ 202, 220. Diffusamente sulla seconda categoria («concentration camp cases») anche ICTY, 2 novembre 2001 (Kvočka et al., TC), §§ 268 ss. Critico su questa deduzione il giudice *Hunt* nella sua separate opinion ad ICTY, 21 maggio 2003 (Milutinović et al., AC), § 30.

[215] Cfr. ICTY, 15. Luglio 1999 (Tadić, AC), § 204; ICTY, 25 febbraio 2004 (Vasiljević, AC), §§ 95 ss.

[216] Cfr. ICTY, 15 luglio 1999 (Tadić, AC), § 228; ICTY, 17 settembre 2003 (Krnojelac, AC), § 32; ICTY, 25 febbraio 2004 (Vasiljević, AC), § 101; ICTY, 28 febbraio 2005 (Kvočka et al., AC), § 83; ICTY, 26 febbraio 2001 (Kordić e Čerkez, TC), § 398; ICTY, 2 agosto 2001 (Krstić, TC), § 613; ICTY, 1° settembre 2004 (Brđanin, TC), § 265; ICTY, 17 gennaio 2005 (Blagojević e Jokić, TC), § 703; ICTY, 30 novembre 2005 (Limaj et al., TC), § 511; ICTR, 13 dicembre 2004 (Ntakirutimana, AC), § 467.

[217] Cfr. ICTY, dec. 19 marzo 2004 (Brđanin, AC), § 5; ICTR, dec. 22 ottobre 2004 (Rwamakuba, AC), § 6.

[218] Cfr. ICTY, 15 1999 (Tadić, AC), § 229; ICTY, 17 settembre 2003 (Krnojelac, AC), § 33; ICTY, 25 febbraio 2004 (Vasiljević, AC), § 102.

[219] Cfr. ICTY, 22 marzo 2006 (Stakić, AC), §§ 58 ss. La decisione si oppone espressamente a opinioni sostenute all'interno dello stesso Tribunale, che avevano revocato in dubbio la formulazione e l'applicazione della teoria della *joint criminal enterprise*. Cfr. sul punto, riassuntivamente, anche *Haan*, International Criminal Law Review 5 (2005), 167, 176.

424   Nella letteratura, la teorica della *j.c.e.* è andata incontro a varie critiche. Viene innanzi tutto messa in dubbio la sua derivazione dal diritto consuetudinario[220]. Inoltre, la giurisprudenza traccerebbe in modo troppo estensivo la linea di delimitazione della responsabilità a titolo di autore derivante dall'esecuzione comune. in particolare, la terza categoria della *j.c.e.* condurrebbe, in definitiva, all'affermazione di una responsabilità a titolo di autore pur in mancanza del corrispondente elemento soggettivo[221]: in tal senso, questa forma di responsabilità finirebbe con il fondare una responsabilità oggettiva per l'evento[222], incompatibile con il principio di colpevolezza. In sua sostituzione è stato proposto un richiamo all'istituto della coautorìa («co-perpetration»), più familiare, in particolare, agli ordinamenti giuridici continental-europei[223].

b) Art. 25 co. 3 lett. a), seconda variante, Statuto ICC

425   Una meccanica trasposizione di quella giurisprudenza in sede di applicazione dello Statuto di Roma è da escludere. Lo Statuto è un complesso normativo autonomo, con una propria sistematica[224]. Punto di partenza di una responsabilità derivante da reciproca influenza tra contributi è il piano comune, diretto alla commissione di uno o più crimini internazionali. Presupposto obiettivo della responsabilità è l'esistenza d'un contributo alla realizzazione di questo disegno comune. Quanto ai requisiti in forza dei quali si possa affermare l'esistenza di un "piano" comune e di un "contributo" ad esso, dalla sistematica dello Statuto si desumono molteplici corollari, con i quali la teorica della *j.c.e.* è incompatibile.

426   In un sistema di partecipazione articolato in base a differenti gradi di responsabilità, per fondare la coautorìa non può convincere il ritenere sufficiente, un contributo qualsivoglia che s'inserisca nel quadro di un pino comune. La responsabilità a titolo di autore, quale forma che incentra sull'agente il più alto grado di

---

[220] Cfr. *Ambos*, Journal of International Criminal Justice 5 (2007), 159, 173; *Bogdan*, International Criminal Law Review 6 (2006), 63, 109 ss.; *Powles*, Journal of International Criminal Justice 2 (2004), 606, 615 ss.

[221] Cfr. *Badar*, International Criminal Law Review 6 (2006), 293, 301 s.; *Haan*, International Criminal Law Review 5 (2005), 167, 195, 197 ss.; *Mettraux*, International Crimes and the *ad hoc* Tribunals (2005), 292 s.; *Powles*, Journal of International Criminal Justice 2 (2004), 606, 611.

[222] Cfr. *Ambos*, Internationales Strafrecht (2006), 136 ss.; *Ohlin*, Journal of International Criminal Justice 5 (2007), 69, 81, 85 ss.

[223] Cfr. *Haan*, International Criminal Law Review 5 (2005), 167, 201 ss.

[224] In tal senso la Camera preliminare ICC ha ormai deciso che la giurisprudenza sulla compartecipazione ad un crimine commesso in comune (*joint criminal enterprise*) in ogni caso non avrebbe significato ai fini della concretizzazione dei requisiti della "commissione comune" di cui all'art. 25 co. 3 lett. a) St-ICC. Alla base di questa disposizione, invero, starebbe un diverso concetto di autorìa rispetto a quello ritenuto dalla giurisprudenza dell'ICTY: mentre quest'ultima definirebbe l'autorìa in senso esclusivamente soggettivo, dalla previsione dell'autorìa mediata nell'art. 25 co. 3 lett. a) deriverebbe che in base allo Statuto di Roma l'autorìa si caratterizzi per la signoria sul fatto («le contrôle de la commission de l'infraction»). Cfr. sul punto ICC, Beschl. v. 29 gennaio 2007 (Lubanga, PTC), §§ 326 ss.

responsabilità, concerne soltanto colui che ha anche fornito un contributo importante alla commissione del crimine. Contributi al fatto di minore significato, oppure condotte di agevolazione indiretta, sono dunque esclusi, potendo tuttavia rilevare a titolo di agevolazione *ex* art. 25 co. 3, lett. c) o come contributo ad un reato di gruppo *ex* art. 25 co. 3 lett. d). Diversamente da quanto ritenuto dalla giurisprudenza dell'ICTY, pertanto, si deve richiedere un contributo essenziale al fatto[225]. Siffatto contributo, certamente, non dev'essere di necessità realizzato nell'ambito dell'esecuzione diretta del reato. Piuttosto, in diritto internazionale penale possono essere essenziali, ed espressivi di responsabilità in misura cospicua, anche contributi distanti dall'azione esecutiva, quali la pianificazione e l'organizzazione[226]. In particolare, deve considerarsi essenziale quel contributo senza il quale gli altri coautori non avrebbero potuto più realizzare il piano comune[227].

Per ritenere integrato il requisito del "piano comune" non è sufficiente la mera prevedibilità di un evento lesivo non compreso in quel disegno. Nella misura in cui la giurisprudenza dell'ICTY ha ritenuto sufficiente che un evento si verifichi come «natural and foreseeable consequence» del piano comune, essa non può essere riprodotta rispetto allo Statuto, perché una responsabilità a titolo di autore per un crimine internazionale doloso non può essere fondata in questi termini. Necessario è, piuttosto, che il coautore abbia almeno riconosciuto il rischio della verificazione dell'evento e lo abbia messo in conto quale possibile conseguenza dello specifico scopo dell'azione quale determinato nel piano comune. Del resto, una simile componente soggettiva è presupposta dallo stesso ICTY, laddove richiede che il coautore abbia volontariamente affrontato il rischio del fatto ulteriore («willingly took the risk»). 427

Nei casi di specie dev'essere sempre altresì accertato se, eventualmente, vi sia stato un tacito ampliamento del piano comune, talché l'evento che si è verificato debba essere compreso nel dolo. In particolare si potrebbe argomentare dal fatto che un coautore si renda conto, nel corso della realizzazione dell'originario paino comune, che sistematicamente sono commessi anche fatti ulteriori di un certo tipo (es., si verificano ripetute torture all'interno di un lager edificato originariamente al solo fine, internazionalmente illecito, d'internamento). 428

Quale ulteriore corollario di quanto precisato, si deve constatare che l'interazione di più persone in base ad un piano comune può avere sempre come conseguenza la responsabilità derivante da reciproca influenza tra i contributi materiali. Da escludere, invece, la reciproca imputazione degli elementi soggettivi. Una commissione a titolo di autore può essere imputata soltanto a colui che soddisfi requisiti del con- 429

---

[225] Cfr. sulla giurisprudenza dei Tribunali *ad hoc*, *supra*, n. marg. 418.
[226] Cfr. *supra*, n. marg. 403.
[227] Nel procedimento contro *Lubanga Dyilo* la Camera preliminare ha stabilito che la commissione comune presuppone un contributo essenziale ("des tâches essentielles"). Ciò conseguirebbe dal requisito della signoria sul fatto, che rappresenterebbe l'essenza caratterizzante di tutte le forme della commissione come autore, cfr. ICC, dec. 29 gennaio 2007 (Lubanga, PTC), §§ 332, 346 ss.

cetto di autore: conseguenza, questa, che in un sistema di partecipazione articolato in base ad una scala di disvalore, deriva direttamente dal principio di colpevolezza. Chi non soddisfa "di persona" speciali requisiti di intenzionalità del crimine che gli è imputato, non può essere condannato come autore della condotta. Al contrario, è sempre necessario che ciascun responsabile a titolo di (co-)autorìa possieda il relativo coefficiente soggettivo[228]. Così, ad esempio, è da escludere una responsabilità a titolo di coautorìa in genocidio, se nel partecipe di cui si tratta difetta l'intento di sterminio[229].

430   Riepilogando, si possono identificare tre requisiti oggettivi della realizzazione in comune: (1) una pluralità di persone; (2) un disegno comune, che comprende la realizzazione di un crimine internazionale; (3) un contributo essenziale. l'elemento soggettivo presuppone che il coautore possieda di persona il coefficiente soggettivo dello specifico crimine.

3. Commissione per mezzo di altri

431   Quando l'autore, per la commissione di un crimine internazionale, si serve di un altro soggetto quale suo strumento, dunque realizza il crimine "per mezzo di altri" («through another person»), la sua responsabilità è affermata in base all'art. 25 co. 3 lett. a), terza variante. caratteristico di questa forma di partecipazione è la posizione di signoria che consente all'autore mediato il controllo sulla commissione del fatto[230].

432   L'autorìa mediata è riconosciuta in grandi sistemi giuridici del mondo[231]. Prima dell'entrata in vigore dello Statuto, però, nel diritto internazionale penale essa non era né disciplinata né considerata dalla giurisprudenza. Manca dunque un immediato precedente nel diritto consuetudinario. Il significato della norma non risiede ciononostante in una nuova criminalizzazione, bensì in una più precisa considerazione dogmatica delle costellazioni di ipotesi che ad essa sono riconducibili. Casi che devono essere ascritti all'autorìa mediata nella forma della "signoria di organizzazione" (*Organisationsherrschaft*), particolarmente rilevante nel diritto internazionale penale, già sino ad ora potevano essere ricondotti a pianificazione, ordine, istigazione o, in base alla giurisprudenza ICTY, alla partecipazione ad un'impresa criminale comune (*j.c.e.*). Lo Statuto stabilisce ora chiaramente, che tali forme di condotta sono da considerare come commissione a titolo di autorìa e sono indizianti, corrispondentemente, di un grado di responsabilità particolarmente elevato.

---

[228] Analoga l'argomentazione di *Ambos*, Internationales Strafrecht (2006), 138.
[229] Cfr. sul punto *infra*, n. marg. 719 ss. Così adesso anche ICC, dec. 29 gennaio 2007 (Lubanga, PTC), § 349.
[230] Così adesso, espressamente, ICC, dec. 29 gennaio 2007 (Lubanga, PTC), § 332. Cfr. anche Eser, in: Cassese/Gaeta/Jones (a cura di), Rome Statute, vol. 1 (2002), 767, 793.
[231] Nel § 2.06 (2) MPC è previsto ad es. che: «A person is legally accountable for the conduct of another person when: (a) [...] he causes on innocent or irresponsible person to engage in such conduct [...]». Approfonditamente *Ambos*, Der Allgemeine Teil des Völkerstrafrechts (2002), 568 ss.

La punibilità *ex* art. 25 co. 3 lett. a), terza variante, è indipendente dalla responsabilità penale del soggetto strumentalizzato («regardless of whether that other person is criminally responsible»). Il corollario consente un duplice chiarimento: per un verso, con questa previsione ha trovato fondamento nel diritto internazionale penale la figura dell'"autore dietro l'autore"[232], dacché essa esplicitamente non esclude che possa costituire strumento anche un soggetto agente pienamente responsabile; per altro verso, è stabilito che la punibilità dell'"autore dietro l'autore" esiste anche ed anzi proprio laddove lo strumento non è responsabile, ad esempio perché non è imputabile per ragioni di età (art. 26) o perché beneficia di una causa di non punibilità.

433

III. Induzione e determinazione

In forza dell'art. 25 co. 3 lett. b) è responsabile per il diritto internazionale penale chiunque ordina («orders») la commissione di un crimine, o la provoca o induce («solicits or induces»)[233]. Comune a queste forme di partecipazione è il fatto che il concorrente non esegue direttamente il crimine, ma determina altri a commetterlo. La condotta di determinazione fonda la responsabilità soltanto se il crimine è effettivamente commesso od almeno tentato[234]; nel caso di ordine ed istigazione si tratta pertanto di forme di partecipazione di tipo accessorio[235].

434

1. Istigazione

È punibile colui che istiga o sollecita altri alla commissione di un crimine internazionale («instigates», «solicits», «induces»)[236]. L'art. 25 co. 3 lett. b), seconda e terza

435

---

[232] Così anche *Eser*, in: Cassese/Gaeta/Jones (a cura di), Rome Statute, vol. 1 (2002), 767, 794 s.; *Vogel* ZStW 114 (2002), 404, 427. Con ciò è confermata per il diritto dei crimini internazionali la teoria dell'"autore dietro l'autore", elaborata da *Roxin* (GA 1963, 193 ss.) in relazione al processo contro *Eichmann* – dunque in un contesto di diritto internazionale penale – e che da allora ha significativamente influenzato la giurisprudenza tedesca. – È dubbio però che da ciò risulti allo stesso tempo la possibilità di recepire nel diritto internazionale penale la dogmatica tedesca sull'agire per mezzo di un apparato organizzativo (organisatorischer Machtapparat); in tal senso invece Triffterer-*Ambos*, Rome Statute (1999), art. 25 n. marg. 8; scettico *Vest*, Genozid durch organisatorische Machtapparate (2002), 185.

[233] Approfonditamente *Ambos*, Der Allgemeine Teil des Völkerstrafrechts (2002), 644 ss.

[234] Questo corrisponde anche al diritto consuetudinario: cfr. per tutti ICTY, 3 dicembre 2003 (Galić, TC), § 168; ICTR, 15 luglio 2004 (Ndindabahizi, TC), § 455. In relazione a questo si esprimeva ancora in termini scettici la prima edizione originale di questo testo (*Werle*, Völkerstrafrecht, 1ª ed. (2003), n. marg. 401).

[235] Cfr. *supra*, n. marg. 409.

[236] Concetto generale che designa l'induzione dell'agente a commettere il fatto principale è quello di "instigation" (Anstiftung, istigazione); cfr. art. 7 co. 1 St-ICTY; art. 6 co. 1 St-ICTR. Senza sostanziale differenza l'art. 25 co. 3 b) var. 2 e 3 St-ICC utilizza i concetti di "solicits or induces" ("sollicite ou encourage"). Cfr. anche *Ambos*, Der Allgemeine Teil des Völkerstrafrechts (2002), 664; *Eser*, in: Cassese/Gaeta/Jones (a cura di), Rome Statute, vol. 1 (2002), 767, 796.

variante [appunto: induzione e determinazione], corrispondono integralmente al diritto internazionale consuetudinario.

436 Secondo la giurisprudenza dei Tribunali *ad hoc* è istigatore colui che spinge («prompts») altri a commettere un crimine internazionale[237]; la condotta d'istigazione può essere realizzata anche mediante omissione[238]. È necessario che fra l'istigazione e la commissione del fatto vi sia una relazione causale; è sufficiente a tal fine, secondo la giurisprudenza dei Tribunali *ad hoc*, che l'istigazione abbia espletato una "efficacia riconoscibile" sul comportamento dell'esecutore materiale[239].

437 Dal punto di vista soggettivo, l'istigazione richiede che il suo autore voglia la commissione del crimine («provoke or induce») che agisca con la consapevolezza che la commissione deriverà come conseguenza seriamente probabile («substantial likelihood») dal proprio comportamento[240].

438 Non è chiaro se l'istigatore debba possedere di persona gli speciali requisiti soggettivi richiesti eventualmente dallo specifico crimine (es., l'intenzione di sterminio che caratterizza il genocidio), o se sia sufficiente che egli abbia conoscenza della speciale intenzione dell'istigato; i Tribunali *ad hoc* non hanno avuto modo di pronunciarsi su questa specifico interrogativo. Nel quadro del differenziato modello concorsuale approntato dallo Statuto, appare convincente far rispondere l'istigatore anche nel caso in cui egli abbia conoscenza della specifica intenzione dell'istigato, pur senza condividerla personalmente. In tal modo, da un lato, è possibile caratterizzare l'istigazione come forma di responsabilità in linea di principio meno grave rispetto all'esecuzione in coautorìa nelle sue diverse varianti; dall'altro lato, viene mantenuto il più elevato grado di responsabilità che compete all'istigatore quale determinatore della commissione del crimine, rispetto alla semplice agevolazione.

2. Ordine

439 È punibile colui che ordina[241] la commissione di un crimine internazionale. L'art. 25 co. 3 lett. b), prima variante, corrisponde integralmente al diritto consuetudinario[242]. L'ordine è un'ipotesi speciale di istigazione. Diversamente da questa, l'emissione di un ordine presuppone l'esistenza di un rapporto di subordinazione

---

[237] Cfr. ICTY, 17 dicembre 2004 (Kordić e Čerkez, AC), § 27: ICTY, 2 agosto 2001 (Krstić, TC), § 601; ICTY, 2 novembre 2001 (Kvočka et al., TC), § 243 ove ulteriori riferimenti; ICTY, 31 marzo 2003 (Naletilić e Martinović, TC), § 60.

[238] Cfr. ICTY, 3 marzo 2000 (Blaškić, TC), §§ 280, 339; ICTY, 31 marzo 2003 (Naletilić e Martinović, TC), § 66; ICTY, 30 novembre 2005 (Limaj et al., TC), § 514. Cfr. sul punto *infra*, n. marg. 599 ss.

[239] Cfr. sul punto per tutti ICTY, 17 dicembre 2004 (Kordić e Čerkez, AC), § 27.

[240] Cfr. ICTY, 17 dicembre 2004 (Kordić e Čerkez, AC), § 32; ICTY, 3 marzo 2000 (Blaškić, TC), § 278; ICTY, 1 settembre 2004 (Brđanin, TC), § 269.

[241] Cfr. sul punto *Cassese*, International Criminal Law (2003), 194; *Eser*, in: Cassese/Gaeta/Jones (a cura di), Rome Statute, vol. 1 (2002), 767, 796.

[242] Cfr. anche art. 7 co. 1 St- ICTY; art. 6 St-ICTR; art. 129 co. 1 Ginevra III; art. 146 co. 1 Ginevra IV.

tra colui che dà l'ordine e colui che lo riceve[243]. Chi dà l'ordine sfrutta la propria autorità e la propria speciale posizione, al fine di determinare un'altra persona alla commissione di un crimine[244].

Dal punto di vista soggettivo, chi dà l'ordine deve avere di mira la commissione del crimine, od almeno deve riconoscere ch'essa si verificherà con elevata probabilità («substantial likelihood») nel corso dell'esecuzione dell'ordine[245].

Similmente a quanto detto per l'istigazione, nel quadro dello Statuto non è necessario che chi dà l'ordine possieda di persona gli speciali requisiti soggettivi richiesti eventualmente dallo specifico crimine, essendo piuttosto sufficiente che egli abbia conoscenza della speciale intenzione dell'istigato, pur senza condividerla personalmente. In tal modo l'ordine trova la sua giusta sede nel sistema delle forme di partecipazione: da un lato, è chiarito che il partecipe, all'interno di una struttura gerarchica, esercita potere di comando e pertanto gli compete più elevato grado di responsabilità rispetto al semplice agevolatore; dall'altro lato, tuttavia, il datore dell'ordine – nonostante la sua posizione – non è autore mediato, se non possiede di persona lo speciale coefficiente soggettivo richiesto dal singolo crimine. La forma di partecipazione dell'"ordine", pertanto, concerne in particolare quei concorrenti che si trovano ad un livello medio nella catena di comando, e che sono sia destinatari sia datori di ordini.

IV. Agevolazione

Al fine d'incardinare la responsabilità per crimini internazionali può essere sufficiente, infine, anche l'agevolazione dell'autore principale[246]: lo riconosce il diritto consuetudinario ed è confermato dall'art. 25 co. 3 lett. c) dello Statuto.

È punibile chiunque presta aiuto e assistenza nella commissione di un crimine internazionale (almeno tentato), od agevola altrimenti l'azione[247]. Precisi contorni ha assunto la responsabilità derivante da agevolazione dell'autore principale nell'ambito della giurisprudenza dell'ICTY[248].

---

[243] Cfr. ICTY, 17 dicembre 2004 (Kordić e Čerkez, AC), § 28; ICTY, 3 marzo 2000 (Blaškić, TC), § 281; ICTY, 1° settembre 2004 (Brđanin, TC), § 270; ICTR, 20. Mai 2005 (Semanza, AC), § 361. È dubbio tuttavia se in tal modo sia necessario un rapporto di sovra-subordinazione come nel quadro della responsabilità del superiore gerarchico. Cfr. sul punto, per maggiori approfondimenti, *Burghardt*, Die Vorgesetztenverantwortlichkeit im völkerrechtlichen Straftatsystem, Humboldt-Universität zu Berlin: Dissertation 2007.

[244] Cfr. ICTY, 2 agosto 2001 (Krstić, TC), § 601: «person in a position of authority using that position to convince another to commit an offence»; ICTY, 31 marzo 2003 (Naletilić e Martinović, TC), § 61. Sulla responsabilità del superiore cfr. *infra*, n. marg. 449 ss.

[245] ICTY, 29 luglio 2004 (Blaškić, AC), § 42; ICTY, 17 dicembre 2004 (Kordić e Čerkez, AC), § 30.

[246] Cfr. sul punto *Eser*, in: Cassese/Gaeta/Jones (a cura di), Rome Statute, vol. 1 (2002), 767, 798 s.

[247] Non è chiaro se si debba distinguere sul punto fra "aiding" ed "abetting". In ogni caso, tale distinzione giuridicamente è senza importanza, poiché è sufficiente che il comportamento dell'imptato sia qualificabile nell'uno o nell'altro modo. Cfr. ICTR, 2 settembre 1998 (Akayesu, TC), § 516; ICTR, 15 luglio 2004 (Ndindabahizi, TC), § 457.

[248] Riassuntivamente sul tema ICTY, 2 novembre 2001 (Kvočka et al., TC), §§ 253 ss.; ICTY,

444   In base a tale giurisprudenza, la condotta di agevolazione deve produrre un'efficacia sostanziale sulla commissione del fatto principale[249]; a tal fine può essere già sufficiente l'incoraggiamento rivolto all'autore principale, o l'assicurazione di sostegno morale d'altro tipo, e – a seconda dei casi – persino la semplice presenza sul luogo del fatto[250]. Non è invece necessaria una più intensa causalità della condotta di agevolazione[251]; questa può essere realizzata prima, durante oppure dopo la commissione del crimine[252]. Una tipica condotta di questo tipo, espressamente nominata nella lett. c), è la messa a disposizione dei mezzi per la commissione del fatto («providing the means for its commission»).

445   Dal punto di vista soggettivo, il partecipe deve agire con la consapevolezza che il suo contributo agevola la commissione del fatto principale[253]. La norma dello Statuto richiede, in aggiunta, che la condotta di agevolazione sia prestata allo scopo di facilitare la commissione del fatto[254]. Per contro, non è necessario che l'agevolatore condivida le specifiche intenzioni dell'autore principale, che siano eventualmente necessarie ad integrare la definizione del crimine, quale ad esempio l'intento di sterminio nel caso di genocidio: è sufficiente ch'egli sappia che l'autore principale agisce con un siffatto intento[255].

---

15 marzo 2002 (Krnojelac, TC) §§ 88 ss.; ICTY, 31 marzo 2003 (Naletilić e Martinović, TC), § 63. Cfr. anche *Ambos*, Der Allgemeine Teil des Völkerstrafrechts (2002), 619 ss.; un'analisi approfondita sullo stato del diritto consuetudinario si trova anche in ICTY, 10 dicembre 1998 (Furundžija, TC), §§ 192 ss.

[249] Cfr. ICTY, 24 marzo 2000 (Aleksovski, AC), § 162; ICTY, 29 luglio 2004 (Blaškić, AC), § 45; ICTY, 10 dicembre 1998 (Furundžija, TC), §§ 235, 249 ICTR, 22 gennaio 2004 (Kamuhanda, TC), § 597. Questo requisito, elaborato dai Tribunali *ad hoc* in adesione al *Draft Code* 1996 e da allora applicato per giurisprudenza costante, manca invece nell'art. 25 co. 3 lett. c) St-ICC. Nella sostanza è peraltro ragionevole escludere prestazioni di aiuto molto remote rispetto al fatto di reato; cfr. in tal senso *Eser*, in: Cassese/Gaeta/Jones (a cura di), Rome Statute, vol. 1 (2002), 767, 800.

[250] Cfr. ICTY, 29 luglio 2004 (Blaškić, AC), § 48; ICTY, 10 dicembre 1998 (Furundžija, TC), §§ 231 ss. nonché *Ambos*, Der Allgemeine Teil des Völkerstrafrechts (2002), 363.

[251] Cfr. ICTY, 29 luglio 2004 (Blaškić, AC), § 48; ICTY, 2 novembre 2001 (Kvočka et al., TC), § 255, ove ulteriori riferimenti: «no requirement that the aider or abettor have a causal effect on the act of the principal». Cfr. sul punto anche *Eser*, in: Cassese/Gaeta/Jones (a cura di), Rome Statute, vol. 1 (2002), 767, 799 s.; *Kittichaisaree*, International Criminal Law (2001), 243.

[252] Cfr. ICTY, 29 luglio 2004 (Blaškić, AC), § 48; ICTY, 3 marzo 2000 (Blaškić, TC), § 285; ICTR, 22 gennaio 2004 (Kamuhanda, TC), § 597. Restrittivamente tuttavia ICTY, 17 gennaio 2005 (Blagojević e Jokić, TC), § 731. Lo Statuto ICC non stabilisce espressamente, peraltro, che anche condotte di agevolazione successive alla consumazione del fatto («completino») possano fondare la punibilità. In una nota a piè di pagina in rel. all'art. 23 E-St-ICC si dice sul punto: «This presumption [che l'aiuto successivo possa essere sufficiente per la punibilità] was questioned in the context of the ICC. If aiding, etc., *ex post facto* were deemed necessary to be criminalized, an explicit provision would be needed». Pur tuttavia, nel senso dell'inclusione dell'aiuto successivo, *Eser*, in: Cassese/Gaeta/Jones (a cura di), Rome Statute, vol. 1 (2002), 767, 807.

[253] Cfr. ICTY, 24 marzo 2000 (Aleksovski, AC), § 162; ICTY, 29 luglio 2004 (Blaškić, AC), § 45, 49; ICTR, 1° giugno 2001 (Kayishema e Ruzindana, AC), § 186.

[254] Requisito ripreso dal § 2.06 MPC.

[255] Cfr. ICTY, 17 settembre 2003 (Krnojelac, AC), § 52; ICTY, 19 aprile 2004 (Krstić, AC), §

V. Contributo ad un crimine di gruppo

Una forma di partecipazione punibile di nuovo conio è disciplinata dall'art. 25 co. 3 lett. d), in forza del quale è punibile il contributo alla commissione di un crimine internazionale consumato o tentato da parte di un gruppo. La previsione traspone nel diritto internazionale penale generale una regola contenuta nella *International Convention for the Suppression of Terrorist Bombings* del 12. gennaio 1998[256]. Mancano precedenti paradigmatici di diritto internazionale consuetudinario[257]. La previsione è il risultato di difficili trattative in seno alla Conferenza di Roma, circa l'introduzione della "cospirazione" (*Verschwörung, conspiracy*). Il tenore letterale evoca la partecipazione ad un'intrapresa criminale (*joint criminal enterprise*) quale definita dall'ICTY[258], tuttavia, si deve precisare che l'art. 25 co. 3 lett. d) non disciplina una forma di commissione a titolo di autoria, quanto piuttosto la più ampia e con ciò anche la più debole forma di partecipazione al fatto commesso da altri. 446

Dal punto di vista obiettivo, la responsabilità si ricollega alla realizzazione consumata o tentata, da parte di un gruppo, di un crimine internazionale. Per "gruppo" s'intende ogni unione di almeno tre persone[259], che agiscono in vista del perseguimento di uno scopo comune («common purpose»). È punito ogni contributo materiale al crimine del gruppo, che non sia già coperto da una delle altre forme di partecipazione, in particolare dalla coautoria o dall'agevolazione[260]. Questa disposizione di chiusura comprende forme di indiretta agevolazione di crimini internazionali, come ad esempio il finanziamento o simili condotte di supporto[261]. 447

Dal punto di vista soggettivo, è necessario che il contributo materiale sia realizzato o al fine di supportare l'attività criminale o lo scopo comune del gruppo – in quanto quell'attività o quello scopo si riferiscano alla commissione d'un crimine internazionale –, oppure con la conoscenza dell'intenzione del gruppo di commettere il (concreto) crimine internazionale[262]. Non è pertanto necessario che il contri- 448

140; ICTY, 10 dicembre 1998 (Furundžija, TC), §§ 236, 252, 257. Critico su questo indirizzo giurisprudenziale *Mettraux*, International Crimes and the *ad hoc* Tribunals (2005), 212 s., 286 s. Cfr. sul punto anche *infra*, n. marg. 719 ss.

[256] Art. 2 co. 3 lett. c) della Convenzione 15 dicembre 1997 (UN Doc. A/RES/52/164).

[257] Cfr. *Eser*, in: Cassese/Gaeta/Jones (a cura di), Rome Statute, vol. 1 (2002), 767, 802; *Saland*, in: Lee (a cura di), The International Criminal Court, The Making of the Rome Statute (1999), 189, 199. Cfr. anche *infra*, n. marg. 582.

[258] Correlativamente, l'art. 25 co. 3 lett. d) è talvolta inteso quale regolamentazione della *joint criminal enterprise* nello Statuto ICC: cfr. ad es. *Cassese* JICJ 5 (2007), 109, 132 s.; *Vogel* ZStW 114 (2002), 404, 421.

[259] Cfr. *Eser*, in: Cassese/Gaeta/Jones (a cura di), Rome Statute, vol. 1 (2002), 767, 802.

[260] Il carattere sussidiario di questa forma di partecipazione è stato ora sottolineato dalla Camera preliminare ICC: cfr. ICC, dec. 29 gennaio 2007 (Lubanga, PTC), § 337. Diversamente *Vogel* ZStW 114 (2002), 404, 421, secondo il quale l'art. 25 co. 3 lett. d) rappresenta un'ipotesi speciale di coautoria, che fonda anche e soprattutto la responsabilità per i fatti ulteriori non voluti.

[261] Cfr. *Vogel* ZStW 114 (2002), 404, 421.

[262] Che il contributo debba essere anche intenzionale («intentional»), è semplicemente un rife-

buto sia posto in essere con lo specifico elemento intenzionale richiesto eventualmente dalla fattispecie di reato (es., l'intento di sterminio).

E. La responsabilità del superiore

449 *Ambos, Kai:* Der Allgemeine Teil des Völkerstrafrechts, Ansätze einer Dogmatisierung (2002), 666 ss.; *Ambos, Kai:* Superior Responsibility, in: Cassese, Antonio/Gaeta, Paola/Jones, John R. W. D. (Hrsg.), The Rome Statute of the International Criminal Court: A Commentary, Band 1 (2002), 823 ss.; *Bantekas, Ilias:* The Contemporary Law of Superior Responsibility, AJIL 93 (1999), 573 ss.; *Boelaert-Suominen, Sonia:* Prosecuting Superiors for Crimes Committed by Subordinates: A Discussion of the First Significant Case Law Since the Second World War, Virginia Journal of International Law 41 (2001), 747 ss.; *Burghardt, Boris:* Die Vorgesetztenverantwortlichkeit im völkerrechtlichen Straftatsystem – Eine Untersuchung zur Rechtsprechung der Internationalen Strafgerichtshöfe für das ehemalige Jugoslawien und für Ruanda, Humboldt-Universität zu Berlin: Dissertation 2007; *Damaška, Mirjan:* The Shadow Side of Command Responsibility, AJIL 49 (2001), 455 ss.; *Fenrick, William J.:* Kommentierung zu Art. 28 IStGH-Statut, in: Triffterer, Otto (Hrsg.), Commentary on the Rome Statute of the International Criminal Court, Observers' Notes, Article by Article (1999), 515 ss.; *Henquet, Thomas:* Convictions for Command Responsibility Under Articles 7 (1) and 7 (3) of the Statute of the International Criminal Tribunal for the Former Yugoslavia, Leiden Journal of International Law 15 (2002), 805 ss.; *Keith, Kirsten:* Superior Responsibility applied before the ICTY, Humanitäres Völkerrecht-Informationsschriften 2001, 98 ss.; *van Sliedregt, Elies:* The Criminal Responsibility of Individuals for Violations of International Humanitarian Law (2003), 118 ss.; *Triffterer, Otto:* „Command Responsibility", Grundstrukturen und Anwendungsbereich von Art. 28 des Rom Statutes. Eignung auch zur Bekämpfung des internationalen Terrorismus?, in: Prittwitz, Cornelius et al. (Hrsg.), Festschrift für Klaus Lüderssen (2002), 437 ss.; *Triffterer, Otto:* Command Responsibility, Article 28 Rome Statute, an Extension of Individual Criminal Responsibility for Crimes Within the Jurisdiction of the Court – Compatible with Article 22, *nullum crimen sine lege?*, in: Triffterer, Otto (Hrsg.), Gedächtnisschrift für Theo Vogler (2004), 213 ss.; *Triffterer, Otto:* „Command Responsibility" – *crimen sui generis* or participation as „otherwise provided" in Article 28 Rome Statute, in: Arnold, Jörg et al. (Hrsg.), Menschengerechtes Strafrecht – Festschrift für Albin Eser (2005), 901 ss.; *Vetter, Greg R.:* Command Responsibility of Non-Military Superiors in the International Criminal Court (ICC), Yale Journal of International Law 25 (2000), 89 ss.; *Weigend, Thomas:* Zur Frage eines „internationalen" Allgemeinen Teils, in: Schünemann, Bernd et al. (Hrsg.), Festschrift für Claus Roxin (2001), 1375 ss.; *Weigend, Thomas:* Bemerkungen zur Vorgesetztenverantwortlichkeit im Völkerrecht, ZStW 116 (2004), 999 ss.

450 La figura della responsabilità del superiore (*superior responsibility*) è una creazione giuridica originaria del diritto internazionale penale[263], per la quale mancano immediati precedenti paradigmatici negli ordinamenti giuridici statuali. Dal punto

---

rimento declaratorio ai generali requisiti dell'imputazione soggettiva ai fini della punibilità (art. 30 St-ICC); così anche Triffterer-*Ambos*, Rome Statute (1999), art. 25 n. marg. 22.

[263] *Ambos*, Der Allgemeine Teil des Völkerstrafrechts (2002), 667.

di vista della responsabilità del superiore, un comandante militare od un superiore civile possono essere chiamati a rispondere penalmente per un crimine internazionale commesso dai loro sottoposti: il superiore deve rispondere per i reati dei sottoposti[264] allorquando ha violato in modo a lui rimproverabile i doveri di controllo che gli sono imposti.

A fronte dell'estensione – nel frattempo divenuta di riconoscimento generale – di quest'idea fondamentale anche a contesti non militari[265], il concetto di responsabilità del superiore è da preferire a quello, più ristretto, di responsabilità da ordine del superiore (*command responsibility*)[266]. Questa terminologia corrisponde anche all'art. 28 ("Responsabilità di comandanti ed altri superiori": «commanders and other superiors»). 451

Il bisogno di questa estensione della responsabilità penale di "superiori" si radica nella struttura organizzativa, generalmente su base gerarchica, che definisce il contesto di fatto dei crimini internazionali. Per via di tale contesto, per un verso, risulta sensibilmente più difficoltosa la prova di una diretta implicazione nel fatto, seppure il grado di responsabilità spesso cresca in ragione inversamente proporzionale alla vicinanza all'esecuzione materiale; in tal senso la figura della responsabilità del superiore funge, per così dire, da ancora di salvezza qualora la prova della diretta responsabilità penale del superiore non possa essere fornita. Per altro verso, anche comportamenti che stanno al di sotto della soglia della diretta partecipazione al fatto nascondono un elevato potenziale di pericolo. Qui la responsabilità del superiore incrimina comportamenti che resterebbero altrimenti impuniti. Ciò concerne in particolare l'omessa minaccia di punizione in caso di crimini internazionali commessi dall'inferiore[267]. 452

La responsabilità del superiore appartiene oggi al "patrimonio acquisito" del diritto consuetudinario[268]. Per quanto né lo Statuto del Tribunale di Norimberga né quello del Tribunale di Tokyo contenessero una simile disposizione, la giurisprudenza internazionale penale si è riferita a questo principio già in tempi risalenti, per affermare la responsabilità penale di comandanti militari, ma anche di superiori 453

---

[264] *Ambos*, Der Allgemeine Teil des Völkerstrafrechts (2002), 667 designa icasticamente questo presupposto come reato-base («Grundverbrechen»); Cfr. anche *Boelaert-Suominen*, Virginia Journal of International Law 41 (2001), 747, 760 s., 772, la quale inoltre avverte che non è necessaria una condanna del sottordinato.

[265] Cfr. ICTY, 20 febbraio 2001 (Mucić et al., AC), §§ 195 s.; ICTY, 16 novembre 1998 (Mucić et al., TC), § 333; Triffterer-*Fenrick*, Rome Statute (1999), art. 28, n. marg. 1; *Kittichaisaree*, International Criminal Law (2001), 252; inoltre *Ambos*, Der Allgemeine Teil des Völkerstrafrechts (2002), 666.

[266] Cfr. anche *Ambos*, Der Allgemeine Teil des Völkerstrafrechts (2002), 625; *Boelaert-Suominen*, Virginia Journal of International Law 41 (2001), 747, 750; *Weltz*, Die Unterlassungshaftung im Völkerstrafrecht (2004), 247.

[267] Cfr. sul punto *Burghardt*, Die Vorgesetztenverantwortlichkeit im völkerrechtlichen Straftatsystem, Humboldt-Universität zu Berlin: Dissertation 2007.

[268] Cfr. per tutti ICTY, 20 febbraio 2001 (Mucić et al., AC), § 195.

civili[269]. Questo istituto trovò una prima regolamentazione di diritto internazionale convenzionale nell'art. 86 co. 2 del Protocollo aggiuntivo I alle Convenzioni di Ginevra[270]. Nella giurisprudenza dei Tribunali *ad hoc* la responsabilità del superiore ha poi trovato ripetutamente applicazione[271]; sul punto, i Tribunali poterono fare riferimento alle disposizioni in materia dettate dai rispettivi Statuti[272].

454 La collocazione dogmatica della figura è controversa[273]. Sia la giurisprudenza penale internazionale successiva alla seconda guerra mondiale, sia i Tribunali *ad hoc* vi hanno visto una forma speciale di responsabilità per cd. omissione impropria, che si ricollega allo *status* del superiore[274]. Secondo un'altra opinione, cui di recente ha aderito anche l'ICTY, la responsabilità del superiore è invece da considerare come forma di responsabilità *sui generis*[275].

455 La responsabilità del superiore ha ora trovato una comprensiva disciplina nell'art. 28 dello Statuto di Roma. Sul punto, la norma si discosta sensibilmente nella sua formulazione testuale dalle disposizioni esistenti sino ad oggi, in particolare anche rispetto a quelle contenute negli Statuti dei Tribunali *ad hoc*. Dev'essere tuttora chiarito in quale misura l'art. 28 rispecchi il diritto internazionale consuetudinario e in quale misura gli esiti interpretativi conseguiti sino ad oggi dalla giurisprudenza trovino conferma nella disposizione.

---

[269] Quest'istituto si affermò con la condanna del generale giapponese *Yamashita* da parte del Tribunale Militare USA a Manila, riprodotta in: UNWCC, Law Reports of Trials of War Criminals IV, 1 ss. Sul punto *Triffterer*, in: Prittwitz (a cura di), Festschrift für Lüderssen (2002), 437, 439. Cfr. inoltre US Military Tribunal Nürnberg, 20 agosto 1947 (Brandt et al., cd. processo dei medici, Ärzteprozess), in: Trials of War Criminals II, 187 s., 212; US Military Tribunal Nürnberg, 19 febbraio 1948 (List et al., sog. Geiselmordprozess), in: Zöller/Leszczynski (a cura di), Fall 7 – Das Urteil im Geiselmordprozeß (1965), 83; US Military Tribunal Nürnberg, 28 ottobre 1948 (von Leeb et al., cd. processo OKW), in: Zöller/Leszczynski, (a cura di), Fall 12 – Das Urteil gegen das Oberkommando der Wehrmacht (1960), 121 ss. Cfr. su tutto ciò anche *Vetter*, Yale Journal of International Law 25 (2000), 89, 105 ss.

[270] Cfr. sul punto Sandoz/Swinarski/Zimmermann-*de Preux*, Additional Protocols (1987), n. marg. 3543 ss.

[271] Cfr. ICTY, 24 marzo 2000 (Aleksovski, AC), §§ 69 ss.; ICTY, 20 febbraio 2001 (Mucić et al., AC), §§ 182 ss.; ICTY, 16 novembre 1998 (Mucić et al., TC), §§ 330 ss.; ICTY, 25 giugno 1999 (Aleksovski, TC), §§ 90 ss.; ICTY, 3 marzo 2000 (Blaškić, TC), §§ 289 ss.; ICTR, 2 settembre 1998 (Akayesu, TC), §§ 487 ss.; ICTR, 4 settembre 1998 (Kambanda, TC), § 40; ICTR, 5 febbraio 1999 (Sherushago, TC), §§ 28 s.; ICTR, 21 maggio 1999 (Kayishema e Ruzindana, TC), §§ 209 ss.

[272] Art. 7 co. 3 St-ICTY ed art. 6 co. 3 St-ICTR.

[273] Cfr. per tutti *Ambos*, Der Allgemeine Teil des Völkerstrafrechts (2002), 666 ss.; *van Sliedregt*, The Criminal Responsibility of Individuals for Violations of International Humanitarian Law (2003), 219 s.; *Weigend* ZStW 116 (2004), 999, 1005 ss.

[274] Cfr. ICTY, 20 Febbraio 2001 (Mucić et al., AC), §§ 185, 197; ICTY, 16 novembre 1998 (Mucić et al., TC), § 377.

[275] Cfr. ICTY, 16 novembre 2005 (Halilović, TC), §§ 42 ss.; ICTY, 6 marzo 2006 (Hadžihasanović e Kubura, TC), §§ 66 ss. Approfondisce la questione *Burghardt*, Die Vorgesetztenverantwortlichkeit im völkerrechtlichen Straftatsystem, Humboldt-Universität zu Berlin: Dissertation 2007.

L'art. 28, secondo il suo tenore letterale, si applica in aggiunta ad altre cause che comportino responsabilità ai sensi dello Statuto («in addition to other grounds»); con ciò la disposizione si riferisce in particolare all'art. 25 co. 2 e 3, nell'ambito del quale la responsabilità del superiore trova la sua collocazione come forma di partecipazione sussidiaria e peculiare. Il contenuto di disvalore della responsabilità del superiore risiede dunque nell'omissione colpevole in violazione di un dovere[276]. Quando l'omissione del superiore si configuri anche come partecipazione all'esecuzione del reato *ex* art. 25 co. 3, la partecipazione diretta al fatto ha la prevalenza: conclusione che corrisponde anche a quanto affermato dalla giurisprudenza dei Tribunali *ad hoc*[277]. 456

Ai fini dell'affermazione di responsabilità del superiore si distinguono quattro elementi: deve esistere un rapporto di sovraordinazione-subordinazione (cfr. *sub* I); il superiore deve sapere, o ignorare colpevolmente, che il subordinato sta per commettere un crimine contro il diritto internazionale o lo ha già commesso (cfr. *sub* II); infine, il superiore deve omettere l'adozione delle misure «necessarie e ragionevoli» per impedire la commissione del crimine o ad attivare un procedimento penale contro l'autore (cfr. *sub* III); non è chiaro in che termini debba essere considerato l'ulteriore requisito di cui all'art. 28 lett. a) e b), per il quale il crimine deve essere stato commesso come conseguenza («as a result») del fatto che il superiore ha mancato di esercitare l'opportuno controllo («to exercise control properly») sul subordinato[278] (cfr. *sub* IV). 457

I. Rapporto di sovraordinazione-subordinazione

Presupposto di base della responsabilità è l'esistenza di un rapporto di sovraordinazione-subordinazione: il superiore risponde per i fatti dei propri sottoposti. Tale responsabilità concerne oggi non più soltanto i comandanti militari, ma anche altri superiori, in particolare civili, che dispongono di analoghi poteri di controllo. 458

Elemento centrale del rapporto di sovraordinazione-subordinazione è l'esistenza di un controllo effettivo («effective control») del superiore sul subordinato[279]; segno distintivo di tale controllo, secondo la giurisprudenza dell'ICTY è la capacità del soggetto di impedire reati e di punirli («material ability to prevent and punish the commision of the offences»)[280]. Nel contesto militare, per definire questa possibilità di controllo, si parla di potestà di comando («command»). 459

---

[276] Cfr. sul punto diffusamente *Burghardt*, Die Vorgesetztenverantwortlichkeit im völkerrechtlichen Straftatsystem, Humboldt-Universität zu Berlin: Dissertation 2007.
[277] Cfr. ICTY, 29 luglio 2004 (Blaškić, AC), §§ 91 s.; ICTY, 2 agosto 2001 (Krstić, TC), § 605. Cfr. su questo problema anche *Henquet*, Leiden Journal of International Law 15 (2002), 805 ss.
[278] Cfr. sul punto *infra*, n. marg. 481 ss.
[279] Cfr. ICTY, 20 febbraio 2001 (Mucić et al., AC), § 196.
[280] Cfr. ICTY, 16 novembre 1998 (Mucić et al., TC), § 378; ICTY, 20 febbraio 2001 (Mucić et al., AC), § 256.

460 Di regola il controllo effettivo è espletato nell'ambito di un rapporto giuridico, ma è pure sufficiente che il superiore eserciti un potere di controllo di fatto; rapporti gerarchici e competenze formali rapprendano pertanto solo un punto di partenza per la fondazione di un effettivo controllo: decisivi sono sempre gli effettivi rapporti di comando e di direttiva[281]. Pertanto, la portata della potestà di comando *de jure* può – mediante il riferimento alla potestà di comando effettiva – sia essere estesa, sia restare più limitata: la delega degli obblighi di controllo e sorveglianza può circoscrivere la responsabilità del superiore soltanto in quanto venga meno anche la potestà di controllo di fatto[282].

461 La giurisprudenza dei Tribunali *ad hoc* mostra peraltro che non è sufficiente qualsivoglia possibilità di esercitare di fatto un controllo sul comportamento di altri, ma è necessario, piuttosto, l'inserimento della possibilità di controllo in una struttura gerarchica, che evidenzia un certo grado di consolidamento organizzativo. Perciò non si può parlare di rapporto di sovraordinazione-subordinazione se un controllo sul comportamento del soggetto che esegue direttamente l'azione è possibile unicamente nella concreta situazione in cui è eseguito il crimine. Anche le possibilità di controllo che riposano soltanto su rapporti interpersonali privati non sono sufficienti: la giurisprudenza parla in tali casi di "significativa influenza" («substantial influence»), escludendo che sia sufficiente a fondare una responsabilità da sovraordinazione-subordinazione[283].

1. Comandanti militari

462 Sono responsabili, quali comandanti militari, coloro che sono titolari di potere di comando, in relazione alle circostanze del caso concreto, nell'ambito di una compagine militare. L'art. 28 lett. a) trova applicazione non soltanto alle forze armate regolari, ma anche a milizie armate e unità speciali irregolari. In considerazione delle svariate forme organizzative delle catene di comando militari, talvolta si distingue tra potestà di comando tattica, operativa, regionale[284]. Decisiva per tutte le costellazioni di ipotesi resta, ad ogni buon conto, la possibilità di fatto per il comandante militare di guidare effettivamente, in forza della sua posizione, il comportamento delle persone e delle compagini a lui sottoposte.

---

[281] Fondamentale sul punto ICTY, 16 novembre 1998 (Mucić et al., TC), § 354. Analogamente ICTY, 20 febbraio 2001 (Mucić et al., AC), § 193. Così pure *Bantekas* AJIL 93 (1999), 573, 578, 581 ss., che compie uno sforzo di sistematizzazione dei fattori che giustificano il riconoscimento di una potestà *de facto* di comando.

[282] Cfr. *Ambos*, Der Allgemeine Teil des Völkerstrafrechts (2002), 681; *Bantekas* AJIL 93 (1999), 573, 585: «Command responsibility cannot be avoided».

[283] Cfr. ICTY, 20 febbraio 2001 (Mucić et al., AC), § 266; ICTR, 1° giugno 2001 (Kayishema e Ruzindana, AC), §§ 294, 302. Per approfondimenti, *Burghardt*, Die Vorgesetztenverantwortlichkeit im völkerrechtlichen Straftatsystem, Humboldt-Universität zu Berlin: Dissertation 2007.

[284] Così ad es. *Bantekas*, Principles of direct and superior responsibility in international humanitarian law (2002), 102; *van Sliedregt*, The Criminal Responsibility of Individuals for Violations of International Humanitarian Law (2003), 147 s.

2. Superiori civili

La figura della responsabilità del superiore, conformemente alla sua ragione fondante, è applicabile anche a tutti i superiori cui sia attribuita, nella cornice di una struttura gerarchica non militare, una potestà di controllo analoga in termini di valore – e cioè parimenti effettiva – a quella di cui dispongono i comandanti nelle compagni militari[285]: questo requisito è riconosciuto espressamente dall'art. 28 lett. b)[286], che al contempo detta una disposizione innovativa nella parte in cui differenzia la responsabilità del superiore civile da quella del comandante militare e la afferma in presenza di requisiti parzialmente differenti, in particolare quanto all'elemento soggettivo[287]. La necessaria distinzione che ne deriva tra superiori civili e militari può rivelarsi oltremodo difficoltosa nel caso concreto.

463

La richiesta possibilità effettiva di controllo può esistere, in particolare, all'interno dell'amministrazione statale; come esempi vengono addotti in giurisprudenza e dottrina gli esponenti del potere esecutivo a livello nazionale, regionale o comunale, quali i ministri, prefetti, sindaci, capi della polizia[288]. Si può immaginare anche di riconoscere la qualifica di superiore, in linea di principio, anche in ambito non statuale, ad esempio nel caso di persone che ricoprono una posizione comparabile nell'ambito di formazioni sociali quali partiti e sindacati, od anche all'interno di imprese o gruppi d'imprese[289]; peraltro non è ancora definitivamente chiarito in base a quali presupposti, in questi casi, si possa parlare della necessaria, effettiva possibilità di controllo[290]. In ogni caso, anche per i superiori civili si deve richiedere che l'effettiva possibilità di controllo raggiunga un'intensità ed un grado in termini di inserimento in una struttura consolidata equipollenti a quelli che caratterizzano la relazione di sovraordinazione-subordinazione in ambito militare.

464

Per i superiori civili l'art. 28 lett. b) ii) circoscrive ulteriormente il tipo di comportamenti del subordinato, per i quali il superiore può essere chiamato a rispondere: in base a que-

465

---

[285] Cfr. ICTY, 24 marzo 2000 (Aleksovski, AC), § 76; ICTY, 16 novembre 1998 (Mucić et al., TC), §§ 356, 363; Triffterer-*Fenrick*, Rome Statute (1999), art. 28 n. marg. 15, 18; US Military Tribunal Nürnberg, 11 aprile 1949 (v. Weizsäcker et al., cd. processo di Wilhelmstraße, «Wilhelmstraßenprozess»), in: Kempner/Haensel (a cura di), Das Urteil im Wilhelmstraßenprozeß (1950).

[286] Cfr. *Ambos*, Der Allgemeine Teil des Völkerstrafrechts (2002), 675 s.; *Boelaert-Suominen*, Virginia Journal of International Law 41 (2001), 747, 765, 769; Triffterer-*Fenrick*, Rome Statute (1999), art. 28, n. marg. 15; *Kittichaisaree*, International Criminal Law (2001), 251; *Vetter*, Yale Journal of International Law 25 (2000), 89, 104.

[287] Cfr. sul punto *infra*, n. marg. 469 s.

[288] Cfr. ICTR, 21 maggio 1999 (Kayishema e Ruzindana, TC), §§ 217 ss. (Prefetto); ICTR, 4 settembre 1999 (Kambanda, TC), § 39 (Primo Ministro); *Boelaert-Suominen*, Virgina Journal of International Law 41 (2001), 748; *Vetter*, Yale Journal of International Law 25 (2000), 89, 95.

[289] Cfr. ICTR, 27 gennaio 2000 (Musema, TC), §§ 868 ss. (Direttore di una fabbrica di tea); ICTR, 3 dicembre 2003 (Barayagwiza et al., TC), §§ 567, 970 (Redattori capo e membri del consiglio di amministrazione di una emittente radio).

[290] In senso molto estensivo ICTR, 27 gennaio 2000 (Musema, TC), §§ 868 ss.; ICTR, 3 dicembre 2003 (Barayagwiza et al., TC), 567, 970. Critico sul punto *Weigend* ZStW 116 (2004), 1005 ss.

sta disposizione deve trattarsi di attività che rientrano sotto la responsabilità effettiva ed il controllo del superiore. Con siffatta formulazione viene ad essere messo in chiaro che la possibilità di controllo di un superiore civile – diversamente da quanto accade per i militari – è di regola circoscritta, spazialmente e temporalmente, all'ambito dell'espletamento del servizio[291]. Su questa base la responsabilità del superiore civile è in linea di principio esclusa *ex* art. 28 se i subordinati commettono crimini al di fuori dell'orario di servizio o del posto di lavoro[292]: una limitazione, questa, che deriva dallo stesso requisito dell'effettività del controllo[293].

II. Conoscenza (doverosa) del crimine internazionale

466   Conformemente al diritto consuetudinario, il superiore può essere chiamato a rispondere del crimine del subordinato soltanto se ne aveva conoscenza o in ogni caso se avrebbe dovuto averla («should have known»). In tal guisa, per l'ambito della responsabilità del superiore, i requisiti richiesti dall'art. 30 per il coefficiente soggettivo sono chiaramente meno stringenti[294].

467   Una responsabilità del superiore in ipotesi di omissione colposa si riscontra già nei processi di Norimberga successivi a quello del Tribunale internazionale (cd. Nürnberger nachfolgeprozesse)[295] e poi nell'art. 86 co. 2 del Protocollo aggiuntivo I ed infine anche nell'art. 7 co. 3 dello Statuto ICTY e 6 co. 3 ICTR, i quali peraltro, nonostante un'ampia convergenza nel contenuto, erano formulati in modo diverso, utilizzando l'espressione «had reason to know»[296].

468   La giurisprudenza si serve di svariati criteri per stabilire in base a quali presupposti il superiore avrebbe dovuto aver conoscenza della commissione del crimine[297].

---

[291] Dubitativamente, tuttavia, *Vetter*, Yale Journal of International Law 25 (2000), 89, 119 s., che prende in considerazione anche un'interpretazione nel senso di requisito causale.

[292] Cfr. Triffterer-*Fenrick*, Rome Statute (1999), art. 28 n. marg. 19, 22.

[293] Così anche *Vetter*, Yale Journal of International Law 25 (2000), 89, 120.

[294] Cfr. ad es. ICTY, 26 febbraio 2001 (Kordić e Čerkez, TC), § 427; *Ambos*, Der Allgemeine Teil des Völkerstrafrechts (2002), 693; *Keith*, Humanitäres Völkerrecht-Informationsschriften 2001, 98, 101. Cfr. anche *supra*, n. marg. 381. Resta non chiarito, per contro, quali requisiti soggettivi valgano in proposito, soprattutto con riferimento alla lesione del dovere di sorveglianza e dell'omissione delle misure necessarie e proporzionate. Cfr. sul punto *Weigend*, in: Schünemann et al. (a cura di), Festschrift für Roxin (2001), 1375, 1397 nonché *Ambos*, Der Allgemeine Teil des Völkerstrafrechts (2002), 693, che ammette senza ulteriore argomentazione che il requisito soggettivo modificato, di cui rispettivamente all'art. 28 lett. a) i) e art. 28 b) i) si estenderebbe anche alla violazione del dovere di sorveglianza.

[295] Cfr. US Military Tribunal Nürnberg, 19 febbraio 1948 (v. List et al., cd. processo dell'uccisione di ostaggi, Geiselmordprozess), in: Zöller/Leszczynski (a cura di), Fall 7 – Das Urteil im Geiselmordprozeß (1965), 82 ss. US Military Tribunal Nürnberg, 3. Novembre 1947 (Pohl et al.), in: Trials of War Criminals V, 1054 s.

[296] Art. 86 co. 2 Protocollo aggiuntivo I richiede che i superiori fossero «in possesso di informazioni che permettevano loro di ritenere, nelle circostanze del momento…». Cfr. sulle differenti interpretazioni di questa formulazione *Ambos*, Der Allgemeine Teil des Völkerstrafrechts (2002), 697 ss.; *Bantekas* AJIL 93 (1999), 573, 589 ss.; *Vetter*, Yale Journal of International Law 25 (2000), 89, 109 s.

[297] Sul punto *Keith*, Humanitäres Völkerrecht-Informationsschriften 2001, 98, 102 s.

Secondo l'ICTY corrisponde allo stato del diritto consuetudinario il riconoscere l'ignoranza colposa in ogni caso in cui il superiore disponesse di informazioni «which would have put him on notice of offences committed by subordinates»[298].

Il criterio del rimprovero per colpa è, nello Statuto, ulteriormente concretizzato e differenziato: in base all'art. 28 lett. a) i) è sufficiente, quanto ai comandanti militari, che il superiore «avrebbe dovuto sapere in base alle circostanze esistenti in quel momento» che il sottoposto avrebbe commesso un crimine internazionale; decisivo è perciò stabilire se il superiore, mediante una diligente percezione dei propri doveri, avrebbe potuto acquisire conoscenza della commissione del crimine da parte dei propri sottoposti[299].

Per quanto concerne i superiori civili, l'art. 28 lett. b) i) prevede anch'esso requisiti meno stringenti di quelli richiesti dall'art. 30. Diversamente da quanto accade per i superiori militari, l'ignoranza colpevole non è qui sufficiente: si richiede, invece, che il superiore «trascurò consapevolmente informazioni inequivoche» (nel senso che segnalavano univocamente la commissione di un crimine da parte del sottoposto); si richiedere con ciò un più elevato grado della colpa[300].

Se il crimine commesso dal sottoposto richiede un'intenzione speciale (es., l'intento di genocidio), non è necessario che il superiore condivida tale intento[301]. Ciò si deduce, per un verso, dalla sistematizzazione della responsabilità del superiore quale forma sussidiaria di responsabilità penale per omissione antidoverosa; per altro verso, dall'autonoma ri-descrizione dell'elemento soggettivo: poiché il superiore può anche non aver neppure saputo della commissione del crimine, in tal senso non è convincente richiedere ch'egli possieda intenzioni speciali[302].

III. Omissione delle misure doverose

Punto d'aggancio per il rimprovero di colpevolezza è l'omissione da parte del superiore delle misure «necessarie e proporzionate»[303]: solo l'omissione antidoverosa fonda perciò la responsabilità penale. Il fondamento della responsabilità omissiva è

---

[298] ICTY, 20. febbraio 2001 (Mucić et al., AC), § 241. Le informazioni a disposizione del superiorenon devono tuttavia riferirsi specificamente alla commissione del crimine, Cfr. ICTY, 20. febbraio 2001 (Mucić et al., AC), § 238.

[299] Non semplicemente invece: avrebbe *potuto* aver conoscenza. Sul punto ICTY, 20 febbraio 2001 (Mucić et al., AC), §§ 229 ss. e già ICTY, 16 novembre 1998 (Mucić et al., TC), §§ 388 ss.

[300] La collocazione sistematica oscilla dalla «colpa grave o con previsione, simile alla recklessness» fino alla «volontaria cecità» («wilful blindness»), Cfr. *Ambos*, Der Allgemeine Teil des Völkerstrafrechts (2002), 706; *Vetter*, Yale Journal of International Law 25 (2000), 89, 124.

[301] Cfr. ICTY, 1° settembre 2004 (Brđanin, TC), §§ 717 ss., 721; ICTY, 17 gennaio 2005 (Blagojević e Jokić, TC), § 779. Così anche *Akhavan*, Journal of International Criminal Justice 3 (2005), 989, 993; diversamente, per contro, *Mettraux*, International Crimes and the *ad hoc* Tribunals (2005), 203, 261 ss.

[302] Cfr. sul punto anche *Burghardt*, Die Vorgesetztenverantwortlichkeit im völkerrechtlichen Straftatsystem, Humboldt-Universität zu Berlin: Dissertation 2007.

[303] Cfr. art. 28 lett. a) ii) St-ICC.

rappresentato dai doveri di azione, in due direzioni: fino a quando il crimine non sia ancora commesso, il superiore deve adottare misure per impedirne la commissione; se il crimine è già stato eseguito, senza che al superiore possa essere rimproverata un'omissione antidoverosa, egli è tenuto o a punire il responsabile oppure a investire della vicenda le autorità a ciò competenti. l'obbligo del superiore di adozione di contromisure preventive o repressive è limitato dunque a quelle che nel caso concreto siano necessarie e proporzionate.

1. Misure preventive

473 Il rimprovero per l'omissione si appunta innanzi tutto sul mancato impedimento antidoveroso della commissione di reati da parte del subordinato («to prevent»)[304]. Per loro natura, misure preventive vengono in considerazione soltanto quando il crimine non sia stato ancora realizzato; il superiore è quindi obbligato all'impedimento di esso fino a quando i suo subordinati sono "in procinto" di commetterlo[305]; questa fase va dagli atti preparatori fino alla compiuta perfezione del fatto[306]. Il superiore è responsabile per il crimine internazionale se omette le contromisure preventive a cui è tenuto[307].

2. Misure repressive

474 Nel caso in cui il crimine sia già stato commesso, le misure preventive sono ovviamente fuori gioco; in tal caso il rimprovero per l'omissione si appunta sull'omissione antidoverosa della punizione dell'illecito. Se il superiore non attiva in questo caso le doverose indagini volte a punire l'autore, egli è responsabile penalmente per il crimine commesso. L'art. 28 esige qui dal superiore d'investire della vicenda le autorità competenti alle indagini ed alla repressione («to submit the matter to the competent authorities for investigation and prosecution»)[308].

475 L'adozione successiva di misure funzionali alle indagini ed alla punizione, d'altronde, non libera il superiore della responsabilità per omissione antidoverosa delle misure preventive[309]: s'egli non ha adottato quest'ultime in modo oggettivamente e

---

[304] La formulazione dell'art. 7 co. 3 St-ICTY e dell'art. 6 co. 3 St-ICTR suona: «to prevent such acts».

[305] Cfr. art. 28 lett. a) i) e lett. b) i) St-ICC: «the forces/subordinates were [...] about to commit such crimes».

[306] Cfr. ICTY, 29 luglio 2004 (Blaškić, AC), § 83; *Ambos*, Der Allgemeine Teil des Völkerstrafrechts (2002), 691 s.

[307] In tanto in quanto l'omissione integri gli estremi della fattispecie di una delle forme di partecipazione disciplinate dall'art. 25 co. 3 St-ICC, essa rileva quale forma diretta di partecipazione prima che quale modalità di commissione fondata sulla responsabilità del superiore. Cfr. sul punto *supra*, n. marg. 456.

[308] Cfr. art. 7 co. 3 St-ICTY e art. 6 co. 3 St-ICTR. Quegli Statuti si riferiscono all'omissione «to punish the perpetrators».

[309] Cfr. ICTY, 3 marzo 2000 (Blaškić, TC), § 336; ICTR, 15 maggio 2003 (Semanza, TC), §

soggettivamente rimproverabile, egli resta responsabile per i crimini commessi dai subordinati anche se si è successivamente dato da fare per punire il responsabile.

3. Necessità e proporzione* delle misure

Un rimprovero per omissione non può essere mosso al superiore se egli ha adottato tutte le misure necessarie ed appropriate e ciononostante il crimine è stato commesso. Egli deve avere in questo senso la possibilità materiale d'impedire il crimine o attivare le misure per la sua repressione[310], come conferma l'art. 28 lett. a) ii) e b) ii), a norma del quale il superiore deve adottare tutte (e soltanto) le misure ch'è in suo potere di adottare («within his or her power»).

Criterio per stabilire quali misure siano necessarie e proporzionate («necessary and reasonable») è il diritto internazionale umanitario[311]. "Necessarie" sono quelle misure che in base ad una prospettiva *ex ante*, sarebbero state idonee ad impedire la commissione del crimine da parte del subordinato o ad attivare la repressione. Vengono in considerazione, ad esempio, istruzioni ed insegnamenti dei principi fondamentali del diritto internazionale umanitario o l'attivazione di sistemi di rapporto, sorveglianza, minaccia di sanzioni[312].

È da escludere dunque che siano determinanti le prescrizioni dell'ente o della compagine all'interno della quale il superiore esercita il proprio ruolo, ché altrimenti tali disposizioni metterebbero in non cale proprio questa forma di responsabilità. Allo stesso modo, il richiamarsi da parte del superiore alla mancanza di competenza giuridica ad adottare le misure necessarie in base al diritto "interno" non lo libera in termini generali dalla sua responsabilità[313].

476

477

478

407; *Boelaert-Suominen*, Virginia Journal of International Law 41 (2001), 747, 783, 785; *Triffterer*, in: Prittwitz (a cura di), Festschrift für Lüderssen (2002), 437, 453 s.

[310] ICTY, 16 novembre 1998 (Mucić et al., TC), § 395: «International law cannot oblige a superior to perform the impossible. Hence, a superior may only be held criminally responsible for failing to take such measures that are within his poker»; Cfr. anche ICTY, 24 marzo 2000 (Aleksovski, AC), § 76; ICTY, 20 febbraio 2001 (Mucić et al., AC), §§ 197 s.; ICTY, 3. Marzo 2000 (Blaškić, TC), § 335; ICTR, 21 maggio 1999 (Kayishema e Ruzindana, TC), § 217; *Boelaert-Suominen*, Virginia Journal of International Law 41 (2001), 747, 780 s.

[311] Cfr. Triffterer-*Fenrick*, Rome Statute (1999), art. 28, n. marg. 9; Cfr. inoltre art. 87 Protocollo aggiuntivo I.

[312] Triffterer-*Fenrick*, Rome Statute (1999), art. 28 n. marg. 9; cfr. anche *Ambos*, Der Allgemeine Teil des Völkerstrafrechts (2002), 688; *Bantekas* AJIL 93 (1999), 573, 591 ss.

[313] Così anche ICTY, 16 novembre 1998 (Mucić et al., TC), § 395; *Bantekas* AJIL 93 (1999), 573, 593.

---

* Il termine «angemessen» (nella lingua comune: appropriato, adeguato) traduce l'inglese «reasonable» ed è espressione tecnica che, nella dogmatica tedesca, è destinata ad esprimere un giudizio di ragionevolezza e proporzione. Qui è tradotto con gli aggettivi "proporzionato" (sost., proporzione), "appropriato". Cfr. *supra* l'*Avvertenza*, p. XXIX.

479 È controverso se fra le misure necessarie e proporzionate debbano essere annoverate soltanto quelle la cui omissione è stata causale rispetto alla commissione del crimine. la giurisprudenza dei Tribunali *ad hoc* lo ha escluso; in senso negativo deporrebbe specialmente la considerazione che l'omessa attivazione di misure repressive, quale post-fatto, sarebbe palesemente incompatibile con un concetto di causalità così inteso[314].

480 Non è possibile determinare in generale quali misure siano imposte. Decisive sono sempre le circostanze del caso concreto, in particolare la misura delle possibilità di controllo ed efficace intervento sul subordinato da parte del superiore («commander's degree of effective control»)[315]. E, ancora una volta, quest'ultime si determinano soltanto in base alla misura in cui il superiore sia in condizione di impedire o punire le violazioni dei propri sottoposti[316]. Il grado di controllo di fatto diviene, con ciò, il fattore determinante della responsabilità del superiore: non è soltanto un elemento costitutivo per il riconoscimento di un rapporto di sovraordinazione-subordinazione, ma esprime il contenuto e la portata degli obblighi di sorveglianza e di controllo che fanno capo al superiore[317].

IV. Il crimine internazionale come conseguenza della violazione dell'obbligo di sorveglianza

481 Ai tre elementi fondamentali della responsabilità del superiore, poc'anzi analizzati, l'art. 28 ne aggiunge un quarto, per il quale è necessario che il crimine commesso dal subordinato sia conseguenza di una "mancanza" («failure») del superiore, cioè del mancato esercizio di un «appropriato controllo» da parte del superiore sui subordinati («result of his or her failure to exercise control properly»). All'omissione antidoverosa quale nucleo fondante della responsabilità del superiore viene in tal modo affiancato l'elemento della trascuratezza del dovere di controllo e sorveglianza. Per tale elemento manca un precedente nel diritto consuetudinario; il significato di questo ulteriore requisito e la sua collocazione nella "filosofia generale" dell'art. 28 restano tuttora non chiariti[318].

482 La difficoltà principale sollevata dal requisito della violazione dell'obbligo di sorveglianza consiste nel determinare in quale rapporto si trovi con le condotte del mancato impedimento e dell'omessa denuncia. una considerazione più attenta mostra che, ad onta del significato fatto palese dal testo letterale, il requisito in discorso possiede autonomo significato soltanto in connessione con l'omessa denuncia.

---

[314] ICTY, 16 novembre 1998 (Mucić et al., TC), §§ 396 ss.
[315] Cfr. ICTY, 29 luglio 2004 (Blaškić, AC), § 72; ICTY, 16 novembre 1998 (Mucić et al., TC), § 394; ICTY, 25 giugno 1999 (Aleksovski, TC), § 81; *Keith*, Humanitäres Völkerrecht-Informationsschriften 2001, 98, 105.
[316] Cfr. *supra*, n. marg. 459 ss.
[317] Cfr. sul punto anche *Keith*, Humanitäres Völkerrecht-Informationsschriften 2001, 98, 105.
[318] *Weigend*, in: Schünemann et al. (a cura di), Festschrift für Roxin (2001), 1375, 1397; approfonditamente anche *Triffterer*, in: Prittwitz (a cura di), Festschrift für Lüderssen (2002), 437, 446 ss.

Se infatti il superiore omette d'impedire al subordinato la commissione del crimine, ciò costituisce allo stesso tempo una mancanza di controllo appropriato. L'accertamento della violazione di un ulteriore dovere di sorveglianza non è in tal caso necessario.

483

Solo in tal modo possono essere evitati esiti inconferenti, come può mostrare il seguente esempio: un superiore il quale, grazie al suo eccellente sistema d'informazione, viene informato che alcuni fra i propri sottoposti sono in procinto di commettere un crimine, ed inoltre, grazie alla sua straordinaria organizzazione, potrebbe impedirne senza problemi la realizzazione, resta ciononostante inerte. Questo rimprovero è però sufficiente a fondare la sua responsabilità: escluderla, in base al rilievo che non gli sia rimproverabile una violazione dell'aggiuntivo dovere di sorveglianza, sarebbe privo di senso.

484

Per contro, il requisito di un appropriato controllo acquista un suo autonomo peso nei casi di omessa denuncia: se per un verso anche l'omettere di investire le autorità competenti per l'indagine e la punizione può essere inteso in senso lato come violazione dell'obbligo di appropriato controllo, per altro verso, tuttavia, è nella stessa natura delle cose che il crimine già commesso in tempo antecedente dal subordinato non potrà mai costituire la "conseguenza" di una mancanza (di appropriato controllo) così intesa. Diversamente da quanto accade nel caso nell'omissione di misure preventive, l'art. 28 può essere razionalmente inteso, in questo caso, soltanto se al superiore possa essere rimproverata, già prima della commissione del crimine, la violazione di un obbligo di sorveglianza ulteriore ed aggiuntivo. Una responsabilità *ex* art. 28, su queste basi, è da escludere anche nel caso in cui il superiore ometta le misure necessarie alla repressione, e tuttavia abbia assunto la sua posizione soltanto in tempo successivo alla commissione del fatto[319].

485

Ancora, l'art. 28 richiede che la commissione del crimine da parte del subordinato rappresenti proprio una "conseguenza" della violazione dell'obbligo di sorveglianza e di controllo. Se con questo esso intenda riferirsi al vero e proprio rapporto di causalità – ciò che la giurisprudenza dei Tribunali *ad hoc* esclude –[320], eventualmente nel senso di uno specifico rapporto di rischio[321] o della cd. imputazione oggettiva dell'evento, è una questione aperta[322].

486

[*Omissis*][323-324-325]

487-491

---

[319] Cfr. su questa costellazione di casi anche ICTY, dec. 16 luglio 2003 (Hadžihasanović e Kubura, AC), §§ 45 ss.

[320] Cfr. *supra*, n. marg. 479.

[321] Così *Ambos*, Der Allgemeine Teil des Völkerstrafrechts (2002), 686 s. Secondo l'Autore la commissione del crimine da parte del subordinato deve rappresentare la realizzazione del pericolo tipico che risulta dall'accertata omissione del superiore.

[322] Cfr. anche *Triffterer*, in: Prittwitz (a cura di), Festschrift für Lüderssen (2002), 437, 445.

[323] [*Omissis*].

[324] [*Omissis*].

[325] [*Omissis*].

F. Cause di esclusione della responsabilità

492 *Ambos, Kai:* Der Allgemeine Teil des Völkerstrafrechts, Ansätze einer Dogmatisierung (2002), 825 ss.; *Ambos, Kai:* Defences, in: Cassese, Antonio/Gaeta, Paola/Jones, John R.W.D. (Hrsg.), The Rome Statute of the International Criminal Court: A Commentary, Band 1 (2002), 949 ss.; *Ambos, Kai:* Internationales Strafrecht (2006), § 7 Rn. 75 ss.; *Bantekas, Ilias:* Defences in International Criminal Law, in: McGoldrick, Dominic/Rowe, Peter/Donnelly, Eric (Hrsg.), The Permanent International Criminal Court (2004), 263 ss.; *Cassese, Antonio:* International Criminal Law (2003), 219 ss.; *Cryer, Robert:* Prosecuting International Crimes (2005), 291 ss.; *Dahm, Georg/Delbrück, Jost/Wolfrum, Rüdiger:* Völkerrecht, Band I/3, 2. Aufl. (2002), 1124 ss.; *Dinstein, Yoram:* Defences, in: McDonald, Gabrielle Kirk/Swaak-Goldman, Olivia (Hrsg.), Substantive and Procedural Aspects of International Criminal Law, The Experience of International and National Courts, Band 1 (2000), 369 ss.; *Eser, Albin:* „Defences" in Strafverfahren wegen Kriegsverbrechen, in: Schmoller, Kurt (Hrsg.), Festschrift für Otto Triffterer (1996), 755 ss.; *Eser, Albin:* Kommentierung zu Art. 31 IStGH-Statut, in: Triffterer, Otto (Hrsg.), Commentary on the Rome Statute of the International Criminal Court (1999), 537 ss.; *Jescheck, Hans-Heinrich:* Die Verantwortlichkeit der Staatsorgane nach Völkerstrafrecht, Eine Studie zu den Nürnberger Prozessen (1952), 328 ss.; *Knoops, Geert-Jan G.J.:* Defenses in Contemporary International Criminal Law (2001); *Kreß, Claus:* Die Kristallisation eines Allgemeinen Teils des Völkerstrafrechts: Die Allgemeinen Prinzipien des Strafrechts im Statut des Internationalen Strafgerichtshofs, Humanitäres Völkerrecht-Informationsschriften 1999, 4 ss.; *Kreß, Claus:* War Crimes Committed in Non-International Armed Conflict and the Emerging System of International Criminal Justice, Israel Yearbook on Human Rights 30 (2001), 103 ss.; *Merkel, Reinhard:* Gründe für den Ausschluss der Strafbarkeit im Völkerstrafrecht, ZStW 114 (2002), 437 ss.; *Nill-Theobald, Christiane:* „Defences" bei Kriegsverbrechen am Beispiel Deutschlands und der USA (1998); *Scaliotti, Massimo:* Defences before the international criminal court: Substantive grounds for excluding criminal responsibility, Teil 1: International Criminal Law Review 1 (2001), 111 ss.; Teil 2: International Criminal Law Review 2 (2002), 1 ss.; *van Sliedregt, Elies:* The Criminal Responsibility of Individuals for Violations of International Humanitarian Law (2003), 227 ss.

I. Lo sviluppo della categoria delle cause di esclusione della responsabilità penale nel diritto internazionale penale

1. L'applicazione pratica della categoria nel diritto internazionale penale

493 La categoria delle cause di esclusione della responsabilità penale ha rivestito nella pratica dell'applicazione giurisprudenziale internazionale, quantomeno in una prima fase, un ruolo decisamente secondario. Invero, la sfida principale che il nascente diritto internazionale penale si è trovato inizialmente ad affrontare atteneva alla possibilità di fondare una responsabilità penale individuale sulla sola base del diritto internazionale[326]. Così, ad esempio, nello Statuto IMT non era prevista alcuna fattispecie esimente, tanto che le difese degli imputati tratti in giudizio dinnanzi al Tribunale di Norimberga furono basate principalmente sull'impossibilità

---

[326] Cfr. *supra*, n. marg. 2 ss.

di rivenire un reale potere punitivo in capo alla comunità internazionale e, conseguentemente, sulla mancanza di legittimazione della giustizia internazionale in quanto tale.

Con il progressivo consolidamento del principio di responsabilità penale individuale nel quadro del diritto internazionale e delle sue regole, alcune peculiari fattispecie esimenti iniziano a trovare maggior spazio nella pratica dell'applicazione giudiziaria e, soprattutto, nella ricostruzione dell'impianto difensivo degli imputati. In alcuni dei processi che ebbero luogo all'indomani di Norimberga, ma soprattutto in quelli celebrati di fronte ai Tribunali penali internazionali per l'ex Jugoslavia e per il Ruanda, alle cause di esclusione della responsabilità penale è stato riconosciuto un ruolo ben più significativo, sebbene ancora confinato al piano interpretativo e senza riconoscimenti ufficiali nelle fonti normative. Infatti, sia nello Statuto del Tribunale penale per la ex Jugoslavia, che in quello del Tribunale per il Ruanda, non viene contemplata alcuna specifica ipotesi esimente, ma si affida al giudicante stesso il compito di individuare i possibili fondamenti della non punibilità e della sua declaratoria in giudizio[327].

La categoria dei crimini di guerra rappresenta il luogo d'elezione per valutare l'impatto delle singole fattispecie esimenti nell'accertamento della responsabilità penale e ne costituisce anche il principale ambito applicativo, grazie ad una pluralità di ipotesi incriminatorie eterogenee ed estremamente capillari. Al contrario, la possibilità di riferire l'applicazione di fattispecie esimenti anche ai crimini contro l'umanità e al crimine di genocidio risponde ad una logica di assoluta eccezionalità[328], come sembra evidenziare anche il mero dato statistico: nell'esperienza giudiziaria maturata sinora, infatti, le esimenti che hanno più di frequente trovato applicazione sono state l'ordine del superiore e lo stato di necessità[329].

2. Lo Statuto di Roma

Anche rispetto alla specifica dimensione delle cause di esclusione della responsabilità penale, lo Statuto di Roma rappresenta un significativo passo avanti nell'edificazione di un ordinamento penale internazionale effettivo e sottratto ai legacci della frammentarietà, che sinora ne avevano condizionato lo sviluppo. Per la pri-

---

[327] Cfr. l'art. 7 co. 4 St-ICTY. Un lieve progresso si è avuto con il Progetto della Commissione sul Diritto Internazionale, nel quale venne espressamente riconosciuto che le cause di esclusione della responsabilità penale possono trovare applicazione, in linea di principio, anche nell'ambito del diritto penale internazionale. Analogo tenore ha l'art. 14 del *Draft Code* del 1996, in base al quale le singole "defences" devono essere individuate e definite dal Tribunale competente «in accordance with the general principles of law, in the light of the character of each crime».

[328] Sul punto, in termini analoghi, *Zimmermann* ZaöRV 58 (1998), 47, 83. L'autore, tuttavia, sottolinea la difficoltà di rinvenire, anche nell'ambito dei crimini di guerra, un concreto spazio applicativo per le fattispecie esimenti; cfr. anche *Kreß*, Israel Yearbook on Human Rights 30 (2001), 103, 151.

[329] Cfr. *Ambos*, Der Allgemeine Teil des Völkerstrafrechts (2002), 514.

ma volta, infatti, la parte 3 del suddetto Statuto definisce i presupposti e l'ambito d'applicazione delle principali cause di esclusione della responsabilità penale nel quadro del diritto penale internazionale.

497 La norma di partenza è l'art. 31 St-ICC, che riunisce e codifica al suo interno fattispecie esimenti profondamente eterogenee (malattie o disturbi psichici, ubriachezza, legittima difesa e stato di necessità)[330]. Al comma 3 della medesima disposizione, inoltre, il legislatore internazionale ha previsto una peculiare clausola generale, in virtù della quale la Corte «potrà tenere in considerazione anche altre cause di esclusione della responsabilità penale rispetto a quelle indicate al comma 1»[331]. Come tali devono intendersi non solo le ulteriori fattispecie esimenti espressamente previste all'interno dello Statuto (errore, ordine del superiore militare o civile, recesso), ma anche quelle che possano desumersi dal diritto applicabile ai sensi dell'articolo 21 e, in particolare, dal diritto consuetudinario internazionale o da principi generali di diritto (necessità militare, rappresaglia).

II. La legittima difesa

498 *Ambos, Kai:* Der Allgemeine Teil des Völkerstrafrechts, Ansätze einer Dogmatisierung (2002), 830 ss.; *Bantekas, Ilias:* Defences in International Criminal Law, in: McGoldrick, Dominic/Rowe, Peter/Donnelly, Eric (Hrsg.), The Permanent International Criminal Court (2004), 263, 277 ss.; *Cassese, Antonio:* The Statute of the International Criminal Court: Some Preliminary Reflections, EJIL 10 (1999), 144 ss.; *Cassese, Antonio:* International Criminal Law (2003), 222 ss.; *Dahm, Georg/Delbrück, Jost/Wolfrum, Rüdiger:* Völkerrecht, Band I/3, 2. Aufl. (2002), 1124 ss.; *Dinstein, Yoram:* War, Aggression and Self-Defence, 3. Aufl. (2001); *Eser, Albin:* „Defences" in Strafverfahren wegen Kriegsverbrechen, in: Schmoller, Kurt (Hrsg.), Festschrift für Otto Triffterer (1996), 755 ss.; *Eser, Albin:* Kommentierung zu Art. 31 IStGH-Statut, in: Triffterer, Otto (Hrsg.), Commentary on the Rome Statute of the International Criminal Court, Observers' Notes, Article by Article (1999), 573 ss.; *Herrmann, Joachim:* Die Notwehr im amerikanischen Strafrecht, ZStW 93 (1981), 615 ss.; *Jescheck, Hans-Heinrich:* Die Verantwortlichkeit der Staatsorgane nach Völkerstrafrecht, Ein Studie zu den Nürnberger Prozessen (1952), 328 ss.; *Knoops, Ge-*

---

[330] Sull'elaborazione dell'art. 31 St-ICC durante i lavori preparatori, si veda Triffterer-*Eser*, Rome Statute (1999), art. 31, n. marg. 3.

[331] Cfr. Triffterer-*Eser*, Rome Statute (1999), art. 31, n. marg. 5 ss. La natura dell'elencazione contenuta nello Statuto, se cioè la stessa dovesse intendersi tassativa o solo come una sorta di "open list" di carattere indicativo, fu questione particolarmente controversa durante i lavori della Conferenza di Roma, cfr. sul punto *Scaliotti*, International Criminal Law Review 1 (2001), 111, 119. Nell'art. 34 Draft E-St-ICC era prevista la seguente disposizione: «1. At trial the Court may consider a ground for excluding criminal responsibility not specifically enumerated in this part if the ground: (a) is recognized [in general principles of criminal law common to civilized nations] [in the State with the most significant contacts to the crime] with respect to the type of conduct charged; and (b) deals with a principle clearly beyond the scope of the grounds for excluding criminal responsibility enumerated in this part and is not otherwise inconsistent with those or any other provisions of the Statute. 2. The procedure for asserting such a ground for excluding criminal responsibility shall be set forth in the Rules of Procedure and Evidence».

ert-Jan G.J.: Defenses in Contemporary International Criminal Law (2001), 73 ss.; *Kreß, Claus:* War Crimes Committed in Non-International Armed Conflict and the Emerging System of International Criminal Justice, Israel Yearbook on Human Rights 30 (2001), 103 ss.; *Merkel, Reinhard:* Gründe für den Ausschluss der Strafbarkeit im Völkerstrafrecht, ZStW 114 (2002), 437 ss.; *Nill-Theobald, Christiane:* „Defences" bei Kriegsverbrechen am Beispiel Deutschlands und der USA (1998), 358 ss.; *Saland, Per:* International Criminal Law Principles, in: Lee, Roy S. (Hrsg.), The International Criminal Court, The Making of the Rome Statute (1999), 189 ss.; *Scaliotti, Massimo:* Defences before the international criminal court: Substantive grounds for excluding criminal responsibility, Teil 1: International Criminal Law Review 1 (2001), 111 ss.; *van Sliedregt, Elies:* The Criminal Responsibility of Individuals for Violations of International Humanitarian Law (2003), 254 ss.

Sebbene alla legittima difesa sia stato sinora attribuito dalla giurisprudenza dei tribunali internazionali un ruolo minoritario[332], questo istituto è da lungo tempo riconosciuto sul piano del diritto consuetudinario[333]. In generale, un limitato ambito di applicazione si rinviene nel diritto dei crimini di guerra. I presupposti della legittima difesa sono ora stabiliti all'art. 31 co. 1 c) St-ICC[334]. La disposizione, che fa proprie le suggestioni del diritto consuetudinario[335], traduce la tradizionale regola per cui la necessità di respingere un attacco ingiusto consente l'adozione di adeguate misure difensive[336].

Nel processo *Kordić* e *Čerkez* il Tribunale penale per la ex Jugoslavia si è diffusamente occupato della portata e della validità della legittima difesa nel diritto internazionale penale. La

---

[332] Cfr. *Ambos*, Der Allgemeine Teil des Völkerstrafrechts (2002), 830; *Eser*, in: Schmoller (a cura di), Festschrift für Triffterer (1996), 755, 766.

[333] Si veda approfonditamente ICTY, 26 febbraio 2001 (Kordič e Čerkez, TC), § 451: «The principle of self-defence enshrined in [art. 31 St-ICC] reflects provisions found in most national criminal codes and may be regarded as constituing a rule of customary international law». Cfr. anche *Eser*, in: Schmoller (a cura di), Festschrift für Triffterer (1996), 755, 766 s.; *Kreß*, Israel Yearbook on Human Rights 30 (2001), 103, 151; *Knoops*, Defenses in Contemporary International Criminal Law (2001), 75; *Scaliotti*, International Criminal Law Review 1 (2001), 111, 158, 160 ss. – Il principio dell'autodifesa rappresenta una delle più solide componenti degli ordinamenti giuridici nazionali (cfr. la panoramica comparatistica in *Scaliotti*, International Criminal Law Review 1 (2001), 111, 161); sul punto, può riconoscersi anche l'esistenza di un principio generale.

[334] Sulle problematiche affrontate durante i lavori preparatori della Conferenza di Roma (provocazione e legittima difesa, legittima difesa putativa, legittima difesa rispetto alla minaccia), si veda nel dettaglio *Scaliotti*, International Criminal Law Review 1 (2001), 111, 164 ss.

[335] Cfr. ICTY, 26 febbraio 2001 (Kordić e Čerkez, TC), § 451; *Dahm/Delbrück/Wolfrum*, Völkerrecht, vol. I/3, 2ª ed. (2002), 1128.

[336] Il confronto tra la legittima difesa nel diritto penale internazionale e la disciplina dell'istituto ai sensi del paragrafo 32 StGB ne evidenzia la significativa vicinanza, poiché le restrizioni alla possibilità di invocare l'esimente a tutela dei beni materiali e la proporzionalità della reazione difensiva richiesta *ex* art. 31 co. 1 c) St-ICC possono filtrare nell'interpretazione del § 32 StGB grazie all'elemento della necessità (Gebotenheitsgrundsatz). Da ciò deriva il mancato inserimento, all'interno del VStGB, di alcuna specifica disciplina della difesa legittima. Le disposizioni che erano state previste nel Progetto di legge governativo sono state stralciate (cfr. Begr. VStGB, 15). Criticamente sul punto *Merkel* ZStW 114 (2002), 437, 446.

decisione in parola risulta significativa da un duplice punto di vista. Da un lato, trovano per la prima volta applicazione, sebbene indirettamente, i principi contenuti nell'art. 31 co. 1 c) St-ICC, che si riconoscono ampiamente compatibili con le regole del diritto consuetudinario. Dall'altro, la suddetta sentenza conferma la scelta dei compilatori dello Statuto di Roma di disciplinare con apposita disposizione l'istituto della legittima difesa: situazioni in cui questa possa trovare applicazione, infatti, sono certamente ravvisabili.

1. I presupposti della legittima difesa

501 I presupposti della legittima difesa vengono individuati nella "minaccia di un uso legittimo della forza" diretto contro specifici beni giuridici.

a) L'uso della forza

502 Con la locuzione uso della forza («use of force») si intendono non soltanto attacchi all'integrità fisica, ma anche aggressioni psicologiche – in primo luogo il ricorso alla minaccia – nella misura in cui queste siano in grado di determinare, nel soggetto che le subisce, una situazione di costrizione[337]. L'uso della forza deve essere illegittimo («unlawful»), cioè perpetrato in assenza di cause di esclusione della responsabilità penale[338], ed imminente («imminent»), ovvero incombente al momento del fatto oppure già presente ed ancora in atto[339].

b) Beni tutelati

503 In linea di principio, la legittima difesa viene considerata ammissibile solo laddove l'uso della forza sia diretto a ledere beni come la vita, l'integrità fisica o la libertà di movimento, che possono fare capo sia al soggetto direttamente aggredito, sia ad un terzo[340]. Sebbene l'ambito dei beni giuridici tutelabili nelle ipotesi di genocidio, crimini contro l'umanità o aggressione risulti tassativamente delimitato, l'art. 31 co. 1 c) St-ICC autorizza la commissione di un crimine di guerra anche a difesa di particolari beni materiali («property», «biens»)[341].

504 L'inserimento di beni materiali nell'ambito degli interessi a tutela dei quali, se necessario, può essere commesso un crimine internazionale, è stata questione particolarmente contro-

---

[337] Cfr. Triffterer-*Eser*, Rome Statute (1999), art. 31, n. marg. 29, nota 50.
[338] Cfr. Triffterer-*Eser*, Rome Statute (1999), art. 31, n. marg. 29.
[339] Cfr. *Ambos*, Der Allgemeine Teil des Völkerstrafrechts (2002), 850; Triffterer-*Eser*, Rome Statute (1999), art. 31, n. marg. 29; *Kreß*, Israel Yearbook on Human Rights 30 (2001), 103, 151.
[340] La prevista limitazione alla tutela di beni primari di carattere personale risulta dalla circostanza che la legittima difesa debba tendere "alla difesa di se stesso o di un altro soggetto", secondo l'art. 31 co. 1 c) St-ICC. Cfr. Triffterer-*Eser*, Rome Statut (1999), art. 31, n. marg. 29; *Merkel* ZStW 114 (2002), 437, 444.
[341] Il termine tedesco "Eigentum" potrebbe essere facilmente fuorviante [nel testo tedesco è stato utilizzato il termine "Sachgüter", *N.d.T.*].

versa durante i lavori della Conferenza di Roma³⁴². La scelta di predisporre una disciplina differenziata, introdotta nello Statuto di Roma come soluzione di compromesso, si fonda sulla considerazione che nell'ambito di crimini di guerra il disvalore del fatto possa talvolta essere significativamente minore rispetto al delitto di genocidio o ai crimini contro l'umanità³⁴³.

La norma specifica che i beni materiali oggetto di tutela debbano essere o necessari alla sopravvivenza degli individui («essential for the survival of the person or another person»), oppure indispensabili per lo svolgimento di una missione militare («essential for accomplishing a military mission»)³⁴⁴.

505

Nell'analizzare la fattispecie che autorizza la legittima difesa anche a protezione di beni materiali che sono "indispensabili per lo svolgimento di una missione militare", poi, è necessario tener conto delle possibili interrelazioni con la figura della necessità militare (*military necessity*)³⁴⁵, cui il diritto consuetudinario da sempre riconosce caratteristiche decisamente similari³⁴⁶. La seconda parte dell'art. 31 co. 1 c) St-ICC, infatti, stabilisce che la partecipazione ad un'operazione militare non rappresenta *ex se* motivo di esclusione della responsabilità penale per i soggetti coinvolti.

506

2. La reazione difensiva

La contestuale presenza dei requisiti sopra descritti autorizza l'adozione delle misure difensive che risultino "ragionevoli" («reasonable»)³⁴⁷ nel caso di specie, ovvero proporzionate al grado del pericolo minacciato ed alla natura personale o materiale del bene tutelato³⁴⁸. Quale *ultima ratio*, la reazione difensiva può tradursi nell'ucci-

507

---

³⁴² Sul punto *Saland*, in: Lee (a cura di), The International Criminal Court, The Making of the Rome Statute (1999), 189, 207 s.; *Scaliotti*, International Criminal Law Review 1 (2001), 111, 166 ss.; *van Sliedregt*, The Criminal Responsibility of Individuals for Violations of International Humanitarian Law (2003), 258.

³⁴³ Cfr. *Saland*, in: Lee (a cura di), The International Criminal Court, The Making of the Rome Statute (1999), 189, 208; *van Sliedregt*, The Criminal Responsibility of Individuals for Violations of International Humanitarian Law (2003), 258.

³⁴⁴ Con posizioni critiche rispetto all'estensione dell'esimente anche alla tutela di beni materiali si veda *Cassese* EJIL 10 (1999), 144, 154; *Wirth/Harder* ZRP 2000, 144, 146. Cfr. anche anche *Cryer*, Prosecuting International Crimes (2005), 306 s.; *Scaliotti*, International Criminal Law Review 1 (2001), 111, 167.

³⁴⁵ Ancora sul punto *infra*, n. marg. 573.

³⁴⁶ Cfr. *Kreß*, Israel Yearbook on Human Rights 30 (2001), 103, 151; *van Sliedregt*, The Criminal Responsibility of Individuals for Violations of International Humanitarian Law (2003), 259.

³⁴⁷ Nella tradizione giuridica anglo-americana, la non punibilità viene esclusa quando il soggetto agente si sia rappresentato per errore la presenza in atto di un'aggressione in realtà non sussistente, cfr. *Herrmann* ZStW 93 (1981), 625. Unico presupposto necessario della legittima difesa è che la valutazione del soggetto sia stata "reasonable", cioè motivata da una ragionevole ponderazione delle circostanze di fatto. In generale, sul "reasonable man standard" si veda *Fletcher*, in: Arnold et al. (a cura di), Festschrift für Eser (2005), 739, 748, come anche *van Sliedregt*, The Criminal Responsibility of Individuals for Violations of International Humanitarian Law (2003), 254, 260

³⁴⁸ Nonostante il testo della norma contenga una poco felice ripetizione, utilizzando due volte

sione di un individuo, ad esempio quando l'aggressore minacci la vita o, in maniera grave, l'integrità fisica dell'aggredito[349].

3. La volontà diretta alla reazione difensiva

Dal punto di vista soggettivo, l'integrazione della fattispecie richiede che il soggetto abbia agito con la volontà di difendersi. Infatti, in base all'art. 31 co. 1 c) St-ICC, la non punibilità è subordinata alla circostanza che il crimine internazionale sia stato commesso solo «per difendere se stesso o un altro individuo oppure, nel caso di crimini di guerra, […] per difendere i beni materiali tutelati»[350].

4. La legittima difesa individuale e il diritto di autodifesa dello Stato

È circostanza frequente che, nell'ambito di un conflitto di carattere militare tra Stati, vengano commessi crimini internazionali. In riferimento ai crimini di guerra, che rappresentano l'ipotesi statisticamente più rilevante, la presenza di un conflitto armato costituisce addirittura il presupposto stesso della punibilità. In questi casi, diventa più difficile dipanare le interrelazioni tra il piano della legittimità (o illegittimità) delle operazioni militari tra Stati e quello, ben diverso, della punibilità delle condotte individuali lesive di beni giuridici tutelati[351].

Il diritto di ciascuno Stato di difendere la propria sovranità contro l'uso illegittimo della forza è riconosciuto anche dalle fonti consuetudinarie internazionali[352]. L'art. 51 della Carta delle Nazioni Unite conferma «il diritto naturale di ogni Paese membro di difendersi, individualmente o collettivamente, contro attacchi armati»[353]. In questo caso, la circostanza che la reazione intrapresa abbia carattere

---

il termine proporzionalità, si può correttamente ritenere che suddetto requisito vada inteso in termini unitari, cfr. *Kreß*, Israel Yearbook on Human Rights 30 (2001), 103, 152; *Triffterer-Eser*, Rome Statute (1999), art. 31, n. marg. 32; *Dahm/Delbrück/Wolfrum*, Völkerrecht, vol. I/3, 2ª ed. (2002), 1128; gli autori richiedono una "doppia verifica": deve risultare proporzionale non solo la condotta reattiva in quanto tale, ma anche la modalità della sua esecuzione. Secondo *Cassese*, International Criminal Law (2003), 222, la reazione difensiva deve rappresentare l'unico strumento adeguato per respingere l'attacco.

[349] Cfr. *Triffterer-Eser*, Rome Statute (1999), art. 31 n. marg. 33.

[350] In senso contrario si veda *Ambos*, Der Allgemeine Teil des Völkerstrafrechts (2002), 831, che ritiene sufficiente la mera conoscenza dei presupposti della legittima difesa; cfr. anche *Ambos*, Internationales Strafrecht (2006), § 7 n. marg. 88.

[351] Si segnalano alcuni tentativi di invocare quale causa di esclusione della responsabilità penale la circostanza di aver preso parte ad un'operazione militare difensiva (asseritamente) conforme alle regole del diritto internazionale, in particolare da parte degli imputati del Processo di Norimberga e dei processi a questo successivi. Cfr. sul punto *Ambos*, Der Allgemeine Teil des Völkerstrafrechts (2002), 121; *Cassese*, International Criminal Law (2003), 223.

[352] Cfr. *Dinstein*, War, Aggression and Self-Defence, 3ª ed. (2001), 159, 226; *Knoops*, Defenses in Contemporary International Criminal Law (2001), 197; *Nill-Theobald*, „Defences" bei Kriegsverbrechen am Beispiel Deutschlands und der USA (1998), 358; *Scaliotti*, International Criminal Law Review 1 (2001), 111, 158.

[353] Cfr. sul punto *Brownlie*, Principles of Public International Law, 6ª ed. (2003), 701; *Seidl-Hohenveldern/Stein*, Völkerrecht, 10ª ed. (2000), n. marg. 1787.

difensivo legittima non la condotta del singolo individuo, ma piuttosto la posizione dello Stato cui essa si riferisce. Per questo motivo, la legittima difesa operante sul piano della responsabilità penale individuale non deve in alcun modo essere sovrapposta al diritto di autodifesa riconosciuto agli Stati nazionali[354]. Una distinzione, questa, chiaramente affermata anche dalla seconda parte dell'art. 31 co. 1 c) St-ICC[355], laddove stabilisce che «la partecipazione ad operazioni militari difensive non può di per sé rappresentare»[356] motivo di esclusione della responsabilità penale per i soggetti coinvolti nei combattimenti. Anche da questo punto di vista, pertanto, le soluzioni proposte dallo Statuto di Roma si rivelano pienamente compatibili con i contenuti del diritto consuetudinario.

III. Lo stato di necessità

Ambos, Kai: Der Allgemeine Teil des Völkerstrafrechts, Ansätze einer Dogmatisierung (2002), 837 ss.; *Ambos, Kai:* Other Grounds for Excluding Criminal Responsibility, in: Cassese, Antonio/Gaeta, Paola/Jones, John R.W.D. (Hrsg.), The Rome Statute of the International Criminal Court: A Commentary, Band 2 (2002), 1003 ss.; *Cassese, Antonio:* International Criminal Law (2003), 242 ss.; *Dahm, Georg/Delbrück, Jost/Wolfrum, Rüdiger:* Völkerrecht, Band I/3, 2. Aufl. (2002), 1124 ss.; *Dinstein, Yoram:* Defences, in: McDonald, Gabrielle Kirk/Swaak-Goldman, Olivia (Hrsg.), Substantive and Procedural Aspects of International Criminal Law, The Experience of International and National Courts, Band 1 (2000), 369 ss.; *Dinstein, Yoram:* War, Aggression and Self-Defence, 3. Aufl. (2001); *Eser, Albin:* „Defences" in Strafverfahren wegen Kriegsverbrechen, in: Schmoller, Kurt (Hrsg.), Festschrift für Otto Triffterer (1996), 755 ss.; *Eser, Albin:* Kommentierung zu Art. 31 IStGH-Statut, in: Triffterer, Otto (Hrsg.), Commentary on the Rome Statute of the International Criminal Court, Observers' Notes, Article by Article (1999), 537 ss.; *Etzel, Jochen:* Notstand und Pflichtenkollision im amerikanischen Strafrecht (1993); *Fletcher, George:* Basic Concepts of Criminal Law (1998), 130 ss.; *Gaeta, Paola:* May Necessity Be Available as a Defence for Torture in the Interrogation of Suspected Terrorists?, Journal of International Criminal Justice 2 (2004), 785 ss.; *Janssen, Sander:* Mental condition defences in supranational criminal law, International Criminal Law Review 4 (2004), 83 ss.; *Jescheck, Hans-Heinrich:* Die Verantwortlichkeit der Staatsorgane nach Völkerstrafrecht, Eine Studie zu

---

[354] Cfr. anche *Scaliotti*, International Criminal Law Review 1 (2001), 111, 159; *van Sliedregt*, The Criminal Responsibility of Individuals for Violations of International Humanitarian Law (2003), 254 ss.

[355] La definizione del rapporto tra il diritto di autodifesa dei singoli Stati e la legittima difesa come esimente individuale è stata questione particolarmente controversa durante i lavori della Conferenza di Roma, cfr. *Scaliotti*, International Criminal Law Review 1 (2001), 111, 166. La scelta di inserire espressamente la seconda parte dell'art. 31 co. 1 c) St-ICC deriva dal timore di alcuni Stati, tra cui anche la Germania, che la disciplina prevista nel primo capoverso in riferimento alla tutela di "beni materiali indispensabili allo svolgimento di una missione militare" potesse consentire un'applicazione troppo ampia della legittima difesa.

[356] Cfr. ICTY, 26 febbraio 2001 (Kordić e Čerkez, TC), § 452: «[M]ilitary operations in self-defence do not provide a justification for serious violations of international humanitarian law». Cfr. anche *Ambos*, Criminal Law Forum 10 (1999), 1, 27; *Scaliotti*, International Criminal Law Review 1 (2001), 111, 166.

den Nürnberger Prozessen (1952), 328 ss.; *Jeßberger, Florian:* Bad Torture – Good Torture, Journal of International Criminal Justice 3 (2005), 1059 ss.; *Knoops, Geert-Jan G.J.:* Defenses in Contemporary International Criminal Law (2001), 55 ss.; *Kreß, Claus:* Die Kristallisation eines Allgemeinen Teils des Völkerstrafrechts: Die Allgemeinen Prinzipien des Strafrechts im Statut des Internationalen Strafgerichtshofs, Humanitäres Völkerrecht-Informationsschriften 1999, 4 ss.; *Kreß, Claus:* Zur Methode der Rechtsfindung im Allgemeinen Teil des Völkerstrafrechts, ZStW 111 (1999), 597 ss.; *Mezzetti, Enrico:* Grounds for Excluding Criminal Responsibility, in: Lattanzi, Flavia (Hrsg.), The International Criminal Court, Comments on the Draft Statute (1998), 147 ss.; *Nemitz, Jan Christoph/Wirth, Steffen:* Legal Aspects of the Appeals Decision in the Erdemović-case: the Plea of Guilty and Duress in International Humanitarian Law, Humanitäres Völkerrecht-Informationsschriften 1998, 43 ss.; *Nill-Theobald, Christiane:* „Defences" bei Kriegsverbrechen am Beispiel Deutschlands und der USA (1998), 171 ss.; *Oellers-Frahm, Karin/Specht, Britta:* Die Erdemović-Rechtsprechung des Jugoslawientribunals: Probleme bei der Entwicklung eines internationalen Strafrechts, dargestellt am Beispiel des Notstands, ZaöRV 58 (1998), 389 ss.; *Saland, Per:* International Criminal Law Principles, in: Lee, Roy S. (Hrsg.), The International Criminal Court, The Making of the Rome Statute (1999), 189 ss.; *Scaliotti, Massimo:* Defences before the international criminal court: Substantive grounds for excluding criminal responsibility, Parte 1: International Criminal Law Review 1 (2001), 111 ss.; *van Sliedregt, Elies:* The Criminal Responsibility of Individuals for Violations of International Humanitarian Law (2003), 267 ss.; *Watzek, Jens:* Rechtfertigung und Entschuldigung im englischen Strafrecht (1997).

512   Con il generale concetto di "stato di necessità" si è soliti indicare, nella tradizione del diritto internazionale penale, un insieme di istituti tra loro sensibilmente diversi[357]. All'interno di tale categoria è possibile distinguere uno stato di necessità apprezzabile sul piano statale (*state of emergency*), strettamente collegato al diritto di ciascun Paese all'autodifesa, lo stato di necessità nella sua dimensione base (*necessity*), nonché una particolare figura di stato di necessità mediante costrizione (*duress*)[358], rilevante soprattutto nel diritto dei crimini di guerra. La prima di queste fattispecie, come pure il diritto di autodifesa dello Stato di matrice internazionale, spiega i propri effetti nell'ambito delle relazioni interstatali e, tutt'al più, si riverbera sulla responsabilità penale individuale solo indirettamente[359]. Per questo

---

[357] Relativamente alla equivoca terminologia adottata nei processi successivi a Norimberga si vedano le riflessioni di *Ambos*, Der Allgemeine Teil des Völkerstrafrechts (2002), 119; *Nill-Theobald*, „Defences" bei Kriegsverbrechen am Beispiel Deutschlands und der USA (1998), 179, 184, 187, 205.

[358] Cfr. *Dahm/Delbrück/Wolfrum*, Völkerrecht, vol. I/3, 2ª ed. (2002), 1127; Triffterer-*Eser*, Rome Statute (1999), art. 31, n. marg. 37; in prospettiva comparatistica *Jescheck/Weigend*, Lehrbuch des Strafrechts, Allgemeiner Teil, 5ª ed. (1996), 370 s., 489. Nel moderno Common Law, in particolare nel diritto penale americano, la distinzione tra *necessity* e *duress* viene meno a favore di una generale *choice of evils defence*, cfr. *LaFave*, Criminal Law, 2ª ed. (2003), 523 ss. e § 3.02 Model Penal Code. – Fino al 1973, anche nel sistema penale tedesco la fattispecie base di stato di necessità e lo stato di necessità mediante costrizione erano disciplinati separatamente, si vedano i § 52 co. 1 e 54 StGB.

[359] Cfr. *supra*, n. marg. 510.

motivo, l'analisi di tali ipotesi rimane estranea alla dimensione ed all'oggetto della presente trattazione. La seconda figura, invece, ha come presupposto la presenza di una situazione di pericolo alternativamente originata da cause naturali, oppure dall'operare di mezzi e strumenti meccanici. L'ultima, infine, è specificatamente connotata dal requisito della costrizione altrui, che costituisce il fattore motivazionale in base al quale il soggetto agente si determina alla commissione di un fatto costituente reato.

Nell'art. 31 co. 1 d) St-ICC, lo stato di necessità ha mantenuto lo stesso profilo che l'istituto presenta nell'ambito del diritto internazionale penale[360]. La disposizione richiama elementi propri tanto del modello normativo base, quanto della peculiare figura di stato di necessità mediante costrizione, rielaborandoli all'interno di una regolamentazione unitaria[361]. La soluzione che ne deriva può senza dubbio considerarsi espressione di un principio giuridico di carattere generale, come peraltro appare confermato da un'ampia indagine comparativa svolta dalla Camera d'Appello del Tribunale penale per la ex Jugoslavia[362]. Ad ogni modo, quale causa di esclusione della responsabilità penale, lo stato di necessità costituisce parte del diritto consuetudinario[363], di cui l'art. 31 co. 1 d) St-ICC riproduce lo stato attuale[364].

Rispetto alle tradizionali cause di esclusione della responsabilità penale, lo stato di necessità ha assunto un ruolo di primo piano nella prassi dei tribunali interna-

---

[360] Sulle origini dell'istituto si vedano *Ambos*, Der Allgemeine Teil des Völkerstrafrechts (2002), 838; *Dinstein*, in: McDonald/Swaak-Goldman (a cura di), Substantive and Procedural Aspects of International Criminal Law, vol. 1 (2000), 369, 373; Triffterer-*Eser*, Rome Statute (1999), art. 31, n. marg. 35; *Kreß*, Humanitäres Völkerrecht-Informationsschriften 1999, 4, 6; *Saland*, in: Lee (a cura di), The International Criminal Court, The Making of the Rome Statute (1999), 189, 208; *Scaliotti*, International Criminal Law Review 1 (2001), 111, 150 ss.

[361] Nei progetti preliminari allo Statuto di Roma, le due forme di stato di necessità erano ancora oggetto di una distinta regolamentazione; cfr. art. 31 co. 1 Draft E-St-ICC.

[362] ICTY, 7 ottobre 1997 (Erdemović, AC), dissenting opinion di *McDonald/Vohrah*, §§ 59 ss.; *Scaliotti*, International Criminal Law Review 1 (2001), 111, 143 ss.

[363] Cfr. *Cassese*, International Criminal Law (2003), 242; *Scaliotti*, International Criminal Law Review 1 (2001), 111, 142. I presupposti della *defence of duress*, secondo quanto risulta dal diritto consuetudinario, sono stati chiaramente delineati nell'ICTY, 7 ottobre1997 (Erdemović, AC), opinione di minoranza di *Cassese*, § 16: «(i) the act charged was done under an immediate threat of severe and irreparable harm to life or limb; (ii) there was no adequate means of averting such evil; (iii) the crime committed was not disproportionate to the evil threatened [...]; (iv) the situation leading to duress must not have been voluntarily brought about by the person coerced». Nello stesso senso *Cassese*, International Criminal Law (2003), 242. Cfr. anche ICTY, 7 ottobre1997 (Erdemović, AC), dissenting opinion di *Li*, § 5: «As a general rule, duress can be a complete defence if the following requirements are met, (a) the act was done to avoid an immediate danger both serious and irreparable, (b) there was no other adequate means to escape, and (c) the remedy was not disproportionate to the evil». Le caratteristiche dello stato di necessità in base ai contenuti del diritto consuetudinario sono tracciate anche da *Nill-Theobald*, „Defences" bei Kriegsverbrechen am Beispiel Deutschlands und der USA (1998), 230.

[364] Cfr. *Cassese*, International Criminal Law (2003), 251.

zionali³⁶⁵, come evidenziato peraltro dalle numerose decisioni che si sono pronunciate in materia. Nei processi celebrati nei confronti di criminali nazisti, sia presso tribunali interni che presso organi di giustizia internazionale, gli accusati hanno frequentemente invocato l'applicazione di questa esimente³⁶⁶. In tali casi, la fattispecie si presenta soprattutto nella forma propria dello stato di necessità determinato dal dovere di obbedienza agli ordini superiori³⁶⁷. In linea di principio, prescindendo da poche eccezioni, i tribunali internazionali hanno considerato lo stato di necessità come un valido motivo di esclusione della responsabilità penale, sebbene il più delle volte ne siano stati in concreto negati i presupposti applicativi³⁶⁸.

515 La fattispecie ruota tradizionalmente intorno ad alcuni elementi tipici, che sono identificabili nella situazione di necessità, nell'adeguatezza della condotta volta alla salvezza dell'interesse minacciato, nella volontà di respingere il pericolo. In base all'art. 31 co. 1 d) St-ICC, inoltre, è necessario che il soggetto agente non abbia voluto causare un danno maggiore di quello che intendeva evitare.

1. La situazione necessitante

516 La situazione di necessità si traduce nella presenza di un pericolo che minacci direttamente la vita o l'integrità fisica sia dell'autore della condotta, sia di un soggetto terzo. Nella prospettiva adottata dallo Statuto di Roma, la tutela dell'integrità personale viene limitata esclusivamente ai casi in cui l'intensità della lesione fisica paventata sia particolarmente significativa³⁶⁹, mentre rimane esclusa dall'ambito di applicazione dell'esimente la tutela di beni giuridici come la libertà o la proprietà³⁷⁰.

---

³⁶⁵ Cfr. *Eser*, in: Schmoller (a cura di), Festschrift für Triffterer (1996), 755, 765; *Kreß*, Humanitäres Völkerrecht-Informationsschriften 1999, 4, 7; *Zimmermann* ZaöRV 58 (1998), 41, 83.

³⁶⁶ Una dettagliata analisi di questi processi si ritrova in *Nill-Theobald*, „Defences" bei Kriegsverbrechen am Beispiel Deutschlands und der USA (1998), 180 ss., 248; *van Sliedregt*, The Criminal Responsibility of Individuals for Violations of International Humanitarian Law (2003), 279; cfr. anche *Scaliotti*, International Criminal Law Review 1 (2001), 111, 147.

³⁶⁷ Cfr. *Nill-Theobald*, „Defences" bei Kriegsverbrechen am Beispiel Deutschlands und der USA (1998), 245 ss. Sull'effetto esimente riconosciuto all'ordine sia civile che militare, si veda *infra*, n. marg. 538 ss.

³⁶⁸ Dettagliatamente *Jescheck*, Die Verantwortlichkeit der Staatsorgane nach Völkerstrafrecht (1952), 395; *Nill-Theobald*, „Defences" bei Kriegsverbrechen am Beispiel Deutschlands und der USA (1998), 188. Raramente i tribunali sono arrivati ad una declaratoria di non punibilità applicando lo stato di necessità; si veda ad esempio IMT, 22 dicembre 1947 (Flick et al.), in: Trials of War Criminals VI, 1187, 1196 ss.

³⁶⁹ Così Triffterer-*Eser*, Rome Statute (1999), art. 31, n. marg. 37; *Kreß*, Humanitäres Völkerrecht-Informationsschriften 1999, 4, 7.

³⁷⁰ Nonostante alcune proposte presentate durante i lavori preparatori della Conferenza di Roma, l'inserimento della libertà e della proprietà tra i beni giuridici oggetto di tutela non raccolse il consenso della maggioranza. In argomento si veda dettagliatamente *Saland*, in: Lee (a cura di), The International Criminal Court, The Making of the Rome Statute (1999), 189, 208; *Scaliotti*, International Criminal Law Review 1 (2001), 111, 150.

La condotta del soggetto agente, consistente nella realizzazione di un crimine di competenza della Corte penale internazionale, deve essere stata determinata ("caused by duress")[371] da una minaccia imminente di morte ("threat of imminent death"), ovvero dalla presenza di un pericolo imminente o continuativo per l'integrità fisica ("threat of continuing or imminent serious bodily harm"), che può alternativamente provenire dall'azione dell'uomo o dalla presenza di circostanze naturali indipendenti dalla volontà dell'agente[372]. Nell'ambito applicativo della disposizione rientrano anche ipotesi di costrizione psichica, ma soltanto laddove siano in grado di determinare il rischio di un danno grave e imminente per la vita o per l'incolumità fisica[373]. Parimenti, vi rientrano situazioni connotate dalla dimensione permanente del pericolo, in cui la lesione del bene giuridico tutelato può concretizzarsi in qualsiasi momento[374]. È il caso di precisare che non risulta sufficiente solo l'elevata probabilità del verificarsi di un evento di danno, inteso in termini puramente generali, ad esempio come avveniva rispetto alla cosiddetta "onnipresenza" della Gestapo durante il Terzo Reich.

2. La condotta necessitata

La condotta del soggetto agente, inoltre, deve essere connotata dai requisiti della necessità e ragionevolezza[375]. Mentre il concetto di necessità implica che l'azione posta in essere debba rappresentare l'unico strumento a disposizione per respingere tempestivamente il pericolo, l'elemento della ragionevolezza presuppone che la condotta sia idonea ad evitare il pericolo pur senza determinare conseguenze più gravi di quelle minacciate.

Laddove ricorrano i presupposti sopra delineati, la disposizione può trovare applicazione anche nei casi in cui la condotta necessitata si traduca nell'uccisione di un altro individuo[376]. In questo modo, lo Statuto di Roma ha preso posizione su

---

[371] In questo caso, la traduzione tedesca può essere fuorviante («un pericolo imminente per la vita o un pericolo imminente o perdurante di gravi lesioni all'integrità fisica»); in riferimento alla lesione dell'integrità fisica, la norma richiede non "il pericolo perdurante di un danno", ma "il pericolo di un danno perdurante".

[372] Cfr. art. 31 co. 1 d) parte 2 St-ICC; inoltre *Janssen*, International Criminal Law Review 4 (2004), 83, 88.

[373] Cfr. *Ambos*, Der Allgemeine Teil des Völkerstrafrechts (2002), 849; Triffterer-*Eser*, Rome Statute (1999), art. 31, n. marg. 29.

[374] Cfr. *Ambos*, Der Allgemeine Teil des Völkerstrafrechts (2002), 850.

[375] Cfr. *Ambos*, Der Allgemeine Teil des Völkerstrafrechts (2002), 851; Triffterer-*Eser*, Rome Statute (1999), art. 31, n. marg. 39. Cfr. anche *Kreß*, Humanitäres Völkerrecht-Informationsschriften 1999, 4, 7.

[376] Cfr. *Ambos*, Der Allgemeine Teil des Völkerstrafrechts (2002), 859; Triffterer-*Eser*, Rome Statute (1999), art. 31, n. marg. 40; *Scaliotti*, International Criminal Law Review 1 (2001), 111, 146 – Sulla controversa questione se lo stato di necessità possa trovare applicazione anche rispetto all'esecuzione di atti di tortura, nell'ambito dei casi comunemente noti come "ticking bomb", si veda *Gaeta*, Journal of International Criminal Justice 2 (2004), 785 e *Jeßberger*, Journal of International Criminal Justice 3 (2005), 1059, 1067.

una questione estremamente rilevante nella prassi dei Tribunali penali internazionali[377]. Dopo numerose discussioni, che avevano caratterizzato i lavori della Conferenza di Roma[378], lo Statuto ha scelto di seguire la tradizione giuridica continentale, che consente – quale *ultima ratio* – l'uccisione di un soggetto terzo laddove sia necessario per la tutela del proprio diritto. Nei sistemi di Common Law, al contrario, l'uccisione di una persona estranea alla dinamica originaria dell'offesa rappresenta sempre un fatto punibile[379]. In quest'ultima prospettiva, lo stato di necessità può operare soltanto come circostanza attenuante della pena. Nel caso *Dražen Erdemović*, il Tribunale penale per la ex Jugoslavia, sebbene con una ristretta maggioranza, ha aderito espressamente alle posizioni proprie di ordinamenti giuridici di matrice anglo-americana, affermando che lo stato di necessità non possa rappresentare motivo di esclusione della responsabilità penale di fronte all'uccisione di un soggetto innocente: «[D]uress does not afford a complete defence to a soldier charged with a crime against humanity and/or a war crime involving the killing of innocent human beings»[380].

---

[377] Sulla prassi dei Tribunali penali internazionali si veda diffusamente *Cassese*, International Criminal Law (2003), 246.

[378] Sul punto *Saland*, in: Lee (a cura di), The International Criminal Court, The Making of the Rome Statute (1999), 189, 208. L'art. 31 co. 1 d) Draft E-St-ICC ha ancora prevedeva alla seguente disposizione: «provided that the person's action causes/was not intended to cause (n)either death».

[379] Ad esempio, la disposizione 916 (h) delle *Rules of Courts-Martial* americane disciplina la "defence of coercion or duress to any offence except killing an innocent person"; cfr. anche ICTY, 7 ottobre 1997 (Erdemović, AC), dissenting opinion di *McDonald/Vohrah*, § 49 e Dissenting opinion di *Stephen*, §§ 23 ss.; *Dinstein*, in: McDonald/Swaak-Goldman (a cura di), Substantive and Procedural Aspects of International Criminal Law, Vol 1 (2000), 369, 375; *Etzel*, Notstand und Pflichtenkollision im amerikanischen Strafrecht (1993), 101 ss.; *Janssen*, International Criminal Law Review 4 (2004), 83, 88 ss.; *Watzek*, Rechtfertigung und Entschuldigung im englischen Strafrecht (1997), 143 ss. – Nel frattempo, tuttavia, si assiste ad un certo riavvicinamento sul punto degli ordinamenti di Common Law, in particolare del diritto penale statunitense, alle soluzioni proprie degli ordinamenti giuridici di stampo continentale, cfr. *LaFave*, Criminal Law, 4ª ed. (2003), 491 ss.

[380] ICTY, 7 ottobre 1997 (Erdemović, AC), § 19. Su posizioni conformi *Hall*, in: Lattanzi (a cura di), The International Criminal Court (1998), 19, 46; *Mezzetti*, in: Lattanzi (a cura di), The International Criminal Court (1998), 148, 152. Con accenti critici si presenta l'opinione di minoranza dei giudici *Cassese*, *Li* e *Stephen*, resa nell'ICTY, 7 ottobre 1997 (Erdemović, AC); *Ehrenreich Brooks*, Virginia Journal of International Law 43 (2003), 860 ss.; *Janssen*, International Criminal Law Review 4 (2004), 83, 90 ss.; *Knoops*, Defenses in Contemporary International Criminal Law (2001), 59 ss.; *Oellers-Frahm/Specht* ZaöRV 58 (1998), 389, 407 ss. – Dražen Erdemović era stato tratto in giudizio di fronte al Tribunale penale per la ex Jugoslavia, con l'accusa di aver commesso crimini contro l'umanità. Nel capo d'imputazione gli veniva contestato di aver preso parte, quale membro delle armate serbo-bosniache, all'uccisione di ragazzi e uomini musulmani nel luglio del 1995. Quando *Erdemović* rifiutò di partecipare alla fucilazione dei prigionieri, il suo superiore lo minacciò di morte se avesse persistito ancora nel rifiuto di eseguire l'ordine. Dalle indicazioni raccolte, l'accusato ha ucciso circa 70 persone.

3. L'intento di respingere il pericolo

In base al disposto dell'art. 31 co. 1 d) St-ICC, l'applicazione dello stato di necessità esige anche che il soggetto abbia agito con l'intento di respingere il pericolo. Ulteriori motivi rimangono irrilevanti, fintantoché la volontà dell'agente, attraverso la rappresentazione della situazione di necessità, sia stata diretta ad allontanare la minaccia[381]. La presenza di caratteristiche soggettive all'interno della fattispecie – che, ad una valutazione comparativa, appaiono decisamente marcate – deriva dalla giurisprudenza dei Tribunali penali internazionali[382] e si giustifica con riferimento al macro disvalore dei crimini internazionali.

4. Il bilanciamento degli interessi

Oltre all'intento di respingere l'imminenza del pericolo, l'art. 31 co. 1 d) St-ICC richiede anche che l'agente «non volesse cagionare un danno più grave di quello che cercava di evitare» («does not intend to cause a greater harm than the one sought to be avoided»). La soggettivizzazione del principio di proporzionalità, che diventa una caratteristica dell'intento dell'agente, rappresenta un *novum* nell'ambito del diritto penale internazionale[383]. L'oggettiva prevalenza dell'interesse tutelato rispetto a quello sacrificato[384], pertanto, deve riflettersi anche nella rappresentazione individualizzata di colui che pone in essere la condotta. Ed è significativo che di tale soggettivizzazione non sia possibile rintracciare sicuri fondamenti nel diritto consuetudinario. Quest'ultimo, al contrario, riconosce come presupposto dello stato di necessità solo un obiettivo bilanciamento degli interessi contrapposti, ovvero che «the crime committed was not disproportionate to the evil threatened» e che «the crime committed under duress must be, on balance, the lesser of two evils»[385].

---

[381] Cfr. *Ambos*, Der Allgemeine Teil des Völkerstrafrechts (2002), 852.

[382] Si veda ad esempio Tribunale Supremo della zona di occupazione britannica 1, 310, 313; ICTY, 7 ottobre 1997 (Erdemović, AC), dissenting opinion di *Li*, § 5.

[383] Sia nel sistema penale inglese che in quello americano, la maggior parte delle cause di esclusione della responsabilità penale trovano fondamento nella rappresentazione del soggetto agente. La non punibilità che ad esse consegue non dipende tanto dalla reale presenza di un attacco illegittimo o di un pericolo, ma piuttosto dalla circostanza che il soggetto agente li ritenga ("if the actor believes") di fatto sussistenti. Cfr. *Ambos*, Der Allgemeine Teil des Völkerstrafrechts (2002), 853; *Watzek*, Rechtfertigung und Entschuldigung im englischen Strafrecht (1997), 90 ss., 101 ss., 311 ss.

[384] Si veda sul punto *supra*, n. marg. 518 e *Kreß*, Humanitäres Völkerrecht-Informationsschriften 1999, 4, 7. Non convince la posizione di Triffterer-*Eser*, Rome Statute (1999), art. 31, n. marg. 40, il quale ritiene non necessario che il soggetto agente, con la propria condotta, cagioni oggettivamente un danno minore di quello minacciato direttamente dalla fonte del pericolo.

[385] ICTY, 7 ottobre 1997 (Erdemović, AC), dissenting opinion di *Cassese*, § 16 con numerose conferme giurisprudenziali.

5. Limiti all'applicazione dell'esimente: la preordinazione della situazione necessitante

522 L'applicazione dello stato di necessità è esclusa quando il soggetto agente abbia *ex se* causato la situazione di pericolo[386]. Anche l'art. 31 co. 1 d) parte 2 ii) St-ICC attribuisce espresso riconoscimento al principio suddetto, stabilendo che la situazione di necessità funzionale all'applicazione dell'esimente debba essere stata causata da circostanze "indipendenti dalla volontà del soggetto agente" ("beyond that person's control"; "indépendantes de sa volonté"). Parimenti, la fattispecie rimane esclusa non solo quando il soggetto abbia colpevolmente provocato il pericolo, ma anche quando quest'ultimo sia stato determinato da un'azione semplicemente contraria al dovere, purché l'agente non si sia limitato soltanto a prestare un contributo causale assolutamente remoto rispetto alle modalità di emersione del pericolo.

523 Un interrogativo molto frequente nella prassi giurisprudenziale, soprattutto in materia di crimini di guerra, attiene alla discussa possibilità di applicare lo stato di necessità come causa di esclusione della responsabilità penale quando il soggetto agente si sia volontariamente esposto al pericolo[387]. Sul punto, nell'ambito del diritto internazionale penale, non è dato rinvenire una posizione unitaria. Nei progetti preliminari che hanno preceduto la versione definitiva dello Statuto di Roma, in particolare all'art. 31 co. 1 d) Draft-E, è stata espressamente inserita un'apposita clausola volta ad impedire l'intervento dell'esimente nei casi sopra descritti («if the person has [knowingly] [recklessly] exposed him or herself to a situation which was likely to lead to the threat, the person shall remain responsible»). La soluzione definitiva adottata durante la Conferenza di Roma, tuttavia, ha preferito lasciare al giudice la valutazione di questi profili.

6. Stato di necessità e dovere di esporsi a pericolo

524 Ulteriori limitazioni all'ambito applicativo dell'esimente possono derivare dalla posizione o dalla funzione del soggetto agente[388]. Invero, lo svolgimento di parti-

---

[386] Questa limitazione trova conferma sia nei risultati dell'analisi comparatistica, sia nell'orientamento consolidato della giurisprudenza dei tribunali internazionali. Anche il giudice *Cassese*, con la propria opinione di minoranza nella sentenza *Erdemović*, resa dalla Camera d'Appello del Tribunale penale per la ex Jugoslavia, riconosce come la preordinazione della situazione di pericolo da parte del soggetto agente valga ad escludere la possibilità di applicare lo stato di necessità. Cfr. ICTY, 7 ottobre 1997 (Erdemović, AC), dissenting opinion di *Cassese*, §§ 16, 41, 50. Sul punto, si veda inoltre *Ambos*, Der Allgemeine Teil des Völkerstrafrechts (2002), 855; *Dinstein*, in: McDonald/Swaak-Goldman (a cura di), Substantive and Procedural Aspects of International Criminal Law, vol. 1 (2000), 369, 374; *Knoops*, Defenses in Contemporary International Criminal Law (2001), 61; *Scaliotti*, International Criminal Law Review 1 (2001), 111, 144.

[387] Cfr. sul punto anche *Ambos*, Der Allgemeine Teil des Völkerstrafrechts (2002), 858; *Janssen*, International Criminal Law Review 4 (2004), 83, 94.

[388] ICTY, 7 ottobre 1997 (Erdemović, AC), dissenting opinion di *Cassese*, § 16; *Ambos*, Der Allgemeine Teil des Völkerstrafrechts (2002), 856; *Knoops*, Defenses in Contemporary International Criminal Law (2001), 68.

colari attività o di taluni incarichi comporta come conseguenza un maggior dovere di esporsi a pericolo, che esclude *ex se* l'applicazione dello stato di necessità. Il principio vale, in particolare, per gli appartenenti alle forze armate[389]. Da un soldato appositamente addestrato in condizioni difficili, tali da esporre a pericolo la propria vita, è normale richiedere una maggiore resistenza di fronte a particolari situazioni di rischio. Ed il rischio specificatamente connaturato all'attività militare consiste nella possibilità di essere feriti o addirittura uccisi in combattimento. Naturalmente, l'identificazione dei contenuti del dovere di esporsi a pericolo deve avvenire sulla base della posizione che il soggetto agente riveste all'interno della gerarchia militare[390].

IV. L'errore

Ambos, Kai: Der Allgemeine Teil des Völkerstrafrechts (2002), 805 ss.; *Ambos, Kai:* Internationales Strafrecht (2006), § 7 Rn. 102 ss.; *Cassese, Antonio:* International Criminal Law (2003), 251 ss.; *Dahm, Georg/Delbrück, Jost/Wolfrum, Rüdiger:* Völkerrecht, Vol. I/3, 2. Aufl. (2002), 1128; *Dinstein, Yoram:* Defences, in: McDonald, Gabrielle Kirk/Swaak-Goldman, Olivia (Hrsg.), Substantive and Procedural Aspects of International Criminal Law, The Experience of International and National Courts, Vol. 1 (2000), 377 ss.; *Eser, Albin:* „Defences" in Strafverfahren wegen Kriegsverbrechen, in: Schmoller, Kurt (Hrsg.), Festschrift für Otto Triffterer (1996), 755 ss.; *Eser, Albin:* Mental Elements – Mistake of Fact and Mistake of Law, in: Cassese, Antonio/Gaeta, Paola/Jones, John R.W.D. (Hrsg.), The Rome Statute of the International Criminal Court: A Commentary, Vol. 1 (2002), 889 ss.; *Jescheck, Hans-Heinrich:* Die Verantwortlichkeit der Staatsorgane nach Völkerstrafrecht, Eine Studie zu den Nürnberger Prozessen (1952), 375 ss.; *Nill-Theobald, Christiane:* „Defences" bei Kriegsverbrechen am Beispiel Deutschlands und der USA (1998), 342 ss.; *Satzger, Helmut:* Internationales und Europäisches Strafrecht (2005), § 14 Rn. 32 ss.; *Scaliotti, Massimo:* Defences before the international criminal court: Substantive grounds for excluding criminal responsibility, Parte 2: International Criminal Law Review 2 (2002), 1 ss.; *van Sliedregt, Elies:* The Criminal Responsibility of Individuals for Violations of International Humanitarian Law (2003), 301 ss.; *Triffterer, Otto:* Kommentierung zu Art. 32 IStGH-Statut, in: Triffterer, Otto (Hrsg.), Commentary on the Rome Statute of the International Criminal Court, Observers' Notes, Article by Article (1999), 555 ss.; *Weigend, Thomas:* Zur Frage eines „internationalen" Allgemeinen Teils, in: Schünemann, Bernd et al. (Hrsg.), Festschrift für Claus Roxin (2001), 1375 ss.

L'articolo 32 St-ICC si preoccupa di definire in quali casi, ed in base a quali condizioni, l'errore del soggetto agente possa valere come causa di esclusione della

---

[389] Cfr. § 6 WStG: «Il timore di fronte al pericolo per la propria persona non scusa, quando l'obbligo militare richiede di resistere al pericolo». Sul punto anche *Ambos*, Der Allgemeine Teil des Völkerstrafrechts (2002), 856; *Nill-Theobald*, „Defences" bei Kriegsverbrechen am Beispiel Deutschlands und der USA (1998), 252 ss.; *Oellers-Frahm/Specht* ZaöRV 58 (1998), 389, 408.

[390] ICTY, 7 ottobre 1997 (Erdemović, AC), dissenting opinion di *Cassese*, § 51; *Knoops*, Defenses in Contemporary International Criminal Law (2001), 61, 68.

responsabilità penale[391]. La norma, che disciplina per la prima volta una materia di così grande rilievo[392] nell'esperienza dei Tribunali penali internazionali, distingue chiaramente tra errore di fatto[393] («mistake of fact») ed errore di diritto («mistake of law»). In entrambi i casi, l'errore può essere considerato motivo di esclusione della responsabilità penale solo nella misura in cui la falsa rappresentazione faccia venire meno l'elemento soggettivo del reato. In questi termini, peraltro, la disposizione non sembra avere un proprio valore autonomo[394], posto che alla medesima conclusione ben si potrebbe giungere già attraverso l'interpretazione dell'articolo 30 St-ICC.

527   La circostanza che l'errore possa assumere rilievo nella misura in cui la falsa rappresentazione si riverberi negativamente sull'elemento psicologico del reato, sembra suggerire di collocare l'istituto in esame nel quadro dei presupposti soggettivi della punibilità[395]. Ma ben più solide ragioni inducono a classificare l'errore piuttosto come una generale causa di esclusione della responsabilità penale , in linea con l'opinione prevalente tra gli interpreti del diritto internazionale penale e con la tradizione giuridica dei sistemi di Common Law. Come sembrerebbe confermato, peraltro, dal disposto dell'articolo 32 St-ICC che qualifica espressamente l'errore come "ground for excluding criminal responsibility".

---

[391] Sulle origini della disposizione si veda *Eser*, in: Cassese/Gaeta/Jones (a cura di), Rome Statute, vol. 1 (2002), 889, 896; *Scaliotti*, International Criminal Law Review 2 (2002), 1, 8 ss.; *van Sliedregt*, The Criminal Responsibility of Individuals for Violations of International Humanitarian Law (2003), 306 ss.

[392] Cfr. *Nill-Theobald*, „Defences" bei Kriegsverbrechen am Beispiel Deutschlands und der USA (1998), 342; *van Sliedregt*, The Criminal Responsibility of Individuals for Violations of International Humanitarian Law (2003), 313 ss.; *Triffterer-Triffterer*, Rome Statute (1999), art. 32, n. marg. 4; su posizioni parzialmente diverse, si veda anche *Ambos*, Der Allgemeine Teil des Völkerstrafrechts (2002), 805 (l'istituto dell'errore "gioca solo un ruolo marginale"). Un esempio interessante sulla rilevanza dell'istituto dell'errore ci viene offerto dalla sentenza IMT, 20 agosto 1947 (Brandt et al., il cosiddetto processo ai medici), in: Trials of War Criminals II, 171, 272 ss. Qui è stato significativo l'argomento (non confutabile) addotto a difesa di tre medici, secondo cui, nel caso di esperimenti medici condotti su soggetti detenuti nei campi di concentramento, i prigionieri che venivano condotti presso di loro erano condannati a morte e gli sarebbe stata concessa la grazia nel caso in cui fossero sopravvissuti agli esperimenti.

[393] L'uso del termine tedesco "Tatirrtum" [piuttosto che "Tatsachenirrtum", utilizzato nel testo tedesco, *N.d.T.*] rischierebbe di essere pericolosamente equivoco. Infatti, l'erronea rappresentazione del soggetto agente non si riferisce al fatto, ma alle circostanze di fatto ("facts") che costituiscono le caratteristiche distintive del crimine internazionale.

[394] In senso conforme si veda anche *Ambos*, Der Allgemeine Teil des Völkerstrafrechts (2002), 806; *Eser*, in: Cassese/Gaeta/Jones (a cura di), Rome Statute, vol. 1 (2002), 889, 934; *Weigend*, in: Schünemann et al. (a cura di), Festschrift für Roxin (2001), 1375, 1391.

[395] Così *Ambos*, Der Allgemeine Teil des Völkerstrafrechts (2002), 757; *Eser*, in: Cassese/Gaeta/Jones (a cura di), Rome Statute, vol. 1 (2002), 889 ss. (diversamente si veda *Eser*, in: Schmoller (a cura di), Festschrift für Triffterer (1996), 755, 768); anche *Weigend*, in: Schünemann et al. (a cura di), Festschrift für Roxin (2001), 1375, 1390, risolve l'analisi dell'errore, "questione sempre controversa negli sviluppi interpretativi del diritto internazionale", alla luce della disciplina introdotta dallo Statuto di Roma, facendo riferimento in particolare alla circostanza dell'errore non sia stato inserito all'interno del catalogo di cui all'articolo 31 St-ICC.

Il nucleo concettuale dell'art. 32 St-ICC recepisce i contenuti del diritto internazionale consuetudinario³⁹⁶. Questo dato è evidente, in primo luogo, dall'adozione della tradizionale bipartizione tra errore di fatto ed errore di diritto; in secondo luogo, anche la previsione che la falsa rappresentazione dei presupposti materiali del fatto possa determinare la non punibilità del soggetto agente trova un sicuro fondamento nel diritto consuetudinario. Tutt'al più, possono esistere ancora dubbi in merito alla disciplina da riferire all'errore di diritto, non essendoci ancora sul punto una posizione chiara del diritto consuetudinario. In conclusione, quindi, non desta perplessità la scelta di escludere la rilevanza dell'errore sulla dimensione e sui contenuti del precetto penale, che allinea ancora una volta le soluzioni dello Statuto di Roma ai contenuti del diritto consuetudinario internazionale.

528

1. Errore sul fatto

L'art. 32 co. 1 St-ICC stabilisce che l'errore sul fatto ("facts") esclude la responsabilità penale del soggetto agente quando la falsa rappresentazione verta sull'elemento oggettivo del reato e, pertanto, faccia venir meno i cosiddetti "presupposti soggettivi" della punibilità. In questi termini, l'errore su circostanze di fatto rilevanti ai fini dell'integrazione della fattispecie tipica diventa causa di esclusione della responsabilità penale per il soggetto agente.

529

L'applicazione dell'esimente esige che la falsa rappresentazione dell'agente abbia avuto ad oggetto i cosiddetti "presupposti materiali" della punibilità. Si pensi, ad esempio, ad un soggetto che faccia fuoco contro un automezzo della Croce Rossa ritenendo, a causa della visuale ridotta, che si tratti di un panzer nemico³⁹⁷. Al contrario, non rientrano nella suddetta categoria quegli elementi che attengono ai presupposti normativi della punibilità. Pertanto, non si configura un errore sul fatto quando la falsa rappresentazione dell'agente ha ad oggetto gli elementi (normativi) della tipicità la cui percezione implica il necessario riferimento ad un parametro valutativo di carattere normativo³⁹⁸. Se ciò si verifica, troverà applicazione

530

---

³⁹⁶ Sullo stato del diritto internazionale consuetudinario si veda *Ambos*, Der Allgemeine Teil des Völkerstrafrechts (2002), 805; *Cassese*, International Criminal Law (2003), 251, 256; *Dahm/Delbrück/Wolfrum*, Völkerrecht, vol. I/3, 2ª ed. (2002), 1128; *Eser*, in: Schmoller (a cura di), Festschrift für Triffterer (1996), 755, 769; *Scaliotti*, International Criminal Law Review 2 (2002), 1, 2 ss. con ulteriori riferimenti bibliografici; Triffterer-*Triffterer*, Rome Statute (1999), art. 32, n. marg. 4. Prescindendo dalla particolare ipotesi dell'ordine del superiore, gli Statuti applicati dai giudici internazionali non contemplano alcuna disposizione relativa alla rilevanza e alla disciplina dell'errore. La giurisprudenza dei tribunali internazionali si è orientata secondo la tradizione dei sistemi di Common Law.

³⁹⁷ Cfr. art. 8 co. 2 b) iii) St-ICC. Ulteriori esempi in *Eser*, in: Cassese/Gaeta/Jones (a cura di), Rome Statute, vol. 1 (2002), 889, 938. In generale, sulla delimitazione tra errore di fatto ed errore di diritto si veda *van Sliedregt*, The Criminal Responsibility of Individuals for Violations of International Humanitarian Law (2003), 302 ss.

³⁹⁸ Sugli elementi normativi del fatto tipico e sulla loro disciplina sul piano della colpevolezza, si veda *supra*, n. marg. 364.

la disciplina sull'errore di diritto³⁹⁹. Pertanto, richiamando l'esempio precedente, nel caso in cui il soggetto riconosca che si tratti di un veicolo della Croce Rossa, ma ritenga erroneamente di poterlo attaccare perché tale automezzo non ha prima annunciato formalmente il suo passaggio, si applicherà la disciplina relativa all'errore di diritto.

531 L'errore deve essere in grado di escludere i cosiddetti "presupposti soggettivi" della punibilità, come nel caso in cui la falsa rappresentazione si riferisca agli elementi oggettivi della fattispecie criminosa.

532 Diverso è il caso in cui l'errore verta sui presupposti materiali di una causa di esclusione della responsabilità penale, come la legittima difesa o lo stato di necessità. Ad esempio, laddove il soggetto agente uccida un prigioniero di guerra nemico, ritenendo per errore che questi fosse in procinto di estrarre un'arma, non potrà beneficiare della previsione di cui all'art. 32 relativa all'errore sul fatto e non potrà andare esente dall'applicazione della sanzione penale. Rimane da chiedersi se un simile risultato, insoddisfacente sul piano pratico e dogmatico, non possa essere in qualche modo corretto⁴⁰⁰. Una valida ragione, ed anche un possibile punto di partenza, per rimeditare tale conclusione proviene dalla considerazione che la disciplina prevista dagli ordinamenti nazionali sancisce espressamente, in simili casi, la non punibilità del soggetto agente⁴⁰¹. Da questo punto di vista, pertanto, si potrebbe probabilmente affermare l'esistenza di un corrispondente principio giuridico di carattere generale.

2. Errore di diritto

533 In base alla disciplina coniata dallo Statuto di Roma – a differenza di quanto previsto per l'errore sul fatto – l'errore di diritto ha un ambito applicativo ben più ri-

---

[399] Cfr. *Weigend*, in: Schünemann et al. (a cura di), Festschrift für Roxin (2001), 1375, 1391.

[400] *Ambos*, Der Allgemeine Teil des Völkerstrafrechts (2002), 808 ss., *Eser*, in: Cassese/Gaeta/Jones (a cura di), Rome Statute, vol. 1 (2002), 889, 945 e *Satzger*, Internationales und Europäisches Strafrecht (2005), § 14 n. marg. 33; gli autori propongono l'applicazione analogica dell'art. 32 St-ICC. Anche a questi casi (di errore sulla fattispecie autorizzativa); su posizioni simili Triffterer-*Triffterer*, Rome Statute (1999), art. 32, n. marg. 14. Cfr. inoltre *Satzger* NStZ 2002, 125, 128; *Scaliotti*, International Criminal Law Review 2 (2002), 1, 14; *van Sliedregt*, The Criminal Responsibility of Individuals for Violations of International Humanitarian Law (2003), 307 – Diversamente da quanto sancito nello Statuto di Roma, in base al diritto consuetudinario l'errore sulla fattispecie autorizzativa può essere considerato rilevante.

[401] Tale soluzione risulta modellata sulla tradizione giuridica del sistema penale anglo-americano, in cui l'accertamento circa la sussistenza della legittima difesa e dello stato di necessità vengono passa attraverso la rappresentazione del soggetto agente. Pertanto, non viene punito chi (in base a circostanze erronee) ritiene materialmente esistente un'aggressione o un pericolo, cfr. *supra*, n. marg. 521, nota 383. Sull'esclusione dell'imputazione a titolo di dolo nel caso di errore sui presupposti di una causa di giustificazione, secondo la disciplina prevista dal diritto penale tedesco, si veda *Lackner/Kühl*, StGB, 25ᵃ ed., (2004), § 17 n. marg. 10 ss. Cfr., inoltre, l'analisi comparatistica di *van Sliedregt*, The Criminal Responsibility of Individuals for Violations of International Humanitarian Law (2003), 309 ss.

stretto. Infatti, in base all'art. 32 co. 2 St-ICC, la falsa rappresentazione che verta su contenuti normativi ("law") rende non punibile l'autore della condotta solo laddove determini il venir meno dei cosiddetti presupposti soggettivi della punibilità, oppure riguardi l'ordine di un superiore *ex* art. 33 St-ICC[402].

Sempre irrilevante deve essere considerato l'errore, sia diretto che indiretto, sul divieto penale. Parimenti priva di effetto, inoltre, è l'erronea convinzione del soggetto agente di commettere un crimine non rientrante nella competenza della Corte penale internazionale[403]. In questi casi, probabilmente, potrebbe rimanere spazio soltanto per un'attenuazione della pena. 534

La disciplina dell'irrilevanza dell'errore di diritto, che rimane tale anche nel caso di errore assolutamente inevitabile, sembra essere poco compatibile con il principio di colpevolezza[404]. I dubbi diventano ancora più rilevanti se si pone mente alla categoria dei crimini di guerra, che sono soggetti ad una regolamentazione estremamente diversificata quanto a contenuti e a fonti di provenienza[405]. 535

---

[402] La circostanza che nella seconda frase della norma in esame sia stato utilizzato il termine "may" non deve indurre a ritenere che si tratti di una ipotesi facoltativa di non punibilità, poiché il testo si riferisce alla assoluta irrilevanza di alcune forme di errore di diritto sancita nella prima parte della medesima disposizione. Sul punto, corrette le osservazioni di *Weigend*, in: Schünemann et al. (a cura di), Festschrift für Roxin (2001), 1375, 1391 nota 66; diversamente *Ambos*, Der Allgemeine Teil des Völkerstrafrechts (2002), 811; *Eser*, in: Cassese/Gaeta/Jones (a cura di), Rome Statute, vol. 1 (2002), 889, 941 s.; *van Sliedregt*, The Criminal Responsibility of Individuals for Violations of International Humanitarian Law (2003), 308; Triffterer-*Triffterer*, Rome Statute (1999), art. 32, n. marg. 38.

[403] Si veda l'art. 32 co. 2 parte 1 St-ICC; *Ambos*, Der Allgemeine Teil des Völkerstrafrechts (2002), 816 ss.; *Ambos*, Internationales Strafrecht (2006), § 7 n. marg. 103; *Weigend*, in: Schünemann et al. (a cura di), Festschrift für Roxin (2001), 1375, 1391.

[404] Cfr. *Ambos*, Der Allgmeine Teil des Völkerstrafrechts (2002), 818; *Eser*, in: Cassese/Gaeta/Jones (a cura di), Rome Statute, vol. 1 (2002), 889, 945; *Satzger*, Internationales und Europäisches Strafrecht (2005), § 14 n. marg. 32; *Weigend*, in: Schünemann et al. (a cura di), Festschrift für Roxin (2001), 1375, 1392 – Nell'art. 30 Draft E-St-ICC, come prima opzione si stabiliva che: «Unavoidable mistake of fact or of law shall be a ground for excluding criminal responsibility provided that the mistake is not inconsistent with the nature of the alleged crime. Avoidable mistake of fact or of law may be considered in mitigation of punishment». Non può essere preso in considerazione – anche se potrebbe funzionare come correttivo alla rigidità della disciplina dello Statuto – il particolare criterio sviluppato dalla moderna dottrina anglo americana, in base al quale dovrebbe valutarsi fino a che punto l'erronea rappresentazione del soggetto agente sia stata "honest" o "reasonable"; cfr. sul punto *LaFave*, Criminal Law, 4ª ed. (2003), 290 ss.; per un'analisi dettagliata sulla discussione sviluppatasi in materia durante la Conferenza di Roma, si veda *Scaliotti*, International Criminal Law Review 2 (2002), 1, 5.

[405] Sul punto *Ambos*, Internationales Strafrecht (2006), § 7 n. marg. 104; *Cassese*, International Criminal Law (2003), 257; *Eser*, in: Cassese/Gaeta/Jones (a cura di), Rome Statute, vol. 1 (2002), 889, 945; *van Sliedregt*, The Criminal Responsibility of Individuals for Violations of International Humanitarian Law (2003), 305, 315; *Weigend*, in: Schünemann et al. (a cura di), Festschrift für Roxin (2001), 1375, 1392.

536 L'errore di diritto può assumere rilevanza nel caso in cui abbia ad oggetto gli elementi normativi del crimine internazionale[406]. Da questo punto di vista diviene determinante accertare se il soggetto agente ne abbia compreso il significato sostanziale, seppure calato in una dimensione laica. In ogni caso, deve precisarsi che l'errata errata valutazione del soggetto agente non osta alla sua punibilità laddove questi si rappresenti correttamente le circostanze di fatto (altrimenti, si ricadrebbe nell'errore di fatto), oppure il significato sociale degli elementi normativi presenti nella definizione del crimine (altrimenti, si avrebbe un errore di diritto rilevante)[407]. Ad esempio, si può configurare un'ipotesi di errore di diritto rilevante quando l'agente, nel corso di un processo contro un prigioniero di guerra, ritenga sufficienti le informazioni acquisite attraverso l'interrogatorio dell'imputato, sebbene esse siano obiettivamente lacunose ed incomplete[408]. In questo caso, il soggetto non potrà essere punito per aver commesso un crimine di guerra ai sensi dell'art. 8 co. 2 a) vi) St-ICC.

537 La seconda parte dell'art. 32 co. 2 St-ICC stabilisce un'eccezione al principio di irrilevanza dell'errore di diritto nel caso in cui quest'ultimo si accompagni allo stato di necessità determinato dall'altrui minaccia. L'errore sull'illegittimità di un ordine del superiore diretto alla commissione di un crimine di guerra, *ex se* non manifestamente criminoso, potrebbe assumere rilevanza in base alla norma sopra richiamata.

V. L'ordine del superiore civile o militare

538 *Ambos, Kai:* Zur strafbefreienden Wirkung des „Handelns auf Befehl" aus deutscher und völkerstrafrechtlicher Sicht, JR 1998, 221 ss.; *Ambos, Kai:* Der Allgemeine Teil des Völkerstrafrechts, Ansätze einer Dogmatisierung (2002), 832 ss.; *Bassiouni, M. Cherif/Manikas, Peter:* The Law of the International Criminal Tribunal for the former Yugoslavia (1996), 374 ss.; *Cassese, Antonio:* International Criminal Law (2003), 231 ss.; *Cryer, Robert:* Prosecuting International Crimes (2005), 292 ss.; *Dahm, Georg/Delbrück, Jost/Wolfrum, Rüdiger:* Völkerrecht, Band I/3, 2. Aufl. (2002), 1125 ss.; *Dinstein, Yoram:* The Defence of "obedience to superior orders" in International Law (1965); *Dinstein, Yoram:* Defences, in: McDonald, Gabrielle Kirk/Swaak-Goldman, Olivia (Hrsg.), Substantive and Procedural Aspects of International Criminal Law, The Experience of International and National Courts, Vol. 1 (2000), 369 ss.; *Eser, Albin:* „Defences" in Strafverfahren wegen Kriegsverbrechen, in: Schmoller, Kurt (Hrsg.), Festschrift für Otto Triffterer (1996), 755 ss.; *Fuhrmann, Peter:* Der höhere Befehl als Rechtfertigung im Völkerrecht (1963); *Gaeta, Paola:* The Defence of Superior Orders: The Statute of the International Criminal Court versus Customary International Law, EJIL 10 (1999), 172 ss.; *Green, Leslie C.:* Superior Orders and the Reasonable Man, Canadian Yearbook of International Law 8 (1970), 61 ss.; *Green, Leslie C.:* Superior orders in national and international law (1976); *Insco, James B.:*

---

[406] Si veda *supra*, n. marg. 364.
[407] Cfr. Anche *Eser*, in: Cassese/Gaeta/Jones (a cura di), Rome Statute, vol. 1 (2002), 889, 941.
[408] Cfr. *Weigend*, in: Schünemann et al. (a cura di), Festschrift für Roxin (2001), 1375, 1391

Defence of Superior Orders Before Military Commissions, Duke Journal of Comparative and International Law 13 (2003), 389 ss.; *Jescheck, Hans-Heinrich:* Die Verantwortlichkeit der Staatsorgane nach Völkerstrafrecht, Eine Studie zu den Nürnberger Prozessen (1952), 385 ss.; *Korte, Marcus:* Das Handeln auf Befehl als Strafausschließungsgrund (2004); *Kreß, Claus:* War Crimes Committed in Non-International Armed Conflict and the Emerging System of International Criminal Justice, Israel Yearbook on Human Rights 30 (2000), 103 ss.; *Küper, Wilfried:* Grundsatzfragen der „Differenzierung" zwischen Rechtfertigung und Entschuldigung, Notstand, Pflichtenkollision und Handeln auf dienstliche Weisung, JuS 1987, 81 ss.; *Nill-Theobald, Christiane:* „Defences" bei Kriegsverbrechen am Beispiel Deutschlands und der USA (1998), 65 ss.; *Scaliotti, Massimo:* Defences before the international criminal court, Substantive grounds for excluding criminal responsibility, Teil 1: International Criminal Law Review 1 (2001), 111 ss.; *Schabas, William A.:* Genocide in International Law (2000), 331 ss.; *van Sliedregt, Elies:* The Criminal Responsibility of Individuals for Violations of International Humanitarian Law (2003), 243 ss.; *Stratenwerth, Günter:* Verantwortung und Gehorsam, Zur strafrechtlichen Wertung hoheitlich gebotenen Handelns (1958); *Triffterer, Otto:* Kommentierung zu Art. 33 IStGH-Statut, in: Triffterer, Otto (Hrsg.), Commentary on the Rome Statute of the International Criminal Court, Oberservers' Notes, Article by Article (1999), 573 ss.; *von Weber, Hellmuth:* Die strafrechtliche Verantwortlichkeit für ein Handeln auf Befehl, MDR 1948, 34 ss.; *Zimmermann, Andreas:* Superior Orders, in: Cassese, Antonio/Gaeta, Paola/Jones, John R.W.D. (Hrsg.), The Rome Statute of the International Criminal Court: A Commentary, Band 1 (2002), 957 ss.

Molte volte i crimini internazionali vengono commessi in esecuzione di ordini[409] provenienti da superiori civili o militari. Il soggetto agente spesso è inserito all'interno di una collettività gerarchicamente organizzata, ad esempio l'esercito o le forze di polizia. Un simile sistema, basato sul rapporto reciproco tra potere di impartire un ordine e obbligo di obbedienza, appare irrinunciabile in taluni ambiti. Il suo funzionamento si fonda sull'esistenza di un generale dovere di eseguire le disposizioni ricevute in capo ai soggetti che ne sono destinatari. Pertanto, poiché il subordinato è tenuto alla pronta esecuzione del comando impartito, in ragione del valore vincolante che esso assume all'interno dell'ordinamento di riferimento, l'obbedienza all'ordine non potrà in nessun caso costituire fonte di responsabilità[410]. La questione centrale, nella materia che qui ci interessa, è stabilire se la tutela garantita all'esecutore dell'ordine possa spingersi sino al punto da escluderne la responsabilità anche rispetto alla commissione di crimini internazionali.

539

---

[409] Il termine "ordine" viene qui utilizzato come concetto "categoriale", che comprende in particolare le disposizioni impartite da superiori civili o militari. Questa scelta corrisponde all'approccio linguistico utilizzato dallo Statuto di Roma. Nello Statuto del Tribunale di Norimberga ("Befehl") e nello Statuto del Tribunale penale per la ex Jugoslavia ("Weisung"), invece, l'espressione "order" – utilizzata anche nella versione inglese dello Statuto di Roma – viene tradotta in maniera differente.

[410] Fondamentale il contributo di *Stratenwerth*, Verantwortung und Gehorsam, Zur strafrechtlichen Wertung hoheitlich gebotenen Handelns (1958); cfr. anche *Dinstein*, The Defence of "obedience to superior orders" in International Law (1965). Grundlegend *Stratenwerth*, Verantwortung und Gehorsam, Zur strafrechtlichen Wertung hoheitlich gebotenen Handelns (1958); cfr. anche *Dinstein*, The Defence of "obedience to superior orders" in International Law (1965).

1. Posizioni fondamentali

540 Sul questione della responsabilità del subordinato per l'esecuzione di ordini superiori si possono distinguere, in linea di massima, alcune posizioni fondamentali[411].

541 Secondo il principio del *respondeat superior*, diffuso fino alla seconda guerra mondiale, l'ordine di un superiore esclude sempre e completamente la responsabilità penale del subordinato tenuto a darvi esecuzione. Nel caso in cui il comando si riveli illegittimo, pertanto, potrà essere punito soltanto il soggetto che l'ha impartito[412]. La ragione fondamentale dello sviluppo di questa teoria può essere ravvisata nella necessità di garantire agli ordini del superiore un'obbedienza quanto più possibile tempestiva ed incondizionata. A ben vedere, si tratta di un modello oggi decisamente superato. Che l'incondizionata non punibilità dell'esecutore materiale possa portare a conseguenze inaccettabili, è ormai chiaro chiunque. In casi estremi, infatti, la responsabilità penale si concentrerebbe ai vertici della piramide gerarchica della catena di comando, magari confinata alle scelte di un solo individuo ("è stato Hitler").

542 In base all'opposta ricostruzione teorica, la circostanza che il soggetto abbia commesso un fatto criminoso in esecuzione di ordini superiori lascia del tutto impregiudicata la sua punibilità (principio della *absolute liability*).

543 Per una terza posizione interpretativa, intermedia tra le due precedentemente esposte, l'ordine emanato dal superiore è tendenzialmente idoneo ad escludere la responsabilità del soggetto tenuto a darvi attuazione, a condizione che l'illegittimità del comando impartito non fosse manifesta oppure nota all'esecutore (principio della *manifest illegality*)[413]. Naturalmente, bisogna poi chiedersi se l'ordine di commettere un genocidio, crimini contro l'umanità o crimini di guerra – a fronte dell'evidente gravità di simili delitti – non debba essere sempre considerato manifestamente illegittimo[414].

---

[411] Cfr. anche *Dahm/Delbrück/Wolfrum*, Völkerrecht, vol. I/3, 2ª ed. (2002), 1125 ss.; *Dinstein*, in: McDonald/Swaak-Goldman (a cura di), Substantive and Procedural Aspects of International Criminal Law, vol. 1 (2000), 371, 379 ss.; *Eser*, in: Schmoller (a cura di), Festschrift für Triffterer (1996), 755, 760 ss.; *Gaeta* EJIL 10 (1999), 172, 174 ss.; *Insco*, Duke Journal of Comparative and International Law 13 (2003), 389, 390 ss.; *Korte*, Das Handeln auf Befehl als Strafausschließungsgrund (2004), 35 ss.; *Nill-Theobald*, „Defences" bei Kriegsverbrechen am Beispiel Deutschlands und der USA (1998), 69 ss.; *Zimmermann*, in: Cassese/Gaeta/Jones (a cura di), Rome Statute, vol. 1 (2002), 957 ss.

[412] Sulla responsabilità del superiore si rinvia *supra*, n. marg. 449 ss.

[413] Allo stesso risultato del principio di *manifest illegality* conduce l'applicazione del cosiddetto principio dalla *mens rea*, elaborato da *Dinstein*, in base al quale l'ordine del superiore non può essere considerato un'autonoma causa di esclusione della responsabilità penale. Tale effetto, al contrario, può prodursi soltanto qualora l'ordine si inserisca nell'ambito applicativo di altre fattispecie esimenti di carattere generale, come lo stato di necessità e l'errore, nella misura in cui queste consentano di escludere l'elemento soggettivo del reato (*mens rea*). Sulle stesse posizioni si veda *Bassiouni/Manikas*, The Law of the International Criminal Tribunal for the former Yugoslavia (1996), 384 ss.; *Dinstein*, The Defence of "obedience to superior orders" in International Law (1965).

[414] Si veda sul punto l'art. 33 co. 2 St-ICC, dettagliatamente n. marg. 551. Secondo l'opinione

2. La giurisprudenza dei Tribunali penali internazionali ed il diritto consuetudinario

In linea di principio, il diritto consuetudinario non considera l'ordine del superiore una valida causa di esclusione della responsabilità penale[415]. In questo contesto, la circostanza di aver agito in esecuzione delle disposizioni impartite può assumere rilevanza soltanto laddove si inserisca nell'ambito applicativo di altre fattispecie esimenti di carattere generale, in particolare lo stato di necessità e l'errore di diritto[416]. In base al diritto consuetudinario, pertanto, l'ordine del superiore può essere valutato solo in sede di commisurazione della pena come circostanza attenuante[417].

Negli Statuti IMT e IMTFE, come nel CCL n. 10, si afferma espressamente che l'ordine ("order") di un governo o di un superiore non possa mai escludere la responsabilità penale del soggetto esecutore[418]. Un principio, questo, che è stato chiaramente riconosciuto dal Tribunale di Norimberga: "la circostanza che un soldato abbia ricevuto l'ordine di uccidere o di torturare, in violazione delle regole del diritto internazionale, non può mai rappresentare una scusante di fronte ad azioni di tale brutalità, sebbene ciò possa essere valutato come circostanza attenuante ai fini della determinazione della pena"[419]. Questa posizione è stata ulteriormente confermata in numerosi processi celebrati successivamente a quello di Norimberga[420].

---

di *Jescheck*, l'articolo 8 St-IMT rappresenta una norma speciale che introduce, in riferimento alla sentenza definitiva di condanna per i più gravi crimini di guerra, una presunzione assoluta di manifesta illegittimità dei reati contestati agli imputati, cfr. *Jescheck*, Die Verantwortlichkeit der Staatsorgane nach Völkerstrafrecht (1952), 386.

[415] Approfonditamente sulla prassi dei Tribunali penali internazionali cfr. *Cassese*, International Criminal Law (2003), 234 ss.; *Dinstein*, in: McDonald/Swaak-Goldman (a cura di), Substantive and Procedural Aspects of International Criminal Law, vol. 1 (2000), 371, 379; *van Sliedregt*, The Criminal Responsibility of Individuals for Violations of International Humanitarian Law (2003), 316 ss., 326 ss.; si veda anche *Ambos*, Der Allgemeine Teil des Völkerstrafrechts (2002), 832 ss.

[416] Così anche *Ambos*, Der Allgemeine Teil des Völkerstrafrechts (2002), 833, 836; *Schabas*, Genocide in International Law (2000), 331; *Zimmermann*, in: Cassese/Gaeta/Jones (a cura di), Rome Statute, vol. 1 (2002), 957, 966.

[417] Cfr. *Dinstein*, in: McDonald/Swaak-Goldman (a cura di), Substantive and Procedural Aspects of International Criminal Law, vol. 1 (2000), 371, 379.

[418] Art. 8 St-IMT; art. 6 St-IMTFE; art. II co. 4 b) CCL n.10. Cfr. inoltre ILC, Principles of International Law Recognised in the Charter of the Nuremberg Tribunal and in the Judgment of the Tribunal, Principle IV, in: Yearbook of the International Law Commission 1950 II, 364, 375.

[419] IMT, 1° ottobre 1946, in: Internationaler Militärgerichtshof Nürnberg, Der Nürnberger Prozeß gegen die Hauptkriegsverbrecher, vol. 1 (1947), 189, 250.

[420] Cfr. IMT, 19 febbraio 1948 (List et al., il cosiddetto Processo degli ostaggi "*Geiselmord-Prozess*"), in: Trials of War Criminals XI, 1230, 1236 ss.; IMT, 10 aprile 1948 (Ohlendorf et al., il cosiddetto Processo alle Einsatzgruppen), in: Trials of War Criminals IV, 411, 470 ss.; IMT, 28 ottobre 1948 (von Leeb et al., il cosiddetto processo OKW), in: Trials of War Criminals X, 462, 507 s.; per una visione d'insieme si veda *Zimmermann*, in: Cassese/Gaeta/Jones (a cura di), Rome Statute, vol. 1 (2002), 957, 963 s. Il diritto di Norimberga, inoltre, è stato confermato anche nella persecuzione dei crimini internazionali in Timor-Est, cfr. UNTAET, Regulation 15/2000 del 6 giugno 2000.

546 Tali disposizioni possono essere considerate o come espressione del principio di *absolute liability*, oppure, secondo il principio della *manifest illegality*, come riconoscimento della presunzione assoluta di manifesta illegittimità dell'ordine di commettere crimini contro la pace, crimini di guerra o contro l'umanità [421]. Di fronte alla mostruosità di tali reati, il Tribunale di Norimberga decise di non avvalersi della possibilità – pure prevista nello Statuto istitutivo – di considerare l'ordine del superiore al fine di una mitigazione della pena[422].

547 Gli Statuti dei Tribunali penali internazionali per la ex Jugoslavia e per il Ruanda hanno riprodotto, con alcune lievi modifiche, la disciplina prevista nello Statuto IMT[423]. Nella prassi di tali organi di giustizia, l'ordine del superiore finora non ha avuto alcun ruolo[424].

548 Il diritto consuetudinario non fornisce indicazioni univoche sulla disciplina da applicare nel caso in cui il subordinato abbia eseguito un ordine, non manifestamente illegittimo, senza rappresentarsi la criminosità del comando ricevuto[425]. È ancora da chiarire se, alla luce delle regole proprie del diritto consuetudinario, si possa anche solo pensare che l'ordine di commettere un crimine internazionale non sia *ex se* manifestamente criminoso. In base al principio della *absolute liability*, in questo caso potrebbe trovare applicazione esclusivamente la disciplina prevista

---

[421] Numerosi processi celebratisi successivamente a quello di Norimberga hanno aderito, contrariamente a quanto previsto dal CCL n. 10, al principio di *manifest illegality*. Cfr. l'analisi di *Jescheck*, Die Verantwortlichkeit der Staatsorgane nach Völkerstrafrecht (1952), 255 ss. Si veda anche *Cryer*, Prosecuting International Crimes (2005), 294 ss.

[422] Sul punto, precisa la Carta IMT: «gli ordini superiori, anche se impartiti ad un militare, non possono essere considerati circostanza di attenuazione della pena quando siano stati commessi, senza alcun rispetto e senza alcuna necessità militare o altra causa di giustificazione, crimini talmente vergognosi», IMT, 1° ottobre 1946, in: Internationaler Militärgerichtshof Nürnberg, Der Nürnberger Prozeß gegen die Hauptkriegsverbrecher, vol. 1 (1947), 189, 328.

[423] Art. 7 St-ICTY, art. 6 co. 4 St-ICTR: «la circostanza che un accusato abbia agito in esecuzione di un ordine del governo o di un superiore non lo esonera dalle proprie responsabilità penali, pur potendo essere presa in considerazione come circostanza di attenuazione della pena nei casi in cui il tribunale internazionale [per la ex Jugoslavia o per il Ruanda] ritiene che ciò sia nell'interesse della giustizia». Un'importante indicazione in merito all'applicazione di questa disposizione si trova contenuta nella risoluzione 808 del Segretario Generale delle Nazioni Unite, SR-Resolution 808, ove si riconosce che l'ordine del superiore debba essere comunque valutato nell'ambito di altre cause di esclusione della responsabilità penale; cfr. Report of the Secretary-General pursuant to paragraph 2 of Security Council Resolution 808, UN Doc. S/25704, § 57; sul punto *Zimmermann*, in: Cassese/Gaeta/Jones (a cura di), Rome Statute, vol. 1 (2002), 957, 961.

[424] *Obiter dicta* si ritrovano in due dissenting opinion rese nella sentenza *Erdemović*, si veda ICTY, 7 ottobre 1997 (Erdemović, AC), dissenting opinion di *McDonald/Vohrah*, §§ 34 ss.; ICTY, 7 ottobre 1997 (Erdemović, AC), dissenting opinion di *Cassese*, § 15.

[425] Sulla controversa questione se il principio di *absolute liability* sia di matrice consuetudinaria si veda, da un lato, *Zimmermann*, in: Cassese/Gaeta/Jones (a cura di), Rome Statute, vol. 1 (2002), 957, 965 (secondo cui il principio di *absolute liability* non farebbe parte del diritto consuetudinario); dall'altro lato, *Cassese*, International Criminal Law (2003), 231, come pure *Gaeta* EJIL 10 (1999), 172: «the customary rule on superior orders upholds the absolute liability approach». Sulla questione si veda anche *Cryer*, Prosecuting International Crimes (2005), 297 ss.

in materia di errore. Quale risultato possa derivare dall'applicazione della teoria della *manifest illegality*, invece, dipende dal significato che si attribuisce al requisito dell'illegittimità, cioè se si sceglie di considerare l'ordine diretto alla commissione di un crimine internazionale sempre e comunque manifestamente criminoso, oppure se si ammette la possibilità che il comportamento richiesto in esecuzione delle disposizioni impartite sia solo "semplicemente" illegittimo, senza ulteriori qualificazioni.

L'idea di una responsabilità condizionata, secondo il principio della *manifest illegality*, è particolarmente diffusa[426] nei sistemi giuridici domestici. Infatti, i tribunali nazionali sono comunemente propensi a riconoscere la manifesta illegittimità degli ordini diretti alla commissione di un crimine internazionale[427].

3. L'articolo 33 dello Statuto di Roma

Il punto di partenza da cui muove l'articolo 33 St-ICC riproduce, nella sostanza, i contenuti nevralgici ed ormai incontestabili del diritto consuetudinario: l'esistenza di un ordine – indipendentemente dalla circostanza che sia stato emanato da un superiore civile[428] o militare, oppure promani dall'autorità di governo[429] – non esclude la responsabilità penale del soggetto che lo abbia eseguito. L'ordine può costituire motivo di esclusione della responsabilità penale solo in via eccezionale, laddove ricorrano tre specifiche condizioni: il destinatario aveva l'obbligo legale di eseguirlo, non sapeva di eseguire un comando illegittimo e l'illegittimità del comportamento richiesto non era manifesta[430]. Naturalmente, la disposizione in esame non pregiudica alcun mondo l'applicabilità di altre fattispecie esimenti di carattere

---

[426] Cfr. *Gaeta* EJIL 10 (1999), 172, 177 ss.; *Green*, Superior orders in national and international law (1976), 17 ss.; *Nill-Theobald*, „Defences" bei Kriegsverbrechen am Beispiel Deutschlands und der USA (1998), 108 ss.; *Zimmermann*, in: Cassese/Gaeta/Jones (a cura di), Rome Statute, vol.1 (2002), 957, 965.

[427] Cfr. *Gaeta* EJIL 10 (1999), 172 nota 32. Sulla posizione degli USA in merito ai maltrattamenti nella prigione irachena di Abu-Ghraib si veda *Solis*, Journal of International Criminal Justice 2 (2004), 988 ss.

[428] Il § 3 del StGB cerca di delimitare ragionevolmente l'estensione della particolare disciplina prevista in questa materia anche agli ordini provenienti da autorità civili, consentendone l'applicazione solo quando tali ordini presentino "un effetto vincolante realmente paragonabile" a quello di taluni ordini impartiti in ambito militare. In questo senso anche *Ambos*, Internationales Strafrecht (2006), § 7 n. marg. 92.

[429] Si possono rinvenire anche alcune leggi nazionali che prescrivono la commissione di crimini inseriti all'interno dello Statuto, cfr. Triffterer-*Triffterer*, Rome Statute (1999), art. 33, n. marg. 13, 17 ss. Su questi concetti si veda *Zimmermann*, in: Cassese/Gaeta/Jones (a cura di), Rome Statute, vol. 1 (2002), 957, 968.

[430] Approfonditamente *van Sliedregt*, The Criminal Responsibility of Individuals for Violations of International Humanitarian Law (2003), 323 ss.; Triffterer-*Triffterer*, Rome Statute (1999), art. 33 n. marg. 13 ss.; *Zimmermann*, in: Cassese/Gaeta/Jones (a cura di), Rome Statute, vol. 1 (2002), 957, 968 ss.

generale[431]. Da questo punto di vista, pertanto, lo Statuto di Roma sembra aderire alle teoria della *manifest illegality*.

551   Il principio di *manifest illegality*, tuttavia, viene interpretato nello Statuto di Roma in modo da renderne in parte compatibili i contenuti con l'opposta teoria della *absolute liability*. In sostanza, la norma rappresenta una forma di compromesso tra le diverse posizioni che sono emerse in seno alla Conferenza di Roma[432]. L'art. 33 co. 2 St-ICC stabilisce che l'ordine di commettere un genocidio o crimini contro l'umanità debba essere sempre considerato manifestamente illegittimo. A fondamento di questa disposizione si pone la considerazione che l'illegittimità di simili ordini sia chiaramente riconoscibile, sulla base di una valutazione *ex antea*, per un qualsiasi individuo dotato di medie capacità[433]. Un risultato che finisce per corrispondere, in pratica, alle soluzioni suggerite dalla teoria della *absolute liability*[434]. Lo Statuto di Roma, tuttavia, riconosce che l'ordine del superiore possa valere comunque come causa di esclusione della responsabilità penale per la sola categoria dei crimini di guerra[435]. Tale previsione, priva di analoghi precedenti, trova fondamento nelle particolari caratteristiche che segnano la distinzione tra queste e le altre fattispecie sottoposte alla cognizione della Corte penale internazionale permanente. Si pensi alla varietà tipologica dei crimini di guerra o all'oggettiva graduabilità dell'offesa, cioè caratteristiche che consentono non escludere in quest'ambito l'applicabilità dell'esimente in parola[436].

552   Gli elementi che lo Statuto di Roma ha mutuato dalle teorie della *absolute liability* e della *manifest illegality* sono, in quanto tali, patrimonio comune del diritto consuetudinario. Ma completamente nuova è l'interpretazione del principio di *manifest illegality* sviluppatasi attraverso il lavoro di codificazione. Questa rilettura del diritto consuetudinario può essere considerata, in un ambito strettamente limitato, quasi come un chiarimento interpretativo

---

[431] *Ambos*, Der Allgemeine Teil des Völkerstrafrechts (2002), 837.

[432] Sulle trattative svoltesi durante la Conferenza di Roma si veda *Ambos*, Internationales Strafrecht (2006), § 7 n. marg. 93; *Cryer*, Prosecuting International Crimes (2005), 299; *Gaeta* EJIL 10 (1999), 172, 188 ss.; *Scaliotti*, International Criminal Law Review 1 (2001), 111, 135 ss.; Triffterer-*Triffterer*, Rome Statute (1999), art. 33, n. marg. 8 ss.; *Zimmermann*, in: Cassese/Gaeta/Jones (a cura di), Rome Statute, vol. 1 (2002), 957, 967.

[433] Sul criterio di accertamento da adottare in questi casi, si veda *Zimmermann*, in: Cassese/Gaeta/Jones (a cura di), Rome Statute, vol. 1 (2002), 957, 970. Su posizioni critiche *Cryer*, Prosecuting International Crimes (2005), 300.

[434] Concorda sul punto *Ambos*, Internationales Strafrecht (2006), § 7 n. marg. 94.

[435] Cfr. *Gaeta* EJIL 10 (1999), 172, 189 ss.; *Zimmermann*, in: Cassese/Gaeta/Jones (a cura di), Rome Statute, vol. 1 (2002), 957, 971 nota 70; criticamente sul punto *Cryer*, Prosecuting International Crimes (2005), 300. – Lo stesso dicasi per il crimine di aggressione, sebbene tale disposizione non abbia per il momento alcun significato pratico, cfr. *infra*, n. marg. 1316 ss.

[436] Cfr. *van Sliedregt*, The Criminal Responsibility of Individuals for Violations of International Humanitarian Law (2003), 316 ss., 337 ss. Parte della dottrina, tuttavia, ritiene che anche rispetto ai crimini di guerra debba valere in linea di principio (così *Garraway*, International Review of the Red Cross 81 (1999), 785, 791), o addirittura sempre, (così *Gaeta* EJIL 10 (1999), 186, 190) il principio della manifesta illegittimità, cfr. *Ambos*, Internationales Strafrecht (2006), § 7 n. marg. 95.

che piega la rigidità della norma a favore dell'imputato: la circostanza di avere eseguito un ordine *ex se* non manifestamente criminoso, senza rappresentarsi l'illegittimità del comando ricevuto, rappresenta un'ipotesi particolare di errore di diritto (articolo 32 co. 2 St-ICC) idonea ad escludere la responsabilità penale del subordinato. Nello Statuto di Roma l'ordine del superiore non viene espressamente considerato come una circostanza da valutare ai fini della riduzione di pena. La lacuna non preoccupa, specie considerato che una simile possibilità emerge comunque dal disposto dell'articolo 78[437].

[*Omissis*]

VI. Il vizio di mente (malattie o disturbi psichici)

Ambos, Kai: General Principles of Criminal Law in the Rome Statute, Criminal Law Forum 10 (1999), 1 ss.; *Ambos, Kai:* Other Grounds for Excluding Criminal Responsibility, in: Cassese, Antonio/Gaeta, Paola/Jones, John R.W.D. (Hrsg.), The Rome Statute of the International Criminal Court: A Commentary, Band 1 (2002), 1003 ss.; *Cassese, Antonio:* International Criminal Law (2003), 224 ss.; *Dahm, Georg/Delbrück, Jost/Wolfrum, Rüdiger:* Völkerrecht, Band I/3, 2. Aufl. (2002), 1128; *Deutsches Institut für Medizinische Dokumentation und Information* (Hrsg.): Internationale statistische Klassifikation der Krankheiten und verwandter Gesundheitsprobleme, 10. Revision ICD-10 (2000); *Eser, Albin:* Kommentierung zu Art. 31 IStGH-Statut, in: Triffterer, Otto (Hrsg.), Commentary on the Rome Statute of the International Criminal Court, Observers' Notes, Article by Article (1999), 537 ss.; *Janssen, Sander:* Mental condition defences in international criminal law, International Criminal Law Review 4 (2004), 83 ss.; *Kittichaisaree, Kriangsak:* International Criminal Law (2001), 261 s.; *Knoops, Geert-Jan G.J.:* Defenses in Contemporary International Criminal Law (2001), 108 ss.; *Kreß, Claus:* Die Kristallisation eines Allgemeinen Teils des Völkerstrafrechts: Die Allgemeinen Prinzipien des Strafrechts im Statut des Internationalen Strafgerichtshofs, Humanitäres Völkerrecht-Informationsschriften 1999, 4 ss.; *Krug, Peter:* The Emerging Mental Incapacity Defense in International Criminal Law: Some Initial Questions of Implementation, AJIL 94 (2000), 317 ss.; *Mackay, Ronald D.:* Mental Condition Defences in the Criminal Law (1995); *Nill-Theobald, Christiane:* „Defences" bei Kriegsverbrechen am Beispiel Deutschlands und der USA (1998), 383 s.; *Saland, Per:* International Criminal Law Principles, in: Lee, Roy S. (Hrsg.), The International Criminal Court, The Making of the Rome Statute (1999), 189 ss.; *Scaliotti, Massimo:* Defences before the international criminal court, Substantive grounds for excluding criminal responsibility, Teil 1: International Criminal Law Review 1 (2001), 111 ss.; Teil 2: International Criminal Law Review 2 (2002), 1 ss.; *Schabas, William A.:* General Principles of Criminal Law in the International Criminal Court Statute (Part III), European Journal of Crime, Criminal Law and Criminal Justice 1998, 399 ss.; *van Sliedregt, Elies:* The Criminal Responsibility of Individuals for Violations of International Humanitarian Law (2003), 243 ss.; *Watzek, Jens:* Rechtfertigung und Entschuldigung im englischen Strafrecht (1997), 237 s.

---

[437] Cfr. Triffterer-*Triffterer*, Rome Statute (1999), art. 33, n. marg. 24. In nota all'articolo 32 co. 2 Draft E-St-ICC si afferma espressamente: «For the question of mitigating circumstances, see Part 7».

555 Come già la maggior parte degli ordinamenti giuridici nazionali, anche il diritto penale internazionale considera il vizio di mente come valida causa di esclusione della responsabilità penale[438]. Sebbene si tratti di una figura che non ha trovato sinora quasi alcuna applicazione nella giurisprudenza dei Tribunali penali internazionali[439], l'art. 31 co. 1 a) St-ICC ne rappresenta un'esplicita conferma e ne precisa i contenuti. Presupposto della non punibilità è l'esistenza di una "malattia o di un disturbo psichico", a causa dei quali il soggetto agente «non fosse in grado nel momento in cui ha commesso il fatto [...] di riconoscere l'illegittimità o la natura stessa del proprio comportamento, né di governarlo conformandosi alle prescrizioni dell'ordinamento giuridico»[440].

556 Ai fini dell'accertamento del vizio di mente, la Corte può avvalersi dell'opera di appositi periti[441]. Anche se nello Statuto di Roma manca una disposizione specifica sul punto, nulla sembra impedire il ricorso allo strumento della perizia. Questa possibilità risulta confermata anche da molteplici disposizioni, di cui gli artt. 48 co. 4 e 100 co. 1 d) St-ICC sono solo gli esempi più evidenti[442]. Rimane del tutto privo di qualsiasi regolamentazione, inve-

---

[438] È fondamentale in materia ICTY, 20 febbraio 2001 (Mucić et al., AC), § 582: «plea of insanity is a complete defence»; l'ICTY definisce l'incapacità di intendere e volere come «such a defect of reason, from disease of the mind, as not to know the nature and quality of his act or, if [the perpetrator] did know it, that [the perpetrator] did not know that what he was doing was wrong»; il vizio di mente ("lack of mental responsibility") viene espressamente considerato come una "defence" anche nella Regola di procedura e prova dell'ICTY n. 67 (A) (ii) (b). Nella giurisprudenza del Tribunale, tuttavia, non viene chiarito se tale causa di esclusione della responsabilità penale sia effettivamente parte del diritto consuetudinario, oppure se trovi applicazione nel diritto penale internazionale in quanto principio generale di diritto cui non poter negare riconoscimento. Sull'opinione che riconduce espressamente tale causa di esclusione della responsabilità penale ad una matrice giuridica consuetudinaria, si veda *Cassese*, in: Cassese/Gaeta/Jones (a cura di), Rome Statute, vol. 1 (2002), 951, 954; cfr. anche *Kittichaisaree*, International Criminal Law (2001), 261; *Scaliotti*, International Criminal Law Review 2 (2002), 1, 16 ss. – Conformemente alla terminologia utilizzata nei sistemi Common Law, questa particolare causa di esclusione della responsabilità penale viene spesso definita col termine *insanity* (*defense*) o *incapacity*, si veda sul punto Triffterer-*Eser*, Rome Statute (1999), art. 31, n. marg. 20; *Sadat*, The International Criminal Court and the Transformation of International Law (2002), 189, 212; *Schabas*, European Journal of Crime, Criminal Law and Criminal Justice 1998, 399, 422.

[439] Nonostante i tribunali ritengano di potersi e doversi occupare delle condizioni psichiche dell'imputato al momento della commissione del fatto, essi arrivano regolarmente a negare la possibilità di escluderne su queste basi la responsabilità penale; cfr. ICTY, 16 novembre 1998 (Mucić et al., TC), §§ 1156 ss. e 31 luglio 2001 (Todorović, TC), §§ 93 ss.; ulteriori assenti in *Cassese*, International Criminal Law (2003), 225. Cfr. anche *Janssen*, International Criminal Law Review 4 (2004), 83, 86.

[440] In materia si veda, con abbondanza di argomentazioni, Triffterer-*Eser*, Rome Statute (1999), art. 31, n. marg. 20; *Knoops*, Defenses in Contemporary International Criminal Law (2001), 114.

[441] ICTY, 16 novembre 1998 (Mucić et al., TC), §§ 1170, 1173 ss.

[442] Nelle disposizioni citate viene fatto esplicito riferimento allo strumento della perizia. Si rinvia anche all'art. 56 co. 2 c), art. 93 co. 1 b) c), art. 93 co. 2, art. 100 co. 1 a) St-ICC. Cfr. inoltre ICTY, 16 novembre 1998 (Mucić et al., TC), § 1186 e *Knoops*, Defenses in Contemporary International Criminal Law (2001), 114.

ce, il trattamento dei soggetti incompatibili con il regime carcerario a causa delle precarie condizioni di salute. Sia nello Statuto di Roma che nel Regolamento di Procedura e Prova, infatti, non vi è alcuna previsione specifica in ordine alla possibilità di disporre il ricovero in apposita struttura di cura e riabilitazione[443].

Presupposto della non punibilità, nei casi esaminati, è che il soggetto agente sia affetto da "vizio totale o parziale di mente" ("mental disease or defect")[444] al momento della commissione del fatto[445], come tale intendendosi tendenzialmente qualsiasi disturbo psichico che presenti un grado significativo di intensità e durata, così da compromettere la capacità di intendere e di volere dell'individuo[446]. In casi eccezionali, il particolare stato emotivo o passionale del soggetto agente può essere considerato causa di non punibilità anche rispetto alla commissione di un crimine internazionale. Naturalmente, a tal fine non possono essere prese in considerazione le mere alterazioni transitorie del comportamento o i normali stati di depressione o di eccitamento[447], e neppure disturbi psichici di carattere esclusivamente emotivo (ad esempio, furore cieco o paura profonda)[448].

Al riconoscimento della non punibilità può giungersi solo quando il vizio di mente sia tale da escludere la capacità del soggetto agente di comprendere il significato del proprio comportamento o di dominare le proprie azioni[449]. L'art. 31 co. 1 a) St-ICC distingue tre ipotesi autonome, in cui la presenza di una malattia o di un disturbo psichico può essere considerata causa di esclusione della responsabilità penale[450]: cioè quando tale patologia impedisca all'autore del fatto di riconoscere

---

[443] Dettagliatamente *Dahm/Delbrück/Wolfrum*, Völkerrecht, vol. I/3, 2ª ed. (2002), 1128; *Janssen*, International Criminal Law Review 4 (2004), 83, 85, 96; *Schabas*, European Journal of Crime, Criminal Law and Criminal Justice 1998, 399, 423.

[444] Art. 31 co. 1 a) St-ICC. Una chiave di lettura unitaria e riconosciuta a livello internazionale viene offerta dalla Classificazione internazionale delle malattie (ICD), elaborata dall'Organizzazione Mondiale della Sanità, cfr. *Deutsches Institut für Medizinische Dokumentation und Information* (a cura di), ICD-10, Internationale statistische Klassifikation der Krankheiten und verwandter Gesundheitsprobleme (2000). Anche nel processo contro *Mucić* davanti all'ICTY i periti sin sono basati sulla ICD, cfr. ICTY, 16 novembre 1998 (Mucić et al., TC), § 1178.

[445] Si vedano anche ICTY, 20 febbraio 2001 (Mucić et al., AC), § 582 ("disease of mind") e 16 novembre 1998 (Mucić et al., TC), § 1156; *Kittichaisaree*, International Criminal Law (2001), 261.

[446] Cfr. Triffterer-*Eser*, Rome Statute (1999), art. 31, n. marg. 21; *Knoops*, Defenses in Contemporary International Criminal Law (2001), 114.

[447] ICTY, 16 novembre 1998 (Mucić et al., TC), § 1166; Triffterer-*Eser*, Rome Statute (1999), art. 31 n. marg. 21; *Knoops*, Defenses in Contemporary International Criminal Law (2001), 114.

448 Cfr. Triffterer-*Eser*, Rome Statute (1999), art. 31 n. marg. 21; *Knoops*, Defenses in Contemporary International Criminal Law (2001), 114.

[449] Cfr. ICTY, 20 febbraio 2001 (Mucić et al., AC), § 582; *van Sliedregt*, The Criminal Responsibility of Individuals for Violations of International Humanitarian Law (2003), 246.

[450] Cfr. *Ambos*, Criminal Law Forum 10 (1999), 1, 24; *Ambos*, Der Allgemeine Teil des Völkerstrafrechts (2002), 502; Triffterer-*Eser*, Rome Statute (1999), art. 31 n. marg. 22; *Knoops*, Defenses in Contemporary International Criminal Law (2001), 114. – Attraverso la previsione di queste tre distinte ipotesi, lo Statuto di Roma riassume ed unifica le distinte posizioni dei Paesi di Common Law

l'illegittimità del proprio comportamento, di intendere il significato della propria condotta o, infine, di governarla orientandola in senso conforme alle prescrizioni dell'ordinamento giuridico.

559 Il soggetto agente rimane in ogni caso punibile nelle ipotesi di vizio parziale di mente[451], in cui la capacità di intendere volere risulti soltanto ridotta o compromessa, ma non del tutto esclusa. Deve precisarsi che lo Statuto di Roma non contiene alcuna previsione specifica in materia. In questi casi rimane la possibilità di applicare una riduzione di pena, nell'ambito dei generali criteri di commisurazione della sanzione previsti dall'art. 78 St-ICC[452].

VII. Lo stato di intossicazione

560 *Ambos, Kai:* General Principles of Criminal Law in the Rome Statute, Criminal Law Forum 10 (1999), 1 ss.; *Ambos, Kai:* Der Allgemeine Teil des Völkerstrafrechts, Ansätze einer Dogmatisierung (2002), 158; *Ambos, Kai:* Other Grounds for Excluding Criminal Responsibility, in: Cassese, Antonio/Gaeta, Paola/Jones, John R.W.D. (Hrsg.), The Rome Statute of the International Criminal Court: A Commentary, Band 1 (2002), 1003 ss.; *Cassese, Antonio:* International Criminal Law (2003), 228; *Eser, Albin:* Kommentierung zu Art. 31 IStGH-Statut, in: Triffterer, Otto (Hrsg.), Commentary on the Rome Statute of the International Criminal Court, Observers' Notes, Article by Article (1999), 537 ss.; *Kittichaisaree, Kriangsak:* International Criminal Law (2001), 261; *Knoops, Geert-Jan G. J.:* Defenses in Contemporary International Criminal Law (2001), 108 ss.; *Kreß, Claus:* Die Kristallisation eines Allgemeinen Teils des Völkerstrafrechts: Die Allgemeinen Prinzipien des Strafrechts im Statut des Internationalen Strafgerichtshofs, Humanitäres Völkerrecht-Informationsschriften 1999, 4 ss.; *Nill-Theobald, Christiane:* „Defences" bei Kriegsverbrechen am Beispiel Deutschlands und der USA (1998), 383; *Saland, Per:* International Criminal Law Principles, in: Lee, Roy S. (Hrsg.), The International Criminal Court, The Making of the

---

e di Civil Law. In entrambi gli ordinamenti giuridici, infatti, si prevede la non punibilità del soggetto che non sia stato in grado di comprendere il disvalore della propria condotta. Tuttavia, mentre nei sistemi di Common Law la non punibilità del soggetto agente discende esclusivamente dall'incapacità di intendere il significato del proprio comportamento (cfr. sulla cosiddetta clausola M'Naghten, *Watzek*, Rechtfertigung und Entschuldigung im englischen Strafrecht (1997), 237; ICTY, 20 febbraio 2001 (Mucić et al., AC), § 582; inoltre § 4.01 Model Penal Code), in numerosi ordinamenti di tipo continentale rileva anche l'incapacità di dominare le proprie azioni (cfr. § 20 StGB); dettagliatamente *Janssen*, International Criminal Law Review 4 (2004), 83; *Schabas*, European Journal of Crime, Criminal Law and Criminal Justice 1998, 399, 423.

[451] Cfr. art. 31 co. 1 a) St-ICC ("destroy"); ICTY, 20 febbraio 2001 (Mucić et al., AC), § 587; Triffterer-*Eser*, Rome Statute (1999), art. 31 n. marg. 22; *Janssen*, International Criminal Law Review 4 (2004), 83, 85 ss.; per ulteriori approfondimenti *Olusanya*, in: Haveman/Olusanya (a cura di), Sentencing and Sanctioning in Supranational Criminal Law (2006), 109, 113, il quale richiede che lo stato patologico del soggetto agente non sia transitorio o momentaneo, ma abbia un'apprezzabile durata.

[452] Cfr. ICTY, 28 ottobre 2003 (Banović, TC), §§ 79 ss.; ICTY, 11 marzo 2004 (Češić, TC), §§ 88 ss. Sulla giurisprudenza del Tribunale cfr. *Janssen*, International Criminal Law Review 4 (2004), 83, 87; *van Sliedregt*, The Criminal Responsibility of Individuals for Violations of International Humanitarian Law (2003), 246.

Rome Statute (1999), 189 ss.; *Schabas, William A.:* General Principles of Criminal Law in the International Criminal Court Statute (Part III), European Journal of Crime, Criminal Law and Criminal Justice 1998, 399 ss.; *van Sliedregt, Elies:* The Criminal Responsibility of Individuals for Violations of International Humanitarian Law (2003), 248 ss.; *Watzek, Jens:* Rechtfertigung und Entschuldigung im englischen Strafrecht (1997), 236.

L'art. 31 co. 1 b) St-ICC introduce un'apposita disciplina per il caso in cui un crimine sottoposto alla giurisdizione della Corte penale internazionale sia stato commesso da un soggetto in stato di intossicazione[453]. Nello specifico, la disposizione prevede la non punibilità di colui che, trovandosi al momento della commissione del fatto in stato di intossicazione, non fosse «in grado di comprendere l'illegittimità o la natura stessa del proprio comportamento, nonché di governare le proprie azioni per renderle conformi alle norme di legge». La responsabilità penale rimane sempre impregiudicata nel caso in cui il soggetto agente abbia volontariamente ("voluntary") provocato lo stato di intossicazione, non curandosi del rischio di commettere[454], in tali condizioni, un crimine devoluto alla competenza della Corte.

La disposizione dello Statuto di Roma che esclude la punibilità del soggetto agente nei casi in cui non abbia volontariamente provocato lo stato di intossicazione – cioè quando non sia stato consapevole di assumere una sostanza stupefacente, oppure laddove questa gli sia stata somministrata con la forza[455] – risulta pienamente conforme ai principi generali di diritto[456]. Lo stesso non può dirsi rispetto all'esclusione di responsabilità nei casi di intossicazione volontaria autoprovocata dal soggetto agente. Se si considera il diverso trattamento che tali ipotesi ricevono all'interno degli ordinamenti nazionali, tutto lascia pensare che in questo caso la disposizione dello Statuto di Roma non trovi fondamento in principi giuridici comuni, né il diritto internazionale consuetudinario sembra contemplare una analoga previsione.

1. Il venir meno della capacità di intendere e volere negli stati di intossicazione

La non punibilità di colui che abbia commesso un crimine in stato di intossicazione ("state of intoxication") presuppone che quest'ultimo sia stato provocato dall'as-

---

[453] Riassuntivam. Triffterer-*Eser*, Rome Statute (1999), art. 31 n. marg. 25; *Knoops*, Defenses in Contemporary International Criminal Law (2001), 117. La scelta di prevedere all'art. 31 co. 1 b) St-ICC un'autonoma disciplina dello stato di ubriachezza potrebbe portare, come conseguenza, ad escludere l'idea di un disturbo psichico come fondamento dell'esimente nei casi in cui il soggetto agente abbia fatto uso di sostanze alcoliche, sul punto si veda *Ambos*, in: Cassese/Gaeta/Jones (a cura di), Rome Statute, vol. 1 (2002), 1003, 1020.

[454] Art. 31 co. 1 b) parte 2 St-ICC. Cfr. sul punto *Cryer*, Prosecuting International Crimes (2005), 306.

[455] Cfr. *Knoops*, Defenses in Contemporary International Criminal Law (2001), 119.

[456] Secondo l'opinione di *Cassese*, in: Cassese/Gaeta/Jones (a cura di), Rome Statute, vol. 1 (2002), 951, 954 qui dovrebbe addirittura riconoscersi un'affermazione propria del diritto consuetudinario.

sunzione di sostanze stupefacenti[457], tra le quali si annoverano, per la loro pratica rilevanza, soprattutto alcol e droghe. L'effettiva sussistenza di uno stato di intossicazione in grado di escludere la responsabilità penale dovrà essere accertata non attraverso una valutazione complessiva in ordine alle condizioni psicofisiche del soggetto agente, ma in base ad apposite analisi volte di individuare nel suo sangue la presenza e la relativa concentrazione di sostanze stupefacenti. Pertanto, saranno decisive le circostanze di ogni singolo caso. Certo è che la mera attenuazione della capacità di intendere volere non può essere considerata sufficiente ai fini dell'applicazione dell'esimente[458].

2. Non punibilità per reati commessi in stato di intossicazione autoprovocata: una questione ancora aperta

564 Una questione di grande significato pratico, e particolarmente scottante sul piano delle valutazioni politico-criminali, attiene alla possibilità di ritenere penalmente responsabile colui che abbia volontariamente causato il proprio stato di intossicazione[459].

565 Durante i lavori preparatori della Conferenza di Roma, i rappresentanti delle Nazioni sono stati sostanzialmente concordi nel considerare lo stato di intossicazione involontaria come una vera e propria causa di esclusione della punibilità. Al contrario, fino all'ultimo si discusse sulla possibilità di attribuire[460] – ed eventual-

---

[457] Cfr. Triffterer-*Eser*, Rome Statute (1999), art. 31 n. marg. 25; *Knoops*, Defenses in Contemporary International Criminal Law (2001), 117; *van Sliedregt*, The Criminal Responsibility of Individuals for Violations of International Humanitarian Law (2003), 249. Tutti quei comportamenti che hanno origine in cause endogene non vengono ricompresi all'interno dell'art. 31 co. 1 b) St-ICC, ma possono trovare considerazione nell'ambito dell'art. 31 co. 1 a) St-ICC.

[458] Cfr. Triffterer-*Eser*, Rome Statute (1999), art. 31 n. marg. 26; *Knoops*, Defenses in Contemporary International Criminal Law (2001), 118; *van Sliedregt*, The Criminal Responsibility of Individuals for Violations of International Humanitarian Law (2003), 249. Così come avviene nell'ipotesi di vizio di mente parziale, in presenza di una mera riduzione della capacità di intendere e volere, anche in questo caso la pena può essere attenuata. Si veda anche *supra*, n. marg. 559. Nei casi, comparativamente minori, in cui la giurisprudenza dei tribunali internazionali si è occupata di reati commessi in stato di intossicazione, di solito si è limitata ad interrogarsi circa la possibilità di ritenere che la presenza di uno stato di intossicazione sia circostanza da valutare ai fini di un'attenuazione di pena; sul punto, con approfondimenti *Ambos*, Der Allgemeine Teil des Völkerstrafrechts (2002), 158.

[459] Non di rado, crimini di competenza della Corte penale internazionale vengono commessi sotto l'effetto di sostanze stupefacenti. Ad esempio, è stato raccontato che in un campo di internamento in Bosnia gli aguzzini erano, per la maggior parte, sotto l'effetto di alcool o di droghe, cfr. *Gutman*, in: Zülch (a cura di), „Ethnische Säuberung" – Völkermord für „Großserbien" (1993), 105, 121; *Nill-Theobald*, „Defences" bei Kriegsverbrechen am Beispiel Deutschlands und der USA (1998), 383.

[460] Cfr. Triffterer-*Eser*, Rome Statute (1999), art. 31 n. marg. 24; *Saland*, in: Lee (a cura di), The International Criminal Court, The Making of the Rome Statute (1999), 189, 206. Sui progetti preliminari allo Statuto di Roma si veda *Schabas*, European Journal of Crime, Criminal Law and Criminal Justice 1998, 399, 423. La soluzione finale, che rappresenta una sorta di compromesso tra le diverse posizioni emerse durante la Conferenza di Roma, è stata raggiunta grazie all'eliminazione di

mente in che misura – anche allo stato di intossicazione volontariamente cagionata ("voluntary intoxication") un qualche valore esimente. Sullo sfondo di questa discussione si pone la diversità di soluzioni adottate dalle legislazioni nazionali[461]. Da un lato, alcuni sistemi negano che lo stato di intossicazione provocato dallo stesso soggetto agente possa essere idoneo ad escluderne la responsabilità penale[462]. Talvolta, il consumo di alcol prima della commissione di un reato viene addirittura valutato come circostanza aggravante della pena[463]. Altri ordinamenti giuridici, al contrario, riconoscono lo stato di intossicazione volontaria come vera e propria causa di non punibilità oppure come circostanza attenuante[464].

La seconda parte dell'art. 31 co. 1) b) St-ICC individua una via di compromesso. Lo stato di intossicazione volontariamente provocata non impedisce sempre e per principio l'applicazione della causa di non punibilità, ma solo quando il soggetto agente abbia preordinato lo stato di intossicazione con la certezza di tenere un comportamento costituente crimine di competenza della Corte penale internazionale, oppure laddove non si sia curato del rischio ("disregarded the risk") di commettere un simile crimine.

Questa ricostruzione risulta espressa con chiarezza nella versione inglese dello Statuto di Roma, laddove si precisa che l'aver commesso il fatto in stato di intossicazione rende il soggetto agente non punibile «unless the person has become voluntarily intoxicated under such circumstances that the person knew, or disregarded the risk, that, as a result of the intoxication, he or she was likely to engage in conduct constituting a crime within the jurisdiction of the Court». Come già emerge dalla semplice lettura del testo, è necessario che il soggetto abbia agito pur avendo ben presente il rischio di commettere un crimine devoluto alla giurisdizione della Corte penale internazionale, ad esempio nei casi in cui ciò

---

una nota dal progetto preparatorio, in base alla quale doveva ritenersi generalmente esclusa la possibilità di dichiarare non punibile il soggetto agente che avesse commesso un crimine contro l'umanità o di genocidio, *Ambos*, in: Cassese/Gaeta/Jones (a cura di), Rome Statute, vol. 1 (2002), 1003, 1030; *Ambos*, Internationales Strafrecht (2006), § 7 n. marg. 86.

[461] Si veda, sul punto, la panoramica di *van Sliedregt*, The Criminal Responsibility of Individuals for Violations of International Humanitarian Law (2003), 250.

[462] Una regola analoga si trova, ad esempio, nel Codice penale militare americano, cfr. la disposizione 916 k (2): «Voluntary intoxication, whether caused by alcohol or drugs, is not a defense. However, evidence of any degree of voluntary intoxication may be introduced for the purpose of raising a reasonable doubt as to the existence of actual knowledge, specific intent, wilfulness, or a premeditated design to kill»; sul punto *Nill-Theobald*, „Defences" bei Kriegsverbrechen am Beispiel Deutschlands und der USA (1998), 383; si veda anche il § 2.08 Model Penal Code; art. 20 co. 2 del Codice penale spagnolo; ancora *Ambos*, in: Cassese/Gaeta/Jones (a cura di), Rome Statute, vol. 1 (2002), 1003, 1030; *Schabas*, European Journal of Crime, Criminal Law and Criminal Justice 1998, 399, 423.

[463] In questo senso, cfr. ICTY, 2 novembre 2001 (Kvočka et al., TC), § 706: «While a state of intoxication could constitute a mitigating circumstance if it is forced or coerced, the Trial Chamber cannot accept Zigic's contention that an intentionally procured diminished mental state could result in a mitigated sentence. Indeed, the Trial Chamber considers that, particularly in contexts where violence is the norm and weapons are carried, intentionally consuming drugs or alcohol constitutes an aggravating rather than a mitigating factor».

[464] *Ambos*, Criminal Law Forum 10 (1999), 1, 25.

avvenga per colpa grave[465]. La norma non richiede necessariamente che il soggetto abbia agito con dolo, nemmeno nella forma del dolo eventuale, così come non ritiene sufficiente la semplice imputazione a titolo di colpa. La traduzione ufficiale tedesca dello Statuto di Roma si rivela poco chiara sotto questo profilo, laddove esclude la responsabilità penale del soggetto che «non si sia posto in stato di intossicazione volontariamente oppure sapendo, o accettando il rischio, di tenere, a causa di tale intossicazione, un comportamento costituente crimine sottoposto alla giurisdizione della Corte penale internazionale». Attraverso questa formulazione poco fedele alla versione originale del testo dello Statuto, pertanto, viene rafforzata l'erronea impressione che la clausola di non punibilità sia modellata rispetto al dolo del soggetto agente.

568 In conclusione, l'incapacità di intendere e volere determinata da intossicazione da alcool o sostanze stupefacenti può escludere la punibilità del soggetto agente solo nella misura in cui quest'ultimo non fosse consapevole del rischio di commettere, in tale stato, un crimine attribuito alla competenza della Corte penale internazionale[466]. In ogni caso, la norma non ammette la possibilità di applicare la prevista causa di esclusione della responsabilità penale quando lo stato di intossicazione sia stato preordinato al fine di commettere, grazie anche agli effetti delle sostanze assunte, un crimine internazionale. Il timore che la disposizione dello Statuto possa condurre alla generalizzata e diffusa non punibilità[467] di crimini di guerra o contro l'umanità, pertanto, risulta del punto tutto infondato[468].

VIII. Ulteriori cause di non punibilità

569 *Cassese, Antonio:* Justifications and Excuses in International Criminal Law, in: Cassese, Antonio/Gaeta, Paola/Jones, John R.W.D. (Hrsg.), The Rome Statute of the International Criminal Court: A Commentary, Vol. 1 (2002), 951 ss.; *Dahm, Georg/Delbrück, Jost/*

---

[465] Si confrontino anche la versione originale francese («qu'elle savait que [...] elle risquait d'adopter [...] un crime [...] ou qu'elle n'ait tenu aucun compte de ce risque») e quella spagnola («a sabiendas de que [...] probablemente incurría en [un] crimen [...] o haya hecho caso omiso del riesgo de que ello ocurriere»). Sull'inclusione dell'*actio libera in causa* si veda *Ambos*, Der Allgemeine Teil des Völkerstrafrechts (2002), 503; più esplicitamente *Ambos*, in: Cassese/Gaeta/Jones (a cura di), Rome Statute, vol. 1 (2002), 1003, 1030.

[466] Cfr. Triffterer-*Eser*, Rome Statute (1999), art. 31 n. marg. 27; *van Sliedregt*, The Criminal Responsibility of Individuals for Violations of International Humanitarian Law (2003), 252.

[467] Nel progetto preliminare Draft E- St-ICC si precisa ancora nella nota 24: «If this text [la previsione contenuta di seguito all'art. 31 co. 1 b), metà secondo periodo, St-ICC] were to be retained, the ground for excluding criminal responsibility would apply in all cases of voluntary intoxication except for those in which the person became intoxicated in order to commit the crime in an intoxicated condition (actio libera in causa). This would probably lead to a great number of war crimes and crimes against humanity going unpunished». Cfr. anche Triffterer-*Eser*, Rome Statute (1999), art. 31 n. marg. 27 e *Ambos*, in: Cassese/Gaeta/Jones (a cura di), Rome Statute, vol. 1 (2002), 1003, 1030.

[468] Molte volte, le stesse circostanze di fatto (per esempio le ben comuni ubriacature delle aguzzini nei campi di internamento) dimostrano comunque effettiva consapevolezza del rischio. Criticamente sull'inserimento di questa disposizione nello Statuto di Roma, *Schabas*, European Journal of Crime, Criminal Law and Criminal Justice 1998, 400, 423.

Wolfrum, Rüdiger: Völkerrecht, Band I/3, 2. Aufl. (2002), 1128 s.; *Eser, Albin:* „Defences" in Strafverfahren wegen Kriegsverbrechen, in: Schmoller, Kurt (a cura di), Festschrift für Otto Triffterer (1996), 755 ss.; *Eser, Albin:* Kommentierung zu Art. 31 IStGH-Statut, in: Triffterer, Otto (Hrsg.), Commentary on the Rome Statute of the International Criminal Court, Observers' Notes, Article by Article (1999), 537 ss.; *Jescheck, Hans-Heinrich:* Die Verantwortlichkeit der Staatsorgane nach Völkerstrafrecht, Eine Studie zu den Nürnberger Prozessen (1952), 395 s.; *Kalshoven, Frits:* Reprisals and the Protection of Civilians – Two Recent Decisions of the Yugoslavia Tribunal, in: Vohrah, Lal Chand et al. (Hrsg.), Man's Inhumanity to Man (2003), 481 ss.; *Merkel, Reinhard:* Gründe für den Ausschluss der Strafbarkeit im Völkerstrafrecht, ZStW 114 (2002), 437 ss.; *Nill-Theobald, Christiane:* „Defences" bei Kriegsverbrechen am Beispiel Deutschlands und der USA (1998), 281 ss., 350 ss.; *Oeter, Stefan:* Repressalien, in: Fleck, Dieter (Hrsg.), Handbuch des humanitären Völkerrechts in bewaffneten Konflikten (1994), Nr. 476 ss.; *Schomburg, Wolfgang/Peterson, Ines:* Genuine Consent to Sexual Violence Under International Criminal Law, AJIL 101 (2007), 121 ss.; *van Sliedregt, Elies:* The Criminal Responsibility of Individuals for Violations of International Humanitarian Law (2003), 291 ss.

L'analisi sin qui svolta ha avuto ad oggetto esclusivamente le cause di non punibilità espressamente disciplinate dallo Statuto di Roma. A queste si aggiungono anche altre circostanze che possono portare ad escludere la responsabilità penale[469], come conferma chiaramente il tenore letterale della disposizione di cui all'art. 31 co. 3 St-ICC. Pertanto, la Corte potrà prendere in considerazione qualsiasi ulteriore fattispecie esimente, diversa da quelle tipizzate dalla disposizione medesima oppure previste in altre norme dello Statuto, «nella misura in cui queste [esimenti] provengano dal diritto applicabile in base all'articolo 21».

Particolarmente significative, in primo luogo nell'ambito del diritto dei crimini di guerra, sono le ipotesi di rappresaglia e necessità militare[470]. Per rappresaglia ("reprisal") si intende una condotta illegittima secondo il diritto internazionale ed ascrivibile ad un soggetto di diritto internazionale, diretta a piegare la resistenza o la volontà degli avversari[471] in risposta ad azioni parimenti contrarie al diritto inter-

---

[469] *Cassese,* in: Cassese/Gaeta/Jones (a cura di), Rome Statute, vol. 1 (2002), 951, 953 ss.; *Eser,* in: Cassese/Gaeta/Jones (a cura di), Rome Statute, vol. 1 (2002), 767, 773; *Merkel* ZStW 114 (2002), 437, 438. – Dal punto di vista sistematico, anche il recesso dal tentativo rappresenta un motivo di non punibilità del soggetto agente. Tuttavia, tale argomento verrà analizzato unitamente con la disciplina prevista per il tentativo, per evidenti ragioni di connessione logica e sostanziale, cfr. *infra,* n. marg. 593 s.

[470] Inizialmente era stato stabilito di trattare gli istituti della rappresaglia e della necessità militare come cause di non punibilità, disciplinandole espressamente. In una nota all'art. 33 Draft E- St-ICC si legge: «It was questioned whether such grounds as military necessity could be dealt with in connection with the definition of war crimes». Di fronte alle opinioni ampiamente divergenti in ordine all'effetto esimente da riconoscere alla rappresaglia e alla necessità militare, si è preferito alla fine non inserire alcuna disposizione all'interno del testo definitivo dello Statuto, riassuntivam. *Saland,* in: Lee (a cura di), The International Criminal Court, The Making of the Rome Statute (1999), 189, 209.

[471] Dettagliatamente, sulla rappresaglia come possibile causa di non punibilità e sui suoi presupposti si veda ICTY, 14 gennaio 2000 (Kupreškić et al., TC), §§ 527 ss.; *Cassese,* in: Cassese/Gaeta/

nazionale. Ad esempio, si pensi all'impiego di armi vietate come reazione di fronte ad un comportamento della parte avversaria che, a sua volta, rappresenti grave violazione del diritto internazionale umanitario[472].

572 L'opinione generale ritiene che la rappresaglia sia ammissibile soltanto nell'ambito di un conflitto armato, per cui in linea di principio non dovrebbe trovare applicazione come causa di giustificazione nel caso di genocidio o di crimini contro l'umanità in tempo di pace. Tuttavia, anche in caso di guerra, l'eventuale effetto esimente presuppone che siano integrate alcune condizioni particolarmente restrittive: vale a dire, la rappresaglia deve essere ordinata dal capo dello Stato o dal Comandante supremo delle forze armate, deve essere proporzionale, va utilizzata solo quale *ultima ratio* e non per ritorsione ed, infine, deve ispirarsi a considerazioni di umanità. A questo istituto, pertanto, si riconosce oggi un ambito di applicazione ancora più ristretto[473], mentre gli sviluppi del diritto internazionale umanitario si spingono oltre nella direzione di una sua radicale inammissibilità.

573 Di necessità militare ("military necessity") si parla quando uno Stato reagisca, in violazione del diritto internazionale, contro la minaccia armata proveniente da un Paese avversario[474]. Solo in casi eccezionali questa situazione può rilevare ai fini dell'esclusione della responsabilità individuale, specie con riferimento alla commissione di crimini internazionali. In particolare, ciò avviene quando nella stessa definizione delle fattispecie di reato si subordini la punibilità del fatto alla circostanza che la condotta non risulti giustificata dalla necessità militare. È il caso, ad esempio, della distruzione o appropriazione di beni di cui all'art. 8 co. 2 a) iv), e) xii) St-ICC, oppure della distruzione o devastazione di città o paesi prevista dall'art. 3 b) St-ICTY e dall'art. 6 b) Statuto IMT[475].

Jones (a cura di), Rome Statute, vol. 1 (2002), 951 ss.; *Greenwood*, Netherlands Yearbook of International Law 20 (1989), 35, 47; *Kalshoven*, in: Vohrah et al. (a cura di), Man's Inhumanity to Man (2003), 481 ss.; *Nill-Theobald*, „Defences" bei Kriegsverbrechen am Beispiel Deutschlands und der USA (1998), 281 ss., in particolare 337; *Oeter*, in: Fleck (a cura di), Handbuch des humanitären Völkerrechts in bewaffneten Konflikten (1994), n. 476; si veda anche Begr. VStGB § 2, 15 s.

[472] Cfr. *Cassese*, in Cassese/Gaeta/Jones (a cura di), Rome Statute, vol. 1 (2002), 951.

[473] ICTY, 14 gennaio 2000 (Kupreškić et al., TC), § 530: «While reprisals have had a modicum of justification in the past, when they constituted practically the only effective means of compelling the enemy to abandon unlawful acts of warfare to comply in future with international law, at present they can no longer be justified in this manner».; Begr. VStGB § 2, 15 s. Cfr. anche *Kalshoven*, in: Vohrah et al. (a cura di), Man's Inhumanity to Man (2003), 481, 483 ss.; *van Sliedregt*, The Criminal Responsibility of Individuals for Violations of International Humanitarian Law (2003), 291 ss.

[474] Cfr. *Brownlie*, Principles of Public International Law, 6ª ed. (2003), 448; *Dahm/Delbrück/Wolfrum*, Völkerrecht, vol. I/3, 2ª ed. (2002), 1129; *Eser*, in: Schmoller (a cura di), Festschrift für Triffterer (1996), 755, 772; *Nill-Theobald*, „Defences" bei Kriegsverbrechen am Beispiel Deutschlands und der USA (1998), 232; *Shaw*, International Law, 5ª ed. (2003), 1031 ss.; *van Sliedregt*, The Criminal Responsibility of Individuals for Violations of International Humanitarian Law (2003), 295 ss.

[475] Sul punto si rinvia *infra*, n. marg. 1122 ss., 1128.

Il consenso della vittima non può avere alcuna efficacia esimente rispetto alla commissione di crimini internazionali[476], che tutelano anche interessi superindividuali dei quali il singolo non può validamente disporre. Al contrario, il consenso può assumere rilevanza nel caso in cui la stessa definizione del crimine individui, come presupposto della punibilità, la presenza di una volontà contraria nel soggetto che subisce gli effetti della condotta[477]. In questi casi, naturalmente, sarà necessario accertare con particolare scrupolo la libertà di autodeterminazione e di scelta di colui che sia tenuto a prestare il consenso[478].

Tra più doveri in conflitto il soggetto agente potrà adempiere ad uno solo di essi[479]. Sulla base di questa considerazione, al conflitto di doveri è stata riconosciuta efficacia esimente durante i processi contro cosiddetti "medici dell'eutanasia"[480].

L'obiezione del *tu quoque*, al contrario, non vale ad escludere la punibilità del soggetto agente. A giustificare un crimine internazionale, infatti, non può essere invocata la circostanza che l'avversario abbia tenuto il medesimo comportamento[481]. D'altronde, essa non presenta alcun fondamento nell'ambito del diritto con-

---

[476] Cfr. *Eser*, in: Schmoller (a cura di), Festschrift für Triffterer (1996), 755, 768; *Nill-Theobald*, „Defences" bei Kriegsverbrechen am Beispiel Deutschlands und der USA (1998), 351. Nel corso dei processi successivi a Norimberga, i Tribunali sono intervenuti in merito al presunto consenso delle vittime eccepito dai criminali nazisti; si veda IMT, 17 aprile 1947 (Milch), in: Trials of War Criminals II, 773, 775; IMT, 30 luglio 1948 (Krauch et al., il cosiddetto IG-Farben-Prozess), in: Trials of War Criminals VIII, 1081, 1170; ampiamente su questa tematica *Jescheck*, Die Verantwortlichkeit der Staatsorgane nach Völkerstrafrecht (1952), 335.

[477] Si confronti l'ipotesi di gravidanza forzata nell'ambito dei crimini contro l'umanità (art. 7 co. 1 g), art. 7 co. 2 f) St-ICC).

[478] Cfr. *Eser*, in: Schmoller (a cura di), Festschrift für Triffterer (1996), 755, 769. – Particolare attenzione richiede, inoltre, la valutazione in merito alla libertà di autodeterminazione nel caso di violenza sessuale. Il riferimento a tale ipotesi, il Regolamento di procedura e prova stabilisce all'art. 96: «In cases of sexual assault: [...] (ii) consent shall not be allowed as a defence if the victim (a) has been subjected to or threatened with or has had reason to fear violence, duress, detention or psychological oppression, or (b) reasonably believed that if the victim did not submit, another might be so subjected, threatened or put in fear». Per un'ampia panoramica sul consenso della vittima di reati sessuali nell'ambito del diritto penale internazionale, si veda *Schomburg/Peterson* AJIL 101 (2007), 121 ss.

[479] Cfr. *Eser*, in: Schmoller (a cura di), Festschrift für Triffterer (1996), 755, 768; *Nill-Theobald*, „Defences" bei Kriegsverbrechen am Beispiel Deutschlands und der USA (1998), 352 ss.; *Jescheck*, Die Verantwortlichkeit der Staatsorgane nach Völkerstrafrecht (1952), 395.

[480] Cfr. Tribunale Supremo della zona di occupazione britannica, 1, 321, 335; sul punto, con ampie argomentazioni, si veda *Nill-Theobald*, „Defences" bei Kriegsverbrechen am Beispiel Deutschlands und der USA (1998), 352 e successivi riferimenti bibliografici.

[481] Cfr. ICTY, 14 febbraio 2000 (Kupreškić et al., TC), §§ 515 ss.; *Dahm/Delbrück/Wolfrum*, Völkerrecht, vol. I/3, 2ª ed. (2002), 1128 s.; *Eser*, in: Schmoller (a cura di), Festschrift für Triffterer (1996), 755, 771; *Nill-Theobald*, „Defences" bei Kriegsverbrechen am Beispiel Deutschlands und der USA (1998), 365 ss., 371. – Ancora il Tribunale di Norimberga non aveva considerato crimine di guerra l'affondamento di navi nemiche senza alcun avvertimento da parte della flotta sommergibile tedesca, tra l'altro «con riguardo ad un ordine dell'ammiragliato britannico dell'8 maggio 1940, in base al quale tutte le navi in Skagerrak sarebbero dovute essere distrutte nella notte», cfr. IMT, 1° ottobre 1946, in: Internationaler Militärgerichtshof Nürnberg, Der Nürnberger Prozeß gegen die

suetudinario, né nei Trattati internazionali. A ragion veduta, pertanto, i Tribunali che dopo la fine della seconda guerra mondiale si sono confrontati con tale eccezione difensiva ne hanno negato qualsivoglia effetto esimente[482].

G. Stadi prodromici alla commissione del crimine

577   *Ambos, Kai:* Der Allgemeine Teil des Völkerstrafrechts (2002), 707 ss.; *Cassese, Antonio:* International Criminal Law (2003), 190 ss.; *Cryer, Robert:* General Principles of Liability in International Criminal Law, in: McGoldrick, Dominic/Rowe, Peter/Donnelly, Eric (Hrsg.), The Permanent International Criminal Court (2004), 233, 251 ss.; *Eser, Albin:* Individual Criminal Responsibility, in: Cassese, Antonio/Gaeta, Paola/Jones, John R.W.D. (Hrsg.), The Rome Statute of the International Criminal Court: A Commentary, Band 1 (2002), 767 ss.; *Fichtelberg, Aaron:* Conspiracy and International Criminal Justice, Criminal Law Forum 17 (2006), 149 ss.; *Safferling, Christoph:* Die Abgrenzung zwischen strafloser Vorbereitung und strafbarem Versuch im deutschen, europäischen und im Völkerstrafrecht, ZStW 118 (2006), 682 ss.; *Triffterer, Otto:* Bestandsaufnahme zum Völkerstrafrecht, in: Hankel, Gerd/Stuby, Gerhard (Hrsg.), Strafgerichte gegen Menschheitsverbrechen, Zum Völkerstrafrecht 50 Jahre nach den Nürnberger Prozessen (1995), 169 ss.

578   Condotte che temporalmente si collocano prima della commissione di un crimine internazionale possono essere punibili nell'ambito della coautorìa o dell'agevolazione; presupposto è sempre, in tal caso, che si giunga effettivamente alla consumazione del crimine o al suo tentativo[483]. Determinate azioni, dirette alla commissione di un crimine internazionale, sono però autonomamente punibili, vale a dire anche se non se ne realizzano tutti i requisiti. Così, il tentativo di un crimine internazionale è punito espressamente dall'art. 25 co. 3 lett. f) dello Statuto di Roma, in conformità al diritto internazionale consuetudinario; in base allo Statuto, come in base al diritto consuetudinario, è punito anche il pubblico incitamento al genocidio[484].

579   Dal diritto internazionale consuetudinario si ricava inoltre che, oltre al tentativo ed al pubblico incitamento al genocidio, possono essere autonomamente punibili determinate condotte pericolose che si situano in un momento antecedente alla vera e propria esecuzione del crimine internazionale.

Hauptkriegsverbrecher, vol. 1 (1947), 189, 354. Sul punto si veda, inoltre, *van Sliedregt*, The Criminal Responsibility of Individuals for Violations of International Humanitarian Law (2003), 294.

[482]   Con ampi rimadi sul punto, si veda ICTY, 14 febbraio 2000 (Kupreškić et al., TC), § 516; *Eser*, in: Schmoller (a cura di), Festschrift für Triffterer (1996), 755, 771.

[483]   Cfr. anche *supra*, n. marg. 409.

[484]   Maggiori approfondimenti *infra*, n. marg. 724 ss.

I. Cospirazione (*conspiracy*)

L'anticipazione più cospicua della punibilità è realizzata dall'istituto giuridico, derivato dalla famiglia angloamericana, dell'accordo o cospirazione (*conspiracy*)[485]. Sono comprese forme di partecipazione nello stadio preparatorio, che sono pericolose per via del legame cospirativo che si instaura tra una pluralità di persone. La commissione di un fatto principale non è presupposto della punibilità: la cospirazione si trova, dal punto di vista dogmatico, fra la teoria del concorso di persone e gli atti preparatori punibili: essa è comunemente considerata come reato autonomo[486].

La Convenzione sul genocidio così come gli Statuti dell'ICTY e dell'ICTR stabiliscono espressamente la punibilità della cospirazione per commettere genocidio[487] e queste disposizioni corrispondono integralmente al diritto consuetudinario[488]. Alla luce della sentenza dell'IMT vi sono inoltre buoni motivi per ammettere la punibilità in base al diritto internazionale consuetudinario del crimine di aggressione, i cui presupposti sono stati precisati da quel Tribunale[489]. Per contro, nessuna base di diritto consuetudinario possiede la punibilità della cospirazione per commettere un crimine di guerra o contro l'umanità[490]: secondo l'opinione più volte ribadita nella giurisprudenza formatasi sulla base del CCL n. 10, lo Statuto dell'IMT non estendeva la punibilità alla cospirazione per commettere questi ultimi crimini[491].

Dopo intense discussioni in seno alla Conferenza di Roma, si rinunciò a recepire le disposizioni in tema di cospirazione contenute degli Statuti dell'IMT, dell'ICTY e dell'ICTR[492]. Il

---

[485] La figura dell'accordo cospirativo criminoso («Verschwörung») si trova in molti ordinamenti nazionali, soprattutto in quelli che si orientano alla tradizione penalistica del Common Law. Cfr. ad es. *Fletcher*, Rethinking Criminal Law (2000), 646 s.; *Huber*, in: Eser/Huber/Cornils (a cura di), Einzelverantwortung e Mitverantwortung im Strafrecht (1998), 79, 89; *Macke*, in: Mansdörfer (a cura di), Die allgemeine Straftatlehre des common law (2005), 163, 167 ss.

[486] Con convinzione *Fletcher*, Rethinking Criminal Law (2000), 646 s.

[487] Art. 3 lett. b) Convenzione sul genocidio; art. 4 co. 3 lett. b) St-ICTY ed art. 2 co. 3 lett. b) St-ICTR. Cfr. in tema ICTR, 4 settembre 1998 (Kambanda, TC), § 40; ICTR, 27 gennaio 2000 (Musema, TC), § 184 ss.

[488] Cfr. *Cassese*, International Criminal Law (2003), 197; *Kittichaisaree*, International Criminal Law (2001), 248 s.

[489] Cfr. IMT, 1 ottobre 1946, in: Internationaler Militärgerichtshof Nürnberg, Der Nürnberger Prozeß gegen die Hauptkriegsverbrecher, vol. 1 (1947), 189, 251.

[490] Così anche *Cassese*, International Criminal Law (2003), 191.

[491] Cfr. IMT, 1 ottobre 1946, in: Internationaler Militärgerichtshof Nürnberg, Der Nürnberger Prozeß gegen die Hauptkriegsverbrecher, vol. 1 (1947), 189, 253; US Military Tribunal Nürnberg, 26 agosto 1947 (Brandt et al., cd. processo dei medici), in: Trials of War Criminals II, 173; US Military Tribunal Nürnberg, 28 ottobre 1948 (von Leeb et al., cd. processo OKW), in: Fall 12 – Das Urteil gegen das Oberkommando der Wehrmacht (1960), 27, 51 s.; US Military Tribunal Nürnberg, 3 novembre 1947 (Pohl et al.), in: Trials of War Criminals V, 961 s.

[492] Cfr. però sulla possibilità di fondare la punibilità dell'accordo sulla base dell'art. 21 co. 1 b)

surrogato della fattispecie di cospirazione è rappresentato, nello Statuto di Roma, dall'agevolazione di un crimine commesso da un gruppo ai sensi dell'art. 25, co. 3 lett. d), che peraltro presuppone in ogni caso l'effettiva commissione del crimine.

II. Pianificazione e preparazione

583 L'art. 6 lett. a) dello Statuto dell'IMT punisce espressamente, accanto alla vera e propria conduzione («waging»), anche la pianificazione, preparazione ed inizio («planning, preparation, initiation») di una guerra di aggressione[493]. Anche in base all'art. 7 co. 1 dello Statuto ICTY ed all'art. 6 co. 1 dello Statuto ICTR è punibile chiunque ha pianificato o in altro modo ha partecipato alla pianificazione o preparazione di un crimine internazionale. Per "pianificazione" s'intende la progettazione della commissione di un determinato crimine[494]; "preparazione" è ogni condotta pericolosa destinata a promuovere la commissione del crimine progettato.

584 Quanto al problema se la punibilità della pianificazione e preparazione di un crimine internazionale ne presupponga l'effettiva realizzazione, è necessario distinguere. In base al diritto consuetudinario, pianificazione e preparazione sono punibili soltanto relativamente al crimine di aggressione[495]. Nella letteratura si sostiene talvolta che lo stesso valga per genocidio, crimini di guerra e crimini contro l'umanità[496]; tuttavia, la giurisprudenza dei Tribunali *ad hoc* ha sempre presupposto, a tutt'oggi, la necessità che un crimine sia effettivamente realizzato[497]. Diversamente che per l'ipotesi di agevolazione o induzione non si richiede in proposito, tuttavia, l'esistenza di un nesso causale tra la condotta di pianificazione e la commissione del crimine internazionale[498], cosicché l'effettiva esecuzione del crimine viene ridotta al ruolo di mera condizione obiettiva di punibilità.

585 Di contro a quanto stabilito negli Statuti dell'IMT e dei Tribunali *ad hoc*, lo Statuto di Roma non contiene una previsione in tema di pianificazione e preparazione d'un crimine internazionale. Il progetto dell'art. 27 co. 7 lett. e) contemplava ancora espressamente del

---

e c) St-ICC, *Fichtelberg*, Criminal Law Forum 17 (2006), 149, 166.

[493] Cfr. anche art. II co. 1 a) e co. 2 CCL n. 10.

[494] Cfr. ICTY, 2 agosto 2001 (Krstić, TC), § 601, ove ulteriori riferimenti: «'planning' means that one or more persons design the commission of a crime at both the preparatory and execution phases»; Cfr. anche *Cassese*, International Criminal Law (2003), 192.

[495] Cfr. anche *infra*, n. marg. 1310 ss.

[496] Per l'autonoma punibilità *Cassese*, International Criminal Law (2003), 192 s.; *Mettraux*, International Crimes and the *ad hoc* Tribunals (2005), 269 s.; Cfr. anche la prima edizione originale del presente testo (*Werle*, Völkerstrafrecht, 1ª ed. (2003), n. marg. 428 in nota 364).

[497] Cfr. ICTY, 17 dicembre 2004 (Kordić e Čerkez, AC), § 26; ICTY, 3 dicembre 2003 (Galić, TC), § 168; ICTY, 30 novembre 2005 (Limaj et al., TC), § 513.

[498] Cfr. ICTY, 3 marzo 2000 (Blaškić, TC), §§ 278 s., dove la prova di un nesso causale è richiesta espressamente solo per la forma di partecipazione dell'istigazione (Veranlassung), ma non per quella della pianificazione; Cfr. anche *van Sliedregt*, The Criminal Responsibility of Individuals for Violations of International Humanitarian Law (2003), 79.

pianificazione e la partecipazione ad essa, per quanto invero soltanto per il caso della consumazione o del tentativo di detto crimine[499]. E però si deve considerare che pianificazione ed altre condotte preparatorie possono dar luogo a punibilità, anche alla stregua dello Statuto di Roma, quali contributi concorsuali nel quadro della coautorìa o dell'agevolazione, in quanto effettivamente il crimine sia consumato o tentato[500].

III. Tentativo

L'art. 25 co. 3 lett. f) assoggetta a pena il tentativo di commissione d'uno qualsiasi tra i crimini internazionali[501]. La responsabilità per tentativo scatta non appena l'agente intraprende un passo essenziale verso l'esecuzione del crimine.

La previsione corrisponde nel suo nucleo essenziale al diritto internazionale consuetudinario: per quanto la punibilità del tentativo nella prassi del diritto penale internazionale non abbia giocato un ruolo autonomo e difettino regole generali sull'istituto nelle codificazioni in materia[502], si ammette generalmente che essa sia parte integrante del diritto consuetudinario[503]. Sul punto si fa riferimento soprattutto al fatto che sarebbe contraddittorio sottoporre a pena condotte preparatorie addirittura prodromiche rispetto al tentativo (ad esempio la preparazione di una guerra di aggressione o la partecipazione ad un piano comune o ad una cospirazione per la commissione di un crimine internazionale), e lasciare invece impunito quest'ultimo[504]. Allo stesso tempo si deve supporre che la punibilità del tentativo possa aspirare ad avere validità nel diritto internazionale quale principio generale del diritto[505].

In base allo statuto, la punibilità del tentativo presuppone la realizzazione di un atto che rappresenti un passo sostanziale verso l'inizio dell'esecuzione di un crimine internazionale («commences its execution by means of a substantial step»). Secondo questa malriuscita formulazione[506] il confine tra atto preparatorio non

586

587

588

---

[499] Cfr. art. 23 co. 7 lett. e) E-St-ICC, in base al quale avrebbe dovuto essere punito chiunque «[intentionally] [participates in planning] [plans] to commit such a crime which in fact occurs or is attempted».

[500] Cfr. anche *supra*, n. marg. 409.

[501] Approfonditamente su tale disposizione *Ambos*, Der Allgemeine Teil des Völkerstrafrechts (2002), 707 ss.

[502] Un'eccezione è rappresentata dall'art. 3 lett. d) della Convenzione contro il Genocidio; la punibilità del tentativo di genocidio è prevista anche dagli artt. 4 co. 3 lett. d) St-ICTY e 2 co. 3 lett. d) St-ICTR.

[503] Cfr. *Cassese*, International Criminal Law (2003), 194 ss.; *Eser*, in: Cassese/Gaeta/Jones (a cura di), Rome Statute, vol. 1 (2002), 767, 807; *Triffterer*, in: Hankel/Stuby (a cura di), Strafgerichte gegen Menschheitsverbrechen (1995), 169, 233. Cfr. anche *Ambos*, Der Allgemeine Teil des Völkerstrafrechts (2002), 707.

[504] Cfr. *Eser*, in: Cassese/Gaeta/Jones (a cura di), Rome Statute, vol. 1 (2002), 767, 807 s.

[505] Cfr. *Triffterer*, in: Hankel/Stuby (a cura di), Strafgerichte gegen Menschheitsverbrechen (1995), 169, 233.

[506] Ai fini della distinzione fra tentativo ed atti preparatori questa disposizione correla due criteri comunemente utilizzati in modo alternativo: l'inizio dell'azione esecutiva («commencement of

punibile e inizio dell'esecuzione è in ogni caso superato allorquando l'autore ha già iniziato l'esecuzione del fatto e si è già realizzato un elemento oggettivo della fattispecie tipica[507]. Ma punibili sono, oltre a ciò, anche comportamenti che si situano prima della vera e propria azione esecutiva[508]. Un «passo sostanziale» si ha quando lo scopo perseguito dall'agente si è consolidato o confermato[509].

589 L'esecuzione del fatto dev'essere rimasta incompiuta, in base all'art. 25 co. 3 f), primo periodo, seconda proposizione, «per circostanze indipendenti dalla volontà dell'agente». Quest'infelice formula fa del recesso dell'agente un elemento negativo del tentativo[510].

590 Il concorso nel tentativo è punibile esattamente come il tentativo inidoneo[511]. Per il tentativo non è espressamente prevista dallo Statuto una diminuzione di pena, ma questa è senz'altro possibile nel contesto delle disposizioni in tema di commisurazione.

591 La regola dello Statuto lascia aperti molti interrogativi. Non è chiarito l'inizio del tentativo nel caso di concorso di più persone; e parimenti resta oscuro se sia punibile il tentativo di concorso[512].

592 Se si tiene a mente quali complessi interrogativi sollevano tentativo e recesso negli ordinamenti nazionali[513], appare chiaro quanto lavoro dogmatico sia ancora necessario per la concretizzazione dei relativi presupposti. Ad ogni buon conto, resta da attendere di verificare in quale misura i due istituti siano destinati a giocare un ruolo realmente significativo nella prassi della giurisdizione internazionale. Il fatto che questa si concentri sui più gravi crimini che concernono il genere umano come tale comporta che anche in futuro l'ambito principale sarà la condanna per fatti consumati[514].

---

execution») – un criterio desunto dal diritto penale francese –, ed il passo sostanziale verso la realizzazione della fattispecie tipica («substantial step») secondo il modello del diritto statunitense. Cfr. *Ambos*, Der Allgemeine Teil des Völkerstrafrechts (2002), 708; Triffterer-*Ambos*, Rome Statute (1999), art. 25 n. marg. 32. Cfr. inoltre § 5.01 MPC; *Safferling* ZStW 118 (2006), 692, 708 s.; *Weigend*, in: Bassiouni (a cura di), Commentaries on the International Law Commission's 1991 Draft Code of Crimes against the Peace and Security of Mankind (1993), 113, 117.

[507] Cfr. *Eser*, in: Cassese/Gaeta/Jones (a cura di), Rome Statute, vol. 1 (2002), 767, 812; Triffterer-*Ambos*, Rome Statute (1999), art. 25 n. marg. 32.

[508] Cfr. *Eser*, in: Cassese/Gaeta/Jones (a cura di), Rome Statute, vol. 1 (2002), 767, 812.

[509] Così § 5.01 co. 2 MPC («when it is strongly corroborative of the actor's criminal purpose»).

[510] Sul punto cfr. *infra*, n. marg. 594.

[511] Maggiori approfondimenti in *Ambos*, Der Allgemeine Teil des Völkerstrafrechts (2002), 488; *Eser*, in: Cassese/Gaeta/Jones (a cura di), Rome Statute, vol. 1 (2002), 767, 813; *Safferling* ZStW 118 (2006), 692, 712.

[512] Cfr. sul punto *Ambos*, Der Allgemeine Teil des Völkerstrafrechts (2002), 745 ss.

[513] Cfr. ad esempio, per tutti, i commenti a tentativo e recesso (Rücktritt) nel diritto penale tedesco redatti per il Leipziger Kommentar, 11ª ed. (2003) da *Hillenkamp* (§§ 22, 23) e *Lilie/Albrecht* (§ 24).

[514] Critico, sull'inclusione del tentativo nel *Draft Code* 1996, *Tomuschat*, in: Hankel/Stuby (a cura di), Strafgerichte gegen Menschheitsverbrechen (1995), 270, 288.

IV. Recesso dal tentativo

In base allo Statuto non è punibile per tentativo chi «desiste dal continuare nell'azione esecutiva del crimine o ne impedisce altrimenti la consumazione [...], se ha abbandonato del tutto e spontaneamente lo scopo criminoso».

Si tratta di una disposizione in parte malriuscita. In base al primo periodo, si ricava che non si ha punibilità del tentativo, se il crimine non si realizza per circostanze dipendenti dalla volontà dell'agente. In base al secondo periodo, non è punibile chi «desiste dal continuare nell'azione esecutiva del crimine o ne impedisce altrimenti la consumazione» e con ciò «ha abbandonato del tutto e spontaneamente lo scopo criminoso». La duplicazione della regola sul tentativo viene ricondotta ad un errore di redazione[515] e lascia impregiudicato l'esito per cui chi recede dal tentativo non è punito[516]. Resta comunque aperto l'interrogativo se il recesso incida sulla stessa fondazione della punibilità del tentativo oppure determini soltanto un'esenzione da pena. Ciò può avere ripercussioni sulla punibilità della partecipazione ad un crimine solo tentato, senz'altro consentita dall'art. 25 co. 3 lett. b), c), d).

H. Omissione

Ambos, Kai: Der Allgemeine Teil des Völkerstrafrechts (2002), 667 ss.; *Cassese, Antonio*: International Criminal Law (2003), 200 ss.; *Cryer, Robert*: General Principles of Liability in International Criminal Law, in: Mc Goldrick, Dominic/Rowe, Peter/Donnelly, Eric (Hrsg.), The Permanent International Criminal Court (2004), 233, 235 ss.; *Duttwiler, Michael*: Liability for Omission in International Criminal Law, International Criminal Law Review 6 (2006), 1 ss.; *Kreß, Claus*: Die Kristallisation eines Allgemeinen Teils des Völkerstrafrechts: Die Allgemeinen Prinzipien des Strafrechts im Statut des Internationalen Strafgerichtshofs, Humanitäres Völkerrecht-Informationsschriften 1999, 4 ss.; *Saland, Per*: International Law Principles, in: Lee, Roy S. (Hrsg.), The International Criminal Court, The Making of the Rome Statute (1999), 189 ss.; *Weltz, Kerstin*: Die Unterlassungshaftung im Völkerstrafrecht (2004).

Nello Statuto di Roma manca una norma generale sulla responsabilità, che equipari a certe condizioni l'omissione alla condotta attiva.

Per quanto l'art. 86 del Protocollo aggiuntivo I ne costituisse un modello di diritto internazionale convenzionale[517], una simile disposizione non fu recepita, consapevolmente, nello Statuto[518]; soprattutto la Francia aveva espresso forti dubbi

---

[515] Cfr. *Ambos*, Der Allgemeine Teil des Völkerstrafrechts (2002), 709 s., ove ulteriori rif.; *Eser*, in: Cassese/Gaeta/Jones (a cura di), Rome Statute, vol. 1 (2002), 767, 815.
[516] Cfr. Triffterer-*Ambos*, Rome Statute (1999), art. 25 n. marg. 34.
[517] Nell'art. 86 co. 1 Protocollo aggiuntivo I è stabilito: «The HCIG Contracting Parties and the Parties to the Conflict shall repress grave breaches, and take measures necessary to suppress all other breaches, of the Conventions or of this Protocol which result from a failure to act when under a duty to do so». Sul punto *Duttwiler*, International Criminal Law Review 6 (2006), 1, 14 s.; *Weltz*, Die Unterlassungshaftung im Völkerstrafrecht (2004), 227 ss.
[518] Nell'art. 28 E-St-ICC si prevedeva ancora quanto segue: «1. Conduct for which a person

circa lo stabilire una generalizzata responsabilità per omissione[519].

597 Ciononostante, anche la semplice inattività può condurre, a seconda delle circostanze, ad una punibilità in base al diritto internazionale penale. Per un verso, si deve qui ricordare la "responsabilità del superiore", che, ricorrendo determinati presupposti fonda una punibilità per l'omissione antidoverosa, appunto, del superiore[520]. Per altro verso, una punibilità deriva senz'altro anche laddove le definizioni dei singoli crimini puniscono espressamente l'omettere determinate condotte; in questi casi il comportamento punibile consiste proprio nel fatto che l'agente non si attiva.

598 Un esempio è rappresentato dal far morire di fame persone civili nel contesto di conflitti armati ex art. 8 co. 2 lett. b) xxv); qui la condotta punibile consiste nell'impedire l'accesso a viveri essenziali alla sopravvivenza dei civili[521]. In relazione al crimine contro l'umanità di sterminio ex art. 7 co. 1 lett. b), co. 2 lett. b), è contemplato espressamente l'impedimento all'accesso a viveri e medicamenti[522].

599 Ma anche fattispecie tipiche che nella descrizione del fatto si basano su una condotta attiva possono essere realizzate per omissione, almeno stando alla giurisprudenza dei Tribunali *ad hoc*. In tal senso si sono pronunciati più volte sia l'ICTY sia l'ICTR, vale a dire, da un lato, con riferimento alle singole fattispecie tipiche e, dall'altro lato, nell'ambito delle varie forme di partecipazione[523]. Così, per giurisprudenza consolidata, esecuzione, istigazione e agevolazione sono ammissibili anche mediante omissione[524], salvo richiedere sempre – in conformità a quanto

---

may be criminally responsible and liable for punishment as a crime can constitute either an act or an omission, or a combination thereof. 2. Unless otherwise provided and for the purposes of paragraph 1, a person may be criminally responsible and liable for punishment for an omission where the person [could] [has the ability], [without unreasonable risk of danger to him/herself or others,] but intentionally [with the intention to facilitate a crime] or knowingly fails to avoid the result of an offence where: (a) the omission is specified in the definition of the crime under this Statute; or (b) in the circumstances, [the result of the omission corresponds to the result of a crime committed by means of an act] [the degree of unlawfulness realized by such omission corresponds to the degree of unlawfulness to be realized by the commission of such act], and the person is [either] under a preexisting [legal] obligation under this Statute to avoid the result of such crime [or creates a particular risk or danger that subsequently leads to the commission of such crime]».

[519] Approfonditamente *Saland*, in: Lee (a cura di), The International Criminal Court, The Making of the Rome Statute (1999), 189, 212. Allo stesso tempo, tuttavia, viene anche riferito che la maggioranza delle delegazioni ai negoziati chiaramente muovevano dal presupposto che in determinati casi l'omissione fosse punibile. Cfr. *Clark* ZStW 114 (2002), 372, 380.

[520] Cfr. sul punto *supra*, n. marg. 472 ss.

[521] Cfr. *infra*, n. marg. 1207 ss. Ulteriori esempi nell'ambito dei crimini di guerra sono menzionati da *Duttwiler*, International Criminal Law Review 6 (2006), 1, 7 ss.

[522] Cfr. *infra*, n. marg. 791.

[523] Cfr. la panoramica di *Burghardt*, Die Vorgesetztenverantwortlichkeit im völkerrechtlichen Straftatsystem, Humboldt-Universität zu Berlin: Dissertation 2007; *Duttwiler*, International Criminal Law Review 6 (2006), 1, 47 s.

[524] Cfr. fra tante ICTY, 17 settembre 2003 (Krnojelac, AC), § 73 (sulla commissione come

previsto dall'art. 86 del Protocollo aggiuntivo I – l'esistenza di un dovere di agire ("duty to act")⁵²⁵.

Gli ulteriori presupposti della responsabilità omissiva, per contro, tuttora non sono chiari. I Tribunali *ad hoc*, ad esempio, non hanno approfondito in base a quali presupposti vanno fondati siffatti doveri di agire e quali possibilità di agire deve aver avuto in concreto colui che ha omesso di farlo⁵²⁶. 600

È controverso se la giurisprudenza dei Tribunali *ad hoc* rispecchi il diritto internazionale consuetudinario ovvero si possa richiamare a principi generali del diritto⁵²⁷. In tema si deve innanzi tutto considerare che il diritto internazionale, in ogni caso, non depone contro il riconoscimento di un simile principio: accanto alla prassi dei detti Tribunali ed all'art. 86 co. 1 del Protocollo aggiuntivo I, alcune decisioni di giurisdizioni internazionali penali successivamente alla seconda guerra mondiale mostrano che anche l'omissione antidoverosa può fondare la punibilità⁵²⁸. Ma anche gli esistenti studi di diritto comparato, disponibili in sistemi nazionali, confermano questa conclusione: soltanto gli ordinamenti giuridici improntati al modello francese rifiutano in linea di principio la fondazione della punibilità in forza di un'omissione equivalente alla condotta attiva⁵²⁹. 601

In definitiva, la giurisprudenza dei Tribunali *ad hoc* merita approvazione. Una punibilità in forza dell'equivalenza tra condotta attiva ed omissiva, pertanto, dev'essere affermata anche nel quadro dello Statuto di Roma⁵³⁰. 602

---

autore); ICTY, 29 luglio 2004 (Blaškić, AC), § 47 (sull'agevolazione); ICTY, 30 novembre 2005 (Limaj et al., TC), § 513 (sull'istigazione). Ancora più estensivamente ICTY, 15 luglio 1999 (Tadić, AC), § 188.

⁵²⁵ Così approfonditamente ICTR, 25 febbraio 2004 (Ntagerura et al., AC), § 659; ICTY, 29 luglio 2004 (Blaškić, AC), § 663.

⁵²⁶ Cfr. però ICTR, 25. febbraio 2004 (Ntagerura et al., AC), § 659.

⁵²⁷ In senso negativo *Ambos*, Der Allgemeine Teil des Völkerstrafrechts (2002), 667; *Eser*, in: Cassese/Gaeta/Jones (a cura di), Rome Statute, vol. 1 (2002), 767, 819; *Schabas*, European Journal of Crime, Criminal Law and Criminal Justice 4 (1998), 400, 412; in senso affermativo *Cassese*, International Criminal Law (2003), 201; *Cryer*, in: Mc Goldrick/Rowe/Donnelly (a cura di), The Permanent International Criminal Court (2004), 233, 235 ss.; *Duttwiler*, International Criminal Law Review 6 (2006), 55.

⁵²⁸ Cfr. ad es. US Military Tribunal Nürnberg, 20 agosto 1947 (Brandt et al., cd. processo dei medici), in: Trials of War Criminals II, 193 (obblighi di controllo di medici primari sull'attività dei loro assistenti); Id., 17 aprile 947 (Milch), in: Trials of War Criminals II, 774 ss.; Id., 28. Ottobre 1948 (von Leeb et al., cd. processo OKW), in: Fall 12 – Das Urteil gegen das Oberkommando der Wehrmacht (1960), 27, 121 ss.; British Military Court Brunswick, 3 aprile 1946 (Gerike et al., cd. Velpke Children's Home Trial), riprodotto in: UNWCC, Law Reports on Trials of War Criminals, vol. VII, 76.

⁵²⁹ Cfr. *Duttwiler*, International Criminal Law Review 6 (2006), 1, 30 ss.; *Weltz*, Die Unterlassungshaftung im Völkerstrafrecht (2004), 189 s.

⁵³⁰ . Questa opinione sta evidentemente alla base anche della decisione della Camera preliminare ICC nel procedimento contro *Lubanga Dyilo*; in quella sede, la Corte parla senz'altro di «actions *ou* omissions», cfr. ICC, dec. 29 gennaio 2007 (Lubanga, PTC), §§ 351 ss. (corsivo aggiunto). Cfr. inol-

I. Le immunità

603 *Akande, Dapo*: International Law Immunities and the International Criminal Court, AJIL 98 (2004), 407 ss.; *Ambos, Kai*: Der Fall Pinochet und das anwendbare Recht, JZ 1999, 564 ss.; *Ambos, Kai*: Internationales Strafrecht (2006), § 7 Rn. 106 ss.; *Bianci, Andrea*: Immunity versus Human Rights: The Pinochet Case, EJIL 10 (1999), 237 ss.; *Bothe, Michael*: Die strafrechtliche Immunität fremder Staatsorgane, ZaöRV 39 (1971), 246 ss.; *Cassese, Antonio*: When may Senior State Officials be Tried for International Crimes? Some Comments on the Congo v. Belgium Case, EJIL 13 (2002), 853 ss.; *Cassese, Antonio*: International Criminal Law (2003), 264 ss.; *Dahm, Georg*: Völkerrechtliche Grenzen der inländischen Gerichtsbarkeit gegenüber ausländischen Staaten, in: Festschrift für Arthur Nikisch (1958), 153 ss.; *Dahm, Georg/Delbrück, Jost/Wolfrum, Rüdiger*: Völkerrecht, Band I/1, 2. Aufl. (1989), 253 ss.; *Damian, Helmut*: Staatenimmunität und Gerichtszwang (1985); *Doehring, Karl/Ress, Georg*: Diplomatische Immunität und Drittstaaten, Überlegungen zur erga omnes-Wirkung der diplomatischen Immunität und deren Beachtung im Falle der Staatensukzession, AVR 37 (1999), 68 ss.; *Fassbender, Bardo*: Anmerkung zum BVerfG-Beschluss vom 10.6.1997, NStZ 1998, 144 ss.; *Fischer, Horst*: Diplomatische und konsularische Beziehungen, in: Ipsen, Knut, Völkerrecht, 5. Aufl. (2004), §§ 35-38; *Folz, Hans-Ernst/Soppe, Martin*: Zur Frage der Völkerrechtmäßigkeit von Haftbefehlen gegen Regierungsmitglieder anderer Staaten, NStZ 1996, 576 ss.; *Fonteyne, J.-P.*: Acts of State, in: Bernhardt, Rudolph (Hrsg.), Encyclopedia of Public International Law, Band 1 (1992), 17 ss.; *Fox, Hazel*: Enforcement Jurisdiction, Foreign State Property and Diplomatic Immunity, International and Comparative Law Quarterly 34 (1985), 115 ss.; *Fox, Hazel*: Some Aspects of Immunity from Criminal Jurisdiction of the State and its Officials: The Blaškić Case, in: Vohrah, Lal Chand et al. (Hrsg.), Man's Inhumanity to Man (2003), 297 ss.; *Frulli, Micaela*: The Question of Charles Taylor's Immunity, Journal of International Criminal Justice 2 (2004), 1118 ss.; *Gaeta, Paola*: Official Capacity and Immunities, in: Cassese/Gaeta/Jones (Hrsg.), The Rome Statute of the International Criminal Court: A Commentary, Band 1 (2002), 975 ss.; *Gornig, Gilbert*: Die Immunität von Staatsoberhäuptern, in: Ipsen, Jörn/Schmid-Jortzig, Edzard (Hrsg.), Recht – Staat – Gemeinwohl, Festschrift für Dieter Rauschning (2001), 457 ss.; *Herdegen, Matthias*: Die Achtung fremder Hoheitsrechte als Schranke nationaler Strafgewalt, ZaöRV 47 (1987), 221 ss.; *Hokema, Grit*: Die Immunität von Staatsoberhäuptern (2002); *Klingenberg, Vanessa*: (Former) Heads of State Before International(ized) Criminal Courts: the Case of Charles Taylor Before the Special Court for Sierra Leone, German Yearbook of International Law 46 (2003), 537 ss.; *Konstantinow, Georg E.*: Die Anklage gegen Milosevic im System des Jugoslawien-Tribunals, ZRP 2001, 359 ss.; *Kreß, Claus*: Völkerstrafrecht in Deutschland, NStZ 2000, 617 ss.; *Kreß, Claus*: Der Internationale Strafgerichtshof und die USA, Hintergründe der Sicherheitsratsresolution 1422, Blätter für deutsche und internationale Politik 9/2002, 1087 ss.; *Kreß, Claus*: Der Internationale Gerichtshof im Spannungsfeld von Völkerstrafrecht und Immunitätsschutz, Besprechung von IGH, Urteil vom 14.2.2002 (Demokratische Republik Kongo gegen Belgien), GA 2003, 25 ss.; *Lüke, Monika*: Die Immunität staatlicher Funktionsträger (2000); *Meisenberg, Simon M.*: Die Anklage und der Haftbefehl gegen Charles Ghankay Taylor durch den Sondergerichtshof für Sierra Leone, Humanitäres Völkerrecht-Informa-

---

tre *Cryer*, in: Mc Goldrick/Rowe/Donnelly (a cura di), The Permanent International Criminal Court (2004), 233, 240; *Duttwiler*, International Criminal Law Review 6 (2006), 5; *Saland*, in: Lee (a cura di), The International Criminal Court. The Making of the Rome Statute (1999), 189, 213.

tionsschriften 2004, 30 ss.; *Nill-Theobald, Christiane:* „Defences" bei Kriegsverbrechen am Beispiel Deutschlands und der USA, Zugleich ein Beitrag zu einem allgemeinen Teil des Völkerstrafrechts (1998), 372 ss.; *Nouwen, Sarah M.H.:* The Special Court for Sierra Leone and the Immunity of Taylor: The Arrest Warrant Case Continued, Leiden Journal of International Law 18 (2005), 645 ss.; *Oehler, Dietrich:* Immunität, Exterritorialität und Asylrecht im internationalen Strafrecht, ZStW 91 (1979), 395 ss.; *Oehler, Dietrich:* Internationales Strafrecht, 2. Aufl. (1983), Rn. 521 ss.; *Paulus, Andreas L.:* Triumph und Tragik des Völkerstrafrechts, NJW 1999, 2644 ss.; *Ruffert, Matthias:* Pinochet Follow Up: The End of Sovereign Immunity?, Netherlands International Law Review 48 (2001), 171 ss.; *Saland, Per:* International Cirminal Law Principles, in: Lee, Roy S. (Hrsg.), The International Criminal Court, The Making of the Rome Statute (1999), 189, 202 ss.; *Sands, Philippe:* International Law Transformed? From Pinochet to Congo…? Leiden Journal of International Law 16 (2003), 37 ss.; *Schabas, William A.:* An Introduction to the International Criminal Court, 2. Aufl. (2004), 92 ss.; *Sears, Jill M.:* Confronting the „Culture of Impunity": Immunity of Heads of State from Nuremberg to *ex parte* Pinochet, German Yearbook of International Law 42 (1999), 125 ss.; *Steinberger, Helmut:* State Immunity, in: Bernhardt, Rudolph (Hrsg.), Encyclopedia of Public International Law, Band 4 (2000), 615 ss.; *Tangermann, Christoph:* Die völkerrechtliche Immunität von Staatsoberhäuptern, Grundlagen und Grenzen (2002); *Triffterer, Otto:* Kommentierung zu Art. 27 IStGH-Statut, in: Triffterer, Otto (Hrsg.), Commentary on the Rome Statute of the International Criminal Court, Oberservers' Notes, Article by Article (1999), 501 ss.; *Uerpmann-Wittzack, Robert:* Immunität vor internationalen Strafgerichten, AVR 44 (2006), 33 ss.; *Watts, Sir Arthur:* The Legal Position in International Law of Heads of States, Heads of Governments and Foreign Ministers, Recueil des Cours 247, Band III (1994), 19 ss.; *Weiß, Wolfgang:* Völkerstrafrecht zwischen Weltprinzip und Immunität, JZ 2001, 696 ss.; *Wirth, Steffen:* Immunities, Related Problems and Article 98 of the Rome Statute, Criminal Law Forum 12 (2002), 429 ss.; *Wirth, Steffen:* Staatenimmunität für internationale Verbrechen – das zweite Pinochet-Urteil des House of Lords, Jura 2000, 70 ss.

I. Immunità e diritto internazionale penale

Il diritto internazionale collega a determinate azioni commesse nell'ambito di pubbliche funzioni ed alle persone di determinati funzionari l'immunità dalla giurisdizione straniera, in particolare anche dalla giurisdizione penale. Per il diritto penale internazionale questa tutela dell'immunità è particolarmente rilevante, in relazione al fatto che nei crimini internazionali è tipica la partecipazione statuale[531]. Un'eccessiva tutela dell'immunità potrebbe condurre infatti alla difesa proprio dei più potenti soggetti che hanno dato causa a crimini internazionali.

La tutela delle immunità di diritto internazionale riposa su due idee fondamentali: in primo luogo, il principio di uguaglianza sovrana fra gli Stati impedisce ad uno Stato di ergersi

---

[531] Cfr. ad es. *Cassese* EJIL 13 (2002), 853, 873; *Jescheck*, Die Verantwortlichkeit der Staatsorgane nach Völkerstrafrecht (1952), 164; inoltre *Gaeta*, in: Cassese/Gaeta/Jones (Eds.), Rome Statute, vol. 1 (2002), 975 ss.; *Kreß* GA 2003, 25, 30, 32, ove ulteriori rif.

a giudice di un altro (*par in parem non habet iudicium*)[532]; in secondo luogo, il mantenimento della funzionalità dei rapporti interstatuali esige un livello minimo di base, in termini di libertà d'azione e di movimento[533].

606 In base al rispettivo ambito di applicazione ed ai rispettivi effetti, si distinguono comunemente[534] una immunità (funzionale) *ratione materiae* ed un'immunità (personale) *ratione personae*. La prima concerne tutte le azioni realizzate nell'esercizio delle funzioni (*official acts*), che sono imputate allo Stato. Responsabile internazionalmente per queste azioni è (soltanto) lo Stato, non il funzionario che agisce in concreto. Se l'agente opera nell'esercizio delle sue funzioni, ad esempio quale ministro, poliziotto o soldato, l'immunità *ratione materiae* impedisce lo stesso sorgere di una responsabilità penale individuale[535]; l'immunità funzionale ha dunque efficacia sostanziale.

607 Il diritto internazionale riconosce l'immunità *ratione personae* ad un novero ristretto di titolari di cariche dello Stato, il cui libero agire nel contesto dei rapporti internazionali è particolarmente importante per la capacità dello Stato di espletare le proprie funzioni[536]. Fra questi si annoverano capi di Stato[537], diplomatici[538], capi di Governo e ministri degli

---

[532] Cfr. ICTY, 29 ottobre 1997 (Blaškić, AC), §§ 38, 41; *Gornig*, in: Ipsen/Schmidt-Jortzig (a cura di), Festschrift für Rauschning (2001), 457; *Herdegen* ZaöRV 47 (1987), 221, 224; *Jescheck*, in: Strupp/Schlochauer, Wörterbuch des Völkerrechts, 2ª ed. (1960), vol. 2, 492; *Oehler* ZStW 91 (1979), 396. Approfonditamente *Tangermann*, Die völkerrechtliche Immunität von Staatsoberhäuptern (2002), 120 ss. Oggetto di questa immunità sono tutti gli atti compiuti dallo Stato come sovrano (*acta iure imperii*), non invece gli altri, in particolare le attività poste in essere dallo Stato a titolo privato (*acta iure gestionis*); Cfr. per la distinzione [*Cassese*, Diritto internazionale (2003), 116, 118] – Dalle immunità di diritto internazionale sono da distinguere le immunità ed altri privilegi accordati dallo Stato esclusivamente *in ambito nazionale* a propri funzionari. Cfr. sul punto *infra*, n. marg. 616 in nota 555.

[533] Cfr. *Cassese*, International Criminal Law (2003), 265.

[534] Maggiori approfondimenti in *Cassese* EJIL 13 (2002), 853, 862 s. Questa sistematica dell'immunità di diritto internazionale è ripresa dall'art. 27 St-ICC. Cfr. *Gaeta*, in: Cassese/Gaeta/Jones (Eds.), Rome Statute, vol. 1 (2002), 975, 978: il co. 1 concerne la (mancanza di) effetti di diritto *sostanziale* dell'agire con il possesso della qualifica pubblica. Il co. 2 concerne immunità o regole processuali connesse con la qualifica, insomma si tratta di previsioni di diritto *processuale*. Cfr. anche *Akande* AJIL 98 (2004), 407, 419 ss.

[535] Cfr. ICTY, 29 ottobre 1997 (Blaškić, AC), § 38; Cfr. anche *Cassese* EJIL 13 (2002), 853, 863 («individual criminal responsibility does not even arise») nonché *Fox*, in: Vohrah et al. (a cura di), Man's Inhumanity to Man (2003), 297, 299 ss.

[536] Cfr. *Fischer*, in: Ipsen, Völkerrecht, 5ª ed. (2004), § 35 n. marg. 34.

[537] Cfr. *Dahm/Delbrück/Wolfrum*, Völkerrecht, vol. I/1, 2ª ed. (1989), 253 s.; approfonditamente *Tangermann*, Die völkerrechtliche Immunität von Staatsoberhäuptern (2002), 104 ss.

[538] Cfr. la *Convenzione di Vienna sulle relazioni diplomatiche* del 1961, ed in particolare gli artt. 31 e 39; approfonditamente *Lüke*, Die Immunität staatlicher Funktionsträger (2000), 72 ss. – Una tutela più limitata è accordata agli agenti consolari nello Stato di soggiorno; essi possono essere chiamati a rispondere, in particolare, per gravi reati: cfr. art. 41, 43 della *Convenzione di Vienna sulle relazioni consolari* del 1963. Altri alti rappresentanti di uno Stato possono essere bensì sottratti, per la durata dell'incarico ufficiale, alla giurisdizione dello Stato ospitante, ma non beneficiano di una immunità generale. Cfr. art. 21, 31 della *Convenzione sulle missioni speciali* del 1969, UN Doc. A/RES/24/2530; sul punto *Dahm/Delbrück/Wolfrum*, Völkerrecht, vol. I/1, 2ª ed. (1989), 258. Sulle norme in materia di immunità dell'ICC cfr. *Agreement of the Privileges and Immunities of the International Criminal Court* del 9. Settembre 2002 (ICC-ASP/1/3), in vigore dal 22. luglio 2004.

Esteri[539]. L'immunità personale non impedisce la punibilità in quanto tale, ma rappresenta un impedimento processuale (Verfahrenshindernis)[540]. Essa termina, diversamente dall'immunità funzionale, con il cessare della carica. Dopodiché, per azioni private, il funzionario potrà essere chiamato a giudizio anche all'estero, anche se esse siano state realizzate durante il periodo in cui era in carica; per azioni compiute nell'esercizio delle funzioni, invece, resta applicabile, esattamente come accade per i "semplici" funzionari, l'immunità *ratione materiae*, priva di limiti temporali di efficacia[541]. Qui si intrecciano l'immunità funzionale e quella personale[542].

Lo spinoso rapporto di tensione[543] tra tutela dell'immunità e diritto internazionale penale è risolto quasi del tutto a favore del secondo. Ad eccezione di un ambito ristretto nel quale determinate autorità supreme di uno Stato sono sottratte all'applicazione del diritto internazionale penale, l'interesse alla salvaguardia della sovranità statuale ed al mantenimento della funzionalità dei rapporti internazionali è recessivo a fronte di un'effettiva e possibilmente completa punizione dei crimini internazionali.

II. Irrilevanza della qualifica soggettiva dell'autore

La circostanza che l'autore agisce nell'esercizio delle funzioni non pregiudica la sua responsabilità in base al diritto internazionale penale. L'immunità di diritto internazionale *ratione materiae* non concerne dunque la commissione di crimini internazionali; questa concezione della protezione delle immunità di diritto internazionale è riconosciuta a livello consuetudinario[544]. La circostanza che il reato sia

---

[539] Cfr. ICJ, 14. febbraio 2002 (DR Congo v. Belgium), §§ 51, 53 ss.; istruttivo sul punto *Kreß* GA 2003, 25, 31 s.

[540] Cfr. *Cassese* EJIL 13 (2002), 853, 864 s. ("procedural defence"). A ragione si esprime la ICJ, sent. cit. in nota 539, § 60, con riguardo all'immunità personale del ministro degli Esteri: «Jurisdictional immunity may well bar prosecution for a certain period or for certain offences; it cannot exonerate the person to whom it applies from all criminal responsibility». Cfr. anche *Fox*, in: Vohrah et al. (Eds.), Man's Inhumanity to Man (2003), 297, 301.

[541] Cfr. art. 39 co. 2 Conv. rel. diplomatiche e, rispettivamente, art. 53 co. 4 Conv. rel. consolari; *Wirth* Jura 2000, 70, 72.

[542] Cfr. *Cassese*, International Criminal Law (2003), 267.

[543] Cfr. sul punto *Cassese* EJIL 13 (2002), 853, 854; *Kreß* NStZ 2000, 620.

[544] Cfr. ICTY, 29 ottobre 1997 (Blaškić, AC), § 41: «The general rule under discussion [that the individual organ may not be held accountable for acts or transactions performed in its official capacity] is well established in international law [...]. The few exceptions [...] arise from the norms of international criminal law prohibiting war crimes, crimes against humanity and genocide. Under these norms, those responsible for such crimes cannot invoke immunity from national or international jurisdiction even if they perpetrated such crimes while acting in their official capacity». Cfr. anche ICTY, 10 dicembre 1998 (Furundžija, TC), § 140; *Cassese*, International Criminal Law (2003), 267; *Fox*, in: Vohrah et al. (Eds.), Man's Inhumanity to Man (2003), 297, 300; Triffterer-*Triffterer*, Rome Statute (1999), art. 27 n. marg. 12. – Talvolta l'irrilevanza dell'immunità funzionale è fondata sul rilievo che i crimini internazionali sarebbero sempre azioni "private"; *ab origine* non vi sarebbe dunque spazio per ammettere un'immunità funzionale. in tal senso ad es. ICJ, 14 febbraio 2002 (DR Con-

commesso nell'esercizio di un'attività sovrana ha efficacia, piuttosto, di aggravamento della responsabilità[545].

610 L'art. 27 co. 1 conferma che la qualifica soggettiva non esclude la responsabilità penale, né costituisce circostanza diminuente. Lo Statuto si riallaccia in tal modo a corrispondenti previsioni contenute negli statuti dei tribunali internazionali finora istituiti[546].

611 L'IMT ha stabilito espressamente l'irrilevanza dell'immunità funzionale: «quel principio del diritto internazionale, che al ricorso di determinate circostanze garantisce tutela al rappresentante di uno Stato, non può trovare applicazione a fatti che il diritto internazionale stigmatizza come criminosi. Coloro che hanno commesso tali azioni non si possono nascondere dietro la loro qualifica per sottrarsi alla punizione in un ordinario procedimento giudiziario [...] Singoli individui hanno doveri internazionali che superano gli obblighi nazionali loro imposti dall'obbedienza al singolo Stato. Colui che viola il diritto bellico non può acquisire l'impunità per il solo motivo ch'egli ha agito sulla base della sovranità statuale, se quello Stato considera positivamente azioni che si muovono al di fuori dei limiti del diritto internazionale»[547].

612 In paragone con le regolamentazioni che l'hanno preceduta, la disposizione dello statuto segnala una chiara presa di posizione, in quanto menziona (peraltro in termini non esclusivi)[548] diversi titolari di funzioni, il cui agire in linea di principio sarebbe coperto da immunità funzionale: si tratta di capi di Stato e di Governo, membri del Governo o del Parlamento, così come altri rappresentanti elettivi o funzionari governativi.

613 Irrilevante è l'immunità funzionale non soltanto in un procedimento davanti alla giurisdizione internazionale[549], ma altresì a fronte della giurisdizione penale

---

go v. Belgium), opinione separata dei giudici *Higgins/Kooijmans/Buergenthal*, § 85; ICJ, 14 febbraio 2002 (DR Congo v. Belgium), opinione separata *van den Wyngaert*, § 36; così anche *Gornig*, in: Ipsen/Schmidt-Jortzig (a cura di), Festschrift für Rauschning (2001), 457, 481, che ritiene addirittura che su questa questione vi sia opinione unanime; cfr. inoltre *Kreß* GA 2003, 25 ss.; molto scettico, a ragione, è *Cassese* EJIL 13 (2002), 853, 866 ss. Contro quell'opinione depone soprattutto il fatto che essa finisce col ridurre a faccenda privata l'essenza di sistemi criminali.

[545] Cfr. Triffterer-*Triffterer*, Rome Statute (1999), art. 27 n. marg. 20.

[546] Art. 7 St-IMT; art. 6 ST-TMFE. Queste regole sono state confermate nel 1946 dalla Commissione di diritto internazionale come «terzo principio di Norimberga». Cfr. inoltre art. II n. 4 a) CCL n. 10 ed art. 4 Convenzione sul genocidio; art. 7 co. 2 St-ICTY; art. 6 co. 2 St-ICTR; sul punto ICTY, 29 ottobre 1997 (Blaškić, AC), § 41; ICTY, 10 dicembre 1998 (Furundžija, TC), § 140. Per un riepilogo *Gaeta*, in: Cassese/Gaeta/Jones (a cura di), Rome Statute, vol. 1 (2002), 975, 979 ss.; *Gornig*, in: Ipsen/Schmidt-Jortzig (a cura di), Festschrift für Rauschning (2001), 457, 462 ss.; Triffterer-*Triffterer*, Rome Statute (1999), art. 27 n. marg. 1 ss.

[547] IMT, 1° ottobre 1946, in: Internationaler Militärgerichtshof Nürnberg, Der Nürnberger Prozeß gegen die Hauptkriegsverbrecher, vol. 1 (1947), 189, 249 s.

[548] Cfr. *Akande* AJIL 98 (2004), 407, 415 ss.; Triffterer-*Triffterer*, Rome Statute (1999), art. 27 n. marg. 14 ss.

[549] In tal senso l'irrilevanza dell'immunità funzionale si ricava già dal fatto che la giurisdizione genuinamente sovrastatuale è *per definitionem* sovraordinata alla sovranità ed alla potestà punitiva

nazionale: anche questo ha oggi un ancoraggio nel diritto internazionale consuetudinario[550]. Quest'evoluzione ha ricevuto importanti impulsi con le decisioni della House of Lords inglese nel procedimento contro *Pinochet*[551].

III. Immunità (limitata) di capi di Stato, di Governo, ministri degli Esteri, diplomatici

L'immunità personale di cui in linea di principio godono i capi di Stato, di Governo, i ministri degli Esteri e i diplomatici impedisce la sottoposizione a processo soltanto nei limiti della durata della carica e soltanto davanti alle giurisdizioni nazionali.

Poiché l'effetto di protezione offerta dalle immunità di diritto internazionale dura in linea di principio soltanto sino al termine della carica[552], l'impedimento processuale viene meno non appena cessa la carica, e i predetti soggetti sono perseguibili senza limiti di sorta[553].

---

statuali; Cfr. *Dahm/Delbrück/Wolfrum*, Völkerrecht, vol. I/3, 2ª ed. (2002), 1018; *Jescheck/Weigend*, Lehrbuch des Strafrechts, 5ª ed. (1996), 124. Finché la giurisdizione internazionale si radica su un fondamento convenzionale, come nel caso dell'ICC, gli Stati-Parte hanno parzialmente rinunciato alla immunità statuale; già per questo motivo essa non osta all'esercizio della giurisdizione da parte della Corte. Sulle regole in materia di immunità dei Tribunali *ad hoc* cfr. *Akande* AJIL 98 (2004), 407, 415 ss.

[550] Cfr. *Cassese* EJIL 13 (2002), 853, 870, con numerosi esempi sulla prassi degli Stati; inoltre *Gaeta*, in: Cassese/Gaeta/Jones (a cura di) Rome Statute, vol. 1 (2002), 975, 979 ss.; *Gornig*, in: Ipsen/Schmidt-Jortzig (a cura di), Festschrift für Rauschning (2001), 457, 481; *Kreß* GA 2003, 25, 35; *Sands*, Leiden Journal of International Law 16 (2003), 37 ss. Esprime un fraintendimento, in tema, l'*obiter dictum* della ICJ, 14. febbraio 2002 (DR Congo v. Belgium), § 61, secondo cui la repressione penale di un ministro degli Esteri straniero sarebbe possibile fra l'altro laddove si tratti di azioni private commesse nel periodo della carica. Questo passaggio della pronuncia può essere inteso in un senso compatibile con la tesi generalmente accettata dell'esclusione dell'immunità funzionale soltanto se o si nega in ogni caso ai crimini internazionali il carattere di azione compiuta nella qualità ricoperta (cfr. *Kreß* GA 2003, 25, 36 s.) oppure si interpretano le costellazioni di ipotesi per le quali è prevista la possibilità che la Corte eserciti la giurisdizione come non esaustive; in questo contesto *Cassese* EJIL 13 (2002) 853, 876 richiama l'attenzione sulla conferenza stampa del Presidente *Guillaume*, secondo il quale il passaggio della decisione sarebbe da intendere in senso puramente esemplificativo («by way of example»). Cfr. ICJ, Press Statement of Judge Gilbert Guillaume, 14. febbraio 2002.

[551] *Augusto Pinochet* fu arrestato nel 1998 durante una permanenza a Londra, sulla base di un mandato di arresto spagnolo e di una conseguente, successiva richiesta di estradizione. In ultima istanza i *Law Lords* negarono l'immunità di *Pinochet* in relazione all'arresto ed all'estradizione. Cfr. HCIG Court of Justice, 28 ottobre 1998, in re Augusto Pinochet Ugarte, in: ILM 38 (1999), 68 ss.; House of Lords, Regina v. Bartle/Evans, *ex parte* Pinochet, 25 novembre 1998, in: ILM 37 (1998), 1302 ss.; 24 marzo 1999, in: ILM 38 (1999), 581 ss.; Per una descrizione dei fatti cfr. *Bianci* EJIL 10 (1999), 239 ss. Sul caso cfr. *Ambos* JZ 1999, 16 ss.; cfr. anche *Kreß* GA 2003, 34 s.; *Ruffert*, Netherlands International Law Review 48 (2001), 171, 178 ss.; *Sands*, Leiden Journal of International Law 16 (2003), 37, 45 ss.; *Sears*, German Yearbook of International Law 42 (1999), 125 ss.

[552] Cfr. *supra*, n. marg. 607.

[553] Fra gli esempi della prassi si annoverano i procedimenti davanti al IMT contro il successore di Hitler, *Dönitz*, davanti all'ICTR contro l'ex capo del governo ruandese *Kambanda*, davanti all'ICTY contro l'ex capo di Stato della Repubblica di Jugoslavia e Serbia *Milošević*, così come il procedimento tuttora in corso davanti al Tribunale Speciale per la Sierra Leone contro l'ex capo di Stato della Liberia *Tay-*

616 Nel caso di persone che si trovano in carica è necessario distinguere: gli effetti processuali delle immunità sono del tutto fuori gioco se a procedere è una giurisdizione internazionale[554]. Lo conferma ulteriormente, ormai, l'art 27 co. 2, quanto alla punizione dei crimini internazionali da parte dell'ICC[555]. Vi sono molti argomenti che depongono nel senso di ravvisare una corrispondente proposizione di diritto consuetudinario[556]. Significativa sarà in futuro la validità consuetudinaria dell'esclusione dell'immunità soprattutto in prospettiva della possibile condanna da parte dell'ICC di supremi rappresentanti di uno Stato che non è Parte del Trattato.

617 In contraddizione soltanto apparente con l'atteggiamento alieno da compromessi che lo statuto manifesta nell'art. 27 sta l'art. 98[557]. In base ad esso l'ICC non può pretendere da uno Stato nessuna collaborazione in via amministrativa o giudiziaria, che contrasti con gli impegni internazionali di rispetto delle immunità, che lo Stato ha assunto nei confronti di altri Stati[558].

---

lor; cfr. IMT, 1° ottobre 1946, in: Internationaler Militärgerichtshof Nürnberg, Der Nürnberger Prozeß gegen die Hauptkriegsverbrecher, vol. 1 (1947), 189, 350 s., ICTR, 4 settembre 1998 (Kambanda, TC); ICTY, 8 novembre 2001 (Milošević, TC), §§ 26 ss.; TS-SL, 31 maggio 2004 (Taylor, AC).

[554] In questo senso la ICJ, 4 febbraio 2002 (DR Congo v. Belgio), § 61, secondo la quale determinate giurisdizioni internazionali sono legittimate a procedere contro capi di Stato e ministri degli Esteri in carica; ma a dire il vero resta aperto quali siano tali giurisdizioni. Tale si percepisce, in tal senso, il Tribunale Speciale per la Sierra Leone nella sua decisione del 31 maggio 2004 (Taylor, AC), §§ 37 ss. nonché n. marg. 277. In dottrina tale decisione è andata incontro a critiche: cfr. ad es. *Frulli*, Journal of International Criminal Justice 2 (2004), 1118 ss.; *Nouwen*, Leiden Journal of International Law 18 (2005), 645 ss.; *Schabas*, The UN International Criminal Tribunals (2006), 328 s.; *Uerpmann-Wittzack*, AVR 44 (2006), 33 ss. Diversamente, per contro – ma in senso troppo estensivo – *Meisenberg*, Humanitäres Völkerrecht-Informationsschriften 2004, 30 ss., il quale considera internazionale ogni tribunale sufficientemente indipendente da condizionamenti nazionali.

[555] Cfr. *Kreß*, in: Grützner/Pötz (a cura di), Internationaler Rechtshilfeverkehr in Strafsachen, 2ª ed. (2006), vol. 4, Vor III 26 n. marg. 61. Le condizioni di procedibilità collegate alla qualifica ufficiale – derivanti indifferentemente dal diritto internazionale o da quello interno – sono irrilevanti. Per le immunità previste dall'ordinamento giuridico tedesco, che possono essere rimosse dal Parlamento in forza di una previsione costituzionale, cfr. *Kreß* NStZ 2000, 617, 621.

[556] Questione controversa in dottrina: cfr. sul punto *Kreß* GA 2003, 25, 38 ss., che la lascia aperta. *Gaeta*, in: Cassese/Gaeta/Jones (a cura di), Rome Statute, vol. 1 (2002), 975, 988, 995, 1000 riconosce di non poter rinvenire un aggancio nel diritto internazionale consuetudinario, ma si pronuncia *de lege ferenda* nel senso che si debba riconoscere un superamento dell'immunità almeno allorquando «it appears to be legally impossible or most unlikely for the alleged perpetrator to ever be brought to justice». Cfr. inoltre *Gornig*, in: Ipsen/Schmidt-Jortzig (a cura di), Festschrift für Rauschning (2001), 457, 484; *Sands*, Leiden Journal of International Law 16 (2003), 37 s.; *Uerpmann-Wittzack* AVR 44 (2006), 31, 38 ss. Cfr. sul punto anche ICTY, dec. 8 novembre 2001 (Milošević, TC), §§ 26 ss., 33. – Prima dell'entrata in vigore dello St-ICC l'irrilevanza delle immunità processuali costituiva un corollario ("corollary") deducibile dall'esclusione di effetti di diritto sostanziale: cfr. *Draft Code* 1996, Commento all'art. 7: «The absence of any procedural immunity with respect to prosecution or punishment in appropriate judicial proceedings is an essential corollary of the absence of any substantive immunity or defence. It would be paradoxical to prevent an individual from invoking his official position to avoid responsibility for a crime only to permit him to invoke this consideration to avoid the consequences of this responsibility».

[557] Cfr. sul punto *Gaeta*, in: Cassese/Gaeta/Jones (a cura di), Rome Statute, vol. 1 (2002), 975, 992.

[558] Nell'art. 98 co. 1 St-ICC sono enumerate in particolare immunità statuali e diplomatiche da prendere eventualmente in considerazione. L'art. 98 co. 2 St-ICC si ricollega ad ulteriori obblighi convenzionali: ad es., accordi sullo status delle truppe internazionali di stanza su un territorio. Al-

La disposizione dovrebbe esclusivamente tener conto degli accordi interstatuali già esistenti, per non erigere ostacoli alla ratifica.

Con questo retroterra, appare altamente dubbio che si cerchi – come accade per gli U.S.A. –, mediante accordi bilaterali successivi di non estradizione, di sottrarsi alla giurisdizione della Corte. Ad oggi gli USA hanno concluso con più di 100 Stati accordi bilaterali, che dovrebbero impedire in linea di principio la consegna all'ICC, da parte dello Stato di soggiorno, di cittadini americani[559]. Questo comportamento solleva forti perplessità soprattutto guardando a quegli Stati che sono anche Parte dello Statuto (es., Romania e Afghanistan), poiché simili accordi si pongono in contrasto con gli scopi dello Statuto.

618

Per contro, l'immunità personale di dignitari in carica dev'essere osservata dalle giurisdizioni nazionali. Qui l'immunità *ratione personæ* rappresenta un impedimento processuale, per mancanza di una significativa prassi statuale non si può riconoscere un'eccezione per il caso di persecuzione di crimini internazionali[560].

619

IV. Riepilogo

Alla punizione dei crimini internazionali non osta né l'immunità di diritto interno, né l'immunità di diritto internazionale. Un'eccezione si ha soltanto per la persecuzione di capi di Stato, di Governo, ministri degli Esteri e diplomatici (ambito dell'immunità *ratione personæ*) e soltanto nel caso di procedimenti penali statuali.

620

---

lorché si dia un caso rilevante *ex* art. 98, l'ICC prima dell'emissione della richiesta di consegna allo Stato di soggiorno dell'interessato deve ottenere dallo Stato "terzo" (ad es. lo Stato di cui il prevenuto è cittadino) la rinuncia all'immunità. Maggiori approfondimenti in *Wirth*, Criminal Law Forum 12 (2002), 429, 449 ss. – In ciò lo St-ICC si differenzia da quelli di ICTY e ICTR, i quali obbligano tutti gli Stati membri delle Nazioni Unite a collaborare, quale misura coercitiva del Consiglio di Sicurezza ONU ai sensi del Cap. VII della Carta; cfr. *Gaeta*, in: Cassese/Gaeta/Jones (a cura di), Rome Statute, vol. 1 (2002), 975, 989.

[559] In questi accordi le parti contraenti convengono che rappresentanti di governo, incaricati di un servizio di Stato, personale militare e cittadini di uno Stato-Parte non possono essere consegnati né all'ICC né ad un'altra istituzione o ad uno Stato terzo con finalità di consegna all'ICC; per maggiori approfondimenti cfr. *Herbst* EuGRZ 2002, 581, 583 ss.; *Zimmermann/Scheel* VN 2002, 137, 143. Cfr. anche *supra*, n. marg. 69.

[560] Cfr. ICJ, 14 febbraio 2002 (DR Congo v. Belgium), § 56; *Cassese* EJIL 13 (2002), 865 s.; *Gaeta*, in: Cassese/Gaeta/Jones (a cura di), Rome Statute, vol. 1 (2002), 975, 984 s.; approfonditamente *Kreß* GA 2003, 25, 33. Diversamente però ICJ, 14 febbraio 2002 (DR Congo v. Belgium), opinione separata di *Al-Khasawneh*, § 7; ICJ, 14 febbraio 2002 (DR Congo v. Belgium), opinione separata di *van den Wyngaert*, §§ 27 s.; critico sul punto anche *Ambos*, Internationales Strafrecht (2006), § 7 n. marg. 110 ss. Tale impostazione è tata confermata nei pochi procedimenti condotti davanti a tribunali nazionali contro capi di Stato stranieri: cfr. il procedimento davanti alla francese Cour de Cassation contro *Gheddafi*, Bulletin des arrets de la Cour de Cassation (2001), 218 (sul punto *Zappalà* EJIL 12 (2001), 595) e contro *Saddam Hussein* davanti all'OLG Köln NStZ 2000, 667; ulteriori esempi in *Cassese*, International Criminal Law (2003), 866 Fn. 37. Quanto al diritto tedesco, la sua conformità al diritto internazionale generale è assicurata dal § 20 co. 2 della legge sull'ordinamento giudiziario. Per quanto concerne la rilevanza delle immunità di diritto interno nel caso di consegna all'ICC (cfr. ad es. art. 46 co. 2 della costituzione tedesca), è previsto unicamente, dal § 70 della legge sulla cittadinanza, un dovere d'informazione al Parlamento.

La persecuzione da parte di una giurisdizione internazionale resta possibile in ogni caso; nel caso dell'ICC ciò vale anche se l'autore invoca l'immunità che gli deriva dal diritto di uno Stato che non è Parte.

J. Concorso di norme e di reati

621 *Bitti, Gilbert:* Two Bones of Contention Between Civil and Common Law: The Record of the Proceedings and the Treatment of a Concursus Delictorum, in: Fischer, Horst/Kreß, Claus/Lüder, Sascha R. (Hrsg.), International and National Prosecution of Crimes Under International Law, Current Developments (2001), 273 ss.; *Cassese, Antonio:* International Criminal Law (2003), 212 ss.; *Hünerbein, Iris:* Straftatkonkurrenzen im Völkerstrafrecht. Schuldspruch und Strafe (2005); *Jia, Bing Bing:* The Differing Concepts of War Crimes and Crimes against Humanity in International Criminal Law, in: Goodwin-Gill, Guy S./Talmon, Stefan (Hrsg.), The Reality of International Law (1999), 243 ss.; *May, Richard/Wierda, Marieke:* Is there a Hierarchy of Crimes in International Law?, in: Vohrah, Lal Chand et al. (Hrsg.), Man's Inhumanity to Man (2003), 511 ss.; *Olusanya, Olaoluwa:* Double Jeopardy Without Parameters. Re-characterisation in International Criminal Law (2004); *Palombino, Fulvio Maria:* Should Genocide Subsume Crimes Against Humanity? – Some Remarks in the Light of the Krstić Appeal Judgment, Journal of International Criminal Justice 3 (2005), 778 ss.; *Schabas, William A.:* Penalties, in: Cassese, Antonio/Gaeta, Paola/Jones, John R. W. D (Hrsg.), The Rome Statute of the International Criminal Court: A Commentary, Band 2 (2002), 1497 ss.; *Stuckenberg, Friedrich:* Zur Konkurrenz im US-amerikanischen Recht, ZStW 113 (2001), 146 ss.; *Stuckenberg, Friedrich:* Multiplicity of Offences: Concursus Delictorum, in: Fischer, Horst/Kreß, Claus/Lüder, Sascha R. (Hrsg.), International and National Prosecution of Crimes Under International Law, Current Developments (2001), 559 ss.; *Stuckenberg, Friedrich:* A Cure for Concursus Delictorum in International Law?, Criminal Law Forum 16 (2005), 361 ss.; *Valabhji, Nisha:* Cumulative Convictions Based on the Same Acts under the Statute of the I.C.T.Y., Tulane Journal of International and Comparative Law 10 (2002), 185 ss.; *Walther, Susanne:* Cumulation of Offences, in: Cassese, Antonio/Gaeta, Paola/Jones, John R. W. D (Hrsg.), The Rome Statute of the International Criminal Court: A Commentary, Band 1 (2002), 475 ss.

622 Nel diritto internazionale penale accade ripetutamente che lo stesso fatto commesso da un agente integri più fattispecie che concorrono a disciplinarlo. Ciò deriva in primo luogo dal fatto che spesso gli elementi costitutivi sono comuni a più crimini internazionali (ciò vale, ad esempio, per le condotte di omicidio, che a seconda del ricorrere dei rispettivi elementi costitutivi possono essere punibili a titolo di genocidio, crimini contro l'umanità e crimini di guerra). Ma vi è anche un altro fenomeno che solleva ancor più difficili questioni di concorso di norme; i crimini internazionali, come si è detto più volte, sono commessi tipicamente non da un'unica azione di un singolo individuo (un fendente, uno sparo), ma da una molteplicità di atti commessi da una pluralità di persone. Le fattispecie tipiche descrivono interi "complessi fattuali" (*Tatkomplexe*) e comprendono comportamenti che si protraggono per un periodo di tempo alquanto lungo, a seconda dei casi anche per più anni. In questi casi si pone all'interprete l'interrogativo se e in quale misura i sin-

goli atti di un agente debbano considerarsi ciascuno come azione giuridicamente autonoma o debbano essere valutati come unica azione.

Regole per la soluzione di tali problemi di concorso di norme non sono contenuti né negli statuti dei tribunali militari internazionali, né in quelli dei Tribunali *ad hoc*[561]. Lo Statuto di Roma semplicemente dà per presupposta la possibilità che una persona si riconosciuta colpevole per più violazioni, come risulta dal testo dell'art. 78 co. 3, dove si stabilisce

> «Quando una persona è condannata per più di un crimine ["joint sentence"], la Corte quantifica sia la pena per ciascun crimine sia quella cumulativa, specificando il periodo complessivo di reclusione da scontare. Tale periodo non può essere inferiore alla pena più grave irrogata per un singolo crimine ["individual sentence"]».

I. Prassi internazionale

Nella meno recente prassi internazionale dominava un atteggiamento pragmatico nei confronti del tema del concorso di norme; così, il Tribunale di Norimberga condannò numerosi imputati, sulla base di una stessa azione, a titolo di crimini di guerra e di crimini contro l'umanità, senza una più dettagliata argomentazione in punto di diritto. Successivamente, è il Tribunale per l'ex Jugoslavia che ha per la prima volta compiuto seri sforzi al fine di sviluppare regole di diritto internazionale in tema di fattispecie concorrenti sullo stesso fatto[562]. Nel frattempo, questa giurisprudenza si è a tal punto infoltita, che oggi alcuni principi fondamentali della teoria del concorso di norme in diritto internazionale possono dirsi consolidati. Inoltre, anche la dottrina si è avveduta, con sempre maggiore consapevolezza, delle difficoltà di questa materia, come dimostrano i lavori più recenti[563]; lo scopo di tali sforzi è quello di estrapolare generali principi di diritto sulla base delle regole sul concorso di norme dei vari ordinamenti nazionali[564].

---

[561] Indirettamente nelle Regole di Procedura 87 e 101.
[562] Panoramica sull'evoluzione della giurisprudenza dell'ICTY in *Stuckenberg*, in: Fischer/Kreß/Lüder (a cura di), International and National Prosecution of Crimes under International Law (2001), 559, 573 ss.; *Valabhji*, Tulane Journal of International and Comparative Law 10 (2002), 185 ss.
[563] *Hünerbein*, Straftatkonkurrenzen im Völkerstrafrecht (2005); *May/Wierda*, in: Vohrah et al. (a cura di), Man's Inhumanity to Man (2003), 511 ss.; *Olusanya*, Double Jeopardy Without Parameters (2004); *Palombino*, Journal of International Criminal Justice 3 (2005), 778 ss.; *Stuckenberg*, Criminal Law Forum 16 (2005), 361 ss.
[564] La disciplina nei sistemi di Common Law e Civil Law, relativamente alle questioni di concorso di norme e di reati, è differente nella forma, ma raramente nei risultati; cfr. approfonditamente *Hünerbein*, Straftatkonkurrenzen im Völkerstrafrecht (2005), 30 ss.; *Walther*, in: Cassese/Gaeta/Jones (a cura di), Rome Statute, vol. 1 (2002), 475, 478 ss.; specialmente sul diritto statunitense *Stuckenberg* ZStW 113 (2001), 146 ss. Diversa impostazione segue, per contro, *Olusanya*, Double Jeopardy Without Parameters (2004), che ritiene di determinare il rapporto dei crimini internazionali fra loro sulla base della dottrina delle fonti di diritto internazionale. V. la giusta critica, sul punto, di

II. Unità di condotta ("same conduct") e pluralità di condotte

625 Quanto esistono più atti singoli che integrano la fattispecie tipica è necessario sempre esaminare se, dall'angolo visuale della fattispecie applicabile, essi costituiscano o meno un'unica condotta dal punto di vista giuridico ("same conduct")[565].

626 Già la formulazione letterale di alcune fattispecie di crimini internazionali mostra ch'esse collegano insieme una molteplicità di atti singoli (cd. azioni in senso naturalistico) in un contesto valutativo unitario. Ad esempio, nel genocidio, azioni esecutive tipiche realizzate tutte nel quadro dell'unitario intento di sterminio, sono considerate unica condotta in senso normativo[566]. Nel caso di crimini contro l'umanità, il requisito dell'esteso e sistematico attacco contro le popolazioni civili postula, già per sua natura, l'esistenza di una molteplicità di azioni in senso naturalistico: anche in questo caso differenti azioni integranti la fattispecie tipica possono essere riunite in una condotta unitaria[567]. Per converso, quanto ai crimini di guerra, il conflitto armato – nell'ambito del quale siano state realizzate più azioni tipiche alla stregua della fattispecie di un crimine di guerra – non è idoneo a riunire le singole azioni in unica condotta in senso giuridico[568].

627 Se in base alla valutazione del comportamento dell'agente si deve ritenere l'esistenza di più azioni giuridicamente autonome, ne deriva che in relazione a ciascuna azione vi sarà un'imputazione ed eventualmente una condanna per il reato che ciascuna azione ha integrato[569]. Se invece risulta che più atti devono considerarsi unica condotta, allora imputazione, condanna e punizione seguiranno le regole esposte qui di seguito.

1. Imputazione per più delitti ("cumulative charging")

628 L'imputazione cumulativa per più crimini realizzati con unica azione è sempre consentita, come riconosce la giurisprudenza dell'ICTY e ICTR: «[P]rior to the presentation of all of the evidence, it is not possible to determine to a certainty which of the charges brought against an accused will be proven»[570].

Stuckenberg, Criminal Law Forum 16 (2005), 361 ss.

[565] In luogo dell'espressione «same conduct» usata in ICTY, 30. Novembre 2005 (Limaj et al., TC), § 720 si trova anche quella di «same act or transaction»: cfr. ICTY, 12 giugno 2002 (Kunarac, AC), § 173. «Same conduct» dovrebbe chiaramente esistere in tutti i casi nei quali i medesimi rimproveri si riferiscono a «the same set of facts». Cfr. ICTR, 16 novembre 2001 (Musema, AC), § 358; Cfr. anche ICTY, 29 novembre 2002 (Vasiljević, TC), § 266: «There is, therefore, no issue of cumulative conviction arising in relation to those two Counts as they are not based upon the same facts» nonché da ultimo ICTY, 30 novembre 2006 (Galić, TC), §§ 167 s.: «[S]eparate convictions are permissible for murder and inhumane acts, which relate to distinct victims, as they do here».

[566] Per maggiori approfondimenti *infra*, n. marg. 732.
[567] Per maggiori approfondimenti *infra*, n. marg. 885.
[568] Per maggiori approfondimenti *infra*, n. marg. 1270.
[569] Cfr. ICTY, 29 novembre 2002 (Vasiljević, TC), § 266. Cfr. anche *Cassese*, International Criminal Law (2003), 213.
[570] ICTY, 20 febbraio 2001 (Mucić et al., AC), § 400; così anche ICTY, 31 marzo 2003 (Naletilić e Martinović, TC), § 718; ICTR, 16 novembre 2001 (Musema, AC), § 369; ICTR, 20

2. Condanna per più delitti ("multiple conviction")

L'ICTY si è confrontato per la prima volta in modo approfondito con il tema del concorso di norme nel procedimento contro *Kupreskić et al.*[571]. Paradigmatico per la prassi è ad oggi il cd. test-*Čelebići*[572], sviluppato dalla Camera d'Appello di quel Tribunale[573] nel contesto del procedimento contro *Mucić et al.*[574]. In base ad esso, fattispecie concorrenti possono dar luogo ad altrettanti, autonomi giudizi di responsabilità solo in presenza dei seguenti rigorosi presupposti:

629

> «Multiple criminal convictions entered under different statutory provisions but based on the same conduct are permissible only if each statutory provision involved has a materially distinct element not contained in the other. An element is materially distinct from another if it requires proof of a fact not required by the other. Where this test is not met, the Chamber must decide in relation to which offence it will enter a conviction. This should be done on the basis of the principle that the conviction under the more specific provision should be upheld. Thus, if a set of facts is regulated by two provisions, one of which contains an additional materially distinct element, then a conviction should be entered only under that provision»[575].

In prima battuta, dunque, le fattispecie astrattamente applicabili devono essere confrontate al fine di stabilire se ciascuna di esse richieda un elemento costitutivo che quella concorrente non prevede. In questa fase devono essere presi in considerazione tutti gli elementi costitutivi obiettivi e soggettivi, ed in particolare anche gli elementi di contesto[576]. Se questo test ha esito positivo, allora tutte le fattispecie concorrenti sono contestualmente applicabili e l'eventuale condanna avverrà per ciascuna di esse a titolo autonomo. Se il test ha esito negativo – il che accade in particolare quanto tutti gli elementi di una fattispecie sono contenuti interamente in

630

---

maggio 2005 (Semanza, AC), §§ 307 ss., ICTR, 21 febbraio 2003 (Ntakirutimana, TC), §§ 862 ss.; recentemente anche ICTR, 12 settembre 2006 (Muvunyi, TC), § 499. Criticamente sul punto *May/Wierda*, in: Vohrah et al. (a cura di), Man's Inhumanity to Man (2003), 511 così come 539 ss.

[571] ICTY, 14 gennaio 2002 (Kupreskić et al., TC), §§ 668 ss.; cfr. già prima ICTR, 2 settembre 1998 (Akayesu, TC), § 468; sull'evoluzione della giurisprudenza *Walther*, in: Cassese/Gaeta/Jones (a cura di), Rome Statute, vol. 1 (2002), 475, 492.

[572] Denominazione proveniente dal nome di un luogo di stanza della ex armata popolare jugoslava («Čelebići camp»), nel quale gl'imputati nel procedimento contro *Mucić et al.* avevano commesso i fatti criminosi; cfr. ICTY, 20 febbraio 2001 (Mucić et al., AC), § 1. Cfr. inoltre ICTR, 22 gennaio 2004 (Kamuhanda, TC), §§ 577 ss.

[573] ICTY, 20 febbraio 2001 (Mucić et al., AC), §§ 412 s.

[574] Cfr. anche ICTY, 5 luglio 2001 (Jelisić, AC), §§ 78 ss.; ICTY, 12 giugno 2002 (Kunarac, AC), § 168; ICTY, 19 aprile 2004 (Krstić, AC), § 218; ICTY, 22 marzo 2006 (Stakić, AC), §§ 350 ss. e ICTY, 3 maggio 2006 (Naletilić e Martinović, AC), §§ 589 s. Cfr. anche *Cassese*, International Criminal Law (2003), 214 s.

[575] ICTY, 20 febbraio 2001 (Mucić et al., AC), §§ 412 s.

[576] Cfr. ICTY, 12 giugno 2002 (Kunarac, AC), § 177; ICTY, 22 marzo 2006 (Stakić, AC), § 356; ICTR, 16 novembre 2001 (Musema, AC), § 363.

quelli dell'altra[577] – allora si deve compiere un passo ulteriore ed indagare quale sia la disposizione speciale: soltanto questa fonderà l'eventuale condanna, in quanto la norma recessiva si ritrae. In questi termini, il principio di specialità diffuso nella maggior parte degli ordinamenti giuridici ha sostanzialmente trovato riconoscimento nel diritto internazionale penale[578]. L'applicazione ulteriore di altri principi, come ad esempio quello di consunzione[579] o quello fondato sulla diversità degli interessi tutelati[580], è stata finora respinta dalla giurisprudenza internazionale[581]. Il test-*Čelebići* è stato intanto applicato in più occasioni dai Tribunali ICTY e ICTR, ed in tal modo sono stati elaborati i seguenti principi.

631 Quanto al *rapporto fra i singoli crimini internazionali, tra loro*: i crimini contro l'umanità possono concorrere sia con i crimini di guerra[582] sia con il genocidio. La questione, a lungo discussa, se il genocidio sia *lex specialis* rispetto ai crimini contro l'umanità[583], è stata ormai risolta negativamente in giurisprudenza[584]. Sulla base di

---

[577] Sono comprese, accanto a questi casi, anche le ipotesi di identità della norma, che sono peraltro insignificanti nella pratica: cfr. *Stuckenberg*, in: Fischer/Kreß/Lüder (a cura di), International and National Prosecution of Crimes under International Criminal Law (2001), 559, 563 s.

[578] Cfr. ad es. ICTY, 12 giugno 2002 (Kunarac, AC), § 170, secondo il quale siffatto principio sarebbe un «established principle of both civil and common law»; inoltre ICTR, 22 gennaio 2004 (Kamuhanda, TC), §§ 577 ss. Cfr. anche *Cassese*, International Criminal Law (2003), 216; *Stuckenberg*, in: Fischer/Kreß/Lüder (a cura di), International and National Prosecution of Crimes under International Criminal Law (2001), 559, 586 ss.

[579] Auspicato da *Hünerbein*, Straftatkonkurrenzen im Völkerstrafrecht (2005), 74 s.; *Stuckenberg*, in: Fischer/Kreß/Lüder (a cura di), International and National Prosecution of Crimes under International Criminal Law (2001), 559, 586 ss.

[580] Sul punto ICTY, 14 gennaio 2002 (Kupreskić et al., TC), §§ 692 ss.; ICTR, 2 settembre 1998 (Akayesu, TC), § 468.

[581] La rifiuta chiaramente, da ultimo, ICTY, 22 marzo 2006 (Stakić, AC), § 357. In senso contrario pareva orientata la posizione di ICTY, 31 luglio 2003 (Stakić, TC), §§ 870 ss. nonché ICTY, 31 gennaio 2005 (Strugar, TC), §§ 447 ss. che propendeva nel senso di assumere, nel caso concreto, l'esistenza di una sorta di consunzione.

[582] Cfr. ICTY, 12 giugno 2002 (Kunarac, AC), § 176: «[C]rimes against humanity constitute crimes distinct from crimes against the laws or customs of war [gem. art. 3 ICTY-Statut] in that each contains an element that does not appear in the other», richiamandosi a ICTY, 23 ottobre 2001 (Kupreskić et al., AC), § 388 e ICTY, 5 luglio 2001 (Jelisić, AC), § 82. Nello stesso senso ICTY, 3 maggio 2006 (Naletilić e Martinović, AC), § 719; ICTY, 5 dicembre 2003 (Galić, TC) § 163; ICTY, 11 marzo 2004 (Češić, TC), §§ 32 ss. nonché *Mettraux*, Harvard International Law Journal 43 (2002), 302. In senso contrario però (omicidio come crimine contro l'umanità prevale sul corrispondente crimine di guerra) ancora ICTY, 14 gennaio 2000 (Kupreskić et al., TC), § 701; così anche *May/Wierda*, in: Vohrah et al. (a cura di), Man's Inhumanity to Man (2003), 511, 528 ss.

[583] Per la specialità del genocidio rispetto ai crimini contro l'umanità cfr. ancora ICTY, 2 agosto 2001 (Krstić, TC), §§ 682 ss.; ICTR, 21 maggio 1999 (Kayishema e Ruzindana, TC), § 648: "subsumed fully"; *Ahlbrecht*, Geschichte der völkerrechtlichen Strafgerichtsbarkeit im 20. Jahrhundert (1999), 263; *Becker*, Der Tatbestand der Verbrechen gegen die Menschlichkeit (1996), 183; *Bungenberg* AVR 2001, 170, 172; *Vest* ZStW 113 (2001), 457, 475.

[584] Cfr. ICTR, 16 novembre 2001 (Musema, AC), §§ 366 s.; ICTR, 2 settembre 1998 (Akayesu, TC) § 469; ICTR, 21 febbraio 2003 (Ntakirutimana, TC), § 864; ICTY, 19 aprile 2004 (Krstić, AC), §§ 222 ss.; Cfr. anche *Fronza*, in Lattanzi/Schabas (a cura di), Essays on Rome Statute of the International Criminal Court, vol. 1 (1999), 105, 117 ss.; *Gil Gil* ZStW 112 (2000), 381, 396 s.;

questa giurisprudenza, sono applicabili congiuntamente anche le fattispecie di crimini di guerra e di genocidio.

Quanto al *rapporto fra singole condotte tutte rilevanti alla stregua di un unico fatto complesso* (*Gesamttat*), vale quanto segue: tortura e violenza sessuale come crimini contro l'umanità possono concorrere[585] allo stesso modo di tortura e violenza sessuale come crimini di guerra[586], ed allo stesso modo violenza sessuale e riduzione in schiavitù come crimini contro l'umanità[587]. Per contro, lo sterminio come crimine contro l'umanità prevale sull'omicidio doloso[588]; il trattamento inumano come crimine contro l'umanità è recessivo rispetto ai reati integrati dai singoli atti anch'essi rilevanti come crimine contro l'umanità[589]. Nella misura in cui il crimine di persecuzione è realizzato mediante uccisione, atti di tortura, privazione della libertà od altri trattamenti inumani, non prevale sui singoli crimini (omicidio, tortura, sequestro di persona, ecc.)[590]. Ciò perché, altrimenti, il disvalore dei fatti non verrebbe compiutamente preso in considerazione.

Quale forma sussidiaria di partecipazione nel crimine, la responsabilità del superiore recede di fronte all'esecuzione diretta del crimine internazionale da parte del superiore[591]. Analogamente recessiva rispetto all'esecuzione diretta di un crimine internazionale è la sua pianificazione[592].

632

633

Walther, in: Cassese/Gaeta/Jones (a cura di), Rome Statute, vol. 1 (2002), 475, 491. In senso contrario però *May/Wierda*, in: Vohrah et al. (a cura di), Man's Inhumanity to Man (2003), 511, 531.

[585] Cfr. ICTY, 12 giugno 2002 (Kunarac, AC), § 179: «[A]n element of the crime of rape is penetration, whereas an element for the crime of torture is a prohibited purpose».

[586] Cfr. ICTY, 12 giugno 2002 (Kunarac, AC), §§ 181 ss.

[587] Cfr. ICTY, 12 giugno 2002 (Kunarac, AC), § 186.

[588] Cfr. ICTY, 22 marzo 2006 (Stakić, AC), § 366; ICTY, 17 gennaio 2005 (Blagojević e Jokić, TC), §§ 802 s.; così come ICTR, 13 dicembre 2004 (Ntakirutimana, AC), § 542; ICTR, 15 maggio 2003 (Semanza, TC), §§ 500 ss.; ICTR, 13 aprile 2006 (Bisengimana, TC), §§ 96 ss. In senso contrario però ancora ICTR, 2 settembre 1998 (Akayesu, TC), §§ 469 s., 744 e ICTY, 31 luglio 2003 (Stakić, TC), § 877: «[T]o reflect the totality of the accused's culpable conduct directed both at individual victims and at groups of victims on a large scale, it is in principle permissible to enter convictions both for extermination and murder».

[589] Cfr. ICTY, 19 aprile 2004 (Krstić, AC), § 231; ICTY, 2 novembre 2001 (Kvočka et al., TC), § 217: "subsidiary nature".

[590] Così a ragione ICTY, 17 dicembre 2004 (Kordić e Čerkez, AC), §§ 1039 ss.; ICTY, 22 marzo 2006 (Stakić, AC), §§ 350 ss.; ICTY, 3 maggio 2006 (Naletilić e Martinović, AC), §§ 589 s.; ICTY, 17 gennaio 2005 (Blagojević e Jokić, TC), §§ 804 ss.; ICTY, 27 settembre 2006 (Krajišnik, TC), §§ 1127 ss. Diversamente (nel senso della specialità) ancora ICTY, 19 aprile 2004 (Krstić, AC), § 231; ICTY, 2 novembre 2001 (Kvočka et al., TC), §§ 220, 227; ICTY, 15 marzo 2002 (Kronjelac, TC), § 503; ICTY, 18 dicembre 2003 (D. Nikolić, TC), § 119 nonché mantenendosi su questa posizione ICTY, 17 dicembre 2004 (Kordić e Čerkez, AC), opinione separata di *Güney/Schomburg*; ICTY, 22 marzo 2006 (Stakić, AC), opinione separata *Güney*; ICTY, 3 maggio 2006 (Naletilić e Martinović, AC), opinione separata *Güney/Schomburg*.

[591] ICTY, 29 luglio 2004 (Blaškić, AC), § 91; ICTY, 31 marzo 2003 (Naletilić e Martinović, TC), §§ 78 ss.; ICTY, 31 luglio 2003 (Stakić, TC), §§ 463 ss.; ICTY, 1° settembre 2004 (Brǔanin, TC), §§ 284 s.; Cfr. inoltre anche *supra*, n. marg. 456.

[592] ICTY, 31 marzo 2003 (Naletilić e Martinović, TC), § 59; ICTY, 31 luglio 2003 (Stakić, TC), § 443.

634   Per quanto la giurisprudenza consideri il test-*Čelebići* come l'unico decisivo, si deve osservare che comunque i Tribunali si riservano espressamente delle deroghe, nell'interesse della giustizia del caso concreto: il test non potrebbe essere applicato meccanicamente a detrimento dell'imputato[593].

III. Determinazione delle conseguenze giuridiche in caso di pluralità di reati

635   In caso di condanna per più reati, si pone l'ulteriore questione di quali conseguenze ne derivino ai fini della quantificazione della pena[594].

636   La prassi dei tribunali internazionali non è unitaria sul punto[595]. A volte vengono irrogate pene singolarmente quantificate, poi sommate a formare una pena unica[596]; a volte viene determinata direttamente un'unica pena finale[597]. Secondo la giurisprudenza della Camera d'Appello dell'ICTY entrambi i metodi sono consentiti; quale via sia preferibile è questione che spetta alla discrezionalità del giudice procedente:

> «It is within a Trial Chamber's discretion to impose sentences which are either global, concurrent or consecutive, or a mixture of concurrent or consecutive. In terms of the final sentence imposed, however, the governing criteria is that it should reflect the totality of the culpable conduct (the "totality" principle), or generally, that it should reflect the gravity of the offences and the culpability of the offender so that it is both just and appropriate»[598].

637   Questo "pluralismo" della giurisprudenza è comprensibile, alla luce della variegata molteplicità di modelli normativi reperibili a livello di ordinamenti statuali in tema di concorso di norme e di reati[599]. Tuttavia, la tendenza ad irrogare pene uni-

---

[593] Cfr. ICTR, 13 giugno 2006 (Bisengimana, TC), § 98: «The Chamber takes note that the distinct elements test for permissible cumulative convictions should not be applied mechanically or blindly. The ICTY Appeals Chamber has urged that this test be applied carefully to avoid prejudice to the accused». Cfr. sul punto anche ICTY, 12 giugno 2002 (Kunarac, AC), §§ 168 ss. A conseguenze pratiche questa riserva ha portata sono ad ora soltanto in ICTY, 31 gennaio 2005 (Strugar, TC), §§ 447 ss.: la Camera procedente ritiene che il crimine di guerra dell'arbitraria distruzione di città e quello dell'illecito attacco contro obiettivi civili sarebbero sussidiari rispetto al crimine di guerra della distruzione di beni culturali, per quanto in precedenza essa stabilisca espressamente che tutte e tre le fattispecie dell'art. 3 St-ICTY sarebbero «materially distinct» nel senso del test- *elebi i*.

[594] Cfr. *Walther*, in: Cassese/Gaeta/Jones (a cura di), Rome Statute, vol. 1 (2002), 475, 488.

[595] Cfr. *Stuckenberg*, in: Fischer/Kreß/Lüder (a cura di), International and National Prosecution of Crimes under International Law (2001), 559, 585.

[596] Cfr. ad es. ICTY, 14 gennaio 2000 (Kupreskić et al., TC), §§ 864 ss.

[597] Cfr. ad es. ICTY, 3 marzo 2000 (Blaškić, TC), §§ 805 ss.; ICTY, 29 novembre 2002 (Vasiljević, TC), § 269.

[598] ICTY, 20 febbraio 2001 (Mucić et al., AC), § 429.

[599] Sul punto *Hünerbein*, Straftatkonkurrenzen im Völkerstrafrecht (2005), 30 ss., 75.

tariamente determinate è da criticare[600], perché conduce, in caso di condanna per più reati in concorso, ad una perdita di trasparenza. Così, ad esempio, sino ad oggi non è chiaro in giurisprudenza se la realizzazione di più reati mediante un'unica azione giustifichi una pena meno severa rispetto alla commissione di più azioni autonome[601].

Diversamente rispetto agli statuti dei Tribunali *ad hoc*, lo Statuto di Roma, all'art. 78 co. 3, contiene un'espressa regola sul metodo di determinazione della pena: per ogni delitto dev'essere separatamente determinata la misura della pena, e le singole pene devono poi essere sommate a formare la pena complessiva. Indicazioni sui principi che regolano la formazione della pena complessiva sono fornite dallo statuto, in realtà, soltanto nel senso che quest'ultima non può avere durata inferiore alla pena più grave irrogata per il singolo delitto. Lascia perplessi l'ampiezza che alla discrezionalità giudiziale nella fase di commisurazione è riservata anche dalla disposizione in discorso[602].

638

K. Presupposti processuali

Cassese, Antonio: International Criminal Law (2003), 316 ss.; *Kreicker, Helmut:* Die völkerstrafrechtliche Unverjährbarkeit und die Regelung im Völkerstrafgesetzbuch, NJ 2002, 281 ss.; *Kreß, Claus*: Kommentierung vor III 26, in: Grützner, Heinrich/Pötz, Paul-Günter (Hrsg.), Internationaler Rechtshilfeverkehr in Strafsachen, 2. Aufl. (2006), Band 4, Rn. 61 ss.; *Schabas, William A.:* Kommentierung zu Art. 29 IStGH-Statut, in: Triffterer, Otto (Hrsg.), Commentary on the Rome Statute of the International Criminal Court, Observers' Notes, Article by Article (1999), 523 ss.; *Schabas, William A.:* An Introduction to the International Criminal Court, 2. Aufl. (2004), 114 ss.; *van den Wyngaert, Christine/Dugard, John:* Non-Applicability of Statute of Limitations, in: Cassese, Antonio/Gaeta, Paola/Jones, John R.W.D. (Hrsg.), The Rome Statute of the International Criminal Court: A Commentary, Band 1 (2002), 873 ss.

639

I presupposti del procedimento penale si situano interamente al di fuori del concetto di crimine internazionale come categoria di diritto sostanziale[603]. Per loro natura appartengono al diritto processuale penale internazionale e non concernono la punibilità bensì la legittimità dell'instaurazione di un procedimento. Se manca

640

---

[600] Cfr. ad es. ICTY, 2 agosto 2001 (Krstić, TC), § 725; ICTY, 29 novembre 2002, (Vasiljević, TC), § 309; ICTY, 31 luglio 2003 (Stakić, TC), §§ 936 ss.; ICTY, 7 dicembre 2005 (Bralo, TC), § 97; ICTR, 15 luglio 2004 (Ndindabahizi, TC), §§ 497, 511 s.; ICTR, 13 dicembre 2005 (Simba, TC), § 445.

[601] In questo senso ad es. *Hünerbein*, Straftatkonkurrenzen im Völkerstrafrecht (2005), 75; *Schabas*, in Cassese/Gaeta/Jones (a cura di), Rome Statute, vol. 2 (2002), 1530 e *Stuckenberg*, in: Fischer/Kreß/Lüder (a cura di), International and National Prosecution of Crimes Under International Law, Current Developments (2001), 598 s.

[602] Per un inizio di sistematizzazione della fase commisurativa della pena cfr. *Nemitz*, Strafzumessung im Völkerstrafrecht (2002).

[603] Cfr. *supra*, n. marg. 338.

641 Presupposto processuale è ad esempio, quanto ai procedimenti davanti all'ICC, la circostanza che il fatto non sia stato già giudicato dalla stessa Corte (*ne bis in idem*: art. 20). L'art. 20 co. 3 estende il divieto della doppia punizione in linea di principio anche ai casi nei quali l'autore sia stato già condannato o assolto dal tribunale di uno Stato.

642 Inoltre, la repressione di un crimine internazionale da parte della Corte presuppone che l'imputato avesse almeno 18 anni al momento del fatto (art. 26).

643 Per genocidio e crimini di guerra sia lo Statuto sia gli *Elements of Crimes* contengono specifici presupposti processuali, destinati a far sì che la Corte si occupi soltanto dei casi più gravi.

644 Così è anche per la cd. clausola di soglia, per i crimini di guerra: si tratta di un presupposto per l'esercizio della giurisdizione (*jurisdictional element*) che non rientra fra gli elementi che l'agente si deve rappresentare: in base all'art. 8 co. 1, secondo periodo, la Corte è competente per i crimini di guerra, «soprattutto se questi sono parte di un piano o di una politica o sono parte di una commissione su larga scala di tali crimini». Per ragionevoli motivi di politica del diritto si richiede in questo caso una determinata "qualità" dei crimini di guerra quale presupposto normativo della giurisdizione della Corte; la clausola di soglia non sta a significare una limitazione dei presupposti sostanziali della punibilità[604].

645 Analoga considerazione vale laddove gli elementi costitutivi richiedano per il genocidio un contesto di altre condotte di genocidio realizzate in modo similare («context of a manifest pattern of similar conduct»)[605]; tale requisito concerne, secondo l'opinione corretta, soltanto la giurisdizione della Corte e non la punibilità, in senso sostanziale, per genocidio[606].

646 Di significativa importanza pratica sono infine le previsioni dello Statuto, in forza delle quali prescrizione del reato ed immunità dell'autore non impediscono ch'egli sia perseguito dalla Corte. Quei due istituti non rappresentano dunque impedimenti processuali.

647 In base all'art. 27 co. 2 l'immunità processuale dell'autore, che derivi ad esempio dalla sua posizione di capo di Stato o di Governo, non è in grado di impedire un procedimento davanti alla Corte[607].

648 Nell'art. 29 è stabilito che i crimini internazionali, considerati come le più gravi offese al diritto internazionale, sono imprescrittibili[608]. Si tratta di una disposizione

---

[604] Cfr. *supra*, n. marg. 391.
[605] Cfr. EC - art. 6 a) St-ICC, n. 4.
[606] Approfonditamente sul punto n. marg. 392 s., 703 ss.
[607] Cfr. per maggiori approfondimenti *supra*, n. marg. 603 ss.
[608] Cfr. *Schabas*, An Introduction to the International Criminal Court, 2ª ed. (2004), 115; Cfr. anche § 5 VStGB; in disaccordo sul punto *Merkel* ZStW 114 (2002), 337, 338 in nota 3.

che non ha precedenti negli Statuti dell'IMT, dell'ICTY, dell'ICTR[609]. Nel corso delle trattative della Conferenza di Roma era stata particolarmente dibattuta l'imprescrittibilità dei crimini di guerra[610]; non è ancora definitivamente chiarito se ed in quale misura l'imprescrittibilità dei crimini internazionali sia parte del diritto internazionale consuetudinario[611]: la prassi degli Stati è parca; regole di diritto convenzionale prevedono l'imprescrittibilità ma sino ad oggi sono state accettate dagli Stati solo timidamente[612].

---

[609] Triffterer-*Schabas*, Rome Statute (1999), art. 29 n. marg. 1 individua la mancanza di regole sulla prescrizione negli Statuti IMT, IMTFE, ICTY e ICTR quale indizio della imprescrittibilità dei crimini internazionali.

[610] Sulla storia delle trattative cfr. Triffterer-*Schabas*, Rome Statute (1999), art. 29 n. marg. 4 s.

[611] Cfr. sul punto *Schabas*, An Introduction to the International Criminal Court, 2ª ed. (2004), 115 ss. Per l'imprescrittibilità *van den Wyngaert/Dugard*, in: Cassese/Gaeta/Jones (a cura di), Rome Statute, vol. 1 (2002), 873, 887; per il genocidio, i crimini contro l'umanità e la tortura anche *Cassese*, International Criminal Law (2003), 319; per la tortura anche ICTY, 10 dicembre 1998 (Furundžija, TC), § 157. Cfr. anche *Princeton Project on Universal Jurisdiction* (a cura di), The Princeton Principles on Universal Jurisdiction (2001), Principle 6: «Statutes of limitations or other forms of prescription shall not apply to [war crimes, crimes against peace, crimes against humanity and genocide]»; Cfr. anche Cour de Cassation, 26 gennaio 1984 (Barbie), in: ILR 78 (1988), 126: «This rule [that prosecution is not subject to statutory limitation] was applicable to such crimes by virtue of the principles of law recognized by the community of nations». Contro l'esistenza di una corrispondente proposizione nel diritto consuetudinario cfr. però *Kreicker* NStZ 2002, 281, 284 s.; *Kreß*, in: Grützner/Pötz, (a cura di), Internationaler Rechtshilfeverkehr in Strafsachen, 2ª ed. (2006), vol. 4, Vor III 26 n. marg. 62 in nota 163.

[612] Cfr. la *UN Convention on the Non-Applicability of Statutory Limitations to War Crimes and Crimes Against Humanity* del 16 novembre 1968, riprodotta in: ILM 8 (1969), 68; questa è stata sino ad ora ratificata soltanto da 43 Stati; la *European Convention on the Non-Applicability of Statutory Limitation to Crimes Against Humanity and War Crimes* del 25 gennaio 1974, European Treaty Ser. 82, è stata addirittura firmata soltanto da 4 Stati e ratificata soltanto da Olanda e Romania.

PARTE TERZA: IL CRIMINE DI GENOCIDIO

Akhavan, Payam: The Crime of Genocide in the ICTR Jurisprudence, Journal of International Criminal Justice 3 (2005), 989 ss.; *Amann, Diane Marie:* Prosecutor v. Akayesu ICTR-96-4-T, AJIL 93 (1999), 195 ss.; *Amann, Diane Marie:* Group Mentality, Expressivism, and Genocide, International Criminal Law Review 2 (2002), 93 ss.; *Ambos, Kai:* Internationales Strafrecht (2006), § 7 Rn. 123 ss.; *Askin, Kelly Dawn:* Sexual Violence in Decisions and Indictments of the Yugoslav and Rwandan Tribunals: Current Status, AJIL 93 (1999), 97 ss.; *Ball, Howard:* Prosecuting War Crimes and Genocide, The Twentieth-Century Experience (1999); *Behrendt, Urs:* Die Verfolgung des Völkermordes in Ruanda durch internationale und nationale Gerichte (2005); *Browning, Christopher R.:* Judenmord (2001); *Bummel, Andreas/Selbmann, Frank:* Genozid – Eine Zwischenbilanz der Rechtsprechung des Internationalen Strafgerichtshofes für das ehemalige Jugoslawien, Humanitäres Völkerrecht-Informationsschriften 2006, 58 ss.; *Bryant, Bunyan/Jones, Robert H.:* Comment – The United States and the 1948 Genocide Convention, Harvard International Law Journal 16 (1975), 683 ss.; *Cassese, Antonio:* Genocide, in: Cassese, Antonio/Gaeta, Paola/Jones, John R.W.D. (Hrsg.), The Rome Statute of the International Criminal Court: A Commentary, Vol. 1 (2002), 335 ss.; *Cassese, Antonio:* International Criminal Law (2003), 96 ss.; *Chalk, Frank/Jonassohn, Kurt* (Hrsg.): The History and Sociology of Genocide (1990); *Clark, Roger S.:* Does the Genocide Convention Go Far Enough? Some Thoughts on the Nature of Criminal Genocide in the Context of Indonesia's Invasion of East Timor, Ohio Northern University Law Review 8 (1981), 321 ss.; *Della Morte, Gabriele:* De-Mediatizing the Media Case: Elements of a Critical Approach, Journal of International Criminal Justice 3 (2005), 1019 ss.; *De Nike, Howard J./Quigley, John/Robinson, Kenneth J.* (Hrsg.): Genocide in Cambodia, Documents from the Trial of Pol Pot and Ieng Sary (2000); *Drost, Pieter N.:* The Crime of State, Vol. II: Genocide (1959); *Fronza, Emanuela:* Genocide in the Rome Statute, in: Lattanzi, Flavia/Schabas, William A. (Hrsg.), Essays on the Rome Statute of the International Criminal Court, Vol. 1 (1999), 105 ss.; *Gil Gil, Alicia:* Die Tatbestände der Verbrechen gegen die Menschlichkeit und des Völkermordes im Römischen Statut des Internationalen Strafgerichtshofs, ZStW 112 (2000), 381 ss.; *Gorove, Stephen:* The Problem of „Mental Harm" in the Genocide Convention, Washington University Law Quarterly 1951, 174 ss.; *Greenawalt, Alexander K.A.:*

Rethinking Genocidal Intent: The Case for a Knowledge-Based Interpretation, Columbia Law Review 99 (1999), 2264 ss.; *Hannum, Hurst:* International Law and Cambodian Genocide: The Sounds of Silence, Human Rights Quarterly 11 (1989), 82 ss.; *Heintze, Hans Joachim:* Zur Durchsetzung der UN-Völkermordkonvention, Humanitäres Völkerrecht-Informationsschriften 2000, 225 ss.; *Hilberg, Raul:* Die Vernichtung der europäischen Juden, Vol. 1-3, 9. Aufl. (1999); *Hübner, Jan:* Das Verbrechen des Völkermordes im internationalen und nationalen Recht (2004); *Jähnke, Burkhard:* Kommentierung zu § 220a StGB, in: Jähnke, Burkhard/Laufhütte, Heinrich-Wilhelm/Odersky, Walter (Hrsg), StGB, Leipziger Kommentar, Großkommentar: §§ 220a-222, 234-238, 31. Lieferung, 11. Aufl. (1999); *Jescheck, Hans-Heinrich:* Die internationale Genocidium-Konvention vom 9. Dezember 1948 und die Lehre vom Völkerstrafrecht, ZStW 66 (1954), 193 ss.; *Kalere, Jean Migabo:* Genocide in the African Great Lakes States, Challenges for the International Criminal Court in the Case of the Democratic Republic of Congo, International Criminal Law Review 5 (2005), 463 ss.; *Karagiannakis, Magdalini:* The Definition of Rape and Its Characterization as an Act of Genocide – A Review of the Jurisprudence of the International Criminal Tribunals for Rwanda and the Former Yugoslavia, Leiden Journal of International Law 12 (1999), 479 ss.; *Karnavas, Michael G.:* Prosecutor v. Vidoje Blagojević, Dragan Jokić, Case No. IT-02-60-T, Trial Judgement, 17 January 2005, International Criminal Law Review 5 (2005), 609 ss.; *Kittichaisaree, Kriangsak:* International Criminal Law (2001), 67 ss.; *Kreß, Claus:* Kommentierung zu § 220a StGB a.F./§ 6 VStGB, in: Joecks, Wolfgang/Miebach, Klaus (Hrsg), Münchener Kommentar zum Strafgesetzbuch, Vol. 3 (2003); *Kreß, Claus:* The Darfur Report and Genocidal Intent, Journal of International Criminal Justice 3 (2005), 562 ss.; *Kunz, Josef L.:* The United Nations Convention on Genocide, AJIL 43 (1949), 738 ss.; *Kuper, Leo:* Genocide (1981); *Kuper, Leo:* The Prevention of Genocide (1985); *Jørgensen, Nina H.B.:* The definition of genocide: Joining the dots in the light of recent practice, International Criminal Law Review 1 (2001), 285 ss.; *LeBlanc, Lawrence J.:* The Intent to Destroy Groups in the Genocide Convention: The Proposed U.S. Understanding, AJIL 78 (1984), 369 ss.; *Lee, Roy:* The Rwanda Tribunal, Leiden Journal of International Law 9 (1996), 37 ss.; *Lehmler, Lutz:* Die Strafbarkeit von Vertreibungen aus ethnischen Gründen in bewaffneten nicht-internationalen Konflikten (1999); *Lemkin, Raphaël:* Axis Rule in Occupied Europe, Laws of Occupation, Analysis of Government, Proposals for Redress (1944); *Lerner, Natan:* Ethnic Cleansing, Israel Yearbook on Human Rights 24 (1994), 103 ss.; *Lippman, Matthew:* The Drafting of the 1948 Convention on the Prevention and Punishment of the Crime of Genocide, Boston University International Law Journal 65 (1985), 1 ss.; *Lippman, Matthew:* The Convention on the Prevention and Punishment of the Crime of Genocide: Fifty Years Later, Arizona Journal of International and Comparative Law 15 (1998), 415 ss.; *Lippman, Matthew:* Genocide, in: Bassiouni, M. Cherif (Hrsg.), International Criminal Law, Vol. 1, 2. Aufl. (1999), 589 ss.; *Lüder, Sascha Rolf:* Der aktuelle Fall: Die Verurteilung des ehemaligen ruandischen Ministerpräsidenten Jean Kambanda durch den Internationalen Strafgerichtshof für Ruanda, Humanitäres Völkerrecht-Informationsschriften 1998, 109 ss.; *Lüders, Barbara:* L'incrimination de génocide dans la jurisprudence des Tribunaux pénaux internationaux pour l'ex-Yougoslavie et le Rwanda, in: Chiavario, Mario (Hrsg.), La justice pénale internationale entre passé et avenir (2003), 223 ss.; *Lüders, Barbara:* Die Strafbarkeit von Völkermord nach dem Römischen Statut für den Internationalen Strafgerichtshof (2004); *Mettraux, Guénaël:* International Crimes and the *ad hoc* Tribunals (2005), 193 ss.; *Metzl, Jamie Frederic:* Rwandan Genocide and the International Law of Radio Jamming, AJIL 91 (1997), 628 ss.; *Möller, Christina:* Völkerstrafrecht und Internationaler Strafgerichtshof –

kriminologische, straftheoretische und rechtspolitische Aspekte (2003); *Morris, Virginia/ Scharf, Michael:* An Insider's Guide to the International Criminal Tribunal for the Former Yugoslavia – A Documentary History and Analysis, Vol. 1 (1995); *Morris, Virginia/Scharf, Michael:* The International Criminal Tribunal for Rwanda, Vol. 1 (1998); *Nersessian, David D.:* The Contours of Genocidal Intent: Troubling Jurisprudence from the International Criminal Tribunals, Texas International Law Journal 37 (2002), 231 ss.; *Nsereko, Daniel D. Ntanda:* Genocide: A Crime against Mankind, in: McDonald, Gabrielle Kirk/ Swaak-Goldman, Olivia (Hrsg.), Substantive and Procedural Aspects of International Criminal Law, The Experiences of International and National Courts, Vol. 1 (2000), 117 ss.; *Nsereko, Daniel D. Ntanda:* Genocidal Conflict in Rwanda and the ICTR, Netherlands International Law Review 2001, 31 ss.; *Nygren Krug, Helena:* Genocide in Rwanda: Lessons Learned and Future Challenges to the UN Human Rights System, Nordic Journal of International Law 67 (1998), 165 ss.; *Perlman, Philip B.:* The Genocide Convention, Nebraska Law Review 30 (1950), 1 ss.; *Petrović, Dražen:* Ethnic Cleansing – An Attempt at Methodology, EJIL 5 (1994), 343 ss.; *Pircher, Erich H.:* Der vertragliche Schutz ethnischer, sprachlicher und religiöser Minderheiten im Völkerrecht (1979); *Planzer, Antonio:* Le crime de génocide (1956); *Robinson, Nehemia:* The Genocide Convention, A Commentary (1960); *Rückert, Wiebke/Witschel, Georg:* Genocide and Crimes Against Humanity in the Elements of Crimes, in: Fischer, Horst/Kreß, Claus/Lüder, Sascha Rolf (Hrsg.), International and National Prosecution of Crimes under International Law – Current Developments (2001), 59 ss.; *Safferling, Christoph J.M.:* Wider die Feinde der Humanität – Der Tatbestand des Völkermordes nach der Römischen Konferenz, JuS 2001, 735 ss.; *van Schaack, Beth:* The Crime of Political Genocide: Repairing the Genocide Convention's Blind Spot, Yale Law Journal 106 (1997), 2259 ss.; *Schabas, William A.:* International Decisions, Mugesera v. Minister of Citizenship and Immigration, Nov. 1998, AJIL 93 (1999), 529 ss.; *Schabas, William A.:* Kommentierung zu Art. 6 IStGH-Statut, in: Triffterer, Otto (Hrsg.), Commentary on the Rome Statute of the International Criminal Court, Observers' Notes, Article by Article (1999), 107 ss.; *Schabas, William A.:* Genocide in International Law, The Crime of Crimes (2000); *Schabas, William A.:* Hate Speech in Rwanda: The Road to Genocide, McGill Law Journal 46 (2000), 141 ss.; *Schabas, William A.:* The *Jelisic* Case and the *Mens Rea* of the Crime of Genocide, Leiden Journal of International Law 14 (2000), 125 ss.; *Schabas, William A.:* Genozid im Völkerrecht (2003); *Selbmann, Frank:* Der Tatbestand des Genozids im Völkerstrafrecht (2002); *Shaw, Malcolm N.:* Genocide and International Law, in: Dinstein, Yoram (Hrsg.), International Law at a Time of Perplexity (1989), 797 ss.; *Shelton, Dinah L.* (Hrsg.), Encyclopedia of Genocide and Crimes Against Humanity, Bände I-III (2005); *Stillschweig, Kurt:* Das Abkommen zur Bekämpfung von Genocide, Die Friedens-Warte 1949, 93 ss.; *Ternon, Yves:* Der verbrecherische Staat, Völkermord im 20. Jahrhundert (1996); *Triffterer, Otto:* Kriminalpolitische und dogmatische Überlegungen zum Entwurf gleichlautender „Elements of Crimes" für alle Tatbestände des Völkermordes, in: Schünemann, Bernd et al. (Hrsg.), Festschrift für Claus Roxin (2001), 1415 ss.; *Triffterer, Otto:* Die Bestrafung von Vertreibungsverbrechen, in: Blumenwitz, Dieter (Hrsg), Flucht und Vertreibung (1987), 259 ss.; *Verdirame, Guglielmo:* The Genocide Convention in the Jurisprudence of the ad hoc Tribunals, International and Comparative Law Quarterly 49 (2000), 578 ss.; *Vest, Hans:* Die bundesrätliche Botschaft zum Beitritt der Schweiz zur Völkermordkonvention – kritische Überlegungen zum Entwurf eines Tatbestandes für den Völkermord, Schweizer Zeitschrift für Strafrecht 117 (1999), 351 ss.; *Vest, Hans:* Humanitätsverbrechen – Herausforderung für das Individualstrafrecht, ZStW 113 (2001), 457 ss.; *Vest, Hans:* Genozid durch organisatorische Machtapparate, An der Grenze von individueller und kollektiver Verantwortlichkeit (2002); *Webb, John:* Genocide Treaty – Ethnic Cleansing – Substantive and Procedural Hurdles in the Application of the Genocide Convention to Alleged Crimes in the Former Yugoslavia, Georgia Journal of International and Comparative Law 23 (1993), 377 ss.; *van der Wilt, Harmen G.:* Genocide, Complicity in Genocide and International v. Domestic Jurisdiction, Journal of International Criminal Justice 4 (2006), 239 ss.; *Zülch, Tilman* (Hrsg): „Ethnische Säuberung", Völkermord für „Großserbien" (1993).

A. Introduzione

I. La storia del crimine di genocidio

650 La distruzione sistematica e programmatica d'interi gruppi di individui ha lasciato una lunga scia di sangue nella storia dell'umanità. Molteplici sono le forme in cui il crimine di genocidio può presentarsi, come diversi sono i motivi che vi stanno alla base e gli eventi scatenanti[1]. I genocidi hanno lasciato un'impronta incancellabile sul volto del ventesimo secolo. All'inizio della prima guerra mondiale, ad esempio, gli Armeni che abitavano la Turchia sono stati aggrediti e sterminati. La stima in ordine al numero delle vittime oscilla tra 500.000 ed un milione di persone uccise[2]. Ma il punto più tragico nella storia del genocidio è rappresentato certamente dall'Olocausto, cioè la distruzione degli ebrei europei perpetrata dai nazionalsocialisti.

651 Più di sei milioni di ebrei sono stati vittime della politica di sterminio del Terzo Reich, promossa e perpetrata da Hitler. Dopo la sua ascesa al potere, gli ebrei sono stati progressivamente privati dei propri diritti ed emarginati dalla società civile. Ben presto i beni e le proprietà di cui godevano vennero usurpati, mentre la popolazione ebraica veniva arbitrariamente arrestata e trasferita in campi di concentramento. Durante la seconda guerra mondiale, i nazionalsocialisti aggredirono e sterminarono la popolazione ebrea dell'Europa. L'avanzata dell'esercito tedesco verso il territorio dell'ex Unione Sovietica lasciò dietro di sé

---

[1] Cfr. riassuntivamente *Chalk/Jonassohn* (a cura di), The History and Sociology of Genocide (1990); *Kuper*, Genocide (1981); *Ternon*, Der verbrecherische Staat (1996); cfr. inoltre *Möller*, Völkerstrafrecht und Internationaler Strafgerichtshof (2003), 19 ss.; *Selbmann*, Der Tatbestand des Genozids im Völkerstrafrecht (2002), 17 ss.

[2] Cfr. *Chalk/Jonassohn* (a cura di), The History and Sociology of Genocide (1990), 249 ss.; *Cooper/Akcam*, World Policy Journal 2005, 81 ss.; *Hübner*, Das Verbrechen des Völkermordes im internationalen und nationalen Recht (2004), 34 ss.; *Kuper*, Genocide (1981), 105 ss.; *Möller*, Völkerstrafrecht und Internationaler Strafgerichtshof (2003), 50 ss.; *Ohandjanian*, Armenien: Der verschwiegene Völkermord (1989); *Selbmann*, Der Tatbestand des Genozids im Völkerstrafrecht (2002), 21 ss.; *Ternon*, Der verbrecherische Staat (1996), 139 ss. – Sulla qualificazione dell'intervento dell'esercito imperiale contro Herero in Namibia come genocidio, si veda *Ternon*, Der verbrecherische Staat (1996), 256; *Chalk/Jonassohn* (a cura di), The History and Sociology of Genocide (1990), 230.

una lunga scia di ebrei morti per mano delle truppe speciali delle SS. Nelle città più grandi, la popolazione ebraica venne prima confinati nei ghetti e poi deportata in campi d'internamento e di sterminio. Molti non sopravvissero al viaggio che li avrebbe condotti ai Lager, altri morirono per i trattamenti inumani cui vennero sottoposti o a causa dei lavori forzati. Milioni furono uccisi nelle camere a gas. Non solo il numero delle vittime, ma anche la pianificazione sistematica e la dimensione – per così dire – quasi industriale dello sterminio degli ebrei, costituiscono le caratteristiche distintive di tali crimini[3].

Come reazione ai crimini perpetrati dai nazionalsocialisti è stata siglata nel 1948 la *Convention on the Prevention and Punishment of the Crime of Genocide*. Ma l'esperienza della seconda guerra mondiale e la comune decisione di mettere al bando il genocidio non furono sufficienti ad evitare il ripetersi di questo crimine. Così, alla fine degli anni '60, gli eventi accaduti in Nigeria sconvolsero l'intera comunità mondiale. In seguito ai terribili massacri perpetrati contro la comunità Ibo, che abitava per la maggior parte la zona est, i membri di questa etnia insorsero e rivendicarono l'indipendenza. Nel luglio 1967 si arrivò alla guerra civile tra il governo e gli insorti, insediati nella zona est della regione, durante la quale gli Ibos furono vittime di uno sterminio che è costato la vita di circa 600.000 individui. Molti vennero massacrati o intenzionalmente lasciati morire di fame[4]. Ma anche i tragici eventi in Bangladesh[5], Burundi[6], Etiopia[7] o Guatemala[8], sono da inserire in questo triste elenco[9].

652

---

[3] Sulla questione nel suo complesso *Hilberg*, Die Vernichtung der europäischen Juden, vol. 1-3, 9ª ed. (1999). Cfr. anche *Browning*, Judenmord (2001).

[4] Cfr. *Balogun*, The Tragic Years: Nigeria in Crisis 1966-1970 (1973); *Kuper*, Genocide (1981), 74 ss.; *Ternon*, Der verbrecherische Staat (1996), 258 ss.

[5] Si veda sul punto *Chalk/Jonassohn* (a cura di), The History and Sociology of Genocide (1990), 394 ss.; *Ternon*, Der verbrecherische Staat (1996), 243 ss.

[6] Cfr. *Chalk/Jonassohn* (a cura di), The History and Sociology of Genocide (1990), 384 ss.

[7] In argomento, *Ternon*, Der verbrecherische Staat (1996), 267.

[8] Sugli avvenimenti in Guatemala si rinvia a *Tomuschat*, Die Friedens-Warte 74 (1999), 433 ss. e *Commission for Historical Clarification*, Report: Guatemala – Memory of Silence, Conclusions and Recommendations, Die Friedens-Warte 74 (1999), 511 ss.

[9] Anche le uccisioni di massa della Cambogia di *Pol Pots* e nell'Unione Sovietica sotto il governo di *Stalin* vengono spesso richiamate in riferimento a questi argomenti. Ma rimane tuttavia ancora dubbio se in questi casi si tratti effettivamente di genocidio; cfr. sulla situazione in Cambogia *Barth/Terzani*, Holocaust in Kambodscha (1980), 7 ss.; *Chalk/Jonassohn* (a cura di), The History and Sociology of Genocide (1990), 398 ss.; *De Nike/Quigley/Robinson*, Genocide in Cambodia (2000); *Williams*, International Criminal Law Review 5 (2005), 447 ss.; Völkermord bejahend *Hannum*, Human Rights Quarterly 11 (1989), 82 ss.; *Ternon*, Der verbrecherische Staat (1996), 158 ss.; negativamente, con opinioni contrarie *Vest*, Schweizerische Zeitschrift für Strafrecht 117 (1999), 351, 356; *Vest* ZStW 113 (2001), 457, 478. Sulle uccisioni di massa nell'Unione sovietica stalinista, si veda *Ternon*, Der verbrecherische Staat (1996), 196 ss., secondo il quale può parlarci di genocidio soltanto con riferimento ai Culachi. Sulla decimazione degli Indiani in Nordamerica e degli Aborigeni in Australia, si rinvia a *Chalk/Jonassohn* (a cura di), The History and Sociology of Genocide (1990), 173 ss., 204 ss.; *Stannard*, American Holocaust (1992), 57 ss.; *Thornton*, American Indian Holocaust and Survival (1987).

653 Alla fine del ventesimo secolo, gli eventi accaduti in Ruanda e nel territorio della ex Jugoslavia hanno scosso l'opinione pubblica mondiale. Dopo l'uccisione del primo ministro ruandese nel 1994, morto a seguito dell'abbattimento dell'aereo sul quale viaggiava, il Paese è stato sconvolto dalla guerra civile. Guidati dai militari e dalle milizie, nonché aizzati dai media, migliaia di Hutu imbracciarono le armi per distruggere il gruppo Tutsi. I membri dell'etnia Tutsi vennero fermati ai blocchi stradali e, molto spesso, uccisi sul posto. Nei Paesi la popolazione fu radunata e massacrata. Nell'arco di tre mesi morirono, in base a stime differenti, tra 500.000 ed un milione di persone. Anche durante la guerra in Bosnia, come ormai accertato dal Tribunale penale internazionale per la ex Jugoslavia, è stato commesso un genocidio[10]. Nel giugno del 1995, le unità militari serbo-bosniache entrarono nella città di Srebrenica in Bosnia-Erzegovina, dichiarata enclave protetta dalle Nazioni Unite. Numerosi musulmani, che avevano cercato lì riparo dai combattimenti, furono radunati e suddivisi in gruppi: donne, bambini ed anziani furono destinati alla deportazione, mentre gli uomini vennero uccisi[11].

654 Quale sia stata l'evoluzione della fattispecie di genocidio sul piano internazionale, è presto detto. Durante i processi celebrati contro i principali gerarchi tedeschi di fronte al Tribunale di Norimberga, i crimini commessi contro la popolazione ebraica europea ebbero un ruolo piuttosto marginale[12]. Dopo la fine del processo, e nonostante la sottoscrizione della *Convention on the Prevention and Punishment of the Crime of Genocide* del 1948, trascorsero altri cinquant'anni prima che, con l'istituzione del Tribunale penale internazionale per la ex Jugoslavia, fosse attribuita ad un tribunale internazionale – per quanto territorialmente e temporalmente limitato – la competenza a giudicare crimini di genocidio[13]. Poco tempo dopo, il Consiglio di Sicurezza delle Nazioni Unite ha istituito il Tribunale penale internazionale per il Ruanda, con il compito di perseguire il genocidio commesso sul territorio ruandese [14]. Da quel momento, si è affermata per la prima volta sul piano internazionale l'esigenza di punire questo crimine su base mondiale[15].

---

[10] Cfr. ICTY, 2 agosto 2001 (Krstić, TC).

[11] Si veda, su questi argomenti, *Bogoeva/Fetscher* (a cura di), Srebrenica, Ein Prozess (2002). Inoltre, sui tragici eventi nella ex Jugoslavia si rinvia a *Bassiouni/Manikas*, The Law of the International Criminal Tribunal for the Former Yugoslavia (1996), 48 ss., 608 ss.; *Lehmler*, Die Strafbarkeit von Vertreibungen aus ethnischen Gründen in bewaffneten nicht-internationalen Konflikten (1999), 68 ss.

[12] Per ulteriori approfondimenti sul significato del crimine di genocidio nel processo di Norimberga, si veda *Mettraux*, International Crimes and the *ad hoc* Tribunals (2005), 193 ss. Cfr. anche *supra*, n. marg. 18, 22.

[13] Per un bilancio provvisorio sulla giurisprudenza dell'ICTY in ordine al crimine di genocidio, si veda *Bummel/Selbmann*, Humanitäres Völkerrecht-Informationsschriften 2006, 58 ss.

[14] Cfr. *Lee*, Leiden Journal of International Law 9 (1996), 37; *Morris/Scharf*, The International Criminal Tribunal for Rwanda (1998); *Nsereko*, Netherlands International Law Review 2001, 31 ss. Sulla giurisprudenza del Tribunale *Verdirame*, International and Comparative Law Quarterly 49 (2000), 578 ss. Per uno sguardo sugli sviluppi nazionali in Ruanda, si veda *Schabas*, Journal of International Criminal Justice 3 (2005), 879 ss.

[15] Sulla repressione del crimine di genocidio da parte delle autorità giudiziarie nazionali, cfr.

II. Le origini della fattispecie

Il concetto di "genocidio" è stato coniato da *Raphaël Lemkin* durante la seconda guerra mondiale per indicare i crimini commessi contro gli ebrei dai nazionalsocialisti. L'etimologia della parola risale al termine greco *genos,* che significa razza, e al verbo latino *caedere*, che vuol dire uccidere[16]. *Lemkin* ha definito il genocidio come una pluralità di azioni dirette a privare un gruppo delle condizioni essenziali per la sua stessa sopravvivenza, con l'intento di distruggerlo[17]. Molti anni ancora sarebbero trascorsi prima che la comunità degli Stati, con la *Convention on the Prevention and Punishment of the Crime of Genocide*, arrivasse ad elaborare una definizione condivisa di questo crimine.

Il processo celebratosi di fronte al Tribunale di Norimberga ebbe ad oggetto, in primo luogo, la guerra di aggressione condotta dalle forze nazionalsocialiste e la violazione delle leggi e degli usi di guerra[18]. In questa sede, la Corte non fece riferimento esplicitamente al genocidio compiuto contro la popolazione ebraica, contestando agli imputati unicamente la commissione di crimini di guerra o contro l'umanità, in particolare con riferimento alle fattispecie di "sterminio" e "persecuzione"[19]. Dopo la fine di questo processo, si intensificarono gli sforzi comuni per accelerare gli sviluppi del diritto internazionale penale. Nella risoluzione n. 96 (I) dell'11 dicembre 1946[20], l'Assemblea Generale delle Nazioni Unite ha fornito per la prima volta una definizione di genocidio, riconoscendone la natura di crimine internazionale. All'UN Economic and Social Council fu affidato il compito di elaborare una proposta comune di *Convention on the Prevention and Punishment of the Crime of Genocide*. Un gruppo di esperti, tra i quali anche lo stesso *Lemkin*, sviluppò unitamente alla Human Rights Division of the Office of the Secretary-General un primo progetto preliminare, che venne sottoposto all'attenzione del Council. Quest'ultimo istituì un apposito Comitato *ad hoc* affinché procedesse ad una approfondita revisione del testo, che doveva essere poi riconsegnato al Council medesimo con le modifiche ritenute più opportune. Il progetto preliminare è stato poi trasmesso al sesto Comitato[21], cioè al Legal Committee, che ne ha ulteriormente revisionato i contenuti. Infine, il testo è stato finalmente presentato all'Assemblea Generale, che lo ha adottato all'unanimità con la risoluzione n. 260 A (III) del 9 dicembre 1948[22].

Behrendt, Die Verfolgung des Völkermordes in Ruanda durch internationale und nationale Gerichte (2005); *Dahm/Delbrück/Wolfrum*, Völkerrecht, vol. I/3, 2ª ed. (2002), 1075; *Kreicker*, International Criminal Law Review 5 (2005), 313 ss. Si veda anche *supra*, n. marg. 282 ss.

[16] *Lemkin*, Axis Rule in Occupied Europe (1944), 79. Cfr. anche *Dahm/Delbrück/Wolfrum*, Völkerrecht, vol. I/3, 2ª ed. (2002), 1073.

[17] *Lemkin*, Axis Rule in Occupied Europe (1944), 79.

[18] Per ulteriori dettagli si veda *supra*, n. marg. 22

[19] IMT, 1° ottobre 1946, in: Internationaler Militärgerichtshof Nürnberg, Der Nürnberger Prozeß gegen die Hauptkriegsverbrecher, vol. 1 (1947), 189, 277, 285.

[20] UN Doc. A/RES/1/96 (1946).

[21] Sui progetti preliminari si veda *Schabas*, Genocide in International Law (2000), 553 ss.

[22] UN Doc. RES 3/260 (1948).

657 Nell'art. 2 della *Convention on the Prevention and Punishment of the Crime of Genocide*[23] – per la prima volta in un Trattato internazionale – si rinviene una formulazione espressa della fattispecie[24]. Tale definizione viene riconosciuta come parte del diritto consuetudinario[25] e vincolante sul piano internazionale[26]. La formulazione ivi adottata è stata letteralmente trasposta nell'art. 4 co. 2 St-ICTY e nell'art. 2 co. 2 St-ICTR. Durante i lavori preparatori della Conferenza di Roma, grande fu l'impegno comune per includere all'interno della fattispecie tipica anche gruppi connotati politicamente o socialmente. Tuttavia, i delegati delle nazioni hanno preferito non discostarsi dalla definizione ormai riconosciuta nell'ambito del diritto consuetudinario[27], riportandone integralmente i contenuti nella formulazione dell'art. 6 St-ICC.

III. La struttura del reato

658 A titolo di genocidio sono punibili azioni volte a distruggere, in tutto o in parte, un gruppo nazionale, etnico, razziale o religioso. La norma tutela, in primo luogo, l'esistenza fisica e sociale di tali gruppi e, secondariamente, la dignità umana delle singole vittime.

659 Da un punto di vista oggettivo, la dimensione tipica del crimine di genocidio esige la realizzazione di una delle azioni specificatamente indicate nell'art. 6 a) *bis* e 6 e) dello St-ICC. Si tratta di condotte che si dirigono contro l'integrità fisica o psichica dei membri del gruppo, oppure che compromettono l'esistenza, intesa anche come sopravvivenza biologica, del gruppo stesso. L'articolo 6 e), nello specifico, si occupa di definire una forma particolare di genocidio culturale. Oggetto della condotta criminosa è il singolo membro del gruppo. Sempre rimanendo nell'ambito di valutazioni che si muovono su un piano oggettivo, ai fini dell'integrazione della

---

[23] BGBl. 1954 II, 730. Alla Convenzione aderiscono attualmente 140 Stati (aggiornamento ad aprile 2007). È possibile avere un prospetto degli Stati firmatari, aggiornato al giugno 2005, sul sito <http://www.preventgenocide.org>. Nel frattempo, anche Andorra, Montenegro e gli Emirati Arabi Uniti hanno sottoscritto la Convenzione.

[24] Sulla genesi della *Convention on the Prevention and Punishment of the Crime of Genocide*, si veda *Drost*, The Crime of State, vol. II: Genocide (1959), 1 ss.; *Jescheck* ZStW 66 (1954), 193 ss.; *Kunz* AJIL 43 (1949), 489 ss.; *Kuper* Genocide (1981), 19 ss.; *Lippman*, Boston University International Law Journal 65 (1985), 1 ss.; *Robinson*, The Genocide Convention, A Commentary (1960), 17 ss.; *Schabas*, Genocide in International Law (2000), 14 ss., 51 ss.; *Selbmann*, Der Tatbestand des Genozids im Völkerstrafrecht (2002), 48 ss.; *Stillschweig*, Die Friedens-Warte 1949, 93 ss.; *Ternon*, Der verbrecherische Staat (1996), 17 ss., 34 ss.

[25] Cfr. ICTR, sent. 2 settembre (Akayesu, TC), § 495; ICTY, sent. 2 agosto 2001 (Krstić, TC), § 541; *Cassese*, International Criminal Law (2003), 96, 98.

[26] Cfr. ICJ, Reservation to the Convention on the Prevention and Punishment of Genocide, Advisory Opinion del 28 maggio 1951, ICJ Reports (1951), 23; ICTY, 14 dicembre 1999 (Jelisić, TC), § 60; *Cassese*, International Criminal Law (2003), 96, 98; *Wouters/Verhoeven*, International Criminal Law Review 5 (2005), 401 ss.

[27] Cfr. Triffterer-*Schabas*, Rome Statute (1999), art. 6, n. marg. 6.

fattispecie non è necessario che l'azione singola si inserisca all'interno di un fatto di contesto[28], sebbene la forma prototipica del genocidio sia quella di un attacco esteso e sistematico diretto contro un gruppo determinato.

Venendo al profilo soggettivo, accanto al dolo della singola condotta è necessario che il soggetto abbia agito con l'intento di distruggere, in tutto o in parte, un gruppo nazionale, etnico, razziale o religioso in quanto tale. Per l'integrazione della fattispecie tipica, tuttavia, non è necessaria la materiale concretizzazione di tale scopo. Questo specifico intento rappresenta, allo stesso tempo, l'elemento sistematico del genocidio su cui si fonda la dimensione propriamente internazionale del crimine.

IV. Gli interessi tutelati

Oggetto della tutela penale è il diritto all'esistenza di gruppi[29] che abbiano le particolari caratteristiche identificative richiamate nella definizione normativa, come emerge dal dibattito stesso che ha preceduto la relativa Convenzione. L'Assemblea Generale delle Nazioni Unite, infatti, nella risoluzione n. 96 (I) del 1946 ha definito il genocidio come

> «denial of the right of existence of entire human groups in the same way as homicide is the denial of the right to live for individual human beings»[30].

---

[28] Sul punto si veda, inoltre, *infra*, n. marg. 702 ss.

[29] Cfr. ICJ, Reservation to the Convention on the Prevention and Punishment of Genocide, Advisory Opinion del 28 maggio 1951, ICJ Reports 1951, 23; ICTR, 2 settembre 1998 (Akayesu, TC), § 495; ICTY, 14 dicembre 1999 (Jelisić, TC), §§ 69 ss.; ICTY, 2 agosto 2001 (Krstić, TC), §§ 551 ss. Cfr. anche District Court of Jerusalem, 12 dicembre 1961 (Eichmann), § 190, in: ILR 36 (1968), 232 ss., relativa alla fattispecie di "crimini contro il popolo ebraico", che presenta caratteristiche simili al crimine di genocidio; *Draft Code* 1996, Commento all'art. 17, §§ 6 e s.; *Drost*, The Crime of State, vol. II: Genocide (1959), 84 ss.; *Eser*, in: Eser/Goydke (a cura di), Festschrift für Meyer-Goßner (2001), 3, 16; *Fronza*, in: Lattanzi/Schabas (a cura di), Essays on the Rome Statute of the International Criminal Court, vol. 1 (1999), 105, 118; *Gil Gil* ZStW 112 (2000), 381, 393; *Kittichaisaree*, International Criminal Law (2001), 69; *Kuper*, Genocide (1981), 30; *Robinson*, The Genocide Convention, A Commentary (1960), 58; Triffterer-*Schabas*, Rome Statute (1999), art. 6, n. marg. 6; *Triffterer*, in: Schünemann et al. (a cura di), Festschrift für Roxin (2001), 1415, 1432, che include nell'ambito dell'interessi tutelati dalla norma anche beni giuridici individuali. Si veda anche *Vest*, Genozid durch organisatorische Machtapparate (2002), 99: «una molteplicità di gruppi e, in questo modo, indirettamente la composizione stessa dell'umanità». Sulla fattispecie di genocidio nell'ordinamento penale tedesco § 220a StGB, § 6 VStGB; cfr. BGHSt 45, 64, 81, confermata in BVerfG NJW 2001, 1848 ss.; LK-*Jähnke*, StGB, 11ª ed. (1999), § 220a n. marg. 8; Schönke/Schröder-*Eser*, StGB, 26ª ed. (2001), § 220a n. marg. 3; *Werle* JZ 1999, 1181, 1184.

[30] UN Doc. A/RES/1/96 (1946), dove si precisa ulteriormente: «[S]uch denial of the right of existence [...] results in great losses to humanity in the form of cultural and other contributions represented by these human groups [...]».

662 La tutela ivi predisposta, inoltre, si estende non solo all'integrità psichica del gruppo, ma anche alla sua esistenza sul piano sociale[31]. La distruzione di un gruppo "in quanto tale", infatti, può ottenersi anche attraverso l'annientamento dell'identità specifica[32] che lo caratterizza come comunità, poiché ciò comporta – proprio come l'annientamento di tipo psichico – l'annullamento del gruppo e la sua "morte" nel consesso dell'umanità. L'affermazione che la fattispecie di genocidio abbia come oggetto di tutela soltanto l'esistenza psicofisica del gruppo, pertanto, è da ritenersi troppo restrittiva[33].

663 Non è parimenti convincente l'obiezione secondo cui includere nell'ambito di tutela della norma l'esistenza del gruppo sul piano sociale contrasterebbe col principio *nullum crimen sine lege*[34]: il principio di determinatezza, infatti, viene già soddisfatto attraverso l'indicazione delle singole condotte considerate rilevanti rispetto all'offesa. Sono stati consapevolmente esclusi dall'ambito di tipicità della norma quegli attacchi diretti a cancellare specifiche caratteristiche culturali (cosiddetto genocidio culturale) del gruppo.

664 Questione altrettanto controversa è stabilire se la fattispecie di genocidio sia diretta a tutelare anche gli interessi individuali dei membri del gruppo. Certamente, questi ultimi sono quasi sempre oggetto delle aggressioni attraverso le quali il genocidio viene perpetrato. Tuttavia, la lesione o la messa in pericolo di interessi individuali può assumere rilevanza sul piano del diritto internazionale penale solo quando il singolo soggetto sia colpito esclusivamente a causa della sua appartenenza ad un determinato gruppo. Soltanto il fatto di contesto di carattere intenzionale, cioè la distruzione del gruppo in quanto tale, trasforma la lesione di interessi individuali in genocidio.

665 Allo stesso tempo, non si può negare che la commissione di un genocidio offenda gravemente la dignità delle singole vittime, poiché l'individuo – vittima del reato solo a causa della sua appartenenza ad un determinato gruppo – viene spersonalizzato e degradato a mero oggetto. Accanto all'esistenza del gruppo quale bene

---

[31] Cfr. *Ambos*, Internationales Strafrecht (2006), § 7, n. marg. 129; *Fronza*, in: Lattanzi/Schabas (a cura di), Essays on the Rome Statute of the International Criminal Court, vol. 1 (1999), 105, 118; *Jescheck* ZStW 66 (1954), 193, 213; *Lüders*, Die Strafbarkeit von Völkermord nach dem Römischen Statut für den Internationalen Strafgerichtshof (2004), 49 ss.; *Satzger*, Internationales und Europäisches Strafrecht (2005), § 15 n. marg. 7; *Triffterer*, in: Schünemann et al. (a cura di), Festschrift für Roxin (2001), 1415, 1433; *Vest* ZStW 113 (2001), 457, 476; *Vest*, Genozid durch organisatorische Machtapparate (2002), 99. Sul § 220a StGB, cfr. BGHSt 45, 64, 81, confermata in BVerfG NJW 2001, 1848 ss.; *Ambos* NStZ 1999, 404; LK-*Jähnke*, StGB, 11ª ed. (1999), § 220a n. marg. 8.

[32] L'annientamento del gruppo sul piano sociale, ad esempio, può essere realizzato attraverso il trasferimento e la diaspora dei membri di un gruppo, attraverso l'annullamento della coscienza di una comune appartenenza oppure attraverso la soppressione della classe dirigente politica o spirituale, per tali esempi si veda Kohlrausch-*Lange*, StGB, 43ª ed. (1961), § 220a n. marg. IV.

[33] Cfr. ICTY, 19 aprile 2004 (Krstić, AC), § 25; ICTY, 2 agosto 2001 (Krstić, TC), § 580. Sul punto cfr. *infra*, n. marg. 718.

[34] ICTY, 2 agosto 2001 (Krstić, TC), §§ 574 ss., 580.

giuridico primario, pertanto, può affermarsi che la fattispecie sia rivolta a tutelare anche la dignità umana delle singole vittime[35].

B. L'elemento oggettivo del reato

I. I gruppi protetti

Per "gruppo" si intende una pluralità di persone legate in maniera duratura da caratteristiche comuni, che si differenzia dal resto della popolazione[36]. La fattispecie in esame, tuttavia, si riferisce esclusivamente a quei gruppi che siano specificamente connotati sotto il profilo "nazionale", "etnico", "razziale" o "religioso". L'elencazione è da considerarsi tassativa[37], perché i compilatori della *Convention on the Prevention and Punishment of the Crime of Genocide* hanno volutamente limitato l'ambito di applicazione dell'articolo 2 alla tutela dei quattro gruppi sopra nominati[38]. Elemento comune è l'appartenenza per nascita al gruppo, che proprio da questo deriva il suo carattere stabile e permanente.

---

[35] La tutela di beni giuridici individuali nell'ambito della fattispecie di genocidio viene prospettata anche da *Ambos*, Internationales Strafrecht (2006), § 7 n. marg. 130; *Fronza*, in: Lattanzi/Schabas (a cura di), Essays on the Rome Statute of the International Criminal Court, vol. 1 (1999), 105, 119; *Heintze*, Humanitäres Völkerrecht-Informationsschriften 2000, 225, 227; MK-*Kreß*, StGB (2003), § 220a/§ 6 VStGB n. marg. 2; *Planzer*, Le crime de génocide (1956), 79 s., secondo il quale il crimine di genocidio lede non sono il diritto all'esistenza del gruppo come tale, ma anche i diritti elementari degli individui; *Tomuschat*, in: Cremer et al. (a cura di), Festschrift für Steinberger (2002), 315, 329 («Genocide is certainly the worst of all offenses against both human dignity and international peace and security»). *Triffterer* concretizza i diritti individuali nella tutela della vita, dell'integrità fisica, nel benessere psicologico-spirituale, che sono collegati e in qualche misura dipendono dall'appartenenza ad un gruppo, cfr. *Triffterer*, in: Schünemann et al. (a cura di), Festschrift für Roxin (2001), 1415, 1432 s.
[36] Cfr. LK-*Jähnke*, StGB, 11ª ed. (1999), § 220a n. marg. 9.
[37] ICTY, 2 agosto 2001 (Krstić, TC), § 554. Cfr. anche *Ambos*, Internationales Strafrecht (2006), § 7 n. marg. 132; *Dahm/Delbrück/Wolfrum*, Völkerrecht, vol. I/3, 2ª ed. (2002), 1077; *Drost*, The Crime of State, vol. II: Genocide (1959), 80; MK-*Kreß*, StGB (2003), § 220a/§ 6 VStGB n. marg. 32; *Lüders*, Die Strafbarkeit von Völkermord nach dem Römischen Statut für den Internationalen Strafgerichtshof (2004), 65 ss.; *Schabas*, Genocide in International Law (2000), 102, 130. Diversamente ICTR, sent. 2 settembre 1998 (Akayesu, TC), § 701: "protection of any stable and permanent group"; Audiencia Nacional, 5 novembre 1998, ILR 119 (2002), 331, 341; traduzione tedesca in *Ahlbrecht/Ambos* (a cura di), Der Fall Pinochet(s) (1999), 86, 93; *van Schaack*, Yale Law Journal 106 (1997), 2259, 2282.
[38] Alla base di questa decisione si pone alla constatazione che specialmente questi gruppi sono stati in passato oggetto ed obiettivo di ostilità, distinguendosi per omogeneità, naturale appartenenza dei membri e stabilità. Cfr. *Lippman*, in: Bassiouni (a cura di), International Criminal Law, 2ª ed. (1999), 589, 597. Sull'ampliamento dell'ambito di gruppi tutelati ad opera delle legislazioni nazionali e della giurisprudenza, si veda *infra*, n. marg. 682.

667 Non appare certo possibile operare una rigida separazione concettuale tra i diversi gruppi sopra citati. Al fondo, infatti, l'elemento decisivo per l'identificazione dei diversi gruppi è la percezione sociale delle caratteristiche distintive che li connotano. Per questo motivo, spesso si verificano sovrapposizioni tra le singole definizioni. Può quindi accadere che un solo gruppo riunisca in sé caratteristiche che sono proprie anche di altre collettività. Tuttavia, poiché la fattispecie garantisce in ogni caso la medesima tutela, non appare necessario associare ogni gruppo di vittime ad una specifica connotazione. Parimenti, non tutti i membri debbono appartenere al gruppo in ragione di una sola comune caratteristica distintiva[39].

1. Criteri di classificazione dei gruppi

668 Molteplici sono le prospettive da cui è possibile classificare una pluralità di persone come gruppo nazionale, etnico razziale o religioso. In primo luogo, possono venire in considerazione i criteri oggettivi che fanno capo ad usanze culturali comuni, alla medesima origine linguistica, alla stessa fede religiosa oppure alla presenza di particolari caratteristiche fisiche, come il colore degli occhi o la statura. Tuttavia, è anche possibile soggettivizzare tali caratteristiche distintive e ricondurle a processi di identificazione sociale, per esempio alla percezione che il gruppo ha di se stesso o alla percezione che gli altri hanno del gruppo come portatore di una specifica identità nazionale, etnica, razziale o religiosa. Entrambi questi approcci si ritrovano nella giurisprudenza dei Tribunali internazionali.

669 Il Tribunale penale internazionale per il Ruanda ha seguito, nella sua prima fondamentale decisione in materia di genocidio, resa nel processo *Akayesu*, un criterio strettamente obiettivo[40].

670 In questa decisione, il Tribunale è arrivato – sia pure in termini provvisori – alla decisiva conclusione che la popolazione Tutsi non facesse parte di alcuno dei gruppi specificatamente tutelati attraverso la fattispecie di genocidio. Sebbene nell'ambito della popolazione ruandese Tutsi ed Hutu fossero percepiti come comunità etniche separate l'una dall'altra[41], risultava particolarmente difficile apprezzare tale distinzione sulla base di valutazioni prettamente oggettive. Entrambi i gruppi, infatti, parlano la medesima lingua, praticano la stessa religione ed hanno una comune identità culturale. Pertanto, la classificazione di un individuo come Hutu o Tutsi non è tanto il risultato dell'applicazione di criteri oggettivi, quanto piuttosto conseguenza di un meccanismo sociale di attribuzione di una determinata identità. Il Tribunale ha riconosciuto ed ha avuto presenti le dinamiche di questo processo,

---

[39] Cfr. LK-*Jähnke*, StGB, 11ª ed. (1999), § 220a n. marg. 9. Secondo *Schabas* non solo questi quattro gruppi si sovrappongono, ma si precisano anche reciprocamente e rappresentano in un certo senso i quattro pilastri che delimitano l'ambito applicativo della norma, cfr. *Schabas*, Genocide in International Law (2000), 111. Cfr. anche *Shaw*, in: Dinstein (a cura di), International Law at a Time of Perplexity (1989), 797, 807.

[40] ICTR, 2 settembre 1998 (Akayesu, TC), §§ 510 ss. – Ampiamente sul punto *Lüders*, Die Strafbarkeit von Völkermord nach dem Römischen Statut für den Internationalen Strafgerichtshof (2004), 52. *Cassese*, International Criminal Law (2003), 101, in riferimento alla sentenza *Akayesu* parla di una mescolanze di criteri oggettivi e soggettivi; su posizioni contrarie *Dahm/Delbrück/Wolfrum*, Völkerrecht, vol. I/3, 2ª ed. (2002), 1078.

[41] Cfr. ICTR, 2 settembre 1998 (Akayesu, TC), § 702.

ma ha comunque scelto di non considerarlo rilevante ai fini dell'identificazione del gruppo. Infine, il giudicante è arrivato ad estendere la tutela offerta dalla fattispecie di genocidio a tutti i gruppi dotati di carattere "stabile", anche laddove non specificatamente individuati dalla norma[42]. Ma si tratta di un risultato che risulta chiaramente incompatibile[43] con i contenuti del principio di determinatezza[44], riconosciuto anche nell'ambito del diritto internazionale penale.

La seconda Camera penale del Tribunale internazionale per il Ruanda non si è uniformata, nelle sentenze *Kayishema* e *Ruzindana,* ai criteri obiettivi sviluppati nella decisione del caso *Akayesu*, ma ha considerato rilevanti per la definizione del concetto di gruppo etnico anche meccanismi sociali di attribuzione di identità:

671

> «An ethnic group is one whose members share a common language and culture; or, a group which distinguishes itself, as such (self identification); or, a group identified as such by others, including perpetrators of the crimes (identification by others)»[45].

In base ai principi emersi da queste sentenze, può riconoscersi l'esistenza di un gruppo etnico anche quando una pluralità di persone si identifichi come tale e, in questi termini, si differenzi dal resto della popolazione (*self identification*); oppure quando venga così percepita dagli altri, in particolare dagli autori del reato (*identification by others*).

672

Anche nelle decisioni della prima Camera penale del Tribunale internazionale per il Ruanda è sempre più frequente il ricorso a criteri di carattere soggettivo, la cui importanza è stata riconosciuta prima nella sentenza *Rutaganda* e poi nella successiva sentenza *Musema*. Ciononostante, la Corte continua a rimanere dell'idea che il ricorso a meccanismi sociali di attribuzione di identità non possa essere da solo sufficiente per classificare un gruppo etnico[46]. Bisogna tenere presente che i compilatori della *Convention on the Prevention and Punishment of the Crime of Genocide* avevano voluto espressamente limitare[47] l'ambito applicativo della fattispecie alla tutela di gruppi che avessero un carattere permanente o stabile, così rimanendo legati all'uso di criteri oggettivi di identificazione[48]. Nella sentenza *Bagilishema,* si

673

---

[42] ICTR, 2 settembre 1998 (Akayesu, TC), §§ 511, 516, 701.
[43] Criticamente anche *Akhavan*, Journal of International Criminal Justice 3 (2005), 989, 1000 s.; *Cassese*, International Criminal Law (2003), 96, 101 ("unconvincing"), come pure UN Doc. S/2005/60, Report of the International Commission of Inquiry on Darfur to the United Nations Secretary-General del 25 gennaio 2005, § 498.
[44] Cfr. *supra*, n. marg. 99 ss.
[45] ICTR, 21 maggio 1999 (Kayishema e Ruzindana, TC), § 98.
[46] Cfr. ICTR, 6 dicembre 1999 (Rutaganda, TC), §§ 56 s., e 27 gennaio 2000 (Musema, TC), §§ 161 s.
[47] ICTR, 6 dicembre 1999 (Rutaganda, TC), § 57. Criticamente su questa "restrizione inammissibile" della fattispecie tipica, si veda *Dahm/Delbrück/Wolfrum*, Völkerrecht, vol. I/3, 2ª ed. (2002), 1079.
[48] ICTR, 6 dicembre 1999 (Rutaganda, TC), §§ 56 s.; ICTR, 27 gennaio 2000 (Musema, TC), §§ 162 s.

afferma che il concetto di gruppo – di cui non esiste una definizione comune riconosciuta sul piano internazionale – debba essere sviluppato ed interpretato alla luce del contesto politico, sociale e culturale del singolo momento storico. L'elemento oggettivo dell'appartenenza ad un determinato gruppo ottiene, in questo modo, anche una dimensione di carattere soggettivo[49].

674 Il Tribunale penale internazionale per la ex Jugoslavia ha espresso, sulla questione, una posizione decisamente chiara: i "gruppi" sono una costruzione sociale, che in quanto tale deriva le proprie caratteristiche dal contesto sociale e storico del momento. La circostanza che una pluralità di persone si percepisca come gruppo è un dato assolutamente decisivo, già per il solo fatto che non è possibile avere una definizione oggettiva e scientificamente fondata di ciascun gruppo. Per l'identificazione di un gruppo nazionale, etnico, razziale o religioso è determinante stabilire quali siano le peculiari caratteristiche che l'agente, o anche un soggetto terzo, abbia posto a fondamento della propria rappresentazione[50].

675 L'allontanamento della giurisprudenza internazionale dalla ricerca di una definizione esclusivamente oggettiva dei connotati distintivi del gruppo è da salutare positivamente[51]. Alla fine, per classificare i singoli gruppi come etnici, razziali, nazionali o religiosi, risulta decisiva la percezione sociale. Punto di partenza per l'identificazione delle caratteristiche del gruppo è la rappresentazione delle medesime da parte dei suoi membri o di soggetti esterni. In particolare, coloro che commettono un crimine di genocidio di solito identificano preventivamente il gruppo vittima. Ad ogni modo, deve tenersi presente che il concetto di gruppo rappresenta pur sempre un elemento oggettivo della fattispecie di genocidio, che non può essere affidato a valutazioni assolutamente discrezionali. In questa prospettiva, devono essere presi in considerazione soltanto quei meccanismi sociali di attribuzione dell'identità che consentono di individuare una pluralità di persone, considerata

---

[49] ICTR, 7 giugno 2001 (Bagilishema, TC), § 65. Si veda anche *Akhavan*, Journal of International Criminal Justice 3 (2005), 989, 1001.

[50] ICTY, 14 dicembre 1999 (Jelisić, TC), § 70 e 2 agosto 2001 (Krstić, TC), § 557; cfr. anche ICTR, 15 luglio 2004 (Ndindabahizi, TC), § 468.

[51] Un approccio soggettivo viene proposto anche da *Amann* AJIL 93 (1999), 195, 198; *Fronza*, in: Lattanzi/Schabas (a cura di), Essays on the Rome Statute of the International Criminal Court, vol. 1 (1999), 105, 118; *Selbmann*, Der Tatbestand des Genozids im Völkerstrafrecht (2002), 187; *Verdirame*, International and Comparative Law Quarterly 49 (2000), 578, 588 ss. Cfr. anche *Lehmler*, Die Strafbarkeit von Vertreibungen aus ethnischen Gründen in bewaffneten nicht-internationalen Konflikten (1999), 72; *Vest*, Schweizerische Zeitschrift für Strafrecht 117 (1999), 351, 357 s. Al contrario, propongono un approccio strettamente oggettivo *Pircher*, Der vertragliche Schutz ethnischer, sprachlicher und religiöser Minderheiten im Völkerrecht (1979), 230; *Schabas*, Genocide in International Law (2000), 109 ss.: il concetto di gruppo è un elemento oggettivo della fattispecie e, pertanto, deve essere definito altrettanto obiettivamente. La rappresentazione del soggetto agente non può essere decisiva in ordine all'inserimento di un gruppo nell'ambito di tutela della norma. Con posizioni simili, si veda MK-*Kreß*, StGB (2003), § 220a/§ 6 VStGB n. marg. 33, che ammette, «in casi in cui è particolarmente difficile distinguere tra la categoria e l'altra [...], l'identificazione dei singoli gruppi attraverso [...] la rappresentazione degli autori del reato» (n. marg. 46).

gruppo nazionale, etnico, razziale religioso, come un'entità concreta⁵². Secondo l'opinione della *International Commission of Inquiry on Darfur*, l'approccio misto di tipo soggettivo-oggettivo si è così consolidato da diventare ormai parte del diritto consuetudinario⁵³.

2. Gruppi nazionali

L'elemento unificante di un gruppo nazionale è, in primo luogo, l'appartenenza al medesimo Stato⁵⁴. A ciò si aggiunge la presenza di una storia comune, nonché della stessa lingua, delle stesse usanze e tradizioni culturali⁵⁵. Un esempio tipico è rappresentato dalle cosiddette minoranze nazionali; non sono ricompresi nell'ambito di tipicità della fattispecie gruppi connotati solo politicamente o socialmente ⁵⁶.

676

3. Gruppi etnici

Con l'inserimento dei gruppi etnici nella descrizione della fattispecie tipica, i compilatori della *Convention on the Prevention and Punishment of the Crime of Genocide* volevano includere nell'oggetto di tutela della norma sul genocidio anche quelle collettività di individui che avevano una natura simile – o anche identica – ai gruppi nazionali, razziali o religiosi. L'opinione maggioritaria ritiene che il gruppo etnico rappresenti un sottotipo di gruppo nazionale. Altra parte della dottrina, invece, sottolinea come il concetto di "etnia" arrivi di fatto a coincidere con quello di

677

---

⁵² Per un approccio soggettivo, ma con correttivi di natura oggettiva, si veda *Ambos*, Internationales Strafrecht (2006), § 7 n. marg. 133; *Lüders*, Die Strafbarkeit von Völkermord nach dem Römischen Statut für den Internationalen Strafgerichtshof (2004), 60 ss.; *Mettraux*, International Crimes and the *ad hoc* Tribunals (2005), 223 ss.; *Satzger*, Internationales und Europäisches Strafrecht (2005), § 15 n. marg. 12. Cfr. anche ICJ, 26 febbraio 2007, Case Concerning the Application of the Convention on the Prevention and Punishment of the Crime of Genocide, Bosnia-Herzegovina v. Serbia and Montenegro, § 191.

⁵³ Cfr. UN Doc. S/2005/60, Report of the International Commission of Inquiry on Darfur to the United Nations Secretary-General del 25 gennaio 2005, § 501.

⁵⁴ ICTR, 2 settembre 1998 (Akayesu, TC), § 512. Con ulteriori approfondimenti, si veda *Lüders*, Die Strafbarkeit von Völkermord nach dem Römischen Statut für den Internationalen Strafgerichtshof (2004), 72 ss.

⁵⁵ Cfr. *Nsereko*, in: McDonald/Swaak-Goldman (a cura di), Substantive and Procedural Aspects of International Criminal Law, vol. 1 (2000), 117, 131; *Planzer*, Le crime de génocide (1956), 97. Riassuntivamente, sulla giurisprudenza dei Tribunali ad hoc *Mettraux*, International Crimes and the *ad hoc* Tribunals (2005), 227 ss.

⁵⁶ Cfr. *Schabas*, Genocide in International Law (2000), 114 ss. – Al contrario, secondo l'opinione espressa dall'*Audiencia Nacional* spagnola, tutti i gruppi politici e sociali all'interno di uno Stato rientrano nell'ambito applicativo della fattispecie in quanto "gruppi nazionali", ad esempio i membri di una formazione politica, i malati di AIDS o addirittura anche "i potenti", Audiencia Nacional, 5 novembre 1998, ILR 119 (2002), 331, 340; traduzione tedesca in *Ahlbrecht/Ambos* (a cura di), Der Fall Pinochet(s) (1999), 86, 93 s. Questa opinione, tuttavia, rappresenta un'evidente forzatura della fattispecie e contrasta sia con il suo tenore letterale, che con il significato alla stessa storicamente riconosciuto, cfr. anche MK-*Kreß*, StGB (2003), § 220a/§ 6 VStGB n. marg. 38.

"razza"[57]. Un gruppo etnico si connota come tale soprattutto perché condivide una specifica tradizione culturale ed una comune origine storica. I suoi membri parlano la stessa lingua, hanno gli stessi usi e costumi, nonché il medesimo stile di vita[58]. Anche la presenza stanziale su una determinata regione geografica può essere un elemento significativo per individuare un gruppo etnico. A tal fine, invece, non è necessario il possesso di particolari caratteristiche "razziali" comuni[59].

4. Gruppi razziali

678 Il concetto di razza – reso problematico da un uso distorto e fuorviante – viene oggi comunemente utilizzato per designare gruppi sociali i cui membri presentino le medesime caratteristiche ereditarie, esteriori e fisiche, come per esempio il colore della pelle o la corporatura[60]. Anche le tribù rientrano in questo concetto[61].

5. Gruppi religiosi

679 Già nella risoluzione dell'Assemblea Generale delle Nazioni Unite n. 96 (I)[62] del 1946, i gruppi religiosi sono stati espressamente indicati come possibili vittime di genocidio, tanto che tutti i progetti preliminari per la definizione di tale crimine

---

[57] UN Doc. E/CN.4/Sub.2/416, Study on the Question of the Prevention and Punishment of the Crime of Genocide, prepared by Mr Nicodeme Ruhashyankiko, Special Rapporteur, § 69; inoltre, si veda *Lüders*, Die Strafbarkeit von Völkermord nach dem Römischen Statut für den Internationalen Strafgerichtshof (2004), 76 ss.

[58] Cfr. ICTR, 2 settembre 1998 (Akayesu, TC), § 513 e 21 maggio 1999 (Kayishema e Ruzindana, TC), § 98; *Lippman*, Arizona Journal of International and Comparative Law 15 (1998), 415, 456; *Lüders*, Die Strafbarkeit von Völkermord nach dem Römischen Statut für den Internationalen Strafgerichtshof (2004), 78; *Pircher*, Der vertragliche Schutz ethnischer, sprachlicher und religiöser Minderheiten im Völkerrecht (1979), 30; *Planzer*, Le crime de génocide (1956), 97; *Wiessner*, in: Shelton (a cura di), Encyclopedia of Genocide and Crimes Against Humanity, vol. I (2005), 304 ss.

[59] Ma in questi termini *Campbell*, § 220a StGB: Der richtige Weg zur Verhütung und Bestrafung von Genozid? (1986), 103; *Nsereko*, in: McDonald/Swaak-Goldman (a cura di), Substantive and Procedural Aspects of International Criminal Law, vol. 1 (2000), 117, 131.

[60] ICTR, 2 settembre 1998 (Akayesu, TC), § 514 e 21 maggio 1999 (Kayishema e Ruzindana, TC), § 98; *Kittichaisaree*, International Criminal Law (2001), 69; *Lippman*, in: Bassiouni (a cura di), International Criminal Law, vol. 1, 2ª ed. (1999), 589, 598; *Lüders*, Die Strafbarkeit von Völkermord nach dem Römischen Statut für den Internationalen Strafgerichtshof (2004), 78; MK-*Kreß*, StGB (2003), § 220a/§ 6 VStGB n. marg. 41; *Nsereko*, in: McDonald/Swaak-Goldman (a cura di), Substantive and Procedural Aspects of International Criminal Law, vol. 1 (2000), 117, 131; *Pircher*, Der vertragliche Schutz ethnischer, sprachlicher und religiöser Minderheiten im Völkerrecht (1979), 30; *Schabas*, Genocide in International Law (2000), 123. [Per una storia del concetto di "razza" nel Novecento cfr. *C. Pagliano*, L'ossessione della razza. Antropologia e genetica nel XX secolo, Edizioni della Normale, Pisa 2005, *N.d.T.*].

[61] *Draft Code* 1996, Commento all'art. 17, § 9. Cfr. anche *Planzer*, Le crime de génocide (1956), 97. Con alcune riserve, ma nel caso concreto orientata in senso positivo, è la International Commission of Inquiry on Darfur, cfr. UN Doc. S/2005/60, Report of the International Commission of Inquiry on Darfur to the United Nations Secretary-General del 25 gennaio 2005, §§ 495 ss.

[62] UN Doc. A/RES/1/96 (1946).

vi fanno riferimento[63]. I compilatori della *Convention on the Prevention and Punishment of the Crime of Genocide* si basarono sulla considerazione che i gruppi religiosi – anche quando i membri vi aderiscano sulla base di una scelta volontaria – avrebbero avuto un'evoluzione storica del tutto simile ai gruppi etnici o nazionali, possiederebbero caratteristiche uniformi e costanti nel tempo e, pertanto, presenterebbero un carattere stabile[64].

Gli appartenenti ad una comunità religiosa professano la medesima fede, credono nello stesso modello spirituale[65] e sono sostenuti da una comune idea di trascendente[66], oppure hanno pratiche religiose simili[67]. Nell'ambito applicativo della disposizione rientrano non solo le grandi comunità religiose, ma anche quelle di piccole dimensioni e finanche le sette[68], a condizione che «non siano formazioni temporanee e, nonostante la possibilità di allontanarsi dal gruppo, ad una valutazione d'insieme manifestino una sufficiente forza vincolante»[69]. Gli atei rimangono estranei alla dimensione di tipicità della fattispecie, poiché la norma esclude dall'ambito di tutela la mera libertà di non professare alcun credo[70]. Parimenti, anche i convincimenti politici non possono essere equiparati alla fede religiosa, altrimenti si finirebbe per aggirare il dato letterale della disposizione e per includere al suo interno, facendo leva su un'interpretazione estensiva del concetto di comunità religiosa, gruppi connotati da caratteristiche prevalentemente politiche[71].

6. Altri gruppi

Gruppi diversi da quelli espressamente individuati dalla disposizione normativa non ricevono tutela diretta, né in base alle previsioni del diritto dei Trattati, né sul

---

[63] Per maggiori approfondimenti su progetti preliminari si veda *Schabas*, Genocide in International Law (2000), 553 ss.

[64] Cfr. *Schabas*, Genocide in International Law (2000), 127. Sulle obiezioni sollevate durante lavori preparatori della *Convention on the Prevention and Punishment of the Crime of Genocide* si veda MK-*Kreß*, StGB (2003), § 220a/§ 6 VStGB n. marg. 42.

[65] Cfr. *Lippman*, Arizona Journal of International and Comparative Law 15 (1998), 415, 456; *Planzer*, Le crime de génocide (1956), 98.

[66] Cfr. *Planzer*, Le crime de génocide (1956), 98.

[67] Cfr. ICTR, 2 settembre 1998 (Akayesu, TC), § 515 e 21 maggio 1999 (Kayishema e Ruzindana, TC), § 98.

[68] *Nsereko*, in: McDonald/Swaak-Goldman (a cura di), Substantive and Procedural Aspects of International Criminal Law, vol. 1 (2000), 117, 132; *Shaw*, in: Dinstein (a cura di), International Law at the Time of Perplexity (1989), 797, 807.

[69] Così, appropriatamente, MK-*Kreß*, StGB (2003), § 220a/§ 6 VStGB n. marg. 44.

[70] Con analoghe soluzioni, si veda anche MK-*Kreß*, StGB (2003), § 220a/§ 6 VStGB n. marg. 43; *Lüders*, Die Strafbarkeit von Völkermord nach dem Römischen Statut für den Internationalen Strafgerichtshof (2004), 80; *Shaw*, in: Dinstein (a cura di), International Law at a Time of Perplexity (1989), 797, 807, il quale sottolinea come gli atei – già difficili da identificare e classificare – spesso vengano a coincidere con gruppi politici, che non rientrano comunque nell'ambito di tutela della fattispecie. Diversamente *Lippman*, Arizona Journal of International and Comparative Law 15 (1998), 415, 456; *Safferling* JuS 2001, 735, 738.

[71] Cfr. *Pircher*, Der vertragliche Schutz ethnischer, sprachlicher und religiöser Minderheiten im Völkerrecht (1979), 37.

piano del diritto consuetudinario. La limitazione dell'ambito applicativo della norma alle sole comunità ivi espressamente nominate si giustifica, in primo luogo, in virtù del particolare bisogno di protezione dei soggetti che ad esse appartengono. Sia che si tratti di gruppi nazionali, razziali o etnici, infatti, i singoli membri non possono scegliere di autoescludersi dalla comunità d'origine allontanandosi da essa, perché il loro destino rimane inscindibilmente legato a quello del gruppo di cui sono parte. In secondo luogo, mentre risulta agevole individuare e distinguere tali comunità – anche in virtù della loro tendenziale stabilità – i gruppi politici, sociali, economici o di analoga natura cambiano frequentemente composizione e non presentano un'identità definita verso cui indirizzare specificamente la tutela penale[72]. Sul piano della politica internazionale, la scelta di escludere i gruppi politici dall'ambito applicativo della disposizione risulta particolarmente controversa[73].

Le legislazioni nazionali e la giurisprudenza interna ampliano notevolmente la dimensione di tipicità del crimine di genocidio, includendovi anche la tutela di gruppi politici e sociali[74]. Ad esempio, l'*Audiencia Nacional* spagnola ha interpretato tanto estensivamente il concetto di "gruppo nazionale", da farvi rientrare anche comunità caratterizzate soltanto da connotati strettamente politici o sociali[75]. In alcuni ordinamenti giuridici nazionali, la fattispecie ricomprende al suo interno

---

[72] Su queste argomentazioni, si rinvia a *Becker*, Der Tatbestand des Verbrechens gegen die Menschlichkeit (1996), 182; *Heintze*, Humanitäres Völkerrecht-Informationsschriften 2000, 225, 227; *LeBlanc*, Yale Journal of International Law 13 (1988), 268, 273 ss.; *Nsereko*, in: McDonald/Swaak-Goldman (a cura di), Substantive and Procedural Aspects of International Criminal Law, vol. 1 (2000), 117, 130

[73] Sulla discussione in merito all'inserimento di gruppi politici all'interno dell'articolo II della *Convention on the Prevention and Punishment of the Crime of Genocide*, si veda *Drost*, The Crime of State, vol. II: Genocide (1959), 60 ss.; *Kabatsi*, International Criminal Law Review 5 (2005), 387, 390; *Kuper*, Genocide (1981), 24 ss.; *van Schaack*, Yale Law Journal 106 (1997), 2259, 2262 ss.; *Schabas*, Genocide in International Law (2000), 134 ss.; *Vest*, Genozid durch organisatorische Machtapparate (2002), 129. Durante la Conferenza di Roma, dopo ulteriori discussioni, è stato escluso il riferimento ai gruppi politici o di altra natura, cfr. Triffterer-*Schabas*, Rome Statute (1999), art. 6 n. marg. 6.

[74] Zuss. *Schabas*, Genocide in International Law (2000), 351; *Selbmann*, Der Tatbestand des Genozids im Völkerstrafrecht (2002), 180.

[75] Cfr. Audiencia Nacional, 5 novembre 1998, ILR 119 (2002), 331, 340. Cfr. anche *supra*, n. marg. 676, nota 56.

anche gruppi politici[76], sociali[77] o politico-sociali allo stesso tempo[78]. La Francia estende l'applicazione della disposizione sul genocidio ben oltre la tutela di gruppi nazionali, razziali, etnici o religiosi, sino a ricomprendervi ogni altro gruppo individuato sulla base di un qualsiasi altro criterio distintivo («d'un groupe déterminé à partir de tout autre critère arbitraire»)[79]. In una simile opera di rimodulazione interpretativa dei confini della fattispecie tipica, a ben vedere, i singoli Stati non trovano alcun ostacolo nel diritto internazionale. Tuttavia, deve precisarsi che il ricorso al principio di universalità è consentito soltanto rispetto a quelle condotte che sono attualmente considerate criminose anche sul piano del diritto internazionale[80]. Se l'orientamento estensivo espresso dalla giurisprudenza prima citata verrà o meno recepito anche da altri legislatori nazionali, rimane, ad oggi, una questione ancora da definirsi.

La fattispecie di genocidio tutela soltanto – anche se non tutti – i cosiddetti "gruppi stabili". Al contrario, nella più volte citata sentenza *Akayesu*[81], il Tribunale penale internazionale per il Ruanda ha cercato di ricondurre nell'ambito di applicazione della norma tutti gruppi che presentino un carattere permanente e i cui membri appartengano per nascita alla comunità[82]. Tale approccio non è stato con-

683

---

[76] Cfr. il § 90 del Codice penale estone: «A person who, with the intention to destroy, in whole or in part, a national, ethnic, racial or religious group, *a group resisting occupation or any other social group* […]» (corsivo aggiunto). Si veda anche § il 71 del Codice penale lettone, l'art. 319 Código Penal del Paraguay, l'art. 3190 Código Penal del Peru. I singoli testi normativi sono consultabili sul sito Internet <http://www.preventgenocide.org> (aggiornamento aprile 2007).

[77] Cfr. l'art. 281 Ethiopian Penal Code: «Whosoever, with intent to destroy, in whole or in part, a national, ethnic, racial, religious or *political* group […]» (corsivo aggiunto). Si veda anche l'art. 3 co. 2 c) International Crimes Tribunals Act (Bangladesch), l'art. 137 Code Pénal d'Ivoire, l'art. 311 Código Penal del Panama. I singoli testi normativi sono consultabili sul sito Internet <http://www.preventgenocide.org> (aggiornamento aprile 2007).

[78] L'art. 127 del Código Penal de Costa Rica recita: «Quien tome parte en la destrucción total o parcial de un determinado grupo de seres humanos, por razones de raza, nacionalidad, género, edad, *opción política*, religiosa o sexual, *posición social, situación económica* o estado civil […]» (corsivo aggiunto). Si confronti anche l'art. 373 del Codice penale sloveno. I singoli testi normativi sono consultabili sul sito Internet <http://www.preventgenocide.org> (aggiornamento aprile 2007).

[79] Cfr. l'art. 211-1 del Codice penale francese. Il Codice penale finlandese contiene un rinvio in base al quale è possibile applicare la fattispecie di genocidio non soltanto ai gruppi ivi espressamente individuati ma anche ad altri gruppi che presentino caratteristiche comparabili, cfr. § 6 Cap. 11 del codice penale finlandese: «chi, con l'intento di distruggere in tutto in parte un gruppo nazionale, razziale, etnico o religioso, *o ad un altro gruppo paragonabile a questi* […]» (corsivo aggiunto). Traduzione tedesca in *Cornils/Frände/Matikkala*, Das finnische Strafgesetz – Rikoslaki Strafflag (2006), 163.

[80] Rimane in dubbio, pertanto, se le legislazioni nazionali possano procedere all'ampliamento della fattispecie di genocidio e, allo stesso tempo, possano riferirvi il principio di universalità, si veda ad esempio l'Estonia (§ 8 Codice penale estone) e la Spagna (art. 23.4 Ley Orgànica del Poder Judical).

[81] Cfr. *supra*, n. marg. 669 s.

[82] Cfr. ICTR, 2 settembre 1998 (Akayesu, TC), §§ 511, 516, 701. A fondamento di una simile interpretazione estensiva della fattispecie di genocidio, il Tribunale ha richiamato le origini della *Convention on the Prevention and Punishment of the Crime of Genocide*: «On reading through the

fermato, ed a ragion veduta, nelle successive decisioni del Tribunale. Peraltro, un simile ampliamento della fattispecie risulta chiaramente incompatibile con il principio di determinatezza, che ha trovato espresso riconoscimento anche nell'ambito del diritto internazionale penale (art. 22 St-ICC). Anche dal complesso dibattito che ha preceduto la *Convention on the Prevention and Punishment of the Crime of Genocide* emergono elementi significativi che depongono contro un'interpretazione estensiva della fattispecie, il cui oggetto di tutela è stato consapevolmente limitato, in quella sede, ai soli nuclei che possano definirsi "gruppi stabili"[83].

II. Le condotte tipiche

684   Danno luogo a forme di genocidio fisico le seguenti condotte, previste all'articolo 6 St-ICC: uccidere membri del gruppo (art. 6 a), cagionare gravi lesioni all'integrità fisica o psichica di persone appartenenti al gruppo (art. 6 b), imporre condizioni di vita tali da poter comportare la distruzione del gruppo. L'adozione di misure volte di impedire le nascite all'interno del gruppo, di cui all'art. 6 d), può essere considerata una forma di genocidio biologico, mentre il trasferimento forzato di bambini appartenenti ad un gruppo verso una comunità differente rappresenta un'ipotesi di genocidio culturale, non prevista né altrimenti sanzionata[84].

685   Oggetto dell'aggressione sono sempre i membri del gruppo nella loro identità individuale, poiché l'offesa espressa dalle condotte tipizzate si traduce nella messa in pericolo o nella concreta lesione dell'integrità fisica e dell'esistenza sociale delle singole vittime[85]. Questa considerazione trova in parte fondamento, sia pure indirettamente, nel testo della norma[86]. Infatti, anche se la fattispecie presuppone che le condotte tipiche abbiano ad oggetto uno dei gruppi ivi espressamente indicati[87], la realizzazione di tali condotte si specifica necessariamente in una pluralità di

---

travaux préparatoires of the Genocide Convention, it appears that the crime of genocide was allegedly perceived as targeting only stable groups, constituted in a permanent fashion and membership of which is determined by birth» (§ 511); «the Chamber considered whether the groups protected by the Convention [...] should be limited to only the four groups expressly mentioned and whether they should not also include any group which is stable and permanent like the said four groups. [I]t is particularly important to respect the intention of the drafters of the Genocide Convention, which according to the *travaux préparatoires*, was patently to ensure the protection of any stable and permanent group» (§ 516).

[83]   Si confronti sul punto anche Schabas, Genocide in International Law (2000), 109 ss., 130 ss.; Hübner, Das Verbrechen des Völkermordes im internationalen und nationalen Recht (2004), 108 ss.

[84]   Per ulteriori approfondimenti, si rinvia *infra*, n. marg. 696.

[85]   Cfr. Drost, The Crime of State, vol. II: Genocide (1959), 86; *Gil Gil* ZStW 112 (2000), 381, 396; Triffterer, in: Schünemann et al. (a cura di), Festschrift für Roxin (2001), 1415, 1433. Sul paragrafo 220a StGB, si veda BVerfG NJW 2001, 1848; Lackner-*Kühl*, StGB, 24ª ed. (2001), § 220a n. marg. 2.

[86]   Cfr. art. 6 a), b) ed e) St-ICC.

[87]   Cfr. art. 6 c) e d) St-ICC.

azioni dirette contro i singoli soggetti che dei suddetti gruppi fanno parte. Sebbene l'articolo 6 a), b), d) ed e) St-ICC, nell'identificare le vittime del reato, declini la formulazione normativa al plurale e faccia riferimento ai "membri" di una comunità, ai fini dell'integrazione della fattispecie è sufficiente che si sia colpito un solo individuo appartenente ad uno dei gruppi tutelati[88]. La vittima deve far parte realmente, e non solo presumibilmente, del gruppo che si intende distruggere[89], altrimenti la condotta può essere apprezzata solo a titolo di tentativo[90].

1. Omicidio

L'art. 6 a) St-ICC esige che il soggetto agente abbia causato la morte di almeno un soggetto[91] appartenente ad uno dei gruppi tutelati.

686

2. Gravi lesioni all'integrità fisica o psichica

In base al disposto dell'art. 6 b) dello St-ICC, il soggetto agente deve aver cagionato gravi lesioni all'integrità fisica o psichica[92] di almeno un individuo apparte-

687

---

[88] Cfr. *Drost*, The Crime of State, vol. II: Genocide (1959), 85; *Gil Gil* ZStW 112 (2000), 381, 395 con ulteriori indicazioni bibliografiche; *Jescheck* ZStW 66 (1954), 193, 212; *Jørgensen*, International Criminal Law Review 1 (2001), 285, 299; *Koch*, Zeitschrift für Internationale Strafrechtsdogmatik 2007, 150, 152; *Robinson*, The Genocide Convention, A Commentary (1960), 62; *Schabas*, Genocide in International Law (2000), 158; *Triffterer*, in: Schünemann et al. (a cura di), Festschrift für Roxin (2001), 1415, 1433; *Dahm/Delbrück/Wolfrum*, Völkerrecht, vol. I/3, 2ª ed. (2002), 1080. Sul § 220a StGB, si veda *Ambos* NStZ 1998, 138; LK-*Jähnke*, StGB, 11ª ed. (1999), § 220a n. marg. 10; Schönke/Schröder-*Eser*, StGB, 26ª ed. (2001), § 220a n. marg. 4; rappresenta un significativo chiarimento per il diritto tedesco l'introduzione del paragrafo 6 co.1 n. 1, 2 VStGB.

[89] Gli Elementi dei Crimini in relazione all'art. 6 a) fino a 6 e) St-ICC, n. 2; ICTR, 2 settembre 1998 (Akayesu, TC), § 712: il Tribunale ha ammesso il genocidio soltanto nel caso in cui la vittima appartenesse al gruppo Tutsi. Si veda anche MK-*Kreß*, StGB (2003), § 220a/§ 6 VStGB n. marg. 46; *Mettraux*, International Crimes and the *ad hoc* Tribunals (2005), 232; *Schabas*, Genocide in International Law (2000), 158. Nella sentenza *Bagilishema* del ICTR, 7 giugno 2001 (Bagilishema, TC), § 65, la Camera di prima istanza ha sostenuto una diversa opinione: «A group may not have precisely defined boundaries and there may be occasions when it is difficult to give a definitive answer as to whether or not a victim was a member of a protected group. Moreover, the perpetrators of genocide may characterize the targeted group in ways that do not fully correspond to conceptions of the group shared generally, or by other segments of society. In such a case, the Chamber is of the opinion that, on the evidence, if a victim was perceived by a perpetrator as belonging to a protected group, the victim could be considered by the Chamber as a member of the protected group, for the purposes of genocide». Negli stessi termini, ICTR, 15 luglio 2004 (Ndindabahizi, TC), §§ 468 s.

[90] *Ambos*, Internationales Strafrecht (2006), § 7 n. marg. 154; LK-*Jähnke*, StGB, 11ª ed. (1999), § 220a n. marg. 10; MK-*Kreß*, StGB (2003), § 220a/§ 6 VStGB n. marg. 103; *Lüders*, Die Strafbarkeit von Völkermord nach dem Römischen Statut für den Internationalen Strafgerichtshof (2004), 65.

[91] Così come per l'art. 2 co. 2 a) St-ICTR: ICTR, 12 settembre 2006 (Muvunyi, TC), § 486.

[92] Durante lavori preparatori che hanno preceduto la *Convention on the Prevention and Punishment of the Crime of Genocide*, si è lungo discusso sull'opportunità di inserire all'interno dell'articolo II anche il riferimento alle lesioni all'integrità psichica (*mental harm*). Sul punto si veda *Gorove*,

nente ad uno dei gruppi oggetto di tutela. Per "gravi lesioni all'integrità fisica" la giurisprudenza internazionale intende ogni forma di danno rilevante alla salute, sia esso costituito da deformazioni, lesioni gravi agli organi interni o esterni, oppure dalla significativa riduzione dei sensi[93]. La sentenza *Akayesu* fornisce un'elencazione esemplificativa delle condotte suscettibili di essere considerate tipiche, indicando a tal fine le mutilazioni, l'uso della violenza, le percosse sferrate con il calcio di un fucile o col machete[94]. Anche la violenza sessuale può essere ricompresa all'interno della fattispecie in esame, trattandosi di una condotta in grado di cagionare gravi lesioni all'integrità fisica, e in genere anche a quella psichica[95], della vittima.

688 Il concetto di "lesioni dell'integrità psichica" ha un'autonoma dimensione sostanziale e non rappresenta solo un caso particolare di genocidio fisico. Pertanto, l'integrazione della fattispecie non richiede la contestuale presenza di un'aggressione materiale, né tanto meno alcuna conseguenza significativa sul piano dell'integrità fisica della vittima[96]. A sostegno di questa ricostruzione interpretativa depone, in primo luogo, il dato letterale della disposizione, che colloca sullo stesso piano entrambe le modalità di condotta. In secondo luogo, già il solo fatto di cagionare gravi lesioni all'integrità psichica dei singoli membri può avere conseguenze negative anche sul

---

Washington University Law Quarterly 1951, 174; *Schabas*, Genocide in International Law (2000), 160. L'iniziativa per includere anche le lesioni all'integrità psichica all'interno della fattispecie è partita dalla Cina. In questo modo, infatti, si voleva estendere la portata della norma anche rispetto alla somministrazione di droghe.

[93] ICTR, 2 settembre 1998 (Akayesu, TC), §§ 504, 711, 720 ss. e 21 maggio 1999 (Kayishema e Ruzindana, TC), §109, come pure ICTY, 2 agosto 2001 (Krstić, TC), § 543 con riferimento alla commissione di una fattispecie rientrante nell'ambito dei crimini contro l'umanità, § 507 ss., 513.

[94] ICTR, 2 settembre 1998 (Akayesu, TC), §§ 706 s. (mutilazioni), § 720 (interrogatori sotto minaccia di morte o uso della violenza), § 711 (percosse con il calcio di un fucile), § 722 (ferite da machete).

[95] ICTR, 2 settembre 1998 (Akayesu, TC), §§ 706, 731 e 12 settembre 2006 (Muvunyi, TC), § 487. In Ruanda, nel 1994, moltissime donne – in particolare dell'etnia Tutsi – furono vittime di abusi e violenze sessuali. Per lo più venivano ripetutamente violentate, spesso anche in pubblico. Secondo l'opinione del Tribunale, simili azioni rappresentavano una gravissima forma di lesione dell'integrità sia fisica che psichica, proprio perché contestualmente recavano alla vittima un duplice danno. Cfr. anche ICJ, 26 febbraio 2007, Case Concerning the Application of the Convention on the Prevention and Punishment of the Crime of Genocide, Bosnia-Herzegovina v. Serbia and Montenegro, § 300. Cfr. sull'insieme dei reati di violenza sessuale, si rinvia anche a *Askin* AJIL 93 (1999), 97 ss.; *Karagiannakis*, Leiden Journal of International Law 12 (1999), 479 ss.; *Schabas*, Genocide in International Law (2000), 161 ss.; *Verdirame*, International and Comparative Law Quarterly 49 (2000), 578, 594 ss.; *Viseur Sellers*, in: McDonald/Swaak-Goldman (a cura di), Substantive and Procedural Aspects of International Criminal Law, vol. 1 (2000), 263 ss.

[96] Cfr. *Louven* DRiZ 1960, 211, 213 (sul § 220a StGB vecchio testo); *Lüders*, Die Strafbarkeit von Völkermord nach dem Römischen Statut für den Internationalen Strafgerichtshof (2004), 180 ss.; *Petrovic* EJIL 5 (1994), 342, 357; *Safferling* JuS 2001, 735, 736. Anders aber *Lehmler*, Die Strafbarkeit von Vertreibungen aus ethnischen Gründen in bewaffneten nicht-internationalen Konflikten (1999), 210; correttamente anche *Nsereko*, in: McDonald/Swaak-Goldman (a cura di), Substantive and Procedural Aspects of International Criminal Law, vol. 1 (2000), 117, 129.

piano della stabilità sociale del gruppo in quanto tale[97]. A ragion veduta, pertanto, il Tribunale penale internazionale per il Ruanda ha riconosciuto all'elemento del *mental harm* un autonomo ambito di applicazione[98]. In conclusione, alle rovinose ripercussioni psichiche causate dalla violenza sessuale viene attribuita la medesima importanza delle conseguenze fisiche che derivano dalla commissione di questo crimine[99].

Le precisazioni che debba trattarsi di una lesione "grave" dell'integrità fisica o psichica non implica che il danno realizzato debba essere permanente o irreversibile[100], anche se non appare sufficiente un nocumento solo transitorio. Deve trattarsi di un danno «that results in a grave and long-term disadvantage to a person's ability to lead a normal and constructive life»[101]. La condotta, inoltre, deve presentarsi come contributo obiettivamente idoneo alla distruzione totale o parziale del gruppo[102], la cui rilevanza andrà valutata in base a tutte le circostanze del caso di specie[103].

3. Imposizione di condizioni di vita che possano comportare la distruzione del gruppo

Nell'ambito di tipicità delineato all'art. 6 c) St-ICC rientra anche l'imposizione di condizioni di vita talmente gravose da poter comportare la distruzione fisica, totale o parziale, del gruppo. La disposizione incrimina le cosiddette *slow death measures*, cioè azioni che non si traducono direttamente nell'uccisione dei membri del gruppo, ma che a lungo andare possono (e devono) provocarne la morte[104].

---

[97] Cfr. *Bryant*, Harvard International Law Journal 16 (1975), 686, 694; *Drost*, The Crime of State, vol. II: Genocide (1959), 81: «The insertion 'mental harm' was meant to protect the psychological integrity of human beings»; *Schabas*, Genocide in International Law (2000), 160 s.

[98] Cfr. ICTR, 21 maggio 1999 (Kayishema e Ruzindana, TC), §§ 110 ss.; sent. 17 giugno 2004 (Gacumbitsi, TC), §§ 291 e 28 aprile 2005 (Muhimana, TC), § 502. Per ulteriori approfondimenti sul punto si veda anche ICTY, 17 gennaio 2005 (Blagojević e Jokić, TC), §§ 647 ss.

[99] ICTR, 2 settembre 1998 (Akayesu, TC), § 731. Cfr. in argomento anche *Askin*, Journal of International Criminal Justice 3 (2005), 1007, 1011 ss.

[100] Cfr. ICTR, 2 settembre 1998 (Akayesu, TC), § 502; ICTR, 21 maggio 1999 (Kayishema e Ruzindana, TC), § 108; ICTR, 22 gennaio 2004 (Kamuhanda, TC), § 634; ICTR, 12 settembre 2006 (Muvunyi, TC), § 487; ICTY, 2 agosto 2001 (Krstić TC), § 513. Si veda anche *Bryant*, Harvard International Law Journal 16 (1975), 682, 693 ss.; *Dahm/Delbrück/Wolfrum*, Völkerrecht, vol. I/3, 2ª ed. (2002), 1080; *Lüders*, Die Strafbarkeit von Völkermord nach dem Römischen Statut für den Internationalen Strafgerichtshof (2004), 186 s.; *Webb*, Georgia Journal of International and Comparative Law 23 (1993), 377, 393.

[101] ICTY, 2 agosto 2001 (Krstić, TC), § 513. In termini simili, ICTR,12 settembre 2006 (Muvunyi, TC), § 487.

[102] ICTR, 1 dicembre 2003 (Kajelijeli, TC), § 814; ICTY, 27 settembre 2006 (Krajišnik, TC), § 862. Cfr. anche *Ambos*, Internationales Strafrecht (2006), § 7 n. marg. 137: «il danno fisico o psichico deve essere di gravità tale da comportare il *pericolo* della distruzione totale o parziale del gruppo»; *Mettraux*, International Crimes and the *ad hoc* Tribunals (2005), 238.

[103] ICTR, 21 maggio 1999 (Kayishema e Ruzindana, TC), § 113.

[104] Cfr. ICTR, 2 settembre 1998 (Akayesu, TC), § 505; ICTR, 21 maggio 1999 (Kayishema e Ruzindana, TC), § 115; ICTR, 6 dicembre 1999 (Rutaganda, TC), § 52; ICTR, 27 gennaio 2000

691 Nella formulazione della fattispecie di genocidio contenuta nella relativa Convenzione, gli autori ebbero presente come punto di riferimento il genocidio perpetrato dai nazionalsocialisti contro gli ebrei d'Europa. Modelli di condotta prototipici sono stati i lavori forzati e le deportazioni cui vennero sottoposti i prigionieri, per giorni stipati nei treni oppure rinchiusi in campi di sterminio o di concentramento, dove venivano privati anche del necessario per sopravvivere ed erano costretti a condizioni di vita umilianti.

692 La condotta in esame può essere concretamente realizzata, ad esempio, privando le vittime di alloggio, cibo e vestiti indispensabili alla stessa sopravvivenza, non prestando loro le necessarie cure mediche, oppure attraverso la materiale riduzione in schiavitù, realizzata costringendole ai lavori forzati[105]. Diverso è il caso in cui i membri di un gruppo vengano allontanati con la forza dal luogo abituale di residenza, come avviene durante la cosiddetta pulizia etnica[106], poiché si tratta di un'ipotesi che non rientra nell'ambito di applicazione della fattispecie. Ciò a condizione che la suddetta condotta non comporti – come di solito accade quando la popolazione stanziale viene sistematicamente scacciata dai propri territori – l'imposizione di condizioni di vita inumane e, di conseguenza, la stessa eliminazione fisica dei membri del gruppo[107]. Le violenze sessuali di massa non rappresentano, in quanto tali, vere e proprie "condizioni di vita", a cui fa espresso riferimento l'art. 6 c) St-ICC nel delineare la fattispecie tipica, ma lo diventano laddove siano sistematiche, ripetute ed eventualmente accompagnate da altre misure degradanti[108]. Le condizioni di vita imposte alle vittime devono essere, secondo una valutazione oggettiva, talmente gravose da comportare l'eliminazione fisica del gruppo[109],

---

(Musema, TC), § 157; ICTY, 31 luglio 2003 (Stakić, TC), § 517; ICTY, 1 settembre 2004 (Brđanin, TC), § 691. Cfr. anche *Ambos*, Internationales Strafrecht (2006), § 7 n. marg. 139; *Lüders*, Die Strafbarkeit von Völkermord nach dem Römischen Statut für den Internationalen Strafgerichtshof (2004), 187. Nella fattispecie viene inclusa anche la condotta di "annientamento tramite morte lenta", così *Selbmann*, Der Tatbestand des Genozids im Völkerstrafrecht (2002), 161.

[105] ICTR, 21 maggio 1999 (Kayishema e Ruzindana, TC), § 115; ICTY, 1 settembre 2004 (Brđanin, TC), § 691. Cfr anche gli EC in rel. art. 6 c) St-ICC, n. 3 nota 4: «The term 'conditions of life' may include, but is not necessarily restricted to, deliberate deprivation of resources indispensable for survival, such as food or medical services, or systematic expulsion from homes»; ICTY, 11 luglio 1996 (Karadžić e Mladić, TC), §§ 94 s.; ICTR, 2 settembre 1998 (Akayesu, TC), § 506; District Court of Jerusalem, 12 dicembre 1961 (Eichmann), § 196, in: ILR 36 (1968), 235 s.; *Drost*, The Crime of State, vol. II: Genocide (1959), 87; *Petrovic* EJIL 5 (1994), 342, 357; *Robinson*, The Genocide Convention, A Commentary (1960), 63 s. Zu § 220a StGB a.S. cfr. LK-*Jähnke*, StGB, 11ª ed. (1999), § 220a n. marg. 11; Schönke/Schröder-*Eser*, StGB, 26ª ed. (2001), § 220a n. marg. 4.

[106] Cfr. sul punto anche *infra*, n. marg. 700 s.

[107] Cfr. ICTY, 17 gennaio 2005 (Blagojević e Jokić, TC), § 650; MK-*Kreß*, StGB (2003), § 220a/§ 6 VStGB n. marg. 57; *Mettraux*, International Crimes and the *ad hoc* Tribunals (2005), 238 ss.; *Schabas*, Genocide in International Law (2000), 168; con questa precisazione devono intendersi anche gli Elementi dei Crimini.

[108] Cfr. LK-*Jähnke*, StGB, 11ª ed. (1999), § 220a n. marg. 11. Cfr. anche ICTR, 21 maggio 1999 (Kayishema e Ruzindana, TC), § 116.

[109] Cfr. ICTR, 2 settembre 1998 (Akayesu, TC), § 505. Negli stessi termini anche ICTR, 21 maggio 1999 (Kayishema e Ruzindana, TC), § 116; ICTY, 27 settembre 2006 (Krajišnik, TC), §

o quanto meno di una sua parte. Deve precisarsi, tuttavia, che l'integrazione della fattispecie non richiede necessariamente l'uccisione di singoli individui appartenenti al gruppo tutelato[110]. Poiché la disposizione considera rilevante la distruzione anche solo parziale, è sufficiente che l'imposizione di condizioni di vita inumane e degradanti sia limitata soltanto ad una parte del gruppo[111].

L'inserimento del particolare coefficiente soggettivo espresso attraverso il termine "deliberatamente" («deliberately») sta ad indicare che il soggetto agente debba realizzare la condotta come un mezzo per arrivare allo scopo, in questo caso consistente nella distruzione fisica del gruppo. La presenza di un simile elemento all'interno della fattispecie, tuttavia, non presuppone che le singole debbano inserirsi all'interno di un piano di distruzione previamente organizzato[112].

4. L'adozione di misure volte ad impedire le nascite in seno al gruppo

Nel delineare l'ambito delle condotte tipiche, l'art. 6 d) St-ICC include anche l'adozione di misure volte di impedire le nascite in seno al gruppo, in grado per questo di metterne in pericolo la stessa sopravvivenza biologica[113]. Per esemplificare, si pensi alle pratiche di sterilizzazione, al controllo forzato delle nascite, al divieto di matrimonio e alla separazione forzosa dei coniuge[114]. Anche la violenza sessuale può integrare la dimensione di tipicità della condotta in esame, a condizione che i traumi ripetutamente subiti facciano sorgere nella vittima la decisione di non procreare[115]. Parimenti, i Tribunali considerano rilevanti le violenze sessuali dirette a modificare o alterare la composizione etnica del gruppo, come può accadere nelle società patriarcali in cui i bambini sono ritenuti parte del gruppo etnico dei genitori[116]. Le misure imposte alle vittime devono risultare coercitive in rapporto allo sco-

---

863. Cfr. anche LK-*Jähnke*, StGB, 11ª ed. (1999), § 220a n. marg. 11; MK-*Kreß*, StGB (2003), § 220a/§ 6 VStGB n. marg. 54; *Lippman*, Arizona Journal of International and Comparative Law 15 (1998), 415, 456; *Triffterer*, in: Blumenwitz (a cura di), Flucht und Vertreibung (1987), 259, 283.

[110] Così anche MK-*Kreß*, StGB (2003), § 220a/§ 6 VStGB n. marg. 10. Sulle difficoltà probatorie, si veda *Mettraux*, International Crimes and the *ad hoc* Tribunals (2005), 241 s.

[111] In termini analoghi MK-*Kreß*, StGB (2003), § 220a/§ 6 VStGB n. marg. 53

[112] Cfr. *Lüders*, Die Strafbarkeit von Völkermord nach dem Römischen Statut für den Internationalen Strafgerichtshof (2004), 193 s. Al contrario, esige la presenza di una precedente programmazione *Robinson*, The Genocide Convention, A Commentary (1960), 60. Cfr. anche *Ambos*, Der Allgemeine Teil des Völkerstrafrechts (2002), 796, secondo cui il concetto "deliberately" indica esclusivamente il dolo generale ai sensi dell'art. 30 St-ICC.

[113] Cfr. *Lüders*, Die Strafbarkeit von Völkermord nach dem Römischen Statut für den Internationalen Strafgerichtshof (2004), 197; su opposte posizioni MK-*Kreß*, StGB (2003), § 220a/§ 6 VStGB n. marg. 11, 61, che restringe la portata della fattispecie richiedendo un'obiettiva adeguatezza della misura adottata.

[114] Cfr. ICTR, 2 settembre 1998 (Akayesu, TC), § 507.

[115] Cfr. ICTR, 2 settembre 1998 (Akayesu, TC), § 508.

[116] ICTR, 2 settembre 1998 (Akayesu, TC), § 507; ICTY, 11 luglio 1996 (Karadžić e Mladić, TC), § 94.

po dalle stesse perseguito[117]: ad esempio, la mera legalizzazione dell'interruzione di gravidanza[118] non può considerarsi sufficiente ad integrare l'ipotesi in esame. Non rientra nell'ambito di applicazione della fattispecie, per mancanza dello specifico intento di genocidio, la politica di controllo obbligatorio e riduzione delle nascite praticata in alcuni Stati ad alto tasso di popolazione, come ad esempio in Cina.

5. Trasferimento forzato di bambini

695   L'art. 6 e) St-ICC indica, tra le condotte idonee ad integrare la fattispecie di genocidio, il trasferimento forzato di bambini dal gruppo d'appartenenza ad uno diverso.

696   I primi progetti preliminari alla *Convention on the Prevention and Punishment of the Crime of Genocide* includevano, tra le condotte tipiche, anche le ipotesi di cosiddetto genocidio culturale, vale a dire la distruzione delle caratteristiche specifiche di un gruppo, ad esempio l'identità linguistica o le tradizioni culturali. Il trasferimento di bambini dal gruppo di appartenenza ad una comunità diversa rappresentava la prima delle cinque sottocategorie in cui era articolata la fattispecie di genocidio culturale. Ma mentre quest'ultima non ha avuto – in quanto tale – un proprio autonomo riconoscimento all'interno della Convenzione, né tanto meno sul piano del diritto consuetudinario, attraverso la criminalizzazione del trasferimento forzato di bambini in un gruppo diverso da quello di appartenenza si è dato ingresso, entro i confini della disposizione, ad una specifica forma di genocidio culturale[119].

697   La disposizione fa riferimento ad un trasferimento di carattere permanente ed effettuato con l'intento di annientare il gruppo. In questo modo, infatti, i bambini non hanno la possibilità di crescere ed essere educati nella comunità di origine, oppure vengono privati della propria identità culturale: lingua, usi e costumi del gruppo d'appartenenza diventeranno loro del tutto estranei. La condotta, pertanto, minaccia sia l'esistenza del gruppo sul piano sociale, sia la sua stessa sopravvivenza in termini biologici, perché impedisce la nascita di nuovi individui all'interno del gruppo d'origine[120].

---

[117] Cfr. *Draft Code* 1996, Commento all'art. 17, § 16.

[118] Cfr. *Lüders*, Die Strafbarkeit von Völkermord nach dem Römischen Statut für den Internationalen Strafgerichtshof (2004), 197. Sul § 220a StGB si veda LK-*Jähnke*, StGB, 11ª ed. (1999), § 220a n. marg. 11; MK-*Kreß*, StGB (2003), § 220a/§ 6 VStGB n. marg. 60.

[119] Cfr. *Drost*, The Crime of State, vol. II: Genocide (1959), 87; *Lüders*, Die Strafbarkeit von Völkermord nach dem Römischen Statut für den Internationalen Strafgerichtshof (2004), 198 s.; *Nsereko*, in: McDonald/Swaak-Goldman (a cura di), Substantive and Procedural Aspects of International Criminal Law, vol. 1 (2000), 117, 130; *Nsereko*, in: Shelton (a cura di), Encyclopedia of Genocide and Crimes Against Humanity, vol. I (2005), 370 s.; *Robinson*, The Genocide Convention, A Commentary (1960), 64; *Stillschweig*, Die Friedens-Warte 1949, 93, 98. Sulle origini della Convention on the Prevention and Punishment of Genocide, con riferimento al "cultural genocide", si veda la dettagliata esposizione di *Schabas*, Genocide in International Law (2000), 179 ss.

[120] Cfr. sul punto *Lüders*, Die Strafbarkeit von Völkermord nach dem Römischen Statut für den

L'obiettivo di tutela perseguito attraverso la disposizione in esame è quello di evitare che i bambini vengano strappati dal gruppo d'appartenenza e, in questo modo, possano essere privati della propria identità. L'elemento centrale della fattispecie è l'allontanamento dei bambini dalla comunità d'origine, da cui inevitabilmente consegue il loro inserimento all'interno di un gruppo diverso[121]. Gli Elementi dei Crimini precisano che col termine "bambini", di cui all'art. 6 e) St-ICC, debbano intendersi tutti i membri del gruppo al di sotto dei diciotto anni[122].

698

Il trasferimento da un gruppo ad un altro deve avvenire coattivamente e il consenso della vittima, che eventualmente fosse stato prestato, non vale ad escludere l'integrazione della fattispecie. La traduzione ufficiale tedesca restringe eccessivamente la portata del termine "forcibly", utilizzando al suo posto la locuzione "impiego della forza"[123]. In ogni caso, può trattarsi sia di costrizione fisica che psichica, come chiarito espressamente negli Elementi dei Crimini:

699

> «The term forcibly is not restricted to physical force, but may include threat of force or coercion, such as that caused by fear of violence, duress, detention, psychological oppression or abuse of power, against such person or persons or another person, or by taking advantage of a coercive environment»[124].

6. Pulizia etnica come ipotesi di genocidio?

Il concetto di "pulizia etnica" è stato utilizzato per la prima volta in riferimento alla guerra combattuta nei territori della ex Jugoslavia[125], per indicare la pratica – messa in atto dalle forze serbe in Bosnia-Erzegovina – di scacciare musulmani e croati dalle loro originarie aree di insediamento. Questa politica doveva servire a creare una regione abitata solo da serbi che, una volta unificata ai territori dagli stessi già occupati, avrebbe dato vita ad una "grande Serbia". Nell'ottica di questa "azione di pulizia", la popolazione civile venne massacrata e maltrattata, le donne furono

700

Internationalen Strafgerichtshof (2004), 200; *Nsereko*, in: Shelton (a cura di), Encyclopedia of Genocide and Crimes Against Humanity, vol. I (2005), 370, 371.

[121] Cfr. LK-*Jähnke*, StGB, 11ª ed. (1999), § 220a n. marg. 11.

[122] EC in rel. art. 6 e) St-ICC, n. 5. Giustamente critica è la posizione espressa da *Schabas*, che sottolinea come tale limite d'età sia troppo elevato; infatti, nel caso di persone ormai già quasi adulte, l'allontanamento dal gruppo in genere non risulta più possibile, cfr. *Schabas*, Genocide in International Law (2000), 176.

[123] Così anche *Lüders*, Die Strafbarkeit von Völkermord nach dem Römischen Statut für den Internationalen Strafgerichtshof (2004), 202 s. Lo stesso vale rispetto al § 220a comma 1 n. 5 StGB ed al § 6 co. 1 n. 5 VStGB, per approfondimenti cfr. *infra*, n. marg. 740.

[124] EC in rel. art. 6 e) St-ICC, n. 1 nota 5. Anche la Camera di prima istanza dell'ICTR ha chiarito in questo senso: «[T]he objective is not only to sanction a direct act of forcible physical transfer, but also to sanction acts of threats or trauma which would lead to the forcible transfer of children from one group to another», ICTR, 2 settembre 1998 (Akayesu, TC), § 509. In termini conformi ICTR, 21 maggio 1999 (Kayishema e Ruzindana, TC), § 118.

[125] Cfr. ad esempio *Zülch* (a cura di), „Ethnische Säuberung", Völkermord für „Großserbien" (1993).

violentate, le città bombardate, le chiese distrutte ed interi patrimoni sequestrati. Pertanto, l'espressione "pulizia etnica" non identifica un preciso concetto giuridico, ma descrive piuttosto un complesso fenomeno criminoso, cioè una vera e propria politica, nel cui ambito sono state commesse gravi violazioni dei diritti umani per allontanare un gruppo etnico dal proprio territorio di insediamento e, in questo modo, per modificare la composizione della popolazione[126].

701   Se ed in che misura la cosiddetta pulizia etnica sia da annoverarsi tra gli atti di genocidio è questione che dipende principalmente dalle circostanze del caso concreto. Per questo motivo, non può essere condiviso il tentativo di qualificare la "pulizia etnica" come ipotesi di genocidio[127], che occasionalmente anima il dibattito sulla materia. In primo luogo, perché lo scopo primario della pulizia etnica è l'allontanamento di un gruppo appartenente alla popolazione locale e non la sua distruzione. In secondo luogo, non tutte le condotte poste in essere nell'ambito di una pulizia etnica sono sussumibili nel quadro di tipicità delineato dalla fattispecie di genocidio: si pensi, ad esempio, all'abbattimento delle case o delle Chiese, ai saccheggi, alla distruzione di patrimoni privati. Non vi è dubbio, tuttavia, che le azioni di "pulizia etnica" possano essere punite a titolo di genocidio quando presentino caratteristiche riconducibili alla dimensione tipica di tale crimine. Così, la pratica di azioni distruttive e la scelta delle vittime in base alla loro appartenenza etnica può indicare che l'autore del reato agisca non con l'intento di allontanare un gruppo dal territorio in cui è insediato, ma piuttosto con lo scopo di annientarlo. Anche azioni che non rientrano nell'ambito di tipicità della fattispecie possono rappresentare importanti indizi della presenza di un intento genocidiario[128]. In questa prospettiva, il Tribunale penale internazionale per la ex Jugoslavia è arrivato alla conclusione che l'allontanamento forzoso della popolazione ed i massacri compiuti a Srebrenica nel luglio 1995 debbano essere considerati come un vero e proprio genocidio[129].

---

[126] Sulle stesse pratiche messe in atto durante il conflitto nei territori della ex Jugoslavia si veda, a titolo esemplificativo, *Bassiouni/Manikas*, The Law of the International Criminal Tribunal for the Former Yugoslavia (1996), 48 ss., 608 ss.; *Lehmler*, Die Strafbarkeit von Vertreibungen aus ethnischen Gründen in bewaffneten nicht-internationalen Konflikten (1999), 68 ss.; *Petrovic* EJIL 5 (1994), 342, 344 ss. Come pure ICTY, 11 luglio 1996 (Karadžić e Mladić, TC), § 94. Ulteriori esempi – anche di carattere storico – di "pulizia etnica" si rinvengono in *Naimark*, in: Shelton (a cura di), Encyclopedia of Genocide and Crimes Against Humanity, vol. I (2005), 301 ss.

[127] Cfr. anche *Cassese*, International Criminal Law (2003), 96, 99 s. Con alcune precisazioni anche *Dahm/Delbrück/Wolfrum*, Völkerrecht, vol. I/3, 2ª ed. (2002), 1082 s., 1084. In termini opposti, *Hübner*, Das Verbrechen des Völkermordes im internationalen und nationalen Recht (2004), 195 ss., 215 ss., che classifica generalmente l'allontanamento forzoso o la pulizia etnica come genocidio.

[128] Cfr. ICTY, 11 luglio 1996 (Karadžić e Mladić, TC), § 94.

[129] Cfr. ICTY, 19 aprile 2004 (Krstić, AC), § 37; ICTY, 16 giugno 2004 (Milosević, TC), § 246; ICTY, 17 gennaio 2005 (Blagojević e Jokić, TC), §§ 671 ss. Riassuntivam. *Bummel/Selbmann*, Humanitäres Völkerrecht-Informationsschriften 2006, 58, 60 ss. Conformemente ICJ, 26 febbraio 2007, Case Concerning Application of the Convention on the Prevention and Punishment of Genocide, Bosnia-Herzegovina v. Serbia and Montenegro, § 297.

III. Il fatto di contesto nel crimine di genocidio: è davvero necessario?

La fattispecie di genocidio non richiede, diversamente che per i crimini di guerra, la presenza di un fatto di contesto apprezzabile in termini oggettivi, nella specie la distruzione totale o parziale del gruppo[130]. L'elemento caratteristico che attribuisce al crimine dimensione internazionale, in questo caso, è trasferito su un piano prettamente soggettivo e si esprime nello specifico intento che connota il genocidio. Quantomeno in astratto, anche la condotta di un singolo soggetto, che agisca con l'intento di distruggere in tutto o in parte un gruppo, può essere idonea ad integrare la fattispecie tipica[131].

Tale pacifica posizione interpretativa, confermata anche nel testo dell'art. 6 St-ICC, viene messa in discussione dalla particolare formulazione degli Elementi dei Crimini. Questi ultimi, infatti, favoriscono l'erronea convinzione che anche nel caso di genocidio, proprio come per i crimini contro l'umanità, sia necessaria l'oggettiva presenza di un fatto di contesto, nella parte in cui espressamente prevedono:

> «The conduct took place in the context of a manifest pattern of similar conduct directed against that group or was conduct that could itself effect such destruction»[132].

Negli EC in rel. art. 6 St-ICC, i concetti di "in the context of" e "manifest" vengono più dettagliatamente precisati ed interpretati:

> «– The term 'in the context of' would include the initial acts in an emerging pattern;
> – The term 'manifest' is an objective qualification»[133].

---

[130] Cfr. ICTR, 21 maggio 1999 (Kayishema e Ruzindana, TC), § 94; ICTY, 14 dicembre 1999 (Jelisić, TC), § 100; *Cassese*, in: Cassese/Gaeta/Jones (a cura di), Rome Statute, vol. 1 (2002), 335, 349 s.; *Dahm/Delbrück/Wolfrum*, Völkerrecht, vol. I/3, 2ª ed. (2002), 1077; *Jescheck* ZStW 66 (1954), 193, 212; *Morris/Scharf*, The International Criminal Tribunal for Rwanda, vol. 1 (1998), 168 s.; *Triffterer*, in: Schünemann et al. (a cura di), Festschrift für Roxin (2001), 1415, 1434. Tuttavia, l'esistenza di un fatto di contesto è un indizio significativo della circostanza che il soggetto abbia agito con l'intento di genocidio, si veda, tra le altre, ICTY, 5 luglio 2001 (Jelisić, AC), § 48; ICTY, 2 agosto 2001 (Krstić, TC), § 572; *Cassese*, in: Cassese/Gaeta/Jones (a cura di), Rome Statute, vol. 1 (2002), 335, 349.

[131] Cfr. ICTR, 21 maggio 1999 (Kayishema e Ruzindana, TC), § 94; ICTY, 14 dicembre 1999 (Jelisić, TC), §s 100 s. («Such a case is theoretically possible»); *Triffterer*, in: Schünemann et al. (a cura di), Festschrift für Roxin (2001), 1415, 1434. – Questa ipotesi, tuttavia, ben difficilmente potrebbe trovare rilevanza concreta, poiché la singola condotta esecutiva tipica è di regola parte di un attacco sistematico.

[132] EC in rel. art. 6 a), b) St-ICC, n. 4; EC relativi all'art. 6 c), d) St-ICC, n. 5; EC in rel. art. 6 e) St-ICC n. 7; negli stessi termini ICTY, 2 agosto 2001 (Krstić, TC), § 682.

[133] Introduzione agli EC in rel. art. 6 St-ICC. Qui si afferma inoltre: «Notwithstanding the normal requirement for a mental element provided for in article 30, and recognizing that knowledge of the circumstances will usually be addressed in proving genocidal intent, the appropriate requirement,

705 Gli Elementi dei Crimini non chiariscono se tali elementi debbano essere investiti dal dolo del soggetto agente o se, al contrario, sia sufficiente la loro obiettiva esistenza. La prima posizione si pone in radicale contrasto con il dato letterale dello Statuto di Roma e, pertanto, non può trovare alcun seguito. Gli Elementi dei Crimini, infatti, non possono modificare in senso restrittivo la dimensione di tipicità delle singole fattispecie, contro quanto espressamente sancito nello Statuto e riconosciuto dal diritto consuetudinario[134]. Essi rappresentano, piuttosto, presupposti processuali che limitano la competenza della Corte penale internazionale ai soli casi di genocidio in cui sia effettivamente ravvisabile l'esecuzione di un attacco sistematico[135]. La punibilità sostanziale del crimine di genocidio, pertanto, rimane impregiudicata.

C. L'elemento soggettivo della fattispecie

706 Dal punto di vista soggettivo, l'integrazione della fattispecie richiede sia il dolo rispetto alle singole condotte tipiche, sia l'intento di distruggere in tutto o in parte un gruppo in quanto tale.

I. Il dolo

707 Presupposto soggettivo della punibilità è che la materiale integrazione della fattispecie da parte del soggetto agente sia accompagnata da volontà e rappresentazione. Al riguardo, risulta decisivo il disposto dell'art. 30 St-ICC[136].

708 Sebbene l'art. 6 c) St-ICC si preoccupi di sottolineare che la sottoposizione a condizioni di vita tali da comportare la distruzione anche solo parziale del gruppo debba avvenire "deliberatamente" («deliberately»), tale precisazione non determina alcuna deviazione né alcun punto di frizione rispetto alla disciplina generale dell'elemento soggettivo di cui all'art. 30 St-ICC. Lo stesso dicasi con riferimento al disposto dell'art. 6 d) St-ICC, nella parte in cui si riferisce all'imposizione di misure "divisate" («intended») ad impedire le nascite in seno al gruppo.

---

if any, for a mental element regarding this circumstance will need to be decided by the Court on a case-by-case basis». I suddetti requisiti vengono classificati, da taluni, come elementi della fattispecie obiettiva concretamente realizzata, sulle quali deve dirigersi il dolo del soggetto agente (così *Triffterer*, in: Schünemann et al. (a cura di), Festschrift für Roxin (2001), 1415, 1442), da altri, come condizioni obiettive di punibilità (cfr. in argomento *Ambos* NJW 2001, 405, 406).

[134] Cfr. ICTY, 29 aprile 2004 (Krstić, AC), § 224; *Akhavan*, Journal of International Criminal Justice 3 (2005), 989, 996; *Fronza*, in: Lattanzi/Schabas (a cura di), Essays on the Rome Statute of the International Criminal Court, vol. 1 (1999), 105, 114 ss.; Triffterer-*Gadirov*, Rome Statute (1999), art. 9 n. marg. 30, 32 s.; *Mettraux*, International Crimes and the *ad hoc* Tribunals (2005), 193, 204; *Triffterer*, in: Schünemann et al. (a cura di), Festschrift für Roxin (2001), 1415, 1425, 1443. Sul rapporto tra gli EC e le norme dello Statuto, cfr. *supra*, n. marg. 151.

[135] L'ICTY, nella sentenza *Krstić*, ha utilizzato le definizioni degli EC ed ha precisato che: «[A]cts of genocide must be committed in the context of a manifest pattern of similar conduct, or themselves constitute a conduct that could in itself effect the destruction of the group, in whole or part, as such», 2 agosto 2001 (Krstić, TC), § 682.

[136] Sulla definizione generale dell'elemento soggettivo si veda, per maggiori approfondimenti, *supra*, n. marg. 347 ss., in particolare 365 ss.

Per quanto riguarda le singole condotte descritte dalla fattispecie di genocidio, gli Elementi dei Crimini e il diritto consuetudinario lasciano emergere un minor rigore nel ritenere integrati i requisiti dell'elemento soggettivo rispetto alla disciplina generale dello Statuto di Roma[137]. Ciò concerne, innanzitutto, la prima delle condotte tipizzate dalla disposizione, cioè l'uccisione di membri del gruppo, che l'art. 6 a) St-ICC richiede venga commessa con l'intento di distruggere in tutto o in parte il gruppo medesimo. Al riguardo, molti elementi inducono a ritenere che i criteri soggettivi di imputazione[138], sviluppati dalla giurisprudenza per gli omicidi perpetrati nel corso di un attacco contro la popolazione civile o di un conflitto armato, sono decisivi anche rispetto agli omicidi commessi con l'intento di annientamento. Poiché i Tribunali non hanno rinvenuto sinora una previsione di analogo contenuto nell'ambito del diritto consuetudinario, non è chiaro per quale ragione i presupposti soggettivi della fattispecie dovrebbero essere definiti in termini differenti. Ciò significherebbe che l'aver causato gravi lesioni per incurante disprezzo della vita umana («reckless disregard of human life»), laddove risultasse accertata anche la presenza dello specifico intento di "distruzione", potrebbe rappresentare una condotta punibile a titolo di genocidio *ex* art. 6 St-ICC[139].

709

Gli Elementi dei Crimini relativi all'art. 6 e) n. 3 introducono un ulteriore abbassamento dei criteri soggettivi di imputazione, considerando sufficiente – a differenza di quanto previsto all'art. 30 co. 3 St-ICC, ove si richiede la piena conoscenza delle circostanze concomitanti da parte del soggetto agente – che l'autore del reato abbia anche solo dovuto conoscere («should have known») la minore età della vittima trasferita in un gruppo diverso da quello d'origine.

710

II. L'intento di distruggere un gruppo

Sempre sul piano soggettivo, inoltre, la norma prevede che il soggetto debba aver agito con l'intento di distruggere, in tutto o in parte, uno dei gruppi tutelati[140]. In questo modo, si determina un significativo restringimento dell'ambito di punibilità, peraltro espressamente ammesso dallo stesso art. 30 St-ICC[141].

711

---

[137] Sul rapporto tra l'art. 30 St-ICC, Elementi dei Crimini e diritto consuetudinario, si veda *supra*, n. marg. 374 ss.

[138] Per ulteriori approfondimenti, si rinvia *infra*, n. marg. 788, 1004.

[139] Cfr. n. marg. 355 s., anche per ulteriori approfondimenti in merito alle conseguenze che potrebbero derivare, rispetto alla definizione dell'elemento soggettivo, dalla nuova giurisprudenza dell'ICTY. Su posizioni contrarie *Ambos*, Internationales Strafrecht (2006), § 7 n. marg. 147.

[140] Fondamentale ICTR, 2 settembre 1998 (Akayesu, TC), §§ 497 ss., 517 ss. Cfr. anche ICTR, 21 maggio 1999 (Kayishema e Ruzindana, TC), §§ 89, 91; ICTY, 14 dicembre 1999 (Jelisić, TC), §§ 66, 108; ICTY, 5 luglio 2001 (Jelisić, AC), §§ 45, 50 ss. Si veda, inoltre, *Draft Code* 1996, Commento all'art. 17, § 5; *Arnold*, Criminal Law Forum 14 (2003), 127 ss.; *Bassiouni/Manikas*, The Law of the International Criminal Tribunal for the Former Yugoslavia (1996), 527, 529; *Fronza*, in: Lattanzi/Schabas (a cura di), Essays on the Rome Statute of the International Criminal Court, vol. 1 (1999), 105, 127; *Jones*, in: Vohrah et al. (a cura di), Man's Inhumanity to Man (2003), 467 ss.; *Schabas*, Genocide in International Law (2000), 214, 217 ss.; *Tournaye*, International and Comparative Law Quarterly 52 (2003), 447 ss.

[141] Cfr. *supra*, n. marg. 385 s.

1. Il concetto di "intento"

712 Lo specifico intento di distruggere il gruppo in tutto o in parte (*specific intent*), che connota la fattispecie sotto il profilo soggettivo, va inteso come volontà diretta verso uno scopo[142]. La distruzione totale o parziale del gruppo tutelato deve costituire l'obiettivo "intermedio" del soggetto agente[143], anche se non è necessaria la sua effettiva realizzazione[144]. Solo quando le singole condotte costituiscono, nella rappresentazione dell'agente, un ulteriore passo in avanti verso la distruzione del gruppo, allora il reato assume la dimensione propria dei crimini internazionali[145], in quanto offesa alla pace mondiale. Non è necessaria la preordinazione di un apposito piano criminoso[146], purché l'intento di distruzione sia presente nel momento in cui viene realizzata la condotta. La mera consapevolezza di prendere parte ad un'aggressione diretta alla distruzione totale o parziale di un gruppo non può sostituire, né surrogare, l'intento specifico che connota la fattispecie, anche se può essere un indizio della sua presenza[147]. In ogni caso, il Tribunale dovrà accertarne la sussistenza in capo al soggetto agente[148].

---

[142] Al contrario, nel senso di un significato interpretativo "aperto", si veda MK-*Kreß*, StGB (2003), § 220a /§ 6 VStGB (2003), n. marg. 83.

[143] ICTR, 2 settembre 1998 (Akayesu, TC), § 520; ICTR, 6 dicembre 1999, (Rutaganda, TC), § 59; ICTR, 7 giugno 2001 (Bagilishema, TC), § 61; ICTY, 5 luglio 2001 (Jelisić, AC), §§ 46, 50 ss.; ICTY, 14 dicembre 1999 (Jelisić, TC), § 86; ICTY, 2 agosto 2001 (Krstić, TC), § 550. Cfr. in dottrina, ad esempio, *Ambos*, Der Allgemeine Teil des Völkerstrafrechts (2002), 411; *Clark* ZStW 114 (2002), 372, 396; *Drost*, The Crime of State, vol. II: Genocide (1959), 82; *Gil Gil* ZStW 112 (2000), 381, 393 s.; Triffterer-*Schabas*, Rome Statute (1999), art. 6 n. marg. 4; *Schabas*, Genocide in International Law (2000), 227.

[144] Cfr. ICTY, 19 aprile 2004 (Krstić, AC), § 32: «[T]he offence of genocide does not require proof that the perpetrator chose the most efficient method to accopmplish his objective of destroying the targeted part. Even where the method selected will not implement the perpetrator's intent to the fullest, leaving the destruction incomplete, this ineffectiveness alone does not preclude a finding of genocidal intent». Di diversa opinione è MK-*Kreß*, StGB (2003), § 220a/§ 6 VStGB (2003), n. marg. 78, che considera necessaria «una realistica possibilità di distruzione del Gruppo (o di parte di esso)».

[145] Cfr. anche *Akhavan*, Journal of International Criminal Justice 3 (2005), 989, 992; *Triffterer*, Leiden Journal of International Law 14 (2001), 399, 404.

[146] Cfr. ICTY, 2 agosto 2001 (Krstić, TC), § 572; *Drost*, The Crime of State, vol. II: Genocide (1959), 82; *Lippman*, Arizona Journal of International and Comparative Law 15 (1998), 415, 455; *Robinson*, The Genocide Convention, A Commentary (1960), 60. Diversamente ICTR, 21 maggio 1999 (Kayishema e Ruzindana, TC), § 91.

[147] Cfr. BGH NJW 2001, 2732 ss.

[148] Cfr. ICTY, 2 agosto 2001 (Krstić, TC), § 549: «As a preliminary, the Chamber emphasises the need to distinguish between the individual intent of the accused and the intent involved in the conception and commission of the crime. The gravity and the scale of the crime of genocide ordinarily presume that several protagonists were involved in its perpetration. Although the motive of each participant may differ, the objective of the criminal enterprise remains the same. In such cases of joint participation, the intent to destroy, in whole or in part, a group as such must be discernible in the criminal act itself, apart from the intent of particular perpetrators. It is then necessary to establish whether the accused being prosecuted for genocide shared the intention that a genocide be carried out».

Parte della dottrina sostiene che l'intento specifico di distruggere il gruppo debba ritenersi sussistente anche quando il soggetto agente sia stato semplicemente a conoscenza di tale finalità[149]. Quest'affermazione trova fondamento, prima di tutto, nelle caratteristiche del crimine internazionale e delle sue peculiari modalità realizzative: scopo dell'azione, presupposti e conseguenze accessorie non sono elementi facilmente distinguibili nell'ambito dei crimini di sistema. In questo contesto, ai fini dell'integrazione dell'elemento soggettivo di che trattasi, può essere considerata sufficiente la piena consapevolezza che gli autori principali o quelli che operano nell'ambito dell'organizzazione criminosa, abbiano agito con l'intento di distruggere il gruppo. Sul piano della tutela del bene giuridico, inoltre, un soggetto pienamente consapevole della futura distruzione del gruppo risulta altrettanto pericoloso di colui che la persegue quale scopo delle proprie azioni, ma non è effettivamente sicuro che l'obiettivo si realizzerà. In questo modo, è stato possibile ridurre i notevoli problemi che gli organi dell'accusa hanno avuto nell'accertamento e nella prova dell'intento genocidiario[150]. Una simile interpretazione può ancora risultare compatibile con il testo della norma, ma non con il significato storicamente proprio del crimine di genocidio. Attualmente, rientrano nell'ambito di applicazione della fattispecie soltanto i casi in cui il soggetto abbia agito con lo scopo di distruggere, anche solo parzialmente, uno dei gruppi tutelati[151].

2. Il gruppo come oggetto del dolo di distruzione

L'intento specifico dell'agente ha ad oggetto la distruzione di un gruppo nazionale, etnico, razziale o religioso "in quanto tale". L'inserimento di questa precisazione nella definizione della fattispecie tipica chiarisce quale sia la direzione del dolo specifico, stabilendo che il soggetto agente debba uccidere le singole vittime solo per la loro appartenenza ad un determinato gruppo[152]. In altre parole, l'agente

---

[149] Cfr. *Greenawalt*, Columbia Law Review 99 (1999), 2259, 2265 ss.; MK-*Kreß*, StGB (2003), § 220a/§ 6 VStGB n. marg. 86 ss.; *Triffterer*, in: Schünemann et al. (a cura di), Festschrift für Roxin (2001), 1415, 1440 ss.; *Vest*, ZStW 113 (2001), 457, 482 ss.; *Vest*, Genozid durch organisatorische Machtapparate (2002), 104 ss., 107; riassuntivam. *Ambos*, Internationales Strafrecht (2006), § 7 n. marg. 151 s. Parte della dottrina ritiene sufficiente anche il dolo eventuale, cfr. *Gil Gil* ZStW 112 (2000), 281, 395; *Kreß*, Journal of International Criminal Justice 3 (2005), 562, 567, 577, che considera tale forma di dolo sempre sufficiente in riferimento alla possibile distruzione del gruppo. Per un diverso modello – che richiede l'intento di distruzione nel soggetto pianificatore o negli organizzatori del genocidio, mentre per gli individui inseriti nella catena di comando di tali apparati di potere ritiene sufficiente il dolo diretto – si veda *van der Wilt*, Journal of International Criminal Justice 4 (2006), 239, 243 s. In questa direzione anche *Jørgensen*, International Criminal Law Review 1 (2001), 285, 309; *Schabas*, Genocide in International Law (2000), 221.
[150] Cfr. *van der Wilt*, Journal of International Criminal Justice 4 (2006), 239, 241 s.
[151] Cfr. *Aptel*, Criminal Law Forum 13 (2002), 272, 277 ss.
[152] Correttamente *Vest*, Schweizerische Zeitschrift für Strafrecht 117 (1999), 351, 356 s. Cfr. ICTR, 9 luglio 2004 (Niyitegeka, AC), §§ 47 ss.; ICTR, 2 settembre 1998 (Akayesu, TC), §§ 521 s.; ICTR, 27 gennaio 2000 (Musema, TC), § 165; ICTR, 7 giugno 2001 (Bagilishema, TC), § 61; ICTY, 17 gennaio 2005 (Blagojević e Jokić, TC), § 669; ICTY, 27 settembre 2006 (Krajišnik, TC), § 856. Negli stessi termini ICJ, 26 febbraio 2007, Case Concerning the Application of the Convention on the Prevention and Punishment of the Crime of Genocide, Bosnia-Herzegovina v. Serbia and Montenegro, § 187.

deve essere interessato soltanto alla distruzione del gruppo, non all'individualità della vittima. Pertanto, non è necessario che il soggetto agisca sulla base di motivi discriminatori[153], né la presenza di ulteriori ragioni può essere idonea ad escludere l'intento genocidiario[154]. Deve precisarsi, infine, che l'intento di commettere azioni discriminatorie nei confronti di soggetti appartenenti a un determinato gruppo non è da solo sufficiente[155].

715 Poiché la norma tutela il singolo gruppo considerato nella propria identità nazionale, etnica, razziale o religiosa, ai fini dell'integrazione della fattispecie tipica non basta che il soggetto agente colpisca individui appartenenti alla medesima nazione, etnia, ecc., ma che risultano tra loro accomunati da caratteristiche distintive differenti[156]. Ad esempio, nel caso dei crimini commessi in Cambogia dai Khmer Rossi non era presente l'intento specifico che connota la fattispecie di genocidio. Infatti, per la scelta della vittima non risultava determinante l'appartenenza all'etnia dei Khmer, ma la sua posizione sociale, il livello di istruzione o anche il semplice arbitrio[157].

716 L'autore del reato deve agire con l'intento di distruggere il gruppo "in tutto o in parte". Cosa debba intendersi per intero gruppo – e, pertanto, quale sia effettivamente lo scopo della condotta – dipende dalla rappresentazione soggettiva dell'agente. Ciò significa che il gruppo considerato nel suo complesso, in realtà, può essere a sua volta parte di una comunità più grande. Ad esempio, è possibile

---

[153] Cfr. ICTY, 5 luglio 2001 (Jelisić, AC), § 49, che considera i motivi individuali irrilevanti ai fini della punibilità. Cfr. anche *Drost*, The Crime of State, vol. II: Genocide (1959), 83 s.; *Fronza*, in: Lattanzi/Schabas (a cura di), Essays on the Rome Statute of the International Criminal Court, vol. 1 (1999), 105, 129; *Hannum*, Human Rights Quarterly 11 (1989), 82, 108; *Lippman*, Arizona Journal of International and Comparative Law 15 (1998), 415, 454; *Planzer*, Le crime de génocide (1956), 94 s.; *Vest*, Schweizerische Zeitschrift für Strafrecht 117 (1999), 351, 355. Diversamente ICTR, 21 maggio 1999 (Kayishema e Ruzindana, TC), § 98 ("on these discriminatory grounds"); con approfondimenti sull'intera questione, cfr. *Schabas*, Genocide in International Law (2000), 253 ss.

[154] Cfr. ICTR, 9 luglio 2004 (Niyitegeka, AC), § 53: «[T]he term 'as such' clarifies the specific intent requirement. It does not prohibit a conviction for genocide in a case in which the perpetrator was also driven by other motivations that are legally irrelevant in this context. Thus the Trial Chamber was correct in interpreting 'as such' to mean that the proscribed acts were committed against the victims *because of* their membership in the protected group, but not *solely* because of such membership» (corsivo in originale). In termini simili, ICTY, 5 luglio 2001 (Jelisić, AC), § 49; ICTY, 29 aprile 2004 (Krstić, AC), §§ 26, 226; ICTR, 13 dicembre 2005 (Simba, TC), § 412; ICTR, 12 settembre 2006 (Muvunyi, TC), § 479. Sul punto anche *Ambos*, Internationales Strafrecht (2006), § 7 n. marg. 158; MK-*Kreß*, StGB (2003), § 220a/§ 6 VStGB n. marg. 90.

[155] ICTY, 14 dicembre 1999 (Jelisić, TC), § 79; ICTY, 2 agosto 2001 (Krstić, TC), § 553; *Draft Code* 1996, Commento all'art. 17, § 7.

[156] Diverso è l'orientamento della Audiencia Nacional spagnola nel caso *Pinochet*, cfr. Audiencia Nacional, 5 novembre 1998, parte 5, ILR 119 (2002), 331, 340 s.; la traduzione tedesca è reperibile in *Ahlbrecht/Ambos* (a cura di), Der Fall Pinochet(s) (1999), 86, 93 s.

[157] Cfr. correttamente *Vest*, Schweizerische Zeitschrift für Strafrecht 117 (1999), 351, 356; *Vest* ZStW 113 (2001), 457, 478. Diversamente *Hannum*, Human Rights Quarterly 11 (1989), 82, 111 s.; *Ternon*, Der verbrecherische Staat (1996), 158 ss., 167 s.

che un genocidio venga commesso anche nei confronti di individui, membri di un gruppo più grande, che abitano una determinata regione[158].

Per l'integrazione della fattispecie è sufficiente che il soggetto agisca con l'intenzione di distruggere una parte sostanziale del gruppo[159]. Secondo la convincente opinione della giurisprudenza della Tribunale penale internazionale per la ex Jugoslavia, il concetto di parte "sostanziale" può essere inteso sia in senso qualitativo, sia in senso quantitativo[160]. In questa prospettiva, è possibile considerare rilevante tanto l'intento di distruggere una parte numericamente significativa del gruppo, quanto quello di annientare la sua componente più rappresentativa, come ad esempio la classe dirigente intellettuale. È decisivo, pertanto, valutare quale effetto potrebbe produrre la distruzione di una parte della comunità rispetto all'esistenza del gruppo stesso[161].

---

[158] Cfr. ICTY, 14 dicembre 1999 (Jelisić, TC), § 83. Cfr. anche ICTY, 2 agosto 2001 (Krstić, TC), § 590; confermata in ICTY, 19 aprile 2004 (Krstić, AC), §§ 15 ss.; sul § 220a StGB. BGHSt 45, 64, 78. In termini critici MK-*Kreß*, StGB (2003), § 220a/§ 6 VStGB n. marg. 77, nel caso in cui venissero del tutto eliminate valutazioni di carattere quantitativo.

[159] Cfr. ICTR, 21 maggio 1999 (Kayishema e Ruzindana, TC), §§ 96 s.; ICTY, 14 dicembre 1999 (Jelisić, TC), § 82; ICTY, 2 agosto 2001 (Krstić, TC), § 634; *Draft Code* 1996, Commento all'art. 17, § 8; *Mettraux*, International Crimes and the *ad hoc* Tribunals (2005), 220 ss.; *Nsereko*, in: McDonald/Swaak-Goldman (a cura di), Substantive and Procedural Aspects of International Criminal Law, vol. 1 (2000), 117, 125; *Robinson*, The Genocide Convention, A Commentary (1960), 63; Triffterer-*Schabas*, Rome Statute (1999), art. 6 n. marg. 5. Cfr. anche UN Doc. S/2005/60, Report of the International Commission of Inquiry on Darfur to the United Nations Secretary-General del 25 gennaio 2005, § 492.

[160] Così già ICTY, 14 dicembre 1999 (Jelisić, TC), § 82; cfr. anche ICTY, 19 aprile 2004 (Krstić, AC), §§ 12 ss.; ICTY, 1° settembre 2004 (Brđanin, TC), § 702. Cfr. anche *Ambos*, Internationales Strafrecht (2006), § 7 n. marg. 159 ss.; *Lüders*, Die Strafbarkeit von Völkermord nach dem Römischen Statut für den Internationalen Strafgerichtshof (2004), 138 ss. Al contrario, su posizioni critiche ICJ, 26 febbraio 2007, Case Concerning the Application of the Convention on the Prevention and Punishment of the Crime of Genocide, Bosnia-Herzegovina v. Serbia and Montenegro, § 200.

[161] Cfr. ICTY, 19 aprile 2004 (Krstić, AC), §§ 8 ss.; ICTY, 2 agosto 2001 (Krstić, TC), § 595; ICTR, 17 giugno 2004 (Gacumbitsi, TC), § 258; ICTR, 28 aprile 2005 (Muhimana, TC), § 498; UN Doc. S/1994/674, Final Report of the Commission of Experts, Established Pursuant Security Counsil Resolution 780 (1992), del 27 maggio 1994, § 94. Cfr. anche *Ambos*, Internationales Strafrecht (2006), § 7 n. marg. 162; *Mettraux*, International Crimes and the *ad hoc* Tribunals (2005), 222. In ogni caso, le possibilità del soggetto agente di distruggere effettivamente il gruppo possono essere prese in considerazione per stabilire cosa debba intendersi per parte sostanziale del medesimo, cfr. sul punto ICTY, 29 aprile 2004 (Krstić, AC), § 13, come pure *Akhavan*, Journal of International Criminal Justice 5 (2005), 989, 998 s. Cfr. anche *Bummel/Selbmann*, Humanitäres Völkerrecht-Informationsschriften 2006, 58, 62, 65, che a ragione criticano la Regola 98 *bis* della sentenza ICTY (decisione 98 *bis*) nel caso *Sikirica,* in cui il numero delle vittime è stato considerato troppo limitato per configurare la distruzione di una parte sostanziale del gruppo, cfr. ICTY, 3 settembre 2001 (Sikirica et al., TC), §§ 66 ss. La fattispecie di genocidio non richiede la materiale distruzione di una parte sostanziale del gruppo, ma piuttosto che a ciò sia diretto l'intento del soggetto agente. Su posizioni contrarie, MK-*Kreß*, StGB (2003), § 220a/§ 6 VStGB n. marg. 73 ss., che in linea di principio considera necessario un notevole numero di vittime ("parte rilevante"), perché solo così rimarrebbe integrata la caratteristica principale del genocidio come crimine massivo.

718		Il dolo specifico che caratterizza il crimine di genocidio deve ritenersi sussistente anche quando la condotta del soggetto agente sia diretta alla distruzione fisica o biologica del gruppo. Risulta ancora estremamente controverso se, ai fini dell'integrazione della fattispecie, possa assumere rilevanza anche l'intento di distruggere sul piano sociale l'esistenza di una determinata comunità[162]. Il Tribunale penale internazionale per la ex Jugoslavia ha contestato una simile interpretazione facendo perno sul principio *nullum crimen sine lege*[163]. A ben vedere, il concetto di "genocidio" coniato da *Lemkin* si estende a tutte le condotte tipiche che siano accompagnate dall'intento di distruggere il gruppo come unità sociale[164]. La distruzione fisica di un gruppo, pertanto, rappresenta di certo l'ipotesi più grave di genocidio, ma non l'unica possibile[165]. Anche il testo della *Convention on the Prevention and Punishment of the Crime of Genocide*, nella misura in cui stabilisce che l'intento genocidiario debba essere diretto alla distruzione di un gruppo "come tale", lascia intendere che oggetto di tutela della fattispecie sia non soltanto la concreta esistenza fisica della comunità, ma anche la sua dimensione sociale[166]. La definizione dei singoli atti di genocidio, come risulta appunto dalla citata Convenzione, conferma questa ricostruzione interpretativa. Ad esempio, la fattispecie ricomprende condotte quali il trasferimento forzato di bambini dal gruppo di appartenenza ad un altro diverso, che certo non è in grado di pregiudicare l'esistenza fisica della comunità

---

[162] La dottrina maggioritaria propende per una risposta positiva, cfr. ad esempio *Ambos* NStZ 1999, 404; *Ambos*, Internationales Strafrecht (2006), § 7 n. marg. 129, 157; *Brehmer*, Nationale Strafverfolgung internationaler Verbrechen (1999), 232; *Fronza*, in: Lattanzi/Schabas (a cura di), Essays on the Rome Statute of the International Criminal Court, vol. 1 (1999), 105, 118 s.; *Hübner*, Das Verbrechen des Völkermordes im internationalen und nationalen Recht (2004), 211 ss.; LK-*Jähnke*, StGB, 11ª ed. (1999), § 220a n. marg. 8; *Jescheck*, ZStW 66 (1954), 193, 213; *Lüders*, Die Strafbarkeit von Völkermord nach dem Römischen Statut für den Internationalen Strafgerichtshof (2004), 45, 49 ss.; *Triffterer*, in: Lüderssen (a cura di), Aufgeklärte Kriminalpolitik oder Kampf gegen das Böse? (1998), 272, 347; *Triffterer*, in: Schünemann et al. (a cura di), Festschrift für Roxin (2001), 1415, 1433; *Satzger*, Internationales Strafrecht (2005), § 15 n. marg. 15; *Schabas*, Genocide in International Law (2000), 229; *Vest* ZStW 113 (2001), 457, 476; *Vest*, Genozid durch organisierte Machtapparate (2002), 99. Su posizioni contrarie MK-*Kreß*, StGB (2003), § 220a/§ 6 VStGB n. marg. 72; *Tournaye*, International and Comparative Law Quarterly 52 (2003), 447, 454 ss. Allo stesso modo la giurisprudenza tedesca, cfr. BVerfG, NJW 2001, 1848, 1850; BGHSt 45, 64, 81 ss.

[163] Cfr. ICTY, 2 agosto 2001 (Krstić, TC), §§ 574 ss., 580. La Camera d'Appello ha confermato questa posizione, cfr. ICTY, 19 aprile 2004 (Krstić, AC), § 25: «The Genocide Convention, and customary international law in general, prohibit only the physical or biological destruction of a human group». I principi della sentenza *Krstić*, tuttavia, non sono ancora consolidati nella giurisprudenza del Tribunale penale internazionale per l'ex Jugoslavia, come mostrano recenti decisioni, cfr. ad esempio ICTY, 17 gennaio 2005 (Blagojević e Jokić, TC), §§ 659 ss., 666; ICTY, 27 settembre 2006 (Krajišnik, TC), § 854.

[164] *Lemkin*, Axis Rule in Occupied Europe (1944), 79, 82 ss.

[165] *Lemkin*, Axis Rule in Occupied Europe (1944), 79; *Schabas*, Genocide in International Law (2000), 229.

[166] Cfr. BVerfG NJW 2001, 1848, 1850; BGHSt 45, 65, 81; *Hübner*, Das Verbrechen des Völkermordes im internationalen und nationalen Recht (2004), 211; ampiamente sul tema *Werle*, in: Hettinger et al. (a cura di), Festschrift für Küper (2007), 675, 682.

tutelata[167]. Come pure l'adozione di misure volte di impedire le nascite, parimenti inidonee rispetto all'obiettivo di annientare fisicamente individui già parte del gruppo[168]. Senza dimenticare che la scelta di circoscrivere espressamente l'area del penalmente rilevante all'imposizione di condizioni di via talmente gravose da comportare la distruzione "fisica" del gruppo, contenuta all'art. 6 c) St-ICC, risulterebbe assolutamente pleonastica se l'ambito di tutela della norma fosse, in ogni caso, limitato alla sussistenza fisica della comunità[169]. Ma, prima di tutto, il significato stesso e l'obiettivo specificatamente perseguito attraverso la *Convention on the Prevention and Punishment of the Crime of Genocide* – cioè conservare nella comunità mondiale l'identità di un determinato gruppo nazionale, etnico, razziale o religioso[170] – conferma come la disposizione in esame offra tutela anche alla dimensione sociale dei gruppi ivi menzionati[171].

3. L'intento distruttivo rispetto alla dimensione della plurisoggettività attiva

Alla commissione di un genocidio – e, in generale, di ogni crimine internazionale – di regola concorrono più individui, anche se non tutti devono necessariamente condividere l'intento dell'autore principale di distruggere il gruppo. Tale intento, ad esempio, può ben essere noto al singolo compartecipe nel reato, che tuttavia non lo innalza ad obiettivo delle proprie azioni. In questo caso, la possibilità di applicare la fattispecie di genocidio risulta ancora controversa[172].

---

[167] Cfr. l'art. 6 e) St-ICC; art. 4 co. 2 e) St-ICTY; art. 2 co. 2 e) St-ICTR; art. II e) Convention on the Prevention and Punishment of the Crime of Genocide; cfr. anche § 220a co. 1 n. 5 StGB e § 6 co. 1 n. 5 VStGB. Cfr. ad esempio ICTY, 27 settembre 2006 (Krajišnik, TC), § 854: «'Destruction', as a component of the mens rea of genocide, is not limited to physical or biological destruction of the group's members, since the group (or a part of it) can be destroyed in other ways, such as by transferring children out of the group (or the part) or by severing the bonds among its members. Thus it has been said that one may rely, for example, on evidence of deliberate forcible transfer as evidence of the mens rea of genocide».

[168] Cfr. art. 6 d) St-ICC; art. 4 co. 2 d) St-ICTY; art. 2 co. 2 d) St-ICTR; art. II d) Convention on the Prevention and Punishment of the Crime of Genocide; sullo stato attuale della legislazione in Germania cfr. § 220 co. 1 n. 4 Codice penale tedesco StGB e § 6 co. 1 n. 4 VStGB. Cfr. anche BVerfG NJW 2001, 1848, 1850.

[169] Cfr. BVerfG NJW 2001, 1848, 1850; *Hübner*, Das Verbrechen des Völkermordes im internationalen und nationalen Recht (2004), 211; *Jescheck* ZStW 66 (1954), 193, 213; al contrario MK-*Kreß*, StGB (2003), § 220a/§ 6 VStGB n. marg. 72.

[170] Correttamente *Vest*, Genozid durch organisierte Machtapparate (2002), 99: «[…] il diritto all'esistenza, all'integrità e alla riproduzione di gruppi nazionali, etnici, razziali e religiosi della comunità umana universale, compreso anche il diritto a trasmettere ai propri discendenti almeno un'impronta culturale minima. Semplificando, si può dire che il bene giuridico tutelato sia la molteplicità dei gruppi e così, indirettamente, la composizione stessa dell'Umanità».

[171] Con approfondimenti sul punto *Werle*, in: Hettinger et al. (a cura di), Festschrift für Küper (2007), 675, 684 s.

[172] Si veda in argomento *Akhavan*, Journal of International Criminal Justice 3 (2005), 989 ss.; *Kalere*, International Criminal Law Review 5 (2005), 463, 472; *Karnavas*, International Criminal Law Review 5 (2005), 609, 613; *Mettraux*, International Crimes and the *ad hoc* Tribunals (2005), 203, 215.

720   Secondo l'opinione dei Tribunali *ad hoc*, alcune fattispecie concorsuali non richiederebbero necessariamente la presenza dell'intento genocidiario in capo al soggetto che materialmente pone in essere la condotta. Accanto alle ipotesi di agevolazione la giurisprudenza ha riconosciuto l'esistenza di una terza categoria – la *joint criminal enterprise* – ed ha dato rilievo alla responsabilità del superiore[173]. In questi casi, secondo l'opinione dei Tribunali *ad hoc*, basterebbe soltanto che il singolo compartecipe avesse il dolo generale del concorso al momento della realizzazione della condotta.

721   Lo Statuto di Roma consiglia di interpretare le varie forme di partecipazione concorsuale come un indice per valutare il diverso grado di responsabilità individuale[174]. In un simile sistema concorsuale, il grado più elevato può essere attribuito solo al soggetto che abbia personalmente integrato l'elemento soggettivo del crimine internazionale. La responsabilità a titolo di genocidio presuppone, in ogni possibile versione, che il soggetto abbia agito con l'intento specifico di distruggere il gruppo. Quanto sinora affermato, in particolare, vale anche in riferimento all'ipotesi di complicità nel reato ed alla sua disciplina normativa. Quest'ultima ammette esclusivamente l'imputazione di contributi rilevanti in termini oggettivi, ma non dell'elemento psicologico. L'orientamento della giurisprudenza del Tribunale penale internazionale per la ex Jugoslavia in materia di *joint criminal enterprise*, che consente d'imputare anche ad altri concorrenti l'intento di distruzione (presente solo in alcuni di essi), non può essere riferito al differente modello di partecipazione concorsuale delineato nello Statuto di Roma[175].

722   Nel caso di istigazione al genocidio, oppure laddove ne venga ordinata l'esecuzione (art. 25 co. 3 c) St-ICC), non è necessario che il compartecipe o l'esecutore materiale dell'ordine agiscano con l'intento di distruggere il gruppo, ma è sufficiente che abbiano consapevolezza della presenza di tale intento in capo all'autore principale[176]. Lo stesso dicasi per l'ipotesi di agevolazione (art. 25 co. 3 c) St-ICC)[177] o nel caso in cui il singolo contributo sia diretto a favorire la commissione di un crimine da parte di un gruppo di persone (art. 25 co. 3 d) St-ICC)[178]. Infine, anche la disciplina della responsabilità del superiore non presuppone necessariamente che quest'ultimo condivida lo specifico intento genocidiario[179].

---

[173] Cfr. sulle ipotesi di supporto materiale nel reato (agevolazione, *Unterstützung*) ICTY, 19 aprile 2004 (Krstić, AC), §140; ICTY, 17 gennaio 2005 (Blagojević e Jokić, TC), § 727; ICTR, 13 dicembre 2004 (Ntakirutimana, AC), § 501. Sulla terza categoria della *joint criminal enterprise* cfr. ICTY, 19 marzo 2004 (Brđanin, AC), § 5; ICTR, 22 ottobre 2004 (Rwamakuba, AC), § 6. Sulla responsabilità del superiore cfr. ICTY, 1° settembre 2004 (Brđanin, TC), §§ 717 ss., 721; ICTY, 17 gennaio 2005 Blagojević e Jokić, TC), § 779.

[174] Cfr. sul punto *supra*, n. marg. 411 s.
[175] Cfr. sul punto *supra*, n. marg. 422, 429.
[176] Cfr. sul punto *supra*, n. marg. 438, 441
[177] Cfr. sul punto *supra*, n. marg. 445.
[178] Cfr. sul punto *supra*, n. marg. 448.
[179] Cfr. sul punto *supra*, n. marg. 471.

4. I problemi sul piano probatorio

La prova dell'intento di distruggere in tutto o in parte un gruppo comporta, nella pratica giudiziaria, notevoli difficoltà. Secondo la giurisprudenza internazionale, possono considerarsi indizi significativi la preordinazione di un piano criminoso, l'elevato numero delle vittime, la scelta del soggetto da colpire solo in ragione dell'appartenenza un determinato gruppo, il comportamento dell'agente durante la commissione del reato[180]. Allo stesso modo, anche azioni non espressamente ricomprese nell'ambito di tipicità della fattispecie, come la distruzione di istituzioni culturali, monumenti, luoghi religiosi o case, possono rappresentare validi indizi della presenza di uno specifico intento genocidiario[181]. Se non viene raggiunta la prova che il crimine sia stato guidato o sostenuto da uno Stato, oppure da altra organizzazione, spesso non è possibile dimostrare che le condotte *sub judice* sono state poste in essere con l'obiettivo di distruggere un gruppo in tutto o in parte, mancando elementi indiziari di chiara rilevanza[182].

---

[180] Cfr. ICTR, 2 settembre 1998 (Akayesu, TC), § 523; ICTR, 21 maggio 1999 (Kayishema e Ruzindana, TC), §§ 93, 527 ss.; ICTR, 7 giugno 2001 (Bagilishema, TC), § 63; ICTR, 17 giugno 2004 (Gacumbitsi, TC), §§ 252 s.; ICTR, 28 aprile 2005 (Muhimana, TC), § 496; ICTR, 12 settembre 2006 (Muvunyi, TC), § 480; ICTY, 5 luglio 2001 (Jelisić, AC), §§ 47 s.; ICTY, 2 agosto 2001 (Krstić, TC), §§ 572, 592, 595 s.; ICTY, 1° settembre 2004 (Brđanin, TC), §§ 702 ss., 972 ss. Cfr. anche *Bummel/Selbmann*, Humanitäres Völkerrecht-Informationsschriften 2006, 58, 65 s.; *Mettraux*, International Crimes and the *ad hoc* Tribunals (2005), 233; *Nsereko*, in: McDonald/Swaak-Goldman (a cura di), Substantive and Procedural Aspects of International Criminal Law, vol. 1 (2000), 117, 126 ss.; *Schabas*, Genocide in International Law (2000), 222. – Sull'accertamento dell'intento di distruzione nei crimini di violenza sessuale cfr. ICTR, 2 settembre 1998 (Akayesu, TC), § 731: «Sexual violence was an integral part of the process of destruction, specifically targeting Tutsi women and specifically contributing to their destruction and to the destruction of the Tutsi group as a whole». Cfr. anche § 732: «Sexual violence was a step in the process of destruction of the Tutsi group – destruction of the spirit, of the will to live, and of life itself».

[181] Così si è espressa l'ICTY, nel processo contro *Karadžić* e *Mladić*, in riferimento alla valutazione giuridica delle azioni di pulizia etnica, commesse in Bosnia dalle unità militari serbe: «[C]ertain methods used for implementing the project of 'ethnic cleansing' appear to reveal an aggravated intent as, for example, the massive scale of the effect of destruction. […] The destruction of mosques or Catholic churches is designed to annihilate the centuries-long presence of the group or groups; the destruction of the libraries is intended to annihilate a culture which was enriched through the participation of the various national components of the population», cfr. ICTY, 11 luglio 1996 (Karadžić e Mladić, TC), § 94. Cfr. anche ICTY, 1° settembre 2004 (Brđanin, TC), §§ 969 ss.; ICTR, 21 maggio 1999 (Kayishema e Ruzindana, TC), § 93, come pure *Schabas*, Genocide in International Law (2000), 223 s.

[182] Cfr. ad esempio ICTY, 14 dicembre 1999 (Jelisić, TC), §§ 98 ss., 101. Cfr. anche *Jørgensen*, International Criminal Law Review 1 (2001), 285, 297 ss., come pure *Kabatsi*, International Criminal Law Review 5 (2005), 387, 391 ss. Cfr. anche ICJ, 26 febbraio 2007, Case Concerning the Application of the Convention on the Prevention and Punishment of the Crime of Genocide, Bosnia-Herzegovina v. Serbia and Montenegro, § 373, che evidenzia come l'esistenza di un piano non possa sostituire la prova concreta dell'intento di distruzione.

D. Incitamento al genocidio

I. Struttura della fattispecie e fondamenti politico-criminali della punibilità

724 La *Convention on the Prevention and Punishment of the Crime of Genocide* incrimina espressamente l'incitamento al genocidio. La definizione ivi contenuta è stata letteralmente trasposta negli Statuti dei Tribunali internazionali e, in ultimo, anche nell'art. 25 co. 3 e) St-ICC[183]. La disposizione consente di punire autonomamente una forma a sé stante di partecipazione nel reato, cioè l'induzione di altri soggetti – anche solo in forma tentata – al genocidio. In questo caso, ai fini dell'integrazione della fattispecie non è necessario il concreto verificarsi dell'evento lesivo[184].

725 L'incitamento pubblico, proprio per le sue caratteristiche, può determinare o aumentare in maniera significativa il pericolo di azioni criminose, incontrollabili e ripetute, dirette contro i membri del gruppo. Poiché i destinatari della condotta non possono essere distintamente identificati dal soggetto agente, questi non ha inizialmente alcun tipo di controllo sullo sviluppo degli eventi[185].

726 Già durante il Processo di Norimberga contro i principali criminali di guerra, la fattispecie di incitamento al genocidio ha avuto un proprio autonomo ruolo, sebbene sotto forma di crimine contro l'umanità, poiché lo Statuto del Tribunale non conteneva alcuna disposizione in materia di genocidio. Così *Julius Streicher*, editore del giornale scandalistico di orientamento nazionalsocialista «Der Stürmer», venne considerato il "persecutore numero uno" degli ebrei e condannato a morte per crimini contro l'umanità con l'accusa specifica di persecuzione, poiché per anni nei propri articoli aveva incitato inequivocabilmente allo «sterminio della razza ebraica»[186].

727 Esempi più attuali contribuiscono a chiarire il significato e gli effetti del crimine di incitamento al genocidio, in particolare gli avvenimenti che hanno scosso il

---

[183] Cfr. art. III c) Convention on the Prevention and Punishment of the Crime of Genocide, art. 4 co. 3 c) St-ICTY, art. 2 co. 3 c) St-ICTR e art. 25 co. 3 e) St-ICC.

[184] Cfr. ICTR, 2 settembre 1998 (Akayesu, TC), §§ 561 s.; ICTR, 1 giugno 2000 (Ruggiu, TC), § 16; ICTR, 3 dicembre 2003 (Nahimana et al., TC), § 1013; *Nsereko*, in: McDonald/Swaak-Goldman (a cura di), Substantive and Procedural Aspects of International Criminal Law, vol. 1 (2000), 117, 133; *Schabas*, Genocide in International Law (2000), 257, 266, 292; *Robinson*, The Genocide Convention, A Commentary (1960), 67.

[185] Cfr. ICTR, sent. 2 settembre 1998 (Akayesu, TC), § 562: «[S]uch acts are in themselves particularly dangerous because of the high risk they carry for society, even if they fail to produce results»; Triffterer-*Ambos*, Rome Statute (1999), art. 25 n. marg. 29. Cfr. anche *Draft Code* 1996, commento all'art. 2, § 16.

[186] IMT, sent. 1° ottobre 1946, in: Internationaler Militärgerichtshof Nürnberg, Der Nürnberger Prozeß gegen die Hauptkriegsverbrecher, vol. 1 (1947), 189, 341 ss. Sulla questione nel complesso cfr. anche *Gordon*, Virginia Journal of International Law 45 (2004), 139, 143 s., *Lüders*, Die Strafbarkeit von Völkermord nach dem Römischen Statut für den Internationalen Strafgerichtshof (2004), 233 ss.

Ruanda durante la guerra civile nel 1994[187]. Già allo scoppio del conflitto, frazione estremistiche Hutu presero il controllo sulle emittenti radiofoniche e da lì condussero un'efficace propaganda persecutoria contro la popolazione Tutsi. Il Tribunale penale internazionale per il Ruanda ha condannato numerosi imputati per incitamento al genocidio. Nel caso *Ruggiu*, uno di questi venne considerato colpevole solo in base al tenore delle dichiarazioni[188] rilasciate. Nel cosiddetto *Media Trial*, gli imputati *Jean-Bosco Barayagwiza*, *Ferdinand Nahimana* e *Hassan Ngeze*, tra l'altro, furono condannati dal Tribunale per incitamento al genocidio alla pena dell'ergastolo o ad una prolungata reclusione[189].

II. L'elemento oggettivo della fattispecie

La condotta tipica consiste nell'incitamento diretto e pubblico a commettere un genocidio. L'integrazione della fattispecie esige un'effettiva istigazione del soggetto agente, per cui non sono sufficienti dichiarazioni meramente provocatorie[190]. Nel concetto di incitamento "diretto" sono ricompresi anche casi in cui il soggetto agente non istighi esplicitamente alla commissione di un genocidio, ma ricorra pur sempre ad espressioni che assumano inequivocabilmente tale significato[191]. Spesso viene utilizzato un linguaggio eufemistico, metaforico o addirittura cifrato, che

---

[187] In argomento, ad esempio, *Metzl* AJIL 91 (1997) 628; *Schabas* AJIL 93 (1999), 529; *Schabas*, McGill Law Journal 46 (2000), 141.

[188] ICTR, sent. 1° giugno 2000 (Ruggiu, TC).

[189] ICTR, 3 dicembre 2003 (Nahimana et al., TC). L'imputato *Barayagwiza* è stato condannato a 27 anni di reclusione; per ulteriori approfondimenti sul Media Trial, si veda *Gordon*, Virginia Journal of International Law 45 (2004), 154 ss. Criticamente su questa pronuncia *Della Morte*, Journal of International Criminal Justice 3 (2005), 1019, 1023 s.; *Zahar*, Criminal Law Forum 16 (2005), 33 ss.

[190] Più dettagliatamente *Lüders*, Die Strafbarkeit von Völkermord nach dem Römischen Statut für den Internationalen Strafgerichtshof (2004), 247; *Morris/Scharf*, The International Criminal Tribunal for Rwanda, vol. I (1998), 183; *Nsereko*, in: McDonald/Swaak-Goldman (a cura di), Substantive and Procedural Aspects of International Criminal Law, vol. 1 (2000), 117, 132 s. Cfr. anche ICTR, 2 settembre 1998 (Akayesu, TC), § 555: «Civil law systems punish direct and public incitement assuming the form of provocation, which is defined as an act intended to directly provoke another to commit a crime or a misdemeanour through speeches, shouting or threats, or any other means of audiovisual communication. Such a provocation, as defined under Civil law, is made up of the same elements as direct and public incitement to commit genocide covered by Article 2 of the Statute, […]». Cfr. anche ICTR, 3 dicembre 2003 (Nahimana et al., TC), §§ 1000 ss.; *Gordon*, Virginia Journal of International Law 45 (2004), 139, 172 ss.

[191] Cfr. ICTR, 2 settembre 1998 (Akayesu, TC), §§ 557 s.; ICTR, 1° giugno 2000 (Ruggiu, TC), § 17; ICTR, 16 maggio 2003 (Niyitegeka, TC), §§ 431 ss.; ICTR, 12 settembre 2006 (Muvunyi, TC), § 502. Cfr. anche *Della Morte*, Journal of International Criminal Justice 3 (2005), 1019, 1023; *Schabas*, Genocide in International Law (2000), 277; *Zahar*, Criminal Law Forum 16 (2005), 33, 34 s. Cfr. sulla sentenza della Supreme Court of Canada del 28 giugno 2005 anche *Rikhof*, Journal of International Criminal Justice 3 (2005), 1121, 1126.

tuttavia risulta immediatamente comprensibile dai soggetti cui si rivolge[192]. Col termine "pubblico" si intende ogni forma di incitamento che avvenga in luoghi pubblici o tramite l'uso di mezzi di comunicazione di massa diretti al pubblico[193]. È indispensabile che l'incitamento si diriga ad una cerchia di persone non specificamente individualizzabili, perché in questo modo la condotta è in grado di determinare o aumentare il rischio di azioni criminose assolutamente incontrollabili.

III. L'elemento soggettivo della fattispecie

729 Sotto il profilo soggettivo, l'integrazione della fattispecie presuppone la volontà e la rappresentazione del soggetto in merito ai requisiti oggettivi del fatto (art. 30 St-ICC), oltre all'intento specifico di distruggere un gruppo in tutto in parte[194].

E. La disciplina del concorso

730 Caratteristica del crimine di genocidio è la presenza di una molteplicità di azioni esecutive, ciascuna delle quali è già *ex se* sufficiente ad integrare i presupposti della punibilità. Rimane da stabilire se l'insieme di tali azioni debba essere considerato, dal punto di vista giuridico, come una pluralità di autonomi fatti criminosi o come un unico reato.

731 Da un lato, si potrebbe affermare che ogni singola azione conforme al modello tipico dia vita ad un'autonoma fattispecie di genocidio. Dall'altro, si prospetta una soluzione interpretativa di tutt'altro tenore, che porta a considerare le singole condotte commesse con l'intento di distruggere lo stesso gruppo in una dimensione unitaria, indipendentemente da quale possa essere il tempo e il luogo della loro realizzazione. Un simile "fatto criminoso di contesto", in casi estremi, potrebbe condurre a delineare una sorta di "reato su scala mondiale", unificando sotto lo stesso titolo di responsabilità azioni commesse in Paesi ed in tempi differenti.

---

[192] Il primo ministro ruandese *Kambanda* rivolse un simile appello alla popolazione Hutu: «You refuse to give your blood to your country and the dogs drink it for nothing». Con queste espressioni *Kambanda* esortava gli Hutu a combattere contro quelli che erano stati proclamati "cani" Tutsi e a versare il loro sangue per la patria, cfr. ICTR, 4 settembre 1998 (Kambanda, TC). La Camera d'Appello ha confermato la condanna dell'imputato cfr. ICTR, 19 ottobre 2000 (Kambanda, AC).

[193] Cfr. ICTR, 2 settembre 1998 (Akayesu, TC), § 556. Ad esempio, sporgendosi dalla propria auto con un megafono, l'imputato *Ngeze* – poi condannato – ha incitato la popolazione allo sterminio dei Tutsi, cfr. ICTR, 3 dicembre 2003 (Nahimana et al., TC), § 1039. Anche appelli contenuti in articoli di giornali sono stati considerati, nel corso del medesimo processo, come incitamento al genocidio (§§ 1023 ss., 1028).

[194] Cfr. ICTR, 2 settembre 1998 (Akayesu, TC), § 560; ICTR, 1° giugno 2000 (Ruggiu, TC), § 14; ICTR, 3 dicembre 2003 (Nahimana et al., TC), § 1012; Triffterer-*Ambos*, Rome Statute (1999), art. 25 n. marg. 30; *Della Morte*, Journal of International Criminal Justice 3 (2005), 1019, 1023; *Schabas*, Genocide in International Law (2000), 275.

Nell'affrontare la questione, è necessario restringere l'ambito di valutazione. In linea di principio, può affermarsi che più condotte – ad esempio, omicidi o gravi lesioni fisiche – costituiscano un unico crimine di genocidio quando i singoli atti siano stati determinati dall'intento di distruggere il medesimo gruppo[195]. La possibilità di considerare unitariamente una pluralità di azioni dipende dalla circostanza che la fattispecie di genocidio nasca per tutelare, in primo luogo, un bene giuridico superindividuale, qual è l'esistenza del gruppo. Allo stesso tempo, questa considerazione impedisce che azioni diversificate ed indipendenti l'una dall'altra siano ricondotte all'interno di una "dimensione unitaria sovradimensionata e senza limite"[196]. Pertanto, danno vita ad un'unica fattispecie di genocidio tutte quelle condotte dirette alla distruzione dello stesso gruppo, che siano state commesse nel medesimo contesto geografico e temporale[197]. Questi principi valgono sia in riferimento alla reiterazione della medesima sottofattispecie criminosa, sia quando vengano realizzate sottofattispecie differenti tra quelle previste dalla disposizione.

Una condotta costitutiva del crimine di genocidio può rappresentare, allo stesso tempo, anche il presupposto di un crimine di guerra o contro l'umanità. In questo caso, tutte le fattispecie troveranno contestualmente applicazione[198]. A ben vedere, le norme sul genocidio non possono essere considerate *lex specialis*[199] rispetto alla disciplina dei crimini contro l'umanità. L'analisi delle caratteristiche dei crimini, infatti, mette in luce come i presupposti della punibilità siano sensibilmente differenti nelle due categorie considerate: caratteristica distintiva dei crimini contro l'umanità è la presenza di un attacco effettivo diretto contro la popolazione civile, del tutto estraneo alla fattispecie di genocidio. Quest'ultima, al contrario, esige che sia dimostrato l'intento di distruggere in tutto o in parte uno dei gruppi tutelati. Anche ammettendo che gli atti di genocidio spesso costituiscano un presupposto dei crimini contro l'umanità, tuttavia essi non rappresentano un'ipotesi speciale

---

[195] Cfr. ICTR, 21 maggio 1999 (Kayishema e Ruzindana, TC), §§ 517 ss. Sul § 220a StGB, si veda BGHSt 45, 64, 88. Su posizioni concordi, *Hünerbein*, Straftatkonkurrenzen im Völkerfrecht (2005), 103; *Gil Gil* ZStW 112 (2000), 381, 396 s.; *Werle* JZ 1999, 1181, 1184. Cfr. anche LK-*Jähnke*, StGB, 11ª ed. (1999), § 220a n. marg. 14.

[196] Così BGHSt 45, 64, 88.

[197] Diversamente *Ambos* NStZ 1999, 404, secondo cui non è necessaria la presenza di un comune contesto spaziale; ancora oltre MK-*Kreß*, StGB (2003), § 220a/ § 6 VStGB (2003), n. marg. 109, che non richiede alcun tipo di relazione spaziale e temporale.

[198] ICTY, 19 aprile 2004 (Krstić, AC), §§ 219 ss.; ICTY, 2 agosto 2001 (Krstić, TC) § 681; cfr. anche *supra*, n. marg. 631.

[199] Questo aspetto è stato chiarito, in primo luogo, dal Tribunale penale internazionale per il Ruanda, cfr. ICTR, 16 novembre 2001 (Musema, AC), §§ 366 s.; cfr. inoltre ICTR, 21 febbraio 2002 (Ntakirutimana, TC), § 864; ICTR, 22 gennaio 2004 (Kamuhanda, TC), §§ 577 ss.; ICTR, 25 febbraio 2004 (Ntagerura, TC), § 823 ed ora anche ICTY, 19 aprile 2004 (Krstić, AC), §§ 219 ss. Tuttavia, con opinioni diverse *Selbmann*, Der Tatbestand des Genozids im Völkerstrafrecht (2002), 207, che considera la disposizione sul genocidio come *lex specialis* rispetto ai crimini contro l'umanità; così anche ICTR, 21 maggio 1999 (Kayishema, TC), §§ 641 ss., 648. Cfr. anche quanto già dimostrato *supra*, n. marg. 631.

all'interno di quest'ultima categoria. Piuttosto, entrambe le fattispecie si comportano come due cerchi che tendono a sovrapporsi[200]. Ecco perché, per cogliere l'intero disvalore del fatto, in questi casi è necessario che la condanna si fondi su un duplice accertamento di responsabilità, avente ad oggetto entrambe le figure criminose. Le considerazioni che precedono valgono anche con riferimento all'ipotesi di concorso tra genocidio e crimini di guerra[201].

734 Si considera ammissibile il concorso tra genocidio ed incitamento pubblico al medesimo crimine (cfr. art. 25 co. 3 St-ICC)[202]. Un certo margine di incertezza rimane ancora, secondo gli Statuti dei Tribunali *ad hoc*, in ordine alla sovrapposizione tra diverse forme di genocidio[203]. In questi casi, la cospirazione per commettere un genocidio (secondo l'art. 2 co. 3 b) St-ICTR) passa in secondo piano rispetto al crimine consumato[204]. Lo stesso dicasi per l'ipotesi di *complicity* (art. 2 co. 3 e) St-ICTR) in rapporto alla dimensione della responsabilità individuale[205].

735-740 [*Omissis*]

---

[200] Questa appropriata immagine viene presentata in *Dahm/Delbrück/Wolfrum*, Völkerrecht, vol. I/3, 2ª ed. (2002), 1073; allo stesso modo *Cassese*, in: Cassese/Gaeta/Jones (a cura di), Rome Statute, vol. 1 (2002), 335, 339 e *Cassese*, International Criminal Law (2003), 96, 106.

[201] Cfr. ICTR, 3 dicembre 2003 (Nahimana et al., TC), § 1090.

[202] Secondo il *Čelebići*-Test, questo è possibile perché le due fattispecie presentano elementi differenti cfr. solo ICTR, 3 dicembre 2003 (Nahimana et al., TC), §§ 1015, 1030. Un simile risultato appare legittimo perché il divieto di incitamento pubblico persegue anche un altro obiettivo di tutela, cioè quello di evitare l'estensione del conflitto.

[203] Cfr. sul punto anche *Hünerbein*, Straftatkonkurrenzen im Völkerstrafrecht (2005), 91 s.

[204] Così ICTR, 27 gennaio 2000 (Musema, TC), §§ 196 ss. Su posizioni differenti ICTR, 4 settembre 1998 (Kambanda, TC), §§ 40, 60 s., e successivamente ICTR, 3 dicembre 2003 (Nahimana et al., TC), §§ 1069, 1090.

[205] ICTR, 2 settembre 1998 (Akayesu, TC), § 532; ICTR, 3 dicembre 2003 (Nahimana et al., TC), § 1056; ICTR, 25 febbraio 2004 (Ntagerura, TC), § 695; diversamente ICTR, 4 settembre 1998 (Kambanda, TC), § 40.

PARTE QUARTA: CRIMINI CONTRO L'UMANITÀ

Ambos, Kai/Wirth, Steffen: The Current Law of Crimes against Humanity, Criminal Law Forum 13 (2002), 1 ss.; *Ambos, Kai:* Internationales Strafrecht (2006), § 7 Rn. 167 ss.; *Aroneanu, Eugène:* Le crime contre l'humanité (1961); *Askin, Kelly Dawn:* Crimes Within the Jurisdiction of the International Criminal Court, Criminal Law Forum 10 (1999), 33 ss.; *Bassiouni, M. Cherif:* Crimes Against Humanity in International Criminal Law, 2. Aufl. (1999); *Bassiouni, M. Cherif:* Crimes against Humanity: The Need for a Specialized Convention, Columbia Journal of Transnational Law 31 (1994), 457 ss.; *Becker, Astrid:* Der Tatbestand des Verbrechens gegen die Menschlichkeit – Überlegungen zur Problematik eines völkerrechtlichen Strafrechts (1996); *Boot, Machteld:* Genocide, Crimes against Humanity, War Crimes: Nullum Crimen Sine Lege and the Subject Matter Jurisdiction of the International Criminal Court (2002); *Brand, James T.:* Crimes against Humanity and the Nürnberg Trials, Oregon Law Review 28 (1949), 93 ss.; *Cassese, Antonio:* Crimes against Humanity, in: Cassese, Antonio/Gaeta, Paola/Jones, John R.W.D. (Hrsg.), The Rome Statute of the International Criminal Court: A Commentary, Band 1 (2002), 353 ss.; *Cassese, Antonio:* International Criminal Law (2003), 64 ss.; *Cassese, Antonio:* The Martens Clause: Half a Loaf or Simply Pie in the Sky?, EJIL 11 (2000), 187 ss.; *Chesterman, Simon:* An altogether different Order: Defining the Elements of Crimes against Humanity, Duke Journal of Comparative and International Law 10 (2000), 307 ss.; *Clark, Roger S.:* Crimes against Humanity at Nuremberg, in: Ginsburgs, George/Kudriavtsev, V.N. (Hrsg.), The Nuremberg Trial and International Law (1990), 177 ss.; *Clark, Roger S.:* Crimes Against Humanity and the Rome Statute of the International Criminal Court, in: Politi, Mauro/Nesi, Giuseppe (Hrsg.), The Rome Statute of the International Criminal Court, A challenge to impunity (2001), 75 ss.; *Cryer, Robert:* Prosecuting International Crimes, Selectivity and the International Criminal Law Regime (2005), 247 ss.; *Delmas-Marty, Mireille:* Le crime contre l'humanité, les droits de l'homme et l'irréductible humain, Revue de science criminelle et de droit pénal comparé 11 (1994), 477 ss.; *Dinstein, Yoram:* Crimes against Humanity, in: Makarczyk, Jerzy (Hrsg.), Theory of International Law at the Threshold of the 21st Century: Essays in Honour of Krzysztof Skubiszewski (1996), 891 ss.; *Dinstein, Yoram:* Crimes against Humanity after Tadic, Leiden Journal of International Law 13 (2000), 373 ss.; *Donat-Cattin, David:* Crimes against Humanity, in: Lattanzi, Flavia

(Hrsg.), The International Criminal Court, Comments on the Draft Statute (1998), 49 ss.; *Donat-Cattin, David:* A General Definition of Crimes against Humanity under International Law: The Contribution of the Rome Statute of the International Criminal Court, L'Astrée, Revue de Droit Pénal et des Droits de l'Homme 1999, 83 ss.; *Gil Gil, Alicia:* Die Tatbestände der Verbrechen gegen die Menschlichkeit und des Völkermordes im Römischen Statut des Internationalen Strafgerichtshofs, ZStW 112 (2000), 381 ss.; *Graven, Jean:* Les crimes contre l'humanité, Recueil des Cours de l'Académie de Droit International de La Haye 76 (1950-I), 429 ss.; *von Hebel, Herman/Robinson, Darryl:* Crimes within the Jurisdiction of the Court, in: Lee, Roy S. (Hrsg.), The International Criminal Court, The Making of the Rome Statute (1999), 79 ss.; *Hwang, Phyllis:* Defining Crimes against Humanity in the Rome Statute of the International Criminal Court, Fordham International Law Journal 22 (1998), 457 ss.; *Jagusch, Heinrich:* Das Verbrechen gegen die Menschlichkeit in der Rechtsprechung des Obersten Gerichtshofs für die Britische Zone, SJZ 1949, Sp. 620 ss.; *Jescheck, Hans-Heinrich:* Gegenstand und neueste Entwicklung des internationalen Strafrechts, in: Schroeder, Friedrich-Christian/Zipf, Heinz (Hrsg.), Festschrift für Reinhart Maurach (1972), 579 ss.; *Jia, Bing Bing:* The Differing Concepts of War Crimes and Crimes against Humanity in International Criminal Law, in: Goodwin-Gill, Guy S./Talmon, Stefan (Hrsg.), The Reality of International Law, Essays in Honour of Ian Brownlie (1999), 243 ss.; *Kittichaisaree, Kriangsak:* International Criminal Law (2001), 85 ss.; *Klefisch, Theodor:* Die NS-Denunziation in der Rechtsprechung des Obersten Gerichtshofes für die Britische Zone, MDR 1949, 324 ss.; *Kreß, Claus:* Der Jugoslawien-Strafgerichtshof im Grenzbereich zwischen internationalem bewaffneten Konflikt und Bürgerkrieg, in: Fischer, Horst/Lüder, Sascha Rolf (Hrsg.), Völkerrechtliche Verbrechen vor dem Jugoslawien-Tribunal, nationalen Gerichten und dem Internationalen Strafgerichtshof, Beiträge zur Entwicklung einer effektiven internationalen Strafgerichtsbarkeit (1999), 15 ss.; *Lampe, Ernst-Joachim:* Verbrechen gegen die Menschlichkeit, in: Hirsch, Hans-Joachim et al. (Hrsg.), Festschrift für Günter Kohlmann zum 70. Geburtstag (2003), 147 ss.; *Lange, Richard:* Die Rechtsprechung des Obersten Gerichtshofes für die Britische Zone zum Verbrechen gegen die Menschlichkeit, SJZ 1948, Sp. 655 ss.; *Lattanzi, Flavia:* Crimes Against Humanity in the Jurisprudence of the International Criminal Tribunals for the Former Yugoslavia and Rwanda, in: Fischer, Horst/Kreß, Claus/Lüder, Sascha Rolf (Hrsg.), International and National Prosecution of Crimes under International Law – Current Developments (2001), 473 ss.; *Lippman, Matthew:* Crimes against humanity, Boston College Third World Law Journal 17 (1997), 171 ss.; *Luban, David:* A Theory of Crimes Against Humanity, Yale Journal of International Law 29 (2004), 85 ss.; *Manske, Gisela:* Verbrechen gegen die Menschlichkeit als Verbrechen gegen die Menschheit (2003); *Marcus, David:* Famine Crimes in International Law, AJIL 97 (2003), 245 ss.; *Martín Salgado, Elena:* The Judgment of the International Criminal Tribunal for the former Yugoslavia in the Vasiljević Case, Leiden Journal of International Law 16 (2003), 321 ss.; *Maurach, Reinhart:* Das Gesetz zum Schutz der persönlichen Freiheit (§§ 234a, 241a StGB), NJW 1952, 163 ss.; *Meron, Theodor:* The Martens Clause, Principles of Humanity and Dictates of Public Conscience, AJIL 94 (2000), 78 ss.; *Meyrowitz, Henri:* La répression des crimes contre l'humanité par les tribunaux allemands en application de la loi no. 10 du Conseil de Contrôle Allié (1960); *McAuliffe de Guzman, Margaret:* The Road from Rome: The Developing Law of Crimes against Humanity, Human Rights Quarterly 22 (2000), 335 ss.; *Meseke, Stephan:* La contribution de la jurisprudence des tribunaux pénaux internationaux pour l'ex-Yougoslavie et le Rwanda à la concrétisation de l'incrimination du crime contre l'humanité, in: Chiavario, Mario (Hrsg.), La justice pénale internationale entre passé et avenir (2003), 173 ss.; *Meseke, Stephan:* Der Tatbestand der Verbrechen gegen die Menschlichkeit nach dem Römischen Statut des Internationalen Strafgerichtshofs (2004); *Mettraux, Guénaël:* Crimes against Humanity in the Jurisprudence of the International Criminal Tribunals for the former Yugoslavia and for Rwanda, Harvard International Law Journal 43 (2002), 237 ss.; *Mettraux, Guénaël:* International Crimes and the *ad hoc* Tribunals (2005); *Osten, Philipp:* Der Tokioter Kriegsverbrecherprozeß und die japanische Rechtswissenschaft (2003); *Radbruch, Gustav:* Zur Diskussion über das Verbrechen gegen die Menschlichkeit, SJZ 1947, Sp. 131 ss.; *Robinson, Darryl:* Defining Crimes against Humanity at the Rome Conference, AJIL 93 (1999), 43 ss.; *Robinson, Darryl:* Crimes Against Humanity: Reflections on State Sovereignty, Legal Precision and the Dictates of the Public Conscience, in: Lattanzi, Flavia/Schabas, William A. (Hrsg.), Essays on the Rome Statute of the International Criminal Court, Band 1 (1999), 139 ss.; *Robinson, Darryl:* The Elements of Crimes Against Humanity, in: Lee, Roy S. (Hrsg.), The International Criminal Court, Elements of Crimes and Rules of Procedure and Evidence (2001), 57 ss.; *Rückert, Wiebke/Witschel, Georg:* Genocide and Crimes Against Humanity in the Elements of Crimes, in: Fischer, Horst/Kreß, Claus/Lüder, Sascha Rolf (Hrsg.), International and National Prosecution of Crimes under International Law – Current Developments (2001), 59 ss.; *Sadat, Leila Nadya:* The Interpretation of the Nuremberg Principles by the French Court of Cassation: From Touvier to Barbie and Back Again, Columbia Journal of Transnational Law 32 (1994), 289 ss.; *Satzger, Helmut:* Internationales und Europäisches Strafrecht (2005), 201 ss.; *van Schaack, Beth:* The Definition of Crimes against Humanity: Resolving the Incoherence, Columbia Journal of Transnational Law 37 (1999), 787 ss.; *Schabas, William A.:* The UN International Criminal Tribunals, The Former Yugoslavia, Rwanda and Sierra Leone (2006), 185 ss.; *Schwelb, Egon:* Crimes against Humanity, British Year Book of International Law 23 (1946), 178 ss.; *Swaak-Goldman, Olivia:* Crimes against humanity, in: McDonald, Gabrielle Kirk/Swaak-Goldman, Olivia (Hrsg.), Substantive and Procedural Aspects of International Criminal Law, The Experience of International and National Courts, Band 1 (2000), 141 ss.; *Tomuschat, Christian:* Das Strafgesetzbuch der Verbrechen gegen den Frieden und die Sicherheit der Menschheit, EuGRZ 1998, 1 ss.; *United Nations War Crimes Commission* (Hrsg.): History of the United Nations War Crimes Commission and the Development of the Laws of War (1948); *Vest, Hans:* Humanitätsverbrechen – Herausforderung für das Individualstrafrecht, ZStW 113 (2001), 457 ss.; *von Weber, Hellmuth:* Das Verbrechen gegen die Menschlichkeit in der Rechtsprechung, MDR 1949, 261 ss.; *Wieland, Günter:* Ahndung von NS-Verbrechen in Ostdeutschland 1945-1990, NJ 1991, 49 ss.; *Witschel, Georg/Rückert, Wiebke:* The Elements of Crimes against Humanity, in: Lee, Roy S. (Hrsg.), The International Criminal Court, Elements of Crimes and Rules of Procedure and Evidence (2001), 94 ss. Weitere Literaturhinweise finden sich bei den Einzeltaten Tötung (Rn. 786); Versklavung (Rn. 795); Vertreibung oder zwangsweise Überführung (Rn. 807); Folter (Rn. 823); Sexuelle Gewalt (Rn. 835); Verfolgung (Rn. 849) und Verbrechen der Apartheid (Rn. 873).

A. Introduzione

I. Tipologie di manifestazione

742 Crimini contro l'umanità sono crimini di massa commessi contro la popolazione civile. In primo luogo viene in considerazione l'uccisione di interi gruppi di uomini, ch'è anche caratteristica del genocidio[1]; è così che il Tribunale di Norimberga ha qualificato e punito il genocidio degli ebrei d'Europa, appunto come crimine contro l'umanità. La fattispecie tipica di questi crimini è peraltro più ampia rispetto a quella di genocidio: tali crimini non devono necessariamente dirigersi contro un gruppo determinato, ma semplicemente contro una popolazione civile. Sono compresi pertanto anche i reati commessi contro gruppi politici od altrimenti identificati; e, sempre diversamente dal genocidio, non è necessario che gli autori intendano distruggere (in tutto o in parte) il gruppo come tale.

743 Oltre ai più gravi casi di crimini contro l'umanità, cioè sterminio ed omicidio, la fattispecie abbraccia ulteriori fenomenologie desunte dall'esperienza storica e dai suoi dolori. Esempi ne sono la riduzione in schiavitù mediante l'imposizione di lavori forzati, la deportazione di persone dai luoghi di dimora d'origine, la detenzione arbitraria o la tortura di avversari politici, la violenza carnale commessa su larga scala contro donne indifese, il far sparire persone senza lasciare traccia[2] o la persecuzione per mezzo di leggi e misure discriminatorie. In quest'ultimo genere s'inquadra senz'altro anche il crimine di *apartheid*, forma istituzionalizzata di repressione su base razziale[3].

II. Origine della fattispecie

744 La prima formulazione della fattispecie dei crimini contro l'umanità è rappresentata dall'art. 6 c) St-IMT, che dichiarava punibili «omicidio, sterminio, riduzione in schiavitù, deportazione od altri atti inumani, commessi ai danni di una popolazione civile prima o durante la guerra; persecuzione per motivi politici, razziali o religiosi, commessa in esecuzione di, od in connessione con, un crimine di competenza del tribunale, ed in ogni caso indipendentemente dal fatto che l'azione violasse o meno le leggi dello Stato di commissione»[4]. Questa fattispecie, diversamente da

---

[1] Sulle tipologie di genocidio cfr. *supra*, n. marg. 650 ss.

[2] Cfr. ad es. Report of the Chilean National Commission on Truth and Reconciliation, vol. 1 e 2 (1993), 136 ss., 495 ss.; sul punto, riassuntivamente, Klumpp, Vergangenheitsbewältigung durch Wahrheitskommissionen – das Beispiel Chile (2001), 108 ss.; Hamburger Institut für Sozialforschung (a cura di), Nie wieder! Ein Bericht über Entführung, Folter e Mord durch die Militärdiktatur in Argentinien (1987), 155 ss.

[3] Cfr. ad es. Truth and Reconciliation Commission of South Africa Report (1998), vol. 1, 94 ss.

[4] Art. 6 c) St-IMT [traduzione nostra, *N.d.T.*]. Cfr. sul punto Schwelb, British Year Book of International Law 23 (1946), 178 ss.; Clark, in: Ginsburgs/Kudriavtsev (a cura di), The Nuremberg

quella dei crimini di guerra, comprendeva anche fatti commessi contro "propri" cittadini, cioè cittadini dello Stato di commissione, se tali fatti fossero stati commessi sistematicamente contro una popolazione civile.

Quanto alle origini più remote della fattispecie si deve risalire ai Preamboli delle Convenzioni de L'Aja concernenti le leggi e gli usi di guerra, del 1899 e 1907[5], alla cui stregua le parti di un conflitto erano obbligate, mediante una regola generale di chiusura, a tenere in conto le "leggi dell'umanità". L'idea di una criminalizzazione delle violazioni di tali leggi dell'umanità non ebbe ancora risonanza, tuttavia, nella cd. clausola Martens[6], la cui validità era limitata al caso di guerra[*]. Nel 1915 fu poi coniato il termine di "crimini contro l'umanità": Francia, Regno Unito e Russia qualificarono in tal modo i massacri commessi in Turchia a danno della popolazione armena[7]. Dopo la prima guerra mondiale si prese in considerazione l'ipotesi di perseguire crimini contro l'umanità («offences against the laws of humanity») ma quest'intendimento non riuscì alfine ad affermarsi[8].

745

La fattispecie dei crimini contro l'umanità trovò ingresso anche nello Statuto dell'IMTFE, all'art. 5 c)[9], diversamente da quanto avvenuto a Norimberga, tuttavia, non vi furono condanne a questo titolo[10]. Anche il CCL n. 10 recepì questa fattispecie, con talune integrazioni ed una modifica essenziale: mentre gli Statuti di Norimberga e Tokio prevedevano ancora la punibilità dei crimini contro l'umanità solo se commessi nel contesto di una guerra di aggressione o di crimini di guerra, tale requisito di accessorietà venne meno[11].

746

Trial and International Law (1990), 177 ss. Sull'elaborazione della definizione dei crimini contro l'umanità al processo di Norimberga cfr. *Manske*, Verbrechen gegen die Menschlichkeit als Verbrechen gegen die Menschheit (2003), 52 ss.

[5] Cfr. il relativo testo in <http://www.icrc.org/ihl>.

[6] Sulla "clausola Martens" cfr. *Cassese* EJIL 11 (2000), 187 ss. [nonché *Id.*, Diritto internazionale, Bologna 2003, 170 s., *N.d.T.*]; *Meron* AJIL 94 (2000), 78 ss.

[7] Dichiarazione del 28 maggio 1915, riprodotta in: UNWCC (a cura di), History of the United Nations War Crimes Commission and the Development of the Laws of War (1948), 35. Sull'evoluzione del concetto di crimini contro l'umanità cfr. *Luban*, Yale Journal of International Law 29 (2004), 85 ss.

[8] Cfr. sullo sviluppo fino alla seconda guerra mondiale *Bassiouni*, Crimes against Humanity, 2ª ed. (1999), 60 ss.

[9] Art. 5 c) St-IMTFE: «Crimes against Humanity: Namely, murder, extermination, enslavement, deportation, and other inhumane acts committed before or during the war, or persecutions on political or racial grounds in execution of or in connection with any crime within the jurisdiction of the Tribunal, whether or not in violation of the domestic law of the country where perpetrated». Cfr. in tema *Cryer*, Prosecuting International Crimes (2005), 249.

[10] Cfr. per tutti *Osten*, Der Tokioter Kriegsverbrecherprozeß e die japanische Rechtswissenschaft (2003).

[11] Art. II, 1 c) Control Council Law n. 10: «*Crimes against Humanity.* Atrocities and offenses,

---

[*] La cd. clausola Martens, inserita nel preambolo della II Convenzione de L'Aja (1899) e poi ribadita nella IV Convenzione, recita: «Fino a che non sarà adottato un più completo codice delle regole applicabili ai conflitti armati, le popolazioni e i belligeranti restano sotto la salvaguardia e sotto l'imperio dei principi del diritto delle genti, quali risultano dagli usi stabiliti fra le nazioni civili, dalle leggi d'umanità e dalle esigenze della coscienza pubblica» [*N.d.T.*].

747 Le sentenze dei processi seguiti a Norimberga (cd. Nürnberger Nachfolgeprozesse) interpretarono tuttavia il CCL n. 10, con orientamento nettamente prevalente, così come applicato nella sentenza dell'IMT, e non punirono crimini commessi prima dello scoppio della seconda guerra mondiale[12]. Per contro, si orientò diversamente la giurisprudenza della Supremo Tribunale per la zona britannica, applicando la fattispecie, conformemente al suo tenore letterale, anche a fatti commessi al di fuori del contesto bellico[13].

748 La punibilità dei crimini contro l'umanità in base al diritto consuetudinario fu nell'epoca successiva più volte confermata e riconosciuta, e lo stesso vale per i cd. Principi di Norimberga[14]. Così, la fattispecie trovava ingresso nel *Draft Code of Offences against the Peace and Security of Mankind* del 1954 ed era contenuta in tutti i successivi progetti della Commissione di diritto internazionale[15]; era presupposta inoltre da Convenzioni che stabilivano l'imprescrittibilità di tali crimini o ne prevedevano nuove forme di commissione[16].

749 Meno degna di nota è la prassi della repressione di tali crimini: dopo la chiusura dei processi a Norimberga e fino agli anni Novanta del XX secolo non furono più celebrati procedimenti davanti a tribunali internazionali. Tuttavia la repressione di quei fatti non venne completamente meno: si devono almeno menzionare i processi contro *Adolf Eichmann*[17] nonché la condanna di *Klaus Barbie* in Francia[18].

---

including but not limited to murder, extermination, enslavement, deportation, imprisonment, torture, rape, or other inhumane acts committed against any civilian population, or persecutions on political, racial or religious grounds whether or not in violation of the domestic laws of the country where perpetrated».

[12] Cfr. per la giurisprudenza nel contesto dei cd. Nürnberger Nachfolgeprozesse *Brand*, Oregon Law Review 28 (1949), 93 ss.

[13] Cfr. per la giurisprudenza del Supremo Tribunale per la zona britannica *Jagusch* SJZ 1949, col. 620 ss.; *Lange* SJZ 1948, Sp. 655 ss. Cfr. anche *Meyrowitz*, La répression des crimes contre l'humanité par les tribunaux allemands (1960), 213 ss.

[14] Cfr. per questo aspetto *Lippman*, Boston College Third World Law Journal 17 (1997), 171 ss.; *van Schaack*, Columbia Journal of Transnational Law 37 (1999), 787 ss. e *supra*, n. marg. 39 ss.

[15] Cfr. art. 2 co. 11 *Draft Code* 1954; art. 21 *Draft Code* 1991 e art. 18 *Draft Code* 1996.

[16] Cfr. ad es. *Convention on the imprescriptibility of war crimes and crimes against humanity, adopted by the United Nations General Assembly Organization*, ris. 2391 (XXIII) del 26 novembre 1968; *Convention on the suppression and punishment of the crime of apartheid adopted by the United Nations General Assembly Organization*, ris. 3068 (XXVIII) v. 30 novembre 1973.

[17] District Court of Jerusalem, 12 dicembre 1961, in: ILR 36 (1968), 18 ss.; Supreme Court of Israel, 29 maggio 1962, in: ILR 36 (1968), 277 ss.

[18] Cour de Cassation, 20 dicembre 1985, in: ILR 78 (1988), 136 ss.; Cour de Cassation, 3 giugno 1988, in: ILR 100 (1995), 330 ss. Per un riepilogo, *Sadat*, Columbia Journal of Transnational Law 32 (1994), 289 ss.

Anche in Olanda[19], DDR[20] e Canada[21] si celebrarono processi per crimini contro l'umanità. Ad essere perseguiti furono per vero – nonostante numerosi altri casi di gravi violazioni dei diritti umani – esclusivamente crimini nazisti, risalenti a fatti commessi decine d'anni addietro[22]. Questa situazione è cambiata soltanto con l'istituzione dei Tribunali per l'ex Jugoslavia e per il Ruanda[23].

Gli Statuti dei tribunali da ultimo menzionati hanno convalidato e rafforzato la punibilità in base al diritto consuetudinario dei crimini in esame, anche se le formulazioni testuali delle rispettive norme divergono in misura non irrilevante. Queste differenze, d'altronde, non sono frutto d'incertezza sulla portata delle fattispecie dei crimini, piuttosto si spiegano con il necessario legame di essi al relativo contesto situazionale. Quando l'art. 5 St-ICTY richiede la commissione del fatto «nell'ambito di un conflitto armato internazionale o interno»[24], con ciò esso stabilisce semplicemente una connessione di tipo temporale e spaziale con il conflitto jugoslavo; a nessun patto deve ritenersi qui reintrodotto l'ormai superato requisito di accessorietà dello Statuto IMT[25]. Lo St-ICTR si riferisce con l'art. 3 ai crimini

---

[19] Cfr. Supreme Court of the Netherlands, 13 gennaio 1981 (*Menten*), in: ILR 75 (1987), 362 ss.

[20] Diversamente dalla Repubblica Federale Tedesca, la Repubblica Democratica ha sistematicamente condannato criminali nazisti per crimini contro l'umanità, applicando la fattispecie consuetudinaria: cfr. fra le altre le sentenze contro *Hans Globke*, Oberstes Gericht der DDR, 23 luglio 1963, in: NJ 1963, 449, 507 ss.; *Horst Fischer*, Oberstes Gericht der DDR, 25 marzo 1966, in: NJ 1966, 193, 203 ss. Successivamente tale fattispecie è stata anche recepita nel codice penale della DDR: per un riassunto della questione *Wieland* NJ 1991, 49 ss. V'è da dire peraltro che, purtroppo, gli stessi procedimenti per crimini contro l'umanità instaurati nella DDR furono condotti a loro volta, in non pochi casi, in grave e sistematica violazione dei diritti umani: ciò vale soprattutto per i cd. Waldheimer Prozesse del 1950, in occasione dei quali vennero ignorate in modo flagrante elementari regole processuali. Cfr. in tema *Marxen*, in: Marxen/Miyazawa/Werle (a cura di), Der Umgang mit Kriegs- e Besatzungsunrecht in Deutschland e Japan (2001), 171 ss.

[21] Ontario Court of Appeal, 29 aprile 1992, in: ILR 98 (1994), 520 ss.; Supreme Court of Canada, 24 marzo 1994, in: ILR 104 (1997), 284 ss. Approfonditamente sui procedimenti canadesi *Burchards*, Die Verfolgung von Völkerrechtsverbrechen durch Drittstaaten, Das kanadische Beispiel (2005).

[22] Riassuntivamente sulla repressione dei crimini contro l'umanità da parte di autorità giudiziarie nazionali *Meseke*, Der Tatbestand der Verbrechen gegen die Menschlichkeit nach dem Römischen Statut des Internationalen Strafgerichtshofs (2004), 44 ss.

[23] Su tutto ciò cfr. *supra*, n. marg. 44 ss.

[24] Cfr. art. 5 St-ICTY: «The International Tribunal shall have the power to prosecute persons responsible for the following crimes when committed in armed conflict, whether international or internal in character, and directed against any civilian population: [...]». Sulla fattispecie dei crimini contro l'umanità nella giurisprudenza dell'ICTY cfr. in particolare *Lattanzi*, in: Fischer/Kreß/Lüder (a cura di), International and National Prosecution of Crimes under International Law – Current Developments (2001), 473 ss.; *Mettraux*, Harvard International Law Journal 43 (2002), 237 ss.; *Mettraux*, International Crimes and the *ad hoc* Tribunals (2005), 148 ss.; *Schabas*, The UN International Criminal Tribunals (2006), 187 ss.

[25] ICTY, 15 luglio 1999 (Tadić, AC), §§ 249, 251; giurisprudenza costante, di recente confermata da ICTY, 27 settembre 2006 (Krajišnik, TC), § 704. Cfr. anche *Mettraux*, International Crimes and the *ad hoc* Tribunals (2005), 148 ss.

contro l'umanità senza richiedere alcun collegamento con un conflitto armato, e previene ogni fraintendimento: la fattispecie ha vigore ed è applicabile indipendentemente dall'esistenza di un conflitto armato. Lo St-ICTR richiede tuttavia, non per il crimine di persecuzione ma per altre condotte tipiche, che quest'ultime siano realizzate «per motivi di appartenenza nazionale, politica, etnica, razziale o religiosa»[26]. Anche in questo caso tuttavia non si deve leggere in questa formulazione un requisito limitativo della fattispecie, bensì una delimitazione della giurisdizione del Tribunale a quelle modalità concrete di realizzazione dei crimini tipiche del caso Ruanda[27].

751   Due anni dopo l'approvazione dello Statuto del Tribunale per il Ruanda da parte del Consiglio di Sicurezza ONU, la Commissione di diritto internazionale inserì nel *Draft Code of Crimes against the Peace and Security of Mankind* un'ulteriore definizione dei crimini contro l'umanità, che giocò un ruolo importante nei negoziati sullo Statuto ICC[28].

752   Nei negoziati a Roma, in effetti, si concordò sul fatto che quei crimini dovessero essere inseriti nel catalogo dei crimini fondamentali; ma la formulazione della fattispecie si rivelò difficile impresa, nonostante il suo nucleo condiviso di regola di diritto consuetudinario. Alla fine, peraltro, in sede di negoziati si poté raggiungere

---

[26] Cfr. art. 3 St-ICTR: «The International Tribunal for Rwanda shall have the power to prosecute persons responsible for the following crimes when committed as part of a widespread or systematic attack against any civilian population on national, political, ethnic, racial or religious grounds [...]». Sulla fattispecie dei crimini contro l'umanità nella giurisprudenza dell'ICTR cfr. di nuovo *Lattanzi*, in: Fischer/Kreß/Lüder (a cura di), International and National Prosecution of Crimes under International Law – Current Developments (2001), 473 ss.; *Mettraux*, Harvard International Law Journal 43 (2002), 237 ss.

[27] ICTR, 1° giugno 2001 (Akayesu, AC), §§ 464 s.: «It is within this context, and in light of the nature of the events in Rwanda (where a civilian population was actually the target of a discriminatory attack), that the Security Council decided to limit the jurisdiction of the Tribunal over crimes against humanity solely to cases where they were committed on discriminatory grounds. This is to say that the Security Council intended thereby that the Tribunal should not prosecute perpetrators of other possible crimes against humanity. [T]he Security Council did not depart from international humanitarian law nor did it change the legal ingredients required under international humanitarian law with respect to crimes against humanity. It limited at the very most the jurisdicition of the Tribunal to a sub-group of such crimes, which in actuality may be committed in a particular situation». Cfr. anche *Cryer*, Prosecuting International Crimes (2005), 252 s.

[28] Cfr. art. 18 *Draft Code* 1996: «A crime against humanity means any of the following acts, when committed in a systematic manner or on a large scale and instigated or directed by a government or by any organization or group: a) murder; b) extermination; c) torture; d) enslavement; e) persecution on political, racial, religious or ethnic grounds; f) institutionalized discrimination on racial, ethnic, or religious grounds involving the violation of fundamental human rights and freedoms and resulting in seriously disadvantaging a part of the population; g) arbitrary deportation or forcible transfer of population; h) arbitrary imprisonment; i) forced disappearance of persons; j) rape, enforced prostitution and other forms of sexual abuse; k) other inhumane acts which severely damage physical or mental integrity, health or human dignity, such as mutilation and severe bodily harm». Cfr. sul punto *Tomuschat* EuGRZ 1998, 5 s.

una formulazione relativamente più precisa (art. 7), utilizzando le precedenti definizioni ed in particolare valorizzando la giurisprudenza dell'ICTY[29].

III. Struttura del crimine

L'elemento oggettivo dei crimini contro l'umanità presuppone la realizzazione di almeno uno dei fatti-base («Einzeltaten») descritti dettagliatamente dall'art. 7 St-ICC. Questi fatti vengono a costituire crimini contro l'umanità in quanto siano commessi nel quadro di un esteso o sistematico attacco contro una popolazione civile (fatto di contesto, «Gesamttat»): i fatti-base devono dunque inserirsi funzionalmente in un generale contesto[30]. L'elemento soggettivo richiede il dolo, sia riferito al fatto-base, sia riferito al complessivo contesto funzionale.

753

IV. Interessi tutelati

La minaccia alla pace, sicurezza e benessere dell'umanità è rappresentata, nel caso dei crimini in esame, dalla sistematica o massiva aggressione a fondamentali diritti umani di una popolazione civile[31]. È questo fatto di contesto che mette in pericolo l'umanità in sé e per sé[32], nel senso di uno «standard minimo delle regole di coesistenza tra gli uomini»[33]. Il fatto concerne non soltanto le singole vittime, ma la collettività umana come tale[34]; accanto a questi interessi sovraindividuali la fattispecie

754

---

[29] Sui negoziati relativi all'art. 7 St-ICC cfr. in partic. *Robinson* AJIL 93 (1999), 43 ss.; *Robinson*, in: Lattanzi/Schabas (a cura di), Essays on the Rome Statute of the International Criminal Court, vol. 1 (1999), 139 ss. Cfr. anche *Clark*, in: Politi/Nesi (a cura di), The Rome Statute of the International Criminal Court, A challenge to impunity (2001), 75 ss.; *Cryer*, Prosecuting International Crimes (2005), 255; *Donat-Cattin*, L'Astrée, Revue de Droit Pénal et des Droits de l'Homme 1999, 83 ss.; *Hwang*, Fordham International Law Journal 22 (1998), 457 ss.; *McAuliffe de Guzman*, Human Rights Quarterly 22 (2000), 335 ss.

[30] Cfr. sul punto anche ICTY, 1° settembre 2004 (Brđanin, TC), § 132. [si traduce qui con il termine di «fatto di contesto» l'espressione tedesca: «funktionaler Gesamtzusammenhang», letteralm.: contesto funzionale complessivo. Cfr. anche *supra*, n. marg. 91, *N.d.T.*].

[31] Sugli interessi protetti dal diritto internazionale penale cfr. *supra*, n. marg. 86 ss.

[32] Sull'interpretazione dell'"umanità" come concetto giuridico tuttora istruttiva la lettura di *Radbruch* SJZ 1947, Sp. 131 ss.; cfr. anche *Cassese*, in: Cassese/Gaeta/Jones (a cura di), Rome Statute, vol. 1 (2002), 353, 360: «constitute a serious attack on human dignity»; *Cassese*, International Criminal Law (2003), 65: «constitute an attack on humanity»; *Meseke*, Der Tatbestand der Verbrechen gegen die Menschlichkeit nach dem Römischen Statut des Internationalen Strafgerichtshofs (2004), 117 ss. Sul bene giuridico tutelato dalla fattispecie dei crimini contro l'umanità, muovendo dalle premesse della dottrina del diritto kantiana *Gierhake*, Begründung des Völkerstrafrechts auf der Grundlage der Kantischen Rechtslehre (2005), 271 ss.

[33] Così esplicitamente *Jescheck*, in: Schroeder/Zipf (a cura di), Festschrift für Maurach (1972), 579, 590.

[34] Cfr. ICTY, 7 ottobre 1997 (Erdemović, AC), *joint separate opinion* dei giudici *McDonald* e *Vohrah*, § 21: «[R]ules proscribing crimes against humanity address the perpetrator's conduct not only towards the immediate victim but also towards the whole of humankind. [...] It is therefore

tutela comunque anche interessi individuali, e precisamente la vita, incolumità fisica e salute, libertà e dignità umana delle singole vittime[35].

B. Il fatto di contesto

755 Secondo l'art. 7 co. 1 St-ICC, le singole fattispecie definite nei successivi commi e numeri della stessa norma costituiscono crimini contro l'umanità se commesse «nell'ambito di un attacco esteso o sistematico contro la popolazione civile». Solo quando la condotta tipica si inserisce in un quadro complessivo di questo tipo, di per sé definibile come "fatto di contesto", viene a configurarsi un crimine contro l'umanità. Si ha un «attacco contro la popolazione civile», stando alla definizione di cui all'art. 7 co. 2 a) St-ICC, quando vengano realizzate «condotte che implicano la reiterata commissione di taluno degli atti preveduti al paragrafo 1 contro la popolazione civile, in attuazione o in esecuzione del disegno politico di uno Stato o di una organizzazione, diretto a realizzare l'attacco». Qui di seguito, il fatto di contesto sarà esaminato, in primo luogo, nella sua dimensione oggettiva; si analizzeranno, cioè, i concetti di "popolazione civile", di "attacco esteso o sistematico", nonché il requisito "politico" delineato nell'art. 7 co. 2 a) St-ICC. In chiusura, tratteremo dei possibili soggetti attivi, ed infine del coefficiente soggettivo caratterizzante il fatto di contesto.

I. La popolazione civile come oggetto del crimine

756 I crimini contro l'umanità sono diretti contro una popolazione civile in quanto tale («any civilian population»), non soltanto contro singoli individui. Può definirsi popolazione civile una pluralità di persone accomunate tra di loro da alcuni requisiti, in virtù dei quali divengono obiettivo dell'attacco; si pensi, ad esempio, al fatto di abitare tutte in una medesima regione geografica[36]. Ciò non significa che l'attacco debba rivolgersi contro l'intera popolazione di uno Stato o di un territorio. L'ele-

---

the concept of humanity as victim which essentially characterises crimes against humanity. [...] Because of their heinousness and magnitude they constitute an egregious attack on human dignity, on the very notion of humaneness. They consequently affect, or should affect, each and every member of mankind, whatever his or her nationality, ethnic group and location. [...] This aspect of crimes against humanity as injuring a broader interest than that of the immediate victim [...] is shown by the intrinsic elements of the offence [...]».

[35] Sul tema cfr. le puntuali osservazioni di *Vest* ZStW 113 (2001), 457, 463 s.; cfr. anche *Lampe*, in: Hirsch et al. (a cura di), Festschrift für Kohlmann (2003), 147, 153 ss. – Il carattere internazionalisticamente rilevante del crimine sarebbe misconosciuto se lo si riducesse alla lesione di diritti individuali; in tal senso, invece, *Gil Gil* ZStW 112 (2000), 381, 382.

[36] Cfr. la definizione proposta da *Mettraux*, International Crimes and the *ad hoc* Tribunals (2005), 165 ss.: «[A] 'population' may be defined as a sizeable group of people who possess some distinctive features that mark them as targets of the attack. The 'population' must form a somewhat self-contained group of individuals, either geographically or as a result of other common features» (166).

mento in discussione intende sottolineare, piuttosto, il carattere collettivo del crimine, e dunque negare rilievo ad aggressioni perpetrate contro singoli individui, così come ad isolati atti di violenza[37].

Il fatto criminoso può essere egualmente realizzato tanto in tempo di guerra quanto in periodo di pace. Diversamente dai crimini di guerra, oggetto di protezione è non soltanto la popolazione civile della Parte avversaria, ma anche quella stessa cui appartiene il soggetto attivo[38]. La cittadinanza della vittima, così come quella dell'agente, non giocano alcun ruolo. Ancora, l'esistenza di un certo numero di soldati o combattenti all'interno della popolazione aggredita non esclude la natura "civile" di quest'ultima[39].

---

[37] Fondamentale ICTY, 7 maggio 1997 (Tadić, TC), § 644: «The requirement [...] 'population' does not mean that the entire population of a given State or territory must be victimised by these acts in order for the acts to constitute a crime against humanity. Instead the 'population' element is intended to imply crimes of a collective nature and thus exclude single or isolated acts which, although possibly constituting war crimes or crimes against national penal legislation, do not rise to the level of crimes against humanity. [T]he requirement [...] 'directed against any civilian population' ensures that what is to be alleged will not be one particular act but, instead, a course of conduct. [...] Thus the emphasis is not on the individual victim but rather on the collective, the individual being victimised not because of his individual attributes but rather because of his membership of a targeted civilian population». Cfr. anche ICTR, 7 giugno 2001 (Bagilishema, TC), § 80; ICTY, 12 giugno 2002 (Kunarac et al., AC), § 90; ICTY, 22 marzo 2006 (Stakić, AC), § 247; ICTY, 31 marzo 2003 (Naletilić e Martinović, TC), § 235; ICTY, 1° settembre 2004 (Brđanin, TC), § 134; ICTY, 30 novembre 2005 (Limaj et al., TC), § 187.

[38] ICTY, 7 maggio 1997 (Tadić, TC), § 635: «The inclusion of the word 'any' makes it clear that crimes against humanity can be committed against civilians of the same nationality as the perpetrator or those who are stateless, as well as those of a different nationality». Cfr. altresì Mettraux, International Crimes and the *ad hoc* Tribunals (2005), 164 s.

[39] Art. 50 co. 3 Protocollo I. Cfr. anche ICTY, 17 dicembre 2004 (Kordić e Čerkez, AC), § 50: «[T]he civilian population comprises all persons who are civilians and the presence within the civilian population of individuals who do not come within the definition of civilians does not deprive the population of its civilian character»; similmente ICTY, 30 novembre 2006 (Galić, AC), § 144. In tal senso, già ICTY, 7 maggio 1997 (Tadić, TC), § 638: «[T]he targeted population must be of predominantly civilian nature»; § 643: «[T]he presence of those actively involved in the conflict should not prevent the characterisation of a population as civilian»; ICTY, 14 dicembre 1999 (Jelisić, TC), § 54; ICTY, 14 gennaio 2000 (Kupreškić et al., TC), § 549; ICTY, 3 marzo 2000 (Blaškić, TC), §§ 211, 214: «[T]he presence of soldiers within an intentionally targeted civilian population does not alter the civilian nature of that population»; ICTY, 22 febbraio 2001 (Kunarac et al., TC), § 425; ICTY, 26 febbraio 2001 (Kordić e Čerkez, TC), § 180; ICTY, 1° settembre 2004 (Brđanin, TC), § 134; ICTY, 30 novembre 2005 (Limaj et al., TC), § 186. Ancora, ICTR, 2 settembre 1998 (Akayesu, TC), § 582; ICTR, 21 maggio 1999 (Kayishema e Ruzindana, TC), § 128; ICTR, 17 giugno 2004 (Gacumbitsi, TC), § 300; ICTR, 28 aprile 2005 (Muhimana, TC), § 528; ICTR, 12 settembre 2006 (Muvunyi, TC), § 513. La Camera d'Appello dell'ICTY, nel procedimento contro *Blaškić*, ha nondimeno sottolineato che tra la popolazione civile non deve essere prevalente il numero di soldati pronti al combattimento, cfr. ICTY, 29 luglio 2004 (Blaškić, AC), § 115. Un quadro complessivo in Mettraux, International Crimes and the *ad hoc* Tribunals (2005), 168 ss.

758   L'aggressione che qualifica il fatto di contesto deve rivolgersi contro la popolazione civile; la condotta costitutiva di ogni specifica ipotesi criminosa, invece, contro singoli civili. Al riguardo, la qualifica di "civile" – concernente tanto la popolazione, quanto gli individui – deve essere precisata in modo tale da poter egualmente valere sia in tempo di guerra che in tempo di pace. Già solo per questo, la definizione non può essere tratta *sic et simpliciter* dal diritto internazionale umanitario, cioè da una branca del diritto posta a protezione, nello specifico, di persone che non partecipano, o non partecipano più, alle ostilità[40]. Il concetto di "popolazione civile", da accogliere riguardo ai crimini contro l'umanità, deve essere piuttosto coerente con la diversa *ratio* delle relative fattispecie, essenzialmente volte a tutelare i diritti umani fondamentali di chiunque, a fronte di qualsiasi lesione sistematica[41].

759   Coerentemente con tali premesse, la giurisprudenza più risalente, non a torto, ha incentrato la nozione di "appartenenza alla popolazione civile" sul bisogno di protezione delle vittime, quale emerge da una loro esposizione inerme a fronte di una violenza statale, militare o comunque organizzata[42]. In tale prospettiva, sono da considerare "civili" tutti coloro che non fanno parte della forza organizzata che usa violenza. Decisivo è, dunque, non uno *status* formale, quale potrebbe essere l'appartenenza a certe forze o unità combattenti, ma il ruolo concretamente svolto al momento della commissione del fatto criminoso[43]. Conformemente al principio sotteso all'art. 3 comune, sono dunque protetti anche gli appartenenti a gruppi combattenti o armati che abbiano deposto le armi o che siano altrimenti "fuori combattimento"; altrettanto vale, in caso di conflitto armato internazionale, per soldati o prigionieri di guerra "fuori combattimento", oggetto di speciale protezione nel contesto del diritto internazionale umanitario[44].

---

[40] Per ulteriori riferimenti cfr. *infra*, n. marg. 985 ss.; ICTY, 22 febbraio 2001 (Kunarac et al., TC), § 425: «all persons who are civilians as opposed to members of the armed forces and other legitimate combatants».

[41] Cfr. ICTY, 7 maggio 1997 (Tadić, TC), § 639: «[T]his definition of civilians contained in Common Article 3 is not immediately applicable to crimes against humanity because it is a part of the laws or customs of war and can only be applied by analogy. The same applies to the definition contained in Protocol I and the Commentary, Geneva Convention IV, on the treatment of civilians, both of which advocate a broad interpretation of the term 'civilian'». Così anche ICTY, 30 novembre 2005 (Limaj et al., TC), § 186; ICTY, 27 settembre 2006 (Krajišnik, TC), § 706.

[42] Condivisibili le osservazioni riguardo allo scopo della norma di *Ambos/Wirth*, Criminal Law Forum 13 (2002), 1, 22 ss.

[43] ICTY, 3 marzo 2000 (Blaškić, TC), § 214: «It also follows that the specific situation of the victim at the moment the crimes were committed, rather than his status, must be taken into account in determining his standing as a civilian». Esatto, dunque, quanto affermano *Swaak-Goldman*, in: McDonald/Swaak-Goldman (a cura di), Substantive and Procedural Aspects of International Criminal Law, vol. 1 (2000), 141, 154: «Thus, a formalistic distinction based upon membership in the armed forces no longer suffices for deciding whether a prohibited act against a certain victim qualifies as a war crime or as a crime against humanity. Rather, a more flexible approach toward civilian status is required».

[44] ICTY, 3 marzo 2000 (Blaškić, TC), § 214: «Crimes against humanity therefore do not mean

Ha preso parzialmente le distanze da tale impostazione, da ultimo, la Camera d'Appello dell'ICTY, nel processo contro *Blaškić*. Dall'art. 4 A) Ginevra III e dall'art. 50 Protocollo I emergerebbe che i partecipanti ad unità militari armate ed a gruppi organizzati di resistenza non possano dirsi investiti dello *status* di "civili". Sarebbe dunque scorretto far riferimento alla situazione fattuale in cui versa la vittima; decisiva, piuttosto, la sua appartenenza, o non appartenenza, ad un'organizzazione armata[45]. Questa acritica traduzione di norme definitorie del diritto internazionale umanitario nell'ambito dei delitti contro l'umanità non si accorda con lo scopo di tutela cui mira l'incriminazione ed è, perciò, da rigettare[46].

Diversamente da quanto accade nel diritto internazionale umanitario, non ha alcun significato, ai fini dell'assunzione dello *status* di persona civile protetta, che il soggetto sia sottoposto all'autorità della Parte cui appartiene chi realizza il fatto, o di quella avversa. Persino chi è, o è stato, membro delle forze combattenti di detta Parte, e dunque non è protetto dal diritto internazionale umanitario, può essere destinatario immediato di un'aggressione tipica[47]. Tali soggetti incontrano dunque, nell'ambito del diritto dei crimini contro l'umanità, quella protezione che gli viene invece negata dal diritto internazionale bellico. Siffatta interpretazione dell'art. 7 St-ICC corrisponde allo stato attuale del diritto internazionale consuetudinario[48].

---

only acts committed against civilians in the strict sense of the term, but include also crimes against two categories of people: those who were members of a resistance movement and former combatants – regardless of whether they wore uniforms or not – but who were no longer taking part in hostilities when the crimes were perpetrated because they had either left army or were no longer bearing arms or, ultimately, had been placed *hors de combat*, in particular, due to their wounds or their being detained». Cfr. anche ICTY, 7 maggio 1997 (Tadić, TC), § 643; ICTY, 14 dicembre 1999 (Jelisić, TC), § 54; ICTY, 14 gennaio 2000 (Kupreškić et al., TC), § 547; ICTY, 26 febbraio 2001 (Kordić e Čerkez, TC), § 180; ICTY, 30 novembre 2005 (Limaj et al., TC), § 186; ICTR, 2 settembre 1998 (Akayesu, TC), § 582; ICTR, 1° dicembre 2003 (Kajelijeli, TC), §§ 873 ss.; ICTR, 13 aprile 2006 (Bisengimana, TC), §§ 48 ss. Un quadro della più risalente giurisprudenza in *Ambos/Wirth*, Criminal Law Forum 13 (2002), 1, 22 ss.; *Meseke*, in: Chiavario (a cura di), La justice pénale internationale entre passé et avenir (2003), 173, 197 ss. Cfr. anche *Ambos*, Internationales Strafrecht (2006), § 7 n. marg. 189 ss.

[45] Cfr. ICTY, 29 luglio 2004 (Blaškić, AC), § 114: «As a result, the specific situation of the victim at the time the crimes are committed may not be determinative of his civilian or non-civilian status. If he is indeed a member of an armed organization, the fact that he is not armed or in combat at the time of the commission of crimes, does not accord him civilian status». Confermata da ICTY, 30 novembre 2006 (Galić, AC), § 144. In tal senso anche *Mettraux*, International Crimes and the *ad hoc* Tribunals (2005), 168 s. Diversamente, però, ICTY, 30 novembre 2005 (Limaj et al., TC), § 186; ICTY, 27 settembre 2006 (Krajišnik, TC), § 706.

[46] Ugualmente *Ambos*, Internationales Strafrecht (2006), § 7 n. marg. 189, 191, che propone di cancellare il termine «civile» dall'art. 7 St-ICC.

[47] Anche la giurisprudenza del Tribunale Supremo della zona d'occupazione britannica qualificò come crimini contro l'umanità casi in cui le vittime appartenevano alle stesse forze armate: cfr. ad es. OGHSt 1, 45 ss.; 229; OGHSt 2, 231 s.

[48] Sull'estensione della fattispecie dei crimini contro l'umanità secondo il diritto internazionale consuetudinario, cfr. ICTY, 14 gennaio 2000 (Kupreškić et al., TC), § 547: «One fails to see why only civilians and not also combatants should be protected by these rules […], given that these rules may be held to possess a broader humanitarian scope and purpose than those prohibiting war crimes.

762   Al di fuori di conflitti armati, i crimini contro l'umanità sono normalmente costituiti da un'aggressione unilaterale contro la propria popolazione civile da parte del potere statale, o comunque di forze armate organizzate. In tal caso, dal concetto di popolazione civile sono da escludere coloro i quali detengono il potere statale o comunque organizzato, nella misura in cui spendono tale potere ai danni della popolazione stessa. Tra questi sono pure da annoverare, ad esempio, coloro che appartengono ad un apparato statale di polizia[49] o ad un'organizzazione di potere non statale, dotati *de facto* di una corrispondente competenza.

II. L'attacco esteso o sistematico

1. Attacco

763   Il concetto di "attacco" fa riferimento ad una complessiva dinamica di comportamenti (*course of conduct*) – tra i quali si inseriscono le singole fattispecie criminose[50] – intimamente correlata con quella reiterata commissione di atti tipici cui allude l'art. 7 co. 1 St-ICC («course of conduct involving the multiple commisson of acts»). La reiterazione di crimini definisce un requisito meno rigoroso di quello espresso dal concetto di attacco "esteso"[51]. Si ha infatti "reiterazione" sia quando una medesima fattispecie è realizzata più volte, sia quando vengono integrate in diversi tempi più fattispecie differenti. Non è peraltro necessario che il soggetto agente realizzi più condotte. Al contrario, già un solo omicidio doloso (*single act*) è sufficiente a consumare un crimine contro l'umanità, se strumentale all'implementazione del contesto rilevante[52]. Un vivido esempio storico è dato dalla denuncia di

---

[T]he explicit limitation [...] constitutes a departure from customary international law».

[49] Cfr. ICTR, 21 maggio 1999 (Kayishema e Ruzindana, TC), § 127: «The Trial Chamber considers that a wide definition of civilian is applicable and, in the context of Kibuye *Prefecture* where there was no armed conflict, includes all persons *except* those who have the duty to maintain public order and have the legitimate means to exercise force. Non-civilians would include, for example, members of [...] the police and the Gendarmerie Nationale». La decisione suscita però perplessità nella misura in cui, stando almeno al suo tenore letterale, sembra prendere in considerazione soltanto l'appartenenza formale a forze di sicurezza; critico al riguardo *Ambos/Wirth*, Criminal Law Forum 13 (2002), 1, 25 s.

[50] Cfr. ICTY, 31 marzo 2003 (Naletilić e Martinović, TC), § 233; ICTY, 17 gennaio 2005 (Blagojević e Jokić, TC), § 543. Cfr. anche *Mettraux*, International Crimes and the *ad hoc* Tribunals (2005), 161 ss.

[51] Cfr. *Robinson* AJIL 93 (1999), 43, 48; *von Hebel/Robinson*, in: Lee (a cura di), The International Criminal Court, The Making of the Rome Statute (1999), 79, 96.

[52] Così, a chiare lettere, ICTY, 7 maggio 1997 (Tadić, TC), § 649: «Clearly, a single act by a perpetrator taken within the context of a widespread or systematic attack against a civilian population entails individual criminal responsibility and an individual perpetrator need not commit numerous offences to be held liable. [T]hus, '[e]ven an isolated act can constitute a crime against humanity if it is the product of a political system based on terror or persecution'». Cfr. anche ICTY, 1° settembre 2004 (Brđanin, TC), § 135; ICTY, 30 novembre 2005 (Limaj et al., TC), § 189.

un singolo concittadino ebreo alla Gestapo, funzionale all'eliminazione degli ebrei tedeschi dalla vita culturale ed economica del Terzo Reich[53].

Per l'integrazione del fatto di contesto non è necessario un attacco di tipo militare, come chiaramente ribadito dagli EC («the acts need not constitute a military attack»)[54]. Neppure è richiesto l'uso della violenza contro la popolazione civile[55]; l'elemento "attacco" comprende, piuttosto, qualsiasi forma di vessazione[56].

2. L'"estensione" o la "sistematicità" dell'attacco

Durante l'elaborazione dello St-ICC, si convenne sin da subito che gli aggettivi «esteso» e «sistematico» dovessero avere ingresso nella definizione della fattispecie. Si discuteva, tuttavia, dell'opportunità di esprimere tali requisiti come alternativi ovvero cumulativi. Il gruppo dei «like-minded States» patrocinava la prima opzione[57], ma molte delle restanti delega-

---

[53] Al proposito, ad es., OGHSt 1, 6 ss.; 19 ss.; 91 ss.; 105 ss.; 122 ss.; 141 ss. Sulle denunzie naziste nella giurisprudenza del Tribunale Supremo per la zona d'occupazione britannica, cfr. ad es. *Klefisch* MDR 1949, 324 ss.

[54] Così, già prima dell'entrata in vigore degli EC, ICTY, 22 febbraio 2001 (Kunarac et al., TC), § 416. Cfr. anche ICTY, 1° settembre 2004 (Brđanin, TC), §§ 131 ss.; similmente, ICTY, 27 settembre 2006 (Krajišnik, TC), § 706.

[55] Dettagliatamente, sul punto, *Robinson*, in: Lee (a cura di), The International Criminal Court, Elements of Crimes and Rules of Procedure and Evidence (2001), 57, 74 ss.; sulla giurisprudenza dei Tribunali *ad hoc*, *Mettraux*, International Crimes and the *ad hoc* Tribunals (2005), 156 ss. Cfr. anche ICTR, 2 settembre 1998 (Akayesu, TC), § 581: «An attack may also be non-violent in nature, like imposing a system of apartheid, […] or exerting pressure on the population to act in a particular manner, may come under the purview of an attack, if orchestrated on a massive scale or in a systematic manner». Cfr. pure ICTR, 6 dicembre 1999 (Rutaganda, TC), § 68 e ICTR, 27 gennaio 2000 (Musema, TC), § 205; ICTY, 1° settembre 2004 (Brđanin, TC), § 131.

[56] Cfr. ICTY, 12 giugno 2002 (Kunarac et al., AC), § 86: «[t]he attack in the context of a crime against humanity is not limited to the use of force, it encompasses any mistreatment of the civilian population […]»; ICTY, 22 marzo 2006 (Stakić, AC), § 623; ICTY, 1° settembre 2004 (Brđanin, TC), § 131; ICTY, 17 gennaio 2005 (Blagojević e Jokić, TC), § 543; ICTY, 30 novembre 2005 (Limaj et al., TC), § 182. Cfr. pure ICTR, 15 maggio 2003 (Semanza, TC), § 327; ICTR, 1° dicembre 2003 (Kajelijeli, TC), § 868. Al contrario, non ogni attacco militare costituisce necessariamente un attacco contro la popolazione civile rilevante ai fini dell'integrazione dei crimini contro l'umanità: cfr. *Mettraux*, International Crimes and the *ad hoc* Tribunals (2005), 157 ss.

[57] In tal senso cfr. anche l'art. 3 St-ICTR. Nell'art. 5 St-ICTY mancano entrambi i requisiti. La relazione del Segretario Generale ONU sull'istituzione dell'ICTY accoglie tuttavia l'interpretazione secondo la quale i crimini contro l'umanità «refer to inhumane acts of a very serious nature, […] committed as part of a widespread or systematic attack against any civilian population», cfr. Report of the Secretary-General Pursuant to Paragraph 2 of Security Council Resolution 808 (1993) del 3 maggio 1993, UN Doc. S/25704, § 48. Cfr. infine ICTY, 7 maggio 1997 (Tadić, TC), § 646: «While this issue has been the subject of considerable debate, it is now well established that the requirement that the acts be directed against a civilian 'population' can be fulfilled if the acts occur on either a widespread or systematic manner. Either one of these is sufficient to exclude isolated or random acts». In tal senso già il *Draft Code* 1996, commento all'art. 18, §§ 3, 4: «[…] that the act was 'committed in a systematic manner or on a large scale'. This […] condition consists of two alternative requirements. […] Consequently, an act could constitute a crime against humanity if either of these conditions is met». Nella giurisprudenza dei Tribunali *ad hoc*, cfr. ad es. ICTY, 12 giugno 2002 (Kunarac

zioni erano favorevoli alla seconda. Alla fine si approvò la formula alternativa, ma a patto di aggiungere, all'interno dell'art. 7 co. 2 a) St-ICC, una definizione legale di «attacco contro la popolazione civile» connotata dall'elemento politico[58].

766 Con il concetto di attacco "esteso" (*widespread*) si profila un requisito quantitativo del fatto di contesto[59]. L'estensione può derivare, in particolare, dall'alto numero delle vittime, come chiarito dal commento della Commissione di diritto internazionale riguardante la corrispondente disposizione del *Draft Code* del 1996[60]. La giurisprudenza internazionale si adegua ad una tale opinione[61]. L'ampiezza dell'attacco può pure misurarsi in rapporto all'estensione della zona interessata, ma non è necessario il coinvolgimento di una regione geografica vasta. Anche un'azione isolata può, in realtà, costituire un attacco esteso, quando della stessa siano vittima molti civili[62].

767 L'aggettivo "sistematico" delinea un requisito qualitativo dell'attacco[63], correlato alla natura organizzata degli atti di violenza, la cui funzione è quella di negare la qualifica di crimine contro l'umanità ad isolati comportamenti delittuosi[64]. La giurisprudenza più risalente traeva, da tale elemento, l'esigenza che il singolo fatto preso in considerazione costituisse l'attuazione di un previo progetto o di una più com-

---

et al., AC), § 93; ICTY, 22 marzo 2006 (Stakić, AC), § 246; ICTR, 17 giugno 2004 (Gacumbitsi, TC), § 299.

[58] Sulle trattative riguardo alla definizione dell'art. 7 St-ICC, cfr. *von Hebel/Robinson*, in: Lee (a cura di), The International Criminal Court, The Making of the Rome Statute (1999), 79, 94 ss.; *Robinson* AJIL 93 (1999), 43, 47 ss.; *Robinson*, in: Lattanzi/Schabas (a cura di), Essays on the Rome Statute of the International Criminal Court, vol. 1 (1999), 139, 151 ss.; cfr. anche *infra*, n. marg. 770 ss. La "alternatività" di requisiti corrisponde al diritto internazionale consuetudinario. Lo riconosce la giurisprudenza, ormai consolidata, dei Tribunali *ad hoc*: cfr. ad es. ICTY, 7 maggio 1997 (Tadić, TC), §§ 646 ss.; ICTY, 12 giugno 2002 (Kunarac et al., AC), § 93; ICTR, 15 maggio 2003 (Semanza, TC), § 328; ICTR, 13 aprile 2006 (Bisengimana, TC), § 43; ICTR, 12 settembre 2006 (Muvunyi, TC), § 512.

[59] Istruttivo *Vest* ZStW 113 (2001), 457, 468.

[60] Cfr. *Draft Code* 1996, commento all'art. 18, § 4: «The [...] alternative requires that the inhumane acts be committed on a large scale meaning that the acts are directed against a multiplicity of victims».

[61] Cfr. per esempio ICTY, 29 luglio 2004 (Blaškić, AC), § 101; in tal senso, già ICTY, 7 maggio 1997 (Tadić, TC), § 648; ICTY, 22 febbraio 2001 (Kunarac et al., TC), § 428; ICTY, 30 novembre 2005 (Limaj et al., TC), § 183; ICTR, 2 settembre 1998 (Akayesu, TC), § 580: «The concept of 'widespread' may be defined as massive, frequent, large scale action, carried out collectively with considerable seriousness and directed against a multiplicity of victims». Così anche ICTR, 17 giugno 2004 (Gacumbitsi, TC), § 299.

[62] Cfr. *Draft Code* 1996, commento all'art. 18, § 4; ICTY, 3 marzo 2000 (Blaškić, TC), § 206. Sui coefficienti rilevanti cfr. pure ICTY, 12 giugno 2002 (Kunarac et al., AC), § 95; ICTY, 17 gennaio 2005 (Blagojević e Jokić, TC), § 546.

[63] Cfr. *Vest* ZStW 113 (2001), 457, 468 s.

[64] ICTY, 22 febbraio 2001 (Kunarac et al., TC), § 429: «The adjective 'systematic' signifies the organised nature of the acts of violence and the improbability of their random occurrence».

plessiva politica[65]: un'opinione fondata sul commento della Commissione di diritto internazionale riguardo ad un requisito corrispondente a quello in oggetto[66].

A partire dalla decisione della Camera d'Appello nel processo contro *Kunarac et al.*, entrambi i Tribunali *ad hoc* si sono discostati dalla loro precedente giurisprudenza, tanto da non ritener più necessario, per la sussistenza di un attacco "sistematico", il requisito della pianificazione o del progetto politico; requisito che, peraltro, non trova alcun fondamento nel diritto internazionale consuetudinario[67]. Un'impostazione da condividere: il concetto stesso di "attacco sistematico" suggerisce di per sé, è vero, una realizzazione pianificata ed organizzata, e normalmente un attacco di questo tipo è la conseguenza di un previo disegno; il progetto o la politica criminosi, tuttavia, non devono intendersi quali profili costitutivi della fattispecie, ma tutt'al più come elementi di prova della natura "sistematica" dell'attacco.

Secondo l'art. 7 co. 1) St-ICC, gli elementi "esteso" e "sistematico" sono alternativi, per quanto nella prassi del diritto internazionale penale risultino di regola integrati cumulativamente[68]. I due requisiti in discussione caratterizzano l'attacco come profilo essenziale del fatto di contesto, dunque non riguardano il singolo comportamento criminoso in sé considerato[69].

---

[65] Fondamentale ICTR, 2 settembre 1998 (Akayesu, TC), § 580: «[T]here must however be some kind of preconceived plan or policy»; cfr. anche ICTY, 7 maggio 1997 (Tadić, TC), § 648 («pattern or methodological plan»); ICTR, 21 maggio 1999 (Kayishema e Ruzindana, TC), § 123; ICTY, 22 febbraio 2001 (Kunarac et al., TC), § 429. In singole decisioni, i requisiti per la sussistenza di un "piano" o di una "politica" si fanno ancor più restrittivi: cfr. ICTY, 3 marzo 2000 (Blaškić, TC), § 203: «[…] the perpetration of a criminal act on a very large scale against a group of civilians or the repeated and continuous commission of inhumane acts linked to one another; the preparation and use of significant financial public or private resources, whether military or other». Critici, a ragione, *Ambos/Wirth*, Criminal Law Forum 13 (2002), 1, 19 s.

[66] Cfr. *Draft Code* 1996, commento all'art. 18, § 3: «The […] alternative requires that the inhumane acts be committed in a systematic manner meaning pursuant to a preconceived plan or policy». Così anche *Satzger*, Internationales e Europäisches Strafrecht (2005), § 15 n. marg. 35.

[67] Cfr. ICTY, 12 giugno 2002 (Kunarac et al., AC), §§ 94, 98; ICTY, 19 aprile 2004 (Krstić, AC), § 225; ICTY, 29 luglio 2004 (Blaškić, AC), §§ 100, 120; ICTY, 1° settembre 2004 (Brđanin, TC), § 137; ICTY, 17 gennaio 2005 (Blagojević e Jokić, TC), §§ 545 s.: «The term 'systematic' refers to an organised nature of acts of violence and the improbability of their random occurence, and is often expressed through patterns of crimes, in the sense of non-accidental repetition of similar criminal conduct on a regular basis. […] Neither the attack nor the act of the accused need to be supported by a 'policy or plan'». Così anche ICTY, 30 novembre 2005 (Limaj et al., TC), § 184; ICTY, 27 settembre 2006 (Krajišnik, TC), § 706; ICTR, 17 giugno 2004 (Gacumbitsi, TC), § 299; ICTR, 28 aprile 2005 (Muhimana, TC), § 527; ICTR, 12 settembre 2006 (Muvunyi, TC), § 512. Concorde *Ambos*, Internationales Strafrecht (2006), § 7 n. marg. 184. Per una panoramica sulla giurisprudenza dei Tribunali *ad hoc*: *Mettraux*, International Crimes and the *ad hoc* Tribunals (2005), 172.

[68] ICTY, 3 marzo 2000 (Blaškić, TC), § 207: «The fact still remains however that, in practice, these two criteria will often be difficult to separate since a widespread attack targeting a large number of victims generally relies on some form of planning or organisation». Cfr. anche ICTY, 14 dicembre 1999 (Jelisić, TC), § 53; ICTR, 7 giugno 2001 (Bagilishema, TC), § 77: «The criteria which allow one or other of the aspects to be established partially overlap».

[69] Cfr. ICTY, 12 giugno 2002 (Kunarac et al., AC), § 96; ICTY, 17 dicembre 2004 (Kordić e Čerkez, AC), § 94; ICTY, 1° settembre 2004 (Brđanin, TC), § 135. Cfr. anche *Mettraux*, International Crimes and the *ad hoc* Tribunals (2005), 172.

III. L'elemento "politico"

1. Statuto ICC

770 Durante le trattative di Roma, la scelta di enunciare in termini alternativi, e non cumulativi, gli elementi "esteso" e "sistematico", ebbe come corrispettivo l'introduzione, nello Statuto, di una definizione di «attacco contro la popolazione civile» – sia di quello "esteso" che di quello "sistematico" – connotata da un "elemento politico": l'art. 7 co. 2 a) St-ICC pretende, nello specifico, che detto attacco sia a sostegno, o costituisca esecuzione, «del disegno politico di uno Stato o di una organizzazione, diretto a realizzare l'attacco»[70]. L'impressione è che l'elemento politico presupposto dalla prima giurisprudenza dei Tribunali *ad hoc* per l'integrazione di un attacco sistematico sia stato elevato ad autonomo presupposto della punibilità. La formulazione di detto "elemento politico" è ispirata soprattutto dal *Draft Code* del 1996, che definiva come elemento costitutivo del crimine l'istigazione o attuazione del fatto da parte di un governo, un'organizzazione o un gruppo[71].

771 Le definizioni più risalenti del crimine, come quella di cui all'art. 6 c) St-IMT, non contenevano alcun riferimento ad un requisito di tal genere[72], dato che già gli elementi "popolazione civile" e "esteso o sistematico" implicavano una pur minima connotazione del fatto sul piano quantitativo e qualitativo[73]. Così, anche i crimini contro l'umanità giudicati in passato ebbero alla base una politica statale criminosa[74]. Ai fini di queste decisioni, l'imple-

---

[70] Critico *Clark*, in: Politi/Nesi (a cura di), The Rome Statute of the International Criminal Court, a Challenge to Impunity (2001), 75, 91: «something close to widespread and systematic seems to be required by the very definition of 'attack'»; cfr. anche *Boot*, Nullum Crimen Sine Lege (2002), 481 ss.; *Hwang*, Fordham International Law Journal 22 (1998), 457, 502 s. Cfr. pure, di recente, ICC, 27 aprile 2007 (Harun e Kushayb, PTC), § 62: sul punto *infra*, n. marg. 779.

[71] La regola mirava a chiarire che crimini isolati, commessi da singoli individui, non rientravano nella fattispecie: cfr. *Draft Code* 1996, commento all'art. 18, § 5: «This alternative is intended to exclude the situation in which an individual commits an inhumane act while acting on his own initiative pursuant to his own criminal plan in the absence of any encouragement or direction from either a Government or a group or organization. This type of isolated criminal conduct on the part of a single individual would not constitute a crime against humanity».

[72] Cfr. pure art. II co. 1 c) CCL n. 10; art. 5 St-ICTY; art. 3 St-ICTR.

[73] Cfr. ICTR, 7 giugno 2001 (Bagilishema, TC), § 78: «[E]ither of the requirements of widespread or systematic will be enough to exclude acts not committed as part of a broader policy or plan. Also the requirement that the attack must be committed against a 'civilian population' presupposes a kind of plan. Thus the policy element can be seen to be an inherent feature of the attack, whether the attack be characterised as widespread or systematic».

[74] Cfr. soltanto IMT, 1° ottobre 1946, in: Internationaler Militärgerichtshof Nürnberg, Der Nürnberger Prozeß gegen die Hauptkriegsverbrecher, vol. 1 (1947), 189, 285: «riguardo ai crimini contro l'umanità, non v'è alcun dubbio che avversari politici, in Germania, siano stati assassinati prima della guerra, e che molti siano stati detenuti nei campi di concentramento nelle condizioni più terribili e disumane. Questa politica del terrore è stata sicuramente praticata su vasta scala ed in molti casi era organizzata e sistematica. La politica della persecuzione, della repressione e dell'omicidio, attuata in Germania prima della guerra del 1939 contro civili sospettati di ostilità nei confronti

mentazione mediante una specifica politica risultò la più consueta "forma di manifestazione" dei crimini contro l'umanità, ma né tale politica, né tanto meno la partecipazione di organi statali alla realizzazione degli stessi crimini, vennero considerati elementi essenziali[75].

Ai fini dell'interpretazione dello St-ICC, conservano significato i criteri utilizzati dalla giurisprudenza nell'individuazione dell'elemento politico un tempo richiesto per la configurazione di un attacco esteso e sistematico. L'elemento "politico" non presuppone, dunque, una programmazione espressa e formalizzata. Piuttosto, il concetto si pone in antitesi con quello di "realizzazione spontanea ed isolata" di atti di violenza, e deve quindi intendersi genericamente riferito ad una perpetrazione pianificata, diretta o organizzata di diversi fatti criminosi[76]. Tanto si afferma, a un dipresso, nella decisione sul caso *Tadić*:

> «[s]uch a policy need not be formalized and can be deduced from the way in which the acts occur. Notably, if the acts occur on a widespread or systematic basis that demonstrates a policy to commit those acts, whether formalized or not»[77].

Il disegno politico non dev'essere per forza manifestato in termini espressi, chiari o precisi. Neppure è necessario che venga deciso ai più alti livelli[78]. L'esistenza dell'elemento politico può desumersi dal complesso delle circostanze. Indizi rilevanti possono essere vicende concrete in sé significative, programmi politici, o, ancora, scritti, pubbliche dichiarazioni o messaggi di propaganda, così come l'istituzione di strutture politiche o amministrative[79].

---

del governo, venne condotta nel modo più spietato». Cfr. anche Supreme Court of the Netherlands, 13 gennaio 1981 (*Menten*), in: ILR 75 (1987), 336, 362 s.: «Crimes against humanity in art. 6 c) of the London Charter should be understood in the restrictive sense that the crimes formed part of a system based on terror, or constituted a link in a consciously pursued policy directed against particular groups of people». Per un caso di "policy-element": ICTY, 7 maggio 1997 (Tadić, TC), §§ 644, 653: «[T]he reason that crimes against humanity so shock the conscience of mankind and warrant intervention by the international community is because they are not isolated, random acts of individuals but rather result from a deliberate attempt to target a civilian population. Traditionally this requirement was understood to mean that there must be some form of policy to commit these acts»; cfr. anche ICTY, 14 gennaio 2000 (Kupreškić et al., TC), §§ 551 ss.; ICTY, 3 marzo 2000 (Blaškić, TC), §§ 203 ss., 254, 257; ICTR, 2 settembre 1998 (Akayesu, TC), § 580; ICTR, 21 maggio 1999 (Kayishema e Ruzindana, TC), § 124.

[75] Cfr. ad es. ICTY, 26 febbraio 2001 (Kordić e Čerkez, TC), §§ 181 s.: «[T]he existence of a policy should be better regarded as indicative of the systematic character of offences charged as crimes against humanity». Concorde, ICTY, 15 marzo 2002 (Krnojelac, TC), § 58; implicitamente anche ICTY, 3 marzo 2000 (Blaškić, TC), § 203. Dettagliatamente, al riguardo, *Mettraux*, Harvard International Law Journal 43 (2002), 237, 281 s.

[76] Cfr. *von Hebel/Robinson*, in: Lee (a cura di), The International Criminal Court, The Making of the Rome Statute (1999), 79, 97; *Robinson* AJIL 93 (1999), 43, 51; *Robinson*, in: Lattanzi/Schabas (a cura di), Essays on the Rome Statute of the International Criminal Court, vol. 1 (1999), 139, 161.

[77] ICTY, 7 maggio 1997 (Tadić, TC), § 653.

[78] Cfr. ICTY, 3 marzo 2000 (Blaškić, TC), §§ 204 s.

[79] Cfr., nel dettaglio, ICTY, 3 marzo 2000 (Blaškić, TC), § 204: «[T]he general historical cir-

774 È invece essenziale che il disegno politico sia elaborato da una specifica entità: uno Stato o un'organizzazione. Il concetto di "Stato" è da intendersi in senso funzionale e comprende, oltre ai 192 Stati del mondo, anche tutti i centri di potere che *de facto* controllano un territorio, ivi svolgendo funzioni di governo[80].

775 Non è chiaro cosa debba intendersi per «organizzazione». Senza dubbio sono da ricondurre a tale nozione associazioni di persone che controllano un certo territorio o comunque sono in grado di muoversi liberamente al suo interno[81]. Un tale elemento spaziale non è, tuttavia, indefettibile. In genere, è organizzazione qualsiasi gruppo di individui che disponga di un potenziale di mezzi e di persone adeguato alla realizzazione di un attacco esteso o sistematico contro la popolazione civile[82]. Oltre alle unità paramilitari, vengono soprattutto in considerazione, tra le altre, le organizzazioni terroristiche.

776 L'obiezione secondo la quale, in assenza di un'imputazione del fatto ad una struttura statale, non sarebbe configurabile una lesione dei diritti umani[83] è certo pertinente, ma non decisiva. Anche attori non statali o soggetti privati possono mettere a repentaglio in modo significativo beni protetti dal diritto internazionale, ed in particolare la pace mondiale. Il bisogno di protezione della vittima non dipende dalla catalogazione di un grave attacco come lesione di diritti umani, ma dalla dimensione massiva dell'attacco medesimo. Come già riguardo al genocidio, pure in caso di crimini contro l'umanità la partecipazione di uno Stato o di strutture statali rappresenta, di fatto, la regola, ma non già un requisito necessario sul piano giuridico. Ne deriva che la qualificazione come crimini contro l'umanità degli attentati dell'11 settembre 2001 al World Trade Center di New York e al Pentagono non dipende dal fatto che gli stessi siano attribuibili soltanto ad una organizzazione terroristica, ovvero anche ad uno Stato o ad una struttura statale.

---

cumstances and the overall political background against which the criminal acts are set; the establishment and implementation of autonomous political structures at any level of authority in a given territory; the general content of a political programme, as it appears in the writings and speeches of its authors; media propaganda; the establishment and implementation of autonomous military structures; the mobilisation of armed forces; temporally and geographically repeated and co-ordinated military offensives; links between the military hierarchy and the political structure and its political programme; alterations to the 'ethnic' composition of populations; discriminatory measures, whether administrative or other [...]; the scale of the acts of violence perpetrated – in particular, murders and other physical acts of violence, rape, arbitrary imprisonment, deportations and expulsions or the destruction of non-military property, in particular sacral sites».

[80] Nelle Regole di procedura dell'ICTY, 2, la nozione di "Stato" è definita nel modo seguente: «(i) A State Member or non-Member of the United Nations; [...] or (iii) a self-proclaimed entity de facto exercising governmental functions, whether recognised as a State or not».

[81] Fondamentale ICTY, 7 maggio 1997 (Tadić, TC), § 654: «[T]he law in relation to crimes against humanity has developed to take into account forces, which although not those of the legitimate government, have de facto control over, or are able to move freely within, defined territory». Conferma questa impostazione ICTY, 14 gennaio 2000 (Kupreškić et al., TC), § 552; ICTY, 3 marzo 2000 (Blaškić, TC), § 205.

[82] Cfr. ad es. *Draft Code* 1991, commento all'art. 21, § 5: «private individuals with de facto power or organized in criminal gangs or groups». In termini analoghi *Ambos*, Internationales Strafrecht (2006), § 7 n. marg. 187 s., che richiede un'organizzazione paragonabile ad una struttura statale quanto a capacità di esercitare potere e di ricorrere alla forza.

[83] Cfr. *Ambos/Wirth*, Criminal Law Forum 13 (2002), 1, 30 s.

Il disegno politico dello Stato o dell'organizzazione può consistere nell'assunzione di un ruolo direttivo riguardo alla perpetrazione del crimine, o nella fattiva promozione – o anche soltanto nella tolleranza – di situazioni che integrano il fatto di contesto. Gli EC appaiono troppo restrittivi quando richiedono che lo Stato o l'organizzazione promuova o incoraggi "attivamente" l'attacco alla popolazione civile[84]. Il testo dello Statuto non offre alcun punto d'appiglio per una lettura di questo tenore; la giurisprudenza internazionale, in molteplici decisioni, ha ritenuto sufficiente la mera tolleranza per l'integrazione del fatto criminoso[85]. La rilevanza di un atteggiamento di mera accondiscendenza è suggerita anche da un'interpretazione teleologicamente orientata: il disinteresse dello Stato, l'omissione di misure di protezione dei civili ed il mancato perseguimento degli autori dei crimini costituiscono metodi tra i più efficaci per l'attuazione di una politica di terrore e sterminio[86].

2. Diritto internazionale consuetudinario

Il requisito dell'attacco esteso o sistematico contro la popolazione civile dà corpo al fatto di contesto richiesto dal diritto internazionale consuetudinario. Un ulteriore elemento di tipo "politico", destinato a circoscrivere l'estensione della fattispecie, non è invece preteso da tale branca del diritto internazionale. La Camera d'Appello dell'ICTY, dopo che in origine erano stati espressi dubbi in proposito[87], nella decisione *Kunarac* ha chiarito che un elemento di tal genere non è necessario per la sussistenza di un attacco sistematico, né costituisce un elemento essenziale dei singoli crimini[88]. Un'impostazione che merita condivisione: la gran parte delle definizioni

---

[84] EC in rel. art. 7 St-ICC, introduzione: «3. [...] It is understood that 'policy to commit such attack' requires that the State or organization *actively* promote or encourage such an attack against a civilian population» (corsivo aggiunto). La nota 6, introdotta come soluzione di compromesso, ridimensiona tuttavia, in parte, tale prescrizione, nel momento in cui afferma: «A policy which has a civilian population as the objective of the attack would be implemented by State or organizational action. Such a policy may, in exceptional circumstances, be implemented by a deliberate failure to take action, which is consciously aimed at encouraging such attack. The existence of such a policy cannot be inferred solely from the absence of governmental or organizational action».

[85] ICTY, 14 gennaio 2000 (Kupreškić et al., TC), § 552 («at least tolerated»); ICTY, 31 gennaio 2000 (Tadić, AC), § 14; così pure art. 2 § 11 *Draft Code* 1954; UN Doc. S/1994/674/Add.2 (vol. I), Annexes to the Final Report of the Commission of Experts Established Pursuant To Security Council Resolution 780 (1992) 31 maggio 1995, Annex II: Rape and Sexual Assault, § 33: «It also has proven [...] that the state is involved. This can be concluded from state tolerance».

[86] Cfr. *Ambos/Wirth*, Criminal Law Forum 13 (2002), 1, 30 s.

[87] Cfr. ICTY, 22 febbraio 2001 (Kunarac et al., TC), § 432; ICTY, 26 febbraio 2001 (Kordić e Čerkez, TC), §§ 181 s.; ICTY, 15 marzo 2002 (Krnojelac, TC), § 58; ICTY, 14 gennaio 2000 (Kupreškić et al., TC), § 551: «[A]lthough the concept of crimes against humanity implies a policy element, there is some doubt as to whether it is strictly a *requirement*, as such, for crimes against humanity»; ICTY, 5 dicembre 2003 (Galić, TC), § 147.

[88] ICTY, 12 giugno 2002 (Kunarac et al., AC), § 98: «There was nothing [...] in customary international law [...] which required proof of the existence of a plan or policy to commit these crimes. [...] [P]roof that the attack was directed against a civilian population and that it was wide-

internazionalistiche dei crimini contro l'umanità non esprimono alcun elemento politico[89]. Profili inerenti ad una pianificazione sono già implicitamente presupposti nel fatto di contesto, in particolare nella qualificazione dell'attacco come "sistematico". È normalmente d'ausilio, per la prova dell'elemento di contesto, l'esistenza di un corrispondente disegno politico, il quale tuttavia non per questo assurge a requisito costitutivo del crimine[90].

779 In conclusione, solo gli sviluppi della giurisprudenza della Corte penale internazionale permetteranno di capire se il requisito politico, preteso dallo Statuto, sia effettivamente capace di circoscrivere l'ambito del penalmente rilevante, rispetto a quanto desumibile dal diritto internazionale consuetudinario; quel requisito, infatti, se inteso in senso lato, come qui si propone, si rivela, nella sostanza, nient'altro se non una precisazione dei profili costitutivi del fatto di contesto. In termini corrispondenti, l'ICC, in una prima pronunzia in materia, intende l'elemento politico («State or organisational policy») non già quale autonomo presupposto di tipicità, bensì come indizio del carattere sistematico dell'attacco[91].

IV. I soggetti attivi

780 Soggetto attivo non è, necessariamente, chi appartiene all'apparato di potere – statale o altrimenti organizzato – coinvolto nel crimine, ma anche colui che agisce in esecuzione del, o supportando il, disegno politico dello Stato o della organizzazione. Un tipico esempio di realizzazione del crimine da parte di privati è una denuncia che porti l'accusato alla detenzione o alla morte[92].

---

spread or systematic, are legal elements of the crime. But to prove these elements, it is not necessary to show that they were the result of the existence of a policy or plan. It may be useful in establishing that the attack was directed against a civilian population and that it was widespread or systematic (especially the latter) to show that there was in fact a policy or plan, but it may be possible to prove these things by reference to other matters. Thus, the existence of a policy or plan may be evidentially relevant, but it is not a legal element of the crime». Cfr. anche ICTY, 17 ottobre 2003 (Simić et al., TC), § 44: «There is no requirement in customary international law that the acts which form the attack be connected to a policy or plan. However, a plan or policy may be relevant in an evidential sense, in proving whether or not the attack is properly characterised as either 'widespread' or 'systematic', and whether the acts of the accused were part of that attack». Cfr. altresì ICTY, 29 luglio 2004 (Blaškić, AC), §§ 100, 120; ICTY, 1° settembre 2004 (Brđanin, TC), § 137; ICTY, 17 gennaio 2005 (Blagojević e Jokić, TC), §§ 545 s.; ICTR, 15 maggio 2003 (Semanza, TC), § 329; ICTR, 22 gennaio 2004 (Kamuhanda, TC), § 665.

[89] Cfr. art. 6 c) St-IMT; art. II co. 1 c) CCL n. 10; art. 5 St-ICTY e art. 3 St-ICTR.
[90] Cfr. anche *Mettraux*, International Crimes and the *ad hoc* Tribunals (2005), 172.
[91] Cfr. ICC, 27 aprile 2007 (Harun e Kushayb, PTC), § 62: «The Chamber is also of the view that the existence of a State or organisational policy is an element from which the systematic nature of an attack may be inferred». Similmente, nelle conclusioni, *Ambos*, Internationales Strafrecht (2006), § 7 n. marg. 185 ss., che osserva come l'art. 7 co. 2 a) St-ICC esprima «il riconoscimento del fatto che il policy element connota sia il requisito dell'estensione sia il requisito della sistematicità dell'attacco» (n. marg. 186).
[92] Cfr. anche *supra*, n. marg. 763.

V. L'elemento soggettivo

Il fatto di contesto dev'essere coperto dal dolo dell'agente[93]. Conformemente al diritto internazionale consuetudinario[94], l'art. 7 co. 1 St-ICC stabilisce a chiare lettere che il soggetto deve agire «con la consapevolezza» dell'attacco contro la popolazione civile. Una disposizione dalla portata semplicemente "dichiarativa", volta a ribadire e confermare quanto già stabilito in termini generali dall'art. 30 St-ICC[95]: in quanto "circostanza", il fatto di contesto è oggetto dell'elemento psicologico già ai sensi dell'art. 30 co. 3 St-ICC[96].

781

Il soggetto deve dunque sapere che è in corso un attacco (esteso o sistematico) contro la popolazione civile, e che il suo comportamento è parte dell'attacco[97]. Per contro, non è necessario che egli conosca i dettagli del piano o del disegno politico dello Stato o della organizzazione[98].

782

---

[93] Cfr. anche *supra*, n. marg. 387 ss.

[94] Fondamentale ICTY, 7 maggio 1997 (Tadić, TC), § 659. Cfr. poi ICTY, 15 luglio 1999 (Tadić, AC), § 248; ICTY, 14 dicembre 1999 (Jelisić, TC), § 56; ICTY, 14 gennaio 2000 (Kupreškić et al., TC), § 556; ICTY, 3 marzo 2000 (Blaškić, TC), §§ 246 ss.; ICTY, 22 febbraio 2001 (Kunarac et al., TC), § 434; ICTY, 26 febbraio 2001 (Kordić e Čerkez, TC), § 185; ICTY, 2 agosto 2001 (Krstić, TC), § 482; ICTY, 2 novembre 2001 (Kvočka et al., TC), § 127; ICTY, 15 marzo 2002 (Krnojelac, TC), § 59.

[95] Cfr. *Ambos*, Der Allgemeine Teil des Völkerstrafrechts (2002), 774; *Robinson* AJIL 93 (1999), 43, 51 s.

[96] L'opinione, riproposta anche in occasione della Conferenza di Roma, secondo la quale il fatto di contesto costituirebbe soltanto un presupposto di competenza (*jurisdictional element*), non è perciò più sostenibile. Per maggiori dettagli *supra*, n. marg. 388 s.

[97] Giurisprudenza consolidata dei Tribunali *ad hoc*: ICTY, 22 febbraio 2001 (Kunarac et al., TC), § 434; confermata da ICTY, 12 giugno 2002 (Kunarac et al., AC), § 121; ICTY, 29 luglio 2004 (Blaškić, AC), §§ 124 ss.; ICTY, 17 gennaio 2005 (Blagojević e Jokić, TC), § 548; ICTY, 30 novembre 2005 (Limaj et al., TC), § 190; ICTR, 21 maggio 1999 (Kayishema e Ruzindana, TC), § 134; ICTR, 27 gennaio 2000 (Musema, TC), § 206; ICTR, 7 giugno 2001 (Bagilishema, TC), § 94; ICTR, 15 maggio 2003 (Semanza, TC), § 332; ICTR, 1° dicembre 2003 (Kajelijeli, TC), §§ 880 s.; ICTR, 13 aprile 2006 (Bisengimana, TC), § 57. Cfr. altresì *Ambos*, Der Allgemeine Teil des Völkerstrafrechts (2002), 778; *von Hebel/Robinson*, in: Lee (a cura di), The International Criminal Court, The Making of the Rome Statute (1999), 79, 98 nota 55; *Mettraux*, International Crimes and the *ad hoc* Tribunals (2005), 173; *Robinson* AJIL 93 (1999), 43, 51 s.; *Robinson*, in: Lattanzi/Schabas (a cura di), Essays on the Rome Statute of the International Criminal Court, vol. 1 (1999), 139, 164 s.

[98] Cfr. EC in rel. art. 7 St-ICC, introduzione: «[The] element should not be interpreted as requiring proof that the perpetrator had knowledge of all characteristics of the attack or the precise details of the plan or policy of the State or organization. In the case of an emerging widespread or systematic attack against a civilian population […] this mental element is satisfied if the perpetrator intended to further such an attack». Lo si capisce già dal fatto che il cd. elemento politico non è un requisito costitutivo della fattispecie (al riguardo *supra*, n. marg. 770 ss.). Cfr. anche ICTY, 29 luglio 2004 (Blaškić, AC), §§ 126 s.; ICTY, 1° settembre 2004 (Brđanin, TC), § 394; ICTY, 17 gennaio 2005 (Blagojević e Jokić, TC), § 548; ICTY, 27 settembre 2006 (Krajišnik, TC), § 706; ICTR, 13 dicembre 2005 (Simba, TC), § 421. Cfr. pure *Mettraux*, International Crimes and the *ad hoc* Tribunals (2005), 173.

783 Né il diritto internazionale consuetudinario, né quello statutario connotano di ulteriori elementi soggettivi i crimini contro l'umanità in quanto tali. In particolare, non è necessario che la condotta sia sorretta da motivi discriminatori, come ancora richiede l'art. 3 St-ICTR[99], e com'era preteso dalla più risalente giurisprudenza relativa all'art. 5 St-ICTY[100]. L'intento discriminatorio è requisito essenziale esclusivamente di quella specifica ipotesi di crimine contro l'umanità che è la "persecuzione"[101].

C. Le singole ipotesi criminose

784 Nel testo che segue si tratta dei singoli crimini contro l'umanità, seguendo l'ordine proposto dallo St-ICC. Non si terrà conto della distinzione tra "comportamenti inumani" (*murder type*) ed "atti persecutori" (*persecution type*).

785 La distinzione tra crimini contro l'umanità riconducibili al *murder type* ovvero al *persecution type* è ricorrente, avendo alla base l'art. 6 c) St-IMT[102]. Purtuttavia, il *Draft Code* 1991 ed il *Draft Code* 1996 non si ispirano ad un simile binomio, come d'altra parte neppure lo St-ICTY, o lo St-ICTR. La distinzione, in letteratura, è stata una volta giustificata in considerazione della scarsa ricorrenza dei crimini di persecuzione negli ordinamenti penali nazionali[103]. Tale opinione, peraltro, non considera come la stessa valutazione dovrebbe compiersi a proposito del crimine di "sparizione forzata", che è invece da ricondurre alla categoria dei *murder types*. La bipartizione tra *murder type* e *persecution type* può essere meglio fondata sulla circostanza che l'elemento psicologico del crimine di persecuzione è costituito, tra l'altro, da motivazioni discriminatorie, invece non necessarie per l'integrazione di un *murder type*[104]. Una constatazione indubbiamente significativa per l'interpretazione

---

[99] Cfr. *supra*, n. marg. 750. Cfr., sul punto, *Schabas*, The UN International Criminal Tribunals (2006), 196 ss.

[100] ICTY, 7 maggio 1997 (Tadić, TC), § 652: «[D]iscriminatory intent as an additional requirement for all crimes against humanity was not included in the Statute. [...] Nevertheless, because the requirement of discriminatory intent on national, political, ethnic, racial or religious grounds for all crimes against humanity was included in the Report of the Secretary-General, and since several Security Council members stated that they interpreted Article 5 as referring to acts taken on a discriminatory basis, the Trial Chamber adopts the requirement of discriminatory intent for all crimes against humanity under Article 5». Cfr. al riguardo *Schabas*, The UN International Criminal Tribunals (2006), 196 ss.

[101] Fondamentale ICTY, 15 luglio 1999 (Tadić, AC), §§ 273 ss.; conforme ICTY, 14 gennaio 2000 (Kupreškić et al., TC), § 558; ICTY, 3 marzo 2000 (Blaškić, TC), § 260; ICTY, 26 febbraio 2001 (Kordić e Čerkez, TC), § 186; ICTR, 1° giugno 2001 (Akayesu, AC), §§ 464 ss. Cfr. art. 7 co. 1 h) St-ICC.

[102] Cfr. ICTY, 7 maggio 1997 (Tadić, TC), § 694; cfr. anche UNWCC (a cura di), History of the United Nations War Crimes Commission and the Development of the Laws of War (1948), 179; *Schwelb*, British Year Book of International Law 23 (1946), 178, 190.

[103] *Meyrowitz*, La répression des crimes contre l'humanité par les tribunaux allemands en application de la loi no. 10 du Conseil de Contrôle Allié (1960), 250.

[104] La discriminazione, quale elemento fondamentale della persecuzione, è enfatizzata da *Cassese*, in: Cassese/Gaeta/Jones (a cura di), Rome Statute, vol. 1 (2002), 353, 361.

della specifica fattispecie di persecuzione; non v'è però alcuna ragione di fondare, su di essa, una classificazione più generale[105].

I. Omicidio

Eser, Albin/Koch, H.G.: Die vorsätzlichen Tötungstatbestände, ZStW 92 (1980), 496 ss.; *Heine, Günter/Vest, Hans:* Murder/Wilful Killing, in: McDonald, Gabrielle Kirk/Swaak-Goldman, Olivia (Hrsg.), Substantive and Procedural Aspects of International Criminal Law – The Experience of International and National Courts, Band 1 (2000), 175 ss.; *Hogan-Doran, Justin:* Murder as a Crime under International Law and the Statute of the International Criminal Tribunal for the Former Yugoslavia: Of Law, Legal Language and a Comparative Approach to Legal Meaning, Leiden Journal of International Law 11 (1998), 165 ss.; *Meseke, Stephan:* Der Tatbestand der Verbrechen gegen die Menschlichkeit nach dem Römischen Statut des Internationalen Strafgerichtshofs (2004), 176 ss.

786

L'art. 7 co. 1 a) St-ICC definisce la specifica fattispecie di "omicidio doloso". La disposizione riprende l'art. 6 c) St-IMT, l'art. II co. 1 c) CCL n. 10, l'art. 5 c) St-IMTFE, l'art. 5 a) St-ICTY e l'art. 3 a) St-ICTR. Durante la negoziazione dello St-ICC, l'omicidio doloso venne ritenuto un delitto dalla portata ben definita in tutti gli ordinamenti penali nazionali[106]. Secondo gli EC[107], l'elemento materiale presuppone che l'agente, con la sua azione, abbia causato la morte di un altro uomo[108]. In termini analoghi si struttura l'omicidio doloso come ipotesi di genocidio (*killing*)[109], di crimine di guerra nei conflitti internazionali armati (*wilful killing*) e nei conflitti armati non internazionali (*murder*)[110].

787

---

[105] Su tutto ciò *Meseke*, Der Tatbestand der Verbrechen gegen die Menschlichkeit nach dem Römischen Statut des Internationalen Strafgerichtshofs (2004), 173 ss.

[106] *Draft Code* 1996, commento all'art. 18 a), § 7: «Murder is a crime that is clearly understood and well defined in the national law of every State. This prohibited act does not require any further explanation». – Sulle discrepanze, talora notevoli, che intercorrono tra le definizioni della fattispecie di omicidio doloso nei diversi ordinamenti nazionali, cfr. *Eser/Koch* ZStW 92 (1980), 491 ss.; Triffterer-*Hall*, Rome Statute (1999), art. 7 n. marg. 19; *Heine/Vest*, in: McDonald/Swaak-Goldman (a cura di), Substantive and Procedural Aspects of International Criminal Law, vol. 1 (2000), 175 ss.; *Hogan-Doran*, Leiden Journal of International Law 11 (1998), 165 ss.

[107] EC in rel. art. 7 co. 1 a) St-ICC: «1. The perpetrator killed (nt. 7: The term 'killed' is interchangeable with the term 'caused death'. This footnote applies to all elements which use either of these concepts.) one or more persons».

[108] Fondamentale ICTR, 2 settembre 1998 (Akayesu, TC), § 588; cfr. anche ICTR, 6 dicembre 1999 (Rutaganda, TC), § 79; ICTR, 27 gennaio 2000 (Musema, TC), § 214; ICTY, 14 dicembre 1999 (Jelisić, TC), § 51; ICTY, 14 gennaio 2000 (Kupreškić et al., TC), § 560; ICTY, 3 marzo 2000 (Blaškić, TC), § 216; ICTY, 26 febbraio 2001 (Kordić e Čerkez, TC), § 235; ICTY, 2 agosto 2001 (Krstić, TC), § 485; ICTY, 2 novembre 2001 (Kvočka et al., TC), § 132; ICTY, 15 marzo 2002 (Krnojelac, TC), § 324; ICTY, 27 settembre 2006 (Krajišnik, TC), § 715.

[109] Art. 6 a) St-ICC, cfr. *supra*, n. marg. 686.

[110] Cfr. art. 8 co. 2 a) i) St-ICC, art. 8 co. 2 c) i) St-ICC (sul punto *infra*, n. marg. 1001 ss.) e ICTY, 14 dicembre 1999 (Jelisić, TC), § 51; ICTY, 26 febbraio 2001 (Kordić e Čerkez, TC), § 236; ICTY, 15 marzo 2002 (Krnojelac, TC), § 323.

788 Per quanto concerne l'elemento soggettivo, si richiede che l'agente realizzi con dolo il fatto rilevante[111]. Al proposito è già sufficiente – in deroga alla regola generale di cui all'art. 30 St-ICC[112] – che l'agente provochi gravi lesioni alla vittima con noncurante disprezzo per la vita umana («reckless disregard of human life»)[113].

789 Avendo riguardo alla versione francese degli artt.6 c) St-IMT, 5 a) St-ICC e 3 a) St-ICTR, in cui si descrive il fatto come «assassinat», per lungo tempo si è discusso se l'elemento soggettivo del crimine di omicidio richiedesse, oltre al normale dolo, anche un profilo di "premeditazione" (*premeditation*). Muovendo da questo *background*, la giurisprudenza dei tribunali internazionali ha avuto, all'inizio, difficoltà ad elaborare in termini univoci l'elemento soggettivo del crimine[114], alla luce del diritto internazionale consuetudinario[115]. Nel frattempo, si consolidava una giurisprudenza ispirata all'idea che soltanto il concetto francese di "meurtre" potesse esprimere la sostanza del diritto consuetudinario vigente in materia, a dispetto del tenore letterale delle citate norme, nella loro versione francese (*assassinat*)[116]. Ne esce confermata la non necessità di una "premeditazione" (*premeditation*) dell'agente[117].

---

[111] Sull'uso dei termini «dolo» e «intent» cfr. *supra*, n. marg. 358.

[112] Sulla regola generale dell'art. 30 St-ICC, e sull'apertura di tale disposizione al diritto consuetudinario, cfr. *supra*, n. marg. 365 ss., 374 ss.

[113] Cfr. ICTY, 14 gennaio 2000 (Kupreškić et al., TC), § 561; ICTY, 31 luglio 2003 (Stakić, TC), § 150; ICTY, 27 settembre 2006 (Krajišnik, TC), § 715 («or in the reasonable knowledge that it might lead to death»); ICTR, 27 gennaio 2000 (Musema, TC), § 215; ICTR, 13 aprile 2006 (Bisengimana, TC), § 87 («reckless as to whether death will result»). Sulle implicazioni della più recente giurisprudenza dell'ICTY in tema di elemento psicologico, cfr. *supra*, n. marg. 355 s.

[114] Per un'analisi della più risalente giurisprudenza dell'ICTY sulle diverse ipotesi di omicidio doloso, cfr. *Hogan-Doran*, Leiden Journal of International Law 11 (1998), 165 ss.

[115] Ampiamente, su questa problematica, *Heine/Vest*, in: McDonald/Swaak-Goldman (a cura di), Substantive and Procedural Aspects of International Criminal Law, vol. 1 (2000), 175 ss.

[116] Fondamentale ICTR, 2 settembre 1998 (Akayesu, TC), § 588; cfr. altresì ICTR, 6 dicembre 1999 (Rutaganda, TC), § 79; ICTR, 27 gennaio 2000 (Musema, TC), § 214; ICTY, 14 dicembre 1999 (Jelisić, TC), § 51; ICTY, 3 marzo 2000 (Blaškić, TC), § 216; ICTY, 26 febbraio 2001 (Kordić e Čerkez, TC), § 235; ICTY, 2 agosto 2001 (Krstić, TC), § 485; ICTY, 2 novembre 2001 (Kvočka et al., TC), § 132.

[117] Il requisito della premeditazione costituisce, per lo più, una particolarità degli ordinamenti di lingua neolatina e dei territori che ne hanno in subito l'influenza. In un'ottica comparatistica, tuttavia, l'elemento della «fredda pianificazione» non sembra sufficientemente diffuso: cfr. *Vest* ZStW 113 (2001), 458, 472; diversamente, ICTR, 21 maggio 1999 (Kayishema e Ruzindana, TC), § 139: «When murder is considered along with assassinat [...] the standard of mens rea required is intentional and premeditated killing. The result is premeditated when the actor formulated his intent to kill after a cool moment of reflection. The result is intended when it is the actor's purpose, or the actor is aware that it will occur in the ordinary course of events»; egualmente ICTR, 7 giugno 2001 (Bagilishema, TC), §§ 84 s.; ICTR, 15 maggio 2003 (Semanza, TC), § 339. Lascia aperta la questione ICTY, 14 gennaio 2000 (Kupreškić et al., TC), § 561. Sull'intera problematica, cfr. *Chesterman*, Duke Journal of Comparative and International Law 12 (2002), 307, 332 ss.

II. Sterminio

L'art. 7 co. 1 b) St-ICC fa riferimento alla specifica fattispecie di "sterminio". La norma si fonda sull'art. 6 c) St-IMT, l'art. II co. 1 c) CCL n. 10, l'art. 5 c) St-IMTFE, l'art. 5 b) St-ICTY e l'art. 3 b) St-ICTR. A Norimberga venne qualificato come sterminio, in particolare, il genocidio perpetrato ai danni degli ebrei europei. A differenza però del fatto tipico di genocidio, è questa volta necessario, nonché sufficiente, che ad esser presa di mira sia una popolazione civile, non già gruppi specificamente connotati. Omicidi di massa di avversari politici o attacchi distruttivi a gruppi culturali, sociali od economici, non devono certo ritenersi ipotesi di genocidio, quanto, piuttosto, crimini contro l'umanità, ed in particolare forme di sterminio[118].

790

Secondo l'art. 7 co. 2 b) St-ICC, che trae spunto dalla fattispecie di genocidio[119], «si intende per sterminio l'imposizione dolosa di condizioni di vita – tra le quali l'impedimento dell'accesso a medicine ed alimenti –, idonee a provocare l'annientamento di una parte della popolazione»[120]. Discostandosi dal tenore letterale dell'art. 7 co. 2 b) St-ICC, gli EC[121] richiedono innanzitutto, quale requisito obiettivo dello sterminio, che l'agente provochi la morte di uno o più uomini: una precisazione alquanto controversa, nella fase iniziale delle trattative sugli EC[122]. L'omicidio, alla luce degli EC, dev'esser parte integrante di un'uccisione di massa. Gli EC riprendono sul punto, fondamentalmente, la giurisprudenza dell'ICTR[123].

791

---

[118] *Draft Code* 1996, commento all'art. 18 b), § 8: «[E]xtermination is closely related to the crime of genocide in that both crimes are directed against a large number of victims. However, the crime of extermination would apply to situations that differ from those covered by the crime of genocide. Extermination covers situations in which a group of individuals who do not share any common characteristics are killed. It also applies to situations in which some members of a group are killed while others are spared». Cfr. anche *Meseke*, Der Tatbestand der Verbrechen gegen die Menschlichkeit nach dem Römischen Statut des Internationalen Strafgerichtshofs (2004), 180.

[119] Cfr. art. 6 c) St-ICC.

[120] Questo esempio, aggiunto alla definizione di genocidio, nasce da una proposta di Cuba, cfr. *von Hebel/Robinson*, in: Lee (a cura di), The International Criminal Court, The Making of the Rome Statute (1999), 79, 99.

[121] EC in rel. art. 7 co. 1 b) St-ICC: «1. The perpetrator killed (nt. 8: [...] either directly or indirectly) one or more persons, including by inflicting conditions of life calculated to bring about the destruction of part of a population. (nt. 9: The infliction of such conditions could include the deprivation of access to food and medicine.) 2. The conduct constituted, or took place as part of (nt. 10: The term 'as part of' would include the initial conduct in a mass killing.) a mass killing of members of a civilian population».

[122] Cfr. la bozza degli EC UN Doc. PCNICC/1999/L.5/Rev.1/Add.2 v. 22 dicembre 1999, ove ancora si afferma, nella nota 6 «Some delegations believe that death is not required [...]». Nel corso delle trattative detta opinione non riuscì però ad imporsi: cfr. al riguardo *Rückert/Witschel*, in: Fischer/Kreß/Lüder (a cura di), International and National Prosecution of Crimes under International Law – Current Developments (2001), 59, 75 s. Cfr. anche *Ambos*, Internationales Strafrecht (2006), § 7 n. marg. 201, che intende lo sterminio come delitto "a dolo specifico" (*Absichtdelikt*) e ritiene non necessaria la consumazione di un omicidio.

[123] Fondamentale ICTR, 2 settembre 1998 (Akayesu, TC), § 591: «Extermination differs from

792 La fattispecie di sterminio è egualmente integrata da una causazione tanto diretta quanto indiretta della morte[124]. La seconda ipotesi è descritta, dalla giurisprudenza dell'ICTR, come l'imposizione di condizioni di vita idonee a determinare l'annientamento di una parte della popolazione[125]. Come possibile esempio di causazione indiretta della morte, la giurisprudenza richiama l'imprigionamento di un ampio gruppo di uomini, cui venga altresì rifiutato ciò che è più necessario per vivere[126]; oppure la diffusione di un'infezione virale, pericolosa per la vita, all'interno del gruppo, negando al contempo qualsiasi assistenza medica[127]. Sennonché, secondo la stessa giurisprudenza, potrebbe ritenersi tipico anche un atto individuale che provochi la morte soltanto di pochi uomini, o persino di un'unica persona. Decisiva, in tal caso, la circostanza che l'omicidio costituisca parte integrante di un'uccisione di massa[128].

793 In una prima fase, questa interpretazione è stata ulteriormente sviluppata dall'ICTY[129], la quale però, nel caso *Krstić*, ha richiesto che fosse provocata la morte di una parte «numericamente rilevante» della popolazione[130]. Al contempo, l'ICTY

---

murder in that it requires an element of mass destruction which is not required for murder»; ICTR, 21 maggio 1999 (Kayishema e Ruzindana, TC), § 142: «the difference between murder and extermination is the scale; extermination can be said to be murder on a massive scale»; ICTR, 6 dicembre 1999 (Rutaganda, TC), § 82; ICTR, 27 gennaio 2000 (Musema, TC), §§ 217 ss. Successivamente all'entrata in vigore degli EC, cfr. ICTR, 7 giugno 2001 (Bagilishema, TC), §§ 86 ss.; ICTR, 17 giugno 2004 (Gacumbitsi, TC), § 309; ICTR, 15 luglio 2004 (Ndindabahizi, TC), § 487; ICTR, 13 dicembre 2004 (Ntakirutimana, AC), § 522; ICTR, 13 aprile 2006 (Bisengimana, TC), § 71. Cfr. anche ICTY, 1° settembre 2004 (Brđanin, TC), §§ 388 s. Questa giurisprudenza si ispira al *Draft Code* 1996, commento all'art. 18 b), § 8: «[Murder and extermination] consist of distinct and yet closely related criminal conduct which involves taking the lives of innocent human beings […]. [T]he act used to carry out the offence of extermination involves an element of mass destruction which is not required for murder».

[124] ICTR, 6 dicembre 1999 (Rutaganda, TC), § 84: «[The] act or omission includes but is not limited to the direct act of killing. It can be any act or omission, or cumulative acts or omissions, that cause the death of the targeted group of individuals»; cfr. altresì ICTR, 27 gennaio 2000 (Musema, TC), § 219.

[125] ICTR, 21 maggio 1999 (Kayishema e Ruzindana, TC), § 144: «[T]he actor participates in the mass killing of others or in the creation of conditions of life that lead to the mass killing of others, through his act(s) or omission(s)». Conforme ICTR, 13 aprile 2006 (Bisengimana, TC), § 72.

[126] Sulla riduzione alla fame come crimine contro l'umanità, cfr. *Marcus* AJIL 97 (2003), 245, 271 ss.

[127] ICTR, 21 maggio 1999 (Kayishema e Ruzindana, TC), § 146.

[128] ICTR, 21 maggio 1999 (Kayishema e Ruzindana, TC), § 147: «An actor may be guilty of extermination if he kills, or creates the conditions of life that kills, a single person providing the actor is aware that his act(s) or omission(s) forms part of a mass killing event. For a single killing to form part of extermination, the killing must actually form part of a mass killing event. An 'event' exists when the (mass) killings have close proximity in time and place»; ICTR, 11 settembre 2006 (Mpambara, TC), § 9: «The act […] must contribute to a mass killing event».

[129] ICTY, 2 agosto 2001 (Krstić, TC), §§ 490 ss.; ICTY, 29 novembre 2002 (Vasiljević, TC), §§ 216 ss.

[130] ICTY, 2 agosto 2001 (Krstić, TC), § 503: «numerically significant part of the population». Disapprova tale impostazione, tra gli altri, *Mettraux*, Harvard International Law Journal 43 (2002), 237, 285; cfr. anche ICTR, 21 maggio 1999 (Kayishema e Ruzindana, TC), § 145: «The term 'mass', which may be understood to mean 'large scale', does not command a numerical imperative but may

ha circoscritto ulteriormente i profili di tipicità del crimine alla luce del diritto internazionale consuetudinario, pretendendo che lo stesso soggetto attivo sia personalmente responsabile, direttamente o indirettamente, del decesso di un elevato numero di vittime[131]. Un'interpretazione alla quale aderisce, ormai, anche l'ICTR[132]. Entrambi i Tribunali, tuttavia, sottolineano come non sia necessaria la consumazione di un numero minimo prestabilito di omicidi; la natura "massiva" delle uccisioni deve piuttosto apprezzarsi in relazione alle peculiarità del caso concreto[133].

L'elemento soggettivo del crimine di sterminio, riguardo alla causazione della morte, è costituito dal dolo (nei termini di cui all'art. 30 St-ICC)[134]. L'art. 7 co. 2 b) St-ICC, quando precisa che le condizioni di vita volte all'annientamento devono essere inflitte "dolosamente" («intentional»), non prescrive alcuna deviazione dalla regola generale in tema di *mental element*. È poi necessario che l'agente sappia che la sua azione si inscrive nel quadro di un omicidio di massa[135]. Il fatto realizzato deve essere inoltre programmaticamente inteso a («calculated») determinare l'annientamento di una parte della popolazione. Il concetto di "calculated" viene inteso talora in termini soggettivi, come «fine interiore di distruggere la popolazione, interamente o in parte»[136]. Sennonché, a ragione, la giurisprudenza dei tribunali

---

be determined on a case by case basis using a common sense approach».

[131] Cfr. ICTY, 29 novembre 2002 (Vasiljević, TC), § 227: «[R]esponsibility for extermination only attaches to those individuals responsible for a large number of deaths, even if their part therein was remote or indirect. Responsibility for one or for a limited number of such killings is insufficient»; ICTY, 1° settembre 2004 (Brđanin, TC), § 390. Cfr. anche *Salgado*, Leiden Journal of International Law 16 (2003), 321, 326 ss.

[132] ICTR, 21 febbraio 2003 (Ntakirutimana, TC), §§ 813 ss.; ICTR, 15 maggio 2003 (Semanza, TC), § 340; ICTR, 1° dicembre 2003 (Kajelijeli, TC), § 893; ICTR, 22 gennaio 2004 (Kamuhanda, TC), § 691; ICTR, 13 dicembre 2005 (Simba, TC), § 422.

[133] ICTY, 31 luglio 2003 (Stakić, TC), § 640; confermata da ICTY, 22 marzo 2006 (Stakić, AC), § 260; ICTY, 1° settembre 2004 (Brđanin, TC), § 391; ICTY, 17 gennaio 2005 (Blagojević e Jokić, TC), § 573; ICTY, 27 settembre 2006 (Krajišnik, TC), § 716; ICTR, 13 dicembre 2004 (Ntakirutimana, AC), § 516; ICTR, 1° dicembre 2003 (Kajelijeli, TC), § 891; ICTR, 22 gennaio 2004 (Kamuhanda, TC), § 692; ICTR, 17 giugno 2004 (Gacumbitsi, TC), § 309.

[134] Cfr. anche ICTR, 2 settembre 1998 (Akayesu, TC), § 592; ICTR, 21 maggio 1999 (Kayishema e Ruzindana, TC), §§ 144, 146; ICTR, 6 dicembre 1999 (Rutaganda, TC), § 83; ICTR, 27 gennaio 2000 (Musema, TC), § 218; ICTR, 7 giugno 2001 (Bagilishema, TC), § 89 e ICTY, 2 agosto 2001 (Krstić, TC), § 495.

[135] ICTR, 21 maggio 1999 (Kayishema e Ruzindana, TC), § 144; ICTY, 22 marzo 2006 (Stakić, AC), § 260; ICTY, 27 settembre 2006 (Krajišnik, TC), § 716. Cfr. anche *Mettraux*, International Crimes and the *ad hoc* Tribunals (2005), 178. Non è invece necessario che l'agente intenda la sua azione come parte di una vasta impresa omicida («vast murderous enterprise»), cfr. ICTY, 1° settembre 2004 (Brđanin, TC), § 394; ICTY, 17 gennaio 2005 (Blagojević e Jokić, TC), § 576. Così tuttavia ICTY, 29 novembre 2002 (Vasiljević, TC), § 229.

[136] Cfr. *Ambos*, Der Allgemeine Teil des Völkerstrafrechts (2002), 798.

internazionali non ritiene necessario questo requisito di intenzionalità specifica[137], peraltro privo di addentellati nella "lettera" dello St-ICC[138].

III. Riduzione in schiavitù

795 *Bassiouni, M. Cherif*: Enslavement as an International Crime, New York University Journal of International Law and Politics 23 (1991), 445 ss.; *Bülck, Hartwig*: Die Zwangsarbeit im Friedensvölkerrecht, Untersuchungen über die Möglichkeiten und Grenzen allgemeiner Menschenrechte (1953); *Chuang, Janie*: Redirecting the Debate over Trafficking in Women: Definitions, Paradigms and Contexts, Harvard International Law Journal 11 (1998), 65 ss.; *Farrior, Stephanie*: The International Law on Trafficking in Women and Children for Prostitution: Making it Live up to its potential, Harvard Human Rights Journal 10 (1997), 213 ss.; *Gallagher, Anne*: Human Rights and the New UN Protocols on Trafficking and Migrant Smuggling: A preliminary Analysis, Human Rights Quarterly 23 (2001), 975 ss.; *Meseke, Stephan*: Der Tatbestand der Verbrechen gegen die Menschlichkeit nach dem Römischen Statut des Internationalen Strafgerichtshofs (2004), 190 ss.; *Rassam, A. Yasmine*: Contemporary Forms of Slavery and the Evolution of the Prohibition of Slavery and Slave Trade Under Customary International Law, Virginia Journal of International Law 39 (1999), 303 ss.; *Tretter, Hannes*: Entwicklung und gegenwärtige Bedeutung der internationalen Sklavereiverbote, in: Nowak, Manfred/Steurer, Dorothea/Tretter, Hannes (Hrsg.), Fortschritt im Bewußtsein der Grund- und Menschenrechte, Festschrift für Felix Ermacora (1988), 527 ss.

796 L'art. 7 co. 1 c) St-ICC definisce una classica ipotesi di crimine contro l'umanità: la riduzione in schiavitù. Un disposto corrispondente era già individuabile negli artt. 6 c) St-IMT, art. II co. 1 c) CCL n. 10, art. 5 c) St-IMTFE, art. 5 c) St-ICTY e art. 3 c) St-ICTR.

1. Definizione

797 Secondo la norma definitoria di cui all'art. 7 co. 2 c) St-ICC, riduzione in schiavitù significa «l'esercizio, su di una persona, di tutti od alcuni dei poteri correlati al diritto di proprietà». Una definizione formulata[139] attenendosi a quanto già sta-

---

[137] ICTY, 2 agosto 2001 (Krstić, TC), § 500; ICTY, 29 novembre 2002 (Vasiljević, TC), § 227. Talora, persino la colpa è ritenuta sufficiente, cfr. ICTR, 21 maggio 1999 (Kayishema e Ruzindana, TC), § 146: «The act(s) or omission(s) may be done with intention, recklessness, or gross negligence»; così anche ICTR, 7 giugno 2001 (Bagilishema, TC), § 89. L'ICTY ha sinora preteso quantomeno la *recklessness*, cfr. ICTY, 1° settembre 2004 (Brđanin, TC), § 395. Sulle ricadute della più recente giurisprudenza dell'ICTY sulla definizione dell'elemento psicologico, cfr. *supra*, n. marg. 355 s.

[138] Il § 7 co. 1 n. 2 VStGB (sterminio), poste le correlazioni contenutistiche con il genocidio, è stato formulato prendendo strettamente a modello il §220 a.1 n. 3 StGB [genocidio mediante l'imposizione, al gruppo, di condizioni di vita idonee a provocare danni all'integrità fisica, *N.d.T.*], in difformità dall'art. 7 co. 2 b) St-ICC: cfr. *infra*, n. marg. 892. Disapprova la definizione dello Statuto anche *Meseke*, Der Tatbestand der Verbrechen gegen die Menschlichkeit nach dem Römischen Statut des Internationalen Strafgerichtshofs (2004), 187 ss.

[139] Sulla genesi dell'art. 7 co. 1 c) St-ICC nelle trattative di Roma, cfr. *von Hebel/Robinson*, in: Lee

bilito dalla Convenzione sulla schiavitù del 25 settembre 1926[140] e corrispondente allo stato attuale del diritto internazionale consuetudinario[141]. È stato precisato che la fattispecie di riduzione in schiavitù comprende altresì «l'esercizio degli anzidetti poteri nel contesto di un traffico di esseri umani, in particolare di donne e bambini». Gli EC completano la descrizione del crimine mediante un'elencazione esemplificativa di ulteriori modalità di riduzione in schiavitù, quali l'acquisto, la vendita, il prestito o la permuta di una persona o di più persone, facendo inoltre riferimento ad "analoghe" forme di privazione della libertà[142].

Aprendo a forme "analoghe" di privazione della libertà, gli EC indicano che il fatto criminoso non deve riconoscersi soltanto nelle "classiche" figure della schiavitù e della tratta di schiavi, come definite nei relativi Trattati[143]. Queste ipotesi paradigmatiche, in cui un soggetto tratta la vittima come una "proprietà ambulante"[144], oggi come oggi non vengono praticamente più in considerazione[145]. La nozione di "riduzione in schiavitù" utilizzata nello St-ICC non rimanda, perciò, soltanto ad un'idea tradizionale di schiavitù, ma deve intendersi in un significato teleologicamente correlato all'attuale scopo di tutela dell'incriminazione, quindi comprensivo anche di quelle pratiche ed istituzioni che non ricadono nel concetto formale di schiavitù[146].

L'ICTY si è mosso proprio in questa direzione, nel precisare gli elementi costitutivi della riduzione in schiavitù nel caso *Kunarac* et al[147]. La decisione aveva ad oggetto la vicenda di alcuni individui – gli imputati - che avevano segregato due

---

(a cura di), The International Criminal Court, The Making of the Rome Statute (1999), 79, 99.

[140] *Slavery Convention*, come emendata dal Protocollo del 7 dicembre 1953. [Per l'Italia, autorizzazione alla ratifica r.d. 26.4.1928 n. 1723, sottoscrizione della versione emendata del 4 febbraio 1954, *N.d.T.*].

[141] ICTY, 22 febbraio 2001 (Kunarac et al., TC), § 539; ICTY, 15 marzo 2002 (Krnojelac, TC), § 350. Conforme ICTY, 12 giugno 2002 (Kunarac et al., AC), § 124.

[142] Riguardo alla privazione di libertà si legge nella nota 11 degli EC in rel. art. 7 co. 1 c) St-ICC: «It is understood that such deprivation of liberty may, in some circumstances, include exacting forced labour or otherwise reducing a person to a servile status as defined in the Supplementary Convention on the Abolition of Slavery, the Slave Trade, and Institutions and Practices Similar to Slavery of 1956».

[143] Cfr. l'art. 1 della *Slavery Convention* del 25 settembre 1926 nella versione emendata dal Protocollo del 7 dicembre 1953, così come l'art. 7 della *Supplementary Convention on the Abolition of Slavery, the Slave Trade, and Institutions and Practices Similar to Slavery* del 7 settembre 1956 [sottoscritta dall'Italia il 7 settembre 1956, ratificata il 12 febbraio 1958, autorizzazione alla ratifica l.20.12.1957 n.1304, *N.d.T.*]. Secondo il BGHSt 39, 212, 214, la nozione di «schiavitù» di cui al § 234 StGB «dev'essere intesa nello stesso senso in cui va intesa nel quadro di detti accordi internazionali».

[144] «Chattel slavery», cfr. ICTY, 12 giugno 2002 (Kunarac et al., AC), § 117.

[145] Cfr. *Rassam*, Virginia Journal of International Law 39 (1999), 303, 321; *Tretter*, in: Nowak/Steurer/Tretter (a cura di), Festschrift für Ermacora (1988), 527, 544.

[146] Cfr. *Supplementary Convention on the Abolition of Slavery, the Slave Trade, and Institutions and Practices Similar to Slavery*, cit., e in essa, ad es., l'art. 1 a) e b) (servitù della gleba, servitù per debiti).

[147] ICTY, 22 febbraio 2001 (Kunarac et al., TC), §§ 515 ss. La Camera d'Appello ha confermato la decisione, cfr. ICTY, 12 giugno 2002 (Kunarac et al., AC), §§ 106 ss.

giovani ragazze per mesi in un'abitazione abbandonata, controllandone completamente la vita e, tra l'altro, violentandole ripetutamente. Il Tribunale ha chiarito a quali condizioni un certo comportamento possa qualificarsi come "riduzione in schiavitù". Indizi essenziali sarebbero, ad esempio, il fatto di controllare la libertà di movimento delle vittime e di agire contro la loro volontà, nonché il dominio sulle medesime ed il loro sfruttamento economico[148]. Nella decisione si afferma:

> «[I]ndications of enslavement include elements of control and ownership; the restriction or control of an individual's autonomy, freedom of choice or freedom of movement; and, often, the accruing of some gain to the perpetrator. The consent or free will of the victim is absent. It is often rendered impossible or irrelevant by, for example, the threat or use of force or other forms of coercion; the fear of violence, deception or false promises; the abuse of power; the victim's position of vulnerability; detention or captivity, psychological oppression or socio-economic conditions. [...] The 'acquisition' or 'disposal' of someone for monetary or other compensation, is not a requirement for enslavement. Doing so, however, is a prime example of the exercise of the right of ownership over someone. The duration of the suspected exercise of powers attaching to the right of ownership is another factor that may be considered when determining whether someone was enslaved; however, its importance in any given case will depend on the exercise of other indications of enslavement»[149].

800 La Camera d'Appello, in relazione a tale decisione, ha chiarito che per l'integrazione di una riduzione in schiavitù non è necessaria né una durata definita del comportamento criminoso, né la volontà contraria della vittima[150].

801 L'elemento soggettivo della riduzione in schiavitù è costituito dal dolo (art. 30 St-ICC)[151].

2. Lavoro forzato

802 Il lavoro forzato[152] non è considerato dallo St-ICC e dagli EC quale forma autonoma di riduzione in schiavitù, ma è comunque incluso in questa fattispecie, conformemente al diritto internazionale consuetudinario, nella misura in cui implica la pretesa d'esercitare sulla persona offesa facoltà tipiche del proprietario[153]. Già

---

[148] ICTY, 22 febbraio 2001 (Kunarac et al., TC), § 542.
[149] Fondamentale ICTY, 22 febbraio 2001 (Kunarac et al., TC), § 542; cfr. anche ICTY, 12 giugno 2002 (Kunarac et al., AC), § 119; ICTY, 15 marzo 2002 (Krnojelac, TC), § 359.
[150] ICTY, 12 giugno 2002 (Kunarac et al., AC), §§ 120 s.
[151] Cfr. ICTY, 22 febbraio 2001 (Kunarac et al., TC), § 540; conforme ICTY, 12 giugno 2002 (Kunarac et al., AC), § 122; cfr. anche ICTY, 15 marzo 2002 (Krnojelac, TC), § 350. Sull'impiego dei termini "dolo" e "intent" cfr. *supra*, n. marg. 350. Quanto alle implicazioni della più recente giurisprudenza dell'ICTY in tema di elemento psicologico, cfr. *supra*, n. marg. 355 s.
[152] Fondamentale, sul punto, Bülck, Die Zwangsarbeit im Friedensvölkerrecht (1953).
[153] Sulla definizione di lavoro coatto o obbligatorio, cfr. l'art. 2 della *Convention Concerning For-*

nei processi di Norimberga il lavoro forzato costituì il più significativo esempio di riduzione in schiavitù, crimine qualificato come "contro l'umanità" dallo Statuto IMT.

Nel periodo di dominio nazista e durante la seconda guerra mondiale, nel Terzo Reich e nei territori occupati dalla Germania vennero impiegati circa otto milioni di lavoratori forzati. L'IMT condannò *von Schirach* esclusivamente per il crimine contro l'umanità di riduzione in schiavitù, mentre parecchi dei grandi criminali di guerra vennero condannati tanto per deportazione volta alla riduzione in schiavitù, intesa come crimine di guerra, quanto per riduzione in schiavitù, quale crimine contro l'umanità[154]. Nei *Successor Trials* di Norimberga, i tribunali militari americani giudicarono diversi soggetti vuoi per il crimine di guerra di deportazione volta alla riduzione in schiavitù, vuoi per il crimine contro l'umanità di riduzione in schiavitù. Degna di nota, in particolare, la motivazione della decisione sul caso *Milch*[155].

Anche l'ICTY ha riconosciuto, nel lavoro forzato, una possibile forma di crimine contro l'umanità, di cui ha precisato i presupposti[156].

3. La tratta di persone

Alla categoria delle pratiche analoghe alla schiavitù pure appartiene la «tratta di persone, in particolare donne e bambini» (*trafficking in persons*). A questa ipotesi, fino a non molto tempo fa, il diritto internazionale pattizio riconduceva soltanto la tratta finalizzata alla prostituzione[157]. Un esempio in tal senso è offerto dalla *Convention for the Suppression of the Traffic in Persons and of the Exploitation of the Prostitution of Others* del 21 marzo 1950[158]. I trattati più recenti – come ad es. la *Convention on the Elimination of all Forms of Discrimination Against Women*, del

---

ced or Compulsory Labor (ILO Convention 29) del 28 giugno 1930 e l'art. 1 della *Abolition of Forced Labor Convention* (ILO Convention 105) del 25 giugno 1957; cfr. anche art. 8 co. 3 PDCP e l'art. 4 co. 3 CEDU.

[154] Cfr. la sezione «La politica del lavoro forzato», IMT, 1° ottobre 1946, in: Internationaler Militärgerichtshof Nürnberg, Der Nürnberger Prozeß gegen die Hauptkriegsverbrecher, vol. 1 (1947), 189, 272 ss. e le motivazioni riguardo a *von Schirach* così come *Göring, Keitel, Kaltenbrunner, Rosenberg, Frank, Frick, Funk, Saukel, Jodl, Seyss-Inquart* e *Speer*.

[155] US Military Tribunal Nürnberg, 17 aprile 1947 (Milch), in: Trials of War Criminals II, 773, 789.

[156] ICTY, 22 febbraio 2001 (Kunarac et al., TC), § 542 e ICTY, 15 marzo 2002 (Krnojelac, TC), §§ 358 s. Nel valutare come lavoro forzato quello dei detenuti di un campo di concentramento, l'ICTY ha preso in considerazione, ad esempio, le seguenti circostanze obiettive: «the substantially uncompensated aspect of the labour performed, the vulnerable position in which the detainees found themselves, the allegations that detainees who were unable or unwilling to work were either forced to or put in solitary confinement, claims of longer term consequences of the labour, the fact of detention», cfr. ICTY, 15 marzo 2002 (Krnojelac, TC), § 373.

[157] Critico *Chuang*, Harvard International Law Journal 11 (1998), 64 ss.; Triffterer-*Hall*, Rome Statute (1999), art. 7 n. marg. 96.

[158] [Ratificata dall'Italia (adesione) in data 18 gennaio 1980, *N.d.T.*].

18 dicembre 1979[159] o la *Convention on the Rights of the Child*, del 20 novembre 1989[160], hanno abbandonato la stretta correlazione tra la tratta e la prostituzione. Una posizione, quest'ultima, condivisa anche dallo St-ICC.

806 La *Convention Against Transnational Organized Crime*, del 15 novembre 2000 [sottoscritta dall'Italia il 12 dicembre 2000, ratificata il 2 agosto 2006, *N.d.T.*], ha visto la luce soltanto dopo l'adozione dello St-ICC. Un protocollo aggiuntivo regola espressamente la tratta di persone, in particolare di donne e bambini, offrendo per la prima volta una definizione pattizia della fattispecie[161].

IV. Deportazione o trasferimento forzato

807 *Henckaerts, Jean Marie:* Deportation and Transfer of Civilians in Time of War, Vanderbilt Journal of Transnational Law 26 (1993), 469 ss.; *Henckaerts, Jean Marie:* Mass Expulsion in Modern International Law and Practice (1995); *Lehmler, Lutz:* Die Strafbarkeit von Vertreibungen aus ethnischen Gründen im bewaffneten nicht-internationalen Konflikt (1999); *Meron, Theodor:* Deportation of Civilians as a War Crime under Customary International Law, in: Meron, Theodor (Hrsg.), War Crimes Law Comes of Age (1998), 142 ss.; *Roch, Michael P.:* Forced displacement in the former Yugoslavia: A crime under international law?, Dickinson Journal of International Law 14 (1995), 1 ss.; *Triffterer, Otto:* Die Bestrafung von Vertreibungsverbrechen, in: Blumenwitz, Dieter (Hrsg.), Flucht und Vertreibung (1987), 259 ss.; *de Zayas, Alfred:* International Law and Mass Population Transfers, Harvard International Law Journal 16 (1975), 207 ss.

808 L'art. 7 co. 1 d) St-ICC contempla la deportazione o il trasferimento forzato di popolazione. La fattispecie di deportazione trova fondamento nell'art. 6 c) St-IMT, nell'art. II co. 1 c) CCL n. 10, nell'art. 5 c) St-IMTFE, nell'art. 5 d) St-ICTY e nell'art. 3 d) St-ICTR; quella di «trasferimento forzato della popolazione» non è considerata in tali strumenti internazionali come crimine contro l'umanità[162], trovando al più un antecedente nell'art. 18 g) *Draft Code* 1996.

809 L'art. 7 co. 2 d) St-ICC definisce la deportazione ed il trasferimento forzato

---

[159] [Sottoscritta dall'Italia il 17 luglio 1980, ratificata il 10 giugno 1985, *N.d.T.*]. Il relativo art. 6 afferma: «Gli Stati parte adottano tutte le misure idonee, ivi comprese interventi legislativi, per l'eliminazione di ogni forma di tratta di donne e di sfruttamento della prostituzione femminile».

[160] [Ratificata dall'Italia in data 5 settembre 1991, *N.d.T.*]. Il relativo art. 11 stabilisce: «(1) Gli Stati parte adottano misure per combattere l'illecito trasporto di bambini all'estero e la loro illecita mancata restituzione».

[161] Cfr. art. 3 a) del *Protocol to Prevent, Suppress and Punish Trafficking in Persons, Especially Women and Children*, supplementare alla *United Nations Convention against Transnational Organized Crime, Report of the Ad Hoc Committee on the Elaboration of a Covention against Transnational Organized Crime on the work of its first to eleventh sessions*, UN Doc. A/55/383 (2000), Annex II. Sull'intera questione *Gallagher*, Human Rights Quarterly 23 (2001), 975 ss.

[162] Secondo *Roch*, Dickinson Journal of International Law 14 (1995), 1 ss., il trasferimento forzato di popolazione non integrerebbe il crimine contro l'umanità di deportazione, ai sensi dell'art. 5 St-ICTY. Per contro, questa specifica condotta sarebbe qualificata come crimine di guerra in un ampio novero di strumenti internazionali: cfr. l'art. 147 Ginevra IV; l'art. 87 co. 4 a) Protocollo I e art. 17 Protocollo II. Cfr., in rel. all'art. 8 co. 2 a) vii), b) viii) e e) viii) St-ICC, anche *infra*, n. marg. 1088 ss.

come la «rimozione forzata delle persone dal territorio nel quale si trovano legittimamente, per mezzo di espulsione o altre misure costrittive, in mancanza di ragioni legittime secondo il diritto internazionale». L'elemento materiale è dunque costituito, in entrambi i casi, dallo spostamento di persone da un territorio all'altro («forced displacement»). Gli EC stabiliscono che già lo spostamento di un singolo individuo integra la fattispecie[163].

La differenza tra deportazione (*deportation*) e trasferimento forzato (*forcible transfer*) della popolazione risiede unicamente nella circostanza che sia o non sia oltrepassato un confine. È deportazione, secondo un'opinione risalente, su cui si basa pure lo St-ICC, lo spostamento di una o più persone da un territorio nazionale ad un altro territorio nazionale, vale a dire al di là di una frontiera[164]. Al contrario, si ha un trasferimento forzato in caso di spostamento di una o più persone all'interno del medesimo territorio statale[165].

In senso contrario, l'ICTY, con riferimento al caso *Stakić*, ha stabilito che la fattispecie di deportazione non richiede necessariamente il superamento di un confine nazionale; potrebbe spesso bastare, in relazione al caso singolo, lo spostamento forzoso di persone al di là di un confine "di fatto"[166]. Il Tribunale non ha però chiarito quando possa dirsi concretamente oltrepassato un confine *de facto*. La Camera

810

811

---

[163] In tal senso anche il § 7.1 n. 4 VStGB e, al riguardo, Begr. VStGB, 21.

[164] ICTY, 2 agosto 2001 (Krstić, TC), § 521: «Deportation presumes transfer beyond State borders». Conforme ICTY, 15 marzo 2002 (Krnojelac, TC), § 474; ICTY, 1° settembre 2004 (Brđanin, TC), § 540; ICTY, 16 giugno 2004 (Milošević, TC), § 68. Cfr. poi *Draft Code* 1996, commento all'art. 18, § 13: «[D]eportation implies expulsion from the national territori». Una definizione analoga si trova in letteratura: «Deportation is the forced removal of people from one country to another», cfr. Bassiouni, Crimes against Humanity (1999), 312; similmente Triffterer-*Hall*, Rome Statute (1999), art. 7 n. marg. 31, 34; *Henckaerts*, Vanderbilt Journal of Transnational Law 26 (1993), 269, 472; *Triffterer*, in: Blumenwitz (a cura di), Flucht e Vertreibung (1987), 259, 265 s.

[165] Fondamentale ICTY, 2 agosto 2001 (Krstić, TC), § 521: «[F]orcible transfer relates to displacements within a State». Conforme ICTY, 15 marzo 2002 (Krnojelac, TC), § 474; ICTY, 1° settembre 2004 (Brđanin, TC), § 540; ICTY, 16 giugno 2004 (S. Milošević, TC), § 68. Cfr. inoltre *Draft Code* 1996, commento all'art. 18, § 13: «[F]orcible transfer of population could occur wholly within the frontiers of one and the same State». Una analoga definizione si trova in letteratura: cfr. Bassiouni, Crimes against Humanity (1999), 312; Triffterer-*Hall*, Rome Statute (1999), art. 7 n. marg. 31, 34; *Henckaerts*, Vanderbilt Journal of Transnational Law 26 (1993), 469, 472; *Triffterer*, in: Blumenwitz (a cura di), Flucht e Vertreibung (1987), 259, 265 s.

[166] ICTY, 31 luglio 2003 (Stakić, TC), § 679: «For the purposes of the present case, the Trial Chamber finds that Article 5 (d) of the Statute must be read to encompass forced population displacements both across internationally recognised borders and *de facto* boundaries, such as constantly changing frontlines, which are not internationally recognised. The crime of deportation in this context is therefore to be defined as the forced displacement of persons by expulsion or other coercive acts for reasons not permitted under international law from an area in which they are lawfully present to an area under the control of another party» (corsivo originale); conforme ICTY, 22 marzo 2006 (Stakić, AC), §§ 278, 300 ss.: «[D]eportation is the forced displacement of persons by expulsion or other forms of coercion from the area in which they are lawfully present, across a *de jure* state border or, in certain circumstances, a *de facto* border, without grounds permitted under international law» (corsivo originale).

d'Appello ha chiarito che un confine di tal genere non può essere riconosciuto in una linea di frontiera che muti continuamente il proprio tracciato[167]. L'importanza della questione, per il Tribunale, deriva dal fatto che, secondo l'art. 5 d) St-ICTY, soltanto la deportazione è punibile come autonomo crimine contro l'umanità, mentre il trasferimento forzato di persone può al più assumere rilievo come forma di «persecuzione», o in virtù della clausola delle «altre azioni inumane», di cui all'art. 5 i) St-ICTY. È sulla base di tali presupposti che acquista un senso l'interpretazione estensiva della nozione di deportazione nel contesto dello St-ICTY. Lo St-ICC, per contro, attribuisce egualmente rilievo tipico sia alla deportazione che al trasferimento forzato. In questo diverso contesto, appare meno plausibile una lettura estensiva dell'elemento «deportazione», tale da sfumare, nei fatti, la differenza dal trasferimento forzato[168]. Meglio, dunque, leggere l'art. 7 co. 2 d) alla luce della chiara distinzione tradizionale tra le due figure criminose.

812   Lo spostamento delle persone offese deve essere attuato mediante espulsione («expulsion») o altre misure di coercizione («other coercive acts»). Gli EC intendono il concetto di costrizione in un'accezione molto ampia[169]. Profilo caratteristico è la non volontarietà del trasferimento[170].

813   Non è necessario che le misure costrittive che portano allo spostamento della popolazione civile siano di natura strettamente "corporale". Normalmente, anche una fuga della popolazione motivata dal timore di ulteriori discriminazioni, o dalla paura di morire, può di per sé bastare per l'integrazione del crimine[171].

---

[167] Come invece aveva ritenuto la Camera di prima istanza; cfr. ICTY, 31 luglio 2003 (Stakić, TC), § 679: «constantly changing frontlines». Cfr. peraltro anche ICTY, 22 marzo 2006 (Stakić, AC), dissenting opinion *Shahabuddeen*, §§ 19 ss. (nella quale si dà ragione alla TC).

[168] In tal senso ICTY, 3 maggio 2006 (Naletilić e Martinović, AC), dissenting opinion *Schomburg*. Secondo l'opinione del giudice *Schomburg*, la fattispecie di deportazione sarebbe integrata non solo quando le vittime siano condotte al di là di un confine nazionale o di fatto, ma ogni qual volta il loro trasferimento avvenga tra due regioni sottoposte al controllo di differenti Parti belligeranti (§§ 22, 27). La figura del trasferimento forzato, invece, riguarderebbe lo spostamento delle vittime all'interno del medesimo territorio, sottoposto al controllo delle stesse Parti in conflitto (§ 32).

[169] Gli EC in rel. art. 7 co. 1 d) St-ICC stabiliscono nella nota 12: «The term 'forcibly' is not restricted to physical force, but may include threat of force or coercion, such as that caused by fear of violence, duress, detention, psychological oppression or abuse of power against such person or persons or another person, or by taking advantage of a coercive environment». Cfr. anche ICTY, 22 marzo 2006 (Stakić, AC), § 281; ICTY, 2 agosto 2001 (Krstić, TC), § 529; ICTY, 15 marzo 2002 (Krnojelac, TC), § 475. Cfr. Altresì Triffterer-*Hall*, Rome Statute (1999), art. 7 n. marg. 100: «Considering the recent history of internal displacement of people, 'expulsion or other coercive acts' must include the full range of coercive pressures on people to flee their homes, including death threats, destruction of their homes, and other acts of persecution, such as depriving members of a group of employment, denying them access to schools and forcing them to wear a symbol of their religious identity».

[170] Dettagliatamente, sul punto, ICTY, 22 marzo 2006 (Stakić, AC), §§ 279 ss.

[171] ICTY, 2 agosto 2001 (Krstić, TC), §§ 529 s.; ICTY, 27 settembre 2006 (Krajišnik, TC), § 724.

In ogni caso, l'allontanamento delle persone offese da un certo territorio non deve essere consentito dal diritto internazionale[172]. La descrizione del crimine non si attaglia, dunque, ad es., a provvedimenti di espulsione o altre misure coercitive necessarie per la protezione della sicurezza nazionale, dell'ordine pubblico e della pubblica salute[173]. Lo sgombero totale o parziale di un territorio, in occasione di un conflitto armato, può essere ordinato anche per la sicurezza della popolazione civile interessata o per stringenti ragioni militari[174]. Immediatamente dopo la cessazione delle ostilità nella regione interessata, la popolazione civile deve tuttavia essere ricondotta ai luoghi d'origine[175]. In questi casi, bisogna assicurare, nei limiti del possibile, che la popolazione civile trovi nel luogo d'accoglienza condizioni adeguate quanto ad alloggio, pulizia, igiene, sicurezza e alimentazione[176]. Né il soccorso di organizzazioni umanitarie, né la loro presenza rendono di per sé lecito un trasferimento di popolazione[177].

814

Per l'integrazione della fattispecie è sempre necessario che la popolazione civile interessata risieda legittimamente nel territorio dal quale viene deportata o forzatamente trasferita. Il parametro per valutare tale requisito di legittimità è offerto dal diritto internazionale. Una misura coercitiva fondata su di una normativa statale contrastante con il diritto internazionale è perciò comunque ingiustificata[178], come per es. l'espulsione di propri cittadini[179]. Altrettanto vale per l'espulsione di massa di cittadini stranieri[180]. In certi casi, specifici singoli cittadini stranieri possono, per contro, essere allontanati da un territorio nazionale[181].

815

---

[172] ICTY, 1° settembre 2004 (Brđanin, TC), § 543.

[173] Cfr. anche art. 12 co. 3 PDCP; art. 2 co. 3 Procollo n. 4 alla CEDU; art. 22 co. 3, art. 4 CADU; art. 12 co. 2 CADUP.

[174] Cfr. ICTY, 22 marzo 2006 (Stakić, AC), §§ 284 ss.; ICTY, 2 agosto 2001 (Krstić, TC), § 524. Cfr. art. 49 Ginevra IV per il caso di sgombero di una «determinata regione occupata» da parte di una "potenza occupante". Riguardo al trasferimento di civili per ragioni correlate a un conflitto armato non internazionale, cfr. art. 8 co. 2 e) viii) St-ICC, cfr. anche art. 17 co. 1 Protocollo II.

[175] Cfr. art. 49 Ginevra IV; ICTY, 2 agosto 2001 (Krstić, TC), § 524; ICTY, 27 settembre 2006 (Krajišnik, TC), § 725.

[176] Cfr. art. 49 Ginevra IV, art. 17 co. 1 Protocollo II; ICTY, 17 gennaio 2005 (Blagojević e Jokić, TC), § 599.

[177] ICTY, 22 marzo 2006 (Stakić, AC), § 286; ICTY, 31 luglio 2003 (Stakić, TC), § 683; ICTY, 27 settembre 2006 (Krajišnik, TC), § 724.

[178] Cfr. Triffterer-*Hall*, Rome Statute (1999), art. 7 n. marg. 98, 101.

[179] Cfr. l'art. 3 del Protocollo n. 4 alla CEDU: «(1) Nessuno può essere espulso dal territorio dello Stato di appartenenza mediante una misura singolare o collettiva. (2) Nessuno può essere privato del diritto di entrare nel territorio dello Stato di appartenenza». Cfr. anche l'art. 22 co. 5 Convenzione americana sui diritti umani: «Nessuno può essere espulso dal territorio dello Stato di cui è cittadino, né essere privato del diritto di entrarvi». L'art. 12 co. 4 PDCP sancisce: «Nessuno può essere arbitrariamente privato del diritto di entrare nel proprio paese».

[180] Così l'art. 4 del Protocollo n. 4 alla CEDU, che stabilisce: «non sono permesse espulsioni collettive di stranieri». Cfr. anche l'art. 22 co. 9 CADU; art. 12 co. 5 CADUP.

[181] Per gli stranieri stabilisce l'art. 13 PDCP: «Uno straniero che si trovi legalmente nel territorio di uno Stato parte del presente Patto non può esserne espulso se non in base a una decisione presa

816 Anche in relazione al trasferimento forzato (all'interno dello stesso Stato), lo St-ICC non delinea alcuna incriminazione che possa considerarsi nuova rispetto ai contenuti del diritto internazionale consuetudinario[182]. Secondo le consuetudini, il trasloco forzato di persone all'interno degli stessi confini nazionali, se non come deportazione, può ben rilevare come «altra azione inumana di analoga natura»[183]. Lo St-ICC non fa che precisare il diritto consuetudinario, classificando il comportamento in questione come trasferimento forzato e collocando la corrispondente figura criminosa, in termini sostanzialmente corretti, a fianco del crimine contro l'umanità di deportazione.

817 L'elemento soggettivo è costituito dal dolo (art. 30 St-ICC)[184]. Fino ad oggi, secondo la giurisprudenza dell'ICTY l'intenzione dell'agente doveva essere in particolare orientata verso un impedimento duraturo del ritorno delle vittime ai luoghi d'origine[185]. La Camera d'Appello, nel processo contro *Stakić*, ha da ultimo stabilito che un tale requisito non è in realtà necessario, con una motivazione che suscita perplessità[186].

V. Imprigionamento

818 L'art. 7 co. 1 e) St-ICC riguarda «l'imprigionamento o altre gravi privazioni della libertà fisica in violazione dei principi fondamentali del diritto internazionale». La disposizione è basata sull'art. II co. 1 c) CCL n.10, l'art. 5 e) St-ICTY e l'art. 3 e) St-ICTR. Gli EC richiedono che l'agente abbia imprigionato una o più persone o le abbia private della libertà di movimento.

819 Il testo inglese originale dello Statuto utilizza l'espressione *imprisonment*, facendo con ciò riferimento, alla lettera, ai casi in cui una persona è per l'appunto "im-

---

in conformità della legge e, salvo che vi si oppongano imperiosi motivi di sicurezza nazionale, deve avere la possibilità di far valere le proprie ragioni contro la sua espulsione, di sottoporre il proprio caso all'esame dell'autorità competente, o di una o più persone specificamente designate da detta autorità, e di farsi rappresentare innanzi ad esse a tal fine»; cfr. anche l'art. 22 co. 6 CADU; art. 12 co. 4 CADUP.

[182] Cfr. ICTY, 31 luglio 2003 (Stakić, TC), §§ 673 ss., 684: «The Trial Chamber emphasizes that the underlying act – i.e. irrespective of whether the displacement occurred across an internationally recognized border or not – was already punishable under public international law by the time relevant to the present case».

[183] Cfr. ICTY, 2 agosto 2001 (Krstić, TC), § 523.

[184] Per l'impiego dei termini "dolo" e "intent" cfr. *supra*, n. marg. 350; sui requisiti generali dell'elemento soggettivo, cfr. *supra*, n. marg. 365 ss. Quanto alle implicazioni della più recente giurisprudenza dell'ICTY in tema di elemento soggettivo, cfr. *supra*, n. marg. 355 s.

[185] ICTY, 31 marzo 2003 (Naletilić e Martinović, TC), §§ 520, 1362; ICTY, 31 luglio 2003 (Stakić, TC), § 687; ICTY, 1° settembre 2004 (Brđanin, TC), § 545; ICTY, 17 gennaio 2005 (Blagojević e Jokić, TC), § 601.

[186] ICTY, 22 marzo 2006 (Stakić, AC), §§ 278, 307, 317. In tal senso anche ICTY, 27 settembre 2006 (Krajišnik, TC), § 726. Diversamente, tuttavia, ICTY, 3 maggio 2006 (Naletilić e Martinović, AC), dissenting opinion *Schomburg*, § 33.

prigionata" in uno spazio limitato, sì da vedersi privata della possibilità di andarsene da quel luogo[187]. Sono ipotesi ulteriori di grave privazione della libertà fisica quelle situazioni in cui un soggetto può ancora muoversi in un certo ambito territoriale, ad es. all'interno di un ghetto o di un campo di concentramento[188]. Può configurare tale fattispecie anche un arresto domiciliare[189]. Una privazione della libertà di modesta durata non può ancora considerarsi «grave», nel senso dell'art. 7 co. 1 e) St-ICC.

Il fatto assume i tratti di un crimine internazionale solo quando si pone in contraddizione con le regole fondamentali («fundamental rules») del diritto internazionale[190]. Di tale elemento l'ICTY si è occupato per la prima volta nel caso *Kordić e Čerkez*: secondo il diritto internazionale consuetudinario, sarebbe decisiva la "arbitrarietà" della privazione di libertà; arbitrarietà riconoscibile laddove difetti un processo regolare e giusto, secondo i canoni dello Stato di diritto. Nella decisione si afferma, al proposito:

> «The term imprisonment [...] should be understood as arbitrary imprisonment, that is to say, the deprivation of liberty of the individual without due process of law [...]. In that respect the Trial Chamber will have to determine the legality of imprisonment as well as the procedural safeguards pertaining to the subsequent imprisonment of the person or group of persons in question»[191].

Vengono in particolare in considerazione, come ipotesi esemplificative, forme di privazione della libertà prive di qualsiasi fondamento giuridico o attuate in dispregio delle più elementari regole processuali[192].

L'elemento soggettivo è costituito dal dolo (art. 30 St-ICC)[193].

---

[187] Cfr. Triffterer-*Hall*, Rome Statute (1999), art. 7 n. marg. 38.
[188] Cfr. anche *Draft Code* 1996, commento all'art. 18, § 17: «The present sub-paragraph would cover systematic and large scale instances of arbitrary imprisonment such as concentration camps or detention camps or other forms of long term detention».
[189] Cfr. ad es. Triffterer-*Hall*, Rome Statute (1999), art. 7 n. marg. 38.
[190] Il § 7 co. 1 n. 9 VStGB (*Freiheitsentziehung*) rimanda, con la formula «allgemeine Regel des Völkerrechts» [regole generali del diritto internazionale, *N.d.T.*], discordante rispetto a quella dello St-ICC, all'art. 25 della Costituzione tedesca. La formula fa esclusivo riferimento a quelle norme internazionali valide per l'intera comunità mondiale, cfr. Begr. VStGB, 22.
[191] Cfr. ICTY, 26 febbraio 2001 (Kordić e Čerkez, TC), § 302; confermata da ICTY, 17 dicembre 2004 (Kordić e Čerkez, AC), § 116; ICTY, 15 marzo 2002 (Krnojelac, TC), § 110; cfr. anche l'art. 18 h) *Draft Code* 1996: «arbitrary imprisonment» così come dal *Draft Code* 1996, commento all'art. 18, § 14: «The term 'imprisonment' encompasses deprivation of liberty of the individual and the term 'arbitrary' establishes the requirement that the deprivation be without due process of law».
[192] ICTY, 17 dicembre 2004 (Kordić e Čerkez, AC), § 114; ICTY, 15 marzo 2002 (Krnojelac, TC), §§ 113, 115: «[N]o legal basis can be invoked to justify the deprivation of liberty». Cfr. anche UN Doc. E/CN.4/1998/44, Commission on Human Rights, Question of the Human rights of all persons subjected to any form of detention or imprisonment, Report of the Working Group on Arbitrary Detention del 19 dicembre 1997, Annex I, § 8. Dettagliatamente, al riguardo, *Mettraux*, International Crimes and the *ad hoc* Tribunals (2005), 180 s.
[193] Sui requisiti generali dell'elemento soggettivo cfr. *supra*, n. marg. 365 ss.; cfr. inoltre ICTY,

VI. Tortura

823 *Byrnes, Andrew:* Torture and Other Offences Involving the Violation of the Physical or Mental Integrity of the Human Person, in: McDonald, Gabrielle Kirk/Swaak-Goldman, Olivia (Hrsg.), Substantive and Procedural Aspects of International Criminal Law – The Experience of International and National Courts, Band 1 (2000), 197 ss.; *Meseke, Stephan:* Der Tatbestand der Verbrechen gegen die Menschlichkeit nach dem Römischen Statut des Internationalen Strafgerichtshofs (2004), 211 ss.; *Wauters, Jasper M.:* Torture and Related Crimes – A Discussion of the Crimes Before the International Criminal Tribunal for the former Yugoslavia, Leiden Journal of International Law 11 (1998), 155 ss.

824 Il crimine contro l'umanità di tortura è contemplato dall'art. 7 co. 1 f) St-ICC, norma che trae ispirazione dagli artt. II co. 1 c) CCL n.10, 5 f) St-ICTY e 3 f) St-ICTR. Gli EC chiariscono che già la tortura di un solo essere umano integra la fattispecie[194].

825 L'art. 7 co. 2 e) St-ICC contiene la definizione legale della tortura in quanto crimine contro l'umanità. Secondo questa norma «realizza una tortura chi provoca gravi dolori o sofferenze fisiche o psichiche ad un soggetto sottoposto alla sua custodia o controllo; non costituiscono tuttavia tortura dolori e sofferenze che derivano unicamente da sanzioni legittime, che siano inscindibilmente connessi a tali sanzioni o dalle stesse incidentalmente occasionati». La definizione è stata formulata sulla base della *Convention on Torture and Other Cruel, Inhuman or Degrading Treatment or Punishment* (Convenzione sulla tortura) del 10 dicembre 1984[195], di cui però non ha mutuato le relazioni tra mezzi e scopo, là portate ad esempio. Secondo lo St-ICC, cioè, costituiscono tortura anche attività che producono sofferenza senza essere funzionali al raggiungimento di un determinato scopo, ad es. del tutto arbitrarie. Lo Statuto, inoltre, non richiede la necessaria partecipazione al crimine di una persona che agisce in veste ufficiale, in ciò differenziandosi ulteriormente dalla Convenzione sulla tortura.

---

15 marzo 2002 (Krnojelac, TC), § 115: «intent to deprive the individual arbitrarily of his or her physical liberty or in the reasonable knowledge that his or her act or omission is likely to cause arbitrary deprivation of physical liberty». Gli EC in rel. art. 7 co. 1 e) St-ICC stabiliscono: «3. The perpetrator was aware of the factual circumstances that established the gravity of the conduct».

[194] Sulla genesi degli EC in rel. art. 7 co. 1 f) St-ICC cfr. *Robinson*, in: Lee (a cura di), The International Criminal Court, Elements of Crimes and Rules of Procedure and Evidence (2001), 90 ss.

[195] [Sottoscritta dall'Italia il 4 febbraio 1985, ratificata il 12 gennaio 1989, *N.d.T.*]. L'art. 1 co. 1 della Convenzione sulla tortura stabilisce: «(1) Ai fini della presente Convenzione, il termine "tortura" designa qualsiasi atto con il quale sono inflitti a una persona dolore o sofferenze acute, fisiche o psichiche, segnatamente al fine di ottenere da questa o da una terza persona informazioni o confessioni, di punirla per un atto che ella o una terza persona ha commesso o è sospettata di aver commesso, di intimidirla od esercitare pressioni su di lei o di intimidire od esercitare pressioni su una terza persona, o per qualunque altro motivo basato su una qualsiasi forma di discriminazione, qualora tale dolore o tali sofferenze siano inflitti da un funzionario pubblico o da qualsiasi altra persona che agisca a titolo ufficiale, o sotto sua istigazione, oppure con il suo consenso espresso o tacito. Tale termine non si estende al dolore o alle sofferenze derivanti unicamente da sanzioni legittime, ad esse inerenti o da esse provocate».

La fattispecie di tortura, quale crimine internazionale, descritta dallo St-ICC, ed il concetto di tortura proposto invece dalla Convenzione sulla tortura presentano, dunque, notevoli differenze. Già solo per questa ragione è inevitabile, ai fini dell'applicazione dello St-ICC, far ricorso ad un'autonoma nozione di tortura quale crimine contro l'umanità, valida nella specifica prospettiva del diritto internazionale penale. Per elaborare questa nozione, è comunque fondamentale far riferimento ai punti di vista dominanti in tema di diritto internazionale comune, nella misura in cui gli stessi siano mutuabili nel contesto di una discussione di diritto internazionale penale[196].

826

Caratteristico elemento obiettivo della tortura in quanto crimine contro l'umanità è la produzione di gravi dolori o sofferenze fisici o psichici. Lo stesso elemento è centrale anche nella definizione di tortura adottata dal diritto internazionale umanitario. Per tale ragione, i tribunali internazionali, nella loro attività ermeneutica, prendono tra l'altro in considerazione, ad es., i rapporti del Comitato per i Diritti Umani delle Nazioni Unite, o la giurisprudenza delle Corti Internazionali sul divieto di tortura[197]. In quest'ottica, è necessario riferirsi alle circostanze generali del singolo caso, in particolare alla durata del maltrattamento ed ai suoi effetti sul corpo e sulla mente[198]. Non è certo possibile redigere un catalogo chiuso di pra-

827

---

[196] In diverse decisioni, l'ICTY ha considerato nel dettaglio il significato del diritto internazionale comune per la configurazione del crimine contro l'umanità di tortura. In primo luogo, fondamentale resta ICTY, 22 febbraio 2001 (Kunarac et al., TC), § 482: «[T]he definition of torture contained in the Torture Convention cannot be regarded as the definition of torture under customary international law which is binding regardless of the context in which it is applied. The definition of the Torture Convention was meant to apply at an inter-state level and was, for that reason, directed at the states' obligations. The definition was also meant to apply only in the context of that Convention, and only to the extent that other international instruments or national laws did not give the individual a broader or better protection. [T]he definition of torture contained in Article 1 of the Torture Convention can only serve […] as an interpretational aid». Per lo più conforme, ma in parte discordante, ICTY, 12 giugno 2002 (Kunarac et al., AC), § 147: «[T]he definition of torture in the Torture Convention reflects customary international law as far as the obligation of States is concerned, must be distinguished from an assertion that this definition wholly reflects customary international law regarding the meaning of the crime of torture generally». Al contrario, la giurisprudenza più risalente, ai fini dell'interpretazione della specifica figura criminosa di tortura, impiegava direttamente la definizione delle Nazioni Unite, cfr. ICTR, 2 settembre 1998 (Akayesu, TC), § 593; considerando altresì detta definizione espressiva del diritto internazionale consuetudinario, cfr. ICTY, 16 novembre 1998 (Mucić et al., TC), § 459: «reflects a consensus which the Trial Chamber considers to be representative of customary international law»; ICTY, 10 dicembre 1998 (Furundžija, TC), § 160: «An extra-conventional effect may however be produced to the extent that the definition at issue codifies, or contributes to developing or crystallising customary international law»; ICTY, 21 luglio 2000 (Furundžija, AC), § 111: «[The Chamber] takes the view that the definition given in Article 1 reflects customary international law».

[197] Cfr. soltanto ICTY, 16 novembre 1998 (Mucić et al., TC), §§ 461 ss.; ICTY, 2 novembre 2001 (Kvočka et al., TC), §§ 142 ss.

[198] Cfr. ICTY, 3 maggio 2006 (Naletilić e Martinović, AC), § 299; ICTY, 1° settembre 2004 (Brđanin, TC), §§ 484 s.; ICTY, 30 novembre 2005 (Limaj et al., TC), § 237.

tiche che possano definirsi tortura[199]; ad ogni modo, le seguenti modalità di condotta sono di regola da considerarsi tali già di per sé[200]:

828 estrarre denti, dita o unghie; applicare corrente elettrica a zone sensibili del corpo; percuotere entrambe le orecchie per rompere i timpani; rompere le ossa; bruciare parti del corpo; versare acido sugli occhi o altre parti sensibili del corpo; appendere ad un palo (cd. altalena); sommergere in acqua fino al manifestarsi di fenomeni di soffocamento (cd. sottomarino); tamponare naso e bocca per provocare soffocamento; ibernazione mediante forte ventilazione; somministrazione di farmaci; privazione dell'alimentazione, dell'idratazione e del sonno; violenza sessuale.

829 Anche forti dolori o sofferenze mentali integrano la fattispecie; così, ad esempio, quando si costringa ad assistere alla tortura di un familiare[201], o in caso di simulazione di un'esecuzione. È però necessario che i metodi di tortura non producano un danno permanente alla salute[202].

830 La definizione di tortura fornita dall'art. 7 co. 2 e) St-ICC è chiaramente più comprensiva di quella proposta dalla Convenzione sulla tortura[203]. La condotta non deve essere necessariamente realizzata su iniziativa, o col consenso espresso o tacito, di un pubblico ufficiale o comunque di una persona investita di una pubblica funzione; detta qualifica soggettiva, oltre che ignorata dallo St-ICC, non è neppure pretesa dalle consuetudini[204]. Devono perciò considerarsi egualmente rilevanti torture praticate da appartenenti a forze non statali, persino da soggetti privati[205].

---

[199] Cfr. ICTY, 16 novembre 1998 (Mucić et al., TC), §§ 461, 469: «It is difficult to articulate with any degree of precision the threshold level of suffering. [...] However the existence of such a grey area should not be seen as an invitation to create an exhaustive list of acts constituting torture, in order to neatly categorise the prohibition». Cfr. anche ICTY, 2 novembre 2001 (Kvočka et al., TC), § 147: «Clearly, an exhaustive list of torturous practices is impossible to devise»; ICTY, 12 giugno 2002 (Kunarac et al., AC), § 149: «[T]here are no more specific requirements which allow an exhaustive classification and enumeration of acts which may constitute torture. Existing case law has not determined the absolute degree of pain required for an act to amount to torture».

[200] Cfr. ad es. ICTY, 2 novembre 2001 (Kvočka et al., TC), § 144.

[201] ICTY, 10 dicembre 1998 (Furundžija, TC), § 267; ICTY, 2 novembre 2001 (Kvočka et al., TC), § 149.

[202] ICTY, 2 novembre 2001 (Kvočka et al., TC), § 148: «Although such torture practices often cause permanent damage to the health of the victims, permanent injury is not a requirement for torture»; in termini analoghi ICTY, 30 novembre 2005 (Limaj et al., TC), § 236.

[203] Per maggiori dettagli cfr. *supra*, n. marg. 825.

[204] ICTY, 22 febbraio 2001 (Kunarac et al., TC), §§ 495 s.: «The characteristic trait of the offence is to be found in the nature of the act committed rather than in the status of the person who committed it»; ICTY, 2 novembre 2001 (Kvočka et al., TC), § 139; ICTY, 15 marzo 2002 (Krnojelac, TC), § 187. Questa opinione, nel frattempo, è stata espressamente accolta anche dalla Camera d'Appello dell'ICTY, cfr. ICTY, 12 giugno 2002 (Kunarac et al., AC), § 148. Cfr. anche ICTY, 1° settembre 2004 (Brđanin, TC), §§ 488 s.; ICTY, 30 novembre 2005 (Limaj et al., TC), § 240 e ICTR, 15 maggio 2003 (Semanza, TC), §§ 342 s. Per una diversa opinione, cfr. ancora, invece, ICTY, 10 dicembre 1998 (Furundžija, TC), § 162; ICTY, 21 luglio 2000 (Furundžija, AC), § 111; ICTR, 2 settembre 1998 (Akayesu, TC), § 594.

[205] Ad analoghe conclusioni perviene Triffterer-*Hall*, Rome Statute (1999), art. 7 n. marg. 107:

Non costituiscono tortura dolori o sofferenze che derivano unicamente da sanzioni legittime, o che comunque ad esse ineriscono[206]. La legalizzazione statale non rende però automaticamente legittima la tortura; determinante è il rispetto degli standards di diritto internazionale[207].

831

L'elemento soggettivo della tortura è costituito dal dolo[208]. Si applica l'art. 30 St-ICC[209]; è vero che l'art. 7 co. 2 e) St-ICC chiarisce espressamente che la produzione di sofferenze dev'essere intenzionale («intentional»), ma tale clausola non implica alcunché di peculiare rispetto ai criteri generali in tema di coefficiente psichico. Non è necessario il perseguimento di uno scopo che vada al di là della produzione di gravi dolori o sofferenze psico-fisiche, come è definitivamente chiarito dagli EC[210].

832

La giurisprudenza internazionale penale richiede alcuni requisiti soggettivi ulteriori, tratti dalla Convenzione sulla tortura[211], ed in particolare che l'azione sia realizzata al fine di ottenere una dichiarazione o una confessione da una persona o da un terzo, o di punire una persona per un fatto effettivamente, o presuntivamente, realizzato da lei o da altri, o ancora di intimidire o costringere la vittima o un terzo, o infine per un altro motivo fondato su un qualche tipo di discriminazione[212]. Tali motivazioni avrebbero, nel frattempo, guadagnato un valore di diritto internazionale consuetudinario[213].

833

«Thus, torture in peacetime by members of armed political groups not connected to any State would be included».

[206] Il § 7 co. 1 n. 5 VStGB esclude la tortura quando si tratti di conseguenze di sanzioni lecite per il diritto internazionale, cfr. sul punto Begr. VStGB, 21.

[207] Cfr. UN Doc. E/CN.4/1988/17, Report of the Special Rapporteur to the Commission on Human Rights Peter Kooijmans cfr. 12 gennaio 1988, § 42: «[T]hat sanctions are accepted under domestic law does not necessarily make them 'lawful sanctions' in the sense of art. 1 of the Convention against Torture. [...] It is international law and not domestic law which ultimately determines whether a certain practice may be regarded as 'lawful'».

[208] Cfr. ICTY, 22 febbraio 2001 (Kunarac et al., TC), § 497: «[I]n the field of international humanitarian law, the elements of the offence of torture, under customary international law are as follows [...] (ii) The act or omission must be intentional». Così anche ICTY, 30 novembre 2005 (Limaj et al., TC), § 238.

[209] Sui requisiti generali dell'elemento soggettivo, cfr. *supra*, n. marg. 356 ss. Sulle implicazioni della più recente giurisprudenza dell'ICTY in tema di elemento soggettivo, cfr. *supra*, n. marg. 355 s.

[210] Negli EC in rel. art. 7 co. 1 f) St-ICC, nota 14, si afferma: «It is understood that no specific purpose need be proved for this crime». Contrario alla necessità di una finalità di tortura anche *Ambos*, Internationales Strafrecht (2006), § 7 n. marg. 208.

[211] Cfr. *supra*, n. marg. 825.

[212] ICTY, 16 novembre 1998 (Mucić et al., TC), §§ 470 ss.; ICTY, 22 febbraio 2001 (Kunarac et al., TC), § 497; ICTY, 2 novembre 2001 (Kvočka et al., TC), § 141; ICTY, 15 marzo 2002 (Krnojelac, TC), § 179; così anche ICTR, 2 settembre 1998 (Akayesu, TC), § 594. Alcune decisioni ritengono sufficiente già lo scopo di umiliare la vittima: così ad es. ICTY, 10 dicembre 1998 (Furundžija, TC), § 162; ICTY, 2 novembre 2001 (Kvočka et al., TC), § 152. Nelle decisioni più recenti dell'ICTY l'esigenza di una relazione mezzo-scopo viene ulteriormente affermata ed elaborata, mentre si rinuncia a precisare lo scopo vietato, cfr. ICTY, 12 giugno 2002 (Kunarac et al., AC), § 155; ICTY, 1° settembre 2004 (Brđanin, TC), §§ 486 s. Critico su tutto *Cryer*, Prosecuting International Crimes (2005), 256 s.

[213] Affermano espressamente la rilevanza delle finalità della tortura nel quadro del diritto inter-

834 Deve convenirsi con questa giurisprudenza che, almeno fino all'adozione dello St-ICC, era corretto richiedere il perseguimento di uno scopo o l'esistenza di un motivo ulteriori rispetto alla mera intenzione di provocare sofferenze, in conformità alla Convenzione sulla tortura. La nuova definizione dello St-ICC comporta, tuttavia, un'evoluzione che potrebbe condurre all'irrilevanza di tali elementi soggettivi aggiuntivi anche alla stregua del diritto internazionale consuetudinario. Del resto, non bisogna enfatizzare il rilievo pratico di questa divergenza definitoria. Gli scopi o i motivi richiesti dalla giurisprudenza vengono intesi, in sé e per sé, in termini talmente lati che è difficile immaginare casi in cui gli stessi possano difettare. Per tale ragione, che ci si attenga alla giurisprudenza dell'ICTY, ovvero allo St-ICC, nella normalità delle ipotesi si perverrà ai medesimi risultati applicativi.

VII. Violenza sessuale

835 *Askin, Kelly Dawn:* Sexual Violence in Decisions and Indictments of the Yugoslav and Rwandan Tribunals: Current Status, AJIL 93 (1999), 97 ss.; *Askin, Kelly Dawn:* Gender Crimes Jurisprudence in the ICTR, Journal of International Criminal Justice 3 (2005), 1007 ss.; *Chinkin, Christine M.:* Women's International Tribunal on Japanese Military Sexual Slavery, AJIL 95 (2001), 335 ss.; *Demleitner, Nora V.:* Forced Prostitution: Naming an International Offense, Fordham International Law Journal 18 (1994), 163 ss.; *La Haye, Eve:* The Elements of War Crimes – Rape, Sexual Slavery, Enforced Prostitution, Forced Pregnancy, Enforced Sterilisation, and Sexual Violence, in: Lee, Roy S. (Hrsg.), The International Criminal Court, Elements of Crimes and Rules of Procedure and Evidence (2001), 184 ss.; *Meseke, Stephan:* Der Tatbestand der Verbrechen gegen die Menschlichkeit nach dem Römischen Statut des Internationalen Strafgerichtshofs (2004), 218 ss.; *Möller, Christina:* Sexuelle Gewalt im Krieg, in: Hasse, Jana/Müller, Erwin/Schneider, Patricia (Hrsg.), Humanitäres Völkerrecht (2001), 280 ss.; *Schabas, William A.:* The UN International Criminal Tribunals, The Former Yugoslavia, Rwanda and Sierra Leone (2006), 209 ss.; *Viseur Sellers, Patricia:* The Context of Sexual Violence: Sexual Violence as Violations of International Humanitarian Law, in: McDonald, Gabrielle Kirk/Swaak-Goldman, Olivia (Hrsg.), Substantive and Procedural Aspects of International Criminal Law – The Experience of International and National Courts, Band 1 (2000), 263 ss.

---

nazionale consuetudinario: ICTY, 22 febbraio 2001 (Kunarac et al., TC), §§ 485, 497; ICTY, 15 marzo 2002 (Krnojelac, TC), § 185. Al contrario, gli «altri motivi» («humiliating») non avrebbero ancora assunto una valenza consuetudinaria: cfr. ICTY, 15 marzo 2002 (Krnojelac, TC), § 186; diversamente, peraltro, ICTY, 10 dicembre 1998 (Furundžija, TC), § 162; ICTY, 2 novembre 2001 (Kvočka et al., TC), §§ 141, 152. La tensione verso lo scopo, o le cause interiori rilevanti, non dovrebbero necessariamente prospettarsi quali impulsi principali dell'azione; basterebbe, per lo più, che tali requisiti costituiscano parte di un più generale quadro motivazionale, cfr. ICTY, 16 novembre 1998 (Mucić et al., TC), § 470; ICTY, 22 febbraio 2001 (Kunarac et al., TC), § 486; ICTY, 2 novembre 2001 (Kvočka et al., TC), § 153; ICTY, 15 marzo 2002 (Krnojelac, TC), § 184: «There is no requirement under customary international law that the conduct must be solely perpetrated for one of the prohibited purposes. [T]he prohibited purpose must simply be part of the motivation behind the conduct and need not be the predominating or sole pur pose». Opinione confermata in ICTY, 12 giugno 2002 (Kunarac et al., AC), § 155. D'accordo *Schabas*, The UN International Criminal Tribunals (2006), 206 s.

Lo Statuto IMT non prevedeva crimini contro l'umanità consistenti in violenze sessuali, come tali considerate; condotte del genere potevano però assumere rilievo tipico in virtù della ampia clausola di chiusura relativa agli «altri atti inumani». Lo stupro ebbe peraltro subito ingresso nella CCL n. 10, per esser poi preso in considerazione, come ipotesi autonoma, dallo St-ICTY e dallo St-ICTR. Altre aggressioni alla sfera sessuale, invece, non vennero menzionate in tali fonti, potendo dunque assumere rilievo, se del caso, alla stregua di ulteriori crimini contro l'umanità, o comunque in virtù della già menzionata fattispecie generale. L'art. 7 co. 1 g) St-ICC compie al riguardo una precisazione essenziale, nel momento in cui accomuna in una medesima fattispecie vari atti di violenza sessuale. Lo Statuto richiama lo stupro, la schiavitù sessuale, la costrizione alla prostituzione, la gravidanza forzata, la sterilizzazione forzata e qualsiasi altra forma di offesa sessuale di pari gravità[214].

836

1. Stupro

L'art. 7 co. 1 g)-1 St-ICC contempla lo stupro come crimine contro l'umanità. Il disposto deriva dall'art. II co. 1 c) CCL n.10, dall'art. 5 g) St-ICTY e dall'art. 3 g) St-ICTR.

837

Quando si aprirono i negoziati di Roma, la fattispecie in oggetto non risultava ancora adeguatamente elaborata. Sono, dunque, gli EC a precisare per la prima volta i connotati del fatto rilevante[215]. Per quel che concerne l'elemento obiettivo, si richiede una «ingerenza» (*invasion*) nel corpo della vittima, che si risolva in una penetrazione. Non interessa il sesso dell'aggredito, che dunque può essere sia una donna che un uomo. Costituisce stupro non soltanto una copula forzata (penetrazione del pene nella vagina), ma qualsiasi atto sessuale consistente nella introduzione dell'organo sessuale in altri orifizi (penetrazione orale e anale). Assumono rilievo, infine, l'introduzione di altre parti del corpo, o di oggetti, nella vagina o in altri orifizi. Gli EC richiedono, inoltre, l'impiego di violenza o la minaccia di violenza o costrizione.

838

---

[214] Un'evoluzione il cui merito va attribuito, in buona parte, all'ostinazione del *The Women's Caucus for Gender Justice in the International Criminal Court* durante le trattative di Roma: cfr. *Askin*, Criminal Law Forum 10 (1999), 33, 45. L'art. 2 g) dello Statuto della Corte Speciale per la Sierra Leone ripete la stessa disposizione dello St-ICC. Quanto alla corrispondente fattispecie di violenza sessuale come crimine di guerra, cfr. *infra*, n. marg. 1033 ss.

[215] Gli EC in rel. art. 7 co. 1 g)-1 St-ICC stabiliscono: «1. The perpetrator invaded (nt. 15: The concept of 'invasion' is intended to be broad enough to be gender-neutral.) the body of a person by conduct resulting in penetration, however slight, of any part of the body of the victim or of the perpetrator with a sexual organ, or of the anal or genital opening of the victim with any object or any other part of the body. 2. The invasion was committed by force, or by threat of force or coercion, such as that caused by fear of violence, duress, detention, psychological oppression or abuse of power, against such person or another person, or by taking advantage of a coercive environment, or the invasion was committed against a person incapable of giving genuine con (nt. 16: It is understood that a person may be incapable of giving genuine consent if affected by natural, induced or age-related incapacity. This footnote also applies to the corresponding elements of article 7 (1) (g) 3, 5 and 6)».

839   Gli EC, sul punto, sono stati formulati prendendo come riferimento la giurisprudenza dei tribunali internazionali[216]. L'ICTR, nel caso *Akayesu*, definì lo stupro come introduzione fisica di un organo sessuale (*invasion*) mediante costrizione[217], mentre l'ICTY, nel caso *Furundžija*, qualificò lo stesso crimine nei termini di (i) una penetrazione sessuale (*penetration*) in un orifizio della vittima (ii) mediante costrizione o violenza, o mediante la minaccia di adoperare violenza, contro la vittima o un terzo[218]. La Camera di prima istanza dell'ICTY, nel caso *Kunarac et al.*, ha però ritenuto che, enfatizzando l'elemento della costrizione, si riduca eccessivamente l'ambito applicativo della fattispecie. Secondo tale decisione, dalla comparazione tra sistemi penali nazionali si evincerebbe come elemento decisivo sia sovente da ritenersi, più che l'impiego di violenza o l'attuazione di costrizioni, il dissenso della vittima[219]. L'elemento (ii) del crimine è stato riformulato di conseguenza[220]. La Camera d'Appello, intanto, ha confermato la nozione di stupro accolta nel caso *Kunarac*.[221] In conclusione, detta nozione ha finito con l'incentrarsi sull'obiettiva contrarietà del comportamento del soggetto agente rispetto alla volontà della vittima[222].

---

[216] Sull'elaborazione degli EC in rel. art. 7 co. 1 g)-1 St-ICC, cfr. *La Haye*, in: Lee (a cura di), The International Criminal Court, Elements of Crimes and Rules of Procedure and Evidence (2001), 184 ss. Una dettagliata panoramica sulla giurisprudenza dell'ICTY e dell'ICTR in tema di violenza sessuale è offerta da *Askin* AJIL 93 (1999), 97 ss.; *Askin*, Journal of International Criminal Justice 3 (2005), 1007 ss.; *Möller*, in: Hasse/Müller/Schneider (a cura di), Humanitäres Völkerrecht (2001), 280, 288 ss. e *Viseur Sellers*, in: McDonald/Swaak-Goldman (a cura di), Substantive and Procedural Aspects of International Criminal Law, vol. 1 (2000), 263 ss.

[217] Basilare ICTR, 2 settembre 1998 (Akayesu, TC), §§ 598, 688: «a physical invasion of a sexual nature, committed on a person under circumstances which are coercive»; confermativo ICTY, 16 novembre 1998 (Mucić et al., TC), §§ 478 s.; ICTR, 27 gennaio 2000 (Musema, TC), § 229; ICTR, 16 maggio 2003 (Niyitegeka, TC), § 457.

[218] ICTY, 10 dicembre 1998 (Furundžija, TC), § 185: «(i) the sexual penetration, however slight: (a) of the vagina or anus of the victim by the penis of the perpetrator or any other object used by the perpetrator; or (b) of the mouth of the victim by the penis of the perpetrator; (ii) by coercion or force or threat of force against the victim or a third person».

[219] Sul punto, ampiamente, ICTY, 22 febbraio 2001 (Kunarac et al., TC), §§ 441 ss.

[220] ICTY, 22 febbraio 2001 (Kunarac et al., TC), § 460: «[…] where such penetration occurs without the consent of the victim. Consent must be given voluntarily, as a result of the victim's free will, assessed in the context of the surrounding circumstances». Si discosta tuttavia da tale interpretazione ICTY, 2 novembre 2001 (Kvočka et al., TC), § 177: «(i) the sexual activity must be accompanied by force or threat of force to the victim or a third party; (ii) the sexual activity must be accompanied by force or a variety of other specified circumstances which made the victim particularly vulnerable or negated her ability to make an informed refusal; or (iii) the sexual activity must occur without the consent of the victim».

[221] Cfr. ICTY, 12 giugno 2002 (Kunarac et al., AC), § 128.

[222] A dire il vero, entrambe le impostazioni conducono, normalmente, alle stesse conclusioni. In tal senso ICTY, 12 giugno 2002 (Kunarac et al., AC), § 129; ICTY, 22 febbraio 2001 (Kunarac et al., TC), § 458: «In practice, the absence of genuine and freely given consent or voluntary participation may be evidenced by the presence of the various factors […] – such as force, threats of force, or taking advantage of a person who is unable to resist» e § 459: «Given that it is evident from the Furundžija case that the terms coercion, force, or threat of force were not to be interpreted narrowly and that co-

Nei conflitti in cui si confrontano forze armate, si concretizza una situazione di generale coercizione, così che, nella normalità dei casi, non può riconoscersi un genuino consenso della vittima[223]. Tanto vale soprattutto nell'ipotesi in cui la vittima sia un prigioniero[224]. Su tale convinzione si fondano, tra l'altro, le Rules of Procedure della Corte penale internazionale[225].

L'elemento soggettivo del crimine di stupro è costituito dal dolo (art. 30 St-ICC)[226].

2. Schiavitù sessuale

La schiavitù sessuale è, sostanzialmente, un'ipotesi speciale di riduzione in schiavitù[227]. Lo evidenziano gli EC quando, nel definire la fattispecie, richiamano per l'appunto gli elementi costitutivi di tale ultimo crimine. Oltre a realizzare que-

---

ercion in particular would encompass most conduct which negates consent, [Kunarac] does not differ in substantially from the Furundžija definition». Cfr. anche ICTR, 28 aprile 2005 (Muhimana, TC), § 546; ICTR, 12 settembre 2006 (Muvunyi, TC), §§ 517 ss. Ampiamente *Schomburg/Peterson* AJIL 2007, 121 ss.; conforme *Schabas*, The UN International Criminal Tribunals (2006), 209 ss.

[223] ICTR, 2 settembre 1998 (Akayesu, TC), § 688: «Coercive circumstances need not be evidenced by a show of physical force [...] and coercion may be inherent in certain circumstances, such as armed conflict or the military presence»; così pure ICTY, 16 novembre 1998 (Mucić et al., TC), § 495; ICTY, 2 novembre 2001 (Kvočka et al., TC), § 178. Conforme ICTY, 12 giugno 2002 (Kunarac et al., AC), § 130: «[M]ost cases charged as either war crimes or crimes against humanity will be almost universally coercive. That is to say, true consent will not be possible». Cfr. anche UN Doc. E/CN.4/Sub.2/1998/13, Contemporary Forms of Slavery - Systematic rape, sexual slavery and slavery-like practices during armed conflict, Final Report in submitted by Ms. Gay J. McDougall, Special Rapporteur 22 giugno 1998, § 24: «The manifestly coercive circumstances that exist in all armed conflict situations establish a presumtion of non-consent and negates the need for the prosecution to establish a lack of consent as an element of the crime».

[224] ICTY, 10 dicembre 1998 (Furundžija, TC), § 271: «any form of captivity vitates consent»; così pure, con notazioni comparatistiche, ICTY 12 giugno 2002 (Kunarac et al., AC), § 131.

[225] Dette Regole, al n. 70 (Principles of evidence in cases of sexual violence), stabiliscono: «In cases of sexual violence, the Court shall be guided by and, where appropriate, apply the following principles: (a) Consent cannot be inferred by reason of any words or conduct of a victim where force, threat of force, coercion or taking an advantage of a coercive environment undermined the victim's ability to give voluntary and genuine consent; (b) Consent cannot be inferred by reason of any words or conduct of a victim where the victim is incapable of giving genuine consent; (c) Consent cannot be inferred by reason of the silence of, or lack of resistance by, a victim to the alleged sexual violence; (d) Credibility, character or predisposition to sexual availability of a victim or witness cannot be inferred by reason of the sexual nature of the prior or in subsequent conduct of a victim or witness».

[226] Cfr. ICTY, 22 febbraio 2001 (Kunarac et al., TC), § 460: «intention to effect this sexual penetration and the knowledge that it occurs without the consent of the victim»; sull'uso dei concetti "dolo" e "intent", sui requisiti generali dell'elemento soggettivo, nonché sulle implicazioni della più recente giurisprudenza dell'ICTY in tema di elemento soggettivo, cfr. i richiami operati già *supra*, nota 184.

[227] Cfr. UN Doc. E/CN.4/Sub.2/1998/13, Contemporary Forms of Slavery – Systematic rape, sexual slavery and slavery – like practices during armed conflict, Final Report submitted by Ms. Gay J. McDougall, Special Rapporteur del 22 giugno 1998, § 30: «The term 'sexual' is used [...] as an adjective to describe a form of slavery, not to denote a separate crime». Critico sulla configurabilità di una autonoma fattispecie Triffterer-*Boot*, Rome Statute (1999), art. 7 n. marg. 47: «it should be considered as a particular form of enslavement which includes various forms of slavery». Cfr. anche *supra*, n. marg. 795 ss.

sti elementi, il soggetto agente deve indurre la vittima a compiere atti sessuali[228]. Esempi di schiavitù sessuale sono le «comfort stations», allestite dall'esercito giapponese durante la seconda guerra mondiale[229], o i «campi di stupro» creati durante il conflitto jugoslavo[230].

3. Prostituzione forzata

843 La costrizione alla prostituzione è da tempo proibita da un ampio novero di fonti di diritto internazionale umanitario[231]. Come autonoma forma di realizzazione di un crimine contro l'umanità è invece nominata, per la prima volta, dallo St-ICC[232]. Ai sensi degli EC, l'elemento obiettivo è integrato quando l'agente, mediante violenza o minaccia di violenza o costrizione, porta una o più persone a compiere attività sessuali. Il soggetto attivo, o altra persona, devono ottenere o attendersi un vantaggio economico, o di altro tipo, in cambio di queste attività[233].

844 Nel corso di conflitti armati, normalmente la costrizione al meretricio integra gli estremi di una riduzione in schiavitù[234]. L'istituzione di luoghi adibiti alla prostituzione forzata è sovente funzionale non già alla percezione di guadagni, ma al «rafforzamento del morale» delle truppe.

4. Gravidanza forzata

845 La fattispecie di «gravidanza forzata» quale crimine contro l'umanità è coniata per la prima volta dallo St-ICC[235]. Stando alla definizione dell'art. 7 co. 2 f), l'elemen-

---

[228] Gli EC in rel. art. 7 co. 1 g)-2 St-ICC stabiliscono: «2. The perpetrator caused such person or persons to engage in one or more acts of a sexual nature».

[229] Cfr. The Women's International War Crimes Tribunal 2000 for the Trial of Japanese Military Sexual Slavery, 12 dicembre 2000. Cfr. sul punto *Chinkin* AJIL 95 (2001), 335 ss.

[230] Cfr. al proposito ICTY, 22 febbraio 2001 (Kunarac et al., TC).

[231] Cfr. art. 27 co. 2 Ginevra IV; art. 75 co. 2 b) Protocollo I e 76.1 Protocollo I; cfr. pure art. 4 co. 2 e) Protocollo II. Cfr. al riguardo *infra*, n. marg. 1035 ss.

[232] La prostituzione forzata era presa in considerazione come crimine contro l'umanità anche nell'art. 18 j) *Draft Code* 1996. – Cfr. altresì *Demleitner*, Fordham International Law Journal 18 (1994), 163 ss.

[233] Gli EC in rel. art. 7 co. 1 g)-3 St-ICC stabiliscono: «1. The perpetrator caused one or more persons to engage in one or more acts of a sexual nature by force, or by threat of force or coercion, such as that caused by fear of violence, duress, detention, psychological oppression or abuse of power, against such person or persons or another person, or by taking advantage of a coercive environment or such person's or persons' incapacity to give genuine consent. 2. The perpetrator or another person obtained or expected to obtain pecuniary or other advantage in exchange for or in connection with the acts of a sexual nature».

[234] Cfr. UN Doc. E/CN.4/Sub.2/1998/13, Contemporary Forms of Slavery – Systematic Rape, Sexual Slavery and slavery-like practices during armed conflict, Final Report in submitted by Ms. Gay J. McDougall, Special Rapporteur, 22 giugno 1998, § 33: «As a general principle it would appear that in situations of armed conflict, most factual scenarios that could be described as forced prostitution would also amount to sexual slavery and could more appropriately and more easily be characterized and prosecuted as slavery». Cfr. anche *supra*, n. marg. 799.

[235] Non è d'accordo *Cryer*, Prosecuting International Crimes (2005), 258, stando al quale la

to obiettivo è costituito dall'imprigionamento illegale di una donna di cui sia stata forzatamente provocata la gravidanza. Integra detta fattispecie anche chi imprigiona una donna che altri abbia messo incinta. La disposizione esclude espressamente che un'eventuale proibizione legale dell'aborto, di fonte statale, possa integrare il crimine in questione[236]. Con tale scelta sono stati fugati i timori che avevano complicato le trattative per la definizione della fattispecie[237].

Quanto all'elemento psicologico, si richiede in primo luogo un dolo correlato a tutti gli elementi costitutivi dell'elemento materiale (art. 30 St-ICC)[238]. In più, l'agente deve agire al fine (*intent*) di influenzare la composizione etnica di una popolazione o di perpetrare altre gravi violazioni del diritto internazionale[239]: tanto si evince dall'art. 7 co. 2 f) St-ICC.

5. Sterilizzazione forzata

La sterilizzazione forzata è indicata come ipotesi di crimine contro l'umanità per la prima volta nello St-ICC. Lo Statuto, peraltro, non contiene alcuna definizione di tale figura delittuosa. Secondo gli EC[240], è necessario che il soggette agente privi almeno una persona, in modo duraturo, della capacità riproduttiva. Restano esclusi i casi di trattamento sanitario necessario dal punto di vista medico. Classici esempi di comportamenti riconducibili alla fattispecie in questione sono le sterilizzazioni forzate attuate nel Terzo Reich nel perseguimento della cd. igiene razziale, o gli esperimenti medici praticati sui prigionieri nei campi di concentramento nazisti[241].

---

norma non istituisce un nuovo crimine, ma al più ne precisa gli estremi tipici.

[236] Cfr. al proposito *Cryer*, Prosecuting International Crimes (2005), 258.

[237] Sulle trattative cfr. *Askin*, Criminal Law Forum 10 (1999), 33, 46; *von Hebel/Robinson*, in: Lee (a cura di), The International Criminal Court, The Making of the Rome Statute (1999), 79, 100.

[238] Cfr. i richiami operati già *supra*, nota 184.

[239] Il § 7 co. 1 n. 6 VStGB, discostandosi dallo St-ICC, richiede al contrario soltanto l'intento «di influenzare la composizione etnica di una popolazione»; cfr. anche *Satzger* NStZ 2002, 125, 130.

[240] EC in rel. art. 7 co. 1 g)-5 St-ICC: «1. The perpetrator deprived one or more persons of biological reproductive capacity (nt. 19: The deprivation is not intended to include birth-control measures which have a non-permanent effect in practice). 2. The conduct was neither justified by the medical or hospital treatment of the person or persons concerned nor carried out with their genuine consent (nt. 20: It is understood that 'genuine consent' does not include consent obtained through deception)».

[241] Cfr. US Military Tribunal Nürnberg, 20 agosto 1947 (Brandt et al., cd. Processo dei medici), in: Trials of War Criminals II, 171 ss. Cfr. anche *Bock*, Zwangssterilisation im Nationalsozialismus, Studien zur Rassenpolitik e Frauenpolitik (1986); *Rothmaler*, Sterilisation nach dem «Gesetz zur Verhütung erbkranken Nachwuchses» vom 14. Juli 1933 (1991).

6. Altre forme di violenza sessuale

848 Il riferimento ad «altre forme di violenza sessuale di equivalente gravità» opera come clausola di chiusura. Secondo gli EC[242], il soggetto agente deve intraprendere un atto sessuale nei confronti almeno di una persona, oppure indurla, tramite violenza, minaccia di violenza o costrizione, a prestarsi ad un atto sessuale. Il comportamento dev'essere, quanto a gravità, paragonabile a quelli espressamente presi in considerazione nell'art. 7 co. 1 g) St-ICC[243]. Gli EC si fondano su acquisizioni della giurisprudenza dell'ICTR nel caso *Akayesu*[244]. Il Tribunale ritenne integrata la fattispecie in questione in un caso in cui era stato dato l'ordine di spogliare una studentessa per poi costringerla a fare ginnastica nuda di fronte ad una gran folla di uomini[245].

VIII. Persecuzione

849 *Meseke, Stephan:* Der Tatbestand der Verbrechen gegen die Menschlichkeit nach dem Römischen Statut des Internationalen Strafgerichtshofs (2004), 238 ss.; *Schabas, William A.:* The UN International Criminal Tribunals, The Former Yugoslavia, Rwanda and Sierra Leone (2006), 215 ss.; *Swaak-Goldman, Olivia:* The Crime of Persecution in International Criminal Law, Leiden Journal of International Law 11 (1998), 145 ss.; *Swaak-Goldman, Olivia:* Persecution, in: McDonald, Gabrielle Kirk/Swaak-Goldman, Olivia (Hrsg.), Substantive and Procedural Aspects of International Criminal Law – The Experience of International and National Courts, Band 1 (2000), 247 ss.

850 L'art. 7 co. 1 h) St-ICC delinea la persecuzione quale crimine contro l'umanità. A partire da Norimberga, il crimine di persecuzione è stato preso in considerazione in tutti i rilevanti strumenti di diritto internazionale penale, come l'art. 6 c) St-IMT, l'art. II co. 1 c) CCL n. 10, l'art. 5 c) St-IMTFE, l'art. 5 h) St-ICTY e l'art. 3 h) St-ICTR. In nessuna di queste fonti si rinviene, tuttavia, una descrizione tanto dettagliata quanto quella offerta dall'art. 7 co. 1 h) St-ICC, norma a sua volta integrata dalle definizioni legali di "persecuzione" e "genere sessuale" rispettivamente offerte dai commi 2 g) e 3 dell'art. 7 dello stesso Statuto.

---

[242] EC in rel. art. 7 co. 1 g)-6 St-ICC: «1. The perpetrator committed an act of a sexual nature against one or more persons or caused such person or persons to engage in an act of a sexual nature by force, or by threat of force or coercion, such as that caused by fear of violence, duress, detention, psychological oppression or abuse of power, against such person or persons or another person, or by taking advantage of a coercive environment or such person's or persons' incapacity to give genuine consent. 2. Such conduct was of a gravity comparable to the other offences in article 7, paragraph 1 (g), of the Statute».

[243] § 7 co. 1 n. 6 VStGB rinuncia, per motivi di determinatezza della fattispecie, ad una siffatta disposizione generale di chiusura. Discostandosi dall'art. 7 co. 1 g) St-ICC viene tipizzata la costrizione sessuale («sexuelle Nötigung», § 177 StGB); cfr. anche Begr. VStGB, 21.

[244] ICTR, 2 settembre 1998 (Akayesu, TC), § 598: «any act of a sexual nature which is committed on a person under circumstances which are coercive».

[245] ICTR, 2 settembre 1998 (Akayesu, TC), § 688.

Nell'elaborazione dello St-ICC ci si imbatté nella difficoltà derivante dalla mancanza, sino a quel momento, di una definizione di persecuzione[246]. Se in letteratura il concetto di persecuzione è stato talora dedotto dalla normativa in tema d'asilo[247], i tribunali penali internazionali hanno espressamente respinto siffatta analogia[248]. La definizione legale di persecuzione, contenuta nell'art. 7 co. 2 g) St-ICC, si fonda su di un precedente dell'ICTY, relativo al caso *Tadić*, ispirandosi pure all'art. 18 del *Draft Code* del 1996. La giurisprudenza dell'ICTY è riuscita, da allora, a precisare ulteriormente gli elementi del crimine di persecuzione alla luce del diritto consuetudinario[249].

1. Elemento oggettivo

Elementi costitutivi del fatto criminoso sono la persecuzione di un gruppo o di una comunità identificabili per tali. Il gruppo come tale può essere oggetto della persecuzione: si pensi, ad es., ad una legislazione che discrimini determinati insiemi di persone. Eguale rilievo assumono azioni dirette contro singoli individui in quanto rappresentanti del gruppo. A quale tipologia di gruppi o comunità si faccia riferimento, lo si ricava dai motivi che devono animare l'azione criminosa. Diversamente dal genocidio, è chiaro sin da subito, riguardo al crimine adesso in discussione, come decisiva sia soltanto l'identificazione di un gruppo da parte del soggetto agente[250].

Stando all'art. 7 co. 2 g) St-ICC, «persecuzione» significa la dolosa, grave privazione di diritti umani fondamentali (*fundamental rights*), in contrasto con il diritto internazionale, a causa della identità di un gruppo o di una comunità[251]. La definizione trae fondamento dalla giurisprudenza dell'ICTY – in particolare dal leading-

---

[246] Cfr. ICTY, 7 maggio 1997 (Tadić, TC), § 694; ICTY, 14 gennaio 2000 (Kupreškić et al., TC), § 567; ICTY, 3 marzo 2000 (Blaškić, TC), § 219; ICTY, 26 febbraio 2001 (Kordić e Čerkez, TC), § 192.

[247] Per la Germania cfr. ad es. art. 16a co. 1 GG; § 60, 1 AufenthG; §§ 1 co. 1, 3 AsylVfG. Sull'interpretazione di tale normativa si rimanda normalmente al concetto di "rifugiato", cfr. art. 1 A n. 2 *Abkommen über die Rechtsstellung der Flüchtlinge* del 28 luglio 1951 (BGBl. 1953 II, 560). L'analogia è proposta da *Becker*, Verbrechen gegen die Menschlichkeit (1996), 211.

[248] Cfr. ICTY, 14 gennaio 2000 (Kupreškić et al., TC), § 589: «The definition stemming from international refugee law or human rights law cannot […] be followed here».

[249] Cfr. la giurisprudenza successiva all'approvazione del St-ICCs: ICTY, 14 gennaio 2000 (Kupreškić et al., TC), §§ 567 ss.; ICTY, 3 marzo 2000 (Blaškić, TC), §§ 218 ss.; ICTY, 26 febbraio 2001 (Kordić e Čerkez, TC), §§ 188 ss.; ICTY, 2 agosto 2001 (Krstić, TC), §§ 533 ss.; ICTY, 2 novembre 2001 (Kvočka et al., TC), §§ 184 ss.; ICTY, 15 marzo 2002 (Krnojelac, TC), §§ 431 ss.; ICTY, 29 novembre 2002 (Vasiljević, TC), §§ 244 ss.; ICTY, 31 luglio 2003 (Stakić, TC), §§ 732 ss.; ICTY, 17 ottobre 2003 (Simić et al., TC), §§ 47 ss.; ICTR, 15 maggio 2003 (Semanza, TC), §§ 347 ss.

[250] Cfr. ICTY, 31 marzo 2003 (Naletilić e Martinović, TC), § 636: «The target group must be interpreted broadly, and may, in particular, include such persons who are defined by the perpetrator as belonging to the victim group due to their close affiliations or sympathies for the victim group».

[251] [*Omissis*].

case *Tadić*[252] – ed al pari si ispira all'art. 18 del *Draft Code* 1996[253]. Dal combinato disposto delle citate norme si evince che il termine *fundamental rights* allude ai diritti umani fondamentali, press'a poco quelli cristallizzati nella Dichiarazione Universale dei Diritti Umani e nel Patto Internazionale sui Diritti Civili e Politici. Tra questi diritti umani fondamentali, l'ICTY ha sottolineato, in particolare, il diritto alla vita, all'integrità fisica e psichica, così come il diritto alla libertà personale[254]. Gli EC stabiliscono *expressis verbis* che già la privazione di diritti ai danni di un'unica persona può integrare la fattispecie[255].

854   Intendendo alla lettera l'art. 7 co. 2 g) St-ICC, dovrebbe considerarsi tipica unicamente una privazione formale di diritti ai danni di una determinata comunità o collettività di persone, come nel caso, ad esempio, di misure legislative che sottraggano prerogative fondamentali a certi soggetti in considerazione dell'identità del gruppo di appartenenza. La giurisprudenza dell'ICTY che sta alla base dello St-ICC, nondimeno, ha statuito che la persecuzione può manifestarsi in una pluralità di forme; deve ritenersi significativo un qualsiasi intervento che offenda diritti umani fondamentali, non importa se di natura fisica, economica, o giuridica[256]. Decisivi sono sempre e soltanto la natura obiettivamente discriminatoria dell'azione criminosa e la lesione di diritti ad essa correlata[257]. In tale prospettiva, anche

---

[252] Cfr. ICTY, 7 maggio 1997 (Tadić, TC), § 697: «[W]hat is necessary is some form of discrimination that is intended to be and results in an infringement of an individual's fundamental rights. […] It is the violation of the right to equality in some serious fashion that infringes on the enjoyment of a basic or fundamental right that constitutes persecution». Dopo il "varo" dello St-ICC, l'ICTY ha ulteriormente precisato la definizione consuetudinaria, cfr. ICTY, 14 gennaio 2000 (Kupreškić et al., TC), § 621: «gross or blatant denial, on discriminatory grounds, of a fundamental right, laid down in international customary or treaty law, reaching the same level of gravity as the other acts prohibited in Article 5 [ICTY-Statut]». Conforme ICTY, 26 febbraio 2001 (Kordić e Čerkez, TC), § 195; ICTY, 2 agosto 2001 (Krstić, TC), § 534; ICTY, 2 novembre 2001 (Kvočka et al., TC), § 184; ICTY, 15 marzo 2002 (Krnojelac, TC), § 434; ICTY, 17 ottobre 2003 (Simić et al., TC), § 47.

[253] Cfr. *Draft Code* 1996, commento all'art. 18, § 11: «denial of the human rights and fundamental freedoms to which every individual is entitled without distinction as recognized in the Charter of the United Nations (art. 1, 55) and the International Covenant of Civil and Political Rights (art. 2)».

[254] ICTY, 3 marzo 2000 (Blaškić, TC), § 220: «the elementary and inalienable rights of man, which are 'the right to life, liberty and security of person', the rights not to be 'held in slavery or servitude', the right not to 'be subjected to torture or to cruel, inhuman or degrading treatment or punishment' and the right not to 'be subjected to arbitrary arrest, detention or exile' as affirmed in Articles 3, 4, 5 and 9 of the Universal Declaration of Human Rights».

[255] Nella stessa direzione si muove anche l'ICTY, quando ritiene sufficiente, per l'integrazione del crimine, una privazione di diritti ai danni di poche persone soltanto, cfr. ICTY, 14 gennaio 2000 (Kupreškić et al., TC), § 624; ICTY, 15 marzo 2002 (Krnojelac, TC), § 433; ICTY, 1° settembre 2004 (Brđanin, TC), § 994.

[256] ICTY, 7 maggio 1997 (Tadić, TC), § 710: «[P]ersecution encompasses a variety of acts, including, *inter alia*, those of a physical, economic or judicial nature, that violate an individual's right to the equal enjoyment of his basic rights».

[257] Definizione elaborata espressamente in ICTY, 15 marzo 2002 (Krnojelac, TC), § 431: «[any act that] discriminates in fact and which denies or infringes upon a fundamental right laid down in international customary or treaty law (the actus reus)»; similmente già ICTY, 7 maggio 1997 (Tadić, TC), § 707: «[P]ersecution can take numerous forms, so long as the common element of discrimina-

semplici manifestazioni verbali d'odio (cd. *hate speech*) integrano la fattispecie[258].

Attenendosi alla giurisprudenza dell'ICTY, devono distinguersi due categorie di atti delittuosi. Alla prima categoria appartengono quelle tipologie di comportamenti già in sé e per sé rilevanti dal punto di vista del diritto internazionale penale, perché idonei ad integrare un crimine di guerra, di genocidio[259] o un'altra e diversa ipotesi di crimine contro l'umanità[260]. Alla seconda appartengono quelle condotte che, come tali, non concretizzano nessuno dei suddetti crimini[261]. Si ha un'azione tipica di persecuzione a fronte non già di una qualsiasi offesa, bensì soltanto di una «grave» (*severe*) privazione di diritti umani fondamentali[262]. Questo "limite soglia" risponde allo sforzo di armonizzare le dinamiche di sviluppo dei diritti umani con il principio di determinatezza[263]. La misura della gravità dell'illecito è fornita dalle restanti ipotesi di crimini contro l'umanità[264]. La privazione dei diritti non deve essere considerata isolatamente: essa sarà tipicamente espressione di una politica discriminatoria e dovrà dunque essere valutata in relazione al contesto complessivo di riferimento[265].

855

---

tion in regard to the enjoyment of a basic or fundamental right is present, and persecution does not necessarily require a physical element»; ICTY, 26 febbraio 2001 (Kordić e Čerkez, TC), § 189: «discriminatory act or ommission». Cfr. altresì ICTY, 1° settembre 2004 (Brđanin, TC), § 993.

[258] ICTR, 3 dicembre 2003 (Nahimana et al., TC), §§ 1069 ss. Critico al riguardo *Orentlicher*, Human Rights Brief 13 (2005), 1, 2 s. nonché *Schabas*, The UN International Criminal Tribunals (2006), 217.

[259] Cfr. ICTY, 7 maggio 1997 (Tadić, TC), § 700; ICTY, 14 gennaio 2000 (Kupreškić et al., TC), § 617; ICTY, 26 febbraio 2001 (Kordić e Čerkez, TC), §§ 201 ss.; ICTY, 2 agosto 2001 (Krstić, TC), § 535; ICTY, 2 novembre 2001 (Kvočka et al., TC), § 185; ICTY, 15 marzo 2002 (Krnojelac, TC), § 433.

[260] Fondamentale ICTY, 14 gennaio 2000 (Kupreškić et al., TC), §§ 593 ss., 617; confermato da ICTY, 3 marzo 2000 (Blaškić, TC), §§ 220 ss.; ICTY, 26 febbraio 2001 (Kordić e Čerkez, TC), § 201; ICTY, 2 agosto 2001 (Krstić, TC), § 535; ICTY, 2 novembre 2001 (Kvočka et al., TC), § 185; ICTY, 15 marzo 2002 (Krnojelac, TC), § 433; ICTY, 29 luglio 2004 (Blaškić, AC), §§ 143, 150 s.; ICTY, 1° settembre 2004 (Brđanin, TC), §§ 999 ss.; ICTY, 17 gennaio 2005 (Blagojević e Jokić, TC), §§ 585 ss.; ICTY, 27 settembre 2006 (Krajišnik, TC), §§ 734, 742 ss.

[261] Basilare ICTY, 7 maggio 1997 (Tadić, TC), §§ 703 ss.; conformi ICTY, 28 febbraio 2005 (Kvočka et al., AC), § 323; cfr. già ICTY, 14 gennaio 2000 (Kupreškić et al., TC), §§ 614, 617; ICTY, 3 marzo 2000 (Blaškić, TC), § 233; ICTY, 26 febbraio 2001 (Kordić e Čerkez, TC), § 193; ICTY, 2 agosto 2001 (Krstić, TC), § 535; ICTY, 2 novembre 2001 (Kvočka et al., TC), § 185; ICTY, 15 marzo 2002 (Krnojelac, TC), § 433.

[262] Cfr. ICTY, 29 luglio 2004 (Blaškić, AC), §§ 138 s., 160.

[263] Cfr. ICTY, 14 gennaio 2000 (Kupreškić et al., TC), § 618: «Although the realm of human rights is dynamic and expansive, not every denial of a human right may constitute a crime against humanity». Concorde *Mettraux*, International Crimes and the *ad hoc* Tribunals (2005), 183.

[264] ICTY, 29 luglio 2004 (Blaškić, AC), §§ 135, 138 s., 160; ICTY, 3 maggio 2006 (Naletilić e Martinović, AC), § 574; ICTY, 28 novembre 2006 (Simić et al., AC), § 177; ICTY, 1° settembre 2004 (Brđanin, TC), § 995; ICTY, 17 gennaio 2005 (Blagojević e Jokić, TC), § 580; ICTY, 27 settembre 2006 (Krajišnik, TC), §§ 736 ss. Cfr. anche *Mettraux*, International Crimes and the *ad hoc* Tribunals (2005), 184, con una lista esemplificativa di comportamenti qualificati dai Tribunali *ad hoc* come "persecutori".

[265] ICTY, 14 gennaio 2000 (Kupreškić et al., TC), §§ 622, 615: «Acts of persecution must not

856 Classico esempio di persecuzione della seconda specie è la politica persecutoria del Terzo Reich, di cui furono espressione una molteplicità di leggi, regolamenti e misure contro gli ebrei, emanate dal governo. Ad esempio, il *Reichsbürgergesetz*[266] (legge sulla cittadinanza del Reich) prescriveva che cittadini del Reich, come tali «titolari di pieni diritti politici», potessero essere soltanto «cittadini di sangue tedesco o affine». Altri provvedimenti giuridici impedivano agli ebrei l'accesso ad uffici o impieghi pubblici, li aggredivano nel patrimonio o nella vita familiare o ne limitavano la libertà di movimento[267]. Anche l'ICTY ha qualificato misure di questo tipo come «persecuzione»[268].

857 Non è chiaro in quale misura lesioni di diritti patrimoniali possano ricondursi alla figura della persecuzione. Nel caso *Flick*, per esempio, il tribunale competente ha negato che costituisca persecuzione, come crimine contro l'umanità, una lesione di diritti patrimoniali attuata mediante la violenta espropriazione di assetti industriali[269]. In conformità alla più recente giurisprudenza internazionale, conviene però distinguere in base al tipo ed alla gravità dell'aggressione a tale tipologia di interessi. Così, il danneggiamento di un singolo bene di rilievo patrimoniale, come ad es. un auto, non può ritenersi crimine di persecuzione solo perché attuato con un intento discriminatorio. Al contrario, un crimine di persecuzione è da riconoscersi quando l'aggressione al patrimonio è così grave da minare le basi economiche di sopravvivenza di una parte della popolazione[270]. Rientrano in tale ipotesi la pro-

---

be considered in isolation, but examined in their context and weighed for their cumulative effect. [...] Although individual acts may not be inhumane, their overall consequences must offend humanity in such way that they may be termed 'inhumane'»; opinione successivamente condivisa da ICTY, 28 febbraio 2005 (Kvočka et al., AC), § 321; cfr. anche ICTY, 26 febbraio 2001 (Kordić e Čerkez, TC), § 199; ICTY, 2 agosto 2001 (Krstić, TC), § 535; ICTY, 2 novembre 2001 (Kvočka et al., TC), § 185; ICTY, 15 marzo 2002 (Krnojelac, TC), § 434.

[266] Del 15 settembre 1935 (RGBl. 1935 I, 1146).

[267] Cfr. al riguardo la collezione di fonti in *Walk* (a cura di), Das Sonderrecht für die Juden im NS-Staat, 2ª ed. (1996) così come IMT, 1° ottobre 1946, in: Internationaler Militärgerichtshof Nürnberg, Der Nürnberger Prozeß gegen die Hauptkriegsverbrecher, vol. 1 (1947), 189, 277 ss.

[268] Cfr. ad es. ICTY, 27 settembre 2006 (Krajišnik, TC), §§ 736 ss.

[269] US Military Tribunal Nürnberg, 22 dicembre 1947 (Flick et al.), in: Trials of War Criminals VI, 1187, 1215 s.; cfr. anche US Military Tribunal Nürnberg, 30 luglio 1948 (Kranche et al., cd. Processo IG-Farben), in: Trials of War Criminals VIII, 1081, 1129 s.

[270] Fondamentale ICTY, 14 gennaio 2000 (Kupreškić et al., TC), § 631: «[A]ttacks on property can constitute persecution. To some extent this may depend on the type of property [...]. There may be certain types of property whose destruction may not have a severe enough impact on the victim as to constitute a crime against humanity, even if such a destruction is perpetrated on discriminatory grounds: an example is the burning of someone's car (unless the car constitutes an indispensable and vital asset to the owner). [T]he comprehensive destruction of homes and property [...] constitutes a destruction of the livelihood of a certain population. This may have the same inhumane consequences as a forced transfer or deportation. Moreover, the burning of a residential property may often be committed with a recklessness towards the lives of its inhabitants». Cfr. anche ICTY, 7 maggio 1997 (Tadić, TC), § 707: «[E]conomic measures of a personal, as opposed to an industrial type, can constitute persecutory acts»; ICTY, 3 marzo 2000 (Blaškić, TC), § 233; confermato da ICTY, 29 luglio 2004 (Blaškić, AC), § 149: in tale ultima decisione, la Camera d'Appello considera la gravità di tali fatti paragonabile a quella delle restanti ipotesi di crimini contro l'umanità.

grammatica distruzione, il saccheggio o la confisca di proprietà private, anche in tempo di pace²⁷¹. Vendite coattive ad un prezzo inadeguato o espropriazioni non indennizzate possono altresì costituire il crimine in questione. Un esempio di questa tipologia di fatti è offerto dall'attacco sistematico ai beni degli ebrei nel periodo del nazismo.

L'ICTY ha precisato, nel processo contro *Krajišnik*, che anche aggressioni più limitate al patrimonio possono assurgere a persecuzione, se accompagnate da altre condotte vessatorie²⁷². Anche la distruzione di beni culturali e siti religiosi può ritenersi tipica, quando abbia gravi ripercussioni su di un popolo fortemente religioso²⁷³. 858

Lo St-ICC prende in considerazione la persecuzione solo quando perpetrata «in connessione» con un'azione di quelle elencate nel comma 1, o con un crimine soggetto alla giurisdizione della Corte penale internazionale. Il requisito della connessione è stato introdotto in risposta ai dubbi che erano stati avanzati circa l'ampiezza della fattispecie criminosa in oggetto²⁷⁴. Adottando questa prospettiva di accessorietà, lo Statuto compie un passo indietro rispetto allo stato del diritto internazionale consuetudinario, nel cui contesto il crimine di persecuzione, così come i crimini contro l'umanità in genere, s'è ormai guadagnato il ruolo di fattispecie autonoma²⁷⁵. 859

2. L'elemento soggettivo

Elemento soggettivo del crimine di persecuzione è il dolo; disposizione di riferimento, in questo caso, è l'art. 30 St-ICC²⁷⁶. L'art. 7 co. 2 g) St-ICC stabilisce espressamente che la privazione di diritti deve avvenire intenzionalmente, ma ciò non implica alcuna deviazione dai criteri generali di imputazione. Inoltre, l'agente deve avere agito sulla spinta di motivi discriminatori, ed in particolare per ragioni «politiche, razziali, nazionali, etniche, culturali o religiose, ragioni di genere nel senso del comma 3 o altre ragioni universalmente riconosciute come inammissibili 860

---

²⁷¹ Sui crimini di guerra contro la proprietà, cfr. *infra*, n. marg. 1111 ss.
²⁷² Cfr. ICTY, 27 settembre 2006 (Krajišnik, TC), §§ 771 ss.
²⁷³ Cfr. ICTY, 26 febbraio 2001 (Kordić e Čerkez, TC), § 207; ICTY, 27 settembre 2006 (Krajišnik, TC), §§ 781 ss.
²⁷⁴ Sul punto Triffterer-*Boot*, Rome Statute (1999), art. 7 n. marg. 112.
²⁷⁵ Cfr. al riguardo ICTY, 14 gennaio 2000 (Kupreškić et al., TC), §§ 580 s.: «[T]he Statute of the ICC may be indicative of the opinio juris of many States, Article 7 [co. 1] h) is not consonant with customary international law. […] Accordingly, the Trial Chamber rejects the notion that persecution must be linked to crimes found elsewhere in the Statute of the International Tribunal. It notes that in any case no such requirement is imposed on it by the Statute […]». Concorda ICTY, 26 febbraio 2001 (Kordić e Čerkez, TC), § 194. – Anche il § 7 co. 1 n. 10 VStGB ha fatto propria tale opinione, cfr. al riguardo Begr. VStGB, 22.
²⁷⁶ Cfr. i richiami operati *supra*, in nota 184.

ai sensi del diritto internazionale»[277]. In tal modo il crimine di persecuzione si differenzia da tutte le altre ipotesi di crimini contro l'umanità[278]. L'agente deve aver di mira un gruppo o una comunità come tali, oppure un singolo individuo proprio a causa della sua appartenenza a quel gruppo o a quella comunità. Nell'ultimo caso, il singolo è aggredito, per così dire, in quanto rappresentante del gruppo[279]. Dal punto di vista dell'agente, deve comunque trattarsi di un atto di discriminazione del gruppo o della comunità in quanto tale; in altre parole, egli deve agire con un intento discriminatorio[280].

861   È sufficiente che il soggetto tenga il comportamento criminoso sulla spinta anche di uno soltanto dei motivi che andremo ora ad illustrare[281]; non è necessario che requisiti costitutivi di un gruppo siano obiettivamente individuabili, idonei ad accomunare in esso una pluralità di soggetti, sia pure in termini essenziali o del tutto generici.

---

[277] Cfr. anche ICTY, 29 novembre 2002 (Vasiljević, TC), § 245; ICTY, 31 luglio 2003 (Stakić, TC), § 733; ICTY, 17 gennaio 2005 (Blagojević e Jokić, TC), § 583.

[278] ICTY, 14 gennaio 2000 (Kupreškić et al., TC), § 607: «Although the *actus reus* of persecution may be identical to other crimes against humanity, what distinguishes the crime of persecution is that it is committed on discriminatory grounds». In termini confermativi: ICTY, 26 febbraio 2001 (Kordić e Čerkez, TC), § 217; ICTY, 17 ottobre 2003 (Simić et al., TC), § 51. Cfr. *supra*, n. marg. 783.

[279] EC in rel. art. 7 co. 1 h) St-ICC: «2. The perpetrator targeted such person or persons by reason of the identity of a group or collectivity or targeted the group or collectivity as such. 3. Such targeting was based on political, racial, national, ethnic, cultural, religious, gender as defined in article 7, paragraph 3, of the Statute, or other grounds that are universally recognized as impermissible under international law». – Cfr. anche ICTY, 3 marzo 2000 (Blaškić, TC), § 235: «[T]he perpetrator of the acts of persecution does not initially target the individual but rather membership in a specific racial, religious or political group».

[280] Cfr. ICTY, 29 luglio 2004 (Blaškić, AC), § 164: «The Appeals Chamber reiterates that the *mens rea* of the perpetrator carrying out the underlying physical acts of persecutions as a crime against humanity requires evidence of a 'specific intent to discriminate on political, racial, or religious grounds'. The requisite discriminatory intent may not be 'inferred directly from the general discriminatory nature of an attack characterised as a crime against humanity'». Cfr. anche ICTY, 17 dicembre 2004 (Kordić e Čerkez, AC), § 111: «[...] specific intent to cause injury to a human being because he belongs to a particular community or group»; così come ICTY, 22 marzo 2006 (Stakić, AC), § 328: «As the Trial Chamber correctly held, in addition to the chapeau requirements of knowledge of a widespread or systematic attack against a civilian population, the *mens rea* for persecutions consists of the intent to commit the underlying act and the intent to discriminate on political, racial or religious grounds. The discriminatory intent requirement amounts to a '*dolus specialis*'» (corsivo originale). Secondo la giurisprudenza dell'ICTY, nondimeno, il soggetto agente non deve perseguire una politica di discriminazione né avere conoscenza della medesima, cfr. ICTY, 29 luglio 2004 (Blaškić, AC), § 165; ICTY, 17 dicembre 2004 (Kordić e Čerkez, AC), § 111; ICTY, 1° settembre 2004 (Brđanin, TC), § 996; ICTY, 17 gennaio 2005 (Blagojević e Jokić, TC), § 582. Cfr. anche *Cassese*, in: Cassese/Gaeta/Jones (a cura di), Rome Statute, vol. 1 (2002), 353, 364; *Mettraux*, International Crimes and the *ad hoc* Tribunals (2005), 186; Triffterer-*Dixon*, Rome Statute (1999), art. 7 n. marg. 16. – Secondo la giurisprudenza dell'ICTY, l'intento discriminatorio non può essere dedotto soltanto dall'esistenza di un attacco esteso o sistematico contro la popolazione civile, dovendo piuttosto emergere dalle circostanze del singolo fatto. Cfr. al riguardo ICTY, 3 maggio 2006 (Naletilić e Martinović, AC), §§ 129 ss.

[281] ICTY, 7 maggio 1997 (Tadić, TC), §§ 712 s.

a) Motivi politici, razziali o religiosi

Elementi caratteristici del crimine di persecuzione sono le motivazioni politiche, razziali o religiose del soggetto agente. Tali coefficienti si riscontrano anche nell'art. 6 c) St-IMT, nell'art. II co. 1 c) della CCL n. 10, nell'art. 5 h) St-ICTY e nell'art. 3 h) St-ICTR. Soltanto nell'art. 5 c) St-IMTFE non sono nominati i motivi religiosi.

862

Il soggetto agisce per ragioni politiche se discrimina la vittima per le sue convinzioni politiche[282]. Non è necessario che il soggetto passivo appartenga ad un partito o raggruppamento politico. Se, invece, l'agente discrimina la vittima per la sua appartenenza ad una certa razza, egli agisce «per motivi razziali»[283], mentre può dirsi mosso da motivi religiosi quando la discrimina per la sua appartenenza ad una determinata religione[284].

863

b) Altri motivi dell'agire

Lo St-ICC è il primo strumento internazionale che attribuisce rilievo ad motivi discriminatori ulteriori rispetto a quelli già conosciuti dal diritto consuetudinario. In aggiunta a quelli di cui già si è detto, si prendono in considerazione atti persecutori motivati da ragioni nazionali, etniche o culturali, ovvero relative all'appartenenza sessuale o altre universalmente riconosciute come inammissibili alla stregua del diritto internazionale[285].

864

La condotta è sorretta da motivazioni «nazionali» quando il soggetto discrimina la vittima in ragione della sua cittadinanza o appartenenza ad una minoranza nazionale[286]. Ai motivi di appartenenza "etnica" sono riconducibili ipotesi sostanzialmente già qualificabili come di carattere "razzista"[287]. L'aggettivo «culturale» viene

865

---

[282] ICTR, 2 settembre 1998 (Akayesu, TC), § 583: «Discrimination on the basis of a person's political ideology satisfies the requirement of 'political' grounds»; Triffterer-*Boot/Hall*, Rome Statute (1999), art. 7 n. marg. 64.

[283] ICTY, 7 maggio 1997 (Tadić, TC), § 711: «persecution undertaken on the basis of race».

[284] ICTY, 7 maggio 1997 (Tadić, TC), § 711: «persecution undertaken on the basis of […] religion»; cfr. anche Triffterer-*Boot/Hall*, Rome Statute (1999), art. 7 n. marg. 69. Cfr. anche le argomentazioni, in tema di genocidio, svolte a proposito dei requisiti del gruppo "razziale" o "religioso": *supra*, n. marg. 678 ss.

285 La persecuzione per "motivi culturali" era già contemplata dagli artt. 2 co. 11 *Draft Code* 1954 e 21 *Draft Code* 1991. La persecuzione per "motive etnici", invece, era presa in considerazione soltanto nell'art. 18 e) *Draft Code* 1996.

[286] Triffterer-*Boot/Hall*, Rome Statute (1999), art. 7 n. marg. 66: «The concept of 'national' is broader than citizenship and includes attributes of a group which considers that it is a nation even though the members of the group are located in more than one State».

[287] Appare perciò di poca importanza che, nel testo ufficiale inglese, il termine «ethnic» (art. 7 co. 1 h) St-ICC) possa risultare più restrittivo della locuzione «ethnical» utilizzata riguardo al genocidio, cfr. Triffterer-*Boot/Hall*, Rome Statute (1999), art. 7 n. marg. 67. Per completezza, a proposito dell'azione guidata da motivi «nazionali» o «etnici», si può rimandare alle considerazioni svolte a proposito dei corrispondenti elementi costitutivi di un gruppo, in tema di genocidio: cfr. *supra*, n. marg. 676 s.

utilizzato in una pluralità di fonti internazionali, eppure non ha ancora acquisito un significato univoco e definitivo[288]. Tale termine dev'essere inteso in senso lato, come comprensivo della lingua, delle abitudini, dell'arte, dell'architettura, ecc., caratteristiche di un determinato gruppo. Vengono ad esempio in considerazione discriminazioni attuate in ragione della lingua madre del soggetto passivo.

866   Ragioni legate all'appartenenza sessuale, secondo la definizione dell'art. 7 co. 3 St-ICC, sono quelle riferite «ai due sessi, maschile e femminile, nel contesto sociale». Il concetto «appartenenza» o «genere sessuale» allude a distinzioni sia biologiche che sociologiche[289]. In caso di discriminazione ai danni di donne, un supporto ermeneutico è offerto dalla *Convention on the Elimination of All Forms of DIscrimination against Women*[290]. L'elemento «per altre ragioni universalmente riconosciute come inammissibili alla stregua del diritto internazionale» fa riferimento al diritto internazionale consuetudinario[291], così permettendo alla fattispecie di adeguarsi ad ogni ulteriore, positivo sviluppo delle consuetudini in tema di diritti umani. La persecuzione per ragioni legate all'orientamento sessuale della vittima (omosessualità) non può, al momento, considerarsi rilevante, fintanché un corrispondente divieto non sia operativo sul piano delle consuetudini internazionali[292]. Ulteriori motivi dell'azione, ad es. di tipo sociale o economico[293], di proposito non vengono contemplati dallo Statuto[294].

IX. Sparizione forzata

867   *Brody, Reed/González, Felipe:* Nunca Más: An Analysis of International Instruments on "Disappearances", Human Rights Quarterly 19 (1997), 365 ss.; *Grammer, Christoph:* Der Tatbestand des Verschwindenlassens einer Person (2005); *Lippman, Matthew:* Disappea-

---

[288] Cfr. Triffterer-*Boot/Hall*, Rome Statute (1999), art. 7 n. marg. 68. Ulteriori considerazioni in tema di «genocidio culturale» anche *supra*, n. marg. 663.

[289] Triffterer-*Boot*, Rome Statute (1999), art. 7 n. marg. 128. Sulla discussione in ordine al concetto di «gender» durante le trattative sullo Statuto di Roma, cfr. *Steains*, in: Lee (a cura di), The International Criminal Court, The Making of the Rome Statute (1999), 357, 374.

[290] Del 18 dicembre 1979 [sottoscritta dall'Italia il 17 luglio 1980, deposito degli strumenti di ratifica 10 giugno 1985, *N.d.T.*]. L'art. 1 definisce il concetto di «discriminazione di una donna» come «qualsiasi distinzione, esclusione o restrizione compiuta in base al sesso, che abbia l'effetto o lo scopo di danneggiare o invalidare il riconoscimento, il godimento o l'esercizio, da parte di donne – a prescindere dal loro stato coniugale – di diritti umani e libertà fondamentali in ambito politico, economico, sociale, culturale, civile o in ogni altro campo, in base ad un principio di uguaglianza tra uomini e donne».

[291] In tal senso Triffterer-*Boot/Hall*, Rome Statute (1999), art. 7 n. marg. 71: «widely recognised»; *Boot*, Nullum Crimen Sine Lege (2002), 521: «recognized as impermissible under customary international law».

[292] Cfr. Begr. VStGB, 22.

[293] Cfr. la nota 15 esplicativa dell'espressione «other similar grounds» nel Draft ICC Statute. La persecuzione per «ragioni sociali» era, al contrario, presa in considerazione negli artt. 2 co. 11 *Draft Code* 1954, e 21 *Draft Code* 1991.

[294] Cfr. *Boot*, Nullum Crimen Sine Lege (2002), 522.

rances: Towards a Declaration on the Prevention and Punishment of the Crime of Enforced or Involuntary Disappearances, Connecticut Journal of International Law 4 (1988), 121 ss.; *Meseke, Stephan:* Der Tatbestand der Verbrechen gegen die Menschlichkeit nach dem Römischen Statut des Internationalen Strafgerichtshofs (2004), 229 ss.

L'art. 7 co. 1 i) St-ICC delinea la "sparizione forzata" come crimine contro l'umanità. La politica delle sparizioni, ampiamente praticata soprattutto in America Latina[295], era già stata qualificata come crimine contro l'umanità dal 1994, mediante la *Inter-American Convention on the Forced Disappearance of Persons*[296], e poco dopo aveva trovato ingresso nel *Draft Code* del 1996[297]. Durante le trattative in Roma prevalse alla fine l'opinione secondo la quale la sparizione forzata, fino ad allora considerata soltanto alla stregua di un sequestro di persona o altra azione inumana, era da regolamentare come autonoma fattispecie di crimine contro l'umanità[298].

Secondo la definizione offerta dall'art. 7 co. 2 i) St-ICC, con «sparizione forzata» s'intende «l'arresto, la detenzione o il rapimento di persone da parte o con l'autorizzazione, il supporto o l'acquiescenza di uno Stato o organizzazione politica, che in seguito rifiutino di riconoscere la privazione della libertà o di dare informazioni sulla sorte di tali persone o sul luogo ove le stesse si trovano, nell'intento di sottrarle alla protezione della legge per un prolungato periodo di tempo». La definizione si fonda sul preambolo della *Declaration on the Protection of All Persons from Enforced Disappearances*[299]. Gli EC precisano con ampie indicazioni i requisi-

---

[295] Sulla prassi delle sparizioni in America Latina: *Grammer*, Der Tatbestand des Verschwindenlassens einer Person (2005), 7 ss. Sulla «impunidad» della politica delle sparizioni forzate negli Stati sudamericani, da una visuale penalistica: *Ambos*, Straflosigkeit von Menschenrechtsverletzungen (1997), 23 ss. – Il fenomeno delle sparizioni forzate si manifestò già nel Terzo Reich con il decreto di Hitler "Notte e Nebbia". L'IMT a tal riguardo condannò l'imputato Keitel per crimini di guerra, cfr. IMT, 1° ottobre 1946, in: Internationaler Militärgerichtshof Nürnberg, Der Nürnberger Prozeß gegen die Hauptkriegsverbrecher, vol. 1 (1947), 189, 327; cfr. anche US Military Tribunal Nürnberg, 4 dicembre 1947 (Altstötter et al., cd. Processo dei giuristi), in: Trials of War Criminals III, 954, 1031 ss.

[296] Del 9 giugno 1994, pubblicato in: ILM 33 (1994), 1529. L'art. II contiene la seguente definizione: «For the purpose of this Convention, forced disappearance is considered to be the act of depriving a person or persons of his or their freedom, in whatever way, perpetrated by agents of the state or by persons or groups of persons acting with the authorization, support, or acquiescence of the state, followed by an absence of information or a refusal to acknowledge that deprivation of freedom or to give information on the whereabouts of that person, thereby impeding his or her recourse to the applicable legal remedies and procedural guarantees». Cfr. al riguardo anche *Brody/González*, Human Rights Quarterly 19 (1997), 365 ss.

[297] Cfr. *Draft Code* 1996, commento all'art. 18 g), § 15: «Although this type of criminal conduct is a relatively recent phenomenon, the present Code proposes its inclusion as a crime against humanity because of its cruelty and gravity».

[298] Sulle trattative cfr. *von Hebel/Robinson*, in: Lee (a cura di), The International Criminal Court, The Making of the Rome Statute (1999), 79, 102; *Robinson* AJIL 93 (1999), 55 ss.

[299] Approvata con la risoluzione 47/133 dell'Assemblea Generale del 18 dicembre 1992, UN Doc. A/47/49 (1992), 207: «Preamble: Deeply concerned that in many countries, often as a persistent manner, enforced disappearances occur in the sense that persons are arrested, detained or

ti di tale complessa fattispecie[300]. Dal punto di vista obiettivo, si distinguono due tipologie di condotta, tra di loro alternative: la privazione della libertà ed il rifiuto di informazioni[301].

870 La privazione di libertà deve essere attuata per ordine di uno Stato o di una organizzazione politica, o comunque con la loro approvazione. È inoltre necessaria l'omessa comunicazione di informazioni circa il destino e l'ubicazione della vittima, nonostante le richieste di chiarimenti provenienti, ad es., dai suoi parenti. La mera mancanza di informazioni non è di per sé sufficiente, se non preceduta da una istanza al riguardo. Equivale al diniego di informazioni anche la comunicazione di informazioni appositamente false. Non è necessario che a negare le notizie richieste sia proprio il soggetto che ha privato della libertà il soggetto passivo.

871 La seconda fattispecie alternativa è costituita dal rifiuto di immediata informativa a proposito di una sottrazione di persone già attuata o di una grave privazione della libertà personale. Si suppone, ancora una volta, una previa richiesta. Il diniego d'informazioni rappresenta, in una certa misura, un'ipotesi speculare rispetto a

---

abducted against their will or otherwise deprived of their liberty by officials of different branches or levels of Government, or by organized groups or private individuals acting on behalf of, or with the support, direct or indirect, consent or acquiescence of the Government, followed by a refusal to disclose the fate or whereabouts of the persons concerned or a refusal to acknowledge the deprivation of their liberty, which places such persons outside the protection of law». La definizione dello St-ICC abbraccia, peraltro, soltanto alcune specifiche tipologie d'azione (arresto, detenzione, rapimento), mentre le descrizioni precedenti evitavano di delimitare in tal modo l'ambito delle condotte rilevanti. Critico sulla regolamentazione statutaria: *Grammer*, Der Tatbestand des Verschwindenlassens einer Person (2005), 188.

[300] EC in rel. art. 7 co. 1 i) St-ICC: «1. The perpetrator: a) Arrested, detained (nt. 25: The word 'detained' would include a perpetrator who maintained an existing detention.) (nt. 26: It is understood that under certain circumstances an arrest or detention may have been lawful.) or abducted one or more persons; or b) Refused to acknowledge the arrest, detention or abduction, or to give information on the fate or whereabouts of such person or persons. 2. a) Such arrest, detention or abduction was followed or accompanied by a refusal to acknowledge that deprivation of freedom or to give information on the fate or whereabouts of such person or persons; or b) such refusal was preceded or accompanied by that deprivation of freedom. 3. The perpetrator was aware that: (nt. 27: This element, inserted because of the complexity of this crime, is without prejudice to the General Introduction to the Elements of Crimes.) a) Such arrest, detention or abduction would be followed in the ordinary course of events by a refusal to acknowledge that deprivation of freedom or to give information on the fate or whereabouts of such person or persons; (nt. 28: It is understood that, in the case of a perpetrator who maintained an existing detention, this element would be satisfied if the perpetrator was aware that such refusal had already taken place.) or b) Such refusal was preceded or accompanied by that deprivation of freedom. 4. Such arrest, detention or abduction was carried out by, or with the authorization, support or acquiescence of, a State or a political organization. 5. Such refusal to acknowledge that deprivation of freedom or to give information on the fate or whereabouts of such person or persons was carried out by, or with the authorization or support of, such State or political organization. 6. The perpetrator intended to remove such person or persons from the protection of the law for a prolonged period of time». Sulle trattative relativamente a questi EC cfr. *Witschel/Rückert*, in: Lee (a cura di), The International Criminal Court, Elements of Crimes and Rules of Procedure and Evidence (2001), 98 ss.

[301] È in tal senso che il § 7 co.1 n. 7 VStGB precisa la figura della sparizione forzata.

quella che costituisce la prima modalità di realizzazione del crimine[302], tanto che valgono, fondamentalmente, le stesse considerazioni già più sopra compiute. La seconda fattispecie alternativa, tuttavia, si differenzia dalla prima per il fatto di essere integrata se le informazioni vengono negate per ordine di uno Stato o di una organizzazione politica oppure se il soggetto agente, di propria iniziativa e senza obbedire ad alcuna richiesta superiore, aderisce liberamente ad una politica statale di sparizioni forzate violando, al contempo, un esistente obbligo giuridico che gli imporrebbe di fornire le informazioni richieste. La mera approvazione da parte di uno Stato o di un'organizzazione politica non è, per contro, sufficiente.

Come elemento soggettivo è richiesto il dolo (art. 30 St-ICC)[303]. Riguardo alla prima fattispecie alternativa, il dolo deve estendersi anche al rifiuto delle informazioni richieste. Laddove ad esser realizzata sia, invece, la seconda fattispecie alternativa, il dolo deve avere ad oggetto anche la circostanza che la vittima, sul cui destino non si danno informazioni, sia stata sequestrata con i metodi caratteristici della prima fattispecie alternativa, o sia stata altrimenti privata della libertà personale. Il soggetto attivo, inoltre, deve realizzare il fatto con l'intenzione («intention») di sottrarre per lungo tempo la persona alla protezione della legge[304]: tanto si evince dall'art. 7 co. 2 i) St-ICC.

872

X. Apartheid

Clark, Roger S.: Apartheid, in: Bassiouni, M. Cherif (Hrsg.), International Criminal Law, Band 1, 2. Aufl. (1999), 643 ss.; *Graefrath, Bernhard*: Apartheid – ein internationales Verbrechen, NJ 1974, 192 ss.; *Meseke, Stephan*: Der Tatbestand der Verbrechen gegen die Menschlichkeit nach dem Römischen Statut des Internationalen Strafgerichtshofs (2004), 260 ss.; *Slye, Ronald C.*: Apartheid as a Crime against Humanity: A submission to the South African Truth and Reconciliation Commission, Michigan Journal of International Law 20 (1999), 267 ss.

873

L'art. 7 co. 1 j) St-ICC tratta del crimine di *Apartheid*. Il termine di «Apartheid» (che in *Afrikaans* significa «separazione») indica la politica di separazione e discriminazione razziale praticata in Sudafrica a partire dal 1948.

874

L'*Apartheid* è ritenuto un crimine contro l'umanità già da una pluralità di fonti internazionali. L'art. 1 b) della *Convention on the Non-Applicability of Statutory Limitations to War Crimes and Crimes Against Humanity*[305] espressamente estende la categoria dei crimini contro l'umanità alle «azioni inumane che derivano da una politica di *Apartheid*». La *International Convention on the Suppression and Puni-*

875

---

[302] Così la corrispondente definizione in Begr. VStGB, 22.
[303] Per i necessari riferimenti cfr. i rinvii operati *supra*, nota 184.
[304] In tal modo si realizza una riduzione del penalmente rilevante di quelle espressamente consentite dall'art. 30 St-ICC, cfr. *supra*, n. marg. 371 ss., 385 s. Dettagliatamente in tema di elemento soggettivo: *Grammer*, Der Tatbestand des Verschwindenlassens einer Person (2005), 224 ss.
[305] Adottata con risoluzione dell'Assemblea Generale 2391 (XXIII) del 26 novembre 1968.

shment of the Crime of Apartheid (Convenzione ONU sull'*Apartheid*)[306] stabilisce che «l'*Apartheid* è un crimine contro l'umanità»[307]. Il *Draft Code* del 1991, successivamente, considerava l'*Apartheid* come fattispecie autonoma, ed il *Draft Code* del 1996 elaborava il crimine contro l'umanità di «discriminazione istituzionalizzata»[308]. La scelta di inserire la figura criminosa in oggetto all'interno dello St-ICC ha alla base una proposta del Sudafrica[309]. Poiché il regime dell'*Apartheid* in Sudafrica è ormai superato, la creazione di un autonomo crimine contro l'umanità così denominato assume oggi, principalmente, un significato simbolico[310].

876 L'elemento oggettivo è descritto nella norma definitoria dell'art. 7 co. 2 h) St-ICC. Si richiedono «atti inumani di carattere analogo a quelli indicati nelle disposizioni del comma 1, commessi nel contesto di un regime istituzionalizzato di oppressione sistematica e di dominazione da parte di un gruppo razziale su altro o altri gruppi razziali». Nella definizione ricadono, in primo luogo, tutte le ipotesi già prese in considerazione nei commi da 1 a) fino a i) e k) dell'art. 7 dello St-ICC[311]. Atti inumani di carattere analogo, inoltre, sono azioni da ritenersi similari, per natura e gravità, a quelle di cui all'art. 7 co. 1 St-ICC[312]. Tale elemento costitutivo può essere interpretato alla luce dell'art. II della Convenzione ONU sull'*Apartheid*[313]. Quali specifiche «forme di manifestazione» del crimine di *Apartheid*, vengono in particolare in considerazione:

877 «Misure legali o di altro tipo, volte ad impedire ad un gruppo razziale la partecipazione alla vita politica, sociale, economica e culturale del Paese; la dolosa creazione di condizioni che impediscono il pieno sviluppo di un tale gruppo, in particolare negando agli appartenenti ad un gruppo razziale fondamentali diritti umani e libertà, ivi compresi il diritto al lavoro, il diritto a costituire sindacati riconosciuti, il diritto all'istruzione, il diritto a lasciare il Paese ed a ritornarvi, il diritto ad una cittadinanza, il diritto alla libertà di

---

[306] Adottata con risoluzione dell'Assemblea Generale 3068 (XXVIII) del 30 novembre 1973. Sulla genesi della Convenzione ONU sull'*Apartheid* cfr. ad es. *Graefrath* NJ 1974, 192.

[307] Cfr. pertanto gli artt. I e III della Convenzione ONU sull'*Apartheid*. Il Preambolo ricorda come l'Assemblea Generale delle Nazioni Unite avesse già adottato una serie di risoluzioni che stigmatizzavano la politica e la pratica dell'Apartheid in quanto crimine contro l'umanità.

[308] Cfr. art. 20 *Draft Code* 1991 e art. 18 f) *Draft Code* 1996.

[309] Sull'elaborazione della fattispecie cfr. *von Hebel/Robinson*, in: Lee (a cura di), The International Criminal Court, The Making of the Rome Statute (1999), 79, 102. Cfr. anche *Robinson* AJIL 93 (1999), 55.

[310] Nello stesso senso *Cryer*, Prosecuting International Crimes (2005), 259.

[311] Gli EC in rel. art. 7 co. 1 j) St-ICC stabiliscono: «2. Such act was an act referred to in article 7, paragraph 1, of the Statute or was an act of a character similar to any of those acts». Dubbioso, con riferimento al tenore letterale dello Statuto («act *similar* to»), Triffterer-*Hall*, Rome Statute (1999), art. 7 n. marg. 116.

[312] Nota 29 EC in rel. art. 7 co. 1 j) St-ICC bestimmt: «It is understood that 'character' refers to the nature and gravity of the act».

[313] Cfr. Triffterer-*Hall*, Rome Statute (1999), art. 7 n. marg. 116; *Kittichaisaree*, International Criminal Law (2001), 125: «illustration».

movimento ed alla libera scelta della residenza, il diritto alla libertà di opinione e manifestazione del pensiero, il diritto a riunirsi pacificamente e ad unirsi in associazioni»[314]; ovvero «misure legali o di altro tipo, in virtù delle quali la popolazione viene distinta in base al criterio dell'appartenenza razziale, mediante la creazione di riserve separate e ghetti per gli esponenti di un gruppo razziale, il divieto di matrimoni misti tra gli appartenenti a diversi gruppi razziali o l'espropriazione di proprietà terriere che appartengono ad un gruppo razziale o a suoi esponenti»[315].

Un «regime istituzionalizzato» di sistematica[316] oppressione e dominazione di uno o di più diversi gruppi razziali si ha, in particolare, quando l'oppressione e la dominazione sono imposte dallo stesso ordinamento giuridico statale[317]; paradigmatica, in tal senso, la regolamentazione sudafricana dell'*Apartheid*[318].

L'*Apartheid* non richiede alcuna particolare qualifica del soggetto attivo. Diversamente da quanto stabilito nell'art. 20 co. 1 del *Draft Code* 1991 (ove si faceva riferimento ad un «leader or organizer»)[319], la fattispecie non è strutturata come propria di una *leadership*. Peraltro, sono specialmente gli appartenenti alla struttura politica o statale che detiene il potere a poter realizzare, in tutti i suoi estremi, un'ipotesi criminosa come quella in oggetto. La figura tipica dell'*Apartheid* è strettamente imparentata con quella della persecuzione, ma diversamente da quest'ultima non presuppone una motivazione discriminatoria[320].

Come elemento soggettivo si richiede il dolo (art. 30 St-ICC)[321]. Il soggetto attivo deve poi realizzare la condotta al fine («intention») di perpetuare un regime istituzionalizzato di sistematica oppressione e dominazione di uno o più gruppi razziali[322]: tanto si evince dall'art. 7 co. 2 h) St-ICC. Il concetto di «gruppo razziale» è da

---

[314] Art. II c) Convenzione ONU sull'*Apartheid*.
[315] Art. II d) Convenzione ONU sull'*Apartheid*.
[316] L'elemento della «sistematica» oppressione e dominazione appare ridondante, essendo comunque necessaria l'integrazione del "fatto di contesto": cfr. Triffterer-*Hall*, Rome Statute (1999), art. 7 n. marg. 119: «a double requirement of systematic does not make sense».
[317] *Draft Code* 1996, commento all'art. 18 f), § 12, nomina ad esempio «a series of legislative measures denying individuals who are members of a particular racial [...] group of their human rights or freedoms».
[318] Cfr. a proposito la rassegna in Truth and Reconciliation Commission of South Africa Report (1998), vol. 1, 448 ss.
[319] Cfr. *Draft Code* 1991, commento all'art. 20, § 3: «The Commission has restricted the scope [...] to leaders or organizers – an approach it has also adopted in relation to other crimes such as aggression [...]. It has thereby sought to make criminally liable only those who are in a position to use the State apparatus for the planning, organization or perpetration of the crime».
[320] Nell'art. 18 f) *Draft Code* 1996 era per contro ancora contemplata un'azione «on racial, ethnic or religious grounds».
[321] Per i necessari riferimenti cfr. i rinvii operati *supra*, nota 184.
[322] In questo caso si opera una restrizione dell'ambito del penalmente rilevante, di quelle espressamente consentite dall'art. 30 St-ICC. Cfr. *supra*, n. marg. 371 ss., 385 s.

interpretarsi estensivamente[323], in conformità alla definizione di «discriminazione razziale» contenuta nella *International Convention on the Elimination of All Forms of Racial Discrimination*[324].

XI. Altre azioni inumane

881 L'art. 7 co. 1 k) St-ICC attribuisce rilievo penale ad «altre azioni inumane dello stesso tipo». Un'analoga fattispecie di chiusura si rinviene in tutti i precedenti strumenti internazionali di riferimento[325]. Durante le trattative per la formulazione dello St-ICC, si concordò sull'impossibilità di enumerare con tecnica casistica, anche in futuro, tutte le condotte meritevoli d'essere considerate crimini contro l'umanità[326]. Lo Statuto tenta di ovviare ai dubbi circa la determinatezza di una clausola generale di chiusura[327], proponendo una formula più precisa di quelle precedenti.

882 L'art. 7 co. 1 k) St-ICC presuppone che l'agente realizzi «altri atti inumani di analogo carattere», che provochino «grandi sofferenze o gravi danni all'integrità fisica o alla salute fisica o mentale». È «analoga» alle altre fattispecie quell'azione che raggiunga il medesimo grado di gravità. In tal senso, gli EC chiariscono che l'azione è tipica quando paragonabile, per la sua «natura e gravità», alle altre di cui all'art. 7 co. 1 St-ICC[328]. La giurisprudenza dei tribunali internazionali adot-

---

[323] Secondo l'art. 1 l'espressione «discriminazione razziale» indica «ogni distinzione, esclusione, restrizione o preferenza basata sulla razza, il colore, la discendenza, l'origine nazionale o etnica, che ha l'effetto o lo scopo di danneggiare o invalidare il riconoscimento, il godimento o l'esercizio – in termini di uguaglianza – di diritti umani e libertà fondamentali in ambito politico, economico, sociale, culturale e in ogni altro campo della vita pubblica». Ne deduce Triffterer-*Hall*, Rome Statute (1999), art. 7 n. marg. 120: «that the crime will involve domination by a broad range of groups other than those which would fall within a narrow definition of race [...]». Un orientamento condiviso anche dall'art. 18 f) *Draft Code* 1996, che contempla una «institutionalized discrimination on racial, ethnic or religious grounds involving the violation of fundamental human rights and freedoms and resulting in seriously disadvantaging a part of the population».

[324] Del 7 marzo 1966 (BGBl. 1969 II, 962).

[325] Cfr. art. 6 c) St-IMT, art. II co. 1 c) CCL n. 10, art. 5 c) St-IMTFE, art. 5 i) St-ICTY e art. 3 i) St-ICTR.

[326] In tal senso *Draft Code* 1996, commento all'art. 18 k), § 17: «[I]t was impossible to establish an exhaustive list of the inhumane acts which might constitute crimes against humanity». Riguardo allo St-ICTY cfr. anche ICTY, 14 gennaio 2000 (Kupreškić et al., TC), § 563: «The phrase 'other inhumane acts' was deliberately designed as a residual category, as it was felt to be undesirable for this category to be exhaustively enumerated».

[327] Cfr. Triffterer-*Boot*, Rome Statute (1999), art. 7 n. marg. 87. Con riferimento all'art. 5 i) St-ICTY cfr. ICTY, 14 gennaio 2000 (Kupreškić et al., TC), § 563: «There is a concern that this category lacks precision and is too general to provide a safe yardstick [...] hence, that it is contrary to the principle of the specificity of criminal law. It is thus imperative to establish what is included within this category». Cfr. anche ICTY, 17 dicembre 2004 (Kordić e Čerkez, AC), § 117; ICTY, 31 luglio 2003 (Stakić, TC), § 719.

[328] Gli EC in rel. art. 7 co. 1 k) St-ICC recitano: «2. Such act was of a character similar to any oth-

ta la stessa impostazione, facendo altresì riferimento, nelle ultime decisioni, proprio all'art. 7 co. 1 k) St-ICC[329]. Secondo una giurisprudenza ormai consolidata, il confronto tra "gravità" non deve essere attuato schematicamente ed in astratto, ma deve sempre tener conto delle circostanze del caso concreto[330]. Muovendo da tale visuale, l'ICTY ha ricondotto alla fattispecie di chiusura contemplata dallo St-ICTY una pluralità di condotte che oggi l'art. 7 co. 1 St-ICC considera come fattispecie autonome, quali ad esempio la deportazione forzata di popolazione[331], la costrizione alla prostituzione o la sparizione forzata di persone[332]. L'ipotesi generale in discussione è stata inoltre applicata, in particolare, in caso di gravi lesioni dell'integrità fisica[333]. La fattispecie comprende, poi, esperimenti umani di tipo biologico, medico o scientifico[334], attuati in tempo di pace[335].

L'elemento soggettivo richiesto è il dolo (art. 30 St-ICC)[336]. Nessuna deviazione dai criteri generali di imputazione subiettiva deriva dal fatto che l'art. 7 co. 1 k) St-ICC espressamente chiarisca che la sofferenza dev'essere causata intenzionalmente («intentionally»). I Tribunali *ad hoc* hanno precisato che il dolo dell'agente deve avere ad oggetto la produzione di gravi patimenti fisici o psichici o di una pesante offesa alla dignità della vittima. Sarebbe già sufficiente la consapevolezza dell'agente di poter probabilmente produrre effetti di tal genere con la propria azione od omissione[337].

---

er act referred to in article 7, paragraph 1, of the Statute. (nt. 30: It is understood that 'character' refers to the nature and gravity of the act)». – Cfr. anche *Draft Code* 1996, commento all'art. 18 k), § 17.

[329] Cfr. ICTY, 14 gennaio 2000 (Kupreškić et al., TC), §§ 562 ss.; ICTY, 3 marzo 2000 (Blaškić, TC), §§ 239 ss.; ICTY, 26 febbraio 2001 (Kordić e Čerkez, TC), §§ 269 ss.; ICTY, 2 novembre 2001 (Kvočka et al., TC), § 206; ICTR, 21 maggio 1999 (Kayishema e Ruzindana, TC), §§ 149 ss., 154; ICTR, 27 gennaio 2000 (Musema, TC), §§ 230 ss.; ICTR, 7 giugno 2001 (Bagilishema, TC), §§ 91 s.; ICTR, 12 settembre 2006 (Muvunyi, TC), § 527. Dopo l'approvazione dello St-ICC v. ICTY, 7 maggio 1997 (Tadić, TC), § 729.

[330] Cfr. ICTY, 17 dicembre 2004 (Kordić e Čerkez, AC), § 117 e già ICTY, 3 marzo 2000 (Blaškić, TC), § 243; ICTY, 26 febbraio 2001 (Kordić e Čerkez, TC), § 271; ICTY, 2 novembre 2001 (Kvočka et al., TC), § 206; ICTR, 21 maggio 1999 (Kayishema e Ruzindana, TC), § 151; ICTR, 27 gennaio 2000 (Musema, TC), § 233; ICTR, 7 giugno 2001 (Bagilishema, TC), § 92; ICTR, 12 settembre 2006 (Muvunyi, TC), § 527.

[331] ICTY, 14 gennaio 2000 (Kupreškić et al., TC), § 566; ICTY, 2 agosto 2001 (Krstić, TC), § 523.

[332] ICTY, 14 gennaio 2000 (Kupreškić et al., TC), § 566.

[333] ICTY, 3 marzo 2000 (Blaškić, TC), § 239: «serious physical or mental injury». – Nello stesso senso, il § 7 co. 1 n. 8 VStGB considera quale fattispecie autonoma contro l'umanità la causazione di gravi lesioni corporali o psichiche. Tale disposizione prende il posto di quella, generale e di chiusura, delle altre azioni inumane di analogo carattere. Cfr. anche Begr. VStGB, 22.

[334] Cfr. US Military Tribunal Nürnberg, 20 agosto 1947 (Brandt et al., cd. processo dei medici), in: Trials of War Criminals II, 171, 183; cfr. anche *Bassiouni*, Crimes against Humanity, 2ª ed. (1999), 338 ss.

[335] Sulla corrispondente fattispecie valida in tempo di guerra cfr. *infra*, n. marg. 1024 ss.

[336] Sull'impiego dei termini "dolo" e "intent" e sui requisiti generali dell'elemento soggettivo cfr. i rinvii operati *supra*, nota 184.

[337] Cfr. ICTR, 21 maggio 1999 (Kayishema e Ruzindana, TC), § 154: «[I]ntention to inflict

D. Concorso di reati

884 Lo stesso comportamento, tipico ai sensi dell'art. 7 St-ICC, può integrare i requisiti costitutivi del crimine di genocidio o di un crimine di guerra[338]. Un medesimo fatto può, dunque, essere doppiamente qualificato come crimine contro l'umanità e come genocidio[339]: la figura del genocidio non è, per vero, speciale rispetto alle fattispecie di crimini contro l'umanità[340]. Altrettanto accade quando il soggetto realizzi, al contempo, gli estremi tipici di un crimine di guerra[341]. Possono insomma essere applicate cumulativamente quelle disposizioni che danno rilievo ad una medesima tipologia di condotta nel contesto ora dell'art. 7, ora dell'art. 8 St-ICC: omicidio[342], tortura[343], stupro[344], privazione della libertà[345].

885 Come già per il genocidio[346], anche nel settore dei crimini contro l'umanità, di regola, si riscontra una pluralità di singoli atti, ognuno dei quali, già di per sé, buono ad integrare gli estremi tipici di una fattispecie criminosa. Nel caso di singoli atti connessi tra di loro sul piano logico-sostanziale, temporale e spaziale, la correlazione funzionale con il medesimo elemento di contesto suggerisce una loro qualificazione unitaria[347].

---

serious physical or mental suffering or to commit a serious attack upon the human dignity of the victim, or where he knew that his or her act or ommission was likely to cause serious physical or mental suffering or a serious attack on human dignity». Cfr. anche ICTY, 5 dicembre 2003 (Galić, TC), § 154; ICTY, 29 novembre 2002 (Vasiljević, TC), § 236. Sulle implicazioni della più recente giurisprudenza dell'ICTY in tema di elemento soggettivo, cfr. *supra*, n. marg. 355 s.

[338] Cfr. anche *supra*, n. marg. 622.

[339] Cfr. ICTR, 16 novembre 2001 (Musema, AC), §§ 366 s.; ICTY, 19 aprile 2004 (Krstić, AC), §§ 219 ss.; ICTY, 2 agosto 2001 (Krstić, TC), § 681; cfr. anche *supra*, n. marg. 631.

[340] Dall'analisi delle fattispecie tipiche si evince che le stesse presentano importanti differenze strutturali importanti: i crimini contro l'umanità presuppongono un effettivo attacco contro una popolazione civile, non necessario, invece, per l'integrazione di un genocidio. Al contrario, riguardo al genocidio è necessario dimostrare l'intento di distruggere un gruppo come tale, interamente o parzialmente. Cfr. al riguardo anche ICTR, 21 febbraio 2002 (Ntakirutimana, TC), § 864; ICTR, 22 gennaio 2004 (Kamuhanda, TC), §§ 577 ss.; ICTR, 25 febbraio 2004 (Ntagerura, TC), § 823 e nunmehr anche ICTY, 19 aprile 2004 (Krstić, AC), §§ 219 ss. Diversamente MK-*Kreß*, StGB (2003), § 220a/§ 6 VStGB, n. marg. 111.

[341] Cfr. ad es. ICTY, 5 luglio 2001 (Jelisić, AC), § 82; ICTY, 23 ottobre 2001 (Kupreškić et al., AC), § 388; ICTY, 12 giugno 2002 (Kunarac et al., AC), § 176; ICTY, 3 maggio 2006 (Naletilić e Martinović, AC), §§ 560 ss.; ICTY, 30 novembre 2006 (Galić, TC), §§ 164 ss.

[342] Cfr. ICTY, 5 luglio 2001 (Jelisić, AC), § 82.

[343] Cfr. ICTY, 22 febbraio 2001 (Kunarac et al., TC), § 556.

[344] Cfr. ICTY, 22 febbraio 2001 (Kunarac et al., TC), § 556.

[345] Cfr. ICTY, 26 febbraio 2001 (Kordić e Čerkez, TC), § 824.

[346] Cfr. sul punto *supra*, n. marg. 730 ss.

[347] Cfr. ad es. riguardo al crimine di persecuzione: ICTY, 2 novembre 2001 (Kvočka et al., TC), §§ 713, 721, 752 ss. così come ICTY, 26 febbraio 2002 (Kordić e Čerkez, TC), § 852; per l'omicidio doloso come crimine contro l'umanità: ICTY, 29 novembre 2002 (Vasiljević, AC), § 276; diversamente *Hünerbein*, Straftatkonkurrenzen im Völkerstrafrecht (2005), 101. Cfr. anche *supra*, n. marg. 626.

Secondo la giurisprudenza dei tribunali internazionali, le diverse ipotesi di crimini contro l'umanità possono in linea di principio essere applicate cumulativamente[348]. Così, ormai, a differenza di quanto sostenuto dalla più risalente giurisprudenza, anche il crimine di persecuzione può concorrere con altro crimine contro l'umanità, nell'ipotesi in cui la persecuzione sia stata realizzata mediante condotta caratteristica di altra fattispecie, come ad esempio in caso di persecuzione mediante omicidio, tortura o privazione della libertà[349].

Poche le eccezioni rispetto a tali considerazioni di principio. Così, la fattispecie di sterminio prevale su quella di omicidio volontario[350]. Egualmente prevale, sul crimine di persecuzione, il crimine di *Apartheid*, che prevede soltanto una discriminazione attuata in ragione della razza della vittima[351]. Infine, rispetto alla fattispecie di "altre azioni inumane", prevalgono tutte le restanti ipotesi autonome di crimine contro l'umanità[352].

[*Omissis*]

---

[348] Riguardo al crimine di "tortura mediante violenza sessuale", cfr. ICTY, 12 giugno 2002 (Kunarac et al., AC), § 179; per la "riduzione in schiavitù mediante violenza sessuale", ICTY, 12 giugno 2002 (Kunarac et al., AC), § 186. Cfr. anche *supra*, n. marg. 632.

[349] Così ormai ICTY, 17 dicembre 2004 (Kordić e Čerkez, AC), §§ 1039 ss.; ICTY, 22 marzo 2006 (Stakić, AC), §§ 350 ss.; ICTY, 3 maggio 2006 (Naletilić e Martinović, AC), §§ 589 s.; ICTY, 17 gennaio 2005 (Blagojević e Jokić, TC), §§ 804 ss.; ICTY, 27 settembre 2006 (Krajišnik, TC), §§ 1127 ss. Applicava ancora, al contrario, il criterio della specialità la più risalente giurisprudenza dei Tribunali internazionali, cfr. ICTY, 2 agosto 2001 (Krstić, TC), § 675 (per le condotte di omicidio); ICTY, 2 novembre 2001 (Kvočka et al., TC), § 227 (per le condotte di tortura); ICTY, 15 marzo 2002 (Krnojelac, TC), § 503 (per le ipotesi di privazione della libertà). Favorevoli al criterio di specialità anche le dissenting opinions relative alle decisioni sopra richiamate: ICTY, 17 dicembre 2004 (Kordić e Čerkez, AC), dissenting opinion *Güney* e *Schomburg*; ICTY, 22 marzo 2006 (Stakić, AC), dissenting opinion *Güney*; ICTY, 3 maggio 2006 (Naletilić e Martinović, AC), dissenting opinion *Güney* e *Schomburg*.

[350] ICTY, 17 gennaio 2005 (Blagojević e Jokić, TC), §§ 802 s.; ICTR, 13 dicembre 2004 (Ntakirutimana, AC), § 542; ICTR, 15 maggio 2003 (Semanza, TC), §§ 500 ss.; ICTR, 13 aprile 2006 (Bisengimana, TC), §§ 96 ss. In senso opposto ancora ICTY 31 luglio 2003, (Stakić, TC), § 877: «[T]o reflect the totality of the accused's culpable conduct directed both at individual victims and at groups of victims on a large scale, it is in principle permissible to enter convictions both for extermination and murder»; ICTR, 2 settembre 1998 (Akayesu, TC), §§ 469 s., 744.

[351] *Hünerbein*, Straftatkonkurrenzen im Völkerstrafrecht (2005), 130 s.

[352] ICTY, 2 novembre 2001 (Kvočka et al., TC), § 217 («in subsidiary nature»); similmente ICTY, 19 aprile 2004 (Krstić, AC), § 231.

PARTE QUINTA: I CRIMINI DI GUERRA

Abi-Saab, Georges/Abi-Saab, Rosemary: Les crimes de guerre, in: Ascensio, Hervé/Decaux, Emmanuel/Pellet, Alain (Hrsg.), Droit International Pénal (2000), 265 ss.; *Aldrich, George H.:* Violations of the Laws or Customs of War, in: McDonald, Gabrielle Kirk/Swaak-Goldman, Olivia (Hrsg.), Substantive and Procedural Aspects of International Criminal Law, The Experience of International and National Courts, Band 1 (2000), 95 ss.; *Ambos, Kai:* Zur Bestrafung von Verbrechen im internationalen, nichtinternationalen und internen Konflikt, in: Hasse, Jana/Müller, Erwin/Schneider, Patricia (Hrsg.), Humanitäres Völkerrecht (2001), 325 ss.; *Ambos, Kai:* Internationales Strafrecht (2006), § 7 Rn. 220 ss.; *Boddens Hosang, Hans/Dörmann, Knut/Frank, Daniel/Garraway, Charles/von Hebel, Hermann/La Haye, Eve/Pfirter, Didier:* The Elements of War Crimes, in: Lee, Roy S. (Hrsg.), The International Criminal Court, Elements of Crimes and Rules of Procedure and Evidence (2001), 109 ss.; *Bothe, Michael/Ipsen, Knut/Partsch, Karl Josef:* Die Genfer Konferenz über humanitäres Völkerrecht, Verlauf und Ergebnisse, ZaöRV 38 (1978), 1 ss.; *Bothe, Michael/Partsch, Karl Josef/Solf, Waldemar A.:* New Rules for Victims of Armed Conflicts (1982); *Bothe, Michael:* War Crimes in Non-international Armed Conflicts, Israel Yearbook on Human Rights 24 (1994), 241 ss.; *Bothe, Michael:* Die Zusatzprotokolle und ihre Bedeutung für den Schutz der Opfer, in: Humanitäres Völkerrecht-Informationsschriften 1997, 206 ss.; *Bothe, Michael:* War Crimes, in: Cassese, Antonio/Gaeta, Paola/Jones, John R.W.D. (Hrsg.), The Rome Statute of the International Criminal Court: A Commentary, Band 1 (2002), 379 ss.; *Bugnion, François:* Droit de Genève et droit de La Haye, International Review of the Red Cross 83 (2001), 901 ss.; *Bugnion, François:* Guerre juste, guerre d'aggression et droit international humanitaire, International Review of the Red Cross 84 (2002), 523 ss.; *Cassese, Antonio:* On the Current Trends towards Criminal Prosecution and Punishment of Breaches of International Humanitarian Law, EJIL 9 (1998), 2 ss.; *Cassese, Antonio:* International Criminal Law (2003), 47 ss.; *Condorelli, Luigi:* War Crimes and Internal Conflicts in the Statute of the International Criminal Court, in: Politi, Mauro/Nesi, Giuseppe (Hrsg.), The Rome Statute of the International Criminal Court, A Challenge to Impunity (2001), 107 ss.; *Cottier, Michael:* Völkerstrafrechtliche Verantwortlichkeit für Kriegsverbrechen in internen Konflikten, in: Erberich, Ingo et al. (Hrsg.), Frieden und Recht (1998), 183 ss.; *Cottier, Michael/Fenrick, William J./Viseur Sellers, Patricia/Zimmer-

mann, Andreas: Kommentierung zu Art. 8 St-ICC, in: Triffterer, Otto (Hrsg.), Commentary on the Rome Statute of the International Criminal Court, Oberservers' Notes, Article by Article (1999), 181 ss.; *Daase, Christopher:* Das humanitäre Völkerrecht und der Wandel des Krieges, in: Hasse, Jana/Müller, Erwin/Schneider, Patricia (Hrsg.), Humanitäres Völkerrecht (2001), 132 ss.; *Dahm, Georg/Delbrück, Jost/Wolfrum, Rüdiger:* Völkerrecht, Band I/3, 2. Aufl. (2002), 1052 ss.; *Daoust, Isabelle/Coupland, Robin/Ishoey, Rikke:* New wars, new weapons? The obligation of States to assess the legality of means and methods of warfare, International Review of the Red Cross 84 (2002), 345 ss.; *David, Eric:* Principes de droit des conflits armés, 3. Aufl. (2002); *Detter, Ingrid:* The Law of War, 2. Aufl. (2000); *Dörmann, Knut:* Preparatory Commission for the International Criminal Court: the Elements of War Crimes, International Review of the Red Cross 82 (2000), 771 ss.; *Dörmann, Knut:* Preparatory Commission for the International Criminal Court: the Elements of War Crimes, International Review of the Red Cross 83 (2001), 461 ss.; *Dörmann, Knut:* War Crimes in the Elements of Crimes, in: Fischer, Horst/Kreß, Claus/Lüder, Sascha Rolf (Hrsg.), International and National Prosecution of Crimes Under International Law (2001), 95 ss.; *Dörmann, Knut:* Elements of War Crimes under the Rome Statute of the International Criminal Court (2002); *Doswald-Beck, Louise/Vité, Sylvain:* International Humanitarian Law and Human Rights Law, International Review of the Red Cross 75 (1993), 94 ss.; *Draper, G. I. A. D.:* The relationship between the human rights regime and the law of armed conflict, Israel Yearbook on Human Rights 1 (1971), 191 ss.; *Dugard, John:* Bridging the gap between human rights and humanitarian law: The punishment of offenders, International Review of the Red Cross 80 (1998), 445 ss.; *Fischer, Horst:* Grave Breaches of the 1949 Geneva Conventions, in: McDonald, Gabrielle Kirk/Swaak-Goldman, Olivia (Hrsg.), Substantive and Procedural Aspects of International Criminal Law, The Experience of International and National Courts, Band 1 (2000), 63 ss.; *Fischer, Horst:* Friedenssicherung und friedliche Streitbeilegung, in: Ipsen, Knut, Völkerrecht, 5. Aufl. (2004), § 62; *Fleck, Dieter* (Hrsg.): Handbuch des humanitären Völkerrechts (1994); *Gasser, Hans-Peter:* Acts of terror, „terrorism" and international humanitarian law, International Review of the Red Cross 84 (2002), 547 ss.; *von Glahn, Gerhard:* The Occupation of Enemy Territory (1957); *Graditzky, Thomas:* Individual criminal responsibility for violations of international humanitarian law committed in non-international armed conflicts, International Review of the Red Cross 80 (1998), 29 ss.; *Green, Leslie Claude:* International Regulation of Armed Conflicts, in: Bassiouni, M. Cherif (Hrsg.), International Criminal Law, Band 2, 2. Aufl. (1999), 355 ss.; *Green, Leslie Claude:* The Contemporary Law of Armed Conflict, 2. Aufl. (2000); *Greenwood, Christopher:* The Relationship of Ius ad Bellum and Ius in Bello, Review of International Studies 9 (1983), 221 ss.; *Greenwood, Christopher:* International Humanitarian Law and the Tadic Case, EJIL 7 (1996), 265 ss.; *Greenwood, Christopher:* Current Issues in the Law of Armed Conflict: Weapons, Targets and International Criminal Liability, Singapore Journal of International & Comparative Law 1 (1997), 441 ss.; *Henckaerts, Jean-Marie/Doswald-Beck, Louise:* Customary International Humanitarian Law, Band I: Rules (2005), 568 ss.; *Hoch, Martin:* Krieg und Politik im 21. Jahrhundert, Aus Politik und Zeitgeschichte 20 (2001), 17 ss.; *Ipsen, Knut/Fischer, Horst:* Bewaffneter Konflikt und Neutralität, in: Ipsen, Knut, Völkerrecht, 5. Aufl. (2004), § 63-§ 73; *Jochnick, Chris/Normand, Roger:* The Legitimation of Violence, Harvard International Law Journal 35 (1994), 49 ss.; *Kittichaisaree, Kriangsak:* International Criminal Law (2001), 129 ss.; *Kreß, Claus:* Friedenssicherungs- und Konfliktvölkerrecht auf der Schwelle zur Postmoderne, EuGRZ 1996, 638 ss.; *Kreß, Claus:* War Crimes Committed in Non-International Armed Conflict and the Emerging System of International Criminal Justice, Israel

Yearbook on Human Rights 30 (2001), 103 ss.; *Kwakwa, Edward:* The International Law of Armed Conflict: Personal and Material Fields of Application (1992); *Levie, Howard S.:* Terrorism in War – The Law of War Crimes (1993); *Levie, Howard S.:* The Modern Pattern of War Criminality, in: Dinstein, Yoram/Tabory, Mala (Hrsg.), War Crimes in International Law (1996), 123 ss.; *McCoubrey, Hilaire/White, Nigel D.:* International Law and Armed Conflict (1992); *McDougal, Myres/Feliciano, Florentino P.:* The International Law of War (1994); *Méndez, Juan E.:* International Human Rights Law, International Humanitarian Law, and International Criminal Law and Procedure: New Relationships, in: Shelton, Dinah (Hrsg.), International Crimes, Peace and Human Rights: The Role of the International Criminal Court (2000), 65 ss.; *Meron, Theodor:* The Geneva Conventions as Customary Law, AJIL 81 (1987), 348 ss.; *Meron, Theodor:* Human Rights and Humanitarian Norms as Customary Law (1989); *Meron, Theodor:* Is International Law Moving towards Criminalization?, AJIL 87 (1993), 424 ss.; *Meron, Theodor:* International Criminalization of Internal Atrocities, AJIL 89 (1995), 554 ss.; *Meron, Theodor:* The Continuing Role of Custom in the Formation of International Humanitarian Law, AJIL 90 (1996), 238 ss.; *Meron, Theodor:* The Humanization of Humanitarian Law, EJIL 9 (1998), 18 ss.; *Mettraux, Guénaël:* International Crimes and the *ad hoc* Tribunals (2005), 23 ss.; *Oeter, Stefan:* Kampfmittel und Kampfmethoden in bewaffneten Konflikten und ihre Vereinbarkeit mit dem humanitären Völkerrecht, in: Hasse, Jana/Müller, Erwin/Schneider, Patricia (Hrsg.), Humanitäres Völkerrecht (2001), 78 ss.; *Ostendorf, Heribert/ter Veen, Heino:* Das „Nürnberger Juristenurteil", Eine kommentierte Dokumentation (1985); *Pictet, Jean S.:* Geneva Convention I, Commentary (1952); *Pictet, Jean S.:* Geneva Convention II, Commentary (1960); *Pictet, Jean S.:* Geneva Convention III, Commentary (1960); *Pictet, Jean S.:* Geneva Convention IV, Commentary (1958); *Robinson, Darryl/von Hebel, Hermann:* War Crimes in Internal Conflicts: Article 8 of the ICC Statute, Yearbook of International Humanitarian Law 2 (1999), 139 ss.; *Rowe, Peter:* Defence: the Legal Implications – Military Law and the Laws of War (1987); *Sandoz, Yves/Swinarski, Christophe/Zimmermann, Bruno:* Commentary on the Additional Protocols of 8 June 1977 to the Geneva Conventions of 12 August 1949 (1987); *Sandoz, Yves:* Le demi-siècle des Conventions de Genève, in: International Review of the Red Cross 81 (1999), 241 ss.; *Sandoz, Yves:* Penal Aspects of International Humanitarian Law, in: Bassiouni, M. Cherif (Hrsg.), International Criminal Law, Band 2, 2. Aufl. (1999), 393 ss.; *Sassòli, Marco:* La première décision de la chambre d'appel, Revue Générale de Droit International Public, Band C (1996), 103 ss.; *Sassòli, Marco/Olson, Laura M.:* The judgment of the ICTY Appeals Chamber on the merits in the Tadic case, International Review of the Red Cross 82 (2000), 733 ss.; *Schabas, William A.:* An Introduction to the International Criminal Court, 2. Aufl. (2004), 51 ss.; *Schneider, Michaela:* Der 11. September und die militärischen Reaktionen: Anwendbarkeit des humanitären Völkerrechts?, Humanitäres Völkerrecht-Informationsschriften 2001, 222 ss.; *Venturini, Gabriella:* War Crimes, in: Lattanzi, Flavia/Schabas, William A. (Hrsg.), Essays on the Rome Statute of the International Criminal Court, Band 1 (1999), 171 ss.; *Venturini, Gabriella:* War Crimes in International Armed Conflicts, in: Politi, Mauro/Nesi, Giuseppe (Hrsg.), The Rome Statute of the International Criminal Court, A Challenge to Impunity (2001), 95 ss.; *Veuthey, Michel:* Non-International Armed Conflict and Guerilla Warfare, in: Bassiouni, M. Cherif (Hrsg.), International Criminal Law, Band 2, 2. Aufl. (1999), 417 ss.; *Watkin, Kenneth:* Controlling the Use of Force: A Role for Human Rights Norms in Contemporary Armed Conflict, AJIL 98 (2004), 1 ss.

Ulteriori indicazioni bibliografiche si trovano nella trattazione relativa ai crimini di violenza sessuale (n. marg. 1033), deportazione di civili (n. marg. 1088), impiego di bambini soldato (n. marg. 1102), aggressione con danni collaterali sproporzionati, (n. marg. 1163), uccisione o ferimento a tradimento (n. marg. 1178), impiego di mezzi di guerra vietati (n. marg. 1220) e attacco contro le operazioni umanitarie (n. marg. 1257).

A. Introduzione

900 Il concetto di "crimini di guerra" viene utilizzato con significati molto diversi e a volte anche contraddittori. Alcuni vi ricomprendono, in generale, tutte le azioni fonte di responsabilità penale che siano commesse durante una guerra o un qualsiasi altro conflitto armato. Altri, invece, vi includono ogni possibile violazione del diritto internazionale umanitario, indipendentemente dalla punibilità delle singole condotte[1]. Infine, questo termine è utilizzato per indicare i crimini internazionali commessi in relazione ad un conflitto armato, anche quando nel singolo caso si tratti di genocidio o di un crimine contro l'umanità[2]. Nell'ambito della seguente trattazione, si è preferito adottare una definizione meno ampia e giuridicamente più precisa: per crimine di guerra si intende la violazione diretta di una disposizione del diritto internazionale umanitario, che sia penalmente rilevante in base alle norme del diritto internazionale[3]. Questa materia può anche essere indicata come diritto dei crimini di guerra[4]. Il suo ambito di applicazione non è limitato soltanto ai conflitti armati internazionali, ma si estende anche – come nel caso del diritto dei crimini internazionali commessi nel corso di una guerra civile – ai conflitti armati interni, nella misura in cui essi manifestino una certa intensità e

---

[1] United States Army Military Manual, The Law of Land Warfare (1956), § 499, FM 27-10; riprodotto in *Levie*, Terrorism in War (1993), 2. Cfr. anche *Dahm/Delbrück/Wolfrum*, Völkerrecht, vol. I/3, 2ª ed. (2002), 1052; *Henckaerts/Doswald-Beck*, Customary International Humanitarian Law, vol. I (2005), 568 s.; *Pictet* (a cura di), Geneva Convention I (1952), 351.

[2] In tal senso, la *London International Assembly* raccomandava l'applicazione di questo concetto in rapporto alle indicazioni dello Statuto IMT; cfr. *Sandoz*, in: Bassiouni (a cura di), International Criminal Law, vol. 1, 2ª ed. (1999), 393, 401. Inoltre, si veda ad es. anche *Askin*, War Crimes Against Women (1997), che fa riferimento non soltanto alla violazione del diritto internazionale dei conflitti armati, ma anche ad altre figure criminose del diritto internazionale. Lo stesso nome dato al Tribunale penale internazionale per la ex Jugoslavia – *International Tribunal for the Prosecution of Persons Responsible for Serious Violations of International Humanitarian Law Committed in the Territory of the Former Yugoslavia since 1991* – avvalora questa linea interpretativa: mentre nella denominazione ufficiale del Tribunale si parla della punizione delle gravi violazioni del diritto internazionale umanitario – riferimento che rimanda, come meglio si spiegherà in seguito, ai crimini di guerra – il medesimo organo giudicante è competente anche nella persecuzione dei crimini contro l'umanità e del crimine di genocidio.

[3] In questo senso, correttamente, *G. Abi-Saab/ R. Abi-Saab*, in: Ascensio/Decaux/Pellet (a cura di), Droit International Pénal (2000), capitolo 21 n. marg. 42.

[4] Corre l'obbligo di sottolineare che il diritto dei crimini di guerra trova applicazione non soltanto nel corso di una guerra vera e propria, ma anche più in generale nell'ambito di conflitti armati; sulla terminologia adottata cfr. *infra*, n. marg. 949 ss.

durata. Il solo fatto di intraprendere le ostilità contro un altro Stato, invece, non costituisce un crimine di guerra. In questo caso, si deve fare riferimento al crimine di aggressione[5].

I. Sviluppo storico

La definizione dei crimini di guerra come violazioni penalmente rilevanti del diritto internazionale umanitario mette in evidenza lo stretto collegamento tra questo ed il diritto dei crimini di guerra. Il diritto internazionale umanitario, che ha le proprie radici nel XIX secolo, ricomprende tutte le disposizioni di matrice internazionale disciplinanti il trattamento giuridico degli individui a vario titolo coinvolti in conflitti bellici[6].

901

1. Diritto dei conflitti armati e diritto internazionale umanitario

Fino all'inizio del ventesimo secolo, la guerra era considerata uno strumento legittimo per conseguire obiettivi politici, militari, religiosi[7]; anche oggi l'uso della forza militare, a determinate condizioni, è considerato ammissibile anche dal diritto internazionale[8]. Nel corso di un conflitto bellico vengono sospesi alcuni elementari divieti indispensabili per la pacifica convivenza civile, come ad esempio il divieto di uccidere. Chiunque partecipi legittimamente alle operazioni militari, in linea di principio, non può essere punito né in base alle disposizioni del diritto internazionale, né sul piano del diritto interno[9]. Tuttavia, la guerra non è uno spazio libero privo di qualsivoglia regolamentazione. In questo caso, come in tutti conflitti armati, trovano applicazione le norme del cosiddetto *ius in bello*[10], che è parte del diritto internazionale. Questo corpo di norme sancisce l'illegittimità di alcuni

902

---

[5] Sul punto, cfr. *infra*, n. marg. 1279 ss.
[6] Cfr. *Greenwood*, in: Fleck (a cura di), Handbuch des humanitären Völkerrechts (1994), n. 102. Qui il concetto di "diritto internazionale umanitario" identifica soltanto le regole di diritto internazionale applicabili nell'ambito di conflitti armati, che ne riguardano specificatamente i profili umanitari. Altre norme del diritto bellico, che non perseguono questo obiettivo – ad esempio la disciplina della dichiarazione di guerra nella Hague Convention (III) Relative to the Opening of Hostilities del 1907 (aggiornamento: aprile 2007) – non sono considerate parte del diritto internazionale umanitario. Su questi concetti si veda anche *Ipsen*, in: Ipsen, Völkerrecht, 5ª ed. (2004), § 63 n. marg. 1.
[7] Cfr. ad esempio *Brownlie*, Principles of Public International Law, 6ª ed. (2003), 697; *Fischer*, in: Ipsen, Völkerrecht,. 5ª ed. (2004), § 59 n. marg. 2 ss.
[8] Il diritto di fare ricorso alla forza militare viene disciplinato dal cosiddetto *ius ad bellum*. Sugli sviluppi del divieto di fare ricorso alla guerra, si veda anche *Green*, The Contemporary Law of Armed Conflict, 2ª ed. (2000), 2. Sul divieto dell'uso della forza e sul diritto all'autodifesa nel diritto internazionale penale, si rinvia a *Brownlie*, Principles of Public International Law, 6ª ed. (2003), 699 ss.; *Fischer*, in: Ipsen, Völkerrecht, 5ª ed. (2004), § 59; *Shaw*, International Law, 5ª ed. (2003), 1013 ss.
[9] Cfr. *Ipsen*, in: Fleck (a cura di), Handbuch des humanitären Völkerrechts (1994), n. 301.
[10] Sul rapporto tra *ius ad bellum* e *ius in bello*, si veda *Greenwood*, in: Fleck (a cura di), Handbuch des humanitären Völkerrechts (1994), n. 101, 103.

comportamenti, con lo scopo di limitare le conseguenze lesive che ogni conflitto armato arreca sia ai soggetti che vi prendono parte, sia a coloro che sono estranei alle dinamiche militari.

903 Già nell'antichità, vigevano particolari divieti volti ad inibire comportamenti considerati illegittimi durante i conflitti armati. Ad esempio, si pensi al divieto di uccidere i prigionieri di guerra stabilito nell'Antico Testamento, ai quali doveva essere restituita la libertà dopo la fine delle ostilità[11]. Allo stesso modo, l'assedio di una città era considerato ammissibile solo a condizione che ai prigionieri fosse stata precedentemente concessa la possibilità di arrendersi; dopo la caduta della città, inoltre, era consentito uccidere solo gli uomini[12], ma non le donne e i bambini. Nell'Odissea, si ribadiva che l'uso di frecce avvelenate potesse provocare la collera degli dei[13]. Nell'antica Grecia, templi e sacerdoti erano considerati inviolabili e doveva usarsi clemenza nei confronti dei prigionieri. Anche nell'impero romano esistevano norme volte a mitigare le conseguenze dei conflitti armati[14].

904 Durante l'età medievale si svilupparono – non da ultimo sotto l'influsso della Chiesa – vere proprie regole di comportamento applicabili ai conflitti armati. In particolare, l'attenzione si concentrò su determinati strumenti bellici e metodi di combattimento[15]. Così, il Concilio Lateran Secondo del 1139 vietò l'uso di balestre ed archi, considerati armi non ammesse dalla volontà di Dio. Fu anche disapprovato l'uso del veleno, che rappresentava da sempre uno strumento legato alla stregoneria e alle pratiche di magia nera. Nondimeno, l'impiego di armi avvelenate o la contaminazione dei pozzi nemici erano condotte consuete nelle guerre medioevali. Durante l'epoca della cavalleria, era stato stilato un vero e proprio codice di comportamento, che vietava ad esempio l'uccisione dei feriti o di soggetti disarmati. Questo codice, tuttavia, aveva validità solo nelle contese tra cavalieri, mentre tutti gli altri individui che partecipavano alla guerra – in particolare i non cristiani – potevano esse-

---

[11] 2 Re, 6 (Traduzione italiana, testo CEI): «21. Il re d'Israele quando li vide, disse a Eliseo: "Li devo uccidere, Padre mio?". 22. Quegli rispose: "Non ucciderli. Forse uccidi uno che hai fatto prigioniero con la tua spada e con l'arco? Piuttosto metti davanti a loro pane e acqua; mangino e bevano, poi se ne vadano dal loro padrone". 23. Fu imbandito loro un gran banchetto. Dopo che ebbero mangiato e bevuto, li congedò e se ne andarono dal loro padrone. Le bande aramee non penetrarono più nel paese di Israele».

[12] Deuteronomio, 20 (Traduzione italiana, testo CEI): «10. Quando ti avvicinerai a una città per attaccarla, le offrirai prima la pace. 11. Se accetta la pace e ti apre le sue porte, tutto il popolo che vi si troverà ti sarà tributario e ti servirà. 12. Ma se non vuole far pace con te e vorrà la guerra, allora l'assedierai. 13. Quando il Signore tuo Dio l'avrà data nelle tue mani, ne colpirai a fil di spada tutti i maschi; 14. ma le donne, i bambini, il bestiame e quanto sarà nella città, tutto il suo bottino, li prenderai come tua preda; mangerai il bottino dei tuoi nemici, che il Signore tuo Dio ti avrà dato. 15. Così farai per tutte le città molto lontane da te e che non sono città di queste nazioni».

[13] *Omero*, L'Odissea (traduzione di G. Aurelio Privitera), Libro I, versi 260-264: «Andò anche lì Odisseo con la nave veloce / in cerca del veleno omicida per averne / da ungere le frecce di bronzo: ma quello non glielo / diede perché temeva gli Dei che vivono eterni».

[14] Cfr. *Green*, The Contemporary Law of Armed Conflict, 2ª ed. (2000), 21 s. Per ulteriori esempi in merito alla disciplina dello svolgimento delle operazioni militari nell'età medioevale, si rinvia a *Greenwood*, in: Fleck (a cura di), Handbuch des humanitären Völkerrechts (1994), n. 107.

[15] Sulla raffigurazione del diritto bellico dell'età medioevale nell'*Enrico V* di Shakespeare, si veda *Meron* AJIL 86 (1992), 1 ss.

re uccisi senza scrupolo[16]. Nel corso del medioevo, per la prima volta, venne sviluppata una specifica disciplina dei conflitti bellici anche per le altre forze armate[17].

Non soltanto nelle culture europee, ma un po' in tutto il mondo, si rinvengono apposite regole volte a disciplinare lo svolgimento dei conflitti armati. Così, nel VII secolo, il califfo *Abu Bakr* ordinò di risparmiare anche in guerra bambini, donne e anziani, e di non distruggere campi e case[18]. Anche in India[19], Giappone ed Africa[20] sono presenti ulteriori esempi di un embrionale diritto bellico.

Dopo la devastante crudeltà della guerra dei trent'anni (1618-1648), il diritto bellico compì notevoli passi avanti nel corso dell'età dell'Illuminismo. La formazione di strutture statali portò con sé, come conseguenza, anche un diverso modo di considerare la guerra. Se prima la decisione di muovere guerra era rimessa alla valutazione del singolo ed i soldati erano personalmente obbligati verso il loro comandante, ora lo svolgimento di un conflitto armato diventa una questione "pubblica": ciò significa, da un lato, che soltanto agli Stati veniva riconosciuto il diritto di intraprendere una guerra e, dall'altro, che quest'ultima doveva avere una dimensione esclusivamente interstatale ed essere combattuta dagli eserciti dei belligeranti[21]. Quando protagonisti del conflitto – quindi aggressore e parte aggredita – divennero i singoli Stati, la tutela dell'individuo ricevette nuova e maggiore considerazione. Nel 1762 *Jean Jacques Rousseau* affermava nel "Contratto sociale":

> «la guerra non è una relazione tra uomo e uomo, ma tra Stato e Stato, nella quale i singoli individui solo per un puro caso sono nemici, non come uomini e neppure come cittadini, ma come soldati; non come membri della patria, ma come suoi difensori»[22].

Questa affermazione ha come logica conseguenza che il diritto di uccidere i soldati di uno Stato nemico sussiste ed è tale solo finché questi partecipano attivamente al conflitto. Dopo di ciò, i combattenti «diventano semplicemente uomini e non si

---

[16] In argomento, sulla crudeltà dell'ordine cavalleresco durante le crociate, si veda *Draper*, International Review of the Red Cross 5 (1965), 3, 10 ss., 20 ss.

[17] *Green*, The Contemporary Law of Armed Conflict, 2ª ed. (2000), 24 s.

[18] *Greenwood*, in: Fleck (a cura di), Handbuch des humanitären Völkerrechts (1994), n. 108. Sul diritto bellico nel sistema islamico cfr. *Mneimneh/Makiya*, New York Review of Books, 17 gennaio 2002, fascicolo 1, 18 ss.

[19] Ad esempio nel *Mahabharata*, un poema epico scritto in sanscrito tra il 200 a.C. e il 200 d.C., veniva stabilito il divieto di uccidere malati fisici o mentali, donne, bambini ed anziani, sul punto si veda *Green*, The Contemporary Law of Armed Conflict, 2ª ed. (2000), 21.

[20] Cfr. sulle diverse tradizioni culturali, *Greenwood*, in: Fleck (a cura di), Handbuch des humanitären Völkerrechts (1994), n. 107 ss.

[21] *Green*, The Contemporary Law of Armed Conflict, 2ª ed. (2000), 28 s. Ciò non valeva, tuttavia, per i conflitti armati condotti da Stati europei nelle loro colonie o contro Stati non europei; cfr, *Hoch*, Aus Politik und Zeitgeschichte 2001, Heft 20, 17, 18.

[22] *Rousseau*, Il Contratto sociale (traduzione tedesca Reclam, 1977), 12 s.

ha più alcun diritto sulla loro vita»[23]. Il dovere di risparmiare coloro che non prendono parte al conflitto rappresenta oggi il fondamento del diritto internazionale umanitario[24].

908 Nel XIX secolo il diritto bellico venne codificato, per la prima volta, in alcuni manuali militari[25]. Di particolare importanza è il cosiddetto *Lieber Code* delle forze armate degli Stati Uniti d'America. Nel 1863 un professore di diritto americano di origine tedesca, *Franz Lieber* (1800-1872), compilò su incarico del Presidente *Abraham Lincoln* un manuale dei conflitti armati[26] ad uso dell'esercito, che fu dichiarato vincolante durante la guerra civile americana[27]. In 158 articoli, il *Lieber Code* contiene regole di comportamento per l'esercito americano che riguardano, tra l'altro, il trattamento dei prigionieri di guerra e il divieto espresso di colpire ospedali o beni culturali.

909 Anche sul piano internazionale si assistette ai primi sforzi per codificare il diritto bellico e per favorirne gli sviluppi. Sull'onda delle impressioni suscitate dalle terribili sofferenze della battaglia di Solferino, combattuta tra le truppe austriache e l'unione dei soldati franco-sardi (24 giugno 1859), lo svizzero *Henry Dunant* si adoperò per dare vita al Comitato Internazionale della Croce Rossa[28]. Nel 1864 fu sottoscritta la prima Convenzione di Ginevra[29], che rappresenta il fondamento del cosiddetto "diritto di Ginevra", cioè un complesso di regole volte a tutelare gli individui che non partecipano, o quantomeno non partecipano più, alle ostilità.

910 Il nucleo fondamentale del "diritto di Ginevra", tutt'oggi in vigore, è contenuto nelle quattro Convenzioni di Ginevra del 1949 ed in entrambi i Protocolli aggiuntivi del 1977. La prima di queste, che ha ad oggetto la tutela dei malati e dei feriti tra le forze di terra durante le operazioni militari[30], sviluppa ulteriormente i contenuti dell'originaria Convenzione di Ginevra del 1864, a sua volta già rielaborata

---

[23] Cfr. *Rousseau*, Il Contratto sociale (traduzione tedesca Reclam, 1977), 13 s.: «quando la guerra si conclude con la distruzione dello Stato nemico, è legittimo uccidere coloro che lo hanno difeso fino a quando portino le armi; ma appena le abbiano deposte e si siano arresi, essi cessano di essere nemici o strumento dei nemici per ridiventare semplicemente uomini, sulla cui vita non si ha più alcun diritto».

[24] *Greenwood*, in: Fleck (a cura di), Handbuch des humanitären Völkerrechts (1994), n. 113.

[25] *Green*, The Contemporary Law of Armed Conflict, 2ª ed. (2000), 29 s.

[26] *Greenwood*, in: Fleck (a cura di), Handbuch des humanitären Völkerrechts (1994), n. 116.

[27] *Instructions for the Government of Armies of the United States in the Field, Prepared by Francis Lieber, promulgated as General Orders No. 100 by President Lincoln*, 24 aprile 1863, stampato in: *Schindler/Toman* (a cura di), The Laws of Armed Conflicts (1973), 3 ss.

[28] Si veda l'intensa descrizione delle sofferenze e dei tormenti riportata in *Dunant*, Eine Erinnerung an Solferino (nuova edizione, 1962), 5ª ed.

[29] *Convention for the Amelioration of the Condition of the Wounded in Armies in the Field*, 22 agosto 1864, stampato in: *Schindler/Toman* (a cura di), The Laws of Armed Conflicts (1973), 203 ss.

[30] *Convention for the Amelioration of the Condition of the Wounded and Sick in Armed Forces in the Field* del 12 agosto 1949.

nel 1906[31] e nel 1929[32]. La seconda[33], che rappresenta uno sviluppo ulteriore della Convenzione X dell'Aja (1907)[34], si riferisce alla protezione dei malati e dei feriti durante la guerra marittima. La terza disciplina lo status e la tutela dei prigionieri di guerra[35], con un notevole passo avanti rispetto ai risultati raggiunti nella Convenzione di Ginevra del 1929. Nella quarta, infine, per la prima volta sono state stabilite apposite regole per garantire tutela ai civili durante lo svolgimento delle operazioni belliche[36].

Le quattro Convenzioni di Ginevra contengono alcune prescrizioni con il medesimo contenuto. Negli articoli introduttivi, comuni a ciascuna di esse, viene delineato l'ambito di applicazione delle Convenzioni nei conflitti armati internazionali. L'articolo 3 comune alle quattro Convenzioni di Ginevra [di seguito art. 3 com.], definito anche "Convenzione in miniatura"[37], individua gli standard minimi di tutela nell'ambito di conflitti armati non internazionali, soprattutto con riferimento alla guerra civile. Così, per la prima volta, sono state stabilite regole vincolanti anche per questo tipo di conflittualità bellica.

I Protocolli aggiuntivi alle Convenzioni di Ginevra del 1977 si prefiggevano l'obiettivo di adattare il diritto internazionale umanitario alle mutate condizioni sociopolitiche ed alle nuove forme di conflittualità. Il primo Protocollo aggiuntivo[38] predispone un'apposita disciplina per la tutela degli individui nel corso di conflitti armati internazionali, nell'ambito dei quali rientra anche le guerra interna di liberazione condotta nell'esercizio del diritto di autodeterminazione dei popoli[39]. Le principali novità introdotte dal Protocollo I possono riassumersi, principalmente, nell'estensione della tutela offerta dal diritto internazionale umanitario anche a soggetti che precedentemente ne erano esclusi ed in una più attenta considerazione dei nuovi sviluppi delle strategie di guerra. Col secondo Protocollo[40] vengono in-

---

[31] *Convention for the Amelioration of the Condition of the Wounded and Sick in Armies in the Field* del 6 luglio 1906.

[32] *Convention for the Amelioration of the Condition of the Wounded and Sick in Armies in the Field* del 27 luglio 1929.

[33] *Convention for the Amelioration of the Condition of the Wounded, Sick and Shipwrecked Members of Armed Forces at Sea* del 12 agosto 1949.

[34] *Convention (X) for the Adaptation to Maritime Warfare of the Principles of the Geneva Convention* del 18 ottobre 1907, stampato in: *Schindler/Toman* (a cura di), The Laws of Armed Conflicts (1973), 235 ss.

[35] *Convention Relative to the Treatment of Prisoners of War* del 12 agosto 1949 e *Convention Relative to the Treatment of Prisoners of War* del 27 luglio 1929.

[36] *Convention Relative to the Protection of Civilian Persons in Time of War* del 12 agosto 1949.

[37] Cfr. *Pictet* (a cura di), Geneva Convention IV (1958), 34.

[38] *Protocol Additional to the Geneva Conventions of 12 August 1949, and relating to the protection of Victims of International Armed Conflicts*, 8 giugno 1977.

[39] Art. 1 co. 4 Protocollo I. Cfr. sul punto *Ipsen*, in: Ipsen, Völkerrecht, 5ª ed. (2004), § 66 n. marg. 15 ss.

[40] *Protocol Additional to the Geneva Conventions of 12 August 1949, and relating to the protection of Victims of Non- International Armed Conflicts*, 8 giugno 1977.

tegrate le disposizioni comuni contenute all'art. 3 com., con l'introduzione di una completa disciplina dei conflitti armati non internazionali. Non da molto è entrato in vigore il Protocollo aggiuntivo III[41], che ha riconosciuto protezione al nuovo segno del Cristallo Rosso.

913   Parallelamente al "diritto di Ginevra" ha avuto sviluppo quel complesso normativo noto come "diritto dell'Aja", che stabilisce, soprattutto a tutela dei soldati, il divieto di utilizzare metodi e strumenti di guerra eccessivamente pericolosi o crudeli. Punto di partenza è la dichiarazione di San Pietroburgo del 1868[42], nella quale le parti contraenti hanno espressamente rinunciato all'impiego di particolari munizioni che hanno dimostrato di avere effetti devastanti sui combattenti. La dichiarazione di San Pietroburgo ha aperto la strada allo sviluppo di questa disciplina, soprattutto grazie ai principi fondamentali enunciati nel Preambolo. In particolare, le alte parti contraenti hanno riconosciuto che «l'unico obiettivo giuridicamente legittimo, che gli Stati hanno il diritto di perseguire con le operazioni belliche, è l'indebolimento delle forze armate del nemico»[43]. Alla Conferenza di San Pietroburgo fecero seguito, su invito dello Zar Alessandro II di Russia, le Conferenze di Bruxelles (1874) e dell'Aja (1899 e 1907)[44].

914   Il risultato più importante di queste Conferenze, è sicuramente rappresentato dalle Regole dell'Aja del 1899 e del 1907[45], che hanno introdotto un'articolata disciplina relativa ai metodi di combattimento ammessi nel corso delle operazioni militari[46]. Gli Stati contraenti hanno riconosciuto espressamente che «la partecipazione ad un conflitto bellico non attribuisce alle parti un diritto illimitato ed assoluto in ordine alla scelta degli strumenti di offesa contro i nemici»[47].

---

[41] *Protocol additional to the Geneva Conventions of 12 August 1949, and relating to the Adoption of an Additional Distinctive Emblem*, dell' 8 dicembre 2005.

[42] *Declaration Renouncing the Use, in the Times of War, of Explosive Projectiles under 400 Grammes Weight* del 29 novembre/11 dicembre 1868, stampato in: *Schindler/Toman* (a cura di), The Laws of Armed Conflicts (1973), 95 ss.

[43] Traduzione in *Greenwood*, in: Fleck (a cura di), Handbuch des humanitären Völkerrechts (1994), n. 119.

[44] *Green*, The Contemporary Law of Armed Conflict, 2ª ed. (2000), 31 ss.; *Ziegler*, Archiv des Völkerrechts 42 (2004), 271, 287 ss.

[45] Allegato alla *Convention (II) with Respect to the Laws and Customs of War on Land* del 29 luglio 1899, stampato in: *Schindler/Toman* (a cura di), The Laws of Armed Conflicts (1973), 57 ss. e Allegato alla *Convention (IV) with Respect to the Laws and Customs of War on Land* del 18 ottobre 1907.

[46] Cfr. comma II, capitolo I Regole dell'Aja.

[47] Art. 22 Regole dell'Aja.

Questa dichiarazione si pone in evidente contrasto con la tradizionale opinione secondo cui, in guerra, ogni mezzo è lecito pur di ottenere la vittoria[*], e rappresenta così un notevole passo avanti nello sviluppo del diritto internazionale umanitario[48]. La disciplina degli strumenti e dei metodi di combattimento è stata adattata, nel corso degli anni, all'evoluzione della guerra e delle sue strategie. Sull'onda delle impressioni suscitate dall'uso devastante di gas velenosi nel corso della prima guerra mondiale, ad esempio, è stato siglato nel 1925 un apposito Protocollo sull'uso dei gas con l'obiettivo di rafforzare ulteriormente il divieto, peraltro già esistente, di fare ricorso a tale tipo di armi durante le operazioni belliche[49]. Le Regole dell'Aja, insieme con le successive disposizioni relative a metodi e strumenti di combattimento, vengono anche definite come "diritto dell'Aja".

Dopo la seconda guerra mondiale, il diritto dell'Aja è stato integrato ed adattato ai nuovi sviluppi della materia. In particolare, devono ricordarsi la *Convention for the Protection of Cultural Property in the Event of an Armed Conflict* del maggio 1954[50], la *Convention on the Prohibition of the Development, Production and Stockpiling of Bacteriological (Biological) and Toxin Weapons and on their Distruction* del 10 aprile 1972[51], la *Convention on Prohibitions or Restrictions on the Use of Certain Conventional Weapons which may be Deemed to Be Excessively Injurious or to have Indiscriminate Effects*, siglata il 10 ottobre 1980[52], ed i suoi quattro Protocolli, la *Convention on the Prohibition of the Development, Production, Stockpiling and Use of Chemical Weapons and on their Distruction* del 13 dicembre 1993[53] e, infine, la *Convention on the Prohibition of the Use, Stockpiling, Production and Transfert of Anti-Personnel Mines and on their Distruction*[54], sottoscritta il 3 ed il 4 dicembre 1997. Già i titoli delle Convenzioni sopra richiamate forniscono un primo sguardo d'insieme sui contenuti della materia che disciplinano. Accanto a questi nuovi strumenti continuano a trovare ancora applicazione le precedenti Convenzioni, in particolare le Regole dell'Aja.

---

[48] *Sandoz*, in: Bassiouni (a cura di), International Criminal Law, vol. 1, 2ª ed. (1999), 393, 396.
[49] *Protocol for the Prohibition of the Use in War of Asphyxianting, Poisonous or Other Gases, and of Bacteriological Methods of Warfare* del 17 giugno 1925 (RGBl. 1929 II, 174).
[50] Consultabile al sito <www.icrc.org/hl.nsf/FULL/400>.
[51] Sul punto *Ipsen*, in: Ipsen, Völkerrecht, 2ª ed. (2004), § 61 n. marg. 20.
[52] Sul punto *Ipsen*, in: Ipsen, Völkerrecht, 5ª ed. (2004), § 63 n. marg. 10.
[53] Sul punto *Ipsen*, in: Ipsen, Völkerrecht, 5ª ed. (2004), § 61 n. marg. 21.
[54] Sul punto *Ipsen*, in: Ipsen, Völkerrecht, 5ª ed. (2004), § 63 n. marg. 10.

---

[*] [Nell'edizione tedesca l'espressione utilizzata è «fine delle ostilità»; il senso della frase è da intendere peraltro, come reso nel testo, con riferimento al "conseguimento della vittoria": sul punto è stata seguita la versione inglese («victory»: *Werle*, Principles of International Criminal Law, 2005, 274 n. marg. 787), *N.d.T.*].

916 La bipartizione tra "diritto di Ginevra" e "diritto dell'Aja", in linea di principio, sussiste ancora oggi, sebbene si assista ad un progressivo avvicinamento e ad una parziale sovrapposizione della materia[55].

917 La parte principale del diritto internazionale umanitario è di matrice consuetudinaria[56]. Quest'affermazione è stata espressamente confermata dal Tribunale di Norimberga in riferimento al diritto dell'Aja[57]. Ma anche le Convenzioni di Ginevra devono considerarsi certamente parte del diritto consuetudinario[58]. Ciò significa che le disposizioni più importanti del diritto internazionale umanitario valgono indipendentemente dall'impegno sottoscritto, con la firma dei Trattati, dalle singole parti coinvolte nel conflitto[59]. Pertanto, anche se uno Stato decidesse autonomamente di revocare la propria adesione alle Convenzioni di Ginevra[60], non per questo sarebbe esonerato dal rispetto delle regole poste a tutela dei feriti, dei prigionieri di guerra, della popolazione civile, ecc[61].

918 Deve precisarsi, tuttavia, che esiste una parte del diritto internazionale umanitario di matrice consuetudinaria non riprodotta all'interno di apposite Convenzioni. Questa conclusione emerge con chiarezza dalla lettura della cosiddetta clausola Martens, inserita all'interno del Preambolo della IV Convenzione dell'Aja del 1907, che deve il proprio nome al professor *Friedrich von Martens*[62], delegato dello

---

[55] Cfr. criticamente su questa distinzione, *Ipsen*, in: Ipsen, Völkerrecht, 5ª ed. (2004), § 63 n. marg. 8, con ulteriori indicazioni bibliografiche.

[56] Cfr. ICJ, 27 giugno 1986 (Case Concerning Military and Paramilitary Activities in and against Nicaragua, Nicaragua v. USA), ICJ Reports 1986, 14, § 218; ICJ, Consulenza dell'8 luglio 1996 (Legality of the Threat or Use of Nuclear Weapons), ICJ Reports 1996, 226, §§79 ss.; ICTY, 20 febbraio 2001 (Mucić et al., AC), § 113; ICTY, 31 marzo 2003 (Naletilić e Martinović, TC), § 250, come pure *Henckaerts/Doswald-Beck*, Customary International Humanitarian Law, vol. I (2005). Sul significato del diritto consuetudinario per gli sviluppi del diritto internazionale umanitario cfr. *Henckaerts/Doswald-Beck*, Customary International Humanitarian Law, vol. I (2005), xxv ss.; *Meron* AJIL 90 (1996), 238 ss.; *Meron* AJIL 99 (2005), 817 ss.; *Mettraux*, International Crimes and the *ad hoc* Tribunals (2005), 12 ss.; *Shahabuddeen*, Journal of International Criminal Justice 2 (2004), 1007 ss.

[57] IMT, 1° ottobre 1946, in: Internationaler Militärgerichtshof Nürnberg, Der Nürnberger Prozeß gegen die Hauptkriegsverbrecher, vol. 1 (1947), 189, 284.

[58] Le quattro Convenzioni di Ginevra sono state ratificate, fino al marzo 2007, da 194 Stati. Sulla validità delle disposizioni delle Convenzioni di Ginevra come parte del diritto consuetudinario, cfr. Report of the Secretary-General pursuant to Paragraph 2 of Security Council Resolution 808 (1993), UN Doc. S/25704, § 37: «the core of the customary law applicable in international armed conflicts»; *Greenwood*, in: Fleck (a cura di), Handbuch des humanitären Völkerrechts (1994), n. 125; *Meron* AJIL 81 (1987), 348 ss.

[59] Sul problema della rilevanza dei Protocolli aggiuntivi alle Convenzioni di Ginevra come parte del diritto consuetudinario, si veda *Greenwoood*, in: Delissen/Tanja (a cura di), Humanitarian Law of Armed Conflict (1991), 93 ss.; inoltre *Cassese*, UCLA Pacific Basin Law Journal 3 (1984), 55 ss.

[60] La revoca della sottoscrizione delle Convenzioni di Ginevra era resa possibile dagli artt. 63 Ginevra I; 62 Ginevra II; 142 Ginevra III; 158 Ginevra IV.

[61] Cfr. *Meron* AJIL 81 (1987), 348, 349.

[62] Cfr. *Greenwood*, in: Fleck (a cura di), Handbuch des humanitären Völkerrechts (1994), n. 129.

Zar Nicola II. Tale clausola stabilisce che, quand'anche un'azione di guerra non risultasse espressamente vietata da strumenti giuridici internazionali, ciò non significa che la stessa debba essere automaticamente ammissibile. Piuttosto, «civili e combattenti rimangono sotto la tutela e sotto la sovranità dei principi del diritto internazionale che risultano dagli usi in vigore, dai principi di umanità e dai dettami della coscienza comune»[63].

Riassumendo, il diritto internazionale umanitario può essere ricondotto ad alcuni principi fondamentali. Legittimati a prendere parte alle operazioni militari sono soltanto i combattenti, in particolare i membri delle forze armate[64]. Nella misura in cui essi agiscano in conformità alle regole del diritto internazionale umanitario, la loro partecipazione alle operazioni militari condotte dagli Stati belligeranti non costituisce fonte di responsabilità penale. Di regola, un attacco militare può essere diretto esclusivamente contro i combattenti in armi, considerati a tutti gli effetti obiettivi legittimi. Coloro che non partecipano alle ostilità – o almeno non vi partecipano più – perché malati, feriti, naufraghi o prigionieri, non sono obiettivi legittimi, ma devono essere protetti[65]. Pertanto, è necessario limitare quanto più possibile tutte le operazioni militari che, pur essendo dirette contro obiettivi legittimi, comportino conseguenze collaterali negative nei confronti delle categorie tutelate. Parimenti, sussiste il dovere di astenersi dall'intraprendere un'azione di guerra i cui effetti si palesino sproporzionati. Anche nell'esecuzione di un attacco *ex se* legittimo è vietato il ricorso a strumenti e tecniche di combattimento che producano sofferenze inutili[66].

La concretizzazione di questi principi fondamentali, di fronte ai rapidi cambiamenti della realtà moderna, rappresenta la vera sfida del diritto internazionale umanitario. Il diritto dell'Aja ed il diritto di Ginevra erano originariamente rivolti alla disciplina della guerra tra Stati. Ma, a partire dalla fine della seconda guerra mondiale, sono emerse in primo piano nuove forme[67] di conflittualità bellica, alle quali non si adattano più le "classiche" regole di tutela[68]. Diversamente da come *Rousseau* descriveva la guerra nel XVIII secolo[69], oggi gli Stati non hanno come nemici soltanto altri Stati. Basti pensare, giusto a titolo d'esempio, alle guerre civili o

---

[63] Cfr. art. 1 co. 2 Protocollo I, che riprende la clausola Martens.

[64] Cfr. art. 43 co. 2 Protocollo I. Cfr. anche *Berman*, Columbia Journal of Transnational Law 43 (2004), 1 ss.; *Bothe*, in: Dicke et al. (a cura di), Festschrift für Delbrück (2005), 67 ss.

[65] Allo stesso modo, a tali categorie di persone è vietato partecipare alle operazioni belliche, anche quando ne avrebbero concretamente la possibilità. Cfr. ad es. l'art. 43 co. 2 Protocollo I, secondo il quale solo i combattenti sono autorizzati a prendere direttamente parte alle ostilità.

[66] Cfr. *Kittichaisaree*, International Criminal Law (2001), 129; *Oeter*, in: Fleck (a cura di), Handbuch des humanitären Völkerrechts (1994), n. 401.

[67] *Daase*, in: Hasse/Müller/Schneider (a cura di), Humanitäres Völkerrecht (2001), 132 ss. Distingue tra guerre "piccole" e "grandi".

[68] *Daase*, in: Hasse/Müller/Schneider (a cura di), Humanitäres Völkerrecht (2001), 132, 143 s.

[69] Cfr. *Rousseau*, Il contratto sociale (traduzione Reclam, 1977), 13: «In poche parole, tenuto conto che tra situazioni di diversa natura a lungo andare non può essere stabilita alcuna vera relazione, uno stato può avere come nemici solo altri stati, ma non individui».

alle guerre di liberazione nazionale, che per la maggior parte vengono combattute tra cittadini di uno stesso Stato e sul medesimo territorio. Già queste riflessioni lasciano intravedere più di una sfida per il diritto internazionale umanitario. A chi potrà essere attribuita la qualifica di legittimo combattente? Dopo la cattura, i rivoltosi hanno diritto al trattamento dei prigionieri di guerra? In che misura le truppe non statali sono vincolate alle norme del diritto internazionale umanitario? Alcune risposte a questi interrogativi provengono dall'art. 3 com. e, in particolare, dal Protocollo aggiuntivo del 1977[70].

921 Numerose sono le questioni ancora irrisolte con le quali dovrà confrontarsi il diritto internazionale umanitario: qual è la disciplina riferibile ad attacchi condotti da organizzazioni private? In questo caso, sarà applicabile il diritto internazionale umanitario? Gli atti di terrorismo possono essere considerati crimini di guerra[71]? Questi sono interrogativi ai quali il diritto internazionale umanitario e il diritto dei crimini di guerra devono rispondere, anche prima e a prescindere dagli eventi dell'11 settembre 2001[72].

2. Il recepimento del diritto internazionale umanitario nell'ambito del diritto interno

922 L'obiettivo principale del diritto internazionale umanitario è limitare le conseguenze provocate dai conflitti armati. Per questo motivo, si rivolge in prima battuta agli Stati, quali tradizionali destinatari di diritti ed obblighi di carattere internazionale[73]. Per ciascuno di essi vige il basilare divieto di intraprendere una guerra, o un qualsiasi conflitto armato, in contrasto con le disposizioni del diritto internazionale umanitario. L'obbligo dello Stato non si traduce soltanto nel dovere di astensione dal violare tali norme, ma si estende sino a garantirne l'osservanza da parte di ogni singolo individuo sottoposto alla sua sovranità. In questa prospettiva, il diritto penale interno può avere sia una funzione deterrente, dissuadendo i consociati dal trasgredire le regole del diritto internazionale umanitario, sia direttamente repressiva, attraverso la punizione dei comportamenti che si pongono in contrasto con le sue prescrizioni[74].

---

[70] Sul problema della punibilità dei crimini di guerra commessi nell'ambito di conflitti armati non internazionali, cfr. *infra*, n. marg. 938 ss.

[71] Cfr. sul punto *Martinez*, Rutgers Law Journal 35 (2002-2003), 1, 41 ss.

[72] A titolo di esempio, sui problemi sollevati dagli attentati terroristici dell'11 settembre 2001, si veda *Ben Saul*, Humanitäres Völkerrecht-Informationsschriften 2005, 264; *Cassese* EJIL 12 (2001), 993 ss.; *Dolzer*, Yale Journal of International Law 28 (2003), 337 ss.; *Gasser*, International Review of the Red Cross 84 (2002), 547 ss.; *Jinks*, Yale Journal of International Law 28 (2003), 8 ss.; *Klabbers* EJIL 14 (2003), 299 ss.; *Paust*, Yale Journal of International Law 28 (2003), 325 ss.; *Pfanner*, Humanitäres Völkerrecht-Informationsschriften 2005, 165 ss.; *Schneider*, Humanitäres Völkerrecht-Informationsschriften 2001, 222 ss.; *Taft*, Yale Journal of International Law 28 (2003), 319 ss.; *Tomuschat* EuGRZ 2001, 535 ss. Da una prospettiva politologica muove *Münkler*, International Review of the Red Cross 85 (2003), 7 ss. Cfr. inoltre *supra*, n. marg. 83.

[73] Cfr. sul concetto di soggetto di diritto internazionale *Brownlie*, Principles of Public International Law, 6ª ed. (2003), 57 ss.; *Epping*, in: Ipsen, Völkerrecht, 5ª ed (2004), § 4 n. marg. 1 ss.

[74] Cfr. *Dahm/Delbrück/Wolfrum*, Völkerrecht, vol. I/3, 2ª ed (2002), 1052 e, approfondimen-

Sul piano interno, la previsione di sanzioni penali per la violazione delle disposizioni del diritto bellico ha una lunga tradizione. Numerosi Stati hanno promulgato propri Codici penali militari ed hanno rivendicato il diritto di sottoporre a processo e di punire, dopo la fine delle ostilità, anche i membri delle forze armate nemiche che avessero violato le disposizioni della legge di guerra. Ad esempio, l'art. 44 del *Lieber Code* americano del 1863[75] vieta l'omicidio, la violenza sessuale, le lesioni fisiche, la rapina e il saccheggio, punendo queste condotte con la pena di morte. Di regola, il processo di codificazione si è avvalso di fattispecie incriminatrici presenti nell'ordinamento penale interno[76], con l'eccezione di quei sistemi penali in cui il diritto internazionale umanitario costituiva direttamente il fondamento della punibilità individuale[77] ed i processi venivano celebrati di fronte a tribunali statali (militari).

Anche la comunità internazionale ha riconosciuto l'importanza della sanzione penale a garanzia dell'effettività del diritto internazionale umanitario. Mentre le precedenti Convenzioni sottoscritte nell'ambito di questa disciplina non esprimevano una posizione chiara sulla sanzionabilità delle rispettive violazioni, un primo accenno in merito si ritrova nella Convenzione di Ginevra del 1906[78]. In base

---

te, *Sandoz*, in: Bassiouni (a cura di), International Criminal Law, vol. 1, 2ª ed (1999), 393, 402 s. Sulla possibilità di garantire in altro modo l'osservanza del diritto internazionale umanitario, cfr. *Gasser*, in: Fox/Meyer (a cura di), Armed Conflict and the New Law, vol. 2 (1993), 15 ss. e *Cassese* EJIL 9 (1998), 2, 3 s. Il ricorso al diritto penale per prevenire le violazioni del diritto internazionale umanitario si pone rapporto con il divieto, sempre più solido, di reagire alle violazioni del diritto bellico con ritorsioni e rappresaglie, cioè con altre violazioni del diritto internazionale umanitario. Se, in un primo momento, tali strumenti potevano costituire un mezzo legittimo per l'affermazione del diritto internazionale umanitario, adesso questa funzione deve essere assolta del diritto penale. Sul punto, si veda *Nahlik*, in: Delissen/Tanja (a cura di), Humanitarian Law of Armed Conflict (1991), 165 ss. Sulla giurisprudenza dell'ICTY cfr. ICTY, 14 gennaio 2000 (Kupreškić et al., TC), §§ 527 ss. Pertanto, in base ai principi di diritto consuetudinario, le ritorsioni sono oggi da ritenere inammissibile; cfr. §§ 531 ss. con ulteriori indicazioni. Cfr. anche *supra*, n. marg. 571 s.

[75] Cfr. *supra*, n. marg. 908.

[76] Ciascuno Stato può fare ricorso alle fattispecie incriminatrici già presenti nell'ordinamento, oppure può crearne di nuove nella materia del diritto internazionale dei conflitti armati. Sulla possibilità di trasporre direttamente nell'ordinamento interno le fattispecie dello Statuto di Roma, sia consentito rinviare a *Werle* JZ 2001, 885, 886 ss.

[77] Cfr. *D'Amato*, in: Bassiouni (a cura di), International Criminal Law, vol. 3, 2ª ed. (1999), 217, 218. In questo caso, tuttavia, l'ordine di applicare le leggi vigenti discende quantomeno dal diritto interno. Sull'applicabilità delle fattispecie di matrice internazionale nell'ordinamento sudafricano, si veda *Nerlich*, Apartheidkriminalität vor Gericht (2002), 81 ss. Sulla repressione penale dei crimini di guerra e di altri crimini internazionali nel contesto della seconda guerra mondiale, ad opera di Stati come il Canada, la Francia, all'Australia e la Gran Bretagna, cfr. *Amerasinghe*, in: Bassiouni (a cura di), International Criminal Law, vol. 3, 2ª ed. (1999), 243 ss.; *Blewitt*, in: Bassiouni (a cura di), International Criminal Law, vol. 3, 2ª ed. (1999), 301 ss.; *Burchards*, Die Verfolgung völkerrechtlicher Verbrechen durch Drittstaaten: Das kanadische Beispiel (2005); *Garwood-Cutler*, in: Bassiouni (a cura di), International Criminal Law, vol. 3, 2ª ed. (1999), 325 ss.; *Wexler*, in: Bassiouni (a cura di), International Criminal Law, vol. 3, 2ª ed. (1999), 273 ss.

[78] Cfr. su questi sviluppi *Pictet* (a cura di), Geneva Convention I (1952), 352 ss.

all'art. 28 della suddetta Convenzione, infatti, le parti contraenti hanno l'obbligo di adeguare i contenuti dei Codici penali militari nazionali ai principi ivi riconosciuti e sanciti. Il diritto penale interno, pertanto, dovette farsi carico di punire condotte come il maltrattamento dei feriti ed il saccheggio, nonché l'uso indebito dell'emblema della Croce Rossa. La sanzione penale, in altre parole, fu posta a presidio delle Convenzioni e della loro osservanza[79].

925 L'importanza del diritto penale come deterrente nella prevenzione delle violazioni del diritto internazionale umanitario divenne evidente, prima di tutto, grazie alle disposizioni relative alle "gravi violazioni" delle Convenzioni di Ginevra del 1949[80]. Allo scopo di scoraggiarne la commissione, le parti contraenti stabilirono un particolare meccanismo di implementazione. I Paesi firmatari assunsero l'obbligo di sanzionare sul piano normativo interno[81] le gravi violazioni delle Convenzioni di Ginevra, di perseguire i presunti colpevoli, di condurli in giudizio di fronte ad un tribunale interno o di consegnarli ad uno Stato che ne avesse fatto richiesta (*aut dedere aut iudicare*)[82]. A tal riguardo, la competenza per l'esercizio dell'azione penale è modellata sulla base del principio di universalità, che riconosce a ciascuno Stato il diritto di punire le condotte incriminate indipendentemente dal luogo di commissione del reato, dalla nazionalità della vittima o del soggetto attivo[83]. In conclusione, il diritto penale deve garantire l'osservanza delle disposizioni del diritto internazionale umanitario[84].

---

[79] Cfr. *Sandoz*, in: Bassiouni (a cura di), International Criminal Law, vol. 1, 2ª ed. (1999), 393, 397.

[80] Cfr. sul concetto di gravi violazioni *Pictet* (a cura di), Geneva Convention I (1952), 357 ss.; *Fischer*, in: McDonald/Swaak-Goldman (a cura di), Substantive and Procedural Aspects of International Criminal Law, vol. 1 (2000), 67 ss.

[81] Cfr. art. 49 co. 1 Ginevra I; art. 50 co. 1 Ginevra II; art. 129 co. 1 Ginevra III; art. 146 co. 1 Ginevra IV. Con la *Loi du 16 juin 1993 relative à la répression des infractions graves aux conventions internationales de Genève du 12 août 1949 et aux protocoles I et II du 8 juin 1977, additionnels à ces conventions*, nella versione della *Loi relative à la répression des violations graves de droit international humanitaire, 10 février 1999* il Belgio ha fornito un significativo esempio per il recepimento delle fattispecie in materia di crimini di guerra all'interno dell'ordinamento nazionale. Sul *US War Crimes Act of 1996*, che consente ai tribunali degli Stati Uniti d'America la persecuzione delle gravi violazioni delle Convenzioni di Ginevra, a condizione che la vittima del reato sia appartenente alle forze armate americane o sia cittadino americano, si rinvia a *Zaid*, in: Bassiouni (a cura di), International Criminal Law, vol. 3, 2ª ed. (1999), 331 ss.

[82] Cfr. art. 49 co. 2 Ginevra I; art. 50 co. 2 Ginevra II; art. 129 co. 2 Ginevra III; art. 146 co. 2 Ginevra IV ed inoltre *Bassiouni/Wise*, Aut Dedere Aut Judicare (1995).

[83] G. *Abi-Saab/ R. Abi-Saab*, in: Ascensio/Decaux/Pellet (a cura di), Droit International Pénal (2000), capitolo 21, n. marg. 54, muovono dall'idea che il principio di universalità valga rispetto alla persecuzione di tutti i crimini di guerra, non soltanto delle gravi violazioni delle Convenzioni di Ginevra e del Protocollo I. Mentre il principio di universalità concede agli Stati la facoltà di procedere, il principio dell'*aut dedere aut iudicare* li pone in una posizione di obbligo. Cfr., sul principio di universalità, *supra*, n. marg. 182 ss.

[84] *Sandoz*, in: Bassiouni (a cura di), International Criminal Law, vol. 1, 2ª ed. (1999), 393, 415.

Gli Stati contraenti hanno l'obbligo di impedire la violazione anche di altre disposizioni delle Convenzioni di Ginevra[85]. Nel Protocollo I, la definizione delle "gravi violazioni" è stata ampliata[86].

3. Diritto internazionale penale e diritto internazionale umanitario

Le violazioni del diritto internazionale umanitario sono state espressamente sanzionate[87] anche sul piano internazionale. Già il Trattato di Versailles del 28 giugno 1919[88] prevedeva, all'art. 229 co. 2, che i principali criminali di guerra della Germania venissero tratti in giudizio e processati di fronte a tribunali composti da rappresentanti dei diversi Stati alleati, in base alla nazionalità delle vittime. Tuttavia, questo primo tentativo di internazionalizzazione della punizione dei crimini di guerra non ebbe esito positivo[89].

Dopo la fine della seconda guerra mondiale, le nazioni vincitrici decisero di processare i principali criminali di guerra delle Potenze dell'Asse non di fronte a tribunali interni, ma dinanzi ad un tribunale internazionale. Così, come si è già visto, il Tribunale di Norimberga fu riconosciuto competente per le «violazioni delle leggi e degli usi di guerra» in base all'art. 6 b) St-IMT, che rappresentò il fondamento dei relativi processi. I Tribunali di Norimberga e Tokio dichiararono numerosi imputati colpevoli di crimini di guerra sulla sola base del diritto internazionale. Si tratta di una novità di grande rilevanza, poiché per la prima volta un organo di giustizia internazionale ha affermato la responsabilità penale di singoli individui ponendovi a fondamento le disposizioni del diritto internazionale[90].

Questo sviluppo è proseguito dopo una lunga interruzione – durante la quale la repressione delle violazioni del diritto internazionale umanitario rimase confinata all'ambito degli ordinamenti nazionali[91] – prima con l'istituzione del Tribunale penale internazionale per la ex Jugoslavia e, subito dopo, dell'ICTR. Entrambe le Corti hanno esercitato il proprio sindacato punitivo sui crimini di guerra, ricono-

---

[85] Cfr. art. 49 co. 3 Ginevra I; art. 50 co. 3 Ginevra II; art. 129 co. 3 Ginevra III; art. 146 co. 3 Ginevra IV.
[86] Cfr. art. 11 co. 4, art. 85 ss. Protocollo I.
[87] La possibilità di punire, sul piano internazionale, le violazioni del diritto bellico era stata già riconosciuta da Grozio; cfr. *Jescheck*, Die Verantwortlichkeit der Staatsorgane nach Völkerstrafrecht (1952), 180. Andando ancora più a ritroso nel tempo, come esempio della repressione internazionale dei crimini di guerra si può ricordare il processo contro il Cavaliere *Peter von Hagenbach*, relativo all'assedio della città di Breisach nell'anno 1474; cfr. in argomento *Green*, The Contemporary Law of Armed Conflict, 2ª ed. (2000), 288; *Sunga*, Individual Responsibility in International Law for Serious Human Rights Violations (1992), 18 s.
[88] Cfr. *supra*, n. marg. 5.
[89] Cfr. *supra*, n. marg. 8 ss.
[90] Cfr. sul punto *supra*, n. marg. 14 ss.
[91] Anche nell'ambito dei singoli ordinamenti nazionali, tuttavia, le violazioni del diritto internazionale umanitario non vennero quasi mai sottoposte a giudizio; cfr. *Meron* AJIL 89 (1995), 554, 555 s.

scendone la natura di crimini internazionali, ed hanno così contribuito in maniera decisiva alla precisazione ed allo sviluppo del diritto dei crimini di guerra[92]. Anche la Corte criminale internazionale permanente, in base all'art. 8 St-ICC, è competente per la repressione di tali reati. In questo modo, il diritto dei crimini di guerra assume oggi un'importanza fondamentale per l'affermazione del diritto internazionale umanitario: il diritto internazionale penale si prefigge non solo l'obiettivo di prevenire, ma anche quello di punire le violazioni del diritto internazionale umanitario[93]. Pertanto, chiunque prenda parte ad operazioni militari internazionali deve essere consapevole che la mancata osservanza delle disposizioni del diritto internazionale umanitario può essere fonte di responsabilità penale, sia dinanzi a tribunali interni, sia di fronte ad organi della giustizia internazionale[94].

II. Diritto internazionale umanitario e sanzioni penali

930 Non ogni violazione del diritto internazionale umanitario, che comprende anche un gran numero di disposizioni prettamente tecniche, può essere penalmente sanzionata. Stabilire quali siano le norme che, in questa materia, hanno profili di rilevanza penale, è compito del diritto dei crimini di guerra[95].

931 La struttura normativa delle fattispecie ricomprese nella categoria dei crimini di guerra si differenzia sensibilmente da quella propria dei singoli crimini contro l'umanità o del crimine di genocidio, la cui punibilità trova fondamento sul piano internazionale in autonome fattispecie incriminatrici. Alla base dei crimini di guerra, invece, si rinviene la violazione di una norma del diritto internazionale umanitario, che può avere indifferentemente natura consuetudinaria o pattizia[96]. Alla violazione di questa norma consegue[97] la punibilità del soggetto che ne sia l'autore,

---

[92] Cfr. più nel dettaglio *supra*, n. marg. 44 ss.

[93] Cfr. sul significato di questa evoluzione anche per la tutela dei diritti dell'uomo *Dugard*, International Review of the Red Cross 80 (1998), 445 ss.

[94] Cfr. sulla funzione repressiva e preventiva del diritto internazionale penale *Triffterer*, in: Politi/Nesi (a cura di), The Statute of the International Criminal Court (1998), 137 s., come pure *supra*, n. marg. 94 ss.

[95] Cfr. *Jescheck*, Die Verantwortlichkeit der Staatsorgane nach Völkerstrafrecht (1952), 181. Cfr. anche *Cassese*, International Criminal Law (2003), 50 ss.

[96] Cfr. *Henckaerts/Doswald-Beck*, Customary International Humanitarian Law, vol. I (2005), 572 s. Sulla questione dei rapporti tra diritto consuetudinario e diritto dei Trattati di fronte al Tribunale penale internazionale per la ex Jugoslavia, cfr. ICTY, 17 dicembre 2004, (Kordić e Čerkez, AC), §§ 41 ss.; ICTY, 30 novembre 2006, (Galić, AC), §§ 81 ss.

[97] *G. Abi-Saab/ R. Abi-Saab*, in: Ascensio/Decaux/Pellet (a cura di), Droit International Pénal (2000), capitolo 21, n. marg. 44 s. Gli autori parlano della conseguenza giuridica come "norma secondaria", la cui esistenza deve essere provata. Durante il processo di Norimberga, questo avvenne in termini insufficienti, perché il Tribunale Militare si limitò ad accertare – in generale – che singoli individui avevano commesso crimini contro il diritto internazionale, stabilendone per questo la punizione. Una posizione particolare deve riconoscersi alle regole sulle gravi violazioni delle Convenzioni di Ginevra, che i singoli Stati firmatari sono tenuti a presidiare con sanzione penale. Tali previsioni, perciò, presentano una chiara affinità con le fattispecie incriminatrici.

in base a norme di diritto consuetudinario o a previsioni di Trattati internazionali. In rapporto al diritto internazionale umanitario, pertanto, la sanzione penale ha un carattere meramente accessorio.

Ma quali sono, allora, le disposizioni del diritto internazionale umanitario la cui violazione costituisce fonte di responsabilità penale? Ad oggi non esiste una vera e propria codificazione internazionale dei crimini di guerra e della loro disciplina generale. Tuttavia, un punto di partenza decisamente significativo è rappresentato dall'art. 8 co. 2 St-ICC. La norma contiene un'elencazione delle principali fattispecie incriminatrici che trovano riconoscimento nel diritto dei crimini di guerra, riferite indistintamente a conflitti armati internazionali ed interni, che a loro volta recepiscono indicazioni e contenuti del diritto consuetudinario[98]. Anche a prescindere dallo Statuto di Roma, comunque, la possibilità di irrogare una sanzione penale può discendere dal diritto consuetudinario o dal diritto dei trattati[99].

Il Tribunale penale internazionale per la ex Jugoslavia, nella decisione *Tadić* del 2 ottobre 1995, è stato chiamato a stabilire se le violazioni del diritto internazionale umanitario potessero essere punite o meno in base a norme di natura consuetudinaria. La Camera d'Appello ha precisato quali requisiti debbano essere integrati affinché una disposizione del diritto internazionale umanitario possa considerarsi inclusa all'interno dell'art. 3 St-ICTY, cosicché la sua violazione possa essere perseguita dal Tribunale medesimo. Sebbene la decisione in parola riguardi, in primo luogo, la competenza del Tribunale e non la punibilità sostanziale delle violazioni del diritto internazionale umanitario, il suo contenuto ne lascia comunque intravedere la possibilità. Non sfugge, infatti, che nella misura in cui il Tribunale stesso affermi la propria competenza su taluni crimini ne presupponga inevitabilmente anche l'esistenza.

Il Tribunale ha individuato i presupposti della propria competenza:

> «(i) the violation must constitute an infringement of a rule of international humanitarian law;
> (ii) the rule must be customary in nature or, if it belongs to treaty law, the required conditions must be met [...];
> (iii) the violation must be 'serious', that is to say, it must constitute a breach of a rule protecting important values, and the breach must involve grave consequences for the victim. Thus, for instance, the fact of a combatant simply appropriating a loaf of bread in an occupied village would not amount to a 'serious violation of international humanitarian law' although it may be regarded as falling foul of the basic principle laid down in Article 46, paragraph 1, of the Hague Regulations (and the corresponding rule of customary international law) whereby 'private property must be respected' by any army occupying an enemy territory;
> (iv) the violation of the rule must entail, under customary or conventional law, the individual criminal responsibility of the person breaching the rule»[100].

---

[98] Cfr. in argomento *supra*, n. marg. 152.
[99] Cfr. art. 10 St-ICC.
[100] ICTY, 2 ottobre 1995, (Tadić, AC), § 94.

935 La lettera (i) precisa che le condotte in questione debbano essere in contrasto con il diritto internazionale umanitario[101]. Più che di un requisito pleonastico, si tratta di una precisazione che serve ad evidenziare la naturale relazione tra quest'ultimo ed il diritto dei crimini di guerra. A ben vedere, qui siamo di fronte non tanto ad una materia basata sul diritto internazionale umanitario, anche se autonoma, ma piuttosto ad una disciplina di carattere accessorio[102]. Per questo motivo, le fattispecie incriminatrici riconosciute dal diritto dei crimini di guerra non possono che essere interpretate alla luce dei principi di diritto internazionale umanitario che vi sono alla base. Inoltre, come emerge chiaramente dal disposto della lettera (ii), devono essere presenti tutti i requisiti richiesti per l'applicazione della norma e, nel caso di disposizioni di origine pattizia, è necessario che gli Stati firmatari siano vincolati sul piano internazionale all'ottemperanza delle prescrizioni contenute nel singolo Trattato.

936 In base a quanto stabilito nella lettera (iii), solo violazioni gravi del diritto internazionale umanitario possono essere considerate crimini di guerra. Per la Camera d'Appello, tale conclusione discende chiaramente dal tenore del mandato conferito al Tribunale penale internazionale, a cui è stato attribuito il compito di giudicare soltanto le condotte lesive del diritto internazionale umanitario che si segnalino per particolare gravità. Nell'ambito del diritto dei crimini di guerra, peraltro, non potrebbe essere diversamente[103]. Il furto di una pagnotta, citato come esempio dalla Camera d'Appello, non può mai pregiudicare gli interessi della comunità mondiale, neppure quando venga commesso nel corso di un conflitto armato: pertanto, solo violazioni gravi del diritto internazionale umanitario sono punibili in base al diritto internazionale[104]. Non è sempre facile stabilire quando sia stata oltrepassata la soglia della punibilità. È chiaro che nel caso di gravi lesioni all'integrità fisica di un individuo o laddove ne venga messa in pericolo la stessa vita, si può pacificamente affermare che siamo di fronte ad una violazione significativa del diritto internazionale umanitario, perché in questi casi il fatto è di tale rilevanza da poter essere equiparato ad una grave violazione delle Convenzioni di Ginevra. Nell'ipotesi di danno al patrimonio, il fatto può risultare punibile a livello internazionale solo se nella dinamica dell'offesa non siano implicati beni di valore assolutamente

---

[101] Si tratta di un presupposto che rientra già nel concetto di "crimini di guerra", così come lo si interpreta in questa sede.

[102] Questa sorta di dipendenza del diritto dei crimini di guerra è stata sottolineata anche in altri punti della sentenza: contrariamente all'opinione della Camera d'Appello nella decisione ICTY, 10 agosto 1995, (Tadić, TC), § 53, le disposizioni sulle gravi violazioni delle Convenzioni di Ginevra non sono applicabili nell'ambito di conflitti armati non internazionali, ICTY, 2 ottobre 1995 (Tadić, AC), § 81.

[103] *Meron* EJIL 9 (1998), 18, 24.

[104] Naturalmente, ad ogni Stato è permesso punire con sanzione penale o disciplinare anche violazioni non rilevanti del diritto internazionale umanitario, si veda *G. Abi-Saab/ R. Abi-Saab*, in: Ascensio/Decaux/Pellet (a cura di), Droit International Pénal (2000), capitolo 21, n. marg. 43. Tuttavia, nella repressione di queste violazioni lo Stato non può invocare il principio di universalità.

irrilevante. La decisione diventa più difficile quando la condotta posta in essere non è in grado di arrecare alcun pregiudizio, né tanto meno alcun pericolo, a beni giuridici di carattere individuale. Pertanto, la soluzione del caso concreto dipenderà dagli obiettivi di tutela perseguiti dalla singola norma[105].

I presupposti di cui alla lettera (iv) si spiegano ponendo mente alla natura stessa del diritto internazionale umanitario che, quale parte dell'ordinamento giuridico internazionale, ha come suoi destinatari soltanto gli Stati[106]. La violazione di una disposizione del diritto internazionale umanitario può essere punibile penalmente solo qualora il suo contenuto imponga ai singoli individui precisi obblighi di condotta[107]. Che tale eventualità possa presentarsi, peraltro, è stato già espressamente riconosciuto dalla giurisprudenza di Norimberga[108]. Alcune disposizioni, come per esempio quelle relative alle gravi violazioni delle Convenzioni di Ginevra, contengono prescrizioni ed impongono specifici doveri chiaramente diretti ai singoli individui. Una parte delle norme del diritto internazionale umanitario si rivolge, in primo luogo, agli Stati. Ciò non impedisce, tuttavia, che queste disposizioni possano essere violate direttamente dai singoli individui, nella misura in cui essi abbiano assunto decisioni per conto dello Stato che è vincolato al rispetto degli accordi pattizi sottoscritti a livello internazionale. Ad esempio, si pensi agli artt. 15 e 26 Ginevra III, che impongono di garantire ai prigionieri di guerra nutrimento sufficiente alla loro sopravvivenza. In linea di principio, questa prescrizione riguarda lo Stato che ha in custodia i prigionieri[109]. Ma se il comando militare di uno Stato impartisce l'ordine di non fornire più ai prigionieri il cibo loro necessario, i soggetti che danno esecuzione a quest'ordine violano personalmente l'art. 26 Ginevra III. In questo caso, la decisione viene adottata per ordine dello Stato di custodia ed i singoli attori hanno l'obbligo di osservare quanto previsto da una disposizione che vede nello Stato il proprio diretto destinatario. Diversamente, laddove un singolo individuo privasse del nutrimento necessario un prigioniero di guerra, senza alcuna autorizzazione da parte di organi statali, non vi sarebbe alcuna violazione dell'art. 26 Ginevra III, poiché la condotta non è stata eseguita su ordine dello Stato di custodia[110]. Di conseguenza, è possibile stabilire se una disposizione del

---

[105] Cfr. anche *Henckaerts/Doswald-Beck*, Customary International Humanitarian Law, vol. I (2005), 569 ss.

[106] Cfr. in merito all'incriminazione su base consuetudinaria delle violazioni del diritto internazionale umanitario, *Cassese*, International Criminal Law (2003), 50 ss.; *Meron* AJIL 100 (2006), 551, 573; *Mettraux*, International Crimes and the *ad hoc* Tribunals (2005), 51 ss.

[107] Cfr. *Meron* EJIL 9 (1998), 18, 24. Cfr. sul punto anche *David*, Principes de droit des conflits armés, 3ª ed. (2002), n. marg. 1.195 ss.; *Greenwood*, in: Fleck (a cura di), Handbuch des humanitären Völkerrechts (1994), n. 133, sostiene l'opinione che tutte le norme del diritto internazionale umanitario internazionale impongano obblighi ai singoli individui.

[108] Cfr. sul punto anche *infra*, n. marg. 941.

[109] *Pictet* (a cura di), Geneva Convention III (1960), 196.

[110] A conclusioni diverse può giungersi quando la mancanza di cibo comprometta gravemente la salute del prigioniero di guerra. In questo caso, infatti, può venire in considerazione una grave vio-

diritto internazionale umanitario internazionale prescriva obblighi individuali di condotta solo facendo riferimento, nel caso concreto, alla posizione ed alla funzione del soggetto agente[111].

III. I crimini di guerra nell'ambito di conflitti armati non internazionali

938 La possibilità di punire violazioni del diritto internazionale umanitario commesse nell'ambito di un conflitto armato non internazionale risulta estremamente controversa. Le guerre civili sono state sempre considerate espressione di una conflittualità di carattere domestico, rispetto alle quali vige il divieto di ingerenza nelle questioni interne di ogni singolo Stato. All'art. 3 com., per la prima volta, vengono previste disposizioni specifiche volte a regolamentare lo svolgimento di conflitti armati non internazionali. Nel Protocollo II la suddetta disciplina è stata ulteriormente integrata, sebbene le norme ivi contenute risultino ancora troppo poche e troppo limitate rispetto alle disposizioni del Protocollo I. Per questo motivo, non sorprende che in ambito internazionale sia stata disconosciuta per lungo tempo la possibilità di punire violazioni del diritto internazionale umanitario commesse nel corso di conflitti armati interni. Ancora nel marzo 1993 il Comitato Internazionale della Croce Rossa, in un Commentario allo Statuto del Tribunale penale internazionale per la ex Jugoslavia, è arrivato alla conclusione che il concetto di crimini di guerra dovesse essere limitato all'ambito dei conflitti armati internazionali[112].

939 È solo nel 1994, con l'istituzione dell'ICTR, che la comunità internazionale rivolge la propria attenzione, per mezzo del diritto internazionale penale, ad un conflitto armato privo di aspetti evidenti di rilevanza internazionale[113]. Il genocidio consumatosi sul territorio del Ruanda, infatti, fu perpetrato da individui e contro individui della medesima nazionalità all'interno dei confini statali. Tale circostanza,

---

lazione della terza Convenzione di Ginevra, che dovrebbe sancire la responsabilità anche dei singoli individui.

[111] Nel riconoscere la punibilità delle gravi violazioni del diritto internazionale umanitario ai sensi del diritto consuetudinario, l'ICTY si basa anche sulla giurisprudenza dei tribunali nazionali, sulla presenza di corrispondenti fattispecie incriminatrici negli ordinamenti giuridici domestici, nonché sulle posizioni e sulle risoluzioni di organismi ed istituzioni internazionali; cfr. ad esempio ICTY, 2 ottobre 1995, (Tadić, AC), §§ 130 ss.; come, di recente, ICTY, 30 novembre 2006, ICTY (Galić, AC), §§ 91 ss. Questo mondo di procedere non è sempre soddisfacente, poiché spesso non si effettua una comparazione veramente rappresentativa, ma soltanto un paragone con pochi ordinamenti giuridici; cfr. sul punto ICTY, 30 novembre 2006, (Galić, AC), dissenting opinion del giudice *Schomburg*, §§ 8 ss.

[112] Citazione in *Meron* AJIL 89 (1995), 554, 559, con ulteriori riferimenti; in argomento si veda anche *Bold*, Criminal Law Forum 13 (2003), 293, 299.

[113] Lo St-ICTY non contiene alcun espresso riferimento all'articolo 3 com., sebbene anche parte dei conflitti armati presi in considerazione in quella sede non fossero di carattere internazionale. Fondamentale per la sottoposizione a sanzione penale di crimini commessi durante le guerre civili *Meron* AJIL 89 (1995), 554 ss. Cfr. anche *R. Abi-Saab*, in: Delissen/Tanja (a cura di), Humanitarian Law of Armed Conflict (1991), 209 ss.; *Graditzky*, International Review of the Red Cross 80 (1998), 29 ss.

tuttavia, non ha impedito di punire i crimini ivi commessi come atti di genocidio o crimini contro l'umanità, poiché tali fattispecie non richiedono (più) alcun tipo di collegamento con un conflitto armato internazionale[114]. Ma lo Statuto dell'ICTR autorizzò anche la punizione di violazioni del diritto internazionale umanitario, tra l'altro, perché più semplici da accertare ed anche per colmare eventuali vuoti di punibilità[115]. Pertanto, in base all'art. 4 St-ICTR, il Tribunale è stato riconosciuto competente a giudicare anche le violazioni dell'art. 3 co. 1 com. e dell'art. 4 co. 2 del Protocollo II[116]. Si tratta di un passo avanti estremamente significativo nella repressione internazionale dei crimini commessi nel corso di guerre civili.

Illuminante è stata la decisione del caso *Tadić* della Camera d'Appello dell'ICTY, resa il 2 ottobre 1995[117], che risulta estremamente significativa da un duplice punto di vista. In primo luogo, il giudicante ha esteso l'applicazione di alcune regole del diritto internazionale umanitario di matrice consuetudinaria – come il divieto di uccidere a tradimento, il divieto di aggressioni alla popolazione civile ed il divieto di utilizzare particolari armi – anche all'ambito di conflitti armati non internazionali[118]. Il Tribunale ha richiamato l'orientamento della giurisprudenza nazionale, che si muoveva lungo la stessa linea interpretativa, ed ha posto in primo piano la tutela delle vittime[119]. Infatti, le azioni ed i comportamenti inumani, che in quanto tali sono vietati nei conflitti armati internazionali, non possono essere considerati ammissibili nell'ambito di una guerra civile[120]. Il Tribunale penale internazionale per la ex Jugoslavia ha chiarito che il diritto internazionale umanitario applicabile nell'ambito dei conflitti armati interni si estende oltre le regole dell'art. 3 com. e del Protocollo II, anche se il numero complessivo delle disposizioni continua ad essere più limitato rispetto all'insieme delle norme riferite ai conflitti armati internazionali[121].

940

---

[114] Cfr., per i crimini contro l'umanità, *supra*, n. marg. 746, 750.

[115] *Meron* AJIL 89 (1995), 554, 558.

[116] All'art. 4 St-ICTR non è riconosciuto il divieto di schiavitù e di commercio degli schiavi (art. 4 co. 2 f) Protocollo II); l'art. 4 g) St-ICTR fa riferimento, piuttosto che alle ampie garanzie giuridiche del processo penale di cui all'art. 6 Protocollo II, alla generale formulazione dell'art. 3 co. 1 d) com.

[117] Cfr. su questa sentenza il contributo di *Cottier*, in: Erberich et al. (a cura di), Frieden und Recht (1998), 183, 201 ss.; *Heintschel von Heinegg*, in: Zimmermann (a cura di), International Criminal Law and the Current Development of Public International Law (2003), 27, 35 ss.; *Kreß* EuGRZ 1996, 638 ss.; *Meron* AJIL 90 (1996), 238 ss.; *Sassòli*, Revue Générale de Droit International Public, vol. C (1996), 103 ss.

[118] ICTY, 2 ottobre 1995, (Tadić, AC), §§ 120 ss.

[119] ICTY, 2 ottobre 1995, (Tadić, AC), §§ 96 ss. Cfr. sulla tutela delle vittime anche *Werle* ZStW 109 (1997), 808, 818.

[120] ICTY, 2 ottobre 1995, (Tadić, AC), § 119.

[121] ICTY, 2 ottobre 1995, (Tadić, AC), § 126. In ICTY, 14 gennaio 2000, (Kupreškić et al., TC), §§ 521 ss.; il Tribunale ha esteso l'applicazione in via consuetudinaria di alcune disposizioni del diritto internazionale umanitario anche ai conflitti armati non internazionali e, in particolare, ha chiarito che nell'ambito del diritto internazionale umanitario sia necessario affidarsi soprattutto al

941   In secondo luogo, il Tribunale ha stabilito che le violazioni del diritto internazionale umanitario applicabile ai conflitti armati interni possano essere considerate punibili in base al diritto consuetudinario[122]. D'altronde, non è dato comprendere per quale motivo ai conflitti armati interni dovrebbero applicarsi regole diverse da quelle proprie dei conflitti internazionali[123]. Così, il Tribunale penale internazionale per la ex Jugoslavia ha affermato la punibilità delle violazioni del diritto internazionale umanitario anche in riferimento a situazioni di conflittualità interna, basandosi sul loro gradiente di gravità, e ha fatto espresso riferimento ai principi di Norimberga: in primo luogo, autori dei crimini internazionali sono i singoli individui e non gli Stati; in secondo luogo, solo attraverso la punizione dei colpevoli il diritto internazionale può diventare più concreto ed effettivo[124]. In questo modo, l'estensione delle regole della tutela internazionale in materia di conflitti armati all'ambito dei conflitti interni si accompagna ad una parallela estensione del diritto dei crimini di guerra. Il Tribunale ha richiamato anche la giurisprudenza nazionale: in numerosi ordinamenti giuridici, infatti, le violazioni del diritto internazionale umanitario sono sottoposte a sanzione penale, anche quando siano commesse nell'ambito di conflitti armati a carattere interno[125]. Pertanto, la sola circostanza di aver violato in maniera grave le disposizioni del diritto internazionale umanitario è già sufficiente a fondare la responsabilità penale dell'agente, indipendentemente dalla dimensione internazionale o puramente interna del conflitto in cui tali violazioni vengono commesse[126].

942   Lo Statuto di Roma ripercorre i passi di questa evoluzione soltanto in parte. In primo luogo, l'art. 8 co. 2 c) St-ICC sancisce la punibilità delle violazioni dell'art. 3 com. All'art. 8 co. 2 e) St-ICC, poi, questa disciplina viene completata con l'introduzione di altre fattispecie incriminatrici dirette a garantire la tutela dell'individuo, che sono basate principalmente sui contenuti del Protocollo II. Da quanto emerge dalle scelte di tutela dello Statuto di Roma ed in conformità con le soluzioni del diritto consuetudinario, pertanto, la protezione degli individui nei conflitti armati di carattere interno può essere ampiamente paragonata a quella accordata nell'am-

---

convincimento del giudice piuttosto che alla prassi giudiziaria degli Stati al fine di individuare le norme consuetudinarie; sul punto si vedano i §§ 527 ss. Cfr. anche: Excerpt from the Report prepared by the International Committee of the Red Cross for the 28th International Conference of the Red Cross and the Red Crescent, International Review of the Red Cross 86 (2004), 213, 228 ss.

[122] ICTY, 2 ottobre 1995, (Tadić, AC), §§ 128 s. I due Tribunali penali internazionali per la ex Jugoslavia e per il Ruanda concordano in merito alla punibilità delle violazioni del diritto internazionale umanitario applicabile nell'ambito dei conflitti armati non internazionali; cfr. ICTR, 18 giugno1997, (Kanyabashi, TC), §§ 33 ss.; ICTR, 2 settembre 1998, (Akayesu, TC), §§ 611 ss.

[123] Criticamente *Heintschel von Heinegg*, in: Zimmermann (a cura di), International Criminal Law and the Current Development of Public International Law (2003), 35 ss.

[124] ICTY, 2 ottobre 1995, (Tadić, AC), § 128; cfr. anche *supra*, n. marg. 14.

[125] ICTY, 2 ottobre 1995, (Tadić, AC), §§ 131 ss.

[126] La punibilità delle medesime violazioni nell'ambito di conflitti armati internazionali è un indizio per affermarne la punibilità anche rispetto alle situazioni di conflittualità interna.

bito di conflitti internazionali[127]. Quanto all'obbligo di non utilizzare strumenti e metodi di combattimento vietati, lo Statuto di Roma non contiene alcuna disposizione specifica e rimane pertanto al di sotto dello standard di tutela del diritto consuetudinario. Quest'ultimo, infatti, riconosce la validità del suddetto divieto anche nell'ambito di conflitti armati di carattere non internazionale, punendo con sanzione penale le relative violazioni[128]. Di fronte a questa diversità di disciplina, il *Völkerstrafgesetzbuch* tedesco sceglie di adottare una soluzione conforme al diritto consuetudinario, punendo la violazione del divieto di utilizzare metodi e mezzi di combattimento illegittimi anche nell'ambito di conflitti prettamente interni[129].

In conclusione, la violazione delle disposizioni del diritto internazionale umanitario applicabili ai conflitti armati non internazionali può essere fonte di responsabilità penale in base al diritto consuetudinario. In questo caso, tuttavia, l'ambito dei comportamenti punibili risulta più limitato rispetto ai conflitti armati internazionali, poiché non tutte le regole del diritto internazionale umanitario valgono anche nei conflitti interni. Quali disposizioni del diritto internazionale umanitario trovino applicazione e per quale tipo di conflitti, è questione che deve essere decisa in riferimento alla singola fattispecie.

IV. Gli interessi tutelati

Il diritto dei crimini di guerra tutela gli interessi fondamentali degli individui nel corso di conflitti armati. Quanto appena affermato diviene ancora più chiaro se si pone mente alle disposizioni relative alle gravi violazioni delle Convenzioni di Ginevra. Durante lo svolgimento di un conflitto i soggetti tutelati vengono esposti, inevitabilmente, ad un pericolo maggiore; ciò non toglie che almeno i beni fondamentali come la dignità, la vita e l'integrità fisica debbano rimanere impregiudicati[130]. Nelle fattispecie incriminatrici che derivano dalla trasposizione del diritto dell'Aja, la tutela dei beni giuridici individuali non risulta così evidente. Anche in questo caso, tuttavia, tali interessi ricevono debite forme di protezione: giusto a titolo d'esempio, pensiamo al divieto di utilizzare strumenti e metodi di combattimento che comportino sofferenze inutili[131].

---

[127] È necessario distinguere, tuttavia, la punibilità di una condotta in base al diritto internazionale e le altre conseguenze giuridiche che sono collegate al sistema delle gravi violazioni delle Convenzioni di Ginevra, in particolare l'applicazione del principio di universalità e del principio dell'*aut dedere aut iudicare*. Quanto al principio di universalità, deve segnalarsi la tendenza ad estenderne l'applicazione anche ai crimini commessi nell'ambito di un conflitto armato interno; cfr. *Meron* EJIL 9 (1998), 18, 29 e, sul punto, anche *supra*, n. marg. 187.

[128] Per ulteriori approfondimenti sui metodi di combattimento si rinvia all'analisi relativa ai singoli crimini, *infra*, n. marg. 1140 ss.; sugli strumenti di combattimento, *infra*, n. marg. 1251 ss.

[129] Cfr. §§ 11 e 12 VStGB, ma anche Begr. VStGB, 32 ss., che evidenzia come il VStGB riproduca esclusivamente il diritto consuetudinario.

[130] *Triffterer*, Dogmatische Untersuchungen zur Entwicklung des materiellen Völkerstrafrechts seit Nürnberg (1966), 200.

[131] Cfr. sull'accresciuta importanza dei beni giuridici individuali nel diritto internazionale uma-

945   Il diritto dei crimini di guerra tutela, inoltre, interessi di carattere superindividuale. Proprio come le altre fattispecie centrali del diritto internazionale penale[132], le figure criminose coniate in quest'ambito sono poste a garanzia della pace mondiale[133]. Anche se quest'affermazione potrebbe sembrare a prima vista contraddittoria, non può certo negarsi che già il solo fatto di commettere un crimine di guerra rappresenti una minaccia per la pace della comunità internazionale. Tuttavia, altri sono gli obiettivi primari che il diritto dei crimini di guerra si prefigge, vale a dire limitare il più possibile turbamenti alla pace ed alla sicurezza comuni, favorire la pace e rafforzare la convivenza civile dopo la fine del conflitto[134].

V. Sistematica dei crimini di guerra

946   Lo Statuto di Roma riunisce all'interno dell'articolo 8 la disciplina dei crimini di guerra. Principio ordinatore dello Statuto è la differenziazione tra crimini commessi nel corso di conflitti armati internazionali e durante conflitti non internazionali. L'art. 8 co. 2 a) St-ICC riprende la disciplina delle gravi violazioni delle Convenzioni di Ginevra. L'art. 8 co. 2 b) St-ICC, invece, include insieme alle «altre gravi violazioni [...] delle leggi e degli usi di guerra» anche tutte le fattispecie incriminatrici applicabili nell'ambito dei conflitti armati internazionali, che derivano da altre fonti giuridiche[135]. L'art. 8 co. 2 c) St-ICC riproduce le fattispecie contenute all'art. 3 com., mentre l'art. 8 co. 2 e) St-ICC elenca le figure criminose applicabili ai conflitti armati non internazionali che non hanno origine nelle Convenzioni di Ginevra.

947   Nel complesso, la disciplina presentata dall'articolo 8 St-ICC risulta alquanto confusa e mette in ombra, almeno in parte, i rapporti tra le diverse fattispecie. Anche la scelta di riferirsi alla natura del conflitto come criterio di differenziazione risulta estremamente antiquata, specie a fronte dell'ormai pacifica assimilazione del

---

nitario *Meron* AJIL 94 (2000), 239 ss.

[132] Cfr. *supra*, n. marg. 83.

[133] Per maggiori approfondimenti sui beni oggetto di tutela del diritto internazionale si rinvia *supra*, n. marg. 86 ss.

[134] *Pictet* (a cura di), Geneva Convention I (1952), 361; *Triffterer*, Dogmatische Untersuchungen zur Entwicklung des materiellen Völkerstrafrechts seit Nürnberg (1966), 200.

[135] Nelle norme poste a fondamento del diritto internazionale umanitario si rinvengono talune differenze di dettaglio; cfr. *Venturini*, in: Lattanzi/Schabas (a cura di), Essays on the Rome Statute of the International Criminal Court, vol. 1 (1999), 171, 175. Alcune fattispecie individuate all'art. 8 St-ICC non hanno corrispondenza nel diritto internazionale umanitario. In particolare, bisogna ricordare l'art. 8 co. 2 b) iii) e l'art. 8 co. 2 e) iii) St-ICC, che sanzionano penalmente gli attacchi contro le operazioni militari e le missioni di pace. Queste previsioni possono farsi risalire alla *Convenzione sulla sicurezza del personale delle Nazioni Unite e del personale in servizio* (BGBl. 1997 II, 231), entrata in vigore nel 1999, e riflettono la necessità di garantire protezione ai soggetti che partecipano a tale missioni, resasi particolarmente evidente a seguito degli attacchi ad operazioni umanitarie durante gli anni 90; cfr. inoltre *infra*, n. marg. 1260; *Galicki*, in: Ascensio/Decaux/Pellet (a cura di), Droit International Pénal (2000), 493.

diritto applicabile ai conflitti armati internazionali ed interni. Ben più sensato sarebbe stato ordinare le singole fattispecie sulla base di elementi sostanziali comuni. Al riguardo, potrebbe essere d'aiuto soprattutto la distinzione tra tutela della persona e dei beni materiali (diritto di Ginevra) e divieto di utilizzare strumenti e metodi di combattimento illegittimi (diritto dell'Aja). Su una simile differenziazione di carattere sostanziale – come quella che in Germania è stata posta a fondamento del VStGB[136] – si basa la seguente classificazione[137]. È possibile distinguere tra crimini di guerra contro le persone (C), crimini di guerra contro il diritto di proprietà ed altri diritti (D), crimini di guerra collegati all'uso di metodi di combattimento vietati (E), crimini di guerra collegati all'uso di mezzi di guerra vietati (F) e crimini di guerra contro le operazioni umanitarie (G). Uno sguardo d'insieme sulla disciplina prevista dal Codice tedesco dei crimini internazionali chiude l'esposizione (I).

L'analisi che seguirà riprende, all'interno delle singole sezioni, la disciplina dello Statuto di Roma, che recepisce quasi completamente i contenuti del diritto consuetudinario. Le eventuali divergenze tra lo Statuto di Roma ed il diritto consuetudinario verranno specificamente messe in evidenza, mentre si farà ricorso alla tradizionale distinzione basata sulla natura del conflitto qualora, nei due ambiti considerati, trovino applicazione regole diversificate.

B. Presupposti ulteriori

I. Il concetto di conflitto armato

Il diritto internazionale umanitario ed il diritto dei crimini di guerra trovano applicazione, di regola[138], solo nell'ambito di conflitti armati. La Camera d'Appello del Tribunale penale internazionale per la ex Jugoslavia, nella sentenza del 2 ottobre 1995, ha definito il concetto di conflitto armato come segue:

> «[W]e find that an armed conflict exists whenever there is a resort to armed force between States or protracted armed violence between governmental authorities and organized armed groups or between such groups within a State»[139].

---

[136] Cfr. sul punto *Werle* JZ 2001, 885, 893 s.; *Werle/Jeßberger* JZ 2002, 725, 728; *Werle/Nerlich*, Humanitäres Völkerrecht-Informationsschriften 2002, 124.
[137] Con soluzioni simili anche *Cassese*, International Criminal Law (2003), 54 ss.
[138] Cfr. sulle eccezioni *infra*, n. marg. 956 s.
[139] ICTY, 2 ottobre 1995, (Tadić, AC), § 70. Questa opinione corrisponde alla posizione della giurisprudenza attuale; cfr. ad esempio ICTY, 16 novembre 1998, (Mucić et al., TC), § 183; ICTY, 10 dicembre 1998, (Furundžija, TC), § 59; ICTY, 31 marzo 2003, (Naletilić e Martinović, TC), § 177; ICTY, 1° settembre 2004, (Brđanin, TC), § 122; ICTY, 17 gennaio 2005, (Blagojević e Jokić, TC), § 536; ICTY, 30 novembre 2005 (Limaj et al., TC), § 84.

950 Pertanto, la distinzione corre tra conflitti armati che vedono come protagonisti direttamente i singoli Stati (di seguito definiti "conflitti tra Stati") – di regola combattuti dai relativi eserciti o dalle forze armate nazionali – e conflitti che hanno luogo all'interno del medesimo Stato tra forze regolari ed altri gruppi armati, oppure anche solo tra questi ultimi (di seguito definiti "conflitti infrastatuali"). In tal caso, non si fronteggiano direttamente due Stati quali parti attive del conflitto. Come già precedentemente sottolineato, la suddetta distinzione, per quanto si presenti di ben ampio respiro, non risulta pienamente sovrapponibile a quella tra conflitti armati internazionali ed interni[140].

1. I conflitti fra Stati

951 Si parla di conflitto armato tra Stati ogni volta che uno Stato utilizzi direttamente la forza militare, dirigendola contro il territorio (tutelato sul piano internazionale) di un altro Stato[141]. A tale riguardo è irrilevante l'intensità dell'aggressione, poiché il diritto internazionale umanitario – e parimenti il diritto dei crimini di guerra – è applicabile anche in presenza di semplici scaramucce ("al primo sparo")[142]. Non è necessario che le parti coinvolte considerino, o comunque indichino, il conflitto in atto come una vera e propria guerra[143]. Ogni volta che uno Stato fa ricorso alle armi

---

[140] Cfr. sulla terminologia *David*, Principes de droit des conflits armés, 3ª ed. (2002), n. marg. 1.46.

[141] Cfr. *Ipsen*, in: Ipsen, Völkerrecht, 5ª ed. (2004), § 66 n. marg. 4 ss.

[142] Cfr. *David*, Principes de droit des conflits armés, 3ª ed. (2002), n. marg. 1.51; *Ipsen*, in: Ipsen, Völkerrecht, 5ª ed. (2004), § 66 n. marg. 7; *Pictet* (a cura di), Geneva Convention IV (1958), 20; su posizioni più restrittive *Greenwood*, in: Fleck (a cura di), Handbuch des humanitären Völkerrechts (1994), n. 202.

[143] Cfr. ICTY, 17 dicembre 2004, (Kordić e Čerkez, AC), § 373. Originariamente, il diritto internazionale dei conflitti armati trovava applicazione soltanto nel caso di una vera e propria guerra, che aveva inizio con la dichiarazione formale di guerra, la scadenza degli ultimatum oppure tramite l'inizio delle ostilità con l'intento di provocare lo stato di belligeranza. Lo stato di guerra, poi, doveva essere accettato dalle altre parti; cfr. *Pictet* (a cura di), Geneva Convention I (1952), 28. Ancora nel 1978 il Bundessozialgericht (Corte Suprema federale competente in materie concernenti la sicurezza sociale, le assicurazioni per malattia, la previdenza sociale e sim.) ha affermato, in riferimento alla qualificazione della guerra civile spagnola, che l'esistenza dello stato di guerra ai sensi del diritto internazionale presupponga un conflitto in corso tra due Stati o gruppi di Stati, solitamente caratterizzato dall'interruzione delle relazioni diplomatiche, dalla sospensione del diritto internazionale di pace e, come minimo, dalla disponibilità all'uso della forza, BSGE 47, 263, 265. Dopo la fine della seconda guerra mondiale, la limitazione dell'ambito di applicazione del diritto internazionale umanitario soltanto alla guerra si è rivelata una soluzione estremamente problematica, poiché gli Stati facevano spesso ricorso alla violenza militare senza una precedente dichiarazione di guerra o senza che si fossero verificate tutte le conseguenze giuridiche legate allo stato di guerra; cfr. *Ipsen*, in: Ipsen, Völkerrecht, 5ª ed. (2004), § 65 n. marg. 5, con riferimento a conflitti armati che non potevano essere considerati guerra dal punto di vista del diritto internazionale. Il diritto internazionale dei conflitti armati, ed in particolare il diritto internazionale umanitario, dovettero tenere conto di questa evoluzione. Tuttavia, gli Stati avevano ripetutamente disapplicato la disciplina del diritto internazionale umanitario col pretesto che, nel singolo caso di specie, si trattasse di mero conflitto armato e non di guerra, poiché lo

non può sottrarsi all'applicazione del diritto internazionale umanitario, ad esempio qualificando tale comportamento come mera attività di polizia[144]. Non rientrano all'interno del concetto di conflitto armato le minacce attuate tramite l'uso della forza militare, né tanto meno altre attività cui rimane estraneo l'uso delle armi, come ad esempio l'applicazione di sanzioni economiche[145].

2. Conflitti infrastatuali

Con l'articolo 3 com. e soprattutto con la dettagliata regolamentazione del Protocollo II – ma anche grazie all'estensione del Protocollo I all'ambito dei conflitti armati nazionali[146] – la sfera di applicazione del diritto internazionale umanitario nei conflitti infrastatuali è stata notevolmente ampliata. Come già sottolineato, infatti, a questi ultimi risulta riferibile anche il diritto dei crimini di guerra[147]. Non può negarsi che questo realizzi una chiara aggressione della sovranità nazionale, che risulta giustificata solo nella misura in cui un conflitto infrastatale sia paragonabile per dimensione ed intensità ad uno di carattere internazionale[148]. L'art. 8 co. 2 d) ed f) si occupa di distinguere i conflitti infrastatuali da altre dispute interne che non attingono alla soglia di rilevanza internazionale, costituita dall'uso delle armi.

Ai sensi dell'art. 8 co. 2 d) ed f), primo periodo, St-ICC, le «situazioni interne di disordine e tensione, quali sommosse o atti di violenza sporadici o azioni isolate di analoga natura»[149] non rientrano nel concetto di conflitto armato. Quest'affermazione conferma in pieno il contenuto dell'articolo 1 co. 2 Protocollo II e vale,

---

Stato che aveva intrapreso le ostilità non riconosceva il governo nemico; cfr. *Pictet* (a cura di), Geneva Convention I (1952), 28. Già nelle Convenzioni di Ginevra del 1949, all'articolo 2, è stato utilizzato il concetto di "conflitto armato" proprio per impedire che venissero evocate simili argomentazioni. Una volta accertata la presenza di un conflitto armato, pertanto, le parti coinvolte sono vincolate al rispetto del diritto internazionale umanitario. A differenza di quanto avviene per le altre conseguenze giuridiche di una guerra o di un conflitto armato, come per esempio l'interruzione delle relazioni diplomatiche tra le parti, la validità e l'applicabilità del diritto internazionale umanitario non sono disponibili dalle parti belligeranti. Qui si mette chiaramente in evidenza come le prescrizioni del diritto internazionale umanitario – anche laddove siano contenute all'interno di Trattati – si sono trasformate, da reciproci obblighi di natura contrattuale, in regole giuridiche di validità generale, che nei Trattati sono state soltanto ufficializzate; cfr. *Pictet* (a cura di), Geneva Convention I (1952), 28. *Detter*, The Law of War, 2ª ed. (2000), 17 ss.; l'autore propone di adattare la definizione di guerra al mutamento delle situazioni e del contesto attuale, piuttosto che ripiegare sul concetto di conflitto armato. Anche le disposizioni del "diritto dell'Aja", e la loro concreta applicabilità, si fondano non sull'esistenza dello stato di guerra, ma soltanto sulla presenza di un conflitto armato, *Greenwood*, in: Fleck (a cura di), Handbuch des humanitären Völkerrechts (1994), n. 202.

[144] *Pictet* (a cura di), Geneva Convention IV (1958), 20.
[145] *Ipsen*, in: Ipsen, Völkerrecht, 5ª ed. (2004), § 66 n. marg. 5 s.; sulla "conduzione d'una guerra economica" cfr. *Zemanek*, in: Bernhardt (a cura di), Encyclopedia of Public International Law, vol. 2 (1995), 38 ss.
[146] Cfr. art. 1 co. 4 Protocollo I; sul punto cfr. *infra*, n. marg. 961.
[147] Cfr. *supra*, n. marg. 938 ss.
[148] Cfr. anche *Pictet* (a cura di), Geneva Convention II (1960), 33.
[149] Cfr. anche *Pictet* (a cura di), Geneva Convention II (1960), 33.

pertanto, come mero chiarimento[150]. Di particolare importanza, poi, è l'art. 8 co. 2 f), secondo periodo, St-ICC. La disposizione stabilisce che il conflitto debba avere luogo «tra le forze armate governative e gruppi armati organizzati o tra tali gruppi»[151], così evocando i contenuti della sopra citata sentenza del Tribunale penale internazionale per la ex Jugoslavia[152]. La stessa norma, inoltre, chiarisce che le parti del conflitto debbano avere un sufficiente grado di organizzazione[153]. La formulazione adottata dallo Statuto di Roma non è così rigorosa come la definizione dell'art. 1 co. 1 Protocollo II, che presuppone la presenza di un comandante militare responsabile e la capacità di svolgere, attraverso l'occupazione di una parte del territorio dello Stato, operazioni militari allo stesso tempo «prolungate» e «coordinate»[154]. In particolare, richiedendo l'occupazione militare di una determinata zona all'interno dei confini nazionali si finisce per inserire nella fattispecie un requisito troppo restrittivo, perché in questo modo l'ambito di applicazione della norma risulta limitato soltanto all'ipotesi "classica" di guerra civile, come la guerra di secessione americana, ma esclude le moderne forme di guerriglia[155]. Contrariamente a quanto stabilito dall'art. 1 co. 1 del Protocollo II, l'art. 8 co. 2 f), secondo periodo, St-ICC ricomprende anche conflitti ai quali non prendano parte forze militari governative[156].

---

[150] Triffterer-*Zimmermann*, Rome Statute (1999), art. 8 n. marg. 286. Cfr. anche Sandoz/Swinarski/Zimmermann-*Junod*, Additional Protocols (1987), n. marg. 4472.

[151] Sulla necessità di un conflitto "prolungato" cfr. *infra*, n. marg. 954.

[152] ICTY, 2 ottobre 1995, (Tadić, AC), § 70. Sulla giurisprudenza dell'ICTY e ICTR nell'ambito di conflitti armati non internazionali, si rinvia al dettagliato contributo di *Mettraux*, International Crimes and the *ad hoc* Tribunals (2005), 36 ss.

[153] Ad esempio, se dopo una dimostrazione si arriva spontaneamente ad atti di violenza tra la polizia e i dimostranti, una delle parti in conflitto – in questo caso quella dei "dimostranti" – è priva del requisito della necessaria organizzazione, per cui non si tratterà di conflitto armato; cfr. Sandoz/Swinarski/Zimmermann-*Junod*, Additional Protocols (1987), n. marg. 4474. Secondo la sentenza ICTY, 30 novembre 2005, (Limaj et al., TC), § 89, è sufficiente «un certo grado di organizzazione» delle parti in conflitto, le quali soltanto «need not be the same as that required for establishing the responsibilities of superiors for the acts of their subordinates within the organisation». Cfr. anche ICTR, 27 gennaio 2000, (Musema, TC), § 257, in riferimento all'applicazione del Protocollo II: «[T]he armed forces opposing the government must be under responsible command. This requirement implies some degree of organization within the armed groups or dissident armed forces, but this does not necessarily mean that there is a hierarchical system of military organization similar to that of regular armed forces. It means an organization capable of, on the one hand, planning and carrying out sustained and concerted military operations – operations that are kept up continuously and that are done in agreement according to a plan, and on the other, of imposing discipline in the name of the de facto authorities».

[154] Sull'art. 1 co. 1 Protocollo I, cfr. 27 gennaio 2000, ICTR (Musema, TC), §§ 254 ss.

[155] *David*, Principes de droit des conflits armés, 3ª ed. (2002), n. marg. 1.75; Triffterer-*Zimmermann*, Rome Statute (1999), art. 8 n. marg. 338. Nella sentenza 2 settembre 1998, ICTR (Akayesu, TC), § 619, il Tribunale penale internazionale per il Ruanda è rimasto fedele all'esigenza del controllo del territorio.

[156] Triffterer-*Zimmermann*, Rome Statute (1999), art. 8 n. marg. 335 s. La limitazione del Protocollo II ai soli conflitti che vedono la partecipazione statale non si estende, tuttavia, all'articolo 3

L'art. 8 co. 2 f), secondo periodo, St-ICC, inoltre, richiede la presenza di un conflitto prolungato, così come stabilito dal Tribunale penale internazionale per la ex Jugoslavia nella decisione *Tadić*. Nell'interpretazione di questo requisito, tuttavia, non si deve adottare una prospettiva che tenga conto solo della dimensione strettamente temporale, poiché la circostanza che un conflitto sia prolungato nel tempo può essere spesso un indizio significativo anche della sua intensità[157]. La situazione di conflittualità deve manifestare una gravità tale da poter compromettere gli interessi della comunità internazionale, così da giustificare l'ingerenza nella sovranità statale[158]. Atti di violenza isolati o sporadici non sono sufficienti ad integrare il requisito in parola. Interpretando l'art 8 co. 2 f) St-ICC in questi termini, sarebbe certo possibile riferirne i contenuti anche all'art. 8 co. 2 c) St-ICC, così da porre a fondamento di entrambe le disposizioni la medesima definizione di conflitto armato[159].

954

In conclusione, si può affermare che il diritto internazionale umanitario ed il diritto dei crimini di guerra trovino applicazione, innanzitutto, quando la dimensione del conflitto infrastatuale – considerando la presenza di gruppi armati organizzati, la maggiore efficienza bellica che da ciò consegue, e la possibilità di controllare i combattenti – sia paragonabile a quella di un conflitto internazionale tra Stati, indipendentemente dalla partecipazione di truppe statali[160]. Queste con-

955

---

com., per cui la soluzione presentata dallo Statuto di Roma non rappresenta uno sviluppo ulteriore, ma soltanto il recepimento del già noto concetto di conflitto armato interno fatto proprio dalle Convenzioni di Ginevra; cfr. Sandoz/Swinarski/Zimmermann-*Junod*, Additional Protocols (1987), n. marg. 4461. Cfr. sul punto anche *David*, Principes de droit des conflits armés, 3ª ed. (2002), n. marg. 1.71 s.

[157] Il concetto di attacco prolungato viene interpretato in questo senso anche in ICTY, 7 maggio 1997, (Tadić, TC), § 562. Nel frattempo, la giurisprudenza ha espressamente richiesto accanto al criterio dell'intensità del conflitto anche quello dell'organizzazione delle parti belligeranti; cfr. ICTY, 30 novembre 2005, (Limaj et al., TC), § 84, come pure ICTR, 6 dicembre 1999, (Rutaganda, TC), § 93. Nell'accertamento di questi criteri, la giurisprudenza ha utilizzato diversi fattori; cfr. ICTY, 30 novembre 2005 (Limaj et al., TC), § 90, con ulteriori indicazioni: «[T]he determination of the intensity of a conflict and the organisation of the parties are factual matters which need to be decided in light of the particular evidence and on a case-by-case basis. By way of example, in assessing the intensity of a conflict, other Chambers have considered factors such as the seriousness of attacks and whether there has been an increase in armed clashes, the spread of clashes over territory and over a period of time, any increase in the number of government forces and mobilisation and the distribution of weapons among both parties to the conflict, as well as whether the conflict has attracted the attention of the United Nations Security Council, and, whether any resolutions on the matter have been passed. With respect to the organisation of the parties to the conflict Chambers of the Tribunal have taken into account factors including the existence of headquarters, designated zones of operation, and the ability to procure, transport, and distribute arms».

[158] Le fattispecie previste all'art. 8 co. 2 c) St-ICC sono riconducibili all'art. 3 com., in cui l'esistenza di un conflitto armato presuppone un minimo di organizzazione dei soggetti belligeranti e un certo grado di intensità delle ostilità; cfr. *David*, Principes de droit des conflits armés, 3ª ed. (2002), n. marg. 1.71 s.

[159] Così anche *Dahm/Delbrück/Wolfrum*, Völkerrecht, vol. I/3, 2ª ed. (2002), 1069; *Kreß*, Israel Yearbook on Human Rights 30 (2001), 103, 118.

[160] Cfr. *Pictet* (a cura di), Geneva Convention III (1960), 36 s.

siderazioni servono anche a precisare meglio quale sia il necessario grado di intensità – cui prima si faceva riferimento – dei conflitti armati infrastatuali. Mentre nell'ambito di conflitti internazionali tra Stati, in cui di regola si fronteggiano due diversi eserciti, già "al primo sparo" sussiste il rischio di una progressione delle ostilità con conseguenze assolutamente imprevedibili per l'intera collettività mondiale, nell'ipotesi di conflitti infrastatuali le esplosioni di violenza isolata non sono in grado di compromettere la pace comune.

3. L'applicabilità del diritto dei crimini di guerra a situazioni non caratterizzate dall'uso della forza

956 Il diritto internazionale umanitario ed il diritto dei crimini di guerra trovano applicazione, talvolta, anche quando non vi sia stato alcun uso della forza. In primo luogo, si pensi alla dichiarazione di guerra cui non segua l'inizio dei combattimenti[161]. Anche in questo caso, rimangono pienamente valide le disposizioni del diritto internazionale umanitario, ad esempio quelle relative al trattamento dei soggetti internati. Infatti, qui siamo di fronte ad una guerra regolarmente dichiarata in base all'articolo 2 co. 1 delle Convenzioni di Ginevra[162].

957 In secondo luogo, in base all'art. 2 co. 2, le Convenzioni di Ginevra sono applicabili anche nel caso in cui l'occupazione parziale o totale di uno Stato nemico sia avvenuta senza fare ricorso alle armi[163]. In questa ipotesi, è addirittura dubbio se si possa effettivamente parlare di conflitto armato o non, piuttosto, di mera applicazione del diritto internazionale umanitario anche al di fuori dell'ambito dei conflitti armati, come sembrerebbe confermato dal disposto letterale dell'art. 2 delle Convenzioni di Ginevra. Gli Elementi dei Crimini che corredano lo Statuto di Roma, al contrario, considerano sempre l'occupazione del territorio dello Stato nemico come un fenomeno riconducibile al concetto di conflitto armato[164]. A ben vedere, si tratta di una questione puramente terminologica che non ha alcuna conseguenza concreta. I crimini di guerra possono essere commessi – a condizione che

---

[161] Una simile situazione si è presentata durante la seconda guerra mondiale negli Stati del Sudamerica, i quali avevano proceduto alla dichiarazione di guerra contro le potenze dell'Asse, ma non avevano mai preso parte ai combattimenti; cfr. *Greenwood*, in: Fleck (a cura di), Handbuch des humanitären Völkerrechts (1994), n. 202.

[162] Cfr. *Greenwood*, in: Fleck (a cura di), Handbuch des humanitären Völkerrechts (1994), n. 202.

[163] Art. 2 comune alle quattro Convenzioni di Ginevra. Il concetto di occupazione viene interpretato in maniera estensiva sino a ricomprendere anche casi in cui le truppe nemiche entrino nel territorio di uno Stato senza avere l'intenzione di rimanervi per lungo tempo e senza esercitare alcun potere di controllo, *Pictet* (a cura di), Geneva Convention IV (1958), 60. Una determinata regione può considerarsi occupata, pertanto, quando si trovi sotto il controllo effettivo delle forze di occupazione. Ampiamente, sul punto, ICTY, 31 marzo 2003, (Naletilić e Martinović, TC), §§ 210 ss.

[164] Cfr. la nota 34 degli EC in rel. art. 8 co. 2 a) i) St-ICC. Cfr., in argomento, anche *Dörmann/La Haye/von Hebel*, in: Lee (a cura di), The International Criminal Court, Elements of Crimes and Rules of Procedure and Evidence (2001), 112, 115.

la fattispecie incriminatrice non presupponga l'uso della forza armata – anche se i combattimenti non siano ancora effettivamente iniziati[165].

II. Conflitti internazionali o non internazionali

Un conflitto armato può avere tanto carattere prettamente interno, quanto dimensione internazionale. La qualificazione del conflitto in un senso oppure nell'altro risulta di particolare importanza, perché il diritto internazionale umanitario si applica nella sua più completa accezione soltanto ai conflitti armati internazionali[166]. Questa distinzione è ripresa anche dall'articolo 8 St-ICC.

1. Conflitti armati tra Stati di carattere internazionale

Con la locuzione conflitti armati internazionali si intendono, in primo luogo, quelle situazioni di conflittualità in cui siano coinvolti due o più Stati, vale a dire i cosiddetti "conflitti tra Stati" a cui si faceva riferimento nei precedenti paragrafi[167]. Il conflitto si considera di carattere internazionale, con la conseguente applicazione del diritto internazionale umanitario[168], anche quando vi prendano parte organizzazioni internazionali, come ad esempio le Nazioni Unite. In linea di principio, qui si contrappongono due parti belligeranti che hanno la medesima natura e la stessa soggettività giuridica, e non – come di regola accade nei conflitti armati interni – uno Stato nell'esercizio della propria giurisdizione contro fazioni ribelli[169].

2. Conflitti infrastatuali con carattere internazionale

In particolari condizioni, anche i conflitti interni ad un singolo Stato possono avere carattere internazionale.

a) Guerre di liberazione nazionale

Ai sensi dell'art. 1 co. 4 Protocollo I, il concetto di conflitto armato si estende sino a ricomprendere anche le situazioni in cui «la popolazione combatta contro la potenza colonizzatrice o contro le forze di occupazione straniera, oppure contro un regime razzista, nell'esercizio del proprio diritto all'autodeterminazione», sebbe-

---

[165] Ciò vale, tuttavia, solo per conflitti armati tra Stati. Nel caso in cui venga in considerazione un conflitto interno, invece, quest'ultimo deve sempre presentare il livello di intensità sopra precisato.
[166] *David*, Principes de droit des conflits armés, 3ª ed. (2002), n. marg. 1.40.
[167] Cfr. ICTY, 15 luglio 1999, (Tadić, AC), § 84; ICTY, 1° settembre 2004 (Brđanin, TC), § 124. Sul concetto di Stato nel diritto internazionale cfr. *Brownlie*, Principles of Public International Law, 6ª ed. (2003), 69 ss.; *Cassese*, International Law (2001), 46 ss.; *Epping*, in: Ipsen, Völkerrecht, 5ª ed. (2004), § 5.
[168] Cfr. in dettaglio *Ipsen*, in: Ipsen, Völkerrecht, 5ª ed. (2004), § 67 n. marg. 5.
[169] Sandoz/Swinarski/Zimmermann-*Junod*, Additional Protocols (1987), n. marg. 4458.

ne si tratti di un conflitto che ha luogo all'interno di un unico Stato[170]. Pertanto, non è ben chiaro se questo tipo di definizione possa essere trasposta nello Statuto di Roma o piuttosto se simili situazioni debbano essere considerate, in relazione all'obiettivo di tutela del diritto internazionale penale, come conflitti armati interni[171]. La soluzione da ultimo proposta ci porterebbe alla paradossale conseguenza di dover trattare lo stesso conflitto come se fosse internazionale, quanto all'applicazione del diritto internazionale umanitario, e come se fosse di carattere solamente interno, quanto all'applicazione del diritto dei crimini di guerra. Ma poiché quest'ultimo è funzionale all'affermazione del diritto internazionale umanitario, una simile affermazione risulterebbe sconcertante. Pertanto, è preferibile considerare queste situazioni in ogni caso, anche ai fini dell'applicazione del diritto dei crimini di guerra, come conflitti armati internazionali[172].

b) Altri conflitti infrastatuali

962   Rimangono da analizzare quelle situazioni di conflittualità che si presentano all'interno del territorio di un solo Stato, ma nelle quali altri Stati esterni sostengano le parti belligeranti – ad esempio fornendo le armi necessarie – senza partecipare direttamente alle ostilità. In questo caso, si può parlare di conflitto armato di carattere internazionale soltanto quando l'azione di una delle parti coinvolte nel conflitto possa essere riconducibile allo Stato di supporto. In un certo senso, quindi, essa agirebbe come mera esecutrice per conto dello Stato terzo. Tali considerazioni inducono a chiedersi se e quando possa imputarsi allo Stato la condotta di un individuo che non si presenti *de iure* come suo organo (forze armate, forze di polizia, ecc.), ma abbia con lo Stato medesimo soltanto un legame *de facto*.

963   La risposta fornita dal diritto internazionale umanitario, a ben vedere, non risulta conclusiva. L'art. 4 A co. 1 Ginevra III accorda lo stato di prigionieri di guerra anche a milizie, corpi volontari e movimenti organizzati di resistenza, nella misura in cui resti "appartengano" ad una delle parti in conflitto. Ma la questione fondamentale, cioè quando una organizzazione "appartenga" ad una delle parti belligeranti, rimane irrisolta[173]. La Camera d'Appello del Tribunale penale internazionale per la ex Jugoslavia, nella sentenza del 15 luglio 1999, si è occupata approfonditamente dei possibili criteri di imputazione[174]. In particolare, i giudici hanno sostenuto che i parametri sviluppati dalla Corte internazionale di Giustizia nella senten-

---

[170] In argomento, con articolate argomentazioni, si veda Sandoz/Swinarski/Zimmermann-*Zimmermann*, Additional Protocols (1987), n. marg. 66 ss.
[171] Triffterer-*Zimmermann*, Rome Statute (1999), art. 8 n. marg. 249 s.
[172] In questi termini si veda anche Triffterer-*Zimmermann*, Rome Statute (1999), art. 8 n. marg. 250.
[173] ICTY, 15 luglio 1999, (Tadić, AC), § 93.
[174] ICTY, 15 luglio 1999, (Tadić, AC), §§ 88 ss. Cfr. sugli sviluppi della giurisprudenza della ICTY *Ambos*, in: Hasse/Müller/Schneider (a cura di), Humanitäres Völkerrecht (2001), 325, 332 ss.

za Nicaragua[175], in base ai quali è necessario un controllo effettivo (*effective control*) dello Stato sulle singole condotte, risultano in parte troppo restrittivi[176].

Quando le condotte in discussione siano state realizzate da gruppi militari organizzati – sottolinea ancora la Camera d'Appello – è sufficiente che lo Stato abbia la possibilità di esercitare un controllo generale (*overall control*)[177]. Non basta che lo Stato rifornisca tali gruppi con mezzi materiali ed armi, o che ne finanzi semplicemente l'attività, ma è invece necessario che coordini le operazioni militari o che ne sostenga la pianificazione. Anche se questo non implica che lo Stato debba impartire ai comandanti, o ai singoli membri dell'organizzazione, ordini direttamente in contrasto con le disposizioni del diritto internazionale[178]. Il criterio del controllo generale non risulta più sufficiente se riferito ad azioni prettamente individuali o commesse da gruppi di persone prive di organizzazione militare. In questi casi, per poter riconoscere al conflitto carattere internazionale, è necessario che lo Stato abbia impartito disposizioni specifiche in relazione alle singole fattispecie criminose o che faccia proprie le condotte poste in essere, approvandole successivamente in pubblico[179].

In questo modo, l'ICTY equipara, almeno in parte, i gruppi armati organizzati alle forze armate nazionali, le cui azioni sono sempre riferite allo Stato d'appartenenza. La Camera d'Appello giustifica tale operazione interpretativa ponendo l'accento sulla struttura fortemente gerarchizzata che spesso caratterizza l'organizzazione di questi gruppi: i singoli membri, di solito, non agiscono autonomamente, ma si limitano ad eseguire gli ordini del comandante. Pertanto, è sufficiente che lo Stato abbia un potere generale di controllo su un gruppo militare organizzato, anche quando i soggetti che vi fanno parte disattendano i comandi ricevuti[180]. Invero, quando lo Stato beneficia dei vantaggi che gli derivano dall'attività di una struttura organizzata, deve anche assumersi la responsabilità delle possibili

---

[175] ICJ, 27 giugno 1986, (Case Concerning Military and Paramilitary Activities in and against Nicaragua, Nicaragua v. USA), ICJ Reports 1986, 14, § 115.

[176] ICTY, 15 luglio 1999, (Tadić, AC), § 117. Nella decisione in esame, la Camera di prima istanza si è ampiamente uniformata ai criteri sviluppati nella sentenza Nicaragua dalla ICJ; cfr. ICTY, 7 maggio 1997, (Tadić, TC), §§ 582 ss. Con accenti critici in merito ai fondamenti dei criteri sviluppati nella sentenza Nicaragua, si veda *Meron* AJIL 92 (1998), 236 ss.

[177] ICTY, 15 luglio 1999, (Tadić, AC), § 137. Questa interpretazione corrisponde all'attuale orientamento della giurisprudenza; cfr. ad esempio ICTY, 3 marzo 2000 (Blaškić, TC), §§ 75 ss.; ICTY, 24 marzo 2000 (Aleksovski, AC), §§ 131 ss.; ICTY, 20 febbraio 2001 (Mucić et al., AC), § 26; ICTY, 26 febbraio 2001 (Kordić e Čerkez, TC), § 111; ICTY, 31 marzo 2003 (Naletilić e Martinović, TC), §§ 181 ss.; ICTY, 1° settembre 2004 (Brđanin, TC), § 124 ed infine ICTY, 17 dicembre 2004 (Kordić e Čerkez, AC), §§ 306 ss.

[178] ICTY, 15 luglio 1999 (Tadić, AC), §§ 131.

[179] ICTY, 15 luglio 1999 (Tadić, AC), §§ 137. Si discute se la successiva approvazione di un crimine da parte dello Stato possa essere sufficiente, rispetto agli obiettivi del diritto dei crimini di guerra, per riconoscere l'esistenza di un conflitto armato. Nella misura in cui la condotta in questione risulti penalmente rilevante solo nell'ambito di un conflitto armato internazionale, la punibilità del fatto emergerebbe in un momento successivo, non essendo prevista all'epoca della sua realizzazione.

[180] ICTY, 15 luglio 1999 (Tadić, AC), §§ 120 s.

conseguenze[181]. Se i reati commessi dalle organizzazioni non statali, o addirittura dai singoli individui, non sono riconducibili allo Stato, dovrà escludersi l'esistenza di un conflitto armato di carattere internazionale – con le sole eccezioni precedentemente richiamate della lotta contro l'oppressione coloniale o contro un regime razzista – anche quando la dimensione delle ostilità abbia valicato i confini nazionali[182].

966 In conclusione, un conflitto può essere definito internazionale quando si presenti nella forma tipica del conflitto tra Stati, cioè quando veda contrapposti due o più Stati differenti oppure uno Stato ed una organizzazione internazionale. Allo stesso modo, un conflitto può essere considerato di carattere internazionale anche quando solo uno Stato intervenga direttamente nelle ostilità, purché le azioni della parte avversaria siano ascrivibili ad un secondo Stato, che in questo modo diventa indirettamente parte del conflitto. In ultimo, hanno carattere internazionale anche i conflitti che si inseriscono nell'ambito delle guerre contro l'oppressione coloniale o contro un regime razzista.

3. Conflitti armati misti

967 Nella decisione sul caso *Tadić*, la Camera d'Appello del Tribunale penale internazionale per la ex Jugoslavia ha ricordato che all'interno del medesimo territorio possono presentarsi situazioni di conflittualità di diversa natura. Pertanto, la qualificazione di un conflitto armato come esclusivamente internazionale o non internazionale rischia di portare a soluzioni paradossali, e di causare gravi lacune nella tutela penale[183].

968 In simili casi, non è possibile stabilire in termini generali se siamo di fronte davvero ad un conflitto armato, né tanto meno se questo abbia natura internazionale o meramente interna. Piuttosto è preferibile un accertamento in concreto, che si basi sulla dinamica del fatto e sul contesto specifico in cui è stato realizzato. In altri termini, bisogna verificare se il reato commesso si inserisca o meno nell'ambito di un conflitto internazionale. Ciò dipende, prima di tutto, dalla parte belligerante che esprime il soggetto agente e dalla situazione conflittuale in cui il fatto è stato

---

[181] ICTY, 15 luglio 1999 (Tadić, AC), § 121. Bisogna sottolineare, tuttavia, che in simili situazioni il conflitto riveste carattere meramente interno, dovendo pertanto presentare il grado di intensità ivi necessario (cfr. *supra*, n. marg. 952 ss.); con opinioni diverse sul punto, si veda *Stewart*, International Review of the Red Cross 85 (2003), 313, 329 ss.

[182] *Greenwood*, in: Fleck (a cura di), Handbuch des humanitären Völkerrechts (1994), n. 202. Tuttavia, se si tratta di un conflitto armato non internazionale, valgono comunque le disposizioni del diritto internazionale umanitario. Sui presupposti dell'esistenza di un conflitto armato non internazionale, cfr. *supra*, n. marg. 952 ss.

[183] ICTY, 2 ottobre 1995 (Tadić, AC), §§ 76 s. Su posizioni contrarie *Ambos*, Internationales Strafrecht (2006), § 7 n. marg. 235. L'autore ritiene che la presenza di scontri limitati solo ad una parte del territorio comporti l'estensione del conflitto all'intera Regione. Tuttavia, non è chiaro se questa affermazione riguardi soltanto l'accertamento dell'esistenza del conflitto o anche la natura del medesimo.

posto in essere. Ad esempio, il territorio di un medesimo Stato potrebbe essere contestualmente interessato sia da un conflitto con un altro Stato, che con una organizzazione non statale. In questo caso, bisognerà stabilire a quale parte belligerante appartenga il soggetto agente ed all'interno di quale situazione conflittuale sia stato realizzato il fatto. Solo così si potrà accertare se il reato sia stato commesso o meno in relazione ad un conflitto armato internazionale e quali regole del diritto dei crimini di guerra siano applicabili[184].

III. Ambito di applicazione spaziale e temporale del diritto dei crimini di guerra

Quanto all'ambito di applicazione temporale e spaziale del diritto internazionale umanitario, e quindi anche del diritto dei crimini di guerra, la Camera d'Appello del Tribunale penale internazionale per la ex Jugoslavia ha stabilito che:

> «International humanitarian law applies from the initiation of such armed conflicts and extends beyond the cessation of hostilities until a general conclusion of peace is reached; or, in the case of internal conflicts, a peaceful settlement is achieved. Until that moment, international humanitarian law continues to apply in the whole territory of the warring States or, in the case of internal conflicts, the whole territory under the control of a party, whether or not actual combat takes place there»[185].

Le considerazioni appena richiamate, a ben vedere, mettono in luce come la commissione di crimini di guerra non sia limitata al luogo e al tempo dei combattimenti. L'ambito spaziale e temporale di applicazione delle fattispecie deve essere definito alla luce delle caratteristiche che esse presentano ed in base alle norme del diritto internazionale umanitario che vi stanno alla base. Per taluni crimini di guerra, è la stessa formulazione letterale della definizione normativa che implica la necessaria realizzazione della fattispecie nel momento e nel luogo di esecuzione dell'azione militare.

---

[184] Per il diritto penale tedesco è superfluo classificare un conflitto come internazionale oppure come meramente interno, poiché la maggior parte delle fattispecie del Codice dei crimini internazionali si applica in entrambi i casi. Nel dettaglio cfr. *infra*, n. marg. 1271 ss.

[185] ICTY, 2 ottobre 1995, (Tadić, AC), § 70. Quest'opinione corrisponde all'orientamento attuale della giurisprudenza cfr. ad esempio ICTY, 12 giugno 2002, (Kunarac et al., AC), § 57; ICTY, 30 novembre 2005, (Limaj et al., TC), § 84; ICTR, 2 settembre 1998, (Akayesu, TC), §§ 635 s.; ICTR, 21 maggio 1999, (Kayishema e Ruzindana, TC), §§ 182; ICTR, 6 dicembre 1999, (Rutaganda, TC), §§ 102 s.; ICTR, 27 gennaio 2000, (Musema, TC), §§ 283 s.; ICTR, 7 giugno 2001, (Bagilishema, TC), § 101; ICTR, 15 maggio 2003, (Semanza, TC), § 367; ICTR, 22 gennaio 2004, (Kamuhanda, TC), § 732.

IV. Il rapporto tra il singolo reato e il conflitto armato

971 La dimensione costitutiva dei crimini di guerra richiede che la singola azione esecutiva del reato si ponga in rapporto funzionale con il conflitto armato, cioè che sussista un nesso tra quest'ultimo e il fatto commesso[186]. Sul punto, il Tribunale penale internazionale per la ex Jugoslavia ha stabilito:

> «It is necessary to conclude that the act, which could well be committed in the absence of a conflict, was perpetrated against the victim(s) concerned because of the conflict at issue»[187].

972 Il reato deve essere commesso, pertanto, a causa del conflitto in atto. Il Tribunale penale internazionale per la ex Jugoslavia ha ribadito questa posizione in numerose sentenze, affermando la necessità che il fatto si presenti «chiaramente»[188] in relazione con il conflitto armato. Proprio la presenza di una situazione di conflittualità deve influenzare o condizionare in maniera significativa[189] la materiale capacità del soggetto agente di commettere il reato, la sua determinazione criminosa, le modalità esecutive o l'obiettivo perseguito. Questo si verifica, senza bisogno di precisare altro, quando il fatto ha avuto luogo nel corso di un combattimento o durante l'espugnazione di una città[190]. Oppure anche nel caso di violazione del divieto di utilizzare strumenti e metodi di combattimento illegittimi, poiché è ovvio che in

---

[186] Cfr. ICTY, 16 novembre 1998, (Mucić et al., TC), § 193. Quest'opinione corrisponde all'orientamento attuale della giurisprudenza cfr. ad esempio ICTY, 3 marzo 2000, (Blaškić, TC), § 69; ICTY, 26 febbraio 2001, (Kordić e Čerkez, TC), § 32; ICTY, 31 marzo 2003, (Naletilić e Martinović, TC), § 225; ICTY, 31 luglio 2003 (Stakić, TC), § 579; ICTY, 17 ottobre 2003 (Simić et al., TC), § 105; ICTY, 18 marzo 2004 (Jokić, TC), § 12; ICTY, 1° settembre 2004 (Brđanin, TC), § 121; ICTY, 17 gennaio 2005 (Blagojević e Jokić, TC), § 536; ICTY, 30 novembre 2005 (Limaj et al., TC), § 91; ICTY, 16 novembre 2005 (Halilović, TC), § 28; ICTY, 22 marzo 2006 (Stakić, AC), § 342; ICTY, 27 settembre 2006 (Krajišnik, TC), § 846; ICTR, 21 maggio 1999 (Kayishema e Ruzindana, TC), §§ 185 ss.; ICTR, 6 dicembre 1999 (Rutaganda, TC), § 104; ICTR, 27 gennaio 2000 (Musema, TC), § 259; ICTR, 1° giugno 2001 (Akayesu, AC), § 438; ICTR, 7 giugno 2001 (Bagilishema, TC), § 105; ICTR, 15 maggio 2003 (Semanza, TC), §§ 105, 516 ss.; ICTR, 15 febbraio 2004 (Ntagerura et al., TC), § 766. Gli EC in rel. ai crimini di guerra indicano ogni volta questo requisito con la seguente espressione: «the conduct took place in the context of and was associated with an (international) armed conflict». In questo caso, la questione del contesto in cui viene posta in essere la condotta si riferisce prima di tutto all'ambito di applicazione spaziale e temporale del diritto dei crimini di guerra (cfr. sul punto *supra*, n. marg. 969 s.), mentre la seconda parte della frase è relativa alla questione, qui di interesse, del collegamento tra il fatto ed il conflitto armato; in questi termini *Dörmann*, International Review of the Red Cross 82 (2000), 771, 779 s.

[187] ICTY, 25 giugno 1999 (Aleksovski, TC), § 45.

[188] ICTY, 16 novembre 1998 (Mucić et al., TC), § 193.

[189] ICTY, 12 giugno 2002 (Kunarac et al., AC), § 58; in termini simili ICTY, 22 marzo 2006 (Stakić, AC), § 342; ICTY, 29 novembre 2002 (Vasiljević, TC), § 25; ICTY, 30 novembre 2005 (Limaj et al., TC), § 91; ICTY, 15 marzo 2006 (Hadžihasanović e Kubura, TC), § 16; ICTY, 27 settembre 2006 (Krajišnik, TC), § 846; ICTR, 15 maggio 2003 (Semanza, TC), § 517; cfr. anche *Boed*, International Criminal Law Review 3 (2003), 405, 406 ss.

[190] ICTY, 16 novembre 1998 (Mucić et al., TC), § 193.

tempo di pace il soggetto agente non avrebbe commesso il reato o, quantomeno, non con le stesse modalità esecutive[191]. Non è necessario che le parti in conflitto abbiano dato l'ordine di eseguire la condotta o che l'abbiano anche solo autorizzata[192]. Inoltre, appare irrilevante se il soggetto abbia agito per sostenere gli obiettivi di una delle parti in conflitto oppure solo per perseguire uno scopo personale[193]. Un crimine di guerra può avere luogo anche al di fuori del territorio su cui si svolgono i combattimenti, nella misura in cui il reato sia in «stretta» relazione con l'azione militare[194]. La relazione funzionale tra reato e conflitto deve essere definita su un piano oggettivo.

1. Posizione del soggetto agente

La relazione funzionale tra il reato commesso ed il conflitto armato può emergere, in particolare, dal rapporto che lega il soggetto agente ad una delle parti in conflitto. Sul punto, nella sentenza 2 settembre 1998, l'ICTR ha stabilito:

> «Hence, the Prosecutor will have to demonstrate to the Chamber and prove that Akayesu was either a member of the armed forces under the military command of either of the belligerent parties, or that he was legitimately mandated and expected, as a public official or agent or person otherwise holding public authority or de facto representing the Government, to support or fulfil the war efforts. Indeed, the Chamber recalls that Article 4 of the Statute also applies to civilians»[195].

La giurisprudenza della Camera d'Appello dell'ICTR ha precisato che la posizione del soggetto agente rispetto alla parte coinvolta nelle ostilità non rappresenti un criterio *ex se* idoneo ad attestare l'esistenza di un crimine di guerra, ma piuttosto un indizio dell'effettiva relazione tra il reato e il conflitto[196]. Quest'ultima sussiste

---

[191] Cfr. *Fischer*, in: McDonald/Swaak-Goldman (a cura di), Substantive and Procedural Aspects of International Criminal Law, vol. 1 (2000), 67, 81 ss.

[192] ICTY, 7 maggio 1997 (Tadić, TC), § 573.

[193] Gli EC chiariscono che il dolo del soggetto agente debba riferirsi soltanto all'esistenza di un conflitto armato cfr. in argomento *Dörmann/La Haye/von Hebel*, in: Lee (a cura di), The International Criminal Court, Elements of Crimes and Rules of Procedure and Evidence (2001), 112, 121 s.

[194] ICTY, 2 ottobre 1995 (Tadić, AC), § 70. Quest'opinione corrisponde all'orientamento attuale della giurisprudenza; cfr. ad esempio ICTY, 7 maggio 1997 (Tadić, TC), § 573; ICTY, 16 novembre 1998 (Mucić et al., TC), § 193; ICTY, 3 marzo 2000 (Blaškić, TC), § 69; ICTY, 26 febbraio 2001 (Kordić e Čerkez, TC), § 32; ICTY, 12 giugno 2002 (Kunarac et al., AC), § 64; ICTY, 31 marzo 2003 (Naletilić e Martinović, TC), § 117; ICTY, 17 ottobre 2003 (Simić et al., TC), § 105; ICTY, 1° settembre 2004 (Brđanin, TC), § 123; ICTR, 6 dicembre 1999 (Rutaganda, TC), § 104; ICTR, 27 gennaio 2000 (Musema, TC), § 260; ICTR, 7 giugno 2001 (Bagilishema, TC), § 105; ICTR, 15 maggio 2003 (Semanza, TC), § 517.

[195] ICTR, 2 settembre 1998 (Akayesu, TC), § 640; confermata in ICTR, 21 maggio 1999 (Kayishema e Ruzindana, TC), §§ 174 s. Cfr. in argomento *Mettraux*, International Crimes and the *ad hoc* Tribunals (2005), 38 ss.

[196] ICTR, 1° giugno 2001 (Akayesu, AC), § 444; cfr. anche *Boed*, Criminal Law Forum 13 (2003), 293, 311 ss.

sempre quando il reato sia riferibile ad una delle parti in conflitto, per l'evidente ragione che proprio ad esse si indirizza in primo luogo il diritto internazionale umanitario. Ad ogni modo, a ciascuna delle parti belligeranti possono essere ascritte soltanto le condotte commesse dai propri membri o dalle proprie forze armate, come risulta dall'articolo 3 co. 2 della IV Convenzione dell'Aja (1907). Lo stesso vale per i membri delle milizie o di corpi volontari[197]. Tale disciplina può essere considerata parte delle disposizioni vigenti del diritto internazionale umanitario.

975   L'orientamento dell'ICTR che ammette la possibilità di riferire ad una parte in conflitto le condotte di individui estranei alle forze armate, purché abbiano comunque arrecato un contributo militare significativo, non rappresenta un punto di frizione rispetto alla disciplina del diritto internazionale umanitario. Ai sensi dell'art. 29 Ginevra IV, le parti in conflitto sono responsabili per le azioni dei loro «delegati», per tali intendendosi non solo i membri delle forze armate o di istituzioni simili, ma anche funzionari, giudici ed altre persone che agiscano su incarico dello Stato[198]. Laddove tali soggetti, nell'ambito del proprio ufficio, pongano in essere un'azione concretamente idonea ad integrare la dimensione tipica di un crimine di guerra, non può che riconoscersi l'esistenza di una relazione tra il reato commesso e il conflitto, senza peraltro che il fatto debba necessariamente riflettere la politica di una delle parti belligeranti o sia stato materialmente realizzato nel momento e nel luogo degli scontri militari[199].

2. Azioni individuali autonome

976   La posizione soggettiva dell'agente non è l'unica circostanza in base alla quale accertare l'esistenza di una relazione funzionale tra reato e conflitto. Almeno a partire dalla seconda guerra mondiale si è progressivamente affermata l'idea che anche i civili possano commettere crimini di guerra[200]. Ad esempio, la suddetta relazione

---

[197] Cfr. *supra*, n. marg. 962 ss.
[198] Cfr. *Pictet* (a cura di), Geneva Convention IV (1958), 211 s. Con quest'espressione s'intendono non soltanto organi dello Stato, ma anche persone incaricate dell'esecuzione di funzioni pubbliche che non sono organi dello Stato. Su questa differenza si veda *Ipsen*, in: Ipsen, Völkerrecht, 5ª ed. (2004), § 40 n. marg. 3 ss. e 10 ss.
[199] Proprio grazie a questi elementi i crimini di guerra si differenziano dai crimini contro l'umanità, che richiedono la presenza di un attacco esteso e sistematico. I principi sviluppati dall'ICTY nella definizione del collegamento tra la singola condotta e il fatto di contesto nell'ambito dei crimini contro l'umanità (cfr. sul punto *supra*, n. marg. 753, 755 ss.), pertanto, non possono essere riferiti alla categoria dei crimini di guerra. Che la realizzazione di crimini di guerra non debba necessariamente essere rispondente alla politica ufficiale della parte in conflitto risulta anche dalla lettura dell'art. 8 co. 1 St-ICC, che attribuisce alla Corte penale internazionale competenza sui crimini di guerra anche quando non siano "parte di un piano o di una politica". Anche in questi casi, pertanto, è possibile parlare di crimini di guerra.
[200] Cfr. *Henckaerts/Doswald-Beck*, Customary International Humanitarian Law, vol. I (2005), 573; *Kittichaisaree*, International Criminal Law (2001), 133; *Levie*, Terrorism in War (1993), 433 s. Anche la giurisprudenza dell'ICTR riconosce che i crimini di guerra possono essere commessi da singoli individui; cfr. ad esempio ICTR, 27 gennaio 2000 (Musema, TC), §§ 274 s.; ICTR, 1° giugno

funzionale esiste quando il fatto sia stato ordinato, o anche solo approvato dopo la sua realizzazione, da una delle parti in conflitto[201] che recepisce tali azioni come parte della propria politica[202].

Dopo la seconda guerra mondiale, tuttavia, alcuni individui vennero accusati di reati che non erano stati ordinati, né tanto meno approvati, da taluno dei belligeranti[203]. È evidente che la relazione funzionale di cui si discute non può più fondarsi, in questo caso, sulla riconducibilità del fatto alla volontà di una delle parti in conflitto. Né può essere a tal fine sufficiente il criterio del mancato impedimento di azioni criminose[204], perché in questo modo si finirebbe non per imputare alla parte il comportamento del soggetto agente, ma soltanto per rimproverarle un'omissione[205]. Non bisogna dimenticare, tuttavia, che alcune previsioni del diritto internazionale umanitario pongono precisi obblighi di condotta in capo ai singoli individui[206]. Alla luce di queste considerazioni, può esistere nel caso concreto una relazione funzionale tra il fatto commesso e il conflitto bellico, anche senza riferire tale fatto ad una delle parti coinvolte nelle ostilità, come peraltro lo stesso ICTR non ha mancato di sottolineare espressamente[207]. Al contrario, non basta che soggetti privati si limitino a sfruttare la situazione di conflittualità al fine di commettere reati[208].

2001 (Akayesu, AC), §§ 425 ss.; ICTR, 22 gennaio 2004 (Kamuhanda, TC), §§ 725 ss.

[201] *Pictet* (a cura di), Geneva Convention IV (1958), 212. Cfr., in generale, sulla responsabilità dello Stato per la condotta di soggetti privati *Ipsen*, in: Ipsen, Völkerrecht, 5ª ed. (2004), § 40 n. marg. 29.

[202] ICTY, 7 maggio 1997 (Tadić, TC), §§ 574 s. Poiché qui il soggetto agente potrebbe essere un incaricato ai sensi dell'art. 29 Ginevra IV, il collegamento tra il fatto da questi commesso il conflitto armato risulterebbe evidente già da questo punto di vista.

[203] Cfr. in particolare il cosiddetto *Essen Lynching Case*, British Military Court Essen, 22 dicembre 1945, in: UNWCC, Law Reports of Trials of War Criminals I (1947), 88 ss. Nel corso di questo processo, assieme agli altri imputati, vennero condannati per crimini di guerra anche tre civili, che avevano ucciso prigionieri di guerra alleati. Cfr. anche il cosiddetto *Zyklon B Case*, British Military Court Hamburg, 8 marzo 1946, in: UNWCC, Law Reports of Trials of War Criminals I (1947), 93 ss.

[204] Cfr. *Pictet* (a cura di), Geneva Convention IV (1958), 213.

[205] *Ipsen*, in: Ipsen, Völkerrecht, 5ª ed. (2004), § 40 n. marg. 33.

[206] Cfr. ad esempio art. 18 co. 2, secondo periodo, Ginevra II; cfr. anche *David*, Principes de droit des conflits armés, 3ª ed. (2002), n. marg. 1.195 e 4.65.

[207] Cfr. ICTR, 21 maggio 1999 (Kayishema e Ruzindana, TC), § 188, secondo la quale il suddetto collegamento deve essere ogni volta accertato nel singolo caso di specie; ICTR, 1° giugno 2001 (Akayesu, AC), §§ 425 ss.; ICTR, 15 maggio 2003 (Semanza, TC), §§ 358 ss.; ancora ICTR, 2 settembre 1998 (Akayesu, TC), § 640, e ICTR, 21 maggio 1999 (Kayishema e Ruzindana, TC), § 175, dove il Tribunale ha ristretto il novero dei possibili soggetti agenti alle persone che *de facto* o *de iure* si presentano per conto del governo. In generale, sugli obblighi imposti dal diritto internazionale umanitario in capo ai singoli individui si veda, ad esempio, l'art. 18 co. 2, secondo periodo, Ginevra II; cfr. anche *Boed*, Criminal Law Forum 13 (2003), 293, 318; *David*, Principes de droit des conflits armés, 3ª ed. (2002), n. marg. 1.195, 4.65.

[208] Cfr. ICTR, 26 maggio 2003 (Rutaganda, AC), § 570.

3. Motivazioni del soggetto agente

978 Questione controversa è stabilire cosa accada quando l'autore del reato agisca per motivi puramente personali, che lascino sullo sfondo la relazione con la dimensione del conflitto bellico[209]. Quest'interrogativo si presenta, ad esempio, qualora un soldato sentinella uccida un prigioniero di guerra per mera gelosia. È decisiva, come sempre, la relazione funzionale tra il reato e il conflitto armato: il pericolo specifico cui ciascun prigioniero di guerra è sottoposto rimane tale anche quando il soggetto agente abbia motivi personali per arrecargli un danno[210]. Gli interessi tutelati dal diritto dei crimini di guerra vengono lesi, pertanto, ogni volta che la specifica situazione di pericolo renda possibile o anche solo più agevole la commissione del reato.

V. L'elemento soggettivo

1. La consapevolezza del conflitto bellico

979 Gli EC relativi ai crimini di guerra precisano che il soggetto agente debba avere conoscenza delle circostanze fattuali da cui risulta l'esistenza di un conflitto armato. Una conoscenza che non deve necessariamente tradursi in una valutazione giuridica di tali circostanze, secondo quanto chiarito nell'introduzione agli Elementi dei Crimini. L'esistenza di un conflitto armato non rappresenta solo una condizione obiettiva di punibilità o un presupposto per l'attribuzione della giurisdizione alla Corte penale internazionale, ma è un elemento che rientra anche nella rappresentazione dell'agente[211].

980 Al contrario, non è necessario che il soggetto si rappresenti le circostanze che attribuiscono al conflitto armato carattere internazionale o interno, né tantomeno che sia in grado di qualificarlo secondo parametri giuridici[212]. Si tratta di una preci-

---

[209] Cfr. *Dörmann*, in: Fischer/Kreß/Lüder (a cura di), International and National Prosecution of Crimes Under International Law (2001), 95, 103; *Fischer*, in: McDonald/Swaak-Goldman (a cura di), Substantive and Procedural Aspects of International Criminal Law, vol. 1 (2000), 67, 82.

[210] Con diversità di soluzioni *Dahm/Delbrück/Wolfrum*, Völkerrecht, vol. I/3, 2ª ed. (2002), 1070; *Dörmann*, International Review of the Red Cross 82 (2000), 771, 780.

[211] Si veda anche *Dörmann*, International Review of the Red Cross 82 (2000), 771, 779 ss.

[212] Nell'introduzione degli EC in rel. ai crimini di guerra si legge: «There is no requirement for a legal evaluation by the perpetrator as to the existence of an armed conflict or its character as international or noninternational; In that context there is no requirement for awareness by the perpetrator of the facts that established the character of the conflict as international or noninternational; There is only a requirement for the awareness of the factual circumstances that established the existence of an armed conflict that is implicit in the terms 'took place in the context of and was associated with'». Cfr. anche *Dörmann/La Haye/von Hebel*, in: Lee (a cura di), The International Criminal Court, Elements of Crimes and Rules of Procedure and Evidence (2001), 112, 122; si veda anche *supra*, n. marg. 364; su posizioni diverse ICTY, 3 maggio 2006 (Naletilić e Martinović, AC), §§ 113 ss., dove si richiede, con riferimento al principio di colpevolezza, la conoscenza da parte del soggetto agente delle circostanze che determinano la natura del conflitto.

sazione importante soprattutto nei casi in cui il carattere internazionale del conflitto dipenda dall'azione di supporto di uno Stato terzo a vantaggio di una delle parti coinvolte nelle ostilità, di cui è lecito supporre non vi siano palesi manifestazioni.

Una soluzione diversa si prospetta laddove la natura del conflitto rappresenti un presupposto necessario per la punibilità della condotta costitutiva del crimine di guerra, sicché quest'ultimo possa trovare concretizzazione esclusivamente nell'ambito di un conflitto armato di carattere internazionale. In applicazione del fondamentale principio di colpevolezza, il soggetto agente deve necessariamente conoscere la natura del conflitto in atto[213].

981

2. L'elemento della *wilfulness* nel diritto dei crimini di guerra

Nel descrivere l'elemento soggettivo del reato, alcune fattispecie incriminatrici derivanti dal diritto internazionale umanitario fanno ricorso al termine *wilfulness*[214], che è in parte ripreso anche nelle disposizioni dello Statuto di Roma[215]. Nell'ambito del diritto internazionale umanitario il concetto di *wilfulness* viene interpretato tanto estensivamente da farvi rientrare anche ipotesi pacificamente riconducibili alla figura della *recklessness*[216], diffusa negli ordinamenti giuridici di matrice anglo-americana. In linea di principio, questa interpretazione viene accolta anche nell'ambito del diritto dei crimini di guerra. Quando l'elemento soggettivo richiesto per l'integrazione di una fattispecie ricompresa nella categoria dei crimini di guerra è rappresentato dalla *wilfulness*, allora è sufficiente che il soggetto agente abbia agito con avventata noncuranza di fronte al rischio del verificarsi dell'evento[217].

982

---

[213] Cfr. *Ambos*, Der Allgemeine Teil des Völkerstrafrechts (2002), 783. Nel risolvere la questione se un determinato comportamento possa essere punibile esclusivamente nell'ambito di un conflitto armato internazionale, tuttavia, non si può considerare soltanto se l'articolo 8 St-ICC preveda la medesima fattispecie il riferimento ad entrambe le forme di conflitto. Piuttosto è decisivo valutare se, in base al diritto consuetudinario, un fatto risulti punibile come crimine di guerra limitatamente all'ambito dei conflitti armati internazionali. Per questo, l'articolo 8 St-ICC rappresenta in primo luogo una disposizione attributiva della competenza; il principio di colpevolezza non deve servire a proteggere i soggetti autori di simili reati dal rischio di essere chiamati in giudizio, di fronte ad un determinato tribunale, a rispondere delle proprie responsabilità; sul punto, con diversità di opinioni *Ambos*, loc. ult. cit.

[214] Cfr. art. 130 Ginevra III: «wilful killing», «wilfully causing great suffering or serious injury to body or health», «wilfully depriving a prisoner of war of the rights of fair and regular trial»; art. 11 co. 4 Protocollo I: «any wilful act or omission which seriously endangers the physical or mental health or integrity of any person»; art. 85 co. 3, 4 Protocollo I: «the following shall be regarded as grave breaches of this Protocol, when committed wilfully».

[215] Cfr. art. 8 co. 2 a) i), iii), vi) St-ICC.

[216] Cfr. *Henckaerts/Doswald-Beck*, Customary International Humanitarian Law, vol. I (2005), 574; Sandoz/Swinarski/Zimmermann-*Zimmermann*, Additional Protocols (1987), n. marg. 3474; con ampie argomentazioni, si veda *supra*, n. marg. 382, 394 ss.

[217] Cfr. ICTY, 28 febbraio 2005 (Kvočka et al., AC), § 261; ICTY, 16 novembre 1998 (Mucić et al., TC), § 439; ICTY, 2 agosto 2001 (Krstić, TC), § 485; ICTY, 17 gennaio 2005 (Blagojević e Jokić, TC), § 556; ICTY, 16 novembre 2005 (Halilović, TC), § 35.

Questa conclusione trova conferma, in particolare per il crimine di guerra di omicidio, nella giurisprudenza dei Tribunali *ad hoc*[218].

983 Ad ogni modo, non è possibile adottare un approccio schematico. Per alcune categorie di crimini di guerra, considerazioni di carattere sistematico, oltre che la stessa lettura del dato testuale, evidenziano l'insufficienza della sola *recklessness*. In particolare, si tratta di fattispecie relative ad aggressioni rivolte verso obiettivi non militari[219]. Sebbene in questi casi le disposizioni del diritto internazionale umanitario utilizzino il termine *wilfulness*[220], di regola è necessario che il soggetto abbia agito in maniera intenzionale[221]. Dall'altro lato, anche quando nelle disposizioni dello Statuto di Roma non venga utilizzato il concetto di *wilfulness*, può essere sufficiente un coefficiente soggettivo al di sotto della soglia del dolo diretto, laddove lo prevedano le norme del diritto internazionale umanitario. Un esempio ci viene offerto dalla fattispecie di cui all'art. 8 co. 2 b) vi) St-ICC, relativa all'uccisione o al ferimento di individui disarmati[222].

984 Nella sentenza del 3 marzo 2000, resa nel processo contro *Blaškić*, la Camera di prima istanza dell'ICTY ha stabilito che, per tutti i crimini riconducibili alle gravi violazioni delle Convenzioni di Ginevra ed all'articolo 3 com., la *recklessness* costituisca un coefficiente soggettivo di sufficiente intensità[223]. Con la conseguenza che risulta irrilevante se nella tipizzazione di una singola figura criminosa sia utilizzato o meno il concetto di *wilfulness*. Questa posizione, che ha trovato conferma nella successiva giurisprudenza dello stesso Tribunale[224], risulta decisamente opinabile[225]. Nel 2004 la Camera d'Appello ha precisato che, in ogni caso, il soggetto deve agire rappresentandosi quantomeno la probabilità che l'evento si verifichi[226]. I giudici, tuttavia, non hanno preso posizione in merito alla questione se – come deciso dalla Camera di prima istanza – per tutte le fattispecie riconducibili alle gravi violazioni delle Convenzioni di Ginevra ed all'articolo 3 com. possa essere sufficiente il medesimo coefficiente soggettivo.

---

[218] Cfr. *infra*, n. marg. 1004 come pure n. marg. 984. Su quali siano le conseguenze che derivano, in merito all'interpretazione dell'elemento soggettivo, dalla nuova giurisprudenza dell'ICTY, cfr. *supra*, n. marg. 355 s.
[219] Cfr. *infra*, n. marg. 1143, 1145, 1150, 1152, 1158.
[220] Cfr. l'introduzione dell'art. 85 co. 3 Protocollo I.
[221] Cfr. nel particolare *infra*, n. marg. 1143.
[222] Cfr. *infra*, n. marg. 1008.
[223] ICTY, 3 marzo 2000 (Blaškić, TC), §§ 151, 182.
[224] Cfr. ICTY, 26 febbraio 2001 (Kordić e Čerkez, TC), § 260.
[225] ICTY, 29 novembre 2002 (Vasiljević, TC), § 194.
[226] ICTY, 29 luglio 2004 (Blaškić, AC), §§ 41 s.; cfr. anche *supra*, n. marg. 355.

C. Crimini di guerra contro gli individui

I. Delimitazione dell'ambito delle persone tutelate

Il diritto internazionale consente nel corso di un conflitto bellico alcune condotte di norma considerate illegittime, come l'uccisione e il ferimento, purché siano sempre rispettate le regole del diritto internazionale umanitario. Pertanto, le fattispecie incriminatrici di conio internazionale devono precisare a quali condizioni le suddette condotte assumono lo stigma dell'illiceità e possono essere sottoposte a sanzione penale, in primo luogo delimitando puntualmente l'ambito dei soggetti tutelati.

985

1. La tutela delle persone nelle Convenzioni di Ginevra

I crimini di guerra che trovano origine nel cosiddetto "diritto di Ginevra", cioè nelle quattro Convenzioni e nei Protocolli aggiuntivi, di solito possono essere commessi solo contro individui che non prendano – o non prendano più – parte ai combattimenti.

986

a) Le «persone tutelate» nei conflitti internazionali

In riferimento ai conflitti armati internazionali, le Convenzioni di Ginevra utilizzano unitariamente il concetto di «persone tutelate» per delineare l'ambito dei soggetti che risultano particolarmente bisognosi di protezione e, per questo motivo, potrebbero diventare vittime di una «grave violazione» delle Convenzioni medesime[227]. Non è possibile stabilire in termini generali per tutte le Convenzioni chi appartenga, nel caso concreto, alla categoria delle persone tutelate, poiché ciò dipende essenzialmente dallo specifico obiettivo di tutela perseguito da ciascuna di esse[228].

987

La disciplina contenuta nelle prime tre Convenzioni di Ginevra si rivolge alla tutela dei soldati malati, feriti, o naufraghi e dei prigionieri di guerra. In questo contesto, vengono definite persone tutelate solo coloro che siano, prima di tutto, membri delle forze armate o soggetti comunque autorizzati a prendere parte alle azioni militari, rispetto ai quali si palesi anche uno specifico bisogno di protezione.

988

Per forze armate si intendono «i gruppi e le unità formate attraverso un atto organizzativo giuridico o di mero fatto, che siano suddivisi militarmente, armati e contraddistinti in maniera specifica (ad esempio, attraverso uniformi, fasce al brac-

989

---

[227] Cfr. anche ICTY, 17 dicembre 2004 (Kordić e Čerkez, AC), § 38.
[228] Cfr. in particolare art. 13 Ginevra I, art. 13 Ginevra II, art. 4 Ginevra III, art. 13 Ginevra IV. Sullo status e sulla tutela delle persone che dal 2001 sono state arrestate nell'ambito del conflitto in Afghanistan, *Naqvi*, International Review of the Red Cross 84 (2002), 571 ss.; *Sassòli*, Journal of International Criminal Justice 2 (2004), 96 ss.; *Stuckenberg* JZ 2006, 1142 ss.

cio oppure altri segni distintivi chiaramente visibili dall'esterno)»[229]. In ogni caso, sono autorizzati a partecipare ai combattimenti anche i membri di milizie o di corpi volontari, nella misura in cui presentino alcune caratteristiche che li rendono paragonabili alle forze armate ordinarie, nonché semplici civili che spontaneamente e senza una precedente organizzazione impugnano le armi per contrastare il nemico che avanza (cd. *levée en masse*). Anche taluni soggetti non autorizzati a partecipare direttamente alle operazioni militari[230] rientrano nella categoria delle persone tutelate dalla Convenzione: si tratta, in particolare, di coloro che accompagnano le forze armate senza esserne parte[231], come il personale sanitario, religioso e i membri di organizzazioni umanitarie[232].

È necessario, inoltre, che siano integrati tutti presupposti aggiuntivi puntualizzati da ogni singola Convenzione, considerati fondamento delle specifiche esigenze di tutela da ciascuna perseguite. Rientrano nella cerchia dei soggetti tutelati dalle Convenzioni in esame i malati o i feriti (art. 13 Ginevra I e II), i naufraghi (art. 13 Ginevra II), o coloro che sono caduti nelle mani dei nemici (art. 4 A Ginevra III)[233]. La terza Convenzione di Ginevra concede agli ex membri delle forze armate, internati in un Paese occupato o in uno Stato terzo, lo *status* di prigioniero di guerra e tutte le garanzie che ne conseguono.

La quarta Convenzione di Ginevra tutela le persone sottoposte al potere di una parte nemica (art. 4 co. 1 Ginevra IV). Questo requisito deve essere interpretato estensivamente, così da ricomprendervi anche coloro che, senza aver avuto alcun contatto diretto col nemico, si trovino su un territorio da controllato dalla parte avversaria[234].

Tutti coloro che ricevono già protezione in base alle altre Convenzioni rimangono fuori dall'ambito della quarta Convenzione di Ginevra. Quest'ultima si applica a prescindere dalla effettiva partecipazione dei singoli soggetti alle operazioni militari. Ciò significa che la tutela della quarta Convenzione si estende anche ai cosiddetti partigiani (o volontari), cioè individui che imbracciano le armi senza essere legittimati come combattenti[235]. Ma ciò avviene, a ben vedere, con alcune dif-

---

[229] Cfr. *Ipsen*, in: Ipsen, Völkerrecht, 5ª ed. (2004), § 68 n. marg. 34.

[230] Ai sensi dell'articolo 43 co. 2 del Protocollo I, tutti gli appartenenti alle forze armate, con eccezione del personale sanitario e dei cappellani militari, sono autorizzati a prendere parte ai combattimenti.

[231] Cfr. art. 13 co. 4, 5 Ginevra I e II, art. 4 A co. 4, 5 Ginevra III.

[232] Cfr. artt. 24-26 Ginevra I.

[233] Feriti, malati e naufraghi sono soggetti tutelati anche quando non si trovino ancora nelle mani del nemico; cfr. *Pictet* (a cura di), Geneva Convention I (1952), 135.

[234] ICTY, 7 maggio 1997 (Tadić, TC), § 579; ICTY, 16 novembre 1998 (Mucić et al., TC), § 246; ICTY, 31 marzo 2003 (Naletilić e Martinović, TC), § 208; *Pictet* (a cura di), Geneva Convention IV (1958), 47. Cfr. anche *Fischer*, in: McDonald/Swaak-Goldman (a cura di), Substantive and Procedural Aspects of International Criminal Law, vol. 1 (2000), 67, 86 s.; *Mettraux*, International Crimes and the *ad hoc* Tribunals (2005), 64 ss.

[235] Cfr. *Dörmann*, International Review of the Red Cross 85 (2003), 45 ss.; *Pictet* (a cura di),

ferenze. Qualora tali soggetti partecipassero attivamente ai combattimenti, infatti, potrebbero essere oggetto di un attacco militare. Anche in questo caso, comunque, continueranno a trovare applicazione le regole generali che impongono di risparmiare i civili e di contenere il più possibile le perdite nella popolazione[236]. Laddove cadessero nelle mani del nemico, non vi sarebbe alcuna ragione per accordare loro il trattamento di prigionieri di guerra e, soprattutto, potrebbero essere considerati responsabili per aver preso parte al conflitto armato. Questi soggetti, tuttavia, non perdono lo *status* di persone tutelate ai sensi della quarta Convenzione di Ginevra e, in particolare, mantengono il diritto ad un processo corretto[237].

Nell'applicazione dell'articolo 8 co. 2 a) St-ICC si impone una particolare attenzione. La norma elenca tutte le gravi violazioni disciplinate dalle Convenzioni di Ginevra e, nella parte introduttiva, attribuisce loro la qualifica di crimini di guerra laddove vengano commesse nei confronti di soggetti tutelati. Questa formulazione, a ben vedere, può essere fonte di non pochi fraintendimenti. Infatti, non tutte le fattispecie individuata all'art. 8 co. 2 a) i) fino a viii) St-ICC costituiscono gravi violazioni delle quattro Convenzioni di Ginevra: ad esempio, l'illegittimo arresto o la presa in ostaggio di un individuo[238] possono essere considerati tali esclusivamente ai sensi della quarta Convenzione. Pertanto, è necessario che la condotta sia qualificata come grave violazione proprio dalla Convenzione che tutela quella specifica categoria di vittime[239].

Le disposizioni relative all'ambito dei soggetti tutelati trovano pacificamente applicazione ai conflitti armati internazionali; quando si tratti di civili, di regola è la cittadinanza il criterio decisivo per stabilire la loro appartenenza ad una parte belligerante. Tuttavia, il conflitto consumatosi nei Balcani dal 1992 al 1994 ha reso ancora più evidente l'assoluta inadeguatezza di questo criterio nei casi in cui si contrappongano gruppi etnici differenti. Giustamente la Camera d'Appello del Tribunale penale internazionale per la ex Jugoslavia, già nella decisione del 2 ottobre 1995, ha evidenziato come la sola applicazione del criterio della cittadinanza potesse portare alla paradossale conseguenza di non riconoscere ai serbo-bosniaci, di fronte al governo bosniaco, lo *status* di persone tutelate ai sensi della quarta Convenzione di Ginevra[240], poiché erano in possesso della cittadinanza bosniaca.

Geneva Convention IV (1958), 50 s.; Sandoz/Swinarski/Zimmermann-*Pilloud/Pictet*, Additional Protocols (1987), n. marg. 2909. Sullo status di soggetti tutelati dei giornalisti durante i conflitti armati, si veda *Balguy-Gallois*, International Review of the Red Cross 86 (2004), 37 ss.

[236] Cfr. *Gasser*, in: Fleck (a cura di), Handbuch des humanitären Völkerrechts (1994), n. 501.

[237] Cfr. *Gasser*, in: Fleck (a cura di), Handbuch des humanitären Völkerrechts (1994), n. 501. Questa conclusione deriva dalla lettura *a contrario* dell'art. 5 Ginevra IV e dell'art. 45 co. 3 Protocollo I, laddove si prevede che gli individui esclusi dalla tutela della quarta Convenzione di Ginevra abbiano almeno diritto alla tutela minima garantita dall'art. 75 Protocollo I.

[238] Cfr. l'art. 8 co. 2 a) vii) e viii) St-ICC.

[239] Allo stesso modo Triffterer-*Fenrick*, Rome Statute (1999), art. 8 n. marg. 7. Sia l'art. 8 co. 2 a) St-ICC, che gli Elementi dei Crimini, omettono di precisare quale sia la differente intensità di tutela.

[240] ICTY, 2 ottobre 1995 (Tadić, AC), § 76.

995   Nella sentenza del 15 luglio 1999, il Tribunale ha sottolineato come tale criterio non sia in grado di rispecchiare la realtà di un moderno conflitto armato. Nei conflitti interetnici, infatti, è l'appartenenza ad una determinata etnia il fattore decisivo per l'attribuzione dello status di soggetto tutelato:

> «While previously wars were primarily between well-established States, in modern inter-ethnic armed conflicts such as that in the former Yugoslavia, new States are often created during the conflict and ethnicity rather than nationality may become the grounds for allegiance. Or, put another way, ethnicity may become determinative of national allegiance. Under these conditions, the requirement of nationality is even less adequate to define protected persons. In such conflicts, not only the text and the drafting history of the Convention but also, and more importantly, the Convention's object and purpose suggest that allegiance to a Party to the conflict and, correspondingly, control by this Party over persons in a given territory, may be regarded as the crucial test»[241].

996   In questo modo, il Tribunale è riuscito ad adeguare la disciplina del diritto internazionale umanitario ai mutamenti della realtà attuale[242], fornendo una ricostruzione interpretativa che è divenuta criterio risolutivo anche nella decisione di altri casi. Ad esempio, è stato possibile fare riferimento all'orientamento religioso dei soggetti coinvolti nell'ostilità, laddove questo elemento caratterizzasse in maniera specifica la natura del conflitto.

b) I soggetti tutelati nell'ambito dei conflitti armati non internazionali

997   Per quanto riguarda i conflitti armati non internazionali, l'art. 3 com. tutela:

> «le persone che non partecipano direttamente alle ostilità, compresi i membri delle forze armate che abbiano deposto le armi e le persone messe fuori combattimento da malattie, ferite, detenzione o qualsiasi altra causa».

L'articolo 4 co.1 Protocollo II contiene un'analoga disposizione.

---

[241] ICTY, 15 luglio 1999 (Tadić, AC), § 166. Questa opinione corrisponde all'orientamento attuale della giurisprudenza; cfr. ad esempio ICTY, 3 marzo 2000 (Blaškić, TC), § 127; ICTY, 24 marzo 2000 (Aleksovski, AC), §§ 150 ss.; ICTY, 20 febbraio 2001 (Mucić et al., AC), § 84; ICTY, 26 febbraio 2001 (Kordić e Čerkez, TC), § 152; ICTY, 31 marzo 2003 (Naletilić e Martinović, TC), §§ 204 ss.; ICTY, 29 luglio 2004 (Blaškić, AC), §§ 167 ss.; ICTY, 1° settembre 2004 (Brđanin, TC), §§ 125; ICTY, 17 dicembre 2004 (Kordić e Čerkez, AC), §§ 322 ss.; cfr. inoltre ICTY, 16 novembre 1998 (Mucić et al., TC), §§ 247 ss.

[242] Sugli sviluppi della giurisprudenza dell'ICTY, *Meron* AJIL 94 (2000), 239, 256 ss.; *Mettraux*, International Crimes and the *ad hoc* Tribunals (2005), 68 ss.; *Wagner*, International Review of the Red Cross 85 (2003), 351, 371 ss. Sui problemi che possono derivare dall'interpretazione estensiva del concetto di persone tutelate, si rinvia a *Sassòli/Olson*, International Review of the Red Cross 82 (2000), 733, 743 ss.

Lo Statuto di Roma recepisce tale previsione all'articolo 8 co. 2 c). Gli Elementi dei Crimini, inoltre, così definiscono l'ambito dei soggetti tutelati:

998

> «Such person or persons were either *hors de combat*, or were civilians, medical personnel or religious personnel taking no active part in the hostilities»[243].

Una definizione aperta e non rigida dei soggetti tutelati, proprio come quella ora esaminata, risulta certamente più adeguata alle caratteristiche dei moderni conflitti armati[244]. Elemento decisivo, in ogni caso, è che la vittima non abbia preso parte alle ostilità al momento della commissione del fatto[245].

c) L'elemento soggettivo

Secondo quanto previsto dal n. 3 degli EC in rel. all'art. 8 co. 2 a) i) St-ICC, il soggetto agente deve conoscere le circostanze in base alle quali un individuo acquista lo status di persona tutelata. La giurisprudenza del Tribunale penale internazionale per la ex Jugoslavia, al contrario, ritiene sufficiente che l'agente avesse anche solo potuto averne conoscenza[246].

999

2. La tutela degli individui nelle altre fattispecie incriminatici

Anche le fattispecie del diritto dei crimini di guerra che non hanno origine nelle Convenzioni di Ginevra spesso limitano la tutela solo a determinate categorie soggettive[247]. Si tratta di disposizioni che non presentano particolari problemi interpretativi in merito all'individuazione del relativo ambito di applicazione, poiché in fondo la stessa formulazione delle fattispecie chiarisce quale possa essere l'oggetto del reato.

1000

II. L'omicidio

L'uccisione di soggetti tutelati nell'ambito di un conflitto armato internazionale viene punita in base all'art. 8 co. 2 a) i) St-ICC. Tale condotta costituisce una gra-

1001

---

[243] Elementi dei Crimini relativi all'art. 8 co. 2 c) i), iv).
[244] Cfr. sul punto ICTY, 7 maggio 1997 (Tadić, TC), § 615; ICTY, 14 dicembre 1999 (Jelisić, TC), § 34; ICTY, 3 marzo 2000 (Blaškić, TC), § 180; ICTY, 2 novembre 2001 (Kvočka et al., TC), § 124; ICTY, 16 novembre 2005 (Halilović, TC), §§ 33 s.; ICTY, 15 marzo 2006 (Hadžihasanović e Kubura, TC), § 19; ICTR, 2 settembre 1998 (Akayesu, TC), § 629; ICTR, 21 maggio 1999 (Kayishema e Ruzindana, TC), §§ 179 s.; ICTR, 6 dicembre 1999 (Rutaganda, TC), §§ 100 s.; ICTR, 15 maggio 2003 (Semanza, TC), §§ 99 ss., 363 ss.; ICTR, 22 gennaio 2004 (Kamuhanda, TC), §§ 730 ss.; *Mettraux*, International Crimes and the *ad hoc* Tribunals (2005), 134 ss., 142 ss.
[245] Cfr. ICTY, 31 luglio 2003 (Stakić, TC), § 581; ICTY, 17 gennaio 2005 (Blagojević e Jokić, TC), § 540; ICTY, 16 novembre 2005 (Halilović, TC), § 32; ICTY, 30 novembre 2005 (Limaj et al., TC), § 176.
[246] Cfr. ICTY, 16 novembre 2005 (Halilović, TC), § 36.
[247] Cfr. ad esempio l'art. 8 co. 2 b) x) St-ICC: «[P]ersone che si trovano in potere del nemico [...]».

ve violazione delle quattro Convenzioni di Ginevra[248]. L'art. 8 co. 2 c) i) St-ICC, invece, contiene una analoga disposizione applicabile ai conflitti armati non internazionali, che si richiama all'art. 3 com[249]. Sebbene il testo della versione inglese dell'art. 3 («murder») si differenzi dalla formulazione letterale delle disposizioni relative alle gravi violazioni delle Convenzioni di Ginevra, in cui si parla espressamente di «wilful killing», deve ritenersi che il contenuto delle fattispecie sia sostanzialmente corrispondente[250]. Così si esprime, peraltro, anche la versione tedesca dello Statuto di Roma, che descrive le condotte di entrambe le fattispecie come omicidio doloso. Le caratteristiche del fatto tipico risultano identiche, inoltre, a quelle della fattispecie di omicidio doloso prevista all'interno della categoria dei crimini contro l'umanità[251].

1002   Nei conflitti armati internazionali, in base a quanto previsto dagli Elementi dei Crimini, la dimensione oggettiva del fatto di reato si traduce nell'uccisione intenzionale – o comunque nel cagionare la morte – di individui cui le Convenzione di Ginevra riconoscono tutela[252]. La stessa formulazione normativa si ritrova anche nell'ambito dei conflitti armati non internazionali, prescindendo ovviamente dall'individuazione della cerchia delle possibili vittime[253]. È irrilevante in quale modo e con quali mezzi venga posta in essere la condotta, purché l'evento morte dipenda causalmente dal comportamento del soggetto agente («substantial cause»)[254].

---

[248] Cfr. l'art. 50 Ginevra I, 51 Ginevra II, 130 Ginevra III, 147 Ginevra IV. Cfr. anche l'art. 2 a) St-ICC.

[249] Art. 3 co. 1 a) Ginevra I-IV. Cfr. anche l'art. 4 a) St-ICTR.

[250] Cfr. ICTY, 16 novembre 1998 (Mucić et al., TC), §§ 420 ss.; l'art. 3 com. ha l'obiettivo di estendere i principi della tutela dei diritti umani anche all'ambito dei conflitti non internazionali. La diversità terminologica, pertanto, non può giustificare alcuna differenza sul piano sostanziale. Questa conclusione trova conferma anche nell'orientamento attuale della giurisprudenza; cfr. ad esempio ICTY, 3 marzo 2000 (Blaškić, TC), § 181; ICTY, 26 febbraio 2001 (Kordić e Čerkez, TC), § 233; ICTY, 31 marzo 2003 (Naletilić e Martinović, TC), § 248; ICTY, 31 luglio 2003 (Stakić, TC), §§ 585 s.; ICTY, 1° settembre 2004 (Brđanin, TC), § 380; ICTY, 17 gennaio 2005 (Blagojević e Jokić, TC), § 556.

[251] Cfr. l'art. 7 co. 1 a) St-ICC e ICTY, 16 novembre 1998 (Mucić et al., TC), § 422; ICTY, 26 febbraio 2001 (Kordić e Čerkez, TC), § 236. Più in dettaglio, sul punto, si rinvia *supra*, n. marg. 786 ss.

[252] Cfr. gli EC in rel. art. 8 co. 2 a) i) St-ICC, n. 1 e all'art. 8 co. 2 c) i) St-ICC n. 1. Gli EC hanno ripreso i concetti di «uccisione» e «cagionare la morte», precisando come anche l'uccisione indiretta di un individuo – ad esempio per denutrizione, nel caso di prigionieri di guerra – possa essere idonea ad integrare la fattispecie tipica; cfr. *Dörmann*, in: Lee (a cura di), The International Criminal Court, Elements of Crimes and Rules of Procedure and Evidence (2001), 124, l'autore sottolinea anche come nella giurisprudenza dei Tribunali *ad hoc* siano presenti entrambi i concetti sopra richiamati, cioè ICTY, 16 novembre 1998 (Mucić et al., TC), § 424, da un lato, e ICTY, 3 marzo 2000 (Blaškić, TC), § 153, dall'altro. Sul concetto di persona tutelata cfr. *supra*, n. marg. 985 ss.

[253] Cfr. *supra*, n. marg. 997 ss.

[254] ICTY, 16 novembre 1998 (Mucić et al., TC), § 424.

Sempre più nell'ambito dei conflitti armati internazionali, tra le condotte tipiche sono da menzionare l'uccisione di prigionieri di guerra o di civili internati senza che sia stato celebrato un regolare processo, la riduzione delle razioni di cibo dei prigionieri di guerra fino a causarne la morte per malnutrimento, la sottoposizione a maltrattamenti tali da causare la morte[255]. Lo stesso dicasi per ipotesi in cui, durante un conflitto armato interno, vengano uccisi prigionieri facenti parte delle forze nemiche combattenti. Poiché l'ambito dei soggetti tutelati nel corso dei conflitti armati si estende fino a ricomprendere anche tutti gli individui che non prendono parte direttamente alle ostilità, quindi anche persone che non si trovano sotto il controllo delle milizie avversarie, la fattispecie di omicidio prevista all'art. 8 co. 2 c) i) St-ICC potrebbe ritenersi integrata anche nel caso in cui il bombardamento di una città abbia cagionato la morte di civili[256]. In questo caso, può presentarsi un'ipotesi di concorso con le fattispecie che vietano attacchi contro obiettivi non militari[257]. Al contrario, l'uccisione di soggetti in armi da parte di altri combattenti non integra la fattispecie in esame, poiché i combattenti non sono soggetti protetti dalle Convenzioni di Ginevra e non ricevono tutela neppure nei conflitti armati interni.

Dal punto di vista soggettivo, l'integrazione della fattispecie richiede il dolo di omicidio. A differenza di quanto previsto all'art. 30 St-ICC, in questo caso è sufficiente che l'agente cagioni alla vittima una lesione significativa anche solo per noncurante spregio della vita umana («reckless disregard of human life»)[258]. Questa

---

[255] Cfr. *Kittichaisaree*, International Criminal Law (2001), 142.

[256] Cfr. dalla giurisprudenza dell'ICTY, 31 gennaio 2005 (Strugar, TC), §§ 237 ss, con ulteriori indicazioni.

[257] Cfr. sul punto *infra*, n. marg. 1133, 1140 ss.

[258] Cfr. ICTY, 16 novembre 1998 (Mucić et al., TC), § 439. In questo caso, è sufficiente che il soggetto agente avesse potuto ragionevolmente sapere che la condotta lesiva avrebbe rischiato di causare la morte della vittima; cfr. ICTY, 28 febbraio 2005 (Kvočka et al., AC), § 261; ICTY, 2 agosto 2001 (Krstić, TC), § 485; ICTY, 17 gennaio 2005 (Blagojević e Jokić, TC), § 556; ICTY, 16 novembre 2005 (Halilović, TC), § 35. Secondo la giurisprudenza dell'ICTR, è necessario che il soggetto agente abbia avuto consapevolezza che la lesione procurata alla vittima ne avrebbe probabilmente causato la morte; cfr. ICTR, 2 settembre 1998 (Akayesu, TC), § 589; confermata in ICTR, 27 gennaio 2000 (Musema, TC), § 215; in termini simili anche ICTY, 31 gennaio 2005 (Strugar, TC), § 236; ICTY, 30 novembre 2005 (Limaj et al., TC), § 241. Cfr. anche *Dahm/Delbrück/Wolfrum*, Völkerrecht, vol. I/3, 2ª ed. (2002), 1054 s. In questo modo, si arriva ad un ampliamento dell'ambito di punibilità espressamente ammesso dall'art. 30 St-ICC; cfr. *supra*, n. marg. 371 ss., 380 ss. Rispetto all'uccisione di un individuo nell'ambito dei conflitti armati internazionali, l'uso del termine «wilful» (art. 8 co. 2 a) i) St-ICC) rappresenta un aggancio per sostenere questa interpretazione (interpretazione conforme alla norma di divieto ed al diritto internazionale consuetudinario). Secondo l'ICTY, 3 marzo 2000 (Blaškić, TC), § 182, per integrare la violazione dell'art. 3 com. è sufficiente che il soggetto abbia agito con *recklessness*; cfr. sul punto *supra*, n. marg. 355, 396. Si veda anche ICTY, 31 luglio 2003 (Stakić, TC), § 587, in cui si riconosce che per l'integrazione del crimine di guerra di omicidio, in base all'art. 3 com., dovrebbe essere sufficiente il *dolus eventualis*; questa forma di dolo risulta paragonabile al concetto di *recklessness* nel sistema penale statunitense. La suddetta posizione è stata confermata in ICTY, 1° settembre 2004 (Brđanin, TC), § 386; ICTY, 15 marzo 2006

interpretazione trova fondamento nei principi posti a fondamento delle norme di diritto consuetudinario[259].

III. L'uccisione o il ferimento di combattenti che non partecipano agli scontri armati

1005 L'art. 8 co. 2 b) vi) St-ICC incrimina, nell'ambito di conflitti armati internazionali, l'uccisione o il ferimento di combattenti che abbiano deposto le armi e si siano arresi senza condizioni. Tale disposizione era già prevista all'art. 23 c) Regole dell'Aja. Anche il diritto di Ginevra contiene divieti di analogo contenuto. L'art. 41 Protocollo I stabilisce che i soggetti *hors de combat* non possano essere attaccati. In base all'art. 85 co. 3 e), la violazione di tale divieto costituisce grave violazione del Protocollo. Tutte le disposizioni muovono dal presupposto sostanziale che l'unico obiettivo legittimo della strategia di guerra sia l'indebolimento delle forze armate nemiche. Questo divieto, in fondo, è posto a tutela di entrambe le parti combattenti, poiché se le truppe non potessero confidare di avere salva la vita dopo aver deposto le armi, finirebbero per combattere comunque fino alla morte[260].

1006 Lo Statuto di Roma riconosce tutela ai combattenti che, avendo deposto le armi e non disponendo di ulteriori mezzi di difesa, si siano arresi incondizionatamente. Col termine combattenti si indicano quei soggetti che sono legittimati a partecipare direttamente alle operazioni militari (art. 43 co. 2 Protocollo II). La definizione normativa di combattente viene fornita dagli artt. 1 e 2 Regole dell'Aja, dall'art. 4 Ginevra III e dall'art. 43 Protocollo I[261]. Il dato letterale delle norme non chiarisce, tuttavia, se la fattispecie includa anche l'uccisione di individui che non possiedono lo status di combattenti (i cosiddetti combattenti "illegali"[262])[263]. Da questo punto di vista, l'art. 8 co. 2 b) vi) St-ICC risulta disposizione più restrittiva rispetto all'art. 41 Protocollo I, che vieta l'uccisione di individui *hors de combat* indipendentemente dal possesso o meno dello status di combattente[264]. Nel significato proprio dell'art. 8 co. 2 b) vi) St-ICC, un soggetto depone le armi allorquando smetta di combattere e manifesti l'intenzione di cessare le ostilità, in particolare

---

(Hadžihasanović e Kubura, TC), § 31. – In merito alle conseguenze che la nuova giurisprudenza dell'ICTY potrebbe determinare rispetto alla definizione dell'elemento soggettivo, si rinvia *supra*, n. marg. 355 s.

[259] Cfr. ad esempio Sandoz/Swinarski/Zimmermann-*Zimmermann*, Additional Protocols (1987), n. marg. 3474.

[260] Cfr. Triffterer-*Cottier*, Rome Statute (1999), 8, n. marg. 58.

[261] Cfr. sul punto *Ipsen*, in: Ipsen, Völkerrecht, 5ª ed. (2004), § 68 n. marg. 33 ss.

[262] Cfr. sul punto *Ipsen*, in: Ipsen, Völkerrecht, 5ª ed. (2004), § 68 n. marg. 39.

[263] Gli EC in rel. art. 8 co. 2 b) vi) St-ICC non richiedono espressamente che la vittima sia un combattente, ma gli stessi, in virtù del principio *nullum crimen sine lege* (art. 22 St-ICC), non possono estendere la dimensione di tipicità della fattispecie a carico del soggetto agente.

[264] Cfr. Sandoz/Swinarski/Zimmermann-*de Preux*, Additional Protocols (1987), n. marg. 1606.

abbandonando le proprie armi. Con l'espressione «privo di ulteriori mezzi di difesa» si intende un individuo che non abbia più la possibilità materiale di resistere all'attacco, in particolare perché non ha più controllo sulle proprie armi. Infine, si arrende incondizionatamente colui che voglia cessare i combattimenti e non sia più in grado di opporre resistenza alla cattura da parte delle forze nemiche[265].

Nei casi dubbi, l'articolo 41 Protocollo I può essere utilizzato come canone interpretativo. Sebbene la norma faccia riferimento a *hors de combat*, si può comunque ritenere che questo concetto non sia inconciliabile con la dicitura utilizzata dallo Statuto di Roma[266]. Ai sensi dell'art. 41 co. 2 Protocollo I, una persona può essere considerata non combattente quando si trovi sotto il controllo dell'avversario, quando abbia manifestato chiaramente la volontà di arrendersi oppure quando, trovandosi in stato di incoscienza o essendo ferita o malata, non sia più nelle condizioni di difendersi, sempre che si astenga da qualsiasi atto ostile e non cerchi di fuggire.

1007

Ai fini dell'integrazione della fattispecie è richiesto il dolo (art. 30 St-ICC)[267], anche solo nella forma dell'*indirect intent*. A questa conclusione si giunge, da un lato, attraverso la lettura dell'art. 85 co. 3 e) Protocollo I, che prevede una fattispecie di analogo contenuto e ne descrive l'elemento soggettivo col termine «wilful»[268]. Dall'altro, la vicinanza sostanziale di questa fattispecie alla disciplina prevista per il crimine di guerra di omicidio induce a ritenere che, anche in questo caso, il coefficiente soggettivo richiesto in base al diritto consuetudinario sia più basso di quello previsto dallo Statuto di Roma all'articolo 30[269].

1008

Il divieto di uccidere o ferire individui che non partecipano più ai combattimenti, non avendo alcun limite temporale, trova applicazione anche rispetto ai prigionieri di guerra[270], così sovrapponendosi alla disciplina del diritto di Ginevra[271].

1009

---

[265] Cfr. Triffterer-*Cottier*, Rome Statute (1999), art. 8, n. marg. 61 ss.
[266] Cfr. Triffterer-*Cottier*, Rome Statute (1999), art. 8, n. marg. 60.
[267] Sull'uso dei concetti di "dolo" ed "intent", cfr. *supra*, n. marg. 350.
[268] Cfr., sul concetto di *wilfulness*, *supra*, n. marg. 982 ss.; in merito alle conseguenze che la nuova giurisprudenza dell'ICTY potrebbe determinare rispetto alla definizione dell'elemento soggettivo, si rinvia *supra*, n. marg 355 s.
[269] Cfr., sull'elemento soggettivo del crimine di uccisione, *supra*, n. marg. 1004; sulla differenza rispetto alla regola generale dell'art. 30 St-ICC, cfr. *supra*, n. marg. 370 ss.
[270] Cfr. Sandoz/Swinarski/Zimmermann-*de Preux*, Additional Protocols (1987), n. marg. 1602.
[271] Così anche *Dahm/Delbrück/Wolfrum*, Völkerrecht, vol. I/3, 2ª ed. (2002), 1060; sui principi posti a fondamento del Protocollo I, cfr. Sandoz/Swinarski/Zimmermann-*de Preux*, Additional Protocols (1987), n. marg. 1605. In particolare, l'uccisione ed il ferimento di prigionieri di guerra rappresentano condotte già ricomprese sia nella fattispecie di omicidio doloso, sia nella fattispecie che punisce il fatto di cagionare grandi sofferenze e gravi lesioni all'integrità fisica o alla salute. Alcune interferenze si presentano anche rispetto all'art. 8 co. 2 b) xii) St-ICC (che punisce il fatto di dichiarare che nessuno avrà salva la vita). La maggior parte della giurisprudenza successiva alla seconda guerra mondiale, relativa a questa fattispecie, si riferisce all'uccisione di prigionieri di guerra punita dall'art. 23 c) Regole dell'Aja; cfr. ad esempio il British Military Court Hamburg, 3 settembre 1947 (molti,

La fattispecie in esame presenta un autonomo significato rispetto alla tutela degli individui che si trovano in una fase di passaggio tra lo status di combattente e quello protetto di prigioniero di guerra.

1010 Lo Statuto di Roma non contiene alcuna disposizione specifica relativa a questa fattispecie applicabile ai conflitti armati interni. Ad ogni modo, l'uccisione o il ferimento di individui che abbiano deposto le armi, oppure che siano altrimenti «fuori dal combattimento», rappresentano condotte incriminate in base all'art. 8 co. 2 c) i) St-ICC come violazione dell'articolo 3 com. Un'analoga forma di tutela, pertanto, è presente anche nell'ambito dei conflitti armati non internazionali.

IV. La fattispecie di maltrattamenti

1011 All'interno del generale concetto di "maltrattamenti" non accompagnati dalla morte della vittima («offences of mistreatment»), Il Tribunale penale internazionale per la ex Jugoslavia ha riunito fattispecie differenti, che vanno dalla tortura e dai trattamenti inumani o crudeli fino al cagionare intenzionalmente gravi sofferenze o gravi lesioni all'integrità fisica[272]. Strettamente collegata alla fattispecie in esame è la mutilazione della vittima, nonché la sua sottoposizione a sperimentazioni mediche o farmacologiche. All'interno di questo gruppo di figure criminose, si rinvengono numerose sovrapposizioni.

1012 Le fattispecie di maltrattamenti vengono disciplinate all'art. 8 co. 2 a) ii) ed iii), b) x), c) i) ed e) xi) St-ICC. Nell'applicazione di tali disposizioni, l'ambito dei soggetti destinatari della tutela penale – che varia gradualmente – deve essere individuato di volta in volta[273].

1. La tortura

1013 Nella sistematica delle fattispecie di maltrattamenti, la tortura costituisce un'ipotesi di carattere speciale[274]. Il divieto di tortura è sancito sia nelle disposizioni relative alle gravi violazioni delle Convenzioni di Ginevra, sia all'art. 3 com. In tutti i casi, i presupposti della fattispecie sono identici[275]. Il crimine di tortura viene previsto all'art. 8 co. 2 a) ii) St-ICC, per quanto riguarda i conflitti armati internazionali, e all'art. 8 co. 2 c) i) relativamente a conflitti interni.

---

i cosiddetti Stalag Luft III Case), in: UNWCC, Law Reports of Trials of War Criminals XI, 30 ss.; Canadian Military Court Aurich, 28 dicembre 1945 (Meyer, codiddetto Abbaye Ardenne Case), in: UNWCC, Law Reports of Trials of War Criminals IV, 97 ss. Non si rinvengono sinora pronunce dei Tribunali *ad hoc* relative alla fattispecie in esame.

[272] ICTY, 16 novembre 1998 (Mucić et al., TC), §§ 440 ss.
[273] Cfr. nel particolare *supra*, n. marg. 985 ss.
[274] ICTY, 16 novembre 1998 (Mucić et al., TC), § 442.
[275] Cfr. ICTY, 16 novembre 1998 (Mucić et al., TC), §§ 442 s., 452 ss.; ICTR, 27 gennaio 2000 (Musema, TC), § 285. Cfr. anche art. 2 b) St-ICTY e art. 4 a) St-ICTR.

La tortura consiste nel provocare gravi sofferenze fisiche o psichiche[276]. In questi termini, la definizione corrisponde all'art. 1 co. 1 della *Convention against Torture and Other Cruel, Inhuman or Degrading Treatment or Punishment* del 1984[277]. A differenza di quanto ivi stabilito, non è necessario che l'autore del reato agisca in veste ufficiale[278], come risulta dalla stessa collocazione sistematica della fattispecie di tortura nella categoria dei crimini contro l'umanità, ai sensi dell'art. 7 co. 1 f) St-ICC[279].

1014

La fattispecie di tortura, nella sua veste di crimine di guerra, può essere punita soltanto quando i maltrattamenti siano stati diretti a conseguire i precisi obiettivi indicati all'art. 1 co. 1 della *Convention against Torture and Other Cruel, Inhuman or Degrading Treatment or Punishment*. Ed è proprio questo elemento che differenzia la tortura come crimine di guerra dalla tortura come crimine contro l'umanità[280]. Se poi i suddetti motivi debbano o meno essere considerati tassativi, è questione ancora dibattuta e su cui non si rinvengono posizioni giurisprudenziali unitarie[281]. La formulazione degli Elementi dei Crimini depone contro l'idea di un'elencazione rigida[282]. Non è necessario che gli obiettivi perseguiti attraverso la tortura siano l'unico motivo, o quantomeno quello prevalente, posto a base della condotta del soggetto agente, ma è sufficiente che rappresentino una sola tra le diverse possibili motivazioni[283].

1015

---

[276] Cfr., per maggiori dettagli, la trattazione sulla tortura come crimine contro l'umanità, *supra*, n. marg. 823 ss. Cfr. anche gli EC in rel. art. 8 co. 2 a) ii) St-ICC, prima ipotesi, n. 1, 2.

[277] 1465 UNTS (1987), 112.

[278] ICTY, 22 febbraio 2001 (Kunarac et al., TC), § 496. Questa opinione corrisponde allo stato attuale della giurisprudenza; cfr. ad esempio ICTY, 2 novembre 2001 (Kvočka et al., TC), § 139; ICTY, 15 marzo 2002 (Krnojelac, TC), § 188; ICTY, 12 giugno 2002 (Kunarac et al., AC), § 148; ICTY, 1° settembre 2004 (Brđanin, TC), §§ 488 s.; ICTY, 28 febbraio 2005 (Kvočka et al., AC), § 283; ICTY, 30 novembre 2005 (Limaj et al., TC), § 240. Anche negli EC non è richiesto che il soggetto agisca in veste ufficiale, per evitare il rischio di restringere eccessivamente l'ambito di applicazione della fattispecie; cfr. *Dörmann*, Elements of War Crimes (2002), 45 s. In alcune precedenti decisioni, l'ICTY aveva affermato la necessità che l'azione fosse realizzata in veste ufficiale. La giurisprudenza del Tribunale, comunque, include situazioni in cui funzionario pubblico sia rimasto inerte ed, in particolare, abbia omesso di perseguire penalmente i casi di tortura etc. ICTY, 16 novembre 1998 (Mucić et al., TC), § 474. Nei conflitti armati non internazionali erano inclusi anche i rappresentanti delle parti belligeranti non statali; cfr. ICTY, 16 novembre 1998 (Mucić et al., TC), § 473; ICTY, 21 luglio 2000 (Furundžija, AC), § 111.

[279] Cfr. *supra*, n. marg. 825, 830.

[280] Cfr. *supra*, n. marg. 825.

[281] Nella sentenza *Akayesu*, il Tribunale internazionale per il Ruanda ha sposato l'idea di un'elencazione tassativa; cfr. ICTR, 2 settembre 1998 (Akayesu, TC), § 594. Al contrario, l'ICTY ha riconosciuto come obiettivo della tortura, accanto alla punizione delle vittime, anche la loro umiliazione; cfr. ICTY, 10 dicembre 1998 (Furundžija, TC), § 162. Contro l'idea di un'elencazione tassativa anche ICTY, 16 novembre 1998 (Mucić et al., TC), § 470; ICTY, 1° settembre 2004 (Brđanin, TC), § 487.

[282] Gli EC in rel. art. 8 co. 2 a) i) St-ICC, prima ipotesi, n. 2 recepiscono l'elencazione propria della *Convention against Torture and Other Cruel, Inhuman or Degrading Treatment or Punishment*, ma ad *incipit* vi pongono l'espressione «such as» invece di «notamment», come invece si legge nel testo francese.

[283] Cfr. ICTY, 16 novembre 1998 (Mucić et al., TC), § 470; ICTY, 22 febbraio 2001 (Kunarac et al., TC), § 486; ICTY, 1° settembre 2004 (Brđanin, TC), § 487.

1016   L'elemento soggettivo della fattispecie è rappresentato dal dolo intenzionale (art. 30 St-ICC)[284].

2. Il cagionare gravi sofferenze o gravi danni alla salute (conflitti internazionali)

1017   La fattispecie di cui all'art. 8 co. 2 a) iii) St-ICC, consistente nel cagionare intenzionalmente gravi sofferenze o gravi lesioni all'integrità fisica e alla salute nel corso di conflitti armati internazionali, è nota anche alla giurisprudenza del Tribunale penale internazionale per la ex Jugoslavia, che ne ha individuato il contenuto in qualsiasi azione od omissione dolosa in grado di cagionare gravi sofferenze fisiche o psichiche[285]. Vittima di tale reato può essere esclusivamente un soggetto tutelato in base alle Convenzioni di Ginevra. L'offesa cagionata può tradursi sia nell'arrecare alla vittima una grave sofferenza[286], sia nella prolungata riduzione della capacità di svolgere una vita normale[287]. Non occorre, tuttavia, che il danno risulti irreparabile[288].

1018   La figura criminosa descritta nel fatto di cagionare volontariamente gravi sofferenze si distingue dalla tortura, in primo luogo, perché non è necessario che la condotta venga realizzata per il raggiungimento di specifici obiettivi. Pertanto, la fattispecie di tortura prevista nell'ambito dei crimini di guerra integra, allo stesso tempo, anche la tipicità del reato in esame[289]. Rimangono estranee all'ambito della definizione normativa le condotte che offendono esclusivamente la dignità dell'individuo[290]. Azioni tipiche sono, ad esempio, la mutilazione dei feriti, il cagionare sofferenze inutili ed assurde ai prigionieri di guerra[291], la violenza sessuale[292]. Bisogna precisare che rientrano nell'ambito applicativo della disposizione non soltanto sofferenze fisiche, ma anche sofferenze di carattere psichico, come quelle che derivano ad esempio dall'adozione di provvedimenti sanzionatori illeciti o dalla detenzione in isolamento[293].

---

[284] Cfr., in generale sull'elemento soggettivo, *supra*, n. marg. 365 ss. o n. marg. 984; sulle eventuali conseguenze che possono derivare, rispetto alla disciplina dell'elemento soggettivo, dalla nuova giurisprudenza dell'ICTY, cfr. *supra*, n. marg. 355 s.

[285] ICTY, 16 novembre 1998 (Mucić et al., TC), § 511 in riferimento all'art. 2 c) St-ICTY; confermata in ICTY, 3 marzo 2000 (Blaškić, TC), § 156; ICTY, 26 febbraio 2001 (Kordić e Čerkez, TC), § 245. In questo stesso senso si vedano anche gli EC in rel. art. 8 co. 2 a) iii) St-ICC, n. 1.

[286] ICTY, 16 novembre 1998 (Mucić et al., TC), § 510.

[287] ICTY, 2 agosto 2001 (Krstić, TC), § 513, con riguardo alle argomentazioni esposte nella sentenza *Akayesu* dell'ICTR in ordine alle diverse modalità con cui possono essere causate le gravi lesioni fisiche o psichiche nell'ambito del crimine di genocidio. Nella sentenza ICTY, 31 marzo 2003 (Naletilić e Martinović, TC), § 342, la Corte afferma la possibilità di riferire questa elencazione anche all'ambito dei crimini di guerra.

[288] ICTR, 2 settembre 1998 (Akayesu, TC), § 502; ICTY, 31 marzo 2003 (Naletilić e Martinović, TC), § 341.

[289] ICTY, 16 novembre 1998 (Mucić et al., TC), § 442.

[290] ICTY, 26 febbraio 2001 (Kordić e Čerkez, TC), § 245.

[291] Per ulteriori esempi, si veda Triffterer-*Fenrick*, Rome Statute (1999), art. 8 n. marg. 13.

[292] *Kittichaisaree*, International Criminal Law (2001), 147.

[293] *Wolfrum*, in: Fleck (a cura di), Handbuch des humanitären Völkerrechts (1994), n. 1209.

L'elemento soggettivo richiesto dalla fattispecie è il dolo (art. 30 St-ICC)[294]. È sufficiente anche solo la forma dell'indirect intent, come risulta dall'uso del termine «wilful» all'interno della descrizione normativa [295].

La fattispecie trova applicazione soltanto nell'ambito dei conflitti armati internazionali. Relativamente conflitti interni, invece, si fa ricorso ad analoghe fattispecie che riuniscono in una dimensione unitaria forme differenti di trattamenti inumani[296].

3. La fattispecie di mutilazione

L'art. 8 co. 2 b) x) St-ICC punisce, nel corso di conflitti armati a carattere internazionale, la mutilazione di soggetti che si trovino sotto il controllo del nemico. L'art. 8 co. 2 c) i) e l'art. 8 co. 2) e) xi) St-ICC, invece, disciplinano la medesima fattispecie nell'ambito dei conflitti armati interni[297]. Queste disposizioni trovano un significativo precedente già nei Protocolli aggiuntivi alle Convenzioni di Ginevra[298]. In particolare, divieti di mutilazione fisica si rinvengono anche all'articolo 3 co. 1 com., all'art. 13 co. 1 Ginevra III ed all'art. 32 Ginevra IV. Ai sensi delle disposizioni sopra richiamate, si ha mutilazione nei casi in cui il soggetto agente provochi deturpazioni o sfregi permanenti, rimuova un organo o amputi una parte del corpo della vittima, oppure la renda definitivamente inabile[299]. Pertanto, il concetto di mutilazione ricomprende ogni aggressione che incida in maniera rilevante sull'integrità fisica, che cagiona conseguenze dannose irreversibili[300]. Il consenso della vittima non esclude la punibilità[301]. La medesima condotta, invece, risulta pienamente legittima quando sia imposta da esigenze sanitarie e «sia conforme ai principi generali comunemente riconosciuti dalla medicina, che, nella medesima situazione, verrebbero applicati anche a cittadini della parte che conduce il proces-

---

[294] Sull'impiego dei concetti di "dolo" e "intent", cfr. *supra*, n. marg. 350
[295] Cfr. sul concetto di *wilfulness* nel diritto dei crimini di guerra *supra*, n. marg. 982 ss. Sulle eventuali conseguenze che possono derivare, rispetto alla disciplina dell'elemento soggettivo, dalla nuova giurisprudenza dell'ICTY, cfr. *supra*, n. marg. 355 s.
[296] Cfr. sul punto *infra*, n. marg. 1029 ss.
[297] Sebbene all'art. 8 co. 2 c) i) St-ICC non si parli di mutilazioni fisiche, ciò non comporta di fatto alcuna differenza, perché il concetto stesso di mutilazione implica necessariamente un qualche effetto sull'integrità fisica della vittima; cfr. anche Triffterer-*Zimmermann*, Rome Statute (1999), art. 8 n. marg. 273.
[298] Cfr. art. 11 co. 2 a), art. 11 co. 2 b) in combinato disposto con l'art. 11 co. 4 Protocollo I, nonché art. 4 co. 2 a) ed art. 5 co. 2 e) Protocollo II. Ai sensi dell'art. 11 co. 4 Protocollo I, qualsiasi azione od omissione dolosa, che metta seriamente in pericolo la salute psico-fisica o l'integrità di una persona sottoposta al controllo di una potenza straniera, è punibile come grave violazione del Protocollo medesimo. Il concetto di mutilazioni è presente anche all'art. 4 a) St-ICTR.
[299] EC in rel. art. 8 co. 2 b) x) St-ICC, prima ipotesi, n. 1. Anche l'art. 2 b) St-ICTY fa riferimento agli esperimenti biologici.
[300] *Wolfrum*, in: Fleck (a cura di), Handbuch des humanitären Völkerrechts (1994), n. 1209.
[301] Cfr. EC in rel. art. 8 co. 2 e) xi) St-ICC, prima ipotesi, n. 3 nota 68.

so, ai quali non si applicano forme di restrizione della libertà personale» (art. 11 co. 2 Protocollo I)[302].

1022   Nei conflitti armati internazionali, la fattispecie tutela «coloro che si trovano in potere del nemico»[303], cioè prima di tutto i prigionieri di guerra e i civili residenti in territori occupati, ma non i membri della stessa popolazione cui appartiene il soggetto agente. Nei conflitti armati interni deve farsi riferimento all'articolo 3 co. 1 com[304].

1023   Sotto il profilo soggettivo, l'integrazione della condotta tipica richiede il dolo (art. 30 St-ICC)[305].

4. Esperimenti scientifici, medici o biologici

1024   Ai sensi dell'art. 8 co. 2 a) ii) St-ICC, l'esecuzione di esperimenti biologici costituisce un'ipotesi particolare di trattamenti inumani. La disposizione trova il proprio fondamento nelle previsioni relative alle gravi violazioni delle Convenzioni di Ginevra. Il concetto di esperimento biologico, tuttavia, non viene precisato né dalle Convenzioni di Ginevra, né all'interno dello Statuto di Roma. In linea generale, l'esperimento non deve essere funzionale ad esigenze terapeutiche e non deve essere condotto nell'interesse della vittima[306]. Ad esempio, pensiamo al caso in cui un intervento medico non risulti necessario alla luce del quadro clinico della vittima o non risponda agli standard generali dell'arte medica, che sarebbero stati applicati, in circostanze analoghe, anche nel trattamento di cittadini della potenza militare che esercita il controllo sulla vittima[307]. È irrilevante il consenso che quest'ultima abbia eventualmente prestato[308]. Gli Elementi dei Crimini precisano quale sia la soglia di punibilità per il diritto internazionale, stabilendo che possono essere soggetti a sanzione penale soltanto gli esperimenti che mettano seriamente in pericolo l'integrità fisica o psichica della vittima[309].

1025   Una disposizione analoga è prevista all'art. 8 co. 2 b) x) e all'art. 8 co. 2 e) xi) St-ICC, che puniscono l'esecuzione di esperimenti medici o scientifici su persone che si trovino in potere o sotto il controllo del nemico. Si tratta di una figura coniata sul modello del crimine di trattamenti inumani e crudeli[310], per cui si può affermare che anch'essa appartenga al gruppo delle fattispecie di maltrattamenti.

---

[302] Cfr. Sandoz/Swinarski/Zimmermann-*Sandoz*, Additional Protocols (1987), n. marg. 473 ss.
[303] Art. 8 co. 2 b) x) St-ICC.
[304] Cfr. nel dettaglio *supra*, n. marg. 997 s.
[305] Cfr. in generale sull'elemento soggettivo *supra*, n. marg. 365 ss.
[306] EC in rel. art. 8 co. 2 a) ii) St-ICC, terza ipotesi, n. 3.
[307] Cfr., ad esempio, l'art. 13 Ginevra III, l'art. 11 Protocollo I. Queste indicazioni, purtroppo, non sono state recepite dagli EC; cfr. *Bothe*, in: Cassese/Gaeta/Jones (a cura di), Rome Statute, vol. 1 (2002), 379, 393.
[308] *Kittichaisaree*, International Criminal Law (2001), 146.
[309] EC in rel. art. 8 co. 2 a) ii) St-ICC, terza ipotesi, n. 2.
[310] Triffterer-*Zimmermann*, Rome Statute (1999), art. 8, n. marg. 100. Dahm/Delbrück/Wolfrum, Völkerrecht, vol. I/3, 2ª ed. (2002), 1062, gli autori parlano di una concretizzazione dell'art. 8 co. 2 a) ii) attraverso l'art. 8 co. 2 b) x) St-ICC.

L'esecuzione di esperimenti scientifici e medici risulta punibile qualora essi non abbiano un reale scopo terapeutico, ma siano piuttosto diretti all'acquisizione di nuove conoscenze mediche o scientifiche[311]. La distinzione rispetto agli esperimenti biologici risulta poco chiara. Anche nello Statuto di Roma e negli Elementi dei Crimini questi concetti vengono ripresi e precisati più nel dettaglio, ma senza ottenere maggiore chiarezza. Sull'argomento è dato rinvenire solo alcune sentenze degli anni immediatamente successivi alla guerra. Si tratta di processi aventi ad oggetto l'esecuzione di castrazioni e sterilizzazioni, di interruzioni di gravidanza, di trattamenti ormonali[312], nonché di esperimenti con gli agenti patogeni della malaria e della febbre petecchiale, con veleni, con l'alta pressione, attraverso la sottoposizione a temperature estreme o con l'esposizione al gas mostarda[313].

1026

Il fatto deve essere di tale gravità da provocare la morte della vittima, oppure da mettere seriamente in pericolo la sua integrità fisica o psichica. La precisazione della soglia di rilevanza, che per gli esperimenti biologici di cui all'art. 8 co. 2 a) ii) viene indicata soltanto negli Elementi dei Crimini, qui si trova già nella stessa definizione del fatto tipico. Si tratta di un reato di pericolo concreto, la cui l'integrazione non presuppone alcun evento lesivo, ma solo il rischio effettivo di un danno alla salute di una certa entità. È necessario che il pericolo provenga direttamente dal soggetto agente e che sia senz'altro idoneo a trasformarsi in danno. Quest'ultimo, poi, deve rappresentare un risultato prevedibile per la salute della vittima quale conseguenza della condotta posta in essere[314]. La fattispecie ricomprende, prima di tutto, le azioni che hanno materialmente portato alla concretizzazione di un evento lesivo[315]. La distinzione tra gli esperimenti medici considerati penalmente rilevanti e i trattamenti necessari a scopi terapeutici può risultare problematica. A tal fine, è decisivo stabilire quale misura concreta sarebbe stata adottata nel trattamento medico dei civili della stessa parte che esprime il soggetto agente (art. 11 co. 1, secondo periodo, Protocollo I).[316]

1027

Il soggetto deve per lo meno agire con *indirect intent*. In questo modo, l'intensità dell'elemento soggettivo è minore rispetto allo standard richiesto dall'art. 30 St-ICC[317]. Quanto sopra affermato risulta evidente dal confronto con l'art. 11 co.

1028

---

[311] Triffterer-*Zimmermann*, Rome Statute (1999), art. 8 n. marg. 108. Sull'esecuzione di esperimenti medici come crimine di guerra, si veda IMT, 20 agosto 1947 (Brandt et al., cosiddetto Processo ai medici), in: Trials of War Criminals II, 171 ss.

[312] Cfr. Supreme National Tribunal of Poland, 2 aprile 1947 (Hoess), in: UNWCC, Law Reports of Trials of War Criminals VII, 11, 14 ss.

[313] Cfr. IMT, 17 aprile 1947 (Milch), in: Trials of War Criminals II, 773 ss.; IMT, 20 agosto 1947 (Brandt et al., cosiddetto Processo dei medici), in: Trials of War Criminals II, 171 ss.

[314] Sandoz/Swinarski/Zimmermann-*Sandoz*, Additional Protocols (1987), n. marg. 493.

[315] Triffterer-*Zimmermann*, Rome Statute (1999), art. 8 n. marg. 111.

[316] Cfr. Sandoz/Swinarski/Zimmermann-*Sandoz*, Additional Protocols (1987), n. marg. 473 ss.; *Wolfrum*, in: Fleck (a cura di), Handbuch des humanitären Völkerrechts (1994), n. 1209.

[317] Cfr., sull'apertura dell'art. 30 St-ICC al diritto consuetudinario, *supra*, n. marg. 374 ss. e n. marg. 984; sulle conseguenze che potrebbero derivare dalla nuova giurisprudenza dell'ICTY rispetto alla disciplina dell'elemento soggettivo, si veda *supra*, n. marg. 355 s.

4 Protocollo I, che utilizza il concetto di *wilfulness* e sul quale si fonda l'art. 8 co. 2 b) x) St-ICC. Sebbene né l'art. 8 co. 2 a) ii) St-ICC, né l'art. 8 co. 2 b) x) St-ICC richiamino suddetto concetto, la circostanza che tali norme poggino sul contenuto del Protocollo I consente di recepire indirettamente le soluzioni del diritto consuetudinario[318].

5. Trattamenti crudeli o inumani

1029 L'art. 8 co. 2 a) ii) St-ICC e l'art. 8 co. 2 c) i) St-ICC puniscono, rispettivamente nell'ambito dei conflitti armati internazionali ed interni, i trattamenti inumani o crudeli. Questa particolare figura di crimine di guerra si basa sulle disposizioni relative alle gravi violazioni delle Convenzione di Ginevra e sull'art. 3 com. Nonostante la differenza terminologica tra l'art. 8 co. 2 a) ii) St-ICC (trattamenti "crudeli") e l'art. 8 co. 2 c) i) St-ICC (trattamenti "inumani"), entrambe le fattispecie presentano gli stessi presupposti oggettivi[319].

1030 La fattispecie relativa ai trattamenti inumani o crudeli è una figura di sintesi, che include al suo interno differenti tipi di condotte[320]. Ad esempio, essa trova applicazione quando l'azione posta in essere non sia tale da integrare pienamente le caratteristiche distintive del reato di tortura[321]. Oltre alle azioni costitutive del reato di tortura, la fattispecie ricomprende anche le condotte proprie dei crimini di cui all'art. 8 co. 2 a) iii) St-ICC, vale a dire cagionare volontariamente grandi sofferenze o gravi lesioni all'integrità fisica della vittima o alla sua salute, nonché altre forme di offesa alla dignità umana[322]. Secondo l'opinione del Tribunale penale internazionale per la ex Jugoslavia, non è necessario che la misura della sofferenza fisica o psichica, richiesta per l'integrazione dell'evento di danno del reato *de quo*, sia pari a quella propria del crimine di tortura, ma è sufficiente che l'intensità del danno coincida con le «grandi sofferenze» di cui all'art. 8 co. 2 a) iii) St-ICC[323].

---

[318] Cfr. sul concetto di *wilfulness* nel diritto dei crimini di guerra *supra*, n. marg. 847 ss. e Dörmann, Elements of War Crimes (2002), 74 e 239.

[319] ICTY, 16 novembre 1998 (Mucić et al., TC), § 551; ICTY, 31 marzo 2003 (Naletilić e Martinović, TC), § 246; Triffterer-*Zimmermann*, Rome Statute (1999), art. 8, n. marg. 274. L'art. 2 b) St-ICTY si riferisce anche ai trattamenti inumani e l'art. 4 a) St-ICTR ai trattamenti crudeli.

[320] ICTY, 16 novembre 1998 (Mucić et al., TC), §§ 442, 543 ss. (per una dettagliata discussione in ordine alle caratteristiche del fatto tipico si vedano i §§ 512 ss.); nello stesso senso ICTY, 3 marzo 2000 (Blaškić, TC), §§ 154 s.; ICTY, 31 marzo 2003 (Naletilić e Martinović, TC), § 246.

[321] ICTY, 16 novembre 1998 (Mucić et al., TC), § 542. La tortura è la più grave forma di "trattamento inumano".

[322] ICTY, 16 novembre 1998 (Mucić et al., TC), § 544. Questa opinione corrisponde allo stato attuale della giurisprudenza; cfr. ad esempio ICTY, 3 marzo 2000 (Blaškić, TC), §§ 154 s.; ICTY, 24 marzo 2000 (Aleksovski, AC), § 26; ICTY, 26 febbraio 2001 (Kordić e Čerkez, TC), § 256; ICTY, 31 marzo 2003 (Naletilić e Martinović, TC), § 246; ICTY, 29 luglio 2004 (Blaškić, AC), § 665; ICTY,17 dicembre 2004 (Kordić e Čerkez, AC), § 39; ICTY, 30 novembre 2005 (Limaj et al., TC), § 231; ICTY, 15 marzo 2006 (Hadžihasanović e Kubura, TC), §§ 32 ss.

[323] ICTY, 31 marzo 2003 (Naletilić e Martinović, TC), § 246; ICTY, 2 novembre 2001 (Kvočka et al., TC), § 161. Al contrario, gli EC sembrano richiedere una intensità maggiore per quanto ri-

Diversamente da quanto accade per il reato di tortura, le norme che tutelano i   1031
diritti umani non contengono alcuna definizione dei trattamenti inumani o crudeli. Per questo motivo, il Tribunale penale internazionale per la ex Jugoslavia ha individuato il fondamento della fattispecie nei principi espressi dalle disposizioni delle Convenzione di Ginevra che vietano il compimento di azioni inumane[324]. La Corte ha definito il concetto di "umanità" come il pilastro delle Convenzioni di Ginevra[325]. Devono essere definite inumane, o in contraddizione con il concetto di umanità, le azioni o le omissioni che causino una grave sofferenza fisica o psichica[326], che cagionino una rilevante lesione dell'integrità psico-fisica degli individui o che risultino altrimenti in contrasto con i valori espressi dal concetto di umanità[327], con particolare riferimento alle violazioni della dignità dell'individuo. Parimenti, risponde della fattispecie in esame anche chi sottoponga la vittima a condizioni inumane[328]. Peraltro, non è possibile stabilire in termini generali quando, ed in base a quali parametri, le suddette condizioni possano essere considerate tali, ma si deve fare riferimento alle caratteristiche e dalle circostanze del singolo caso di specie[329].

Sotto il profilo soggettivo, l'integrazione della fattispecie presuppone il dolo   1032
dell'agente (art. 30 St-ICC)[330].

V. La violenza sessuale

Askin, Kelly Dawn: War Crimes Against Women (1997); *Askin, Kelly Dawn:* Comfort Women – Shifting Shame and Stigma from Victims to Victimizers, International Criminal Law Review 1 (2001) 5 ss.; *de Brouwer, Anne-Marie L. M.:* Supranational Criminal Prosecution of Sexual Violence: The ICC and the Practice of the ICTY and the ICTR (2005); *Chinkin, Christine:* Rape and Sexual Abuse of Women in International Law, EJIL 5 (1994),   1033

---

guarda i trattamenti inumani («severe»), rispetto al caso in cui vengano causate gravi sofferenze («great»); cfr. sul punto Triffterer-*Fenrick*, Rome Statute (1999), art. 8 n. marg. 13 e *Hünerbein*, Straftatkonkurrenzen im Völkerrecht (2005), 149 s.

[324] Cfr., ad esempio, l'art. 12 Ginevra II, gli artt. 13, 20, 46 Ginevra III, gli artt. 27, 32 Ginevra IV, l'art. 3 com., nonché l'art. 75 co. 1 Protocollo I e l'art. 4 co. 1 e 7 co. 2 Protocollo II.

[325] ICTY, 16 novembre 1998 (Mucić et al., TC), § 532. Cfr. in materia anche *Wolfrum*, in: Fleck (a cura di), Handbuch des humanitären Völkerrechts (1994), n. 1209: «l'obbligo di trattare gli individui secondo spirito di umanità è addirittura un Leitmotiv delle quattro Convenzioni di Ginevra».

[326] Così anche gli EC in rel. art. 8 co. 2 a) ii) St-ICC, seconda ipotesi, n. 1; EC in rel. art. 8 co. 2 c) i) St-ICC, terza ipotesi, n. 1.

[327] ICTY, 25 luglio 1999 (Aleksovski, TC), §§ 56 s.; confermata in ICTY, 31 marzo 2003 (Naletilić e Martinović, TC), § 246.

[328] ICTY, 16 novembre 1998 (Mucić et al., TC), § 558.

[329] ICTY, 16 novembre 1998 (Mucić et al., TC), § 544; nello stesso senso ICTY, 3 marzo 2000 (Blaškić, TC), § 155.

[330] Cfr. anche *Dörmann*, Elements of War Crimes (2002), 69 s. Sull'applicazione del concetto di "dolo" e "intent" cfr. *supra*, n. marg. 350. Sulla disciplina generale dell'elemento soggettivo cfr. *supra*, n. marg. 365 ss., come pure n. marg. 984; sulle eventuali conseguenze che possono derivare, rispetto alla disciplina dell'elemento soggettivo, dalla nuova giurisprudenza dell'ICTY, cfr. *supra*, n. marg. 355 s.

326 ss.; *Dixon, Rosalind:* Rape as a Crime in International Humanitarian Law: Where to from Here?, EJIL 13 (2002), 697 ss.; *Durham, Helen:* Women, armed conflict and international law, International Review of the Red Cross 84 (2002), 655 ss.; *Kreuzer, Christine:* Kinder in bewaffneten Konflikten, in: Hasse, Jana/Müller, Erwin/Schneider, Patricia (Hrsg.), Humanitäres Völkerrecht (2001), 304 ss.; *La Haye, Eve:* The Elements of War Crimes – Rape, Sexual Slavery, Enforced Prostitution, Forced Pregnancy, Enforced Sterilisation, and Sexual Violence, in: Lee, Roy S. (Hrsg.), The International Criminal Court, Elements of Crimes and Rules of Procedure and Evidence (2001), 184 ss.; *Meron, Theodor:* Rape as a Crime under International Humanitarian Law, AJIL 87 (1993), 424 ss.; *Möller, Christina:* Sexuelle Gewalt im Krieg, in: Hasse, Jana/Müller, Erwin/Schneider, Patricia (Hrsg.), Humanitäres Völkerrecht (2001), 280 ss.; *Pillay, Navanethem:* The Role of International Humanitarian Jurisprudence in Redressing Crimes of Sexual Violence, in: Vohrah, Lal Chand et al. (Hrsg.), Man's Inhumanity to Man (2003), 685 ss.; *Viseur Sellers, Patricia:* The Context of Sexual Violence: Sexual Violence as Violations of International Humanitarian Law, in: McDonald, Gabrielle Kirk/Swaak-Goldman, Olivia (Hrsg.), Substantive and Procedural Aspects of International Criminal Law – The Experience of International and National Courts, vol. 1 (2000), 263 ss.

1034 L'art. 8 co. 2 b) xxii) St-ICC disciplina, relativamente all'ambito dei conflitti armati internazionali, le ipotesi di stupro, schiavitù sessuale, costrizione alla prostituzione, gravidanza o sterilizzazione forzata, nonché ogni altra forma di violenza sessuale «che in ogni caso costituisce violazione grave delle Convenzioni di Ginevra». Una analoga previsione per i conflitti armati interni si rinviene all'art. 8 co. 2 e) vi) St-ICC, che ricomprende non solo le condotte sopra richiamate, ma anche ogni altra forma di violenza sessuale «che costituisce comunque violazione grave dell'articolo 3 com».

1035 Sebbene i crimini di violenza sessuale siano stati in passato ripetutamente utilizzati come metodi della strategia bellica, il diritto internazionale dei Trattati antecedente all'elaborazione dello Statuto di Roma considerava tali condotte non come autonomi crimini di guerra, ma solo come offese all'onore personale o alla dignità umana, adottando una qualificazione giuridica che certo non risultava adeguata alla dimensione del danno fisico e psichico cagionato alla vittima[331]. Così, l'art. 27 co. 2 Ginevra IV, l'art. 75 co. 2 e 76 co. 1 Protocollo I e l'art. 4 co. 2 e Protocollo II classificavano la violenza sessuale, la prostituzione forzata e «ogni altra azione oscena» come offese all'onore della vittima. Tali condotte non sono state autonomamente qualificate come gravi violazioni delle Convenzioni di Ginevra o dei loro Protocolli aggiuntivi.

1036 L'ICTR ha recepito quest'approccio, classificando lo stupro, la prostituzione forzata e le altre forme di violenza sessuale come offese alla dignità personale[332]. Lo Statuto istitutivo del Tribunale penale internazionale per la ex Jugoslavia non considera le violenze sessuali come crimini di guerra e, pertanto, non attribuisce all'ICTY alcuna specifica competenza

---

[331] Triffterer-*Cottier*, Rome Statute (1999), art. 8 n. marg. 200 ss.
[332] Cfr. l'art. 4 e) St-ICTR.

in materia³³³, sebbene proprio durante il conflitto nei Balcani la violenza sessuale sia stata utilizzata come metodo della strategia bellica. Il Tribunale, pertanto, è stato costretto a perseguire tali fattispecie – includendole nella categoria dei crimini di guerra – in base alle disposizioni relative alle gravi violazioni delle Convenzioni di Ginevra o di altre violazioni delle legge degli usi di guerra³³⁴.

Con l'inserimento di autonome fattispecie nella parte dello Statuto di Roma che disciplina i crimini di guerra, è stato espressamente riconosciuto che, anche nell'ambito di un contesto di violenza organizzata, i crimini di carattere sessuale debbano essere annoverati tra quelli di maggiore gravità³³⁵. 1037

1. La violenza sessuale

La definizione di violenza sessuale come crimine di guerra si differenzia da quella adottata nell'ambito dei crimini contro l'umanità soltanto in base al contesto in cui il crimine viene commesso³³⁶. Pertanto, in merito ai singoli presupposti del reato si rinvia a quanto già esposto in precedenza³³⁷. 1038

L'elemento soggettivo richiesto per l'integrazione della fattispecie tipica è il dolo (art. 30 St-ICC)³³⁸. 1039

2. Altre gravi forme di violenza sessuale

Anche la definizione delle altre gravi forme di violenza sessuale punibili come crimini di guerra (costrizione alla prostituzione, gravidanza forzata e sterilizzazione forzata) si sovrappone, prescindendo dal contesto in cui il crimine viene commesso, alla dimensione tipica delle medesime fattispecie coniate nell'ambito dei crimini contro l'umanità. Questa circostanza emerge con chiarezza anche dall'analisi degli Elementi dei Crimini, che – ad eccezione del contesto del reato – coincidono completamente. Ancora una volta, pertanto, si rinvia alla precedente trattazione³³⁹. 1040

---

³³³ In ogni caso, il Tribunale può perseguire la violenza sessuale come crimine contro l'umanità; cfr. art. 5 g) St-ICTY.
³³⁴ Cfr. ad esempio ICTY, 10 dicembre 1998 (Furundžija, TC), § 172, ove il Tribunale ha riconosciuto che la violenza sessuale possa rappresentare, oltre che un'ipotesi di genocidio o un crimine contro l'umanità, anche una grave violazione delle Convenzioni di Ginevra o una violazione delle leggi e degli usi di guerra. Cfr. anche ICTY, 16 novembre 1998 (Mucić et al., TC), §§ 476 ss.; ICTY, 10 dicembre 1998 (Furundžija, TC), §§ 163 s.; ICTY, 2 novembre 2001 (Kvočka et al., TC), § 145; ICTY, 12 giugno 2002 (Kunarac et al., AC), §§ 150 s.; ICTY, 1° settembre 2004 (Brđanin, TC), § 485 (violenza sessuale come ipotesi di tortura).
³³⁵ *La Haye*, in: Lee (a cura di), The International Criminal Court, Elements of Crimes and Rules of Procedure and Evidence (2001), 184, 185 s.
³³⁶ Cfr. *Kittichaisaree*, International Criminal Law (2001), 182.
³³⁷ Cfr. sul punto *supra*, n. marg. 837 ss.
³³⁸ Per i necessari rinvii cfr. *supra*, in nota 330.
³³⁹ Cfr. sul punto *supra*, n. marg. 843 ss.

1041   Appare equivoca la clausola generale che, ai sensi dell'art. 8 co. 2 b) xxii) St-ICC ultima parte e dell'art. 8 co. 2 e) vi) St-ICC, richiama «qualsiasi altra forma di violenza sessuale». È necessario che le singole condotte costituiscano «in ogni caso una grave violazione delle Convenzioni di Ginevra» oppure «una grave violazione dell'articolo 3 della Convenzione di Ginevra». In questo modo, sembra quasi che l'autonomia delle fattispecie di violenza sessuale venga messa in dubbio, poiché è chiaro che si deve prima accertare se le suddette ipotesi di violenza sessuale siano incluse tra le violazioni delle Convenzioni di Ginevra. Una simile lettura dello Statuto, tuttavia, non appare giustificata e gli stessi Elementi dei Crimini indicano una diversa direzione interpretativa. Il riferimento alle Convenzioni di Ginevra, infatti, impone solo di verificare che vengano punite come crimini di guerra esclusivamente le forme di violenza sessuale che siano comparabili, quanto alla rilevanza della dimensione offensiva, a quelle indicate come gravi violazioni delle Convenzioni suddette[340]. Questa interpretazione viene rafforzata anche dal confronto con l'art. 7 co. 1 g) ultima parte St-ICC, che punisce come crimini contro l'umanità solo le altre forme di violenza sessuale «di gravità comparabile» ai delitti sessuali espressamente indicati nella definizione della fattispecie tipica[341].

1042   L'elemento soggettivo richiesto per l'integrazione della fattispecie tipica è il dolo (art. 30 St-ICC)[342].

VI. Trattamenti umilianti e degradanti

1043   L'art. 8 co. 2 b) xxi) St-ICC punisce, nell'ambito di conflitti armati internazionali, le offese arrecate alla dignità personale, in particolare cagionate mediante trattamenti umilianti e degradanti. L'art. 8 co. 2 c) ii) St-ICC prevede una disposizione di analogo contenuto applicabile ai conflitti armati interni[343]. Gli elementi della fattispecie tipica sono identici entrambi i casi[344]. La punibilità dei trattamenti umilianti e degradanti nell'ambito dei crimini di guerra è riconosciuta anche dal diritto consuetudinario[345].

---

[340] EC in rel. art. 8 co. 2 b) xxii) St-ICC, sesta ipotesi, n. 2; EC in rel. art. 8 co. 2 e) vi) St-ICC, sesta ipotesi, n. 2. Così anche Triffterer-*Cottier*, Rome Statute (1999), art. 8, n. marg. 207 s.; l'autore sottolinea che la scelta di limitare il catalogo di tali reati solo a quelli che costituiscono anche una grave violazione delle Convenzioni di Ginevra, contrasterebbe con l'intento dei compilatori dello Statuto di perseguire i crimini sessuali indipendentemente dalle disposizioni sulle gravi violazioni. Diversamente, in riferimento all'art. 2 e) vi) St-ICC, si veda Triffterer-*Zimmermann*, Rome Statute (1999), art. 8 n. marg. 302, secondo cui è necessario che si tratti di un'azione effettivamente punibile in base all'art. 3 com.

[341] Cfr. sul punto *supra*, n. marg. 848.

[342] Per i necessari rinvii cfr. *supra*, in nota 330.

[343] La formulazione tedesca è in questo caso meno drastica della versione ufficiale inglese, nella quale si parla di «outrages upon personal dignity». Cfr. anche l'art. 4 e) St-ICTR.

[344] Triffterer-*Zimmermann*, Rome Statute (1999), art. 8 n. marg. 276.

[345] Cfr. Triffterer-*Viseur Sellers*, Rome Statute (1999), art. 8 n. marg. 192.

Le fattispecie in esame può farsi risalire all'art. 3 co. 1 c) com. Anche l'art. 75 co. 2 b) Protocollo I e l'art. 4 co. 2 e) Protocollo II contengono un apposito divieto di trattamenti umilianti e degradanti[346]. Alla tutela della dignità umana è diretto, inoltre, l'art. 27 co. 1 Ginevra IV. Queste previsioni impongono il rispetto della persona e dei suoi diritti all'onore ed alla famiglia (*family rights*), come pure delle convinzioni e tradizioni religiose. Il diritto al rispetto della persona viene interpretato estensivamente e ricomprende tutti i diritti inscindibilmente connessi all'esistenza umana, in particolare quello all'integrità fisica, morale ed intellettuale[347]. Molteplici, pertanto, sono le modalità di condotta che vengono in considerazione nell'integrazione della fattispecie tipica[348].

1044

In base agli Elementi dei Crimini, risponde del reato in esame chiunque umili, degradi o in qualsiasi altro modo offenda la dignità di una o più persone[349]. Non è necessario che la vittima sia stata consapevole dell'offesa subita, tanto che anche la dignità dei defunti riceve tutela. L'offesa deve avere una gravità tale da poter essere universalmente riconosciuta come fatto di atroce gravità («outrage»)[350]. In questa valutazione risulta decisiva l'applicazione di un criterio oggettivo[351].

1045

Secondo l'orientamento del Tribunale penale internazionale per la ex Jugoslavia, non è necessario che la sofferenza inflitta abbia carattere continuativo. Nel caso di trattamenti gravemente umilianti e degradanti, infatti, la fattispecie si considera integrata anche quando la vittima superi in un periodo relativamente breve le conseguenze subite[352]. Lo stesso dicasi, secondo la giurisprudenza dell'ICTY, anche in presenza di una condotta meramente omissiva posta in essere con lo scopo di umiliare o di mettere in ridicolo la vittima[353]. L'ICTR, nella decisione del caso *Musema*, ha definito come trattamenti umilianti e degradanti quelle azioni in grado di distruggere l'autostima dell'individuo. La lesione della dignità della persona può rappresentare lo stadio preliminare del reato di tortura[354].

1046

---

[346] L'art. 3 co. 1 c) com. contiene il divieto di «offese alla dignità personale, in particolare di trattamenti umilianti e degradanti»; la formulazione dei Protocolli aggiuntivi include come esempi di condotte vietate, accanto ai trattamenti umilianti e degradanti, anche la prostituzione forzosa ed azioni oscene di ogni altra natura.

[347] Cfr. *Pictet* (a cura di), Geneva Convention IV (1958), 201.

[348] Cfr. Triffterer-*Viseur Sellers*, Rome Statute (1999), art. 8 n. marg. 195 ss.

[349] EC in rel. art. 8 co. 2 b) xxi) St-ICC, n. 1; EC in rel. art. 8 co. 2 c) ii) St-ICC, n. 1. Così anche ICTY, 12 giugno 2002 (Kunarac et al., AC), § 161; ICTY, 22 febbraio 2001 (Kunarac et al., TC), § 507.

[350] EC in rel. art. 8 co. 2 b) xxi) St-ICC, n. 2; EC in rel. art. 8 co. 2 c) ii) St-ICC, n. 2.

[351] ICTY, 25 giugno 1999 (Aleksovski, TC), §§ 56 s.; ICTY, 12 giugno 2002 (Kunarac et al., AC), § 162.

[352] ICTY, 22 febbraio 2001 (Kunarac et al., TC), §§ 501, 503. Ancora, in termini differenti; cfr. ICTY, 25 giugno 1999 (Aleksovski, TC), § 56.

[353] ICTY, 25 giugno 1999 (Aleksovski, TC), §§ 55 s.

[354] ICTR, 27 gennaio 2000 (Musema, TC), § 285.

1047 L'integrazione della fattispecie tipica richiede soltanto il dolo[355], non anche l'intento specifico di umiliare la vittima[356].

1048 Il rapporto tra le fattispecie in esame ed altre figure criminose simili, in particolare quella di maltrattamenti, risulta di non facile interpretazione. Facendo leva sul contenuto dell'art. 75 co. 2 b) Protocollo I, parte della dottrina ritiene che per trattamenti umilianti e degradanti possano intendersi soltanto le condotte realizzate con lo scopo di umiliare, schernire o costringere la vittima ad azioni umilianti, ma senza provocare alcuna lesione diretta dell'integrità fisica o psichica[357]. Se questa opinione venisse riferita all'ambito dei crimini di guerra, dovrebbe escludersi l'applicazione della disposizione in esame in tutti i casi di violenza fisica. La giurisprudenza dell'ICTY e dell'ICTR, che più volte ha preso posizione su questa fattispecie, non sembra aderire ad una simile ricostruzione[358]. Nella sentenza *Aleksovski*, l'ICTY ha più volte evidenziato come l'art. 3 co. 1 com. sia diretto a tutelare in generale la dignità delle persone ed a garantire loro un trattamento umano[359]. Il Tribunale considera la sottoposizione a trattamenti umilianti e degradanti come un caso particolare di trattamenti inumani, connotato dalla particolare gravità della sofferenza inflitta, che può certamente accompagnarsi alla violenza fisica[360]. Ciononostante, in base al cosiddet-

---

[355] ICTY, 22 febbraio 2001 (Kunarac et al., TC), § 514. In questo caso, è sufficiente che il soggetto agente si rappresenti che la propria condotta possa umiliare la vittima; cfr. ICTY, 22 febbraio 2001 (Kunarac et al., TC), §§ 512 ss. Cfr. anche *Dörmann*, Elements of War Crimes (2002), 323 s.; cfr. sulla disciplina generale dell'elemento soggettivo *supra*, n. marg. 365 ss. e n. marg. 984; sulle eventuali conseguenze che possono derivare dalla nuova giurisprudenza dell'ICTY rispetto alla disciplina dell'elemento soggettivo, cfr. *supra*, n. marg. 355 s.

[356] ICTY, 25 giugno 1999 (Aleksovski, TC), § 56; ICTY, 22 febbraio 2001 (Kunarac et al., TC), § 509; ICTY, 12 giugno 2002 (Kunarac et al., AC), §§ 164 ss.

[357] Sandoz/Swinarski/Zimmermann-*Pilloud/Pictet*, Additional Protocols (1987), n. marg. 3047.

[358] Lo Statuto dell'ICTY non contiene alcuna disposizione espressamente riferita ai trattamenti umilianti o degradanti, ma il Tribunale – secondo il punto di vista della Camera d'Appello – può perseguire tale fattispecie in quanto crimine ai sensi dell'art. 3 com., in base all'art. 3 dello Statuto medesimo che gli attribuisce la competenza per la repressione delle violazioni delle leggi e degli usi di guerra; cfr. ICTY, 2 ottobre 1995 (Tadić, AC), §§ 65 ss. L'art. 4 e) St-ICTR prevede questa figura criminosa e, attenendosi alla formulazione propria dei Protocolli aggiuntivi, include tra le modalità di commissione del reato, accanto ai trattamenti umilianti e degradanti, anche crimini sessuali. Nello St-ICC, al contrario, i crimini sessuali sono contemplati come fattispecie autonome; cfr. art. 8 co. 2 b) xxii).

[359] ICTY, 25 giugno 1999 (Aleksovski, TC), § 49.

[360] ICTY, 25 giugno 1999 (Aleksovski, TC), § 56. Il Tribunale è dell'opinione che le condotte tipiche debbano essere sorrette dal disprezzo del soggetto agente per la dignità della vittima. Non sono necessarie, invece, aggressioni dirette al benessere fisico o psichico del soggetto passivo, ma è sufficiente che le azioni cagionino una sofferenza effettiva e continuativa alla vittima, in quanto risultato dell'umiliazione e dello scherno cui essa è stata esposta. Per non subordinare del tutto la punibilità di tali fatti alla sensibilità della vittima, che può essere diversa a seconda della resistenza psichica di ciascun individuo, è necessario che il reato sia qualificabile come atrocità in base ad un parametro di ragionevolezza. La particolare gravità del reato potrebbe emergere dalla continua reiterazione di un'azione che, *ex se* considerata, non è qualificabile come un'atrocità. Del resto, il tipo di violenza, la durata del reato ed il grado della sofferenza arrecata rappresentano fattori decisivi per stabilire se una condotta umiliante raggiunga o meno la soglia della punibilità; cfr. ICTY, 25 giugno 1999 (Aleksov-

to *Čelebići*-Test (cfr. *supra*, n. marg. 512), entrambe le fattispecie hanno potuto trovare contestuale applicazione, poiché la prima presuppone un'offesa diretta alla dignità umana, mentre la seconda un'offesa qualificata («grave»). Le due figure in esame, pertanto, si differenziano ogni volta in base all'oggetto ed all'intensità della condotta offensiva[361]. Da quest'ultimo punto di vista, la fattispecie di trattamenti degradanti ed umilianti viene superata da reato di tortura[362].

Parimenti ambiguo risulta il rapporto con le fattispecie di violenza sessuale. L'ICTY ha ritenuto che i crimini sessuali fossero ipotesi ricomprese all'interno dei trattamenti umilianti e degradanti[363]. L'ICTR, nella sentenza *Akayesu*, ha stabilito che la fattispecie tipica debba considerarsi integrata ogni volta che una "prestazione" di natura sessuale sia ottenuta con la costrizione[364]. Non è certo se questa giurisprudenza verrà seguita anche dalla Corte criminale internazionale permanente. A differenza degli Statuti dei Tribunali *ad hoc*, lo Statuto di Roma ha coniato apposite figure criminose che puniscono come crimini di guerra gli stupri e le altre forme di violenza sessuale. Queste fattispecie rappresentano ipotesi speciali rispetto ai trattamenti inumani e degradanti[365].

1049

VII. Costrizione a prestare servizio militare e a partecipare ad operazioni di guerra (conflitti armati internazionali)

1. Costrizione a prestare servizio nelle forze armate del nemico

L'art. 8 co. 2 a) v) St-ICC punisce il fatto di costringere soggetti tutelati[366] a prestare servizio nelle forze armate della Potenza nemica. L'ambito di applicazione della disposizione in esame si sovrappone, in particolare, alla fattispecie che sanziona la forzosa partecipazione ad operazioni di guerra[367]. Recependo le soluzioni del diritto consuetudinario, la norma si riferisce soltanto all'ambito dei conflitti armati internazionali[368]. La previsione trova origine nell'art. 23 h) Regole dell'Aja, che vieta

1050

---

ski, TC), § 57. Il Tribunale ha qualificato talune situazioni verificatesi nei campi di concentramento e caratterizzate dal ricorso alla violenza fisica, quali l'uso di prigionieri come scudi umani e il loro impiego per scavare trincee in zone pericolose, come gravi lesioni alla dignità personale, ICTY, 25 giugno 1999 (Aleksovski, TC), §§ 228 s. Nello stesso senso anche la Camera d'Appello: «Under any circumstances, the outrages upon personal dignity that the victims in this instance suffered would be serious. The victims were not merely inconvenienced or made uncomfortable – what they had to endure, under the prevailing circumstances, were physical and psychological abuse and outrages that any human being would have experienced as such»; cfr. ICTY, 24 marzo 2000 (Aleksovski, AC), § 37.

[361] *Hünerbein*, Straftatkonkurrenzen im Völkerstrafrecht (2005), 162 s.
[362] ICTY, 2 novembre 2001 (Kvočka et al., TC), §§ 226, 231.
[363] ICTY, 10 dicembre 1998 (Furundžija, TC), § 183.
[364] ICTR, 2 settembre 1998 (Akayesu, TC), § 688.
[365] Cfr. anche Triffterer-*Viseur Sellers*, Rome Statute (1999), art. 8, n. marg. 195 ss.; *Hünerbein*, Straftatkonkurrenzen im Völkerstrafrecht (2005), 158 s.
[366] Sul concetto di soggetto tutelato cfr. *supra*, n. marg. 985 ss.
[367] Si veda sul punto anche *infra*, n. marg. 1055 ss.
[368] Anche la legge tedesca di recepimento dello St-ICC muove dal presupposto che la punibilità sia limitata all'ambito dei conflitti armati internazionali; cfr. § 8 co. 3 n. 3 VStGB e Begr. VStGB, 29. La fattispecie è prevista anche all'art. 2 e) St-ICTY.

alle parti in conflitto di costringere i membri della fazione nemica a prendere parte «ad operazioni di guerra contro la propria patria». In base all'art. 130 Ginevra III e all'art. 147 Ginevra IV, costringere un prigioniero di guerra o altra persona protetta dalla quarta Convenzione di Ginevra a prestare servizio nelle forze armate di una Potenza nemica costituisce una grave violazione delle Convenzioni suddette.

1051 Gli Elementi dei Crimini precisano la dimensione di tipicità della fattispecie, individuando quale condotta punibile il fatto di costringere soggetti tutelati, da un lato, a prestare servizio nelle forze armate del nemico[369] e, dall'altro, a partecipare ad operazioni di guerra contro la propria patria, senza che ciò comporti il loro inserimento nelle forze armate avversarie[370]. Attraverso questa fattispecie si è inteso tutelare gli individui sottoposti al potere del nemico da possibili conflitti col dovere di lealtà verso lo Stato cui appartengono[371]. Al contrario, non è punibile il reclutamento di prigionieri di guerra che si presentino volontariamente a combattere contro il proprio Paese d'origine[372].

1052 Si discute se il solo fatto di costringere un individuo a prestare servizio militare presso le forze armate nemiche, senza il suo preventivo inserimento all'interno delle medesime, possa essere sufficiente ad integrare la fattispecie tipica. Da un lato, la Relazione al progetto di VStGB muoveva dal presupposto che la mera costrizione a collaborare al trasporto di materiali bellici, in assenza di un inquadramento del soggetto all'interno delle forze armate, non potesse essere considerata condotta idonea ad integrare il reato in esame[373] Dall'altro, invece, parte della dottrina ribadiva la decisiva rilevanza dei principi sottesi all'art. 52 Regole dell'Aja, in base ai quali la popolazione di un territorio occupato non poteva essere costretta a partecipare a «operazioni di guerra contro la propria patria», con ciò dovendosi intendere anche i lavori forzati che fossero funzionali alla realizzazione di finalità militari[374].

1053 La risposta a questo interrogativo deve essere ricercata nelle Convenzioni di Ginevra, sulle quali si fonda la fattispecie coniata dallo Statuto di Roma. A tal fine, è necessario partire dalla constatazione che le Convenzioni di Ginevra ammettono la possibilità di imporre obblighi di lavoro solo in presenza di particolari condizioni. In base agli artt. 49 ss Ginevra III, lo Stato di cattura può impiegare i prigionieri

---

[369] In base all'art. 43 Protocollo I, alle forze armate appartiene «il complesso delle formazioni militari organizzate, dei gruppi e delle unità, che sottostanno ad un comandante responsabile, nei confronti della propria parte, per la condotta dei suoi sottoposti»; cfr. anche *Dahm/Delbrück/Wolfrum*, Völkerrecht, vol. I/3, 2ª ed. (2002), 1057; Triffterer-*Fenrick*, Rome Statute (1999), art. 8 n. marg. 15.

[370] EC in rel. art. 8 co. 2 a) v) St-ICC, n. 1.

[371] *Bothe*, in: Cassese/Gaeta/Jones (a cura di), Rome Statute, vol. 1 (2002), 379, 394.

[372] IMT, 11 aprile 1949 (von Weizsäcker et al., cosiddetto Processo Wilhelmstraßen), in: Trials of War Criminals XIV, 308 ss.

[373] Begr. VStGB, 29. Simili azioni, ad ogni modo, possono essere ricomprese nell'ambito di tipicità del crimine di guerra di partecipazione forzosa ad operazioni di guerra (cfr. *infra*, n. marg. 1055 ss.).

[374] *Wolfrum*, in: Fleck (a cura di), Handbuch des humanitären Völkerrechts (1994), n. 1209.

di guerra per alcuni tipi di lavoro; un'analoga disposizione è prevista dall'art. 51 Ginevra IV per i civili che si trovino in un territorio occupato. L'art. 50 f) Ginevra III stabilisce che i prigionieri di guerra possano essere destinati soltanto allo svolgimento di servizi pubblici, senza carattere o destinazione militare[375]. Infine, ai sensi dell'art. 51 Ginevra IV, la Potenza occupante non può costringere soggetti tutelati a prestare servizio nelle proprie forze armate o a partecipare alle operazioni di guerra[376]. In conclusione, questo significa il reato in esame può essere integrato anche costringendo un individuo a svolgere lavori variamente funzionali alla realizzazione di finalità militari. Se le specifiche prestazioni lavorative sono considerate ammissibili dalle Convenzioni di Ginevra, allora non può parlarsi di impiego forzoso, penalmente rilevante, a servizio nelle forze armate del nemico.

Dal punto di vista soggettivo, l'integrazione della fattispecie richiede il dolo dell'agente (art. 30 St-ICC)[377].

2. Costrizione a prendere parte ad operazioni di guerra

L'art. 8 co. 2 b) xv) St-ICC punisce il fatto di costringere cittadini della nazione nemica a prendere parte ad operazioni di guerra dirette contro il proprio Paese. La condotta mantiene la propria illegittimità anche quando, prima dell'inizio della guerra, la vittima fosse stata a servizio nelle forze armate dello Stato belligerante. Pure questa fattispecie, che trova applicazione soltanto nell'ambito di conflitti armati internazionali e si fonda sull'art. 23 seconda parte Regole dell'Aja, è volta ad evitare possibili conflitti col dovere di lealtà verso lo Stato d'appartenenza.

Il divieto è posto a tutela degli individui appartenenti ad una delle parti belligeranti, che si trovino in zone controllate dal nemico. È irrilevante se si tratti di prigionieri di guerra o di civili, come pure se si tratti di cittadini appartenenti allo Stato occupante oppure ad un'altra delle parti in conflitto[378]. Si discute, tuttavia, se nell'ambito di applicazione della fattispecie possano rientrare anche azioni che non sono direttamente parte di un'operazione militare. Mentre in dottrina è comune l'affermazione che tale divieto si estenda sempre anche ad attività lavorative direttamente collegate agli impegni militari[379], la *Preparatory Commission* ha affermato

---

[375] Mentre si definisce pubblico servizio di carattere militare l'attività condotta sotto il comando di un'autorità militare, non esiste alcuna definizione unitaria del servizio prestato con uno scopo militare. In ogni caso, i prigionieri di guerra non possono essere impiegati per attività che soddisfino esclusivamente interessi militari, mentre possono essere adibiti a lavori che, in circostanze normali, servono al mantenimento della vita civile, perfino se le unità militari ne traggano occasionalmente vantaggio; cfr. sul punto *Pictet* (a cura di), Geneva Convention III (1960), 267 s.

[376] Ampiamente, su questa disciplina, ICTY, 31 marzo 2003 (Naletilić e Martinović, TC), §§ 250 ss.

[377] Cfr. anche *Dörmann*, Elements of War Crimes (2002), 99. Per ulteriori rinvii cfr. inoltre *supra*, in nota 330.

[378] Triffterer-*Cottier*, Rome Statute (1999), art. 8 n. marg. 164.

[379] Triffterer-*Cottier*, Rome Statute (1999), art. 8 n. marg. 165.

che il ricorso alla sanzione penale debba essere limitato solo ai casi in cui la vittima sia costretta a partecipare ad operazioni di guerra[380]. Recependone l'orientamento, gli Elementi dei Crimini richiedono giustamente che il soggetto passivo venga obbligato, tramite azioni o minacce, a prendere parte ad operazioni militari contro la propria patria o contro le proprie forze armate[381].

1057 L'elemento soggettivo richiesto per l'integrazione della fattispecie è il dolo (art. 30 St-ICC)[382].

VIII. Schiavitù

1058 In base all'art. 4 co. 2 d) Protocollo II, «la schiavitù e il commercio di schiavi» sono condotte vietate «in ogni loro forma». La fattispecie offre tutela a «tutte le persone che non prendono, o non prendono più, direttamente parte alle ostilità, indipendentemente dalla circostanza se siano stati o meno privati della propria libertà»[383]. Sebbene il Protocollo II si riferisca esclusivamente ai conflitti armati interni, la schiavitù soggiace ad un divieto assoluto anche nell'ambito dei conflitti armati internazionali, poiché in contrasto l'obbligo fondamentale di trattare gli individui secondo umanità, riconosciuto ad esempio all'art. 3 com., all'art. 13 Ginevra III, e all'art. 27 Ginevra IV[384].

1059 Il Tribunale penale internazionale per la ex Jugoslavia ha riconosciuto che le violazioni del divieto di ridurre un individuo in schiavitù, commesse in relazione ad un conflitto armato, debbano essere punite come crimine di guerra[385]. Le caratteristiche di tipicità della fattispecie corrispondono a quelle proprie del delitto di schiavitù previsto nell'ambito dei crimini contro l'umanità[386]. A tale riguardo, pertanto, può farsi riferimento a quanto già in precedenza esposto[387].

1060 L'art. 8 co. 2 St-ICC non punisce espressamente la schiavitù come crimine di guerra. Ma poiché per schiavitù si intende «l'esercizio su una persona di uno o più poteri inerenti al diritto di proprietà»[388], siffatta condotta potrebbe essere ricondotta all'ambito dei crimini di guerra quale forma di trattamento umiliante o degradante (cfr. art. 8 co. 2 b) xxi) e co. 2 c) ii) St-ICC)[389].

---

[380] *Boddens Hosang*, in: Lee (a cura di), The International Criminal Court, Elements of Crimes and Rules of Procedure and Evidence (2001), 174 s.
[381] EC in rel. art. 8 co. 2 b) xv) St-ICC, n. 1.
[382] Per i necessari rinvii cfr. *supra*, nota 330.
[383] Art. 4 co. 1 Protocollo II. Cfr. Sandoz/Swinarski/Zimmermann-*Junod*, Additional Protocols (1987), n. marg. 4523.
[384] Cfr. Sandoz/Swinarski/Zimmermann-*Junod*, Additional Protocols (1987), n. marg. 4523.
[385] Cfr. ICTY, 15 marzo 2002 (Krnojelac, TC), §§ 351 ss.
[386] Cfr. ICTY, 15 marzo 2002 (Krnojelac, TC), § 356.
[387] Cfr. *supra*, n. marg. 795 ss.
[388] Cfr. l'art. 7 co. 2 c) St-ICC.
[389] Cfr. *supra*, n. marg. 1043 ss.

IX. Lavori forzati

Nella sentenza del 31 marzo 2003, l'ICTY ha affermato che i lavori forzati nell'ambito di conflitti armati internazionali debbano essere considerati come crimini di guerra, nella misura in cui vengano violate le disposizioni di Ginevra III e IV[390]. Il caso deciso dall'ICTY concerneva l'impiego di prigionieri per lavori militari di manovalanza, svolti in condizioni di pericolo (scavare trincee sulla linea del fronte, barricare finestre sottoposte al fuoco nemico con sacchi di sabbia)[391]. Il Tribunale ha ritenuto sufficiente ad integrare la fattispecie tipica l'aver costretto i prigionieri, nell'ambito di un saccheggio, a trasportare[392] mobili e utensili domestici o ad installare una conduttura dell'acqua nel giardino degli imputati, lavorando per due mesi in condizioni difficili e senza retribuzione[393]. Secondo l'interpretazione dell'ICTY, il consenso della vittima di regola esclude la punibilità[394].

1061

L'art. 8 co. 2 St-ICC non punisce espressamente i lavori forzati come crimine di guerra. Nei conflitti armati internazionali, in caso di costrizione a lavori di manovalanza militare troverà comunque applicazione l'art. 8 2 a) v) St-ICC.

1062

X. Condanna di un imputato in assenza di regolare processo

1. Conflitti internazionali

L'art. 8 co. 2 a) vi) St-ICC garantisce il diritto dei prigionieri di guerra e degli altri soggetti tutelati ad un processo imparziale e regolare. La previsione richiama l'art. 130 Ginevra III ed l'art. 147 Ginevra IV. Anche l'art. 2 f) St-ICTY prevede una regola di analogo contenuto. In base a queste disposizioni, privare un individuo «del diritto ad un processo imparziale e regolare, che si definisce tale secondo le disposizioni vigenti di cui alla presente Convenzione», costituisce grave violazione della Convenzione medesima. L'art. 85 co. 4 e) Protocollo I estende la portata di tale principio a tutte le persone protette dalle Convenzioni di Ginevra. Per individuare i diritti processuali tutelati dalla fattispecie in esame, gli Elementi dei Crimini rinviano, in particolare, alle garanzie sancite da Ginevra III e IV[395].

1063

---

[390] Cfr. ICTY, 31 marzo 2003 (Naletilić e Martinović, TC), § 250; ICTY, 17 ottobre 2003 (Simić et al., TC), §§ 83 ss.
[391] Cfr. ICTY, 31 marzo 2003 (Naletilić e Martinović, TC), §§ 268, 302.
[392] Cfr. ICTY, 31 marzo 2003 (Naletilić e Martinović, TC), §§ 307 ss.
[393] Cfr. ICTY, 31 marzo 2003 (Naletilić e Martinović, TC), §§ 322 ss.
[394] Cfr. ICTY, 31 marzo 2003 (Naletilić e Martinović, TC), §§ 258 s. Cfr. anche il § 308, ove l'ICTY sottolinea l'irrilevanza del consenso a partecipare ai saccheggi, eventualmente prestato dai prigionieri di guerra, trattandosi di un'attività essa stessa illegittima. Quest'argomentazione non risulta convincente. Infatti, le previsioni della terza e della quarta Convenzione di Ginevra, relative ai lavori forzati, non perseguono lo scopo di impedire la volontaria partecipazione di soggetti tutelati ad attività criminose.
[395] Cfr. EC in rel. art. 8 co. 2 a) vi) St-ICC. La formulazione («in particular») degli EC in rel. art. 8 co. 2 a) vi) St-ICC, n. 1, chiarisce che, oltre ai diritti sanciti dalle quattro Convenzioni di Ginevra,

1064 Le suddette garanzie comprendono il diritto ad un giudice indipendente ed imparziale (art. 84 co. 2 Ginevra III), il diritto a che la Potenza protettrice sia informata nel più breve tempo possibile del processo programmato contro un prigioniero di guerra (art. 104 Ginevra III), il diritto ad un'immediata informazione in merito ai capi d'accusa contestati (art. 104 Ginevra III e art. 71 co. 2 Ginevra IV), il divieto di pene collettive (art. 87 co. 3 Ginevra III[396] e art. 67 Ginevra IV), il principio di legalità (art. 99 co. 1 Ginevra IV e art. 33 Ginevra IV), il principio di ne bis in idem (art. 86 Ginevra III, art. 117 co. 3 Ginevra IV), il diritto ad una tempestiva informazione sulla possibilità di proporre impugnazione (art. 106 Ginevra III e art. 73 Ginevra IV), il diritto alla difesa e all'assistenza di un difensore adeguato (art. 99 co. 3 Ginevra III), il diritto alla tempestiva notifica dell'atto d'accusa e degli altri documenti del processo in una lingua comprensibile (art. 105 co. 4 Ginevra III), il diritto di ciascun imputato prigioniero di guerra di portare a proprio sostegno un altro commilitone prigioniero (art. 105 co. 1 Ginevra III), il diritto dell'imputato di farsi difendere da un avvocato adeguato di sua fiducia (art. 105 co. 1 Ginevra III, art. 72 co. 4 Ginevra IV[397]), il diritto all'ammissione dei mezzi di prova necessari alla difesa, in particolare a citare e ad interrogare i testimoni (art. 105 co. 1 Ginevra III, art. 72 co. 1 Ginevra IV), nonché il diritto di usufruire dell'aiuto di un interprete (art. 105 co. 1 Ginevra III, art. 72 co. 4 Ginevra IV). Inoltre, la pena di morte può essere comminata solo previo accertamento della sussistenza di particolari presupposti (art. 100 Ginevra III, art. 68 Ginevra IV) ed il processo deve avere luogo davanti allo stesso tribunale, e con le medesime modalità, di un processo celebrato contro membri delle forze armate dello Stato di occupazione (art. 102 Ginevra III). Anche l'art. 75 co. 3 e l'art. 75 co. 4 Protocollo I[398] contengono un'elencazione, in alcune parti più ampia di quella delle Convenzioni di Ginevra, dei principi del giusto processo comunemente riconosciuti, che devono essere osservati da un giudice imparziale.

1065 La soppressione delle elementari garanzie del giusto processo è stata considerata, in numerosi processi del dopoguerra, una condotta penalmente rilevante in base al diritto internazionale. In questi casi, sono stati condannati per crimini di guerra i responsabili di alcuni processi condotti con false accuse e con materiali probatori alterati, oppure durante i quali era stato negato all'imputato il diritto alla difesa o all'ausilio di un traduttore[399]. In tale contesto, particolare attenzione merita il co-

---

devono essere ricomprese anche altre garanzie processuali riconosciute a livello internazionale; cfr. *Kittichaisaree*, International Criminal Law (2001), 151. Si pensi, ad esempio, alle garanzie contenute nel Protocollo II (come, ad esempio, la presunzione d'innocenza) e alle diverse Convenzioni per la tutela dei diritti umani (ad es. PDCP, CEDU, Conv. Am. DU).

[396] Secondo l'art. 99 co. 1 Ginevra III nessun prigioniero può essere perseguito giudizialmente o condannato per un'azione che, al tempo in cui è stata commessa, non era espressamente vietata da una legge dello Stato di custodia allora vigente o dal diritto internazionale. Un'analoga disposizione si rinviene all'art. 67 Ginevra IV.

[397] Ai sensi dell'art. 72 co. 2 Ginevra IV, all'imputato deve essere fornito comunque un difensore d'ufficio. Al difensore bisogna garantire l'accesso all'imputato ed ai testimoni.

[398] *Dahm/Delbrück/Wolfrum*, Völkerrecht, vol. I/3, 2ª ed. (2002), 1057 e *Triffterer-Fenrick*, Rome Statute (1999), art. 8 n. marg. 16; gli autori propongono di inserire tutti i principi giuridici ivi indicati. Nella misura in cui la lista si estenda oltre le disposizioni delle Convenzioni di Ginevra e l'art. 8 co. 2 a) vi) St-ICC non prenda in considerazione il Protocollo I, questa soluzione non può essere accolta.

[399] US Military Commission Shanghai, 15 aprile 1946 (Sawada), in: UNWCC, Law Reports of

siddetto "processo dei giuristi" celebratosi a Norimberga[400]. Al Tribunale fu devoluta, tra l'altro, la decisione in merito alle deportazioni di civili dai territori occupati della Germania ai territori del Reich, dove vennero successivamente celebrati processi del tutto arbitrari, spesso conclusi con la condanna a morte e con l'esecuzione degli imputati.

La sentenza spiega in maniera dettagliata per quali ragioni tali processi non potevano essere considerati regolari: 1066

> «le udienze […] non ebbero mai, neppure una volta, la parvenza di udienze regolari, né le leggi vigenti trovarono una corretta applicazione. Gli […] imputati vennero arrestati in segreto e trasportati in Germania o in altri paesi […] per essere processati. […] In molti casi, fu loro negato il diritto al confronto con i testimoni dell'accusa e l'ammissione dei testimoni a discarico. Le udienze furono celebrate in segreto, agli imputati fu negato il diritto ad un difensore di fiducia e, di regola, fu completamente rifiutata l'assistenza legale. Spesso gli imputati non ricevettero alcun atto d'accusa, ma vennero a conoscenza del presunto crimine per il quale erano stati tratti in giudizio solo pochi minuti prima dell'inizio del dibattimento. L'intero processo fu mantenuto segreto dall'inizio fino alla fine, cosicché non fu possibile redigere alcun verbale pubblico»[401].

Per l'esistenza del reato non è necessario che la condotta dell'agente abbia portato, in termini di dipendenza causale, all'esecuzione della pena nei confronti di soggetti tutelati. Così, la fattispecie si considera integrata anche qualora la vittima si sia suicidata prima dell'esecuzione della pena[402]. Se, nonostante gli errori commessi nello svolgimento del processo, si arriva ad una sentenza di assoluzione degli imputati, il fatto non integra gli estremi della fattispecie tipica. In questi casi, il reato non è tale da attingere il livello di gravità richiesto per i crimini internazionali[403]. 1067

In linea di principio, l'elemento soggettivo richiesto per l'integrazione della fattispecie è il dolo[404], sufficiente anche nella forma dell'*indirect intent*[405]. 1068

Trials of War Criminals V, 1, 12 s.
[400] IMT, 4 dicembre 1947 (Altstötter et al., cosiddetto Processo dei giuristi), in: Trials of War Criminals III, 954, 1046 ss.
[401] *Ostendorf ter Veen*, Das „Nürnberger Juristenurteil" (1985), 188; *Peschel-Gutzeit* (a cura di), Das Nürnberger Juristen-Urteil von 1947 (1996), 113.
[402] *Dörmann*, in: Lee (a cura di), The International Criminal Court, Elements of Crimes and Rules of Procedure and Evidence (2001), 124, 135 s.
[403] Anche il confronto con l'art. 8 co. 2 c) iv) St-ICC, che pure punisce la violazione delle garanzie legali, supporta questa interpretazione, poiché tale disposizione presuppone quantomeno la presenza di una condanna.
[404] Sull'impiego dei concetti di "dolo" e "intent" cfr. *supra*, n. marg. 350.
[405] Cfr. sul concetto di *wilfulness supra*, n. marg. 982 ss.; sulle eventuali conseguenze che possono derivare dalla nuova giurisprudenza dell'ICTY rispetto alla disciplina dell'elemento soggettivo, cfr. *supra*, n. marg. 355 s.

2. Conflitti non internazionali

1069 L'art. 8 co. 2 c) iv) St-ICC punisce, nell'ambito di conflitti armati non internazionali, il fatto di «emettere sentenze ed eseguirle senza un preventivo giudizio, svolto dinanzi ad un tribunale regolarmente costituito che offre tutte le garanzie giudiziarie generalmente considerate indispensabili»[406]. La disposizione trova un antecedente nell'art. 3 co. 1 d) com[407].

1070 Gli Elementi dei Crimini differenziano le tre fattispecie che l'art. 8 co. 2 c) iv) St-ICC riunisce all'interno di un'unica disposizione, cioè l'esecuzione di condanne senza un preventivo processo, la condanna da parte di un tribunale non regolarmente costituito e la violazione delle fondamentali garanzie processuali[408]. Nell'ambito di una valutazione globale, tutte le circostanze del caso devono indicare che il processo non sia stato celebrato correttamente[409]. Poiché gli EC sottolineano che la disciplina dello Statuto di Roma relativa alle differenti forme di partecipazione nel reato rimanga comunque impregiudicata, non è necessario che il soggetto agente abbia emesso personalmente la sentenza[410].

1071 Occorre chiarire, in particolare, quali siano le garanzie giudiziarie generalmente riconosciute nel corso di un processo. Gli Elementi dei Crimini non forniscono sul punto alcuna indicazione utile. Tuttavia, nell'interpretazione dell'art. 3 co. 1 d) com. e quindi, indirettamente, dell'art. 8 co. 2 c) iv) St-ICC[411], può farsi riferimento all'art. 6 co. 2 Protocollo II, che ha un testo quasi identico. Questa disposizione contiene un'elencazione non tassativa delle garanzie minime che devono essere osservate, anche nell'ambito di conflitti armati non internazionali, nella comminazione della pena o nella sua esecuzione. In particolare, si tratta delle seguenti garanzie: la comunicazione immediata all'accusato del reato contestatogli, il riconoscimento di ogni diritto o strumento necessario alla difesa, il divieto di pene collettive, il principio di legalità, la presunzione di innocenza, il diritto ad essere presenti al dibattimento e il principio *nemo tenetur se ipsum accusare*.

1072 Come l'art. 3 co. 1 d) delle Convenzioni di Ginevra, anche l'art. 8 co. 2 c) iv) St-ICC richiede che il giudizio si svolga di fronte ad un tribunale regolarmente

---

[406] Da questo punto di vista, la traduzione tedesca della disposizione in esame non è particolarmente riuscita, poiché, diversamente dalla versione originale inglese, la seconda parte della frase non può essere riferita alla prima, suscitando l'impressione che qualsiasi condanna sia idonea ad integrare la fattispecie tipica.

[407] Cfr. anche l'art. 4 b) e 4 g) St-ICTR. La sola differenza lessicale consiste nella circostanza che le Convenzioni di Ginevra fanno riferimento alle garanzie legali riconosciute dai "popoli civili". Questa formulazione fu ritenuta antiquata dai compilatori dello Statuto di Roma e, pertanto, venne sostituita; cfr. *La Haye*, in: Lee (a cura di), The International Criminal Court, Elements of Crimes and Rules of Procedure and Evidence (2001), 207, 212.

[408] EC in rel. art. 8 co. 2 c) iv) St-ICC, n. 4.

[409] EC in rel. art. 8 co. 2 c) iv) St-ICC, n. 5 nota 59.

[410] EC in rel. art. 8 co. 2 c) iv) St-ICC, n. 1 nota 58.

[411] Cfr. Sandoz/Swinarski/Zimmermann-*Pilloud/Pictet*, Additional Protocols (1987), n. marg. 3084; Triffterer-*Zimmermann*, Rome Statute (1999), art. 8 n. marg. 282.

costituito, così vietando che il processo sia celebrato da tribunali speciali o istituiti *ad hoc*[412]. Questa formulazione risulta problematica quando viene riferita alle parti belligeranti non statali, come ad esempio i gruppi ribelli, che non sono certo in grado di istituire tribunali ordinari[413]. Più opportunamente l'art. 6 Protocollo II richiede non la presenza di un tribunale regolarmente costituito, ma che questo sia in grado di fornire le fondamentali garanzie di indipendenza ed imparzialità[414]. Purtroppo, questa previsione non è stata recepita nello Statuto di Roma.

Alle autorità statali rimane garantita, in ogni caso, la possibilità di perseguire penalmente combattenti e civili per i crimini che questi abbiano commesso nell'ambito di un conflitto armato interno[415]. In questa sede, può essere comminata anche la pena di morte, nella misura in cui lo consenta il diritto dello Stato procedente e questa non risulti, nel singolo caso di specie, vietata dal diritto internazionale[416]. 1073

Come per l'analoga fattispecie prevista nell'ambito dei conflitti armati internazionali, l'integrazione del reato in esame richiede il dolo del soggetto agente[417]. Anche in questo caso è sufficiente il solo *indirect intent*[418]. 1074

XI. Detenzione illegale (conflitti armati internazionali)

L'art. 8 co. 2 a) vii) seconda parte St-ICC incrimina la detenzione illegale di persone tutelate. Un'analoga fattispecie è prevista all'art. 2 g) seconda parte St-ICTY. La norma in esame può essere ricondotta a diverse disposizioni della quarta Convenzione di Ginevra. Ai sensi dell'art. 147 Ginevra IV, la detenzione illegale di civili viene qualificata come grave violazione. Nell'ambito dei conflitti armati interni, né le disposizioni dello Statuto di Roma, né il diritto consuetudinario[419] prevedono la punibilità di tale fattispecie come crimine di guerra. 1075

---

[412] Cfr. *Gasser*, in: Fleck (a cura di), Handbuch des humanitären Völkerrechts (1994), n. 576. Sulla valutazione giuridica dei processi organizzati di fronte alle Commissioni militari americane contro i cosiddetti "combattenti illegittimi", intrapresi dagli USA soprattutto in relazione al conflitto in Afghanistan, si veda *Dorf*, Journal of International Criminal Justice 5 (2007), 10 ss.; *Fletcher*, Journal of International Criminal Justice 4 (2006), 442 ss.; *Fletcher*, Journal of International Criminal Justice 5 (2007), 39 ss.; *Maxwell/Watts*, Journal of International Criminal Justice 5 (2007), 19 ss.; *Mettraux*, Journal of International Criminal Justice 5 (2007), 59 ss.; *Meyer*, Journal of International Criminal Justice 5 (2007), 48 ss.; *Steward*, Journal of International Criminal Justice 5 (2007), 26 ss.; *Stuckenberg* JZ 2006, 1142 ss.; *Vagts* AJIL 101 (2007), 35 ss.
[413] Cfr. Triffterer-*Zimmermann*, Rome Statute (1999), art. 8 n. marg. 281.
[414] Cfr. Sandoz/Swinarski/Zimmermann-*Junod*, Additional Protocols (1987), n. marg. 4600.
[415] Cfr. Sandoz/Swinarski/Zimmermann-*Junod*, Additional Protocols (1987), n. marg. 4597.
[416] Un divieto di pena di morte, rilevante sul piano internazionale, è contenuto ad esempio all'art. 6 co. 4 Protocollo II. In base a questa previsione, la pena di morte non può essere comminata a soggetti di età inferiore ai 18 anni al momento della commissione del fatto, a madri di bambini piccoli ed a donne in stato di gravidanza. L'art. 3 com. non prevede un analogo divieto.
[417] Sull'applicazione dei concetti di "dolo" e "intent" cfr. *supra*, n. marg. 350.
[418] Cfr. *supra*, n. marg. 1068 ss. e n. marg. 984; in merito alle conseguenze che possono derivare, rispetto alla disciplina dell'elemento soggettivo, dalla nuova giurisprudenza dell'ICTY, cfr. *supra*, n. marg. 355 s.
[419] Cfr. Begr. VStGB, 28.

1076 Anche le prime tre Convenzioni di Ginevra contengono regole dettagliate che vietano la detenzione illegale di persone tutelate[420], sebbene la mancata osservanza di tali disposizioni non venga considerata "grave violazione". Pertanto, la detenzione illegale di persone tutelate – prima di tutto feriti, malati e prigionieri di guerra – non è punibile ai sensi dell'art. 8 co. 2 a) vii) St-ICC[421].

1077 Il Tribunale penale internazionale per la ex Jugoslavia, nella sentenza *Mucić*, ha interpretato il crimine di guerra di detenzione illegale alla luce delle importanti indicazioni contenute nelle disposizioni della quarta Convenzione di Ginevra[422]. L'ICTY ha precisato come la fattispecie in esame ricomprenda due ipotesi differenti. In primo luogo, già il semplice arresto di persone tutelate può rivelarsi illegittimo ed essere passibile di sanzione penale, poiché, in linea di principio, la libertà dei civili è tutelata anche nel corso di conflitti armati. In alcune situazioni, tuttavia, tale condotta potrebbe risultare giustificata, ad esempio quando un civile minacci col proprio comportamento una delle parti in conflitto o vi sia il fondato sospetto che ciò possa accadere[423]. Ma, anche in questo caso, l'arresto può essere considerato ammissibile solo come ultima risorsa[424]. Deve escludersi in termini assoluti la possibilità di arrestare un civile solo per le sue opinioni politiche, l'appartenenza nazionale o il sesso, oppure di sottoporlo ad una pena collettiva[425]. In secondo luogo, il reato si considera integrato anche quando, pur in presenza di una misura

---

[420] Qui vengono disciplinate sia le condizioni di detenzione, che le garanzie giudiziarie spettanti ai prigionieri. Così, ai sensi dell'art. 28 Ginevra I, i cappellani militari e i membri del personale sanitario della parte nemica possono essere soltanto trattenuti, nella misura in cui lo richieda lo stato di salute, i bisogni spirituali e il numero dei prigionieri di guerra. In ogni caso, devono essere rimandati indietro «non appena la via per il loro ritorno sia aperta e le necessità militari lo consentano». L'art. 32 Ginevra I vieta di trattenere il personale sanitario di Stati neutrali. In base all'art. 36 Ginevra II, i membri del personale medico, religioso, del personale sanitario di navi ospedale o del loro equipaggio, in linea di principio, non possono essere presi come prigionieri. Laddove questi vengano comunque catturati, in base all'art. 37 devono essere rilasciati il prima possibile. La terza Convenzione di Ginevra contiene regole dettagliate sulla detenzione dei prigionieri di guerra. L'art. 21 ammette l'internamento dei prigionieri, ma vieta di rinchiuderli in luogo chiuso, a meno che non risulti necessario per salvaguardare la loro salute. Ai sensi dell'art. 22, l'internamento è ammesso soltanto all'interno di strutture poste sulla terraferma, così da assicurare ogni garanzia di igiene e salubrità. L'art. 118 stabilisce che, dopo la fine delle ostilità, i prigionieri debbano essere rilasciati e rimpatriati senza ritardo.
[421] Cfr. in questo contesto anche *infra*, n. marg. 1080 ss.
[422] Cfr. in particolare la disciplina contenuta agli artt. 5, 27, 41-43, 78 Ginevra IV.
[423] ICTY, 16 novembre 1998 (Mucić et al., TC), § 576; confermata da ICTY, 20 febbraio 2001 (Mucić et al., AC), §§ 320 ss.; ICTY, 17 dicembre 2004 (Kordić e Čerkez, AC), §§ 69 ss. Secondo l'opinione dell'ICTY, tali attività ricomprendono soprattutto le ipotesi di sabotaggio e di spionaggio.
[424] ICTY, 16 novembre 1998 (Mucić et al., TC), § 576. Triffterer-*Fenrick*, Rome Statute (1999), art. 8 n. marg. 18; l'autore evidenzia come, a causa della discrezionalità demandata alle parti in conflitto, la fattispecie di detenzione illegale risulti di difficile accertamento probatorio.
[425] ICTY, 16 novembre 1998 (Mucić et al., TC), §§ 567, 577.

detentiva legittima, non vengano rispettate le garanzie processuali dell'imputato[426]. L'art. 43 Ginevra IV prevede un sistema regolare di riesame del mandato di cattura, che ne rappresenta uno dei pilastri fondamentali[427].

1078 Alla luce di questa sentenza, poi, devono essere interpretati anche gli Elementi dei Crimini che si riferiscono all'art. 8 co. 2 a) vii), seconda parte, St-ICC. Gli EC chiariscono che la fattispecie in esame può essere integrata non solo attraverso l'arresto illegale di un individuo, ma anche solo mantenendone lo stato di detenzione. La seconda alternativa include, in particolare, le violazioni delle garanzie processuali commesse dopo l'arresto[428]. Costituisce comportamento punibile anche il mancato rilascio del prigioniero, quando il motivo originario che aveva determinato l'arresto in seguito sia venuto meno.

1079 L'elemento soggettivo richiesto per l'integrazione della fattispecie è il dolo[429].

XII. Ritardo ingiustificato nel rimpatrio (conflitti internazionali)

1080 L'art. 85 co. 4 b) Protocollo I considera "grave violazione", e quindi anche crimine di guerra, il ritardo ingiustificato nel rimpatrio dei civili e dei prigionieri di guerra nell'ambito di conflitti armati internazionali. Questa fattispecie non è stata riprodotta all'interno dello Statuto di Roma. Tuttavia, il fatto potrebbe assumere rilevanza, quando commesso a danno di civili, come ipotesi di detenzione illegale[430] [431]. Nessuna disposizione dello Statuto di Roma si presta, invece, ad essere utilizzata nel caso in cui venisse ritardato il ritorno in patria dei prigionieri di guerra[432]. Da questo punto di vista, la tutela fornita dallo St-ICC risulta più limitata di quella garantita dalle norme di diritto consuetudinario[433]. Per quanto riguarda i conflitti armati non internazionali, manca un'analoga fattispecie incriminatrice di matrice consuetudinaria[434].

1081 L'art. 85 co. 4 b) Protocollo I riprende la disciplina delle Convenzioni di Ginevra. L'art. 109 co. 1 Ginevra III impone alle parti in conflitto l'obbligo di rimpa-

---

[426] ICTY, 16 novembre 1998 (Mucić et al., TC), §§ 583, 1135
[427] ICTY, 16 novembre 1998 (Mucić et al., TC), §§ 579 s., 1135, 1141.
[428] Cfr. *Dörmann*, in: Lee (a cura di), The International Criminal Court, Elements of Crimes and Rules of Procedure and Evidence (2001), 124, 138.
[429] Cfr., per i necessari rinvii, *supra*, in nota 330.
[430] Cfr. *supra*, n. marg. 1075 ss.
[431] Cfr. Begr. VStGB, 29.
[432] Il ritardo nel rimpatrio di prigionieri di guerra non rappresenta una condotta punibile neppure ai sensi dell'art. 8 co. 2 a) vii) terza variante St-ICC (detenzione illegale), poiché quest'ultima fattispecie si dirige esclusivamente alla tutela dei civili. La terza Convenzione di Ginevra non riconosce la detenzione illegale come grave violazione; sul punto cfr. Triffterer-*Fenrick*, Rome Statute (1999), art. 8 n. marg. 7; cfr. sulla diversa disciplina tedesca Begr. VStGB, 29.
[433] Cfr. *Henckaerts/Doswald-Beck*, Customary International Humanitarian Law, vol. I (2005), 588.
[434] Per questo motivo, anche il VStGB ritiene punibile il ritardato rimpatrio solo nel quadro di conflitti armati internazionali; cfr. Begr. VStGB, 28.

triare i malati ed i feriti gravi. Ai sensi dell'art. 118 co. 1 Ginevra III, dopo la fine delle ostilità tutti prigionieri di guerra devono essere rimandati in patria. Un'analoga disposizione è prevista all'art. 134 Ginevra IV in riferimento ai civili trattenuti nei campi d'internamento. In base all'art. 35 co. 1 Ginevra IV, in linea di principio, non è possibile impedire ai civili, che si trovino in una regione occupata dal nemico, di lasciare questo territorio. L'inosservanza delle disposizioni sopra citate, in assenza di una valida causa di giustificazione, determina l'integrazione della fattispecie tipica[435].

1082 L'elemento soggettivo richiesto è il dolo[436]. In questo caso è sufficiente – come risulta dall'uso del termine «wilful» all'art. 85 co. 4 Protocollo I – anche il solo *indirect intent*[437].

XIII. La cattura di ostaggi

1083 L'art. 8 co. 2 a) viii) St-ICC e l'art. 8 2 c) iii) St-ICC puniscono, rispettivamente, la cattura di ostaggi nell'ambito di conflitti armati internazionali e interni. I presupposti della punibilità, prescindendo dalla natura dei soggetti tutelati, risultano identici in entrambi i casi[438].

1084 L'art. 34 co. 4 Ginevra IV, come pure l'art. 75 co. 2 c) Protocollo I, vietano la cattura di ostaggi nell'ambito di conflitti armati internazionali. L'art. 147 Ginevra IV qualifica tale condotta come grave violazione della Convenzione medesima. L'art. 3 com., così come l'art. 4 co. 2 c) Protocollo II, prevede un analogo divieto nell'ambito di conflitti armati interni. Originariamente, soltanto l'uccisione di ostaggi[439] era considerata crimine di guerra e, in particolari circostanze, poteva anche essere giustificata[440]. Già con la quarta Convenzione di Ginevra, tuttavia, la cattura di ostaggi è stata qualificata come violazione grave della Convenzione medesima[441]. La definizione ivi contenuta è stata recepita all'art. 75 Protocollo I. Anche il Tribunale penale internazionale per la ex Jugoslavia, nella sentenza *Blaškić,* ha con-

---

[435] Sandoz/Swinarski/Zimmermann-*Zimmermann*, Additional Protocols (1987), n. marg. 3508.

[436] Sull'applicazione dei concetti di "dolo" e "intent" cfr. *supra*, n. marg. 350.

[437] Cfr., sul concetto di *wilfulness*, *supra*, n. marg. 982 ss. Sull'elemento soggettivo in generale nonché in merito alle conseguenze che potrebbero derivare, rispetto alla disciplina dell'elemento soggettivo, dalla nuova giurisprudenza dell'ICTY, cfr. i necessari rinvii *supra*, in nota 330.

[438] Cfr. ICTY, 3 marzo 2000 (Blaškić, TC), § 158 («similar»); ICTY, 26 febbraio 2001 (Kordić e Čerkez, TC), § 319 («essentially the same»); Triffterer-*Zimmermann*, Rome Statute (1999), art. 8 n. marg. 277. Anche gli EC, prescindendo dall'individuazione dei soggetti tutelati, sono identici per entrambe le fattispecie.

[439] Cfr. l'art. 6 b) St-IMT. Il Tribunale di Norimberga ha riconosciuto tale divieto come parte delle leggi e degli usi di guerra di cui all'art. 46 Regole dell'Aja; cfr. sul punto e sull'evoluzione della fattispecie *Kittichaisaree*, International Criminal Law (2001), 155.

[440] Cfr. IMT, 19 febbraio 1948 (List et al., cosiddetto Processo degli ostaggi), in: Trials of War Criminals XI, 1230, 1248 ss.

[441] Cfr. anche *Pictet* (a cura di), Geneva Convention IV (1958), 600 s., che evidenzia come la cattura di ostaggi rappresenti già *ex se* un fatto di particolare gravità.

dannato l'imputato non solo per l'uccisione, ma anche per la cattura di ostaggi, finalizzata ad ottenere dal nemico il pagamento di un riscatto e l'interruzione delle operazioni militari[442].

In base a quanto previsto negli Elementi dei Crimini, l'integrazione della fattispecie richiede che il soggetto agente si impossessi di una o più persone, facendole prigioniere o prendendole altrimenti in ostaggio[443]. Non è necessario che la cattura avvenga contro la volontà degli ostaggi, almeno finché la parte che l'ha eseguita eserciti il potere di controllo sull'ostaggio con lo scopo di ottenere concessioni dal nemico[444]. Nei conflitti armati internazionali, ricevono tutela principalmente i civili, poiché la cattura di ostaggi costituisce "violazione grave" solo ai sensi della quarta Convenzione di Ginevra. Nei conflitti armati interni, l'ambito dei soggetti tutelati viene individuato dall'art. 3 com. ed è sorprendentemente così ampio da ricomprendere anche gli ex combattenti[445].

1085

Inoltre, il soggetto agente deve minacciare di uccidere la vittima, di ferirla o di protrarne la detenzione[446].

1086

Oltre al dolo riferito agli elementi oggettivi della fattispecie (art. 30 St-ICC)[447], è necessaria anche una particolare connotazione soggettiva, cioè che l'agente abbia anche lo specifico intento di costringere uno Stato, un'organizzazione internazionale, una persona fisica o giuridica, o anche un gruppo di persone a fare o ad omettere qualcosa, come condizione – esplicita o meno – per la sicurezza, l'incolumità fisica[448] o la libertà della vittima[449]. Il soggetto agente, in questo modo, deve aspettarsi di ottenere una concessione o un qualche vantaggio[450] dai suddetti soggetti. La necessità di questo specifico elemento soggettivo non emerge direttamente dallo Statuto, bensì dagli Elementi dei Crimini, che si riportano all'art. 1 co. 1 della *International Convention Against the Taking of Hostages*[451].

1087

---

[442] ICTY, 3 marzo 2000 (Blaškić, TC), § 701.

[443] Non deve dimenticarsi che, in particolari circostanze, la detenzione di soggetti tutelati può essere giustificata, ad esempio quando sia necessaria per la protezione dei civili o come misura di sicurezza; cfr. ICTY, sent. 3 marzo 2000 (Blaškić, TC), § 158.

[444] Cfr. Sandoz/Swinarski/Zimmermann-*Pilloud/Pictet*, Additional Protocols (1987), n. marg. 3051 s.

[445] Cfr. *supra*, n. marg. 997 s.

[446] Cfr. sul punto ICTY, 29 luglio 2004 (Blaškić, AC), § 639; inoltre, ICTY, 3 marzo 2000 (Blaškić, TC), § 158; ICTY, 26 febbraio 2001 (Kordić e Čerkez, TC), § 314.

[447] Sull'impiego dei concetti di "dolo" e "intent" cfr. *supra*, n. marg. 350. Sulla disciplina generale dell'elemento soggettivo, si rinvia *supra*, n. marg. 365 ss. e n. marg. 984.

[448] Cfr. Triffterer-*Fenrick*, Rome Statute (1999), art. 8 n. marg. 19.

[449] EC in rel. art. 8 co. 2 a) viii) St-ICC, n. 1-3; EC in rel. art. 8 co. 2 c) iii) St-ICC, n. 1-3. In quest'ipotesi, gli EC determinano una restrizione dell'area di punibilità, espressamente ammessa dall'art. 30 St-ICC; cfr. *supra*, n. marg. 370 s., 385 s.

[450] Cfr. ICTY, 3 marzo 2000 (Blaškić, TC), § 158.

[451] ILM 18 (1979), 1456. Questa Convenzione non ha avuto origine nell'ambito del diritto internazionale umanitario e, per lo più, non viene considerata parte del diritto consuetudinario cfr. *Dörmann*, in: Lee (a cura di), The International Criminal Court, Elements of Crimes and Rules of Procedure and Evidence (2001), 124, 138 s.; l'art. 1 co. 1 della Convenzione così stabilisce: «chi si

XIV. Deportazione o trasferimento forzoso della popolazione civile

1088 *Henckaerts, Jean Marie:* Deportation and Transfer of Civilians in Time of War, Vanderbilt Journal of Transnational Law 26 (1993), 469 ss.; *Lehmler, Lutz:* Die Strafbarkeit von Vertreibungen aus ethnischen Gründen im bewaffneten nicht-internationalen Konflikt (1999); *Meron, Theodor:* Deportation of Civilians as a War Crime under Customary Law, in: Meron, Theodor, War Crimes Law Comes of Age (1998), 142 ss.

1. Conflitti internazionali

1089 L'art. 8 co. 2 a) vii) St-ICC punisce l'illegittima deportazione o trasferimento di soggetti tutelati. Poiché la fattispecie configura una grave violazione della quarta Convenzione di Ginevra[452], vengono tutelati soltanto i civili, ma non i prigionieri di guerra o i feriti. Una regola analoga si rinviene all'art. 8 co. 2 b) viii) St-ICC[453]. La fattispecie presenta stretti parallelismi con la corrispondente figura criminosa di deportazione o trasferimento forzoso della popolazione, prevista all'art. 7 co. 1 d) St-ICC nell'ambito dei crimini contro l'umanità[454]. La disposizione è stata adottata in reazione alle deportazioni della seconda guerra mondiale[455] e trova applicazione soprattutto in riferimento ai territori soggetti ad occupazione nemica[456].

1090 Sebbene i concetti di deportazione e di trasferimento stiano ad indicare entrambi il forzoso allontanamento di soggetti tutelati dalla propria zona di residenza, nel primo caso, lo spostamento avviene verso un luogo posto di fuori dei confini nazionali mentre, nel secondo caso, all'interno del territorio dello Stato[457]. La fattispecie tipica è integrata anche qualora la condotta abbia ad oggetto un solo individuo[458]. Per stabilire quando la deportazione e il trasferimento della popolazione civile debbano essere considerati illegittimi o, invece, quando siano eccezionalmente giustificati, è necessario fare riferimento alle previsioni degli artt. 45 e 49 Ginevra IV. Il

---

impadronisce di un'altra persona (di seguito "ostaggio") o minaccia di ucciderla, di ferirla o di prolungarne la privazione della libertà al fine di costringere un terzo soggetto, segnatamente uno Stato, una organizzazione internazionale intergovernativa, una persona fisica o giuridica o un gruppo di persone, a fare od omettere qualcosa, come condizione esplicita o implicita per il rilascio dell'ostaggio, commette il reato di cattura di ostaggi in base alla presente Convenzione».

[452] Cfr. art. 147 Ginevra IV. Cfr. anche l'art. 2 g) prima variante St-ICTY.

[453] Questa previsione è basata sull'art. 85 co. 4 a) Protocollo I, che qualifica come grave violazione non solo la deportazione della propria popolazione (cfr. sul punto *infra*, n. marg. 1096 ss.), ma anche l'allontanamento o il trasferimento della popolazione nemica. Tale precisazione non comporta una divergenza tra la disposizione in esame e la disciplina della quarta Convenzione di Ginevra; cfr. Sandoz/Swinarski/Zimmermann-*Zimmermann*, Additional Protocols (1987), n. marg. 3503 s. In questo modo si spiega anche la ripetizione della fattispecie all'art. 8 co. 2 a) e b) St-ICC.

[454] Cfr. sul punto *supra*, n. marg. 807 ss.

[455] Cfr. *Pictet* (a cura di), Geneva Convention IV (1958), 599.

[456] Cfr. Triffterer-*Fenrick*, Rome Statute (1999), art. 8 n. marg. 17.

[457] Cfr. ICTY, 2 agosto 2001 (Krstić, TC), § 521; ICTY, 31 marzo 2003 (Naletilić e Martinović, TC), §§ 519 ss.; cfr. tuttavia ICTY, 3 maggio 2006 (Naletilić e Martinović, AC), dissenting opinion di *Schomburg*. Per maggiori dettagli, in argomento, si rinvia *supra*, n. marg. 810 s.

[458] Cfr. EC in rel. art. 8 co. 2 a) vii), prima ipotesi, n. 1.

consenso del soggetto trasferito esclude la punibilità. È necessario comunque verificare attentamente, alla luce delle circostanze proprie di ciascun conflitto armato, che la vittima sia stata nella condizione di prestare un consenso effettivo[459].

Ai sensi dell'articolo 45 co. 1 e 45 co. 2 Ginevra IV, le categorie di soggetti ivi tutelati non possono essere consegnati ad una Potenza che non abbia sottoscritto la Convenzione medesima, a meno che non si tratti di un rimpatrio verso lo Stato di residenza dopo la fine delle ostilità. Tali soggetti possono essere affidati ad un'altra Parte firmataria solo quando lo Stato di custodia abbia assicurato che «la potenza in questione è intenzionata ed ha la capacità di garantire il rispetto della Convenzione» (comma 3). In nessun caso, invece, possono essere consegnati ad uno Stato nel quale debbano temere di essere perseguiti per le proprie idee politiche e religiose (comma 4). L'art. 49 co. 1 Ginevra IV vieta «i trasferimenti forzati, in massa o individuali, come pure le deportazioni di persone protette, fuori del territorio occupato e a destinazione del territorio della Potenza occupante o di quello di qualsiasi altro Stato, occupato o no, qualunque ne sia il motivo». In base al comma 2, tuttavia, l'evacuazione completa o parziale di una regione è ammissibile nel caso in cui essa risulti funzionale alla sicurezza della popolazione o necessaria per inderogabili ragioni militari. Se tali motivi vengono meno, la popolazione deve essere riportata indietro immediatamente. Inoltre, ai sensi dell'art. 49 co. 3 Ginevra IV, in simili evacuazioni transitorie, la Potenza occupante ha il dovere di provvedere ad un alloggio adeguato, alle condizioni igieniche, alla sicurezza e al vettovagliamento.

1091

L'elemento soggettivo richiesto ai fini dell'integrazione della fattispecie tipica è il dolo (art. 30 St-ICC)[460], anche solo nella forma dell'*indirect intent*. L'uso del termine «wilful» all'art. 85 co. 4 Protocollo I[461] non determina alcun abbassamento dei criteri soggettivi di imputazione rispetto ai contenuti generali dell'art. 30 St-ICC.

1092

2. Conflitti non internazionali

L'art. 8 co. 2 e) viii) St-ICC punisce, nell'ambito di conflitti armati non internazionali, il fatto di «disporre il trasferimento della popolazione civile per ragioni correlate al conflitto, se non lo richiedano la sicurezza dei civili coinvolti o inderogabili ragioni militari». La previsione discende direttamente dall'art. 17 co. 1 Protocollo II e si fonda sui principi enucleati all'art. 49 co. 2 Ginevra IV. L'art. 17 co. 2 Protocollo II, inoltre, vieta di costringere la popolazione civile a lasciare il territorio dello Stato di residenza a causa del conflitto. Considerata l'ampiezza del testo dell'art. 8 co. 2 e) viii) St-ICC, è possibile affermare che anche quest'ultimo divieto rientri nella dimensione di tipicità della fattispecie[462] in esame. A differenza di quanto previsto in riferimento ai conflitti armati internazionali, nel quadro

1093

---

[459] ICTY, 31 marzo 2003 (Naletilić e Martinović, TC), § 519.
[460] Per i necessari rinvii, cfr. *supra*, in nota 330.
[461] Cfr. ICTY, 31 marzo 2003 (Naletilić e Martinović, TC), §§ 520 s.; sul concetto di *wilfulness* cfr. *supra*, n. marg. 982 ss.
[462] Triffterer-*Zimmermann*, Rome Statute (1999), art. 8 n. marg. 313.

di una guerra civile viene sottoposto a sanzione penale non il trasferimento della popolazione in quanto tale, ma il solo fatto di disporlo[463]. Il trasferimento rappresenta, in sostanza, lo spostamento forzoso della popolazione[464]. La condotta tipica punita dalla figura criminosa in commento consiste solo nell'ordinare il compimento di azioni che portino direttamente all'allontanamento della popolazione dal territorio di residenza. Rimangono fuori dall'ambito di applicazione della norma le condotte che mirino solo indirettamente all'allontanamento della popolazione civile, come nel caso in cui quest'ultima venga privata dei viveri necessari alla sopravvivenza con lo scopo di indurne il trasferimento in altra zona[465]. Come emerge chiaramente dall'uso del termine «popolazione civile», la fattispecie in esame può essere integrata solo quando sia ordinato lo spostamento territoriale di un certo numero di civili[466].

1094   L'elemento soggettivo richiesto dalla fattispecie è il dolo (art. 30 St-ICC)[467].

1095   L'ordine di trasferire la popolazione civile può essere giustificato solo in casi eccezionali, cioè quando sia necessario alla sicurezza della popolazione stessa o per inderogabili ragioni militari. Se il trasferimento viene disposto per motivi che non hanno alcuna attinenza allo svolgimento del conflitto armato, ad esempio nel caso di catastrofi naturali o di epidemie, la fattispecie non può considerarsi integrata[468].

XV. Il trasferimento della propria popolazione civile (conflitti armati internazionali)

1096   L'art. 8 co. 2 b) viii) prima parte St-ICC punisce il trasferimento, ad opera della Potenza occupante, di parte della propria popolazione civile verso territori dalla stessa controllati. Si tratta di un crimine di guerra riconosciuto anche dal diritto consuetudinario[469], previsto esclusivamente nell'ambito dei conflitti armati internazionali[470].

1097   Il divieto previsto per la Potenza occupante di deportare o inviare parte della propria popolazione civile nei territori occupati è già sancito all'art. 49 co. 6 Gi-

---

[463] La limitazione della condotta tipica in riferimento ai soli atti che dispongono il trasferimento della popolazione civile emerge chiaramente anche dalla lettura degli EC in rel. art. 8 co. 2 e) viii) St-ICC, n. 1 e 3. Una soluzione differente è prevista, invece, al § 8 co. 1 n. 6 VStGB, che punisce le condotte di allontanamento o trasferimento della popolazione anche se poste in essere nell'ambito di conflitti armati non internazionali.

[464] Cfr. Sandoz/Swinarski/Zimmermann-*Junod*, Additional Protocols (1987), n. marg. 4851 s.

[465] Cfr. Triffterer-*Zimmermann*, Rome Statute (1999), art. 8 n. marg. 310.

[466] Cfr. Triffterer-*Zimmermann*, Rome Statute (1999), art. 8 n. marg. 312.

[467] Sull'impiego dei concetti di "dolo" e "intent" cfr. *supra*, n. marg. 350. Sulla disciplina generale dell'elemento soggettivo cfr. *supra*, n. marg. 365 ss. e n. marg. 984.

[468] Cfr. Triffterer-*Zimmermann*, Rome Statute (1999), art. 8 n. marg. 315 s.

[469] Cfr. Triffterer-*Cottier*, Rome Statute (1999), art. 8 n. marg. 86.

[470] Cfr. Begr. VStGB, 29.

nevra IV, anche se la mancata osservanza di tale disposizione non è considerata "grave violazione". Tale divieto rappresenta una reazione alla prassi, invalsa presso numerosi Stati durante la seconda guerra mondiale, di trasferire parte della propria popolazione per colonizzare i territori occupati. Queste misure avevano minacciato l'esistenza della popolazione residente[471]. L'art. 85 co. 4 a) Protocollo I, inserito non da ultimo dopo l'esperienza della politica coloniale israeliana sui territori palestinesi occupati[472], qualifica come grave violazione del Protocollo «il trasferimento di una parte della propria popolazione, ad opera della Potenza occupante, all'interno dei territori dalla stessa controllati [...] in violazione dell'art. 49 della quarta Convenzione di Ginevra», in ragione delle pesanti conseguenze per la popolazione residente[473]. Lo Statuto di Roma ha recepito la fattispecie tipica con alcune lievi modifiche, in particolare precisando che il trasferimento possa essere realizzato sia direttamente che indirettamente[474]. Nessun espresso riferimento, infine, all'art. 49 Ginevra IV.

La disposizione vuole evitare che una delle parti in conflitto, attraverso l'insediamento della propria popolazione, modifichi la composizione demografica e politica del territorio dello Stato nemico, con lo scopo di poter così rivendicare o rafforzare diritti politici e territoriali sui territori occupati[475]. La presenza di simili insediamenti, inoltre, rende normalmente più difficile il rientro dei profughi e la restituzione dei beni confiscati[476]. Senza contare che questa situazione contrasta con uno dei principi fondamentali del diritto internazionale umanitario: la durata, ben delimitata nel tempo, dell'occupazione straniera, alla quale si accompagnano diritti di sovranità pure fortemente delimitati[477]. Poiché la fattispecie tutela esclusivamente la popolazione che si trova sui territori occupati, è irrilevante se quest'ultima si sia trasferita volontariamente o meno[478]. Ai fini dell'integrazione della fattispecie tipica è sufficiente anche lo spostamento di un numero esiguo di persone[479]. Del tutto privo di significato, infine, è il motivo dell'insediamento[480].

---

[471] Cfr. *Pictet* (a cura di), Geneva Convention IV (1958), 283.

[472] Con ampie argomentazioni Bothe/Partsch/Solf-*Partsch*, New Rules for Victims of Armed Conflicts (1982), art. 85 Protocollo I, n. marg. 2.19.

[473] Cfr. Sandoz/Swinarski/Zimmermann-*Zimmermann*, Additional Protocols (1987), n. marg. 3504.

[474] La maggior parte degli Stati, tuttavia, non ha considerato questa precisazione come un'estensione dell'ambito di applicazione della norma, ma soltanto come un mero chiarimento; cfr. *von Hebel*, in: Lee (a cura di), The International Criminal Court, Elements of Crimes and Rules of Procedure and Evidence (2001), 158 s.

[475] In base all'art. 42 Regole dell'Aja, un territorio si definisce occupato quando è effettivamente sottoposto al potere delle forze armate nemiche. Presupposto necessario è che la potenza occupante possa concretamente esercitare il potere di occupazione; cfr. *Gasser*, in: Fleck (a cura di), Handbuch des humanitären Völkerrechts (1994), n. 526.

[476] Triffterer-*Cottier*, Rome Statute (1999), art. 8 n. marg. 95.

[477] Cfr. ad esempio *Gasser*, in: Fleck (a cura di), Handbuch des humanitären Völkerrechts (1994), n. 531, 552.

[478] Cfr. Triffterer-*Cottier*, Rome Statute (1999), art. 8 n. marg. 96.

[479] Cfr. Begr. VStGB, 29; *Kittichaisaree*, International Criminal Law (2001), 169.

[480] Cfr. Triffterer-*Cottier*, Rome Statute (1999), art. 8 n. marg. 95.

1099 Presupposto necessario per l'integrazione della fattispecie è un intervento diretto della Potenza occupante, così che il trasferimento della popolazione possa essere attribuito al governo dello Stato di occupazione. Insediamenti privati spontanei sono esclusi dall'ambito applicativo della disposizione. Il concetto di trasferimento deve essere interpretato alla luce delle norme del diritto internazionale umanitario[481]. Mentre il trasferimento diretto di parte della popolazione consiste nell'insediamento di parte della popolazione ad opera del governo della stessa Potenza occupante, il trasferimento indiretto può assumere diverse forme. Ad esempio, il governo può disporre incentivi, sovvenzioni o condoni fiscali per agevolare l'insediamento sui territori occupati. Anche prassi amministrative discriminatrici nei confronti della popolazione residente, ad esempio quando si tratti di ottenere autorizzazioni pubbliche[482], possono essere viste come forme di trasferimento indiretto. Parimenti, il trasferimento di parte della popolazione sul territorio di uno Stato terzo può risultare idoneo ad integrare il reato in esame[483].

1100 Un'espressa eccezione al divieto di trasferire parte della propria popolazione civile viene prevista all'art. 78 co. 1 Protocollo I, che, in presenza di precise condizioni, consente l'invio di bambini in un Paese straniero o in territori occupati per ragioni mediche o sanitarie.

1101 L'elemento soggettivo richiesto è il dolo (art. 30 St-ICC)[484]. È sufficiente anche solo la forma dell'*indirect intent*, come risulta dall'uso del termine «wilful» nella definizione della fattispecie tipica[485], che potrebbe assumere significato soprattutto nelle ipotesi di trasferimento indiretto della popolazione civile.

XVI. L'impiego di bambini soldato

1102 *van Bueren, Geraldine:* The International Legal Protection of Children in Armed Conflicts, International and Comparative Law Quarterly 43 (1994), 809 ss.; *Helle, Daniel:* Optional Protocol on the involvement of children in armed conflict to the Convention on the rights of the child, International Review of the Red Cross 82 (2000), 797 ss.; *Kreuzer, Christine:* Kinder in bewaffneten Konflikten, in: Hasse, Jana/Müller, Erwin/Schneider, Patricia (Hrsg.), Humanitäres Völkerrecht (2001), 304 ss.; *Smith, Alison:* Child Recruitment and the Special Court for Sierra Leone, Journal of International Criminal Justice 2 (2004), 1141 ss.; *Valentine, Sandrine:* Trafficking of Child Soldiers: Expanding the United Nations

---

[481] EC in rel. art. 8 co. 2 b) viii) St-ICC, n. 1 a) nota 44. In primo luogo, qui vengono in considerazione le disposizioni di Ginevra IV e del Protocollo I; cfr. *von Hebel*, in: Lee (a cura di), The International Criminal Court, Elements of Crimes and Rules of Procedure and Evidence (2001), 158, 162.

[482] Cfr. Triffterer-*Cottier*, Rome Statute (1999), art. 8 n. marg. 97.

[483] Cfr. *Kittichaisaree*, International Criminal Law (2001), 169.

[484] Cfr. sulla disciplina generale dell'elemento soggettivo e sull'apertura dell'art. 30 St-ICC alle influenze del diritto consuetudinario *supra*, n. marg. 365 ss., 374 ss.

[485] Cfr. sul concetto di *wilfulness supra*, n. marg. 982 ss.; sulle eventuali conseguenze che possono derivare per la disciplina dell'elemento soggettivo dalla nuova giurisprudenza dell'ICTY, cfr. *supra*, n. marg. 355 s.

Convention on the Rights of the Child and its Optional Protocol on the Involvement of Children in Armed Conflicts, New England Journal of International and Comparative Law 9 (2003), 109 ss.; *Wells, Sarah L.*: Crimes Against Child Soldiers in Armed Conflict Situations: Application and Limits of International Humanitarian Law, Tulane Journal of International and Comparative Law 12 (2004), 287 ss.

L'art. 8 co. 2 b) xxvi) St-ICC punisce il reclutamento o l'arruolamento di fanciulli di età inferiore ai 15 anni nelle forze armate nazionali, oppure il loro impiego nella partecipazione attiva alle operazioni militari nel corso di conflitti armati internazionali; l'art. 8 co. 2 e) vii) St-ICC prevede un'analoga fattispecie applicabile nell'ambito dei conflitti armati interni[486]. Attraverso le succitate disposizioni, per la prima volta questi comportamenti vengono espressamente sottoposti a sanzione penale. Tuttavia, già nel diritto internazionale umanitario e nelle disposizioni a tutela dei diritti dell'uomo è possibile rinvenire un divieto di analogo contenuto. Non è chiaro se la disciplina adottata nello Statuto di Roma rispecchi pienamente le soluzioni del diritto consuetudinario, oppure se quest'ultimo limiti l'ambito delle condotte penalmente rilevanti soltanto all'impiego di bambini soldato o ad ipotesi di reclutamento effettuato con metodi particolarmente gravosi[487]. Se si pone mente alle conseguenze negative normalmente riportate dai bambini impiegati come soldati, si potrebbe affermare che il diritto consuetudinario riconosca in termini generali la punibilità del reclutamento e dell'arruolamento di fanciulli per operazioni militari[488].

1103

L'art. 77 co. 2 Protocollo I e l'art. 4 co. 3 c) Protocollo II vietano alle parti contraenti di arruolare nelle forze armate fanciulli di età inferiore ai 15 anni o di consentire la loro partecipazione alle ostilità[489]. Questo divieto è confermato anche all'art. 38 co. 3 della *Convention on the Rights of the Child* del 20 novembre 1989[490].

1104

---

[486] L'unica differenza tra le due previsioni è ravvisabile nella circostanza che l'art. 8 co. 2 b) xxvi) St-ICC faccia riferimento alle "forze armate nazionali". In questo modo, nell'ambito dei conflitti armati non internazionali vengono prese in considerazione anche le unità militari che non rispondono pienamente alla definizione di forze armate data dal legislatore nazionale, ma che comunque possiedono lo status di combattenti; cfr. Triffterer-*Zimmermann*, Rome Statute (1999), art. 8 n. marg. 306. Prescindendo da questa differenza, anche gli EC di entrambe le disposizioni coincidono.

[487] Cfr. l'affermazione del Segretario Generale delle Nazioni Unite sullo Statuto del Tribunale per la Sierra Leone UN Doc. S/2000/915, §§ 17 s.; *Kittichaisaree*, International Criminal Law (2001), 187. La Camera d'Appello sostiene che il reclutamento di bambini soldati a partire dal novembre del 1996, se non ancora prima, costituisca un fatto punibile in base al diritto consuetudinario cfr. "SC-SL" (Special Court for Sierra Leone), 31 maggio 2004 (Norman, AC), § 53; cfr. però anche la dissenting opinion di Richter *Robertson*, che sottolinea come «the crime of non-forcible child enlistment did not enter international criminal law until the Rome Treaty in July 1998» (§ 47); cfr. sul punto *Smith*, Journal of International Criminal Justice 2 (2004), 1141 ss.

[488] Sui criteri per la punizione delle violazioni del diritto internazionale umanitario secondo il diritto consuetudinario cfr. *supra*, n. marg. 933 ss.

[489] Se le parti in conflitto dovessero reclutare giovani tra i 15 ed i 18 anni, sono obbligate in base all'art. 77 co. 2 parte 2 Protocollo I a cooptare prima i più grandi d'età, laddove sia possibile. Quest'obbligo, tuttavia, non ha rilevanza penale.

[490] 1577 UNTS (1990), 43.

Poiché la Convenzione è stata ratificata da 191 Stati, si può ritenere che il divieto di impiegare bambini soldato faccia parte del diritto consuetudinario. L'*Optional Protocol to the Convention on the Rights of the Child* del 2000[491] ha elevato a 18 anni il limite di età previsto per la partecipazione dei fanciulli ai conflitti armati[492]. Ma questa regola non ha ottenuto alcun riconoscimento sul piano del diritto consuetudinario e, pertanto, non è stata inserita all'interno dello Statuto di Roma[493].

1105 Il divieto di arruolare bambini soldato è stato recepito dallo Statuto di Roma per più ordini di ragioni. Da un lato, è pacifico che la partecipazione ad operazioni militari provochi nei fanciulli traumi particolarmente gravi. Da un lato, aumenta la loro disponibilità alla violenza; dall'altro, la formazione scolastica viene interrotta[494]. La fattispecie, pertanto, tutela i fanciulli dallo sconsiderato reclutamento operato dallo Stato cui essi appartengono[495]. Dall'altro lato, i bambini soldato rappresentano un pericolo particolare per le altre persone a causa del loro comportamento spesso imprevedibile[496].

1106 Gli elementi di tipicità della fattispecie di reclutamento non sollevano alcun problema. Con l'espressione «forze armate», infatti, l'art. 8 co. 2 b) xxvi) St-ICC intende le forze armate di una delle parti coinvolte nel conflitto bellico, come risulta già dalla lettura dell'art. 43 Protocollo I[497]. La disposizione ricomprende sia casi di reclutamento forzato, sia l'arruolamento volontario di bambini a servizio delle forze armate[498].

1107 Più problematica è la definizione degli elementi oggettivi della fattispecie che punisce l'impiego di fanciulli nella partecipazione attiva alle operazioni militari. Da un lato, infatti, non appare chiaro cosa debba intendersi con l'espressione «partecipazione attiva». Secondo l'opinione espressa dalla *Preparatory Committee*, questo concetto ricomprenderebbe non solo la partecipazione diretta ai combattimenti, ma anche la collaborazione concreta ad altre attività militari che sono strettamente collegate allo svolgimento delle operazioni belliche, ad esempio fungendo da esca o da corriere, oppure prestando il proprio aiuto ai punti di controllo militari, per le ricognizioni, lo spionaggio o i sabotaggi. Anche le azioni di supporto diretto, come il trasporto di rifornimenti o altre attività al fronte, sono incluse nella dimensione

---

[491] UN Doc. A/RES/54/263.
[492] Cfr. sul punto *Helle*, International Review of the Red Cross 82 (2000), 797 ss.
[493] *Kittichaisaree*, International Criminal Law (2001), 187.
[494] Cfr. Triffterer-*Cottier*, Rome Statute (1999), art. 8 n. marg. 225.
[495] Cfr. Sandoz/Swinarski/Zimmermann-*Pilloud/Pictet*, Additional Protocols (1987), n. marg. 3191.
[496] Cfr. Sandoz/Swinarski/Zimmermann-*Pilloud/Pictet*, Additional Protocols (1987), n. marg. 3183.
[497] Cfr. ICC, 29 gennaio 2007 (Lubanga, PTC), §§ 268 ss.; Triffterer-*Cottier*, Rome Statute (1999), art. 8 n. marg. 231.
[498] Cfr. Triffterer-*Cottier*, Rome Statute (1999), art. 8 n. marg. 228; *Garraway*, in: Lee (Lee), The International Criminal Court, Elements of Crimes and Rules of Procedure and Evidence (2001), 205.

di tipicità della fattispecie. Nella ricostruzione della *Preparatory Committee*, tutte le azioni che non hanno alcun legame diretto con i combattimenti – come, ad esempio, la consegna di viveri alle basi dell'aeronautica militare o lo svolgimento di lavori domestici presso le abitazioni degli ufficiali – devono ritenersi escluse dall'ambito di applicazione della disposizione in esame[499].

L'ICTR, al contrario, ha definito il concetto di "partecipazione attiva" – all'interno di un differente contesto – attenendosi alle previsioni dell'articolo 3 com. e, di conseguenza, in maniera più restrittiva[500]. Con tale espressione il Tribunale ha inteso fare riferimento ad azioni che, per la loro natura o per gli obiettivi cui sono dirette, risultano idonee a danneggiare il personale o l'attrezzatura bellica delle truppe nemiche[501]. Rimane ancora dubbio, tuttavia, se questa giurisprudenza potrà essere applicata anche alla fattispecie coniata dallo Statuto di Roma[502]. A ben vedere, la circostanza che l'art. 3 com. adotti un concetto più rigoroso di «partecipazione diretta alle attività militari» finisce per favorire la tutela dei fanciulli, perché viene ampliato l'ambito dei soggetti (civili) protetti dalla medesima. Al contrario, rispetto alla fattispecie che punisce l'impiego di bambini soldato, se l'espressione «partecipazione attiva» fosse interpretata in termini più restrittivi ne risulterebbe compromessa la tutela dei fanciulli. Un risultato, questo, che non appare certo giustificato alla luce degli obiettivi perseguiti dalla disposizione.

Questione altrettanto controversa è stabilire se, nell'ambito di applicazione della disposizione in esame, rientrino anche i casi di volontaria partecipazione dei fanciulli alle ostilità, così che non si possa dire in termini letterali che sono stati «impiegati». Contro questo tipo di interpretazione depone sia il contenuto dell'art. 4 co. 3 c) Protocollo II, in cui il divieto di far partecipare i bambini alle ostilità viene inteso in termini assoluti[503], sia l'art. 77 co. 2 Protocollo I, che obbliga le Parti contraenti ad impedire la partecipazione concreta dei bambini alle operazioni militari[504]. Infine, il comandante ha il preciso dovere di tenere fuori i fanciulli dai combattimenti o dalle azioni di supporto diretto[505], la cui violazione può rappresentare un'omissione penalmente rilevante.

Dal punto di vista soggettivo, tanto l'arruolamento di bambini nelle forze armate, quanto il loro impiego nelle operazioni militari, presuppongono la consapevolezza del soggetto agente in ordine alla circostanza che la vittima fosse di età inferiore ai 15 anni. Gli EC ritengono sufficiente una consapevolezza anche solo potenziale[506]. Agisce con dolo anche chi sceglie di chiudere gli occhi di fronte

---

[499] Cfr. nota 12 in rel. art. 5 Draft E-St-ICC.
[500] ICTR, 2 settembre 1998 (Akayesu, TC), § 629, in rel. art. 4 co. 1 Protocollo II.
[501] ICTR, 6 dicembre 1999 (Rutaganda, TC), § 100.
[502] Ma in questi termini *Kittichaisaree*, International Criminal Law (2001), 187.
[503] Cfr. Sandoz/Swinarski/Zimmermann-*Junod*, Additional Protocols (1987), n. marg. 4557.
[504] Cfr. nel dettaglio Sandoz/Swinarski/Zimmermann-*Pilloud/Pictet*, Additional Protocols (1987), n. marg. 3184 ss.
[505] Cfr. Triffterer-*Cottier*, Rome Statute (1999), art. 8 n. marg. 232.
[506] Cfr. EC in rel. art. 8 co. 2 b) xxvi) St-ICC, n. 3; EC in rel. art. 8 co. 2 e) vii) St-ICC, n. 3.

all'età del bambino, ad esempio non assumendo in merito le dovute informazioni, sebbene, in base suo aspetto esteriore, potrebbe avere meno di 15 anni[507]. In questo modo, gli Elementi dei Crimini abbassano la soglia soggettiva di imputazione rispetto alla disciplina generale di cui all'art. 30 St-ICC[508].

D. Crimini di guerra contro il patrimonio e contro altri diritti

1111 All'interno dello Statuto di Roma, cinque fattispecie si riferiscono direttamente all'esproprio o alla distruzione di beni materiali[509]. L'art. 8 co. 2 a) iv) St-ICC punisce, nell'ambito di conflitti armati internazionali, «la distruzione e l'appropriazione di beni non giustificate da necessità militari, compiute su larga scala illegalmente ed arbitrariamente». La disposizione può essere ricondotta alla disciplina relativa alle gravi violazioni delle Convenzioni di Ginevra. Sempre nell'ambito dei conflitti armati internazionali, l'art. 8 co. 2 b) xiii) St-ICC incrimina «la distruzione o la confisca di beni del nemico, laddove non siano imperativamente richieste dalle necessità della guerra». Tale divieto viene riprodotto per i conflitti armati interni, quasi negli stessi termini, all'art. 8 co. 2 e) xii) St-ICC. Infine, l'art. 8 co. 2 b) xvi) St-ICC e l'art. 8 co. 2 e) v) St-ICC puniscono, rispettivamente nell'ambito dei conflitti armati internazionali ed interni, il saccheggio di città o di insediamenti. L'art. 8 co. 2 b) xiv) St-ICC incrimina l'abolizione dei diritti e delle azioni giudiziarie a tutela dei soggetti appartenenti alla nazione nemica.

I. I delitti di esproprio

1. Le condotte tipiche

1112 I crimini di guerra descritti all'art. 8 co. 2 a) iv) seconda parte St-ICC, all'art. 8 co. 2 b) xiii) seconda parte St-ICC, all'art. 8 co. 2 e) xii) seconda parte St-ICC ed, infine, all'art. 8 co. 2 b) xvi) e co. 2 e) v) St-ICC possono essere definiti delitti di esproprio. La condotta tipica è descritta, a seconda delle singole fattispecie, con i termini impossessamento, confisca e saccheggio.

1113 Tra l'impossessamento e la confisca di un bene non sussiste alcuna differenza materiale. In entrambi i casi, infatti, è necessaria la sottrazione di una cosa contro o senza la volontà dell'avente diritto[510], per un periodo di tempo non irrilevante.

---

[507] Triffterer-*Cottier*, Rome Statute (1999), art. 8 n. marg. 232.
[508] Cfr. sulla disciplina generale dell'elemento soggettivo e sull'apertura dell'art. 30 St-ICC agli Elementi dei Crimini *supra*, n. marg. 365 ss., 374 ss.
[509] In ogni caso, una serie di altre fattispecie tutela direttamente la proprietà. In particolare, si fa riferimento al crimine di guerra di aggressione ad obiettivi non militari ed a particolari edifici; cfr. art. 8 co. 2 b) ii), v), ix) e (xxiv), art. 8 co. 2 e) ii), v). In queste fattispecie, la tutela della proprietà non rimane sullo sfondo e la condotta viene incriminata come metodo di guerra. Cfr. su queste fattispecie *infra*, n. marg. 1133 ss. Cfr. anche l'art. 2 d), e l'art. 3 e) St-ICTY e l'art. 4 f) St-ICTR.
[510] Cfr. *Kittichaisaree*, International Criminal Law (2001), 148; Studi della Croce Rossa sull'art.

L'impossessamento non presuppone che il soggetto agente acquisisca – o agisca col dolo di acquisire – la cosa sottratta al proprio patrimonio: una simile distinzione tra confisca ed impossessamento risulterebbe alquanto dubbia, perché nel diritto internazionale umanitario i due termini sono usati come sinonimi[511]. Anche dal punto di vista sostanziale non è dato rivenire alcuna possibile differenza, ed il tentativo di individuare un parametro distintivo porterebbe soltanto a insolubili contraddizioni. Poiché l'impossessamento presuppone che il fatto sia «compiuto su larga scala», la fattispecie si presenta come violazione grave dell'art. 8 co. 2 a) iv) seconda parte St-ICC. Al contrario, ai sensi dell'art. 2 b) xiii) seconda parte St-ICC, la confisca è punibile anche in mancanza di tale elemento quantitativo[512], sebbene in questo caso – per richiamare la distinzione prima accennata – l'offesa arrecata al diritto di disporre dei propri beni sia meno intensa che non nell'ipotesi di impossessamento.

Il saccheggio[513] si differenzia dall'impossessamento e dalla confisca per il solo fatto che il soggetto agisce con lo scopo di appropriarsi della cosa sottratta per il proprio uso privato o personale[514]. In questo modo, rispetto alla disciplina di cui all'art. 30 St-ICC, l'integrazione della fattispecie richiede un coefficiente soggettivo di maggiore intensità[515]. Il Tribunale penale internazionale per la ex Jugoslavia ha prospettato la necessità che il saccheggio sia accompagnato, anche se solo per un momento, dall'uso della forza[516].

2. L'oggetto della fattispecie tipica

L'oggetto delle fattispecie di esproprio, previste nell'ambito del diritto dei crimini di guerra, è limitato ad alcuni beni particolarmente minacciati e bisognosi di protezione. Le norme in esame scelgono modalità differenti per delimitare l'ambito dei beni tutelati. L'art. 8 co. 2 a) iv) St-ICC, che trova applicazione solo nei conflitti armati internazionali, si richiama alle disposizioni relative alle gravi violazioni di Ginevra I, II e IV[517]. Oggetto della fattispecie può essere soltanto il patrimonio, come definito e tutelato dalle suddette Convenzioni. Vale a dire, in particolare, ospedali e navi ospedale, aerei ed altri materiali necessari all'assistenza medica[518].

---

8 co. 2 a) iv) St-ICC, 18, 21 s.

[511] Cfr. ad esempio *Kittichaisaree*, International Criminal Law (2001), 148; *Pictet* (a cura di), Geneva Convention II (1960), 269

[512] Cfr. tuttavia *infra*, n. marg. 1119 s.

[513] Cfr. su questo concetto ICTY, 17 ottobre 2003 (Simić et al., TC), § 98; ICTY, 15 marzo 2006 (Hadžihasanović e Kubura, TC), §§ 49 ss.

[514] Cfr. EC in rel. art. 8 co. 2 b) xvi), n. 2; cfr. anche *Hosang*, in: Lee (a cura di), The International Criminal Court, Elements of Crimes and Rules of Procedure and Evidence (2001), 176, 177 nota 99.

[515] Sul restringimento dell'ambito di punibilità operato dagli Elementi dei Crimini, cfr. *supra*, n. marg. 386.

[516] ICTY, 16 novembre 1998 (Mucić et al., TC), § 591.

[517] Cfr. art. 50 Ginevra I, art. 51 Ginevra II e art. 147 Ginevra IV.

[518] Cfr. in particolare gli artt. 19, 20, 33-36 Ginevra I, gli artt. 22-28, 38, 39 Ginevra II, gli artt. 18, 21, 22 Ginevra IV; cfr. anche ICTY, 31 marzo 2003 (Naletilić e Martinović, TC), § 575; ICTY,

1116   Il patrimonio dei prigionieri di guerra non rientra nel novero dei beni tutelati dalle disposizioni in esame[519]. Sebbene l'art. 18 Ginevra III garantisca protezione agli averi dei prigionieri di guerra, tuttavia l'art. 130 Ginevra III – che definisce le gravi violazioni – non fa alcun riferimento[520] alle offese al patrimonio, diversamente che nelle altre Convenzioni. Per questo motivo, è difficile stabilire con certezza se anche le cose appartenenti a civili internati siano oggetto di tutela. Anche se l'art. 97 Ginevra IV contiene apposite regole per il trattamento degli averi dei soggetti internati, la circostanza che questa disposizione corrisponda all'art. 18 Ginevra III depone contro l'inserimento di tali beni nell'ambito del patrimonio oggetto di tutela.

1117   Anche il crimine di guerra di esproprio, previsto all'art. 8 co. 2 b) xiii) o all'art. 8 co. 2 e) xii) St-ICC, assume rilevanza penale solo in riferimento a particolari categorie di beni. Tali disposizioni, infatti, tutelano esclusivamente i beni del nemico, non anche della parte in conflitto che esprime il soggetto agente, dei suoi membri o di uno Stato terzo. La tutela apprestata si riferisce sia alla proprietà pubblica sia a quella privata, sebbene con differente intensità, ma non si estende ai beni materiali presenti nel territorio dello Stato che conduce le ostilità, neppure quando appartengano ad un soggetto membro della fazione nemica. Questo perché, tanto il diritto dell'Aja, quanto le Convenzioni di Ginevra, non contengono alcuna specifica disposizione sul punto[521].

1118   La fattispecie tipica del reato di saccheggio non contiene alcuna espressa limitazione in merito ai beni oggetto di tutela. Anche in questo caso, tuttavia, non rientrano nell'ambito applicativo della disposizione beni in proprietà di individui membri della parte che esprime il soggetto agente. D'altronde, anche la direzione che la tutela penale assume nel diritto internazionale umanitario, posto a fondamento delle disposizioni in esame, sembra confermare questa conclusione. Con il reato di saccheggio si vuole assicurare tutela esclusivamente al patrimonio del nemico, mentre i beni materiali della parte in conflitto che esprime il soggetto agente – prescindendo da alcune limitate eccezioni[522] – rimangono estranei alla dimensione di tipicità della norma.

1° settembre 2004 (Brđanin, TC), § 586.

[519] Anders *Dörmann*, in: Lee (a cura di), The International Criminal Court, Elements of Crimes and Rules of Procedure and Evidence (2001), 124, 132.

[520] La circostanza che nell'art. 130 prima parte Ginevra III compaia il concetto di "patrimonio tutelato" può essere considerata come frutto di un errore di redazione; cfr. *Pictet* (a cura di), Geneva Convention III (1960), 626.

[521] *Dahm/Delbrück/Wolfrum*, Völkerrecht, vol. I/3, 2ª ed. (2002), 1063; Triffterer-*Zimmermann*, Rome Statute (1999), art. 8 n. marg. 144.

[522] Deve rammentarsi che il divieto di impiegare bambini soldato ha come obiettivo primario la tutela dei fanciulli, indipendentemente dalla loro appartenenza ad una delle parti in conflitto. Cfr. sul punto anche *supra*, n. marg. 1102 ss.

3. La dimensione dell'esproprio

Solo l'art. 8 co. 2 a) iv) St-ICC richiede espressamente che l'esproprio di beni altrui sia realizzato «su larga scala». Tuttavia, può affermarsi anche con riferimento agli altri delitti di esproprio che offese sporadiche alla proprietà non diano luogo a condotte penalmente rilevanti[523]. Per quanto riguarda la fattispecie di saccheggio, in particolare, questa affermazione trova conferma già dalla lettura del testo della disposizione, che individua quale possibile oggetto della condotta soltanto città o insediamenti. Qualora venga saccheggiata una singola abitazione, pertanto, non potranno ritenersi integrati gli elementi costitutivi del reato[524]. Ma anche nel caso della confisca, prevista all'art. 8 co. 2 b) xiii) seconda parte o all'art. 8 co. 2 e) xii), non è sufficiente una condotta sporadica. Una conclusione, questa, che deriva non direttamente dalla formulazione delle disposizioni richiamate, ma dalla sistematica dello Statuto di Roma. Ai sensi dell'art. 5 co. 1 prima parte St-ICC, la competenza della Corte penale internazionale è limitata «ai crimini più gravi motivo di allarme per l'intera comunità internazionale». È evidente che una singola confisca, effettuata illegalmente, non possa essere idonea ad integrare tale requisito[525]. Il reato in esame, oltre a costituire una violazione del diritto internazionale umanitario, può essere punito anche in base alle disposizioni dei singoli ordinamenti giuridici interni. In quest'ultimo caso, tuttavia, non sussiste l'offesa gli interessi della comunità internazionale.

Al riguardo, il Tribunale penale internazionale per la ex Jugoslavia ha stabilito che, nel valutare la gravità dell'offesa, si devono prendere in considerazione le conseguenze subite dalle vittime. Così, nel caso di un furto di gioielli, denaro ed altri oggetti preziosi avvenuto in un Lager in territorio bosniaco, la Corte ha negato la propria competenza sul presupposto che le conseguenze arrecate alle vittime non fossero state di particolare rilevanza[526]. Se si pone a fondamento questa giurisprudenza, il criterio della realizzazione della condotta «su larga scala» richiesto nelle fattispecie in esame risulta comparativamente elevato. È irrilevante se il soggetto

---

[523] Così anche *Dahm/Delbrück/Wolfrum*, Völkerrecht, vol. I/3, 2ª ed. (2002), 1064; cfr. anche *Mettraux*, International Crimes and the *ad hoc* Tribunals (2005), 95.

[524] Sulla giurisprudenza dell'ICTY in ordine a questi profili, cfr. *Mettraux*, International Crimes and the *ad hoc* Tribunals (2005), 97 s.

[525] Sulla stessa questione, in riferimento all'art. 3 St-ICTY, si veda ICTY, 2 ottobre 1995 (Tadić, AC), § 94. L'ICTY ha affermato, ad esempio, che «il furto di una pagnotta» non possa rientrare nell'ambito della propria giurisdizione.

[526] Cfr. ICTY, 16 novembre 1998 (Mucić et al., TC), § 1154; confermata in ICTY, 26 febbraio 2001 (Kordić e Čerkez, TC), § 352; ICTY, 31 marzo 2003 (Naletilić e Martinović, TC), §§ 613 s.; ICTY, 17 ottobre 2003 (Simić et al., TC), § 101; ICTY, 17 dicembre 2004 (Kordić e Čerkez, AC), § 82; in quest'ultima decisione, § 83, la Camera d'Appello ha sottolineato che «a serious violation could be assumed in circumstances where appropriations take place *vis-à-vis* a large number of people, even though there are no grave consequences for each individual. In this case it would be the overall effect on the civilian population and the multitude of offences committed that would make the violation serious».

abbia agito per interesse personale, oppure se la sua condotta sia stata parte di uno sfruttamento economico di carattere sistematico dell'area occupata[527]. In quest'ultimo caso, tuttavia, la dimensione dell'offesa al patrimonio necessaria per l'integrazione della fattispecie tipica potrebbe essere raggiunta facilmente.

4. L'elemento soggettivo del reato

1121 L'elemento soggettivo richiesto ai fini dell'integrazione della fattispecie tipica è, in linea di principio, il dolo[528]. In questo caso, risulta sufficiente anche la forma dell'*indirect intent*[529]. La minore intensità dell'elemento soggettivo, rispetto alla disciplina generale di cui all'art. 30 St-ICC, risulta chiaramente dall'impiego del termine «wantonly» nell'art. 8 co. 2 a) iv) St-ICC[530]. Questa considerazione vale per tutte le fattispecie di esproprio sinora analizzate. Rimane ancora aperta la questione se tale diverso atteggiarsi dell'elemento soggettivo si presenti anche nelle analoghe figure criminose previste nell'ambito dei conflitti armati non internazionali[531].

5. La necessità militare

1122 Nell'ambito dei conflitti armati, l'esproprio dei beni del nemico non sempre è una condotta punibile. Così, alla Potenza occupante è consentito utilizzare armi, munizioni ed altri materiali bellici che appartengono agli avversari e che risultano di particolare importanza per lo svolgimento delle operazioni militari[532]. Anche l'uso di beni privati, in particolari circostanze, viene autorizzato dal diritto internazionale e non è punibile come crimine di guerra. Questo principio è chiaramente espresso dalla formulazione delle fattispecie previste dallo Statuto di Roma. In base all'art. 8 co. 2 a) iv) St-ICC o all'art. 8 co. 2 b) xiii) St-ICC, l'esproprio di beni del nemico non è punibile qualora risulti imposto «dalla necessità militare» o «dalle inderogabili necessità della guerra». Inoltre, la proposizione introduttiva dell'art. 8 co. 2 b) St-ICC contiene un richiamo alle leggi e agli usi applicabili nell'ambito dei conflitti armati. Questa cornice normativa deve essere tenuta sempre presente nell'interpretazione delle singole fattispecie[533].

---

[527] Cfr. ICTY, 16 novembre 1998 (Mucić et al., TC), § 590.
[528] Sull'impiego dei concetti di "dolo" e "intent" cfr. *supra*, n. marg. 350.
[529] Per i necessari rinvii cfr. *supra*, in nota 330.
[530] Cfr. ICTY, 31 marzo 2003 (Naletilić e Martinović, TC), § 577; Eser, in: Cassese/Gaeta/Jones (a cura di), Rome Statute, vol. 1 (2002), 889, 899; cfr. anche *supra*, n. marg. 382; con soluzioni differenti Triffterer-*Fenrick*, Rome Statute (1999), art. 8 n. marg. 14 e *Dahm/Delbrück/Wolfrum*, Völkerrecht, vol. I/3, 2ª ed. (2002), 1056, che non attribuiscono all'avverbio «wantonly» un proprio autonomo significato.
[531] Per una minore intensità dell'elemento soggettivo anche riguardo alle figure criminose che trovano applicazione nei conflitti armati non internazionali, si veda ICTY, 3 marzo 2000 (Blaškić, TC), § 182; cfr. in argomento anche *supra*, n. marg. 984.
[532] Cfr. l'art. 53 Regole dell'Aja, che presuppone questo diritto in capo alla potenza di occupazione.
[533] In generale, sulla necessità militare cfr. *supra*, n. marg. 571, 573.

È necessario verificare, attraverso un doppio livello di valutazione, se le condotte espropriative siano in qualche misura autorizzate dal diritto internazionale umanitario. In primo luogo, bisogna accertare se la singola condotta in questione risulti *ex se* ammissibile. Così non è, ad esempio, nel caso del saccheggio, che l'art. 47 Regole dell'Aja vieta espressamente e senza eccezioni. Il fatto non può essere giustificato, pertanto, neppure se richiesto da necessità militari[534]. Lo stesso dicasi per la confisca di beni culturali di straordinario valore, contro i quali, ai sensi dell'art. 53 a) Protocollo I e dell'art. 16 Protocollo II, non può essere diretto alcun «atto di ostilità»[535]. Gli ospedali civili possono essere oggetto di confisca solo in casi eccezionali (cfr. art. 57 Ginevra IV)[536]. L'art. 46 co. 2 Regole dell'Aja, inoltre, vieta alla Potenza occupante di confiscare i beni di privati cittadini. Tuttavia, questo divieto – diversamente da come poteva sembrare in un primo momento – non ha carattere assoluto. Infatti, ai sensi dell'art. 53 co. 2 Regole dell'Aja, possono essere confiscati anche beni di proprietà privata che abbiano importanza per l'attività bellica; i beni privati che non servono alle necessità militari ricevono tutela senza eccezioni.

Una volta accertato che nessuna disposizione speciale vieti in assoluto l'esproprio di un certo bene, è necessario poi verificare se tale condotta possa essere giustificata da necessità militari. La definizione dell'art. 8 co. 2 a) iv) e dell'art. 8 co. 2 b) xiii), o anche dell'art. 8 co. 2 e) xii) St-ICC, si distingue per gradi. Mentre nel primo caso si fa riferimento alla semplice «necessità militare», nella seconda ipotesi si parla di «necessità della guerra», «imperativamente richieste». A questa differenza lessicale non corrisponde alcuna diversità sul piano sostanziale, perché in entrambe le disposizioni è stata semplicemente trasposta la formulazione delle previsioni del diritto internazionale umanitario che sono poste a fondamento delle norme suddette[537]. Dal punto di vista contenutistico, tali elementi trovano spesso concretizzazione in speciali disposizioni del diritto internazionale umanitario; ed è proprio qui che si possono presentare alcune interferenze con la questione, affrontata in precedenza, dell'ammissibilità in linea di principio della singola condotta. Bisogna tenere presente come il concetto di necessità militare non possa essere riferito all'adozione di qualsiasi misura che appaia sensata da un punto di vista militare, ad esempio perché migliora la sicurezza delle forze armate. Piuttosto, è necessario che si tratti dell'ultimo mezzo a disposizione per soddisfare un'esigenza militare[538].

---

[534] Per questo motivo, anche nelle corrispondenti fattispecie dello Statuto di Roma non si fa riferimento alla possibilità che il saccheggio sia giustificato dalla necessità militare.

[535] Cfr. *Partsch*, in: Fleck (a cura di), Handbuch des humanitären Völkerrechts (1994), n. 919 s. Accanto ai divieti assoluti di confisca e di aggressione a beni culturali, si pone il divieto di utilizzare questi ultimi per obiettivi militari; cfr. l'art. 53 b) Protocollo I, art. 16 Protocollo II.

[536] Cfr. nel complesso *Gasser*, in: Fleck (a cura di), Handbuch des humanitären Völkerrechts (1994), n. 557 ss.

[537] Da un lato, gli artt. 50 Ginevra I, 51 Ginevra II e 147 Ginevra IV; dall'altro, l'art. 23 g) Regole dell'Aja. Le differenze nella traduzione tedesca rispetto all'art. 23 g) Regole dell'Aja, all'art. 8 co. 2 b) xiii) oppure all'art. 8 co. 2) e) xii) St-ICC derivano da adattamenti dovuti ai mutamenti nell'uso della lingua.

[538] Cfr. Triffterer-*Zimmermann*, Rome Statute (1999), art. 8 n. marg. 155.

II. Delitti di distruzione

1. Ambito di applicazione delle fattispecie

1125 La distruzione di beni materiali viene incriminata dalle stesse disposizioni relative all'utilizzo di metodi di combattimento vietati[539]. In nessun caso, comunque, sono possibili sovrapposizioni tra i due ambiti normativi. L'art. 8 co. 2 a) iv) St-ICC trova applicazione solo limitatamente alla tutela di beni che si definiscono protetti in base alle Convenzioni di Ginevra. Di particolare importanza è l'art. 53 Ginevra IV, che vieta non solo la distruzione del patrimonio privato, ma anche di quello pubblico. Questa previsione, tuttavia, si applica soltanto laddove una delle parti coinvolte nel conflitto si trovi su un territorio dalla stessa occupato. Ad esempio, gli attacchi aerei contro allestimenti civili non possono essere puniti come gravi violazioni delle Convenzione di Ginevra, poiché la parte belligerante non ha occupato l'area contro cui è diretto l'attacco[540]. Diversa è la disciplina nel caso in cui vengano attaccati obiettivi protetti a prescindere da un'occupazione, come ad esempio gli ospedali. Qui si potrebbe verificare una sovrapposizione con altre fattispecie penali[541].

1126 Vi è ancora poca chiarezza in riferimento all'ambito di applicazione dei crimini di guerra di distruzione, previsti all'art. 8 co. 2 b) xiii) e all'art. 8 co. 2 e) xii) St-ICC. Dalla lettura del testo delle disposizioni in esame, sembrano essere ricomprese all'interno di queste fattispecie tutte le forme di distruzione o esproprio dei beni del nemico, che non siano imperativamente richieste dalle necessità militari. Tuttavia, poiché l'art. 23 g) Regole dell'Aja – su cui si fondano questi reati – è inserito nella sezione relativa allo svolgimento delle ostilità, l'ambito di applicazione delle norme in esame potrebbe essere limitato alla distruzione o all'esproprio commessi nel contesto delle operazioni militari. *Zimmermann*, al contrario, propone di restringere la portata di queste disposizioni ai soli casi in cui i beni materiali si trovino sotto il controllo della parte in conflitto che esprime il soggetto agente[542].

---

[539] Cfr. sul punto *infra*, n. marg. 1133 ss.

[540] Cfr. *Pictet* (a cura di), Geneva Convention IV (1958), 601. In ogni caso, tali aggressioni possono essere punibili, ad esempio, come attacchi diretti contro obiettivi civili (art. 8 co. 2 b) ii) St-ICC).

[541] In particolare, non è da escludersi la possibilità di sovrapposizioni con i crimini di guerra che implicano attacchi contro obiettivi civili; cfr. anche ICTY, 26 febbraio 2001 (Kordić e Čerkez, TC), §§ 335 ss.; ICTY, 31 marzo 2003 (Naletilić e Martinović, TC), § 575; ICTY, 1° settembre 2004 (Brđanin, TC), § 586. Il VStGB tedesco esclude completamente il rischio di sovrapposizioni con queste fattispecie, scegliendo di incriminare nel § 9 co. 1 soltanto la distruzione di beni materiali che sono sotto il controllo della che esprime il soggetto agente. Restano esclusi gli attacchi a distanza; cfr. Begr. VStGB, 31.

[542] Cfr. Triffterer-*Zimmermann*, Rome Statute (1999), art. 8 n. marg. 141 ss. In questo senso si muove anche il § 9 co. 1 VStGB. L'ICTY, al contrario, ha esteso l'ambito di tutela ai beni materiali sottoposti al controllo della parte che esprime il soggetto agente, ed in questa prospettiva vengono applicati anche gli artt. 3 b) o 3 d) St-ICTY; cfr. ICTY, 26 febbraio 2001 (Kordić e Čerkez, TC), §§ 346 ss.; ICTY, 31 marzo 2003 (Naletilić e Martinović, TC), § 580; ICTY, 31 gennaio 2005 (Strugar, TC), §§ 290 ss.; ICTY, 15 marzo 2006 (Hadžihasanović e Kubura, TC), §§ 39 ss.

L'opinione merita accoglimento. Al contrario, se la dimensione applicativa di queste fattispecie fosse estesa alle operazioni belliche, si verificherebbe il rischio di molteplici sovrapposizioni con le norme relative al divieto di attacchi contro obiettivi protetti[543]. Per questo motivo, anche il VStGB tedesco restringe l'oggetto di queste incriminazioni ai soli beni che si trovano sotto il controllo del potere nemico[544].

2. Le condotte tipiche

Sia l'art. 8 co. 2 a) iv) prima variante, che l'art. 8 co. 2 b) xiii) prima variante e l'art. 8 co. 2 e) xii) prima variante, prevedono come condotta tipica la distruzione di beni materiali. In questi casi, assume rilevanza penale solo l'effettiva distruzione delle cose tutelate, non il semplice danneggiamento. Sebbene i tribunali francesi, dopo la seconda guerra mondiale, abbiano considerato come crimine di guerra anche il mero danneggiamento di beni materiali, non deve dimenticarsi che tali sentenze sono state emanate in applicazione del diritto interno, che ne prevede appunto la punibilità[545]. Da questa giurisprudenza, pertanto, non può essere tratta alcuna conclusione utile nell'interpretazione dello Statuto di Roma.

1127

3. Oggetto materiale della condotta, dimensione del fatto e necessità militare

Per quanto riguarda l'oggetto materiale tutelato e la dimensione del fatto, si rinvia a quanto già esposto in precedenza. Risulta punibile solo la distruzione di beni materiali che abbia anche raggiunto una certa dimensione offensiva[546]. In merito all'interpretazione del concetto di necessità militare, ancora una volta, si deve fare riferimento a quelle disposizioni del diritto internazionale umanitario che sanciscono divieti assoluti[547]. Così, ad esempio, l'art. 19 co. 1 Ginevra I stabilisce un obbligo assoluto di tutela per i servizi sanitari, da cui consegue che ogni attacco diretto contro tali beni non potrà essere giustificato dal richiamo alle necessità militari[548]. Il principio secondo cui la necessità militare vale a giustificare la distruzione di beni materiali trova espressione, ad esempio, all'articolo 53 Ginevra IV, che autorizza la distruzione di cose appartenenti al patrimonio nemico (sia pubblico che privato) nei casi di assoluta necessità. Laddove l'obiettivo militare possa essere conseguito anche con il solo danneggiamento, o con altri comportamenti simili, la condotta di distruzione appare chiaramente sproporzionata e non può essere considerata ammissibile.

1128

---

[543] Cfr. Triffterer-*Zimmermann*, Rome Statute (1999), art. 8 n. marg. 143.
[544] Cfr. § 9 co. 1 VStGB e Begr. VStGB, 31.
[545] Cfr. gli Studi della Croce Rossa sull'art. 8 co. 2 a) iv) St-ICC, 20.
[546] Cfr. ICTY, 3 marzo 2000 (Blaškić, TC), § 157; ICTY, 31 marzo 2003 (Naletilić e Martinović, TC), § 576; ICTY, 1° settembre 2004 (Brđanin, TC), § 587
[547] Cfr. ICTY, 1° settembre 2004 (Brđanin, TC), § 586.
[548] Cfr. per ulteriori disposizioni *Pictet* (a cura di), Geneva Convention I (1952), 372; Studi della Croce Rossa sull'art. 8 co. 2 a) iv), 19.

4. L'elemento soggettivo

1129   L'elemento soggettivo richiesto ai fini dell'integrazione della fattispecie tipica è il dolo. In questo caso, risulta sostanzialmente determinante l'art. 30 St-ICC[549]. Qualora la distruzione di beni materiali abbia luogo nell'ambito di un conflitto armato internazionale, è sufficiente che il soggetto agisca con avventata incuranza della probabilità che tale evento si verifichi («reckless disregard of the likelihood of its destruction»)[550]. Non è chiaro se questa minore intensità dell'elemento soggettivo possa essere riferita anche alle distruzioni commesse nello svolgimento di una guerra civile[551].

III. Aggressioni contro altri diritti

1130   Ai sensi dell'art. 8 co. 2 b) xiv) St-ICC, è punito il fatto di «dichiarare aboliti, temporaneamente sospesi o improcedibili in giudizio i diritti e le azioni dei cittadini della nazione nemica». La definizione recepisce il contenuto dell'art. 23 h) Regole dell'Aja, che può essere considerata disposizione di diritto consuetudinario[552]. La portata e il corretto significato della fattispecie tipica risultano poco chiari, né gli Elementi dei Crimini contribuiscono ad eliminare questa incertezza.

1131   La disposizione in esame è volta, da un lato, ad evitare il disfacimento totale o parziale dell'amministrazione della giustizia all'interno di aree occupate[553]. Non si deve dimenticare, infatti, che la Potenza occupante dispone di ampi poteri nell'amministrazione del territorio su cui esercita il proprio controllo, anche nell'ambito del settore giudiziario[554]. È questione particolarmente controversa[555], soprattutto alla luce dell'art. 23 h) Regole dell'Aja, se possa dare luogo a responsabilità penale

---

[549] Sull'applicazione dei concetti di "dolo" e "intent" cfr. *supra*, n. marg. 350. Sulla disciplina generale dell'elemento soggettivo cfr. *supra*, n. marg. 365 ss. e n. marg. 984.

[550] Cfr. ICTY, 26 febbraio 2001 (Kordić e Čerkez, TC), § 341; ICTY, 31 marzo 2003 (Naletilić e Martinović, TC), § 577; ICTY, 1° settembre 2004 (Brđanin, TC), § 593. Il punto di partenza per consentire, nella definizione dell'elemento soggettivo, un allontanamento dai criteri di cui all'art. 30 St-ICC (sul punto *supra*, n. marg. 371 ss.) è rappresentato dal termine "arbitrariamente" («wantonly»), inserito all'art. 8 co. 2 a) iv) St-ICC; cfr. anche *supra*, n. marg. 382 e *Eser*, in: Cassese/Gaeta/Jones (a cura di), Rome Statute, vol. 1 (2002), 889, 899.

[551] Sull'abbassamento dell'elemento soggettivo per le figure criminose relative ai conflitti armati non internazionali, cfr. ICTY, 3 marzo 2000 (Blaškić, TC) § 182; sulle eventuali conseguenze che possono derivare, nella disciplina dell'elemento soggettivo, dalla nuova giurisprudenza dell'ICTY, cfr. *supra*, n. marg. 355 s.

[552] Cfr. *Henckaerts/Doswald-Beck*, Customary International Humanitarian Law, vol. I (2005), 583.

[553] Triffterer-*Cottier*, Rome Statute (1999), art. 8 n. marg. 159.

[554] Cfr. *Gasser*, in: Fleck (a cura di), Handbuch des humanitären Völkerrechts (1994), n. 547 ss.

[555] Cfr. nel dettaglio *von Glahn*, The Occupation of Enemy Territory (1957), 108 s.; Triffterer-*Cottier*, Rome Statute (1999), art. 8 n. marg. 157 e l'esposizione contenuta negli Studi della Croce Rossa sull'art. 8 co. 2 b) xiii) St-ICC, 58 s.

la circostanza di sospendere o dichiarare inesigibili in giudizio, sul territorio dello Stato che conduce le ostilità, i diritti patrimoniali dei soggetti appartenenti alla parte nemica. La lettura del testo della disposizione sopra richiamata sembra ammettere questo tipo di interpretazione estensiva e, d'altronde, la meritevolezza di pena di simili comportamenti non può essere contestata. Pertanto, non c'è ragione per escludere l'applicabilità della fattispecie anche in questi casi. Ad ogni modo, la dimensione dell'offesa deve essere di considerevole intensità, poiché condotte in grado di produrre solo un danno patrimoniale di modesta entità non possono essere considerate alla stregua dei «crimini più gravi, motivo di allarme per l'intera comunità internazionale»[556-557].

L'integrazione dell'elemento soggettivo richiede la presenza di un'azione intenzionalmente diretta allo scopo[558]. 1132

E. Ricorso a metodi di guerra illeciti

I. Introduzione

1. Attacchi ad obiettivi non militari

Tra i crimini di guerra consistenti nel ricorso a metodi illeciti di conduzione delle ostilità, sono da annoverare, in primo luogo, le aggressioni ad obiettivi non militari. Gli artt. 8 co. 2 b) i), ii), ix e xxiv), così come 8 co. 2) e) i), ii), iv) St-ICC, puniscono gli attacchi diretti contro la popolazione civile, contro beni civili ed altri obiettivi equivalenti. L'art. 8 co. 2 b) iv) St-ICC prende in considerazione i danni collaterali sproporzionati. L'attacco a luoghi indifesi[559] è un'ipotesi speciale dell'attacco a beni non militari. Le fattispecie di cui all'art. 8 co. 2 b) iii) ed e) iii) St-ICC, vale a dire le aggressioni a missioni umanitarie e missioni di pace ONU, sono strettamente correlate con i crimini di cui andremo a trattare[560]. 1133

Il divieto di recar danno a persone civili o beni non militari è una regola basilare e risalente del diritto di guerra[561]. L'offesa al nemico deve limitarsi a quanto è necessario sul piano militare (*limited warfare*). Già la Scolastica medievale distingueva tra combattenti e civili, statuendo ampie garanzie per la popolazione non 1134

---

[556] Art. 5 co. 1, primo periodo, St-ICC.
[557] Il legislatore tedesco ha chiarito questo profilo nel VStGB: in base al § 9 co. 2 VStGB, l'abrogazione o la sospensione dei diritti sono punibili soltanto quando riguardano tutti i membri della parte nemica, o la maggior parte di essi. Cfr. anche Begr. VStGB, 31.
[558] Cfr. EC in rel. art. 8 co. 2 b) xiv) St-ICC, n. 3. Si tratta di una restrizione dell'area di punibilità espressamente ammessa dall'art. St-ICC; cfr. sul punto *supra*, n. marg. 371 ss., 385 s.
[559] Art. 8 co. 2 b) v) St-ICC; cfr. al riguardo, dettagliatamente, *infra*, n. marg. 1173 ss.
[560] Per un'analisi di tale fattispecie, cfr. *infra*, n. marg. 1257 ss.
[561] ICTY, 17 dicembre 2004 (Kordić e Čerkez, AC), § 54; cfr.. anche Sandoz/Swinarski/Zimmermann-*Pilloud/Pictet*, Additional Protocols (1987), n. marg. 1863.

belligerante⁵⁶². A partire dal XIX secolo, l'obbligo di condurre la guerra rispettando tale distinzione è riconosciuto come consuetudinario⁵⁶³. Il principio venne codificato nell'art. 48 Protocollo I:

> «Allo scopo di assicurare il rispetto e la protezione della popolazione civile e dei beni di carattere civile, le Parti in conflitto dovranno fare, in ogni momento, distinzione fra la popolazione civile e i combattenti, nonché fra i beni di carattere civile e gli obiettivi militari, e, di conseguenza, dirigere le operazioni soltanto contro obiettivi militari».

1135 Negli artt. 50 ss. Protocollo I il principio viene ulteriormente precisato. Le Convenzioni di Ginevra, i relativi Protocolli aggiuntivi e numerose altre norme di diritto internazionale umanitario contemplano analoghi precetti, a salvaguardia di un'ampia gamma di persone e cose⁵⁶⁴, le quali, ancora una volta, sono protette se non costituiscono obiettivi militari. Si tratta, in sostanza, di formulazioni particolari del medesimo precetto generale, secondo il quale persone e beni "civili" non devono essere oggetto d'aggressione.

1136 La difesa dei suddetti individui ed oggetti, a fronte di operazioni belliche, non è, tuttavia, assoluta. Attacchi condotti contro bersagli militari, che solo come effetto collaterale comportano danni a persone non belligeranti o a beni civili, non sono sempre e comunque vietati⁵⁶⁵, ma sottostanno, piuttosto, ad una "riserva di proporzionalità". L'attacco è permesso nella misura in cui i cd. danni collaterali non risultano troppo elevati, se commisurati al vantaggio militare ottenuto. Questo criterio fondamentale ha trovato riconoscimento negli artt. 51 co. 5 b) e 57 co. 2 e 3 Protocollo I.

2. Modi di conduzione del conflitto

1137 Altri crimini di guerra, pure riconducibili alla categoria dei metodi di combattimento illeciti, concernono le modalità di conduzione del conflitto in senso stretto. La punibilità dell'omicidio a tradimento, così come dell'abuso di segni di riconoscimento, trova fondamento nel "divieto di perfidia", che a sua volta origina dal codice d'onore cavalleresco medievale⁵⁶⁶. Tale divieto ha ad oggetto il tradimento dell'al-

---

⁵⁶² Sull'origine storica della regola, cfr. *Detter*, The Law of War, 2ª ed. (2000), 286 ss.; *Oeter*, in: Fleck (a cura di), Handbuch des humanitären Völkerrechts (1994), n. 401 ss.; Sandoz/Swinarski/Zimmermann-*Pilloud/Pictet*, Additional Protocols (1987), n. marg. 1822 ss.

⁵⁶³ Cfr. *Oeter*, in: Fleck (a cura di), Handbuch des humanitären Völkerrechts (1994), n. 401, 404.

⁵⁶⁴ Per dettagli cfr. *infra*, n. marg. 1141 s., 1149, 1154 s., 1160 s.

⁵⁶⁵ Cfr. ICTY, 17 dicembre 2004 (Kordić e Čerkez, AC), §§ 52 ss.; Triffterer-*Fenrick*, Rome Statute (1999), art. 8 n. marg. 24 ss.

⁵⁶⁶ Cfr. Sandoz/Swinarski/Zimmermann-*de Preux*, Additional Protocols (1987), n. marg. 1485, 1498; *Oeter*, in: Fleck (a cura di), Handbuch des humanitären Völkerrechts (1994), n. 472; Triffterer-*Cottier*, Rome Statute (1999), art. 8 n. marg. 114.

trui fiducia per conseguire un vantaggio militare[567]. Scopo indiretto del "divieto di perfidia" è la conservazione ed implementazione delle regole del diritto internazionale umanitario. Con le azioni di perfidia, poste in violazione del diritto internazionale, non devono assolutamente essere confusi i legittimi stratagemmi di guerra.

Altro "classico" crimine di guerra è la minaccia o l'ordine di un'azione bellica "senza quartiere", di cui tratta l'art. 8 co. 2) b) xii) St-ICC. La minaccia o l'ordine in questione accrescono il pericolo che possano essere uccise persone ferite o comunque incapaci di combattere; la minaccia, poi, comporta il diffondersi di una situazione di terrore nel nemico[568]. 1138

Gli artt. 8 co. 2 b) xxv) e b) xxiii) St-ICC hanno ad oggetto, rispettivamente, la riduzione alla fame della popolazione civile e l'uso di scudi umani, cioè metodi di conduzione delle ostilità che vanno a detrimento soprattutto di chi non partecipa alle operazioni belliche. 1139

II. Attacchi alla popolazione civile

L'art. 8 co. 2 b) i) St-ICC, in conformità al diritto internazionale consuetudinario, prende in considerazione gli attacchi alla popolazione civile come tale, o a singoli civili che non partecipano alle operazioni belliche. L'art.8 co. 2) e) i) St-ICC contiene una norma corrispondente alla lettera, relativa ai conflitti armati non internazionali. 1140

Le fattispecie derivano da quelle descritte nell'art. 51 co. 2 Protocollo I, e nell'art. 13 co. 2 Protocollo II. Ai sensi dell'art. 85 co. 3 a) Protocollo II, gli attacchi alla popolazione civile o a singoli civili costituiscono gravi violazioni del Protocollo medesimo quando provocano una seria lesione all'integrità fisica o la morte della vittima. Secondo lo St-ICC, la fattispecie è già integrata per il solo fatto di lanciare l'attacco[569]. 1141

L'elemento materiale è costituito da un attacco contro civili. Per attacco, ai sensi dell'art. 49 co. 1 Protocollo II, si intende ogni uso della violenza contro l'avversario, per fini offensivi o difensivi[570]; si fa riferimento, peraltro, soltanto ad operazioni militari[571], come si evince dall'art. 49 co. 3 Protocollo I, che parla di "condotte di guerra" («warfare»). Chi sia un "civile" lo si deduce dalle relative regole di diritto 1142

---

[567] Cfr. Triffterer-*Cottier*, Rome Statute (1999), art. 8 n. marg. 118.
[568] Cfr. Triffterer-*Cottier*, Rome Statute (1999), art. 8 n. marg. 134.
[569] Cfr. *Dörmann*, International Review of the Red Cross 83 (2001), 461, 467; *Frank*, in: Lee (a cura di), The International Criminal Court, Elements of Crimes and Rules of Procedure and Evidence (2001), 140, 142; per un esempio della non conforme giurisprudenza dei Tribunali *ad hoc*, cfr. ICTY, 17 dicembre 2004 (Kordić e Čerkez, AC), §§ 55 ss.; critica tale giurisprudenza *Mettraux*, International Crimes and the *ad hoc* Tribunals (2005), 122 s.
[570] Sul punto ICTY 17 dicembre 2004 (Kordić e Čerkez, AC), § 47; ICTY, 31 gennaio 2005 (Strugar, TC), § 282; ICTY, 5 dicembre 2003 (Galić, TC), § 52.
[571] Sandoz/Swinarski/Zimmermann-*Pilloud/Pictet*, Additional Protocols (1987), n. marg. 1880, parlano di «combat action».

internazionale umanitario. Secondo l'art. 50 co. 2 Protocollo I, il concetto di "popolazione civile" comprende tutte le persone qualificabili come "civili"; ai sensi del co. 1 della stessa disposizione, sono "civili" tutte le persone non belligeranti[572]. Infine, il co. 3 chiarisce che un gruppo di civili deve considerarsi "popolazione civile" anche quando, al suo interno, siano presenti alcuni combattenti[573]. Un individuo perde lo *status* di civile solo quando partecipa alle ostilità[574]. In contrasto con l'art. 4 co. 1 Ginevra IV, che stabilisce chi sia una "persona protetta" ai fini della Convenzione medesima, l'art. 51 Protocollo I non dà rilievo alla cittadinanza della vittima[575].

1143   Per quanto concerne l'elemento soggettivo, in deroga all'art. 30 St-ICC[576] si richiede una particolare finalizzazione della condotta[577]. Tanto si evince non solo dalle norme che definiscono gli elementi costitutivi («intentionally») e dagli EC («intended»)[578], ma soprattutto da un confronto sistematico tra le norme che sanzionano gli attacchi diretti contro beni non militari ed il crimine di guerra di cui all'art. 8 co. 2 b) iv) St-ICC. Quest'ultima disposizione incrimina la produzione di danni collaterali sproporzionati a carico di beni non militari; se un attacco comporta danni collaterali non sproporzionati, l'art. 8 co. 2 b) iv) St-ICC non trova applicazione[579]. La regola, che riflette un principio fondamentale del diritto internazionale umanitario, verrebbe sostanzialmente contraddetta, laddove attacchi non finalizzati contro obiettivi non militari fossero lo stesso punibili in applicazione delle norme di cui adesso stiamo trattando[580]. Ai sensi della nota 32 al terzo capoverso degli EC in rel. art. 8 co. 2) a) i) St-ICC, il soggetto agente deve conoscere le circostanze che attribuiscono all'oggetto dell'attacco la qualifica di «civile»[581].

---

[572] Sulla distinzione cfr. ICTY, 17 dicembre 2004 (Kordić e Čerkez, AC), §§ 48 ss.; ICTY, 3 marzo 2000 (Blaškić, TC), § 180; ICTR, 21 maggio 1999 (Kayishema e Ruzindana, TC), § 179.

[573] Cfr. anche ICTY, 17 dicembre 2004 (Kordić e Čerkez, AC), § 50; se all'interno del gruppo vi sono più combattenti che civili, la natura "civile" del gruppo medesimo, date le circostanze, può essere messa in discussione: cfr. ICTY, 29 luglio 2004 (Blaškić, AC), § 115; ICTY, 30 novembre 2006 (Galić, AC), §§ 135 ss.

[574] Cfr. art. 51 co. 3 Protocollo I, ed anche ICTY, 30 novembre 2006 (Galić, AC), §§ 135 ss.

[575] Cfr. Sandoz/Swinarski/Zimmermann-*Pilloud/Pictet*, Additional Protocols (1987), n. marg. 1909.

[576] L'art. 30 St-ICC ammette espressamente che altre disposizioni dello Statuto e gli EC contemplino requisiti soggettivi non coincidenti con quelli generalmente richiesti. Per precisazioni cfr. *supra*, n. marg. 371 ss.

[577] Riguardo all'art. 3 d) St-ICTY, cfr. ICTY, 3 marzo 2000 (Blaškić, TC), § 185; ICTY, 31 marzo 2003 (Naletilić e Martinović, TC), § 605; ICTY, 31 gennaio 2005 (Strugar, TC), § 311; cfr. però anche ICTY, 1° settembre 2004 (Brđanin, TC), § 599; similmente ICTY, 30 novembre 2006 (Galić, AC), § 140, che però ritenuta sufficiente la colpa grave (*recklessness*).

[578] Cfr. al riguardo *Ambos*, Der Allgemeine Teil des Völkerstrafrechts (2002), 803 s.

[579] Per dettagli cfr. *infra*, n. marg. 1163 ss.

[580] Cfr. ICTY, 31 gennaio 2005 (Strugar, TC), § 283. Anche dall'impiego del termine «wilfully» nell'art. 85 co. 3 Protocollo I non si evince niente di diverso, giacché la formula dell'art. 85 co. 3 a) Protocollo I contiene una regola ancor più specifica; diversamente Triffterer-*Fenrick*, Rome Statute (1999), art. 8 n. marg. 21. Sul concetto di *wilfulness* cfr. *supra*, n. marg. 982 ss.

[581] Cfr. ICTY, 17 dicembre 2004 (Kordić e Čerkez, AC), § 48; cfr. anche ICTY, 31 gennaio

III. Diffondere il terrore fra la popolazione civile

Ai sensi dell'art. 51 co. 2, secondo periodo, Protocollo I, e dell'art. 13 co. 2, secondo periodo, Protocollo II, sono vietati «gli atti o le minacce di violenza, il cui scopo principale sia di diffondere il terrore fra la popolazione civile». Tali norme non trovano un'immediata corrispondenza nell'art. 8 co. 2 St-ICC.

Nel processo *Galić*, l'ICTY si è dovuto chiedere se, ed a quali condizioni, la diffusione di terrore tra la popolazione civile costituisca un autonomo crimine di guerra[582]. Secondo l'opinione della Camera di prima istanza, tanto avverrebbe, in ogni caso, quando la violenza rivolta contro la popolazione civile provochi gravi conseguenze (morte o pesanti danni alla salute)[583]. Oltre a ciò, il soggetto attivo deve aver tenuto la condotta al fine specifico di terrorizzare la popolazione civile[584]. Non è necessario che detto scopo venga raggiunto[585]. La Camera d'Appello dell'ICTY ha confermato questa impostazione[586], chiarendo, in aggiunta, che la diffusione di terrore nella popolazione civile è punibile come crimine di guerra indipendentemente dal sopraggiungere di gravi conseguenze[587].

Il crimine di guerra in oggetto potrebbe avere scarso rilievo nella prassi internazionale, in quanto escluso dalla lista di figure delittuose prospettata dall'art. 8 co. 2 St-ICC. La fattispecie si sovrappone ai crimini di guerra di aggressione contro la popolazione civile, di cui all'art. 8 co. 2 b) i) e e) i) St-ICC, nella misura in cui il soggetto agente (come nel caso *Galić*) eserciti ai danni della popolazione stessa una violenza di tipo militare[588]. Tuttavia, la figura tipica di "diffusione del terrore" si caratterizza per alcuni requisiti aggiuntivi, rispetto alla fattispecie di aggressione di cui si è appena detto; per tale ragione, nel caso *Galić*, l'ICTY ha ritenuto la prima ipotesi criminosa speciale rispetto alla seconda[589].

2005 (Strugar, TC), § 282; ICTY, 5 dicembre 2003 (Galić, TC), §§ 50 ss.; ICTY, 16 novembre 2005 (Halilović, TC), § 36.

[582] ICTY, 5 dicembre 2003 (Galić, TC), §§ 63 ss.; ICTY, 30 novembre 2006 (Galić, AC), §§ 86 ss.; critico *Mettraux*, International Crimes and the *ad hoc* Tribunals (2005), 127 ss.

[583] Diversamente ICTY, 5 dicembre 2003 (Galić, TC), dissenting opinion di *Nieto-Navia*, §§ 108 ss.: la *Chamber* non avrebbe dimostrato che le trasgressioni agli artt. 51 co. 2, secondo periodo, Protocollo I e 13 co. 2, secondo periodo, Protocollo II sono da ritenersi criminose secondo il diritto internazionale consuetudinario o il diritto internazionale dei Trattati; negli stessi termini ICTY, 30 novembre 2006 (Galić, AC), dissenting opinion di *Schomburg*, §§ 7 ss.

[584] Cfr. ICTY, 5 dicembre 2003 (Galić, TC), § 133; il terrore viene inoltre definito come «paura estrema», § 137.

[585] ICTY, 5 dicembre 2003 (Galić, TC), § 133; confermata in ICTY, 30 novembre 2006 (Galić, AC), § 104.

[586] ICTY, 30 novembre 2006 (Galić, AC), §§ 86 ss.

[587] ICTY, 30 novembre 2006 (Galić, AC), § 101.

[588] Cfr. *supra*, n. marg. 1140 ss.

[589] Cfr. ICTY, 5 dicembre 2003 (Galić, TC), §§ 162, 769; confermata da ICTY, 30 novembre 2006 (Galić, AC), § 87. Sul concorso di reati, in generale, cfr. *supra*, n. marg. 621 ss.

1147 Qualora la violenza contro la popolazione civile non sia attuata con mezzi militari – si pensi, ad esempio, alla tortura o al maltrattamento di civili[590] –, il crimine di guerra in oggetto si cumula, nella normalità dei casi, ad altri crimini di guerra contro le persone[591].

IV. Attacchi a beni di carattere civile

1. Conflitto internazionale

1148 L'art. 8 co. 2 b) ii) St-ICC – assai simile, quanto a contenuto, all'art. 8 co. 2 b) i) – eleva a crimine gli attacchi dolosi a beni civili, conformemente al diritto internazionale consuetudinario[592]. Tale disposto si basa sull'art. 52 co. 1 Protocollo I, secondo il quale «i beni di carattere civile non dovranno essere oggetto di attacchi né di rappresaglie». Le trasgressioni a tale divieto, a differenza degli attacchi alla popolazione civile, non vengono però considerate gravi violazioni del Protocollo.

1149 L'elemento materiale è costituito da un attacco – nel senso dell'art. 49 co. 1 Protocollo I – contro beni civili. Tali sono, secondo l'art. 52 co. 1, secondo periodo, Protocollo I, tutti quei beni che non costituiscono obiettivi militari; la definizione, poi, di obiettivo militare è fornita dall'art. 52 co. 2 Protocollo I[593]. La distinzione può farsi problematica soprattutto in relazione a quelle cose che sono (o possono essere) utilizzate sia a scopi civili che militari, come i ponti o le centrali elettriche[594]. In tali casi, assume rilievo dirimente la particolare utilizzazione della cosa ed il significato militare della stessa nel caso concreto[595]. Nel dubbio, ai sensi dell'art. 52 co. 3 Protocollo I, il bene deve ritenersi civile.

1150 L'elemento soggettivo è costituito da un'intenzionale finalizzazione della condotta verso lo scopo[596].

---

[590] Cfr. ICTY, 5 dicembre 2003 (Galić, TC), § 114: «repeated, regular and lengthy torture and/or ill-treatment».

[591] In tali ipotesi, le vittime si trovano normalmente nelle mani del nemico, e sono dunque persone protette ai sensi della Ginevra IV

[592] *Henckaerts/Doswald-Beck*, Customary International Humanitarian Law, vol. I (2005), 581.

[593] Ulteriori riferimenti in Sandoz/Swinarski/Zimmermann-*Pilloud/Pictet*, Additional Protocols (1987), n. marg. 2021 ss.; cfr. anche ICTY, 17 dicembre 2004 (Kordić e Čerkez, AC), § 53; ICTY, 5 dicembre 2003 (Galić, TC), § 51.

[594] Per dettagli cfr. *Detter*, The Law of War, 2ª ed. (2000), 280 ss.; Excerpt of the Report prepared by the International Committee of the Red Cross and the Red Crescent, International Review of the Red Cross 86 (2004), 213, 222 ss.; *Oeter*, in: Fleck (a cura di), Handbuch des humanitären Völkerrechts (1994), n. 442.

[595] Cfr. Sandoz/Swinarski/Zimmermann-*Pilloud/Pictet*, Additional Protocols (1987), n. marg. 2021 ss.

[596] Si verifica, insomma, da questo punto di vista, una riduzione dell'ambito del penalmente rilevante, espressamente consentita dall'art. 30 St-ICC; sul punto cfr. *supra*, n. marg. 371 ss., 385 s.

2. Conflitto non internazionale

Riguardo ai conflitti armati non internazionali, lo St-ICC non delinea alcuna regola corrispondente a quella dell'art. 8 co. 2 b) ii)[597]. Questa lacuna deriva dal fatto che il Protocollo II non contiene alcuna prescrizione paragonabile all'art. 52 co. 1 Protocollo I, sicché, durante la Conferenza di Roma, si dubitò della natura consuetudinaria del divieto di attaccare cose civili nel contesto di un conflitto armato non internazionale[598]. Una limitazione di questa portata, in realtà, non sta al passo con l'attuale stato del diritto internazionale consuetudinario. L'ICTY sottolinea l'importanza della salvaguardia di persone e beni civili tanto nei conflitti internazionali quanto in quelli non internazionali, ed ha enucleato un divieto di attacco a tali obiettivi dalla valenza assoluta[599]. Conformemente a questa giurisprudenza, il VStGB considera criminoso un attacco del genere anche in caso di guerra civile[600].

1151

L'elemento soggettivo è costituito da un'intenzionale finalizzazione della condotta verso lo scopo[601].

1152

V. Attacchi a particolari beni protetti

Un'ipotesi speciale di aggressione a beni di carattere civile, di cui all'art. 8 co. 2 b) ii) St-ICC, qualificata come crimine autonomo in ragione della particolare importanza dei beni protetti[602], è delineata dall'art. 8 co. 2 b) ix) St-ICC, norma che incorpora una corrispondente consuetudine internazionale[603]. Tra questi oggetti

1153

---

[597] Cfr. tuttavia *Henckaerts/Doswald-Beck*, Customary International Humanitarian Law, vol. I (2005), 597, i quali ritengono che aggressioni a beni civili nel quadro di conflitti non internazionali sarebbero piuttosto da qualificarsi come crimini di distruzione di beni di proprietà del nemico (art. 8 co. 2) e) xii) St-ICC); una tale opinione non può essere condivisa, come già si è argomentato *supra*, n. marg. 1126.

[598] *Frank*, in: Lee (a cura di), The International Criminal Court, Elements of Crimes and Rules of Procedure and Evidence (2001), 140, 143; Triffterer-*Zimmermann*, Rome Statute (1999), art. 8 n. marg. 292.

[599] ICTY, 14 gennaio 2000 (Kupreškić et al., TC), §§ 521 ss.; ribadito in ICTY, 31 gennaio 2005 (Strugar, TC), § 224.

[600] Cfr. § 11 co. 1 n. 2 VStGB. La ratio di tale scelta normativa si rifà pure alla risoluzione del Consiglio di Sicurezza ONU del 17 settembre 1999 sulla protezione della popolazione civile nei conflitti armati (UN Doc. S/RES/1265), la quale, per tutte le tipologie di conflitto, ha posto in correlazione la protezione di beni civili a quella riguardante la popolazione civile, cfr. Begr. VStGB, 33.

[601] Cfr. anche *supra*, n. marg. 1143.

[602] Cfr. ICTY, 18 marzo 2004 (Jokić, TC), § 46, nonché *Dahm/Delbrück/Wolfrum*, Völkerrecht, vol. I/3, 2ª ed. (2002), 1062; *Hünerbein*, Straftatkonkurrenzen im Völkerstrafrecht (2005), 174; *Pfirter*, in: Lee (a cura di), The International Criminal Court, Elements of Crimes and Rules of Procedure and Evidence (2001), 162. La giurisprudenza, inoltre, giudica l'attacco a beni particolarmente protetti una disposizione speciale rispetto all'ipotesi generale di attacco a beni civili: cfr. ICTY, 31 gennaio 2005 (Strugar, TC), § 302.

[603] *Henckaerts/Doswald-Beck*, Customary International Humanitarian Law, vol. I (2005), 580; cfr. anche ICTY, 1° settembre 2004 (Brđanin, TC), §§ 594 ss. e ICTY, 31 gennaio 2005 (Strugar,

particolarmente protetti si annoverano gli edifici dedicati al culto, all'educazione, all'arte, alla scienza, alla carità, così come i monumenti di rilievo storico, gli ospedali ed i luoghi di raccolta di malati e feriti[604]. La tutela penale viene meno quando il bene costituisce un obiettivo militare consentito[605].

1154 Già l'art. 35 del *Lieber Code* del 1863[606] imponeva la salvaguardia di ospedali ed opere d'arte. La fattispecie, nella sua struttura attuale[607], deriva soprattutto dagli artt. 27 e 56 Regole dell'Aja. La prima norma prescrive che, in occasione di assedi e bombardamenti, devono essere particolarmente risparmiati gli edifici dedicati al culto, all'arte, alla scienza ed alla carità, i monumenti storici, gli ospedali ed i punti di raccolta di malati e feriti, nella misura in cui non siano utilizzati per scopi militari. All'assediato è rivolto l'obbligo di contrassegnare tali edifici o luoghi di raccolta e di renderli evidenti all'assediante. Secondo l'art. 56 delle Regole dell'Aja, nei territori occupati è vietato il sequestro, così come la distruzione o il danneggiamento intenzionali, di arredi destinati al culto, alla carità, all'insegnamento, all'arte o alla scienza, ovvero di monumenti storici o artistici e di opere scientifiche. Questo divieto è parte integrante del diritto internazionale consuetudinario[608]. La fattispecie origina, inoltre, da quei precetti delle Convenzioni di Ginevra e del Protocollo I che disciplinano la protezione di nosocomi e di luoghi di raccolta di malati e feriti[609]. Anche l'art. 3 d) St-ICC contiene una regola corrispondente.

1155 L'art. 53 a) Protocollo I vieta azioni ostili contro monumenti storici, opere d'arte o luoghi sacri, che appartengono al retaggio culturale o spirituale della popolazione[610]. Ai sensi dell'art. 85 co. 4 Protocollo I, attacchi contro monumenti storici, opere d'arte o luoghi sa-

---

TC), §§ 298 ss., nelle quali gli attacchi a luoghi dedicati al culto vengono considerati come «distruzione o danneggiamento». Nella decisione citata per ultimo, §§ 452 ss., l'ICTY ha pure stabilito che l'attacco a beni civili, l'attacco a beni culturali così come l'intenzionale distruzione di città presentano ciascuno diversi elementi costitutivi, talché, in linea di principio, si tratterebbe di figure criminose applicabili cumulativamente. Sennonché, tenendo conto degli aspetti peculiari del caso concreto, la *Chamber* ha alla fine ritenuto l'attacco a beni culturali prevalente sulle altre fattispecie.

[604] Cfr. ICTY, 17 dicembre 2004 (Kordić e Čerkez, AC), §§ 85 ss.; ICTY, 3 marzo 2000 (Blaškić, TC), § 185; ICTY, 26 febbraio 2001 (Kordić e Čerkez, TC), § 361; ICTY, 31 gennaio 2005 (Strugar, TC), § 312; ICTY, 31 marzo 2003 (Naletilić e Martinović, TC), § 605; ICTY, 18 marzo 2004 (Jokić, TC), §§ 46 ss.; ICTY, 1° settembre 2004 (Brđanin, TC), § 595; ICTY, 15 marzo 2006 (Hadžihasanović e Kubura, TC), §§ 57 ss.

[605] Cfr. ICTY, 31 gennaio 2005 (Strugar, TC), § 310; ICTY, 1° settembre 2004 (Brđanin, TC), §§ 596 ss.

[606] *Instructions for the Government of Armies of the United States in the Field, Prepared by Francis Lieber, promulgated as General Orders No. 100 by President Lincoln*, del 24 aprile 1863, riprodotte in: Schindler/Toman (a cura di), The Laws of Armed Conflicts (1973), 3 ss. Maggiori indicazioni sul *Lieber Code supra*, n. marg. 908.

[607] Sugli sviluppi della protezione dei beni culturali nel diritto internazionale umanitario cfr. *Bugnion*, International Review of the Red Cross 86 (2004), 313.

[608] ICRC Study on art. 8 co. 2 b) ix) St-ICC, 36.

[609] Si tratta, in particolare, degli artt. 19-23 Ginevra I, 22-24, 35 Ginevra II, 14, 18, 19 Ginevra IV e 12, 85 co. 4 Protocollo I.

[610] Cfr. Sandoz/Swinarski/Zimmermann-*Wenger*, Additional Protocols (1987), n. marg. 2063 ss. In considerazione della limitata validità della *Convention on Cultural Property*, si è avvertita la necessità, nell'elaborazione del Protocollo aggiuntivo, di prendere in considerazione anche tale materia, per favorire l'espansione dell'ambito applicativo delle relative prescrizioni: cfr. *Partsch*, in: Fleck (a cura di), Handbuch des humanitären Völkerrechts (1994), *vor* n. 901.

cri che determinano estese distruzioni costituiscono gravi violazioni del Protocollo, nella misura in cui tali beni non sono utilizzati per scopi militari e non si trovano nelle immediate vicinanze di obiettivi militari[611]. Regole ancora più dettagliate in tema di protezione dei beni culturali sono delineate dalla *Convention for the Protection of Cultural Property in the Event of Armed Conflict* del 14 maggio 1954, e dai suoi Protocolli[612]. Nell'art. 4 co. 1 della Convenzione, gli Stati-Parte si obbligano a rispettare i beni culturali e ad astenersi da qualsiasi azione bellica contro di essi[613]. Ai sensi dell'art. 4 co. 2 della Convenzione, eccezioni al divieto sono possibili solo in caso di stringente necessità militare. L'art. 6 a) del 2° Protocollo alla Convenzione del 26 marzo 1999 limita ulteriormente questa eccezione. L'attacco è infatti lecito solo quando rivolto contro un bene culturale utilizzato per uno scopo bellico, quando non sussistano alternative praticabili per il conseguimento del desiderato beneficio militare[614].

L'elemento materiale è costituito da un attacco contro uno dei beni indicati. Anche in questo caso, deve prendersi a riferimento il concetto di attacco di cui all'art. 49 co. 2 Protocollo I. Il bene non deve essere un obiettivo militare. Per la distinzione tra beni civili ed obiettivi militari si può rimandare alle argomentazioni più sopra già compiute[615]. 1156

---

[611] La necessità che la struttura non si collochi nelle immediate vicinanze di un obiettivo militare è stata riconosciuta dall'ICTY, 3 marzo 2000 (Blaškić, TC), § 185; in senso contrario ICTY, 31 gennaio 2005 (Strugar, TC), §§ 300 ss.; ICTY, 31 marzo 2003 (Naletilić e Martinović, TC), § 604.

[612] [Deposito degli strumenti di ratifica da parte dell'Italia: 9 maggio 1958, *N.d.T.*].

[613] Nell'art. 1 della Convenzione viene definito, come bene culturale, quel bene mobile o immobile che è di grande importanza per il retaggio culturale della popolazione, come ad es. monumenti architettonici, artistici o storici di natura religiosa o laica, siti archeologici, complessi edilizi nel loro insieme di interesse storico o artistico, opere d'arte, manoscritti libri ed altri oggetti di rilievo artistico, storico o archeologico, così come collezioni scientifiche e importanti collezioni di libri, archivi o riproduzioni. La nozione in esame comprende, inoltre, edifici prevalentemente e concretamente funzionali alla conservazione o alla esposizione del bene culturale, come ad es. musei, grandi biblioteche, archivi o centri di recupero, nei quali il bene culturale deve essere portato in salvo in caso di conflitto armato, nonché centri monumentali, vale a dire luoghi che conservano un ampio novero di beni culturali. Le parti in conflitto sono altresì obbligate a proteggere i beni culturali, omettendo di utilizzare gli stessi, le installazioni approntate per la loro protezione e le zone immediatamente circostanti, per finalità che, in caso di conflitto armato, potrebbero esporre tali beni e luoghi al rischio di distruzione o danneggiamento. Si intende in tal modo evitare che l'utilizzo abusivo di beni culturali come "scudo" possa indurre ad attaccarli.

[614] L'art. 15 co. 1 del Protocollo qualifica come crimine gli attacchi contro beni culturali e impone agli Stati membri un obbligo di penalizzazione. Tanto vale, secondo la lett. a) della disposizione, per i beni soggetti ad una protezione particolare; solo una ristretta cerchia di beni culturali può rientrare in tale categoria, come ad es. i luoghi di recupero (art. 1 b) della Convenzione sui beni culturali), i siti monumentali (art. 1 c) Convenzione sui beni culturali) e beni immobili «di enorme importanza» (art. 8 Convenzione sui beni culturali). Maggiori dettagli, al riguardo, in *Mainetti*, International Review of the Red Cross 86 (2004), 337 ss.; *Partsch*, in: Fleck (a cura di), Handbuch des humanitären Völkerrechts (1994), n. 905 ss.

[615] Cfr. *supra*, n. marg. 1149.

1157 L'art. 8 co. 2 e) iv) St-ICC delinea una regola dal medesimo tenore per i conflitti armati non internazionali. Pur non essendo le Regole dell'Aja applicabili alle guerre civili, il loro contenuto normativo, relativo agli attacchi a beni protetti, è ripreso dalla *Convention for the Protection of Cultural Property in the Event of Armed Conflict*, che invece riguarda anche i conflitti armati non internazionali. Unità sanitarie e relativi mezzi di trasporto trovano, inoltre, protezione nell'art. 11 Protocollo II; l'art. 16 Protocollo II vieta azioni ostili contro monumenti storici, opere d'arte o luoghi sacri «che appartengono al retaggio culturale o spirituale della popolazione», in occasione di conflitti armati non internazionali. Lo St-ICC contiene un'importante novità, giacché, per la prima volta, qualifica espressamente come crimini di guerra attacchi di questa natura[616]. La regola corrisponde al diritto internazionale consuetudinario.

1158 L'elemento soggettivo è costituito da un'intenzionale finalizzazione della condotta verso lo scopo, tanto in caso di conflitto internazionale, quanto in caso di conflitto non internazionale[617].

VI. Attacco a persone o cose contrassegnate con gli emblemi delle Convenzioni di Ginevra

1159 L'art. 8 2) b) xxiv) St-ICC sanziona attacchi intenzionali, attuati nel contesto di un conflitto armato internazionale, contro individui o cose che, conformemente al diritto delle genti, sono munite dei simboli propri delle persone o dei beni protetti dalle Convenzioni di Ginevra. Un disposto corrispondente, alla lettera, ma relativo ai conflitti armati non internazionali, è quello dell'art. 8 co. 2 e) ii) St-ICC. Il concetto di "attacco" è lo stesso rilevante per il crimine di attacco contro la popolazione civile. Le Convenzioni di Ginevra ed il Protocollo I stabiliscono, dettagliatamente, quand'è che un bene può essere legittimamente contrassegnato con gli emblemi in questione[618].

1160 Gli emblemi riconosciuti sono quelli nominati nell'art. 38 Ginevra I: si tratta delle insegne della Croce Rossa (corrispondente allo stemma della Svizzera, ma coi colori invertiti), della Mezzaluna Rossa, del Leone Rosso con il Sole Rosso così

---

[616] Cfr. Triffterer-*Zimmermann*, Rome Statute (1999), art. 8 n. marg. 297.

[617] Sul punto cfr. *supra*, n. marg. 1143. Si realizza, in questo caso, una riduzione dell'ambito del penalmente rilevante, di quelle espressamente autorizzate dall'art. 30 St-ICC: cfr., al proposito, *supra*, n. marg. 371 ss., 385 s.

[618] Cfr., per es., gli artt. 24-27, 36, 39-44 Ginevra I, 42-44 Ginevra II e 18-22 Ginevra IV. Secondo *Henckaerts/Doswald-Beck*, Customary International Humanitarian Law, vol. I (2005), 595, è irrilevante che l'oggetto sia contrassegnato con gli emblemi protetti, finché lo stesso abbia comunque diritto alla protezione. Il diritto internazionale umanitario non correlerebbe la protezione all'utilizzo dei simboli di riferimento. È dubbio che una tale opinione sia conciliabile con l'art. 22 co. 2 St-ICC (*nullum crimen sine lege*).

come, recentemente[619], del Cristallo Rosso[620]. La Stella di Davide Rossa, utilizzata da Israele, è invece accettata solo *de facto*, ma non è compresa tra i simboli ufficialmente protetti[621]. Il Protocollo I introduce ulteriori contrassegni e metodi di identificazione dei beni protetti, ad es. la luce azzurra per le autoambulanze ed altri segnali luminosi e radio, così come le insegne elettroniche[622].

Autorizzati ad esibire un emblema riconosciuto dalle Convenzioni di Ginevra sono il personale medico ed amministrativo delle unità e strutture sanitarie, i religiosi a seguito dell'esercito, persone al servizio delle organizzazioni nazionali della Croce Rossa o della Mezzaluna Rossa ed impiegati delle associazioni umanitarie di Stati neutrali, così come i membri delle forze armate addestrati al ruolo di infermieri o portantini. Le cose e le strutture che possono essere contrassegnate nel modo che si è detto sono impianti e apparecchiature mediche, vale a dire, ad es., ospedali, mezzi di trasporto sanitari (veicoli, imbarcazioni, velivoli), navi adibite ad ospedale militare e veicoli per il salvataggio costiero[623]. Ai sensi dell'art. 12 Protocollo II gli emblemi protetti valgono anche per i conflitti armati non internazionali; l'art. 11 co. 1 Protocollo II proibisce attacchi ad unità sanitarie e mezzi di trasporto medici[624]. Secondo gli EC, ai fini dell'art. 8 co. 2 b) xxiv) St-ICC è necessario che il soggetto agente aggredisca persone, edifici, unità mediche, trasporti o altri beni muniti di un emblema riconosciuto dalle Convenzioni di Ginevra o comunque in altro modo contrassegnati come protetti, in conformità al diritto internazionale vigente[625]; si prendono quindi in considerazione anche i metodi identificativi previsti nel Protocollo II[626].

1161

L'elemento soggettivo è quello caratteristico di tutti gli altri crimini di attacco[627].

1162

VII. Attacchi con danni collaterali sproporzionati

Green, Leslie Claude: The Environment and the Law of Conventional Warfare, Canadian Yearbook of International Law 29 (1991), 222 ss.; *Reichart, Matthias:* Umweltschutz durch völkerrechtliches Strafrecht (1999); *Spieker, Heike* (Hrsg.): Naturwissenschaftliche und völkerrechtliche Perspektiven für den Schutz der Umwelt im bewaffneten Konflikt (1996).

1163

---

[619] Cfr. il *Protocollo Aggiuntivo alle Convenzioni di Ginevra del 12 agosto 1949 sull'ammissione di un ulteriore emblema protetto*, 8 dicembre 2005 (Protocollo III).
[620] Immagini degli emblemi protetti si trovano nell'art. 3 dell'Allegato I al Protocollo I, così come nell'art. 1 dell'Allegato al Protocollo III.
[621] Cfr. *Rabus*, in: Fleck (a cura di), Handbuch des humanitären Völkerrechts (1994), n. 637.
[622] Cfr artt. 12, 13, 15, 18, 23, 24 Protocollo I, in rel. artt. 5-8 Allegato I al Protocollo I.
[623] Cfr. Triffterer-*Fenrick*, Rome Statute (1999), art. 8 n. marg. 212 s.
[624] Cfr. Triffterer-*Zimmermann*, Rome Statute (1999), art. 8 n. marg. 293 s.
[625] EC in rel. art. 8 co. 2 b) xxiv) St-ICC, n. 1, 2.
[626] *Pfirter*, in: Lee (a cura di), The International Criminal Court, Elements of Crimes and Rules of Procedure and Evidence (2001), 201 s.
[627] Sul punto cfr. *supra*, n. marg. 1143. La struttura degli EC in rel. art. 8 co. 2 b) xxiv) St-ICC si distingue da quella degli EC relativi alle restanti fattispecie di attacco. Siffatta incongruenza non implica, peraltro, una reale difformità di requisiti soggettivi, trattandosi probabilmente di un errore di redazione: cfr. *Dörmann*, International Review of the Red Cross 83 (2001), 461, 479 s.

1. Conflitto internazionale

1164 L'art. 8 co. 2 b) iv) St-ICC si riferisce alla attuazione di un attacco con la consapevolezza che lo stesso comporterà offese alla popolazione civile o a beni civili, ovvero danni gravi, estesi e di lungo termine all'ambiente naturale, manifestamente al di là d'ogni rapporto di proporzionalità con gli attesi risultati militari, diretti ed indiretti, considerati nel loro complesso. L'effettivo verificarsi delle conseguenze lesive non è elemento necessario del fatto, anche se in concreto costituirà la regola[628]. Differentemente dalle norme che incriminano attacchi ad obiettivi non militari[629], quella in esame non presuppone che una persona od un bene non militari siano stati presi di mira[630], ma considera in particolare l'ipotesi di chi attacca un obiettivo militare prevedendo, con sicurezza, effetti collaterali sproporzionati. Se, in caso di attacco diretto alla popolazione civile o a beni non militari, non è determinante la misura dell'offesa, la disposizione in discussione è invece applicabile solo nel caso in cui siano attesi danni accessori sproporzionati per persone e beni civili.

1165 Il disposto combina elementi degli artt. 35 co. 3, 51 co. 4 e 5 b), 55 co. 1, 83 co. 3 b) e 85 co. 3 b) Protocollo I. Massima la somiglianza con l'ultima norma, che qualifica gli attacchi indiscriminati come gravi lesioni del Protocollo I, se attuati sapendo del rischio di arrecare danni sproporzionati per la popolazione civile o per beni di carattere civile. Diversamente dall'art. 85 co. 3 b) Protocollo I, l'art. 8 co. 2 b) iv) St-ICC pretende che i danni previsti non siano in alcuna "manifesta" relazione di proporzionalità con gli attesi risultati militari "complessivamente considerati"[631].

1166 La norma incriminatrice considera, altresì, l'ipotesi in cui siano da prevedere disastri e danni all'ambiente gravi, estesi, e di lungo termine. Il ricorso a metodi e mezzi di conduzione delle ostilità che possono determinare danni ecologici di questa portata è vietato dall'art. 35 co. 3 Protocollo I; un divieto che trova conferma nell'art 55 Protocollo I[632]. Anche secondo il diritto internazionale consuetudinario è proibito alle parti in conflitto di arrecare, con le loro condotte di guerra, danni sproporzionati all'ambiente[633].

---

[628] Quanto al dibattito su tale questione, in occasione dell'elaborazione degli EC, cfr. *Dörmann*, International Review of the Red Cross 83 (2001), 461, 470 s.

[629] Cfr. artt. 8 co. 2 b) i), ii), iii), xxiv) e 8 co. 2 e) i), ii), iii), iv) St-ICC.

[630] Diversamente *Henckaerts/Doswald-Beck*, Customary International Humanitarian Law, vol. I (2005), 583, i quali muovono dall'idea che sia sempre integrata la fattispecie di attacco ad un bene civile.

[631] Critico su tale restrizione dell'ambito del penalmente rilevante: *Cassese*, International Criminal Law (2003), 60 s.; *Henckaerts/Doswald-Beck*, Customary International Humanitarian Law, I (2005), 577, sottolineano come non sussista al riguardo alcuna differenza sostanziale rispetto alla regola stabilita dal Protocollo II.

[632] Cfr. sul punto *Oeter*, in: Fleck (a cura di), Handbuch des humanitären Völkerrechts (1994), n. 403; Sandoz/Swinarski/Zimmermann-*de Preux*, Additional Protocols (1987), n. marg. 1440 ss.

[633] ICRC Study on art. 8 co. 2 b) iv) St-ICC, 14; *Green*, Canadian Yearbook of International Law 1991, 222 s.; *Dahm/Delbrück/Wolfrum*, Völkerrecht, vol. I/3, 2ª ed. (2002), 1060, dubitano,

La terminologia utilizzata nel Protocollo I e nell'art. 8 co. 2 b) iv) St-ICC è mutuata dalla *Convention on the Prohibition of Military or Any Other Hostile Use of Environmental Modification Techniques*, del 10 dicembre 1976 (ENMOD)[634]. L'art. 1 di questo accordo proibisce l'impiego bellico di tecniche di alterazione ambientale che sprigionano effetti estesi, duraturi o gravi sull'ecosistema. La Commissione ONU per il disarmo ha ulteriormente precisato questi concetti: i danni ambientali sono estesi se si espandono per diverse centinaia di chilometri quadrati; sono duraturi, se permangono per più mesi (all'incirca un anno); sono, infine, gravi, se arrecano un turbamento o un danno serio o significativo alla vita umana, alle risorse naturali od economiche, o ad altri analoghi beni[635]. 1167

Il danneggiamento ambientale, ai sensi dell'art. 8 co. 2 b) iv) St-ICC, è punibile solo quando siano da attendere «danni estesi, di lungo termine e gravi». L'art. 35 co. 3 Protocollo I, differenziandosi dall'art. 1 della ENMOD, delinea una soglia altrettanto elevata. Ciò si spiega considerando come la disciplina dello St-ICC e del Protocollo I si riferisca anche a danni ecologici collaterali[636]. Dato che quasi ogni tipo di condotta bellica implica un prevedibile pregiudizio ambientale, rispetto all'ENMOD si eleva la gravità del danno pretesa per l'integrazione del crimine[637]. L'art. 8 co. 2 b) iv) St-ICC ha così combinato il divieto definito dalle prescrizioni del Protocollo aggiuntivo con il principio di proporzionalità[638]. 1168

Le nozioni di "popolazione civile", di "bene di carattere civile" e di "attacco" non si differenziano da quelle valide ai fini del crimine di guerra di cui all'art. 8 co. 2 b) i) e ii) St-ICC, sicché basta qui rinviare alle osservazioni già compiute al riguardo; non è necessario, per la consumazione del crimine, che i danni attesi effettivamente si verifichino[639]. 1169

Il requisito di proporzionalità caratterizza ciascuna delle tre modalità alternative di realizzazione del crimine[640]. I danni prevedibili alla popolazione civile, ai beni civili o all'ambiente devono «chiaramente» esulare da ogni rapporto di congruità con «il complesso dei concreti e diretti vantaggi militari previsti». Rispetto alle nor- 1170

---

tuttavia, che il danneggiamento ambientale costituisca crimine secondo il vigente diritto internazionale consuetudinario.

[634] [Sottoscritta dall'Italia il 18 maggio 1977; strumenti di ratifica depositati il 27 novembre, *N.d.T.*]. Cfr. al riguardo anche *Dominguez-Matés*, Humanitäres Völkerrecht-Informationsschriften 2006, 93 ss.

[635] UN Doc. CCD/520 del 3 settembre 1976, Annesso A. Cfr. anche *Oeter*, in: Fleck (a cura di), Handbuch des humanitären Völkerrechts (1994), n. 403.

[636] Sandoz/Swinarski/Zimmermann-*de Preux*, Additional Protocols (1987), n. marg. 1453.

[637] *Oeter*, in: Fleck (a cura di), Handbuch des humanitären Völkerrechts (1994), n. 403, con riferimento ai disposti del Protocollo I.

[638] Non è del tutto chiaro se, per tale via, la fattispecie risulti effettivamente più circoscritta, rispetto a quella delineata dall'art. 35 co. 3 Protocollo I. In effetti, è dubbio che danni all'ambiente estesi, duraturi e gravi possano mai essere giustificati da vantaggi militari.

[639] Cfr. *supra*, n. marg. 1142, 1149, nonché *Pfirter*, in: Lee (a cura di), The International Criminal Court, Elements of Crimes and Rules of Procedure and Evidence (2001), 149; *Kittichaisaree*, International Criminal Law (2001), 164.

[640] Lo chiariscono gli EC in rel. art. 8 co. 2 b) iv) St-ICC, n. 2.

me del Protocollo I, dalle quali fondamentalmente origina, il riferimento al rapporto di congruità diviene, in tal modo, più pregnante, comprendendo solo lesioni del principio di proporzionalità particolarmente evidenti[641]. Gli *Elements of Crimes* chiariscono che, per vantaggio militare, non deve necessariamente intendersi quello direttamente correlato, sul piano temporale e geografico, con l'obiettivo dell'attacco[642]. La misura del vantaggio deve piuttosto valutarsi prendendo in considerazione il complesso delle azioni militari, al di là del singolo e concreto attacco[643].

1171   Come elemento soggettivo si richiede il dolo. Riferimento fondamentale, in questo caso, resta l'art. 30 St-ICC[644]. L'agente deve perseguire un certo scopo e contestualmente agire nella consapevolezza di provocare, con il suo attacco, danni sproporzionati – come definiti dalla norma in esame – che "manifestamente" prescindono da un qualsiasi rapporto di adeguatezza con gli attesi vantaggi militari[645]. Il fatto che l'art. 8 co. 2 b) iv) St-ICC richieda espressamente un'azione "dolosa" («intentionally»), non implica alcuna deviazione dalla regola generale in tema di elemento soggettivo.

2. Conflitto non internazionale

1172   In tema di conflitto armato non internazionale, lo St-ICC non contiene alcuna regola corrispondente a quella testé analizzata, collocandosi, in tal modo, in una posizione di parziale arretratezza rispetto al diritto internazionale consuetudinario. Secondo le consuetudini, mentre non è punibile la conduzione di un attacco nella consapevolezza che lo stesso provocherà gravi danni ambientali, i restanti comportamenti sono elevati a crimine a prescindere dalla natura del conflitto[646].

---

[641] Cfr gli artt. 51 co. 5 b) e 57 co. 2 a) iii) Protocollo I, che non richiedono alcuna lesione evidente del principio di proporzionalità. Triffterer-*Fenrick*, Rome Statute (1999), art. 8 n. marg. 51, è dell'opinione che, a conti fatti, l'ambito operativo del precetto risulti in tal modo ben poco ridotto, perché comunque solo trasgressioni particolarmente evidenti del principio di proporzionalità comporteranno, in concreto, l'elevazione di un'imputazione.
[642] EC in rel. art. 8 co. 2 b) iv) St-ICC, n. 2 nota 36.
[643] Tale assunto è stato posto a fondamento dell'elaborazione degli EC da parte di diversi Stati firmatari del Protocollo I, cfr. *Pfirter*, in: Lee (a cura di), The International Criminal Court, Elements of Crimes and Rules of Procedure and Evidence (2001), 147, 148; cfr. anche Excerpt of the Report prepared by the International Committee of the Red Cross for the 28th International Conference of the Red Cross and the Red Crescent, International Review of the Red Cross 86 (2004), 213, 214.
[644] Sull'uso dei concetti "dolo" e "intent" cfr. *supra*, n. marg. 350. Sui requisiti generali dell'elemento soggettivo, cfr. *supra*, n. marg. 365 ss. così come n. marg. 984.
[645] Cfr. ICTY, 5 dicembre 2003 (Galić, TC), § 59; cfr. anche Begr. VStGB, 34.
[646] Cfr. *Henckaerts/Doswald-Beck*, Customary International Humanitarian Law, vol. I (2005), 600 s. nonché Begr. VStGB, 33 s.

VIII. Attacchi a beni non militari indifesi

1. Conflitto internazionale

L'art. 8 co. 2) b) v) St-ICC prende in considerazione attacchi a «città, villaggi, abitazioni o costruzioni che non siano difesi e che non costituiscano obiettivi militari», oppure il bombardamento degli stessi siti, attuati «con qualsiasi mezzo». L'art. 3 c) St-ICTY contiene una regola analoga. Il precetto è mutuato dall'art. 25 delle Regole dell'Aja, ad eccezione della proposizione relativa «che non costituiscano obiettivi militari». Anche l'art. 59 Protocollo II vieta gli attacchi a siti indifesi. La regola è volta ad impedire l'uso di violenza contro luoghi che, essendo privi di protezione, ben possono essere occupati senza un preventivo attacco; la spendita di forza militare sarebbe, in casi del genere, sproporzionata. Una tale implicazione viene esplicitata negli EC[647].

Quand'è che un sito può ritenersi «indifeso», lo si deduce dall'art. 59 co. 2, Protocollo I. Deve trattarsi di un luogo abitato, situato nella zona del conflitto ed aperto all'occupazione di una delle parti avversarie[648]. Se del caso, devono essere adottate misure pratiche, utili a favorire l'occupazione da parte del nemico, come ad esempio la rimozione di mine o blocchi stradali[649]. L'art. 59 co. 2 Protocollo I prevede, inoltre, una dichiarazione rivolta all'avversario dalle competenti autorità, con la quale si certifica la natura "indifesa" del sito[650]. Ai sensi dell'art. 59 co. 3 Protocollo I, il luogo indifeso resta tale anche qualora vi si trovino persone particolarmente protette ai sensi delle Convenzioni di Ginevra o del Protocollo I, oppure forze di polizia *ivi* trattenute al solo scopo di mantenere l'ordine pubblico[651]. La precisazione si riferisce, in primo luogo, ai membri dell'esercito ed ai prigionieri di guerra malati o feriti, curati in strutture mediche. La regola riguarda pure il personale militare sanitario e religioso. Le forze di polizia in divisa, secondo l'art. 43 co. 3 Protocollo I, sono parte integrante dell'esercito, motivo per cui è parso necessario un chiarimento al proposito[652].

---

[647] EC in rel. art. 8 co. 2 b) v) St-ICC, n. 2.

[648] Nell'art. 59 co. 2 a)-d) Protocollo I si enumerano, nel dettaglio, i presupposti della fattispecie. Tutti i combattenti, le armi e gli equipaggiamenti bellici mobili devono essere stati rimossi dalla località in questione. Le installazioni e le attrezzature militari inamovibili non devono essere utilizzate contro il nemico; le autorità e la popolazione non devono realizzare alcun atto ostile. Infine, non devono essere attuate condotte di sostegno delle attività militari, foss'anche soltanto la produzione di armamenti o la prestazione di servizi di trasporto o telecomunicazioni; cfr. *Oeter*, in: Fleck (a cura di), Handbuch des humanitären Völkerrechts (1994), n. 459.

[649] Sandoz/Swinarski/Zimmermann-*Pilloud/Pictet*, Additional Protocols (1987), n. marg. 2268.

[650] La certificazione dell'autorità competente svolge una funzione soltanto dichiarativa; anche in sua mancanza, i luoghi in questione devono ritenersi comunque protetti, laddove siano integrati i presupposti di cui si è detto; cfr. *Oeter*, in: Fleck (a cura di), Handbuch des humanitären Völkerrechts (1994), n. 459.

[651] Gli EC contengono la medesima precisazione in rel. art. 8 co. 2 b) v) St-ICC, n. 38.

[652] Sandoz/Swinarski/Zimmermann-*Pilloud/Pictet*, Additional Protocols (1987), n. marg. 2278.

1175 I territori che non si collocano direttamente nella zona degli scontri o nelle immediate vicinanze non valgono come luoghi indifesi, non potendo essere senz'altro occupati dall'avversario[653]. Per questo motivo, attacchi ad obiettivi posti al di là delle linee nemiche non integrano la fattispecie[654]. Se, ad es., l'*hinterland* viene aggredito per via aerea, non sussiste alcun attacco ad un luogo protetto; la condotta può tuttavia assumere rilievo criminoso da altri punti di vista, ad es. quale attacco a beni civili. Ai sensi dell'art. 8 co. 2 b) v) St-ICC, le zone indifese non devono costituire obiettivi militari[655]. Poiché, tuttavia, tali località di regola non sono obiettivi bellici per il semplice fatto che l'avversario le ha escluse dai suoi sforzi militari e, per giunta, il risultato strategico atteso può essere da lui raggiunto semplicemente occupandole[656], a tale elemento non pare doversi attribuire un particolare significato[657]. Attacco, secondo l'art. 49 Protocollo I, è un qualsiasi uso della violenza contro l'avversario, di tipo offensivo o difensivo. Dalla locuzione "con qualsiasi mezzo" si evince che l'art. 8 co. 2 b) v) St-ICC trova applicazione anche in caso di attacco aereo[658].

1176 Elemento soggettivo è il dolo[659]. A differenza delle altre incriminazioni, che riguardano attacchi immediati ad obiettivi non militari, né lo St-ICC, né gli EC, richiedono che l'agente abbia finalisticamente diretto l'attacco contro il luogo indifeso. Il profilo psicologico rilevante, in questo caso, è dunque quello generalmente richiesto dall'art. 30 St-ICC[660].

2. Conflitto non internazionale

1177 Lo St-ICC non contiene alcuna prescrizione corrispondente all'art. 8 co. 2 b) v) in tema di conflitti armati non internazionali: una lacuna che rende lo Statuto inadeguato rispetto allo stato attuale del diritto internazionale consuetudinario[661]. L'ICTY, per vero, ha rimarcato l'importanza della protezione dei civili e dei beni di carattere civile sia nei conflitti internazionali che in quelli "interni", così come il

---

[653] *Oeter*, in: Fleck (a cura di), Handbuch des humanitären Völkerrechts (1994), n. 459.
[654] *Pfirter*, in: Lee (a cura di), The International Criminal Court, Elements of Crimes and Rules of Procedure and Evidence (2001), 152.
[655] Il concetto di "obiettivo militare" deve essere inteso nel senso proposto dall'art. 8 co. 2 b) ii) St-ICC; cfr. al proposito *supra*, n. marg. 1148 s.
[656] *Oeter*, in: Fleck (a cura di), Handbuch des humanitären Völkerrechts (1994), n. 458.
[657] Sennonché, anche negli EC, in rel. art. 8 co. 2 b) v) St-ICC, n. 3 si fa di nuovo riferimento a tale elemento della fattispecie. Secondo *Dahm/Delbrück/Wolfrum*, Völkerrecht, I/3, 2ª ed. (2002), 1060, la locuzione in questione, nel quadro della fattispecie, dovrebbe essere intesa secondo il significato che la stessa assume nel linguaggio comune.
[658] Cfr., al riguardo, ICRC Study on art. 8 co. 2) b) v) St-ICC, 18.
[659] Sull'uso dei concetti "dolo" e "intent", cfr. *supra*, n. marg. 350.
[660] Sui requisiti generali dell'elemento soggettivo cfr. *supra*, n. marg. 365 ss. nonché n. marg. 984.
[661] Cfr. *Henckaerts/Doswald-Beck*, Customary International Humanitarian Law, vol. I (2005), 601.

divieto assoluto di un attacco ai loro danni⁶⁶². Concordando con tale giurisprudenza, il VStGB estende l'ambito applicativo dell'ipotesi criminosa in oggetto anche ai conflitti armati non internazionali⁶⁶³.

IX. Omicidio o lesione a tradimento

Furrer, Hans-Peter: Perfidie in der Geschichte und im heutigen Kriegsvölkerrecht (1988); *Gimmerthal, Michael:* Kriegslist und Perfidieverbot im Zusatzprotokoll vom 10. Juni 1977 zu den vier Genfer Rotkreuz-Abkommen von 1949 (Zusatzprotokoll I) (1990); *Ipsen, Knut:* Perfidy, in: Bernhardt, Rudolf (Hrsg.), Encyclopedia of Public International Law, III (1997), 978 ss.

1. Conflitto internazionale

L'art. 8 co. 2 b) xi) St-ICC delinea la fattispecie di omicidio o ferimento "a tradimento" di individui appartenenti alla popolazione o all'esercito nemici, in occasione di un conflitto armato internazionale. La norma esprime il diritto internazionale consuetudinario⁶⁶⁴, e si fonda, essenzialmente, sull'art. 23 b) Regole dell'Aja e sull'art. 37 Protocollo I, che prende a prestito il medesimo enunciato delle Regole dell'Aja⁶⁶⁵.

---

⁶⁶² ICTY, 14 gennaio 2000 (Kupreškić et al., TC), §§ 521 ss.
⁶⁶³ Cfr. § 11 co. 1 n. 2 VStGB. Il nucleo originario della fattispecie discende anche dalla risoluzione del Consiglio di Sicurezza delle Nazioni Unite del 17 settembre 1999, sulla protezione della popolazione civile nei conflitti armati, UN Doc. S/RES/1265, che ha collegato la protezione degli obiettivi civili con quella della popolazione civile nel contesto di un qualsiasi tipo di conflitto: cfr. Begr. VStGB, 33.
⁶⁶⁴ Sul punto, soltanto ICTY, 2 ottobre 1995 (Tadić, AC), § 125.
⁶⁶⁵ *Garraway*, in: Lee (a cura di), The International Criminal Court, Elements of Crimes and Rules of Procedure and Evidence (2001), 167 s. Tra regolamentazione dello St-ICC e l'art. 37 co. 1 Protocollo I intercorrono due differenze fondamentali. In primo luogo, la disciplina del Protocollo aggiuntivo incrimina non solo l'omicidio e la lesione, ma anche la cattura della vittima. La mancata assunzione di questa variante della figura tipica della "perfidia" nel quadro dell'art. 8 co. 2 b) xi) St-ICC è da imputare soprattutto al fatto che, nello Statuto, dovevano essere presi in considerazione unicamente i crimini internazionali più gravi; cfr. *Garraway*, in: Lee (a cura di), The International Criminal Court, Elements of Crimes and Rules of Procedure and Evidence (2001), 167, 168. In secondo luogo, era finora discusso il rilievo penale del tentativo di omicidio o ferimento a tradimento. La diatriba era alimentata dall'incerto tenore letterale dell'art. 37 co. 1 Protocollo I, stando al quale sono punibili soltanto «l'omicidio, il ferimento e la cattura»; se ne ricavava talora, anche alla stregua di un'argomentazione storica, l'estraneità del mero tentativo al divieto di perfidia: cfr. *Furrer*, Perfidie in der Geschichte und im heutigen Kriegsvölkerrecht (1988), 82 s.; *Oeter*, in: Fleck (a cura di), Handbuch des humanitären Völkerrechts (1994), n. 472. La contraria opinione affermava il rilievo del tentativo in virtù di un'interpretazione teleologica; v. ad es. *Ipsen*, in: Bernhardt (a cura di), Encyclopedia of Public International Law, III (1997), 978, 979 s.; Sandoz/Swinarski/Zimmermann-*de Preux*, Additional Protocols (1987), n. marg. 1492. Considerato l'art. 25 co. 3 f) St-ICC, la punibilità del mero tentativo non è più in discussione.

1180 Gli EC delineano due possibili varianti dell'inganno, entrambe rilevanti per l'integrazione del crimine: l'agente deve aver fatto credere alla vittima che il diritto internazionale applicabile al conflitto[666] la obblighi a rispettare una altrui situazione protetta, ovvero collochi lei stessa in una situazione protetta[667]. Nella pratica, assumono rilievo soprattutto i casi in cui l'agente rivendica un diritto di protezione a proprio favore, perché ad es. presumibilmente ferito[668].

1181 Oggetto del divieto non è, dunque, una qualsiasi induzione in errore dell'avversario, bensì l'approfittamento di un altrui stato di fiducia sollecitato a bella posta mediante un comportamento illecito[669]. È decisivo, in particolare, che l'agente abbia ingannato l'avversario riguardo all'esistenza di una situazione protetta dal diritto internazionale. Lo si evince, in primo luogo, dallo stesso scopo della norma: il divieto è posto a presidio di regole basilari del diritto internazionale[670]; solo un inganno correlato a tali precetti fondamentali può, dunque, meritare una punizione. Sono invece consentite azioni decettive, altrimenti dette "stratagemmi"[671], quali ad esempio l'inganno dell'avversario circa la forza delle proprie truppe o il luogo di stazionamento di alcuni reparti, la simulazione di un attacco o di una ritirata, l'allestimento di apparenti postazioni di rinforzo e finanche l'immissione di false notizie nella rete informativa del nemico[672]. Misure di questo tipo possono indurre la controparte ad azioni incaute o avventate sino a porla in una situazione di svantaggio, ma non costituiscono "atti di perfidia" proibiti[673]. Il divieto di azioni sleali neppure riguarda il

---

[666] Il «diritto internazionale applicabile al conflitto» è costituito, in particolare, da tutti i Trattati rilevanti, nonché dalle regole del diritto internazionale consuetudinario, quindi, ad esempio, dalle Convenzioni di Ginevra con i suoi Protocolli aggiuntivi, dalle Regole dell'Aja, dalla Convenzione dell'Aja sui beni culturali (*supra*, n. marg. 1155) ed anche dallo St-ICC, nella misura in cui fondano un diritto individuale alla protezione.

[667] EC in rel. art. 8 co. 2 b) xi) St-ICC, n. 1; cfr. inoltre il commento all'art. 37 co. 1 Protocollo I di Bothe/Ipsen/Partsch-*Ipsen* ZaöRV 38 (1978), 1, 24 s. La fattispecie alternativa richiamata per seconda si riferisce soprattutto a quei casi in cui l'agente lascia credere alla vittima che egli rispetterà una situazione protetta effettivamente sussistente. In casi del genere si verifica, per lo più, un concorso con altri crimini di guerra.

[668] Cfr. art. 37 Protocollo I. Declinazioni speciali del divieto di perfidia sono anche il divieto di abuso di emblemi protetti riconosciuti, di uniformi di nazioni neutrali e di bandiera bianca, cfr. Bothe/Ipsen/Partsch-*Ipsen* ZaöRV 38 (1978), 1, 24 s.; condotte elevate a fattispecie autonome nello St-ICC, art. 8 co. 2 b) vii); cfr. in proposito *infra*, n. marg. 1186 ss.

[669] Cfr. Begr. VStGB, 34 s.

[670] Cfr. *Oeter*, in: Fleck (a cura di), Handbuch des humanitären Völkerrechts (1994), n. 472.

[671] L'art. 37 co. 2, secondo periodo, Protocollo I definisce gli stratagemmi di guerra autorizzati come quegli «atti che hanno lo scopo di indurre in errore un avversario, o di fargli commettere imprudenze, ma che non violano alcuna regola del diritto internazionale applicabile nei conflitti armati, e che, non facendo appello alla buona fede dell'avversario circa la protezione prevista da detto diritto, non sono perfidi»; cfr. anche l'art. 24 Regole dell'Aja; Triffterer-*Cottier*, Rome Statute (1999), art. 8 n. marg. 119; *Gimmerthal*, Kriegslist und Perfidieverbot (1990), 74 s.

[672] L'art. 37 co. 2 Protocollo I richiama, come classici esempi di stratagemmi di guerra, travestimenti, tranelli, operazioni simulate e false informazioni. Nello specifico: *Green*, The Contemporary Law of Armed Conflict, 2ª ed. (2000), 146 s.; Sandoz/Swinarski/Zimmermann-*de Preux*, Additional Protocols (1987), n. marg. 1520 s.

[673] Tanto vale anche nel caso in cui il nemico, a causa dello stratagemma, in un primo momento

ricorso a spie o agenti segreti, metodi di raccolta di informazioni internazionalmente riconosciuti[674]. Anche l'uso della propaganda al fine di demoralizzare l'avversario non contrasta col divieto in oggetto[675]. Prescrizioni particolari valgono, infine, per l'uso di false bandiere in caso di guerra marina[676].

Potenziali vittime, secondo lo St-ICC, sono gli appartenenti alla popolazione o all'esercito nemico, dunque sia i civili che i combattenti[677]. L'agente deve aver ucciso o ferito il soggetto passivo approfittando dell'affidamento o della convinzione di questi circa l'esistenza di una situazione protetta[678].

1182

L'art. 8 co. 2 b) xi) St-ICC richiede uno specifico profilo di intenzionalità, che va al di là di quanto costituisce dolo ai sensi dell'art. 30 dello Statuto[679]. Stando agli EC, per l'integrazione del crimine è necessario che il soggetto agisca allo scopo di tradire l'affidamento suscitato nell'avversario[680]. Ai fini dell'integrazione del reato, è indifferente che l'intento di approfittamento dell'altrui buona fede sussista sin dall'inizio, oppure si sviluppi successivamente alla realizzazione dell'atto decettivo, giacché, in entrambi i casi, si palesa un eguale disprezzo per elementari forme di protezione assicurate dal diritto internazionale. Non realizza alcun crimine di guerra chi si atteggia a cadavere o si spaccia come appartenente alle truppe avversarie per uscire vivo dall'attacco del nemico o per fuggire da un campo di prigionia[681].

1183

---

si trovi (soltanto) in una situazione tatticamente sfavorevole, la quale però, successivamente, permette la perpetrazione di omicidi o ferimenti. Siffatta conclusione è criticata, tra gli altri, da *Ipsen*, che in essa ravvede un indebolimento del divieto di perfidia: cfr. *Ipsen*, in: Ipsen, Völkerrecht, 5ª ed. (2004), § 68 n. marg. 17; ulteriori notazioni in Bothe/Ipsen/Partsch-*Ipsen* ZaöRV 38 (1978), 1, 25; Sandoz/Swinarski/Zimmermann-*de Preux*, Additional Protocols (1987), n. marg. 1492.

[674] Cfr. l'art. 24 delle Regole dell'Aja: «[è permesso] l'impiego di mezzi necessari per procurarsi informazioni sul nemico e sui luoghi», nonché l'art. 39 co. 3 Protocollo I; cfr. anche Sandoz/Swinarski/Zimmermann-*de Preux*, Additional Protocols (1987), n. marg. 1766 nonché *McCoubrey/White*, International Law and Armed Conflict (1992), 229. Resta pienamente ammissibile, nonostante tali prescrizioni, l'incriminazione del tradimento o dello spionaggio da parte degli ordinamenti nazionali; cfr. ad es. il § 87 StGB.

[675] Al riguardo *Detter*, The Law of War, 2ª ed. (2000), 306; *Gimmerthal*, Kriegslist und Perfidieverbot (1990), 170 s.; *Oeter*, in: Fleck (a cura di), Handbuch des humanitären Völkerrechts (1994), n. 474.

[676] Cfr. art. 39 co. 3 Protocollo I; per maggiori dettagli ed ulteriori riferimenti *Detter*, The Law of War, 2ª ed. (2000), 304 s.; *Gimmerthal*, Kriegslist und Perfidieverbot (1990), 173 ss.; *Green*, The Contemporary Law of Armed Conflict, 2ª ed. (2000), 177 s.

[677] EC in rel. art. 8 co. 2 b) xi) St-ICC, n. 5.

[678] EC in rel. art. 8 co. 2 b) xi) St-ICC, n. 3, 4.

[679] Gli EC delineano, qui, una di quelle deviazioni dalle regole generali in tema di imputazione ammesse dallo stesso art. 30 co. 1 St-ICC; per dettagli *supra*, n. marg. 371 ss.

[680] EC in rel. art. 8 co. 2 b) xi) St-ICC, n. 2. Siffatto dolo specifico sarà per lo più arduo da dimostrare: cfr. *Ipsen*, in: Ipsen, Völkerrecht, 5ª ed. (2004), § 68 n. marg. 17.

[681] Cfr. Triffterer-*Cottier*, Rome Statute (1999), art. 8 n. marg. 130; *Ipsen*, in: Bernhardt (a cura di), Encyclopedia of Public International Law, vol. 3 (1997), 978, 980; *Oeter*, in: Fleck (a cura di), Handbuch des humanitären Völkerrechts (1994), n. 472; Sandoz/Swinarski/Zimmermann-*de Preux*, Additional Protocols (1987), n. marg. 1502.

2. Conflitto non internazionale

1184   L'art. 8 co. 2 e) ix) St-ICC annovera, tra i crimini commessi nel contesto di un conflitto armato non internazionale, anche l'omicidio e le lesioni a tradimento. La differenza fondamentale, rispetto al corrispondente crimine relativo ad un conflitto internazionale, riguarda l'ambito delle persone protette: nel conflitto non internazionale, il divieto di "perfidia" tutela soltanto i combattenti della parte avversa, non invece i civili[682].

1185   Sempre con riferimento al divieto di atti di perfidia nel contesto di una guerra interna, problemi applicativi peculiari sorgono in caso di cd. guerriglia. In tale tipo di conflitto, la distinzione tra combattenti e civili è particolarmente ardua, dato che le truppe guerrigliere, nella maggior parte dei casi, non si organizzano in unità chiaramente strutturate, né sono soggette ad un obbligo internazionale di indossare una divisa. Stante questa loro frequente mancata diversificazione dal resto della popolazione, i guerriglieri che uccidono o feriscono un avversario dovrebbero essere sempre considerati responsabili del crimine in discussione, per aver simulato la condizione di civili. Per evitare un tale risultato, nell'art. 44 co. 3 Protocollo I è chiaramente statuito che i guerriglieri non possono essere puniti per perfidia, se portano apertamente le armi in ogni operazione militare, compresa la preparazione di attacchi[683]. Un criterio del genere può tornare utile anche ai fini dell'applicazione del divieto di perfidia riguardo ad un conflitto armato non internazionale.

X. Abuso di segni di riconoscimento

1. Conflitto internazionale

1186   L'art. 8 co. 2 b) vii) St-ICC riguarda l'utilizzo improprio della bandiera bianca, delle bandiere e delle insegne militari o dell'uniforme del nemico o delle Nazioni Unite, così come degli emblemi distintivi della Convenzione di Ginevra, quando siffatto abuso provochi morte o lesioni gravi. Il disposto definisce una sottofattispecie del crimine di guerra di perfidia, di cui all'art. 8 co. 2 b) xi) St-ICC[684]. Il rilievo penale dell'uso improprio di segni protetti dal diritto internazionale è pure riconosciuto dal diritto consuetudinario[685].

---

[682] È pertanto criticabile la traduzione tedesca dell'art. 8 co. 2 e) ix) St-ICC, che nel far riferimento a «belligeranti [*Kombattanten*] nemici» può suscitare incertezze, dato che lo *status* di combattente si delinea soltanto nel contesto di conflitti armati internazionali; è quindi preferibile la locuzione «combattenti [*Kämpfer*] della parte avversaria» (così anche il § 11 co. 1 n. 7 VStGB). Per un esempio concreto di perfidia nel quadro di una guerra civile cfr. Supreme Court of Nigeria, 3 marzo 1972 (Pius Nwaoga), ILR 52 (1979), 494 ss.

[683] Su questa problematica, cfr. soprattutto Sandoz/Swinarski/Zimmermann-*de Preux*, Additional Protocols (1987), n. marg. 1506 ss.

[684] Cfr. *Dahm/Delbrück/Wolfrum*, Völkerrecht, vol. I/3, 2ª ed. (2002), 1061.

[685] Cfr. Triffterer-*Cottier*, Rome Statute (1999), art. 8 n. marg. 70; *Greenwood*, in: Fleck (a cura di), Handbuch des humanitären Völkerrechts (1994), n. 230 per l'abuso di bandiera bianca.

La regola statutaria deriva dall'art. 23 f) Regole dell'Aja, che già vieta l'abuso di tutti gli oggetti nominati nell'art. 8 co. 2 b) vii) St-ICC, ad eccezione dei segni distintivi delle Nazioni Unite. L'utilizzo improprio di segni distintivi dell'ONU è invece proibito dall'art. 37 co. 1 d), 38 co. 2 e 85 co. 3 f) Protocollo I. L'abuso di insegne della Croce Rossa – il cui impiego risulta ultimamente regolato da molteplici disposizioni delle Convenzioni di Ginevra – integra una grave trasgressione del Protocollo, ai sensi dell'art. 85 co. 3 f) Protocollo I, quando determina la morte o la grave lesione di una persona; l'illecito uso di insegne, simboli distintivi o uniformi del nemico, alla luce dell'art. 39 co. 2 Protocollo I, in nessun caso costituisce una grave violazione del Protocollo o delle Convenzioni di Ginevra. 1187

È condotta tipica, in ogni caso, usare a tradimento i segni distintivi, nel senso dell'art. 37 Protocollo I[686]. Per il resto, quale altra modalità di comportamento possa costituire "abuso" lo si può stabilire solo con riferimento al singolo emblema protetto. Da tale angolo visuale, deve distinguersi tra il divieto di utilizzo abusivo di bandiera bianca e segni di protezione internazionale, da un lato, ed il divieto di abuso di insegne del nemico, dall'altro lato. Un'infrazione al primo divieto non solo mette concretamente a repentaglio vite umane, ma rischia pure di sminuire l'importanza di detti simboli e di erodere il comune, doveroso affidamento nella loro validità, sino a rendere precaria la protezione che gli stessi conferiscono a determinate operazioni. Una preoccupazione di questo genere non riguarda in alcun modo l'abuso di emblemi nemici[687]. 1188

a) Abuso di bandiera bianca

I «negoziatori» – vale a dire persone autorizzate da una delle parti in conflitto a trattare con il nemico – ai sensi dell'art. 32, secondo periodo, Regole dell'Aja, hanno diritto alla incolumità e non possono essere né catturati né attaccati. Si rendono riconoscibili con una bandiera bianca, che indica una richiesta di trattative. La fattispecie in esame vieta di aggredire il nemico ostentando una bandiera di negoziatore[688]. 1189

Quanto all'elemento soggettivo, si richiede in linea di principio il dolo, in conformità all'art. 30 St-ICC[689]. La regola prevede tuttavia un duplice correttivo. In primo luogo, gli EC ritengono già responsabile il soggetto attivo quand'egli "avrebbe dovuto sapere" di utilizzare in modo vietato la bandiera bianca[690]. In secondo luogo, gli stessi EC richiedono che l'agente agisca al fine di («in order to») simulare 1190

---

[686] Cfr. *Kittichaisaree*, International Criminal Law (2001), 166.
[687] Cfr. Triffterer-*Cottier*, Rome Statute (1999), art. 8 n. marg. 72 ss.; *Dahm/Delbrück/Wolfrum*, Völkerrecht, vol. I/3, 2ª ed. (2002), 1061.
[688] Cfr. gli EC in rel. art. 8 co. 2 b) vii)-1 St-ICC, n. 1, 2.
[689] Riguardo all'impiego dei concetti di "dolo" e "intent", cfr. *supra*, n. marg. 350. Sui requisiti generali dell'elemento soggettivo, cfr. *supra*, n. marg. 365 ss., nonché n. marg. 984.
[690] Cfr. EC in rel. art. 8 co. 2 b) vii)-1 St-ICC, n. 3.

b) Abuso di bandiere, insegne ed uniformi nemiche

1191   Il diritto internazionale di guerra non proibisce l'utilizzo improprio di bandiere, insegne ed uniformi straniere con lo stesso rigore con cui vieta, invece, l'abuso di segni di riconoscimento di persona protetta. L'art. 39 co. 2 Protocollo I vieta «di fare uso delle bandiere o emblemi, insegne o uniformi militari delle Parti avversarie durante gli attacchi o per dissimulare, favorire, proteggere od ostacolare operazioni militari». Come minimo, il divieto riguarda dunque il diretto utilizzo di questi simboli e oggetti in occasione di azioni militari, mentre l'esposizione di emblemi nemici nella preparazione delle ostilità è, in parte, permessa[693]. Conformemente a tale direttiva, anche gli EC limitano il campo applicativo della fattispecie ad un abuso perpetrato durante un attacco, in violazione del diritto internazionale di guerra.

1192   Come elemento soggettivo è richiesto il dolo (art. 30 St-ICC)[694]. Ancora una volta, gli EC stabiliscono che l'agente agisce con dolo se si è accorto, o avrebbe dovuto accorgersi, del divieto di ricorrere ad emblemi nemici[695]. A differenza di quanto prescritto riguardo al crimine di guerra di abuso di bandiera parlamentare, non è richiesto uno specifico intento di frode.

c) Abuso di segni distintivi protetti dalle Convenzioni di Ginevra

1193   I simboli protetti dalle Convenzioni di Ginevra, ai sensi dell'art. 38 Ginevra I, sono la Croce Rossa, la Mezzaluna Rossa, il Leone Rosso e Sole Rosso, così come, da ultimo – secondo il Protocollo III – il Cristallo Rosso, tutti su fondo bianco[696]. Si tratta di segni posti a protezione del personale sanitario e religioso, ma anche di allestimenti, trasporti, zone ed equipaggiamenti medici[697]. In linea di massima, gli emblemi in questione possono essere utilizzati soltanto da persone che non partecipano alle ostilità, ma offrono prestazioni umanitarie[698]. In presenza di quali

---

[691]   Cfr EC in rel. art. 8 co. 2 b) vii)-1 St-ICC, n. 2.
[692]   Per dettagli cfr. *supra*, n. marg. 371 ss.
[693]   Cfr. Triffterer-*Cottier*, Rome Statute (1999), art. 8 n. marg. 81 s.
[694]   Riguardo all'impiego dei concetti di "dolo" e "intent", cfr. *supra*, n. marg. 350. Sui requisiti generali dell'elemento soggettivo, cfr. *supra*, n. marg. 365 ss., nonché n. marg. 984.
[695]   EC in rel. art. 8 co. 2 b) vii)- 2 St-ICC, n. 3.
[696]   Immagini dei simboli protetti si trovano nell'art. 3 dell'Allegato I al Protocollo I, così come nell'art. 1 dell'Allegato al Protocollo III. Il simbolo del Leone Rosso e Sole Rosso, introdotto dallo Scià di Persia, non è più utilizzato a partire dalla rivoluzione iraniana del 1980, cfr. *Rabus*, in: Fleck (a cura di), Handbuch des humanitären Völkerrechts (1994), n. 637, nota 51.
[697]   Cfr. *Rabus*, in: Fleck (a cura di), Handbuch des humanitären Völkerrechts (1994), n. 637.
[698]   Cfr. Sandoz/Swinarski/Zimmermann-*de Preux*, Additional Protocols (1987), n. marg.

presupposti sia permesso utilizzare detti simboli, nelle diverse situazioni, lo si ricava dalle relative disposizioni delle Convenzioni di Ginevra e del Protocollo I[699]. Gli EC precisano il contenuto della fattispecie, nel senso che l'abuso delle insegne dev'essere strumentale ad una specifica azione bellica[700].

Per quel che concerne l'elemento soggettivo, vale quanto già si è specificato riguardo alle altre varianti della fattispecie[701], con la precisazione che, in questo caso, diversamente che nell'ipotesi di abuso della bandiera di negoziatore, non si richiede alcuna specifica intenzione d'ingannare.

1194

d) Abuso delle insegne protette delle Nazioni Unite

L'abuso di insegne delle Nazioni Unite tocca in modo particolare gli interessi della comunità internazionale. La fattispecie è strettamente correlata a quella di attacco criminoso alle missioni di pace ONU[702]. Oggetto di protezione sono la bandiera blu ONU e gli altri simboli e uniformi delle Nazioni Unite e delle loro organizzazioni. Stando a quanto precisano gli EC in rel. art. 8 co. 2 b) vii) St-ICC, i segni in questione devono essere utilizzati con modalità illecite alla stregua del diritto internazionale di guerra[703]. La lettera della norma richiama soltanto gli emblemi militari dell'ONU, una limitazione che è tuttavia ritenuta il frutto d'una mera svista redazionale, da attribuirsi alla combinazione, in un'unica fattispecie, delle ipotesi di abuso di emblemi internazionalmente protetti e di insegne del nemico: non è pensabile che i redattori dello St-ICC abbiano voluto escludere dall'ambito applicativo del divieto i simboli che indicano i partecipanti ad operazioni non militari[704]. Anche gli artt. 37 co. 1 d) e 38 co. 2 Protocollo I – le norme a cui lo St-ICC si richiama – non distinguono affatto tra la natura militare o non militare dei segni protetti.

1195

L'elemento soggettivo della fattispecie è costituito dal dolo, secondo quanto prescritto dall'art. 30 St-ICC[705]. Gli EC stabiliscono chiaramente che l'agente deve aver avuto consapevolezza di contraddire un divieto di impiego dei segni protetti[706]. A questo proposito si apprezza una differenza rispetto alle altre varianti della fattispecie, riguardo alle quali è ritenuta sufficiente anche una mera possibilità di

1196

1538.

[699] Cfr. l'elenco proposto da Sandoz/Swinarski/Zimmermann-*de Preux*, Additional Protocols (1987), n. marg. 1528 ss.

[700] Cfr. EC in rel. art. 8 co. 2 b) vii)-4 St-ICC, n. 2. Stando al n. 42 degli EC, deve intendersi un utilizzo direttamente correlato ad un'azione bellica.

[701] Anche a questo proposito gli EC contengono un riferimento alla conoscenza o al "dovere di conoscenza", da parte del soggetto, di un uso abusivo; cfr. EC in rel. art. 8 co. 2 b) vii)-4 St-ICC, n. 3.

[702] Cfr. *infra*, n. marg. 1257 ss.

[703] Cfr. EC in rel. art. 8 co. 2 b) vii)-3 St-ICC, n. 1, 2.

[704] Cfr. Triffterer-*Cottier*, Rome Statute (1999), art. 8 n. marg. 76.

[705] Sull'uso dei concetti di "dolo" o "intent" cfr. *supra*, n. marg. 350. Sui requisiti generali dell'elemento soggettivo cfr. *supra*, n. marg. 365 ss. nonché n. marg. 984.

[706] Cfr. EC in rel. art. 8 co. 2 b) vii)-3 St-ICC, n. 3.

conoscenza. La scelta normativa muove dalla consapevolezza di come le prescrizioni sull'utilizzo dei segni protetti non siano sempre del tutto accessibili[707].

e) Gravi conseguenze

1197 Le condotte di cui si è sin qui trattato sono punibili *ex* art. 8 co. 2 b) vii) St-ICC, qualora abbiano determinato la morte o il ferimento grave di taluno. Una persona può dirsi gravemente ferita quando la sua integrità fisica risulta compromessa a lungo termine o seriamente[708]. Non è necessario che la vittima sia un combattente nemico; la fattispecie è integrata anche in caso di omicidio o ferimento di civili o altre persone *hors de combat*[709]. I propri concittadini, tuttavia, normalmente non possono rientrare tra le persone protette, non esistendo al riguardo alcun divieto di diritto internazionale bellico[710].

2. Conflitto non internazionale

1198 Lo St-ICC prende in considerazione soltanto i conflitti armati internazionali; nondimeno, secondo le consuetudini internazionali è criminoso anche l'utilizzo arbitrario di segni protetti nel contesto di un conflitto armato non internazionale. La prassi statale in tema di abuso di emblemi riconosciuti non fa alcuna distinzione in ragione della natura delle ostilità: lo dimostra, ad esempio, l'unanime stigmatizzazione di attacchi contro missioni umanitarie, a prescindere dalla tipologia del conflitto[711]. A ragione, dunque, il VStGB eleva a reato anche l'abuso di segni protetti in occasione di una guerra non internazionale[712].

XI. Ostilità "senza quartiere"

1199 L'art. 8 co. 2 b) xii) St-ICC attribuisce rilievo penale alla minaccia di un'aggressione "senza quartiere" in occasione di un conflitto armato internazionale. La lettera della disposizione corrisponde all'art. 23 d) Regole dell'Aja. Una regola analoga si rinviene nell'art. 40 Protocollo I[713]. L'art. 8 co. 2 e) x) St-ICC, basato sull'art. 4 co. 1, terzo periodo, Protocollo II, contiene una norma corrispondente alla lettera,

---

[707] Cfr. *Garraway*, in: Lee (a cura di), The International Criminal Court, Elements of Crimes and Rules of Procedure and Evidence (2001), 154, 158.

[708] Cfr. Sandoz/Swinarski/Zimmermann-*Zimmermann*, Additional Protocols (1987), n. marg. 3474.

[709] Cfr. Triffterer-*Cottier*, Rome Statute (1999), art. 8 n. marg. 84.

[710] Cfr. tuttavia anche *supra*, n. marg. 995 s. Le stesse riflessioni possono essere proposte anche riguardo alla fattispecie adesso in discussione.

[711] Cfr. UN Doc. S/PRST/2000/4 9 febbraio 2000, e per il dibattito che vi sta alla base, in tema di protezione del personale umanitario, UN Doc. A/RES/52/167 16 dicembre 1997. Anche la *Convention on the Safety of United Nations and Associated Personnel* del 9 dicembre 1994, non fa alcuna differenza in ragione del tipo di conflitto di volta in volta in considerazione.

[712] Cfr. § 10 co. 2 VStGB e Begr. VStGB, 32.

[713] Altre indicazioni in Sandoz/Swinarski/Zimmermann-*de Preux*, Additional Protocols (1987), n. marg. 1588 ss.

riguardante i conflitti armati non internazionali[714]. La disciplina statutaria trova riscontro nel diritto internazionale consuetudinario[715].

La fattispecie è costituita dalla conduzione di un conflitto con la prospettiva di «non fare prigionieri». Secondo una diversa visuale, il crimine in questione dovrebbe dirsi già integrato quando una delle parti belligeranti ricorra all'uso di armi che, *a priori*, non lasciano al nemico alcuna possibilità di sopravvivere; una condotta di tal genere equivarrebbe alla prospettazione di un'aggressione «senza quartiere»[716]. Questa seconda interpretazione, però, confonde i criteri di proporzionalità con gli elementi caratteristici della specifica fattispecie ora in considerazione. Secondo l'opinione prevalente e la prassi statale, i combattenti non sono obbligati a concedere agli avversari l'opportunità di arrendersi[717].

Il (troppo lato) tenore letterale dell'art. 8 co. 2 b) xii) St-ICC delinea il divieto di «dichiarare» che nessuno avrà salva la vita. Gli EC precisano l'azione tipica, richiedendo, in particolare, che il titolare di una posizione di comando («the perpetrator was in a position of effective command or control over the subordinate forces») rilasci una dichiarazione o un ordine («declaration or order») di tal natura[718]. Solo in presenza di questi specifici presupposti il ricorso metodico ad una spietata strategia di guerra assume rilievo penale internazionale[719]. Non è per contro punibile la minaccia di un'aggressione senza quartiere da parte di un semplice soldato o, tanto meno, di un civile.

L'art. 8 co. 2 b) xii) St-ICC abbraccia due gruppi di ipotesi concrete. La dichiarazione in questione o viene compiuta apertamente (si pensi, ad esempio, ad una minaccia pubblica), o rimane una questione interna (ad es. un ordine all'interno di un'unità delle forze belligeranti)[720]. Nel primo caso, palesando la propria ferocia, il

---

[714] *Henckaerts/Doswald-Beck*, Customary International Humanitarian Law, I (2005), 594, sottolineano tuttavia come l'art. 4 co. 1 e 2 h) Protocollo II contenga un divieto sostanzialmente corrispondente.

[715] La fattispecie ha già manifestato la propria importanza nella pratica. Dopo la fine della seconda guerra mondiale, diversi ufficiali tedeschi vennero sottoposti a processi penali militari con l'accusa di guerra senza quartiere; cfr. British Military Court Hamburg, 20 ottobre 1945 (Eck et al., cd. caso Peleus), in: UNWCC, Law Reports of Trials of War Criminals I, 1 ss.; su questo caso anche *Zemanek*, in: Bernhardt (a cura di), Encyclopedia of Public International Law, IV (2000), 977 s. Cfr. poi US Military Commission Rom, 12 ottobre 1945 (Dostler), in: UNWCC, Law Reports of Trials of War Criminals I, 22 ss.; Canadian Military Court Aurich, 28 dicembre 1945 (Meyer, cd. caso Abbaye-Ardenne), in: UNWCC, Law Reports of Trials of War Criminals IV, 97 ss.

[716] Cfr. Sandoz/Swinarski/Zimmermann-*de Preux*, Additional Protocols (1987), n. marg. 1598.

[717] Cfr. Triffterer-*Cottier*, Rome Statute (1999), art. 8 n. marg. 136.

[718] Gli EC, in rel. art. 8 co. 2 b) xii) St-ICC, n. 1-3, ripropongono più volte la locuzione «declaration or order». Cfr. anche l'espressione «Anordnung oder Androhung» nel § 11 co. 1 n. 6 VStGB. La relazione alla legge precisa che, in questo caso, ci si è consapevolmente discostati dalla lettera dello St-ICC al fine di meglio precisare la portata della fattispecie: cfr. Begr. VStGB, 34.

[719] Anche il VStGB limita la portata applicativa della fattispecie al caso di ordini promananti da comandanti; cfr. § 11 co. 1 n. 6 VStGB e Begr. VStGB, 34.

[720] Al riguardo cfr. l'art. 40 Protocollo I, secondo il quale è vietato tanto minacciare il nemico

soggetto attivo mira a spaventare e demoralizzare il nemico: una forma di terrorismo considerata illecita dal diritto internazionale[721]. Oltretutto, in questo modo il nemico è spesso indotto ad una resistenza particolarmente accanita, circostanza che può accrescere senza necessità il numero delle vittime[722]. La seconda situazione appare di tutt'altro tipo. L'avversario non viene terrorizzato, dato che la dichiarazione non è rivolta all'esterno; al più, egli viene a sapere per vie indirette dell'ordine di condurre la guerra in modo spietato. In tale eventualità, si punisce piuttosto il fatto di esortare i propri soldati ad uccidere soggetti *hors de combat* e a violare il diritto internazionale umanitario[723].

1203   Il crimine di conduzione delle ostilità «senza quartiere» si perfeziona nel momento in cui la dichiarazione è resa o l'ordine è comunicato. Qualora, poi, effettivamente si agisca con la spietatezza minacciata o sollecitata, in modo tale da provocare la morte di persone *hors de combat*, risultano consumati altri crimini, ed in particolare quello definito nell'art. 8 co. 2 b) vi) St-ICC.

1204   Come elemento soggettivo si richiede un dolo (art. 30 St-ICC) che abbia ad oggetto la dichiarazione o l'ordine, così come la posizione di comando dell'agente[724]. In aggiunta, gli EC[725] richiedono che la volontà criminosa venga espressa al fine di («in order to») minacciare l'avversario ovvero condurre le ostilità su tali presupposti[726].

XII. Ridurre alla fame la popolazione civile

1. Conflitto internazionale

1205   L'art. 8 co. 2 b) xxv) St-ICC sanziona il fatto di affamare la popolazione civile come metodo di conduzione del conflitto. La regola discende, principalmente, dall'art. 54 Protocollo I e riflette il diritto internazionale consuetudinario[727]. Non si tratta, tuttavia, di una grave violazione del Protocollo I o delle Convenzioni di Ginevra.

---

manifestando l'intento di condurre azioni belliche spietate, quanto «condurre le ostilità con le dette modalità». Questa lettura della fattispecie non sembra direttamente mutuata dallo St-ICC, ma è stata però accolta nel n. 2 degli EC in rel. art. 8 co. 2 b) xii) St-ICC.

[721] Cfr. *Oeter*, in: Fleck (a cura di), Handbuch des humanitären Völkerrechts (1994), n. 450.

[722] Cfr. Triffterer-*Cottier*, Rome Statute (1999), art. 8 n. marg. 134.

[723] Cfr. al riguardo anche gli analoghi argomenti dell'accusa in Canadian Military Court Aurich, 28 dicembre 1945 (cit. *supra*, nota 715), 100.

[724] Sui requisiti generali dell'elemento soggettivo cfr. *supra*, n. marg. 365 ss. nonché n. marg. 984.

[725] EC in rel. art. 8 co. 2 b) xii) St-ICC, n. 2.

[726] Cfr. *Garraway*, in: Lee (a cura di), The International Criminal Court, Elements of Crimes and Rules of Procedure and Evidence (2001), 169 s. Si verifica, dunque, una delimitazione dell'ambito del penalmente rilevante, di quelle espressamente autorizzate dallo stesso art. 30 St-ICC: cfr. *supra*, n. marg. 371 ss., 385 s.

[727] Cfr. Triffterer-*Cottier*, Rome Statute (1999), art. 8 n. marg. 214; *Frank*, in: Lee (a cura di), The International Criminal Court, Elements of Crimes and Rules of Procedure and Evidence (2001), 203; *Henckaerts/Doswald-Beck*, Customary International Humanitarian Law, I (2005), 581.

1206 In tale contesto deve porsi mente anche agli artt. 23 e 44 Ginevra IV. Secondo l'art. 23, deve essere sempre concesso lasciapassare a tutte le spedizioni, destinate alla popolazione civile, di medicinali, personale sanitario ed oggetti necessari per le cerimonie religiose, così come di generi alimentari indispensabili, vestiario e mezzi di sussistenza per gruppi di persone bisognosi di particolare protezione[728]. L'art. 55 della Convenzione obbliga le forze occupanti ad assicurare alla popolazione cibo e medicamenti[729]. L'obbligo viene esteso dagli artt. 69-71 del Protocollo I ad ulteriori beni utili per la soddisfazione dei bisogni più elementari, come ad es. il materiale per dormire e gli alloggi di emergenza. Le forze occupanti sono obbligate ad introdurre tale materiale nella regione occupata, laddove non ve ne sia a sufficienza[730]. Inoltre, l'art. 23 g) Regole dell'Aja e l'art. 53 Ginevra IV vietano la distruzione di beni di proprietà, mobili ed immobili. Simili prescrizioni esprimono il principio secondo il quale la popolazione civile, ed i singoli civili, godono di una protezione generale contro i pericoli derivanti da situazioni di conflitto: devono perciò essere preservati le strutture, gli equipaggiamenti ed i beni imprescindibili per la sopravvivenza di dette persone.

1207 È prima di tutto necessario precisare il concetto di «ridurre alla fame». Stando alla lettera, parrebbe alludersi soltanto alla privazione di cibo. Da una valutazione complessiva della norma che descrive il crimine si deduce, tuttavia, come in realtà non venga accolta una nozione tanto restrittiva. Per vero, l'art. 8 co. 2 b) xxv) St-ICC prende in considerazione anche la negazione di altri mezzi di sussistenza, come medicine, coperte o abiti[731]. Non si richiede che, a causa di tali mancanze, la popolazione civile effettivamente subisca danni o versi in una situazione di pericolo; evenienze che, comunque, si verificheranno concretamente almeno nella normalità dei casi.

1208 La fattispecie di cui all'art. 8 co. 2 b) xxv) St-ICC può essere realizzata in diversi modi. Si pensi, ad es., all'ipotesi in cui il soggetto agente sottragga o distrugga beni essenziali per la sopravvivenza[732]. Qualora le cibarie siano destinate tanto ai civili quanto ai militari nemici, l'attacco è proibito se mette a repentaglio la sopravvivenza della popolazione non belligerante, a meno che l'attacco medesimo non sia imposto da pressanti necessità belliche[733]. Nel dubbio, deve ritenersi che i beni in questione saranno utilizzati dalla popolazione civile.

---

[728] Queste regole vennero principalmente ispirate dalle vicende della seconda guerra mondiale, quando certo già esistevano disposizioni sulla protezione dei prigionieri di guerra e degli internati civili, ma non ancora una disciplina autorizzatoria dei soccorsi alla popolazione civile nei territori occupati, cfr. *Pictet* (a cura di), Geneva Convention IV (1958), 319 s.

[729] Si tratta, in questo caso, di un importante passo avanti rispetto all'art. 43 Regole dell'Aja, che obbliga le forze occupanti soltanto al mantenimento della sicurezza e dell'ordine pubblici, cfr. *Pictet* (a cura di), Geneva Convention IV (1958), 309.

[730] Cfr. Sandoz/Swinarski/Zimmermann-*Sandoz*, Additional Protocols (1987), n. marg. 2779.

[731] Cfr. Triffterer-*Cottier*, Rome Statute (1999), art. 8 n. marg. 218; *Frank*, in: Lee (a cura di), The International Criminal Court, Elements of Crimes and Rules of Procedure and Evidence (2001), 203 s.

[732] Cfr. art. 54 co. 2 Protocollo I, che fa riferimento ad ogni immaginabile interferenza nell'approvvigionamento di cibarie e altri mezzi di sussistenza: maggiori dettagli in Sandoz/Swinarski/Zimmermann-*Pilloud/de Preux*, Additional Protocols (1987), n. marg. 2101.

[733] Lo si deduce dall'art. 54 co. 3 e 5 Protocollo I e dal principio di proporzionalità. Sull'eccezione all'art. 54 co. 5 cfr. Triffterer-*Cottier*, Rome Statute (1999), art. 8 n. marg. 221; Sandoz/Swinarski/Zimmermann-*Pilloud/de Preux*, Additional Protocols (1987), n. marg. 2104 ss. Altro deve ritenersi, per contro, riguardo alla privazione di mezzi di sussistenza diretti soltanto ai militari nemici, che costituiscono un legittimo obiettivo militare.

1209   È pure tipico l'impedimento frapposto alla produzione di alimenti, mediante la distruzione di terreni di coltura, imprese agricole e altri impianti analoghi[734]. A tal proposito, deve segnalarsi come sia punita, in particolare, la tattica del "fare terra bruciata", mediante la quale un esercito, al suo passare, distrugge tutte le risorse alimentari[735]. Un'ulteriore modalità di realizzazione del fatto, menzionata dall'art. 8 co. 2 b) xxv) St-ICC, consiste nell'impedire la prestazione dei soccorsi prevenduti dalle Convenzioni di Ginevra[736]. Da ultimo viene in considerazione, quale condotta tipica, l'inottemperanza ad un obbligo di prestare assistenza imposto dal diritto internazionale. La *Preparatory Commission*, nella fase di definizione degli EC, ha enfatizzato l'importanza di una criminalizzazione di condotte anche omissive[737]. Questa modalità di realizzazione del crimine assume rilievo, in particolare, in occasione di occupazioni di territori stranieri, posto che l'art. 69 Protocollo I impone alle forze occupanti l'obbligo di fornire l'assistenza necessaria alla popolazione civile ivi dimorante[738].

---

[734] Questi esempi vengono proposti nell'art. 54. co. 2 Protocollo I; sulla genesi degli EC, nel cui contesto, originariamente, la nozione ampia di "riduzione alla fame" avrebbe dovuto essere evidenziata in una specifica nota a pie' di pagina, v. *Frank*, in: Lee (a cura di), The International Criminal Court, Elements of Crimes and Rules of Procedure and Evidence (2001), 203.

[735] Secondo l'art. 54 co. 5 Protocollo I non si tratta tuttavia del caso in cui una delle Parti in conflitto delimiti settori del proprio territorio nazionale. La tattica della "terra bruciata" è inoltre considerata lecita, secondo la disciplina del Protocollo I, in presenza di una stringente necessità militare («imperative military necessity»): sul punto cfr. *Green*, The Contemporary Law of Armed Conflict, 2ª ed. (2000), 144; Sandoz/Swinarski/Zimmermann-*Pilloud/de Preux*, Additional Protocols (1987), n. marg. 2118 s.; *Solf*, in: Bernhardt (a cura di), Encyclopedia of Public International Law, IV (2000), 414, 415; dubbioso *Kittichaisaree*, International Criminal Law (2001), 186.

[736] Al riguardo, tra le prescrizioni più importanti sono da annoverare gli artt. 59-62 Ginevra IV, che disciplinano l'obbligo, per la Forza occupante, di lasciar passare i soccorsi volti alla cura dei civili nei territori occupati. Per dettagli, cfr. al proposito *Pictet* (a cura di), Geneva Convention IV (1958), 319 ss. Nello stesso senso si orienta l'art. 70 Protocollo I, in cui si sancisce, tra l'altro, l'obbligo di consentire l'accesso di missioni umanitarie neutrali; cfr. al riguardo, per maggiori riferimenti, Sandoz/Swinarski/Zimmermann-*Sandoz*, Additional Protocols (1987), n. marg. 2823 ss. L'art. 23 Ginevra IV contiene, inoltre, regole speciali sui soccorsi medici, ovvero rivolti a bambini e donne incinte. Qualora una delle parti belligeranti trattenga una missione di soccorso di questo tipo, appare integrato, ancora una volta, l'elemento obiettivo del crimine di riduzione alla fame dei civili.

[737] Sul punto *Frank*, in: Lee (a cura di), The International Criminal Court, Elements of Crimes and Rules of Procedure and Evidence (2001), 203 s.; la punibilità della condotta omissiva è esplicitamente affermata anche da Triffterer-*Cottier*, Rome Statute (1999), art. 8 n. marg. 223.

[738] Al riguardo, più nel dettaglio: Sandoz/Swinarski/Zimmermann-*Sandoz*, Additional Protocols (1987), n. marg. 2779 ss.

Per quel che concerne l'elemento soggettivo, oltre ai requisiti comuni del dolo (art. 30 St-ICC)[739], si richiede che il soggetto agisca con lo specifico scopo («intentionally») di affamare i civili come metodo di guerra[740]. Esulano, dunque, dall'ambito applicativo della fattispecie quelle situazioni in cui la privazione di alimenti costituisce una mera implicazione collaterale di una condotta di guerra altrimenti lecita[741].

La riduzione alla fame dei civili, mediante la distruzione di impianti, strutture e beni necessari per la sopravvivenza, in singoli casi può integrare anche gli estremi del crimine di attacco alla popolazione civile[742]. In relazione a tale gruppo di ipotesi, l'art. 8 co. 2 b) xxv) St-ICC si pone, rispetto all'art. 8 co. 2 b) i) St-ICC, come disposizione speciale[743]. Un'interferenza tra fattispecie è poi ipotizzabile, ad es., in caso di produzione dolosa di grandi sofferenze o gravi offese all'integrità fisica o alla salute, secondo l'art. 8 co. 2 a) iii) St-ICC, ovvero quando vengano a realizzarsi gli estremi di un crimine di guerra contro la proprietà[744].

2. Conflitto non internazionale

Le disposizioni dello St-ICC non disciplinano la riduzione alla fame della popolazione civile nel contesto di un conflitto armato non internazionale, nonostante che, durante le trattative di Roma, molte delegazioni avessero patrocinato un'estensione in tal senso della fattispecie[745]. Questa limitazione del precetto penale non trova alcuna giustificazione sostanziale[746] e segna un passo indietro rispetto alle più recenti acquisizioni del diritto internazionale consuetudinario[747]. Da numerosi appelli e sollecitazioni della comunità internazionale emerge, negli ultimi tempi, una *opinio iuris* riguardo al fatto che anche nei conflitti armati non inter-

---

[739] Sull'uso dei concetti "dolo" e "intent", cfr. *supra*, n. marg. 350. Sui requisiti generali dell'elemento soggettivo, cfr. *supra*, n. marg. 365 ss. nonché n. marg. 984.
[740] Cfr. EC in rel. art. 8 co. 2 b) xxv) St-ICC, n. 2.
[741] Cfr. *Frank*, in: Lee (a cura di), The International Criminal Court, Elements of Crimes and Rules of Procedure and Evidence (2001), 203, 205.
[742] *Wolfrum*, in: Fleck (a cura di), Handbuch des humanitären Völkerrechts (1994), n. 1209.
[743] Pare dubbio che la riduzione alla fame della popolazione civile sia sempre e comunque una sottofattispecie del crimine di attacco alla popolazione civile: in tale senso, tuttavia, *Dahm/Delbrück/Wolfrum*, Völkerrecht, I/3, 2ª ed. (2002), 1066.
[744] Triffterer-*Cottier*, Rome Statute (1999), art. 8 n. marg. 217. Secondo i principi del *Čelebići* Test (cfr. *supra*, n. marg. 629) dovrebbe essere normalmente riconosciuto, in casi del genere, un cumulo di fattispecie, stante le fondamentali differenze intercorrenti tra le stesse. Il cumulo potrebbe tutt'al più essere negato adottando il criterio della consunzione, peraltro inapplicato dai Tribunali *ad hoc*; cfr. al riguardo *supra*, n. marg. 630.
[745] Cfr. Triffterer-*Cottier*, Rome Statute (1999), art. 8 n. marg. 216.
[746] Cfr. anche l'art. 14 Protocollo II, e per ulteriori riferimenti al riguardo: Sandoz/Swinarski/Zimmermann-*Junod*, Additional Protocols (1987), n. marg. 4790 ss.
[747] Cfr. Begr. VStGB, 34. In questo senso anche *Dahm/Delbrück/Wolfrum*, Völkerrecht, I/3, 2ª ed. (2002), 1072; *Henckaerts/Doswald-Beck*, Customary International Humanitarian Law, vol. I (2005), 603.

nazionali debba incondizionatamente permettersi, alla popolazione civile colpita, l'accesso all'assistenza necessaria[748]. Per tale ragione, il VStGB punisce la riduzione alla fame della popolazione civile in caso di conflitto armato tanto internazionale quanto interno[749].

1213   L'art. 14 Protocollo II vieta la distruzione, la sottrazione o il danneggiamento di alimenti, terreni usati per l'agricoltura, raccolti, patrimonio zootecnico, strutture per l'approvvigionamento – e scorte – di acqua potabile, impianti per l'irrigazione. Dall'elencazione si evince che il concetto di "riduzione alla fame", in occasione di un conflitto armato non internazionale, dev'essere inteso in termini più restrittivi di quanto non valga in caso di conflitto armato internazionale. L'art. 14 Protocollo II prende in considerazione soltanto azioni che determinano un'emergenza alimentare per la popolazione civile, non invece la privazione di altri mezzi di sussistenza[750].

XIII. Utilizzo di scudi umani

1. Conflitto internazionale

1214   Ai sensi dell'art. 8 co. 2 b) xxiii) St-ICC, costituisce crimine il fatto di utilizzare civili e altre persone protette come scudi umani, in occasione di un conflitto armato internazionale. Il precetto discende dall'art. 23 co. 1 Ginevra III, dall'art. 28 Ginevra IV e dall'art. 51 co. 7 Protocollo I. La formula utilizzata nello Statuto si ispira, in particolar modo, all'ultima delle norme citate[751], ma combina il contenuto di tutte le disposizioni in questione per quanto riguarda, in particolare, l'ambito delle persone protette[752]. L'utilizzo di scudi umani non è una grave violazione delle Convenzioni di Ginevra o del Protocollo aggiuntivo.

1215   Le persone protette, in linea di principio, non possono essere oggetto d'aggressione. Anche la fattispecie incriminatrice in oggetto è funzionale, sia pure indirettamente, alla tutela della popolazione civile e degli altri soggetti protetti. Allo stesso tempo, essa costituisce il rovescio, per così dire, delle regole che proteggono in via diretta i civili: di tale protezione non si può infatti abusare per fini militari. L'uso di scudi umani non dispensa l'avversario dal rispetto delle regole del diritto internazionale umanitario; egli, in particolare, in caso di

---

[748] Cfr. UN Doc. A/RES/54/179 17 dicembre 1999 (Congo); UN Doc. A/RES/54/185 17 dicembre 1999 (Afghanistan) nonché Begr. VStGB, 34.

[749] Cfr. § 11 co. 1 n. 5 VStGB.

[750] Un orientamento analogo in Sandoz/Swinarski/Zimmermann-*Junod*, Additional Protocols (1987), n. marg. 4791.

[751] Cfr. *Frank*, in: Lee (a cura di), The International Criminal Court, Elements of Crimes and Rules of Procedure and Evidence (2001), 199, 201. Gli EC riproducono in larga parte il tenore letterale dell'art. 51 co. 7 Protocollo I.

[752] Cfr. al riguardo Triffterer-*Fenrick*, Rome Statute (1999), art. 8 n. marg. 211. L'art. 32 Ginevra III si riferisce, dunque, solo alla protezione di prigionieri di guerra, mentre l'art. 28 Ginevra IV concerne le persone protette e l'art. 51 co. 7 Protocollo I la popolazione civile. Maggiori dettagli in Sandoz/Swinarski/Zimmermann-*Pilloud/de Preux*, Additional Protocols (1987), n. marg. 1986 s.

attacco ad un bene circondato da scudi umani, resta vincolato al principio di proporzione, di tal che l'uccisione o il ferimento di un numero di civili troppo elevato può integrare, nuovamente, gli estremi di un crimine di guerra[753]. Se già durante la seconda guerra mondiale si era abusato sporadicamente di civili come scudi umani[754], più di recente è stato soprattutto il conflitto nella ex Jugoslavia ad evidenziare, in modo drammatico, l'attualità di tale fattispecie. Molte persone sono state portate a giudizio di fronte all'ICTY per il crimine in oggetto[755]. Anche nella guerra del Golfo del 1991 l'esercito iracheno trasferì persone protette in località di importanza strategica, per impedire attacchi contro queste ultime[756].

L'art. 8 co. 2 b) xxiii) St-ICC considera condotta tipica il fatto di avvalersi della presenza di un civile, o di un altro soggetto protetto, per tenere indenni dalle operazioni belliche nemiche certi siti, aree o forze militari. Con il concetto di "persona protetta", la disposizione incriminatrice si rifà alla terminologia delle Convenzioni di Ginevra e del Protocollo I. A differenza, tuttavia, dell'art. 8 co. 2 a) St-ICC, la norma non rinvia espressamente a tali fonti internazionali. Gli EC parlano di persone protette «secondo il diritto internazionale umanitario»[757]. Nella normalità dei casi, lo *status* di persona protetta potrà dedursi dalle relative disposizioni delle Convenzioni di Ginevra e del Protocollo I, ma in singoli frangenti potranno assumere rilievo ulteriori e diverse norme di diritto internazionale umanitario[758]. 1216

L'art. 51 co. 7 Protocollo I distingue due modalità di realizzazione del fatto. Da un lato, i beni che costituiscono possibili bersagli militari non devono essere collocati in un contesto protetto, al fine di trarre un vantaggio militare dal divieto di attacco a persone che godono di una particolare tutela. Dall'altro lato, i civili non devono essere utilizzati come scudo a protezione di un eventuale obiettivo militare, o per proteggere operazioni belliche. In altre parole, è indifferente che l'agente abbia portato in un ambiente protetto un determinato oggetto che egli vuole salvaguardare, ovvero abbia situato persone protette a difesa di quel bene; un'indifferenza ribadita anche negli EC[759]. La fattispecie è realizzata anche quando le persone 1217

---

[753] Cfr. Triffterer-*Fenrick*, Rome Statute (1999), art. 8 n. marg. 211.

[754] Sul punto *Pictet* (a cura di), Geneva Convention IV (1958), 208; cfr. anche British Military Court Lüneburg, 6-10 maggio 1946 (Student), in: UNWCC, Law Reports of Trials of War Criminals IV, 118 ss.

[755] ICTY, imputazione del 24 luglio 1995 (Karadžić e Mladić), §§ 46 ss.; ICTY, 3 marzo 2000 (Blaškić, TC), §§ 709 ss.; ICTY, 26 febbraio 2001 (Kordić e Čerkez, TC), § 256; l'impiego di scudi umani viene, in questo caso, qualificato dall'ICTY come crimine di guerra di trattamento crudele e disumano.

[756] Al riguardo, cfr. *Gasser*, in: Fleck (a cura di), Handbuch des humanitären Völkerrechts (1994), n. 506.

[757] EC in rel. art. 8 co. 2 b) xxiii) St-ICC, n. 1.

[758] Triffterer-*Fenrick*, Rome Statute (1999), art. 8 n. marg. 210, propone un'interpretazione secondo la quale neppure gli equipaggiamenti medici protetti potrebbero essere usati come scudo. Un tale ampliamento della fattispecie è tuttavia inammissibile.

[759] Negli EC in rel. art. 8 co. 2 b) xxiii) St-ICC, n. 1 si afferma al riguardo: «The perpetrator moved or otherwise took advantage of the location of one or more civilians [...]»; sul punto *Frank*, in: Lee (a cura di), The International Criminal Court, Elements of Crimes and Rules of Procedure

protette si spostano di propria iniziativa e di tale loro movimento una delle parti approfitta per gli scopi di cui s'è detto[760]. Si pensi, ad es., al caso in cui organizzazioni militari, per difendersi dal nemico, sfruttino una cospicua teoria di civili in fuga da uno scenario di guerra.

1218   L'elemento soggettivo è costituito, innanzitutto, dal dolo, che deve riguardare i profili costitutivi dell'elemento materiale (art. 30 St-ICC)[761]. Il soggetto agente, inoltre, deve aver realizzato la condotta tipica al fine di proteggere, avvantaggiare o rendere inaccessibile un obiettivo o un'operazione militari[762]. La prova dell'intenzionalità non sarà sempre agevole, posto che i centri di comando militari, o le industrie di guerra, si trovano sovente in agglomerati urbani abitati prevalentemente da civili, e le unità militari, in caso di conflitto, vengono fatte spesso passare per le città[763].

2. Conflitto non internazionale

1219   Lo St-ICC non qualifica come crimine di competenza della Corte il ricorso a scudi umani in caso di conflitto armato non internazionale. Tuttavia, alla stregua degli ultimi sviluppi del diritto consuetudinario – che tendono ad estendere la protezione dei civili in ogni tipo di conflitto, senza esclusioni di sorta[764] – non si comprendono le ragioni di fondo di siffatta disparità di trattamento. L'ICTY ha giustamente riconosciuto il rilievo penale internazionale dell'uso di scudi umani anche in caso di guerra interna[765]; un'analoga estensione della fattispecie è pure operata dal VStGB[766].

---

and Evidence (2001), 199 s.

[760] Lo St-ICC, al proposito, attraverso gli EC, rimanda fondamentalmente all'art. 51 co. 7 Protocollo I, che prende espressamente in considerazione uno spostamento di propria iniziativa della popolazione civile: cfr. *Frank*, in: Lee (a cura di), The International Criminal Court, Elements of Crimes and Rules of Procedure and Evidence (2001), 199 s.; sull'art. 51 co. 7 del Protocollo: Sandoz/Swinarski/Zimmermann-*Pilloud/Pictet*, Additional Protocols (1987), n. marg. 1988.

[761] Sull'uso dei concetti "dolo" e "intent", cfr. *supra*, n. marg. 350. Sui requisiti generali dell'elemento soggettivo, cfr. *supra*, n. marg. 365 ss. nonché n. marg. 984.

[762] EC in rel. art. 8 co. 2 b) xxiii) St-ICC, n. 2. Al riguardo cfr. *Frank*, in: Lee (a cura di), The International Criminal Court, Elements of Crimes and Rules of Procedure and Evidence (2001), 199, 200 s. Ad ogni modo, l'indicato profilo intenzionalità era già conosciuto dalle regole originarie del Protocollo I e dalle Convenzioni di Ginevra. Siamo di fronte ad una delimitazione dell'ambito del penalmente rilevante, di quelle cui l'art. 30 St-ICC fa espresso rinvio: cfr. *supra*, n. marg. 371 ss., 385 s.

[763] Cfr. Triffterer-*Fenrick*, Rome Statute (1999), art. 8 n. marg. 210.

[764] Cfr. *supra*, n. marg. 939 ss.

[765] ICTY, 3 marzo 2000 (Blaškić, TC), §§ 709 ss.; cfr. anche *Henckaerts/Doswald-Beck*, Customary International Humanitarian Law, vol. I (2005), 602.

[766] Cfr. § 11 co. 1 n. 4 VStGB ed in relazione ad esso: Begr. VStGB, 34.

F. Impiego di mezzi bellici proibiti

Bothe, Michael: Das völkerrechtliche Verbot des Einsatzes chemischer und biologischer Waffen (1973); *Bothe, Michael:* Chemical Warfare, in: Bernhardt, Rudolf (Hrsg.), Encyclopedia of Public International Law, I (1992), 566 ss.; *Bundscherer, Christoph:* Deutschland und das Chemiewaffenübereinkommen (1997); *Dinstein, Yoram:* Ratification and Universality, in: Bardonnet, Daniel (Hrsg.), La Convention sur l'Interdiction et l'Elimination des Armes Chimiques (1995), 151 ss.; *Goldblat, Jozef:* The Biological Weapons Convention – An overview, International Review of the Red Cross 79 (1997), 251 ss.; *Heintze, Hans-Joachim:* Nichtletale Waffen und das humanitäre Völkerrecht, in: Hasse, Jana/Müller, Erwin/Schneider, Patricia (Hrsg.), Humanitäres Völkerrecht (2001), 264 ss.; *Kunz, Josef L.:* Gaskrieg und Völkerrecht, Zeitschrift für öffentliches Recht 6 (1927), 73 ss.; *Rauch, Elmar:* Biological Warfare, in: Bernhardt, Rudolf (Hrsg.), Encyclopedia of Public International Law, I (1992), 404 ss.; *Rauschning, Dietrich:* Nuclear Warfare and Weapons, in: Bernhardt, Rudolf (Hrsg.), Encyclopedia of Public International Law, III (1997), 730 ss.; *Ronzitti, Natalino:* Relations between the Chemical Weapons Convention and Other Relevant International Norms, in: Bardonnet, Daniel (Hrsg.), La Convention sur l'Interdiction et l'Elimination des Armes Chimiques (1995), 167 ss.; *Weber, Hermann:* Kernwaffen und das humanitäre Völkerrecht, in: Hasse, Jana/Müller, Erwin/Schneider, Patricia (Hrsg.), Humanitäres Völkerrecht (2001), 247 ss.

I. Introduzione

Già in un primo stadio di sviluppo del diritto internazionale umanitario, gli Stati riconoscevano che l'uso di certe armi – pure adatte a sostenere efficacemente lo scontro col nemico – dovesse essere limitato, in ragione della gravità dei loro effetti sui soldati colpiti o sulla popolazione[767]. Accanto ad alcuni divieti speciali rinvenibili in numerosi strumenti internazionali, aventi ad oggetto singole armi[768], si svilupparono alcuni principi fondamentali in tema di mezzi bellici proibiti: non possono, in particolare, essere utilizzati strumenti destinati a produrre sofferenze superflue o ad operare, per loro stessa natura, in modo indiscriminato, nel senso che la loro nocività non può essere circoscritta al solo ambito dei combattenti nemici. Tali regole vennero codificate negli artt. 23 e) Regole dell'Aja e 35 co. 2, così come 51 co. 4 Protocollo I.

---

[767] Maggiori dettagli al proposito *supra*, n. marg. 903 ss.

[768] Cfr. ad es. la Dichiarazione di San Pietroburgo del 1868 (*Declaration Renouncing the Use, in Times of War, of Explosive Projectiles under 400 Grammes Weight*, del 29 novembre/11 dicembre 1868, riportata in: *Schindler/Toman* (a cura di), The Laws of Armed Conflicts (1973), 95 ss.), il Protocollo sui gas velenosi del 1925 (*Protocol for the Prohibition of the Use in War of Asphyxiating, Poisonous or Other Gases, and of Bacteriological Methods of Warfare* del 17 giugno 1925 [sottoscrizione e ratifica da parte dell'Italia 11 dicembre 1868, *N.d.T.*]), la Convenzione sulle armi biotossiche del 1972 (*Convention on the Prohibition of the Development, Production and Stockpiling of Bacteriological (Biological) and Toxin Weapons and on Their Destruction* del 10 aprile 1972 [sottoscritta dall'Italia il 10 aprile 1972, ratificata il 30 maggio 1975, *N.d.T.*]) così come la Convenzione ONU sulle armi con i suoi cinque Protocolli (*Convention on Prohibitions or Restrictions on the Use of Certain Conventional Wapons Which May be Deemed to be Excessively Injurious or to Have Indiscriminate Effects* del 10 ottobre 1980 [sottoscritta dall'Italia, con riserva, il 10 aprile 1981, ratificata il 10 gennaio 1995, *N.d.T.*]).

1222   Le regole dello St-ICC relative al crimine di guerra di impiego di mezzi bellici proibiti sono il risultato di un compromesso politico. Durante le trattative per la redazione dello Statuto si discusse in modo molto acceso, in particolare, della necessità di vietare il ricorso ad armi nucleari, chimiche e biologiche[769]. Alla fine si convenne di proibire, in linea di massima, soltanto l'uso di veleni[770], di gas velenosi[771] e di certe tipologie di munizioni[772]. Con tali previsioni si compie un passo indietro rispetto allo *standard* di tutela da tempo garantito dal diritto internazionale. L'art. 8 co. 2 b) xx) St-ICC criminalizza, nondimeno, anche l'impiego di strumenti di guerra capaci di provocare ferite o dolori superflui, o per loro natura destinati ad operare indiscriminatamente, così recependo le regole generali di cui si è detto. Sennonché, l'art. 8 co. 2) b) xx) St-ICC richiede un ulteriore presupposto: i mezzi bellici in questione devono essere indicati in una lista (ancora) da redigere da parte dell'Assemblea degli Stati-Parte dello St-ICC. In altri termini, si tratta di una fattispecie in un certo senso congelata, almeno fino al momento in cui, attraverso la lunga e complessa procedura di modifica dello Statuto[773], non verrà adottata la suddetta lista di proibizioni[774].

1223   Tutte le disposizioni incriminatrici cui s'è fatto cenno hanno in comune il fatto di punire già il solo utilizzo degli strumenti di guerra, in quanto tale. Non si richiede che, in concreto, venga provocata la morte, il ferimento o la messa in pericolo di taluno; secondo i parametri consueti nella penalistica tedesca [ma anche, volendo, in quella italiana, *N.d.T.*], si tratta, insomma, di fattispecie di pericolo astratto. Tutte le regole sui mezzi bellici proibiti vengono riferite dallo St-ICC ai soli conflitti armati internazionali: un'involuzione rispetto al diritto internazionale consuetudinario (su questo cfr. *infra*, III).

II. Conflitto internazionale (diritto penale statutario)

1. Utilizzo di veleno o di armi velenose

1224   L'art. 8 co. 2 b) xvii) St-ICC sanziona penalmente l'impiego di veleni o armi velenose. L'art. 3 a) St-ICTY contiene una regola corrispondente. La formulazione della norma si ispira all'art. 23 a) Regole dell'Aja. Ad essere punito è qualsiasi uso di veleno in un confronto bellico. Non è rilevante se la sostanza venga adoperata come tale, o unitamente ad un'arma, perché ad es. applicata su pallottole o all'in-

---

[769] Per dettagli cfr. *von Hebel/Robinson*, in: Lee (a cura di), The International Criminal Court, The Making of the Rome Statute (1999), 79, 113 ss.; *Kirsch/Holmes* AJIL 93 (1999), 2, 7 s.; Triffterer-*Cottier*, Rome Statute (1999), art. 8 n. marg. 179 ss.
[770] Cfr. art. 8 co. 2 b) xvii) St-ICC.
[771] Cfr. art. 8 b) xviii) St-ICC.
[772] Cfr. art. 8 co. 2 b) xix) St-ICC.
[773] Artt. 121 e 123 St-ICC.
[774] Critico al riguardo *Cassese*, International Criminal Law (2003), 60.

terno di munizioni[775]. Il rilievo penale internazionale del fatto dipende soltanto dall'*an*, non dal *quomodo* dell'utilizzo del veleno. Non è invece penalmente tipica la produzione o lo stoccaggio di materiale velenoso.

Il divieto contenuto nell'art. 8 co. 2 b) xvii) St-ICC non conosce eccezioni. La condotta è dunque punibile anche quando le forze nemiche e la popolazione civile siano stati previamente allertati, in modo che si possa escludere, con grande probabilità, l'effettivo verificarsi di un pericolo[776]. Il ricorso al veleno non può essere giustificato neppure allegando necessità militari[777]. 1225

Come elemento soggettivo si richiede il dolo (art. 30 St-ICC)[778]. 1226

a) Nozione di "veleno"

Gli EC intendono, per «veleno», quelle sostanze che, per le loro proprietà tossiche, nella normalità dei casi possono provocare gravi danni alla salute, o la morte[779]. Gli EC adottano, dunque, una nozione assai circoscritta di veleno, dalla quale restano esclusi prodotti i cui effetti dannosi colpiscono soltanto l'ambiente o gli animali, o che provocano soltanto danni alla salute di minor rilievo[780]. 1227

La lettura riduttiva avallata dagli EC appare tutt'altro che indiscutibile, se soltanto si pone mente alla norma di diritto internazionale umanitario che sta a fondamento di quella ora in discussione[781]. Talora si propone un concetto più esteso di veleno, comprensivo anche di sostanze che provocano all'uomo danni soltanto passeggeri o limitati (come, ad es., i cosiddetti *incapacitating agents* o gas lacrimogeni), ovvero producono danni ambientali[782]. Poiché, tuttavia, la violazione del divieto di utilizzo di veleno costituisce un crimine internazionale gravemente sanzionato, l'interpretazione degli EC è da condividere[783]. V'è da aggiungere che la limitazione 1228

---

[775] Cfr. gli EC in rel. art. 8 co. 2 b) xvii), n. 1: «The perpetrator employed a substance or a weapon that releases a substance [...]».
[776] British Military Manual, The Law of War on Land being Part III of the Manual of Military Law (1958), 42; *Kittichaisaree*, International Criminal Law (2001), 177; dubbioso *McDougal/Feliciano*, The International Law of War (1994), 619 s.
[777] Sulla necessità militare, in generale, cfr. *supra*, n. marg. 571, 573.
[778] Sull'uso dei concetti di "dolo" e "intent", cfr. *supra*, n. marg. 350. Sui requisiti generali dell'elemento soggettivo, cfr. *supra*, n. marg. 365 ss. come pure n. marg. 984.
[779] EC in rel. art. 8 co. 2 b) xvii), n. 2.
[780] Problematicamente *Bothe*, in: Cassese/Gaeta/Jones (a cura di), Rome Statute, I (2002), 379, 407.
[781] L'art. 2 co. 2 Convenzione sulle armi chimiche [cfr. *infra*, nota 791, *N.d.T.*] prende in considerazione, ad esempio, anche sostanze i cui effetti tossici colpiscono (soltanto) gli animali.
[782] Cfr. ad es. *Bothe*, Das völkerrechtliche Verbot des Einsatzes chemischer und biologischer Waffen (1973), 16 s.; diversamente, ad es., *Kunz*, Zeitschrift für öffentliches Recht 6 (1927), 73, 103; *McDougal/Feliciano*, The International Law of War (1994), 636 s.; *Meyrowitz*, Annuaire Français de Droit International 10 (1964), 89 s.; con particolare riferimento all'ammissibilità dell'impiego di sostanze irritanti da parte delle forze armate federali tedesche: *Kessler*, Humanitäres Völkerrecht-Informationsschriften 2005, 4 ss.
[783] Sull'elaborazione degli EC riguardo a tale questione: *Dörmann*, in: Fischer/Kreß/Lüder (a cura

dell'ambito applicativo della fattispecie alle sole sostanze che causano gravi conseguenze è più conforme al principio di determinatezza[784]. Non rientrano nel concetto di veleno ulteriori strumenti, che operano ai danni dell'uomo non in quanto tossici, ma per via fisico-termica o attraverso radiazioni[785]. In ogni caso, il divieto non riguarda armi i cui effetti tossici sono soltanto accessori e sostanzialmente privi di significato al confronto delle conseguenze lesive principalmente prodotte[786].

b) I gas velenosi sono "veleno"?

1229 Si discute se il divieto di ricorso al veleno riguardi pure l'uso di gas velenosi. A prima vista, un dubbio del genere non avrebbe motivo di porsi, dato che anche questi strumenti di guerra sprigionano effetti tossici. A sostegno del denegato rilievo di tali sostanze vengono proposte, peraltro, ragioni soprattutto storiche. La proibizione dei veleni, di cui all'art. 23 a) Regole dell'Aja, avrebbe codificato il diritto internazionale consuetudinario, il quale, tuttavia, non avrebbe potuto stabilire alcuna regola riguardo alle moderne sostanze belliche, come i gas velenosi, per il semplice fatto che le stesse non erano, allora, ancora conosciute[787]. A conti fatti, la questione appare oggi irrilevante per il diritto internazionale, giacché l'art. 8 co. 2 b) xviii) St-ICC contiene una speciale clausola precisamente volta a vietare il ricorso ai gas («impiego [...] di gas [...] velenosi»). In sostanza, la fattispecie dell'art. 8 co. 2 b) xvii) St-ICC si estende all'avvelenamento di sostanze alimentari, munizioni e ad altre simili modalità di comportamento, mentre l'art. 8 co. 2 b) xviii) St-ICC riguarda l'utilizzo di gas bellici[788].

---

di), International and National Prosecution of Crimes under International Law (2001), 95, 128 s.

[784] Cfr. *Garraway*, in: Lee (a cura di), The International Criminal Court, Elements of Crimes and Rules of Procedure and Evidence (2001), 178.

[785] Sul problema delle armi atomiche: ICJ, advisory opinion 8 luglio1996 (Legality of the Threat or Use of Nuclear Weapons), ICJ Reports 1996, 226, § 55; sul punto cfr. anche le considerazioni *infra*, n. marg. 1242.

[786] Cfr. *Oeter*, in: Fleck (a cura di), Handbuch des humanitären Völkerrechts (1994), n. 434. Un caso particolare, sempre più discusso negli ultimi tempi, riguarda l'utilizzo di munizioni antiblindato contenenti uranio: v. *Tischler*, Der Internationale Gerichtshof zwischen Recht und Politik (2001), 54 ss. Si sospetta che le leghe di uranio di cui si compongono questi proiettili provochino danni di lungo periodo a chi con esse sia venuto in contatto. Sinora, v'è da dire, non si è ancora riusciti a dimostrare, con adeguata certezza, l'effetto tossico delle armi in questione: già solo per tale ragione deve negarsi la punibilità del loro impiego. Comunque, il rilievo delle munizioni all'uranio per lo St-ICC appare in ogni caso dubbio, dato che scopo primario del loro utilizzo non è l'avvelenamento di uomini, ma l'attacco a mezzi blindati. Come già si è osservato, meri effetti collaterali di per sé non consentono di qualificare un'arma come "velenosa".

[787] Un'ampia dimostrazione in *Bothe*, Das völkerrechtliche Verbot des Einsatzes chemischer und biologischer Waffen (1973), 5 ss. così come *Detter*, The Law of War, 2ª ed. (2000), 252 ss.; cfr. altresì *Oeter*, in: Fleck (a cura di), Handbuch des humanitären Völkerrechts (1994), n. 434, che vede, nel Protocollo sui gas velenosi, soltanto una conferma di un già vigente divieto di gas velenosi.

[788] La regola si fa più evidente nel VStGB, che distingue, nel § 12 co. 1 n. 1 e 2, tra l'impiego di veleno e l'utilizzo di armi biologiche e chimiche; cfr. sul punto *Werle/Nerlich*, Humanitäres Völkerrecht-Informationsschriften 2002, 124, 133.

c) Armi di distruzione di massa chimiche e biologiche

È da chiarire se il divieto di utilizzo di sostanze velenose si riferisca anche alle armi biologiche e chimiche di distruzione di massa[789]. Lo St-ICC non contiene, al riguardo, alcun divieto espresso, per quanto nella Conferenza di Roma fossero emerse alcune specifiche proposte di regolamentazione[790], riferite alla *Chemical Weapons Convention* del 1993[791] ed alla *Biological and Toxin Weapons Convention* del 1972[792]. Per contro, gli strumenti di distruzione di massa sono prese in considerazione dall'art. 8 b) xx) St-ICC – ove si sanziona penalmente l'uso di armi dagli effetti indiscriminati – che tuttavia è norma non ancora operativa. La disciplina, così atteggiata, è il frutto di un compromesso tra le parti contraenti: poiché la proposta di proibire l'uso di armi nucleari naufragò per l'opposizione delle potenze nucleari, anche il ricorso ad altre armi di distruzione di massa non poteva essere direttamente ed immediatamente criminalizzato. Si decise, piuttosto, di posticipare la valutazione della questione inerente al rilievo penale di questi mezzi bellici[793]. In conclusione, sia l'argomento sistematico che quello storico contraddicono l'idea di estendere l'art. 8 co. 2) b) xvii) St-ICC alle armi chimiche e biologiche di distruzione di massa: un risultato ermeneutico obbligato, che tuttavia suscita rammarico per le sue implicazioni politico-legali internazionali. L'uso di armi biologiche o chimiche di distruzione di massa è comunque criminoso secondo il diritto internazionale consuetudinario[794].

2. Utilizzo di gas velenosi e sostanze simili

L'art. 8 co. 2 b) xviii) St-ICC, basandosi sul Protocollo di Ginevra sui gas velenosi del 1925[795], proibisce il ricorso a strumenti di guerra dagli effetti asfissianti, velenosi o di analoga natura. Gli EC configurano la fattispecie in modo da renderla più somigliante a quella in tema di sostanze velenose; la realizza colui che ricorre all'uso di gas, liquidi o sostanze idonei, per le loro proprietà asfissianti o tossiche, a provocare la morte o gravi danni alla salute[796]. Non è dunque penalmente tipico l'impiego di gas irritanti, nella misura in cui gli stessi non producono alcun significativo danno alla salute. Questa interpretazione restrittiva è controversa, riguardo

---

[789] Sul concetto di arma di distruzione di massa: *Detter*, The Law of War, 2ª ed. (2000), 234 ss.
[790] Cfr. le argomentazioni di *von Hebel/Robinson*, in: Lee (a cura di), The International Criminal Court, The Making of the Rome Statute (1999), 79, 113 ss.
[791] *Convention on the Prohibition of the Development, Production, Stockpiling and Use of Chemical Weapons and on their Destruction* del 13 gennaio 1993 [sottoscritta dall'Italia il 13 gennaio 1993, strumenti di ratifica depositati l'8 dicembre 1995, entrata in vigore per il nostro Paese il 29 aprile 1997, N.d.T.]. Su tale Convenzione cfr. anche *infra*, n. marg. 1243.
[792] [Cfr. *supra*, nota 768, *N.d.T.*]. Su tale Convenzione cfr. anche *infra*, n. marg. 1246.
[793] Cfr. *von Hebel/Robinson*, in: Lee (a cura di), The International Criminal Court, The Making of the Rome Statute (1999), 79, 116.
[794] Cfr. *infra*, n. marg. 1243 ss., 1246 ss.
[795] [Cfr. *supra*, nota 768, *N.d.T.*].
[796] EC in rel. art. 8 co. 2 b) xviii) St-ICC, n. 2.

alla disposizione del Protocollo sui gas velenosi del 1925 che dà fondamento alla norma in esame[797], ma appare invece congrua nel quadro del diritto internazionale penale, poiché, in tal caso, non si tratta di una regola di comportamento indirizzata soltanto agli Stati, ma di un divieto penalmente sanzionato.

1232 Anche ai fini dell'applicazione della fattispecie in oggetto si pone la questione dell'eventuale rilevanza delle moderne armi chimiche. Per la soluzione negativa militano, ancora una volta, ragioni di carattere storico e sistematico, giacché una lettura estensiva della disposizione finirebbe con l'eludere il compromesso raggiunto nella formulazione dell'art. 8 co. 2 b) xx) St-ICC. Il chiaro tenore letterale dell'art. 8 co. 2 b) xviii) St-ICC e l'interpretazione estensiva, sostanzialmente unanime, del Protocollo sui gas velenosi del 1925 che di tale disposizione costituisce il diretto antecedente[798], non consentono, tuttavia, di escludere i moderni strumenti di guerra dall'ambito applicativo della fattispecie criminosa[799]. Il compromesso raggiunto nella Conferenza di Roma viene, in tal modo, sostanzialmente vanificato[800].

1233 Al contrario, le armi biologiche non costituiscono oggetto della disposizione dell'art. 8 co. 2 b) xviii) St-ICC: lo si deduce dal processo di formazione e dalla sistematica della regolamentazione in materia, complessivamente considerata[801]. Il Protocollo sui gas velenosi del 1925 estende il divieto di utilizzo di questi gas alla

---

[797] Al riguardo, v. *Boserup*, in: Stockholm International Peace Research Institute (a cura di), The Problem of Chemical and Biological Warfare, vol. 3 (1973), 57 ss.; *Detter*, The Law of War, 2ª ed. (2000), 255 ss.; *Ronzitti*, in: Bardonnet (a cura di), La Convention sur l'Interdiction et l'Elimination des Armes Chimiques (1995), 167, 173; cfr. inoltre *Bundscherer*, Deutschland und das Chemiewaffenübereinkommen (1997), 52. In ogni caso, l'impiego di gas lacrimogeni nei conflitti armati è espressamente proibito dal combinato disposto degli artt. 1 co. 5 e 2 co. 7 della Convenzione sulle armi chimiche. Un divieto di uso di gas urticanti si rinviene nella risoluzione ONU del 16 dicembre 1969, UN Doc. A/RES/24/2603. In una nota a piè di pagina degli EC è chiarito che l'interpretazione ivi accolta non è volta ad ostacolare ulteriori sviluppi del diritto internazionale in tema di mezzi bellici proibiti: la precisazione risponde alle preoccupazioni di alcune delegazioni, cfr. *Garraway*, in: Lee (a cura di), The International Criminal Court, Elements of Crimes and Rules of Procedure and Evidence (2001), 179 s.

[798] Cfr. *Bothe*, Das völkerrechtliche Verbot des Einsatzes chemischer und biologischer Waffen (1973), 23 ss.; *Dörmann*, in: Fischer/Kreß/Lüder (a cura di), International and National Prosecution of Crimes under International Law (2001), 95, 128 ss.; *Garraway*, in: Lee (a cura di), The International Criminal Court, Elements of Crimes and Rules of Procedure and Evidence (2001), 179.

[799] Analogamente *Bothe*, in: Cassese/Gaeta/Jones (a cura di), Rome Statute, I (2002), 379, 407; Triffterer-*Cottier*, Rome Statute (1999), art. 8 n. marg. 183. Anche il legislatore tedesco muove dal presupposto che l'art. 8 co. 2 b) xviii) St-ICC prenda in considerazione le armi chimiche; cfr. Begr. VStGB, 35.

[800] Triffterer-*Cottier*, Rome Statute (1999), art. 8 n. marg. 183, sospetta che alcune delle delegazioni presenti alla Conferenza di Roma non fossero consapevoli di questa interpretazione del Protocollo sui gas velenosi del 1925.

[801] Cfr. Triffterer-*Cottier*, Rome Statute (1999), art. 8 n. marg. 183 nota 311; *Dahm/Delbrück/Wolfrum*, Völkerrecht, I/3, 2ª ed. (2002), 1065. Il legislatore tedesco, a tal riguardo, ispirandosi al diritto internazionale consuetudinario (al proposito cfr. anche *infra*, n. marg. 1246 s.), con riferimento al § 12 co. 1 n. 2 VStGB ha seguito una diversa strada; cfr. anche Begr. VStGB, 35.

conduzione di una guerra batteriologica e, con ciò, alle armi biologiche[802]: un passaggio del Protocollo che, tuttavia, non viene ripetuto nello St-ICC.

Quanto ad elemento soggettivo, si richiede il dolo (art. 30 St-ICC)[803]. È al riguardo sufficiente che il soggetto agisca con un *indirect intent*[804].

1234

3. Uso di proiettili proibiti

L'art. 8 co. 2 b) xix) St-ICC sanziona penalmente l'utilizzo di proiettili che si espandono o si appiattiscono facilmente nel corpo umano. Come esempio di munizioni vietate vengono richiamati i proiettili con l'involucro duro che non ricopre interamente il nucleo, o quelli perforati ad intaglio (cd. proiettili "dum dum"). Il precetto deriva dalla *Declaration on the Use of Bullets Which Expand or Flatten Easily in the Human Body* del 29 luglio 1899[805]. È irrilevante che la munizione sia fabbricata sin dall'origine con tali caratteristiche tecniche, ovvero si tratti di una munizione convenzionale in seguito modificata "artigianalmente"[806]. È decisivo unicamente il fatto che gli effetti lesivi risultino sensibilmente incrementati, in confronto a quelli derivanti dall'uso di un normale proiettile. La disposizione è una applicazione della generale proibizione di strumenti bellici che provocano sofferenze inutili[807].

1235

È assai discusso quali munizioni costituiscano oggetto del divieto, al di là di quelle richiamate come esempio nell'art. 8 b) xix) St-ICC[808]. Ai fini dell'applicazione della disposizione incriminatrice nel singolo caso, è da stabilire se la munizione utilizzata provochi gli effetti indicati e se risulti proibita alla stregua di qualche norma di diritto internazionale[809].

1236

Si richiede il dolo (art. 30 St-ICC)[810]. I requisiti psicologici rilevanti sono precisati dagli EC; è necessaria, in particolare, esser consapevoli della particolare pericolosità della munizione utilizzata[811].

1237

---

[802] Cfr. il co. 5 del Protocollo sui gas velenosi del 1925.
[803] Sull'uso dei concetti di "dolo" e "intent", cfr. *supra*, n. marg. 350.
[804] Sui requisiti generali dell'elemento soggettivo, cfr. *supra*, n. marg. 365 ss. nonché n. marg. 984. Riguardo alle ricadute della più recente giurisprudenza dell'ICTY sulla configurazione dell'elemento soggettivo, cfr. *supra*, n. marg. 355 s.
[805] Cfr. <http://www.yale.edu/lawweb/avalon/lawofwar/dec99-03.htm>.
[806] Cf. Triffterer-*Cottier*, Rome Statute (1999), art. 8 n. marg. 184.
[807] Cfr. *Bothe*, in: Cassese/Gaeta/Jones (a cura di), Rome Statute, I (2002), 379, 408; *Oeter*, in: Fleck (a cura di), Handbuch des humanitären Völkerrechts (1994), n. 407.
[808] Casi dubbi sono, ad es., l'impiego di munizioni a pallini o dei cd. proiettili ad alta velocità, cfr. *Detter*, The Law of War, 2ª ed. (2000), 231 s.; *Oeter*, in: Fleck (a cura di), Handbuch des humanitären Völkerrechts (1994), n. 407.
[809] Cfr. anche *Dörmann*, Elements of War Crimes (2002), 295 ss., nonché *Coupland/Loye*, International Review of the Red Cross 85 (2003), 135, 139 ss.
[810] Sull'uso dei concetti di "dolo" e "intent", cfr. *supra*, n. marg. 350. Sui requisiti generali dell'elemento soggettivo, cfr. *supra*, n. marg. 365 ss. nonché n. marg. 984.
[811] EC in rel. art. 8 co. 2 b) xix) St-ICC, n. 3: «The perpetrator was aware that the nature of the bullets was such that their employment would uselessly aggravate suffering or the wounding effect». Ulteriori riferimenti in *Garraway*, in: Lee (a cura di), The International Criminal Court, Elements of

4. La clausola generale dell'art. 8 co. 2 b) xx) St-ICC

1238   Le proibizioni di cui agli artt. 8 co. 2 b) xvii)-xix) St-ICC sono tutte ispirate da un'unica *ratio*: nei conflitti armati internazionali non è consentito il ricorso a strumenti bellici che producono sofferenze superflue o i cui effetti non sono dominabili e, dunque, risultano indiscriminati. Questo divieto basilare del diritto internazionale umanitario ha trovato espressione soprattutto negli artt. 23 e) Regole dell'Aja, 35 co. 2 e 51 co. 4 Protocollo I e nell'art. 3 a) St-ICTY[812], ed è stato infine recepito dall'art. 8 co. 2 b) xx) St-ICC, che contiene una clausola generale stando alla quale costituisce crimine di guerra l'uso di «armi, proiettili, materiali e metodi di combattimento con caratteristiche tali da cagionare lesioni superflue o sofferenze non necessarie, o che colpiscano per loro natura in modo indiscriminato in violazione del diritto internazionale dei conflitti armati»[813].

1239   Il divieto di strumenti bellici che provocano particolari sofferenze è volto prima di tutto a proteggere i soggetti direttamente coinvolti nelle ostilità; il divieto di strumenti bellici dagli effetti indiscriminati, per contro, soprattutto coloro che a tali ostilità non partecipano. Quali mezzi di guerra siano specificamente proibiti lo si deve valutare volta per volta; v'è dunque un margine di indeterminatezza della fattispecie, cui l'art. 8 co. b) xx) St-ICC pone in parte rimedio, rinviando ad una lista in cui dovranno essere elencati gli strumenti bellici rilevanti. Ne deriva, peraltro, l'impossibilità di prevedere il momento in cui la fattispecie risulterà applicabile, dato che la lista in questione deve essere redatta mediante il laborioso processo di modifica dello Statuto[814]. Altro requisito della fattispecie di cui all'art. 8 co. 2 b) xx) St-ICC, dal significato poco chiaro, è che lo strumento di guerra utilizzato sia oggetto di un «generale divieto d'uso». L'inserimento di uno strumento bellico nella lista di cui si è detto dovrebbe, già di per sé, costituire indicazione adeguata dell'esistenza di un divieto generalizzato[815].

Crimes and Rules of Procedure and Evidence (2001), 181 s. Era in particolare da evitare la punibilità di soldati che ricevano in consegna le munizioni vietate e le utilizzino senza conoscerne le proprietà, cfr. *Kittichaisaree*, International Criminal Law (2001), 179.

[812] Cfr. *Oeter*, in: Hasse/Müller/Schneider (a cura di), Humanitäres Völkerrecht (2001), 78, 81, 83 ss.

[813] *Bothe*, in: Cassese/Gaeta/Jones (a cura di), Rome Statute, I (2002), 379, 408 s.; Triffterer-*Cottier*, Rome Statute (1999), art. 8 n. marg. 186.

[814] Secondo l'art. 121 co. 1 St-ICC, le relative proposte di modifica non possono essere presentate prima che siano decorsi sette anni dall'entrata in vigore dello St-ICC, il che significa soltanto dopo il 30 giugno 2009. L'adozione della lista presuppone poi, a mente dell'art. 121 co. 2-4 St-ICC, una maggioranza qualificata, e diviene vincolante solo quando sette ottavi degli Stati-Parte abbiano ratificato.

[815] Triffterer-*Cottier*, Rome Statute (1999), art. 8 n. marg. 187.

III. Conflitto internazionale (diritto internazionale consuetudinario)

Lo St-ICC non prende in considerazione tutti i casi di ricorso criminoso a mezzi bellici proibiti nei conflitti armati internazionali, soprattutto perché la clausola generale dell'art. 8 co. 2 b) xx) St-ICC – come si è appena precisato – non è ancora operativa. Dobbiamo perciò domandarci in quale misura, in quei conflitti, l'uso di ulteriori e diversi strumenti offensivi sia da ritenersi penalmente rilevante alla stregua del diritto internazionale consuetudinario. 1240

Punto di partenza di qualsiasi divieto in materia sono le già considerate proibizioni di mezzi bellici dagli effetti indiscriminati o produttivi di inutili sofferenze, codificate negli artt. 23 e) Regole dell'Aja e 35 co. 2 così come 51 co. 4 b) Protocollo I. Si tratta di disposizioni formulate in termini molto generici, dunque scarsamente utilizzabili per le finalità proprie del diritto internazionale penale, ma che sono oggetto di specificazione riguardo ad un certo numero di mezzi bellici. Nel prosieguo si tratterà della possibilità di individuare, nel diritto internazionale penale, un divieto di utilizzo degli strumenti offensivi più significativi. Ai fini di tale verifica, due sono i passi da compiere: in primo luogo bisogna accertare se, relativamente al singolo armamentario, esiste una proibizione desumibile dal diritto internazionale consuetudinario o dai trattati internazionali; in secondo luogo, è da verificare la rilevanza internazionale penale della proibizione eventualmente riscontrata[816]. 1241

1. Armi nucleari

Il rilievo giuridico-internazionale dell'uso di armi nucleari è particolarmente controverso. Una prima, possibile indicazione dell'esistenza di un divieto in materia è offerta dalla proibizione dei veleni di cui alle Regole dell'Aja e al Protocollo sui gas velenosi del 1925[817]. Numerose Convenzioni internazionali, inoltre, limitano la diffusione e la produzione di armi nucleari[818]. Sennonché, le potenze nucleari 1242

---

[816] In generale, sulla struttura del crimine di guerra, cfr. *supra*, n. marg. 931.

[817] L'ICJ non ritiene che, in casi del genere, assuma rilievo il divieto di veleni o gas velenosi, giacché l'effetto primario delle armi atomiche non è volto all'avvelenamento: cfr. ICJ, advisory opinion 8 luglio 1996 (Legality of the Threat or Use of Nuclear Weapons), ICJ Reports 1996, 226, § 55; cfr. anche *Rauschning*, in: Bernhardt (a cura di), Encyclopedia of Public International Law, vol. 4 (2000), 730, 733 s.

[818] Ad es. il *Treaty Banning Nuclear Weapon Tests in the Atmosphere, Outer Space and Under Water*, del 5 agosto 1963, 480 UNTS (1963), 43; il *Treaty on Principles Governing the Activities of States in the Exploration and Use of Outer Space, Including the Moon and Other Celestial Bodies* (Trattato sullo spazio esterno) del 27 gennaio 1967, 610 UNTS (1967), 205; il *Treaty for the Prohibition of Nuclear Weapons in Latin America* del 14 febbraio 1967, ILM 6 (1967), 521 ss.; il *Treaty on the Non-Proliferation of Nuclear Weapons* del 1° luglio 1968, 729 UNTS (1968), 169; il *Treaty on the Prohibition of the Emplacement of Nuclear Weapons and Other Weapons of Mass Destruction on the Sea Bed and the Ocean Floor and in the Subsoil thereof* (Trattato sul fondo marino) dell'11 febbraio 1971, 955 UNTS (1971), 115; il *South Pacific Nuclear Free Zone Treaty*, del 6 agosto 1985, ILM 24 (1985), 1440 ss.; il *Treaty Between the United States of America and The Union of Soviet Socialist Republics on the Elimina-*

insistono col dire che l'uso di tali armi non è oggetto, *per se*, di un divieto internazionale. Anche la ICJ, in un controverso parere del 1996, è giunta alla conclusione che il ricorso ad armi nucleari possa ritenersi lecito, in presenza di certe condizioni molto restrittive[819]. Non si può perciò affermare l'esistenza, al proposito, di un divieto generalmente riconosciuto come consuetudinario[820]. L'utilizzo di armi nucleari costituirà tuttavia, normalmente, una violazione del divieto di ricorso ad armi dagli effetti indiscriminati, come tale punibile. Per vero, le proibizioni di rilievo internazionale consuetudinario aventi ad oggetto strumenti bellici riguardano, in linea di principio, anche le armi nucleari[821].

2. Armi chimiche

1243 Ai sensi dell'art. 1 co. 1 c) della Convenzione sulle armi chimiche del 13 gennaio 1993[822], l'utilizzo di armi chimiche è vietato in ogni circostanza. La Convenzione è stata sottoscritta da 188 Stati e ratificata da 182, tra i quali gli USA e la Russia[823]; il divieto di armi chimiche incorpora una corrispondente consuetudine internazionale[824]. Non vi sono dunque dubbi circa la vigenza della norma primaria, vale a dire riguardo all'esistenza di una proibizione internazionale di impiego di questi mezzi bellici.

1244 La situazione del diritto vigente appare chiara anche con riferimento alla norma secondaria, dalla quale si deduce il rilievo criminoso, secondo il diritto internazionale consuetudinario, di una violazione del divieto in questione. Come già si è evidenziato, gli Stati, durante la Conferenza di Roma, non riuscirono a trovare un accordo riguardo all'inclusione, nello Statuto, delle armi chimiche[825]. Oggetto

---

tion of Their Intermediate-Range and Shorter-Range Missiles (Trattato INF) 8 dicembre 1987, ILM 27 (1987), 84 ss.; il *Treaty on the Final Settlement with respect to Germany* (accordo "due più quattro") del 12 settembre 1990, ILM 29 (1990), 1186 ed il *Treaty on the Reduction and Limitation of American and Soviet Strategic Offensive Arms* (1° Trattato START) del 31 luglio 1991, con il Protocollo di Lisbona del 23 maggio 1992.

[819] ICJ, advisory opinion 8 luglio 1996 (Legality of the Threat or Use of Nuclear Weapons), ICJ Reports 1996, 226. Dettagliatamente, al riguardo: *Tischler*, Der Internationale Gerichtshof zwischen Politik und Recht (2001).

[820] Sugli sforzi del Comitato Internazionale della Croce Rossa riguardo alle armi nucleari, cfr. *Bugnion*, International Review of the Red Cross 87 (2005), 511 ss.

[821] ICJ, advisory opinion 8 luglio 1996 (Legality of the Threat or Use of Nuclear Weapons), ICJ Reports 1996, 226, §§ 85 ss.; cfr. anche *Oeter*, in: Fleck (a cura di), Handbuch des humanitären Völkerrechts (1994), n. 429; Sandoz/Swinarski/Zimmermann-*Pilloud/Pictet*, Additional Protocols (1987), n. marg. 1843.

[822] [Cfr. *supra*, nota 791, *N.d.T.*].

[823] Stato: aprile 2007.

[824] Cfr. *Dinstein*, in: Bardonnet (a cura di), La Convention sur l'Interdiction et l'Elimination des Armes Chimiques (1995), 151, 162 s.; sullo stato del diritto prima dell'entrata in vigore della Convenzione sulle armi chimiche, cfr. *Oeter*, in: Fleck (a cura di), Handbuch des humanitären Völkerrechts (1994), n. 434 ss.

[825] Cfr. *supra*, n. marg. 1222, 1230 e Triffterer-*Cottier*, Rome Statute (1999), art. 8 n. marg.

di diatriba non era però, propriamente, la punibilità penale internazionale consuetudinaria del ricorso a tali armi, bensì la competenza della Corte penale internazionale a giudicare della relativa fattispecie criminosa. Inoltre, l'art. 7 co. 1 a) della Convenzione sulle armi chimiche obbliga gli Stati contraenti ad assicurare l'osservanza della Convenzione mediante disposizioni penali. Come si è già osservato, il ricorso a tali strumenti di guerra può, in ogni caso, ritenersi incompatibile con la proibizione di gas velenosi e col Protocollo di Ginevra sui gas velenosi. Infine, a favore dell'esistenza di una consuetudine internazionale che sancisce la criminosità dell'uso di armi chimiche, depongono i criteri più sopra proposti per la implementazione tramite lo strumentario penale delle norme del diritto internazionale umanitario, giacché la condotta in oggetto, nella normalità dei casi, mette concretamente in pericolo un ampio numero di vite umane[826].

Secondo il diritto internazionale consuetudinario, è punibile soltanto la condotta dolosa[827].

3. Armi biologiche

Anche le armi biologiche sono oggetto di un divieto generalizzato. La Convenzione sulle armi biologiche, del 10 aprile 1972[828], vieta a tutti gli Stati contraenti di sviluppare, produrre, accumulare ed acquisire, rispettivamente, armi biologiche o contenenti tossine[829]. La detta Convenzione, tuttavia, non proibisce espressamente l'utilizzo di tali strumenti di guerra, sicché un divieto al riguardo può essere, al più, indirettamente desunto dal divieto di possesso[830]; il preambolo della stessa Convenzione, nondimeno, indica, tra i propri scopi, anche il divieto di impiego di armi biologiche[831]. Inoltre, il Protocollo sui gas velenosi del 1925 proibisce il ricorso ad armi batteriologiche: tale condotta può, in conclusione, considerarsi vietata dal diritto internazionale[832].

Nessun serio dubbio può altresì avanzarsi riguardo all'esistenza di una norma incriminatrice di diritto internazionale consuetudinario, concernente l'uso di questi mezzi bellici: ancora una volta, il divieto di ricorso alle bio-armi non venne in-

---

181; *von Hebel/Robinson*, in: Lee (a cura di), The International Criminal Court, The Making of the Rome Statute (1999), 79, 115 s.

[826] Sul punto cfr. *supra*, n. marg. 936.
[827] Cfr., nel dettaglio, riguardo ai requisiti dell'elemento soggettivo, *supra*, n. marg. 365 ss.
[828] [Cfr. *supra*, nota 768, *N.d.T.*].
[829] Art. 1 Convenzione sulle armi biologiche; sul punto cfr. *Goldblat*, International Review of the Red Cross 79 (1997), 251, 253 ss.
[830] *Detter*, The Law of War, 2ª ed. (2000), 260.
[831] Commi 9 e 10 del Preambolo della Convenzione sulle armi biologiche.
[832] Cfr. anche *Oeter*, in: Fleck (a cura di), Handbuch des humanitären Völkerrechts (1994), n. 438. L'impiego di armi biologiche contrasterebbe, inoltre, con il divieto di mezzi bellici indiscriminati, giacché gli effetti di sostanze biologiche contagiose, di norma, non possono essere circoscritti quanto ad ambito d'espansione o numero delle vittime: cfr. *Oeter*, in: Hasse/Müller/Schneider (a cura di), Humanitäres Völkerrecht (2001), 78, 101.

trodotto nello St-ICC soltanto perché le parti contraenti non riuscivano a trovare un accordo sul nucleare[833]. Insomma: l'impiego di armi biologiche nei conflitti armati internazionali costituisce un crimine secondo le consuetudini internazionali.

1248   Per il diritto internazionale penale consuetudinario, soltanto una condotta dolosa può essere penalmente rilevante[834].

4. Armi convenzionali

1249   Lo St-ICC non contiene alcun divieto riguardante strumenti bellici convenzionali, ad eccezione di quello avente ad oggetto i proiettili dum-dum, di cui all'art. 8 co. 2 b) xix); gli sforzi volti ad introdurre, tra i crimini statutari, l'uso di mine antipersona e di laser accecanti, vennero osteggiati e vanificati[835]. Alcuni strumenti bellici convenzionali, nondimeno, sono proibiti dal diritto internazionale. Da menzionare è, in primo luogo, la Convenzione ONU sulle armi convenzionali, del 10 ottobre 1980[836]. Fino ad oggi sono cinque i Protocolli allegati a tale Convenzione, in cui vengono indicati singoli gruppi di strumenti di guerra: il 1° Protocollo proibisce armi il cui effetto principale consiste nel produrre schegge che, all'interno del corpo umano, non possono essere individuate con i raggi X, e quindi possono essere rimosse con grande difficoltà[837]; il 2° Protocollo limita l'uso di mine e altre trappole esplosive[838]; il 3° Protocollo interdice l'uso di armi incendiarie contro i civili e contro obiettivi militari collocati in luoghi ove vi sia concentrazione di civili[839]; il

---

[833] Cfr. al riguardo *supra*, n. marg. 1222, 1230.

[834] Cfr., nel dettaglio, riguardo ai requisiti dell'elemento soggettivo, *supra*, n. marg. 365 ss.

[835] Cfr. sul punto Decisions taken by the Preparatory Committee at its Session held from 11 to 21 February 1997, 10 s., UN Doc. A/AC.249/1997/L.5; Decisions taken by the Preparatory Committee at its Session held from 1 to 12 December 1997, UN Doc. A/AC.249/1997/L.9/Rev.1, 8 ss.; Report of the Intersessional Meeting from 19 to 30 January held in Zutphen, UN Doc. A/AC.249/1998/L.13; Report of the Preparatory Committee on the Establishment of an International Criminal Court, Draft Statute and Final Act, UN Doc. A/Cons.183/2/Add.2 (1998). Tutti i detti documenti sono riprodotti in: *Bassiouni* (a cura di), The Statute of the ICC – A Documentary History (1998). Cfr. inoltre *Hall* AJIL 91 (1997), 177 ss.; *Hall* AJIL 92 (1998), 125 ss., 331 ss.

[836] [Cfr. *supra*, nota 768, *N.d.T.*].

[837] *Protocol on Non-Detectable Fragments* (1° Protocollo) del 10 ottobre 1980 [ratificato dall'Italia il 20 gennaio 1995, *N.d.T.*].

[838] *Protocol on Prohibitions or Restrictions on the Use of Mines, Booby-Traps and Other Devices* (2° Protocollo) [ratificato dall'Italia il 20 gennaio 1995, *N.d.T.*], nella versione emendata del 3 maggio 1996 [emendamento ratificato dall'Italia il 13 gennaio 1999, *N.d.T.*]. La versione emendata consente l'impiego di mine terrestri solo in presenza di alcuni rigorosi presupposti. Un divieto indiscriminato di utilizzo di queste armi è contenuto nell'art. 1 co. 1 a) della *Convention on the Prohibition of the Use, Stockpiling, Production and Transfer of Anti-Personnel Mines and on their Destruction*, del 18 settembre 1997 (sottoscritta dall'Italia il 3 dicembre 1997, deposito degli strumenti di ratifica 23 aprile 1999). Deve però riconoscersi che Stati importanti, come gli USA, non hanno ancora aderito a questo patto internazionale.

[839] *Protocol on Prohibitions or Restrictions on the Use of Incendiary Weapons* (3° Protocollo) 10 ottobre 1980 [ratificato dall'Italia il 20 gennaio 1995, *N.d.T.*].

4° Protocollo, dal canto suo, l'impiego di armi laser accecanti[840]. Il 5° Protocollo, entrato in vigore il 12 novembre 2006, contiene prescrizioni in tema di rimozione dei residui bellici esplosivi dopo la conclusione di un conflitto[841].

Vari strumenti internazionali, dunque, limitano o interdicono completamente l'impiego di determinate armi convenzionali. L'illecito uso di questi strumenti bellici non può, tuttavia, ritenersi penalmente illecito secondo le consuetudini. Si tratta, certo, di fatti cui normalmente si accompagna una concreta minaccia per l'integrità fisica o la vita; nondimeno, le Convenzioni in materia vincolano soltanto pochi Stati[842]. Come già si è ricordato, durante la Conferenza di Roma si discusse molto dell'opportunità di elevare a crimine l'uso di certe armi convenzionali[843]. Finché sarà oggetto di disputa il rilievo criminoso del ricorso a questi mezzi di guerra secondo il diritto internazionale consuetudinario, appare ineludibile un attento esame, volta per volta, dei divieti internazionali e della loro rilevanza penale. Qualche certezza in più la avremo soltanto quando gli Stati contraenti dello St-ICC si decideranno ad adottare la lista cui fa riferimento l'art. 8 co. 2 b) xx).

IV. Conflitto non internazionale (diritto internazionale consuetudinario)

Lo St-ICC non contiene alcun divieto di impiego di armi nel quadro di un conflitto armato non internazionale[844], giacché gli Stati, in questo specifico ambito, vedevano particolarmente minacciata la propria sovranità[845]. Per contro, secondo il diritto internazionale consuetudinario è punibile il ricorso a determinati strumenti bellici anche in occasione di un conflitto armato interno[846]. Secondo i normali criteri del diritto internazionale di guerra, per la dimostrazione dell'esistenza di una fattispecie criminosa di valenza consuetudinaria deve evidenziarsi, da un lato, la vigenza di un divieto di diritto internazionale, dall'altro lato il rilievo penale del divieto stesso.

In un primo tempo, il diritto internazionale era alquanto restio nel proibire l'uso di armi nei conflitti non internazionali. Importanti regolamentazioni, come il divieto di veleni dell'art. 23 e) Regole dell'Aja ed il Protocollo sui gas velenosi del

---

[840] *Protocol on Blinding Laser Weapons* (4° Protocollo) 13 ottobre 1995 [ratificato dall'Italia il 13 gennaio 1999, *N.d.T.*].

[841] *Protocollo sui residuati bellici esplosivi* (5° Protocollo) 28 novembre 2003. Sul punto *Maresca*, International Review of the Red Cross 86 (2004), 815 ss.

[842] La Convenzione ONU sulle armi convenzionali è attualmente vincolante per 102 Stati, il 1° Protocollo per 100 Stati, il 2° Protocollo per 89 (per 87 Stati nella versione emendata del 3 maggio 1996), il 3° Protocollo per 95 Stati, il 4° Protocollo per 84 Stati, il 5° Protocollo per 29 Stati (aprile 2007).

[843] Cfr. *supra*, n. marg. 1222 e Triffterer-*Cottier*, Rome Statute (1999), art. 8 n. marg. 188.

[844] Critico, sul punto, *Cassese* EJIL 10 (1999), 144, 152 s.; *Cassese*, International Criminal Law (2003), 61 s.; *Kreß*, Israel Yearbook on Human Rights 30 (2001), 103, 136.

[845] Sulle controversie al riguardo cfr. *Kirsch/Holmes* AJIL 93 (1999), 2, 7; *Kreß*, Israel Yearbook on Human Rights 30 (2001), 103, 136.

[846] Cfr. *Henckaerts/Doswald-Beck*, Customary International Humanitarian Law, I (2005), 600.

1925, sono applicabili soltanto ai conflitti internazionali; nessun divieto in tema di impiego di strumenti bellici nel contesto di guerre civili è altresì contemplato dalle Convenzioni di Ginevra o dal Protocollo II.

1253 Le più recenti Convenzioni abbandonano, a ragione, tale *self restraint*. Già dalla Convenzione sulle armi biologiche del 1972 emerge un divieto di impiegare armi biologiche nei conflitti non internazionali. Poiché agli Stati contraenti è vietato di sviluppare, produrre o immagazzinare armi biologiche in ogni circostanza, le stesse non possono essere utilizzate neppure in caso di guerra civile. Una conclusione avvalorata dal co. 9 del Preambolo della Convenzione, nel quale gli Stati-Parte manifestano la volontà «di escludere completamente la possibilità di un impiego [di armi biologiche]». La Convenzione sulle armi chimiche del 1992, allo stesso modo, inibisce l'utilizzo di armi chimiche in tutte le ipotesi di conflitto[847]; il ricorso a tali strumenti in occasione di un conflitto interno è pure proibito dal diritto consuetudinario internazionale[848].

1254 In aggiunta, si segnala una tendenza verso una proibizione di altri armamenti nei conflitti non internazionali. L'emendato 2° Protocollo alla Convenzione ONU sulle armi convenzionali, che vieta l'uso di mine terrestri, è applicabile anche ai conflitti armati non internazionali[849]. Altrettanto vale per la *Convention on the Prohibition of the Use, Stockpiling, Production and Transfer of Anti-Personnel Mines and on their Destruction*, del 3/4 dicembre 1997[850]. Il 18 maggio 2004 è inoltre entrata in vigore una modifica dell'art. 1 della Convenzione ONU sulle armi convenzionali, alla cui stregua detto strumento normativo, unitamente ai suoi Protocolli, risulta ormai applicabile anche ai conflitti armati non internazionali[851].

1255 Una volta evidenziata la vigenza di un divieto di impiego di determinate armi in un conflitto armato non internazionale, ci vuol poco a dimostrare il rilievo penale internazionale della relativa trasgressione. Le infrazioni delle prescrizioni in tema di strumenti bellici sono, di solito, di particolare gravità, ed il più delle volte la loro punibilità nei conflitti internazionali è fuori discussione; i presupposti che sostengono la sanzionabilità penale internazionale del precetto risultano, perciò, pienamente integrati[852]. È dunque certa la punibilità del ricorso a veleni, armi chimiche e biologiche e proiettili, che facilmente si espandono o si appiattiscono nel corpo umano (proiettili "dum-dum"), anche nel contesto di un conflitto interno.

---

[847] Anche il co. 5 del Preambolo della Convenzione sulle armi chimiche enfatizza, tra i propri scopi, quello di inibire completamente l'uso di armi chimiche.

[848] ICTY, 2 ottobre 1995 (Tadić, AC), §§ 120 ss.

[849] Cfr. l'art. 1 co. 2 Protocollo II alla Convenzione ONU sulle armi convenzionali, del 10 ottobre 1980, nella versione del 3 maggio 1996.

[850] [Cfr. *supra*, nota 838, *N.d.T.*]. L'art. 1 co. 1 a) della Convenzione vieta l'impiego di mine in ogni circostanza, dunque anche in un conflitto armato non internazionale.

[851] Ad oggi 66 Stati hanno notificato il consenso ad essere vincolati dall'emendamento all'art. 1 (aggiornamento al febbraio 2009) [*N.d.T.*].

[852] Cfr. *supra*, n. marg. 930 ss. Nella misura in cui, tuttavia, si tratta della punibilità dell'impiego di determinate armi convenzionali, valgono ancora le perplessità già manifestate *supra*, n. marg. 1250.

Coerentemente, il VStGB eleva a reato l'impiego di queste armi, a prescindere dalla natura delle ostilità[853].

Secondo il diritto internazionale consuetudinario soltanto una condotta dolosa è penalmente rilevante[854].

G. Crimini di guerra contro operazioni umanitarie

Bloom, Evan T.: Protecting Peacekeepers: The Convention on the Safety of United Nations and Associated Personnel, AJIL 89 (1995), 621 ss.; *Bourloyannis-Vrailas, M.-Christiane:* Crimes Against United Nations and Associated Personnel, in: McDonald, Gabrielle Kirk/Swaak-Goldman, Olivia (Hrsg.), Substantive and Procedural Aspects of International Criminal Law, The Experience of International and National Courts, I (2000), 337 ss.; *Galicki, Zdzisaw:* Atteintes à la sécurité du personnel des Nations Unies et des personnels associés, in: Ascensio, Hervé/Decaux, Emmanuel/Pellet, Alain (Hrsg.), Droit International Pénal (2000), 493 ss.

L'art. 8 co. 2 b) iii) St-ICC ha ad oggetto il fatto di «dirigere deliberatamente attacchi contro personale, installazioni, materiale, unità o veicoli utilizzati nell'ambito di una missione di soccorso umanitario o di mantenimento della pace in conformità della Carta delle Nazioni Unite, nella misura in cui gli stessi abbiano diritto alla protezione accordata ai civili ed alle proprietà civili secondo il diritto internazionale dei conflitti armati», quando tali attacchi siano attuati nel contesto di un conflitto armato internazionale[855]. L'art. 8 co. 2 e) iii) St-ICC riproduce, alla lettera, la stessa regola per i conflitti armati non internazionali. Tali norme sono una risposta alle numerose aggressioni, avvenute negli ultimi decenni, al personale delle Nazioni Unite ed associato[856]; aggressioni che minacciano in modo particolare gli interessi della comunità internazionale, rischiando inoltre di indebolire la disponibilità a partecipare alle missioni umanitarie. La norma sembra esprimerne altra corrispondente di diritto internazionale consuetudinario.

Le fattispecie in questione si sovrappongono, in larga misura, a quelle di aggressione alla popolazione o ai beni civili[857], nonché ai crimini di guerra contro le persone. Si tratta, in effetti, di ipotesi criminose il cui significato è soprattutto simbolico, e la cui funzione è quella di coprire lacune marginali di tutela penale[858].

---

[853] Cfr. § 12 co. 1 VStGB nonché, al riguardo, Begr. VStGB, 35 s.
[854] Sui requisiti dell'elemento soggettivo in particolare, cfr. *supra*, n. marg. 365 ss.
[855] Gli EC si limitano, nella sostanza, a ribadire i requisiti del fatto tipico.
[856] Cfr. *Bourloyannis-Vrailas*, in: McDonald/Swaak-Goldman (a cura di), Substantive and Procedural Aspects of International Criminal Law, I (2000), 337 s.
[857] Cfr. *Frank*, in: Lee (a cura di), The International Criminal Court, Elements of Crimes and Rules of Procedure and Evidence (2001), 145; *Henckaerts/Doswald-Beck*, Customary International Humanitarian Law, I (2005), 583, 599.
[858] La norma incriminatrice è tesa, in particolare, ad evitare che aggressioni non militari ai membri delle missioni non possano essere punite perché la vittima, ad es. in ragione della sua cittadinanza, non è persona protetta ai sensi della Ginevra IV, circostanza che renderebbe inapplicabile l'art. 8 co. 2 a) St-ICC.

1260 L'art 71 co. 2 Protocollo I impone di rispettare e proteggere coloro che partecipano ad azioni di soccorso umanitario. Per contro, il diritto di Ginevra non prevede alcunché riguardo alla tutela degli appartenenti alle missioni ONU di mantenimento della pace. Lo St-ICC è il primo trattato multilaterale che delinea chiaramente come crimine di guerra l'attacco contro personale delle Nazioni Unite e associato[859]. Dall'inizio del diciannovesimo secolo, il numero di aggressioni al personale ONU è drammaticamente aumentato[860]. In reazione a tali attacchi, l'Assemblea Generale delle Nazioni Unite adottò nel 1994, all'unanimità, la *Convention on the Safety of United Nations and Associated Personnel*[861], entrata in vigore il 15 gennaio 1999, la quale, a sua volta, influenzò l'art. 19 del *Draft Code of Crimes Against the Peace and Security of Mankind* della Commissione di Diritto Internazionale delle Nazioni Unite del 1996, ove si prevedeva una fattispecie penale rubricata «Crimes against United Nations and Associated Personnel». Non si trattava, peraltro, di un crimine di guerra, ma di una figura autonoma di delitto contro la pace e la sicurezza dell'umanità[862]. La Commissione sottolineo come gli attacchi al personale delle Nazioni Unite costituissero un crimine violento di straordinaria gravità, destinato ad avere serie conseguenze non solo per le vittime, ma per l'intera comunità internazionale. Aggressioni di questo genere potrebbero determinare un graduale declino della disponibilità individuale a partecipare a missioni di mantenimento della pace, così come una sempre minor prontezza degli Stati nel mettere a disposizione proprio uomini per tale finalità[863].

1261 L'art. 8 co. 2 b) iii) St-ICC, contemplando l'attacco a missioni di soccorso umanitario ovvero a missioni di mantenimento della pace, delinea due diverse tipologie di condotta. Lo St-ICC omette di definire più nel dettaglio tali elementi. Il concetto di «mantenimento della pace» è stato descritto, nella *Agenda for Peace* del Segretario delle Nazioni Unite del 1992, nei termini seguenti:

> «Peace-keeping is the deployment of a United Nations presence in the field, hitherto with the consent of all the parties concerned, normally involving United Nations military and/or police personnel and frequently civilians as well. Peace-keeping is a technique that expands the possibilities for both the prevention of conflict and the making of peace»[864].

---

[859] Cfr. *Frank*, in: Lee (a cura di), The International Criminal Court, Elements of Crimes and Rules of Procedure and Evidence (2001), 145.

[860] Mentre il numero delle vittime di omicidio, tra il personale delle Nazioni Unite, fino al marzo 1994 ammontava a 1074, soltanto nel 1993 persero la vita 202 esponenti ONU. Un elevato numero di abusi si ebbe, specialmente, in Somalia e nel conflitto jugoslavo; alla fine del 1994, le truppe serbo-bosniache detenevano 400 impiegati ONU; cfr. *Bourloyannis-Vrailas*, in: McDonald/Swaak-Goldman (a cura di), Substantive and Procedural Aspects of International Criminal Law, I (2000), 337, 338 nota 6 s.

[861] Su tale Convenzione cfr. *Bloom* AJIL 89 (1995), 621 ss.; *Bourloyannis-Vrailas*, in: McDonald/Swaak-Goldman (a cura di), Substantive and Procedural Aspects of International Criminal Law, I (2000), 337, 339 ss.; *Galicki*, in: Ascensio/Decaux/Pellet (a cura di), Droit International Pénal (2000), 493 ss.

[862] Sul punto *Allain/Jones* EJIL 8 (1997), 100 ss.

[863] *Draft Code* 1996, commento all'art. 19 § 2.

[864] Segretario Generale ONU, *Agenda for Peace* del 17 giugno 1992, UN Doc. A/47/277 – S/24111, § 20.

In sostanza, il mantenimento della pace (*peace-keeping*) comprende interventi che, per lo più, implicano l'uso temporaneo di personale militare, al fine di impedire lo scoppio delle ostilità in situazioni di tensione che però non si risolvono, o non consistono più, in azioni di tipo bellico. Una missione di mantenimento della pace può pure essere riconosciuta, più semplicemente, nell'invio di un *team* di osservatori. In ogni caso, chi è al seguito di queste missioni dev'essere neutrale e non può prender parte alle ostilità, oltre il limite dell'autodifesa. Il concetto di *peace-keeping*, pertanto, deve essere tenuto distinto dalle misure di costrizione militare delle Nazioni Unite disciplinate dal Capitolo VII della Carta ONU, che sono decise dal Consiglio di Sicurezza e comportano l'impiego di forza militare[865]. 1262

Per quanto riguarda la nozione di "missione di soccorso umanitario", qualcosa può ricavarsi dagli artt. 70 e 71 del Protocollo I. Recita l'art. 70 co. 1, primo periodo: 1263

> «Allorché la popolazione civile di un territorio che, senza essere territorio occupato, si trova sotto il controllo di una Parte in conflitto, sia insufficientemente approvvigionata per quanto riguarda il materiale e le derrate menzionate nell'articolo 69, saranno intraprese azioni di soccorso di carattere umanitario e imparziale, da svolgere senza alcuna distinzione di carattere sfavorevole, previo il gradimento delle Parti interessate a dette azioni di soccorso».

Una missione di soccorso umanitario ha dunque, in primo luogo, la funzione di assicurare assistenza alla popolazione civile, ed in particolare alle vittime di un conflitto armato. Non rientrano per contro in tale nozione misure di lungo termine di supporto allo sviluppo. Le missioni di soccorso umanitario devono prestare un aiuto del tutto imparziale[866]. Al di là dei limiti di una lecita autodifesa, non possono attuare nessun tipo di violenza[867]. Interventi di questo genere vengono per lo più compiuti da Organizzazioni non governative o interstatuali, come ad es. le organizzazioni sussidiarie delle Nazioni Unite (ad es. UNHCR, UNICEF, UNESCO o FAO). Le attività umanitarie della Croce Rossa e della Mezzaluna Rossa sono altresì tutelate dalla norma incriminatrice di cui all'art. 8 co. 2 b) xxiv) St-ICC[868]. 1264

Per "attacchi", nel contesto della fattispecie, non devono intendersi soltanto le operazioni militari di cui tratta l'art. 49 co. 1 Protocollo I; assume piuttosto rilievo tipico qualsiasi forma di violenza contro le missioni di soccorso umanitario e di mantenimento della pace. Tanto si evince dalla citata Convenzione sulla sicurezza del personale ONU, che sta alla base della disposizione in esame. L'art. 9 1265

---

[865] Simma-*Bryde*, The Charter of the United Nations, 2ª ed., I (2002), art. 44 n. marg. 1, 8 nonché Simma-*Bothe*, The Charter of the United Nations, 2ª ed., I (2002), Peace-Keeping n. marg. 72 ss.
[866] *Kittichaisaree*, International Criminal Law (2001), 161.
[867] Triffterer-*Cottier*, Rome Statute (1999), art. 8 n. marg. 33.
[868] Triffterer-*Cottier*, Rome Statute (1999), art. 8 n. marg. 34.

della Convenzione obbliga le Parti contraenti, tra l'altro, a sanzionare penalmente l'omicidio, il sequestro e analoghe aggressioni alla vita ed alla libertà del personale ONU[869], così come attacchi violenti, capaci di porre in pericolo la vita o la libertà, a punti di appoggio ufficiali, alloggi privati o mezzi di trasporto del personale medesimo. Il catalogo offerto dall'art. 9 può essere preso a riferimento per meglio specificare il concetto di "attacco"[870].

1266 Ai sensi dell'art. co. 8 2) b) iii) St-ICC, gli attacchi alle missioni di supporto umanitario e di mantenimento della pace sono punibili soltanto quando le stesse «abbiano diritto alla protezione accordata ai civili ed alle proprietà civili secondo il diritto internazionale dei conflitti armati». Dall'art. 51 co. 3 Protocollo I si ricava che i civili sono oggetto di protezione fintantoché non prendono direttamente parte alle ostilità. Secondo l'art. 52 co. 2 Protocollo I, i beni di carattere civile meritano protezione sinché non vengano utilizzati per scopi militari. Ai fini della fattispecie di cui all'art. 8 co. 2 b) iii) St-ICC può dunque affermarsi che la protezione di missioni umanitarie e di *peace-keeping* viene meno quando coloro che vi partecipano prendono parte alle azioni militari. Lo status di civili non viene a mancare laddove tali soggetti agiscano nei limiti di una legittima autodifesa.

1267 L'elemento soggettivo è costituito da una intenzionale finalizzazione dell'azione verso lo scopo, tanto nei conflitti internazionali quanto in quelli civili[871].

H. Concorso di reati

1268 Azioni costituenti crimini di guerra possono al contempo integrare gli estremi di un genocidio o di crimini contro l'umanità[872]. Le fattispecie sono cumulabili, non

---

[869] Come "personale delle Nazioni Unite" vengono indicate, nell'art. 1 della Convenzione, le seguenti persone: «Persons engaged or deployed by the Secretary-General of the United Nations as members of the military, police or civilian components of a United Nations operation […]. Other officials and experts on mission of the United Nations or its specialized agencies or the International Atomic Energy Agency who are present in an official capacity in the area where a United Nations operation is being conducted». È oggetto di protezione anche il personale associato, categoria che, secondo l'art. 1 b), comprende coloro che sono stati incaricati da un governo o da un'organizzazione interstatuale, con il consenso dei competenti organi delle Nazioni Unite, o sono stati ingaggiati dal Segretario Generale ONU, da una agenzia speciale ONU o dall'Organizzazione Internazionale dell'Energia Atomica, o ancora vengono impiegati da una Organizzazione umanitaria non governativa, con il consenso del Segretario Generale delle Nazioni Unite o di una agenzia speciale delle Nazioni Unite, per la conduzione di attività di supporto alla realizzazione di un mandato delle Nazioni Unite.

[870] Cfr. anche *Kittichaisaree*, International Criminal Law (2001), 160 s.; perplesso Triffterer-*Cottier*, Rome Statute (1999), art. 8 n. marg. 48. Il VStGB, nel suo § 10 co. 1 n. 1, accoglie una nozione altrettanto ampia di "attacco": cfr. Begr. VStGB, 32.

[871] Cfr., volta per volta, gli EC in rel. art. 8 co. 2 b) iii) e 8 co. 2 e) iii) St-ICC, n. 3. Si delinea, in questo caso, una limitazione dell'area del penalmente rilevante, di quelle espressamente riconosciute dall'art. 30 St-ICC: cfr. sul punto *supra*, n. marg. 371 ss., 385 s.

[872] Per il genocidio cfr. ICTY, 2 agosto 2001 (Krstić, TC), § 681; ICTR, 2 settembre 1998 (Aka-

sussistendo tra di esse alcun rapporto di specialità. È dunque sempre necessario che l'atto di imputazione si riferisca a tutti i crimini realizzati, sì da esprimere l'intero disvalore delle azioni compiute.

Difettano, sinora, adeguate indicazioni giurisprudenziali in tema di concorso tra i diversi crimini di guerra. L'ICTY ha sì qualificato l'art. 2 St-ICTY come *lex specialis* rispetto al successivo art. 3[873], ma una tale conclusione non può essere riproposta *sic et simpliciter* con riferimento alle disposizioni sui crimini di guerra contenute nello St-ICC. Rimandiamo, per il resto, alle osservazioni compiute relativamente alle singole figure criminose[874].

Se lo stesso soggetto commette diversi crimini di guerra in diversi luoghi e in diversi tempi, egli realizza, di norma, più condotte autonome, ciascuna di per sé punibile. Diversamente da quanto si è evidenziato riguardo al fatto di contesto dei crimini contro l'umanità, o al dolo specifico di genocidio, la correlazione con uno stesso conflitto armato non consente di ascrivere i singoli atti in un'unica condotta tipica[875].

[*Omissis*]

---

yesu, TC), §§ 469 s.; per i crimini contro l'umanità: ICTY, 5 luglio 2001 (Jelisić, AC), § 82; ICTY, 3 maggio 2006 (Naletilić e Martinović, AC), § 719; ICTY, 30 novembre 2006 (Galić, AC), §§ 164 ss.; ICTY, 11 marzo 2004 (Češić, TC), §§ 32 ss.; nonché *Mettraux*, Harvard International Law Journal 43 (2002), 237, 302. Per ulteriori riferimenti cfr. *supra*, n. marg. 622, 631 ss.

[873] Cfr. ICTY, 20 febbraio 2001 (Mucić et al., AC), §§ 414 ss.; ICTY, 26 febbraio 2001 (Kordić e Čerkez, TC), §§ 821 ss.; ICTY, 31 marzo 2003 (Naletilić e Martinović, TC), §§ 734 s.; cfr. altresì *Hünerbein*, Straftatkonkurrenzen im Völkerstrafrecht (2005), 138 ss.

[874] Cfr. ad es. *supra*, n. marg. 1030, 1048 s., 1153, 1186, 1203, 1211.

[875] Cfr., inoltre, *supra*, n. marg. 625 s.

PARTE SESTA: IL CRIMINE DI AGGRESSIONE

Ambos, Kai/Arnold, Jörg (Hrsg.): Der Irak-Krieg und das Völkerrecht (2004); *Alexandrov, Stanimir A.:* Self-Defense Against the Use of Force in International Law (1996); *Bassiouni, M. Cherif/Ferencz, Benjamin B.:* The Crime Against Peace, in: Bassiouni, M. Cherif (Hrsg.), International Criminal Law, III, 2. Aufl. (1999), 313 ss.; *Berber, Friedrich:* Lehrbuch des Völkerrechts, II, 2. Aufl. (1969), 32 ss.; *Boeving, James Nicholas:* Aggression, International Law, and the ICC: An Argument for the Withdrawal of Aggression from the Rome Statute, Columbia Journal of Transnational Law 43 (2005), 557 ss.; *Bothe, Michael:* Die Erklärung der Generalversammlung der Vereinten Nationen über die Definition der Aggression, Jahrbuch für Internationales Recht 18 (1975), 127 ss.; *Bothe, Michael:* Friedenssicherung und Kriegsrecht, in: Graf Vitzthum, Wolfgang (Hrsg.), Völkerrecht, 2. Aufl. (2001), 603 ss.; *Broms, Bengt:* The Definition of Aggression, Recueil des Cours 154 (1977), I, 229 ss.; *Brownlie, Ian:* International Law and the Use of Force by States (1963); *Bruha, Thomas:* Die Definition der Aggression (1980); *Carpenter, Allegra Carrol:* The International Criminal Court and the Crime of Aggression, Nordic Journal of International Law 64 (1995), 223 ss.; *Cassese, Antonio:* International Criminal Law (2003), 111 ss.; *Dahm, Georg/Delbrück, Jost/Wolfrum, Rüdiger:* Völkerrecht, Band I/3, 2. Aufl. (2002), 1023 ss., 1043 ss.; *Dawson, Grant M.:* Defining Substantive Crimes Within the Subject Matter Jurisdiction of the International Criminal Court: What Is the Crime of Aggression?, New York Law School Journal of International and Comparative Law 19 (2000), 413 ss.; *Dinstein, Yoram:* The Distinctions between War Crimes and Crimes Against Peace, Israel Yearbook on Human Rights 24 (1994), 1 ss.; *Dinstein, Yoram:* War, Aggression and Self-Defence, 3. Aufl. (2001); *von Elbe, Joachim:* The Evolution of the Concept of the Just War in International Law, AJIL 33 (1939), 665 ss.; *Epping, Volker:* Die Grundprinzipien des Völkerrechts über die Beziehung zwischen den Staaten, in: Ipsen, Knut, Völkerrecht, 5. Aufl. (2004), § 26; *Escarameia, Paula:* The ICC and the Security Council on Aggression: Overlapping Competencies?, in: Politi, Mauro/Nesi, Giuseppe (Hrsg.), The International Criminal Court and the Crime of Aggression (2004), 133 ss.; *Ferencz, Benjamin B.:* Defining International Aggression: The Search for World Peace, A Documentary History and Analysis (1975); *Ferencz, Benjamin B.:* Aggression, in: Bernhardt, Rudolf (Hrsg.), Encyclopedia of Public International Law, I (1992), 58 ss.; *Ferencz, Benjamin B.:* The Crime of Aggression, in: McDonald, Gabrielle Kirk/Swaak-Goldman, Olivia (Hrsg.), Substantive and Procedural Aspects of International

Criminal Law, The Experience of International and National Courts, I (2000), 33 ss.; *Finch, George A.:* The Nuremberg Trial and International Law, AJIL 41 (1947), 20 ss.; *Fischer, Horst:* Gewaltverbot, Selbstverteidigungsrecht und Intervention im gegenwärtigen Völkerrecht, in: Ipsen, Knut, Völkerrecht, 5. Aufl. (2004), § 59; *Fischer, Horst:* Kollektive Sicherheit und Verteidigungsbündnisse, in: Ipsen, Knut, Völkerrecht, 5. Aufl. (2004), § 60; *Gaja, Giorgio:* The Long Journey towards Repressing Aggression, in: Cassese, Antonio/Gaeta, Paola/Jones, John R.W.D. (Hrsg.), The Rome Statute of the International Criminal Court: A Commentary, I (2002), 427 ss.; *Gargiulo, Pietro:* States' Obligations of Cooperation and the Role of the Security Council, in: Lattanzi, Flavia/Schabas, William A. (Hrsg.), Essays on the Rome Statute of the International Criminal Court, I (1999), 67 ss.; *Glaser, Stefan:* Culpabilité en Droit International Pénal, Recueil des Cours 99 (1960), I, 465 ss.; *Gloria, Christian:* Das Staatsgebiet, in: Ipsen, Knut, Völkerrecht, 5. Aufl. (2004), § 23; *Grewe, Wilhelm G.:* Rückblick auf Nürnberg, in: Hailbronner, Kay/Ress, Georg/Stein, Torsten (Hrsg.), Festschrift für Karl Doehring (1989), 229 ss.; *Griffiths, Richard L.:* International Law, the Crime of Aggression and the Ius Ad Bellum, International Criminal Law Review 2 (2002), 301 ss.; *Harhoff, Frederik:* Unauthorized Humanitarian Interventions, Armed Violence in the Name of Humanity?, Nordic Journal of International Law 70 (2001), 65 ss.; *Hogan-Doran, Justin/van Ginkel, Bibi T.:* Aggression as a Crime under International Law and the Prosecution of Individuals by the proposed International Criminal Court, Netherlands International Law Review 43 (1996), 321 ss.; *Hummrich, Martin:* Der völkerrechtliche Straftatbestand der Aggression – Historische Entwicklung, Geltung und Definition im Hinblick auf das Statut des Internationalen Strafgerichtshofes (2001); *Jescheck, Hans-Heinrich:* Die Verantwortlichkeit der Staatsorgane nach Völkerstrafrecht, Eine Studie zu den Nürnberger Prozessen (1952); *Jescheck, Hans-Heinrich:* Entwicklung, gegenwärtiger Stand und Zukunftsaussichten des internationalen Strafrechts, GA 1981, 49 ss.; *Jung, Susanne:* Die Rechtsprobleme der Nürnberger Prozesse (1992), 137 ss.; *Kaul, Hans-Peter:* The Crime of Aggression: Definitional Options for the Way Forward, in: Politi, Mauro/Nesi, Giuseppe (Hrsg.), The International Criminal Court and the Crime of Aggression (2004), 97 ss.; *Kersting, Klaus:* „act of aggression" und „armed attack", Anmerkungen zur Aggressionsdefinition der UN, Neue Zeitschrift für Wehrrecht 1981, 130 ss.; *Kittichaisaree, Kriangsak:* International Criminal Law (2001), 206 ss.; *Kreß, Claus:* The Iraqi Special Tribunal and the Crime of Aggression, Journal of International Criminal Justice 2 (2004), 347 ss.; *Kreß, Claus:* Strafrecht und Angriffskrieg im Licht des „Falles Irak", ZStW 115 (2003), 294 ss.; *Kunz, Josef L.:* Bellum Iustum and Bellum Legale, AJIL 45 (1951), 528 ss.; *Malanczuk, Peter:* Monroe Doctrine, in: Bernhardt, Rudolf (Hrsg.), Encyclopedia of Public International Law, III (1997), 460 ss.; *Maunz, Theodor:* Kommentierung zu Art. 26 GG (Stand: 1964), in: Maunz, Theodor/Dürig, Günter/Herzog, Roman/Scholz, Rupert (Hrsg.), Grundgesetz, Kommentar; *McCoubrey, Hilaire/White, Nigel D.:* International Law and Armed Conflict (1992); *Meier, Gert:* Der Begriff des bewaffneten Angriffs, AVR 16 (1974/75), 375 ss.; *Meng, Werner:* War, in: Bernhardt, Rudolf (Hrsg.), Encyclopedia of Public International Law, IV (2000), 1334 ss.; *Meron, Theodor:* Defining Aggression for the International Criminal Court, Suffolk Transnational Law Review 25 (2001), 1 ss.; *Meyer-Lindenberg, Hermann:* Saavedra Lamas Treaty (1933), in: Bernhardt, Rudolf (Hrsg.), Encyclopedia of Public International Law, IV (2000), 273 ss.; *Müller-Schieke, Irina Kaye:* Defining the Crime of Aggression Under the Statute of the International Criminal Court, Leiden Journal of International Law 14 (2001), 409 ss.; *Münch, Fritz:* War, Laws of, History, in: Bernhard, Rudolf (Hrsg.), Encyclopedia of Public International Law, IV (2000), 1386 ss.; *Politi, Mauro:* The

Debate within the Preparatory Commission for the International Criminal Court, in: Politi, Mauro/Nesi, Giuseppe (Hrsg.), The International Criminal Court and the Crime of Aggression (2004), 43 ss.; *von Puttkamer, Ellinor:* Die Haftung der politischen und militärischen Führung des Ersten Weltkriegs für Kriegsurheberschaft und Kriegsverbrechen, AVR 1 (1948), 424 ss.; *Randelzhofer, Albrecht:* Die Aggressionsdefinition der Vereinten Nationen, Europa-Archiv 30 (1975), 621 ss.; *Randelzhofer, Albrecht:* Use of Force, in: Bernhardt, Rudolf (Hrsg.), Encyclopedia of Public International Law, IV (2000), 1246 ss.; *Röling, Bert V.A.:* Die Definition der Aggression, in: Delbrück, Jost/Ipsen, Knut/Rauschning, Dietrich (Hrsg.), Festschrift für Eberhard Menzel (1975), 387 ss.; *Ronneberg, Astrid:* Der Tatbestand des Verbrechens gegen den Frieden (1998); *Schabas, William A.:* An Origin of the Criminalization of Aggression: How Crimes Against Peace Became the „Supreme International Crime", in: Politi, Mauro/Nesi, Giuseppe (Hrsg.), The International Criminal Court and the Crime of Aggression (2004), 17 ss.; *Schick, F.B.:* The Nuremberg Trial and the International Law of the Future, AJIL 41 (1947), 770 ss.; *Schmitt, Carl:* Das internationalrechtliche Verbrechen des Angriffskrieges und der Grundsatz „Nullum crimen, nulla poena sine lege", hrsg. von Helmut Quaritsch (1994); *Schuster, Matthias:* The Rome Statute and the Crime of Aggression: A Gordian Knot in Search for a Sword, Criminal Law Forum 14 (2003), 1 ss.; *Stone, Julius:* Hopes and Loopholes in the 1974 Definition of Aggression, AJIL 71 (1977), 224 ss.; *Tomuschat, Christian:* Die Arbeit der ILC im Bereich des materiellen Völkerstrafrechts, in: Hankel, Gerd/Stuby, Gerhard (Hrsg.), Strafgerichte gegen Menschheitsverbrechen, Zum Völkerstrafrecht 50 Jahre nach den Nürnberger Prozessen (1995), 270 ss.; *Tomuschat, Christian:* Von Nürnberg nach Den Haag, Die Friedens-Warte 70 (1995), 143 ss.; *Tomuschat, Christian:* Das Statut von Rom für den Internationalen Strafgerichtshof, Die Friedens-Warte 73 (1998), 335 ss.; *Tomuschat, Christian:* Das Strafgesetzbuch der Verbrechen gegen den Frieden und die Sicherheit der Menschheit, EuGRZ 1998, 1 ss.; *Triffterer, Otto:* Bestandsaufnahme zum Völkerstrafrecht, in: Hankel, Gerd/Stuby, Gerhard (Hrsg.), Strafgerichte gegen Menschheitsverbrechen, Zum Völkerstrafrecht 50 Jahre nach den Nürnberger Prozessen (1995), 169 ss.; *Wallace, Cynthia D.:* Kellogg-Briand Pact (1928), in: Bernhardt, Rudolf (Hrsg.), Encyclopedia of Public International Law, III (1997), 76 ss.; *Westdickenberg, Gerd/Fixson, Oliver:* Das Verbrechen der Aggression im Römischen Statut des Internationalen Strafgerichtshofs, in: Frowein, Jochen et al. (Hrsg.), Festschrift für Tono Eitel (2003), 483 ss.; *Wright, Quincy:* Legal Positivism and the Nuremberg Judgment, AJIL 42 (1948), 405 ss.; *von Hebel, Herman/Robinson, Darryl:* Crimes within the Jurisdiction of the Court, in: Lee, Roy S. (Hrsg.), The International Criminal Court, The Making of the Rome Statute (1999), 81 ss.; *Yáñez-Barnuevo, Antonio:* The Exercise of the International Criminal Court's Jurisdiction over the Crime of Aggression: Short Term and Long Term Prospects, in: Politi, Mauro/Nesi, Giuseppe (Hrsg.), The International Criminal Court and the Crime of Aggression (2004), 109 ss.; *Zimmermann, Andreas:* Die Schaffung eines ständigen Internationalen Strafgerichtshofes, ZaöRV 58 (1998), 47 ss.; *Zimmermann, Andreas:* Kommentierung zu Art. 5 IStGH-Statut, in: Triffterer, Otto (Hrsg.), Commentary on the Rome Statute of the International Criminal Court (1999), Rn. 17 ss.

L'incriminazione dell'aggressione va a incidere direttamente sulla sovranità statuale, sicché non stupisce che tanto la definizione della fattispecie, quanto i presupposti di procedibilità in caso di attribuzione della stessa alla giurisdizione della Corte penale internazionale, siano stati animatamente discussi in occasione delle trattative per lo St-ICC. Alla fine, non si riuscì ad ottenere un accordo né sugli elementi costitutivi, né a proposito del ruolo del Consiglio di Sicurezza in un eventuale procedimento penale internazionale al riguardo. In questa situazione, un gruppo di delegazioni volle comunque impedire che il crimine di aggressione fosse completamente estromesso dallo St-ICC, per restare in tal modo, in un prevedibile futuro, privo d'ogni regolamentazione.

1281   Ne derivò una soluzione di compromesso, sancita dall'art. 5 co. 1 d) St-ICC[1]. La norma, da un lato, attribuisce all'ICC la competenza in materia di aggressione, così riconoscendo tale fattispecie come crimine in sé. Dall'altro lato, l'ICC non può esercitare la propria competenza, finché il crimine di aggressione non venga definito e non ne siano chiarite le correlazioni con la Carta ONU. In sostanza, per lo St-ICC l'aggressione è un crimine "in stato d'attesa"[2]. Indipendentemente da ciò, devono comunque definirsi i limiti entro i quali il diritto internazionale consuetudinario riconosce la punibilità delle condotte di aggressione.

1282   Nel prosieguo, si tratterà, in primo luogo, del divieto internazionale di aggressione (A). Successivamente, si valuterà se, ed in quale misura, violazioni di detto divieto siano penalmente rilevanti secondo le consuetudini; avremo così modo d'evidenziare come, al momento, soltanto la guerra d'aggressione risulti direttamente criminalizzata a livello internazionale (B). L'analisi si chiuderà con alcune considerazioni di politica criminale internazionale (C).

A. Il divieto internazionale di aggressione

I. Sviluppi prima della seconda guerra mondiale

1283   La condanna internazionale della guerra, quale presupposto per una responsabilità penale individuale, è storia recente[3]. Nel XIX secolo, e nei primi anni del XX, la guerra era considerata uno strumento politico legittimo. Ad ogni Stato sovrano era riconosciuta la libertà di praticare la guerra per perseguire i propri interessi[4]. In una

---

[1] Ulteriori dettagli sulle trattative in *Gaja*, in: Cassese/Gaeta/Jones (a cura di), Rome Statute, I (2002), 427, 430 ss.; *von Hebel/Robinson*, in: Lee (a cura di), The International Criminal Court, The Making of the Rome Statute (1999), 79, 81 ss.

[2] Così, plasticamente, *Tomuschat*, Die Friedens-Warte 73 (1998), 335, 337. Critico su tale soluzione *Schuster*, Criminal Law Forum 14 (2003), 1, 17; *Wedgwood* EJIL 10 (2000), 93, 105.

[3] Tuttavia, già nell'antica Roma il diritto di ricorrere alla guerra era riconosciuto solo in presenza di alcune condizioni preliminari. Nel Medioevo si sviluppò la dottrina della guerra giusta; soltanto la "guerra giusta" era permessa. Con l'affermarsi delle strutture statali, peraltro, questa dottrina incontro limitazioni sempre più significative; cfr., su tutto ciò, *Alexandrov*, Self-Defense Against the Use of Force in International Law (1996), 1 ss.; *Bassiouni/Ferencz*, in: Bassiouni (a cura di), International Criminal Law, 1, 2ª ed. (1999), 313 ss.; *Dinstein*, War, Aggression and Self-Defence, 3ª ed. (2001), 59 ss.; *von Elbe* AJIL 33 (1939), 665 ss.; *Kunz* AJIL 45 (1951), 528, 529 s.

[4] Cfr. ad es. *Bothe*, in: Graf Vitzthum (a cura di), Völkerrecht, 2ª ed. (2001), cap. 8 n. marg.

prima fase, restrizioni internazionali penalmente rilevanti concernevano soltanto le modalità di conduzione delle ostilità – il cd. *ius in bello*[5] – non però il diritto di intraprendere una guerra in sé e per sé considerato, il cd. *ius ad bellum*. L'illimitata facoltà degli Stati di guerreggiare venne prudentemente messa in dubbio soltanto nel contesto delle Conferenze di pace dell'Aja del 1899 e 1907, senza che, tuttavia, si pervenisse ad un chiaro divieto in materia. Secondo l'art. 1 della *Hague Convention for the Pacific Settlement of International Disputes*, del 1899[6] e del 1907[7], gli Stati-Parte si obbligavano a ricomporre pacificamente le ostilità, nei limiti del possibile. L'art. 2 della Convenzione introduceva un procedimento di mediazione a fronte di ogni minaccia di conflitto armato, cui ricorrere, peraltro, solo laddove le circostanze lo consentissero.

Dopo la prima guerra mondiale, la comunità internazionale tentò di prendere ulteriormente le distanze dalla guerra come strumento politico. Il preambolo del *Covenant of the League of Nations*[8] enfatizzava l'obbligo degli Stati-Parte di «non ricorrere alla guerra». Nell'art. 10 del medesimo strumento internazionale, gli Stati aderenti si obbligavano a rispettare «l'integrità territoriale e l'esistente indipendenza politica» degli Stati. Per la ricomposizione delle dispute suscettibili di evolvere in un conflitto armato, veniva introdotto un sistema di arbitrato che – a seconda del carattere della controversia – prevedeva una decisione vuoi da parte di un collegio arbitrale, vuoi da parte del Consiglio della Lega delle Nazioni[9]. Lo Stato che si fosse adeguato alla sentenza arbitrale, non poteva essere vittima di un'aggressione bellica. Lo stesso valeva in caso di decisione unanime del Consiglio. In ogni caso, tra la decisione del collegio arbitrale o del Consiglio, e l'inizio della guerra, dovevano trascorrere almeno tre mesi[10]. Ai danni dello Stato che non avesse rispettato tale procedura di composizione dei conflitti, era prevista l'applicazione di sanzioni soprattutto economiche, ai sensi dell'art. 16 del *Covenant*. Nel complesso, il divieto di guerra contemplato dal Trattato appariva non poco lacunoso. Neppure riguardo alla guerra d'aggressione si contemplava un divieto incondizionato[11]. Inoltre, il *Covenant* si ispirava ad un concetto tradizionale di

---

3; *Dinstein*, War, Aggression and Self-Defence, 3ª ed. (2001), 71 s.; *von Elbe* AJIL 33 (1939), 665, 682 ss.; *Meng*, in: Bernhardt (a cura di), Encyclopedia of Public International Law, vol. 4 (2000), 1334 s.; ulteriori riferimenti in *Alexandrov*, Self-Defense Against the Use of Force in International Law (1996), 9 s.

[5] Sugli sviluppi in tale materia cfr. *Bothe*, in: Graf Vitzthum (a cura di), Völkerrecht, 2ª ed. (2001), cap. 8 n. marg. 56 ss.; *Münch*, in: Bernhardt (a cura di), Encyclopedia of Public International Law, 4 (2000), 1386 ss.

[6] [Sottoscritta il 29 luglio, entrata in vigore il 4 settembre 1900, *N.d.T.*].

[7] [Sottoscritta il 18 ottobre 1907, entrata in vigore il 26 gennaio 1910, *N.d.T.*]. Sulle Conferenze di pace dell'Aja cfr. *Bothe*, in: Graf Vitzthum (a cura di), Völkerrecht, 2ª ed. (2001), cap. 8 n. marg. 4; *Randelzhofer*, in: Bernhardt (a cura di), Encyclopedia of Public International Law, 4 (2000), 1246, 1247.

[8] [Sottoscritto il 14 febbraio 1919, entrato in vigore il 10 gennaio 1920, *N.d.T.*].

[9] Artt. 13 e 15 del *Covenant*. La decisione del collegio arbitrale era presa in considerazione soprattutto riguardo a questioni giuridiche. Il Consiglio della Lega doveva pronunciarsi specialmente su conflitti di carattere politico.

[10] Art. 12. co. 1, frase 2, del *Covenant*.

[11] Cfr. *Berber*, Lehrbuch des Völkerrechts, vol. 2, 2ª ed. (1969), 34; *Bothe*, in: Graf Vitzthum (a

guerra, che presuppone, in particolare, la volontà degli Stati di dichiarare uno stato di guerra[12]. Di guisa che gli Stati potevano eludere i loro obblighi nei confronti del *Covenant* ad es. affermando che il conflitto non potesse ritenersi formalmente "guerra" per la mancanza di un *animus belligerendi*[13].

1285 Alle manchevolezze del *Covenant* si pose rimedio con il Protocollo di Ginevra del 2 ottobre 1924[14], che prevedeva, nel suo art. 2, un ampio divieto di guerra. L'art. 10 definiva gli Stati che avessero violato le prescrizioni del Protocollo medesimo come «aggressori». Allo stesso tempo, il sistema di composizione delle controversie del *Covenant* venne significativamente esteso ed integrato in un sistema di sicurezza collettiva (cfr. art. 11). Sennonché, per mancanza del numero minimo di ratifiche, il Protocollo di Ginevra non entrò in vigore.

1286 Il sistema di prevenzione della guerra del *Covenant* venne completato a livello regionale. Nei Trattati di Locarno[15] Francia e Germania, così come Germania e Belgio, si obbligarono, nei loro rapporti reciproci, a risolvere con mezzi pacifici eventuali conflitti. L'uso della forza era permesso soltanto nell'esercizio del diritto di autodifesa, o come attuazione di sanzioni applicate dalla Lega delle Nazioni[16].

1287 Un importante passo avanti verso un'estesa proibizione della guerra venne compiuto con il Patto *Kellogg-Briand* del 27 agosto 1928[17], ancora oggi in vigore[18]. Nel relativo preambolo, gli Stati-Parte manifestavano la loro convinzione «che fosse venuto il tempo di rinunciare apertamente alla guerra come strumento di politica nazionale». Tale rinunzia veniva ulteriormente sviluppata nelle disposizioni del Trattato. L'impiego della violenza militare nel quadro di misure coercitive colletti-

---

cura di), Völkerrecht, 2ª ed. (2001), cap. 8 n. marg. 5; *Brownlie*, International Law and the Use of Force by States (1963), 55 ss.; *Brownlie*, Principles of Public International Law, 6ª ed. (2003), 697.

[12] Cfr. *Brownlie*, International Law and the Use of Force by States (1963), 26 s.

[13] Cfr. *Brownlie*, International Law and the Use of Force by States (1963), 59 s. e 384 ss.; inoltre *Fischer*, in: Ipsen, Völkerrecht, 5ª ed. (2004), § 59 n. marg. 4.

[14] *Protocol on the Pacific Settlement of International Disputes* del 2 ottobre 1924, International Legislation II (1922-1924), 1378 ss. Cfr. al riguardo *Broms*, Recueil des Cours 154 (1977), 306 s.

[15] *The Treaties of Locarno* del 16 ottobre 1925, 54 UNTS (1949), 290; a Locarno, il 16 ottobre 1925, Germania, Belgio, Francia, Gran Bretagna ed Italia sottoscrissero un accordo che obbligava la Germania, la Francia ed il Belgio a rinunciare alla guerra in caso di conflitti reciproci per ricorrere, invece, ad un procedimento arbitrale; inoltre, la Germania sottoscrisse due accordi arbitrali, uno con il Belgio, l'altro con la Francia, così come due trattati in tema di arbitrato, uno con la Polonia, l'altro con la Cecoslovacchia. Cfr. sul punto *Broms*, Recueil des Cours 154 (1977), 307 s.; *Ronneberg*, Der Tatbestand des Verbrechens gegen den Frieden (1998), 43 ss.

[16] Cfr. l'art. 2 del Trattato tra Germania, Belgio, Francia, Gran Bretagna e Italia, del 16 ottobre 1925.

[17] *Treaty for the Renunciation of War as an Instrument of National Policy* del 27 agosto 1928. Sulla storia del Trattato cfr. *Ronneberg*, Der Tatbestand des Verbrechens gegen den Frieden (1998), 35 ss.; *Wallace*, in: Bernhardt (a cura di), Encyclopedia of Public International Law, 3 (1997), 76 ss.

[18] Cfr. *Brownlie*, International Law and the Use of Force by States (1963), 75, 113 s.; *Griffiths*, International Criminal Law Review 2 (2002), 301, 304; *Randelzhofer*, in: Bernhardt (a cura di), Encyclopedia of Public International Law, 4 (2000), 1246, 1248.

ve della Lega delle Nazioni – come mezzo, dunque, di politica internazionale, non nazionale – non costituiva oggetto del Patto[19]. Il principale punto debole del Trattato era il fatto d'essere costruito sul medesimo concetto formale ed eccessivamente ristretto di guerra, già accolto dal *Covenant*[20]. Oltre a ciò, gli Stati-Parte rimarcarono, nelle dichiarazioni rese contestualmente alle ratifiche, come il Patto non limitasse il loro diritto all'autodifesa. Considerato come il Patto *Kellogg-Briand*, di per sé, non contenesse alcuna definizione di difesa legittima, siffatte clausole si prestavano ad abusi[21].

Così gli Stati Uniti sostennero[22], in questo contesto, che il diritto all'autodifesa consentisse di praticare la cd. dottrina *Monroe*[23]. Un'interpretazione del medesimo tenore venne affermata dal Regno Unito riguardo a certi ambiti di interesse britannico[24]. Considerando tutto ciò, di quando in quando viene riproposta l'opinione secondo la quale il divieto di guerra del Patto *Kellogg-Briand* fosse così fortemente circoscritto, da non potersi parlare, a stretto rigore, di un obbligo giuridicamente vincolante per gli Stati-Parte[25]. Convince di più l'idea secondo la quale quelle interpretazioni fossero da intendersi riferite soltanto al diritto di difesa, senza tangere tuttavia l'obbligo legale[26]. È discutibile, poi, che queste interpretazioni late della figura della legittima difesa, nel singolo caso, fossero compatibili con il Patto, ma la questione non interessa in questa sede.

1288

---

[19] Cfr. *Dinstein*, War, Aggression and Self-Defence, 3ª ed. (2001), 79.
[20] Cfr. *Bothe*, in: Graf Vitzthum (a cura di), Völkerrecht, 2ª ed. (2001), cap. 8 n. marg. 6; *Fischer*, in: Ipsen, Völkerrecht, 5ª ed. (2004), § 59 n. marg. 7; *McCoubrey/White*, International Law and Armed Conflict (1992), 22; diversamente, tuttavia, *Brownlie*, International Law and the Use of Force by States (1963), 84 ss.
[21] Cfr. *Broms*, Recueil des Cours 154 (1977), 308 s.; *Brownlie*, International Law and the Use of Force by States (1963), 235 ss.; *Dinstein*, War, Aggression and Self-Defence, 3ª ed. (2001), 78 s.
[22] Cfr. *Brownlie*, International Law and the Use of Force by States (1963), 245 s., che evidenzia come gli Stati Uniti non avessero avanzato alcuna riserva ufficiale, facendo riferimento alla dottrina Monroe soltanto il rapporto della Commissione Relazioni Internazionali del Senato.
[23] La dottrina Monroe venne formulata il 2 dicembre 1823 dal Presidente americano *Monroe* in un discorso dinanzi al Congresso americano. L'occasione venne offerta dalle continue aspirazioni coloniali delle potenze europee nel Nord e nel Sud America. Gli Stati Uniti si opposero a tali politiche, affermando che avrebbero esercitato il diritto alla difesa legittima non soltanto contro attacchi diretti alla loro integrità territoriale, ma anche contro ogni ingerenza europea sul continente americano. Il risultato fu che anche altri Stati vantarono un diritto all'autodifesa nel caso in cui il loro territorio non fosse immediatamente attinto da azioni militari. Cfr. al riguardo *Malanczuk*, in: Bernhardt (a cura di), Encyclopedia of Public International Law, 3 (1997), 460 ss.
[24] Cfr. *Brownlie*, International Law and the Use of Force by States (1963), 235 s.; *Ronneberg*, Der Tatbestand des Verbrechens gegen den Frieden (1998), 39; *Wallace*, in: Bernhardt (a cura di), Encyclopedia of Public International Law, 3 (1997), 76, 78.
[25] Cfr. *Ronneberg*, Der Tatbestand des Verbrechens gegen den Frieden (1998), 39 ss.; *Schmitt*, Das internationalrechtliche Verbrechen des Angriffskrieges und der Grundsatz „Nullum crimen, nulla poena sine lege" (1994), 45 ss., con ulteriori riferimenti.
[26] Cfr. *Berber*, Lehrbuch des Völkerrechts, vol. 2, 2ª ed. (1969), 37; similmente *Brownlie*, International Law and the Use of Force by States (1963), 244 s.

1289 Fino al 1939 aderirono al Patto *Kellogg-Briand* 63 dei 67 Stati, così che lo stesso acquisì un valore pressoché universale[27]. La Convenzione trovò plurime conferme nella prassi degli Stati[28] e costituì la base per ulteriori Convenzioni contenenti divieti di guerra bilaterali e multilaterali[29].

II. Situazione attuale

1290 Dopo la seconda guerra mondiale, il divieto di aggressione venne esteso considerevolmente nella Carta ONU. La Carta ONU si è allontanata dal concetto tradizionale di guerra, che – come si è sopra evidenziato – offriva agli Stati possibilità di abusi. Nell'art. 2 co. 4 si vieta la minaccia o l'uso della forza «sia contro l'integrità territoriale o l'indipendenza politica di qualsiasi Stato, sia in qualunque altra maniera incompatibile con i fini delle Nazioni Unite». L'eccezione più rilevante a tale divieto di ricorso alla forza è disciplinata dall'art. 51, ove si riconosce il diritto degli Stati membri di difendersi individualmente o collettivamente contro attacchi armati, fintantoché il Consiglio di Sicurezza non abbia adottato misure adeguate. Per il resto, la Carta ONU ha istituito un sistema di sicurezza collettiva con un ampio monopolio della violenza bellica attribuito al Consiglio di Sicurezza. In caso di minaccia alla pace, di violazione della pace, o di un atto di aggressione (art. 39 Carta ONU), il Consiglio di Sicurezza è autorizzato, ai sensi dell'art. 42,

---

[27] Soltanto quattro degli Stati esistenti prima della seconda guerra mondiale (Argentina, Bolivia, El Salvador e Uruguay) non erano Stati-Parte del Patto *Kellogg-Briand*, cfr. *Brownlie*, International Law and the Use of Force by States (1963), 75 nota 2. Tali Stati erano però vincolati in termini analoghi dal Trattato *Saavedra-Lamas* del 10 ottobre 1933 (LNTS 163, 393), cfr. *Meyer-Lindenberg*, in: Bernhardt (a cura di), Encyclopedia of Public International Law, 4 (2000), 273 ss.; *Randelzhofer*, in: Bernhardt (a cura di), Encyclopedia of Public International Law, 4 (2000), 1246, 1248.

[28] Un esempio al riguardo lo offre la cd. dottrina *Stimson*. In occasione dell'invasione giapponese della Manciuria (1931), il ministro degli Esteri degli Stati Uniti d'America *Stimson* chiarì che la sua Nazione non avrebbe riconosciuto modifiche territoriali attuate in violazione del Patto *Kellogg-Briand*. Tale impostazione venne condivisa nelle risoluzioni della Lega delle Nazioni ed in Trattati internazionali. La dottrina *Stimson* vale oggi come consuetudine internazionale ed obbliga gli Stati a non riconoscere modifiche territoriali attuate da altri Stati con la forza, in violazione del diritto internazionale; cfr. Sul punto *Gloria*, in: Ipsen, Völkerrecht, 5ª ed. (2004), § 23 n. marg. 45 ss. e *Wallace*, in: Bernhardt (a cura di), Encyclopedia of Public International Law, 3 (1997), 76, 78.

[29] Oltre al già ricordato Trattato *Saavedra-Lamas* (cfr. *supra*, n. marg. 1289, nota 27) il Patto *Kellogg-Briand* trovò in seguito numerose conferme in accordi regionali; indicazioni in *Brownlie*, International Law and the Use of Force by States (1963), 76 nota 1. Anche in seno alla Lega delle Nazioni si fece riferimento al Patto, non da ultimo all'inizio della seconda guerra mondiale. Il Patto, infine, nel 1945 costituì il fondamento giuridico dell'art. 6 St-IMT, cfr. *Brownlie*, International Law and the Use of Force by States (1963), 76 ss. Anche l'art. 2 co. 4 della Carta ONU si basa sui principi del Patto, cfr. *Wallace*, in: Bernhardt (a cura di), Encyclopedia of Public International Law, 3 (1997), 76, 78.

ad adottare misure militari³⁰. Il Consiglio di Sicurezza può inoltre attribuire a singoli Stati o gruppi di Stati la facoltà di ricorrere all'uso della forza militare³¹.

La Carta ONU adopera, in correlazione alle condotte di aggressione, tre concetti strettamente connessi: l'art. 2 co. 4 vieta la minaccia o l'uso della forza; l'art. 39 attribuisce esclusivamente al Consiglio di Sicurezza la legittimazione ad adottare, in caso di atti d'aggressione, misure ai sensi del Capo VII, mentre l'art. 51 riconosce il diritto all'autodifesa contro attacchi armati. Il significato esatto dei concetti utilizzati dalla Carta ONU, e le loro correlazioni reciproche, sono controversi nei singoli casi³².

Il concetto di atti d'aggressione, ai sensi dell'art. 39 Carta ONU, ha trovato concretizzazione con la risoluzione 3314 (XXIX) dell'Assemblea Generale delle Nazioni Unite del 14 dicembre 1974 (cosiddetta Definizione ONU di aggressione)³³. Stando all'art. 1 della Definizione ONU di aggressione, costituisce atto d'aggressione l'impiego di violenza bellica da parte di uno Stato contro la sovranità, l'integrità territoriale o l'indipendenza politica di un altro Stato. L'art. 3 della Definizione ONU di aggressione propone, quali esempi³⁴ di atti d'aggressione, attacchi armati mediante forze militari, occupazioni e bombardamenti, ma considera pure i blocchi navali ed il sostegno a bande armate operanti in altri Stati. In tal modo, il concetto di aggressione viene ad includere anche atti che, per intensità e dimensioni, non arrivano a costituire una guerra. Considerazioni analoghe valgono per il

---

[30] Oltre ad azioni militari, che normalmente vengono in considerazione soltanto come ultima risorsa, il Consiglio di Sicurezza può disporre altre misure, esprimere raccomandazioni ed applicare sanzioni non militari, in specie economiche. Cfr. nel dettaglio *Fischer*, in: Ipsen, Völkerrecht, 5ª ed. (2004), § 60 n. marg. 11 ss.; *Shaw*, International Law, 5ª ed. (2003), 1124 ss.

[31] Cfr. *Fischer*, in: Ipsen, Völkerrecht, 5ª ed. (2004), § 60 n. marg. 18 ss.; *Shaw*, International Law, 5ª ed. (2003), 1133 ss.

[32] Specialmente a partire dall'invasione dell'Irak del 2003 da parte di una coalizione di Stati sotto la guida degli USA, è fortemente discussa l'ampiezza del divieto di ricorso alla forza, cfr. ad es. *Attorney-General of the United Kingdom*, International and Comparative Law Quarterly 52 (2003), 811 ss.; *Brunnée/Toope*, Netherlands International Law Review 2004, 363 ss.; *Daalder*, Leiden Journal of International Law 16 (2003), 171 ss.; *Dederer* JZ 2004, 421 ss.; *Falk* AJIL 97 (2003), 607 ss.; *Fassbender* EuGRZ 2004, 241 ss.; *Hilpold*, Vereinte Nationen 2005, 81 ss.; *Legal Department of the Ministry of Foreign Affairs of the Russian Federation*, International and Comparative Law Quarterly 52 (2003), 1059 ss.; *Reisman* AJIL 97 (2003), 83 ss.; *Sapiro* AJIL 97 (2003), 599 ss.; *Stromseth* AJIL 97 (2003), 628 ss.; *Taft/Buchwald* AJIL 97 (2003), 557 ss.; *Tomuschat*, Die Friedens-Warte 58 (2003), 141 ss.; *Wiefelspütz*, Humanitäres Völkerrecht-Informationsschriften 2006, 103 ss.; *Yoo* AJIL 97 (2003), 563 ss.; *Zedalis*, Nordic Journal of International Law 74 (2005), 209 ss. Cfr. altresì *Röling*, in: Delbrück/Ipsen/Rauschning (a cura di), Festschrift für Menzel (1975), 387, 389. Cfr. inoltre i riferimenti *infra*, n. marg. 1304, nota 74.

[33] Sulla Definizione ONU di aggressione cfr. *Bothe*, Jahrbuch für Internationales Recht 18 (1975), 127 ss.; *Bruha*, Die Definition der Aggression (1980); *Kersting*, Neue Zeitschrift für Wehrrecht 1981, 130 ss.; *Meier* AVR 16 (1974/75), 375 ss.; *Randelzhofer*, Europa-Archiv 30 (1975), 621 ss.; *Röling*, in: Delbrück/Ipsen/Rauschning (a cura di), Festschrift für Menzel (1975), 387 ss.; *Stone* AJIL 71 (1977), 224 ss.

[34] Cfr. l'art. 4 della Definizione ONU di aggressione.

concetto di forza cui fa riferimento l'art. 2 co. 4 Carta ONU[35], nel quale ricadono, tra l'altro, forme di sostegno a gruppi ribelli in Stati stranieri attraverso la fornitura di armamentari o aiuti logistici[36]. Già soltanto la minaccia di un tale tipo di "impiego della forza" è vietata dall'art. 2 co. 4 Carta ONU.

B. Punibilità in base al diritto internazionale consuetudinario (guerra d'aggressione)

1293 Il divieto di aggressione contemplato dal diritto internazionale include il divieto di guerra di aggressione, senza tuttavia esaurirsi in esso. Nel prosieguo si tratterà di definire se, e quali, trasgressioni a tale proibizione siano immediatamente punibili secondo il diritto internazionale. Si evidenzierà come certo esiste un settore di rilievo penale, che nondimeno è più ridotto rispetto all'ambito applicativo complessivo del divieto. Solo la guerra di aggressione è elevata a crimine dal diritto consuetudinario, in quanto forma di aggressione particolarmente grave e manifesta.

I. Norimberga e la punibilità della guerra di aggressione

1294 L'art. 6 a) Statuto IMT assoggettava a pena, come crimine contro la pace, «la pianificazione, la preparazione, l'inizio o la conduzione di una guerra di aggressione o di una guerra in violazione di trattati, convenzioni o assicurazioni o la partecipazione ad un piano comune o ad una cospirazione per l'attuazione di una delle azioni sopra nominate». In tal modo, la responsabilità internazionale penale individuale per l'attuazione di una guerra d'aggressione veniva per la prima volta sancita in un atto internazionale[37]. Nel processo di Norimberga ai grandi criminali di guerra, tutti e 24 gli imputati furono accusati, tra l'altro, di crimini contro la pace, e dodici[38] di loro condannati. La formulazione dell'art. 6 a) Statuto IMT venne mutuata quasi alla lettera dall'art. 5 Statuto IMTFE. Nel Processo di Tokyo 28 persone vennero accusate di crimini contro la pace; di queste, 25 vennero condannate[39]. L'art. II. co.

---

[35] *Fischer*, in: Ipsen, Völkerrecht, 5ª ed. (2004), § 59 n. marg. 12; Simma-*Randelzhofer*, The Charter of the United Nations, 2ª ed. (2002), art. 2 co. 4, n. marg. 22 ss.; *Shaw*, International Law, 5ª ed. (2003), 1018. Se il divieto di ricorso alla forza abbracci anche sanzioni politiche ed economiche è questione controversa: cfr. *Carpenter*, Nordic Journal of International Law 64 (1995), 223, 230; *Griffiths*, International Criminal Law Review 2 (2002), 301, 317; Simma-*Randelzhofer*, The Charter of the United Nations, 2ª ed. (2002), art. 2 co. 4, n. marg. 17 ss.

[36] ICJ, 27 giugno 1986 (Case Concerning Military and Paramilitary Activities in and against Nicaragua, Nicaragua v. USA), ICJ Reports 1986, 14, §§ 106 s. Su tale decisione cfr. *Bassiouni/Ferencz*, in: Bassiouni (a cura di), International Criminal Law, 1, 2ª ed. (1999), 334 ss.

[37] Sulla formazione della norma cfr. *Schabas*, in: Politi/Nesi (a cura di), The International Criminal Court and the Crime of Aggression (2004), 17, 22 ss. Cfr. Pure *Gray* EJIL 14 (2003), 867 ss.

[38] Nello specifico *Göring, Heß, von Ribbentrop, Keitel, Rosenberg, Frick, Funk, Dönitz, Raeder, Jodl, Seyß-Inquart* e *von Neurath*.

[39] Cfr. *Osten*, Der Tokioter Kriegsverbrecherprozeß und die japanische Rechtswissenschaft (2003), 30.

1 a) CCL n. 10, in conformità all'art. 6 a) Statuto IMT, sancì allo stesso modo il rilievo penale del crimine contro la pace. Nei Processi secondari di Norimberga, su tali presupposti, altri imputati vennero giudicati per crimini contro la pace[40], ma soltanto due vennero condannati con sentenza definitiva[41].

Critiche significative vennero avanzate contro la condanna dei responsabili delle forze dell'Asse per l'integrazione di un crimine contro la pace. Si assumeva, in particolare, che la fattispecie in esame fosse stata applicata retroattivamente, dunque contro principi di giustizia[42]. Bisogna effettivamente concordare con questi critici riguardo al fatto che l'attuazione di una guerra di aggressione, prima dello scoppio della seconda guerra mondiale, non era espressamente criminalizzata dal diritto internazionale. Di certo, come si è evidenziato più sopra, la guerra era ampiamente vietata, ma difettava una norma che sancisse la responsabilità penale dei colpevoli[43]. Il passaggio critico dal divieto di una guerra di aggressione al rilievo penale della medesima venne giustificato dall'IMT con motivazioni sostanziali: l'attuazione di una guerra di aggressione costituiva, in considerazione della gravità delle sue conseguenze, il peggiore di tutti i crimini contestati. Peraltro, soltanto punendo i responsabili si sarebbe potuto rafforzare la validità del divieto di guerra. I crimini contro il diritto internazionale non vengono realizzati soltanto da Stati, in quanto tali, ma anche da individui, che dovevano quindi essere considerati personalmente responsabili al riguardo.[44] Il Tribunale, in sostanza, si decise per la punibilità, argomentando dalla meritevolezza e dal bisogno di pena[45].

---

[40] Imputazioni per crimini contro la pace vennero elevate nei processi *Krauch* et al. (caso VI, cd. processo IG Farben, US Military Tribunal Nürnberg, 30 luglio 1948, in: Trials of War Criminals VIII, 1081 ss.), *Krupp* et al. (caso X, cd. processo Krupp, US Military Tribunal Nürnberg, 31 luglio 1948, in: Trials of War Criminals IX, 1327 ss.), *von Weizsäcker* et al. (caso XI, cd. processo Wilhelmstraßen, US Military Tribunal Nürnberg, 11 aprile 1949, in: Trials of War Criminals XIV, 308 ss.) e *von Leeb* et al. (US Military Tribunal Nürnberg, 28 ottobre 1948, in: Trials of War Criminals XI, 462 ss.). Su tutto ciò cfr., ampiamente, *Preparatory Commission for the International Criminal Court*, Historical review of developments relating to aggression, UN Doc. PCNICC/2002/WGCA/L. 1, §§ 118 ss.

[41] Cfr. US Military Tribunal Nürnberg, 11 aprile 1949 (v. Weizsäcker et al., cd processo Wilhelmstraßen), in: Trials of War Criminals XIV, 308 ss. Vennero condannati con sentenza definitiva *Wilhelm Keppler* e *Hans Heinrich Lammers*. Per contro, le decisioni nei confronti di *Ernst von Weizsäcker* e *Ernst Wörmann*, che originariamente condannavano tali soggetti per crimini contro la pace, vennero annullate su appello della difesa. Cfr. su tutta la vicenda *Preparatory Commission for the International Criminal Court*, Historical review of developments relating to aggression, UN Doc. PCNICC/2002/WGCA/L. 1, §§ 209, 225.

[42] Sulle critiche del tempo cfr. ampiamente *Finch* AJIL 41 (1947), 25 ss.; *Schick* AJIL 41 (1947), 770 ss.; *Wright* AJIL 42 (1948), 405 ss. Da un punto di vista "attuale" cfr., riassuntivamente, *Jung*, Die Rechtsprobleme der Nürnberger Prozesse (1992), 137 ss.

[43] Cfr. anche *supra*, n. marg. 26.

[44] IMT, 1° ottobre 1946, in: Internationaler Militärgerichtshof Nürnberg, Der Nürnberger Prozeß gegen die Hauptkriegsverbrecher, 1 (1947), 189, 249.

[45] Un'approssimazione di questo tipo sarebbe stata difficilmente sostenibile negli ordinamenti statali di matrice europeo-continentale. Sennonché, il diritto internazionale penale, dopo la seconda guerra mondiale, era ben lontano da un sistema codificato di diritto penale.

1296 L'argomento era plausibile. Già nel periodo precedente alla seconda guerra mondiale sussistevano indicazioni risalenti circa il rilievo penale delle guerre di aggressione: l'art. 227 del Trattato di pace di Versailles, ad es., venne concepito per rendere il Kaiser tedesco penalmente responsabile dello scoppio della prima guerra mondiale[46]. Il già nominato Protocollo di Ginevra del 2 ottobre 1924 indicava la guerra di aggressione come crimine internazionale[47], una formula poi riproposta nelle risoluzioni della Lega delle Nazioni[48] e dalla sesta Conferenza Panamericana[49]. Già prima della seconda guerra mondiale si delineava, dunque, l'ipotesi di una responsabilità penale per una guerra di aggressione, in quanto «conseguenza logica»[50] della proibizione della guerra. Ogni residuo dubbio circa la legittimità di un'attribuzione di responsabilità per la fattispecie in esame, ad uno sguardo odierno, risulta ulteriormente ridimensionato considerando come anche un'applicazione retroattiva della fattispecie fosse in realtà possibile: il divieto di retroattività non impedisce la punizione di organi di potere statale per la perpetrazione di crimini di diritto internazionale[51].

1297 Oggi, gli Statuti dell'IMT e dell'IMTFE, così come le decisioni di tali Tribunali che meglio hanno definito la fattispecie, fondano il rilievo internazionale penale della guerra di aggressione[52]. Le fattispecie statutarie e, soprattutto, il giudizio di Norimberga rappresentano il punto di appoggio di una salda *opinio iuris* della comunità internazionale circa la punibilità del ricorso ad una guerra di aggressione. Nella risoluzione 95 (I) dell'Assemblea Generale ONU dell'11 dicembre 1946 detta punibilità è stata espressamente "confermata". La comunità degli Stati ha evidenziato, in particolare, come la fattispecie in esame sia da considerarsi generalmente valida, non soltanto con riferimento alle forze dell'Asse della seconda guerra mondiale[53]. In seguito, l'art. 5 co. 2, prima frase, della Definizione ONU di aggressione, così come il Principio 1 co. 2 della cd. *Friendly Relations Declaration*[54], indi-

---

[46] Ampiamente al riguardo *Jescheck*, Die Verantwortlichkeit der Staatsorgane nach Völkerstrafrecht (1952), 41 ss.; *von Puttkamer* AVR 1 (1948), 424 ss.; *Ronneberg*, Der Tatbestand des Verbrechens gegen den Frieden (1998), 11 s. Cfr. pure *supra*, n. marg. 5 ss.

[47] Preambolo, comma 3. Il Protocollo, peraltro, non è entrato in vigore. Cfr. sul punto *supra*, n. marg. 1285.

[48] Indicazioni in *Brownlie*, International Law and the Use of Force by States (1963), 71 ss.

[49] Riferimenti in *Brownlie*, International Law and the Use of Force by States (1963), 73 ss.; cfr. inoltre *Dahm/Delbrück/Wolfrum*, Völkerrecht, vol. I/3, 2ª ed. (2002), 1034.

[50] Cfr. *Dahm/Delbrück/Wolfrum*, Völkerrecht, vol. I/3, 2ª ed. (2002), 1035.

[51] Cfr. soltanto l'art. 7 co. 2 CEDU, l'art. 15 co. 2 PDCP così come i riferimenti in *Dahm/Delbrück/Wolfrum*, Völkerrecht, vol. I/3, 2ª ed. (2002), 1033; *Naucke*, in: Donatsch/Forster/Schwarzenegger (a cura di), Festschrift für Trechsel (2002), 505 ss.; *Werle* ZStW 109 (1997), 808, 825 ss.; *Werle* NJW 2001, 3001; cfr. inoltre *supra*, n. marg. 27.

[52] *Griffiths*, International Criminal Law Review 2 (2002), 301, 308.

[53] Cfr. *Brownlie*, International Law and the Use of Force by States (1963), 190; *Hummrich*, Der völkerrechtliche Straftatbestand der Aggression (2001), 103 s.; *Westdickenberg/Fixson*, in: Frowein et al. (a cura di), Festschrift für Eitel (2003), 483, 487 ss.

[54] *Declaration on Principles of International Law concerning Friendly Relations and Co-operation*

cano apertamente la guerra di aggressione come crimine contro la pace internazionale. Nel 1991 e nel 1996 la Commissione di Diritto Internazionale presentò varie proposte nelle quali era contenuta, ogni volta, la fattispecie di aggressione[55]. Da ultimo, l'inclusione del crimine di aggressione nello St-ICC esprime la convinzione di una punibilità di detta fattispecie secondo le consuetudini internazionali[56].

I processi penali di Norimberga e Tokyo incarnano, inoltre, prassi statali necessarie per l'implementazione del diritto internazionale consuetudinario[57], che hanno trovato conferma in dichiarazioni ufficiali di Stati, ad es. in relazione alla Definizione ONU di aggressione. Non contraddice tale ipotesi il fatto che non si sia instaurato nessun ulteriore processo avente ad oggetto guerre di aggressione, giacché la validità di norme penali non è messa in dubbio soltanto dal fatto che dette norme vengano impunemente violate[58]. Ragion per cui non convincono le obie-

1298

---

among States in accordance with the Charter of the United Nations, UN Doc. A/RES/2625 del 24 ottobre 1970.

[55] Cfr. artt. 15 ss. *Draft Code* 1991 così come l'art. 16 *Draft Code* 1996. Il progetto del 1991 contiene una fattispecie molto ampia, sostanzialmente modellata sulla Definizione ONU di aggressione del 1974, in ciò collegandosi al progetto del 1954; cfr. al riguardo *Hogan-Doran/van Ginkel,* Netherlands International Law Review 43 (1996), 321, 335; *Triffterer,* in: Hankel/Stuby (a cura di), Strafgerichte gegen Menschheitsverbrechen (1995), 169, 205 ss.; *Westdickenberg/Fixson,* in: Frowein et al. (a cura di), Festschrift für Eitel (2003), 483, 491 s. Il *Draft Code* 1996, con un approccio "consapevolmente retrospettivo" (*Hummrich,* Der völkerrechtliche Straftatbestand der Aggression (2001), 115), prospettava, nel suo art. 16, un'ipotesi di fattispecie strettamente aderente al modello di Norimberga, confermando in tal modo l'ambito delle aggressioni punibili quale riconosciuto successivamente alla seconda guerra mondiale: cfr. Yearbook of the International Law Commission 1996 II/2, 43; *Bassiouni/Ferencz,* in: Bassiouni (a cura di), International Criminal Law, 1, 2ª ed. (1999), 313, 337 ss. *Westdickenberg/Fixson,* in: Frowein et al. (a cura di), Festschrift für Eitel (2003), 483, 491 s. non riconoscono, nel progetto del 1991, una codificazione delle consuetudini internazionali, ma soltanto un tentativo di perfezionare il diritto in materia, poi abbandonato dalla Commissione ONU di diritto internazionale nel 1996, a fronte delle discussioni che si svolgevano riguardo allo St-ICC.

[56] Nello stesso senso *Gaja,* in: Cassese/Gaeta/Jones (a cura di), Rome Statute, vol. 1 (2002), 427, 431.

[57] Così *Carpenter,* Nordic Journal of International Law 64 (1995), 223, 225 s.; *Hummrich,* Der völkerrechtliche Straftatbestand der Aggression (2001), 128 ss., 137, che considera anche i singoli Processi secondari di Norimberga quali prassi statali autonome e quindi individua nel periodo tra il 1945 ed il 1949 «un momento di reiterazione» di dette prassi (130). *Hummrich* perviene, alla fine, al seguente risultato: «la prassi dei processi di Norimberga e Tokyo e la correlativa *opinio iuris* della comunità internazionale in seguito alla seconda guerra mondiale aveva formato un nuovo diritto internazionale consuetudinario» (139).

[58] Nel dettaglio: *Hummrich,* Der völkerrechtliche Straftatbestand der Aggression (2001), 126 ss., 135, 137 ss., che sottolinea come solo volendo considerare prassi rilevante l'impiego della forza penale statale, in quanto tale, si dovrebbe negare l'esistenza di norme di diritto internazionale penale per la mancanza di una prassi statale adeguata; così pure *Brownlie,* International Law and the Use of Force by States (1963), 175. Si riconosce importanza alla prassi verbale statale anche in ICTY, 2 ottobre 1995 (Tadić, AC), §§ 96 ss., per affermare il nucleo centrale delle norme di diritto internazionale umanitario nel quadro di conflitti interni. La Camera d'Appello ha ritenuto sufficienti prese di posizione ufficiali degli Stati ed il contenuto dei manuali militari interni, per ammettere una pratica adeguata alla formazione di diritto internazionale consuetudinario.

zioni fondate sul fatto che un processo a *Saddam Hussein* per l'attacco al Kuwait non sarebbe stato preso seriamente in considerazione, e che all'ICTY non sarebbe stata attribuita alcuna competenza a giudicare del crimine di aggressione[59].

1299 In conclusione può affermarsi che la guerra di aggressione costituisce un crimine punibile alla stregua del diritto internazionale consuetudinario[60]. L'ampiezza della fattispecie è da definire alla luce dei finora unici precedenti, i giudizi di Norimberga e Tokyo[61]. Al contrario, non può dimostrarsi il rilievo penale internazionale consuetudinario di atti di aggressione che, per la loro intensità, non acquistano i caratteri di una guerra di aggressione[62]. Difetta, al riguardo, una qualsiasi prassi statale. Oltre a ciò, le ardue trattative per lo St-ICC[63] hanno dimostrato che non esiste, al riguardo, una generalizzata *opinio iuris*.

---

[59] Così tuttavia *Tomuschat*, in: Dinstein/Tabory (a cura di), War Crimes in International Law (1996), 41, 53; *Tomuschat* EuGRZ 1998, 1, 5. In senso contrario *Gaja*, in: Cassese/Gaeta/Jones (a cura di), Rome Statute, 1 (2002), 427, 430 sottolinea tuttavia, a ragione, come l'ICTY e l'ICTR siano stati istituiti in reazione a crimini contro l'umanità e ai crimini di guerra, talché non stupisce la mancanza di un riferimento al crimine di aggressione.

[60] In tal senso House of Lords, 29 marzo 2006 (R. v. Jones and Others), Criminal Appeals 2006, fascicolo 2, 136, 147 s.; *Dahm/Delbrück/Wolfrum*, Völkerrecht, vol. I/3, 2ª ed. (2002), 1048 s.; *Dinstein*, Israel Yearbook on Human Rights 24 (1994), 1, 2; *Dinstein*, War, Aggression and Self-Defence, 3ª ed. (2001), 109, 113 s.; *Griffiths*, International Criminal Law Review 2 (2002), 301, 308; *Kreß* ZStW 115 (2003), 294, 297; *Müller-Schieke*, Leiden Journal of International Law 14 (2001), 409, 414 s.; *Triffterer*, in: Hankel/Stuby (a cura di), Strafgerichte gegen Menschheitsverbrechen (1995), 169, 204; diversamente, tuttavia, *Grewe*, in: Hailbronner/Ress/Stein (a cura di), Festschrift für Doehring (1989), 229, 242 ss.; *Jescheck* GA 1981, 49, 53 ss.; NK-*Paeffgen*, StGB, 2ª ed. (2005), § 80 n. marg. 8; *Tomuschat*, in: Dinstein/Tabory (a cura di), War Crimes in International Law (1996), 41, 53; *Tomuschat* EuGRZ 1998, 1, 5; in termini dubitativi ancora *Tomuschat*, in: Hankel/Stuby (a cura di), Strafgerichte gegen Menschheitsverbrechen (1995), 270, 279.

[61] *Draft Code* 1996, in rel. art. 16: «(5) [...] The Charter and Judgement of the Nürnberg Tribunal are the main sources of authority with regard to individual criminal responsibility for acts of aggression». Cfr. inoltre *Carpenter*, Nordic Journal of International Law 64 (1995), 223, 225 s.; *Griffiths*, International Criminal Law Review 2 (2002), 301, 314; *Hummrich*, Der völkerrechtliche Straftatbestand der Aggression (2001), 121 s.; *Schuster*, Criminal Law Forum 14 (2003), 1, 10 ss.

[62] Così anche *Dahm/Delbrück/Wolfrum*, Völkerrecht, vol. I/3, 2ª ed. (2002), 1049; *Meron*, Suffolk Transnational Law Review 25 (2001), 1, 9; *Wilmhurst*, in: Politi/Nesi (a cura di), The International Criminal Court and the Crime of Aggression (2004), 93 ss.; diversamente *Cassese*, International Criminal Law (2003), 113, che invoca, a conferma del vigente diritto internazionale consuetudinario, la Definizione ONU di aggressione.

[63] Cfr. sul punto *von Hebel/Robinson*, in: Lee (a cura di), The International Criminal Court, The Making of the Rome Statute (1999), 79, 81 ss. Cfr. anche *infra*, n. marg. 1316 ss.

II. L'elemento oggettivo

1. Guerra di aggressione

L'art. 6 a) Statuto IMT punisce l'organizzazione, la preparazione, l'avvio e la conduzione di una guerra di aggressione oppure di una guerra in violazione di Trattati, di Convenzioni ed Assicurazioni internazionali. Questo favorisce l'impressione che i crimini contro la pace possano essere realizzati o attraverso una guerra di aggressione, oppure attraverso una guerra in violazione di Trattati internazionali. Il Tribunale di Norimberga si è a lungo occupato del crimine di aggressione e, quanto alla conduzione di una guerra in violazione di Trattati internazionali, ha sottolineato soltanto come questo non fosse elemento da considerare approfonditamente o nel dettaglio, in quanto il crimine di aggressione era stato già accertato[64]. Dalle suddette premesse potrebbe affermarsi che, secondo l'opinione del Tribunale di Norimberga, i crimini contro la pace si articolano in due distinte sottofattispecie. Ma una simile distinzione tra guerra di aggressione da un lato, e guerra condotta in violazione delle Convenzioni internazionali dall'altro, deve essere rifiutata. Infatti, la guerra di aggressione viene punita e sottoposta a sanzione penale in quanto guerra vietata in base al diritto internazionale[65]. In questo senso depone anche l'articolo 10 n. CCL, che fa riferimento ad una «guerra di aggressione in violazione delle leggi e dei trattati internazionali».

1300

Pertanto, può parlarsi di guerra di aggressione soltanto quando questa risulti illegittima in base alle disposizioni del diritto internazionale. Si tratta di una valutazione da svolgersi in riferimento allo stato dell'evoluzione normativa del diritto internazionale al momento del fatto; in particolare, non rientrano nella dimensione tipica della guerra di aggressione le misure coercitive delle Nazioni Unite adottate ai sensi del Capitolo VII della Carta ONU e i casi di autodifesa ai sensi dell'art. 51 della Carta ONU[66].

1301

Tuttavia, come già risulta dai precedenti di Norimberga e Tokio, la contrarietà della guerra alle disposizioni del diritto internazionale non è dato da solo sufficiente ad attribuirle la connotazione propria di una guerra di aggressione[67]. I comportamenti condannati dopo la fine della seconda guerra mondiale erano diretti ad annettere in tutto o in parte il territorio di altri Stati, oppure a sottometterli definitivamente. La caratteristica distintiva che ha portato, dopo la seconda guerra mon-

1302

---

[64] IMT, 1° ottobre 1946, in: Internationaler Militärgerichtshof Nürnberg, Der Nürnberger Prozeß gegen die Hauptkriegsverbrecher, vol. I (1947), 189, 246.

[65] *Jescheck*, Die Verantwortlichkeit der Staatsorgane nach Völkerstrafrecht (1952), 348; l'autore afferma che l'espressione "guerra di aggressione" non è «nient'altro che un'espressione popolare per indicare una guerra vietata dal diritto internazionale».

[66] Cfr. *Griffiths*, International Criminal Law Review 2 (2002), 301, 320 ss.; *Zimmermann* ZaöRV 58 (1998), 47, 76.

[67] Cfr. anche *Kreß* ZStW 115 (2003), 294, 300 ss.

diale, a qualificare come tali le guerre di aggressione deve rinvenirsi nella direzione finalistica dell'attacco, rivolto all'annessione di altro Stato, ad ottenere il controllo del suo territorio o ad utilizzarne le risorse a vantaggio dello Stato aggressore. Solo su queste basi può affermarsi l'illegittimità di una guerra per violazione delle regole del diritto consuetudinario[68]. Pertanto, è necessario un elemento aggressivo ulteriore per distinguere la guerra di aggressione dalle altre comunque contrarie al diritto internazionale[69]. La finalità aggressiva della guerra viene generalmente determinata dal governo dello Stato che conduce le ostilità e può essere rivelata, ad esempio, dalle dichiarazioni della classe politica dirigente[70]; non è necessario che il soggetto agente si prefigga personalmente, o anche solo concorra ad imprimere, lo scopo aggressivo della guerra.

1303   Proprio la valutazione delle finalità effettivamente perseguite esclude dall'ambito della fattispecie tipica sia i cosiddetti "interventi umanitari" volti ad impedire atti di genocidio o crimini contro l'umanità[71], sia le operazioni militari intraprese da uno Stato con l'obiettivo di salvare i propri cittadini[72].

---

[68] Negli stessi termini Schönke/Schröder-*Sternberg-Lieben*, StGB, 27ª ed. (2006), § 80 n. marg. 4. In questo caso, la possibilità di qualificare alcune situazioni – anche solo dubitativamente – come guerra di aggressione è tutt'altra questione e non ne mette in discussione gli elementi distintivi prima individuati. Cfr. in ordine ai singoli casi dubbi, ad esempio, *Jescheck*, Die Verantwortlichkeit der Staatsorgane nach Völkerstrafrecht (1952), 351 s.

[69] Nello stesso senso Schönke/Schröder-*Sternberg-Lieben*, StGB, 27ª ed. (2006), § 80 n. marg. 4.

[70] Così, il Tribunale di Norimberga ha rinvenuto già nel "Mein Kampf" di *Hitler* – testo che il Reich tedesco dovette anche stampare – «un'azione inequivocabilmente aggressiva», valutandola come elemento significativo nella preparazione dell'attacco; cfr. IMT, 1° ottobre 1946, in: Internationaler Militärgerichtshof Nürnberg, Der Nürnberger Prozeß gegen die Hauptkriegsverbrecher, vol. I (1947), 189, 208 s. Quale prova significativa della pianificazione dell'attacco da parte del governo tedesco, il Tribunale ha preso in considerazione soprattutto quattro conferenze segrete di *Hitler* e dei suoi più alti funzionari, tenutesi tra il 1937 e il 1939. In occasione di queste riunioni, *Hitler* ha illustrato al suo seguito i propri propositi bellici ed ha chiarito inequivocabilmente la finalità aggressiva perseguita dal governo, IMT, 1° ottobre 1946, in: Internationaler Militärgerichtshof Nürnberg, Der Nürnberger Prozeß gegen die Hauptkriegsverbrecher, vol. I (1947), 189, 209 ss. Cfr. inoltre *Jescheck*, Die Verantwortlichkeit der Staatsorgane nach Völkerstrafrecht (1952), 352 s.

[71] Cfr., in generale, sugli interventi umanitari *Alexandrov*, Self-Defense Against the Use of Force in International Law (1996), 204 ss.; *Farer*, Human Rights Quarterly 25 (2003), 382 ss.; *Griffiths*, International Criminal Law Review 2 (2002), 301, 338 ss.; *Goodman* AJIL 100 (2006), 107; *Kolb*, International Review of the Red Cross 85 (2003), 119 ss.; *Schweizer*, International Review of the Red Cross 86 (2004), 547 ss.; *Zacklin*, Virginia Journal of International Law 41 (2001), 923 ss. Sulla missione militare NATO contro la Repubblica federale di Jugoslavia (Kosovo) nella primavera del 1999 cfr. *Degan*, in: Vohrah et al. (a cura di), Man's Inhumanity to Man (2003), 232 ss.; *Harnoff*, Nordic Journal of International Law 70 (2001), 65 ss.; *Hummer/Mayr-Singer* NJ 2000, 113 ss.; *Hummrich*, Der völkerrechtliche Straftatbestand der Aggression (2001), 186 ss.; *Ipsen*, Die Friedens-Warte 1999, 19 ss.; *Kreß* NJW 1999, 3077, 3081 ss.; *Tomuschat*, Die Friedens-Warte 1999, 33 ss.; *Zacklin*, in: Vohrah et al. (a cura di), Man's Inhumanity to Man (2003), 935 ss.; *Zemanek*, in: Vohrah et al. (a cura di), Man's Inhumanity to Man (2003), 953 ss.

[72] Il diritto di ciascuno Stato di provvedere alla salvezza dei propri cittadini, indipendentemente dall'autorizzazione dello Stato in cui essi si trovino, è stato sempre ricondotto in passato al diritto di

Rimane in dubbio se le azioni della "coalizione dei volontari" contro l'Irak possano essere giustificate in base al diritto internazionale come interventi umanitari diretti ad eliminare un regime che viola i diritti umani. Per confermare la legittimità della propria condotta, gli Stati Uniti e la Gran Bretagna hanno fatto riferimento soprattutto ad una precedente risoluzione del Consiglio di Sicurezza delle Nazioni Unite[73]. Ma si tratta di un argomento controverso[74]. Ad ogni modo, non sembra possibile qualificare tale operazione come una guerra di aggressione penalmente rilevante, anche quando si riconosca l'illegittimità in base al diritto internazionale delle azioni della Coalizione. Infatti, le forze alleate non hanno mai avuto l'obiettivo di sottomettere o di annettere l'Irak, né tanto meno è stata mai posta in discussione la necessità di mantenerne l'indipendenza. In questo modo, manca l'elemento aggressivo specifico che è necessario per poter identificare una guerra di aggressione secondo il diritto consuetudinario[75].

Non qualsiasi impiego ostile della forza militare rappresenta una guerra di aggressione. Piuttosto, a tal fine l'uso della forza deve poter raggiungere una certa intensità e dimensione[76]. Per stabilirne la misura bisogna fare riferimento, ancora una volta, alle sentenze del Tribunale di Norimberga. Sebbene queste decisioni rinuncino a coniare una definizione astratta di guerra di aggressione, tuttavia consentono di individuare dall'analisi dei singoli casi i criteri più significativi. Gli attacchi rivolti dalla Germania contro gli Stati confinanti, sulla cui legittimità fu chiamato a pronunciarsi l'IMT, ebbero luogo con eserciti imponenti e su un fronte particolarmente esteso, portando all'occupazione totale o parziale dello Stato aggredito. La fattispecie tipica della guerra di aggressione richiede l'impiego della forza militare in misura simile a questa.

---

autodifesa sancito all'art. 51 della Carta ONU. Tuttavia, si tratta di una conclusione dubbia; cfr. in particolare *Alexandrov*, Self-Defense Against the Use of Force in International Law (1996), 188 ss., 202 ss.

[73] Cfr., sul punto, *Greenwood*, San Diego International Law Journal 4 (2003), 7, 26 ss.

[74] La Corte amministrativa federale, nella sentenza 21 giugno 2005, ha affermato che a sfavore della guerra contro l'Irak depongono «significativi dubbi sotto il profilo giuridico, in riferimento al divieto di applicazione della forza sancito nella Carta ONU ed al diritto internazionale vigente», cfr. BVerwG EuGRZ 2005, 636. Sulla discussione in ordine al giudizio da riservare, sulla base del diritto internazionale, alla guerra contro l'Irak, cfr. *Ambos/Arnold* (a cura di), Der Irakkrieg und das Völkerrecht (2004); *Bothe* EJIL 14 (2003), 227 ss.; *Fischer*, Humanitäres Völkerrecht-Informationsschriften 2003, 4 ss.; *Kreß* ZStW 115 (2003), 294, 313 ss.; cfr. anche *Dörr/Bosch* JuS 2003, 477 ss.; *Murswiek* NJW 2003, 1014 ss.; *Sapiro* AJIL 97 (2003), 599 ss.; *Schaller* ZaöRV 62 (2002), 641, 644 ss.; *Shamra*, Indian Journal of International Law 43 (2003), 215 ss.; *Sofaer* EJIL 14 (2003), 209 ss.; *Wedgwood* AJIL 97 (2003), 576 ss.; *de Wet*, Humanitäres Völkerrecht-Informationsschriften 2003, 233 ss.

[75] Così anche *Kreß* ZStW 115 (2003), 294, 331; Schönke/Schröder-*Sternberg-Lieben*, StGB, 27ª ed. (2006), § 80 n. marg. 4.

[76] Negli stessi termini *Griffiths*, International Criminal Law Review 2 (2002), 301, 319 s.; *Westdickenberg/Fixson*, in: Frowein et al. (a cura di), Festschrift für Eitel (2003), 483, 508.

1306 Per poter affermare l'esistenza di una guerra è necessario che l'apertura delle ostilità sia caratterizzata da una certa intensità nell'impiego della forza, pur non essendo necessaria la dichiarazione espressa di apertura delle ostilità. Il concetto formale di guerra, basato sulla volontà delle parti di determinare lo stato di guerra, già prima della seconda guerra mondiale ha mostrato la propria inadeguatezza. Il Tribunale di Norimberga ha qualificato come guerra di aggressione anche l'occupazione della Danimarca da parte del Reich tedesco[77], sebbene i governi di entrambi gli Stati, dopo l'invasione della Wehrmacht in Danimarca, avessero comunque negato che in questo modo si fosse instaurato lo stato di guerra[78]. Lo Statuto IMTFE abbandona il tradizionale concetto di guerra[79], stabilendo espressamente l'irrilevanza della precedente dichiarazione di apertura delle ostilità.

2. Altri atti di aggressione

1307 Con la definizione del concetto di guerra di aggressione viene contestualmente delimitato anche l'ambito di altri atti di aggressione penalmente rilevanti in base alle previsioni del diritto consuetudinario. La soglia di punibilità, in questo modo, risulta elevata. Condotte caratterizzate da minore intensità offensiva non saranno punibili neppure laddove violassero il divieto di uso della forza di cui all'art. 2. n. 4 della Carta ONU, oppure provocano la reazione difensiva dello Stato attaccato ai sensi dell'art. 51 Carta ONU. Pertanto, un numero significativo di atti di aggressione, che vengono menzionati nella definizione di tale crimine contenuta nella Carta delle Nazioni Unite, non risultano punibili in base al diritto consuetudinario. Questa forte restrizione della fattispecie tipica può risultare criticabile dal punto di vista delle scelte di politica criminale maturate in ambito internazionale; tuttavia, ad una più ampia criminalizzazione su base consuetudinaria si oppone sia la mancanza di una comune *opinio juris* nella comunità internazionale, che della prassi statale[80]. Bisogna vedere se nell'ambito delle trattative per la definizione del crimine di aggressione nello St-ICC si arriverà ad un'estensione dell'ambito di punibilità[81].

3. L'ambito dei soggetti attivi del reato

1308 In accordo con i principi di Norimberga e Tokio, l'aggressione viene oggi classificata come "crimine di leadership"[82]. Né le Carte di Norimberga o di Tokio, né tanto

---

[77] IMT, 1° ottobre 1946, in: Internationaler Militärgerichtshof Nürnberg, Der Nürnberger Prozeß gegen die Hauptkriegsverbrecher, vol. 1 (1947), 189, 233.

[78] Cfr. *Brownlie*, International Law and the Use of Force by States (1963), 211, 389.

[79] Art. 5 a) St-IMTFE: «declared or undeclared war of aggression». L'art. 6 a) St-IMT non contiene ancora questa formulazione.

[80] Cfr., con ampiezza di argomentazioni, su questa questione *Westdickenberg/Fixson*, in: Frowein et al. (a cura di), Festschrift für Eitel (2003), 483, 505 ss.; cfr. anche *Kreß* ZStW 115 (2003), 294, 300 s.

[81] Cfr. sulla definizione ONU del crimine di aggressione *supra*, n. marg. 1292.

[82] Si veda *Westdickenberg/Fixson*, in: Frowein et al. (a cura di), Festschrift für Eitel (2003), 483, 503. Cfr., dai lavori preparatori allo St-ICC, il documento della discussione finale del coordinatore,

meno il CCL n. 10, contengono alcuna espressa limitazione di coloro che possono presentarsi come soggetti attivi del reato[83]. Tuttavia, dalla giurisprudenza di Norimberga e Tokio si può desumere che soltanto gli appartenenti alla classe dirigente politica o militare vengono considerati autori di crimini contro la pace[84]. Così, durante il processo celebratosi a Norimberga contro i principali criminali nazisti sono stati accusati, per la maggior parte, alti rappresentanti del governo tedesco, delle forze militari e del partito nazionalsocialista, che sono stati poi condannati per aver partecipato ad una guerra di aggressione. Di conseguenza, l'ambito dei possibili soggetti attivi del reato risulta limitato alla cerchia relativamente ristretta della leadership politica o militare[85]. Al riguardo, è determinante l'effettiva possibilità di direzione e controllo, non la posizione giuridica rivestita dall'agente[86]. Non è necessario che quest'ultimo sia anche colui che effettivamente adotta le decisioni in merito alla guerra e alla pace, ma è sufficiente che prenda parte ad attività significative per la preparazione, l'inizio o lo svolgimento della guerra di aggressione[87].

---

risalente all'11 luglio 2002 (PCNICC/2002/WGCA/RT.1/Rev.2), secondo il quale deve trattarsi di una persona «being in a position effectively to exercise control over or to direct the political or military action of a State».

[83] Cfr. art. 6 a) St-IMT e art. 5 a) St-IMTFE, nonché l'art. 2 co. 1 a) CCL n. 10.

[84] Riassuntivamente, *Brand*, British Year Book of International Law 26 (1949), 414, 419 ss.

[85] Nel cosiddetto Processo OKW (High Command Trial), il dodicesimo processo che ha seguito quello di Norimberga, la Corte Militare Americana ha affermato: «As we have pointed out, war whether it be lawful or unlawful is the implementation of a national policy. If the policy under which it is initiated is criminal in its intent and purpose it is so because the individuals at the policy-making level had a criminal intent and purpose in determining the policy. If war is the means by which the criminal objective is to be attained then the waging of the war is but an implementation of the policy, and the criminality which attaches to the waging of an aggressive war should be confined to those who participate in it at the policy level», IMT, 28 ottobre 1948 (cfr. Leeb et al., cosiddetto Processo OKW), in: Trials of War Criminals XI, 462, 486. – Anche il processo di Tokio per crimini di guerra è stato condotto, per quanto riguarda la valutazione della guerra di aggressione, solo contro la classe dirigente, cfr. *Osten*, Der Tokioter Kriegsverbrecherprozess und die japanische Rechtswissenschaft (2003), 22.

[86] Sul punto, con ampi riferimenti, si veda *Dinstein*, Israel Yearbook on Human Rights 24 (1994), 1, 4 ss.; *Dinstein*, War, Aggression and Self-Defence, 3ª ed. (2001), 121 ss.; inoltre *Gaja*, in: Cassese/Gaeta/Jones (a cura di), Rome Statute, vol. I (2002), 427, 437 s.; *Griffiths*, International Criminal Law Review 2 (2002), 301, 368 s.; *Müller-Schieke*, Leiden Journal of International Law 14 (2001), 409, 419 s.; *Westdickenberg/Fixson*, in: Frowein et al. (a cura di), Festschrift für Eitel (2003), 483, 503 ss.

[87] Cfr. anche *Brand*, British Year Book of International Law 26 (1949), 414, 420 s.; *Dinstein*, War, Aggression and Self-Defence, 3ª ed. (2001), 122 s. Anche nelle attuali negoziazioni sulla definizione del crimine di aggressione nello St-ICC si registra un ampio consenso sulla possibilità che soggetti attivi del reato siano soltanto i membri della classe dirigente politica militare di uno Stato; cfr. da ultimo ICC-ASP/5/SWGCA/INS.1, § 88. In questi termini, il diritto consuetudinario viene confermato. Cfr. anche *Ambos*, Internationales Strafrecht (2006), § 7 n. marg. 257 s.

1309 Di particolare interesse per la delimitazione dei confini della fattispecie tipica è la sentenza di condanna emessa per l'imputato *Keitel* nel corso del processo di Norimberga a carico dei principali criminali di guerra. In qualità di capo dell'Alto Comando della Wehrmacht, *Keitel* non aveva – secondo la ricostruzione fornita dal Tribunale – alcuna autorità di comando sulle sezioni della Wehrmacht, ma aveva preso parte alla pianificazione di attacchi ed alle operazioni militari. Questo bastò per la sua condanna[88]. Anche il comandante della flotta sommergibile, e poi comandante in capo della marina militare, *Dönitz* è stato condannato per la medesima imputazione. Il Tribunale ha fondato la propria decisione facendo riferimento alla particolare rilevanza del ruolo assunto dall'imputato per lo svolgimento della guerra, tanto che lo stesso Hitler gli si rivolgeva regolarmente per avere consigli[89]. Al contrario, l'imputato *von Schirach* è stato assolto dall'accusa di aggressione perché, in qualità di capo della gioventù del Reich, non aveva partecipato direttamente alla preparazione della guerra[90]. Anche il precedente Presidente della Reichsbank e ministro *Schacht* fu mandato assolto, in quanto il Tribunale riconobbe soltanto la sua partecipazione al riarmo della Germania, che *ex se* non rappresenta una condotto punibile[91]. Inoltre, l'imputato non aveva mai fatto parte della «intima cerchia intorno ad Hitler, che più strettamente era implicata nella realizzazione di questo piano comune [cioè l'occupazione dell'Austria e della Cecoslovacchia]»[92].

4. Le singole condotte

1310 In base all'art. 6 a) dello Statuto IMT sono punibili della programmazione, alla preparazione, l'inizio e l'esecuzione di una guerra di aggressione. Inoltre, viene sottoposta a sanzione penale anche la sola condotta di cospirazione, sebbene quest'ultima sia stata interpretata sempre restrittivamente dal Tribunale di Norimberga e non abbia mai ottenuto un proprio autonomo significato[93]. Lo Statuto IMTFE e il CCL n. 10 hanno recepito la formulazione contenuta nello Statuto IMT[94]. Le

---

[88] IMT, 1° ottobre 1946, in: Internationaler Militärgerichtshof Nürnberg, Der Nürnberger Prozeß gegen die Hauptkriegsverbrecher, vol. I (1947), 189, 324 ss.

[89] IMT, 1° ottobre 1946, in: Internationaler Militärgerichtshof Nürnberg, Der Nürnberger Prozeß gegen die Hauptkriegsverbrecher, vol. I (1947), 189, 350 s.

[90] IMT, 1° ottobre 1946, in: Internationaler Militärgerichtshof Nürnberg, Der Nürnberger Prozeß gegen die Hauptkriegsverbrecher, vol. I (1947), 189, 359 s.

[91] IMT, 1° ottobre 1946, in: Internationaler Militärgerichtshof Nürnberg, Der Nürnberger Prozeß gegen die Hauptkriegsverbrecher, vol. I (1947), 189, 346 ss.

[92] IMT, 1° ottobre 1946, in: Internationaler Militärgerichtshof Nürnberg, Der Nürnberger Prozeß gegen die Hauptkriegsverbrecher, vol. I (1947), 189, 349.

[93] Cfr. *Jescheck*, Die Verantwortlichkeit der Staatsorgane nach Völkerstrafrecht (1952), 352.

[94] Art. 5 a) St-IMTFE: «Crimes against Peace: Namely, the planning, preparation, initiation, or waging of a declared or undeclared war of aggression, or a war in violation of international law, treaties, agreements or assurances, or participation in a common plan or conspiracy for the accomplishment of any of the foregoing». Cfr., al contrario, l'art. 2 co. 1 a) del CCL n. 10: «Crimini contro la pace: iniziare l'invasione di un altro paese o intraprendere una guerra di aggressione in violazione del diritto internazionale dei trattati internazionali, inclusi i seguenti esempi da intendersi elencati non in via esaustiva: l'organizzazione, la preparazione, l'inizio o la conduzione di una guerra di aggressione o di una guerra in violazione di trattati internazionali, convenzioni o assicurazioni; la partecipazione ad un piano comune o ad una cospirazione per la realizzazione di uno dei crimini precedentemente indicati».

singole azioni tipizzate sono orientate essenzialmente in base agli stadi di sviluppo del crimine, dalla semplice programmazione, attraverso la preparazione e l'apertura delle ostilità, fino all'esecuzione della guerra di aggressione. È sufficiente anche la partecipazione alle operazioni militari dopo l'inizio della guerra di aggressione, come lascia intendere il termine «esecuzione» utilizzato nella definizione della fattispecie tipica. Questo tipo di interpretazione è stata confermata anche attraverso alcuni precedenti. Ad esempio, durante il processo di Norimberga in cui furono giudicati i principali criminali di guerra, la condanna di *Dönitz* per crimini contro la pace è stata basata sulla partecipazione dell'imputato alla sola esecuzione della guerra, atteso che fu accertata la sua estraneità alla organizzazione, alla preparazione o all'inizio delle ostilità[95].

A tal riguardo, la sentenza del Tribunale di Norimberga è stata criticata facendo leva sulla materiale impossibilità dell'imputato *Dönitz* di porre fine ai combattimenti[96]. Non si può negare che tale argomento critico abbia più d'un fondamento, poiché il punto di partenza della punibilità dell'aggressione deve ravvisarsi nella capacità di determinare l'inizio della guerra, che è estranea all'ambito della responsabilità diretta di chi partecipa alla sola esecuzione delle ostilità. Ciononostante, in questo caso la punibilità appare giustificata dalla considerazione che il soggetto agente fosse stato inserito, ai livelli più alti, nella pianificazione della guerra di aggressione.

La pianificazione e la preparazione di una guerra di aggressione risultano punibili soltanto nel caso in cui portino effettivamente all'apertura delle ostilità tra le parti. Un'eccezione strettamente limitata è data, come emerge nella sentenza del processo di Norimberga, dall'ipotesi di occupazione prevalentemente non violenta di un territorio, che ha luogo grazie ad un'imponente superiorità militare. Il Tribunale di Norimberga ha riconosciuto all'occupazione della Danimarca del Lussemburgo natura di guerra di aggressione, nonostante l'assoggettamento di entrambi gli Stati sia avvenuto senza alcun impiego della forza militare degno di nota[97]. Al contrario, l'occupazione della Cecoslovacchia e dell'Austria è stata qualificata dal medesimo Tribunale solo come "azione aggressiva" ed è stata valutata nell'ambito del piano di aggressione[98]. Simili azioni aggressive servivano soltanto come prova

---

[95] IMT, 1° ottobre 1946, in: Internationaler Militärgerichtshof Nürnberg, Der Nürnberger Prozeß gegen die Hauptkriegsverbrecher, vol. I (1947), 189, 350 s.

[96] *Jescheck*, Die Verantwortlichkeit der Staatsorgane nach Völkerstrafrecht (1952), 353 s.

[97] Cfr. IMT, 1° ottobre 1946, in: Internationaler Militärgerichtshof Nürnberg, Der Nürnberger Prozeß gegen die Hauptkriegsverbrecher, vol. I (1947), 189, 232 ss. Già all'art. 2 co. 1 a) del CCL n. 10 il fatto di iniziare l'invasione di un altro Stato viene espressamente punito come crimine contro la pace («initiation of invasion of other countries»).

[98] Cfr. IMT, 1° ottobre 1946, in: Internationaler Militärgerichtshof Nürnberg, Der Nürnberger Prozeß gegen die Hauptkriegsverbrecher, vol. I (1947), 189, 328, 370; *Hummrich*, Der völkerrechtliche Straftatbestand der Aggression (2001), 59.

della politica aggressiva del Reich tedesco, ma non erano *ex se* considerate fonte di responsabilità penale[99].

III. L'elemento psicologico del reato

1313 Le condotte di pianificazione, preparazione, inizio o esecuzione di una guerra di aggressione devono essere accompagnate dal dolo del soggetto agente[100]. In particolare, è necessario che quest'ultimo continui a cooperare alla programmazione, all'avvio o all'esecuzione delle operazioni militari nonostante si rappresenti l'aggressione come direzione finalistica della guerra. Se ciò avviene, il soggetto fa propria questa finalità ed agisce direttamente con l'*animus aggressionis*[101]. Non serve, e non viene richiesto neppure dalla giurisprudenza del Tribunale di Norimberga, uno "scopo" in senso tecnico[102].

---

[99] Ciò emerge, in particolare, nel caso dell'imputato *Kaltenbrunner*, che aveva partecipato direttamente all'occupazione dell'Austria. Poiché non era stata rinvenuta alcuna prova della sua partecipazione ad altri progetti di guerra, la Corte lo assolse ed affermò: «l'annessione [dell'Austria], sebbene costituisca un atto di aggressione, non può essere punita come guerra di aggressione», cfr. IMT, 1° ottobre 1946, in: Internationaler Militärgerichtshof Nürnberg, Der Nürnberger Prozeß gegen die Hauptkriegsverbrecher, vol. 1 (1947), 189, 328 ed inoltre *Müller-Schieke*, Leiden Journal of International Law 14 (2001), 409, 417 s. Nel cosiddetto Processo Wilhelmstraßen, il Tribunale di Norimberga (US-Militärtribunal) ha affermato che anche l'occupazione della Cecoslovacchia e dell'Austria costituisce un crimine contro la pace, cfr. IMT, 11 aprile 1949 (von Weizsäcker et al., cosiddetto Processo Wilhelmstraßen), in: Trials of War Criminals XIV, 308, 330 ss.; cfr., al contrario, la dissenting opinion di Richter *Powers*, 871, 880 ss.

[100] Cfr. *Dinstein*, War, Aggression and Self-Defence, 3ª ed. (2001), 124.

[101] Per quanto riguarda la prova dell'elemento soggettivo, il Tribunale di Norimberga ha fatto riferimento prima di tutto alla circostanza che gli imputati avessero agito nonostante la piena conoscenza dei piani di *Hitler*; cfr. IMT, 1° ottobre 1946, in: Internationaler Militärgerichtshof Nürnberg, Der Nürnberger Prozeß gegen die Hauptkriegsverbrecher, vol. 1 (1947), 189, 213, 321 ss., 325 s., 332, 337 s., 350, 378, 382. Ha stabilito l'IMT in riferimento all'imputato *Schacht*: «la fattispecie contestata a Schacht dipende dalla considerazione che questi fosse effettivamente a conoscenza dei piani d'attacco» (349). Dello stesso tenore le affermazioni contenute nella sentenza contro *Bormann*: «non sussiste alcuna prova che Bormann sapesse dei piani di Hitler volti a preparare, intraprendere e condurre una guerra di aggressione [...]. Non è possibile desumere, in termini convincenti, una simile conoscenza neppure dalla posizione rivestita dall'imputato» (383). Anche l'imputato *Streicher* è stato assolto dall'accusa di aver commesso crimini contro la pace, poiché la Corte non ha rinvenuto alcuna prova in merito alla sua consapevolezza dei piani politici del governo (340). Riassuntivamente sul punto, cfr. *Cassese*, International Criminal Law (2003), 115.

[102] Così anche *Dinstein*, War, Aggression and Self-Defence, 3ª ed. (2001), 126; *Griffiths*, International Criminal Law Review 2 (2002), 301, 369 s.; *Hogan-Doran/van Ginkel*, Netherlands International Law Review 43 (1996), 321, 337 s.; in termini dubitativi, si veda *Cassese*, International Criminal Law (2003), 115 s.; per la necessità dello scopo, tuttavia, si veda *Glaser*, Recueil des Cours 99 (1960), 465, 504 s.; *Hummrich*, Der völkerrechtliche Straftatbestand der Aggression (2001), 218 s. e Maunz/Dürig-*Maunz*, GG, art. 26 (stato: 1964), n. marg. 15.

IV. Giurisdizione

La competenza a giudicare su guerra di aggressione dovrebbe spettare ad una Corte penale internazionale. Fino a quando non si attiverà la competente giurisdizione dell'ICC[103], rimane la possibilità di istituire un Tribunale *ad hoc* attraverso il Consiglio di Sicurezza delle Nazioni Unite, che potrebbe procedere sulla base del diritto consuetudinario vigente momento del fatto.

Altra questione è in che misura gli Stati possano essere autorizzati a punire il crimine di aggressione. Il problema non si pone nel caso in cui si tratti della partecipazione dei singoli cittadini ad una guerra di aggressione intrapresa direttamente dallo Stato cui essi appartengono[104]. In base ai principi generali che presiedono all'applicazione delle sanzioni criminali, ad ogni Stato deve essere riconosciuta l'autorità di perseguire i soggetti che partecipano ad una guerra di aggressione diretta contro la propria sfera giuridica, anche quando la circostanza che lo Stato vittima non abbia una posizione di neutralità possa sollevare alcuni dubbi in merito. Considerata la natura politica del crimine di aggressione, la possibilità che ad uno Stato terzo sia riconosciuto il diritto di perseguirne gli autori non appare una soluzione ideale[105]. Prima dell'avvio del procedimento penale, tuttavia, è necessario che il Consiglio di Sicurezza delle Nazioni Unite o l'Assemblea Generale abbiano precedentemente accertato l'effettiva configurabilità di una guerra di aggressione[106].

C. Il crimine di aggressione nello Statuto di Roma. Un primo sguardo

Particolarmente significative sono le complesse trattative per la definizione del crimine di aggressione nell'ambito dello Statuto della Corte penale internazionale permanente. Nell'atto conclusivo, la Conferenza di Roma ha incaricato la *Preparatory Commission* di elaborare un progetto da sottoporre alla discussione della Conferenza di revisione. La definizione che verrà proposta, inoltre, deve definire anche le condizioni di esercizio della giurisdizione[107]. Dopo l'entrata in vigore dello

---

[103] Sul punto, negli stessi termini, *infra*, n. marg. 1316 ss.
[104] Così, ad esempio, il Tribunale Speciale per l'Irak è competente in ordine a reati che rappresentano un «abuse of position and the pursuit of policies that may lead to threat of war or the use of the armed forces of Iraq against an Arab country», cfr. art. 14 c) dello Statuto del Tribunale Speciale per l'Irak. Cfr. sul punto *Kreß*, Journal of International Criminal Justice 2 (2004), 347 ss.
[105] Cfr. al contrario *Kreß* ZStW 115 (2003), 294, 297 s., che afferma la validità del principio di universalità nella valutazione del crimine di aggressione.
[106] Cfr., sulle competenze dell'Assemblea Generale nel garantire la pace, *Fischer*, in: Ipsen, Völkerrecht, 5ª ed. (2004), § 60 n. marg. 21 s.
[107] Con ampi riferimenti, sul lavoro della Commissione Preparatoria per il crimine di aggressione, si veda *Griffiths*, International Criminal Law Review 2 (2002), 301, 364 ss.; *Shaw*, International Law, 5ª ed. (2003), 1105; *Westdickenberg/Fixson*, in: Frowein et al. (a cura di), Festschrift für Eitel (2003), 483, 498 ss.

Statuto di Roma, l'assemblea degli Stati-Parte ha istituito uno specifico gruppo di lavoro per proseguire l'attività della *Preparatory Commission*[108].

1317 In base all'art. 123 co. 1 St-ICC, a partire dal settimo anno dall'entrata in vigore dello Statuto di Roma (quindi a partire dal luglio 2009) può essere convocata una Conferenza di revisione col compito di valutare l'opportunità di accettare tale definizione. Al riguardo, non è chiaro quale sia – tra le diverse opzioni previste dall'art. 121 ss. – il procedimento per la modifica dello Statuto da applicare in questo caso[109]. Come già sottolineato, sia in ordine alla definizione del crimine di aggressione, che in merito al ruolo del Consiglio di Sicurezza nella repressione di questo crimine non si registra unità di vedute[110].

---

[108] Cfr. *Continuity of work in respect of the crime of aggression*, ris. del 9 settembre 2002 (ICC-ASP/1/Res.1).

[109] Cfr. *Report of the inter-sessional meeting of the Special Working Group on the Crime of Aggression, held at the Liechtenstein Institute on Self-Determination, Woodrow Wilson School, at Princeton University, New Jersey, United States of America, from 21 to 23 June 2004* (ICC-ASP/3/25 Annex II), §§ 10 ss.

[110] Lo stato attuale della discussione in materia è riportato in *Discussion paper on the crime of aggression proposed by the Chairman* (ICC-ASP/5/SWGCA/2) del 16 gennaio 2007, che il presidente del *Working Group on the Crime of Aggression* ha sottoposto all'Assemblea degli Stati-Parte dello St-ICC. Questo documento di discussione sostituisce il precedente, che era stato redatto dalla *Preparatory Commission* alla fine della propria attività nel 2002 (cfr. *Definition of the crime of aggression and conditions for the exercise of jurisdiction: Discussion paper proposed by the Coordinator*, UN Doc. PCNICC/2002/L.1/Rev.1). Nel 1999, la *Preparatory Commission* ha riassunto le proposte degli Stati-Parte, cfr. sul punto *Compilation of proposals on the crime of Aggression submitted at the Preparatory Commission on the Establishment of an International Criminal Court (1996-1998), the United Nations Diplomatic Conference of Plenipotentiaries on the Establishment of an International Criminal Court (1998) and the Preparatory Commission for the International Criminal Court (1999)*, UN Doc. PCNICC/1999/INF/2. Inoltre, ad intervalli regolari sono state elaborate su queste basi alcune definizioni utilizzabili per dar corpo ad una eventuale fattispecie penale; cfr. sul punto *Proceedings of the Preparatory Commission at its first, second and third sessions (16-26 February, 26 July-13 August and 29 November -17 December 1999)*, UN Doc. PCNICC/1999/L.5/Rev.1, 26 ss.; *Proceedings of the Preparatory Commission at its fourth session (13-31 March 2000)*, UN Doc. PCNICC/2000/L.1/Rev.1, 37 ss.; *Proceedings of the Preparatory Commission at its fifth session (12-30 June 2000)*, UN Doc. PCNICC/2000/L.3/Rev.1, 8 ss.; *Proceedings of the Preparatory Commission at its sixth session (27 November-8 December 2000)*, UN Doc. PCNICC/2000/L.4/Rev.1, 13 ss.; *Proceedings of the Preparatory Commission at its seventh session (26 February-9 March 2001)*, UN Doc. PCNICC/2001/L.1/Rev.1, 17 ss.; *Proceedings of the Preparatory Commission at its eigth session (24 September-5 October 2001)*, UN Doc. PCNICC/2001/L.3/Rev.1, 13 ss.; *Proceedings of the Preparatory Commission at its ninth session (8-19 April 2002)*, UN Doc. PCNICC/2002/L.1/Rev.1, 17 ss. Sullo stato della discussione prima della Conferenza di Roma (1998) cfr. *Report of the Preparatory Committee on the Establishment of an International Criminal Court, Addendum, Draft Statute for the International Criminal Court*, UN Doc. A/CONS.183/2/Add.1 del 14 aprile 1998, 12 ss.; cfr. inoltre *Gaja*, in: Cassese/Gaeta/Jones (a cura di), Rome Statute, I, (2002), 427, 435 ss.; *von Hebel/Robinson*, in: Lee (a cura di), The International Criminal Court, The Making of the Rome Statute (1999), 79, 81 ss.; *Hummrich*, Der völkerrechtliche Straftatbestand der Aggression (2001), 239 s.; *Kaul*, in: Politi/Nesi (a cura di), The International Criminal Court and the Crime of Aggression (2004), 97 ss.; *Müller-Schieke*, Leiden Journal of International Law 14 (2001), 409, 410; *Politi*, in: Politi/Nesi (a cura di), The International Criminal Court and the Crime of Aggression (2004), 43 ss.; *Westdickenberg/Fixson*, in: Frowein et al. (a cura di), Festschrift für Eitel (2003), 483, 505 ss.; Triffterer-*Zimmermann*, Rome Statute (1999), art. 5 n. marg. 17 ss.

I. La definizione del crimine di aggressione

Di grande significato politico è la discussione in ordine ai confini della sfera di punibilità del crimine di aggressione[111]. Durante i lavori preparatori, la maggioranza degli Stati ha rifiutato di restringere la giurisdizione della Corte internazionale alla sola guerra di aggressione, preferendo piuttosto riconoscerle competenza anche in ordine agli atti di aggressione che presentino, rispetto alla prima, analoga intensità[112]. Coloro che sostenevano la prospettiva di un'estensione dell'ambito di punibilità proponevano, in particolare, di porre a fondamento della fattispecie le condotte indicate all'art. 3 della definizione del crimine di aggressione fornita dalle Nazioni Unite, così da poter punire, ad esempio, anche i blocchi marittimi[113]. Un simile ampliamento dei confini della fattispecie risulta certo possibile da un punto di vista strettamente giuridico, ma potrebbe rendere notevolmente più difficile ottenere il consenso necessario[114].

---

[111] Per una panoramica introduttiva cfr. *Preliminary list of possible issues relating to the crime of aggression, Discussion Paper proposed by the Coordinator (29 March 2001)*, UN Doc. PCNICC/2000/WGCA/RT.1, 1 s.

[112] Cfr. *Discussion paper on the crime of aggression proposed by the Chairman* (ICC-ASP/5/SWGCA/2), Annex, Sezione I; *Report of the Special Working Group on the Crime of Aggression* (ICC-ASP/5/SWGCA/1), § 8; *Informal inter-sessional meeting of the Special Working Group on the Crime of Aggression, held at the Liechtenstein Institute on Self-Determination, Woodrow Wilson School, Princeton University, United States of America, from 8 to 11 June 2006* (ICC-ASP/5/SWGCA/INS.1), §§ 21 ss. Cfr. anche *Kreß* ZStW 115 (2003), 294, 302 ss., che sottolinea come il criterio chiarificatore su cui si è discusso nel corso delle negoziazioni (solo violazioni "flagrant" o "manifest" della Carta ONU potevano essere punite, cfr. *Discussion paper on the crime of aggression proposed by the Chairman* (ICC-ASP/5/SWGCA/2), Annex, Sezione I) in ogni caso finisce per ricomprendere il «contenuto specifico di disvalore del crimine di aggressione», anche quando sia «nascosto» (306).

[113] In questo senso, ad esempio, la proposta degli Stati arabi, UN Doc. PCNICC/1999/DP.11. Già il *Draft Code* 1991 pose a fondamento la definizione dell'art. 3 della Carta ONU e in questo modo – come sottolineano *Westdickenberg/Fixson*, in: Frowein et al. (a cura di), Festschrift für Eitel (2003), 483, 491 s. – ha sovvertito il contenuto della definizione di aggressione, individuando come crimine soltanto la guerra di aggressione. Per una delimitazione della fattispecie all'ambito delle condotte punibili secondo il diritto consuetudinario, si veda ad esempio la proposta della Russia, UN Doc. PCNICC/1999/DP.12, che prende in considerazione soltanto la preparazione o l'esecuzione di una «war of aggression»; dettagliatamente, nel complesso, si confronti anche la proposta della Germania, UN Doc. PCNICC/2000/WGCA/DP.4, §§ 13 ss.

[114] Uno degli obiettivi principali della Conferenza di Roma è stato quello di raggiungere un consenso quanto più ampio intorno alla nascente Corte penale internazionale, recependo all'interno dello Statuto istitutivo disposizioni ampiamente riconosciute sul piano della diritto consuetudinario; cfr. *Arsanjani* AJIL 93 (1999), 22, 25; *Kaul*, Vereinte Nationen 1998, 126 ss.; *Kaul*, in: Politi/Nesi (a cura di), The International Criminal Court and the Crime of Aggression (2004), 97 ss. Per una sintesi sui principi del diritto consuetudinario comunemente riconosciuti in riferimento al crimine di aggressione, si veda anche *Meron*, Suffolk Transnational Law Review 25 (2001), 1, 8 ss.; *Westdickenberg/Fixson*, in: Frowein et al. (a cura di), Festschrift für Eitel (2003), 483, 501 s.; *Wilmshurst*, in: Politi/Nesi (a cura di), The International Criminal Court and the Crime of Aggression (2004), 93, 96.

II. Il ruolo del Consiglio di Sicurezza

1319 Un ulteriore profilo di contrasto nell'ambito delle negoziazioni è il ruolo del Consiglio di Sicurezza nella repressione del crimine di aggressione, di competenza della Corte penale internazionale[115]. Ai sensi dell'art. 24 Carta ONU, il Consiglio di Sicurezza è il primo soggetto responsabile del mantenimento della pace mondiale. Vi è ampia unità di vedute nel riconoscere al Consiglio, in linea di principio, la priorità nell'accertamento in ordine all'esistenza stessa di una condotta di aggressione. La Corte internazionale, pertanto, è tenuta a perseguire il crimine suddetto solo dopo che il Consiglio di Sicurezza si sia occupato della situazione e abbia assunto una decisione in merito[116].

1320 È ancora questione controversa se la Corte internazionale debba agire anche quando il Consiglio, per ragioni politiche, rifiuti di stabilire se ci si trovi o meno in presenza di un'aggressione[117], per evitare che l'attività della Corte penale inter-

---

[115] Anche sulla questione del ruolo del Consiglio di Sicurezza, la Commissione Preparatoria ha elaborato sulla base delle proposta degli Stati-Parte diverse proposte di regolamentazione, cfr. sul punto *Proceedings of the Preparatory Commission at its first, second and third sessions (16-26 February, 26 July-13 August and 29 November-17 December 1999)*, UN Doc. PCNICC/1999/L.5/Rev.1, 27 ss.; *Proceedings of the Preparatory Commission at its fourth session (13-31 March 2000)*, UN Doc. PCNICC/2000/L.1/Rev.1, 39 ss.; *Proceedings of the Preparatory Commission at its fifth session (12-30 June 2000)*, UN Doc. PCNICC/2000/L.3/Rev.1, 10 ss.; *Proceedings of the Preparatory Commission at its sixth session (27 November-8 December 2000)*, UN Doc. PCNICC/2000/L.4/Rev.1, 15 ss.; *Proceedings of the Preparatory Commission at its seventh session (26 February-9 March 2001)*, UN Doc. PCNICC/2001/L.1/Rev.1, 19 ss.; *Proceedings of the Preparatory Commission at its eigth session (14 September-5 October 2001)*, UN Doc. PCNICC/2001/L.3/Rev.1, 15 ss.; *Proceedings of the Preparatory Commission at its ninth session (8-19 April 2002)*, UN Doc. PCNICC/2002/L.1/Rev.1, 19 ss. Cfr. anche *Gaja*, in: Cassese/Gaeta/Jones (a cura di), Rome Statute, vol. I (2002), 427, 433; *Griffiths*, International Criminal Law Review 2 (2002), 301, 310 ss.; *Westdickenberg/Fixson*, in: Frowein et al. (a cura di), Festschrift für Eitel (2003), 483, 517 ss.

[116] Tutti i Documenti PCNICC parlano di una «primary responsibility of the Security Council», cfr. *Proceedings of the Preparatory Commission at its first, second and third sessions (16-26 February, 26 July-13 August and 29 November-17 December 1999)*, UN Doc. PCNICC/1999/L.5/Rev.1, 29 s.; *Proceedings of the Preparatory Commission at its fourth session (13-31 March 2000)*, UN Doc. PCNICC/2000/L.1/Rev.1, 41; *Proceedings of the Preparatory Commission at its fifth session (12-30 June 2000)*, UN Doc. PCNICC/2000/L.3/Rev.1, 12; *Proceedings of the Preparatory Commission at its sixth session (27 November-8 December 2000)*, UN Doc. PCNICC/2000/L.4/Rev.1, 12; *Proceedings of the Preparatory Commission at its seventh session (26 February-9 March 2001)*, UN Doc. PCNICC/2001/L.1/Rev.1, 21; *Proceedings of the Preparatory Commission at its eigth session (24 September-5 October 2001)*, UN Doc. PCNICC/2001/L.3/Rev.1, 17; *Proceedings of the Preparatory Commission at its ninth session (8-19 April 2002)*, UN Doc. PCNICC/2002/L.1/Rev.1, 23.

[117] La proposta della Commissione ONU di diritto internazionale di cui all'art. 23 co. 2 ILC-Draft Statute of the International Criminal Court 1994 (UN Doc. A/CN.4/L.491/Rev.2, 17) prevedeva che la Corte non potesse intervenire senza la precedente definizione del Consiglio di Sicurezza. Pertanto, al Consiglio di Sicurezza doveva essere in ogni caso riconosciuta una competenza decisionale prioritaria. Tuttavia, non è chiaro se ciò comporti anche una effettiva competenza quale organo titolare della decisione finale; cfr. *Hummrich*, Der völkerrechtliche Straftatbestand der Aggression (2001), 85; *Westdickenberg/Fixson*, in: Frowein et al. (a cura di), Festschrift für Eitel (2003), 483, 494 s.

nazionale possa essere bloccata dal Consiglio di Sicurezza, è stato proposto di riconoscere al nuovo giudicante la possibilità di aprire un'indagine anche senza la decisione del Consiglio, decorso un certo periodo di tempo. In questi casi, si potrebbe anche pensare di attribuire tale decisione ad un'altra commissione e, segnatamente, all'Assemblea Generale delle Nazioni Unite o alla stessa Corte penale internazionale[118]-[119]. Bisogna ancora vedere quale proposta alla fine sarà accettata[120].

[*Omissis*]

---

[118] Cfr. inoltre *Proceedings of the Preparatory Commission at its ninth session (8-19 April 2002)*, UN Doc. PCNICC/2002/L.1/Rev.1, 18.

[119] Cfr. nel complesso *Westdickenberg/Fixson*, in: Frowein et al. (a cura di), Festschrift für Eitel (2003), 483, 517 ss.

[120] Cfr. sulle più recenti proposte di far controllare, in merito alla repressione del crimine di aggressione, l'esercizio del potere di indagine del pubblico ministero dalla Camera preliminare, *Report of the Special Working Group on the Crime of Aggression* (ICC-ASP/5/SWGCA/1), § 9.

ALLEGATI

A. Charter of the International Military Tribunal
[Statuto IMT]

I. CONSTITUTION OF THE INTERNATIONAL MILITARY TRIBUNAL
Article 1
In pursuance of the **Agreement signed on the 8th day of August 1945** by the Government of the United States of America, the Provisional Government of the French Republic, the Government of the United Kingdom of Great Britain and Northern Ireland and the Government of the Union of Soviet Socialist Republics, there shall be established an International Military Tribunal (hereinafter called "the Tribunal") for the just and prompt trial and punishment of the major war criminals of the European Axis.

Article 2
The Tribunal shall consist of four members, each with an alternate. One member and one alternate shall be appointed by each of the Signatories. The alternates shall, so far as they are able, be present at all sessions of the Tribunal. In case of illness of any member of the Tribunal or his incapacity for some other reason to fulfill his functions, his alternate shall take his place.

Article 3
Neither the Tribunal, its members nor their alternates can be challenged by the prosecution, or by the Defendants or their Counsel. Each Signatory may replace its members of the Tribunal or his alternate for reasons of health or for other good reasons, except that no replacement may take place during a Trial, other than by an alternate.

Article 4
(a) The presence of all four members of the Tribunal or the alternate for any absent member shall be necessary to constitute the quorum.
(b) The members of the Tribunal shall, before any trial begins, agree among themselves upon the selection from their number of a President, and the President shall hold office during the trial, or as may otherwise be agreed by a vote of not less than three members. The principle of rotation of presidency for successive trials is agreed. If, however, a session of the Tribunal takes place on the territory of one of the four Signatories, the representative of that Signatory on the Tribunal shall preside.

(c) Save as aforesaid the Tribunal shall take decisions by a majority vote and in case the votes are evenly divided, the vote of the President shall be decisive: provided always that convictions and sentences shall only be imposed by affirmative votes of at least three members of the Tribunal.

Article 5
In case of need and depending on the number of the matters to be tried, other Tribunals may be set up; and the establishment, functions, and procedure of each Tribunal shall be identical, and shall be governed by this Charter.

II. JURISDICTION AND GENERAL PRINCIPLES
Article 6
The Tribunal established by the Agreement referred to m Article 1 hereof for the trial and punishment of the major war criminals of the European Axis countries shall have the power to try and punish persons who, acting in the interests of the European Axis countries, whether as individuals or as members of organizations, committed any of the following crimes.

The following acts, or any of them, are crimes coming within the jurisdiction of the Tribunal for which there shall be individual responsibility:

(a) Crimes Against Peace: namely, planning, preparation, initiation or waging of a war of aggression, or a war in violation of international treaties, agreements or assurances, or participation in a common plan or conspiracy for the accomplishment of any of the foregoing;

(b) War Crimes: namely, violations of the laws or customs of war. Such violations shall include, but not be limited to, murder, ill-treatment or deportation to slave labor or for any other purpose of civilian population of or in occupied territory, murder or ill-treatment of prisoners of war or persons on the seas, killing of hostages, plunder of public or private property, wanton destruction of cities, towns or villages, or devastation not justified by military necessity;

(c) Crimes Against Humanity: namely, murder, extermination, enslavement, deportation, and other inhumane acts committed against any civilian population, before or during the war; or persecutions on political, racial or religious grounds in execution of or in connection with any crime within the jurisdiction of the Tribunal, whether or not in violation of the domestic law of the country where perpetrated.

Leaders, organizers, instigators and accomplices participating in the formulation or execution of a common plan or conspiracy to commit any of the foregoing crimes are responsible for all acts performed by any persons in execution of such plan.

Article 7
The official position of defendants, whether as Heads of State or responsible officials in Government Departments, shall not be considered as freeing them from responsibility or mitigating punishment.

Article 8
The fact that the Defendant acted pursuant to order of his Government or of a superior shall not free him from responsibility, but may be considered in mitigation of punishment if the Tribunal determines that justice so requires.

Article 9
At the trial of any individual member of any group or organization the Tribunal may declare (in connection with any act of which the individual may be convicted) that the group or organization of which the individual was a member was a criminal organization.

After the receipt of the Indictment the Tribunal shall give such notice as it thinks fit that the prosecution intends to ask the Tribunal to make such declaration and any member of the organization will be entitled to apply to the Tribunal for leave to be heard by the Tribunal upon the question of the criminal character of the organization. The Tribunal shall have power to allow or reject the application. If the application is allowed, the Tribunal may direct in what manner the applicants shall be represented and heard.

Article 10
In cases where a group or organization is declared criminal by the Tribunal, the competent national authority of any Signatory shall have the right to bring individual to trial for membership therein before national, military or occupation courts. In any such case the criminal nature of the group or organization is considered proved and shall not be questioned.

Article 11
Any person convicted by the Tribunal may be charged before a national, military or occupation court, referred to in Article 10 of this Charter, with a crime other than of membership in a criminal group or organization and such court may, after convicting him, impose upon him punishment independent of and additional to the punishment imposed by the Tribunal for participation in the criminal activities of such group or organization.

Article 12
The Tribunal shall have the right to take proceedings against a person charged with crimes set out in Article 6 of this Charter in his absence, if he has not been found or if the Tribunal, for any reason, finds it necessary, in the interests of justice, to conduct the hearing in his absence.

Article 13
The Tribunal shall draw up rules for its procedure. These rules shall not be inconsistent with the provisions of this Charter.

III. COMMITTEE FOR THE INVESTIGATION AND PROSECUTION OF MAJOR WAR CRIMINALS

Article 14
Each Signatory shall appoint a Chief Prosecutor for the investigation of the charges against and the prosecution of major war criminals.

The Chief Prosecutors shall act as a committee for the following purposes:

(a) to agree upon a plan of the individual work of each of the Chief Prosecutors and his staff,
(b) to settle the final designation of major war criminals to be tried by the Tribunal,
(c) to approve the Indictment and the documents to be submitted therewith,
(d) to lodge the Indictment and the accompany documents with the Tribunal,
(e) to draw up and recommend to the Tribunal for its approval draft rules of procedure, contemplated by Article 13 of this Charter. The Tribunal shall have the power to accept, with or without amendments, or to reject, the rules so recommended.

The Committee shall act in all the above matters by a majority vote and shall appoint a Chairman as may be convenient and in accordance with the principle of rotation: provided that if there is an equal division of vote concerning the designation of a Defendant to be tried by the Tribunal, or the crimes with which he shall be charged, that proposal will be adopted which was made by the party which proposed that the particular Defendant be tried, or the particular charges be preferred against him.

Article 15

The Chief Prosecutors shall individually, and acting in collaboration with one another, also undertake the following duties:
(a) investigation, collection and production before or at the Trial of all necessary evidence,
(b) the preparation of the Indictment for approval by the Committee in accordance with paragraph (c) of Article 14 hereof,
(c) the preliminary examination of all necessary witnesses and of all Defendants,
(d) to act as prosecutor at the Trial,
(e) to appoint representatives to carry out such duties as may be assigned them,
(f) to undertake such other matters as may appear necessary to them for the purposes of the preparation for and conduct of the Trial.
It is understood that no witness or Defendant detained by the Signatory shall be taken out of the possession of that Signatory without its assent.

IV. FAIR TRIAL FOR DEFENDANTS
Article 16

In order to ensure fair trial for the Defendants, the following procedure shall be followed:
(a) The Indictment shall include full particulars specifying in detail the charges against the Defendants. A copy of the Indictment and of all the documents lodged with the Indictment, translated into a language which he understands, shall be furnished to the Defendant at reasonable time before the Trial.
(b) During any preliminary examination or trial of a Defendant he will have the right to give any explanation relevant to the charges made against him.
(c) A preliminary examination of a Defendant and his Trial shall be conducted in, or translated into, a language which the Defendant understands.
(d) A Defendant shall have the right to conduct his own defense before the Tribunal or to have the assistance of Counsel.
(e) A Defendant shall have the right through himself or through his Counsel to present evidence at the Trial in support of his defense, and to cross-examine any witness called by the Prosecution.

V. POWERS OF THE TRIBUNAL AND CONDUCT OF THE TRIAL
Article 17

The Tribunal shall have the power
(a) to summon witnesses to the Trial and to require their attendance and testimony and to put questions to them,
(b) to interrogate any Defendant,
(c) to require the production of documents and other evidentiary material,
(d) to administer oaths to witnesses,
(e) to appoint officers for the carrying out of any task designated by the Tribunal including the power to have evidence taken on commission.

Article 18
The Tribunal shall
(a) confine the Trial strictly to an expeditious hearing of the cases raised by the charges,
(b) take strict measures to prevent any action which will cause reasonable delay, and rule out irrelevant issues and statements of any kind whatsoever,
(c) deal summarily with any contumacy, imposing appropriate punishment, including exclusion of any Defendant or his Counsel from some or all further proceedings, but without prejudice to the determination of the charges.

Article 19
The Tribunal shall not be bound by technical rules of evidence. It shall adopt and apply to the greatest possible extent expeditious and nontechnical procedure, and shall admit any evidence which it deems to be of probative value.

Article 20
The Tribunal may require to be informed of the nature of any evidence before it is entered so that it may rule upon the relevance thereof.

Article 21
The Tribunal shall not require proof of facts of common knowledge but shall take judicial notice thereof. It shall also take judicial notice of official governmental documents and reports of the United Nations, including the acts and documents of the committees set up in the various allied countries for the investigation of war crimes, and of records and findings of military or other Tribunals of any of the United Nations.

Article 22
The permanent seat of the Tribunal shall be in Berlin. The first meetings of the members of the Tribunal and of the Chief Prosecutors shall be held at Berlin in a place to be designated by the Control Council for Germany. The first trial shall be held at Nuremberg, and any subsequent trials shall be held at such places as the Tribunal may decide.

Article 23
One or more of the Chief Prosecutors may take part in the prosecution at each Trial. The function of any Chief Prosecutor may be discharged by him personally, or by any person or persons authorized by him.

The function of Counsel for a Defendant may be discharged at the Defendant's request by any Counsel professionally qualified to conduct cases before the Courts of his own country, or by any other person who may be specially authorized thereto by the Tribunal.

Article 24
The proceedings at the Trial shall take the following course:
(a) The Indictment shall be read in court.
(b) The Tribunal shall ask each Defendant whether he pleads "guilty" or "not guilty".
(c) The prosecution shall make an opening statement.
(d) The Tribunal shall ask the prosecution and the defense what evidence (if any) they wish to submit to the Tribunal, and the Tribunal shall rule upon the admissibility of any such evidence.
(e) The witnesses for the Prosecution shall be examined and after that the witnesses for the

Defense. Thereafter such rebutting evidence as may be held by the Tribunal to be admissible shall be called by either the Prosecution or the Defense.
(f) The Tribunal may put any question to any witness and to any defendant, at any time.
(g) The Prosecution and the Defense shall interrogate and may crossexamine any witnesses and any Defendant who gives testimony.
(h) The Defense shall address the court.
(i) The Prosecution shall address the court.
(j) Each Defendant may make a statement to the Tribunal.
(k) The Tribunal shall deliver judgment and pronounce sentence.

Article 25
All official documents shall be produced, and all court proceedings conducted, in English, French and Russian, and in the language of the Defendant. So much of the record and of the proceedings may also be translated into the language of any country in which the Tribunal is sitting, as the Tribunal is sitting, as the Tribunal considers desirable in the interests of the justice and public opinion.

VI. JUDGMENT AND SENTENCE
Article 26
The judgment of the Tribunal as to the guilt or the innocence of any Defendant shall give the reasons on which it is based, and shall be final and not subject to review.

Article 27
The Tribunal shall have the right to impose upon a Defendant, on conviction, death or such other punishment as shall be determined by it to be just.

Article 28
In addition to any punishment imposed by it, the Tribunal shall have the right to deprive the convicted person of any stolen property and order its delivery to the Control Council for Germany.

Article 29
In case of guilt, sentences shall be carried out in accordance with the orders of the Control Council for Germany, which may at any time reduce or otherwise alter the sentences, but may not increase the severity thereof. If the Control Council for Germany, after any Defendant has been convicted and sentenced, discovers fresh evidence which, in its opinion, would found a fresh charge against him, the Council shall report accordingly to the Committee established under Article 14 hereof, for such action as they may consider proper, having regard to the interests of justice.

VII. EXPENSES
Article 30
The expenses of the Tribunal and of the Trials, shall be charged by the Signatories against the funds allotted for maintenance of the Control Council of Germany.

B. Affirmation of the Principles of International Law Recognized by the Charter of the Nürnberg Tribunal, G.A. Res. 95 (I), U.N. GAOR, 1st Sess., pt. 2, at 1144, U.N. Doc. A/236 (1946).

[Principi di Norimberga]

[The Human Rights Library wishes to express its gratitude to the Institute Henry Dunant for its contribution of this document.]

The General Assembly,

Recognizes the obligation laid upon it by Article 13, paragraph 1, sub-paragraph (a), of the Charter, to initiate studies and make recommendations for the purpose of encouraging the progressive development of international law and its codification;

Takes note of the Agreement for the establishment of an International Military Tribunal for the prosecution and punishment of the major war criminals of the European Axis signed in London on 8 August 1945, and of the Charter annexed thereto, and of the fact that similar principles have been adopted in the Charter of the International Military Tribunal for the trial of the major war criminals in the Far East, proclaimed at Tokyo on 19 January 1946;

Therefore,

Affirms the principles of international law recognized by the Charter of the Nuremberg Tribunal and the judgment of the Tribunal;

Directs the Committee on the codification of international law established by the resolution of the General Assembly of 11 December 1946, to treat as a matter of primary importance plans for the formation, in the context of a general codification of offences against the peace and security of mankind, or of an International Criminal Code, of the principles recognized in the Charter of the Nuremberg Tribunal and in the judgment of the Tribunal.

Principle I
Any person who commits an act which constitutes a crime under international law is responsible therefore and liable to punishment.

Principle II
The fact that internal law does not impose a penalty for an act which constitutes a crime under international law does not relieve the person who committed the act from responsibility under international law.

Principle III
The fact that a person who committed an act which constitutes a crime under international law acted as Head of State or responsible government official does not relieve him from responsibility under international law.

Principle IV
The fact that a person acted pursuant to order of his Government or of a superior does not relieve him from responsibility under international law, provided a moral choice was in fact possible to him.

Principle V
Any person charged with a crime under international law has the right to a fair trial on the facts and law.

Principle VI
The crimes hereinafter set out are punishable as crimes under international law:
(a) Crimes against peace:
   (i) Planning, preparation, initiation or waging of a war of aggression or a war in violation of international treaties, agreements or assurances;
   (ii) Participation in a common plan or conspiracy for the accomplishment of any of the acts mentioned under (i).
(b) War Crimes: Violations of the laws or customs of war which include, but are not limited to, murder, ill-treatment or deportation to slave-labour or for any other purpose of the civilian population of or in occupied territory, murder or ill-treatment of prisoners of war or persons on the seas, killing of hostages, plunder of public or private property, wanton destruction of cities, towns, or villages, or devastation not justified by military necessity.
(c) Crimes against humanity: Murder, extermination, enslavement, deportation and other inhumane acts done against any civilian population, or persecutions on political, racial, or religious grounds, when such acts are done or such persecutions are carried on in execution of or in connection with any crime against peace or any war crime.

Principle VII
Complicity in the commission of a crime against peace, a war crime, or a crime against humanity as set forth in Principle VI is a crime under international law.

C. Charter of the International Military Tribunal for the Far East

[Statuto IMTFE]

I. CONSTITUTION OF TRIBUNAL
Article 1
Tribunal Established

The International Military Tribunal for the Far East is hereby established for the just and prompt trial and punishment of the major war criminals in the Far East. The permanent seat of the Tribunal is in Tokyo.

Article 2
Members

The Tribunal shall consist of not less than six members nor more than eleven members, appointed by the Supreme Commander for the Allied Powers from the names submitted by the Signatories to the Instrument of Surrender, India, and the Commonwealth of the Philippines.

Article 3
Officers and Secretariat

(a) President. The Supreme Commander for the Allis Powers shall appoint a Member to be President of the Tribunal.

(b) *Secretariat.*
  (i) The Secretariat of the Tribunal shall be composed of a General Secretary to be appointed by the Supreme Commander for the Allied Powers and such assistant secretaries, clerks, interpreters, and other personnel as may be necessary.
  (ii) The General Secretary shall organize and direct the wow of the Secretariat.
  (iii) The Secretariat shall receive all documents addressed to the Tribunal, maintain the records of the Tribunal, provide

Article 4
Convening and Quorum, Voting and Absence

(a) *Convening and Quorum.* When as many as six members of the Tribunal are present, they may convene the Tribunal in formal session. The presence of a majority of all members shall be necessary to constitute a quorum.

(b) *Voting.* All decisions and judgments of this Tribunal, including convictions and sentences, shall be by a majority vote of those Members of the Tribunal present. In case the votes are evenly divided, the vote of the President shall be decisive.

(c) *Absence.* If a member at any time is absent and afterwards is able to be present, he shall take part in all subsequent proceedings; unless he declares in open court that he is disqualified by reason of insufficient familiarity with the proceedings which took place in his absence.

II. JURISDICTION AND GENERAL PROVISIONS
Article 5
Jurisdiction Over Persons and Offenses

The Tribunal shall have the power to try and punish Far Eastern war criminals who as individuals or as members of organizations are charged with offenses which include Crimes against Peace.

The following acts, or any of them, are crimes coming within the jurisdiction of the Tribunal for which there shall be individual responsibility:

(a) *Crimes against Peace.* Namely, the planning, preparation, initiation or waging of a declared or undeclared war of aggression, or a war in violation of international law, treaties, agreements or assurances, or participation in a common plan or conspiracy for the accomplishment of any of the foregoing;

(b) *Conventional War Crimes.* Namely, violations of the laws or customs of war;

(c) *Crimes against Humanity.* Namely, murder, extermination, enslavement, deportation, and other inhumane acts committed against any civilian population, before or during the war, or persecutions on political or racial grounds in execution of or in connection with any crime within the jurisdiction of the Tribunal, whether or not in violation of the domestic law of the country where perpetrated. Leaders, organizers, instigators and accomplices participating in the formulation or execution of a common plan or conspiracy to commit any of the foregoing crimes are responsible for all acts performed by any person in execution of such plan.

Article 6
Responsibility of Accused

Neither the official position, at any time, of an accused, nor the fact that an accused acted pursuant to order of his government or of a superior shall, of itself, be sufficient to free such accused from responsibility for any crime with which he is charged, but such circumstances may be considered in mitigation of punishment if the Tribunal determines that justice so requires.

Article 7
Rules of Procedure

The Tribunal may draft and amend rules of procedure consistent with the fundamental provisions of this Charter.

Article 8
Counsel

(a) *Chief of Counsel.* The Chief of Counsel designated by the Supreme Commander for the Allied Powers is responsible for the investigation and prosecution of charges against war criminals within the jurisdiction of this Tribunal, and will render such legal assistance to the Supreme Commander as is appropriate.

(b) *Associate Counsel.* Any United Nation with which Japan has been at war may appoint an Associate Counsel to assist the Chief of Counsel.

III. FAIR TRIAL FOR ACCUSED
Article 9
Procedure for Fair Trial

In order to insure Air trial for the accused the following procedure shall be followed:

(a) *Indictment.* The indictment shall consist of a plain, concise, and adequate statement of each offense charged. Each accused shall be furnished, in adequate time for defense, a copy of the indictment, including any amendment, and of this Charter, in a language understood by the accused.

(b) *Language.* The trial and related proceedings shall be conducted in English and in the language of the accused. Translations of documents and other papers shall be provided as needed and requested.

(c) *Counsel for Accused.* Each accused shall have the right to be represented by counsel of his own selection, subject to the disapproval of such counsel at any time by the Tribunal. The accused shall file with the General Secretary of the Tribunal the name of his counsel. If an accused is not represented by counsel and in open court requests the appointment of counsel, the Tribunal shall designate counsel for him. In the absence of such request the Tribunal may appoint counsel for an accused if in its judgment such appointment is necessary to provide for a fair trial.

(d) *Evidence for Defense.* An accused shall have the right, through himself or through his counsel (but not through both), to conduct his defense, including the right to examine any witness, subject to such reasonable restrictions as the Tribunal may determine.

(e) *Production of Evidence for the Defense.* An accused may apply in writing to the Tribunal for the production of witnesses or of documents. The application shall state where the witness or document is thought to be located. It shall also state the facts proposed to be proved by the witness of the document and the relevancy of such facts to the defense. If the Tribunal grants the application the Tribunal shall be given such aid in obtaining production of the evidence as the circumstances require.

Article 10
Applications and Motions before Trial

All motions, applications, or other requests addressed to the Tribunal prior to the commencement of trial shall be made in writing and filed with the General Secretary of the Tribunal for action by the Tribunal.

IV. POWERS OF TRIBUNAL AND CONDUCT OF TRIAL
Article 11
Powers

The Tribunal shall have the power

(a) To summon witnesses to the trial, to require them to attend and testify, and to question them,

(b) To interrogate each accused and to permit comment on his refusal to answer any question,

(c) To require the production of documents and other evidentiary material,

(d) To require of each witness an oath, affirmation, or such declaration as is customary in the country of the witness, and to administer oaths,

(e) To appoint officers for the carrying out of any task designated by the Tribunal, including the power to have evidence taken on commission.

Article 12
Conduct of Trial

The Tribunal shall
(a) Confine the trial strictly to an expeditious hearing of the issues raised by the charges,
(b) Take strict measures to prevent any action which would cause any unreasonable delay and rule out irrelevant issues and statements of any kind whatsoever,
(c) Provide for the maintenance of order at the tri al and deal summarily with any contumacy, imposing appropriate punishment, including exclusion of any accused or his counsel from some or all further proceedings, but without prejudice to the determination of the charges,
(d) Determine the mental and physical capacity of any accused to proceed to trial.

Article 13
Evidence

(a) *Admissibility*. The Tribunal shall not be bound by technical rules of evidence. It shall adopt and apply to the greatest possible extent expeditious and non-technical procedure, and shall admit any evidence which it deems to have probative value. All purported admissions or statements of the accused are admissible.
(b) *Relevance*. The Tribunal may require to be informed of the nature of any evidence before it is offered in order to rule upon the relevance.
(c) *Specific Evidence Admissible*. In particular, and without limiting in any way the scope of the foregoing general rules, the following evidence may be admitted:
   (i) A document, regardless of its security classification and without proof of its issuance or signature, which appears to the Tribunal to have been signed or issued by any officer, department, agency or member of the armed forces of any government.
   (ii) A report which appears to the Tribunal to have been signed or issued by the International Red Cross or a member thereof, or by a doctor of medicine or any medical service personnel, or by an investigator or intelligence officer, or by any other person who appears to the Tribunal to have personal knowledge of the matters contained in the report.
   (iii) An affidavit, deposition or other signed statement.
   (iv) A diary, letter or other document, including sworn or unsworn statements which appear to the Tribunal to contain information relating to the charge.
   (v) A copy of a document or other secondary evidence of its contents, if the original is not immediately available.
(d) *Judicial Notice*. The Tribunal shall neither require proof, of facts of common knowledge, nor of the authenticity of official j government documents and reports of any nation nor of the proceedings, records, and findings of military or other agencies of any of the United Nations.
(e) *Records, Exhibits and Documents*. The transcript of the proceedings, and exhibits and documents submitted to the Tribunal, will be filed with the General Secretary of the Tribunal and will constitute part of the Record.

Article 14
Place of Trial

The first trial will be held at Tokyo and any subsequent trials will be held at such places as the Tribunal decided.

Article 15
Course of Trial Proceedings

The proceedings the Trial will take the following course:

(a) The indictment will be read in court unless the reading is waived by all accused.
(b) The Tribunal will ask each accused whether he pleads "guilty" or "not guilty".
(c) The prosecution and each accused (by counsel only, if represented) may make a concise opening statement.
(d) The prosecution and defense may offer evidence and the admissibility of the same shall be determined by the Tribunal.
(e) The prosecution and each accused (by counsel only, if represented) may examine each witness and each accused who gives testimony.
(f) Accused (by counsel only, if represented) may address the Tribunal.
(g) The prosecution may address the Tribunal.
(h) The Tribunal will deliver judgment and pronounce sentence.

V. JUDGMENT AND SENTENCE
Article 16
Penalty

The Tribunal shall have the power to impose upon an accused, on conviction, death or such other punishment as shall be determined by it to be just.

Article 17
Judgment and Review

The judgment will be announced in open court and will give the reasons on which it is based. The record of the trial will be transmitted directly to the Supreme Commander for the Allied Powers for his action thereon. A sentence will be carried out in accordance with the order of the Supreme Commander for the Allied Powers, who may at any time reduce or otherwise alter the sentence except to increase its severity.

By command of General MacArthur:
RICHARD J. MARSHALL
Major General, General Staff Corps, Chief of Staff.

OFFICIAL: B.M. FITCH
Brigadier General, AGD, Adjutant General.

D. Control Council Law N° 10.
Punishment of Persons Guilty of War Crimes, Crimes Against Peace and Against Humanity

[CCL n. 10]

In order to give effect to the terms of the Moscow Declaration of 30 October 1943 and the London Agreement of 8 August 1945, and the Charter issued pursuant thereto and in order to establish a uniform legal basis in Germany for the prosecution of war criminals and other similar offenders, other than those dealt with by the International Military Tribunal, the Control Council enacts as follows:

Article I

The Moscow Declaration of 30 October 1943 "Concerning Responsibility of Hitlerites for Committed Atrocities" and the London Agreement of 8 August 1945 "Concerning Prosecution and Punishment of Major War Criminals of European Axis" are made integral parts of this Law. Adherence to the provisions of the London Agreement by any of the United Nations, as provided for in Article V of that Agreement, shall not entitle such Nation to participate or interfere in the operation of this Law within the Control Council area of authority in Germany.

Article II

1. Each of the following acts is recognized as a crime:
(a) Crimes against Peace. Initiation of invasions of other countries and wars of aggression in violation of international laws and treaties, including but not limited to planning, preparation, initiation or waging a war of aggression, or a war of violation of international treaties, agreements or assurances, or participation in a common plan or conspiracy for the accomplishment of any of the foregoing.
(b) War Crimes. Atrocities or offenses against persons or property constituting violations of the laws or customs of war, including but not limited to, murder, ill treatment or deportation to slave labour or for any other purpose, of civilian population from occupied territory, murder or ill treatment of prisoners of war or persons on the seas, killing of hostages, plunder of public or private property, wanton destruction of cities, towns or villages, or devastation not justified by military necessity.
(c) Crimes against Humanity. Atrocities and offenses, including but not limited to murder, extermination, enslavement, deportation, imprisonment, torture, rape, or other inhu-

mane acts committed against any civilian population, or persecutions on political, racial or religious grounds whether or not in violation of the domestic laws of the country where perpetrated.
(d) Membership in categories of a criminal group or organization declared criminal by the International Military Tribunal.
2. Any person without regard to nationality or the capacity in which he acted, is deemed to have committed a crime as defined in paragraph 1 of this Article, if he was (a) a principal or (b) was an accessory to the commission of any such crime or ordered or abetted the same or (c) took a consenting part therein or (d) was connected with plans or enterprises involving its commission or (e) was a member of any organization or group connected with the commission of any such crime or (f) with reference to paragraph 1 (a) if he held a high political, civil or military (including General Staff) position in Germany or in one of its Allies, co-belligerents or satellites or held high position in the financial, industrial or economic life of any such country.
3. Any persons found guilty of any of the crimes above mentioned may upon conviction be punished as shall be determined by the tribunal to be just. Such punishment may consist of one or more of the following:
(a) Death.
(b) Imprisonment for life or a term of years, with or without hard labor.
(c) Fine, and imprisonment with or without hard labour, in lieu thereof.
(d) Forfeiture of property.
(e) Restitution of property wrongfully acquired.
(f) Deprivation of some or all civil rights.
Any property declared to be forfeited or the restitution of which is ordered by the Tribunal shall be delivered to the Control Council for Germany, which shall decide on its disposal.
4.
(a) The official position of any person, whether as Head of State or as a responsible official in a Government Department, does not free him from responsibility for a crime or entitle him to mitigation of punishment.
(b) The fact that any person acted pursuant to the order of his Government or of a superior does not free him from responsibility for a crime, but may be considered in mitigation.
5. In any trial or prosecution for a crime herein referred to, the accused shall not be entitled to the benefits of any statute of limitation in respect to the period from 30 January 1933 to 1 July 1945, nor shall any immunity, pardon or amnesty granted under the Nazi regime be admitted as a bar to trial or punishment.

Article III
1. Each occupying authority, within its Zone of Occupation,
(a) shall have the right to cause persons within such Zone suspected of having committed a crime, including those charged with crime by one of the United Nations, to be arrested and shall take under control the property, real and personal, owned or controlled by the said persons, pending decisions as to its eventual disposition.
(b) shall report to the Legal Directorate the name of all suspected criminals, the reasons for and the places of their detention, if they are detained, and the names and location of witnesses.
(c) shall take appropriate measures to see that witnesses and evidence will be available when required.
(d) shall have the right to cause all persons so arrested and charged, and not delivered to an-

other authority as herein provided, or released, to be brought to trial before an appropriate tribunal. Such tribunal may, in the case of crimes committed by persons of German citizenship or nationality against other persons of German citizenship or nationality, or stateless persons, be a German Court, if authorized by the occupying authorities.

2. The tribunal by which persons charged with offenses hereunder shall be tried and the rules and procedure thereof shall be determined or designated by each Zone Commander for his respective Zone. Nothing herein is intended to, or shall impair or limit the Jurisdiction or power of any court or tribunal now or hereafter established in any Zone by the Commander thereof, or of the International Military Tribunal established by the London Agreement of August 8 1945.

3. Persons wanted for trial by an International Military Tribunal will not be tried without the consent of the Committee of Chief Prosecutors. Each Zone Commander will deliver such persons who are within his Zone to that committee upon request and will make witnesses and evidence available to it.

4. Persons known to be wanted for trial in another Zone or outside Germany will not be tried prior to decision under Article IV unless the fact of their apprehension has been reported in accordance with Section 1 (b) of this Article, three months have elapsed thereafter, and no request for delivery of the type contemplated by Article IV has been received by the Zone Commander concerned.

5. The execution of death sentences may be deferred but not to exceed one month after the sentence has become final when the Zone Commander concerned has reason to believe that the testimony of those under sentence would be of value in the investigation and trial of crimes within or without his zone.

6. Each Zone Commander will cause such effect to be given to the judgments Of courts of competent jurisdiction, with respect to the property taken under his control pursuant thereto, as he may deem proper in the interest of Justice.

Article IV

1. When any person in a Zone in Germany is alleged to have committed a crime, as defined in Article II, in a country other than Germany or in another Zone, the government of that nation or the Commander of the latter Zone, as the case may be, may request the Commander of the Zone which the person is located for his arrest and delivery for trial to the country or Zone in which the crime was committed. Such request for delivery shall be granted by the Commander receiving it unless he believes such person is wanted for trial or as a witness by an International Military Tribunal, or in Germany, or in a nation other than the one making the request, or the Commander is not satisfied that delivery should be made, in any of which cases he shall have the right to forward the said request to the Legal Directorate of the Allied Control Authority. A similar procedure shall apply to witnesses, material exhibits and other forms of evidence.

2. The Legal Directorate shall consider all requests referred to it, and shall determine the same in accordance with the following principles, its determination to be communicated to the Zone Commander.

(a) A person wanted for trial or as a witness by an International Military Tribunal shall not be delivered for trial or required to give evidence outside Germany, as the case may be, except upon approval by the Committee of Chief Prosecutors acting under the London Agreement of 8 August 1945.

(b) A person wanted for trial by several authorities (other than an International Military Tribunal) shall be disposed of in accordance with the following priorities:

(i) If wanted for trial in the Zone in which he is, he should not be delivered unless arrangements are made for his return after trial elsewhere;
(ii) If wanted for trial in a Zone other than that in which he is, he should be delivered to that Zone in preference to delivery outside Germany unless arrangements are made for his return to that Zone after trial elsewhere;
(iii) If wanted for trial outside Germany by two or more of the United Nations, of one of which he is a citizen, that one should have priority;
(iv) If wanted for trial outside Germany by several countries, not all of which are United Nations, United Nations should have priority;
(v) If wanted for trial outside Germany by two or more of the United Nations, then, subject to Article IV 2 (b) (3) above, that which has the most serious charges against him, which are moreover supported by evidence, should have priority.

Article V

The delivery, under Article IV of this law, of persons for trial shall be made on demands of the Governments or Zone Commanders in such a manner that the delivery of criminals to one jurisdiction will not become the means of defeating or unnecessarily delaying the carrying out of justice in another place. If within six months the delivered person has not been convicted by the Court of the Zone or country to which he has been delivered, then such person shall be returned upon demand of the Commander of the Zone where the person was located prior to delivery.

Done at Berlin, 20 December 1945.
(Signed) Joseph T. McNarney
JOSEPH T. MCNARNEY
General, U. S. Army

(Signed) Bernard B. Montgomery
BERNARD B. MONTGOMERY
Field Marshall

(Signed) Louis Koeltz, General d'Corps de Armee
for PIEIRR KOENIG
General d'Armee

(Signed) Georgi Zhukov
GEORGI ZHUKOV
Marshal of the Soviet Union

E. Statute of the International Tribunal for the Prosecution of Persons Responsible for Serious Violations of International Humanitarian Law Committed in the Territory of the Former Yugoslavia since 1991,

[Statuto ICTY]

Having been established by the Security Council acting under Chapter VII of the Charter of the United Nations, the International Tribunal for the Prosecution of Persons Responsible for Serious Violations of International Humanitarian Law Committed in the Territory of the Former Yugoslavia since 1991 (hereinafter referred to as "the International Tribunal") shall function in accordance with the provisions of the present Statute.

Article 1
Competence of the International Tribunal

The International Tribunal shall have the power to prosecute persons responsible for serious violations of international humanitarian law committed in the territory of the former Yugoslavia since 1991 in accordance with the provisions of the present Statute.

Article 2
Grave breaches of the Geneva Conventions of 1949

The International Tribunal shall have the power to prosecute persons committing or ordering to be committed grave breaches of the Geneva Conventions of 12 August 1949, namely the following acts against persons or property protected under the provisions of the relevant Geneva Convention:
(a) wilful killing;
(b) torture or inhuman treatment, including biological experiments;
(c) wilfully causing great suffering or serious injury to body or health;
(d) extensive destruction and appropriation of property, not justified by military necessity and carried out unlawfully and wantonly;
(e) compelling a prisoner of war or a civilian to serve in the forces of a hostile power;
(f) wilfully depriving a prisoner of war or a civilian of the rights of fair and regular trial;
(g) unlawful deportation or transfer or unlawful confinement of a civilian;
(h) taking civilians as hostages.

Article 3
Violations of the laws or customs of war

The International Tribunal shall have the power to prosecute persons violating the laws or customs of war. Such violations shall include, but not be limited to:
(a) employment of poisonous weapons or other weapons calculated to cause unnecessary suffering;
(b) wanton destruction of cities, towns or villages, or devastation not justified by military necessity;
(c) attack, or bombardment, by whatever means, of undefended towns, villages, dwellings, or buildings;
(d) seizure of, destruction or wilful damage done to institutions dedicated to religion, charity and education, the arts and sciences, historic monuments and works of art and science;
(e) plunder of public or private property.

Article 4
Genocide

1. The International Tribunal shall have the power to prosecute persons committing genocide as defined in paragraph 2 of this article or of committing any of the other acts enumerated in paragraph 3 of this article.
2. Genocide means any of the following acts committed with intent to destroy, in whole or in part, a national, ethnical, racial or religious group, as such:
(a) killing members of the group;
(b) causing serious bodily or mental harm to members of the group;
(c) deliberately inflicting on the group conditions of life calculated to bring about its physical destruction in whole or in part;
(d) imposing measures intended to prevent births within the group;
(e) forcibly transferring children of the group to another group.
3. The following acts shall be punishable:
(a) genocide;
(b) conspiracy to commit genocide;
(c) direct and public incitement to commit genocide;
(d) attempt to commit genocide;
(e) complicity in genocide.

Article 5
Crimes against humanity

The International Tribunal shall have the power to prosecute persons responsible for the following crimes when committed in armed conflict, whether international or internal in character, and directed against any civilian population:
(a) murder;
(b) extermination;
(c) enslavement;
(d) deportation;
(e) imprisonment;
(f) torture;
(g) rape;
(h) persecutions on political, racial and religious grounds;
(i) other inhumane acts.

Article 6
Personal jurisdiction
The International Tribunal shall have jurisdiction over natural persons pursuant to the provisions of the present Statute.

Article 7
Individual criminal responsibility
1. A person who planned, instigated, ordered, committed or otherwise aided and abetted in the planning, preparation or execution of a crime referred to in articles 2 to 5 of the present Statute, shall be individually responsible for the crime.
2. The official position of any accused person, whether as Head of State or Government or as a responsible Government official, shall not relieve such person of criminal responsibility nor mitigate punishment.
3. The fact that any of the acts referred to in articles 2 to 5 of the present Statute was committed by a subordinate does not relieve his superior of criminal responsibility if he knew or had reason to know that the subordinate was about to commit such acts or had done so and the superior failed to take the necessary and reasonable measures to prevent such acts or to punish the perpetrators thereof.
4. The fact that an accused person acted pursuant to an order of a Government or of a superior shall not relieve him of criminal responsibility, but may be considered in mitigation of punishment if the International Tribunal determines that justice so requires.

Article 8
Territorial and temporal jurisdiction
The territorial jurisdiction of the International Tribunal shall extend to the territory of the former Socialist Federal Republic of Yugoslavia, including its land surface, airspace and territorial waters. The temporal jurisdiction of the International Tribunal shall extend to a period beginning on 1 January 1991.

Article 9
Concurrent jurisdiction
1. The International Tribunal and national courts shall have concurrent jurisdiction to prosecute persons for serious violations of international humanitarian law committed in the territory of the former Yugoslavia since 1 January 1991.
2. The International Tribunal shall have primacy over national courts. At any stage of the procedure, the International Tribunal may formally request national courts to defer to the competence of the International Tribunal in accordance with the present Statute and the Rules of Procedure and Evidence of the International Tribunal.

Article 10
Non-bis-in-idem
1. No person shall be tried before a national court for acts constituting serious violations of international humanitarian law under the present Statute, for which he or she has already been tried by the International Tribunal.
2. A person who has been tried by a national court for acts constituting serious violations of international humanitarian law may be subsequently tried by the International Tribunal only if:
(a) the act for which he or she was tried was characterized as an ordinary crime; or

(b) the national court proceedings were not impartial or independent, were designed to shield the accused from international criminal responsibility, or the case was not diligently prosecuted.

3. In considering the penalty to be imposed on a person convicted of a crime under the present Statute, the International Tribunal shall take into account the extent to which any penalty imposed by a national court on the same person for the same act has already been served.

Article 11
Organization of the International Tribunal

The International Tribunal shall consist of the following organs:
(a) The Chambers, comprising two Trial Chambers and an Appeals Chamber;
(b) The Prosecutor, and
(c) A Registry, servicing both the Chambers and the Prosecutor.

[Omissis]

Article 21
Rights of the accused

1. All persons shall be equal before the International Tribunal.
2. In the determination of charges against him, the accused shall be entitled to a fair and public hearing, subject to article 22 of the Statute.
3. The accused shall be presumed innocent until proved guilty according to the provisions of the present Statute.
4. In the determination of any charge against the accused pursuant to the present Statute, the accused shall be entitled to the following minimum guarantees, in full equality:
(a) to be informed promptly and in detail in a language which he understands of the nature and cause of the charge against him;
(b) to have adequate time and facilities for the preparation of his defence and to communicate with counsel of his own choosing;
(c) to be tried without undue delay;
(d) to be tried in his presence, and to defend himself in person or through legal assistance of his own choosing; to be informed, if he does not have legal assistance, of this right; and to have legal assistance assigned to him, in any case where the interests of justice so require, and without payment by him in any such case if he does not have sufficient means to pay for it;
(e) to examine, or have examined, the witnesses against him and to obtain the attendance and examination of witnesses on his behalf under the same conditions as witnesses against him;
(f) to have the free assistance of an interpreter if he cannot understand or speak the language used in the International Tribunal;
(g) not to be compelled to testify against himself or to confess guilt.

[Omissis]

Article 23
Judgement

1. The Trial Chambers shall pronounce judgements and impose sentences and penalties on persons convicted of serious violations of international humanitarian law.
2. The judgement shall be rendered by a majority of the judges of the Trial Chamber, and shall be delivered by the Trial Chamber in public. It shall be accompanied by a reasoned opinion in writing, to which separate or dissenting opinions may be appended.

Article 24
Penalties

1. The penalty imposed by the Trial Chamber shall be limited to imprisonment. In determining the terms of imprisonment, the Trial Chambers shall have recourse to the general practice regarding prison sentences in the courts of the former Yugoslavia.
2. In imposing the sentences, the Trial Chambers should take into account such factors as the gravity of the offence and the individual circumstances of the convicted person.
3. In addition to imprisonment, the Trial Chambers may order the return of any property and proceeds acquired by criminal conduct, including by means of duress, to their rightful owners.

Article 25
Appellate proceedings

1. The Appeals Chamber shall hear appeals from persons convicted by the Trial Chambers or from the Prosecutor on the following grounds:
(a) an error on a question of law invalidating the decision; or
(b) an error of fact which has occasioned a miscarriage of justice.
2. The Appeals Chamber may affirm, reverse or revise the decisions taken by the Trial Chambers.

Article 26
Review proceedings

Where a new fact has been discovered which was not known at the time of the proceedings before the Trial Chambers or the Appeals Chamber and which could have been a decisive factor in reaching the decision, the convicted person or the Prosecutor may submit to the International Tribunal an application for review of the judgement.

Article 27
Enforcement of sentences

Imprisonment shall be served in a State designated by the International Tribunal from a list of States which have indicated to the Security Council their willingness to accept convicted persons. Such imprisonment shall be in accordance with the applicable law of the State concerned, subject to the supervision of the International Tribunal.

Article 28
Pardon or commutation of sentences

If, pursuant to the applicable law of the State in which the convicted person is imprisoned, he or she is eligible for pardon or commutation of sentence, the State concerned shall notify the International Tribunal accordingly. The President of the International Tribunal, in consultation with the judges, shall decide the matter on the basis of the interests of justice and the general principles of law.

F. Statute of the International Tribunal for Rwanda
[Statuto ICTR]

As amended by the Security Council acting under Chapter VII of the Charter of the United Nations, the International Criminal Tribunal for the Prosecution of Persons Responsible for Genocide and Other Serious Violations of International Humanitarian Law Committed in the Territory of Rwanda and Rwandan Citizens responsible for genocide and other such violations committed in the territory of neighbouring States, between 1 January 1994 and 31 December 1994 (hereinafter referred to as "The International Tribunal for Rwanda") shall function in accordance with the provisions of the present Statute.

Article 1
Competence of the International Tribunal for Rwanda

The International Tribunal for Rwanda shall have the power to prosecute persons responsible for serious violations of international humanitarian law committed in the territory of Rwanda and Rwandan citizens responsible for such violations committed in the territory of neighbouring States between 1 January 1994 and 31 December 1994, in accordance with the provisions of the present Statute.

Article 2
Genocide

1. The International Tribunal for Rwanda shall have the power to prosecute persons committing genocide as defined in paragraph 2 of this Article or of committing any of the other acts enumerated in paragraph 3 of this Article.
2. Genocide means any of the following acts committed with intent to destroy, in whole or in part, a national, ethnical, racial or religious group, as such:
(a) Killing members of the group;
(b) Causing serious bodily or mental harm to members of the group;
(c) Deliberately inflicting on the group conditions of life calculated to bring about its physical destruction in whole or in part;
(d) Imposing measures intended to prevent births within the group;
(e) Forcibly transferring children of the group to another group.
3. The following acts shall be punishable:

(a) Genocide;
(b) Conspiracy to commit genocide;
(c) Direct and public incitement to commit genocide;
(d) Attempt to commit genocide;
(e) Complicity in genocide.

Article 3
Crimes against Humanity

The International Tribunal for Rwanda shall have the power to prosecute persons responsible for the following crimes when committed as part of a widespread or systematic attack against any civilian population on national, political, ethnic, racial or religious grounds:
(a) Murder;
(b) Extermination;
(c) Enslavement;
(d) Deportation;
(e) Imprisonment;
(f) Torture;
(g) Rape;
(h) Persecutions on political, racial and religious grounds;
(i) Other inhumane acts.

Article 4
Violations of Article 3 Common to the Geneva Conventions and of Additional Protocol II

The International Tribunal for Rwanda shall have the power to prosecute persons committing or ordering to be committed serious violations of Article 3 common to the Geneva Conventions of 12 August 1949 for the Protection of War Victims, and of Additional Protocol II thereto of 8 June 1977. These violations shall include, but shall not be limited to:
(a) Violence to life, health and physical or mental well-being of persons, in particular murder as well as cruel treatment such as torture, mutilation or any form of corporal punishment;
(b) Collective punishments;
(c) Taking of hostages;
(d) Acts of terrorism;
(e) Outrages upon personal dignity, in particular humiliating and degrading treatment, rape, enforced prostitution and any form of indecent assault;
(f) Pillage;
(g) The passing of sentences and the carrying out of executions without previous judgement pronounced by a regularly constituted court, affording all the judicial guarantees which are recognized as indispensable by civilised peoples;
(h) Threats to commit any of the foregoing acts.

Article 5
Personal Jurisdiction

The International Tribunal for Rwanda shall have jurisdiction over natural persons pursuant to the provisions of the present Statute.

Article 6
Individual Criminal Responsibility

1. A person who planned, instigated, ordered, committed or otherwise aided and abetted in the planning, preparation or execution of a crime referred to in Articles 2 to 4 of the present Statute, shall be individually responsible for the crime.

2. The official position of any accused person, whether as Head of state or government or as a responsible government official, shall not relieve such person of criminal responsibility nor mitigate punishment.

3. The fact that any of the acts referred to in Articles 2 to 4 of the present Statute was committed by a subordinate does not relieve his or her superior of criminal responsibility if he or she knew or had reason to know that the subordinate was about to commit such acts or had done so and the superior failed to take the necessary and reasonable measures to prevent such acts or to punish the perpetrators thereof.

4. The fact that an accused person acted pursuant to an order of a government or of a superior shall not relieve him or her of criminal responsibility, but may be considered in mitigation of punishment if the International Tribunal for Rwanda determines that justice so requires.

Article 7
Territorial and Temporal Jurisdiction

The territorial jurisdiction of the International Tribunal for Rwanda shall extend to the territory of Rwanda including its land surface and airspace as well as to the territory of neighbouring States in respect of serious violations of international humanitarian law committed by Rwandan citizens. The temporal jurisdiction of the International Tribunal for Rwanda shall extend to a period beginning on 1 January 1994 and ending on 31 December 1994.

Article 8
Concurrent Jurisdiction

1. The International Tribunal for Rwanda and national courts shall have concurrent jurisdiction to prosecute persons for serious violations of international humanitarian law committed in the territory of Rwanda and Rwandan citizens for such violations committed in the territory of the neighbouring States, between 1 January 1994 and 31 December 1994.

2. The International Tribunal for Rwanda shall have the primacy over the national courts of all States. At any stage of the procedure, the International Tribunal for Rwanda may formally request national courts to defer to its competence in accordance with the present Statute and the Rules of Procedure and Evidence of the International Tribunal for Rwanda.

Article 9
Non Bis in Idem

1. No person shall be tried before a national court for acts constituting serious violations of international humanitarian law under the present Statute, for which he or she has already been tried by the International Tribunal for Rwanda.

2. A person who has been tried before a national court for acts constituting serious violations of international humanitarian law may be subsequently tried by the International Tribunal for Rwanda only if:
(a) The act for which he or she was tried was characterised as an ordinary crime; or
(b) The national court proceedings were not impartial or independent, were designed to shield the accused from international criminal responsibility, or the case was not diligently prosecuted.

3. In considering the penalty to be imposed on a person convicted of a crime under the present Statute, the International Tribunal for Rwanda shall take into account the extent to which any penalty imposed by a national court on the same person for the same act has already been served.

Article 10
Organisation of the International Tribunal for Rwanda

The International Tribunal for Rwanda shall consist of the following organs:
(a) The Chambers, comprising three Trial Chambers and an Appeals Chamber;
(b) The Prosecutor;
(c) A Registry.

[*Omissis*]

Article 20
Rights of the Accused

1. All persons shall be equal before the International Tribunal for Rwanda.
2. In the determination of charges against him or her, the accused shall be entitled to a fair and public hearing, subject to Article 21 of the Statute.
3. The accused shall be presumed innocent until proven guilty according to the provisions of the present Statute.
4. In the determination of any charge against the accused pursuant to the present Statute, the accused shall be entitled to the following minimum guarantees, in full equality:
(a) To be informed promptly and in detail in a language which he or she understands of the nature and cause of the charge against him or her;
(b) To have adequate time and facilities for the preparation of his or her defence and to communicate with counsel of his or her own choosing;
(c) To be tried without undue delay;
(d) To be tried in his or her presence, and to defend himself or herself in person or through legal assistance of his or her own choosing; to be informed, if he or she does not have legal assistance, of this right; and to have legal assistance assigned to him or her, in any case where the interest of justice so require, and without payment by him or her in any such case if he or she does not have sufficient means to pay for it;
(e) To examine, or have examined, the witnesses against him or her and to obtain the attendance and examination of witnesses on his or her behalf under the same conditions as witnesses against him or her;
(f) To have the free assistance of an interpreter if he or she cannot understand or speak the language used in the International Tribunal for Rwanda;
(g) Not to be compelled to testify against himself or herself or to confess guilt.

[*Omissis*]

Article 22
Judgement

1. The Trial Chambers shall pronounce judgements and impose sentences and penalties on persons convicted of serious violations of international humanitarian law.
2. The judgement shall be rendered by a majority of the judges of the Trial Chamber, and shall be delivered by the Trial Chamber in public. It shall be accompanied by a reasoned opinion in writing, to which separate or dissenting opinions may be appended.

Article 23
Penalties

1. The penalty imposed by the Trial Chamber shall be limited to imprisonment. In determining the terms of imprisonment, the Trial Chambers shall have recourse to the general practice regarding prison sentences in the courts of Rwanda.
2. In imposing the sentences, the Trial Chambers should take into account such factors as the gravity of the offence and the individual circumstances of the convicted person.
3. In addition to imprisonment, the Trial Chambers may order the return of any property and proceeds acquired by criminal conduct, including by means of duress, to their rightful owners.

Article 24
Appellate Proceedings

1. The Appeals Chamber shall hear appeals from persons convicted by the Trial Chambers or from the Prosecutor on the following grounds:
(a) An error on a question of law invalidating the decision; or
(b) An error of fact which has occasioned a miscarriage of justice.
2. The Appeals Chamber may affirm, reverse or revise the decisions taken by the Trial Chambers.

Article 25
Review Proceedings

Where a new fact has been discovered which was not known at the time of the proceedings before the Trial Chambers or the Appeals Chamber and which could have been a decisive factor in reaching the decision, the convicted person or the Prosecutor may submit to the International Tribunal for Rwanda an application for review of the judgement.

Article 26
Enforcement of Sentences

Imprisonment shall be served in Rwanda or any of the States on a list of States which have indicated to the Security Council their willingness to accept convicted persons, as designated by the International Tribunal for Rwanda. Such imprisonment shall be in accordance with the applicable law of the State concerned, subject to the supervision of the International Tribunal for Rwanda.

Article 27
Pardon or Commutation of Sentences

If, pursuant to the applicable law of the State in which the convicted person is imprisoned, he or she is eligible for pardon or commutation of sentence, the State concerned shall notify the International Tribunal for Rwanda accordingly. There shall only be pardon or commutation of sentence if the President of the International Tribunal for Rwanda, in consultation with the judges, so decides on the basis of the interests of justice and the general principles of law.

G. Rome Statute of the International Criminal Court

[Statuto di Roma]

PREAMBLE

The States Parties to this Statute,

Conscious that all peoples are united by common bonds, their cultures pieced together in a shared heritage, and concerned that this delicate mosaic may be shattered at any time,

Mindful that during this century millions of children, women and men have been victims of unimaginable atrocities that deeply shock the conscience of humanity,

Recognizing that such grave crimes threaten the peace, security and well-being of the world,

Affirming that the most serious crimes of concern to the international community as a whole must not go unpunished and that their effective prosecution must be ensured by taking measures at the national level and by enhancing international cooperation,

Determined to put an end to impunity for the perpetrators of these crimes and thus to contribute to the prevention of such crimes,

Recalling that it is the duty of every State to exercise its criminal jurisdiction over those responsible for international crimes,

Reaffirming the Purposes and Principles of the Charter of the United Nations, and in particular that all States shall refrain from the threat or use of force against the territorial integrity or political independence of any State, or in any other manner inconsistent with the Purposes of the United Nations,

Emphasizing in this connection that nothing in this Statute shall be taken as authorizing any State Party to intervene in an armed conflict or in the internal affairs of any State,

Determined to these ends and for the sake of present and future generations, to establish an independent permanent International Criminal Court in relationship with the United Nations system, with jurisdiction over the most serious crimes of concern to the international community as a whole,

Emphasizing that the International Criminal Court established under this Statute shall be complementary to national criminal jurisdictions,

Resolved to guarantee lasting respect for and the enforcement of international justice,

Have agreed as follows

PART 1. ESTABLISHMENT OF THE COURT

Article 1
The Court

An International Criminal Court ("the Court") is hereby established. It shall be a permanent institution and shall have the power to exercise its jurisdiction over persons for the most serious crimes of international concern, as referred to in this Statute, and shall be complementary to national criminal jurisdictions. The jurisdiction and functioning of the Court shall be governed by the provisions of this Statute.

Article 2
Relationship of the Court with the United Nations

The Court shall be brought into relationship with the United Nations through an agreement to be approved by the Assembly of States Parties to this Statute and thereafter concluded by the President of the Court on its behalf.

Article 3
Seat of the Court

1. The seat of the Court shall be established at The Hague in the Netherlands ("the host State").
2. The Court shall enter into a headquarters agreement with the host State, to be approved by the Assembly of States Parties and thereafter concluded by the President of the Court on its behalf.
3. The Court may sit elsewhere, whenever it considers it desirable, as provided in this Statute.

Article 4
Legal status and powers of the Court

1. The Court shall have international legal personality. It shall also have such legal capacity as may be necessary for the exercise of its functions and the fulfilment of its purposes.
2. The Court may exercise its functions and powers, as provided in this Statute, on the territory of any State Party and, by special agreement, on the territory of any other State.

PART 2. JURISDICTION, ADMISSIBILITY AND APPLICABLE LAW

Article 5
Crimes within the jurisdiction of the Court

1. The jurisdiction of the Court shall be limited to the most serious crimes of concern to the international community as a whole. The Court has jurisdiction in accordance with this Statute with respect to the following crimes:
(a) The crime of genocide;
(b) Crimes against humanity;
(c) War crimes;
(d) The crime of aggression.
2. The Court shall exercise jurisdiction over the crime of aggression once a provision is adopted in accordance with articles 121 and 123 defining the crime and setting out the conditions under which the Court shall exercise jurisdiction with respect to this crime. Such a provision shall be consistent with the relevant provisions of the Charter of the United Nations.

Article 6
Genocide

For the purpose of this Statute, "genocide" means any of the following acts committed with intent to destroy, in whole or in part, a national, ethnical, racial or religious group, as such:
(a) Killing members of the group;
(b) Causing serious bodily or mental harm to members of the group;
(c) Deliberately inflicting on the group conditions of life calculated to bring about its physical destruction in whole or in part;
(d) Imposing measures intended to prevent births within the group;
(e) Forcibly transferring children of the group to another group.

Article 7
Crimes against humanity

1. For the purpose of this Statute, "crime against humanity" means any of the following acts when committed as part of a widespread or systematic attack directed against any civilian population, with knowledge of the attack:
(a) Murder;
(b) Extermination;
(c) Enslavement;
(d) Deportation or forcible transfer of population;
(e) Imprisonment or other severe deprivation of physical liberty in violation of fundamental rules of international law;
(f) Torture;
(g) Rape, sexual slavery, enforced prostitution, forced pregnancy, enforced sterilization, or any other form of sexual violence of comparable gravity;
(h) Persecution against any identifiable group or collectivity on political, racial, national, ethnic, cultural, religious, gender as defined in paragraph 3, or other grounds that are universally recognized as impermissible under international law, in connection with any act referred to in this paragraph or any crime within the jurisdiction of the Court;
(i) Enforced disappearance of persons;

(j) The crime of apartheid;
(k) Other inhumane acts of a similar character intentionally causing great suffering, or serious injury to body or to mental or physical health.
2. For the purpose of paragraph 1:
(a) "Attack directed against any civilian population" means a course of conduct involving the multiple commission of acts referred to in paragraph 1 against any civilian population, pursuant to or in furtherance of a State or organizational policy to commit such attack;
(b) "Extermination" includes the intentional infliction of conditions of life, *inter alia* the deprivation of access to food and medicine, calculated to bring about the destruction of part of a population;
(c) "Enslavement" means the exercise of any or all of the powers attaching to the right of ownership over a person and includes the exercise of such power in the course of trafficking in persons, in particular women and children;
(d) "Deportation or forcible transfer of population" means forced displacement of the persons concerned by expulsion or other coercive acts from the area in which they are lawfully present, without grounds permitted under international law;
(e) "Torture" means the intentional infliction of severe pain or suffering, whether physical or mental, upon a person in the custody or under the control of the accused; except that torture shall not include pain or suffering arising only from, inherent in or incidental to, lawful sanctions;
(f) "Forced pregnancy" means the unlawful confinement of a woman forcibly made pregnant, with the intent of affecting the ethnic composition of any population or carrying out other grave violations of international law. This definition shall not in any way be interpreted as affecting national laws relating to pregnancy;
(g) "Persecution" means the intentional and severe deprivation of fundamental rights contrary to international law by reason of the identity of the group or collectivity;
(h) "The crime of apartheid" means inhumane acts of a character similar to those referred to in paragraph 1, committed in the context of an institutionalized regime of systematic oppression and domination by one racial group over any other racial group or groups and committed with the intention of maintaining that regime;
(i) "Enforced disappearance of persons" means the arrest, detention or abduction of persons by, or with the authorization, support or acquiescence of, a State or a political organization, followed by a refusal to acknowledge that deprivation of freedom or to give information on the fate or whereabouts of those persons, with the intention of removing them from the protection of the law for a prolonged period of time.
3. For the purpose of this Statute, it is understood that the term "gender" refers to the two sexes, male and female, within the context of society. The term "gender" does not indicate any meaning different from the above.

Article 8
War crimes

1. The Court shall have jurisdiction in respect of war crimes in particular when committed as part of a plan or policy or as part of a large-scale commission of such crimes.
2. For the purpose of this Statute, "war crimes" means:
(a) Grave breaches of the Geneva Conventions of 12 August 1949, namely, any of the following acts against persons or property protected under the provisions of the relevant Geneva Convention:

(i) Wilful killing;
(ii) Torture or inhuman treatment, including biological experiments;
(iii) Wilfully causing great suffering, or serious injury to body or health;
(iv) Extensive destruction and appropriation of property, not justified by military necessity and carried out unlawfully and wantonly;
(v) Compelling a prisoner of war or other protected person to serve in the forces of a hostile Power;
(vi) Wilfully depriving a prisoner of war or other protected person of the rights of fair and regular trial;
(vii) Unlawful deportation or transfer or unlawful confinement;
(viii) Taking of hostages.
(b) Other serious violations of the laws and customs applicable in international armed conflict, within the established framework of international law, namely, any of the following acts:
(i) Intentionally directing attacks against the civilian population as such or against individual civilians not taking direct part in hostilities;
(ii) Intentionally directing attacks against civilian objects, that is, objects which are not military objectives;
(iii) Intentionally directing attacks against personnel, installations, material, units or vehicles involved in a humanitarian assistance or peacekeeping mission in accordance with the Charter of the United Nations, as long as they are entitled to the protection given to civilians or civilian objects under the international law of armed conflict;
(iv) Intentionally launching an attack in the knowledge that such attack will cause incidental loss of life or injury to civilians or damage to civilian objects or widespread, long-term and severe damage to the natural environment which would be clearly excessive in relation to the concrete and direct overall military advantage anticipated;
(v) Attacking or bombarding, by whatever means, towns, villages, dwellings or buildings which are undefended and which are not military objectives;
(vi) Killing or wounding a combatant who, having laid down his arms or having no longer means of defence, has surrendered at discretion;
(vii) Making improper use of a flag of truce, of the flag or of the military insignia and uniform of the enemy or of the United Nations, as well as of the distinctive emblems of the Geneva Conventions, resulting in death or serious personal injury;
(viii) The transfer, directly or indirectly, by the Occupying Power of parts of its own civilian population into the territory it occupies, or the deportation or transfer of all or parts of the population of the occupied territory within or outside this territory;
(ix) Intentionally directing attacks against buildings dedicated to religion, education, art, science or charitable purposes, historic monuments, hospitals and places where the sick and wounded are collected, provided they are not military objectives;
(x) Subjecting persons who are in the power of an adverse party to physical mutilation or to medical or scientific experiments of any kind which are neither justified by the medical, dental or hospital treatment of the person concerned nor carried out in his or her interest, and which cause death to or seriously endanger the health of such person or persons;
(xi) Killing or wounding treacherously individuals belonging to the hostile nation or army;
(xii) Declaring that no quarter will be given;
(xiii) Destroying or seizing the enemy's property unless such destruction or seizure be imperatively demanded by the necessities of war;

(xiv) Declaring abolished, suspended or inadmissible in a court of law the rights and actions of the nationals of the hostile party;
(xv) Compelling the nationals of the hostile party to take part in the operations of war directed against their own country, even if they were in the belligerent's service before the commencement of the war;
(xvi) Pillaging a town or place, even when taken by assault;
(xvii) Employing poison or poisoned weapons;
(xviii) Employing asphyxiating, poisonous or other gases, and all analogous liquids, materials or devices;
(xix) Employing bullets which expand or flatten easily in the human body, such as bullets with a hard envelope which does not entirely cover the core or is pierced with incisions;
(xx) Employing weapons, projectiles and material and methods of warfare which are of a nature to cause superfluous injury or unnecessary suffering or which are inherently indiscriminate in violation of the international law of armed conflict, provided that such weapons, projectiles and material and methods of warfare are the subject of a comprehensive prohibition and are included in an annex to this Statute, by an amendment in accordance with the relevant provisions set forth in articles 121 and 123;
(xxi) Committing outrages upon personal dignity, in particular humiliating and degrading treatment;
(xxii) Committing rape, sexual slavery, enforced prostitution, forced pregnancy, as defined in article 7, paragraph 2 (f), enforced sterilization, or any other form of sexual violence also constituting a grave breach of the Geneva Conventions;
(xxiii) Utilizing the presence of a civilian or other protected person to render certain points, areas or military forces immune from military operations;
(xxiv) Intentionally directing attacks against buildings, material, medical units and transport, and personnel using the distinctive emblems of the Geneva Conventions in conformity with international law;
(xxv) Intentionally using starvation of civilians as a method of warfare by depriving them of objects indispensable to their survival, including wilfully impeding relief supplies as provided for under the Geneva Conventions;
(xxvi) Conscripting or enlisting children under the age of fifteen years into the national armed forces or using them to participate actively in hostilities.
(c) In the case of an armed conflict not of an international character, serious violations of article 3 common to the four Geneva Conventions of 12 August 1949, namely, any of the following acts committed against persons taking no active part in the hostilities, including members of armed forces who have laid down their arms and those placed *hors de combat* by sickness, wounds, detention or any other cause:
(i)Violence to life and person, in particular murder of all kinds, mutilation, cruel treatment and torture;
(ii) Committing outrages upon personal dignity, in particular humiliating and degrading treatment;
(iii) Taking of hostages;
(iv) The passing of sentences and the carrying out of executions without previous judgement pronounced by a regularly constituted court, affording all judicial guarantees which are generally recognized as indispensable.
(d) Paragraph 2 (c) applies to armed conflicts not of an international character and thus does not apply to situations of internal disturbances and tensions, such as riots, isolated and sporadic acts of violence or other acts of a similar nature.

(e) Other serious violations of the laws and customs applicable in armed conflicts not of an international character, within the established framework of international law, namely, any of the following acts:
  (i) Intentionally directing attacks against the civilian population as such or against individual civilians not taking direct part in hostilities;
  (ii) Intentionally directing attacks against buildings, material, medical units and transport, and personnel using the distinctive emblems of the Geneva Conventions in conformity with international law;
  (iii) Intentionally directing attacks against personnel, installations, material, units or vehicles involved in a humanitarian assistance or peacekeeping mission in accordance with the Charter of the United Nations, as long as they are entitled to the protection given to civilians or civilian objects under the international law of armed conflict;
  (iv) Intentionally directing attacks against buildings dedicated to religion, education, art, science or charitable purposes, historic monuments, hospitals and places where the sick and wounded are collected, provided they are not military objectives;
  (v) Pillaging a town or place, even when taken by assault;
  (vi) Committing rape, sexual slavery, enforced prostitution, forced pregnancy, as defined in article 7, paragraph 2 (f), enforced sterilization, and any other form of sexual violence also constituting a serious violation of article 3 common to the four Geneva Conventions;
  (vii) Conscripting or enlisting children under the age of fifteen years into armed forces or groups or using them to participate actively in hostilities;
  (viii) Ordering the displacement of the civilian population for reasons related to the conflict, unless the security of the civilians involved or imperative military reasons so demand;
  (ix) Killing or wounding treacherously a combatant adversary;
  (x) Declaring that no quarter will be given;
  (xi) Subjecting persons who are in the power of another party to the conflict to physical mutilation or to medical or scientific experiments of any kind which are neither justified by the medical, dental or hospital treatment of the person concerned nor carried out in his or her interest, and which cause death to or seriously endanger the health of such person or persons;
  (xii) Destroying or seizing the property of an adversary unless such destruction or seizure be imperatively demanded by the necessities of the conflict;
(f) Paragraph 2 (e) applies to armed conflicts not of an international character and thus does not apply to situations of internal disturbances and tensions, such as riots, isolated and sporadic acts of violence or other acts of a similar nature. It applies to armed conflicts that take place in the territory of a State when there is protracted armed conflict between governmental authorities and organized armed groups or between such groups.
3. Nothing in paragraph 2 (c) and (e) shall affect the responsibility of a Government to maintain or re-establish law and order in the State or to defend the unity and territorial integrity of the State, by all legitimate means.

Article 9
Elements of Crimes

1. Elements of Crimes shall assist the Court in the interpretation and application of articles 6, 7 and 8. They shall be adopted by a two-thirds majority of the members of the Assembly of States Parties.

2. Amendments to the Elements of Crimes may be proposed by:
(a) Any State Party;
(b) The judges acting by an absolute majority;
(c) The Prosecutor.
Such amendments shall be adopted by a two-thirds majority of the members of the Assembly of States Parties.
3. The Elements of Crimes and amendments thereto shall be consistent with this Statute.

Article 10

Nothing in this Part shall be interpreted as limiting or prejudicing in any way existing or developing rules of international law for purposes other than this Statute.

Article 11
Jurisdiction ratione temporis

1. The Court has jurisdiction only with respect to crimes committed after the entry into force of this Statute.
2. If a State becomes a Party to this Statute after its entry into force, the Court may exercise its jurisdiction only with respect to crimes committed after the entry into force of this Statute for that State, unless that State has made a declaration under article 12, paragraph 3.

Article 12
Preconditions to the exercise of jurisdiction

1. A State which becomes a Party to this Statute thereby accepts the jurisdiction of the Court with respect to the crimes referred to in article 5.
2. In the case of article 13, paragraph (a) or (c), the Court may exercise its jurisdiction if one or more of the following States are Parties to this Statute or have accepted the jurisdiction of the Court in accordance with paragraph 3:
(a) The State on the territory of which the conduct in question occurred or, if the crime was committed on board a vessel or aircraft, the State of registration of that vessel or aircraft;
(b) The State of which the person accused of the crime is a national.
3. If the acceptance of a State which is not a Party to this Statute is required under paragraph 2, that State may, by declaration lodged with the Registrar, accept the exercise of jurisdiction by the Court with respect to the crime in question. The accepting State shall cooperate with the Court without any delay or exception in accordance with Part 9.

Article 13
Exercise of jurisdiction

The Court may exercise its jurisdiction with respect to a crime referred to in article 5 in accordance with the provisions of this Statute if:
(a) A situation in which one or more of such crimes appears to have been committed is referred to the Prosecutor by a State Party in accordance with article 14;
(b) A situation in which one or more of such crimes appears to have been committed is referred to the Prosecutor by the Security Council acting under Chapter VII of the Charter of the United Nations; or
(c) The Prosecutor has initiated an investigation in respect of such a crime in accordance with article 15.

Article 14
Referral of a situation by a State Party

1. A State Party may refer to the Prosecutor a situation in which one or more crimes within the jurisdiction of the Court appear to have been committed requesting the Prosecutor to investigate the situation for the purpose of determining whether one or more specific persons should be charged with the commission of such crimes.
2. As far as possible, a referral shall specify the relevant circumstances and be accompanied by such supporting documentation as is available to the State referring the situation.

Article 15
Prosecutor

1. The Prosecutor may initiate investigations *proprio motu* on the basis of information on crimes within the jurisdiction of the Court.
2. The Prosecutor shall analyse the seriousness of the information received. For this purpose, he or she may seek additional information from States, organs of the United Nations, intergovernmental or non-governmental organizations, or other reliable sources that he or she deems appropriate, and may receive written or oral testimony at the seat of the Court.
3. If the Prosecutor concludes that there is a reasonable basis to proceed with an investigation, he or she shall submit to the Pre-Trial Chamber a request for authorization of an investigation, together with any supporting material collected. Victims may make representations to the Pre-Trial Chamber, in accordance with the Rules of Procedure and Evidence.
4. If the Pre-Trial Chamber, upon examination of the request and the supporting material, considers that there is a reasonable basis to proceed with an investigation, and that the case appears to fall within the jurisdiction of the Court, it shall authorize the commencement of the investigation, without prejudice to subsequent determinations by the Court with regard to the jurisdiction and admissibility of a case.
5. The refusal of the Pre-Trial Chamber to authorize the investigation shall not preclude the presentation of a subsequent request by the Prosecutor based on new facts or evidence regarding the same situation.
6. If, after the preliminary examination referred to in paragraphs 1 and 2, the Prosecutor concludes that the information provided does not constitute a reasonable basis for an investigation, he or she shall inform those who provided the information. This shall not preclude the Prosecutor from considering further information submitted to him or her regarding the same situation in the light of new facts or evidence.

Article 16
Deferral of investigation or prosecution

No investigation or prosecution may be commenced or proceeded with under this Statute for a period of 12 months after the Security Council, in a resolution adopted under Chapter VII of the Charter of the United Nations, has requested the Court to that effect; that request may be renewed by the Council under the same conditions.

Article 17
Issues of admissibility

1. Having regard to paragraph 10 of the Preamble and article 1, the Court shall determine that a case is inadmissible where:
(a) The case is being investigated or prosecuted by a State which has jurisdiction over

it, unless the State is unwilling or unable genuinely to carry out the investigation or prosecution;
(b) The case has been investigated by a State which has jurisdiction over it and the State has decided not to prosecute the person concerned, unless the decision resulted from the unwillingness or inability of the State genuinely to prosecute;
(c) The person concerned has already been tried for conduct which is the subject of the complaint, and a trial by the Court is not permitted under article 20, paragraph 3;
(d) The case is not of sufficient gravity to justify further action by the Court.
2. In order to determine unwillingness in a particular case, the Court shall consider, having regard to the principles of due process recognized by international law, whether one or more of the following exist, as applicable:
(a) The proceedings were or are being undertaken or the national decision was made for the purpose of shielding the person concerned from criminal responsibility for crimes within the jurisdiction of the Court referred to in article 5;
(b) There has been an unjustified delay in the proceedings which in the circumstances is inconsistent with an intent to bring the person concerned to justice;
(c) The proceedings were not or are not being conducted independently or impartially, and they were or are being conducted in a manner which, in the circumstances, is inconsistent with an intent to bring the person concerned to justice.
3. In order to determine inability in a particular case, the Court shall consider whether, due to a total or substantial collapse or unavailability of its national judicial system, the State is unable to obtain the accused or the necessary evidence and testimony or otherwise unable to carry out its proceedings.

Article 18
Preliminary rulings regarding admissibility

1. When a situation has been referred to the Court pursuant to article 13 (a) and the Prosecutor has determined that there would be a reasonable basis to commence an investigation, or the Prosecutor initiates an investigation pursuant to articles 13 (c) and 15, the Prosecutor shall notify all States Parties and those States which, taking into account the information available, would normally exercise jurisdiction over the crimes concerned. The Prosecutor may notify such States on a confidential basis and, where the Prosecutor believes it necessary to protect persons, prevent destruction of evidence or prevent the absconding of persons, may limit the scope of the information provided to States.
2. Within one month of receipt of that notification, a State may inform the Court that it is investigating or has investigated its nationals or others within its jurisdiction with respect to criminal acts which may constitute crimes referred to in article 5 and which relate to the information provided in the notification to States. At the request of that State, the Prosecutor shall defer to the State's investigation of those persons unless the Pre-Trial Chamber, on the application of the Prosecutor, decides to authorize the investigation.
3. The Prosecutor's deferral to a State's investigation shall be open to review by the Prosecutor six months after the date of deferral or at any time when there has been a significant change of circumstances based on the State's unwillingness or inability genuinely to carry out the investigation.
4. The State concerned or the Prosecutor may appeal to the Appeals Chamber against a ruling of the Pre-Trial Chamber, in accordance with article 82. The appeal may be heard on an expedited basis.
5. When the Prosecutor has deferred an investigation in accordance with paragraph 2, the

Prosecutor may request that the State concerned periodically inform the Prosecutor of the progress of its investigations and any subsequent prosecutions. States Parties shall respond to such requests without undue delay.

6. Pending a ruling by the Pre-Trial Chamber, or at any time when the Prosecutor has deferred an investigation under this article, the Prosecutor may, on an exceptional basis, seek authority from the Pre-Trial Chamber to pursue necessary investigative steps for the purpose of preserving evidence where there is a unique opportunity to obtain important evidence or there is a significant risk that such evidence may not be subsequently available.

7. A State which has challenged a ruling of the Pre-Trial Chamber under this article may challenge the admissibility of a case under article 19 on the grounds of additional significant facts or significant change of circumstances.

Article 19
Challenges to the jurisdiction of the Court or the admissibility of a case

1. The Court shall satisfy itself that it has jurisdiction in any case brought before it. The Court may, on its own motion, determine the admissibility of a case in accordance with article 17.

2. Challenges to the admissibility of a case on the grounds referred to in article 17 or challenges to the jurisdiction of the Court may be made by:
(a) An accused or a person for whom a warrant of arrest or a summons to appear has been issued under article 58;
(b) A State which has jurisdiction over a case, on the ground that it is investigating or prosecuting the case or has investigated or prosecuted; or
(c) A State from which acceptance of jurisdiction is required under article 12.

3. The Prosecutor may seek a ruling from the Court regarding a question of jurisdiction or admissibility. In proceedings with respect to jurisdiction or admissibility, those who have referred the situation under article 13, as well as victims, may also submit observations to the Court.

4. The admissibility of a case or the jurisdiction of the Court may be challenged only once by any person or State referred to in paragraph 2. The challenge shall take place prior to or at the commencement of the trial. In exceptional circumstances, the Court may grant leave for a challenge to be brought more than once or at a time later than the commencement of the trial. Challenges to the admissibility of a case, at the commencement of a trial, or subsequently with the leave of the Court, may be based only on article 17, paragraph 1 (c).

5. A State referred to in paragraph 2 (b) and (c) shall make a challenge at the earliest opportunity.

6. Prior to the confirmation of the charges, challenges to the admissibility of a case or challenges to the jurisdiction of the Court shall be referred to the Pre-Trial Chamber. After confirmation of the charges, they shall be referred to the Trial Chamber. Decisions with respect to jurisdiction or admissibility may be appealed to the Appeals Chamber in accordance with article 82.

7. If a challenge is made by a State referred to in paragraph 2 (b) or (c), the Prosecutor shall suspend the investigation until such time as the Court makes a determination in accordance with article 17.

8. Pending a ruling by the Court, the Prosecutor may seek authority from the Court:
(a) To pursue necessary investigative steps of the kind referred to in article 18, paragraph 6;
(b) To take a statement or testimony from a witness or complete the collection and exami-

nation of evidence which had begun prior to the making of the challenge; and
(c) In cooperation with the relevant States, to prevent the absconding of persons in respect of whom the Prosecutor has already requested a warrant of arrest under article 58.
9. The making of a challenge shall not affect the validity of any act performed by the Prosecutor or any order or warrant issued by the Court prior to the making of the challenge.
10. If the Court has decided that a case is inadmissible under article 17, the Prosecutor may submit a request for a review of the decision when he or she is fully satisfied that new facts have arisen which negate the basis on which the case had previously been found inadmissible under article 17.
11. If the Prosecutor, having regard to the matters referred to in article 17, defers an investigation, the Prosecutor may request that the relevant State make available to the Prosecutor information on the proceedings. That information shall, at the request of the State concerned, be confidential. If the Prosecutor thereafter decides to proceed with an investigation, he or she shall notify the State to which deferral of the proceedings has taken place.

Article 20
Ne bis in idem

1. Except as provided in this Statute, no person shall be tried before the Court with respect to conduct which formed the basis of crimes for which the person has been convicted or acquitted by the Court.
2. No person shall be tried by another court for a crime referred to in article 5 for which that person has already been convicted or acquitted by the Court.
3. No person who has been tried by another court for conduct also proscribed under article 6, 7 or 8 shall be tried by the Court with respect to the same conduct unless the proceedings in the other court:
(a) Were for the purpose of shielding the person concerned from criminal responsibility for crimes within the jurisdiction of the Court; or
(b) Otherwise were not conducted independently or impartially in accordance with the norms of due process recognized by international law and were conducted in a manner which, in the circumstances, was inconsistent with an intent to bring the person concerned to justice.

Article 21
Applicable law

1. The Court shall apply:
(a) In the first place, this Statute, Elements of Crimes and its Rules of Procedure and Evidence;
(b) In the second place, where appropriate, applicable treaties and the principles and rules of international law, including the established principles of the international law of armed conflict;
(c) Failing that, general principles of law derived by the Court from national laws of legal systems of the world including, as appropriate, the national laws of States that would normally exercise jurisdiction over the crime, provided that those principles are not inconsistent with this Statute and with international law and internationally recognized norms and standards.
2. The Court may apply principles and rules of law as interpreted in its previous decisions.
3. The application and interpretation of law pursuant to this article must be consistent with

internationally recognized human rights, and be without any adverse distinction founded on grounds such as gender as defined in article 7, paragraph 3, age, race, colour, language, religion or belief, political or other opinion, national, ethnic or social origin, wealth, birth or other status.

PART 3. GENERAL PRINCIPLES OF CRIMINAL LAW

Article 22
Nullum crimen sine lege

1. A person shall not be criminally responsible under this Statute unless the conduct in question constitutes, at the time it takes place, a crime within the jurisdiction of the Court.
2. The definition of a crime shall be strictly construed and shall not be extended by analogy. In case of ambiguity, the definition shall be interpreted in favour of the person being investigated, prosecuted or convicted.
3. This article shall not affect the characterization of any conduct as criminal under international law independently of this Statute.

Article 23
Nulla poena sine lege

A person convicted by the Court may be punished only in accordance with this Statute.

Article 24
Non-retroactivity ratione personae

1. No person shall be criminally responsible under this Statute for conduct prior to the entry into force of the Statute.
2. In the event of a change in the law applicable to a given case prior to a final judgement, the law more favourable to the person being investigated, prosecuted or convicted shall apply.

Article 25
Individual criminal responsibility

1. The Court shall have jurisdiction over natural persons pursuant to this Statute.
2. A person who commits a crime within the jurisdiction of the Court shall be individually responsible and liable for punishment in accordance with this Statute.
3. In accordance with this Statute, a person shall be criminally responsible and liable for punishment for a crime within the jurisdiction of the Court if that person:
(a) Commits such a crime, whether as an individual, jointly with another or through another person, regardless of whether that other person is criminally responsible;
(b) Orders, solicits or induces the commission of such a crime which in fact occurs or is attempted;
(c) For the purpose of facilitating the commission of such a crime, aids, abets or otherwise assists in its commission or its attempted commission, including providing the means for its commission;
(d) In any other way contributes to the commission or attempted commission of such a crime by a group of persons acting with a common purpose. Such contribution shall be intentional and shall either:
   (i) Be made with the aim of furthering the criminal activity or criminal purpose of the

group, where such activity or purpose involves the commission of a crime within the jurisdiction of the Court; or
   (ii) Be made in the knowledge of the intention of the group to commit the crime;
(e) In respect of the crime of genocide, directly and publicly incites others to commit genocide;
(f) Attempts to commit such a crime by taking action that commences its execution by means of a substantial step, but the crime does not occur because of circumstances independent of the person's intentions. However, a person who abandons the effort to commit the crime or otherwise prevents the completion of the crime shall not be liable for punishment under this Statute for the attempt to commit that crime if that person completely and voluntarily gave up the criminal purpose.
4. No provision in this Statute relating to individual criminal responsibility shall affect the responsibility of States under international law.

Article 26
Exclusion of jurisdiction over persons under eighteen

The Court shall have no jurisdiction over any person who was under the age of 18 at the time of the alleged commission of a crime.

Article 27
Irrelevance of official capacity

1. This Statute shall apply equally to all persons without any distinction based on official capacity. In particular, official capacity as a Head of State or Government, a member of a Government or parliament, an elected representative or a government official shall in no case exempt a person from criminal responsibility under this Statute, nor shall it, in and of itself, constitute a ground for reduction of sentence.
2. Immunities or special procedural rules which may attach to the official capacity of a person, whether under national or international law, shall not bar the Court from exercising its jurisdiction over such a person.

Article 28
Responsibility of commanders and other superiors

In addition to other grounds of criminal responsibility under this Statute for crimes within the jurisdiction of the Court:
(a) A military commander or person effectively acting as a military commander shall be criminally responsible for crimes within the jurisdiction of the Court committed by forces under his or her effective command and control, or effective authority and control as the case may be, as a result of his or her failure to exercise control properly over such forces, where:
   (i) That military commander or person either knew or, owing to the circumstances at the time, should have known that the forces were committing or about to commit such crimes; and
   (ii) That military commander or person failed to take all necessary and reasonable measures within his or her power to prevent or repress their commission or to submit the matter to the competent authorities for investigation and prosecution.
(b) With respect to superior and subordinate relationships not described in paragraph (a), a superior shall be criminally responsible for crimes within the jurisdiction of the Court committed by subordinates under his or her effective authority and control, as a result of his or her failure to exercise control properly over such subordinates, where:

(i) The superior either knew, or consciously disregarded information which clearly indicated, that the subordinates were committing or about to commit such crimes;
(ii) The crimes concerned activities that were within the effective responsibility and control of the superior; and
(iii) The superior failed to take all necessary and reasonable measures within his or her power to prevent or repress their commission or to submit the matter to the competent authorities for investigation and prosecution.

Article 29
Non-applicability of statute of limitations

The crimes within the jurisdiction of the Court shall not be subject to any statute of limitations.

Article 30
Mental element

1. Unless otherwise provided, a person shall be criminally responsible and liable for punishment for a crime within the jurisdiction of the Court only if the material elements are committed with intent and knowledge.
2. For the purposes of this article, a person has intent where:
(a) In relation to conduct, that person means to engage in the conduct;
(b) In relation to a consequence, that person means to cause that consequence or is aware that it will occur in the ordinary course of events.
3. For the purposes of this article, "knowledge" means awareness that a circumstance exists or a consequence will occur in the ordinary course of events. "Know" and "knowingly" shall be construed accordingly.

Article 31
Grounds for excluding criminal responsibility

1. In addition to other grounds for excluding criminal responsibility provided for in this Statute, a person shall not be criminally responsible if, at the time of that person's conduct:
(a) The person suffers from a mental disease or defect that destroys that person's capacity to appreciate the unlawfulness or nature of his or her conduct, or capacity to control his or her conduct to conform to the requirements of law;
(b) The person is in a state of intoxication that destroys that person's capacity to appreciate the unlawfulness or nature of his or her conduct, or capacity to control his or her conduct to conform to the requirements of law, unless the person has become voluntarily intoxicated under such circumstances that the person knew, or disregarded the risk, that, as a result of the intoxication, he or she was likely to engage in conduct constituting a crime within the jurisdiction of the Court;
(c) The person acts reasonably to defend himself or herself or another person or, in the case of war crimes, property which is essential for the survival of the person or another person or property which is essential for accomplishing a military mission, against an imminent and unlawful use of force in a manner proportionate to the degree of danger to the person or the other person or property protected. The fact that the person was involved in a defensive operation conducted by forces shall not in itself constitute a ground for excluding criminal responsibility under this subparagraph;
(d) The conduct which is alleged to constitute a crime within the jurisdiction of the Court has been caused by duress resulting from a threat of imminent death or of continuing or

imminent serious bodily harm against that person or another person, and the person acts necessarily and reasonably to avoid this threat, provided that the person does not intend to cause a greater harm than the one sought to be avoided. Such a threat may either be:
   (i) Made by other persons; or
   (ii) Constituted by other circumstances beyond that person's control.
2. The Court shall determine the applicability of the grounds for excluding criminal responsibility provided for in this Statute to the case before it.
3. At trial, the Court may consider a ground for excluding criminal responsibility other than those referred to in paragraph 1 where such a ground is derived from applicable law as set forth in article 21. The procedures relating to the consideration of such a ground shall be provided for in the Rules of Procedure and Evidence.

Article 32
Mistake of fact or mistake of law

1. A mistake of fact shall be a ground for excluding criminal responsibility only if it negates the mental element required by the crime.
2. A mistake of law as to whether a particular type of conduct is a crime within the jurisdiction of the Court shall not be a ground for excluding criminal responsibility. A mistake of law may, however, be a ground for excluding criminal responsibility if it negates the mental element required by such a crime, or as provided for in article 33.

Article 33
Superior orders and prescription of law

1. The fact that a crime within the jurisdiction of the Court has been committed by a person pursuant to an order of a Government or of a superior, whether military or civilian, shall not relieve that person of criminal responsibility unless:
(a) The person was under a legal obligation to obey orders of the Government or the superior in question;
(b) The person did not know that the order was unlawful; and
(c) The order was not manifestly unlawful.
2. For the purposes of this article, orders to commit genocide or crimes against humanity are manifestly unlawful.

PART 4. COMPOSITION AND ADMINISTRATION OF THE COURT

Article 34
Organs of the Court

The Court shall be composed of the following organs:
(a) The Presidency;
(b) An Appeals Division, a Trial Division and a Pre-Trial Division;
(c) The Office of the Prosecutor;
(d) The Registry.

Article 35
Service of judges

1. All judges shall be elected as full-time members of the Court and shall be available to serve on that basis from the commencement of their terms of office.

2. The judges composing the Presidency shall serve on a full-time basis as soon as they are elected.

3. The Presidency may, on the basis of the workload of the Court and in consultation with its members, decide from time to time to what extent the remaining judges shall be required to serve on a full-time basis. Any such arrangement shall be without prejudice to the provisions of article 40.

4. The financial arrangements for judges not required to serve on a full-time basis shall be made in accordance with article 49.

Article 36
Qualifications, nomination and election of judges

1. Subject to the provisions of paragraph 2, there shall be 18 judges of the Court.

2.

(a) The Presidency, acting on behalf of the Court, may propose an increase in the number of judges specified in paragraph 1, indicating the reasons why this is considered necessary and appropriate. The Registrar shall promptly circulate any such proposal to all States Parties.

(b) Any such proposal shall then be considered at a meeting of the Assembly of States Parties to be convened in accordance with article 112. The proposal shall be considered adopted if approved at the meeting by a vote of two thirds of the members of the Assembly of States Parties and shall enter into force at such time as decided by the Assembly of States Parties.

(c)

(i) Once a proposal for an increase in the number of judges has been adopted under subparagraph (b), the election of the additional judges shall take place at the next session of the Assembly of States Parties in accordance with paragraphs 3 to 8, and article 37, paragraph 2;

(ii) Once a proposal for an increase in the number of judges has been adopted and brought into effect under subparagraphs (b) and (c) (i), it shall be open to the Presidency at any time thereafter, if the workload of the Court justifies it, to propose a reduction in the number of judges, provided that the number of judges shall not be reduced below that specified in paragraph 1. The proposal shall be dealt with in accordance with the procedure laid down in subparagraphs (a) and (b). In the event that the proposal is adopted, the number of judges shall be progressively decreased as the terms of office of serving judges expire, until the necessary number has been reached.

3.

(a) The judges shall be chosen from among persons of high moral character, impartiality and integrity who possess the qualifications required in their respective States for appointment to the highest judicial offices.

(b) Every candidate for election to the Court shall:

(i) Have established competence in criminal law and procedure, and the necessary relevant experience, whether as judge, prosecutor, advocate or in other similar capacity, in criminal proceedings; or

(ii) Have established competence in relevant areas of international law such as international humanitarian law and the law of human rights, and extensive experience in a professional legal capacity which is of relevance to the judicial work of the Court;

(c) Every candidate for election to the Court shall have an excellent knowledge of and be fluent in at least one of the working languages of the Court.

4.
(a) Nominations of candidates for election to the Court may be made by any State Party to this Statute, and shall be made either:
   (i) By the procedure for the nomination of candidates for appointment to the highest judicial offices in the State in question; or
   (ii) By the procedure provided for the nomination of candidates for the International Court of Justice in the Statute of that Court.
Nominations shall be accompanied by a statement in the necessary detail specifying how the candidate fulfils the requirements of paragraph 3.
(b) Each State Party may put forward one candidate for any given election who need not necessarily be a national of that State Party but shall in any case be a national of a State Party.
(c) The Assembly of States Parties may decide to establish, if appropriate, an Advisory Committee on nominations. In that event, the Committee's composition and mandate shall be established by the Assembly of States Parties.
5. For the purposes of the election, there shall be two lists of candidates:
List A containing the names of candidates with the qualifications specified in paragraph 3 (b) (i); and
List B containing the names of candidates with the qualifications specified in paragraph 3 (b) (ii).
A candidate with sufficient qualifications for both lists may choose on which list to appear. At the first election to the Court, at least nine judges shall be elected from list A and at least five judges from list B. Subsequent elections shall be so organized as to maintain the equivalent proportion on the Court of judges qualified on the two lists.
6.
(a) The judges shall be elected by secret ballot at a meeting of the Assembly of States Parties convened for that purpose under article 112. Subject to paragraph 7, the persons elected to the Court shall be the 18 candidates who obtain the highest number of votes and a two-thirds majority of the States Parties present and voting.
(b) In the event that a sufficient number of judges is not elected on the first ballot, successive ballots shall be held in accordance with the procedures laid down in subparagraph (a) until the remaining places have been filled.
7. No two judges may be nationals of the same State. A person who, for the purposes of membership of the Court, could be regarded as a national of more than one State shall be deemed to be a national of the State in which that person ordinarily exercises civil and political rights.
8.
(a) The States Parties shall, in the selection of judges, take into account the need, within the membership of the Court, for:
   (i) The representation of the principal legal systems of the world;
   (ii) Equitable geographical representation; and
   (iii) A fair representation of female and male judges.
(b) States Parties shall also take into account the need to include judges with legal expertise on specific issues, including, but not limited to, violence against women or children.
9.
(a) Subject to subparagraph (b), judges shall hold office for a term of nine years and, subject to subparagraph (c) and to article 37, paragraph 2, shall not be eligible for re-election.
(b) At the first election, one third of the judges elected shall be selected by lot to serve for

a term of three years; one third of the judges elected shall be selected by lot to serve for a term of six years; and the remainder shall serve for a term of nine years.
(c) A judge who is selected to serve for a term of three years under subparagraph (b) shall be eligible for re-election for a full term.
10. Notwithstanding paragraph 9, a judge assigned to a Trial or Appeals Chamber in accordance with article 39 shall continue in office to complete any trial or appeal the hearing of which has already commenced before that Chamber.

Article 37
Judicial vacancies

1. In the event of a vacancy, an election shall be held in accordance with article 36 to fill the vacancy.
2. A judge elected to fill a vacancy shall serve for the remainder of the predecessor's term and, if that period is three years or less, shall be eligible for re-election for a full term under article 36.

Article 38
The Presidency

1. The President and the First and Second Vice-Presidents shall be elected by an absolute majority of the judges. They shall each serve for a term of three years or until the end of their respective terms of office as judges, whichever expires earlier. They shall be eligible for re-election once.
2. The First Vice-President shall act in place of the President in the event that the President is unavailable or disqualified. The Second Vice-President shall act in place of the President in the event that both the President and the First Vice-President are unavailable or disqualified.
3. The President, together with the First and Second Vice-Presidents, shall constitute the Presidency, which shall be responsible for:
(a) The proper administration of the Court, with the exception of the Office of the Prosecutor; and
(b) The other functions conferred upon it in accordance with this Statute.
4. In discharging its responsibility under paragraph 3 (a), the Presidency shall coordinate with and seek the concurrence of the Prosecutor on all matters of mutual concern.

Article 39
Chambers

1. As soon as possible after the election of the judges, the Court shall organize itself into the divisions specified in article 34, paragraph (b). The Appeals Division shall be composed of the President and four other judges, the Trial Division of not less than six judges and the Pre-Trial Division of not less than six judges. The assignment of judges to divisions shall be based on the nature of the functions to be performed by each division and the qualifications and experience of the judges elected to the Court, in such a way that each division shall contain an appropriate combination of expertise in criminal law and procedure and in international law. The Trial and Pre-Trial Divisions shall be composed predominantly of judges with criminal trial experience.
2.
(a) The judicial functions of the Court shall be carried out in each division by Chambers.
(b)
   (i) The Appeals Chamber shall be composed of all the judges of the Appeals Division;

(ii) The functions of the Trial Chamber shall be carried out by three judges of the Trial Division;
(iii) The functions of the Pre-Trial Chamber shall be carried out either by three judges of the Pre-Trial Division or by a single judge of that division in accordance with this Statute and the Rules of Procedure and Evidence;
(c) Nothing in this paragraph shall preclude the simultaneous constitution of more than one Trial Chamber or Pre-Trial Chamber when the efficient management of the Court's workload so requires.
3.
(a) Judges assigned to the Trial and Pre-Trial Divisions shall serve in those divisions for a period of three years, and thereafter until the completion of any case the hearing of which has already commenced in the division concerned.
(b) Judges assigned to the Appeals Division shall serve in that division for their entire term of office.
4. Judges assigned to the Appeals Division shall serve only in that division. Nothing in this article shall, however, preclude the temporary attachment of judges from the Trial Division to the Pre-Trial Division or vice versa, if the Presidency considers that the efficient management of the Court's workload so requires, provided that under no circumstances shall a judge who has participated in the pre-trial phase of a case be eligible to sit on the Trial Chamber hearing that case.

Article 40
Independence of the judges

1. The judges shall be independent in the performance of their functions.
2. Judges shall not engage in any activity which is likely to interfere with their judicial functions or to affect confidence in their independence.
3. Judges required to serve on a full-time basis at the seat of the Court shall not engage in any other occupation of a professional nature.
4. Any question regarding the application of paragraphs 2 and 3 shall be decided by an absolute majority of the judges. Where any such question concerns an individual judge, that judge shall not take part in the decision.

Article 41
Excusing and disqualification of judges

1. The Presidency may, at the request of a judge, excuse that judge from the exercise of a function under this Statute, in accordance with the Rules of Procedure and Evidence.
2.
(a) A judge shall not participate in any case in which his or her impartiality might reasonably be doubted on any ground. A judge shall be disqualified from a case in accordance with this paragraph if, *inter alia*, that judge has previously been involved in any capacity in that case before the Court or in a related criminal case at the national level involving the person being investigated or prosecuted. A judge shall also be disqualified on such other grounds as may be provided for in the Rules of Procedure and Evidence.
(b) The Prosecutor or the person being investigated or prosecuted may request the disqualification of a judge under this paragraph.
(c) Any question as to the disqualification of a judge shall be decided by an absolute majority of the judges. The challenged judge shall be entitled to present his or her comments on the matter, but shall not take part in the decision.

Article 42
The Office of the Prosecutor

1. The Office of the Prosecutor shall act independently as a separate organ of the Court. It shall be responsible for receiving referrals and any substantiated information on crimes within the jurisdiction of the Court, for examining them and for conducting investigations and prosecutions before the Court. A member of the Office shall not seek or act on instructions from any external source.

2. The Office shall be headed by the Prosecutor. The Prosecutor shall have full authority over the management and administration of the Office, including the staff, facilities and other resources thereof. The Prosecutor shall be assisted by one or more Deputy Prosecutors, who shall be entitled to carry out any of the acts required of the Prosecutor under this Statute. The Prosecutor and the Deputy Prosecutors shall be of different nationalities. They shall serve on a full-time basis.

3. The Prosecutor and the Deputy Prosecutors shall be persons of high moral character, be highly competent in and have extensive practical experience in the prosecution or trial of criminal cases. They shall have an excellent knowledge of and be fluent in at least one of the working languages of the Court.

4. The Prosecutor shall be elected by secret ballot by an absolute majority of the members of the Assembly of States Parties. The Deputy Prosecutors shall be elected in the same way from a list of candidates provided by the Prosecutor. The Prosecutor shall nominate three candidates for each position of Deputy Prosecutor to be filled. Unless a shorter term is decided upon at the time of their election, the Prosecutor and the Deputy Prosecutors shall hold office for a term of nine years and shall not be eligible for re-election.

5. Neither the Prosecutor nor a Deputy Prosecutor shall engage in any activity which is likely to interfere with his or her prosecutorial functions or to affect confidence in his or her independence. They shall not engage in any other occupation of a professional nature.

6. The Presidency may excuse the Prosecutor or a Deputy Prosecutor, at his or her request, from acting in a particular case.

7. Neither the Prosecutor nor a Deputy Prosecutor shall participate in any matter in which their impartiality might reasonably be doubted on any ground. They shall be disqualified from a case in accordance with this paragraph if, *inter alia*, they have previously been involved in any capacity in that case before the Court or in a related criminal case at the national level involving the person being investigated or prosecuted.

8. Any question as to the disqualification of the Prosecutor or a Deputy Prosecutor shall be decided by the Appeals Chamber.
(a) The person being investigated or prosecuted may at any time request the disqualification of the Prosecutor or a Deputy Prosecutor on the grounds set out in this article;
(b) The Prosecutor or the Deputy Prosecutor, as appropriate, shall be entitled to present his or her comments on the matter.

9. The Prosecutor shall appoint advisers with legal expertise on specific issues, including, but not limited to, sexual and gender violence and violence against children.

Article 43
The Registry

1. The Registry shall be responsible for the non-judicial aspects of the administration and servicing of the Court, without prejudice to the functions and powers of the Prosecutor in accordance with article 42.

2. The Registry shall be headed by the Registrar, who shall be the principal administrative

officer of the Court. The Registrar shall exercise his or her functions under the authority of the President of the Court.
3. The Registrar and the Deputy Registrar shall be persons of high moral character, be highly competent and have an excellent knowledge of and be fluent in at least one of the working languages of the Court.
4. The judges shall elect the Registrar by an absolute majority by secret ballot, taking into account any recommendation by the Assembly of States Parties. If the need arises and upon the recommendation of the Registrar, the judges shall elect, in the same manner, a Deputy Registrar.
5. The Registrar shall hold office for a term of five years, shall be eligible for re-election once and shall serve on a full-time basis. The Deputy Registrar shall hold office for a term of five years or such shorter term as may be decided upon by an absolute majority of the judges, and may be elected on the basis that the Deputy Registrar shall be called upon to serve as required.
6. The Registrar shall set up a Victims and Witnesses Unit within the Registry. This Unit shall provide, in consultation with the Office of the Prosecutor, protective measures and security arrangements, counselling and other appropriate assistance for witnesses, victims who appear before the Court, and others who are at risk on account of testimony given by such witnesses. The Unit shall include staff with expertise in trauma, including trauma related to crimes of sexual violence.

Article 44
Staff

1. The Prosecutor and the Registrar shall appoint such qualified staff as may be required to their respective offices. In the case of the Prosecutor, this shall include the appointment of investigators.
2. In the employment of staff, the Prosecutor and the Registrar shall ensure the highest standards of efficiency, competency and integrity, and shall have regard, *mutatis mutandis*, to the criteria set forth in article 36, paragraph 8.
3. The Registrar, with the agreement of the Presidency and the Prosecutor, shall propose Staff Regulations which include the terms and conditions upon which the staff of the Court shall be appointed, remunerated and dismissed. The Staff Regulations shall be approved by the Assembly of States Parties.
4. The Court may, in exceptional circumstances, employ the expertise of gratis personnel offered by States Parties, intergovernmental organizations or non-governmental organizations to assist with the work of any of the organs of the Court. The Prosecutor may accept any such offer on behalf of the Office of the Prosecutor. Such gratis personnel shall be employed in accordance with guidelines to be established by the Assembly of States Parties.

Article 45
Solemn undertaking

Before taking up their respective duties under this Statute, the judges, the Prosecutor, the Deputy Prosecutors, the Registrar and the Deputy Registrar shall each make a solemn undertaking in open court to exercise his or her respective functions impartially and conscientiously.

Article 46
Removal from office

1. A judge, the Prosecutor, a Deputy Prosecutor, the Registrar or the Deputy Registrar shall

be removed from office if a decision to this effect is made in accordance with paragraph 2, in cases where that person:
(a) Is found to have committed serious misconduct or a serious breach of his or her duties under this Statute, as provided for in the Rules of Procedure and Evidence; or
(b) Is unable to exercise the functions required by this Statute.
2. A decision as to the removal from office of a judge, the Prosecutor or a Deputy Prosecutor under paragraph 1 shall be made by the Assembly of States Parties, by secret ballot:
(a) In the case of a judge, by a two-thirds majority of the States Parties upon a recommendation adopted by a two-thirds majority of the other judges;
(b) In the case of the Prosecutor, by an absolute majority of the States Parties;
(c) In the case of a Deputy Prosecutor, by an absolute majority of the States Parties upon the recommendation of the Prosecutor.
3. A decision as to the removal from office of the Registrar or Deputy Registrar shall be made by an absolute majority of the judges.
4. A judge, Prosecutor, Deputy Prosecutor, Registrar or Deputy Registrar whose conduct or ability to exercise the functions of the office as required by this Statute is challenged under this article shall have full opportunity to present and receive evidence and to make submissions in accordance with the Rules of Procedure and Evidence. The person in question shall not otherwise participate in the consideration of the matter.

Article 47
Disciplinary measures

A judge, Prosecutor, Deputy Prosecutor, Registrar or Deputy Registrar who has committed misconduct of a less serious nature than that set out in article 46, paragraph 1, shall be subject to disciplinary measures, in accordance with the Rules of Procedure and Evidence.

Article 48
Privileges and immunities

1. The Court shall enjoy in the territory of each State Party such privileges and immunities as are necessary for the fulfilment of its purposes.
2. The judges, the Prosecutor, the Deputy Prosecutors and the Registrar shall, when engaged on or with respect to the business of the Court, enjoy the same privileges and immunities as are accorded to heads of diplomatic missions and shall, after the expiry of their terms of office, continue to be accorded immunity from legal process of every kind in respect of words spoken or written and acts performed by them in their official capacity.
3. The Deputy Registrar, the staff of the Office of the Prosecutor and the staff of the Registry shall enjoy the privileges and immunities and facilities necessary for the performance of their functions, in accordance with the agreement on the privileges and immunities of the Court.
4. Counsel, experts, witnesses or any other person required to be present at the seat of the Court shall be accorded such treatment as is necessary for the proper functioning of the Court, in accordance with the agreement on the privileges and immunities of the Court.
5. The privileges and immunities of:
(a) A judge or the Prosecutor may be waived by an absolute majority of the judges;
(b) The Registrar may be waived by the Presidency;
(c) The Deputy Prosecutors and staff of the Office of the Prosecutor may be waived by the Prosecutor;
(d) The Deputy Registrar and staff of the Registry may be waived by the Registrar.

Article 49
Salaries, allowances and expenses

The judges, the Prosecutor, the Deputy Prosecutors, the Registrar and the Deputy Registrar shall receive such salaries, allowances and expenses as may be decided upon by the Assembly of States Parties. These salaries and allowances shall not be reduced during their terms of office.

Article 50
Official and working languages

1. The official languages of the Court shall be Arabic, Chinese, English, French, Russian and Spanish. The judgements of the Court, as well as other decisions resolving fundamental issues before the Court, shall be published in the official languages. The Presidency shall, in accordance with the criteria established by the Rules of Procedure and Evidence, determine which decisions may be considered as resolving fundamental issues for the purposes of this paragraph.
2. The working languages of the Court shall be English and French. The Rules of Procedure and Evidence shall determine the cases in which other official languages may be used as working languages.
3. At the request of any party to a proceeding or a State allowed to intervene in a proceeding, the Court shall authorize a language other than English or French to be used by such a party or State, provided that the Court considers such authorization to be adequately justified.

Article 51
Rules of Procedure and Evidence

1. The Rules of Procedure and Evidence shall enter into force upon adoption by a two-thirds majority of the members of the Assembly of States Parties.
2. Amendments to the Rules of Procedure and Evidence may be proposed by:
(a) Any State Party;
(b) The judges acting by an absolute majority; or
(c) The Prosecutor.
Such amendments shall enter into force upon adoption by a two-thirds majority of the members of the Assembly of States Parties.
3. After the adoption of the Rules of Procedure and Evidence, in urgent cases where the Rules do not provide for a specific situation before the Court, the judges may, by a two-thirds majority, draw up provisional Rules to be applied until adopted, amended or rejected at the next ordinary or special session of the Assembly of States Parties.
4. The Rules of Procedure and Evidence, amendments thereto and any provisional Rule shall be consistent with this Statute. Amendments to the Rules of Procedure and Evidence as well as provisional Rules shall not be applied retroactively to the detriment of the person who is being investigated or prosecuted or who has been convicted.
5. In the event of conflict between the Statute and the Rules of Procedure and Evidence, the Statute shall prevail.

Article 52
Regulations of the Court

1. The judges shall, in accordance with this Statute and the Rules of Procedure and Evidence, adopt, by an absolute majority, the Regulations of the Court necessary for its routine functioning.

2. The Prosecutor and the Registrar shall be consulted in the elaboration of the Regulations and any amendments thereto.

3. The Regulations and any amendments thereto shall take effect upon adoption unless otherwise decided by the judges. Immediately upon adoption, they shall be circulated to States Parties for comments. If within six months there are no objections from a majority of States Parties, they shall remain in force.

PART 5. INVESTIGATION AND PROSECUTION

Article 53
Initiation of an investigation

1. The Prosecutor shall, having evaluated the information made available to him or her, initiate an investigation unless he or she determines that there is no reasonable basis to proceed under this Statute. In deciding whether to initiate an investigation, the Prosecutor shall consider whether:

(a) The information available to the Prosecutor provides a reasonable basis to believe that a crime within the jurisdiction of the Court has been or is being committed;

(b) The case is or would be admissible under article 17; and

(c) Taking into account the gravity of the crime and the interests of victims, there are nonetheless substantial reasons to believe that an investigation would not serve the interests of justice.

If the Prosecutor determines that there is no reasonable basis to proceed and his or her determination is based solely on subparagraph (c) above, he or she shall inform the Pre-Trial Chamber.

2. If, upon investigation, the Prosecutor concludes that there is not a sufficient basis for a prosecution because:

(a) There is not a sufficient legal or factual basis to seek a warrant or summons under article 58;

(b) The case is inadmissible under article 17; or

(c) A prosecution is not in the interests of justice, taking into account all the circumstances, including the gravity of the crime, the interests of victims and the age or infirmity of the alleged perpetrator, and his or her role in the alleged crime;

the Prosecutor shall inform the Pre-Trial Chamber and the State making a referral under article 14 or the Security Council in a case under article 13, paragraph (b), of his or her conclusion and the reasons for the conclusion.

3.

(a) At the request of the State making a referral under article 14 or the Security Council under article 13, paragraph (b), the Pre-Trial Chamber may review a decision of the Prosecutor under paragraph 1 or 2 not to proceed and may request the Prosecutor to reconsider that decision.

(b) In addition, the Pre-Trial Chamber may, on its own initiative, review a decision of the Prosecutor not to proceed if it is based solely on paragraph 1 (c) or 2 (c). In such a case, the decision of the Prosecutor shall be effective only if confirmed by the Pre-Trial Chamber.

4. The Prosecutor may, at any time, reconsider a decision whether to initiate an investigation or prosecution based on new facts or information.

Article 54
Duties and powers of the Prosecutor with respect to investigations

1. The Prosecutor shall:

(a) In order to establish the truth, extend the investigation to cover all facts and evidence relevant to an assessment of whether there is criminal responsibility under this Statute, and, in doing so, investigate incriminating and exonerating circumstances equally;

(b) Take appropriate measures to ensure the effective investigation and prosecution of crimes within the jurisdiction of the Court, and in doing so, respect the interests and personal circumstances of victims and witnesses, including age, gender as defined in article 7, paragraph 3, and health, and take into account the nature of the crime, in particular where it involves sexual violence, gender violence or violence against children; and

(c) Fully respect the rights of persons arising under this Statute.

2. The Prosecutor may conduct investigations on the territory of a State:

(a) In accordance with the provisions of Part 9; or

(b) As authorized by the Pre-Trial Chamber under article 57, paragraph 3 (d).

3. The Prosecutor may:

(a) Collect and examine evidence;

(b) Request the presence of and question persons being investigated, victims and witnesses;

(c) Seek the cooperation of any State or intergovernmental organization or arrangement in accordance with its respective competence and/or mandate;

(d) Enter into such arrangements or agreements, not inconsistent with this Statute, as may be necessary to facilitate the cooperation of a State, intergovernmental organization or person;

(e) Agree not to disclose, at any stage of the proceedings, documents or information that the Prosecutor obtains on the condition of confidentiality and solely for the purpose of generating new evidence, unless the provider of the information consents; and

(f) Take necessary measures, or request that necessary measures be taken, to ensure the confidentiality of information, the protection of any person or the preservation of evidence.

Article 55
Rights of persons during an investigation

1. In respect of an investigation under this Statute, a person:

(a) Shall not be compelled to incriminate himself or herself or to confess guilt;

(b) Shall not be subjected to any form of coercion, duress or threat, to torture or to any other form of cruel, inhuman or degrading treatment or punishment;

(c) Shall, if questioned in a language other than a language the person fully understands and speaks, have, free of any cost, the assistance of a competent interpreter and such translations as are necessary to meet the requirements of fairness; and

(d) Shall not be subjected to arbitrary arrest or detention, and shall not be deprived of his or her liberty except on such grounds and in accordance with such procedures as are established in this Statute.

2. Where there are grounds to believe that a person has committed a crime within the jurisdiction of the Court and that person is about to be questioned either by the Prosecutor, or by national authorities pursuant to a request made under Part 9, that person shall also have the following rights of which he or she shall be informed prior to being questioned:

(a) To be informed, prior to being questioned, that there are grounds to believe that he or she has committed a crime within the jurisdiction of the Court;

(b) To remain silent, without such silence being a consideration in the determination of guilt or innocence;
(c) To have legal assistance of the person's choosing, or, if the person does not have legal assistance, to have legal assistance assigned to him or her, in any case where the interests of justice so require, and without payment by the person in any such case if the person does not have sufficient means to pay for it; and
(d) To be questioned in the presence of counsel unless the person has voluntarily waived his or her right to counsel.

Article 56
Role of the Pre-Trial Chamber in relation to a unique investigative opportunity

1.
(a) Where the Prosecutor considers an investigation to present a unique opportunity to take testimony or a statement from a witness or to examine, collect or test evidence, which may not be available subsequently for the purposes of a trial, the Prosecutor shall so inform the Pre-Trial Chamber.
(b) In that case, the Pre-Trial Chamber may, upon request of the Prosecutor, take such measures as may be necessary to ensure the efficiency and integrity of the proceedings and, in particular, to protect the rights of the defence.
(c) Unless the Pre-Trial Chamber orders otherwise, the Prosecutor shall provide the relevant information to the person who has been arrested or appeared in response to a summons in connection with the investigation referred to in subparagraph (a), in order that he or she may be heard on the matter.
2. The measures referred to in paragraph 1 (b) may include:
(a) Making recommendations or orders regarding procedures to be followed;
(b) Directing that a record be made of the proceedings;
(c) Appointing an expert to assist;
(d) Authorizing counsel for a person who has been arrested, or appeared before the Court in response to a summons, to participate, or where there has not yet been such an arrest or appearance or counsel has not been designated, appointing another counsel to attend and represent the interests of the defence;
(e) Naming one of its members or, if necessary, another available judge of the Pre-Trial or Trial Division to observe and make recommendations or orders regarding the collection and preservation of evidence and the questioning of persons;
(f) Taking such other action as may be necessary to collect or preserve evidence.
3.
(a) Where the Prosecutor has not sought measures pursuant to this article but the Pre-Trial Chamber considers that such measures are required to preserve evidence that it deems would be essential for the defence at trial, it shall consult with the Prosecutor as to whether there is good reason for the Prosecutor's failure to request the measures. If upon consultation, the Pre-Trial Chamber concludes that the Prosecutor's failure to request such measures is unjustified, the Pre-Trial Chamber may take such measures on its own initiative.
(b) A decision of the Pre-Trial Chamber to act on its own initiative under this paragraph may be appealed by the Prosecutor. The appeal shall be heard on an expedited basis.
4. The admissibility of evidence preserved or collected for trial pursuant to this article, or the record thereof, shall be governed at trial by article 69, and given such weight as determined by the Trial Chamber.

Article 57
Functions and powers of the Pre-Trial Chamber

1. Unless otherwise provided in this Statute, the Pre-Trial Chamber shall exercise its functions in accordance with the provisions of this article.

2.

(a) Orders or rulings of the Pre-Trial Chamber issued under articles 15, 18, 19, 54, paragraph 2, 61, paragraph 7, and 72 must be concurred in by a majority of its judges.

(b) In all other cases, a single judge of the Pre-Trial Chamber may exercise the functions provided for in this Statute, unless otherwise provided for in the Rules of Procedure and Evidence or by a majority of the Pre-Trial Chamber.

3. In addition to its other functions under this Statute, the Pre-Trial Chamber may:

(a) At the request of the Prosecutor, issue such orders and warrants as may be required for the purposes of an investigation;

(b) Upon the request of a person who has been arrested or has appeared pursuant to a summons under article 58, issue such orders, including measures such as those described in article 56, or seek such cooperation pursuant to Part 9 as may be necessary to assist the person in the preparation of his or her defence;

(c) Where necessary, provide for the protection and privacy of victims and witnesses, the preservation of evidence, the protection of persons who have been arrested or appeared in response to a summons, and the protection of national security information;

(d) Authorize the Prosecutor to take specific investigative steps within the territory of a State Party without having secured the cooperation of that State under Part 9 if, whenever possible having regard to the views of the State concerned, the Pre-Trial Chamber has determined in that case that the State is clearly unable to execute a request for cooperation due to the unavailability of any authority or any component of its judicial system competent to execute the request for cooperation under Part 9.

(e) Where a warrant of arrest or a summons has been issued under article 58, and having due regard to the strength of the evidence and the rights of the parties concerned, as provided for in this Statute and the Rules of Procedure and Evidence, seek the cooperation of States pursuant to article 93, paragraph 1 (k), to take protective measures for the purpose of forfeiture, in particular for the ultimate benefit of victims.

Article 58
Issuance by the Pre-Trial Chamber of a warrant of arrest or a summons to appear

1. At any time after the initiation of an investigation, the Pre-Trial Chamber shall, on the application of the Prosecutor, issue a warrant of arrest of a person if, having examined the application and the evidence or other information submitted by the Prosecutor, it is satisfied that:

(a) There are reasonable grounds to believe that the person has committed a crime within the jurisdiction of the Court; and

(b) The arrest of the person appears necessary:

(i) To ensure the person's appearance at trial,

(ii) To ensure that the person does not obstruct or endanger the investigation or the court proceedings, or

(iii) Where applicable, to prevent the person from continuing with the commission of that crime or a related crime which is within the jurisdiction of the Court and which arises out of the same circumstances.

2. The application of the Prosecutor shall contain:

(a) The name of the person and any other relevant identifying information;
(b) A specific reference to the crimes within the jurisdiction of the Court which the person is alleged to have committed;
(c) A concise statement of the facts which are alleged to constitute those crimes;
(d) A summary of the evidence and any other information which establish reasonable grounds to believe that the person committed those crimes; and
(e) The reason why the Prosecutor believes that the arrest of the person is necessary.
3. The warrant of arrest shall contain:
(a) The name of the person and any other relevant identifying information;
(b) A specific reference to the crimes within the jurisdiction of the Court for which the person's arrest is sought; and
(c) A concise statement of the facts which are alleged to constitute those crimes.
4. The warrant of arrest shall remain in effect until otherwise ordered by the Court.
5. On the basis of the warrant of arrest, the Court may request the provisional arrest or the arrest and surrender of the person under Part 9.
6. The Prosecutor may request the Pre-Trial Chamber to amend the warrant of arrest by modifying or adding to the crimes specified therein. The Pre-Trial Chamber shall so amend the warrant if it is satisfied that there are reasonable grounds to believe that the person committed the modified or additional crimes.
7. As an alternative to seeking a warrant of arrest, the Prosecutor may submit an application requesting that the Pre-Trial Chamber issue a summons for the person to appear. If the Pre-Trial Chamber is satisfied that there are reasonable grounds to believe that the person committed the crime alleged and that a summons is sufficient to ensure the person's appearance, it shall issue the summons, with or without conditions restricting liberty (other than detention) if provided for by national law, for the person to appear. The summons shall contain:
(a) The name of the person and any other relevant identifying information;
(b) The specified date on which the person is to appear;
(c) A specific reference to the crimes within the jurisdiction of the Court which the person is alleged to have committed; and
(d) A concise statement of the facts which are alleged to constitute the crime.
The summons shall be served on the person.

Article 59
Arrest proceedings in the custodial State

1. A State Party which has received a request for provisional arrest or for arrest and surrender shall immediately take steps to arrest the person in question in accordance with its laws and the provisions of Part 9.
2. A person arrested shall be brought promptly before the competent judicial authority in the custodial State which shall determine, in accordance with the law of that State, that:
(a) The warrant applies to that person;
(b) The person has been arrested in accordance with the proper process; and
(c) The person's rights have been respected.
3. The person arrested shall have the right to apply to the competent authority in the custodial State for interim release pending surrender.
4. In reaching a decision on any such application, the competent authority in the custodial State shall consider whether, given the gravity of the alleged crimes, there are urgent and exceptional circumstances to justify interim release and whether necessary safeguards exist

to ensure that the custodial State can fulfil its duty to surrender the person to the Court. It shall not be open to the competent authority of the custodial State to consider whether the warrant of arrest was properly issued in accordance with article 58, paragraph 1 (a) and (b).

5. The Pre-Trial Chamber shall be notified of any request for interim release and shall make recommendations to the competent authority in the custodial State. The competent authority in the custodial State shall give full consideration to such recommendations, including any recommendations on measures to prevent the escape of the person, before rendering its decision.

6. If the person is granted interim release, the Pre-Trial Chamber may request periodic reports on the status of the interim release.

7. Once ordered to be surrendered by the custodial State, the person shall be delivered to the Court as soon as possible.

Article 60
Initial proceedings before the Court

1. Upon the surrender of the person to the Court, or the person's appearance before the Court voluntarily or pursuant to a summons, the Pre-Trial Chamber shall satisfy itself that the person has been informed of the crimes which he or she is alleged to have committed, and of his or her rights under this Statute, including the right to apply for interim release pending trial.

2. A person subject to a warrant of arrest may apply for interim release pending trial. If the Pre-Trial Chamber is satisfied that the conditions set forth in article 58, paragraph 1, are met, the person shall continue to be detained. If it is not so satisfied, the Pre-Trial Chamber shall release the person, with or without conditions.

3. The Pre-Trial Chamber shall periodically review its ruling on the release or detention of the person, and may do so at any time on the request of the Prosecutor or the person. Upon such review, it may modify its ruling as to detention, release or conditions of release, if it is satisfied that changed circumstances so require.

4. The Pre-Trial Chamber shall ensure that a person is not detained for an unreasonable period prior to trial due to inexcusable delay by the Prosecutor. If such delay occurs, the Court shall consider releasing the person, with or without conditions.

5. If necessary, the Pre-Trial Chamber may issue a warrant of arrest to secure the presence of a person who has been released.

Article 61
Confirmation of the charges before trial

1. Subject to the provisions of paragraph 2, within a reasonable time after the person's surrender or voluntary appearance before the Court, the Pre-Trial Chamber shall hold a hearing to confirm the charges on which the Prosecutor intends to seek trial. The hearing shall be held in the presence of the Prosecutor and the person charged, as well as his or her counsel.

2. The Pre-Trial Chamber may, upon request of the Prosecutor or on its own motion, hold a hearing in the absence of the person charged to confirm the charges on which the Prosecutor intends to seek trial when the person has:
(a) Waived his or her right to be present; or
(b) Fled or cannot be found and all reasonable steps have been taken to secure his or her appearance before the Court and to inform the person of the charges and that a hearing to confirm those charges will be held.

In that case, the person shall be represented by counsel where the Pre-Trial Chamber determines that it is in the interests of justice.

3. Within a reasonable time before the hearing, the person shall:

(a) Be provided with a copy of the document containing the charges on which the Prosecutor intends to bring the person to trial; and

(b) Be informed of the evidence on which the Prosecutor intends to rely at the hearing.

The Pre-Trial Chamber may issue orders regarding the disclosure of information for the purposes of the hearing.

4. Before the hearing, the Prosecutor may continue the investigation and may amend or withdraw any charges. The person shall be given reasonable notice before the hearing of any amendment to or withdrawal of charges. In case of a withdrawal of charges, the Prosecutor shall notify the Pre-Trial Chamber of the reasons for the withdrawal.

5. At the hearing, the Prosecutor shall support each charge with sufficient evidence to establish substantial grounds to believe that the person committed the crime charged. The Prosecutor may rely on documentary or summary evidence and need not call the witnesses expected to testify at the trial.

6. At the hearing, the person may:

(a) Object to the charges;

(b) Challenge the evidence presented by the Prosecutor; and

(c) Present evidence.

7. The Pre-Trial Chamber shall, on the basis of the hearing, determine whether there is sufficient evidence to establish substantial grounds to believe that the person committed each of the crimes charged. Based on its determination, the Pre-Trial Chamber shall:

(a) Confirm those charges in relation to which it has determined that there is sufficient evidence, and commit the person to a Trial Chamber for trial on the charges as confirmed;

(b) Decline to confirm those charges in relation to which it has determined that there is insufficient evidence;

(c) Adjourn the hearing and request the Prosecutor to consider:

(i) Providing further evidence or conducting further investigation with respect to a particular charge; or

(ii) Amending a charge because the evidence submitted appears to establish a different crime within the jurisdiction of the Court.

8. Where the Pre-Trial Chamber declines to confirm a charge, the Prosecutor shall not be precluded from subsequently requesting its confirmation if the request is supported by additional evidence.

9. After the charges are confirmed and before the trial has begun, the Prosecutor may, with the permission of the Pre-Trial Chamber and after notice to the accused, amend the charges. If the Prosecutor seeks to add additional charges or to substitute more serious charges, a hearing under this article to confirm those charges must be held. After commencement of the trial, the Prosecutor may, with the permission of the Trial Chamber, withdraw the charges.

10. Any warrant previously issued shall cease to have effect with respect to any charges which have not been confirmed by the Pre-Trial Chamber or which have been withdrawn by the Prosecutor.

11. Once the charges have been confirmed in accordance with this article, the Presidency shall constitute a Trial Chamber which, subject to paragraph 9 and to article 64, paragraph 4, shall be responsible for the conduct of subsequent proceedings and may exercise any function of the Pre-Trial Chamber that is relevant and capable of application in those proceedings.

PART 6. THE TRIAL

Article 62
Place of trial

Unless otherwise decided, the place of the trial shall be the seat of the Court.

Article 63
Trial in the presence of the accused

1. The accused shall be present during the trial.
2. If the accused, being present before the Court, continues to disrupt the trial, the Trial Chamber may remove the accused and shall make provision for him or her to observe the trial and instruct counsel from outside the courtroom, through the use of communications technology, if required. Such measures shall be taken only in exceptional circumstances after other reasonable alternatives have proved inadequate, and only for such duration as is strictly required.

Article 64
Functions and powers of the Trial Chamber

1. The functions and powers of the Trial Chamber set out in this article shall be exercised in accordance with this Statute and the Rules of Procedure and Evidence.
2. The Trial Chamber shall ensure that a trial is fair and expeditious and is conducted with full respect for the rights of the accused and due regard for the protection of victims and witnesses.
3. Upon assignment of a case for trial in accordance with this Statute, the Trial Chamber assigned to deal with the case shall:
(a) Confer with the parties and adopt such procedures as are necessary to facilitate the fair and expeditious conduct of the proceedings;
(b) Determine the language or languages to be used at trial; and
(c) Subject to any other relevant provisions of this Statute, provide for disclosure of documents or information not previously disclosed, sufficiently in advance of the commencement of the trial to enable adequate preparation for trial.
4. The Trial Chamber may, if necessary for its effective and fair functioning, refer preliminary issues to the Pre-Trial Chamber or, if necessary, to another available judge of the Pre-Trial Division.
5. Upon notice to the parties, the Trial Chamber may, as appropriate, direct that there be joinder or severance in respect of charges against more than one accused.
6. In performing its functions prior to trial or during the course of a trial, the Trial Chamber may, as necessary:
(a) Exercise any functions of the Pre-Trial Chamber referred to in article 61, paragraph 11;
(b) Require the attendance and testimony of witnesses and production of documents and other evidence by obtaining, if necessary, the assistance of States as provided in this Statute;
(c) Provide for the protection of confidential information;
(d) Order the production of evidence in addition to that already collected prior to the trial or presented during the trial by the parties;
(e) Provide for the protection of the accused, witnesses and victims; and
(f) Rule on any other relevant matters.

7. The trial shall be held in public. The Trial Chamber may, however, determine that special circumstances require that certain proceedings be in closed session for the purposes set forth in article 68, or to protect confidential or sensitive information to be given in evidence.

8.

(a) At the commencement of the trial, the Trial Chamber shall have read to the accused the charges previously confirmed by the Pre-Trial Chamber. The Trial Chamber shall satisfy itself that the accused understands the nature of the charges. It shall afford him or her the opportunity to make an admission of guilt in accordance with article 65 or to plead not guilty.

(b) At the trial, the presiding judge may give directions for the conduct of proceedings, including to ensure that they are conducted in a fair and impartial manner. Subject to any directions of the presiding judge, the parties may submit evidence in accordance with the provisions of this Statute.

9. The Trial Chamber shall have, *inter alia*, the power on application of a party or on its own motion to:

(a) Rule on the admissibility or relevance of evidence; and

(b) Take all necessary steps to maintain order in the course of a hearing.

10. The Trial Chamber shall ensure that a complete record of the trial, which accurately reflects the proceedings, is made and that it is maintained and preserved by the Registrar.

Article 65
Proceedings on an admission of guilt

1. Where the accused makes an admission of guilt pursuant to article 64, paragraph 8 (a), the Trial Chamber shall determine whether:

(a) The accused understands the nature and consequences of the admission of guilt;

(b) The admission is voluntarily made by the accused after sufficient consultation with defence counsel; and

(c) The admission of guilt is supported by the facts of the case that are contained in:

   (i) The charges brought by the Prosecutor and admitted by the accused;

   (ii) Any materials presented by the Prosecutor which supplement the charges and which the accused accepts; and

   (iii) Any other evidence, such as the testimony of witnesses, presented by the Prosecutor or the accused.

2. Where the Trial Chamber is satisfied that the matters referred to in paragraph 1 are established, it shall consider the admission of guilt, together with any additional evidence presented, as establishing all the essential facts that are required to prove the crime to which the admission of guilt relates, and may convict the accused of that crime.

3. Where the Trial Chamber is not satisfied that the matters referred to in paragraph 1 are established, it shall consider the admission of guilt as not having been made, in which case it shall order that the trial be continued under the ordinary trial procedures provided by this Statute and may remit the case to another Trial Chamber.

4. Where the Trial Chamber is of the opinion that a more complete presentation of the facts of the case is required in the interests of justice, in particular the interests of the victims, the Trial Chamber may:

(a) Request the Prosecutor to present additional evidence, including the testimony of witnesses; or

(b) Order that the trial be continued under the ordinary trial procedures provided by this

Statute, in which case it shall consider the admission of guilt as not having been made and may remit the case to another Trial Chamber.
5. Any discussions between the Prosecutor and the defence regarding modification of the charges, the admission of guilt or the penalty to be imposed shall not be binding on the Court.

Article 66
Presumption of innocence

1. Everyone shall be presumed innocent until proved guilty before the Court in accordance with the applicable law.
2. The onus is on the Prosecutor to prove the guilt of the accused.
3. In order to convict the accused, the Court must be convinced of the guilt of the accused beyond reasonable doubt.

Article 67
Rights of the accused

1. In the determination of any charge, the accused shall be entitled to a public hearing, having regard to the provisions of this Statute, to a fair hearing conducted impartially, and to the following minimum guarantees, in full equality:
(a) To be informed promptly and in detail of the nature, cause and content of the charge, in a language which the accused fully understands and speaks;
(b) To have adequate time and facilities for the preparation of the defence and to communicate freely with counsel of the accused's choosing in confidence;
(c) To be tried without undue delay;
(d) Subject to article 63, paragraph 2, to be present at the trial, to conduct the defence in person or through legal assistance of the accused's choosing, to be informed, if the accused does not have legal assistance, of this right and to have legal assistance assigned by the Court in any case where the interests of justice so require, and without payment if the accused lacks sufficient means to pay for it;
(e) To examine, or have examined, the witnesses against him or her and to obtain the attendance and examination of witnesses on his or her behalf under the same conditions as witnesses against him or her. The accused shall also be entitled to raise defences and to present other evidence admissible under this Statute;
(f) To have, free of any cost, the assistance of a competent interpreter and such translations as are necessary to meet the requirements of fairness, if any of the proceedings of or documents presented to the Court are not in a language which the accused fully understands and speaks;
(g) Not to be compelled to testify or to confess guilt and to remain silent, without such silence being a consideration in the determination of guilt or innocence;
(h) To make an unsworn oral or written statement in his or her defence; and
(i) Not to have imposed on him or her any reversal of the burden of proof or any onus of rebuttal.
2. In addition to any other disclosure provided for in this Statute, the Prosecutor shall, as soon as practicable, disclose to the defence evidence in the Prosecutor's possession or control which he or she believes shows or tends to show the innocence of the accused, or to mitigate the guilt of the accused, or which may affect the credibility of prosecution evidence. In case of doubt as to the application of this paragraph, the Court shall decide.

Article 68
Protection of the victims and witnesses and their participation in the proceedings

1. The Court shall take appropriate measures to protect the safety, physical and psychological well-being, dignity and privacy of victims and witnesses. In so doing, the Court shall have regard to all relevant factors, including age, gender as defined in article 7, paragraph 3, and health, and the nature of the crime, in particular, but not limited to, where the crime involves sexual or gender violence or violence against children. The Prosecutor shall take such measures particularly during the investigation and prosecution of such crimes. These measures shall not be prejudicial to or inconsistent with the rights of the accused and a fair and impartial trial.
2. As an exception to the principle of public hearings provided for in article 67, the Chambers of the Court may, to protect victims and witnesses or an accused, conduct any part of the proceedings *in camera* or allow the presentation of evidence by electronic or other special means. In particular, such measures shall be implemented in the case of a victim of sexual violence or a child who is a victim or a witness, unless otherwise ordered by the Court, having regard to all the circumstances, particularly the views of the victim or witness.
3. Where the personal interests of the victims are affected, the Court shall permit their views and concerns to be presented and considered at stages of the proceedings determined to be appropriate by the Court and in a manner which is not prejudicial to or inconsistent with the rights of the accused and a fair and impartial trial. Such views and concerns may be presented by the legal representatives of the victims where the Court considers it appropriate, in accordance with the Rules of Procedure and Evidence.
4. The Victims and Witnesses Unit may advise the Prosecutor and the Court on appropriate protective measures, security arrangements, counselling and assistance as referred to in article 43, paragraph 6.
5. Where the disclosure of evidence or information pursuant to this Statute may lead to the grave endangerment of the security of a witness or his or her family, the Prosecutor may, for the purposes of any proceedings conducted prior to the commencement of the trial, withhold such evidence or information and instead submit a summary thereof. Such measures shall be exercised in a manner which is not prejudicial to or inconsistent with the rights of the accused and a fair and impartial trial.
6. A State may make an application for necessary measures to be taken in respect of the protection of its servants or agents and the protection of confidential or sensitive information.

Article 69
Evidence

1. Before testifying, each witness shall, in accordance with the Rules of Procedure and Evidence, give an undertaking as to the truthfulness of the evidence to be given by that witness.
2. The testimony of a witness at trial shall be given in person, except to the extent provided by the measures set forth in article 68 or in the Rules of Procedure and Evidence. The Court may also permit the giving of *viva voce* (oral) or recorded testimony of a witness by means of video or audio technology, as well as the introduction of documents or written transcripts, subject to this Statute and in accordance with the Rules of Procedure and Evidence. These measures shall not be prejudicial to or inconsistent with the rights of the accused.

3. The parties may submit evidence relevant to the case, in accordance with article 64. The Court shall have the authority to request the submission of all evidence that it considers necessary for the determination of the truth.
4. The Court may rule on the relevance or admissibility of any evidence, taking into account, *inter alia*, the probative value of the evidence and any prejudice that such evidence may cause to a fair trial or to a fair evaluation of the testimony of a witness, in accordance with the Rules of Procedure and Evidence.
5. The Court shall respect and observe privileges on confidentiality as provided for in the Rules of Procedure and Evidence.
6. The Court shall not require proof of facts of common knowledge but may take judicial notice of them.
7. Evidence obtained by means of a violation of this Statute or internationally recognized human rights shall not be admissible if:
(a) The violation casts substantial doubt on the reliability of the evidence; or
(b) The admission of the evidence would be antithetical to and would seriously damage the integrity of the proceedings.
8. When deciding on the relevance or admissibility of evidence collected by a State, the Court shall not rule on the application of the State's national law.

Article 70
Offences against the administration of justice

1. The Court shall have jurisdiction over the following offences against its administration of justice when committed intentionally:
(a) Giving false testimony when under an obligation pursuant to article 69, paragraph 1, to tell the truth;
(b) Presenting evidence that the party knows is false or forged;
(c) Corruptly influencing a witness, obstructing or interfering with the attendance or testimony of a witness, retaliating against a witness for giving testimony or destroying, tampering with or interfering with the collection of evidence;
(d) Impeding, intimidating or corruptly influencing an official of the Court for the purpose of forcing or persuading the official not to perform, or to perform improperly, his or her duties;
(e) Retaliating against an official of the Court on account of duties performed by that or another official;
(f) Soliciting or accepting a bribe as an official of the Court in connection with his or her official duties.
2. The principles and procedures governing the Court's exercise of jurisdiction over offences under this article shall be those provided for in the Rules of Procedure and Evidence. The conditions for providing international cooperation to the Court with respect to its proceedings under this article shall be governed by the domestic laws of the requested State.
3. In the event of conviction, the Court may impose a term of imprisonment not exceeding five years, or a fine in accordance with the Rules of Procedure and Evidence, or both.
4.
(a) Each State Party shall extend its criminal laws penalizing offences against the integrity of its own investigative or judicial process to offences against the administration of justice referred to in this article, committed on its territory, or by one of its nationals;
(b) Upon request by the Court, whenever it deems it proper, the State Party shall submit the case to its competent authorities for the purpose of prosecution. Those authorities shall

treat such cases with diligence and devote sufficient resources to enable them to be conducted effectively.

Article 71
Sanctions for misconduct before the Court

1. The Court may sanction persons present before it who commit misconduct, including disruption of its proceedings or deliberate refusal to comply with its directions, by administrative measures other than imprisonment, such as temporary or permanent removal from the courtroom, a fine or other similar measures provided for in the Rules of Procedure and Evidence.
2. The procedures governing the imposition of the measures set forth in paragraph 1 shall be those provided for in the Rules of Procedure and Evidence.

Article 72
Protection of national security information

1. This article applies in any case where the disclosure of the information or documents of a State would, in the opinion of that State, prejudice its national security interests. Such cases include those falling within the scope of article 56, paragraphs 2 and 3, article 61, paragraph 3, article 64, paragraph 3, article 67, paragraph 2, article 68, paragraph 6, article 87, paragraph 6 and article 93, as well as cases arising at any other stage of the proceedings where such disclosure may be at issue.
2. This article shall also apply when a person who has been requested to give information or evidence has refused to do so or has referred the matter to the State on the ground that disclosure would prejudice the national security interests of a State and the State concerned confirms that it is of the opinion that disclosure would prejudice its national security interests.
3. Nothing in this article shall prejudice the requirements of confidentiality applicable under article 54, paragraph 3 (e) and (f), or the application of article 73.
4. If a State learns that information or documents of the State are being, or are likely to be, disclosed at any stage of the proceedings, and it is of the opinion that disclosure would prejudice its national security interests, that State shall have the right to intervene in order to obtain resolution of the issue in accordance with this article.
5. If, in the opinion of a State, disclosure of information would prejudice its national security interests, all reasonable steps will be taken by the State, acting in conjunction with the Prosecutor, the defence or the Pre-Trial Chamber or Trial Chamber, as the case may be, to seek to resolve the matter by cooperative means. Such steps may include:
(a) Modification or clarification of the request;
(b) A determination by the Court regarding the relevance of the information or evidence sought, or a determination as to whether the evidence, though relevant, could be or has been obtained from a source other than the requested State;
(c) Obtaining the information or evidence from a different source or in a different form; or
(d) Agreement on conditions under which the assistance could be provided including, among other things, providing summaries or redactions, limitations on disclosure, use of *in camera* or *ex parte* proceedings, or other protective measures permissible under the Statute and the Rules of Procedure and Evidence.
6. Once all reasonable steps have been taken to resolve the matter through cooperative means, and if the State considers that there are no means or conditions under which the information or documents could be provided or disclosed without prejudice to its national security interests, it shall so notify the Prosecutor or the Court of the specific reasons for its

decision, unless a specific description of the reasons would itself necessarily result in such prejudice to the State's national security interests.

7. Thereafter, if the Court determines that the evidence is relevant and necessary for the establishment of the guilt or innocence of the accused, the Court may undertake the following actions:

(a) Where disclosure of the information or document is sought pursuant to a request for cooperation under Part 9 or the circumstances described in paragraph 2, and the State has invoked the ground for refusal referred to in article 93, paragraph 4:

   (i) The Court may, before making any conclusion referred to in subparagraph 7 (a) (ii), request further consultations for the purpose of considering the State's representations, which may include, as appropriate, hearings *in camera* and *ex parte*;

   (ii) If the Court concludes that, by invoking the ground for refusal under article 93, paragraph 4, in the circumstances of the case, the requested State is not acting in accordance with its obligations under this Statute, the Court may refer the matter in accordance with article 87, paragraph 7, specifying the reasons for its conclusion; and

   (iii) The Court may make such inference in the trial of the accused as to the existence or non-existence of a fact, as may be appropriate in the circumstances; or

(b) In all other circumstances:

   (i) Order disclosure; or

   (ii) To the extent it does not order disclosure, make such inference in the trial of the accused as to the existence or non-existence of a fact, as may be appropriate in the circumstances.

Article 73
Third-party information or documents

If a State Party is requested by the Court to provide a document or information in its custody, possession or control, which was disclosed to it in confidence by a State, intergovernmental organization or international organization, it shall seek the consent of the originator to disclose that document or information. If the originator is a State Party, it shall either consent to disclosure of the information or document or undertake to resolve the issue of disclosure with the Court, subject to the provisions of article 72. If the originator is not a State Party and refuses to consent to disclosure, the requested State shall inform the Court that it is unable to provide the document or information because of a pre-existing obligation of confidentiality to the originator.

Article 74
Requirements for the decision

1. All the judges of the Trial Chamber shall be present at each stage of the trial and throughout their deliberations. The Presidency may, on a case-by-case basis, designate, as available, one or more alternate judges to be present at each stage of the trial and to replace a member of the Trial Chamber if that member is unable to continue attending.

2. The Trial Chamber's decision shall be based on its evaluation of the evidence and the entire proceedings. The decision shall not exceed the facts and circumstances described in the charges and any amendments to the charges. The Court may base its decision only on evidence submitted and discussed before it at the trial.

3. The judges shall attempt to achieve unanimity in their decision, failing which the decision shall be taken by a majority of the judges.

4. The deliberations of the Trial Chamber shall remain secret.

5. The decision shall be in writing and shall contain a full and reasoned statement of the Trial Chamber's findings on the evidence and conclusions. The Trial Chamber shall issue one decision. When there is no unanimity, the Trial Chamber's decision shall contain the views of the majority and the minority. The decision or a summary thereof shall be delivered in open court.

Article 75
Reparations to victims

1. The Court shall establish principles relating to reparations to, or in respect of, victims, including restitution, compensation and rehabilitation. On this basis, in its decision the Court may, either upon request or on its own motion in exceptional circumstances, determine the scope and extent of any damage, loss and injury to, or in respect of, victims and will state the principles on which it is acting.
2. The Court may make an order directly against a convicted person specifying appropriate reparations to, or in respect of, victims, including restitution, compensation and rehabilitation.
Where appropriate, the Court may order that the award for reparations be made through the Trust Fund provided for in article 79.
3. Before making an order under this article, the Court may invite and shall take account of representations from or on behalf of the convicted person, victims, other interested persons or interested States.
4. In exercising its power under this article, the Court may, after a person is convicted of a crime within the jurisdiction of the Court, determine whether, in order to give effect to an order which it may make under this article, it is necessary to seek measures under article 93, paragraph 1.
5. A State Party shall give effect to a decision under this article as if the provisions of article 109 were applicable to this article.
6. Nothing in this article shall be interpreted as prejudicing the rights of victims under national or international law.

Article 76
Sentencing

1. In the event of a conviction, the Trial Chamber shall consider the appropriate sentence to be imposed and shall take into account the evidence presented and submissions made during the trial that are relevant to the sentence.
2. Except where article 65 applies and before the completion of the trial, the Trial Chamber may on its own motion and shall, at the request of the Prosecutor or the accused, hold a further hearing to hear any additional evidence or submissions relevant to the sentence, in accordance with the Rules of Procedure and Evidence.
3. Where paragraph 2 applies, any representations under article 75 shall be heard during the further hearing referred to in paragraph 2 and, if necessary, during any additional hearing.
4. The sentence shall be pronounced in public and, wherever possible, in the presence of the accused.

PART 7. PENALTIES

Article 77
Applicable penalties

1. Subject to article 110, the Court may impose one of the following penalties on a person convicted of a crime referred to in article 5 of this Statute:
(a) Imprisonment for a specified number of years, which may not exceed a maximum of 30 years; or
(b) A term of life imprisonment when justified by the extreme gravity of the crime and the individual circumstances of the convicted person.
2. In addition to imprisonment, the Court may order:
(a) A fine under the criteria provided for in the Rules of Procedure and Evidence;
(b) A forfeiture of proceeds, property and assets derived directly or indirectly from that crime, without prejudice to the rights of bona fide third parties.

Article 78
Determination of the sentence

1. In determining the sentence, the Court shall, in accordance with the Rules of Procedure and Evidence, take into account such factors as the gravity of the crime and the individual circumstances of the convicted person.
2. In imposing a sentence of imprisonment, the Court shall deduct the time, if any, previously spent in detention in accordance with an order of the Court. The Court may deduct any time otherwise spent in detention in connection with conduct underlying the crime.
3. When a person has been convicted of more than one crime, the Court shall pronounce a sentence for each crime and a joint sentence specifying the total period of imprisonment. This period shall be no less than the highest individual sentence pronounced and shall not exceed 30 years imprisonment or a sentence of life imprisonment in conformity with article 77, paragraph 1 (b).

Article 79
Trust Fund

1. A Trust Fund shall be established by decision of the Assembly of States Parties for the benefit of victims of crimes within the jurisdiction of the Court, and of the families of such victims.
2. The Court may order money and other property collected through fines or forfeiture to be transferred, by order of the Court, to the Trust Fund.
3. The Trust Fund shall be managed according to criteria to be determined by the Assembly of States Parties.

Article 80
Non-prejudice to national application of penalties and national laws

Nothing in this Part affects the application by States of penalties prescribed by their national law, nor the law of States which do not provide for penalties prescribed in this Part.

PART 8. APPEAL AND REVISION
Article 81
Appeal against decision of acquittal or conviction or against sentence

1. A decision under article 74 may be appealed in accordance with the Rules of Procedure

and Evidence as follows:
(a) The Prosecutor may make an appeal on any of the following grounds:
(i) Procedural error,
(ii) Error of fact, or
(iii) Error of law;
(b) The convicted person, or the Prosecutor on that person's behalf, may make an appeal on any of the following grounds:
(i) Procedural error,
(ii) Error of fact,
(iii) Error of law, or
(iv) Any other ground that affects the fairness or reliability of the proceedings or decision.

2.
(a) A sentence may be appealed, in accordance with the Rules of Procedure and Evidence, by the Prosecutor or the convicted person on the ground of disproportion between the crime and the sentence;
(b) If on an appeal against sentence the Court considers that there are grounds on which the conviction might be set aside, wholly or in part, it may invite the Prosecutor and the convicted person to submit grounds under article 81, paragraph 1 (a) or (b), and may render a decision on conviction in accordance with article 83;
(c) The same procedure applies when the Court, on an appeal against conviction only, considers that there are grounds to reduce the sentence under paragraph 2 (a).

3.
(a) Unless the Trial Chamber orders otherwise, a convicted person shall remain in custody pending an appeal;
(b) When a convicted person's time in custody exceeds the sentence of imprisonment imposed, that person shall be released, except that if the Prosecutor is also appealing, the release may be subject to the conditions under subparagraph (c) below;
(c) In case of an acquittal, the accused shall be released immediately, subject to the following:
(i) Under exceptional circumstances, and having regard, *inter alia*, to the concrete risk of flight, the seriousness of the offence charged and the probability of success on appeal, the Trial Chamber, at the request of the Prosecutor, may maintain the detention of the person pending appeal;
(ii) A decision by the Trial Chamber under subparagraph (c) (i) may be appealed in accordance with the Rules of Procedure and Evidence.

4. Subject to the provisions of paragraph 3 (a) and (b), execution of the decision or sentence shall be suspended during the period allowed for appeal and for the duration of the appeal proceedings.

Article 82
Appeal against other decisions

1. Either party may appeal any of the following decisions in accordance with the Rules of Procedure and Evidence:
(a) A decision with respect to jurisdiction or admissibility;
(b) A decision granting or denying release of the person being investigated or prosecuted;
(c) A decision of the Pre-Trial Chamber to act on its own initiative under article 56, paragraph 3;

(d) A decision that involves an issue that would significantly affect the fair and expeditious conduct of the proceedings or the outcome of the trial, and for which, in the opinion of the Pre-Trial or Trial Chamber, an immediate resolution by the Appeals Chamber may materially advance the proceedings.
2. A decision of the Pre-Trial Chamber under article 57, paragraph 3 (d), may be appealed against by the State concerned or by the Prosecutor, with the leave of the Pre-Trial Chamber. The appeal shall be heard on an expedited basis.
3. An appeal shall not of itself have suspensive effect unless the Appeals Chamber so orders, upon request, in accordance with the Rules of Procedure and Evidence.
4. A legal representative of the victims, the convicted person or a bona fide owner of property adversely affected by an order under article 75 may appeal against the order for reparations, as provided in the Rules of Procedure and Evidence.

Article 83
Proceedings on appeal

1. For the purposes of proceedings under article 81 and this article, the Appeals Chamber shall have all the powers of the Trial Chamber.
2. If the Appeals Chamber finds that the proceedings appealed from were unfair in a way that affected the reliability of the decision or sentence, or that the decision or sentence appealed from was materially affected by error of fact or law or procedural error, it may:
(a) Reverse or amend the decision or sentence; or
(b) Order a new trial before a different Trial Chamber.
For these purposes, the Appeals Chamber may remand a factual issue to the original Trial Chamber for it to determine the issue and to report back accordingly, or may itself call evidence to determine the issue. When the decision or sentence has been appealed only by the person convicted, or the Prosecutor on that person's behalf, it cannot be amended to his or her detriment.
3. If in an appeal against sentence the Appeals Chamber finds that the sentence is disproportionate to the crime, it may vary the sentence in accordance with Part 7.
4. The judgement of the Appeals Chamber shall be taken by a majority of the judges and shall be delivered in open court. The judgement shall state the reasons on which it is based. When there is no unanimity, the judgement of the Appeals Chamber shall contain the views of the majority and the minority, but a judge may deliver a separate or dissenting opinion on a question of law.
5. The Appeals Chamber may deliver its judgement in the absence of the person acquitted or convicted.

Article 84
Revision of conviction or sentence

1. The convicted person or, after death, spouses, children, parents or one person alive at the time of the accused's death who has been given express written instructions from the accused to bring such a claim, or the Prosecutor on the person's behalf, may apply to the Appeals Chamber to revise the final judgement of conviction or sentence on the grounds that:
(a) New evidence has been discovered that:
(i) Was not available at the time of trial, and such unavailability was not wholly or partially attributable to the party making application; and
(ii) Is sufficiently important that had it been proved at trial it would have been likely to have resulted in a different verdict;

(b) It has been newly discovered that decisive evidence, taken into account at trial and upon which the conviction depends, was false, forged or falsified;
(c) One or more of the judges who participated in conviction or confirmation of the charges has committed, in that case, an act of serious misconduct or serious breach of duty of sufficient gravity to justify the removal of that judge or those judges from office under article 46.
2. The Appeals Chamber shall reject the application if it considers it to be unfounded. If it determines that the application is meritorious, it may, as appropriate:
(a) Reconvene the original Trial Chamber;
(b) Constitute a new Trial Chamber; or
(c) Retain jurisdiction over the matter,
with a view to, after hearing the parties in the manner set forth in the Rules of Procedure and Evidence, arriving at a determination on whether the judgement should be revised.

Article 85
Compensation to an arrested or convicted person

1. Anyone who has been the victim of unlawful arrest or detention shall have an enforceable right to compensation.
2. When a person has by a final decision been convicted of a criminal offence, and when subsequently his or her conviction has been reversed on the ground that a new or newly discovered fact shows conclusively that there has been a miscarriage of justice, the person who has suffered punishment as a result of such conviction shall be compensated according to law, unless it is proved that the non-disclosure of the unknown fact in time is wholly or partly attributable to him or her.
3. In exceptional circumstances, where the Court finds conclusive facts showing that there has been a grave and manifest miscarriage of justice, it may in its discretion award compensation, according to the criteria provided in the Rules of Procedure and Evidence, to a person who has been released from detention following a final decision of acquittal or a termination of the proceedings for that reason.

PART 9. INTERNATIONAL COOPERATION AND JUDICIAL ASSISTANCE

Article 86
General obligation to cooperate

States Parties shall, in accordance with the provisions of this Statute, cooperate fully with the Court in its investigation and prosecution of crimes within the jurisdiction of the Court.

Article 87
Requests for cooperation: general provisions

1.
(a) The Court shall have the authority to make requests to States Parties for cooperation. The requests shall be transmitted through the diplomatic channel or any other appropriate channel as may be designated by each State Party upon ratification, acceptance, approval or accession.
Subsequent changes to the designation shall be made by each State Party in accordance with the Rules of Procedure and Evidence.

(b) When appropriate, without prejudice to the provisions of subparagraph (a), requests may also be transmitted through the International Criminal Police Organization or any appropriate regional organization.

2. Requests for cooperation and any documents supporting the request shall either be in or be accompanied by a translation into an official language of the requested State or one of the working languages of the Court, in accordance with the choice made by that State upon ratification, acceptance, approval or accession.

Subsequent changes to this choice shall be made in accordance with the Rules of Procedure and Evidence.

3. The requested State shall keep confidential a request for cooperation and any documents supporting the request, except to the extent that the disclosure is necessary for execution of the request.

4. In relation to any request for assistance presented under this Part, the Court may take such measures, including measures related to the protection of information, as may be necessary to ensure the safety or physical or psychological well-being of any victims, potential witnesses and their families. The Court may request that any information that is made available under this Part shall be provided and handled in a manner that protects the safety and physical or psychological well-being of any victims, potential witnesses and their families.

5.

(a) The Court may invite any State not party to this Statute to provide assistance under this Part on the basis of an ad hoc arrangement, an agreement with such State or any other appropriate basis.

(b) Where a State not party to this Statute, which has entered into an ad hoc arrangement or an agreement with the Court, fails to cooperate with requests pursuant to any such arrangement or agreement, the Court may so inform the Assembly of States Parties or, where the Security Council referred the matter to the Court, the Security Council.

6. The Court may ask any intergovernmental organization to provide information or documents. The Court may also ask for other forms of cooperation and assistance which may be agreed upon with such an organization and which are in accordance with its competence or mandate.

7. Where a State Party fails to comply with a request to cooperate by the Court contrary to the provisions of this Statute, thereby preventing the Court from exercising its functions and powers under this Statute, the Court may make a finding to that effect and refer the matter to the Assembly of States Parties or, where the Security Council referred the matter to the Court, to the Security Council.

Article 88
Availability of procedures under national law

States Parties shall ensure that there are procedures available under their national law for all of the forms of cooperation which are specified under this Part.

Article 89
Surrender of persons to the Court

1. The Court may transmit a request for the arrest and surrender of a person, together with the material supporting the request outlined in article 91, to any State on the territory of which that person may be found and shall request the cooperation of that State in the arrest and surrender of such a person. States Parties shall, in accordance with the provisions of this Part and the procedure under their national law, comply with requests for arrest and surrender.

2. Where the person sought for surrender brings a challenge before a national court on the basis of the principle of *ne bis in idem* as provided in article 20, the requested State shall immediately consult with the Court to determine if there has been a relevant ruling on admissibility. If the case is admissible, the requested State shall proceed with the execution of the request. If an admissibility ruling is pending, the requested State may postpone the execution of the request for surrender of the person until the Court makes a determination on admissibility.

3.

(a) A State Party shall authorize, in accordance with its national procedural law, transportation through its territory of a person being surrendered to the Court by another State, except where transit through that State would impede or delay the surrender.

(b) A request by the Court for transit shall be transmitted in accordance with article 87. The request for transit shall contain:

   (i) A description of the person being transported;

   (ii) A brief statement of the facts of the case and their legal characterization; and

   (iii) The warrant for arrest and surrender;

(c) A person being transported shall be detained in custody during the period of transit;

(d) No authorization is required if the person is transported by air and no landing is scheduled on the territory of the transit State;

(e) If an unscheduled landing occurs on the territory of the transit State, that State may require a request for transit from the Court as provided for in subparagraph (b). The transit State shall detain the person being transported until the request for transit is received and the transit is effected, provided that detention for purposes of this subparagraph may not be extended beyond 96 hours from the unscheduled landing unless the request is received within that time.

4. If the person sought is being proceeded against or is serving a sentence in the requested State for a crime different from that for which surrender to the Court is sought, the requested State, after making its decision to grant the request, shall consult with the Court.

Article 90
Competing requests

1. A State Party which receives a request from the Court for the surrender of a person under article 89 shall, if it also receives a request from any other State for the extradition of the same person for the same conduct which forms the basis of the crime for which the Court seeks the person's surrender, notify the Court and the requesting State of that fact.

2. Where the requesting State is a State Party, the requested State shall give priority to the request from the Court if:

(a) The Court has, pursuant to article 18 or 19, made a determination that the case in respect of which surrender is sought is admissible and that determination takes into account the investigation or prosecution conducted by the requesting State in respect of its request for extradition; or

(b) The Court makes the determination described in subparagraph (a) pursuant to the requested State's notification under paragraph 1.

3. Where a determination under paragraph 2 (a) has not been made, the requested State may, at its discretion, pending the determination of the Court under paragraph 2 (b), pro-

ceed to deal with the request for extradition from the requesting State but shall not extradite the person until the Court has determined that the case is inadmissible. The Court's determination shall be made on an expedited basis.

4. If the requesting State is a State not Party to this Statute the requested State, if it is not under an international obligation to extradite the person to the requesting State, shall give priority to the request for surrender from the Court, if the Court has determined that the case is admissible.

5. Where a case under paragraph 4 has not been determined to be admissible by the Court, the requested State may, at its discretion, proceed to deal with the request for extradition from the requesting State.

6. In cases where paragraph 4 applies except that the requested State is under an existing international obligation to extradite the person to the requesting State not Party to this Statute, the requested State shall determine whether to surrender the person to the Court or extradite the person to the requesting State. In making its decision, the requested State shall consider all the relevant factors, including but not limited to:

(a) The respective dates of the requests;

(b) The interests of the requesting State including, where relevant, whether the crime was committed in its territory and the nationality of the victims and of the person sought; and

(c) The possibility of subsequent surrender between the Court and the requesting State.

7. Where a State Party which receives a request from the Court for the surrender of a person also receives a request from any State for the extradition of the same person for conduct other than that which constitutes the crime for which the Court seeks the person's surrender:

(a) The requested State shall, if it is not under an existing international obligation to extradite the person to the requesting State, give priority to the request from the Court;

(b) The requested State shall, if it is under an existing international obligation to extradite the person to the requesting State, determine whether to surrender the person to the Court or to extradite the person to the requesting State. In making its decision, the requested State shall consider all the relevant factors, including but not limited to those set out in paragraph 6, but shall give special consideration to the relative nature and gravity of the conduct in question.

8. Where pursuant to a notification under this article, the Court has determined a case to be inadmissible, and subsequently extradition to the requesting State is refused, the requested State shall notify the Court of this decision.

Article 91
Contents of request for arrest and surrender

1. A request for arrest and surrender shall be made in writing. In urgent cases, a request may be made by any medium capable of delivering a written record, provided that the request shall be confirmed through the channel provided for in article 87, paragraph 1 (a).

2. In the case of a request for the arrest and surrender of a person for whom a warrant of arrest has been issued by the Pre-Trial Chamber under article 58, the request shall contain or be supported by:

(a) Information describing the person sought, sufficient to identify the person, and information as to that person's probable location;

(b) A copy of the warrant of arrest; and

(c) Such documents, statements or information as may be necessary to meet the require-

ments for the surrender process in the requested State, except that those requirements should not be more burdensome than those applicable to requests for extradition pursuant to treaties or arrangements between the requested State and other States and should, if possible, be less burdensome, taking into account the distinct nature of the Court.
3. In the case of a request for the arrest and surrender of a person already convicted, the request shall contain or be supported by:
(a) A copy of any warrant of arrest for that person;
(b) A copy of the judgement of conviction;
(c) Information to demonstrate that the person sought is the one referred to in the judgement of conviction; and
(d) If the person sought has been sentenced, a copy of the sentence imposed and, in the case of a sentence for imprisonment, a statement of any time already served and the time remaining to be served.
4. Upon the request of the Court, a State Party shall consult with the Court, either generally or with respect to a specific matter, regarding any requirements under its national law that may apply under paragraph 2 (c). During the consultations, the State Party shall advise the Court of the specific requirements of its national law.

Article 92
Provisional arrest

1. In urgent cases, the Court may request the provisional arrest of the person sought, pending presentation of the request for surrender and the documents supporting the request as specified in article 91.
2. The request for provisional arrest shall be made by any medium capable of delivering a written record and shall contain:
(a) Information describing the person sought, sufficient to identify the person, and information as to that person's probable location
(b) A concise statement of the crimes for which the person's arrest is sought and of the facts which are alleged to constitute those crimes, including, where possible, the date and location of the crime;
(c) A statement of the existence of a warrant of arrest or a judgement of conviction against the person sought; and
(d) A statement that a request for surrender of the person sought will follow.
3. A person who is provisionally arrested may be released from custody if the requested State has not received the request for surrender and the documents supporting the request as specified in article 91 within the time limits specified in the Rules of Procedure and Evidence. However, the person may consent to surrender before the expiration of this period if permitted by the law of the requested State. In such a case, the requested State shall proceed to surrender the person to the Court as soon as possible.
4. The fact that the person sought has been released from custody pursuant to paragraph 3 shall not prejudice the subsequent arrest and surrender of that person if the request for surrender and the documents supporting the request are delivered at a later date.

Article 93
Other forms of cooperation

1. States Parties shall, in accordance with the provisions of this Part and under procedures of national law, comply with requests by the Court to provide the following assistance in relation to investigations or prosecutions:

(a) The identification and whereabouts of persons or the location of items;
(b) The taking of evidence, including testimony under oath, and the production of evidence, including expert opinions and reports necessary to the Court;
(c) The questioning of any person being investigated or prosecuted;
(d) The service of documents, including judicial documents;
(e) Facilitating the voluntary appearance of persons as witnesses or experts before the Court;
(f) The temporary transfer of persons as provided in paragraph 7;
(g) The examination of places or sites, including the exhumation and examination of grave sites;
(h) The execution of searches and seizures;
(i) The provision of records and documents, including official records and documents;
(j) The protection of victims and witnesses and the preservation of evidence;
(k) The identification, tracing and freezing or seizure of proceeds, property and assets and instrumentalities of crimes for the purpose of eventual forfeiture, without prejudice to the rights of bona fide third parties; and
(l) Any other type of assistance which is not prohibited by the law of the requested State, with a view to facilitating the investigation and prosecution of crimes within the jurisdiction of the Court.

2. The Court shall have the authority to provide an assurance to a witness or an expert appearing before the Court that he or she will not be prosecuted, detained or subjected to any restriction of personal freedom by the Court in respect of any act or omission that preceded the departure of that person from the requested State.

3. Where execution of a particular measure of assistance detailed in a request presented under paragraph 1, is prohibited in the requested State on the basis of an existing fundamental legal principle of general application, the requested State shall promptly consult with the Court to try to resolve the matter. In the consultations, consideration should be given to whether the assistance can be rendered in another manner or subject to conditions. If after consultations the matter cannot be resolved, the Court shall modify the request as necessary.

4. In accordance with article 72, a State Party may deny a request for assistance, in whole or in part, only if the request concerns the production of any documents or disclosure of evidence which relates to its national security.

5. Before denying a request for assistance under paragraph 1 (l), the requested State shall consider whether the assistance can be provided subject to specified conditions, or whether the assistance can be provided at a later date or in an alternative manner, provided that if the Court or the Prosecutor accepts the assistance subject to conditions, the Court or the Prosecutor shall abide by them.

6. If a request for assistance is denied, the requested State Party shall promptly inform the Court or the Prosecutor of the reasons for such denial.

7.
(a) The Court may request the temporary transfer of a person in custody for purposes of identification or for obtaining testimony or other assistance. The person may be transferred if the following conditions are fulfilled:
   (i) The person freely gives his or her informed consent to the transfer; and
   (ii) The requested State agrees to the transfer, subject to such conditions as that State and the Court may agree.
(b) The person being transferred shall remain in custody. When the purposes of the transfer

have been fulfilled, the Court shall return the person without delay to the requested State.

8.
(a) The Court shall ensure the confidentiality of documents and information, except as required for the investigation and proceedings described in the request.
(b) The requested State may, when necessary, transmit documents or information to the Prosecutor on a confidential basis. The Prosecutor may then use them solely for the purpose of generating new evidence.
(c) The requested State may, on its own motion or at the request of the Prosecutor, subsequently consent to the disclosure of such documents or information. They may then be used as evidence pursuant to the provisions of Parts 5 and 6 and in accordance with the Rules of Procedure and Evidence.

9.
(a)
  (i) In the event that a State Party receives competing requests, other than for surrender or extradition, from the Court and from another State pursuant to an international obligation, the State Party shall endeavour, in consultation with the Court and the other State, to meet both requests, if necessary by postponing or attaching conditions to one or the other request.
  (ii) Failing that, competing requests shall be resolved in accordance with the principles established in article 90.
(b) Where, however, the request from the Court concerns information, property or persons which are subject to the control of a third State or an international organization by virtue of an international agreement, the requested States shall so inform the Court and the Court shall direct its request to the third State or international organization.

10.
(a) The Court may, upon request, cooperate with and provide assistance to a State Party conducting an investigation into or trial in respect of conduct which constitutes a crime within the jurisdiction of the Court or which constitutes a serious crime under the national law of the requesting State.
(b)
  (i) The assistance provided under subparagraph (a) shall include, *inter alia*:
    a. The transmission of statements, documents or other types of evidence obtained in the course of an investigation or a trial conducted by the Court; and
    b. The questioning of any person detained by order of the Court;
  (ii) In the case of assistance under subparagraph (b) (i) a:
    a. If the documents or other types of evidence have been obtained with the assistance of a State, such transmission shall require the consent of that State;
    b. If the statements, documents or other types of evidence have been provided by a witness or expert, such transmission shall be subject to the provisions of article 68.
(c) The Court may, under the conditions set out in this paragraph, grant a request for assistance under this paragraph from a State which is not a Party to this Statute.

Article 94
Postponement of execution of a request in respect of ongoing investigation or prosecution

1. If the immediate execution of a request would interfere with an ongoing investigation or prosecution of a case different from that to which the request relates, the requested

State may postpone the execution of the request for a period of time agreed upon with the Court. However, the postponement shall be no longer than is necessary to complete the relevant investigation or prosecution in the requested State. Before making a decision to postpone, the requested State should consider whether the assistance may be immediately provided subject to certain conditions.
2. If a decision to postpone is taken pursuant to paragraph 1, the Prosecutor may, however, seek measures to preserve evidence, pursuant to article 93, paragraph 1 (j).

Article 95
Postponement of execution of a request in respect of an admissibility challenge
Where there is an admissibility challenge under consideration by the Court pursuant to article 18 or 19, the requested State may postpone the execution of a request under this Part pending a determination by the Court, unless the Court has specifically ordered that the Prosecutor may pursue the collection of such evidence pursuant to article 18 or 19.

Article 96
Contents of request for other forms of assistance under article 93
1. A request for other forms of assistance referred to in article 93 shall be made in writing. In urgent cases, a request may be made by any medium capable of delivering a written record, provided that the request shall be confirmed through the channel provided for in article 87, paragraph 1 (a).
2. The request shall, as applicable, contain or be supported by the following:
(a) A concise statement of the purpose of the request and the assistance sought, including the legal basis and the grounds for the request;
(b) As much detailed information as possible about the location or identification of any person or place that must be found or identified in order for the assistance sought to be provided;
(c) A concise statement of the essential facts underlying the request;
(d) The reasons for and details of any procedure or requirement to be followed;
(e) Such information as may be required under the law of the requested State in order to execute the request; and
(f) Any other information relevant in order for the assistance sought to be provided.
3. Upon the request of the Court, a State Party shall consult with the Court, either generally or with respect to a specific matter, regarding any requirements under its national law that may apply under paragraph 2 (e). During the consultations, the State Party shall advise the Court of the specific requirements of its national law.
4. The provisions of this article shall, where applicable, also apply in respect of a request for assistance made to the Court.

Article 97
Consultations
Where a State Party receives a request under this Part in relation to which it identifies problems which may impede or prevent the execution of the request, that State shall consult with the Court without delay in order to resolve the matter. Such problems may include, *inter alia*:
(a) Insufficient information to execute the request;
(b) In the case of a request for surrender, the fact that despite best efforts, the person sought cannot be located or that the investigation conducted has determined that the person in

the requested State is clearly not the person named in the warrant; or
(c) The fact that execution of the request in its current form would require the requested State to breach a pre-existing treaty obligation undertaken with respect to another State.

Article 98
Cooperation with respect to waiver of immunity and consent to surrender

1. The Court may not proceed with a request for surrender or assistance which would require the requested State to act inconsistently with its obligations under international law with respect to the State or diplomatic immunity of a person or property of a third State, unless the Court can first obtain the cooperation of that third State for the waiver of the immunity.
2. The Court may not proceed with a request for surrender which would require the requested State to act inconsistently with its obligations under international agreements pursuant to which the consent of a sending State is required to surrender a person of that State to the Court, unless the Court can first obtain the cooperation of the sending State for the giving of consent for the surrender.

Article 99
Execution of requests under articles 93 and 96

1. Requests for assistance shall be executed in accordance with the relevant procedure under the law of the requested State and, unless prohibited by such law, in the manner specified in the request, including following any procedure outlined therein or permitting persons specified in the request to be present at and assist in the execution process.
2. In the case of an urgent request, the documents or evidence produced in response shall, at the request of the Court, be sent urgently.
3. Replies from the requested State shall be transmitted in their original language and form.
4. Without prejudice to other articles in this Part, where it is necessary for the successful execution of a request which can be executed without any compulsory measures, including specifically the interview of or taking evidence from a person on a voluntary basis, including doing so without the presence of the authorities of the requested State Party if it is essential for the request to be executed, and the examination without modification of a public site or other public place, the Prosecutor may execute such request directly on the territory of a State as follows:
(a) When the State Party requested is a State on the territory of which the crime is alleged to have been committed, and there has been a determination of admissibility pursuant to article 18 or 19, the Prosecutor may directly execute such request following all possible consultations with the requested State Party;
(b) In other cases, the Prosecutor may execute such request following consultations with the requested State Party and subject to any reasonable conditions or concerns raised by that State Party. Where the requested State Party identifies problems with the execution of a request pursuant to this subparagraph it shall, without delay, consult with the Court to resolve the matter.
5. Provisions allowing a person heard or examined by the Court under article 72 to invoke restrictions designed to prevent disclosure of confidential information connected with national security shall also apply to the execution of requests for assistance under this article.

Article 100
Costs

1. The ordinary costs for execution of requests in the territory of the requested State shall be borne by that State, except for the following, which shall be borne by the Court:
(a) Costs associated with the travel and security of witnesses and experts or the transfer under article 93 of persons in custody;
(b) Costs of translation, interpretation and transcription;
(c) Travel and subsistence costs of the judges, the Prosecutor, the Deputy Prosecutors, the Registrar, the Deputy Registrar and staff of any organ of the Court;
(d) Costs of any expert opinion or report requested by the Court;
(e) Costs associated with the transport of a person being surrendered to the Court by a custodial State; and
(f) Following consultations, any extraordinary costs that may result from the execution of a request.
2. The provisions of paragraph 1 shall, as appropriate, apply to requests from States Parties to the Court. In that case, the Court shall bear the ordinary costs of execution.

Article 101
Rule of speciality

1. A person surrendered to the Court under this Statute shall not be proceeded against, punished or detained for any conduct committed prior to surrender, other than the conduct or course of conduct which forms the basis of the crimes for which that person has been surrendered.
2. The Court may request a waiver of the requirements of paragraph 1 from the State which surrendered the person to the Court and, if necessary, the Court shall provide additional information in accordance with article 91. States Parties shall have the authority to provide a waiver to the Court and should endeavour to do so.

Article 102
Use of terms

For the purposes of this Statute:
(a) "surrender" means the delivering up of a person by a State to the Court, pursuant to this Statute.
(b) "extradition" means the delivering up of a person by one State to another as provided by treaty, convention or national legislation.

PART 10. ENFORCEMENT

Article 103
Role of States in enforcement of sentences of imprisonment

1.
(a) A sentence of imprisonment shall be served in a State designated by the Court from a list of States which have indicated to the Court their willingness to accept sentenced persons.
(b) At the time of declaring its willingness to accept sentenced persons, a State may attach conditions to its acceptance as agreed by the Court and in accordance with this Part.
(c) A State designated in a particular case shall promptly inform the Court whether it accepts the Court's designation.

2.
(a) The State of enforcement shall notify the Court of any circumstances, including the exercise of any conditions agreed under paragraph 1, which could materially affect the terms or extent of the imprisonment. The Court shall be given at least 45 days' notice of any such known or foreseeable circumstances. During this period, the State of enforcement shall take no action that might prejudice its obligations under article 110.
(b) Where the Court cannot agree to the circumstances referred to in subparagraph (a), it shall notify the State of enforcement and proceed in accordance with article 104, paragraph 1.
3. In exercising its discretion to make a designation under paragraph 1, the Court shall take into account the following:
(a) The principle that States Parties should share the responsibility for enforcing sentences of imprisonment, in accordance with principles of equitable distribution, as provided in the Rules of Procedure and Evidence;
(b) The application of widely accepted international treaty standards governing the treatment of prisoners;
(c) The views of the sentenced person;
(d) The nationality of the sentenced person;
(e) Such other factors regarding the circumstances of the crime or the person sentenced, or the effective enforcement of the sentence, as may be appropriate in designating the State of enforcement.
4. If no State is designated under paragraph 1, the sentence of imprisonment shall be served in a prison facility made available by the host State, in accordance with the conditions set out in the headquarters agreement referred to in article 3, paragraph 2. In such a case, the costs arising out of the enforcement of a sentence of imprisonment shall be borne by the Court.

Article 104
Change in designation of State of enforcement

1. The Court may, at any time, decide to transfer a sentenced person to a prison of another State.
2. A sentenced person may, at any time, apply to the Court to be transferred from the State of enforcement.

Article 105
Enforcement of the sentence

1. Subject to conditions which a State may have specified in accordance with article 103, paragraph 1 (b), the sentence of imprisonment shall be binding on the States Parties, which shall in no case modify it.
2. The Court alone shall have the right to decide any application for appeal and revision. The State of enforcement shall not impede the making of any such application by a sentenced person.

Article 106
Supervision of enforcement of sentences and conditions of imprisonment

1. The enforcement of a sentence of imprisonment shall be subject to the supervision of the Court and shall be consistent with widely accepted international treaty standards governing treatment of prisoners.

2. The conditions of imprisonment shall be governed by the law of the State of enforcement and shall be consistent with widely accepted international treaty standards governing treatment of prisoners; in no case shall such conditions be more or less favourable than those available to prisoners convicted of similar offences in the State of enforcement.
3. Communications between a sentenced person and the Court shall be unimpeded and confidential.

Article 107
Transfer of the person upon completion of sentence

1. Following completion of the sentence, a person who is not a national of the State of enforcement may, in accordance with the law of the State of enforcement, be transferred to a State which is obliged to receive him or her, or to another State which agrees to receive him or her, taking into account any wishes of the person to be transferred to that State, unless the State of enforcement authorizes the person to remain in its territory.
2. If no State bears the costs arising out of transferring the person to another State pursuant to paragraph 1, such costs shall be borne by the Court.
3. Subject to the provisions of article 108, the State of enforcement may also, in accordance with its national law, extradite or otherwise surrender the person to a State which has requested the extradition or surrender of the person for purposes of trial or enforcement of a sentence.

Article 108
Limitation on the prosecution or punishment of other offences

1. A sentenced person in the custody of the State of enforcement shall not be subject to prosecution or punishment or to extradition to a third State for any conduct engaged in prior to that person's delivery to the State of enforcement, unless such prosecution, punishment or extradition has been approved by the Court at the request of the State of enforcement.
2. The Court shall decide the matter after having heard the views of the sentenced person.
3. Paragraph 1 shall cease to apply if the sentenced person remains voluntarily for more than 30 days in the territory of the State of enforcement after having served the full sentence imposed by the Court, or returns to the territory of that State after having left it.

Article 109
Enforcement of fines and forfeiture measures

1. States Parties shall give effect to fines or forfeitures ordered by the Court under Part 7, without prejudice to the rights of bona fide third parties, and in accordance with the procedure of their national law.
2. If a State Party is unable to give effect to an order for forfeiture, it shall take measures to recover the value of the proceeds, property or assets ordered by the Court to be forfeited, without prejudice to the rights of bona fide third parties.
3. Property, or the proceeds of the sale of real property or, where appropriate, the sale of other property, which is obtained by a State Party as a result of its enforcement of a judgement of the Court shall be transferred to the Court.

Article 110
Review by the Court concerning reduction of sentence

1. The State of enforcement shall not release the person before expiry of the sentence pronounced by the Court.
2. The Court alone shall have the right to decide any reduction of sentence, and shall rule on the matter after having heard the person.
3. When the person has served two thirds of the sentence, or 25 years in the case of life imprisonment, the Court shall review the sentence to determine whether it should be reduced. Such a review shall not be conducted before that time.
4. In its review under paragraph 3, the Court may reduce the sentence if it finds that one or more of the following factors are present:
(a) The early and continuing willingness of the person to cooperate with the Court in its investigations and prosecutions;
(b) The voluntary assistance of the person in enabling the enforcement of the judgements and orders of the Court in other cases, and in particular providing assistance in locating assets subject to orders of fine, forfeiture or reparation which may be used for the benefit of victims; or
(c) Other factors establishing a clear and significant change of circumstances sufficient to justify the reduction of sentence, as provided in the Rules of Procedure and Evidence.
5. If the Court determines in its initial review under paragraph 3 that it is not appropriate to reduce the sentence, it shall thereafter review the question of reduction of sentence at such intervals and applying such criteria as provided for in the Rules of Procedure and Evidence.

Article 111
Escape

If a convicted person escapes from custody and flees the State of enforcement, that State may, after consultation with the Court, request the person's surrender from the State in which the person is located pursuant to existing bilateral or multilateral arrangements, or may request that the Court seek the person's surrender, in accordance with Part 9. It may direct that the person be delivered to the State in which he or she was serving the sentence or to another State designated by the Court.

PART 11. ASSEMBLY OF STATES PARTIES

Article 112
Assembly of States Parties

1. An Assembly of States Parties to this Statute is hereby established. Each State Party shall have one representative in the Assembly who may be accompanied by alternates and advisers. Other States which have signed this Statute or the Final Act may be observers in the Assembly.
2. The Assembly shall:
(a) Consider and adopt, as appropriate, recommendations of the Preparatory Commission;
(b) Provide management oversight to the Presidency, the Prosecutor and the Registrar regarding the administration of the Court;
(c) Consider the reports and activities of the Bureau established under paragraph 3 and take appropriate action in regard thereto;

(d) Consider and decide the budget for the Court;
(e) Decide whether to alter, in accordance with article 36, the number of judges;
(f) Consider pursuant to article 87, paragraphs 5 and 7, any question relating to non-cooperation;
(g) Perform any other function consistent with this Statute or the Rules of Procedure and Evidence.

3.
(a) The Assembly shall have a Bureau consisting of a President, two Vice-Presidents and 18 members elected by the Assembly for three-year terms.
(b) The Bureau shall have a representative character, taking into account, in particular, equitable geographical distribution and the adequate representation of the principal legal systems of the world.
(c) The Bureau shall meet as often as necessary, but at least once a year. It shall assist the Assembly in the discharge of its responsibilities.

4. The Assembly may establish such subsidiary bodies as may be necessary, including an independent oversight mechanism for inspection, evaluation and investigation of the Court, in order to enhance its efficiency and economy.

5. The President of the Court, the Prosecutor and the Registrar or their representatives may participate, as appropriate, in meetings of the Assembly and of the Bureau.

6. The Assembly shall meet at the seat of the Court or at the Headquarters of the United Nations once a year and, when circumstances so require, hold special sessions. Except as otherwise specified in this Statute, special sessions shall be convened by the Bureau on its own initiative or at the request of one third of the States Parties.

7. Each State Party shall have one vote. Every effort shall be made to reach decisions by consensus in the Assembly and in the Bureau. If consensus cannot be reached, except as otherwise provided in the Statute:
(a) Decisions on matters of substance must be approved by a two-thirds majority of those present and voting provided that an absolute majority of States Parties constitutes the quorum for voting;
(b) Decisions on matters of procedure shall be taken by a simple majority of States Parties present and voting.

8. A State Party which is in arrears in the payment of its financial contributions towards the costs of the Court shall have no vote in the Assembly and in the Bureau if the amount of its arrears equals or exceeds the amount of the contributions due from it for the preceding two full years. The Assembly may, nevertheless, permit such a State Party to vote in the Assembly and in the Bureau if it is satisfied that the failure to pay is due to conditions beyond the control of the State Party.

9. The Assembly shall adopt its own rules of procedure.

10. The official and working languages of the Assembly shall be those of the General Assembly of the United Nations.

PART 12. FINANCING

Article 113
Financial Regulations

Except as otherwise specifically provided, all financial matters related to the Court and the meetings of the Assembly of States Parties, including its Bureau and subsidiary bodies, shall be governed by this Statute and the Financial Regulations and Rules adopted by the Assembly of States Parties.

Article 114
Payment of expenses

Expenses of the Court and the Assembly of States Parties, including its Bureau and subsidiary bodies, shall be paid from the funds of the Court.

Article 115
Funds of the Court and of the Assembly of States Parties

The expenses of the Court and the Assembly of States Parties, including its Bureau and subsidiary bodies, as provided for in the budget decided by the Assembly of States Parties, shall be provided by the following sources:
(a) Assessed contributions made by States Parties;
(b) Funds provided by the United Nations, subject to the approval of the General Assembly, in particular in relation to the expenses incurred due to referrals by the Security Council.

Article 116
Voluntary contributions

Without prejudice to article 115, the Court may receive and utilize, as additional funds, voluntary contributions from Governments, international organizations, individuals, corporations and other entities, in accordance with relevant criteria adopted by the Assembly of States Parties.

Article 117
Assessment of contributions

The contributions of States Parties shall be assessed in accordance with an agreed scale of assessment, based on the scale adopted by the United Nations for its regular budget and adjusted in accordance with the principles on which that scale is based.

Article 118
Annual audit

The records, books and accounts of the Court, including its annual financial statements, shall be audited annually by an independent auditor.

PART 13. FINAL CLAUSES

Article 119
Settlement of disputes

1. Any dispute concerning the judicial functions of the Court shall be settled by the decision of the Court.
2. Any other dispute between two or more States Parties relating to the interpretation or application of this Statute which is not settled through negotiations within three months of their commencement shall be referred to the Assembly of States Parties. The Assembly may itself seek to settle the dispute or may make recommendations on further means of settlement of the dispute, including referral to the International Court of Justice in conformity with the Statute of that Court.

Article 120
Reservations

No reservations may be made to this Statute.

Article 121
Amendments

1. After the expiry of seven years from the entry into force of this Statute, any State Party may propose amendments thereto. The text of any proposed amendment shall be submitted to the Secretary-General of the United Nations, who shall promptly circulate it to all States Parties.
2. No sooner than three months from the date of notification, the Assembly of States Parties, at its next meeting, shall, by a majority of those present and voting, decide whether to take up the proposal. The Assembly may deal with the proposal directly or convene a Review Conference if the issue involved so warrants.
3. The adoption of an amendment at a meeting of the Assembly of States Parties or at a Review Conference on which consensus cannot be reached shall require a two-thirds majority of States Parties.
4. Except as provided in paragraph 5, an amendment shall enter into force for all States Parties one year after instruments of ratification or acceptance have been deposited with the Secretary-General of the United Nations by seven-eighths of them.
5. Any amendment to articles 5, 6, 7 and 8 of this Statute shall enter into force for those States Parties which have accepted the amendment one year after the deposit of their instruments of ratification or acceptance. In respect of a State Party which has not accepted the amendment, the Court shall not exercise its jurisdiction regarding a crime covered by the amendment when committed by that State Party's nationals or on its territory.
6. If an amendment has been accepted by seven-eighths of States Parties in accordance with paragraph 4, any State Party which has not accepted the amendment may withdraw from this Statute with immediate effect, notwithstanding article 127, paragraph 1, but subject to article 127, paragraph 2, by giving notice no later than one year after the entry into force of such amendment.
7. The Secretary-General of the United Nations shall circulate to all States Parties any amendment adopted at a meeting of the Assembly of States Parties or at a Review Conference.

Article 122
Amendments to provisions of an institutional nature

1. Amendments to provisions of this Statute which are of an exclusively institutional nature, namely, article 35, article 36, paragraphs 8 and 9, article 37, article 38, article 39, paragraphs 1 (first two sentences), 2 and 4, article 42, paragraphs 4 to 9, article 43, paragraphs 2 and 3, and articles 44, 46, 47 and 49, may be proposed at any time, notwithstanding article 121, paragraph 1, by any State Party. The text of any proposed amendment shall be submitted to the Secretary-General of the United Nations or such other person designated by the Assembly of States Parties who shall promptly circulate it to all States Parties and to others participating in the Assembly.
2. Amendments under this article on which consensus cannot be reached shall be adopted by the Assembly of States Parties or by a Review Conference, by a two-thirds majority of States Parties. Such amendments shall enter into force for all States Parties six months after their adoption by the Assembly or, as the case may be, by the Conference.

Article 123
Review of the Statute

1. Seven years after the entry into force of this Statute the Secretary-General of the United Nations shall convene a Review Conference to consider any amendments to this Statute. Such review may include, but is not limited to, the list of crimes contained in article 5. The Conference shall be open to those participating in the Assembly of States Parties and on the same conditions.
2. At any time thereafter, at the request of a State Party and for the purposes set out in paragraph 1, the Secretary-General of the United Nations shall, upon approval by a majority of States Parties, convene a Review Conference.
3. The provisions of article 121, paragraphs 3 to 7, shall apply to the adoption and entry into force of any amendment to the Statute considered at a Review Conference.

Article 124
Transitional Provision

Notwithstanding article 12, paragraphs 1 and 2, a State, on becoming a party to this Statute, may declare that, for a period of seven years after the entry into force of this Statute for the State concerned, it does not accept the jurisdiction of the Court with respect to the category of crimes referred to in article 8 when a crime is alleged to have been committed by its nationals or on its territory. A declaration under this article may be withdrawn at any time. The provisions of this article shall be reviewed at the Review Conference convened in accordance with article 123, paragraph 1.

Article 125
Signature, ratification, acceptance, approval or accession

1. This Statute shall be open for signature by all States in Rome, at the headquarters of the Food and Agriculture Organization of the United Nations, on 17 July 1998. Thereafter, it shall remain open for signature in Rome at the Ministry of Foreign Affairs of Italy until 17 October 1998. After that date, the Statute shall remain open for signature in New York, at United Nations Headquarters, until 31 December 2000.
2. This Statute is subject to ratification, acceptance or approval by signatory States. Instruments of ratification, acceptance or approval shall be deposited with the Secretary-General of the United Nations.
3. This Statute shall be open to accession by all States. Instruments of accession shall be deposited with the Secretary-General of the United Nations.

Article 126
Entry into force

1. This Statute shall enter into force on the first day of the month after the 60th day following the date of the deposit of the 60th instrument of ratification, acceptance, approval or accession with the Secretary-General of the United Nations.
2. For each State ratifying, accepting, approving or acceding to this Statute after the deposit of the 60th instrument of ratification, acceptance, approval or accession, the Statute shall enter into force on the first day of the month after the 60th day following the deposit by such State of its instrument of ratification, acceptance, approval or accession.

Article 127
Withdrawal

1. A State Party may, by written notification addressed to the Secretary-General of the

United Nations, withdraw from this Statute. The withdrawal shall take effect one year after the date of receipt of the notification, unless the notification specifies a later date.

2. A State shall not be discharged, by reason of its withdrawal, from the obligations arising from this Statute while it was a Party to the Statute, including any financial obligations which may have accrued. Its withdrawal shall not affect any cooperation with the Court in connection with criminal investigations and proceedings in relation to which the withdrawing State had a duty to cooperate and which were commenced prior to the date on which the withdrawal became effective, nor shall it prejudice in any way the continued consideration of any matter which was already under consideration by the Court prior to the date on which the withdrawal became effective.

Article 128
Authentic texts

The original of this Statute, of which the Arabic, Chinese, English, French, Russian and Spanish texts are equally authentic, shall be deposited with the Secretary-General of the United Nations, who shall send certified copies thereof to all States.

IN WITNESS WHEREOF, the undersigned, being duly authorized thereto by their respective Governments, have signed this Statute.

DONE at Rome, this 17th day of July 1998.

H. Elements of Crimes

[Elementi dei Crimini]

GENERAL INTRODUCTION

1. Pursuant to article 9, the following Elements of Crimes shall assist the Court in the interpretation and application of articles 6, 7 and 8, consistent with the Statute.
The provisions of the Statute, including article 21 and the general principles setout in Part 3, are applicable to the Elements of Crimes.
2. As stated in article 30, unless otherwise provided, a person shall be criminally responsible and liable for punishment for a crime within the jurisdiction of the Court only if the material elements are committed with intent and knowledge.
Where no reference is made in the Elements of Crimes to a mental element for any particular conduct, consequence or circumstance listed, it is understood that the relevant mental element, i.e., intent, knowledge or both, set out in article 30 applies. Exceptions to the article 30 standard, based on the Statute, including applicable law under its relevant provisions, are indicated below.
3. Existence of intent and knowledge can be inferred from relevant facts and circumstances.
4. With respect to mental elements associated with elements involving value judgement, such as those using the terms 'inhumane' or 'severe', it is not necessary that the perpetrator personally completed a particular value judgement, unless otherwise indicated.
5. Grounds for excluding criminal responsibility or the absence thereof are generally not specified in the elements of crimes listed under each crime[1].
6. The requirement of 'unlawfulness' found in the Statute or in other parts of international law, in particular international humanitarian law, is generally not specified in the elements of crimes.
7. The elements of crimes are generally structured in accordance with the following principles:
As the elements of crimes focus on the conduct, consequences and circumstances associ-

---

[1] This paragraph is without prejudice to the obligation of the Prosecutor under article 54, paragraph 1, of the Statue.

ated with each crime, they are generally listed in that order;
When required, a particular mental element is listed after the affected conduct, consequence or circumstance;
Contextual circumstances are listed last.
8. As used in the Elements of Crimes, the term 'perpetrator' is neutral as to guilt or innocence. The elements, including the appropriate mental elements, apply, *mutatis mutandis*, to all those whose criminal responsibility may fall under articles 25 and 28 of the Statute.
9. A particular conduct may constitute one or more crimes.
10. The use of short titles for the crimes has no legal effect.

ARTICLE 6
GENOCIDE

Introduction

With respect to the last element listed for each crime:
- The term 'in the context of' would include the initial acts in an emerging pattern;
- The term 'manifest' is an objective qualification;
- Notwithstanding the normal requirement for a mental element provided for in article 30, and recognizing that knowledge of the circumstances will usually be addressed in proving genocidal intent, the appropriate requirement, if any, for a mental element regarding this circumstance will need to be decided by the Court on a case-by-case basis.

Article 6 (a)
Genocide by killing

Elements
1. The perpetrator killed[2] one or more persons.
2. Such person or persons belonged to a particular national, ethnical, racial or religious group.
3. The perpetrator intended to destroy, in whole or in part, that national, ethnical, racial or religious group, as such.
4. The conduct took place in the context of a manifest pattern of similar conduct directed against that group or was conduct that could itself effect such destruction.

Article 6 (b)
Genocide by causing serious bodily or mental harm

Elements
1. The perpetrator caused serious bodily or mental harm to one or more persons[3].
2. Such person or persons belonged to a particular national, ethnical, racial or religious group.
3. The perpetrator intended to destroy, in whole or in part, that national, ethnical, racial or religious group, as such.
4. The conduct took place in the context of a manifest pattern of similar conduct directed against that group or was conduct that could itself effect such destruction.

---

[2] The term 'killed' is interchangeable with the term 'caused death'.
[3] This conduct may include, but is not necessarily restricted to, acts of torture, rape, sexual violence or inhuman or degrading treatment.

Article 6 (c)
Genocide by deliberately inflicting conditions of life calculated to bring about physical destruction

Elements

1. The perpetrator inflicted certain conditions of life upon one or more persons.
2. Such person or persons belonged to a particular national, ethnical, racial or religious group.
3. The perpetrator intended to destroy, in whole or in part, that national, ethnical, racial or religious group, as such.
4. The conditions of life were calculated to bring about the physical destruction of that group, in whole or in part[4].
5. The conduct took place in the context of a manifest pattern of similar conduct directed against that group or was conduct that could itself effect such destruction.

Article 6 (d)
Genocide by imposing measures intended to prevent births

Elements

1. The perpetrator imposed certain measures upon one or more persons.
2. Such person or persons belonged to a particular national, ethnical, racial or religious group.
3. The perpetrator intended to destroy, in whole or in part, that national, ethnical, racial or religious group, as such.
4. The measures imposed were intended to prevent births within that group.
5. The conduct took place in the context of a manifest pattern of similar conduct directed against that group or was conduct that could itself effect such destruction.

Article 6 (e)
Genocide by forcibly transferring children

Elements

1. The perpetrator forcibly transferred one or more persons[5].
2. Such person or persons belonged to a particular national, ethnical, racial or religious group.
3. The perpetrator intended to destroy, in whole or in part, that national, ethnical, racial or religious group, as such.
4. The transfer was from that group to another group.
5. The person or persons were under the age of 18 years.
6. The perpetrator knew, or should have known, that the person or persons were under the age of 18 years.
7. The conduct took place in the context of a manifest pattern of similar conduct directed against that group or was conduct that could itself effect such destruction.

---

[4] The term 'conditions of life' may include, but is not necessarily restricted to, deliberate deprivation of resources indispensable for survival, such as food or medical services, or systematic expulsion from homes.

[5] The term 'forcibly' is not restricted to physical force, but may include threat of force or coercion, such as that caused by fear of violence, duress, detention, psychological oppression or abuse of power, against such person or persons or another person, or by taking advantage of a coercive environment.

ARTICLE 7
CRIMES AGAINST HUMANITY

Introduction

1. Since article 7 pertains to international criminal law, its provisions, consistent with article 22, must be strictly construed, taking into account that crimes against humanity as defined in article 7 are among the most serious crimes of concern to the international community as a whole, warrant and entail individual criminal responsibility, and require conduct which is impermissible under generally applicable international law, as recognized by the principal legal systems of the world.

2. The last two elements for each crime against humanity describe the context in which the conduct must take place. These elements clarify the requisite participation in and knowledge of a widespread or systematic attack against a civilian population. However, the last element should not be interpreted as requiring proof that the perpetrator had knowledge of all characteristics of the attack or the precise details of the plan or policy of the State or organization. In the case of an emerging widespread or systematic attack against a civilian population, the intent clause of the last element indicates that this mental element is satisfied if the perpetrator intended to further such an attack.

3. 'Attack directed against a civilian population' in these context elements is understood to mean a course of conduct involving the multiple commission of acts referred to in article 7, paragraph 1, of the Statute against any civilian population, pursuant to or in furtherance of a State or organizational policy to commit such attack. The acts need not constitute a military attack. It is understood that 'policy to commit such attack' requires that the State or organization actively promote or encourage such an attack against a civilian population[6].

Article 7 (1) (a)
Crime against humanity of murder

Elements

1. The perpetrator killed[7] one or more persons.
2. The conduct was committed as part of a widespread or systematic attack directed against a civilian population.
3. The perpetrator knew that the conduct was part of or intended the conduct to be part of a widespread or systematic attack against a civilian population.

Article 7 (1) (b)
Crime against humanity of extermination

Elements

1. The perpetrator killed[8] one or more persons, including by inflicting conditions of life

---

[6] A policy which has a civilian population as the object of the attack would be implemented by State or organizational action. Such a policy may, in exceptional circumstances, be implemented by a deliberate failure to take action, which is consciously aimed at encouraging such attack. The existence of such a policy cannot be inferred solely from the absence of governmental or organizational action.

[7] The term 'killed' is interchangeable with the term 'caused death'. This footnote applies to all elements which use either of these concepts.

[8] The conduct could be committed by different methods of killing, either directly or indirectly.

calculated to bring about the destruction of part of a population[9].
2. The conduct constituted, or took place as part of[10], a mass killing of members of a civilian population.
3. The conduct was committed as part of a widespread or systematic attack directed against a civilian population.
4. The perpetrator knew that the conduct was part of or intended the conduct to be part of a widespread or systematic attack directed against a civilian population.

Article 7 (1) (c)
Crime against humanity of enslavement

Elements

1. The perpetrator exercised any or all of the powers attaching to the right of ownership over one or more persons, such as by purchasing, selling, lending or bartering such a person or persons, or by imposing on them a similar deprivation of liberty[11].
2. The conduct was committed as part of a widespread or systematic attack directed against a civilian population.
3. The perpetrator knew that the conduct was part of or intended the conduct to be part of a widespread or systematic attack directed against a civilian population.

Article 7 (1) (d)
Crime against humanity of deportation or forcible transfer of population

Elements

1. The perpetrator deported or forcibly[12] transferred[13], without grounds permitted under international law, one or more persons to another State or location, by expulsion or other coercive acts.
2. Such person or persons were lawfully present in the area from which they were so deported or transferred.
3. The perpetrator was aware of the factual circumstances that established the lawfulness of such presence.
4. The conduct was committed as part of a widespread or systematic attack directed against a civilian population.
5. The perpetrator knew that the conduct was part of or intended the conduct to be part of a widespread or systematic attack directed against a civilian population.

---

[9] The infliction of such conditions could include the deprivation of access to food and medicine.

[10] The term 'as part of' would include the initial conduct in a mass killing.

[11] It is understood that such deprivation of liberty may, in some circumstances, include exacting forced labour or otherwise reducing a person to a servile status as defined in the Supplementary Convention on the Abolition of Slavery, the Slave Trade, and Institutions and Practices Similar to Slavery of 1956. It is also understood that the conduct described in this element includes trafficking in persons, in particular women and children.

[12] The term 'forcibly' is not restricted to physical force, but may include threat of force or coercion, such as that caused by fear of violence, duress, detention, psychological oppression or abuse of power against such person or persons or another person, or by taking advantage of a coercive environment.

[13] 'Deported or forcibly transferred' is interchangeable with 'forcibly displaced'.

Article 7 (1) (e)
Crime against humanity of imprisonment or other severe deprivation of physical liberty

Elements

1. The perpetrator imprisoned one or more persons or otherwise severely deprived one or more persons of physical liberty.
2. The gravity of the conduct was such that it was in violation of fundamental rules of international law.
3. The perpetrator was aware of the factual circumstances that established the gravity of the conduct.
4. The conduct was committed as part of a widespread or systematic attack directed against a civilian population.
5. The perpetrator knew that the conduct was part of or intended the conduct to be part of a widespread or systematic attack directed against a civilian population.

Article 7 (1) (f)
Crime against humanity of torture[14]

Elements

1. The perpetrator inflicted severe physical or mental pain or suffering upon one or more persons.
2. Such person or persons were in the custody or under the control of the perpetrator.
3. Such pain or suffering did not arise only from, and was not inherent in or incidental to, lawful sanctions.
4. The conduct was committed as part of a widespread or systematic attack directed against a civilian population.
5. The perpetrator knew that the conduct was part of or intended the conduct to be part of a widespread or systematic attack directed against a civilian population.

Article 7 (1) (g)-1
Crime against humanity of rape

Elements

1. The perpetrator invaded[15] the body of a person by conduct resulting in penetration, however slight, of any part of the body of the victim or of the perpetrator with a sexual organ, or of the anal or genital opening of the victim with any object or any other part of the body.
2. The invasion was committed by force, or by threat of force or coercion, such as that caused by fear of violence, duress, detention, psychological oppression or abuse of power, against such person or another person, or by taking advantage of a coercive environment, or the invasion was committed against a person incapable of giving genuine consent[16].
3. The conduct was committed as part of a widespread or systematic attack directed against a civilian population.
4. The perpetrator knew that the conduct was part of or intended the conduct to be part of a widespread or systematic attack directed against a civilian population.

---

[14] It is understood that no specific purpose need be proved for this crime.

[15] The concept of 'invasion' is intended to be broad enough to be gender-neutral.

[16] It is understood that a person may be incapable of giving genuine consent if affected by natural, induced or age-related incapacity. This footnote also applies to the corresponding elements of article 7 (1) (g)-3, 5 and 6.

Article 7 (1) (g)-2
Crime against humanity of sexual slavery[17]

Elements

1. The perpetrator exercised any or all of the powers attaching to the right of ownership over one or more persons, such as by purchasing, selling, lending or bartering such a person or persons, or by imposing on them a similar deprivation of liberty[18].
2. The perpetrator caused such person or persons to engage in one or more acts of a sexual nature.
3. The conduct was committed as part of a widespread or systematic attack directed against a civilian population.
4. The perpetrator knew that the conduct was part of or intended the conduct to be part of a widespread or systematic attack directed against a civilian population.

Article 7 (1) (g)-3
Crime against humanity of enforced prostitution

Elements

1. The perpetrator caused one or more persons to engage in one or more acts of a sexual nature by force, or by threat of force or coercion, such as that caused by fear of violence, duress, detention, psychological oppression or abuse of power, against such person or persons or another person, or by taking advantage of a coercive environment or such person's or persons' incapacity to give genuine consent.
2. The perpetrator or another person obtained or expected to obtain pecuniary or other advantage in exchange for or in connection with the acts of a sexual nature.
3. The conduct was committed as part of a widespread or systematic attack directed against a civilian population.
4. The perpetrator knew that the conduct was part of or intended the conduct to be part of a widespread or systematic attack directed against a civilian population.

Article 7 (1) (g)-4
Crime against humanity of forced pregnancy

Elements

1. The perpetrator confined one or more women forcibly made pregnant, with the intent of affecting the ethnic composition of any population or carrying out other grave violations of international law.
2. The conduct was committed as part of a widespread or systematic attack directed against a civilian population.
3. The perpetrator knew that the conduct was part of or intended the conduct to be part of a widespread or systematic attack directed against a civilian population.

---

[17] Given the complex nature of this crime, it is recognized that its commission could involve more than one perpetrator as a part of a common criminal purpose.

[18] It is understood that such deprivation of liberty may, in some circumstances, include exacting forced labour or otherwise reducing a person to a servile status as defined in the Supplementary Convention on the Abolition of Slavery, the Slave Trade, and Institutions and Practices Similar to Slavery of 1956. It is also understood that the conduct described in this element includes trafficking in persons, in particular women and children.

Article 7 (1) (g)-5
Crime against humanity of enforced sterilization
Elements
1. The perpetrator deprived one or more persons of biological reproductive capacity[19].
2. The conduct was neither justified by the medical or hospital treatment of the person or persons concerned nor carried out with their genuine consent[20].
3. The conduct was committed as part of a widespread or systematic attack directed against a civilian population.
4. The perpetrator knew that the conduct was part of or intended the conduct to be part of a widespread or systematic attack directed against a civilian population.

Article 7 (1) (g)-6
Crime against humanity of sexual violence
Elements
1. The perpetrator committed an act of a sexual nature against one or more persons or caused such person or persons to engage in an act of a sexual nature by force, or by threat of force or coercion, such as that caused by fear of violence, duress, detention, psychological oppression or abuse of power, against such person or persons or another person, or by taking advantage of a coercive environment or such person's or persons' incapacity to give genuine consent.
2. Such conduct was of a gravity comparable to the other offences in article 7, paragraph 1 (g), of the Statute.
3. The perpetrator was aware of the factual circumstances that established the gravity of the conduct.
4. The conduct was committed as part of a widespread or systematic attack directed against a civilian population.
5. The perpetrator knew that the conduct was part of or intended the conduct to be part of a widespread or systematic attack directed against a civilian population.

Article 7 (1) (h)
Crime against humanity of persecution
Elements
1. The perpetrator severely deprived, contrary to international law[21], one or more persons of fundamental rights.
2. The perpetrator targeted such person or persons by reason of the identity of a group or collectivity or targeted the group or collectivity as such.
3. Such targeting was based on political, racial, national, ethnic, cultural, religious, gender as defined in article 7, paragraph 3, of the Statute, or other grounds that are universally recognized as impermissible under international law.
4. The conduct was committed in connection with any act referred to in article 7, para-

---

[19] The deprivation is not intended to include birth-control measures which have a non-permanent effect in practice.

[20] It is understood that 'genuine consent' does not include consent obtained through deception.

[21] This requirement is without prejudice to paragraph 6 of the General Introduction to the Elements of Crimes.

graph 1, of the Statute or any crime within the jurisdiction of the Court[22].
5. The conduct was committed as part of a widespread or systematic attack directed against a civilian population.
6. The perpetrator knew that the conduct was part of or intended the conduct to be part of a widespread or systematic attack directed against a civilian population.

Article 7 (1) (i)
Crime against humanity of enforced disappearance of persons[23-24]

Elements
1. The perpetrator:
(a) Arrested, detained[25-26] or abducted one or more persons; or
(b) Refused to acknowledge the arrest, detention or abduction, or to give information on the fate or whereabouts of such person or persons.
2.
(a) Such arrest, detention or abduction was followed or accompanied by a refusal to acknowledge that deprivation of freedom or to give information on the fate or whereabouts of such person or persons; or
(b) Such refusal was preceded or accompanied by that deprivation of freedom.
3. The perpetrator was aware that[27]:
(a) Such arrest, detention or abduction would be followed in the ordinary course of events by a refusal to acknowledge that deprivation of freedom or to give information on the fate or whereabouts of such person or persons[28]; or
(b) Such refusal was preceded or accompanied by that deprivation of freedom.
4. Such arrest, detention or abduction was carried out by, or with the authorization, support or acquiescence of, a State or a political organization.
5. Such refusal to acknowledge that deprivation of freedom or to give information on the fate or whereabouts of such person or persons was carried out by, or with the authorization or support of, such State or political organization.
6. The perpetrator intended to remove such person or persons from the protection of the law for a prolonged period of time.
7. The conduct was committed as part of a widespread or systematic attack directed against a civilian population.
8. The perpetrator knew that the conduct was part of or intended the conduct to be part of a widespread or systematic attack directed against a civilian population.

---

[22] It is understood that no additional mental element is necessary for this element other than that inherent in element 6.
[23] Given the complex nature of this crime, it is recognized that its commission will normally involve more than one perpetrator as a part of a common criminal purpose.
[24] This crime falls under the jurisdiction of the Court only if the attack referred to in elements 7 and 8 occurs after the entry into force of the Statute.
[25] The word 'detained' would include a perpetrator who maintained an existing detention.
[26] It is understood that under certain circumstances an arrest or detention may have been lawful.
[27] This element, inserted because of the complexity of this crime, is without prejudice to the General Introduction
to the Elements of Crimes.
[28] It is understood that, in the case of a perpetrator who maintained an existing detention, this element would be satisfied if the perpetrator was aware that such a refusal had already taken place.

Article 7 (1) (j)
Crime against humanity of apartheid
Elements
1. The perpetrator committed an inhumane act against one or more persons.
2. Such act was an act referred to in article 7, paragraph 1, of the Statute, or was an act of a character similar to any of those acts[29].
3. The perpetrator was aware of the factual circumstances that established the character of the act.
4. The conduct was committed in the context of an institutionalized regime of systematic oppression and domination by one racial group over any other racial group or groups.
5. The perpetrator intended to maintain such regime by that conduct.
6. The conduct was committed as part of a widespread or systematic attack directed against a civilian population.
7. The perpetrator knew that the conduct was part of or intended the conduct to be part of a widespread or systematic attack directed against a civilian population.

Article 7 (1) (k)
Crime against humanity of other inhumane acts
Elements
1. The perpetrator inflicted great suffering, or serious injury to body or to mental or physical health, by means of an inhumane act.
2. Such act was of a character similar to any other act referred to in article 7, paragraph 1, of the Statute[30].
3. The perpetrator was aware of the factual circumstances that established the character of the act.
4. The conduct was committed as part of a widespread or systematic attack directed against a civilian population.
5. The perpetrator knew that the conduct was part of or intended the conduct to be part of a widespread or systematic attack directed against a civilian population.

ARTICLE 8
WAR CRIMES

Introduction
The elements for war crimes under article 8, paragraph 2 (c) and (e), are subject to the limitations addressed in article 8, paragraph 2 (d) and (f), which are not elements of crimes. The elements for war crimes under article 8, paragraph 2, of the Statute shall be interpreted within the established framework of the international law of armed conflict including, as appropriate, the international law of armed conflict applicable to armed conflict at sea.

With respect to the last two elements listed for each crime:
– There is no requirement for a legal evaluation by the perpetrator as to the existence of an armed conflict or its character as international or non-international;
– In that context there is no requirement for awareness by the perpetrator of the facts that established the character of the conflict as international or non-international;

---

[29] It is understood that 'character' refers to the nature and gravity of the act.
[30] It is understood that 'character' refers to the nature and gravity of the act.

- There is only a requirement for the awareness of the factual circumstances that established the existence of an armed conflict that is implicit in the terms 'took place in the context of and was associated with'.

Article 8 (2) (a)

Article 8 (2) (a) (i)
War crime of wilful killing

Elements
1. The perpetrator killed one or more persons[31].
2. Such person or persons were protected under one or more of the Geneva Conventions of 1949.
3. The perpetrator was aware of the factual circumstances that established that protected status[32-33].
4. The conduct took place in the context of and was associated with an international armed conflict[34].
5. The perpetrator was aware of factual circumstances that established the existence of an armed conflict.

Article 8 (2) (a) (ii)-1
War crime of torture

Elements[35]
1. The perpetrator inflicted severe physical or mental pain or suffering upon one or more persons.
2. The perpetrator inflicted the pain or suffering for such purposes as: obtaining information or a confession, punishment, intimidation or coercion or for any reason based on discrimination of any kind.
3. Such person or persons were protected under one or more of the Geneva Conventions of 1949.
4. The perpetrator was aware of the factual circumstances that established that protected status.
5. The conduct took place in the context of and was associated with an international armed conflict.

---

[31] The term 'killed' is interchangeable with the term 'caused death'. This footnote applies to all elements which use either of these concepts.

[32] This mental element recognizes the interplay between articles 30 and 32. This footnote also applies to the corresponding element in each crime under article 8 (2) (a), and to the element in other crimes in article 8 (2) concerning the awareness of factual circumstances that establish the status of persons or property protected under the relevant international law of armed conflict.

[33] With respect to nationality, it is understood that the perpetrator needs only to know that the victim belonged to
an adverse party to the conflict. This footnote also applies to the corresponding element in each crime under article 8 (2) (a).

[34] The term 'international armed conflict' includes military occupation. This footnote also applies to the corresponding element in each crime under article 8 (2) (a).

[35] As element 3 requires that all victims must be 'protected persons' under one or more of the Geneva Conventions of 1949, these elements do not include the custody or control requirement found in the elements of article 7 (1) (e).

Article 8 (2) (a) (ii)-2
War crime of inhuman treatment
Elements
1. The perpetrator inflicted severe physical or mental pain or suffering upon one or more persons.
2. Such person or persons were protected under one or more of the Geneva Conventions of 1949.
3. The perpetrator was aware of the factual circumstances that established that protected status.
4. The conduct took place in the context of and was associated with an international armed conflict.
5. The perpetrator was aware of factual circumstances that established the existence of an armed conflict.

Article 8 (2) (a) (ii)-3
War crime of biological experiments
Elements
1. The perpetrator subjected one or more persons to a particular biological experiment.
2. The experiment seriously endangered the physical or mental health or integrity of such person or persons.
3. The intent of the experiment was non-therapeutic and it was neither justified by medical reasons nor carried out in such person's or persons' interest.
4. Such person or persons were protected under one or more of the Geneva Conventions of 1949.
5. The perpetrator was aware of the factual circumstances that established that protected status.
6. The conduct took place in the context of and was associated with an international armed conflict.
7. The perpetrator was aware of factual circumstances that established the existence of an armed conflict.

Article 8 (2) (a) (iii)
War crime of wilfully causing great suffering
Elements
1. The perpetrator caused great physical or mental pain or suffering to, or serious injury to body or health of, one or more persons.
2. Such person or persons were protected under one or more of the Geneva Conventions of 1949.
3. The perpetrator was aware of the factual circumstances that established that protected status.
4. The conduct took place in the context of and was associated with an international armed conflict.
5. The perpetrator was aware of factual circumstances that established the existence of an armed conflict.

Article 8 (2) (a) (iv)
War crime of destruction and appropriation of property

Elements
1. The perpetrator destroyed or appropriated certain property.
2. The destruction or appropriation was not justified by military necessity.
3. The destruction or appropriation was extensive and carried out wantonly.
4. Such property was protected under one or more of the Geneva Conventions of 1949.
5. The perpetrator was aware of the factual circumstances that established that protected status.
6. The conduct took place in the context of and was associated with an international armed conflict.
7. The perpetrator was aware of factual circumstances that established the existence of an armed conflict.

Article 8 (2) (a) (v)
War crime of compelling service in hostile forces

Elements
1. The perpetrator coerced one or more persons, by act or threat, to take part in military operations against that person's own country or forces or otherwise serve in the forces of a hostile power.
2. Such person or persons were protected under one or more of the Geneva Conventions of 1949.
3. The perpetrator was aware of the factual circumstances that established that protected status.
4. The conduct took place in the context of and was associated with an international armed conflict.
5. The perpetrator was aware of factual circumstances that established the existence of an armed conflict.

Article 8 (2) (a) (vi)
War crime of denying a fair trial

Elements
1. The perpetrator deprived one or more persons of a fair and regular trial by denying judicial guarantees as defined, in particular, in the third and the fourth Geneva Conventions of 1949.
2. Such person or persons were protected under one or more of the Geneva Conventions of 1949.
3. The perpetrator was aware of the factual circumstances that established that protected status.
4. The conduct took place in the context of and was associated with an international armed conflict.
5. The perpetrator was aware of factual circumstances that established the existence of an armed conflict.

Article 8 (2) (a) (vii)-1
War crime of unlawful deportation and transfer

Elements
1. The perpetrator deported or transferred one or more persons to another State or to another location.

2. Such person or persons were protected under one or more of the Geneva Conventions of 1949.
3. The perpetrator was aware of the factual circumstances that established that protected status.
4. The conduct took place in the context of and was associated with an international armed conflict.
5. The perpetrator was aware of factual circumstances that established the existence of an armed conflict.

Article 8 (2) (a) (vii)-2
War crime of unlawful confinement
Elements
1. The perpetrator confined or continued to confine one or more persons to a certain location.
2. Such person or persons were protected under one or more of the Geneva Conventions of 1949.
3. The perpetrator was aware of the factual circumstances that established that protected status.
4. The conduct took place in the context of and was associated with an international armed conflict.
5. The perpetrator was aware of factual circumstances that established the existence of an armed conflict.

Article 8 (2) (a) (viii)
War crime of taking hostages
Elements
1. The perpetrator seized, detained or otherwise held hostage one or more persons.
2. The perpetrator threatened to kill, injure or continue to detain such person or persons.
3. The perpetrator intended to compel a State, an international organization, a natural or legal person or a group of persons to act or refrain from acting as an explicit or implicit condition for the safety or the release of such person or persons.
4. Such person or persons were protected under one or more of the Geneva Conventions of 1949.
5. The perpetrator was aware of the factual circumstances that established that protected status.
6. The conduct took place in the context of and was associated with an international armed conflict.
7. The perpetrator was aware of factual circumstances that established the existence of an armed conflict.

Article 8 (2) (b)

Article 8 (2) (b) (i)
War crime of attacking civilians
Elements
1. The perpetrator directed an attack.
2. The object of the attack was a civilian population as such or individual civilians not taking direct part in hostilities.

3. The perpetrator intended the civilian population as such or individual civilians not taking direct part in hostilities to be the object of the attack.
4. The conduct took place in the context of and was associated with an international armed conflict.
5. The perpetrator was aware of factual circumstances that established the existence of an armed conflict.

Article 8 (2) (b) (ii)
War crime of attacking civilian objects

Elements
1. The perpetrator directed an attack.
2. The object of the attack was civilian objects, that is, objects which are not military objectives.
3. The perpetrator intended such civilian objects to be the object of the attack.
4. The conduct took place in the context of and was associated with an international armed conflict.
5. The perpetrator was aware of factual circumstances that established the existence of an armed conflict.

Article 8 (2) (b) (iii)
War crime of attacking personnel or objects involved in a humanitarian assistance or peacekeeping mission

Elements
1. The perpetrator directed an attack.
2. The object of the attack was personnel, installations, material, units or vehicles involved in a humanitarian assistance or peacekeeping mission in accordance with the Charter of the United Nations.
3. The perpetrator intended such personnel, installations, material, units or vehicles so involved to be the object of the attack.
4. Such personnel, installations, material, units or vehicles were entitled to that protection given to civilians or civilian objects under the international law of armed conflict.
5. The perpetrator was aware of the factual circumstances that established that protection.
6. The conduct took place in the context of and was associated with an international armed conflict.
7. The perpetrator was aware of factual circumstances that established the existence of an armed conflict.

Article 8 (2) (b) (iv)
War crime of excessive incidental death, injury, or damage

Elements
1. The perpetrator launched an attack.
2. The attack was such that it would cause incidental death or injury to civilians or damage to civilian objects or widespread, long-term and severe damage to the natural environment and that such death, injury or damage would be of such an extent as to be clearly excessive in relation to the concrete and direct overall military advantage anticipated[36].

---

[36] The expression 'concrete and direct overall military advantage' refers to a military advantage that is foreseeable by the perpetrator at the relevant time. Such advantage may or may not be tem-

3. The perpetrator knew that the attack would cause incidental death or injury to civilians or damage to civilian objects or widespread, long-term and severe damage to the natural environment and that such death, injury or damage would be of such an extent as to be clearly excessive in relation to the concrete and direct overall military advantage anticipated[37].
4. The conduct took place in the context of and was associated with an international armed conflict.
5. The perpetrator was aware of factual circumstances that established the existence of an armed conflict.

Article 8 (2) (b) (v)
War crime of attacking undefended places[38]
Elements
1. The perpetrator attacked one or more towns, villages, dwellings or buildings.
2. Such towns, villages, dwellings or buildings were open for unresisted occupation.
3. Such towns, villages, dwellings or buildings did not constitute military objectives.
4. The conduct took place in the context of and was associated with an international armed conflict.
5. The perpetrator was aware of factual circumstances that established the existence of an armed conflict.

Article 8 (2) (b) (vi)
War crime of killing or wounding a person *hors de combat*
Elements
1. The perpetrator killed or injured one or more persons.
2. Such person or persons were *hors de combat*.
3. The perpetrator was aware of the factual circumstances that established this status.
4. The conduct took place in the context of and was associated with an international armed conflict.
5. The perpetrator was aware of factual circumstances that established the existence of an armed conflict.

Article 8 (2) (b) (vii)-1
War crime of improper use of a flag of truce
Elements
1. The perpetrator used a flag of truce.

---

porally or geographically related to the object of the attack. The fact that this crime admits the possibility of lawful incidental injury and collateral damage does not in any way justify any violation of the law applicable in armed conflict. It does not address justifications for war or other rules related to *jus ad bellum*. It reflects the proportionality requirement inherent in determining the legality of any military activity undertaken in the context of an armed conflict.

[37] As opposed to the general rule set forth in paragraph 4 of the General Introduction, this knowledge element requires that the perpetrator make the value judgement as described therein. An evaluation of that value judgement must be based on the requisite information available to the perpetrator at the time.

[38] The presence in the locality of persons specially protected under the Geneva Conventions of 1949 or of police forces retained for the sole purpose of maintaining law and order does not by itself render the locality a military objective.

2. The perpetrator made such use in order to feign an intention to negotiate when there was no such intention on the part of the perpetrator.
3. The perpetrator knew or should have known of the prohibited nature of such use[39].
4. The conduct resulted in death or serious personal injury.
5. The perpetrator knew that the conduct could result in death or serious personal injury.
6. The conduct took place in the context of and was associated with an international armed conflict.
7. The perpetrator was aware of factual circumstances that established the existence of an armed conflict.

Article 8 (2) (b) (vii)-2
War crime of improper use of a flag, insignia or uniform of the hostile party
Elements
1. The perpetrator used a flag, insignia or uniform of the hostile party.
2. The perpetrator made such use in a manner prohibited under the international law of armed conflict while engaged in an attack.
3. The perpetrator knew or should have known of the prohibited nature of such use[40].
4. The conduct resulted in death or serious personal injury.
5. The perpetrator knew that the conduct could result in death or serious personal injury.
6. The conduct took place in the context of and was associated with an international armed conflict.
7. The perpetrator was aware of factual circumstances that established the existence of an armed conflict.

Article 8 (2) (b) (vii)-3
War crime of improper use of a flag, insignia or uniform of the United Nations
Elements
1. The perpetrator used a flag, insignia or uniform of the United Nations.
2. The perpetrator made such use in a manner prohibited under the international law of armed conflict.
3. The perpetrator knew of the prohibited nature of such use[41].
4. The conduct resulted in death or serious personal injury.
5. The perpetrator knew that the conduct could result in death or serious personal injury.
6. The conduct took place in the context of and was associated with an international armed conflict.
7. The perpetrator was aware of factual circumstances that established the existence of an armed conflict.

---

[39] This mental element recognizes the interplay between article 30 and article 32. The term 'prohibited nature' denotes illegality.

[40] This mental element recognizes the interplay between article 30 and article 32. The term 'prohibited nature' denotes illegality.

[41] This mental element recognizes the interplay between article 30 and article 32. The 'should have known' test required in the other offences found in article 8 (2) (b) (vii) is not applicable here because of the variable and regulatory nature of the relevant prohibitions.

Article 8 (2) (b) (vii)-4
War crime of improper use of the distinctive emblems of the Geneva Conventions
Elements
1. The perpetrator used the distinctive emblems of the Geneva Conventions.
2. The perpetrator made such use for combatant purposes[42] in a manner prohibited under the international law of armed conflict.
3. The perpetrator knew or should have known of the prohibited nature of such use[43].
4. The conduct resulted in death or serious personal injury.
5. The perpetrator knew that the conduct could result in death or serious personal injury.
6. The conduct took place in the context of and was associated with an international armed conflict.
7. The perpetrator was aware of factual circumstances that established the existence of an armed conflict.

Article 8 (2) (b) (viii)
The transfer, directly or indirectly, by the Occupying Power of parts of its own civilian population into the territory it occupies, or the deportation or transfer of all or parts of the population of the occupied territory within or outside this territory
Elements
1. The perpetrator:
(a) Transferred[44], directly or indirectly, parts of its own population into the territory it occupies; or
(b) Deported or transferred all or parts of the population of the occupied territory within or outside this territory.
2. The conduct took place in the context of and was associated with an international armed conflict.
3. The perpetrator was aware of factual circumstances that established the existence of an armed conflict.

Article 8 (2) (b) (ix)
War crime of attacking protected objects[45]
Elements
1. The perpetrator directed an attack.
2. The object of the attack was one or more buildings dedicated to religion, education, art, science or charitable purposes, historic monuments, hospitals or places where the sick and wounded are collected, which were not military objectives.
3. The perpetrator intended such building or buildings dedicated to religion, education,

---

[42] 'Combatant purposes' in these circumstances means purposes directly related to hostilities and not including medical, religious or similar activities.

[43] This mental element recognizes the interplay between article 30 and article 32. The term 'prohibited nature' denotes illegality.

[44] The term 'transfer' needs to be interpreted in accordance with the relevant provisions of international humanitarian law.

[45] The presence in the locality of persons specially protected under the Geneva Conventions of 1949 or of police forces retained for the sole purpose of maintaining law and order does not by itself render the locality a military objective.

art, science or charitable purposes, historic monuments, hospitals or places where the sick and wounded are collected, which were not military objectives, to be the object of the attack.
4. The conduct took place in the context of and was associated with an international armed conflict.
5. The perpetrator was aware of factual circumstances that established the existence of an armed conflict.

Article 8 (2) (b) (x)-1
War crime of mutilation

Elements
1. The perpetrator subjected one or more persons to mutilation, in particular by permanently disfiguring the person or persons, or by permanently disabling or removing an organ or appendage.
2. The conduct caused death or seriously endangered the physical or mental health of such person or persons.
3. The conduct was neither justified by the medical, dental or hospital treatment of the person or persons concerned nor carried out in such person's or persons' interest[46].
4. Such person or persons were in the power of an adverse party.
5. The conduct took place in the context of and was associated with an international armed conflict.
6. The perpetrator was aware of factual circumstances that established the existence of an armed conflict.

Article 8 (2) (b) (x)-2
War crime of medical or scientific experiments

Elements
1. The perpetrator subjected one or more persons to a medical or scientific experiment.
2. The experiment caused death or seriously endangered the physical or mental health or integrity of such person or persons.
3. The conduct was neither justified by the medical, dental or hospital treatment of such person or persons concerned nor carried out in such person's or persons' interest.
4. Such person or persons were in the power of an adverse party.
5. The conduct took place in the context of and was associated with an international armed conflict.
6. The perpetrator was aware of factual circumstances that established the existence of an armed conflict.

Article 8 (2) (b) (xi)
War crime of treacherously killing or wounding

Elements
1. The perpetrator invited the confidence or belief of one or more persons that they were

---

[46] Consent is not a defence to this crime. The crime prohibits any medical procedure which is not indicated by the state of health of the person concerned and which is not consistent with generally accepted medical standards which would be applied under similar medical circumstances to persons who are nationals of the party conducting the procedure and who are in no way deprived of liberty. This footnote also applies to the same element for article 8 (2) (b) (x)-2.

entitled to, or were obliged to accord, protection under rules of international law applicable in armed conflict.
2. The perpetrator intended to betray that confidence or belief.
3. The perpetrator killed or injured such person or persons.
4. The perpetrator made use of that confidence or belief in killing or injuring such person or persons.
5. Such person or persons belonged to an adverse party.
6. The conduct took place in the context of and was associated with an international armed conflict.
7. The perpetrator was aware of factual circumstances that established the existence of an armed conflict.

Article 8 (2) (b) (xii)
War crime of denying quarter
Elements
1. The perpetrator declared or ordered that there shall be no survivors.
2. Such declaration or order was given in order to threaten an adversary or to conduct hostilities on the basis that there shall be no survivors.
3. The perpetrator was in a position of effective command or control over the subordinate forces to which the declaration or order was directed.
4. The conduct took place in the context of and was associated with an international armed conflict.
5. The perpetrator was aware of factual circumstances that established the existence of an armed conflict.

Article 8 (2) (b) (xiii)
War crime of destroying or seizing the enemy's property
Elements
1. The perpetrator destroyed or seized certain property.
2. Such property was property of a hostile party.
3. Such property was protected from that destruction or seizure under the international law of armed conflict.
4. The perpetrator was aware of the factual circumstances that established the status of the property.
5. The destruction or seizure was not justified by military necessity.
6. The conduct took place in the context of and was associated with an international armed conflict.
7. The perpetrator was aware of factual circumstances that established the existence of an armed conflict.

Article 8 (2) (b) (xiv)
War crime of depriving the nationals of the hostile power of rights or actions
Elements
1. The perpetrator effected the abolition, suspension or termination of admissibility in a court of law of certain rights or actions.
2. The abolition, suspension or termination was directed at the nationals of a hostile party.
3. The perpetrator intended the abolition, suspension or termination to be directed at the nationals of a hostile party.

4. The conduct took place in the context of and was associated with an international armed conflict.
5. The perpetrator was aware of factual circumstances that established the existence of an armed conflict.

Article 8 (2) (b) (xv)
War crime of compelling participation in military operations
Elements
1. The perpetrator coerced one or more persons by act or threat to take part in military operations against that person's own country or forces.
2. Such person or persons were nationals of a hostile party.
3. The conduct took place in the context of and was associated with an international armed conflict.
4. The perpetrator was aware of factual circumstances that established the existence of an armed conflict.

Article 8 (2) (b) (xvi)
War crime of pillaging
Elements
1. The perpetrator appropriated certain property.
2. The perpetrator intended to deprive the owner of the property and to appropriate it for private or personal use[47].
3. The appropriation was without the consent of the owner.
4. The conduct took place in the context of and was associated with an international armed conflict.
5. The perpetrator was aware of factual circumstances that established the existence of an armed conflict.

Article 8 (2) (b) (xvii)
War crime of employing poison or poisoned weapons
Elements
1. The perpetrator employed a substance or a weapon that releases a substance as a result of its employment.
2. The substance was such that it causes death or serious damage to health in the ordinary course of events, through its toxic properties.
3. The conduct took place in the context of and was associated with an international armed conflict.
4. The perpetrator was aware of factual circumstances that established the existence of an armed conflict.

Article 8 (2) (b) (xviii)
War crime of employing prohibited gases, liquids, materials or devices
Elements
1. The perpetrator employed a gas or other analogous substance or device.
2. The gas, substance or device was such that it causes death or serious damage to health in

---

[47] As indicated by the use of the term 'private or personal use', appropriations justified by military necessity cannot constitute the crime of pillaging.

the ordinary course of events, through its asphyxiating or toxic properties[48].
3. The conduct took place in the context of and was associated with an international armed conflict.
4. The perpetrator was aware of factual circumstances that established the existence of an armed conflict.

Article 8 (2) (b) (xix)
War crime of employing prohibited bullets

Elements
1. The perpetrator employed certain bullets.
2. The bullets were such that their use violates the international law of armed conflict because they expand or flatten easily in the human body.
3. The perpetrator was aware that the nature of the bullets was such that their employment would uselessly aggravate suffering or the wounding effect.
4. The conduct took place in the context of and was associated with an international armed conflict.
5. The perpetrator was aware of factual circumstances that established the existence of an armed conflict.

Article 8 (2) (b) (xx)
War crime of employing weapons, projectiles or materials or methods of warfare listed in the Annex to the Statute

Elements
[Elements will have to be drafted once weapons, projectiles or material or methods of warfare have been included in an annex to the Statute].

Article 8 (2) (b) (xxi)
War crime of outrages upon personal dignity

Elements
1. The perpetrator humiliated, degraded or otherwise violated the dignity of one or more persons[49].
2. The severity of the humiliation, degradation or other violation was of such degree as to be generally recognized as an outrage upon personal dignity.
3. The conduct took place in the context of and was associated with an international armed conflict.
4. The perpetrator was aware of factual circumstances that established the existence of an armed conflict.

---

[48] Nothing in this element shall be interpreted as limiting or prejudicing in any way existing or developing rules of international law with respect to the development, production, stockpiling and use of chemical weapons.

[49] For this crime, 'persons' can include dead persons. It is understood that the victim need not personally be aware of the existence of the humiliation or degradation or other violation. This element takes into account relevant aspects of the cultural background of the victim.

Article 8 (2) (b) (xxii)-1
War crime of rape

Elements
1. The perpetrator invaded[50] the body of a person by conduct resulting in penetration, however slight, of any part of the body of the victim or of the perpetrator with a sexual organ, or of the anal or genital opening of the victim with any object or any other part of the body.
2. The invasion was committed by force, or by threat of force or coercion, such as that caused by fear of violence, duress, detention, psychological oppression or abuse of power, against such person or another person, or by taking advantage of a coercive environment, or the invasion was committed against a person incapable of giving genuine consent[51].
3. The conduct took place in the context of and was associated with an international armed conflict.
4. The perpetrator was aware of factual circumstances that established the existence of an armed conflict.

Article 8 (2) (b) (xxii)-2
War crime of sexual slavery[52]

Elements
1. The perpetrator exercised any or all of the powers attaching to the right of ownership over one or more persons, such as by purchasing, selling, lending or bartering such a person or persons, or by imposing on them a similar deprivation of liberty[53].
2. The perpetrator caused such person or persons to engage in one or more acts of a sexual nature.
3. The conduct took place in the context of and was associated with an international armed conflict.
4. The perpetrator was aware of factual circumstances that established the existence of an armed conflict.

Article 8 (2) (b) (xxii)-3
War crime of enforced prostitution

Elements
1. The perpetrator caused one or more persons to engage in one or more acts of a sexual nature by force, or by threat of force or coercion, such as that caused by fear of violence, duress, detention, psychological oppression or abuse of power, against such person or persons or another person, or by taking advantage of a coercive environment or such person's or persons' incapacity to give genuine consent.

---

[50] The concept of 'invasion' is intended to be broad enough to be gender-neutral.

[51] It is understood that a person may be incapable of giving genuine consent if affected by natural, induced or age-related incapacity. This footnote also applies to the corresponding elements of article 8 (2) (b) (xxii)-3, 5 and 6.

[52] Given the complex nature of this crime, it is recognized that its commission could involve more than one perpetrator as a part of a common criminal purpose.

[53] It is understood that such deprivation of liberty may, in some circumstances, include exacting forced labour or otherwise reducing a person to servile status as defined in the Supplementary Convention on the Abolition of Slavery, the Slave Trade, and Institutions and Practices Similar to Slavery of 1956. It is also understood that the conduct described in this element includes trafficking in persons, in particular women and children.

2. The perpetrator or another person obtained or expected to obtain pecuniary or other advantage in exchange for or in connection with the acts of a sexual nature.
3. The conduct took place in the context of and was associated with an international armed conflict.
4. The perpetrator was aware of factual circumstances that established the existence of an armed conflict.

Article 8 (2) (b) (xxii)-4
War crime of forced pregnancy

Elements
1. The perpetrator confined one or more women forcibly made pregnant, with the intent of affecting the ethnic composition of any population or carrying out other grave violations of international law.
2. The conduct took place in the context of and was associated with an international armed conflict.
3. The perpetrator was aware of factual circumstances that established the existence of an armed conflict.

Article 8 (2) (b) (xxii)-5
War crime of enforced sterilization

Elements
1. The perpetrator deprived one or more persons of biological reproductive capacity[54].
2. The conduct was neither justified by the medical or hospital treatment of the person or persons concerned nor carried out with their genuine consent[55].
3. The conduct took place in the context of and was associated with an international armed conflict.
4. The perpetrator was aware of factual circumstances that established the existence of an armed conflict.

Article 8 (2) (b) (xxii)-6
War crime of sexual violence

Elements
1. The perpetrator committed an act of a sexual nature against one or more persons or caused such person or persons to engage in an act of a sexual nature by force, or by threat of force or coercion, such as that caused by fear of violence, duress, detention, psychological oppression or abuse of power, against such person or persons or another person, or by taking advantage of a coercive environment or such person's or persons' incapacity to give genuine consent.
2. The conduct was of a gravity comparable to that of a grave breach of the Geneva Conventions.
3. The perpetrator was aware of the factual circumstances that established the gravity of the conduct.
4. The conduct took place in the context of and was associated with an international armed conflict.

---

[54] The deprivation is not intended to include birth-control measures which have a non-permanent effect in practice.
[55] It is understood that 'genuine consent' does not include consent obtained through deception.

5. The perpetrator was aware of factual circumstances that established the existence of an armed conflict.

Article 8 (2) (b) (xxiii)
War crime of using protected persons as shields

Elements
1. The perpetrator moved or otherwise took advantage of the location of one or more civilians or other persons protected under the international law of armed conflict.
2. The perpetrator intended to shield a military objective from attack or shield, favour or impede military operations.
3. The conduct took place in the context of and was associated with an international armed conflict.
4. The perpetrator was aware of factual circumstances that established the existence of an armed conflict.

Article 8 (2) (b) (xxiv)
War crime of attacking objects or persons using the distinctive emblems of the Geneva Conventions

Elements
1. The perpetrator attacked one or more persons, buildings, medical units or transports or other objects using, in conformity with international law, a distinctive emblem or other method of identification indicating protection under the Geneva Conventions.
2. The perpetrator intended such persons, buildings, units or transports or other objects so using such identification to be the object of the attack.
3. The conduct took place in the context of and was associated with an international armed conflict.
4. The perpetrator was aware of factual circumstances that established the existence of an armed conflict.

Article 8 (2) (b) (xxv)
War crime of starvation as a method of warfare

Elements
1. The perpetrator deprived civilians of objects indispensable to their survival.
2. The perpetrator intended to starve civilians as a method of warfare.
3. The conduct took place in the context of and was associated with an international armed conflict.
4. The perpetrator was aware of factual circumstances that established the existence of an armed conflict.

Article 8 (2) (b) (xxvi)
War crime of using, conscripting or enlisting children

Elements
1. The perpetrator conscripted or enlisted one or more persons into the national armed forces or used one or more persons to participate actively in hostilities.
2. Such person or persons were under the age of 15 years.
3. The perpetrator knew or should have known that such person or persons were under the age of 15 years.
4. The conduct took place in the context of and was associated with an international armed conflict.

5. The perpetrator was aware of factual circumstances that established the existence of an armed conflict.

Article 8 (2) (c)

Article 8 (2) (c) (i)-1
War crime of murder

Elements
1. The perpetrator killed one or more persons.
2. Such person or persons were either *hors de combat*, or were civilians, medical personnel, or religious personnel[56] taking no active part in the hostilities.
3. The perpetrator was aware of the factual circumstances that established this status.
4. The conduct took place in the context of and was associated with an armed conflict not of an international character.
5. The perpetrator was aware of factual circumstances that established the existence of an armed conflict.

Article 8 (2) (c) (i)-2
War crime of mutilation

Elements
1. The perpetrator subjected one or more persons to mutilation, in particular by permanently disfiguring the person or persons, or by permanently disabling or removing an organ or appendage.
2. The conduct was neither justified by the medical, dental or hospital treatment of the person or persons concerned nor carried out in such person's or persons' interests.
3. Such person or persons were either *hors de combat*, or were civilians, medical personnel or religious personnel taking no active part in the hostilities.
4. The perpetrator was aware of the factual circumstances that established this status.
5. The conduct took place in the context of and was associated with an armed conflict not of an international character.
6. The perpetrator was aware of factual circumstances that established the existence of an armed conflict.

Article 8 (2) (c) (i)-3
War crime of cruel treatment

Elements
1. The perpetrator inflicted severe physical or mental pain or suffering upon one or more persons.
2. Such person or persons were either *hors de combat*, or were civilians, medical personnel, or religious personnel taking no active part in the hostilities.
3. The perpetrator was aware of the factual circumstances that established this status.
4. The conduct took place in the context of and was associated with an armed conflict not of an international character.
5. The perpetrator was aware of factual circumstances that established the existence of an armed conflict.

---

[56] The term 'religious personnel' includes those non-confessional non-combatant military personnel carrying out a similar function.

Article 8 (2) (c) (i)-4
War crime of torture

Elements
1. The perpetrator inflicted severe physical or mental pain or suffering upon one or more persons.
2. The perpetrator inflicted the pain or suffering for such purposes as: obtaining information or a confession, punishment, intimidation or coercion or for any reason based on discrimination of any kind.
3. Such person or persons were either *hors de combat*, or were civilians, medical personnel or religious personnel taking no active part in the hostilities.
4. The perpetrator was aware of the factual circumstances that established this status.
5. The conduct took place in the context of and was associated with an armed conflict not of an international character.
6. The perpetrator was aware of factual circumstances that established the existence of an armed conflict.

Article 8 (2) (c) (ii)
War crime of outrages upon personal dignity

Elements
1. The perpetrator humiliated, degraded or otherwise violated the dignity of one or more persons[57].
2. The severity of the humiliation, degradation or other violation was of such degree as to be generally recognized as an outrage upon personal dignity.
3. Such person or persons were either *hors de combat*, or were civilians, medical personnel or religious personnel taking no active part in the hostilities.
4. The perpetrator was aware of the factual circumstances that established this status.
5. The conduct took place in the context of and was associated with an armed conflict not of an international character.
6. The perpetrator was aware of factual circumstances that established the existence of an armed conflict.

Article 8 (2) (c) (iii)
War crime of taking hostages

Elements
1. The perpetrator seized, detained or otherwise held hostage one or more persons.
2. The perpetrator threatened to kill, injure or continue to detain such person or persons.
3. The perpetrator intended to compel a State, an international organization, a natural or legal person or a group of persons to act or refrain from acting as an explicit or implicit condition for the safety or the release of such person or persons.
4. Such person or persons were either *hors de combat*, or were civilians, medical personnel or religious personnel taking no active part in the hostilities.
5. The perpetrator was aware of the factual circumstances that established this status.
6. The conduct took place in the context of and was associated with an armed conflict not of an international character.
7. The perpetrator was aware of factual circumstances that established the existence of an armed conflict.

---

[57] For this crime, 'persons' can include dead persons. It is understood that the victim need not personally be aware of the existence of the humiliation or degradation or other violation. This element takes into account relevant aspects of the cultural background of the victim.

Article 8 (2) (c) (iv)
War crime of sentencing or execution without due process
Elements
1. The perpetrator passed sentence or executed one or more persons[58].
2. Such person or persons were either *hors de combat*, or were civilians, medical personnel or religious personnel taking no active part in the hostilities.
3. The perpetrator was aware of the factual circumstances that established this status.
4. There was no previous judgement pronounced by a court, or the court that rendered judgement was not 'regularly constituted', that is, it did not afford the essential guarantees of independence and impartiality, or the court that rendered judgement did not afford all other judicial guarantees generally recognized as indispensable under international law[59].
5. The perpetrator was aware of the absence of a previous judgement or of the denial of relevant guarantees and the fact that they are essential or indispensable to a fair trial.
6. The conduct took place in the context of and was associated with an armed conflict not of an international character.
7. The perpetrator was aware of factual circumstances that established the existence of an armed conflict.

Article 8 (2) (e)

Article 8 (2) (e) (i)
War crime of attacking civilians
Elements
1. The perpetrator directed an attack.
2. The object of the attack was a civilian population as such or individual civilians not taking direct part in hostilities.
3. The perpetrator intended the civilian population as such or individual civilians not taking direct part in hostilities to be the object of the attack.
4. The conduct took place in the context of and was associated with an armed conflict not of an international character.
5. The perpetrator was aware of factual circumstances that established the existence of an armed conflict.

Article 8 (2) (e) (ii)
War crime of attacking objects or persons using the distinctive emblems of the Geneva Conventions
Elements
1. The perpetrator attacked one or more persons, buildings, medical units or transports or other objects using, in conformity with international law, a distinctive emblem or other method of identification indicating protection under the Geneva Conventions.
2. The perpetrator intended such persons, buildings, units or transports or other objects so using such identification to be the object of the attack.
3. The conduct took place in the context of and was associated with an armed conflict not of an international character.

---

[58] The elements laid down in these documents do not address the different forms of individual criminal responsibility, as enunciated in articles 25 and 28 of the Statute.

[59] With respect to elements 4 and 5, the Court should consider whether, in the light of all relevant circumstances, the cumulative effect of factors with respect to guarantees deprived the person or persons of a fair trial.

4. The perpetrator was aware of factual circumstances that established the existence of an armed conflict.

Article 8 (2) (e) (iii)
War crime of attacking personnel or objects involved in a humanitarian assistance or peacekeeping mission

Elements
1. The perpetrator directed an attack.
2. The object of the attack was personnel, installations, material, units or vehicles involved in a humanitarian assistance or peacekeeping mission in accordance with the Charter of the United Nations.
3. The perpetrator intended such personnel, installations, material, units or vehicles so involved to be the object of the attack.
4. Such personnel, installations, material, units or vehicles were entitled to that protection given to civilians or civilian objects under the international law of armed conflict.
5. The perpetrator was aware of the factual circumstances that established that protection.
6. The conduct took place in the context of and was associated with an armed conflict not of an international character.
7. The perpetrator was aware of factual circumstances that established the existence of an armed conflict.

Article 8 (2) (e) (iv)
War crime of attacking protected objects[60]

Elements
1. The perpetrator directed an attack.
2. The object of the attack was one or more buildings dedicated to religion, education, art, science or charitable purposes, historic monuments, hospitals or places where the sick and wounded are collected, which were not military objectives.
3. The perpetrator intended such building or buildings dedicated to religion, education, art, science or charitable purposes, historic monuments, hospitals or places where the sick and wounded are collected, which were not military objectives, to be the object of the attack.
4. The conduct took place in the context of and was associated with an armed conflict not of an international character.
5. The perpetrator was aware of factual circumstances that established the existence of an armed conflict.

Article 8 (2) (e) (v)
War crime of pillaging

Elements
1. The perpetrator appropriated certain property.
2. The perpetrator intended to deprive the owner of the property and to appropriate it for private or personal use[61].

---

[60] The presence in the locality of persons specially protected under the Geneva Conventions of 1949 or of police forces retained for the sole purpose of maintaining law and order does not by itself render the locality a military objective.
[61] As indicated by the use of the term 'private or personal use', appropriations justified by military necessity cannot constitute the crime of pillaging.

3. The appropriation was without the consent of the owner.
4. The conduct took place in the context of and was associated with an armed conflict not of an international character.
5. The perpetrator was aware of factual circumstances that established the existence of an armed conflict.

Article 8 (2) (e) (vi)-1
War crime of rape

Elements

1. The perpetrator invaded[62] the body of a person by conduct resulting in penetration, however slight, of any part of the body of the victim or of the perpetrator with a sexual organ, or of the anal or genital opening of the victim with any object or any other part of the body.
2. The invasion was committed by force, or by threat of force or coercion, such as that caused by fear of violence, duress, detention, psychological oppression or abuse of power, against such person or another person, or by taking advantage of a coercive environment, or the invasion was committed against a person incapable of giving genuine consent[63].
3. The conduct took place in the context of and was associated with an armed conflict not of an international character.
4. The perpetrator was aware of factual circumstances that established the existence of an armed conflict.

Article 8 (2) (e) (vi)-2
War crime of sexual slavery[64]

Elements

1. The perpetrator exercised any or all of the powers attaching to the right of ownership over one or more persons, such as by purchasing, selling, lending or bartering such a person or persons, or by imposing on them a similar deprivation of liberty[65].
2. The perpetrator caused such person or persons to engage in one or more acts of a sexual nature.
3. The conduct took place in the context of and was associated with an armed conflict not of an international character.
4. The perpetrator was aware of factual circumstances that established the existence of an armed conflict.

---

[62] The concept of 'invasion' is intended to be broad enough to be gender-neutral.

[63] It is understood that a person may be incapable of giving genuine consent if affected by natural, induced or age-related incapacity. This footnote also applies to the corresponding elements in article 8 (2) (e) (vi)-3, 5 and 6.

[64] Given the complex nature of this crime, it is recognized that its commission could involve more than one perpetrator as a part of a common criminal purpose.

[65] It is understood that such deprivation of liberty may, in some circumstances, include exacting forced labour or otherwise reducing a person to servile status as defined in the Supplementary Convention on the Abolition of Slavery, the Slave Trade, and Institutions and Practices Similar to Slavery of 1956. It is also understood that the conduct described in this element includes trafficking in persons, in particular women and children.

Article 8 (2) (e) (vi)-3
War crime of enforced prostitution

Elements
1. The perpetrator caused one or more persons to engage in one or more acts of a sexual nature by force, or by threat of force or coercion, such as that caused by fear of violence, duress, detention, psychological oppression or abuse of power, against such person or persons or another person, or by taking advantage of a coercive environment or such person's or persons' incapacity to give genuine consent.
2. The perpetrator or another person obtained or expected to obtain pecuniary or other advantage in exchange for or in connection with the acts of a sexual nature.
3. The conduct took place in the context of and was associated with an armed conflict not of an international character.
4. The perpetrator was aware of factual circumstances that established the existence of an armed conflict.

Article 8 (2) (e) (vi)-4
War crime of forced pregnancy

Elements
1. The perpetrator confined one or more women forcibly made pregnant, with the intent of affecting the ethnic composition of any population or carrying out other grave violations of international law.
2. The conduct took place in the context of and was associated with an armed conflict not of an international character.
3. The perpetrator was aware of factual circumstances that established the existence of an armed conflict.

Article 8 (2) (e) (vi)-5
War crime of enforced sterilization

Elements
1. The perpetrator deprived one or more persons of biological reproductive capacity[66].
2. The conduct was neither justified by the medical or hospital treatment of the person or persons concerned nor carried out with their genuine consent[67].
3. The conduct took place in the context of and was associated with an armed conflict not of an international character.
4. The perpetrator was aware of factual circumstances that established the existence of an armed conflict.

Article 8 (2) (e) (vi)-6
War crime of sexual violence

Elements
1. The perpetrator committed an act of a sexual nature against one or more persons or

---

[66] The deprivation is not intended to include birth-control measures which have a non-permanent effect in practice.

[67] It is understood that 'genuine consent' does not include consent obtained through deception.

caused such person or persons to engage in an act of a sexual nature by force, or by threat of force or coercion, such as that caused by fear of violence, duress, detention, psychological oppression or abuse of power, against such person or persons or another person, or by taking advantage of a coercive environment or such person's or persons' incapacity to give genuine consent.
2. The conduct was of a gravity comparable to that of a serious violation of article 3 common to the four Geneva Conventions.
3. The perpetrator was aware of the factual circumstances that established the gravity of the conduct.
4. The conduct took place in the context of and was associated with an armed conflict not of an international character.
5. The perpetrator was aware of factual circumstances that established the existence of an armed conflict.

Article 8 (2) (e) (vii)
War crime of using, conscripting and enlisting children
Elements
1. The perpetrator conscripted or enlisted one or more persons into an armed force or group or used one or more persons to participate actively in hostilities.
2. Such person or persons were under the age of 15 years.
3. The perpetrator knew or should have known that such person or persons were under the age of 15 years.
4. The conduct took place in the context of and was associated with an armed conflict not of an international character.
5. The perpetrator was aware of factual circumstances that established the existence of an armed conflict.

Article 8 (2) (e) (viii)
War crime of displacing civilians
Elements
1. The perpetrator ordered a displacement of a civilian population.
2. Such order was not justified by the security of the civilians involved or by military necessity.
3. The perpetrator was in a position to effect such displacement by giving such order.
4. The conduct took place in the context of and was associated with an armed conflict not of an international character.
5. The perpetrator was aware of factual circumstances that established the existence of an armed conflict.

Article 8 (2) (e) (ix)
War crime of treacherously killing or wounding
Elements
1. The perpetrator invited the confidence or belief of one or more combatant adversaries that they were entitled to, or were obliged to accord, protection under rules of international law applicable in armed conflict.
2. The perpetrator intended to betray that confidence or belief.
3. The perpetrator killed or injured such person or persons.
4. The perpetrator made use of that confidence or belief in killing or injuring such person or persons.

5. Such person or persons belonged to an adverse party.
6. The conduct took place in the context of and was associated with an armed conflict not of an international character.
7. The perpetrator was aware of factual circumstances that established the existence of an armed conflict.

Article 8 (2) (e) (x)
War crime of denying quarter
Elements
1. The perpetrator declared or ordered that there shall be no survivors.
2. Such declaration or order was given in order to threaten an adversary or to conduct hostilities on the basis that there shall be no survivors.
3. The perpetrator was in a position of effective command or control over the subordinate forces to which the declaration or order was directed.
4. The conduct took place in the context of and was associated with an armed conflict not of an international character.
5. The perpetrator was aware of factual circumstances that established the existence of an armed conflict.

Article 8 (2) (e) (xi)-1
War crime of mutilation
Elements
1. The perpetrator subjected one or more persons to mutilation, in particular by permanently disfiguring the person or persons, or by permanently disabling or removing an organ or appendage.
2. The conduct caused death or seriously endangered the physical or mental health of such person or persons.
3. The conduct was neither justified by the medical, dental or hospital treatment of the person or persons concerned nor carried out in such person's or persons' interest[68].
4. Such person or persons were in the power of another party to the conflict.
5. The conduct took place in the context of and was associated with an armed conflict not of an international character.
6. The perpetrator was aware of factual circumstances that established the existence of an armed conflict.

Article 8 (2) (e) (xi)-2
War crime of medical or scientific experiments
Elements
1. The perpetrator subjected one or more persons to a medical or scientific experiment.
2. The experiment caused the death or seriously endangered the physical or mental health or integrity of such person or persons.
3. The conduct was neither justified by the medical, dental or hospital treatment of such

---

[68] Consent is not a defence to this crime. The crime prohibits any medical procedure which is not indicated by the state of health of the person concerned and which is not consistent with generally accepted medical standards which would be applied under similar medical circumstances to persons who are nationals of the party conducting the procedure and who are in no way deprived of liberty. This footnote also applies to the similar element in article 8 (2) (e) (xi)-2.

person or persons concerned nor carried out in such person's or persons' interest.
4. Such person or persons were in the power of another party to the conflict.
5. The conduct took place in the context of and was associated with an armed conflict not of an international character.
6. The perpetrator was aware of factual circumstances that established the existence of an armed conflict.

Article 8 (2) (e) (xii)
War crime of destroying or seizing the enemy's property

Elements
1. The perpetrator destroyed or seized certain property.
2. Such property was property of an adversary.
3. Such property was protected from that destruction or seizure under the international law of armed conflict.
4. The perpetrator was aware of the factual circumstances that established the status of the property.
5. The destruction or seizure was not required by military necessity.
6. The conduct took place in the context of and was associated with an armed conflict not of an international character.
7. The perpetrator was aware of factual circumstances that established the existence of an armed conflict.

Indice analitico

(a cura di A. di Martino)

[*Il riferimento è ai numeri a margine iniziali, relativi ai principali luoghi di trattazione della singola voce*]

Aggressione
– divieto nel diritto internazionale, 1283
– elemento oggettivo, 1300
– elemento soggettivo, 1313
– nello Statuto ICC, 1316

Apartheid, 873

Armi proibite (v. anche Crimini di guerra/utilizzazione di mezzi bellici proibiti), 1224, 1240, 1251

Atti inumani (altri), 881

Atti preparatori
– dell'esecuzione di un crimine di diritto internazionale, 577

Aut dedere aut iudicare, 196, 198, 925

Bambini–soldato (utilizzazione di), 1102

Colpa (v. Responsabilità colposa)

Command responsibility
– presupposto oggettivo, 472
– presupposto soggettivo, 466
– rapporto di subordinazione, 458

Complementarietà (principio di), 226
– e principio di preferenza dei tribunali internazionali, 224
– e principio di preferenza dei tribunali nazionali, 225

Complicità (v. Concorso di persone)

Concorso di norme e di reati, 621

Concorso di persone
– agevolazione, 442
– autorìa (forme di), 413
– autorìa mediata, 431 (e in *Avvertenza del curatore della traduzione italiana*)
– contributo ad un crimine commesso da un gruppo, 446
– istigazione e induzione, 434
– nel diritto consuetudinario, 404
– nello Statuto ICC, 408

Condizioni di procedibilità, 639

Conspiracy (v. anche Atti preparatori, Tentativo), 580

Corte criminale internazionale, 229
– giurisdizione della, 230
– organizzazione della, 236
– procedimento davanti alla, 251

Corti ibride, 74, 276

Coscrizione obbligatoria nelle file dell'avversario, 1050

Crimini contro l'umanità
– fatto di contesto, 755
– in generale, 742
– pluralità di reati, 884
– singoli fatti–base, 784

Crimini di diritto internazionale (*crimes under international law*)
– nozione, 109, 111

Crimini di guerra
– conflitto armato (nozione), 949
– contro la proprietà o altri diritti reali, 1111
– contro le persone, 985
– contro operazioni umanitarie, 1257
– elemento "di contesto", 971
– elemento soggettivo, 979
– internazionalità e non internazionalità del conflitto, 958
– utilizzazione di metodi proibiti di conduzione delle ostilità, 1133
– utilizzazione di mezzi bellici proibiti, in conflitti internazionali (diritto consuetudinario), 1240
– utilizzazione di mezzi bellici proibiti, in conflitti internazionali (diritto statutario), 1224
– utilizzazione di mezzi bellici proibiti, in conflitti non internazionali (diritto consuetudinario), 1251

Crimini internazionali
– dovere di punire, 190
– elementi costitutivi, 322
– elemento "di contesto", 332
– elemento oggettivo, 339
– elemento soggettivo, 347
– nozione, 109, 111, 322
– rapporti con i crimini di diritto internazionale
– teoria generale dei, 322

Danni collaterali, 1163

Deportazione o espulsione di popolazione civile, 1088

Diritto dei crimini internazionali, 1
– come parte del diritto internazionale penale, 117
– evoluzione del, 5
– fondamento del, 94
– fonti del, 134
– interpretazione del, 171
– nella prassi, 216
– nozione di, 81
– tendenze attuali del, 73

Diritto internazionale penale (v. anche Diritto dei crimini internazionali)
– nozione, 81
– rapporto con diritto internazionale dei diritti umani, 121
– rapporto con diritto processuale, 129

Diritto internazionale umanitario, 902

Diritto penale internazionale
– e crimini di diritto internazionale, 117

Dolo, 365
– *dolus eventualis*, 394
– intenzione e consapevolezza rispetto al comportamento, 365
– intenzione e consapevolezza rispetto alle circostanze concomitanti, 370
– intenzione e consapevolezza rispetto alle conseguenze, 367
– rapporto con la *recklessness*, 394
– regole speciali, 371
– rispetto agli elementi "di contesto", 370

Esimenti
– difesa legittima, 498
– errore, 524
– esecuzione di un ordine criminoso, 538
– in generale, 493
– non imputabilità per malattia o disturbo psichico, 554
– stato di necessità, 509
– ubriachezza, 560

Fame (riduzione alla), 1205

Genocidio
– elemento oggettivo, 666
– elemento soggettivo, 706
– istigazione pubblica al, 724
– nozione, 658

Giurisdizione universale, 182

Immunità
– capi di Stato, capi di Governo, ministri degli Esteri, diplomatici, 614
– e diritto dei crimini internazionali, 604

Imprigionamento (v. Sequestro di persona/imprigionamento)

Lavori forzati (v. anche Schiavitù)
– come crimine contro l'umanità, 802
– come crimine di guerra, 1061

Legalità (principio di), 99

Maltrattamenti (forme di)
– come crimine di guerra, 1011

Mutilazione, 1021

Omicidio
– quale crimine contro l'umanità, 786
– quale crimine di guerra, 1001

Omissione, 595

Ordine del superiore (v. anche *Command responsibility*)
– responsabilità dell'esecutore nella prassi degli Stati, 548
– responsabilità dell'esecutore nella prassi di diritto internazionale penale, 544
– responsabilità dell'esecutore nello Statuto ICC, 550
– responsabilità di chi ha dato l'ordine, 439

Ostaggi (cattura di), 1083

Parte generale (v. Principi generali della responsabilità)

Partecipazione (v. Concorso di persone)

Persecuzione, 849

Principi generali della responsabilità, 322

Principi generali di diritto internazionale, 146

Pulizia etnica, 700

Recklessness, 394

Responsabilità colposa, 380

Responsabilità individuale (principio di), 2, 413

Schiavitù
– come crimine contro l'umanità, 795, 842
– come crimine di guerra, 1058

Scudi umani, 1215

Segni di riconoscimento (abuso di), 1186

Sequestro di persona/imprigionamento
– come crimine contro l'umanità, 818
– come crimine di guerra, 1075

Sparizione forzata di persone, 867

Sterminio, 790

Stupro (v. Violenza sessuale)

Superiore gerarchico (responsabilità del) (v. anche *Command responsibility*, Ordine del superiore), 439, 449

Tentativo, 586

Terrore (diffusione del), 1144

Terrorismo, 83, 111, 776, 921

Tortura
– quale crimine contro l'umanità, 823
– quale crimine di guerra, 1013

Transitional Justice
– e crimini di diritto internazionale, 201

Trattamenti inumani e degradanti, 1043

«Tu quoque» (regola del), 576

Universalità (v. Giurisdizione universale)

Violenza sessuale
– come crimine contro l'umanità, 835
– come crimine di guerra, 1033
– e costrizione alla prostituzione, 843
– e gravidanza forzata, 845
– e sterilizzazione forzata, 847
– varie forme, 848

Finito di stampare nel mese di aprile 2009
presso Editografica – Rastignano (BO)